westermann

Viktor Lüpertz, Annelore Steinhart, Klaus Wachter

Problemorientierte Einführung in die Volkswirtschaftslehre

Schülerband

10. Auflage

Bestellnummer 88709

Die in diesem Produkt gemachten Angaben zu Unternehmen (Namen, Internet- und E-Mail-Adressen, Handelsregistereintragungen, Bankverbindungen, Steuer-, Telefon- und Faxnummern und alle weiteren Angaben) sind i. d. R. fiktiv, d. h., sie stehen in keinem Zusammenhang mit einem real existierenden Unternehmen in der dargestellten oder einer ähnlichen Form. Dies gilt auch für alle Kunden, Lieferanten und sonstigen Geschäftspartner der Unternehmen wie z. B. Kreditinstitute, Versicherungsunternehmen und andere Dienstleistungsunternehmen. Ausschließlich zum Zwecke der Authentizität werden die Namen real existierender Unternehmen und z. B. im Fall von Kreditinstituten auch deren IBANs und BICs verwendet.

Zusatzmaterialien zu „Problemorientierte Einführung in die Volkswirtschaftslehre"

Für Lehrerinnen und Lehrer:

Lösungen zum Schulbuch: 978-3-427-88715-7
Lösungen zum Schulbuch Download: 978-3-427-88714-0

BiBox westermann inkl. E-Book

BiBox Einzellizenz für Lehrer/-innen (Dauerlizenz): 978-3-427-88710-2
BiBox Kollegiumslizenz für Lehrer/-innen (Dauerlizenz): 978-3-427-88711-9
BiBox Kollegiumslizenz für Lehrer/-innen (1 Schuljahr): 978-3-427-88712-6

Für Schülerinnen und Schüler

BiBox westermann inkl. E-Book

BiBox Einzellizenz für Schüler/-innen (1 Schuljahr): 978-3-427-88713-3
BiBox Klassensatz PrintPlus (1 Schuljahr): 978-3-427-82918-8

mit Webcode im Buch — Buch +Web

Zu diesem Produkt sind digitale Zusatzmaterialien kostenlos online für Sie erhältlich. Sie können diese ganz einfach über die Eingabe des nachfolgenden Codes im Suchfeld unter www.westermann.de abrufen.

BVE-88709-001

Sollten Sie zu diesem Produkt bereits eine BiBox mit Material erworben haben, so sind die Zusatzmaterialien selbstverständlich dort bereits integriert.

Druck und Bindung: Westermann Druck GmbH, Georg-Westermann-Allee 66, 38104 Braunschweig

ISBN 978-3-427-88709-6

Vorwort

Im Autorenteam haben sich engagierte und erfahrene Lehrkräfte zusammengefunden, die in beruflichen Vollzeitschulen und Berufsschulen für Industrie- und Handelsberufe unterrichten sowie in der Lehramtsausbildung aktiv sind. Ziel war es, den bestehenden Band „Problemorientierte Einführung in die Volkswirtschaftslehre“ u. a. **auch an die neuen Rahmenrichtlinien für das Berufliche Gymnasium Wirtschaft in Niedersachsen** anzupassen. Mit der Überarbeitung liegt nun ein zeitgemäßes, gut ausgestattetes Lehrwerk vor, das den autoreneigenen Ansprüchen und Anforderungen an einen kompetenzorientierten und praxisnahen Unterricht entspricht. Der vorliegende Band erleichtert das Arbeiten mithilfe von

- **Advance Organizern:** Diese bieten einen visuell aufbereiteten Überblick über die Inhalte der verschiedenen Hauptkapitel und dienen der zusätzlichen Strukturierung.
- **thematischen Einstiegen:** Das Autorenteam bedient sich nachvollziehbarer Situationen aus der Lebenswelt der Schülerinnen und Schüler, historischer Bezüge oder anschaulicher volkswirtschaftlicher Modelle, um den Fachbezug herzustellen und erfahrbar zu machen.
- **Lernzielen & optional einsetzbaren Kompetenzchecks:** Die Lernziele zu Beginn eines jeden Kapitels formulieren eindeutig die Kompetenzen, die nach Bearbeitung des Kapitels erreicht sein sollen. Die optional einsetzbaren Kompetenzchecks liegen als Vorlagen zum kostenfreien Download unter **BuchPlusWeb** vor und dienen der Dokumentation des Kompetenzerwerbs. Die Schülerinnen und Schüler können anhand dieser Dokumentation Sicherheit bei der Einschätzung ihrer eigenen Kompetenzen und Lernfortschritte erlangen.
- anschaulich aufbereiteten **Sachinformationen** mit vielen **Beispielen.** Das Autorenteam hat großen Wert darauf gelegt, viele aktuelle Bezüge herzustellen.
- **vielfältigen und abwechslungsreichen Aufgabenstellungen**, die zahlreiche Anlässe **für digitales Arbeiten**, den Einsatz verschiedener **Sozialformen** und Möglichkeiten zur Anwendung verschiedener **Methoden** bieten. Für einen Teil der Aufgaben sind zur vereinfachten Umsetzung Vorlagen vorgesehen, die unter **BuchPlusWeb** kostenfrei heruntergeladen werden können.

Die **BiBox** zu diesem Lehrwerk ist das universelle Instrument für zeitgemäßen Unterricht, egal ob ein sanfter Einstieg in den digitalen Unterricht vorgenommen oder komplett auf Digitalausgaben der Lehrwerke umgestellt werden soll. Sie beinhaltet in der **Lizenz für Lehrkräfte**

- vertiefende Kapitel zu volkswirtschaftlichen Themen,
- die Lösungen zu den Aufgaben im Buch,
- die Vorlagen (mit und ohne Lösung) zu den Aufgaben im Buch,
- verschiedene digitale Materialien wie Präsentationen, interaktive Aufgaben, Zusatzaufgaben und einen Methodenpool für den Einsatz im Unterricht,
- eine Verwaltungsmöglichkeit für die Schülerinnen und Schüler (Materialzuweisung),
- eine Upload-Möglichkeit für eigene Materialien.

Das Autorenteam wünscht viel Erfolg bei der Arbeit mit diesem Werk und nimmt Anregungen und konstruktive Kritik gerne über den Verlag für die Weiterentwicklung entgegen.

Verwendete Symbole

2.3, S. 46 — Verweis auf die Nummer und Seitenzahl einer thematisch zugehörigen Aufgabe am Ende des Kapitels.

Querverweis auf vorausgehende oder nachfolgende Kapitel, in denen der jeweilige Sachverhalt näher erläutert ist.

Für diesen Kapitelabschnitt oder diese Aufgaben stehen unter BuchPlusWeb Materialien, Vorlagen oder Präsentationen zum kostenlosen Download bereit.

Digitales Arbeiten: Bei Aufgaben mit diesem Icon ist eine Internetrecherche vorgesehen oder es empfiehlt sich die Bearbeitung mittels Tabellenkalkulationsprogramm.

Für die Lösung dieser Aufgaben bietet sich eine Gruppenarbeit an.

Diese Aufgaben eignen sich für Referate oder Präsentationen.

Inhaltsverzeichnis

1 Grundlagen ökonomischen Denkens und Handelns

1.1 Motive für wirtschaftliches Handeln

- Bedürfnisse und Güter
- Güterknappheit als wirtschaftliches Grundproblem

1.4 Güter als Mittel der Bedürfnisbefriedigung

- Beschaffenheit, Verwendungszweck und Nutzungsdauer von Gütern
- Private und öffentliche Güter

1.2 Grundfragen und Methoden der Volkswirtschaft

- Die Robinsonwirtschaft – ein naturalwirtschaftliches Modell
- Grundfragen der Volkswirtschaftslehre
- Modellbildung in der Volkswirtschaftslehre

1.3 Wirtschaften als vernünftiges menschliches Handeln

- Ökonomisches Prinzip: Minimal- und Maximalprinzip
- Konsumentenverhalten in der Realität

1 Grundlagen ökonomischen Denkens und Handelns

1.5 Volkswirtschaftliche Produktionsfaktoren

- Einteilung der Produktionsfaktoren
- Natur als Produktionsfaktor
- Arbeit und Arbeitsteilung
- Kapitalbildung und Investition

1.6 Kombination der Produktionsfaktoren im Produktionsprozess

- Ökonomisches Prinzip als Maximalprinzip: Optimale Allokation der Produktionsfaktoren
- Ökonomisches Prinzip als Minimalprinzip: Kostengünstigste Kombination der Produktionsfaktoren

1.7 Geldwirtschaft als Folge der Arbeitsteilung

- Funktionen des Geldes
- Eigenschaften und Arten des Geldes

1 Grundlagen ökonomischen Denkens und Handelns

"

Warum soll man sich überhaupt mit Wirtschaft beschäftigen? Ganz einfach: Weil wir nicht im Paradies leben. Im Paradies gibt es alles, was Sie sich wünschen. Jeder Wunsch wird Ihnen sofort erfüllt. Dass das im echten Leben nicht der Fall ist, haben Sie sicher schon bemerkt, eher scheint das Gegenteil der Fall zu sein: Es gibt so viele Dinge, die Sie sich wünschen, aber nicht haben. Ökonomen sprechen hier von Bedürfnissen: Sie wünschen sich etwas, was Sie nicht haben, empfinden also einen Mangel, und möchten sich diesen Wunsch erfüllen, also den Mangel abstellen. Um unsere Wünsche zu befriedigen, brauchen wir Güter, und die Herstellung von Gütern kostet Mühen und Zeit und natürlich Rohstoffe. Überlegen Sie einmal, was alles benötigt wird, um ein T-Shirt oder ein Smartphone herzustellen.

Aller Wohlstand rührt daher, dass wir etwas produzieren, also Ressourcen wie Boden, Kapital oder Arbeit nehmen, diese miteinander kombinieren und dadurch etwas herstellen, was einen größeren Wert hat als die Summe seiner Einzelteile. In diesem Kapitel wollen wir einen Blick darauf werfen, mit welchen Ressourcen wir produzieren und wie diese am besten kombiniert werden, um den höchsten Nutzen daraus zu ziehen.

Ökonomen arbeiten (wie alle Wissenschaftler) mithilfe von Modellen, vereinfachen also die Realität stark, um neue Erkenntnisse zu gewinnen. Denken Sie dabei an das Beispiel der Landkarte: Eine Landkarte hat nur wenig mit der Realität der Landschaft zu tun, die sie beschreibt, aber genau das macht sie ja so nützlich. In diesem Abschnitt lernen Sie die wichtigste Idee der ökonomischen Theoriebildung kennen, den Homo oeconomicus. Aber entscheiden Menschen nicht auch irrational, unökonomisch, beispielsweise beim Einkauf? Was ist mit Impulskäufen, was mit verführerischer Werbung, was, wenn wir Dinge kaufen, um die Nachbarn zu beeindrucken oder nur, um mit der Mode zu gehen? Das Menschenbild des Homo oeconomicus wird oft dafür kritisiert, dass es den Menschen als Egoist darstellt – was so nicht stimmt. Eigennütziges Verhalten beziehungsweise der Versuch, den eigenen Nutzen zu maximieren, schließt nicht aus, dass man sich auch um andere Menschen sorgt und kümmert (dieses Verhalten nennt man Altruismus). Kooperation und gegenseitige Hilfe sind Voraussetzung für das Überleben einer Gemeinschaft und damit auch im Sinne der Eigennutzmaximierung.

1.1 Motive für wirtschaftliches Handeln

Lernziele:

Nach der Bearbeitung des Kapitels sind Sie in der Lage, Folgendes zu tun:

Sie ...

- ... definieren die Begriffe „Bedürfnis", „Güter" und „Nutzen.
- ... unterscheiden verschiedene Bedürfnisarten.
- ... ordnen Bedürfnisse verschiedenen Bedürfnisarten zu.
- ... beschreiben den Zusammenhang zwischen Bedürfnis, Bedarf und Nachfrage.
- ... erläutern die künstliche Bedarfsweckung durch Werbung.
- ... unterscheiden zwischen freien und wirtschaftlichen (knappen) Gütern.
- ... zeigen an einem Beispiel, dass freie Güter auch zu knappen Gütern werden können.
- ... erläutern den Begriff „Ressourcen".
- ... erläutern den Begriff „Alternativkosten" (Opportunitätskosten) und wie sie entstehen.

1.1.1 Bedürfnisse und Güter

Grundbegriffe

Jeder Mensch hat vielfältige Wünsche. In Wünschen kommt das Gefühl eines Mangels zum Ausdruck. Mangelgefühle, die mit dem Bestreben verbunden sind, den empfundenen Mangel zu beseitigen, werden als Bedürfnisse bezeichnet.

B **Bedürfnisse beziehen sich auf so unterschiedliche Lebensbereiche wie z. B.**

- Nahrung, Wohnung, Kleidung,
- Schlaf, Sexualität, Gesundheit,
- Sicherung von Arbeitsplatz und Einkommen,
- Freizeit, Geselligkeit, Unterhaltung, soziale Kontakte,
- Freundschaft, Liebe, Zuneigung,
- Anerkennung, Bestätigung, Selbstverwirklichung.

D Bedürfnisse sind Empfindungen eines Mangels, die mit dem Bestreben verbunden sind, den Mangel zu beseitigen.

Bedürfnisse, für deren Befriedigung wirtschaftliches Handeln nötig ist, sind Gegenstand der Volkswirtschaftslehre. Dabei wird unterstellt, dass solche Bedürfnisse in unbeschränktem Umfang vorhanden sind oder neu entstehen können.

Die **Befriedigung von Bedürfnissen** erfolgt durch Güter (z. B. Brot, Kleidung, Kinobesuch).

D Güter sind Mittel, die direkt oder indirekt zur Befriedigung von Bedürfnissen dienen.

Güter stiften einen **Nutzen**: Je stärker die bei der Verwendung eines Gutes entstehende Bedürfnisbefriedigung ist, desto größer ist sein Nutzen.

1.1, S. 55

D Der Nutzen gibt das Ausmaß der Bedürfnisbefriedigung an, welche eine Person durch die Verwendung eines Gutes empfindet.

Die Vorlieben, die eine Person in einer bestimmten Situation für solche Güter entwickelt, die ihr einen höheren Nutzen stiften als andere Güter, werden als **Präferenzen**[1] bezeichnet. Sie beruhen auf individuellen Wertschätzungen.

B **Präferenzen**

Eine Flasche Wasser stiftet einem durstigen Wanderer einen höheren Nutzen als ein Handy. Der Wanderer bevorzugt daher in dieser Situation Wasser gegenüber einem Handy. Er hat eine Präferenz für Wasser.

1 Präferenz *(lat.)*: Bevorzugung

Bedürfnisarten

Folgende Einteilungsmöglichkeiten der Bedürfnisse sind von Bedeutung:

Einteilung der Bedürfnisse			
Bedürfnisebenen (Bedürfnispyramide nach Maslow, A. H.[1])	**Dringlichkeit der Bedürfnisse**	**Art der Bedürfnisbefriedigung**	**Bewusstsein der Mangelempfindung**
Selbstverwirklichung **Ich-Bedürfnisse** z. B. Anerkennung, Status, Prestige, Achtung **Soziale Bedürfnisse** z. B. Zugehörigkeit, Liebe, Zuneigung, Interaktion **Sicherheitsbedürfnisse** z. B. Daseinssicherung, Sicherung des Arbeitsplatzes **Grundbedürfnisse** z. B. Essen, Trinken, Wohnung 	**Luxusbedürfnisse** z. B. teurer Schmuck ↑ **Kulturbedürfnisse** z. B. Information, Unterhaltung ↑ **Existenzbedürfnisse** z. B. Nahrung, Kleidung, Wohnung	**Individualbedürfnisse** z. B. Nahrung, Kleidung, Auto  **Kollektivbedürfnisse** z. B. Rechtssicherheit, Landesverteidigung 	**Offene Bedürfnisse** Die einzelne Person weiß, welche Bedürfnisse sie hat. Die Bedürfnisse sind ihr bewusst. **Verdeckte Bedürfnisse** (latente Bedürfnisse) Die Bedürfnisse sind unbewusst. Sie können z. B. durch das Konsumverhalten anderer Menschen und/oder durch **Werbung** geweckt, vergrößert und gelenkt werden. 

Bedürfnisse, Bedarf, Nachfrage

In einer Marktwirtschaft erfolgt die Befriedigung individueller Bedürfnisse dadurch, dass solche Güter am Markt nachgefragt und gekauft werden, an denen **Bedarf** besteht.

Bedürfnis
allgemeines Mangelempfinden (z. B. Hunger)

Bedarf
bestimmte Güter, durch die ein Bedürfnis befriedigt werden kann (z. B. Nahrungsmittel)

Nachfrage
Teil des Bedarfs, für den Kaufkraft vorhanden ist und der deshalb am Markt nachfragewirksam werden kann (z. B. Nachfrage nach Brot)

D Als Bedarf werden die zur Befriedigung eines Bedürfnisses geeigneten Güter bezeichnet.

Der Bedarf wird erst dann zur Nachfrage, wenn die notwendige Kaufkraft (z. B. Geld) vorhanden ist.

D Nachfrage ist der Teil des Bedarfs, für den Kaufkraft vorhanden ist und der am Markt wirksam wird.

1 A. H. Maslow (amerikanischer Psychologe, 1908–1970, siehe Abb.), Motivation und Persönlichkeit, Freiburg 1977.

Künstliche Bedarfsweckung durch Werbung

Die **Werbung** erfüllt nicht nur eine Informationsfunktion im Hinblick auf die beworbenen Produkte. Vielmehr spielt sie auch bei der Entstehung von Bedürfnissen und Bedarf eine wichtige Rolle.

1.2, S. 55

Die künstlich durch Werbung geschaffenen „Moden" und „Trends" erzeugen einen sozialen Druck, dem sich modebewusste Käufer (insbesondere Jugendliche) nicht entziehen können. Kinder und Jugendliche sind daher die perfekte Zielgruppe für Werbeexperten: Sie legen Wert auf „Coolness" und Gruppenzugehörigkeit, definieren sich über die „richtigen" Klamotten und das aktuellste Styling und behaupten dieses Markenbewusstsein auch gegenüber ihren Eltern (z. B. Rucksack statt Schultasche, Sportschuhe statt Straßenschuhe aus Leder, Handy, Markenkleidung). Dabei wird auch die Unerfahrenheit und Leichtgläubigkeit von Kindern und Jugendlichen in unverantwortlicher Weise genutzt (z. B. angeblich gesundheitsfördernde Süßigkeiten). „Unmodische Produkte" gelten aufgrund der Werbung als unbrauchbar, obwohl sie noch funktionsfähig sind. Werbung erzeugt dadurch eine Wegwerfmentalität und eine zunehmende Umweltbelastung.

1.3, S. 56

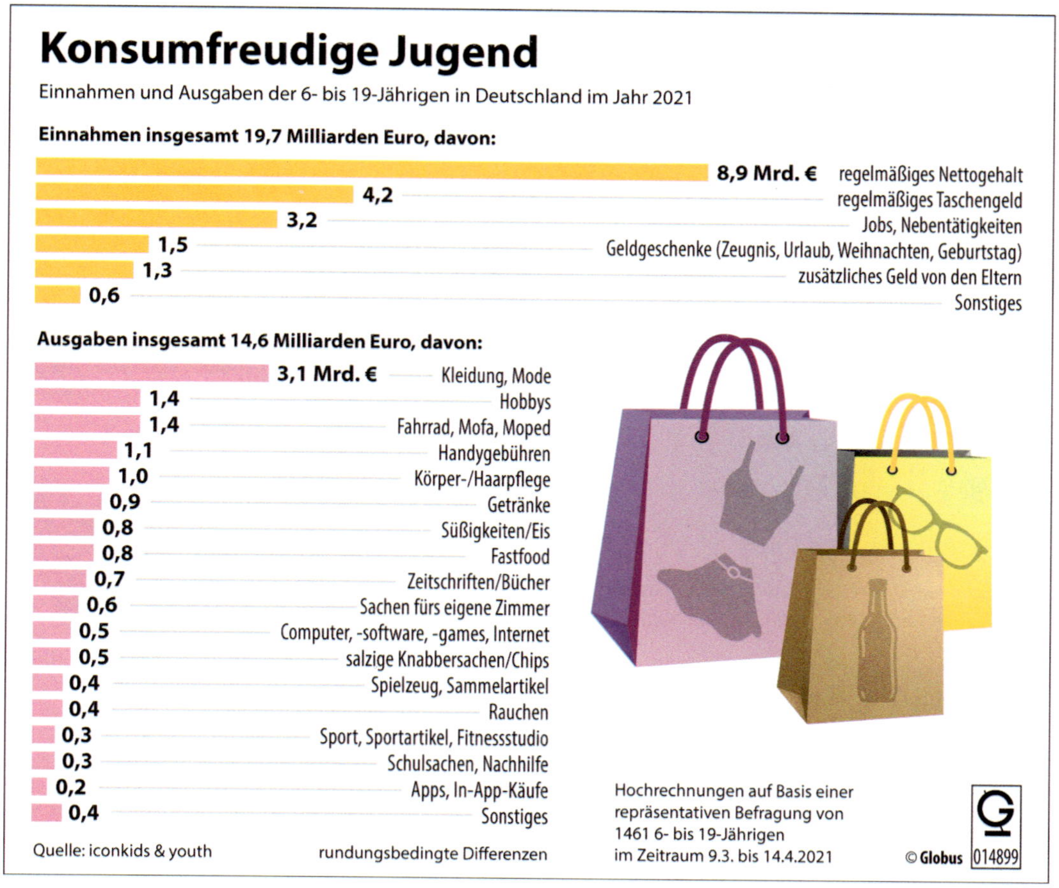

1.1.2 Güterknappheit als wirtschaftliches Grundproblem

Knappe Güter und Bedürfnisvielfalt

Die meisten Güter sind nicht von Natur aus im Überfluss und in nutzbarer Form vorhanden.

1.4, S. 56

Bei Gütern,
- die nur **begrenzt** zur Verfügung stehen,
- deren Herstellung **Kosten** verursacht und
- die deswegen einen **Preis** haben, handelt es sich um **wirtschaftliche** Güter.

Freie Güter stehen dagegen unbegrenzt zur Verfügung. Da für ihre Bereitstellung keinerlei Anstrengungen erforderlich sind, fallen auch keine Kosten an. Diese Güter haben daher auch keinen Preis. Die zunehmende Umweltverschmutzung zeigt aber beispielsweise, dass mit Gütern, die keinen Preis haben, nicht sorgsam umgegangen wird. So kann es dazu kommen, dass ursprünglich freie Güter (z. B. frische Luft) im Laufe der Zeit zu knappen Gütern werden.

Unterscheidung der Güter nach der Knappheit	
Freie Güter	**Wirtschaftliche Güter**
- stehen unbegrenzt zur Verfügung - ihre Bereitstellung verursacht keine Kosten - haben keinen Preis - sind nicht Gegenstand des Wirtschaftens	- stehen nur begrenzt zur Verfügung (= knappe Güter) - ihre Herstellung verursacht Kosten - haben einen Preis - sind Gegenstand des Wirtschaftens

B **Freie Güter – Wirtschaftliche Güter**

Luft ist im Allgemeinen ein freies Gut. Im Untertagebergbau ist Luft dagegen ein knappes Gut. Es müssen Anstrengungen unternommen werden, um Frischluft mithilfe von Belüftungsanlagen in die Stollen zu pumpen. Das verursacht Kosten.

Auch über Tage ist Frischluft heute zu bestimmten Zeiten und an bestimmten Orten kein freies Gut mehr. Luftverschmutzung (z. B. zu hoher Ozongehalt) kann aber durch Kosten verursachende Maßnahmen (z. B. Einbau von Katalysatoren in Kfz) zumindest teilweise vermieden werden.

Knappe Güter: Ursache des Wirtschaftens

B **Freie und knappe Güter**

Meerwasser, Luft, Sand und Sonne sind freie Güter. Strandkörbe hingegen sind – ebenso wie die Freizeit, die nötig ist, um die Körbe nutzen zu können – knappe Güter.

Das **Spannungsverhältnis** zwischen den als unbegrenzt angenommenen **Bedürfnissen** und den knappen **Gütern** ist die Antriebskraft allen wirtschaftlichen Handelns und damit die Ursache für die Produktion von Gütern.

D Wirtschaften bedeutet, planvolle Entscheidungen über die Herstellung und Verwendung knapper Güter zum Zweck der Bedürfnisbefriedigung zu treffen.

Wirtschaftliche Güter als Ergebnis eines Produktionsvorgangs sind deswegen knapp, weil auch die für die Produktion notwendigen Hilfsmittel **(Ressourcen)**[1] knapp sind.

D Ressourcen sind Hilfsmittel zur Produktion. Sie umfassen neben Geldmitteln und Gütern für Produktionszwecke auch die Arbeitsfähigkeit eines Menschen, sein Wissen und die Zeit.

1 Ressourcen *(franz.)*: Hilfsmittel

Alternativkosten (Opportunitätskosten)

Die **Knappheit der Ressourcen** bewirkt, dass die Menschen eine Auswahl treffen und sich für die Produktion bestimmter Güter **entscheiden** müssen. Diese Entscheidung bedeutet gleichzeitig immer, dass auf andere Güter, die möglicherweise statt der ausgewählten Güter hätten hergestellt werden können, verzichtet werden muss. Der durch diesen **Verzicht** entstehende **Nutzenentgang** wird in der Volkswirtschaftslehre als eine besondere Art von Kosten aufgefasst. Diese Kosten werden als **Alternativkosten** (Opportunitätskosten)[1] bezeichnet.

D

Unter Alternativkosten (Opportunitätskosten) ist der entgangene Nutzen zu verstehen, der bei anderer Verwendung der knappen Ressourcen hätte erzielt werden können.

B

Alternativkosten (Opportunitätskosten)

Schülerin Eva steht am Nachmittag eines warmen Sommertags vor der Entscheidung, ins Freibad zu gehen oder sich auf die am nächsten Tag anstehende Klassenarbeit vorzubereiten. Die Ressource Zeit reicht nicht aus, um **beide** Alternativen wahrzunehmen. (Dabei ist unterstellt, dass man sich auf der Liegewiese eines Freibads nicht wirklich angemessen auf eine Klassenarbeit vorbereiten kann.) Entscheidet sie sich für den Freibadbesuch, entstehen ihr Alternativkosten in Höhe des entgangenen Nutzens einer besseren Klassenarbeitsnote, die sie andernfalls möglicherweise erreicht hätte. Für Schüler Jan, der in seiner Freizeit ins Fußballstadion statt ins Theater geht, reichen die Ressourcen (Zeit und möglicherweise auch Geld) nicht für beide Alternativen aus. Die Alternativkosten des Stadionbesuchs bestehen in dem entgangenen Nutzen des Theaterbesuchs.

1.2 Grundfragen und Methoden der Volkswirtschaftslehre

Lernziele:

Nach der Bearbeitung des Kapitels sind Sie in der Lage, Folgendes zu tun:

Sie ...

- ... benennen die vier Grundfragen, die in jeder Wirtschaftsgesellschaft gelöst werden müssen.
- ... erklären die vier Grundfragen allgemein und am Beispiel der Robinsonwirtschaft.
- ... erläutern den Zweck von Modellen in der Volkswirtschaftslehre.
- ... beschreiben das Modell des Homo oeconomicus.
- ... diskutieren das Modell des Homo oeconomicus.

B

Bei der Geschichte von ROBINSON CRUSOE handelt es sich aus der Sicht der Volkswirtschaftslehre um ein naturalwirtschaftliches Modell, das auch als Robinsonwirtschaft bezeichnet wird. In dieser Naturalwirtschaft spielt Geld, das in unserer heutigen Volkswirtschaft (Geldwirtschaft) nicht mehr wegzudenken ist, keine Rolle. Daher eignet sich dieses Modell besonders gut, um die grundlegenden Probleme wirtschaftender Menschen deutlich zu machen. Menschen müssen einerseits im Kampf mit der Natur Güter gewinnen und herstellen, um überleben zu können. Andererseits sind sie aber aufgrund von Arbeitsteilung und der sich daraus ergebenden Notwendigkeit zum Güteraustausch auch gezwungen, sich mit den anderen Mitgliedern der Wirtschaftsgesellschaft auseinanderzusetzen.

1 Opportunität *(lat.)*: Zuverlässigkeit

Wesentliches Kennzeichen moderner Volkswirtschaften ist die Arbeitsteilung. In Zehntausenden von Betrieben werden Güter zur Bedürfnisbefriedigung von vielen Millionen Haushalten produziert.

Angesichts der unzähligen Bedürfnisse und der begrenzten Produktionsmöglichkeiten ergeben sich **Abstimmungsprobleme.** In jeder Volkswirtschaft müssen daher die folgenden vier Fragen beantwortet werden:

1. **Welche Güter sollen in welcher Menge produziert werden?**

   Angesichts der unbegrenzten Bedürfnisse und der begrenzten Produktionsmöglichkeiten muss eine Entscheidung über Art und Umfang der zu produzierenden Güter getroffen werden **(Allokationsproblem)**[1].

2. **Wie sollen die Güter produziert werden?**

   Die Produktion der Güter kann möglicherweise auf unterschiedliche Art und Weise mit verschiedenen Verfahren, Methoden und Techniken erfolgen **(Effizienzproblem).**

3. **Für wen sollen die Güter produziert werden?**

   In jeder arbeitsteiligen Wirtschaft findet ein Güteraustausch statt. Es müssen Entscheidungen über die Verteilung der Güter getroffen werden **(Verteilungsproblem).**

4. **Von wem und wie werden die Entscheidungen getroffen?**

   Die ersten drei grundlegenden Fragen sind **allen Wirtschaftsgesellschaften** gemeinsam. Allerdings können diese Probleme in unterschiedlicher Weise gelöst werden. Anhand der Frage, wer (d. h. welche Instanz) darüber bestimmt, was, wie und für wen produziert wird, lassen sich verschiedene **Wirtschaftsordnungen** unterscheiden **(Ordnungsproblem).**

B Entscheidungen in einer Robinsonwirtschaft

Auch der schiffbrüchige ROBINSON CRUSOE muss auf seiner einsamen Insel folgende Entscheidungen treffen:

1. **Was und wie viel soll produziert werden?**
   Sollen nur Kokosnüsse gesammelt oder auch Fische vom Ufer aus gefangen werden? Wie viel Zeit soll für das Sammeln von Beeren verwendet werden?
2. **Wie bzw. mit welchen Methoden soll produziert werden?**
   Soll ein Boot gebaut werden, um zum Fischfang aufs Meer hinauszufahren, oder soll die für den Bootsbau nötige Zeit eingespart und nur mit einer Angel vom Ufer aus gefischt werden? Sollen ROBINSON und sein Gefährte FREITAG jeder für sich alleine wirtschaften oder sollen sie eine „Wirtschaftsgesellschaft“ bilden, bei der sie arbeitsteilig produzieren? Soll FREITAG, weil er jünger und beim Klettern wendiger ist, sich auf das Sammeln von Kokosnüssen spezialisieren? Soll ROBINSON sich, weil er beim Fischen viel Erfahrung hat, auf den Fischfang konzentrieren?
3. **Für wen soll produziert werden bzw. welchen Anteil soll jeder an den produzierten Gütern erhalten?**
   ROBINSON und FREITAG teilen sich entsprechend ihrer unterschiedlichen Fähigkeiten die Arbeit. Dadurch ist eine zuvor nicht notwendige Entscheidung zusätzlich zu treffen: Soll jeder den gleichen Anteil am Produktionsergebnis erhalten? Steht FREITAG, der jünger und dadurch leistungsfähiger ist, ein größerer Anteil zu, weil er ein größeres Sammelergebnis erzielt als ROBINSON? Soll ROBINSON, weil er zuvor einige Hilfsmittel (Angel, Boot) hergestellt hat, einen größeren Anteil erhalten?
4. **Wer entscheidet darüber, was, wie und für wen produziert werden soll?**
   Soll ROBINSON auch für FREITAG bestimmen, ob er Kokosnüsse und/oder Fische beschaffen und konsumieren darf? Soll jeder für sich alleine entsprechend seinen Bedürfnissen und Vorlieben bestimmen, welche Güter er beschaffen möchte? Soll die Möglichkeit zum Tauschhandel bestehen und der „Markt“ darüber entscheiden, was, wie und für wen produziert wird?

Mit diesen vier Grundfragen jeder Wirtschaftsgesellschaft ist gleichzeitig auch ein wesentliches Aufgaben- und Arbeitsgebiet der Volkswirtschaftslehre umschrieben.

1 Allokation *(lat.)*: Zuordnung, Verteilung; Im vorliegenden Zusammenhang ist die Zuordnung der Produktionsfaktoren auf die verschiedenen Einsatzmöglichkeiten zur Güterproduktion gemeint.

D Die Volkswirtschaftslehre befasst sich im Wesentlichen mit den Entscheidungen, die einzelne Personengruppen, Institutionen oder die Gesellschaft im Zusammenhang mit Einsatz und Verteilung knapper Güter für Produktion und Konsum treffen.

Modellbildung als Hilfsmittel zur Analyse der Wirklichkeit auf vereinfachter Grundlage

Wirklichkeit
Vereinfachte Abbildung der Wirklichkeit (Abstraktion)

↓

Modell
Veränderung der Modellannahmen (Prämissen) durch zunehmende Anpassung an die Realität

↓

empirische Überprüfung der abgeleiteten Vermutungen (Hypothesen)

Wegen des vielschichtigen und unübersichtlichen Beziehungsgeflechts zwischen den am Wirtschaftsprozess Beteiligten, können die volkswirtschaftlichen Untersuchungen aber nicht unmittelbar an der Wirklichkeit ansetzen. Vielmehr muss versucht werden, die vielfältigen Wirtschaftsbeziehungen in vereinfachter Form darzustellen. Dazu dienen **Modelle**, wie sie beispielsweise auch in Technik, Naturwissenschaften und Mathematik üblich sind. Das Denken in Modellen ist typisch für die Volkswirtschaftslehre. Volkswirtschaftliche Denkmodelle dienen dazu, die ökonomische Wirklichkeit auf vereinfachten Grundlagen zu analysieren. Dabei bleiben Einflussfaktoren, die für den jeweiligen Untersuchungszweck als weniger wichtig angesehen werden, zunächst unberücksichtigt (= **Abstraktion**[1]). Für die Modellbildung müssen somit vereinfachende Annahmen **(Prämissen)** getroffen werden. Durch schrittweise Einführung von wirklichkeitsnäheren Annahmen kann versucht werden, den Abstraktionsgrad der Modelle zu verringern **(Prinzip der abnehmenden Abstraktion)**. Modelle, deren Ergebnisse nicht durch Erfahrung überprüft werden können, weil die zugrunde liegenden Bedingungen nicht deutlich formuliert sind oder realitätsfremde Verhaltensannahmen nicht schrittweise der Realität angepasst werden (z. B. Modell des *Homo oeconomicus*) leisten keinen Beitrag zur Erklärung der Wirklichkeit.

Modell des Homo oeconomicus

Die am Wirtschaftsprozess beteiligten Personen und Gruppen **(Wirtschaftssubjekte)** treffen im Alltag häufig irrationale, durch Gefühle, Gewohnheiten, Bequemlichkeit, Werbung, Mode, gesellschaftlichen Druck und andere Faktoren beeinflusste Entscheidungen. Die Wirtschaftstheorie geht bei ihren Untersuchungen aber häufig vom **Modell** eines ausschließlich wirtschaftlich denkenden Menschen *(Homo oeconomicus)* aus, der sich uneingeschränkt rational verhält und seinen Nutzen bzw. seinen Gewinn zu maximieren versucht. Bei dieser Beschränkung auf rein wirtschaftliche Handlungsmotive werden alle anderen Einflussfaktoren außer Acht gelassen **(= Abstraktion).**[1]

D Als *Homo oeconomicus* wird das Modell eines in Wirklichkeit nicht existierenden Menschen bezeichnet, der ausschließlich wirtschaftlich handelt und das Ziel verfolgt, seinen eigenen materiellen Nutzen zu maximieren.

D Das Menschenbild des *Homo oeconomicus* wird in der Wirstchaftstheorie dazu benutzt, um modellhaft menschliches Verhalten bei wirtschaftlichen Entscheidungen (z. B. Kaufentscheidungen) zu erklären.

Im folgenden Kapitel werden die dem Homo oeconomicus unterstellten modellmäßigen Verhaltensweisen mit dem tatsächlichen Verhalten von Menschen bei wirtschaftlichen Entscheidungen verglichen.

➡ 2.1

Neben dem bereits beschriebenen naturalökonomischen Modell einer Robinsonwirtschaft werden in späteren Kapiteln dieses Buches weitere Modelle als Hilfsmittel zur Erklärung der Wirklichkeit benutzt. Dazu gehören u. a. das Modell des Wirtschaftskreislaufs und das Marktmodell.

➡ 3.1

1 abstrahieren *(lat.)*: von etwas absehen; Abstraktion: wissenschaftliches Verfahren zur Vereinfachung komplizierter Sachverhalte

1.3 Wirtschaften als vernünftiges menschliches Handeln

Lernziele:

Nach der Bearbeitung des Kapitels sind Sie in der Lage, Folgendes zu tun:

Sie ...

- ... beschreiben, was „Wirtschaften" bedeutet.
- ... erläutern das ökonomische Prinzip als Maximal- und Minimalprinzip.
- ... nennen Beispiele für vernünftige und unvernünftige Kaufentscheidungen.
- ... erläutern, welche Rolle Alternativkosten (Opportunitätskosten) bei der Anwendung des ökonomischen Prinzips spielen.
- ... beschreiben, warum die Anwendung des ökonomischen Prinzips nicht mit egoistischem Handeln gleichzusetzen ist.
- ... erläutern, wodurch sich das modellhafte Verhalten eines Homo oeconomicus vom menschlichen Verhalten in der Realität unterscheidet.
- ... diskutieren, welche Gründe bestimmte Konsumenten veranlassen können,
  - in einem Eine-Welt-Laden für fair gehandelten Kaffee den doppelten Preis gegenüber herkömmlichem Kaffee zu bezahlen,
  - in einem Bioladen Lebensmittel erheblich teurer einzukaufen.
- ... beschreiben, was Verhaltenskodizes sind und wozu diese dienen.
- ... unterscheiden zwischen egoistischem und nutzenmaximierendem Verhalten.

1.3.1 Ökonomisches Prinzip und Homo oeconomicus

Minimalprinzip – Maximalprinzip

Ursache und Motor allen wirtschaftlichen Handelns ist das **Spannungsverhältnis** zwischen den als unbegrenzt angenommenen **Bedürfnissen** und den knappen **Gütern**. Um dieses Spannungsverhältnis so weit wie möglich zu entschärfen und ein höchstmögliches Maß an Bedürfnisbefriedigung zu erreichen, ist ein effizienter[1] Einsatz der knappen Güter nötig. Es muss **gewirtschaftet** werden.

D Wirtschaften bedeutet, planvolle Entscheidungen über die Herstellung und Verwendung knapper Güter zum Zweck der Bedürfnisbefriedigung zu treffen. Dabei müssen die Kosten der Gütererstellung und der Nutzen, den diese Güter stiften, in einem vernünftigen Verhältnis zueinander stehen.

Bei vernünftigem Handeln erfolgt der Einsatz der knappen Güter nach dem **ökonomischen Prinzip** (Wirtschaftlichkeitsprinzip, Rationalprinzip). Das ökonomische Prinzip tritt in zwei Formen auf:

Maximalprinzip	Minimalprinzip
Mit **gegebenen Mitteln** soll ein **höchstmöglicher Erfolg** erreicht werden.	Ein **bestimmter Erfolg** soll mit **geringstmöglichem Mitteleinsatz** erreicht werden.

1 Effizienz *(lat.)*: Wirksamkeit; Ziel mit gegebenen Mitteln ein maximales Produktionsergebnis zu erzielen.

B

Produzenten (Unternehmen) setzen die vorhandenen Produktionsmittel so ein, dass ein höchstmöglicher Gewinn erzielt wird **(Gewinnmaximierung).** Konsumenten (Haushalte) versuchen mit gegebenem Einkommen einen höchstmöglichen Nutzen zu erzielen **(Nutzenmaximierung).**	Produzenten (Unternehmen) versuchen ein bestimmtes Produktionsergebnis mit geringstmöglichen Kosten zu erzielen **(Kostenminimierung).** Konsumenten (Haushalte) versuchen durch Preis- und Qualitätsvergleiche für die benötigten Güter den geringstmöglichen Geldbetrag auszugeben **(Ausgabenminimierung).**

D

Das ökonomische Prinzip kommt in zwei Ausprägungen vor:
(1) „Handle so, dass bei gegebenem Mitteleinsatz der Nutzen maximiert wird!" (Maximalprinzip)
(2) „Handle so, dass bei vorgegebenem Nutzen der Mitteleinsatz minimiert wird!" (Minimalprinzip).

Ökonomisches Prinzip: Allgemeiner Grundsatz vernünftigen Handelns

Das ökonomische Prinzip gilt in jeder Wirtschafts- und Gesellschaftsordnung. Andernfalls würde es zu einer Verschwendung knapper Mittel kommen. Wichtig ist aber die Erkenntnis, dass das ökonomische Prinzip als allgemeingültiges Rationalprinzip nicht nur im wirtschaftlichen Bereich, sondern in nahezu allen menschlichen Lebensbereichen zur Anwendung kommt. Es ist ein allgemein anerkannter und unbestrittener Grundsatz jeden vernünftigen menschlichen Handelns.

B

Anwendung des ökonomischen Prinzips im täglichen Leben

Schüler Daniel will bei der Vorbereitung auf eine Klassenarbeit mit einer bestimmten Vorbereitungszeit die bestmögliche Note oder eine bestimmte Note mit einer minimalen Vorbereitungszeit erzielen. Unsinnig, weil logisch nicht erfüllbar, wäre dagegen die Forderung, mit geringstmöglichem Zeitaufwand (= Vorbereitungszeit null) das bestmögliche Ergebnis (= volle Punktzahl) zu erreichen.

D

Das ökonomische Prinzip (= Rationalprinzip) ist ein allgemeiner Grundsatz jeden vernünftigen menschlichen Handelns. Seine Anwendung ist nicht auf wirtschaftliche Entscheidungssituationen beschränkt, sondern erstreckt sich auf alle Lebensbereiche.

Trotzdem wird das ökonomische Prinzip häufig als Forderung nach selbstsüchtigem und eigennützigem Handeln missverstanden. Diese Interpretation ist unzutreffend. In Wirklichkeit bezieht sich das ökonomische Prinzip weder auf Ziele (**Was** soll erreicht werden?) noch auf Motive (**Warum** soll etwas erreicht werden?). Vielmehr beinhaltet das ökonomische Prinzip **ausschließlich** eine Forderung, **wie** (d. h. auf welche Weise und mit welchen Mitteln) ein bestimmtes Ziel erreicht werden soll. Der Mitteleinsatz soll demnach **effizient** (d. h. sparsam und zugleich wirksam) sein.

D

Das ökonomische Prinzip sagt nichts darüber aus, was erreicht werden soll (Ziel) und warum dies erreicht werden soll (Motiv). Es beinhaltet lediglich die Forderung, wie (auf welche Weise und mit welchen Mitteln) etwas erreicht werden soll.

Unterscheidung zwischen ökonomischem Prinzip und Homo oeconomicus

1.5, S. 57

Keinesfalls dürfen ökonomisches Prinzip und Verhalten des *Homo oeconomicus* gleichgesetzt werden. Zwar wendet der Homo oeconomicus zur Erreichung seiner Ziele (z. B. Gewinnmaximierung) aus eigennützigen Motiven das ökonomische Prinzip an. Umgekehrt entspricht aber nicht jede Anwendung des ökonomischen Prinzips gleichzeitig dem egoistischen Verhalten des *Homo oeconomicus.*

1.6, S. 58

Das ökonomische Prinzip ist – wie das folgende Beispiel der Rettung eines Ertrinkenden zeigt – nicht mit Egoismus gleichzusetzen und ethisch nicht verwerflich.

B **Ökonomisches Prinzip und Altruismus**[1]

„Wenn man z. B. jemand aus dem Wasser zieht, so ist das im Allgemeinen sicher altruistisch gehandelt. Und doch lassen sich auf den Vorgang gewisse wirtschaftliche Grundsätze anwenden: Man schwimmt auf dem kürzesten Weg auf den Betreffenden zu, erfasst ihn in der zweckmäßigsten Weise und versucht ihn so schnell wie möglich, mit dem geringsten Kraftaufwand als möglich, wieder an Land zu bringen."[2]

D Ein Handeln nach dem ökonomischen Prinzip ist nicht gleichbedeutend mit dem Verhalten des *Homo oeconomicus*. Die Befolgung des ökonomischen Prinzips ist nicht gleichzusetzen mit egoistischem Streben.

Berücksichtigung von Alternativkosten

Ein Käufer, der vernünftig handelt und das ökonomische Prinzip befolgt, würde normalerweise alle Produktinformationen nutzen (z. B. Werbung, Verbraucherberatung, Testberichte der Stiftung Warentest), Preise und Qualität vergleichen und nach der günstigsten Einkaufsmöglichkeit suchen. Allerdings kann auch ein Verbraucherverhalten, das für einen außenstehenden Beobachter scheinbar unvernünftig ist, in Wirklichkeit höchst vernünftig sein. Ein Verbraucher, der auf die Beschaffung von Produktinformationen und Preisvergleiche verzichtet, spart nämlich neben den Kosten für die Informationsbeschaffung auch Zeit. Diese Kosten- und Zeitersparnis ist ihm möglicherweise wichtiger als die Gewissheit, nach langem Suchen die günstigste Einkaufsmöglichkeit gefunden zu haben.

Hätte der Verbraucher seine Zeit mit der Informationsbeschaffung und dem Vergleichen von Preisen verbracht, hätte er auf den Nutzen, den er jetzt durch die Zeitersparnis erzielt hat, verzichten müssen. Ein solcher Nutzenverzicht wird als **Alternativkosten** (Opportunitätskosten) bezeichnet.

D Vernünftig handelnde Menschen versuchen, die für die Erreichung eines bestimmten Ziels anfallenden Kosten möglichst gering zu halten. Dies schließt auch die Berücksichtigung von Alternativkosten mit ein.

1.3.2 Konsumentenverhalten in der Realität

Wirtschaftlich unvernünftiges Verhalten

Der Konsumtheorie als Teil der Volkswirtschaftslehre liegt das Menschenbild des vernünftig (rational) handelnden *Homo oeconomicus* zugrunde. Damit wird unterstellt, dass die Konsumenten unbeeinflusst von äußeren Einflüssen (z. B. Mitmenschen, Werbung) ihre Vorlieben (= Präferenzen) für bestimmte Produkte entwickeln. Beim Kauf wählen sie rational und freiwillig die ihren Bedürfnissen am besten entsprechenden Güter aus.

1 Altruismus *(lat.)*: Selbstlosigkeit, Uneigennützigkeit (Gegensatz zu Egoismus)
2 Quelle: Schumpeter, Joseph Alois.: Wesen und Hauptinhalt der theoretischen Nationalökonomie, Berlin: Duncker & Humblot 1908.

Solche mündigen und unabhängigen (souveränen) Verbraucher lassen sich von der Werbung nicht verführen, sondern nur informieren.

B Unvernünftige Kaufentscheidungen

Lässt sich die Schülerin Ina in einer Boutique zu ungeplanten Impulskäufen verleiten, indem sie aufgrund von Werbung oder weil ihre Freundinnen ihr dazu raten, einen nicht benötigten oder überteuerten Pullover kauft, handelt sie nicht wie ein Homo oeconomicus, da sie mit den gegebenen Mitteln (Taschengeld), nicht den höchst möglichen Nutzen erzielt. Sie handelt im Sinne der ökonomischen Theorie unvernünftig (irrational) bzw. unwirtschaftlich.

Das tatsächliche Verbraucherverhalten ist dagegen großenteils durch Gewohnheiten, Nachahmung, Bequemlichkeit, Modetrends, soziales Ansehen u. Ä. bestimmt. Zudem kann es noch durch Einflüsse der Werbung manipuliert sein. Im Sinne der Wirtschaftslehre handelt es sich dabei nicht um vernünftige (rationale) Kaufmotive. Ein solches Verbraucherverhalten, das maßgeblich durch soziale Einflussfaktoren bestimmt wird (z. B. bei Modeerscheinungen), zeigt ebenso wie das impulsive Verhalten bei Spontankäufen oder das zufällige Verhalten bei Bagatellkäufen, dass bei Konsumentenentscheidungen nicht nur wirtschaftliche, sondern auch soziologische und psychologische Faktoren eine bedeutende Rolle spielen.

Fairness und Kooperation statt egoistischer Rücksichtslosigkeit

Untersuchungen und psychologische Experimente – wie z. B. das Ultimatum-Spiel – zeigen, dass das tatsächliche Verhalten vieler Menschen auch in wirtschaftlichen Entscheidungssituationen häufig nicht in egoistischer Weise an der kurzfristigen Maximierung des eigenen materiellen Nutzens orientiert ist. Vielmehr wird in der Regel auch berücksichtigt, wie andere Menschen voraussichtlich auf das eigene Verhalten reagieren und welche allgemein anerkannten Regeln menschlichen Zusammenlebens (soziale Normen und Werte wie z. B. Fairness und Mitgefühl) zu beachten sind. Nicht-egoistisches Verhalten ist durchaus mit dem Ziel der Nutzenmaximierung vereinbar, da Mildtätigkeit, Mitgefühl, Gewissensberuhigung usw. auch einen individuellen Nutzen stiften, weil man das Gefühl hat, etwas Gutes getan zu haben (*warm glow* Effekt).

1.7, S. 58

Kundenbefragungen zeigen beispielsweise, dass zahlreiche Konsumenten die Produkte von sozial engagierten Unter nehmen bevorzugen (insbesondere dann, wenn sie den Konkurrenzprodukten hinsichtlich Preis und Qualität nicht unterlegen sind). Das soziale Engagement von Unternehmen und deren freiwillige Selbstverpflichtung zur Einhaltung bestimmter Regeln **(Verhaltenskodizes**[1]**)** ist daher meistens mit dem wirtschaftlichen Interesse an einer Absatzsteigerung verbunden.

1 Kodex *(lat.)*: Gesetzbuch, hier: freiwillige Selbstverpflichtung zur Einhaltung bestimmter Regeln und Verhaltensweisen

B

So viel Prozent der Konsumenten würden Produkte eines Herstellers zumindest manchmal bevorzugen, wenn er …	
… auf Kinderarbeit verzichtet	53 %
… umweltfreundliche Produkte herstellt.	39 %
… mit Energie und Rohstoffen sparsam umgeht.	39 %
… sich nicht in Ländern betätigt, in denen elementare Menschenrechte verletzt werden.	37 %
… keine Rüstungsgüter produziert bzw. nicht damit handelt.	32 %

Quelle: Piepel, Klaus: "Ethische Konsumenteninteressen", in: Sozialsiegel und Verhaltenskodizes. Eine Standortbestimmung. Aachen: Misereor Verlag 2000, S. 6.

Siehe dazu auch die Informationskampagne zum Fairen Handel unter www.fair-feels-good.de

1.8, S. 59

Die „guten Taten" eines Unternehmens (z. B. Foto in der Tageszeitung von der Übergabe eines Schecks an die Leiterin eines Kindergartens in der Weihnachtszeit) sollen entsprechend dem Grundsatz „Das Unternehmensimage von heute ist der Umsatz von morgen" das Ansehen in der Öffentlichkeit fördern. Tatsächlich zeigt die Erfahrung, dass sich ethisch verantwortliches Handeln auch in höheren Gewinnen niederschlagen kann.

D Nutzenmaximierung ist nicht identisch mit Egoismus. Untersuchungen über menschliches Verhalten zeigen, dass auch bei wirtschaftlichen Entscheidungen häufig statt Egoismus die Berücksichtigung sozialer Normen wie Fairness und Kooperation zur Nutzenmaximierung beiträgt.

B **Experiment: Ultimatum-Spiel**

Dieses Experiment zur Untersuchung von menschlichem Verhalten kann mit zwei Personen A und B, die nicht miteinander befreundet sein sollen, wie folgt durchgeführt werden. Der Spielleiter überreicht Spieler A (symbolisch) 100,00 € und erläutert die Spielregel: „Stellen Sie sich vor, Sie bekommen diese 100,00 € unter folgender Bedingung geschenkt: Sie müssen das Geschenk mit Ihrem Partner teilen. Sie können aber selbst bestimmen, wie viel Sie abgeben wollen. Aber nur wenn Ihr Partner die Schenkung annimmt, kann jeder seinen Anteil behalten. Lehnt Ihr Partner ab, gehen beide leer aus. Wie viel Euro bieten Sie Ihrem Partner an?"

Würden beide Spieler rational im Sinne des Homo oeconomicus handeln, würde A einen möglichst geringen Betrag (z. B. 1,00 €) abgeben und den Rest für sich behalten wollen. Auch für B würde der Erhalt des geringen Betrags vorteilhafter sein als die Alternative, gar nichts zu erhalten.

Empirische Untersuchungen zeigen aber, dass in Wirklichkeit Spieler A meistens zwischen 45,00 € und 50,00 € anbietet. Angebote unter 25,00 € werden vom Spieler B mit hoher Wahrscheinlichkeit abgelehnt, obwohl die rationale Nutzenmaximierung von B verlangt, jedes Angebot zu akzeptieren. Wenn Spieler B ablehnt, bewahrt er ein Stück Selbstachtung und bewirkt möglicherweise, in künftigen Situationen ein besseres Angebot zu erhalten. Spieler A dagegen vermeidet durch ein akzeptables Angebot Sanktionen. Da man auch bei Vertragsabschlüssen auf Fairness und Kooperation angewiesen ist, ist dieses Verhalten auf solche Situationen übertragbar.

Ergebnis:
Der Mensch ist kein Homo oeconomicus. Vielmehr gilt: „Bist du fair zu mir, dann bin ich fair zu dir."

1.4 Güter als Mittel der Bedürfnisbefriedigung: Arten von Gütern

Lernziele:

Nach der Bearbeitung des Kapitels sind Sie in der Lage, Folgendes zu tun:

Sie ...

- ... beschreiben den Zusammenhang zwischen Gütern und Nutzen.
- ... unterscheiden verschiedene Güterarten.
- ... beschreiben Merkmale privater sowie öffentlicher Güter.
- ... erläutern das Trittbrettfahrerproblem.
- ... begründen die Bereitstellung öffentlicher Güter durch staatliche Institutionen.

Beschaffenheit, Verwendungszweck und Nutzungsdauer von Gütern

Wirtschaftliche Güter lassen sich nach ihrer **Beschaffenheit** in **materielle** und **immaterielle Güter** unterteilen. **Waren (Sachgüter)** sind materielle Güter. **Dienstleistungen** sind dagegen immaterielle Güter.

Nach ihrem **Verwendungszweck** lassen sich **Konsumgüter** und **Produktionsgüter** (Kapitalgüter) unterscheiden. Konsumgüter können die Bedürfnisse von Verbrauchern unmittelbar befriedigen. Sie werden von **privaten Haushalten** verwendet. Produktionsgüter dienen zur Herstellung anderer Güter. Sie werden von **Unternehmen** verwendet.

Nach der Dauer bzw. der Wiederholbarkeit der Nutzung lassen sich **Verbrauchsgüter** und **Gebrauchsgüter** unterscheiden. Verbrauchsgüter verwandeln oder verzehren sich bei ihrer Verwendung. Gebrauchsgüter können über einen längeren Zeitraum genutzt werden und unterliegen der **Abnutzung**.

Wirtschaftliche Güter nach Beschaffenheit, Verwendungszweck und Nutzungsdauer					
Materielle Güter (**Waren, Sachgüter**)				**Immaterielle Güter** (**Dienstleistungen**)	
Konsumgüter		**Produktionsgüter** (Kapitalgüter)			
Gebrauchsgüter	**Verbrauchsgüter**	**Gebrauchsgüter** (Investitionsgüter)	**Verbrauchsgüter**	**Konsumgüter**	**Produktionsgüter**
Radiogerät in einem privaten Haushalt	Butter, Benzin für Urlaubsreise mit privatem Pkw	Büromöbel, Maschinen	Dieselkraftstoff für den Lkw einer Spedition	Konsumentenkredit, Zoo, Schwimmbad	Reparatur eines Geschäftswagens

1.9, S. 59

Ob ein Gut ein Konsumgut oder ein Produktionsgut ist, wird nicht durch bestimmte Eigenschaften des Gutes, sondern ausschließlich durch die Art seiner Verwendung bestimmt. Je nach Verwendungsart kann ein und dasselbe Gut sowohl Konsumgut als auch Produktionsgut sein. Ein für eine Urlaubsfahrt benutztes Auto ist beispielsweise ein Konsumgut. Wird das Auto dagegen von einem Handelsvertreter für seine Kundenbesuche benutzt, handelt es sich um ein Produktionsgut.

Private und öffentliche Güter

Je nachdem, wer die Güter bereitstellt, kann zwischen **privaten Gütern** (Individualgüter) und **öffentlichen Gütern** (Kollektivgüter) unterschieden werden.

Private Güter on privaten Unternehmen angeboten (z. B. Nahrungsmittel, Autos). Die Nutzung dieser Güter durch andere Personen kann davon abhängig gemacht werden, dass eine Gegenleistung (z. B. Kaufpreis, Miete, Arbeitsleistung) erbracht wird. Alle Interessenten, die die geforderte Gegenleistung nicht erbringen, können – notfalls mit gerichtlicher Hilfe – von der Nutzung der Güter ausgeschlossen wwerden verden **(Ausschlussprinzip)**.

§

§ 903 BGB [Befugnisse des Eigentümers]

Der Eigentümer einer Sache kann, soweit nicht das Gesetz oder Rechte Dritter entgegenstehen, mit der Sache nach Belieben verfahren und andere von jeder Einwirkung ausschließen.

D Bei privaten Gütern bestehen Eigentumsrechte, aufgrund derer andere Personen von der Nutzung dieser Güter ausgeschlossen werden können. Es gilt das Ausschlussprinzip.

Bei bestimmten Bedürfnissen erfolgt die Befriedigung aber zweckmäßigerweise nicht individuell, sondern gemeinschaftlich (z. B. innere und äußere Sicherheit eines Landes). Bei den dazu dienenden Gütern (z. B. Polizeiwesen, Landesverteidigung), die üblicherweise vom Staat bereitgestellt werden, handelt es sich um **öffentliche Güter** (Kollektivgüter).

Anders als bei privaten Gütern ist die Möglichkeit zur Nutzung öffentlicher Güter nicht von einer direkten Gegenleistung abhängig. Das Ausschlussprinzip kommt bei öffentlichen Gütern nicht zur Anwendung. Das bedeutet aber nicht unbedingt, dass ein Ausschluss in allen Fällen unmöglich ist. Häufig verzichtet der Staat vielmehr auf die Anwendung des Ausschlussprinzips, weil die Durchsetzung zu hohe Kosten verursacht (z. B. Straßen) oder aus sozial- und verteilungspolitischen Gründen unerwünscht ist (z. B. Bildungseinrichtungen).

D Bei öffentlichen Gütern kommt das Ausschlussprinzip nicht zur Anwendung. Ihre Nutzung ist nicht von der Erbringung einer direkten Gegenleistung abhängig.

1.10, S. 59

Bei öffentlichen Gütern versagt die Bereitstellung über den Markt oder sie führt zu unbefriedigenden Ergebnissen, weil sich viele Personen als **Trittbrettfahrer** verhalten. Typische Beispiele dafür sind Straßenbeleuchtung, Leuchttürme und Hochwasserdämme. Diese Personen wollen die öffentlichen Güter zwar nutzen, sind aber nicht bereit, dafür eine Gegenleistung zu erbringen, weil sie wissen, dass sie nicht von der kostenlosen Nutzung dieser Güter ausgeschlossen werden können. Das **Marktversagen** bei öffentlichen Gütern bedingt staatliche Eingriffe in das Wirtschaftsgeschehen.

D Öffentliche Güter werden meistens von staatlichen Institutionen bereitgestellt. Sie sind nicht für einen Handel auf Märkten geeignet (Marktversagen).

1.5.2

2.4.1

Auch **freie Güter**, die u. a. solche Naturerscheinungen wie Luft, Wasser, Sonne und Wind umfassen und zu den Umweltgütern gehören, weisen wesentliche Eigenschaften öffentlicher Güter auf. Daher versagt der Markt auch bei der verantwortlichen Nutzung der Umwelt, sodass staatliche Maßnahmen zum **Umweltschutz** und zur **Umweltsanierung** nötig werden.

1.5 Volkswirtschaftliche Produktionsfaktoren

Lernziele:

Nach der Bearbeitung des Kapitels sind Sie in der Lage, Folgendes zu tun:

Sie ...

- ... nennen die volkswirtschaftlichen Produktionsfaktoren.
- ... definieren den Begriff „Humankapital“.
- ... erläutern, in welcher Weise die Natur als Produktionsfaktor genutzt wird.
- ... beschreiben Probleme bei der Nutzung des Produktionsfaktors Natur.
- ... erläutern die Besonderheit von Umweltgütern als öffentliche Güter.
- ... definieren soziale (externe) Kosten.
- ... nennen Beispiele für soziale (externe) Kosten.
- ... beschreiben die Formen der Arbeitsteilung anhand der Abb. auf S. 36.
- ... erklären, warum Arbeitsteilung zu einer Produktivitätssteigerung führen kann.
- ... beschreiben den Prozess der Kapitalbildung am Beispiel der Robinsonwirtschaft.
- ... erklären den Begriff „Produktionsumweg“ im Zusammenhang mit der Kapitalbildung.
- ... erläutern die Aussage: „Sparen ist Voraussetzung für die Kapitalbildung“.
- ... unterscheiden Brutto-, Netto- und Ersatzinvestitionen voneinander.
- ... unterscheiden Anlage- von Vorratsinvestitionen.

1.5.1 Einteilung der Produktionsfaktoren

Nur wenige Güter sind von Natur aus in konsumfähiger Form vorhanden (z. B. Wildfrüchte). In den meisten Fällen durchlaufen Güter einen langwierigen Produktionsprozess mit mehreren Produktionsstufen, bevor sie geeignet sind, den Endverbrauchern (Konsumenten) unmittelbar zur Bedürfnisbefriedigung zu dienen. Wird der Produktionsprozess eines solchen Konsumgutes (z. B. Brot) über die verschiedenen Produktionsstufen bis zum Ursprung zurückverfolgt, lässt sich erkennen, dass am Anfang des Produktionsprozesses die Güter Natur und Arbeit stehen und als **Produktionsfaktoren** eingesetzt werden.

D Produktionsfaktoren sind Güter, die für die Herstellung anderer wirtschaftlicher Güter benötigt werden.

D Natur und Arbeit sind ursprüngliche Produktionsfaktoren, weil sie zur Produktion benötigt werden, selbst aber nicht produziert werden müssen.

Heutzutage ist kaum noch ein Produktionsprozess denkbar, bei dem neben Natur und Arbeit nicht auch Produktionsgüter (z. B. Werkzeuge, Maschinen) als dritter Produktionsfaktor eingesetzt werden. Solche Produktionsgüter sind zuvor mithilfe anderer Produktionsfaktoren hergestellt worden. Es handelt sich also um produzierte Produktionsmittel, die auch als **Sachkapital (Realkapital)** bezeichnet werden.

D Unter dem Produktionsfaktor Kapital werden in der Volkswirtschaftslehre produzierte Produktionsmittel (= Sachkapital, Realkapital) verstanden. Kapital ist ein abgeleiteter Produktionsfaktor, weil er nur durch Einsatz der ursprünglichen Produktionsfaktoren Natur und Arbeit hergestellt werden kann.

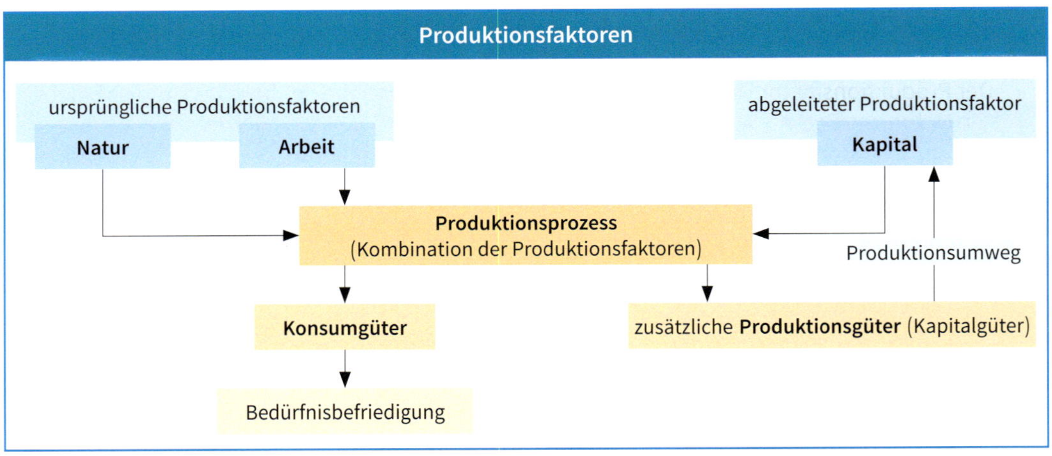

1.5.4

Maßnahmen zur Verbesserung der Qualität landwirtschaftlicher Nutzflächen (z. B. durch Kunstdünger, künstliche Be- und Entwässerung) sowie Bildungsmaßnahmen zur Qualifikation von Arbeitskräften führen dazu, dass die Produktionsfaktoren Natur und Arbeit in der heute genutzten Form großenteils nicht mehr als ursprüngliche, sondern als abgeleitete Produktionsfaktoren angesehen werden können. Bezogen auf den Produktionsfaktor Arbeit wird dies u. a. auch durch den Begriff **Humankapital** verdeutlicht. Damit ist das auf der Ausbildung von Arbeitskräften beruhende Leistungsvermögen in einer Volkswirtschaft gemeint. Wegen ihrer besonderen Bedeutung für wirtschaftliche und technische Neuerungen (Innovationen) im Produktionsprozess werden zuweilen **Bildung, Information, *Know-how*** und **technischer Fortschritt** als zusätzliche Produktionsfaktoren neben Natur, Arbeit und Kapital genannt.

1.5.2 Natur als Produktionsfaktor

Begriff und Eigenschaften

In der traditionellen Volkswirtschaftslehre wird üblicherweise vom Produktionsfaktor Boden statt vom Produktionsfaktor Natur gesprochen. Folgende Nutzungsmöglichkeiten des Bodens lassen sich unterscheiden:

- **Anbaufläche** für Land- und Forstwirtschaft,
- **Abbau** von Bodenschätzen und Energiequellen (z. B. Erdgas),
- **Standort** für Produktionsstätten und Infrastruktur (z. B. Straßen, Telefonleitungen),
- **Lagerstätte** für Abfälle aus Produktion und Konsum (z. B. Abfalldeponien).

Neben dem Boden werden aber auch andere Teilbereiche der Natur als Produktionsfaktoren genutzt. Dazu gehören beispielsweise

- Wasser, Wind und Sonne zur Energiegewinnung,
- Witterungsverhältnisse für die landwirtschaftliche Produktion,
- Klima, intakte Landschaften und unbelastete Gewässer für die Tourismusbranche,
- Luft und Wasser für die Aufnahme von Abgasen und Schadstoffen (= Deponiefunktion).

Während diese Faktoren lange als unerschöpfbar und unveränderlich angesehen wurden, ist inzwischen die begrenzte Belastbarkeit der Natur unübersehbar (z. B. Klimaveränderungen, Luft- und Wasserverschmutzungen). Die Natur ist somit über den Faktor Boden hinaus großenteils als knappes Gut anzusehen. Daher wird zunehmend vom Produktionsfaktor **Natur** oder **Umwelt** gesprochen. Dazu gehören neben solchen Naturerscheinungen wie Sonne, Wind, Luft und Wasser sowohl die nicht erneuerbaren Rohstoffe (z. B. Bodenschätze) als auch die erneuerbaren Rohstoffe (z. B. Wald- und Fischbestände)[1].

D Der Produktionsfaktor Natur (Umwelt) umfasst alle Teilbereiche der belebten und unbelebten Natur, wie Boden, Sonnenlicht, Lufthülle der Erde, Klima, Wasser, Pflanzen und Tiere.

Probleme bei der Nutzung des Produktionsfaktors Natur

Bestimmte Nutzungsformen des Bodens führen dazu, dass andere Bereiche der Natur geschädigt werden.

Mit der vermehrten Nutzung des Bodens als **Siedlungs- und Verkehrsfläche** gehen beispielsweise folgende ökologischen Probleme einher:

- Flächenversiegelung durch Bebauung und Asphaltierung mit der Folge, dass die Versickerung von Regenwasser und die Erneuerung der Grundwasservorräte verhindert sowie der Lebensraum der Tier- und Pflanzenwelt eingeschränkt wird,
- Zerschneidung der Landschaft durch Verkehrswege mit der Folge, dass empfindliche Tier- und Pflanzenarten sich aufgrund dieser unüberwindbaren Hindernisse zurückziehen oder aussterben,
- Zunahme des Individualverkehrs mit der Folge zusätzlicher Luftbelastung durch Abgase, die wiederum Gesundheitsschäden, Pflanzenschäden (Waldsterben) und Klimaveränderungen (Treibhauseffekt) verursachen.

1 Erneuerbare (regenerierbare) natürliche Ressourcen sind durch natürliche Wachstumsprozesse vergrößerbar. Dennoch sind viele erneuerbare natürliche Ressourcen gleichzeitig auch erschöpfbar (z. B. durch Ausrottung von Tier- und Pflanzenarten).

Die vermehrte **Abholzung von Waldbeständen** – insbesondere in den Entwicklungsländern – führt beispielsweise dazu, dass

- jedes Jahr ca. 50 000 Tier- und Pflanzenarten unwiederbringlich ausgerottet werden,
- das beim Verbrennen von Holz entstehende Kohlendioxid (CO_2) zum Treibhauseffekt und damit zu weltweiten Klimaveränderungen beiträgt,
- sich das durch die Regenwälder beeinflusste regionale Klima verändert und zu Dürrekatastrophen und Ausdehnung von Wüstenregionen beiträgt.

Der übermäßige Einsatz von Pflanzenschutzmitteln und die **Überdüngung** (z. B. durch die bei der Massentierhaltung anfallende Gülle) führt zu einer Vergiftung der Böden und zu einer Belastung des Grundwassers (z. B. Nitrat).

Pkw in Deutschland

je 1000 Einwohner

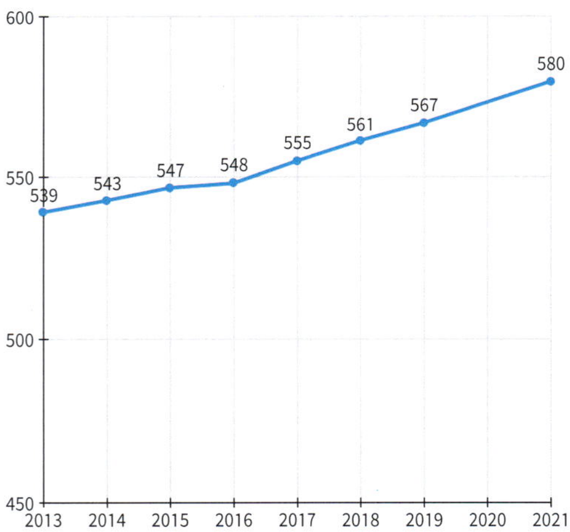

Vgl. Kraftfahrtbundesbundamt, Destatis, 2023;
Angaben jeweils vom Jahresanfang

Pkw in den Bundesländern

je 1000 Einwohner

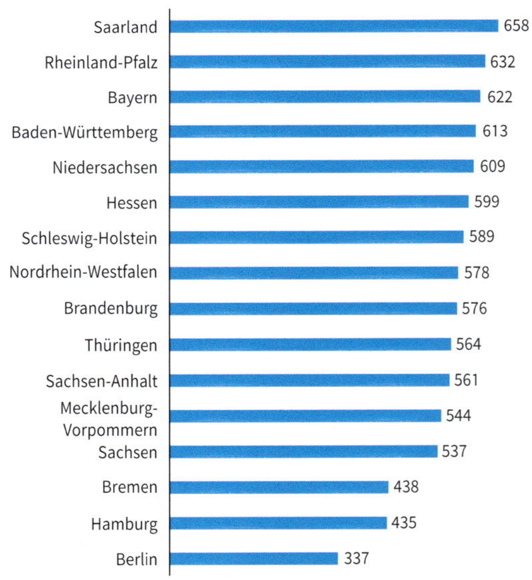

Umweltgüter (natürliche Ressourcen[1]) als öffentliche Güter

Wesentliches Merkmal **öffentlicher Güter** ist es, dass niemand von ihrer Nutzung ausgeschlossen werden kann (Polizeiwesen, Landesverteidigung, Infrastruktur wie Verkehrswege, Dämme, Straßenbeleuchtung u. Ä.). Auch wichtige Teilbereiche der **Natur** weisen dieses für öffentliche Güter kennzeichnende Merkmal auf. Wegen der fehlenden privaten Eigentumsrechte an Luft und anderen Umweltgütern kann auch in diesen Fällen niemand von deren Nutzung ausgeschlossen werden. Weil der Markt bei der Bereitstellung öffentlicher Güter versagt, muss für die Inanspruchnahme dieser Güter keine direkte Gegenleistung (Kaufpreis, Miete o. Ä.) erbracht werden. **Bei Gütern, für deren Nutzung nichts bezahlt werden muss, gibt es aber keinen wirtschaftlichen Anreiz, sparsam mit ihnen umzugehen.** Sie werden daher häufig überbeansprucht. Dies gilt auch für die Natur, die von Unternehmen **unentgeltlich** als Produktionsfaktor genutzt werden kann, indem sie beispielsweise als Auffangbecken für Emissionen (Gase, Ruß, Abwässer usw.) dient **(= Deponiefunktion der Umwelt).** Infolge der Überbeanspruchung ergeben sich Umweltbelastung und Umweltverschmutzung. **Gesamtwirtschaftlich** verursachen Luftverschmutzung, Gewässerverunreinigung, Bodenbelastung usw. aber sehr wohl **erhebliche Kosten.** So geht beispielsweise der Fischbestand in belasteten Gewässern zurück, aufgrund von Luftverschmutzung treten Atemwegserkrankungen auf und bei verseuchten Böden sind die Nutzungsmöglichkeiten als Bau- oder Ackerland eingeschränkt.

1.11, S. 60
1.4
1.12, S. 61

D Solche Kosten, die nicht demjenigen angelastet werden, der sie verursacht hat, werden als soziale oder externe Kosten bezeichnet.

1.13, S. 61

Sie belasten in Form von Beeinträchtigungen, Schäden oder finanziellen Aufwendungen zur Schadenbeseitigung die Allgemeinheit bzw. solche Personen, die nicht für die Entstehung dieser Kosten verantwortlich sind.

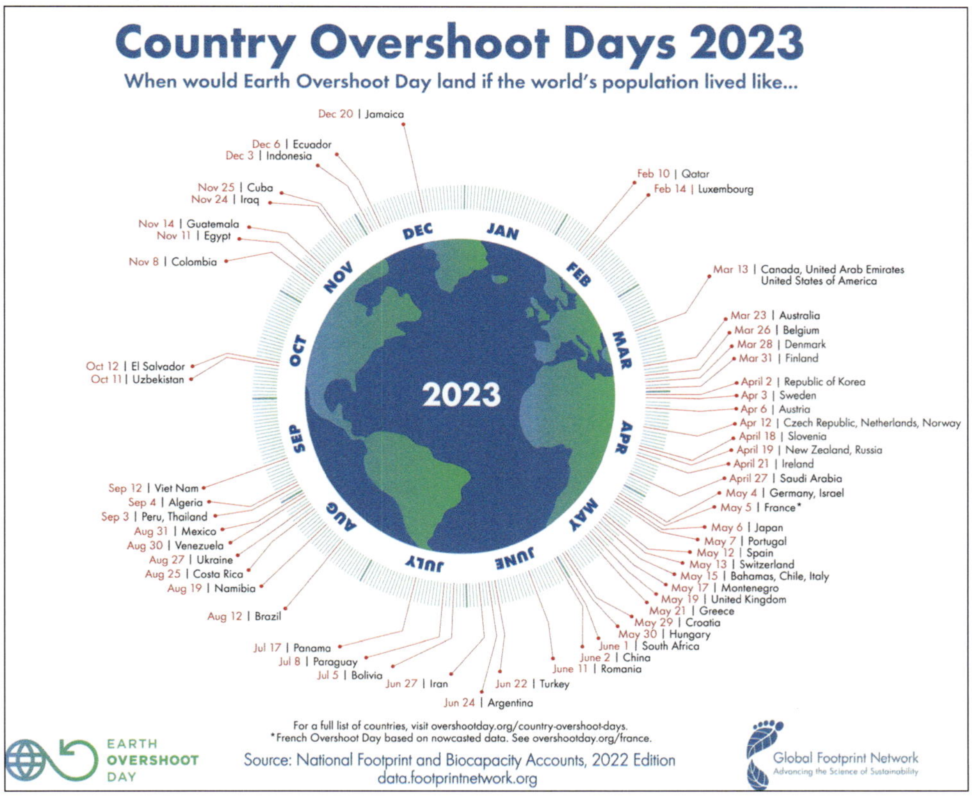

1 Ressource *(franz.)*: Hilfsmittel

1.5.3 Arbeit und Arbeitsteilung

D Arbeit im volkswirtschaftlichen Sinne ist jede körperliche und geistige Tätigkeit des Menschen, die auf die Produktion von Gütern gerichtet ist.

Prinzip und Arten der Arbeitsteilung

Zu Zeiten der geschlossenen Hauswirtschaft wurde in erster Linie für den Eigenbedarf produziert. In den heutigen Volkswirtschaften erfolgt die Produktion dagegen vornehmlich für den Fremdbedarf.

D Arbeitsteilung ist die Auflösung einer Arbeitsleistung in Teilverrichtungen, die von verschiedenen Personen, Betrieben, Regionen oder Ländern ausgeführt werden.

D Betriebe[1] sind Wirtschaftseinheiten, deren Zweck die Produktion von Gütern zur Deckung von Fremdbedarf ist.

D Haushalte sind Wirtschaftseinheiten, die Produktionsfaktoren (insbesondere Arbeit) bereitstellen und Entscheidungen über den Verbrauch von Konsumgütern treffen.

Die Arbeitsteilung bedingt eine starke Spezialisierung der Arbeit. Dadurch sind die Menschen in erheblichem Maße voneinander abhängig geworden, weil kaum jemand mehr alle Güter, die er zum Leben braucht, selbst herstellen kann. Die Spezialisierung auf einen bestimmten Beruf ist aber nur dann sinnvoll, wenn sicher ist, dass gegen das bei der Berufsausübung verdiente Geld andere benötigte Güter getauscht werden können. Die Arbeitsteilung macht somit ein **Koordinationssystem** erforderlich. Da die Arbeitsleistung mit Geld oder Gütern entlohnt wird, muss der **Austausch** von Gütern und Leistungen geregelt werden. Das **Geld** erleichtert in seiner Eigenschaft als **allgemeines Zahlungs- und Tauschmittel** diesen Güteraustausch. Wirtschaftsgeschichtlich ist daher die Entwicklung der **Arbeitsteilung** untrennbar mit der Entwicklung der **Geldwirtschaft** verbunden.

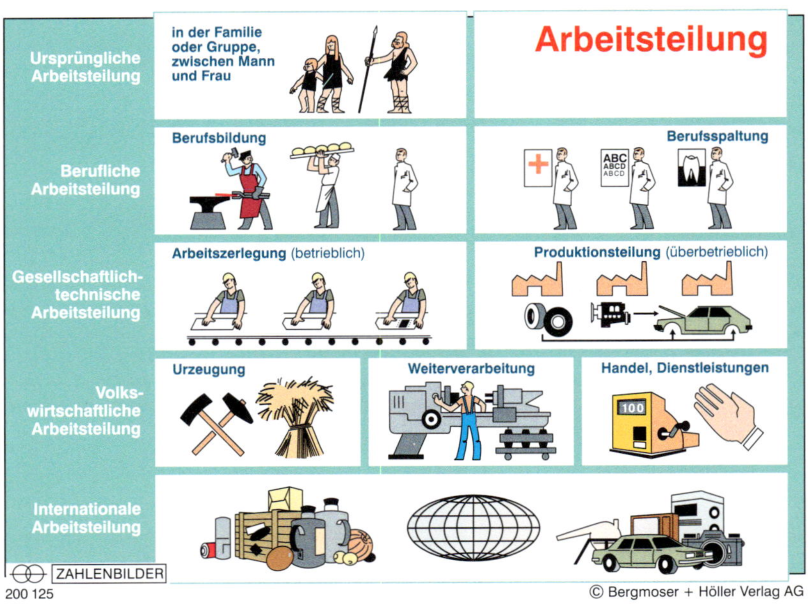

1 Die Begriffe Betrieb und Unternehmen werden manchmal gleichbedeutend verwendet. Häufig wird jedoch mit Unternehmen das nach wirtschaftlichen und rechtlichen Gesichtspunkten organisierte Entscheidungszentrum bezeichnet, dem mehrere Betriebe (Produktionsstätten) untergeordnet sein können.

Das Ausmaß der **beruflichen Arbeitsteilung** zeigt sich für Deutschland u. a. darin, dass es allein im dualen System fast 350 verschiedene staatlich anerkannte Ausbildungsberufe gibt. Die Zahl der Betriebe und der Erwerbstätigen in den einzelnen Wirtschaftssektoren gibt Auskunft über die **überbetriebliche** und die **volkswirtschaftliche Arbeitsteilung**.

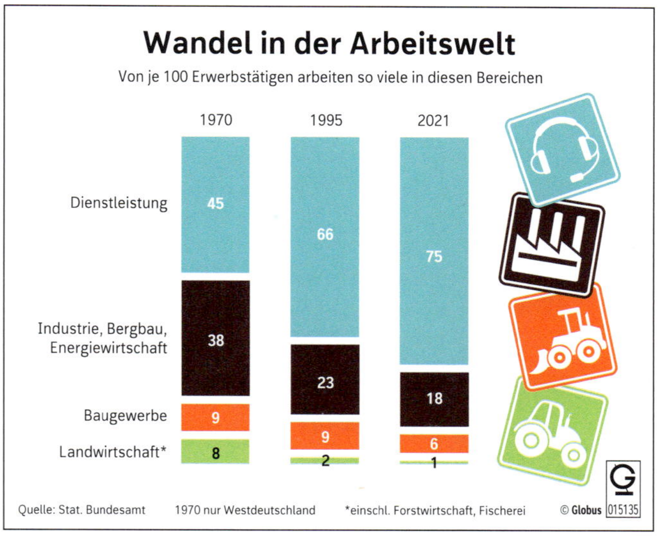

Die unterschiedliche Entwicklung der Erwerbstätigenzahlen spiegelt den **Strukturwandel** wider, der auch als „Weg in die Dienstleistungsgesellschaft" bezeichnet wird. Im Jahre 2021 waren rund 75 % aller Erwerbstätigen im Dienstleistungsbereich beschäftigt.

Entwicklung der Erwerbstätigen in Deutschland nach Wirtschaftsbereichen

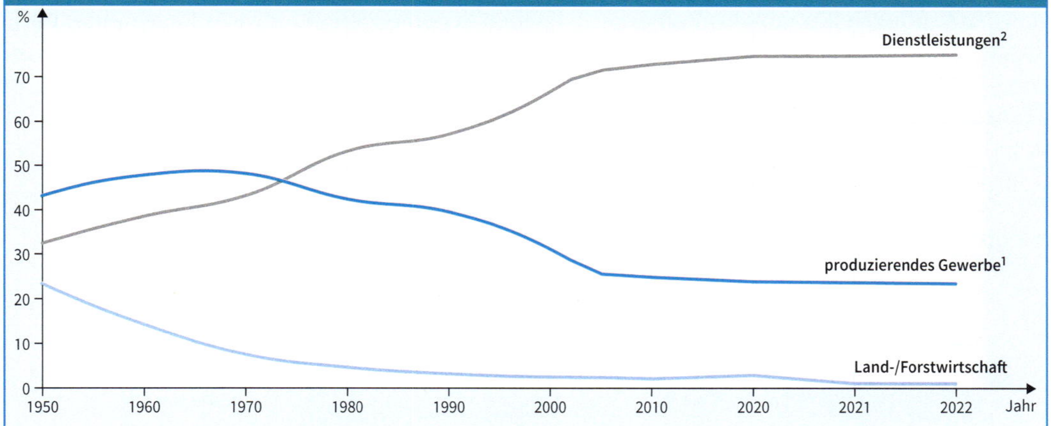

Gesamtzahl der Erwerbstätigen	Jahr	1950	1960	1970	1980	1990	2000*	2010	2022
	in Mio.	20,4	26,1	26,6	27,4	30,4	39,9	41	45,6

** ab 2000 einschließlich der neuen Bundesländer*
1 Energiewirtschaft, Bergbau, verarbeitendes Gewerbe, Bau
2 Handel, Gastgewerbe, Verkehr, Finanzierung, öffentliche und private Dienstleister
Vgl. Destatis, Stand: Februar 2023

Die Intensität der **internationalen Arbeitsteilung** zeigt sich darin, dass Deutschland mit nahezu allen Ländern der Erde Handel treibt. 13.1

Aus den Problemen einer arbeitsteiligen Wirtschaft leitet sich auch die Notwendigkeit einer **Wirtschaftsordnung** ab. Nur wenn Regeln, Normen und Institutionen bestehen, die von allen Mitgliedern einer Wirtschaftsgesellschaft akzeptiert werden, lässt sich ein chaotisches Nebeneinander einzelwirtschaftlicher Aktivitäten vermeiden. 6.1

Erhöhung der Arbeitsproduktivität

Im Jahre 1776 veröffentlichte der schottische Philosoph und Volkswirt ADAM SMITH (1723–1790) sein berühmt gewordenes Buch „Der Wohlstand der Nationen". Darin beschäftigt er sich u.a. mit der Frage, wie die Güterproduktion schneller, besser und kostengünstiger erfolgen kann. Am Beispiel der Stecknadelproduktion beschreibt er die Vorteile der **innerbetrieblichen Arbeitsteilung**, wie sie sich inzwischen weltweit durchgesetzt hat.

»

Erhöhung der Arbeitsproduktivität durch Arbeitsteilung

"Ein Arbeiter, der noch niemals Stecknadeln gemacht hat und auch nicht dazu angelernt ist, sodass er auch mit den dazu eingesetzten Maschinen nicht vertraut ist, könnte, selbst wenn er sehr fleißig ist, täglich höchstens eine, sicherlich aber keine zwanzig Nadeln herstellen. [...] Um eine Stecknadel anzufertigen, sind [...] etwa 18 verschiedene Arbeitsgänge notwendig [...] Ich selbst habe eine kleine Manufaktur [...] gesehen, in der nur 10 Leute beschäftigt waren, sodass einige von ihnen zwei oder drei solcher Arbeiten übernehmen mussten [...] So waren die 10 Arbeiter imstande, täglich etwa 48 000 Nadeln herzustellen [...] Hätten sie indes alle einzeln und unabhängig voneinander gearbeitet, noch dazu ohne besondere Ausbildung, so hätte der Einzelne gewiss nicht einmal 20, vielleicht sogar keine einzige Nadel am Tag zustande gebracht."

Quelle: Smith, Adam: Der Wohlstand der Nationen. Eine Untersuchung seiner Natur und seiner Ursachen, 7.Aufl., hrsg.& übers. von Horst Claus Recktenwald: München: dtv Verlagsgesellschaft 1996, S. 9-10.

Mithilfe von Produktivitätskennzahlen lässt sich das Ergebnis wirtschaftlichen Handelns messen. Die **Produktivität** gibt das Verhältnis zwischen dem mengen- oder wertmäßigen Produktionsergebnis *(Output)* und der Faktoreinsatzmenge *(Input)* an.

F

$$\text{Produktivität} = \frac{\text{Produktionsergebnis } (\textit{Output})}{\text{Faktoreinsatzmenge } (\textit{Input})}$$

Die Wirkung der Arbeitsteilung kann durch die Berechnung der **Arbeitsproduktivität** deutlich gemacht werden. Dabei wird das Produktionsergebnis nur auf den Faktor Arbeit bezogen, ohne den Einsatz anderer Produktionsfaktoren zu berücksichtigen.

F

$$\text{Arbeitsproduktivität} = \frac{\text{Produktionsergebnis } (\textit{Output})}{\text{Arbeitseinsatz}}$$

B

Vor der Arbeitsteilung:	**Nach der Arbeitsteilung:**
Jeder Arbeiter produziert 20 Stecknadeln täglich.	10 Arbeiter produzieren 48 000 Stecknadeln täglich.

Je Arbeiter sind das täglich 4 780 Stecknadeln mehr als vorher.
Die Arbeitsproduktivität ist aufgrund der Arbeitsteilung um 23 900 % gestiegen.

D Durch Arbeitsteilung kann die Arbeitsproduktivität gesteigert werden.

Die Erhöhung der Arbeitsproduktivität durch die Arbeitsteilung kann verschiedene Ursachen haben:

- Besondere Fähigkeiten und Eignungen der Arbeitskräfte werden durch Arbeitsteilung besser berücksichtigt.
- Durch die Spezialisierung steigt die Geschicklichkeit der Arbeitskräfte.
- Bei der internationalen Arbeitsteilung können Vorteile daraus entstehen, dass bestimmte Güter in bestimmten Ländern günstiger produziert werden können als anderswo.

➡ 12.2

Erhöhung des Transportaufkommens

Die Arbeitsteilung zwischen verschiedenen Betrieben (überbetriebliche Arbeitsteilung), Wirtschaftssektoren (volkswirtschaftliche Arbeitsteilung) und Ländern (internationale Arbeitsteilung) ist Ursache für vielfältige Warentransporte. Der sich bei diesen Formen der Arbeitsteilung ergebende Kostenvorteil beruht teilweise darauf, dass die Unternehmen in ihrer Kalkulation nicht alle durch den Warentransport tatsächlich verursachten Kosten erfassen. Mit der Erhöhung des Verkehrsaufkommens sind nämlich auch **soziale** (externe) **Kosten** verbunden (z.B. Infrastruktur, Unfälle, Umweltbelastung, Lärmschäden). Diese Kosten gehen nicht in die Kostenrechnung der Unternehmen und somit auch nicht in die Verbraucherpreise ein. Sie werden vielmehr der Allgemeinheit angelastet. Da die Preise in diesem Fall nicht die tatsächlichen Kosten widerspiegeln, erscheint der mit der Arbeitsteilung einhergehende Kostenvorteil größer, als er in Wirklichkeit ist.

1.5.2

1.5.4 Kapitalbildung und Investition

Kapitalbegriff und Kapitalarten

D Mit dem Begriff Kapital als volkswirtschaftlichem Produktionsfaktor ist immer Sachkapital (Realkapital) gemeint. Es handelt sich dabei um produzierte Produktionsmittel.

Das **Sachkapital** besteht aus Produktionsgütern (Kapitalgütern). Diese Güter stehen nicht für den Konsum zur Verfügung, sondern dienen der Produktion neuer Produktions- oder Konsumgüter. Zu den Produktionsgütern gehören im Einzelnen

- Produktionsmittel, die für eine dauerhafte Nutzung zur Verfügung stehen (Investitionsgüter wie z.B. Gebäude, Maschinen, Werkzeuge, Transportmittel),
- andere Produktionsmittel, die im Produktionsprozess verbraucht oder umgewandelt werden (z.B. geförderte oder bearbeitete Rohstoffe, Schmierstoffe),
- Lagerbestände an produzierten Gütern (unfertige Erzeugnisse, Fertigerzeugnisse).

Geldkapital bezeichnet demgegenüber die finanziellen Mittel, die für die Bildung von Sachkapital zur Verfügung stehen.

Kapitalbildung

Ziel der Herstellung von Sachkapital (z.B. Maschinen, Werkzeuge und Transportmittel) ist es, mit diesen Produktionsgütern zu einem **späteren Zeitpunkt** Konsumgüter zu erzeugen. Wird vorläufig auf die Produktion von Konsumgütern verzichtet, um stattdessen zunächst produzierte Produktionsmittel herzustellen, liegt ein **Produktionsumweg** vor. Ein solcher Produktionsumweg wird deswegen in Kauf genommen, weil der Einsatz von Produktionsgütern die Herstellung von Konsumgütern erleichtern und die Wirksamkeit der Arbeit (Arbeitsproduktivität) erhöhen kann. Das Ausmaß, in dem produzierte Produktionsmittel zur Erhöhung der Arbeitsproduktivität beitragen, hängt aber nicht nur von der Menge, sondern auch von der Qualität der Produktionsmittel ab. Qualitätsverbesserungen bei Maschinen, Werkstoffen usw. sind Teil des **technischen Fortschritts** in einer Volkswirtschaft.

D Durch Einsatz von Produktionsgütern (Sachkapital) im Produktionsprozess kann die Arbeitsproduktivität gesteigert werden.

Alle Güter in einer Volkswirtschaft, die nicht konsumiert werden, erhöhen zwangsläufig den Bestand an Produktionsmitteln und/oder die Lagervorräte. Diese Erhöhung des Sachkapitalbestandes wird als **Investition** bezeichnet.

D Güter, die nicht als Konsumgüter verwendet werden, führen zu einer Erhöhung des Sachkapitalbestandes in einer Volkswirtschaft (= Investition).

Die Herstellung von Sachkapital bedeutet, dass heute auf möglichen Konsum zugunsten der Zukunft verzichtet wird. Statt zu konsumieren wird investiert. Da nur der nicht als Konsumgüter verwendete Teil der volkswirtschaftlichen Gesamtproduktion investiert werden kann, bedeutet jede Erhöhung des Bestands an Sachkapital gleichzeitig einen Verzicht auf Konsum. Konsumverzicht ist gleichbedeutend mit Sparen.

B **Kapitalbildung im naturalwirtschaftlichen Modell: Das Beispiel ROBINSON CRUSOE**

ROBINSON CRUSOE lebte, nachdem er Schiffbruch erlitten hatte, auf einer unbewohnten Insel. Um seinen Hunger zu stillen, fing er zunächst Fische mit der Hand. Dann kam er auf die Idee, ein Netz zu knüpfen. Um während dieser Zeit trotzdem seinen Hunger stillen zu können, boten sich ihm folgende Möglichkeiten:

1. Er verwendete nur noch einen Teil der ihm täglich zur Verfügung stehenden Zeit für den Fischfang und knüpfte in der übrigen Zeit an dem geplanten Netz (Sachkapital). Dadurch verringerte sich die ihm täglich zur Verfügung stehende Menge an Fisch (= Konsumverzicht).
2. Er verwendete zunächst weiterhin die ganze ihm täglich zur Verfügung stehende Zeit für den Fischfang. Statt aber alle gefangenen Fische zu verzehren, legte er einen Vorrat an Dörrfisch an (= Vorratsinvestition durch Konsumverzicht). Als der Vorrat groß genug war, stellte er das Fischen ganz ein und begann mit dem Knüpfen des Netzes (Sachkapital). In dieser Zeit lebte er vom Dörrfisch (= Abbau der Vorratsinvestition).

Durch den Einsatz des Netzes konnte ROBINSON das Fangergebnis bei gleicher Arbeitszeit erheblich steigern. Seine Arbeitsproduktivität erhöhte sich. Diese Investition, d. h. die Sachkapitalbildung in Form des Netzes, war aber nur möglich, weil er zunächst eine Zeit lang nicht seine volle Arbeitskraft dem Fischfang widmete und daher auf den möglichen Konsum zusätzlicher Fische verzichtete. ROBINSON musste also Konsumverzicht üben (= sparen), um Sachkapital bilden (= investieren) zu können.

D Kapitalbildung ist nur möglich, wenn auf einen gegenwärtig möglichen Konsum verzichtet wird. Konsumverzicht wird auch als Sparen bezeichnet.

Humankapital

D Humankapital (Arbeitsvermögen) umfasst das Wissen und die Fähigkeiten, die Arbeitskräfte durch Ausbildung und Berufserfahrung erwerben.

1.14, S. 62

Ausgaben für Erziehung, Ausbildung und Gesundheit stellen **immaterielle Investitionen** dar, die das **Humankapital** erhöhen. Dadurch verbessern sich – ebenso wie durch das Sachkapital – die Produktionsmöglichkeiten eines Landes. Ähnlich wie beim Sachkapital ist auch bei der Bildung von Humankapital (z. B. in Form von Schulbildung, Ausbildung, Studium) ein Produktionsumweg mit vorübergehender Konsumeinschränkung nötig.

Die Qualifikationsstruktur der Arbeitskräfte hat sich in Deutschland seit den Achtzigerjahren deutlich verändert. Es werden immer weniger unqualifizierte und dafür mehr qualifizierte Arbeitskräfte benötigt **(Humankapitalintensivierung)**.

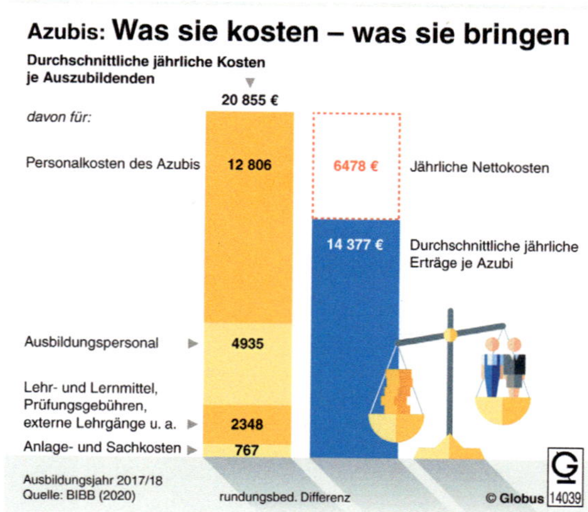

Arten der Investitionen

Der volkswirtschaftliche Investitionsbegriff beinhaltet sowohl die **Veränderung** der Ausstattung einer Volkswirtschaft mit dauerhaften Produktionsmitteln als auch die Lagerbestands**veränderungen** der Betriebe während eines bestimmten **Zeitraums** (z. B. Kalenderjahr). Dementsprechend werden die Investitionen in Anlage- und Vorratsinvestitionen unterteilt.

1.15, S. 62

D Anlageinvestition ist die Erhöhung des Bestandes an dauerhaften Produktionsmitteln (Gebäude, Maschinen, Werkzeuge).

D Vorratsinvestition (Lagerinvestition) ist die Erhöhung der Lagerbestände an nicht dauerhaften Produktionsmitteln (Roh-, Hilfs- und Betriebsstoffe) sowie an halbfertigen und fertigen Erzeugnissen.

Die dauerhaften Produktionsmittel unterliegen einer ständigen Abnutzung. Die dadurch ausgelöste Wertminderung der Produktionsmittel wird als **Abschreibung** bezeichnet. Soweit Investitionen die an den dauerhaften Produktionsmitteln eingetretenen Wertminderungen wieder ausgleichen, handelt es sich um **Ersatzinvestitionen**. Die **Bruttoinvestition** ist die gesamte Erhöhung an Anlagen und Vorräten. Wird von der Bruttoinvestition die durch Abnutzung entstehende Wertminderung in Höhe der Abschreibungen abgezogen, ergibt sich die **Nettoinvestition**.

F Nettoinvestition = Bruttoinvestition – Ersatzinvestition

Einteilung der Investitionen nach dem Investitionsobjekt (2022 in Mrd. €)	
Bruttoinvestitionen 960,18	**Bruttoanlageinvestitionen 872,28**
	Vorratsveränderungen (Lagerinvestitionen) **87,90**
– Ersatzinvestitionen 793,36	
= Nettoinvestitionen 166,82	

vgl Statistisches Bundesamt: Volkswirtschaftliche Gesamtrechnung, 4. Vierteljahr 2022 vom 17.03.2023; eigene Darstellung

1.6 Kombination der Produktionsfaktoren im Produktionsprozess

Lernziele:

Nach der Bearbeitung des Kapitels sind Sie in der Lage, Folgendes zu tun:

Sie ...

- ... definieren die Begriffe „Produktionsfunktion“, „Produktionspotenzial einer Volkswirtschaft“ sowie „Auslastungsgrad des Produktionspotenzials“.
- ... stellen die Produktionsmöglichkeitenkurve (Zwei-Güter-Modell) dar.
- ... erläutern das Gesetz der zunehmenden Opportunitätskosten.
- ... beschreiben, was unter der optimalen Allokation der Produktionsfaktoren zu verstehen ist.
- ... beschreiben, was unter der Substitution der Produktionsfaktoren zu verstehen ist.
- ... erläutern den Begriff „Minimalkostenkombination der Produktionsfaktoren“.
- ... diskutieren, warum die Anwendung des ökonomischen Prinzips negative soziale Folgen haben kann.

1.6.1 Ökonomisches Prinzip als Maximalprinzip: Optimale Allokation[1] der Produktionsfaktoren

Gesamtwirtschaftliche Produktionsfunktion

Güter werden durch die Kombination von Produktionsfaktoren und das Zusammenwirken dieser Faktoren im Produktionsprozess erzeugt. Für das Produktionsergebnis *(Output)* kommt es dabei nicht nur auf Menge und Qualität der eingesetzten Produktionsfaktoren *(Input)*, sondern auch auf die Art und Weise an, in der die Produktionsfaktoren miteinander kombiniert werden.

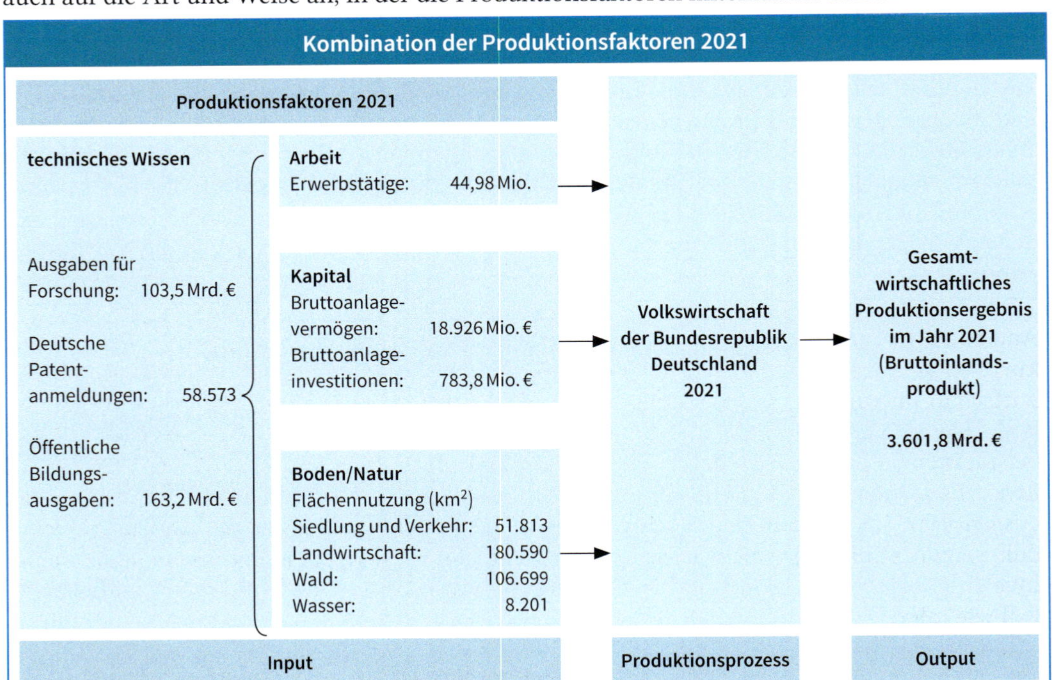

Vgl. Statistisches Bundesamt: Volkswirtschaftliche Gesamtrechnungen 2022, Fachserie 18, Reihe 1.4, verschiedene Tabellen, Wiesbaden, März 2023, [09.04.2023]; Datenbasis: Deutsches Patent- und Markenamt, Umweltbundesamt.

---

1 Allokation *(lat.)*: Zuordnung, Verteilung

Mathematisch lässt sich der Zusammenhang zwischen *Input* und *Output* als **Produktionsfunktion** beschreiben. Wird die durch den Einsatz der Produktionsfaktoren Natur (N), Arbeit (A) und Kapital (K) erzeugte Gütermenge mit X bezeichnet, hat eine solche Produktionsfunktion in ihrer allgemeinen Form folgendes Aussehen:

F

$$X = f(N, A, K)$$

D Die gesamtwirtschaftliche Produktionsfunktion beschreibt die Abhängigkeit zwischen der Menge der produzierten Güter (Output) einer Volkswirtschaft und dem Einsatz der volkswirtschaftlichen Produktionsfaktoren (Input).

Produktionsmöglichkeitenkurve

Nicht nur die Leistungsfähigkeit einzelner Arbeitskräfte, sondern auch die Leistungsfähigkeit einer (Modell-)Volkswirtschaft lässt sich für den Fall von zwei Gütern durch eine **Produktionsmöglichkeitenkurve** darstellen.

D Die Produktionsmöglichkeitenkurve einer Volkswirtschaft zeigt alle Mengenkombinationen zweier Güterarten, die in dieser Volkswirtschaft bei voller Auslastung der verfügbaren Produktionsfaktoren höchstens erzeugt werden können.

1.16, S. 63

Produktionsmöglichkeitenkurve

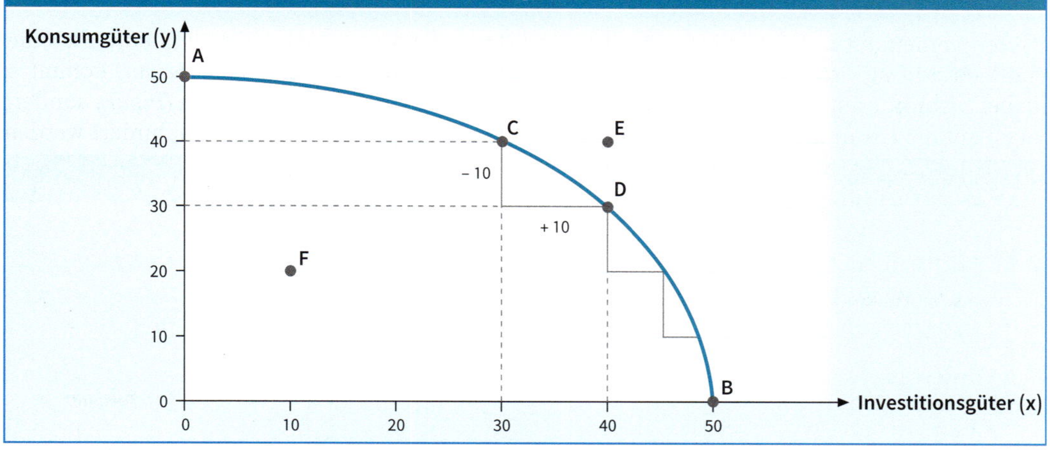

Anders als die am Beispiel von Robinson und Freitag dargestellte Produktionsmöglichkeitenkurve einer einzelnen Arbeitskraft hat die Produktionsmöglichkeitenkurve einer ganzen Volkswirtschaft im vorliegenden Fall einen nach außen gekrümmten Verlauf. Aufgrund dieses Verlaufs bleiben die Alternativkosten nicht – wie bei linearem Verlauf – konstant. Sollen beispielweise Konsumgüter durch Investitionsgüter ersetzt werden, so wird der Zuwachs an Investitionsgütern bei Verzicht auf jeweils 10 Einheiten Konsumgüter immer kleiner. Anders ausgedrückt: Bei Ausdehnung der Investitionsgüterproduktion zulasten der Konsumgüterproduktion muss auf immer mehr Konsumgüter verzichtet werden, um eine zusätzliche Einheit an Investitionsgütern herstellen zu können. Die Alternativkosten ergeben sich im vorliegenden Fall wie folgt:

F

$$\text{Alternativkosten} = \frac{\text{Verzicht auf Konsumgüter (Menge)}}{\text{Mehrproduktion Investitionsgüter (Menge)}}$$

Zunahme der Alternativkosten

Die Zunahme der Alternativkosten bei Mehrproduktion von Investitionsgütern, lässt sich wie folgt begründen: Die Mehrproduktion eines Gutes (z. B. Maschinen) bedingt, dass zusätzliche Produktionsfaktoren eingesetzt werden müssen, die bisher in andern Bereichen (z. B. Landwirtschaft) verwendet wurden. Die dazu notwendigen Umschulungen und Einarbeitungszeiten für Arbeitskräfte bedeuten zumindest für einen Übergangszeitraum einen Effizienzverlust und ein Sinken der Arbeitsproduktivität. Bei stetiger Ausweitung der Maschinenproduktion steigt der notwendige Bedarf an Produktionsfaktoren **überproportional** an. Das bedingt in den Bereichen, in denen Produktionsfaktoren bisher eingesetzt waren, einen Produktionsrückgang, der höher ist als der Produktionszuwachs im Maschinenbausektor.

Effiziente Güterkombinationen

Alle Güterkombinationen, die außerhalb der Produktionsmöglichkeitenkurve liegen (z. B. Punkt E mit der Kombination 40 Einheiten Konsumgüter und 40 Einheiten Investitionsgüter), können aufgrund der zu geringen Produktionsmöglichkeiten dieser Volkswirtschaft nicht hergestellt werden. Güterkombinationen, die innerhalb des durch die Produktionsmöglichkeitskurve begrenzten Bereichs liegen (z. B. Punkt F mit der Kombination 20 Konsumgüter und 10 Einheiten Investitionsgüter), spiegeln dagegen eine Situation wieder, bei der die Produktionsmöglichkeiten der Volkswirtschaft nicht vollständig genutzt werden (Auslastungsgrad < 100 %). Demzufolge liegt in diesen Fällen Unterbeschäftigung (= Ineffizienz) vor.

Produktionspotenzial

Wenn es gelingt die Faktorallokation zu optimieren, liegt die in der Volkswirtschaft produzierte Güterkombination **auf der Produktionsmöglichkeitskurve** (= Effizienz). In diesem Fall nutzt die Volkswirtschaft ihr **Produktionspotenzial** vollständig aus. Mit den vorhandenen Produktionsfaktoren wird eine maximale Gütermenge erzeugt.

D Das Produktionspotenzial einer Volkswirtschaft ist das gesamtwirtschaftliche Produktionsergebnis, das bei vollständiger Auslastung und optimalem Einsatz aller Produktionsfaktoren erzeugt werden kann.

Der Auslastungsgrad gibt an, zu wie viel Prozent das Produktionspotenzial tatsächlich genutzt wird.

F

$$\text{Auslastungsgrad in \%} = \frac{\text{tatsächliches Produktionsergebnis}}{\text{mögliches Produktionsergebnis (Produktionspotenzial)}} \cdot 100$$

Das Produktionspotenzial einer Volkswirtschaft steigt durch die Erhöhung der Menge und/oder die Verbesserung der Qualität der Produktionsfaktoren. Die **Veränderung des Produktionspotenzials** wird insbesondere durch **Investitionen** (technischer Fortschritt, Humankapital) beeinflusst. Durch **Erweiterungsinvestitionen** erhöht sich das Produktionspotenzial. Werden dagegen **Ersatzinvestitionen** unterlassen, verringert sich das Produktionspotenzial.

Deutschland: Auslastung des Produktionspotenzials (in Preisen von 2015)

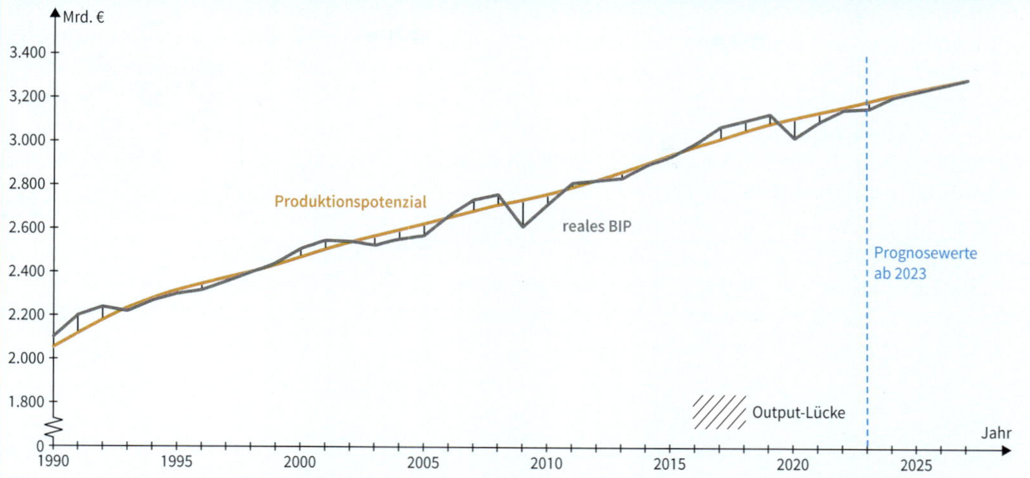

Anmerkung: Das Produktionspotenzial entspricht der gesamtwirtschalichen Produktion bei normaler Beschäigung aller volkswirtschalichen Produktionsfaktoren. Der Sachverständigenrat sieht eine Normalauslastung dann als gegeben an, wenn die vorhandenen Produktionsfaktoren zu 96,75 % ausgelastet sind. Daher kann das BIP größer sein als das Produktionspotenzial.
Vgl. Deutsche Bundesbank: Monatsbericht der Bundesbank für März 2023, S. 67–72, Stand: 16.03.2023 & Statistisches Bundesamt: Volkswirtschaftliche Gesamtrechnung 2022, S. 53, 58, 97, 106 u. 107, Stand: 03. März 2023.

D Das Produktionspotenzial entspricht der gesamtwirtschaftlichen Produktion bei normaler Beschäftigung aller volkswirtschaftlichen Produktionsfaktoren.
Der Sachverständigenrat sieht eine Normalauslastung dann als gegeben an, wenn die vorhandenen Produktionsfaktoren zu 96,75 % ausgelastet sind. Daher kann das BIP größer sein als das Produktionspotenzial. Wenn vom Kapazitätseffekt einer Investition gesprochen wird, ist damit die Veränderung des Produktionspotenzials gemeint, die durch die Investition ausgelöst wird.

Neben diesem Kapazitätseffekt haben Investitionen auch einen **Einkommenseffekt.** Die bei der Erhöhung durch Investitionsgüterproduktion zusätzlich beschäftigten Arbeitskräfte erzielen Einkommen, das sie u. a. für den Kauf zusätzlicher Konsumgüter verwenden. Dadurch erhöhen sich die gesamtwirtschaftliche Produktion und der Auslastungsgrad des Produktionspotenzials.

Einsatz der Produktionsfaktoren nach dem Maximalprinzip

Für das Produktionsergebnis kommt es nicht auf die Menge und Qualität der eingesetzten Produktionsfaktoren an, sondern auch auf die Art und Weise, wie die Produktionsfaktoren miteinander kombiniert werden. Die knappen Produktionsfaktoren müssen möglichst effizient genutzt und optimal auf alternative Verwendungszwecke verteilt werden, um auf diese Weise ein Maximum an Gütern erzeugen zu können. Die Zuordnung der Produktionsfaktoren zu den verschiedenen Einsatzmöglichkeiten wird als **Faktorallokation** bezeichnet.

D Die Allokation der Produktionsfaktoren ist dann optimal, wenn unter den gegebenen wirtschaftlichen Verhältnissen keine Möglichkeit besteht, durch einen anderen Einsatz der Produktionsfaktoren ein Produktionsergebnis zu erzielen, bei dem mindestens eine Person besser gestellt wird, ohne dass gleichzeitig jemand anderes schlechter gestellt wird als bisher.

Wenn es gelingt, die Faktorallokation zu optimieren, produziert die Volkswirtschaft **auf der Produktionsmöglichkeitskurve.** In diesem Fall wird mit den vorhandenen Produktionsfaktoren eine maximale Gütermenge erzeugt **(Maximalprinzip).**

B **Optimale Faktorallokation**

Angenommen, eine Volkswirtschaft verfügt über 30 Einheiten Arbeit (A) und 20 Einheiten Kapital (K). Mit diesen beiden Produktionsfaktoren sollen zwei Güterarten, nämlich öffentliche und private Güter, hergestellt werden. Für die beiden Güterarten werden folgende Produktionsfunktionen[1] unterstellt:

Private Güter: $X_{privat} = A^{0,4} \cdot K^{0,6}$

Öffentliche Güter: $X_{öffentlich} = A^{0,8} \cdot K^{0,2}$

1.17, S. 64

Die folgende Tabelle zeigt auf der Basis der vorliegenden Zahlen die Ergebnisse von drei der unendlich vielen Allokationsmöglichkeiten.

	Allokationsalternative 1			Allokationsalternative 2			Allokationsalternative 3		
	Einheiten Faktor A	Einheiten Faktor K	**Output Menge X**	Einheiten Faktor A	Einheiten Faktor K	**Output Menge X**	Einheiten Faktor A	Einheiten Faktor K	**Output Menge X**
	25 5	4 16	8,33 X_{privat} 6,31 $X_{öffentl.}$	20 10	10 10	13,20 X_{privat} 10,00 $X_{öffentl.}$	12 18	16 4	14,26 X_{privat} 13,32 $X_{öffentl.}$
$\sum$	30	20	**14,64**	30	20	**23,20**	30	20	**27,58**

In allen drei Fällen sind alle verfügbaren Produktionsfaktoren voll ausgelastet, d. h., es wird in allen drei Fällen gleich viel gearbeitet und gleich viel Kapital eingesetzt. Das unterschiedliche Versorgungsniveau rührt also ausschließlich daher, dass die Verteilung (Allokation) der Produktionsfaktoren auf die beiden zu produzierenden Güterarten jeweils verschieden ist. Es wird deutlich, dass die Alternative 3 (12 Einheiten Arbeit und 16 Einheiten Kapital für private Güter sowie 18 Einheiten Arbeit und 4 Einheiten Kapital für öffentliche Güter) effizienter ist als die beiden anderen Alternativen. Da in diesem Fall von beiden Gütern mehr produziert wird als bei der Alternative 1 und 2, liegt eine eindeutige bessere Versorgung der Bevölkerung vor. Das bedeutet aber nicht, dass es nicht noch bessere Allokationsmöglichkeiten als Alternative 3 gibt.

1.6.2 Ökonomisches Prinzip als Minimalprinzip: Kostengünstigste Kombination der Produktionsfaktoren

Austauschbare (substitutionale[2]) Produktionsfaktoren

Kann bei der Herstellung von Gütern ein Produktionsfaktor ganz oder teilweise durch einen anderen ersetzt (substituiert) werden, ohne dass dadurch die Produktionsmenge beeinflusst wird, handelt es sich um **substitutionale Produktionsfaktoren.**

D Die Ersetzung eines Produktionsfaktors durch einen anderen wird als Substitution bezeichnet.

Landwirtschaftliche Produktion ist beispielsweise auf einer relativ kleinen Anbaufläche mit hohem Einsatz von Düngemitteln und Maschinen möglich. Ein gleich hohes Produktionsergebnis lässt sich aber möglicherweise auch durch den Anbau auf einer großen Fläche unter geringem Einsatz des Produktionsfaktors Kapital erzielen.

Das Gleiche gilt für handwerkliche und industrielle Produktionsverfahren. Ein Möbelstück kann z.B. arbeitsintensiv in einer Schreinerwerkstatt (vgl. Abbildung) mit geringem Maschineneinsatz oder aber kapitalintensiv in einer Möbelfabrik mit geringem Arbeitskräfteeinsatz hergestellt werden.

1 Es handelt sich dabei um Produktionsfaktoren von Typ COBB-DOUGLAS, die in der volkswirtschaftlichen Produktionstheorie häufig verwendet werden. Die Produktionsfaktoren sind dabei multiplikativ verknüpft und ihre Exponenten sind < 1.

2 substituieren *(lat.)*: ersetzen

B **In einem Holz verarbeitenden Betrieb werden täglich 60 Bücherregale hergestellt. Diese Ausbringungsmenge lässt sich durch verschiedene Kombinationen der Produktionsfaktoren Arbeit (z. B. Arbeitsstunden) und Kapital (z. B. Maschinenstunden) erzeugen.**

Kombination	Faktoreinsatz in ME		Ausbringungsmenge in ME
	Arbeit	Kapital	
A	50	10	60
B	30	20	60
C	20	30	60
D	10	60	60

Bei arbeitsintensiver Produktion würden 50 Mengeneinheiten (ME) Arbeit und 10 ME Kapital, bei kapitalintensiver Produktion dagegen 60 ME Kapital und 10 ME Arbeit eingesetzt.

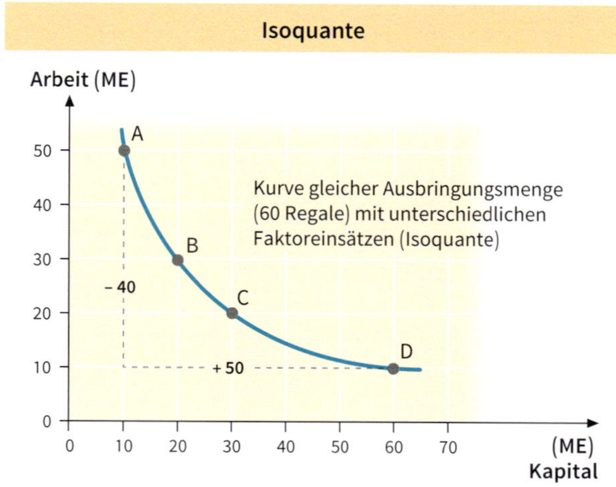

Werden in einem Koordinatensystem alle Punkte, die eine gleiche Ausbringungsmenge, aber unterschiedliche Faktoreinsatzverhältnisse aufweisen, miteinander verbunden, entsteht eine Kurve, die als **Isoquante**[1] bezeichnet wird.

Im vorliegenden Fall wird der Unternehmer seine Entscheidung, ob er die arbeitsintensive Faktorkombination (50 Einheiten Arbeit und 10 Einheiten Kapital) oder die kapitalintensive Faktorkombination (10 Einheiten Arbeit und 60 Einheiten Kapital) wählt, von den Kosten der Produktionsfaktoren abhängig machen. Wenn eine Einheit Arbeit 10 Geldeinheiten (GE) und eine Einheit Kapital 30 GE kostet, ergeben sich für eine Ausbringungsmenge von 60 Bücherregalen folgende Gesamtkosten:

Kosten der arbeitsintensiven Faktorkombination:	$50 \cdot 10 + 10 \cdot 30 =$ 800 GE
Kosten der kapitalintensiven Faktorkombination:	$10 \cdot 10 + 60 \cdot 30 =$ 1.900 GE

Bei diesen Preisen der Produktionsfaktoren ist die arbeitsintensive Faktorkombination um 1.100 GE kostengünstiger. Ändern sich aber beispielsweise die Faktorkosten, sodass eine Einheit Arbeit 40 GE und eine Einheit Kapital 10 GE kosten, ist die kapitalintensive Faktorkombination um 100 GE billiger. In diesem Fall würden 40 ME Arbeit durch 50 ME Maschinen ersetzt (Kombination D statt A).

Minimalkostenkombination

Die **Anwendung des ökonomischen Prinzips** besteht darin, diejenige Kombination der substitutionalen Produktionsfaktoren zu wählen, die die geringsten Kosten verursacht **(Minimalkostenkombination)**. Die Preise der Produktionsfaktoren stellen für die Unternehmen Kosten dar. Daher führt die Entscheidung zugunsten der Faktorkombination mit den geringsten Kosten gleichzeitig dazu, dass vornehmlich die Produktionsfaktoren, die weniger knapp und daher billig sind, zum Einsatz kommen. Die besonders knappen und daher sehr teuren Produktionsfaktoren werden dagegen geschont.

D Diejenige Kombination der Produktionsfaktoren, die bei der Herstellung einer bestimmten Produktionsmenge die geringsten Kosten verursacht, wird als Minimalkostenkombination bezeichnet.

Ändern sich die Preise der Produktionsfaktoren, so verändert sich auch die Minimalkostenkombination. Teurer gewordene Produktionsfaktoren werden – soweit dies technisch möglich ist – durch billigere ersetzt. Dadurch kann kostengünstiger produziert werden. Diese dem ökonomi-

1 iso... *(gr.)*: gleich...; Quantum *(lat.)*: Menge

schen Prinzip entsprechende Maßnahme zur Kostensenkung wird als **Rationalisierung** bezeichnet. Möglicherweise hat dieses Vorgehen aber negative **soziale Folgen**, da u. U. Arbeitnehmer dadurch **arbeitslos** werden, wenn nämlich die Löhne im Verhältnis zu den Kapitalkosten dauerhaft gestiegen sind.

1.7 Geldwirtschaft als Folge der Arbeitsteilung

Lernziele:

Nach der Bearbeitung des Kapitels sind Sie in der Lage, Folgendes zu tun:

Sie ...

- ... erklären den Zusammenhang zwischen der Entwicklung der Arbeitsteilung und der Entwicklung von der Natural- zur Geldwirtschaft.
- ... erklären die Funktionen und die Eigenschaften des Geldes.
- ... unterscheiden verschiedene Arten des Geldes voneinander.

Funktionen des Geldes

1.5.3

Die Entwicklung der **Arbeitsteilung** ist untrennbar mit der Entwicklung der **Geldwirtschaft** verbunden. Arbeitsteilung erfordert zwangsläufig den Güteraustausch. Der direkte Tausch „Ware gegen Ware“ **(Naturaltausch)** ist aber äußerst umständlich und schwerfällig.

1.18, S. 64

Würde beispielsweise ein Schmied und Werkzeugmacher versuchen, eine Axt gegen Schuhe zu tauschen, muss er einen Tauschpartner suchen, der gleichzeitig Anbieter von Schuhen und Nachfrager einer Axt ist. Die Zahl der infrage kommenden Tauschpartner ist entsprechend gering. Außerdem entstehen Bewertungsprobleme: Wie viele und welche Werkzeuge sind so viel wert wie ein Paar Schuhe? Die Information über das zwischen den beiden Partnern ausgehandelte Tauschverhältnis wäre aber für andere Anbieter und Nachfrager völlig wertlos, da beim direkten Tausch der Wert einer Ware (= Preis) nicht in Mengeneinheiten einer allgemein anerkannten Bezugsgröße ausgedrückt wird.

Geld erleichtert in seiner Eigenschaft als allgemeines **Tauschmittel** den Güteraustausch. In einer Geldwirtschaft wird jeder Tausch in zwei unabhängige Kaufvorgänge, nämlich Verkauf (Güter gegen Geld) und Kauf (Geld gegen Güter) zerlegt. Der Verkäufer kann dann aufgrund der **Zahlungsmittelfunktion** des Geldes ohne Tauschumwege direkt solche Güter erwerben, die er braucht. Geld erhöht somit die Tauschflexibilität und verringert die beim Güteraustausch entstehenden Informations- und Transaktionskosten[1] (z.B. Kosten für Wertermittlung, Transport und Lager).

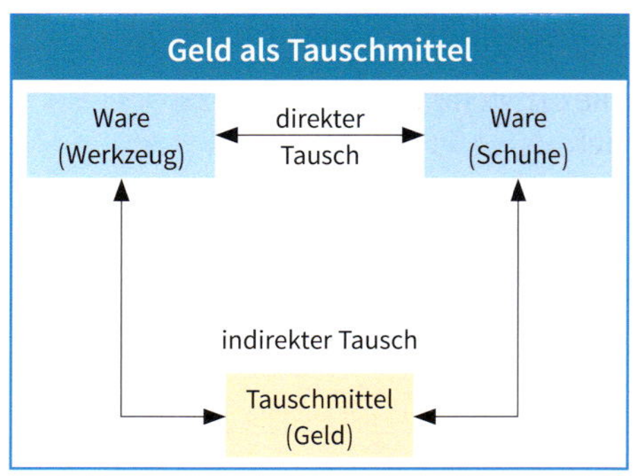

D Geld senkt die mit dem Güter- und Leistungsaustausch einhergehenden Informations- und Transaktionskosten.

1 Transaktion *(lat.)*: Übertragung, Abwicklung

Als Geld gilt alles, was folgende Funktionen erfüllt:

Funktionen des Geldes			
Tauschfunktion	**Zahlungsmittelfunktion** (Wertübertragungsfunktion)	**Wertaufbewahrungsfunktion**	**Rechenfunktion** (Wertmaßstab)
Durch Geld wird der Tausch in zwei Teilakte zerlegt: Verkauf von Ware gegen Geld und Kauf von Ware gegen Geld (indirekter Tausch).	Geld kann zur Tilgung von Schulden und zur Gewährung von Krediten dienen.	Geld ermöglicht es, die beiden Tauschakte Verkauf von Ware gegen Geld und Kauf von Ware gegen Geld zeitlich zu trennen.	Mit Geld lässt sich der Wert anderer Güter ausdrücken.

445 105

Eigenschaften und Arten des Geldes

Die Entstehungsgeschichte des Geldes ist durch unterschiedliche Geldarten gekennzeichnet, die sich den Eigenschaften, die Geld zur reibungslosen Erfüllung seiner Funktionen haben muss, immer mehr annäherten.

Eigenschaften des Geldes				
allgemein anerkannt	leicht teilbar	leicht transportierbar und übertragbar	aufbewahrbar und wertbeständig	knapp und fälschungssicher

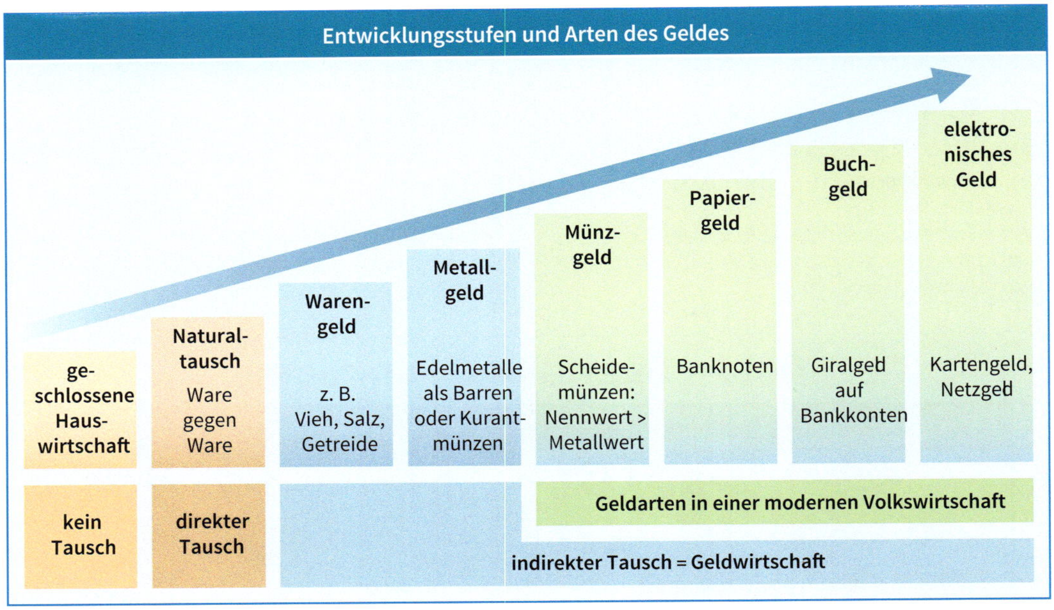
Entwicklungsstufen und Arten des Geldes
geschlossene Hauswirtschaft
Naturaltausch
Ware gegen Ware
Warengeld
z. B. Vieh, Salz, Getreide
Metallgeld
Edelmetalle als Barren oder Kurantmünzen
Münzgeld
Scheidemünzen: Nennwert > Metallwert
Papiergeld
Banknoten
Buchgeld
Giralgeld auf Bankkonten
elektronisches Geld
Kartengeld, Netzgeld
kein Tausch
direkter Tausch
Geldarten in einer modernen Volkswirtschaft
indirekter Tausch = Geldwirtschaft

Zusammenfassung Kapitel 1: Grundlagen ökonomischen Denkens und Handelns

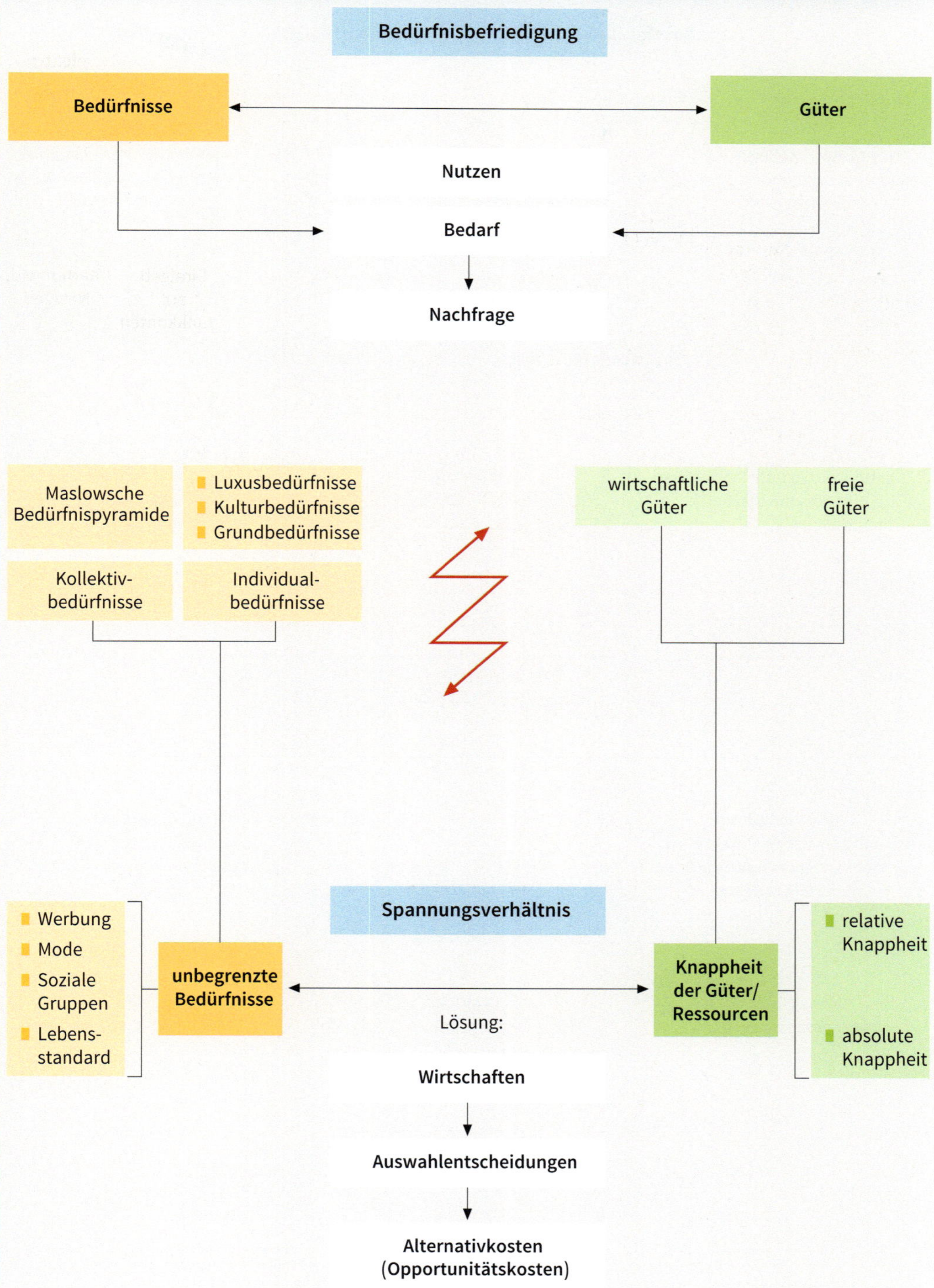

Zusammenfassung Kapitel 1: Grundlagen ökonomischen Denkens und Handelns

Grundfragen jeder Wirtschaftsgesellschaft

- Welche Güter sollen in welcher Menge produziert werden?
- Wie sollen die Güter produziert werden?
- Für wen sollen die Güter produziert werden?
- Von wem wird entschieden, was, wie für wen produziert werden soll?

Modelle als Hilfsmittel in der Volkswirtschaftslehre

- naturalwirtschaftliche Modelle (Robinsonwirtschaft)
- Modell des *Homo oeconomicus*
- Modell des Wirtschaftskreislaufs, Modell einer freien Marktwirtschaft, Marktmodell

Ökonomisches Prinzip (Wirtschaftlichkeitsprinzip)

- Maximalprinzip = mit gegebenen Mitteln einen höchstmöglichen Nutzen oder Erfolg erzielen
- Minimalprinzip = ein gegebenes Ziel mit geringstmöglichem Mitteleinsatz erreichen

Berücksichtigung von Alternativkosten

Modell *Homo oeconomicus*	← Egoismus Altruismus →	Realität Fairness, Kooperation

Konsumverhalten wird beeinflusst durch

wirtschaftliche Faktoren	sozial-psychologische Faktoren	soziale Normen (Regeln)
Preis, Kosten, materieller Nutzen	Werbung, Mode, soziales Ansehen, Nachahmung, Gewohnheiten, Bequemlichkeit, immaterieller Nutzen	Fairness, Kooperation, Solidarität, Gemeinsinn, Mitgefühl, „gutes“ Gewissen *(warm glow)*

Zusammenfassung Kapitel 1: Grundlagen ökonomischen Denkens und Handelns

Arten von Gütern

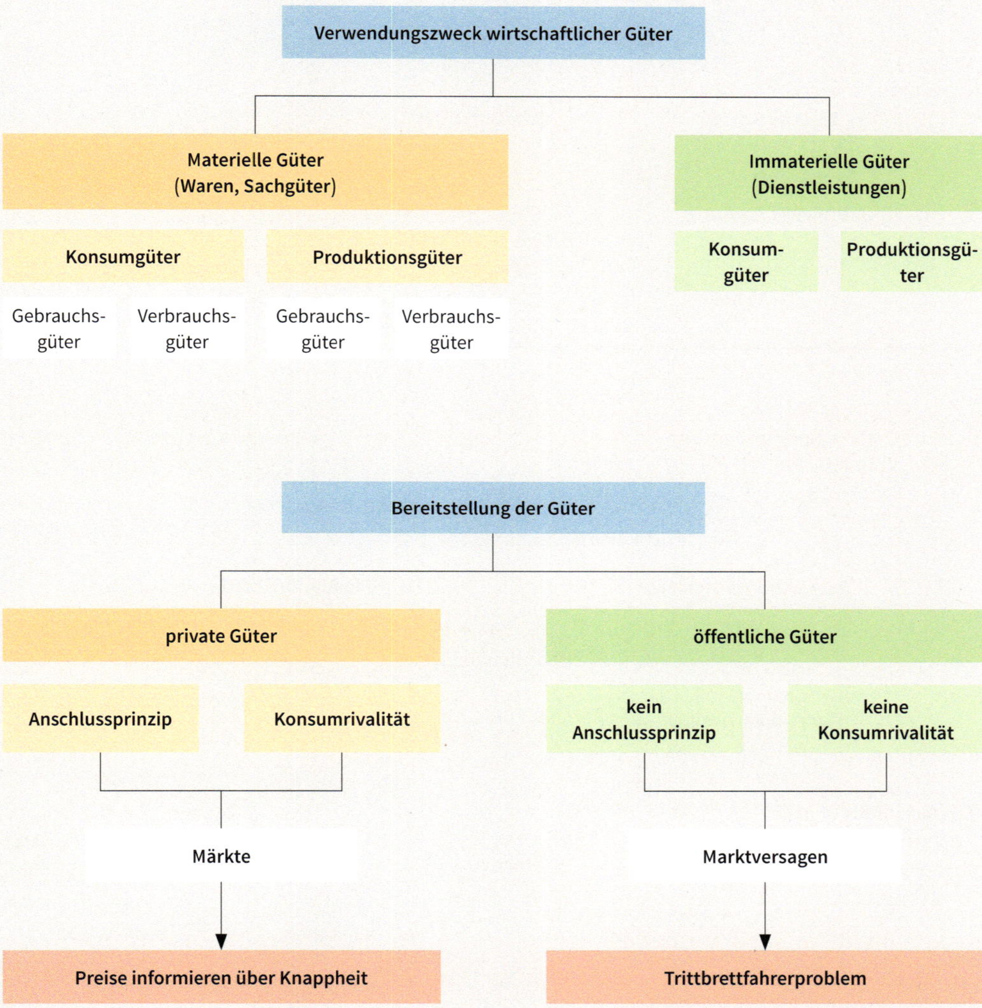

Zusammenfassung Kapitel 1: Grundlagen ökonomischen Denkens und Handelns

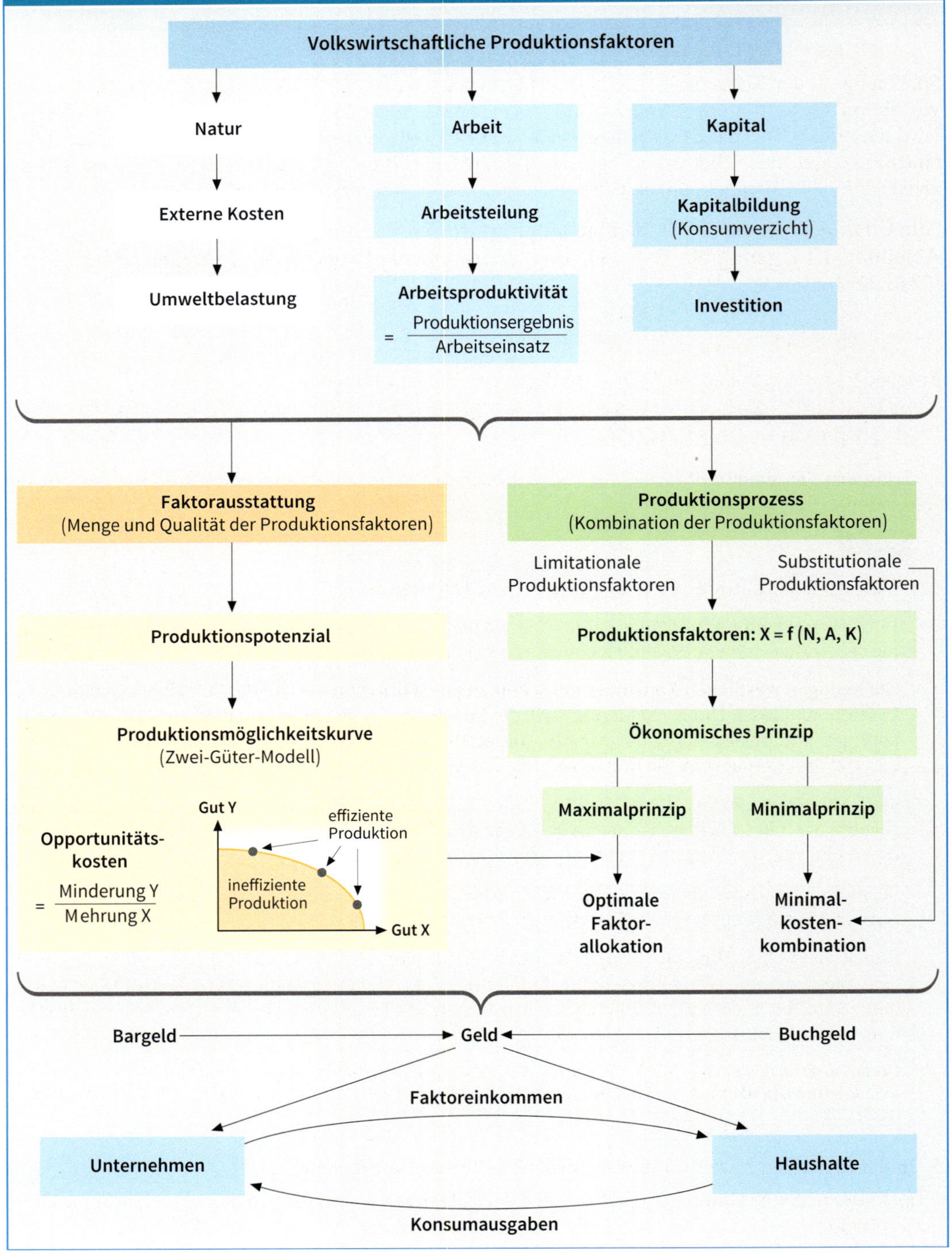

Aufgaben zu Kapitel 1: Grundlagen ökonomischen Denkens und Handelns

1.1 NASA-Spiel: Bedürfnisse – Güterknappheit – Nutzen – Präferenzen – individuelle und kollektive Entscheidungsfindung

Spielen Sie in der Klassengemeinschaft das bekannte „NASA-Spiel". Mit diesem Spiel üben Sie ein, wie Sie im Team zusammenarbeiten und gemeinsam zu einer Entscheidung finden. Im Spielverlauf wird außerdem klar, dass Zusammenarbeit in der Gruppe deutliche Vorteile gegenüber der Arbeit eines Einzelnen hat. Über die gemeinsam geteilte Spielsituation können Sie die Zusammenhänge zwischen Bedürfnissen, knappen Gütern, Nutzen und Präferenzen selbst erfahren.

Alle Unterlagen zum Spiel finden Sie unter https://www.lpb-bw.de/fileadmin/Abteilung_III/jugend/pdf/ws_beteiligung_dings/ws6/methoden_spiele_gruppen.pdf, S.55 [02.01.2023].

1.2 Bedürfnisse – Werbung – Konsum

Bearbeiten Sie den folgenden Text unter folgenden Fragestellungen:

1. Nennen Sie die Arten von Bedürfnissen nach der MASLOWschen Bedürfnispyramide (vgl. S. 18), die im Text angesprochen werden.
2. Erläutern Sie, wodurch die im Text beschriebenen Bedürfnisse entstehen und wie sie befriedigt werden.

> "
>
> **"Ein Zeitalter, in dem wir Perfektion kaufen wollen**
>
> Der Konsum kennt schon lange keine Grenzen mehr. Die Konsumenten dringen in die letzten Räume der Exklusivität wie Weltallreisen und physische Perfektion vor. [...]
>
> Die heutigen westlichen Konsumenten scheinen jede Form von Bescheidenheit abgelegt zu haben. In seiner maßlosen Unbescheidenheit will der Konsument vielleicht schon bald via Konsum so vollkommen und unsterblich sein wie Gott. Körper, Psyche, Biografie etc. sollen dann nicht nur machbar und reparierbar sein. Sie müssen revidierbar sein. [...]
>
> Viele Konsumenten von heute, die junge wie die ältere Konsumentengeneration, sehen nichts als gegeben an. Alles soll gemäß den eigenen Wünschen und Vorstellungen gestaltbar sein: der Körper, die Intelligenz, das Alter, der Alltag. Sprich: Perfektion ist das Ziel.
>
> Verstärkt wird dieser neue Gestaltungswille zudem durch die sozialen Medien wie die Selfie-Plattform Instagram. Diese hat den Druck, makellos zu sein, noch mal verschärft. [...]
>
> Es geht heute beim Konsum oftmals in Richtung ultimative Selbstverwirklichung beziehungsweise Selbstoptimierung. Wenn das in Zukunft in breiter Front auf der Konsum-Agenda ganz oben steht, dann kann das in letzter Konsequenz dazu führen, dass der Durchschnittskonsument sich eine neue, eine perfekte Identität kaufen will."
>
> *Quelle: Albrecht, Roland: Ein Zeitalter, in dem wir Perfektion kaufen wollen. In: Die Welt vom 15.01.2018, https://www.welt.de/wirtschaft/bilanz/article172360882/Konsumgesellschaft-Ein-Zeitalter-in-dem-alle-perfekt-leben-wollen.html [23.01.2023].*

3. In der folgenden Liste sind 15 verschiedene Güter wiedergegeben.
   a) Ordnen Sie die Güter entsprechend den Ausgaben, die Sie persönlich monatlich für diese Güter tätigen.
   b) Ordnen Sie die Güter unterschiedlichen Bedürfnisebenen entsprechend der MASLOWschen Bedürfninspyramide zu.
   c) Vergleichen Sie anhand der Abb. auf S. 19 die Konsumausgaben von Jugendlichen mit ihrem eigenen Konsumverhalten (vgl. 3a).

- Schulsachen
- Handy
- Computer
- Sportartikel
- Videos, Bücher
- Körper-/Haarpflege
- Fast Food
- Süßigkeiten, Eis
- Geschenke
- Musik-CDs
- Getränke
- Zeitschriften
- Kino, Konzerte
- Kleidung
- Schuhe

4. Die Forderung nach einem Verbot des Konsums und Bewerbung von Tabak ist nicht neu. Nehmen Sie dazu Stellung, ob Sie eine solche Forderung für gerechtfertigt halten. Informationen dazu bietet Ihnen der nachstehende Text, zudem können Sie weitere Informationen dazu unter folgendem Link recherchieren:
https://www.dkfz.de/de/tabakkontrolle/Publikationen_und_Stellungnahmen.html

"Tabakwerbung verschwindet fast ganz

Nachdem auch der Bundesrat dem Zweiten Gesetz zur Änderung des Tabakerzeugnisgesetzes im September zugestimmt hatte, gelten mit dem Jahreswechsel neue Werbeverbote.Den Anfang machen die Kinos. Für alle Filme, die Kinder und Jugendliche bis 18 Jahre sehen dürfen, gilt ab dem Neujahrstag ein striktes Tabakwerbeverbot. Dort dürfen dann keine Spots mehr für Zigaretten oder andere Tabakerzeugnisse laufen. Verboten wird auch das Verteilen von Gratis-Proben - bisher eine beliebte Art der Promotion, zum Beispiel bei Konzerten oder in Fußgängerzonen.[...]

Außenwerbung wird für herkömmliche Tabakprodukte erst vom 1. Januar 2022 an verboten. Der Stichtag für ein Werbeverbot für Tabakerhitzer ist der 1. Januar 2023, für elektronische Zigaretten und Nachfüllbehälter sogar erst der 1. Januar 2024. Am Ende wird nur noch eines erlaubt sein: Tabakwerbung in den Schaufenstern der Tabakläden. [...]

Bestimmte Formen der Tabakwerbung sind bereits seit einigen Jahren verboten. So darf seit 2007 nicht in Printmedien, im Internet und in Kino vor 18 Uhr für Tabakprodukte geworben werden."

Quelle: Rode, Nils: Tabakwerbung verschwindet fast ganz, Tagesschau.de, 30.12.2020; online unter: https://www.tagesschau.de/wirtschaft/verbraucher/tabak-werbeverbote-2021-101.html [30.11.2021].

1.3 Lebensstil der ständigen Bedürfnisbefriedigung als Problem für die Volkswirtschaft

Der westliche Lebensstil, der die möglichst kurzfristige Befriedigung der persönlichen Bedürfnisse immer stärker in den Mittelpunkt rückt, hat verschiedene Auswirkungen auf die Volkswirtschaft. Während wir unsere vielfältigen Möglichkeiten in der Regel als angenehm empfinden, hat dieser Lebensstil auch für uns nicht nur Vorteile. Der nachfolgende Artikel befasst sich mit ungesunder Ernährung als Ursache für verschiedene Probleme, die sich einer Volkswirtschaft stellen.

Arbeiten Sie aus dem Artikel „So teuer ist die Übergewichts-Epidemie für jeden Deutschen" heraus, welche Ursachen, Folgen und Lösungsmöglichkeiten einer ungesunden Ernährung aufgezeigt werden. Den Artikel finden Sie unter https://www.welt.de/wirtschaft/article201710104/Uebergewicht-OECD-fuerchtet-92-Millionen-vorzeitige-Todesfaelle.html (Stand: 02.01.2023).

1.4 Spannungsverhältnis zwischen vielfältigen Bedürfnissen und knappen Gütern

Der nachstehende Textauszug behandelt Ursachen für das Entstehen von Bedürfnissen und den Zusammenhang dieser Bedürfnisse mit Konsum und Güterknappheit. Untersuchen Sie den Text unter folgenden Gesichtspunkten.

1. Nennen Sie die im Text genannten Faktoren, die Bedürfnisse entstehen lassen.
2. Auf der einen Seite gilt die These, dass es knappe Güter gibt. Auf der anderen Seite thematisiert der Text Erscheinungen wie Überproduktion und Sättigung. Erklären Sie, ob hier ein Widerspruch herrscht oder ob sich diese Gegensätze miteinander vereinbaren lassen. Begründen Sie Ihre Aussage.
3. Erläutern Sie, in welchem Zusammenhang Konsum, Bedürfnisse und Güterknappheit stehen.
4. Überlegen Sie sich Beispiele für Güter, die neben der Bedürfnisbefriedigung auch Schaden anrichten können. Wägen Sie ab, ob man hier aus volkswirtschaftlicher Sicht von schädlichen oder ethisch bedenklichen Bedürfnissen sprechen kann. Nehmen Sie dazu Stellung und begründen Sie Ihre Einschätzung.

"

"Von Bedürfnissen, dem Konsum und warum Souveräne Idioten sind

Selten hat eine Konsumentscheidung nur positive Folgen. Deshalb sind wirtschaftliche Fragen stets auch gesellschaftliche Fragen. Die Menschen müssen entscheiden, ob Nahrungsmittel wie Mais auf dem Teller oder doch im Tank landen sollen. [...] Der Mensch gilt als unersättlich. Nie hat er genug. Er will immer mehr. Mit solch einem Menschenbild läuft die Ökonomie nicht Gefahr, dass aus einer Wachstums- eine Stagnationsökonomie werden könnte. Dass Menschen etwa durch Reflexion ihres Konsumverhaltens die Jagd nach Bedürfnisbefriedigung reduzieren könnten, wird in der [...] Forschung tabuisiert. Weil nicht sein kann, was nicht sein darf. Nein, der Mensch muss als ein seinen Bedürfnissen unterworfenes Wesen gelten. Was seine Bedürfnisse angeht, ist der Mensch nicht Herr im eigenen Haus. [...] Nur wenn es um die Möglichkeit geht, sein eigenes Knappheitsempfinden kritisch zu reflektieren, wird die Freiheit an die Leine genommen. Das Ziel des Wirtschaftens ist der Konsum – wohl gemerkt nicht eine lang anhaltende Bedürfnisbefriedigung. Deshalb erstrahlt auch das Konsumwachstums im Lichte des eigenen Heiligenscheins. Konsum muss stattfinden und deshalb prasseln auch ständig neue Verlockungen auf uns ein. [...] Bedürfnisse entstehen dabei in erster Linie durch den Prozess der Produktion selbst. Güter dienen nicht mehr der Bedürfnisbefriedigung, sondern dem Verkauf der Waren. Werbespots erzählen nur noch von Werten, vom Image, das mit dem Kauf erworben wird. Die (technischen) Funktionen rücken in den Hintergrund. Es ist fadenscheinig zu behaupten, es ginge um die Bedürfnisse der Menschen. Die Produktion muss am Leben erhalten werden. Unser Wirtschaftssystem braucht deshalb Menschen mit ganz bestimmten Eigenschaften. Galt es früher als angebracht zu sparen, war Bescheidenheit eine Zier und versuchte man, Gebrauchsgüter mehrfach zu verwenden, muss der Verbrauch, der Konsum heute in anderem Licht erstrahlen. Das Besitzen und Präsentieren von Konsumgütern erst erschafft meine persönliche Identität und ordnet mich einer sozialen Schicht zu. Damit unsere Wirtschaft weiterlaufen kann, braucht sie Konsumenten, die gelernt haben, vor der Knappheit von Ressourcen die Augen zu verschließen, und die bereit sind, verschwenderisch zu leben."

Quelle: Mayer, Christian: Rettet die Wirtschaft...vor sich selbst – Faszinierende Reise ans Ende des neoklassischen Universums, Marburg: Büchner Verlag 2018, S. 20–23.

1.5 Ökonomisches Prinzip – Homo oeconomicus

1. Einigen der folgenden Sachverhalte liegt das ökonomische Prinzip zugrunde. Prüfen Sie für diejenigen Fälle, in denen das ökonomische Prinzip zur Anwendung kommt, ob es sich dabei um das Maximal- oder das Minimalprinzip handelt.
   a) In der Konstruktionsabteilung einer Automobilfabrik wird erreicht, dass bei gleicher PS-Zahl und unveränderten Beschleunigungswerten der Benzinverbrauch eines bestimmten Typs um 10 % gesenkt wird.
   b) Zur Unterstützung der Landwirtschaft kauft eine staatliche Vorratsstelle Pfirsiche auf, um einen Preisverfall zu verhindern. Die aufgekauften Pfirsiche werden vernichtet.
   c) In einer Möbelfabrik, die Bücherwände herstellt, war ein Unternehmensberater tätig. Aufgrund einer von ihm vorgeschlagenen Änderung des Fertigungsablaufs war es möglich, ohne zusätzliche Investitionen und ohne zusätzliches Personal die Produktion um 6 % zu erhöhen.
   d) Eine Organisation, die sich dem Schutz der Umwelt widmet, wirbt um Spenden mit dem Hinweis, dass bei gleichem Spendenaufkommen die Kosten für die Verwaltung von 0,8 % auf 0,5 % des Spendenaufkommens reduziert werden konnten.
   e) In einem Weinanbaugebiet sind im Frühjahr die Blütenansätze der Trauben überwiegend erfroren. Wegen der geringen Erträge steigen die Preise für die Weine dieses Jahrgangs. Ein Weinbauer, dessen Weinberge in einer besonders geschützten Lage liegen, macht deshalb mit dem Verkauf des Weins dieses Jahrgangs einen viel höheren Gewinn als mit dem Verkauf früherer Jahrgänge.
2. Unterscheiden Sie das Maximal- und das Minimalprinzip am Beispiel des Zusammenhangs zwischen der Höhe des Benzinverbrauchs eines Autos und der Länge der zurückgelegten Strecke.
3. Zeigen Sie an je einem Beispiel die Anwendung des Maximal- und des Minimalprinzips aus Ihrem persönlichen Erfahrungsbereich auf.
4. Begründen Sie, ob das folgende Verhalten dem ökonomischen Prinzip entspricht:

a) Ein Konsument kauft grundsätzlich nur fair gehandelten Kaffee. Dafür bezahlt er fast doppelt so viel wie für herkömmlichen Kaffee. Der erhöhte Preis garantiert den Kaffee produzierenden Kleinbauern in Entwicklungsländern eine Kostendeckung.
b) Ein Konsument kauft grundsätzlich nur Bio-Gemüse und zahlt dafür einen höheren Preis als für herkömmliches Gemüse.
c) Ein reicher Mann verschenkt sein Vermögen an Bedürftige, um die seiner Meinung nach undankbaren Erben zu ärgern und ihnen keine Erbschaft zu hinterlassen.

5. Es wird behauptet: „Der Homo oeconomicus handelt nach dem ökonomischen Prinzip, aber nicht jeder, der das ökonomische Prinzip befolgt, handelt entsprechend dem Modell des Homo oeconomicus." Erläutern Sie diese Aussage an folgendem Beispiel: Ein Unternehmer erzielt durch seine Geschäftstätigkeit einen erheblichen Gewinn. Einen Teil davon verwendet er dafür, einer Behindertenwerkstatt einen Lieferwagen zu spenden.
6. Eine Papierfabrik wird durch Gesetz verpflichtet, eine Kläranlage zur Reinigung der Abwässer zu bauen. Die Geschäftsleitung behauptet, dass ihr durch diese zusätzlichen Kosten ein Handeln nach dem ökonomischen Prinzip nicht mehr möglich sei. Nehmen Sie zu dieser Behauptung Stellung.

1.6 Eigennütziges Verhalten und Rationalitätenfalle

In bestimmten Fällen kann ein Verhalten, das aus der Sicht eines Einzelnen vernünftig erscheint, ins Gegenteil umschlagen, wenn viele andere Menschen sich auch so verhalten. In diesem Fall wird von einer „Rationalitätenfalle" gesprochen. Zeigen Sie für die folgenden Fälle auf, welche Folgen sich ergeben, wenn viele andere Menschen dem Beispiel eines Einzelnen folgen.

1. Angenommen, Sie erhalten für ein Fußballbundesligaspiel eine Karte für einen Sitzplatz mit schlechter Sicht. Aus Eigeninteresse würde es nahe liegen, während des Fußballspiels aufzustehen, um besser sehen zu können. Erläutern Sie, was geschehen würde, wenn sich alle Stadionbesucher mit Sitzplatzkarten so verhalten würden.
2. Ein Konsument geht davon aus, dass in nächster Zeit die Preise für Lebensmittel erheblich steigen. Er möchte dieser Preissteigerung durch „Hamsterkäufe" zuvor kommen und sich einen großen Vorrat haltbarer Lebensmittel anlegen. Erläutern Sie, was geschehen würde, wenn sich viele Konsumenten so verhalten würden.
3. Ein Arbeiter einer Automobilfabrik hatte geplant, für sich und seine Familie ein neues Auto zu kaufen. Da sich aber in letzter Zeit die allgemeine Lage auf dem Automobilmarkt verschlechtert hat und Entlassungen in dieser Branche drohen, beschließt er, den geplanten Kauf auf später zu verschieben. Das dafür vorgesehene Geld möchte er lieber sparen, um für den Fall, dass er arbeitslos wird, vorzusorgen. Erläutern Sie, was geschehen würde, wenn sich viele Autokäufer so verhalten würden.
4. Ein Unternehmen der Computerbranche gewährt aufgrund der guten Ertragslage seinen Mitarbeitern höhere Löhne. Erläutern Sie, was geschehen würde, wenn viele Unternehmen diesem Beispiel folgen würden.
5. Ein Unternehmen der Textilindustrie senkt wegen einer unbefriedigenden Ertragslage die Löhne seiner Mitarbeiter, um auf diesem Wege die Produktionskosten zu verringern. Erläutern Sie, was geschehen würde, wenn viele Unternehmen diesem Beispiel folgen würden.

1.7 Rationalverhalten – Ökonomisches Prinzip – (Im)materielle Bedürfnisse

1. Führen Sie in Ihrer Klasse das „Ultimatum-Spiel" (vgl. S. 28) durch. Zwei Schüler treten vor die Klasse. Der erste Schüler hat 100,00 € zur Verfügung, die er mit dem zweiten Schüler teilen muss. Der erste Schüler kann einen beliebigen Vorschlag machen, wie er die 100,00 € aufteilen möchte. Falls der zweite Schüler den Vorschlag akzeptiert, erhalten beide den anteiligen Betrag entsprechend dem Vorschlag. Lehnt der zweite Schüler den Vorschlag jedoch ab, erhalten beide nichts. Vergleichen Sie das Ergebnis dieses Experiments mit dem Verhalten eines „Homo oeconomicus". Diskutieren Sie, worauf die Abweichungen zurückzuführen sind.
2. Führen Sie in Ihrer Klasse folgende Umfrage durch:
Sie haben die Wahl zwischen folgenden beiden Alternativen:
a) Erzielung eines Jahreseinkommens von 50.000,00 €. Alle anderen Mitbürger verdienen in diesem

Fall nicht mehr als 25.000,00 €.

b) Erzielung eines Jahreseinkommens von 100.000,00 €. Alle anderen Mitbürger verdienen in diesem Fall mindestens 200.000,00 €.
Hinweis: Die Kaufkraft des Geldes, d. h. wie viel Sie sich für das erzielte Einkommen kaufen können, spielt bei der Entscheidung keine Rolle. In allen Fällen reicht das Einkommen für einen angemessenen Lebensstandard aus.
Diskutieren Sie, für welche Alternative Sie sich entscheiden würden.

Eine für Schülerinnen und Schülers besonders interessante Variante des Ultimatumspiels finden Sie unter den Onlinematerialien.

1.8 Güter unter ethischen Gesichtspunkten betrachtet

1. Das Smartphone, das so günstig ist, dass es kaum zu glauben ist. Die Jeans, die für einen unschlagbaren Preis angeboten wird. Immer wieder finden sich solche Güter im Sortiment der Lebensmittel- und Textildiscounter. Recherchieren Sie auf den folgenden Seiten zu Gütern, die ethisch bedenklich sind:

   https://lieferkettengesetz.de/

   https://fashionchecker.org/de bzw. www.cleanclothes.org

   http://www.fairtrade-deutschland.de

2. Suchen Sie nach drei typischen Artikeln aus dem Handel, deren Kauf aus Ihrer Sicht ethisch besonders bedenklich ist. Begründen Sie Ihre Auswahl und überlegen Sie, mit welchen Artikeln Sie selbst möglicherweise schon in Berührung gekommen sind.
3. Recherchieren Sie nach möglichen Ursachen für die aufgezeigten Missstände.

Lieferkettengesetz

Fashionchecker

Clean Clothes

Fairtrade

1.9 Einteilung von Gütern nach Beschaffenheit, Verwendungszweck und Nutzungsdauer

Teilen Sie die Güter in den unten genannten Vorgängen hinsichtlich der Güterart ein. Sie können in 3 aufeinanderfolgenden Schritten zur Einteilung kommen, indem Sie jeweils die folgenden Fragen durchgehen.

1. Handelt es sich um ein materielles oder ein immaterielles Gut?
2. Handelt es sich um ein Konsumgut oder ein Produktionsgut (Kapitalgut)?
3. Bei materiellen Gütern: Handelt es sich um ein Gebrauchsgut (Investitionsgut) oder Verbrauchsgut?

   Vorgänge:
   - Janine besucht einen Freizeitpark.
   - Christian kauft sich ein neues Tablet für den Privatgebrauch.
   - Herr Fuhrmann kauft Holz für die Produktion der Stand-Up-Paddling-Boards seines Unternehmens.
   - Der Steuerberater erstellt die jährliche Steuererklärung für Herrn Fuhrmanns Unternehmen.
   - Christian lädt sein Tablet täglich auf.
   - Herr Fuhrmann schafft eine neue Hobelmaschine für die Produktion der Stand-Up-Paddling-Boards an.

1.10 Private Güter – Öffentliche Güter – Trittbrettfahrer-Problem

Die beiden Nachbarn Abel und Bauer überlegen sich, vor ihren Grundstücken eine Straßenlaterne aufzustellen, die ihnen beiden gehören soll. Die Laterne würde beiden einen Nutzen bringen. Die Anschaffungskosten betragen 1.000,00 €. Herr Abel wäre bereit, 800,00 € auszugeben. Herr Bauer möchte dagegen nur 600,00 € ausgeben.

Mit anderen Worten: Herr Abel schätzt den Nutzen, den ihm die Straßenlaterne stiftet, auf 800,00 €, Herr Bauer dagegen nur auf 600,00 €. Abel und Bauer vereinbaren, dass jeder die Hälfte der Anschaffungskosten – also 500,00 € – trägt, sofern beide der Anschaffung der Straßenlaterne zustimmen. Wenn beide Nachbarn gegen die Anschaffung sind, wird die Laterne natürlich nicht aufgestellt. Ist jedoch nur einer dafür, der andere dagegen, muss derjenige die vollen Anschaffungskosten tragen, der für die Anschaffung ist.

Jeder der beiden Nachbarn Abel und Bauer hat zwei Strategien zur Auswahl:

Strategie 1 (S1): Zustimmung
Das hat zur Folge, dass er die Anschaffungskosten ganz (1.000,00 €) oder zur Hälfte (500,00 €) tragen muss.
Strategie 2 (S2): Ablehnung
Es wird darauf gehofft, dass der andere Nachbar die gesamten Anschaffungskosten (1.000,00 €) trägt.

Somit ergeben sich vier mögliche Strategiekombinationen, die – im Vergleich zur Ausgangssituation – teilweise unterschiedliche Vor- und Nachteile für die beiden Nachbarn mit sich bringen. Die Vor-/Nachteile des Nachbarn Abel werden jeweils in die linke untere Ecke, die Vor-/Nachteile des Nachbarn Bauer jeweils in die rechte obere Ecke der vier Felder eingetragen.

Beispiel:
Strategiekombination (SA1/SB1): Abel und Bauer stimmen zu.
Jeder Nachbar muss in diesem Fall die Hälfte der Anschaffungskosten, nämlich 500,00 €, zahlen.
Netto-Vorteil des A = Nutzenzuwachs (800,00 €) – Kosten (500,00 €) = 300,00 €
Netto-Vorteil des B = Nutzenzuwachs (600,00 €) – Kosten (500,00 €) = 100,00 €

		Nachbar Bauer	
		Zustimmung (S_{B1})	Ablehnung (S_{B2})
Nachbar Abel	Zustimmung (S_{A1})	300 / 100	- 200 /
	Ablehnung (S_{A1})		

1. Ermitteln Sie für die übrigen Strategiekombinationen die Vor-/Nachteile für die beiden Nachbarn nach obigem Muster.
2. Erläutern Sie die Strategiekombination, die aus Sicht von **Abel** am günstigsten ist.
3. Erläutern Sie die Strategiekombination, die aus Sicht von **Bauer** am günstigsten ist.
4. Erläutern Sie, zu welcher Strategiekombination das Verhalten der beiden Nachbarn vermutlich führen, wenn sich die beiden Nachbarn nicht untereinander absprechen, sondern jeder für sich eine möglichst günstige Lösung verfolgt. Begründen Sie dieses Verhalten und erläutern Sie das Ergebnis.
5. Das zu erwartende Verhalten der Nachbarn wird auch als **Trittbrettfahrer-Problem** (Free-rider-Problem) bezeichnet. Erläutern Sie diesen Begriff anhand des vorliegenden Beispiels.
6. Diskutieren Sie Konsequenzen, die sich aus den Ergebnissen für die Bereitstellung solcher Güter ergeben.

1.11 Umweltgüter als öffentliche Güter

Ein neu errichtetes Industrieunternehmen leitet seine Abwässer ungeklärt in einen Fluss. Durch die geminderte Qualität des Flusswassers wird der Umsatz zweier Ausflugslokale beeinträchtigt, die jeweils auf der rechten und linken Seite am unteren Flusslauf Badestrände mit Bootsvermietung betreiben und bisher frischen Fisch für ihre schmackhaften Fischgerichte aus dem Fluss gefangen haben. Der Industriebetrieb ist zum Bau einer Kläranlage bereit, wenn er zur Finanzierung der Investitionskosten einen Zuschuss von insgesamt 5 GE erhält.

Der Bau der Kläranlage würde für jedes der beiden Ausflugslokale zu einer Nutzensteigerung in Höhe von 4 GE (z. B. in Form von Mehreinnahmen und Steigerungen des Grundstückswerts) führen.

Jedes der beiden Ausflugslokale hat zwei Strategien zur Auswahl:

Strategie 1 (S1): Bereitschaft zur Zahlung

Das hat zur Folge, dass der Zuschuss ganz (5 GE) oder zur Hälfte (2,5 GE) gezahlt werden muss.

Strategie 2 (S2): Keine Zahlung

Es wird vielmehr darauf gehofft, dass das andere Ausflugslokal den erforderlichen Zuschuss vollständig zahlt (5 GE).

Somit ergeben sich vier mögliche Strategiekombinationen, die – im Vergleich zur Ausgangssituation

– teilweise unterschiedliche Vor- oder Nachteile für die beiden Ausflugslokale (Abel und Bauer) bewirken. Die Vor-/Nachteile des Ausflugslokals Abel werden in der linken unteren Ecke, die Vor-/Nachteile des Ausflugslokals Bauer in der rechten oberen Ecke der vier Felder eingetragen.

1. Ermitteln Sie die vier Strategiekombinationen die Vor-/Nachteile für die beiden Ausflugslokale nach dem nebenstehenden Muster.
2. Zu welcher Strategiekombination wird das Verhalten der beiden Inhaber der Ausflugslokale vermutlich führen, wenn die beiden Inhaber sich nicht untereinander absprechen und jeder für sich eine möglichst günstige Lösung verfolgt? Begründen Sie dieses Verhalten und erläutern Sie das Ergebnis.

		Ausflugslokal Bauer	
		zahlen (S_{B1})	nicht zahlen (S_{B2})
Ausflugslokal Abel	zahlen (S_{A1})		
	nicht zahlen (S_{A1})		

3. Prüfen Sie, ob das Trittbrettfahrer-Problem auch in folgenden Fällen eine Rolle spielt:
   a) Die Regierung und Umweltschutzverbände fordern die Autofahrer auf, zur Verringerung des Schadstoffausstoßes freiwillig einen Katalysator einbauen zu lassen.
   b) Die Regierung fordert Unternehmen mit Schadstoffemissionen auf, zur Reinhaltung der Luft freiwillig Filter einzubauen.
4. Diskutieren Sie, welche Konsequenzen sich aus den Ergebnissen von Aufgabe 3 für die staatliche Umweltpolitik ergeben.

1.12 Fischerspiel

Führen Sie in Ihrer Klasse das „Fischerspiel" durch. Mit diesem Spiel wird das Problem, dass die Natur wesentliche Merkmale öffentlicher Güter aufweist und deshalb Regelungen zur Nutzung der Umweltgüter nötig sind, erfahrbar.

Spielbeschreibung und Spielunterlagen des Fischerspiels finden sich im Downloadmaterial.

1.13 Umweltbelastung durch Flugreisen

Im Jahr 2019 verzeichnete das Statistische Bundesamt in Deutschland rund 227 Mio. Flugreisen. Ein nicht unerheblicher Teil davon entfiel auch auf Urlaubsreisen. Ursache für die Beliebtheit von Flugreisen sind häufig auch die sehr günstigen Flugpreise. Informieren Sie sich unter https://www.atmosfair.de/de/kompensieren/flug/ darüber, welche Umweltbelastung durch Flugreisen verursacht werden und was dagegen unternommen werden kann.

1. Berechnen Sie die Höhe der CO_2-Emissionen für eine fünfköpfige Familie, die einen Flug auf die spanische Insel Mallorca plant. Begründen Sie Ihre Vorgehensweise.
2. Vergleichen Sie Ihr Ergebnis mit dem CO_2-Ausstoß eines in Äthiopien lebenden Menschen und im Vergleich mit den Emissionen, die sich durch ein Jahr Autofahren (Mittelklassewagen) ergeben. Recherchieren Sie auch, wie hoch der klimaunschädliche Jahresausstoß eines Menschen ist. Was fällt Ihnen auf?
3. Recherchieren Sie nach Vorschlägen zur Milderung der Umweltbelastung durch Flugreisen, die auf der genannten Internetseite gemacht werden.
4. Überlegen Sie, woran es liegen könnte, dass die Preise für Flugreisen häufig wesentlich geringer als entsprechende Fahrten mit der Bahn sind.
5. Recherchieren Sie, welche Auswirkungen die Corona-Krise auf die CO_2-Emissionen und die gesetzten Klimaschutzziele in Deutschland hatte.

1.14 Humankapital – Qualifikation der Arbeitskräfte

1. Es wird behauptet, dass der Produktionsfaktor Arbeit heute weitestgehend nicht mehr ein ursprünglicher, sondern ein abgeleiteter Produktionsfaktor sei.

   Erläutern Sie diese Aussage anhand des nebenstehenden Stellenangebots.
2. Zeigen Sie anhand der Stellenanzeige und der Grafik auf S. 41, dass für die Bildung von Humankapital ähnliche Voraussetzungen gelten wie für die Bildung von Sachkapital.
3. Im Jahr 2019 hat der Staat für die Bildung und Ausbildung von Schülern an öffentlichen Schulen durchschnittlich folgende Beträge je Schüler aufgewendet:

Ausbildung ist das Kapital der Zukunft!

Wir stellen Auszubildende mit Realschulabschluss oder Abitur für folgende Ausbildungsberufe ein:

- Industriekaufmann/-frau
- Bürokaufmann/-frau
- IT-Kaufmann/-frau

Bewerbungen mit den üblichen Unterlagen an:

Maschinenfabrik Oehler GmbH,
Glockenspitz 15, 47800 Krefeld
Tel. 02151 8008510 (Frau Hansen)

Allgemeinbildende Schulen				Berufliche Schulen (einschl. Berufsschulen mit Teilzeitunterricht)
Hauptschulen	Realschulen	Gymnasien	Gesamtschulen und Ä.	
11.200 €	7.900 €	9.300 €	9.500 €	5.700 €

vgl. Statistisches Bundesamt: Bildungsausgaben, Ausgaben je Schülerin und Schüler 2019, S. 6 f., Wiesbaden, März 2021, Datenentnahme 06.01.2022

4. Überlegen Sie, ob der Allgemeinheit neben den unter 3. genannten Beträgen noch weitere Ausgaben und Nachteile während der Zeit entstehen, in der erwerbsfähige Jugendliche noch keine Berufstätigkeit ausüben, sondern die Schule besuchen. Nennen Sie Voraussetzungen, unter denen sich dieser „Umweg" für den Einzelnen und die Allgemeinheit lohnt.
5. Von den Ausbildungsbetrieben werden immer wieder nicht nur erhebliche Wissenslücken bei Schülerinnen und Schülern beklagt. Häufig stellen die Unternehmen insbesondere auch Mängel bei den als „Schlüsselqualifikationen" bzw. „Personal- und Sozialkompetenzen" bezeichneten Fähigkeiten der Schülerinnen und Schüler fest. Schätzen Sie Ihre eigenen Stärken und Schwächen im Hinblick auf die folgenden geforderten Fähigkeiten ein:
   - Teamfähigkeit
   - Kommunikatives Verhalten
   - Kooperation
   - Kritikfähigkeit
   - Leistungsbereitschaft
   - Kreativität
   - Motivation
   - Belastbarkeit
   - Selbstständiges Lernen
   - Logisches Denken
   - Verantwortungsbewusstsein
   - Zielstrebigkeit

   Diskutieren Sie, welche Möglichkeiten es zur Förderung dieser Qualifikationen gibt.
6. Diskutieren Sie, wie es zu erklären ist, dass bei der Beurteilung der Fähigkeiten von Arbeitskräften die sogenannten Schlüsselqualifikationen eine immer größere Bedeutung im Vergleich zum Fachwissen gewinnen.

1.15 Investitionen

1. Erläutern Sie anhand des Robinsonmodells
   a) die Voraussetzungen für Investitionen b) den Zweck von Investitionenz.

2. Das Statistische Bundesamt einer Volkswirtschaft hat für das vergangene Jahr folgende Werte ermittelt:

1	Neubauten (z. B. Büros, Produktionsstätte, Straßen, ...)	250 Mrd. €
2	Neue Maschinen und andere Produktionsmittel	170 Mrd. €
3	Erhöhung der Lagervorräte (Rohstoffe, halbfertige Erzeugnisse, ...)	11 Mrd. €
4	Ersatz für in diesem Jahr verschlissene Produktionsmittel	350 Mrd. €

a) Erläutern Sie, um welche Art von Investitionen es sich in den Fällen 1 bis 4 jeweils handelt.
b) Ermitteln Sie die Höhe der Brutto- und Nettoinvestitionen.

1.16 Produktionsmöglichkeitenkurve (Kapazitätskurve, Transformationskurve) – Opportunitätskosten (Alternativkosten) – Modellbildung

Bei vollständiger Auslastung aller Produktionsfaktoren können in einer Volkswirtschaft in einer bestimmten Periode die in der untenstehenden Tabelle angegebenen Gütermengen hergestellt werden.

Alternative Produktionsmengen		
Alternative	Konsumgüter (Mengeneinheiten)	Investitionsgüter (Mengeneinheiten)
A	30	0
B	28	4
C	24	10
D	16	16
E	10	18
F	0	20

1. Zeichnen Sie die Produktionsmöglichkeitenkurve (1 cm = 2 ME; y-Achse: Konsumgüter, x-Achse: Investitionsgüter).
2. Berechnen Sie die Opportunitätskosten, wenn statt bisher 4 Einheiten jetzt 10 Einheiten Investitionsgüter produziert werden sollen.
3. Berechnen Sie die Opportunitätskosten, wenn statt bisher 10 Einheiten jetzt 16 Einheiten Investitionsgüter erzeugt werden sollen.
4. Ermitteln Sie rechnerisch, wie sich die Höhe der Opportunitätskosten im vorliegenden Fall verändert, wenn zunehmend Konsumgüter durch Investitionsgüter ersetzt werden.
5. Beantworten Sie Frage 4 unter der Annahme, dass die Produktionsmöglichkeitenkurve linear verlaufen würde.
6. Begründen Sie im vorliegenden Fall den nach außen gewölbten Verlauf der Produktionsmöglichkeitenkurve.
7. In dieser Volkswirtschaft beträgt die Produktionsmenge der Konsumgüter derzeit 16 Einheiten und die der Investitionsgüter 8 Einheiten. Prüfen Sie, ob in diesem Fall eine Produktionssteigerung bei Investitionsgütern einen Verzicht auf Konsumgüter erfordert.
8. Erläutern sie, was eine Volkswirtschaft, die auf der Produktionsmöglichkeitenkurve produziert (z. B. Punkt C), veranlassen könnte, die Konsumgüterproduktion zugunsten der Investitionsgüterproduktion einzuschränken.
9. Prüfen Sie, ob sich durch die Entscheidung bei Aufgabe 8 die künftige Lage der Produktionsmöglichkeitenkurve verändert.
10. Nennen Sie Gründe, durch die sich die Produktionsmöglichkeitenkurve nach rechts verschiebt:
11. Erläutern Sie, warum es sich bei der Produktionsmöglichkeitenkurve um ein volkswirtschaftliches Modell handelt.
12. Erläutern Sie, welche Faktoren in Deutschland bzw. in einem Entwicklungsland den größten Einfluss auf das Produktionspotenzial haben.
13. Angenommen, beim Vergleich zwischen den Volkswirtschaften A und B stellt sich heraus, dass das Produktionspotenzial der Volkswirtschaft A um 30 % größer als das der Volkswirtschaft B ist.

    Diskutieren Sie, ob sich daraus schließen lässt, dass auch der Wohlstand in der Volkswirtschaft A größer als in der Volkswirtschaft B ist.

1.17 Produktionsfunktion – Optimale Faktorallokation

Zur Produktion der Güter X_1 und X_2 stehen 600 Einheiten des Produktionsfaktors Arbeit (A) und 400 Einheiten des Produktionsfaktors Kapital (K) zur Verfügung. Für die Herstellung der beiden Güter gelten folgende Produktionsfunktionen vom Typ COBB-DOUGLAS:

$X_1 = A^{0,9} \cdot K^{0,3}$ $X_2 = A^{0,8} \cdot K^{0,4}$

Für die Herstellung der Güter X_1 und X_2 bestehen hinsichtlich der Aufteilung der Produktionsfaktoren (= Faktorallokation) folgende drei Alternativen:

	Allokationsalternative 1		Allokationsalternative 2		Allokationsalternative 3	
	Einheiten des Faktors A	Einheiten des Faktors K	Einheiten des Faktors A	Einheiten des Faktors K	Einheiten des Faktors A	Einheiten des Faktors K
	520 für X_1 80 für X_2	60 für X_1 340 für X_2	360 für X_1 240 für X_2	200 für X_1 200 für X_2	240 für X_1 360 für X_2	360 für X_1 40 für X_2
$\sum$ der Faktoreinheit	600	400	600	400	600	400

1. Ermitteln Sie, welche der drei Allokationsmöglichkeiten die günstigste ist.
2. Erläutern Sie am vorliegenden Beispiel das ökonomische Prinzip.

1.18 Probleme in einer Wirtschaft ohne Geld (Naturaltauschwirtschaft)

1. In einer Naturalwirtschaft werden die Güter Brot, Butter, Milch, Käse und Eier getauscht. Ermitteln Sie, wie viele Tauschmöglichkeiten (Austauschverhältnisse) es in diesem Fall gibt.
2. Mit zunehmender Zahl der Güter steigt die Zahl der Tauschmöglichkeiten überproportional an. Sie entwickelt sich nach folgender Formel:

   n = Zahl der verschiedenen Güter   Zahl der Tauschmöglichkeiten $= \frac{n^2 - n}{2}$

   Ermitteln Sie, wie viele Tauschmöglichkeiten es bei 5 bzw. bei 10 verschiedenen Gütern gibt.
3. Im Laufe der Zeit haben sich in der Naturalwirtschaft die in der untenstehenden Tabelle dargestellten Austauschverhältnisse für bestimmte Mengeneinheiten der einzelnen Güter herausgebildet.

   Ermitteln Sie die übrigen Austauschverhältnisse.

	Brot	Butter	Milch	Fleisch	Eier
Brot		1 : 1			
Butter			3 : 1	1 : 2	
Milch	1 : 3				
Fleisch					
Eier	2 : 3	2 : 3		1 : 3	

4. Mittlerweile hat sich aus der Naturalwirtschaft eine Geldwirtschaft entwickelt. Eine Mengeneinheit Fleisch kostet 9 Taler.

   Ermitteln Sie, wie viele Taler die anderen Güter kosten, wenn sich die bisherigen Austauschverhältnisse nicht verändert haben.
5. Für drei Produzenten in einer Naturalwirtschaft liegen folgende Angaben vor:

Landwirt	Bäcker	Schmied
bietet Käse an fragt Werkzeug nach	bietet Brot an fragt Käse nach	bietet Werkzeuge an fragt Brot nach

a) Erläutern Sie, welche und wie viele Tauschakte nötig sind, damit jeder der Produzenten seine Nachfrage befriedigen kann.
b) Erläutern Sie, welche Probleme sich bei dieser Art von Tausch ergeben können.
c) Ermitteln Sie, wie viele Tauschakte und Gütertransporte nötig wären, wenn es in dieser Wirtschaft ein allgemeines Tauschmittel (Geld) gäbe.

Ich kann …	Bitte ankreuzen		Wenn Nein: Siehe Seite(n) im Buch	Level/ Anforderungsniveau
	Ja	Nein		
1.1 Motive für wirtschaftliches Handeln				
… die Begriffe „Bedürfnis“, „Güter“ und „Nutzen definieren.			S. 17	I
… verschiedene Bedürfnisarten unterscheiden.			S. 18	I
… Bedürfnisse verschiedenen Bedürfnisarten zuordnen.			S. 18	II
… den Zusammenhang zwischen Bedürfnis, Bedarf und Nachfrage beschreiben.			S. 18	I
… die künstliche Bedarfsweckung durch Werbung erläutern.			S. 19	II
… zwischen freien und wirtschaftlichen (knappen) Gütern unterscheiden.			S. 20	I
… an einem Beispiel aufzeigen, dass freie Güter auch zu knappen Gütern werden können.			S. 20	I
… den Begriff „Ressourcen“ erläutern.			S. 20	II
… den Begriff „Alternativkosten“ (Opportunitätskosten) und wie sie entstehen erläutern.			S. 21	II
1.2 Grundfragen und Methoden der Volkswirtschaftslehre				
… die vier Grundfragen benennen, die in jeder Wirtschaftsgesellschaft gelöst werden müssen.			S. 22	I
… die vier Grundfragen allgemein und am Beispiel der Robinsonwirtschaft erklären.			S. 22	II
… den Zweck von Modellen in der Volkswirtschaftslehre erläutern.			S. 23	II
… das Modell des Homo oeconomicus beschreiben.			S. 23	I
… das Modell des Homo oeconomicus diskutieren.			S. 23	III
1.3 Wirtschaften als vernünftiges menschliches Handeln				
… beschreiben, was „Wirtschaften“ bedeutet.			S. 24	I
… das ökonomische Prinzip als Maximal- und Minimalprinzip erläutern.			S. 24 f.	II
… Beispiele für vernünftige und unvernünftige Kaufentscheidungen nennen.			S. 26 f.	I
… erläutern, welche Rolle Alternativkosten (Opportunitätskosten) bei der Anwendung des ökonomischen Prinzips spielen.			S. 26	II
… beschreiben, warum die Anwendung des ökonomischen Prinzips nicht mit egoistischem Handeln gleichzusetzen ist.			S. 27 f.	I
… erläutern, wodurch sich das modellhafte Verhalten eines Homo oeconomicus vom menschlichen Verhalten in der Realität unterscheidet.			S. 27	II

2 Wirtschaftskreislauf und Volkswirtschaftliche Gesamtrechnung

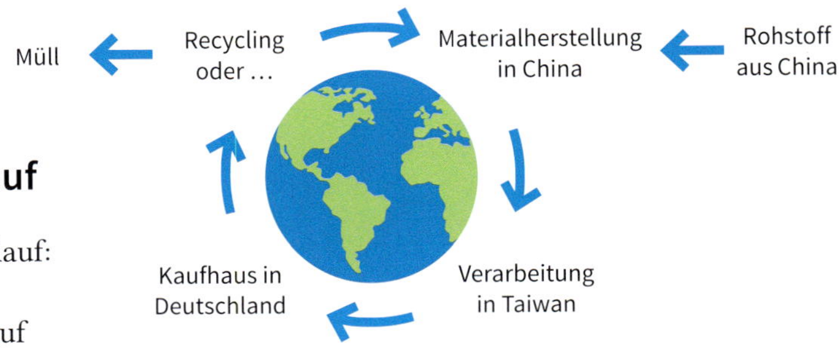

2.1 Wirtschaftskreislauf

- Wirtschaftsprozess als Kreislauf: Geld- und Güterströme
- Einfacher Wirtschaftskreislauf
- Erweiterter Wirtschaftskreislauf

2.5 Grenzen des Wachstums

- Probleme des quantitativen Wachstums
- Qualitatives Wachstum und nachhaltige Entwicklung

2.2 Volkswirtschaftliche Gesamtrechnung

- Aufgaben und Ansatzpunkte der VGR
- Erfassung der gesamtwirtschaftlichen Leistung
- Entstehung und Verwendung des Inlandsprodukts

2.3 Inlandsprodukt als Messgröße gesamtwirtschaftlicher Leistung

- Reales Inlandsprodukt pro Kopf
- Kritik am Inlandsprodukt als Wohlstandsindikator

2.4 Ansätze zur Verbesserung der Aussagefähigkeit der Volkswirtschaftlichen Gesamtrechnung

- Ökoinlandsprodukt und umweltökonomische Gesamtrechnung
- Soziale Indikatoren als Messgrößen für den Wohlstand

2 Wirtschaftskreislauf und Volkswirtschaftliche Gesamtrechnung

Die Geldwirtschaft haben Sie als Folge der Arbeitsteilung kennengelernt. Geld wird gegen Güter eingetauscht, Güter gegen Geld – so lassen sich in der Wirtschaft anhand des Wirtschaftskreislaufs Geld- und Güterströme zwischen Unternehmen und Haushalten darstellen. Berücksichtigen Sie nun noch die Produktionsfaktoren, die für die Produktion von Gütern eingesetzt werden, lässt sich das Modell des einfachen Wirtschaftskreislaufs auf ein etwas realistischeres Modell ausweiten. Das Modell des Wirtschaftskreislaufs und seine Funktionen wird im vorliegenden Kapitel genau untersucht. Auch werden Sie herausfinden, wie sich dieses Modell verhält, wenn sich eine Wirtschaft weiterentwickelt und ein weiterer Akteur, der Staat, hier eingreift.

Der durch diese Modelle veranschaulichte Wirtschaftsprozess erzielt Ergebnisse, die mit der Volkswirtschaftlichen Gesamtrechnung dargestellt werden. Anhand des Inlandsprodukts wird die gesamtwirtschaftliche Leistung dargestellt, seine Entstehung, Verteilung und Verwendung geben Ihnen Auskunft darüber, wie die Akteure zu diesem Produkt beitragen. Heutzutage verwendet das Statistische Bundesamt die „Umweltökonomische Gesamtrechnung", die die Wechselwirkungen zwischen Wirtschaft und Umwelt näher untersucht. Diese Vorgehensweise umfasst die Module Umweltbelastung, Veränderung des Umweltzustands und beschreibt Maßnahmen. Diese Rechnung trägt dazu bei, das bei der Betrachtung des Inlandsprodukts - Umweltschäden und -verschmutzung - berücksichtigt werden können.

Die Erhaltung der natürlichen Lebensgrundlagen stellt weltweit die größte Herausforderung des 21. Jahrhunderts dar. Das von den Menschen geschaffene quantitative Wachstum (=Güterproduktion) nutzt für die natürliche Lebensgrundlage, den Produktionsfaktor Umwelt schon immer. Dies führt erneut zu vermehrten Rohstoffverbräuchen, Emissionen und allgemein erhöhter Umweltbelastung, damit erneut Wachstum generiert werden kann.

2.1 Wirtschaftskreislauf

Lernziele:

Nach der Bearbeitung dieses Kapitels sind Sie in der Lage, Folgendes zu tun:

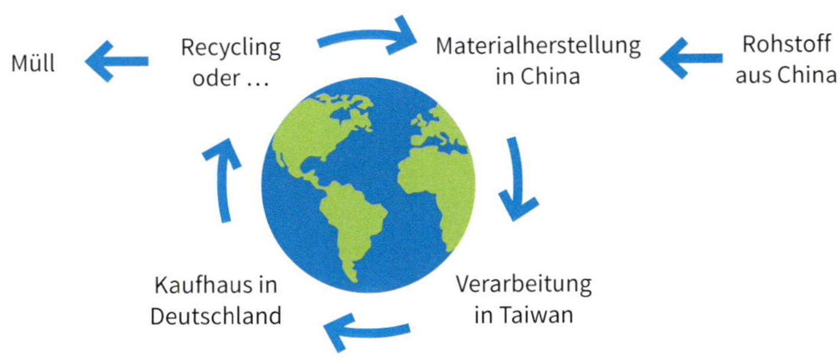

Sie ...

- ... unterscheiden die Ströme in einem wirtschaftlichen Kreislaufmodell.
- ... erläutern, welche Beziehungen in einer stationären Wirtschaft zwischen den Wirtschaftssektoren Haushalte und Unternehmen bestehen.
- ... unterscheiden eine evolutorische Wirtschaft von einer stationären Wirtschaft.
- ... erläutern die Bedeutung des Pols „Vermögensänderung" im Kreislaufschema einer wachsenden Wirtschaft.
- ... geben die Gleichung für die Verwendung des gesamtwirtschaftlichen Produktionsergebnisses (Inlandsprodukt) sowie die Verwendung des Volkseinkommens in einer wachsenden Wirtschaft wieder.
- ... erklären die Tatsache, dass in einer geschlossenen Volkswirtschaft die gesamtwirtschaftlichen Nettoinvestitionen und die gesamtwirtschaftlichen Ersparnisse am Ende einer Wirtschaftsperiode immer gleich groß sind.

- ... erläutern die Anpassungsprozesse, wenn geplante Ersparnisse und geplante Investitionen voneinander abweichen.
- ... stellen das Modell des Wirtschaftskreislaufs in einer offenen Volkswirtschaft mit staatlicher Aktivität mit den verschiedenen Geldströmen dar.
- ... erklären, warum die Güter, die den Haushalten und Unternehmen vom Staat kostenlos zur Verfügung gestellt werden, nicht im Kreislaufschema erfasst werden.

2.1.1 Wirtschaftsprozess als Kreislauf: Geld- und Güterströme

In einer arbeitsteiligen Geldwirtschaft beziehen die Unternehmen Vorleistungen (Waren und Dienstleistungen) von anderen Unternehmen. Außerdem müssen sie sich die Produktionsfaktoren beschaffen. Um die Bedeutung der von den Inhabern der Produktionsfaktoren erzielten Faktoreinkommen besser analysieren zu können, wird in der Kreislauftheorie angenommen, dass die Unternehmen nicht Eigentümer der Produktionsmittel sind. Vielmehr werden ihnen von den privaten Haushalten neben der Arbeitsleistung auch die Produktionsfaktoren Boden und Kapital zur Verfügung gestellt. Als Gegenleistung für den Einsatz der Produktionsfaktoren erhalten die privaten Haushalte von den Unternehmen ein **Faktoreinkommen**, das sie wiederum für den Kauf von Waren und Dienstleistungen verwenden. Jedem Güterstrom fließt ein wertmäßig gleich großer Geldstrom entgegen.

D In einer arbeitsteiligen Geldwirtschaft durchlaufen die Güter in der Regel mehrere Produktionsstufen. Dem Güterstrom fließt ein Geldstrom entgegen. Es entsteht ein Güter- und Geldkreislauf.

Input-Output-Tabelle

Diese Zusammenhänge werden an folgendem Beispiel verdeutlicht:

B **Güter- und Geldströme im Wirtschaftskreislauf**

2.1, S. 105

Für eine Modellvolkswirtschaft gelten folgende Annahmen:

Unternehmen A: land- und forstwirtschaftlicher Betrieb	Unternehmen B: Mühlenbetrieb	Unternehmen C: Bäckerei
Der land- und forstwirtschaftliche Betrieb liefert Getreide an die Mühle und Brennmaterial an die Bäckerei.	Die Mühle liefert Futtermehl an den land- und forstwirtschaftlichen Betrieb und Backmehl an die Bäckerei.	Die Bäckerei beliefert alle Haushalte mit Backwaren.

Haushalt 1: Familie Bauer	Haushalt 2: Familie Müller	Haushalt 3: Familie Beck
Herr Bauer ist Inhaber des land- und forstwirtschaftlichen Betriebs. Neben seiner Arbeitskraft stellt er dem Betrieb Wald, Wiesen und Äcker sowie Maschinen und Werkzeuge gegen Entgelt zur Verfügung. Außerdem arbeiten noch weitere Haushaltsmitglieder als mithelfende Familienangehörige gegen Entgelt im Betrieb.	Herr Müller ist Inhaber der Getreidemühle. Neben seiner Arbeitskraft stellt er dem Betrieb auch Gebäude und Maschinen gegen Entgelt zur Verfügung. Außerdem arbeiten noch weitere Haushaltsmitglieder als mithelfende Familienangehörige gegen Entgelt im Betrieb.	Herr Beck ist Inhaber der Bäckerei. Neben seiner Arbeitskraft stellt er dem Betrieb auch die Backstube und das Ladengeschäft gegen Entgelt zur Verfügung. Außerdem arbeiten noch weitere Haushaltsmitglieder als mithelfende Familienangehörige gegen Entgelt im Betrieb.

Die folgende **Input-Output-Tabelle** zeigt die Beziehungen zwischen den einzelnen Unternehmen einerseits sowie zwischen den Unternehmen und Haushalten andererseits:

Input der Unternehmen: Produktionsfaktoren, Vorleistungen von Unternehmen
Output der Unternehmen: Vorleistungen für Unternehmen, Konsumgüter
Input der Haushalte: Konsumgüter
Output der Haushalte: Produktionsfaktoren
Es handelt sich um **Güterströme,** die in **Geldeinheiten** bewertet sind.

Input-Output-Tabelle: Güterströme in GE

Empfangende Wirtschaftseinheit (Input) / Liefernde Wirtschaftseinheit (Output)		Unternehmen empfangen Vorleistungen von anderen Unternehmen und Produktionsfaktoren von Haushalten			Haushalte empfangen Konsumgüter von Unternehmen			∑ Output (GE)
		U_A: Land-/Forstwirt	U_B: Mühle	U_C: Bäckerei	H_1: Bauer	H_2: Müller	H_3: Beck	
Unternehmen liefern Vorleistungen an andere Unternehmen und Konsumgüter an Haushalte	U_A: Land-/Forstwirt		30	10	–	–	–	**40**
	U_B: Mühle	10		60	–	–	–	**70**
	U_C: Bäckerei	–	–		30	40	50	**120**
Haushalte liefern Produktionsfaktoren an Unternehmen	H_1: Bauer	30	–	–		–	–	**30**
	H_2: Müller	–	40	–	–		–	**40**
	H_3: Beck	–	–	50	–	–		**50**
∑ Input (GE)		**40**	**70**	**120**	**30**	**40**	**50**	**350**

Die aus der Tabelle hervorgehenden Verflechtungen und Beziehungen lassen sich als Güter- und Geldströme in einem Kreislaufschema darstellen. Den einzelnen Güterströmen fließen jeweils wertmäßig gleich große Geldströme entgegen (Kaufpreis für die Vorleistungen, Einkommen für die Zurverfügungstellung der Produktionsfaktoren, Kaufpreis für die Konsumgüter).

Güterkreislauf

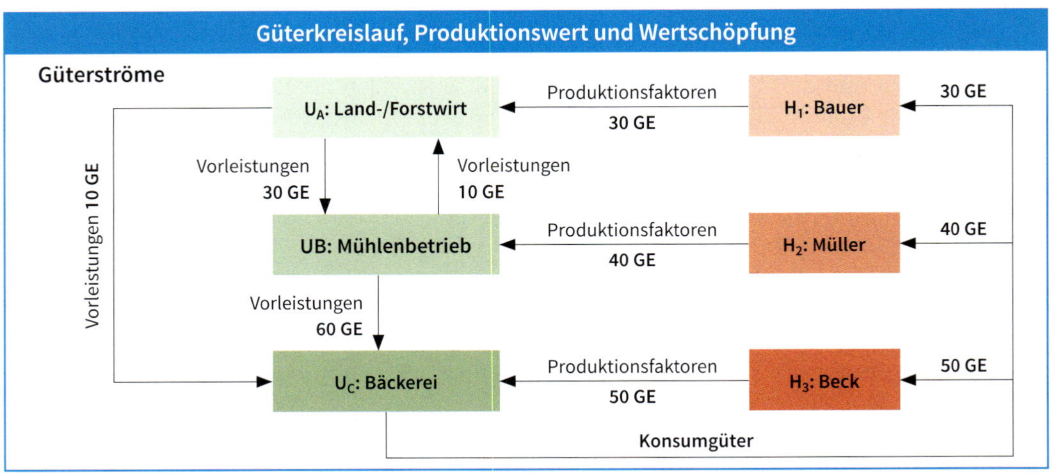

Der Wert, der im Produktionsprozess den Vorleistungen hinzugefügt wird, ist die **Wertschöpfung** eines Unternehmens. Sie ergibt sich als Differenz zwischen den insgesamt von einem Unternehmen erzeugten Gütern **(= Produktionswert)** und den dafür von anderen Unternehmen bezogenen **Vorleistungen.** Die Wertschöpfung der drei Unternehmen und der gesamten Volkswirtschaft ergibt sich wie folgt:

	Unternehmen A	Unternehmen B	Unternehmen C	Insgesamt
Produktionswert	40	70	120	230
- Vorleistungen	10	30	70	110
= Wertschöpfung	30	40	50	120

Geldkreislauf

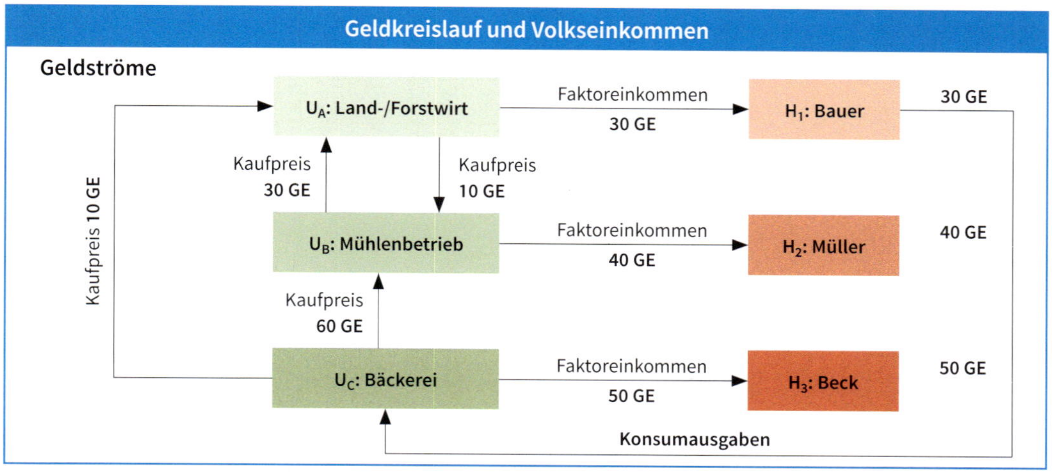

In Höhe der Differenz zwischen den Einnahmen aus den Güterverkäufen und den Ausgaben für bezogene Vorleistungen entstehen in jedem Unternehmen Ausgaben für die Entlohnung der Produktionsfaktoren. Diese Ausgaben der Unternehmen führen bei den Haushalten, die den Unternehmen die Produktionsfaktoren zur Verfügung stellen, zu **Faktoreinkommen.** Da es sich bei den Haushalten sowohl um Arbeitnehmer- als auch um Unternehmerhaushalte handeln kann, können die Faktoreinkommen sowohl aus Löhnen und Gehältern als auch aus Zinsen, Pachten und Gewinnen bestehen. Die Summe aller Faktoreinkommen ergibt das **Volkseinkommen.**

Bei jedem Unternehmen entstehen in Höhe der Differenz zwischen den Einnahmen aus Güterverkäufen und den Ausgaben für bezogene Vorleistungen zusätzliche Ausgaben für die Entlohnung der Produktionsfaktoren in Form von Löhnen, Zinsen, Pachten und Gewinnen.

	Haushalt 1 von Unternehmen A	Haushalt 2 von Unternehmen B	Haushalt 3 von Unternehmen C	Insgesamt
Faktoreinkommen	30	40	50	120

Wertschöpfung und Faktoreinkommen

D Der Wert, den ein Unternehmen im Rahmen des Produktionsprozesses den Vorleistungen hinzufügt, wird als Wertschöpfung bezeichnet.

Die Summe der Wertschöpfung aller Unternehmen einer Volkswirtschaft in einem bestimmten Zeitraum (z. B. ein Jahr) entspricht dem **Wert aller Güter**, der in dieser Volkswirtschaft während dieses Zeitraums mithilfe der Produktionsfaktoren erzeugt wurde.

D Die Summe der Wertschöpfung aller Unternehmen einer Volkswirtschaft ergibt das gesamtwirtschaftliche Produktionsergebnis (Inlandsprodukt).

Sein Wert beträgt im vorliegenden Beispiel 120 GE. In gleicher Höhe fließen den Inhabern der im Produktionsprozess eingesetzten Produktionsfaktoren die Faktoreinkommen zu.

D Die Summe aller Faktoreinkommen in einer Volkswirtschaft ergibt das Volkseinkommen.

Wertschöpfung und **Faktoreinkommen** stellen – wie zwei Seiten derselben Medaille – Ergebnisse ein und desselben Produktionsprozesses dar. Beide Größen sind wertmäßig gleich groß.

2.2, S. 106
2.3, S. 106

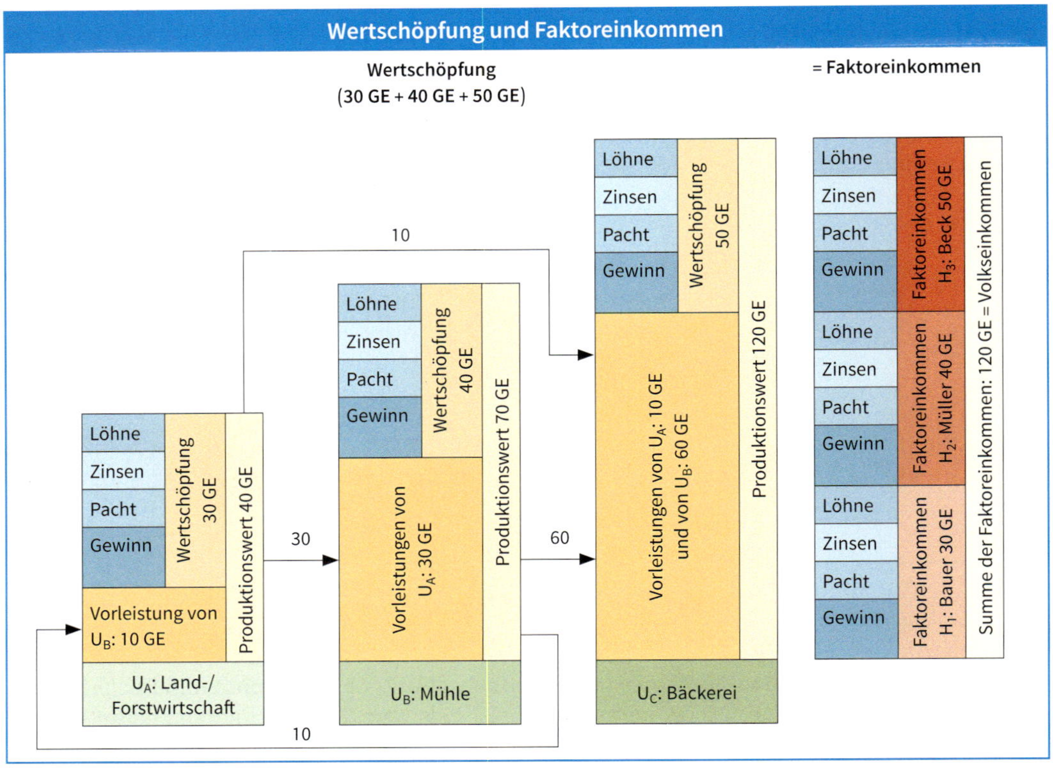

D Im Produktionsprozess werden Güter erzeugt. Gleichzeitig entstehen Faktoreinkommen. Die Wertschöpfung (= Wert, der den Vorleistungen im Produktionsprozess hinzugefügt wird) ist genauso groß wie die Faktoreinkommen (= Bezahlung für die im Produktionsprozess eingesetzten Produktionsfaktoren).

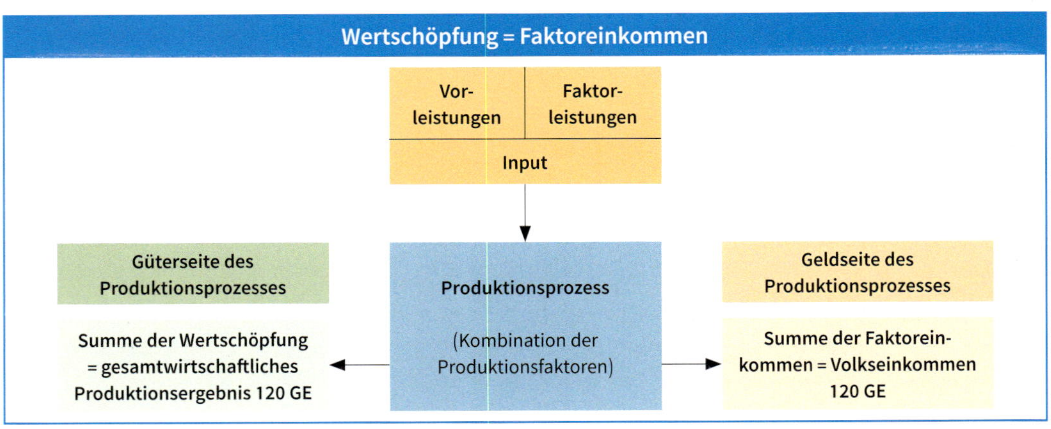

2.1.2 Einfacher Wirtschaftskreislauf

Einfacher Wirtschaftskreislauf einer stationären Volkswirtschaft

Um die verwirrenden Verflechtungen im Wirtschaftsprozess einer Volkswirtschaft überschaubarer zu machen, werden für volkswirtschaftliche Modellanalysen und für statistische Zwecke Wirtschaftseinheiten mit gleichartigen Aktivitäten zu **Sektoren** zusammengefasst **(Aggregation).** Dabei ist es üblich, zwischen den Sektoren Unternehmen, Haushalte, Staat und Ausland zu unterscheiden. Aus Vereinfachungsgründen wird die Kreislaufbetrachtung zunächst auf die Beziehungen zwischen den beiden Sektoren Unternehmen und Haushalte beschränkt. Es handelt sich dabei um die einfachste Form eines Wirtschaftskreislaufs.

Geld- und Güterkreislauf zwischen den Sektoren Unternehmen und Haushalte

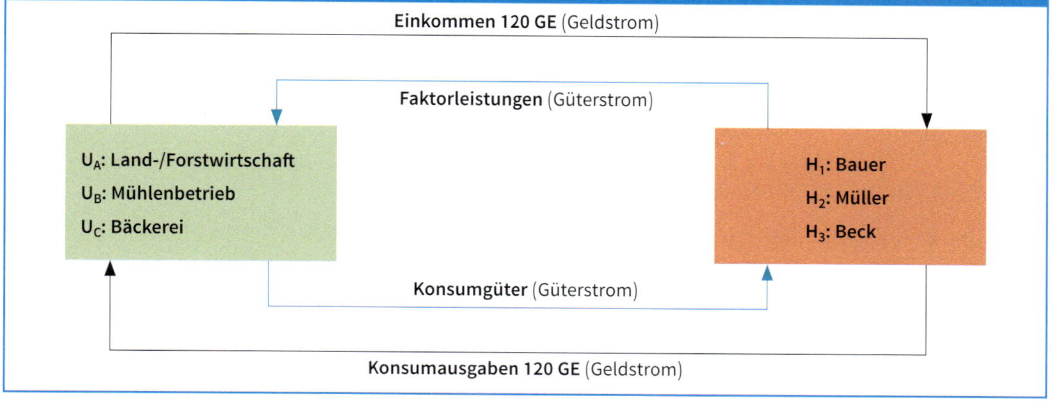

Werden die beteiligten Wirtschaftseinheiten zu den Sektoren Unternehmen und Haushalte zusammengefasst, ist der Wirtschaftskreislauf durch zwei Güterströme (Waren und Faktorleistungen) und zwei den Güterströmen entgegenlaufende Geldströme (Faktoreinkommen und Konsumausgaben) gekennzeichnet. Da die Güterströme und die ihnen entgegenfließenden Geldströme wertmäßig gleich groß sind, kann zur Vereinfachung auf die Darstellung eines der beiden Ströme verzichtet werden. Üblicherweise wird im Rahmen der Analyse des Wirtschaftskreislaufs nur der Geldstrom betrachtet.

Grafische Darstellung

Üblicherweise werden die **Konsumausgaben** mit C und das **Einkommen** mit Y bezeichnet.[1] Die nebenstehende Abbildung stellt den **einfachen** Wirtschaftskreislauf für den Fall dar, dass die privaten Haushalte ihr gesamtes Einkommen für den Konsum ausgeben. Die Haushalte sparen nicht. Die Unternehmen nehmen nur Ersatzinvestitionen vor, indem sie die durch Abnutzung der Anlagen eingetretene Wertminderung (= Abschreibung) wieder ausgleichen. **Die Wirtschaft ist stationär.**[2] Da auch die Lagervorräte nicht erhöht werden, gibt es **keine Nettoinvestition.**

Einfacher Wirtschaftskreislauf

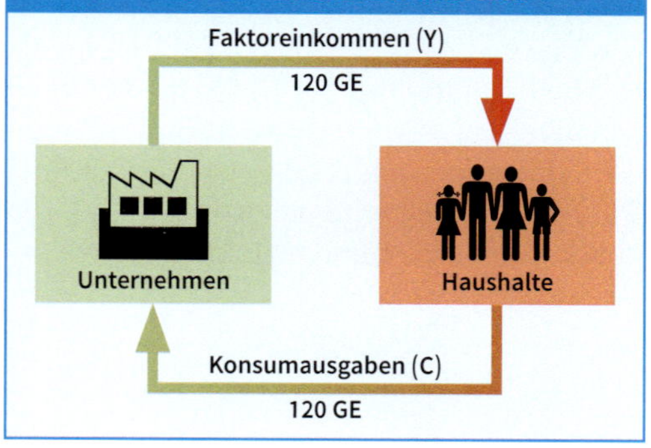

1 C steht für *consumption*. Y steht für *yield* (= Ertrag).
2 Eine stationäre Wirtschaft ist der Modellzustand einer Volkswirtschaft, bei dem nicht nur der Kapitalbestand (netto), sondern auch die Bevölkerung, die Konsumgewohnheiten und die Technologie im Zeitablauf konstant bleiben, sodass sich in jeder Periode alle wirtschaftlichen Aktivitäten unverändert wiederholen.

D In einer stationären Wirtschaft gibt es kein Sparen und keine Nettoinvestition.

1.5.4

Darstellung in Gleichungsform

Der Wirtschaftskreislauf lässt sich u. a. auch in Gleichungsform darstellen.

F In einer stationären Volkswirtschaft gilt die Gleichung: Y = C

Die Gleichung zeigt die Verwendung des Einkommens: **Die Haushalte geben ihr gesamtes Einkommen für Konsumgüter aus.** Das Symbol Y wird aber nicht nur für die Summe aller Faktoreinkommen in einer Volkswirtschaft **(= Volkseinkommen)**, sondern auch für das Produktionsergebnis einer Volkswirtschaft (= **Wertschöpfung** aller Unternehmen) verwendet. Dementsprechend zeigt die Gleichung auch die Zusammensetzung des Produktionsergebnisses, bei dessen Erstellung die den Haushalten zufließenden Faktoreinkommen entstehen: **Das nach Abzug der Ersatzinvestition verbleibende Produktionsergebnis besteht ausschließlich aus Konsumgütern.**

Einfacher Wirtschaftskreislauf einer wachsenden Volkswirtschaft

Wird das Kreislaufmodell etwas der Realität angepasst und unterstellt, dass ein Teil des in der Volkswirtschaft entstehenden Einkommens gespart wird und die Unternehmen positive Nettoinvestitionen vornehmen, handelt es sich um eine **wachsende** (evolutorische) **Wirtschaft.**

D Eine wachsende Wirtschaft ist durch Sparen und positive Nettoinvestition gekennzeichnet.

Grafische Darstellung

Auch in einer wachsenden Wirtschaft fließt ein Einkommensstrom (Y) von den Unternehmen an die privaten Haushalte. Dem fließt ein Ausgabenstrom für den Kauf von Konsumgütern (C) von den privaten Haushalten an die Unternehmen entgegen. Da aber unterstellt ist, dass die privaten Haushalte nicht ihr gesamtes Einkommen für Konsumgüter ausgeben, sind diese beiden Ströme – anders als in einer stationären Wirtschaft – nicht gleich groß. Um den Geldkreislauf zu schließen, muss neben den beiden Sektoren Haushalte und Unternehmen ein zusätzlicher Pol in das folgende Kreislaufschema eingefügt werden: die **Vermögensänderung.** Nur wenn für jeden Sektor die Summen der Zu- und Abgänge übereinstimmen, ist der Kreislauf geschlossen. Sowohl beim Sektor Unternehmen als auch beim Sektor Haushalte ergibt sich aber im vorliegenden Fall ein Unterschied zwischen Zu- und Abgängen in Höhe von 20 GE (= Salden). Der Pol **Vermögensänderung** hat nun die Aufgabe, den Kreislauf zu schließen, indem er die **Salden**, die sich bei den beiden Sektoren Haushalte und Unternehmen ergeben, aufnimmt. Die Pfeilrichtung wird dabei durch den Grundsatz bestimmt, dass die Zugänge zu einem Sektor gleich groß sein müssen wie die Abgänge.

Einfacher Wirtschaftskreislauf einer evolutorischen Wirtschaft

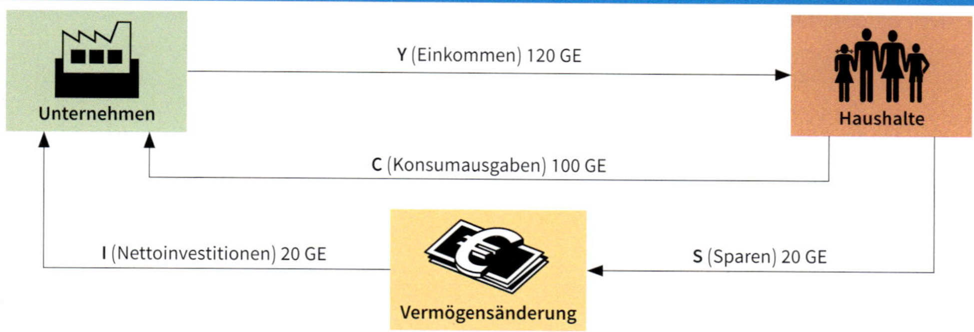

Y = Faktoreinkommen der privaten Haushalte (Volkseinkommen)
C = Konsumgüterausgaben der privaten Haushalte
S = Sparen der privaten Haushalte
I = (Netto-)Investitionen der Unternehmen

2.4, S. 106

2.5, S. 107

D Der Pol Vermögensänderung hat die Funktion, die Unterschiedsbeträge zwischen den Zu- und Abgängen (= Salden) der Sektoren Unternehmen und Haushalte aufzunehmen und dadurch den Kreislauf zu schließen.

Im Pol Vermögensänderung werden das Sparen (= Saldo des Sektors Haushalt) und die Investition (= Saldo des Sektors Unternehmen) erfasst. Der Kreislauf ist nur dann geschlossen, wenn für den Pol Vermögensänderung die Bedingung erfüllt ist: **Sparen = Nettoinvestition.**

Darstellung in Gleichungsform

Auch für den einfachen Wirtschaftskreislauf einer wachsenden Wirtschaft lassen sich die Zusammenhänge in Gleichungsform ausdrücken. Für die wachsende Volkswirtschaft ist kennzeichnend, dass die Nettoinvestition positiv ist. Das **gütermäßige Produktionsergebnis** (Wertschöpfung) der Volkswirtschaft besteht aus den an die Haushalte gelieferten Gütern (Konsumgüter) und denjenigen Sachgütern, die die Bestände der Unternehmen an Produktionsmitteln aller Art sowie die Lagerbestände an Halb- und Fertigwaren vergrößert haben (= Investition). Somit gilt für die **Verwendung des Produktionsergebnisses** folgende Gleichung:

F

Wertschöpfung = Konsum + Nettoinvestition

$$Y = C + I^{netto}$$

Bei der Güterproduktion entstehen für die Inhaber der Produktionsfaktoren **Faktoreinkommen.** Deren Höhe entspricht den durch die **Entlohnung der Produktionsfaktoren** entstandenen **Kosten (Faktorkosten).** Das mit diesen Faktorkosten bewertete Produktionsergebnis ist die **Wertschöpfung. Daher stimmt die Summe der Faktoreinkommen (Volkseinkommen) mit der Wertschöpfung einer Volkswirtschaft überein.** Die Faktoreinkommen fließen den privaten Haushalten zu. Diese verwenden es für die Käufe von Konsumgütern und zur Ersparnisbildung. Da das Symbol Y nicht nur für den **Wert des Produktionsergebnisses (Wertschöpfung)**, sondern auch für das **wertmäßig gleich hohe Volkseinkommen** benutzt wird, gilt für die **Verwendung des Volkseinkommens** somit folgende Gleichung:

2.1.1

F

Volkseinkommen = Konsum + Sparen

$$Y = C + S$$

Gleichheit von Sparen und Investieren

Aus den beiden Definitionsgleichungen für die Verwendung von Produktionsergebnis und Volkseinkommen lässt sich ableiten, dass in einem **einfachen Wirtschaftskreislauf** (d.h. ohne Berücksichtigung von wirtschaftlichen Aktivitäten des Staates und des Auslandes) die Nettoinvestition **am Ende** einer Wirtschaftsperiode (ex post) immer so groß sein muss wie das Sparen.

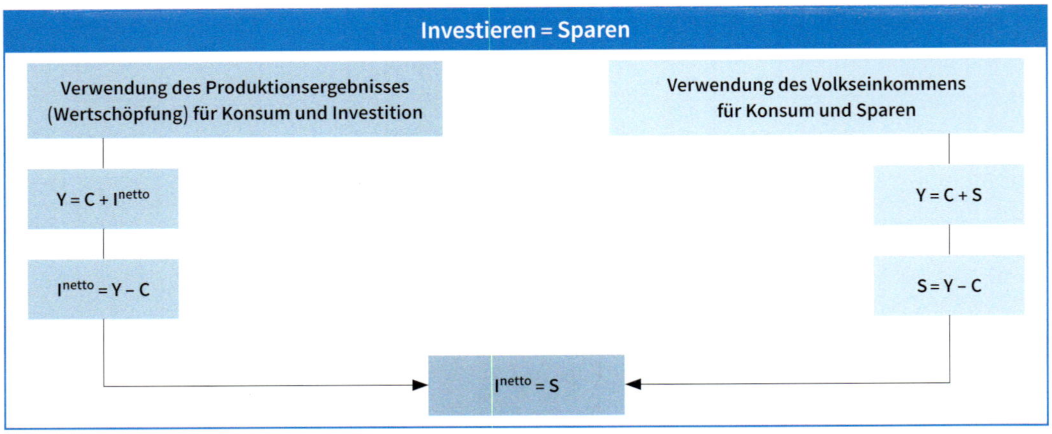

Diese Gleichheit wird **nicht** durch das Bankensystem oder andere Institutionen bewirkt. Sie ergibt sich vielmehr zwingend aus den verwendeten **Definitionen.**

Die von den Haushalten mit dem **Volkseinkommen** (Y) gekauften Güter stellen **Konsum** (C) dar. Der nicht für den Konsum verwendete Teil des Volkseinkommens bildet die **Ersparnis** (S) der Haushalte. Andererseits sind alle Güter des **gesamtwirtschaftlichen Produktionsergebnisses** (Y), die nicht von den Haushalten gekauft werden, keine **Konsumgüter** (C). Es handelt sich folglich um **Investitionen** (I). Die nicht (oder noch nicht) von den Haushalten gekauften Güter erhöhen – gewollt oder ungewollt – das Sachvermögen der Unternehmen in Form von Anlage- oder Lagerinvestitionen. In Höhe der Ersparnis (= Konsumverzicht) der privaten Haushalte können die Unternehmen keine Konsumgüter verkaufen. Vielmehr steigen genau in dieser Höhe die Investitionen. Ersparnis und Investition sind daher am Ende einer Wirtschaftsperiode zwangsläufig immer gleich hoch. Es muss jedoch lediglich in Höhe der Netto- und nicht in Höhe der Bruttoinvestitionen gespart werden. **Die Ersatzinvestitionen machen also keinen Konsumverzicht nötig.** Das ist auf die Abschreibung zurückzuführen. Um den Bestand an Sachkapital nicht absinken zu lassen, muss der im Rahmen des Produktionsprozesses eingetretene Verschleiß an Produktionsmitteln durch Ersatzinvestitionen in entsprechender Höhe ausgeglichen werden. Buchhalterisch wird die Wertminderung an den Produktionsmitteln durch Abschreibungen erfasst. Abschreibungen stellen Aufwand dar. Sie bewirken, dass sich der Gewinn und damit die Summe der Faktoreinkommen um den Abschreibungsbetrag, der der Höhe der Ersatzinvestitionen entspricht, verringert. Aufgrund dieser **gewinnmindernden Wirkung der Abschreibungen** fließt den Unternehmerhaushalten also lediglich ein in Höhe der Ersatzinvestitionen verringertes Gewinneinkommen zu. Ein zusätzlicher **Konsumverzicht** aus diesem bereits **um den Betrag der Ersatzinvestitionen gekürzten Einkommen** ist somit **nicht Voraussetzung** dafür, dass Ersatzinvestitionen vorgenommen werden können.

Darstellung in Kontenform

Bei der Darstellung der Kreislaufzusammenhänge in Kontenform werden üblicherweise die Zugänge auf der rechten und die Abgänge auf der linken Kontenseite erfasst.[1] Für den vorliegenden Fall hat das Kontensystem folgendes Aussehen.

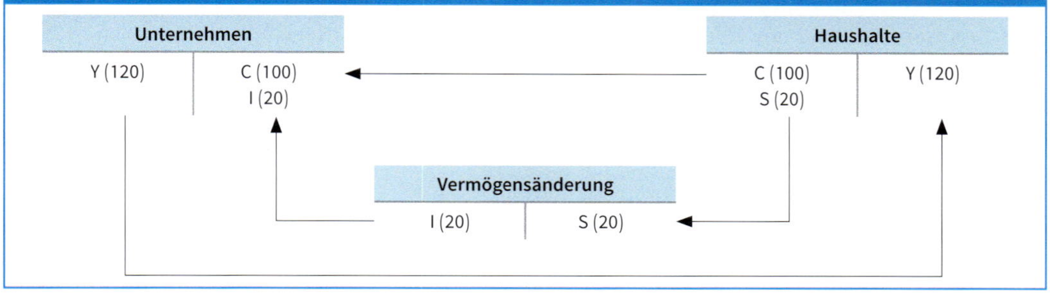

Kreislaufzusammenhänge in Kontenform

Darstellung in Matrixform

Bei einer Kreislaufmatrix handelt es sich um eine Tabelle, bei der die Sektoren sowohl in der Kopfzeile als auch in der linken Randspalte in gleicher Reihenfolge angeordnet sind. Die Abgänge werden zeilenweise und die Zugänge spaltenweise erfasst. Entsprechend der Bedingung eines geschlossenen Kreislaufs muss für jeden Sektor die Summe der Zugänge mit der Summe der Abgänge übereinstimmen. Für den vorliegenden Fall hat die Matrix folgendes Aussehen:

Zugänge / Abgänge	Unternehmen	Haushalte	Vermögensänderung	Summe
Unternehmen		Y (120)		Y = 120
Haushalte	C (100)		S (20)	C + S = 120
Vermögensänderung	I (20)			I = 20
Summe	C + I = 120	Y = 120	S = 20	

2.1.3 Erweiterter Wirtschaftskreislauf (Kreislauf einer offenen Volkswirtschaft mit staatlicher Aktivität)

Werden neben den Sektoren **Unternehmen** und **private Haushalte** auch die wirtschaftlichen Aktivitäten des **Staates** und/oder die Wirtschaftsbeziehungen mit dem **Ausland** berücksichtigt, handelt es sich nicht mehr um einen **einfachen**, sondern um einen **erweiterten** Wirtschaftskreislauf. Bei Einbeziehung des Sektors „Ausland" wird auch von einer **offenen**, andernfalls von einer **geschlossenen** Volkswirtschaft gesprochen.

D Zum Sektor Staat gehören der Bund, die Länder, die Gemeinden und die Sozialversicherungsträger.

Die zum Sektor Staat gehörenden Institutionen werden auch als **öffentliche Haushalte** bezeichnet. Sie finanzieren sich vor allem durch Zwangsabgaben (Steuern und Gebühren). Güter, die sie produzieren, stellen sie in der Regel ohne direkte Gegenleistung den anderen Wirtschaftseinheiten zur Verfügung.

1 Wenn die einmal gewählte Vorgehensweise konsequent beibehalten wird, ist es grundsätzlich gleichgültig, ob die Zugänge auf der rechten oder linken Kontenseite gebucht werden.

Grafische Darstellung

2.6, S. 107

Der **Staat** zieht von den Unternehmen Steuern (T_U)[1] und von den privaten Haushalten neben den Steuern (T_H) noch Sozialversicherungsbeiträge ein. Neben diesen Einnahmen erzielt der Staat Faktoreinkommen durch Beteiligungen an Unternehmen und aus Vermögen (Y_U^{St}).

2.7, S. 109

Der Staat verwendet seine Einnahmen für

- Einkommenszahlungen an die privaten Haushalte der Beamten (z. B. Polizisten) und Angestellten bzw. Arbeiter des öffentlichen Dienstes (z. B. Krankenschwestern) (YSt^H),
- Transferzahlungen an private Haushalte (z. B. Wohngeld, Kindergeld, Sozialhilfe) (Tr),
- Käufe von Investitionsgütern (ISt^{br}) und sonstigen Vorleistungen bei den Unternehmen (VLSt),
- Subventionen (= Geldleistungen ohne direkte Gegenleistung) an die Unternehmen (Z)[2],
- staatliche Ersparnisse (SSt).

2.8, S. 109

Wirtschaftskreislauf einer offenen Volkswirtschaft mit staatlicher Aktivität

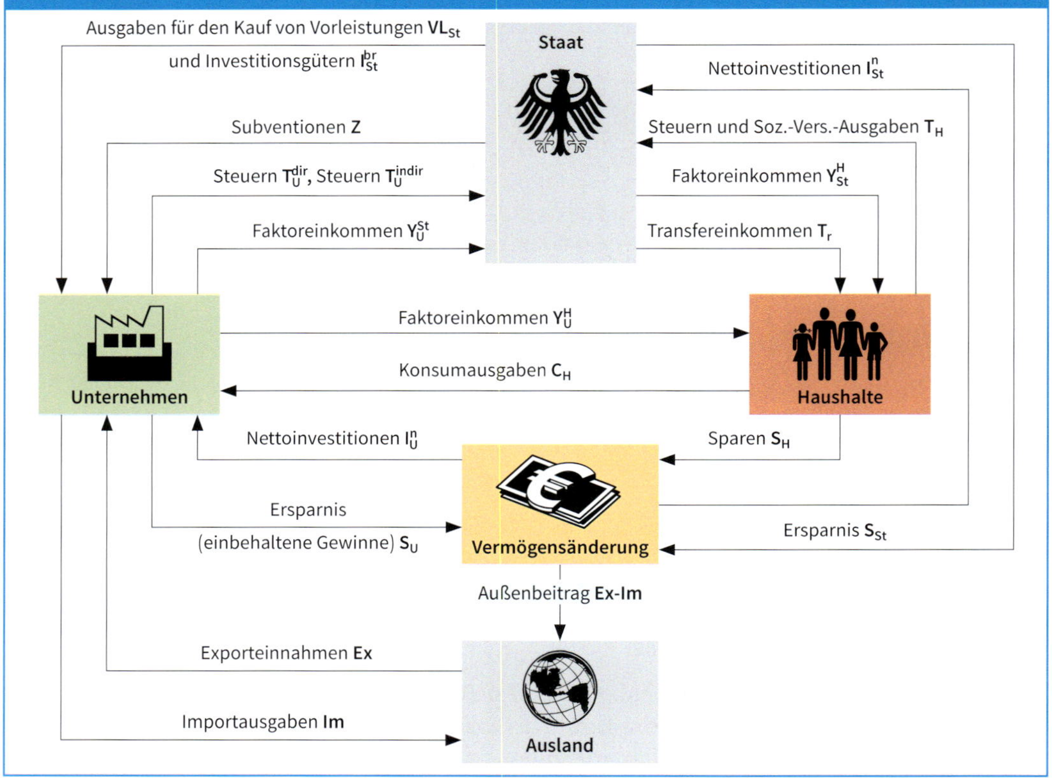

Zu den Vorleistungen, die der Staat von den Unternehmen bezieht, gehören Rohstoffe, Energie, Dienstleistungen (einschließlich Mieten), laufende Reparaturen und geringwertige Güter (z. B. Büromaterial). Staatliche Investitionsgüter sind u. a. öffentliche Gebäude, Ausrüstungen (z. B. Straßenkehrmaschine) und Verkehrswege (z. B. Straßen, Brücken, Kanäle). Da die öffentlichen Güter (z. B. öffentliche Verwaltung, Schulwesen, Landesverteidigung) vom Staat unentgeltlich bereitgestellt werden, lassen sie sich nicht durch einen Geldstrom im Kreislaufschema darstellen. Außerdem kann den privaten Haushalten und Unternehmen nicht eindeutig zugerechnet werden, in welchem Umfang sie die öffentlichen Güter nutzen.

1 T steht für *taxes* (Steuern).
2 Z steht für *Zuschüsse* (Subventionen).

In einer Volkswirtschaft ohne Außenhandel (geschlossene Volkswirtschaft) steht nur die im Inland erzeugte Gütermenge für Investition und Konsum zur Verfügung. Werden dagegen auch die wirtschaftlichen Beziehungen mit dem **Ausland** berücksichtigt (offene Volkswirtschaft), ändert sich die im Inland verfügbare Gütermenge durch **Exporte** und **Importe**. Der Export und Import von Waren und Dienstleistungen wird im Kreislaufschema durch folgende Geldströme erfasst:

Güterexport: Einnahmestrom vom Ausland an die Unternehmen[1] im Inland,
Güterimport: Ausgabestrom von den Unternehmen im Inland an das Ausland.

D Die Differenz zwischen Export und Import ist der Außenbeitrag.

Exportieren die Unternehmen mehr, als sie importieren, ist der Außenbeitrag positiv. In diesem Fall werden in der Volkswirtschaft weniger Güter konsumiert und/oder investiert, als im Inland hergestellt werden. In Höhe des positiven Außenbeitrags (= Exportüberschuss) entsteht für die Volkswirtschaft eine Vermögenserhöhung in Form von Forderungen gegenüber dem Ausland. Ist der Außenbeitrag einer Volkswirtschaft negativ, werden mehr Güter konsumiert und/oder investiert, als im Inland hergestellt werden. In Höhe des negativen Außenbeitrags (= Importüberschuss) entsteht für die Volkswirtschaft eine Vermögensminderung in Form von Verbindlichkeiten gegenüber dem Ausland. Die durch den Außenbeitrag eintretende Vermögensänderung wird im Kreislaufschema im Pol Vermögensänderung erfasst.

2.2 Volkswirtschaftliche Gesamtrechnung

Lernziele:

Nach der Bearbeitung dieses Kapitels sind Sie in der Lage, Folgendes zu tun:

Sie ...

- ... beschreiben die Aufgaben der Volkswirtschaftlichen Gesamtrechnung (VGR).
- ... definieren den Begriff „Inlandsprodukt“.
- ... beschreiben Aufbau und Inhalt des Produktionskontos eines Unternehmens.
- ... unterscheiden Produktionswert, Netto- und Bruttowertschöpfung voneinander.
- ... erklären Aufbau und Inhalt des gesamtwirtschaftlichen Produktionskontos.
- ... unterscheiden die Begriffe „Bruttoinlandsprodukt“, „Bruttonationaleinkommen“, „Bruttoinlandsprodukt zu Marktpreisen“, „Nettoinlandsprodukt zu Marktpreisen“ und „Nettoinlandsprodukt zu Faktorkosten“ voneinander.
- ... unterscheiden die Entstehungsrechnung, die Verteilungsrechnung sowie die Verwendungsrechnung des Inlandsprodukts voneinander.
- ... erläutern die Positionen der Entstehungsrechnung, der Verteilungsrechnung sowie der Verwendungsrechnung des Inlandsprodukts.
- ... definieren den Begriff „Lohnquote“.

1 Im Kreislaufschema wird unterstellt, dass nur Unternehmen Außenhandel betreiben, obwohl auch private Haushalte z. B. bei Auslandsreisen Dienstleistungen importieren.

2.2.1 Aufgaben und Ansatzpunkte der Volkswirtschaftlichen Gesamtrechnung

7.1
7.2

In der Volkswirtschaftlichen Gesamtrechnung (VGR) werden die Ergebnisse des Wirtschaftsprozesses einer Volkswirtschaft, soweit sie zahlenmäßig erfassbar sind, für eine vergangene Periode (in der Regel ein Jahr) dargestellt. Die statistischen Zahlen der VGR liefern u. a. den Trägern der **Wirtschaftspolitik** (z. B. Bundes- und Landesregierungen, Zentralbank, Tarifpartner, Wirtschaftsverbände) und den Wirtschaftsforschungsinstituten wichtige Informationen für gesamtwirtschaftliche Analysen und Prognosen. Auf der Grundlage der Ergebnisse der Vorperiode kann rückblickend festgestellt werden, welche Wirkungen die wirtschaftspolitischen Maßnahmen gehabt haben und inwieweit die zahlenmäßig formulierten Ziele tatsächlich erreicht wurden. Für die **Wirtschaftswissenschaft** ist das Zahlenwerk der VGR ein unverzichtbares Mittel, um Theorien über Wirkungszusammenhänge in der Volkswirtschaft (z. B. gesamtwirtschaftliche Auswirkungen von Konsum und Investition) zu überprüfen. Eine Hauptaufgabe der VGR ist die Berechnung des **Inlandsprodukts**.

D Das Inlandsprodukt ist der Wert aller Waren (Sachgüter) und Dienstleistungen, der in einer bestimmten Periode im Inland (von In- und Ausländern) produziert wird. Die Vorleistungen, die bei der Produktion verbraucht wurden, bleiben dabei unberücksichtigt.

D Das Inlandsprodukt wird als Maß für die wirtschaftliche Leistung und den Wohlstand einer Volkswirtschaft verwendet.

D Wird von Wirtschaftswachstum gesprochen, ist damit der Anstieg des Inlandsprodukts gemeint.

Sektoren in der Volkswirtschaftlichen Gesamtrechnung

Die Ermittlung des Inlandsprodukts erfolgt, indem zunächst die in Geld bewerteten Produktionsergebnisse aller Institutionen, die in einer Volkswirtschaft Waren und Dienstleistungen herstellen, addiert werden. Für die **statistischen Zwecke** der Volkswirtschaftlichen Gesamtrechnung wird dazu eine Gliederung in folgende **Sektoren** vorgenommen:

Unternehmen (finanzielle und nicht finanzielle Kapitalgesellschaften)		Staat		Private Haushalte und private Organisationen ohne Erwerbszweck
Wertschöpfung (Produktionswert – Vorleistungen) der Unternehmen	+	Wert der größtenteils unentgeltlich zur Verfügung gestellten Leistungen des Staates	+	Wertschöpfung (Produktionswert – Vorleistungen) der privaten Haushalte u. Ä.
		=		
		Gesamtwirtschaftliches Produktionsergebnis		

2.2.2 Erfassung der gesamtwirtschaftlichen Leistung: Das gesamtwirtschaftliche Produktionskonto

Im betrieblichen Rechnungswesen wird das Produktionsergebnis eines Unternehmens in der Gewinn- und Verlustrechnung erfasst, indem im Produktionsprozess entstehende Aufwendungen (u. a. Vorleistungen, Abschreibungen, Löhne, Zinsen) und die durch die produzierten Güter entstehenden Erträge (Verkaufserlöse, Bestandserhöhungen, selbst erstellte Anlagen) gegenübergestellt werden. Für die Ermittlung des Produktionsergebnisses eines Unternehmens im Rahmen der VGR wird das Schema der Gewinn- und Verlustrechnung geringfügig abgewandelt und als **Produktionskonto eines Unternehmens** bezeichnet.

<table>
<tr><th>Kosten</th><th colspan="2">Produktionskonto eines Unternehmens</th><th>Leistungen</th></tr>
<tr><td>Bruttowertschöpfung (2. und 3.)</td><td>1. Käufe von Vorleistungen
1.1 von inländischen Unternehmen
1.2 aus dem Ausland (Import)
2. Abschreibung
3. Nettowertschöpfung
3.1 Löhne und Gehälter
3.2 Zinsen, Pachten
3.3 Gewinn</td><td>4. Umsätze (ohne Umsatzsteuer)
= Verkauf von
4.1 Konsumgütern an private Haushalte
4.2 Vorleistungen
4.2.1 an Unternehmen
4.2.2 an den Staat
4.3 Investitionsgütern
4.3.1 an Unternehmen
4.3.2 an den Staat
4.4 Gütern an das Ausland (Export)
5. Bestandsveränderung an Erzeugnissen (Lagerinvestition)
6. Selbst erstellte Anlagen</td><td>Produktionswert</td></tr>
</table>

D Vorleistungen sind alle nicht dauerhaften Güter, die innerhalb einer Wirtschaftsperiode produziert und von anderen Unternehmen verbraucht werden. Dazu gehören auch die an Unternehmen geleisteten Dienstleistungen.

F
Bruttowertschöpfung = Produktionswert – Vorleistungen
Nettowertschöpfung = Bruttowertschöpfung – Abschreibungen

Die Produktionskonten der einzelnen Unternehmen lassen sich zum **Produktionskonto des Sektors Unternehmen** zusammenfassen.

Die Vorleistungen erscheinen beim Verkäufer auf der rechten Kontenseite in Form von Umsätzen. Beim Käufer der Vorleistungen erscheint derselbe Betrag auf der linken Kontenseite als Aufwand. Bei der Zusammenfassung (**Aggregation**[1]) der Produktionskonten aller Unternehmen heben sich somit die verkauften und gekauften Vorleistungen gegenseitig auf.

D Bei der Zusammenfassung der Produktionskonten der einzelnen Unternehmen zum Produktionskonto des Sektors Unternehmen heben sich die Käufe und Verkäufe von Vorleistungen zwischen inländischen Unternehmen gegenseitig auf.

Gesamtwirtschaftliches Produktionskonto

Neben dem **Produktionskonto des Sektors Unternehmen** lässt sich auch ein **Produktionskonto des Sektors Staat** und ein **Produktionskonto des Sektors Private Haushalte** (dazu gehören nach der Definition für statistische Zwecke auch alle Landwirte, Einzelunternehmer und Freiberufler) erstellen.

Durch die Zusammenfassung dieser drei verschiedenartigen sektoralen Produktionskonten (**= Konsolidierung**[2]) ergibt sich das **gesamtwirtschaftliche Produktionskonto.**

Um das Inlandsprodukt und dessen Zusammensetzung auszuweisen, kann das **gesamtwirtschaftliche Produktionskonto** unter Berücksichtigung folgender Zusammenhänge aufbereitet und modifiziert werden:

1 Aggregation *(lat.)*: Zusammenfassung von einzelwirtschaftlichen (mikroökonomischen) zu gesamtwirtschaftlichen (makroökonomischen) Größen.
2 Konsolidierung *(lat.)*: Zusammenfassung sektoraler Größen, wobei gleichartige Größen addiert bzw. saldiert werden.

2.9, S. 110
2.10, S. 111

Aufbereitetes gesamtwirtschaftliches Produktionskonto (Inlandsprodukt) für die Bundesrepublik Deutschland 2022 (in Mrd. €)

Bruttoinlandsprodukt zu Marktpreisen	Abschreibungen (D)	792,7	Konsumausgaben der privaten Haushalte und der priv. Org. ohne Erwerbszweck (Private Konsumausgaben) (C_H)	1.978,93
Nettoinlandsprodukt zu Marktpreisen	Produktions- und Importabgaben an den Staat (420,51) abzüglich Subventionen 72,75 ($T^{prod} - Z$) (Nettoproduktionsabgaben)	347,76	Konsumausgaben des Staates (C_{St}) Kollektivkonsum 308,09 Individualkonsum 540,32	848,41
Nettoinlandsprodukt zu Faktorkosten	Löhne, Gehälter, Zinsen, Pachten, Gewinne (Y)	2.726,59	Bruttoinvestition der Untern. 872,28 (I^{br}_U) des Staates 87,90 (I^{br}_{St})	960,18
			Außenbeitrag (Ex–Im)	79,53
	Bruttoinlandsprodukt	3.867,05		3.867,05

Vgl. Statistisches Bundesamt: Volkswirtschaftliche Gesamtrechnungen 2022, Fachserie 18 Reihe 1.4, März 2023, S. 88 [12.04.2023]; Rechenstand: 2023,02. Korrektur der Ausgabe vom 03.03.2023.

- **Vorleistungen** werden nicht ausgewiesen. Bei der Zusammenfassung der Produktionskonten heben sich nicht nur die **Vorleistungen innerhalb eines Sektors** (Käufe und Verkäufe von Vorleistungen zwischen inländischen Unternehmen), sondern auch die **Vorleistungen zwischen den Sektoren** (z.B. Vorleistungskäufe des Staates von inländischen Unternehmen) gegenseitig auf. Durch die **Konsolidierung** der Konten neutralisieren sich die Vorleistungen und können entfallen.
- Die einzelnen Güterarten, aus denen sich das gesamtwirtschaftliche Produktionsergebnis zusammensetzt **(Konsum der privaten Haushalte, Konsum des Staates, Investitionen, Exporte)**, werden getrennt ausgewiesen. Die **Investitionen** umfassen neben den Verkäufen von Investitionsgütern an inländische Unternehmen und Staat auch die Bestandsveränderungen (Lagerinvestitionen) sowie die importierten und selbst erstellten Anlagen. **Die Konsumausgaben des Staates** umfassen einerseits den **Kollektivkonsum** (z.B. öffentliche Verwaltung, Rechtsprechung, Umweltschutz). Andererseits beinhalten sie auch den Individualkonsum. Das sind Leistungen, die den privaten Haushalten vom Staat unmittelbar zur Verfügung gestellt werden (z.B. Arzt- und Krankenhausleistungen, Medikamente, Unterrichtswesen, soziale Sicherung, Sport und Kultur).
- Die importierten Vorleistungen werden zusammen mit anderen Importen, die in einem besonderen Konto „Ausland" erfasst werden, von den Exporten abgezogen. Der Saldo wird als **Außenbeitrag** ausgewiesen.
- Es wird unterstellt, dass die Unternehmen nicht nur die pro Einheit zu entrichtenden Steuern (= **Gütersteuern** wie z.B. Verbrauchssteuern und Zölle[1]), sondern auch alle anderen **Produktions- und Importabgaben**[2] (z.B., Kfz-Steuer, Grundsteuer) in die Verkaufspreise einkalkulieren und gleichzeitig die Verkaufspreise um die als Steuererstattung anzusehenden **Subventionen** verringern. Die Verkaufspreise beinhalten somit die Differenz aus Produktions- bzw. Importabgaben und Subventionen **(= Nettoproduktionsabgaben).**

1 Zu den Gütersteuern zählen alle Steuern und ähnlichen Abgaben, die **pro Einheit** einer gehandelten Ware oder Dienstleistung zu entrichten sind. Sie umfassen u.a. die Verbrauchsteuern (z.B. Mineralöl- und Tabaksteuer), die Versicherungssteuer und Importabgaben (z.B. Zölle). Die Umsatzsteuer gehört nur in den Fällen zu den Gütersteuern, in denen ein Unternehmen die auf Vorleistungen gezahlte Umsatzsteuer nicht als Vorsteuer abziehen kann (= nicht abziehbare Umsatzsteuer). Das trifft beispielsweise dann zu, wenn die Leistung eines Unternehmens nicht der Umsatzsteuer unterliegt und daher ein Vorsteuerabzug nicht möglich ist (z.B. Bank- und Versicherungsdienstleistungen).

2 Der Begriff „Produktions- und Importabgaben" ist umfassender als der Begriff „Gütersteuern". Zu den Produktions- und Importabgaben gehören neben den pro Produkteinheit zu entrichtenden Gütersteuern auch alle anderen Steuern, die vor der Ermittlung des steuerpflichtigen Gewinns abgezogen werden können (z.B. Kostensteuern wie Kfz-Steuer, Grundsteuer).

Aus diesem aufbereiteten gesamtwirtschaftlichen Produktionskonto lassen sich wichtige Größen und Zusammenhänge der Volkswirtschaftlichen Gesamtrechnung ableiten:

D Das Bruttoinlandsprodukt zu Marktpreisen (BIP) entspricht dem Wert aller in einem bestimmten Zeitraum im Inland hergestellten Güter nach Abzug der im Produktionsprozess verbrauchten Vorleistungen.

Dazu werden die Güter zu ihren Verkaufspreisen bewertet. Für Güter, die keinen Verkaufspreis haben, werden ersatzweise die bei ihrer Herstellung entstandenen Kosten angesetzt. Dazu gehören auch die vom Staat kostenlos zur Verfügung gestellten Leistungen (= Kosumausgaben des Staates, C_{St}). Werden vom Bruttoinlandprodukt zu Marktpreisen die Abschreibungen abgezogen, ergibt sich das **Nettoinlandsprodukt zu Marktpreisen.** Dieses beinhaltet gegenüber dem Bruttoinlandsprodukt nicht mehr die Bruttoinvestition, sondern nur noch die Nettoinvestition.

Inlandsprodukt und Volkseinkommen, Deutschland 2022 (in Mrd. €)

Inlandsprodukt				Nationaleinkommen	
Bruttoinlandsprodukt zu Marktpreisen	3.867,05	+ Erwerbs- und Vermögenseinkommen, die Inländer aus dem Ausland beziehen – Erwerbs- und Vermögenseinkommen, die Ausländer im Inland beziehen	+131,90	= **Bruttonationaleinkommen** (BNE)	3.998,95
– Abschreibungen	729,7			– Abschreibungen	729,7
= **Nettoinlandsprodukt** zu Marktpreisen	3.074,35	+ Erwerbs- und Vermögenseinkommen, die Inländer aus dem Ausland beziehen – Erwerbs- und Vermögenseinkommen, die Ausländer im Inland beziehen	+131,90	= **Nettonationaleinkommen**	3.206,25
– Produktionssteuern + Subventionen	374,76			– Produktionssteuern + Subventionen	347,76
= **Nettoinlandsprodukt** zu Faktorkosten	2.726,59	+ Erwerbs- und Vermögenseinkommen, die Inländer aus dem Ausland beziehen – Erwerbs- und Vermögenseinkommen, die Ausländer im Inland beziehen	+131,90	= **Volkseinkommen**	2.858,49

Werden vom Nettoinlandsprodukt zu Marktpreisen die Produktions- und Importabgaben abgezogen und die Subventionen hinzugezählt, wird die gleiche aus Konsumgütern, Investitionen und Außenbeitrag bestehende Gütermenge nicht mehr zu Marktpreisen bewertet, sondern zu den Kosten, die bei ihrer Herstellung durch den Einsatz der Produktionsfaktoren entstanden sind. Dabei gelten auch die Gewinne als Faktorkosten.

Die sich nach Abzug des Saldos aus Produktionsabgaben und Subventionen ergebende Größe ist das **Nettoinlandsprodukt zu Faktorkosten.** Da neben den im Produktionsprozess angefallenen **Faktorkosten** in gleicher Höhe auch **Faktoreinkommen** entstanden sind, ist diese Größe identisch mit den im **Inland** entstandenen Faktoreinkommen (Löhne, Gehälter, Zinsen, Pachten, Gewinne).

Während das **Inlandsprodukt** den Wert der im **Inland** produzierten Güter angibt, stellt das **Nationaleinkommen** auf die bei der Güterproduktion entstandenen Einkommen aller **Inländer** ab. Um das Nationaleinkommen zu berechnen, müssen demzufolge

- die Faktoreinkommen, die Inländer aus dem Ausland beziehen, zum Inlandsprodukt hinzugezählt und
- die Faktoreinkommen, die Ausländer aus dem Inland beziehen, vom Inlandsprodukt abgezogen werden. Unter Berücksichtigung der oben stehenden Tabelle lässt sich auch das **Volkseinkommen** berechnen.

D Das Volkseinkommen ist die Summe der Erwerbs- und Vermögenseinkommen, die Inländern für die Zurverfügungstellung von Produktionsfaktoren aus dem In- und Ausland zugeflossen sind (Faktoreinkommen).

2.2.3 Entstehung und Verwendung des Inlandsprodukts – Verteilung des Volkseinkommens

2.11, S. 111

In der volkswirtschaftlichen Gesamtrechnung gibt es drei verschiedene Berechnungsansätze zur Ermittlung des Inlandsprodukts, nämlich die **Entstehungsrechnung**, die **Verwendungsrechnung** und die **Verteilungsrechnung**.

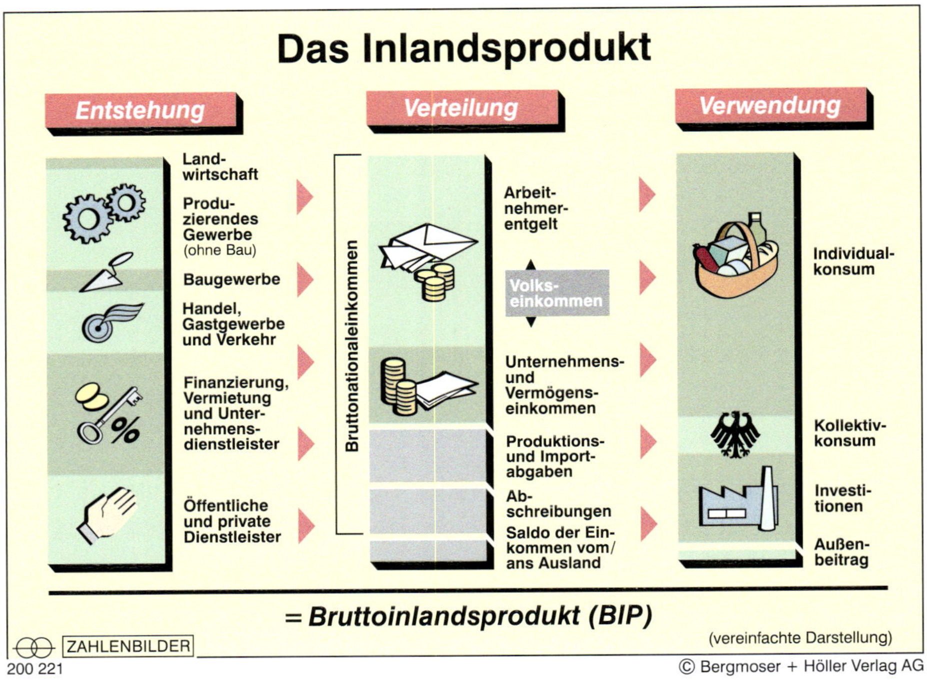

Aktuelle Zahlen bei Destatis

Entstehungsrechnung

Die Entstehungsrechnung gibt für eine abgeschlossene Wirtschaftsperiode Auskunft darüber, welche Wirtschaftsbereiche in welchem Umfang zur **Entstehung des Bruttoinlandsprodukts** beigetragen haben. Dazu werden alle Wirtschaftseinheiten, die Güter produzieren, einem der folgenden Bereiche zugeordnet:

- Land- und Forstwirtschaft, Fischerei (Primärer Sektor)
- produzierendes Gewerbe (Sekundärer Sektor)
- Dienstleistungen (Tertiärer Sektor) mit den Bereichen Handel, Gastgewerbe und Verkehr, Finanzierung, Vermietung und Unternehmensdienstleister sowie öffentliche und private Dienstleister.

Jeder dieser Bereiche trägt – abgesehen von bewertungsbedingten Korrekturen – annähernd in Höhe seiner Bruttowertschöpfung zum Bruttoinlandsprodukt bei. Die Entstehungsrechnung gibt Einblick in die sektorale Produktionsstruktur einer Volkswirtschaft, indem sie die Anteile der einzelnen Wirtschaftsbereiche am Bruttoinlandsprodukt deutlich macht. Durch einen Zeitvergleich lassen sich Veränderungen der Produktionsstruktur (z. B. abnehmende Bedeutung des landwirtschaftlichen und gewerblichen Bereichs bei gleichzeitig stark zunehmender Bedeutung des Dienstleistungssektors) erkennen.

Entstehung des Bruttoinlandsprodukts in Deutschland 2022 (in Mrd. €)

Bruttowertschöpfung der Wirtschaftsbereiche:	
Land- und Forstwirtschaft, Fischerei	42,9
+ Produzierendes Gewerbe (ohne Bau)	820,5
+ Baugewerbe	211,1
+ Handel, Gastgewerbe und Verkehr	596,5
+ Finanzierung, Vermietung und Unternehmensdienstleister[1]	876,90
+ Öffentliche[2] und private Dienstleister[3]	656,2
= Bruttowertschöpfung aller Wirtschaftsbereiche	3.204,1
+ Nettogütersteuer	368,6
= **Bruttoinlandsprodukt**	**3.572,7**

1 z. B. Rechtsanwälte, Steuerberater
2 z. B. Schul- und Gesundheitswesen
3 z. B. Künstler, Unterhaltung

Vgl. Statistisches Bundesamt: Volkswirtschaftliche Gesamtrechnungen 2022, Fachserie 18, Reihe 1.4, März 2023; S. 9 und 61ff. [14.04.2023].

Entstehung des BIP

Entwicklung der prozentualen Anteile der fünf Sektoren an der gesamten Bruttowertschöpfung seit 1950

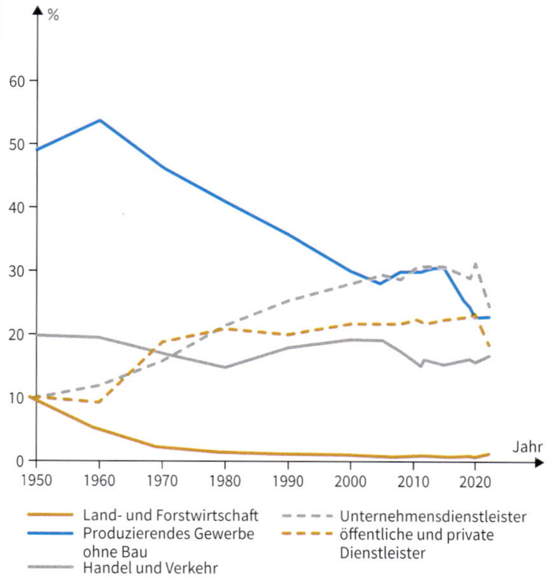

Verwendungsrechnung

Die **Verwendungsrechnung** zeigt, wofür die Güter, aus denen sich das **Bruttoinlandsprodukt** zusammensetzt, verwendet werden. Dabei lassen sich folgende Verwendungszwecke unterscheiden:

- **Private Konsumausgaben** (einschließlich private Organisationen ohne Erwerbszweck) (C_H)
  Kauf und Errichtung von Gebäuden durch private Haushalte werden den Anlageinvestitionen (Bauinvestitionen) der Unternehmen zugerechnet, da private Haushalte definitionsgemäß nicht investieren können. Alle anderen langlebigen Gebrauchsgüter der privaten Haushalte (z. B. Waschmaschine, Auto) werden dagegen im Jahr der Anschaffung mit ihrem vollen Wert als Konsum erfasst. Eine zeitliche Verteilung der Anschaffungskosten entsprechend der Nutzungsdauer (= Abschreibung) wird nicht vorgenommen.
- **Konsumausgaben des Staates** (C_{St})
  Auch der Staat erbringt Leistungen, die in das BIP eingehen. Diese, den anderen Wirtschaftseinheiten meist kostenlos zur Verfügung gestellten Sachgüter und Dienstleistungen werden als Konsumausgaben des Staates bezeichnet. Dazu gehören u. a. die vom Staat getragenen Kosten für öffentliche Verwaltung, Straßen und Bildungseinrichtungen sowie die sog. sozialen Sachtransfers (z. B. Arzt- und Krankenhausleistungen, Medikamente).
- **Bruttoinvestition**, bestehend aus Ausrüstungen, Bauten, sonstigen Anlagen (immaterielle Anlageinvestitionen) und Vorratsinvestitionen (I^{br})
- **Außenbeitrag (Ex-Im)**

Verwendung des Bruttoinlandsprodukts in Deutschland 2022 (in Mrd. €)

Konsum		2.827,30
davon entfallen auf		
Private Konsumausgaben	1.978,90	
Konsumausgaben des Staates	848,40	
+ Bruttoinvestitionen		960,20
davon entfallen auf		
Ausrüstungen	253,67	
Bauten	474,59	
Sonstige Anlagen	144,01	
Vorratsveränderungen	87,89	
+ Außenbeitrag (Exporte – Importe)		79,52
davon entfallen auf		
Exporte 1.946,59		
Importe 1.867,06		
Bruttoinlandsprodukt		3.867,00

Vgl. Statistisches Bundesamt: Volkswirtschaftliche Gesamtrechnungen 2022, Fachserie 18, Reihe 1.4, März 2023; S. 252 und 106 [14.04.2023].

Verwendung des BIP

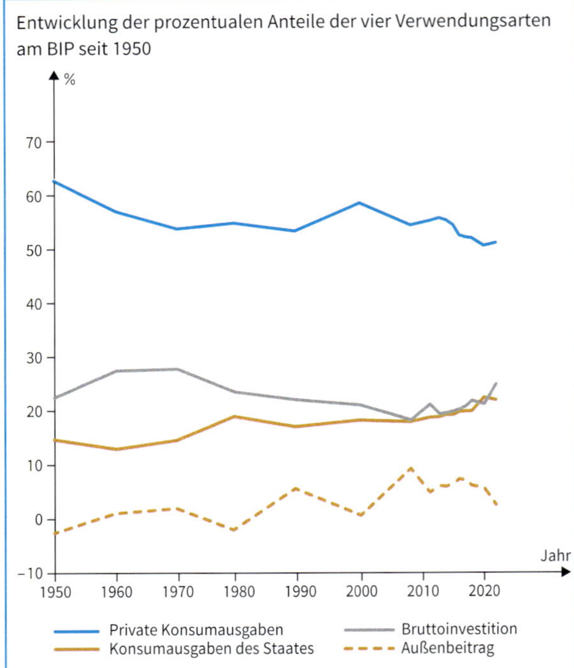

Verteilungsrechnung

Ausgangsgröße für die **Verteilungsrechnung** ist das **Volkseinkommen.**

Die Verteilungsrechnung zeigt die Aufteilung des Volkseinkommens auf die beiden Einkommensarten:

- Arbeitnehmerentgelt (Bruttolöhne/-gehälter und Sozialbeiträge der Arbeitgeber)
- Unternehmens- und Vermögenseinkommen (Gewinne, Zinsen, Mieten, Pachten)

D Der prozentuale Anteil der Arbeitnehmerentgelte am Volkseinkommen wird als Lohnquote bezeichnet.

3.2.1

Aus dem Volkseinkommen lässt sich das **verfügbare Einkommen** der privaten Haushalte ableiten, das in der Volkswirtschaftslehre als wichtige Bestimmungsgröße für die Konsumgüternachfrage angesehen wird. Dazu müssen einerseits die einbehaltenen Unternehmensgewinne, die vom Staat aus seinen Unternehmens- und Vermögensbeteiligungen erzielten Einkünfte sowie die von den privaten Haushalten zu zahlenden direkten Steuern und Sozialversicherungsabgaben vom Volkseinkommen abgezogen werden. Andererseits sind die an die privaten Haushalte gezahlten Transfereinkommen (Renten, Sozialhilfe usw.) hinzuzuzählen.

Verteilung des Volkseinkommens in Deutschland 2022 (in Mrd. €)

Bruttolöhne und -gehälter	1.670,01
+ Sozialbeiträge der Arbeitgeber	359,74
= Arbeitnehmerentgelt	2.029,75
+ Unternehmens- u. Vermögenseinkommen (brutto)	835,09
Volkseinkommen	**2.864,84**
Lohnquote	**70,4 %**
Verfügbares Einkommen der privaten Haushalte	2.174,2
− Konsum der privaten Haushalte	1.978,93
+ Zunahme betr. Versorgungsanspr.	58,97
= Sparen der privaten Haushalte	254,24
Sparquote	**11,4 %**

Vgl. Statistisches Bundesamt: Volkswirtschaftliche Gesamtrechnungen 2022, Fachserie 18, Reihe 1.4, 2.1.7, 3.1.1, 3.1.2, 3.4.4, März 2023 [12.04.2023].

Verteilung des Volkseinkommens

Grafische Darstellung der Entwicklung der Lohnquote seit 1950 in %

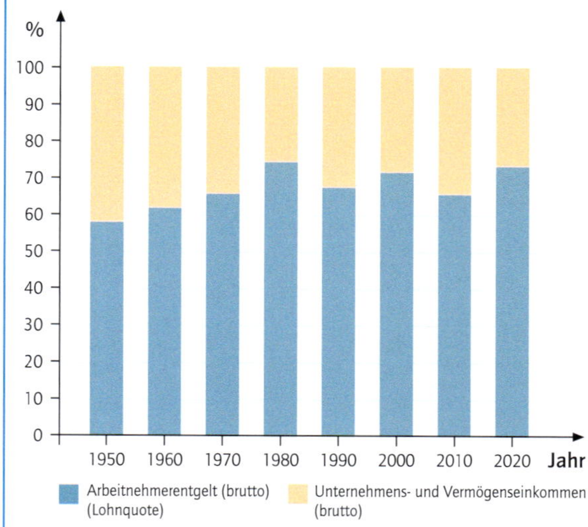

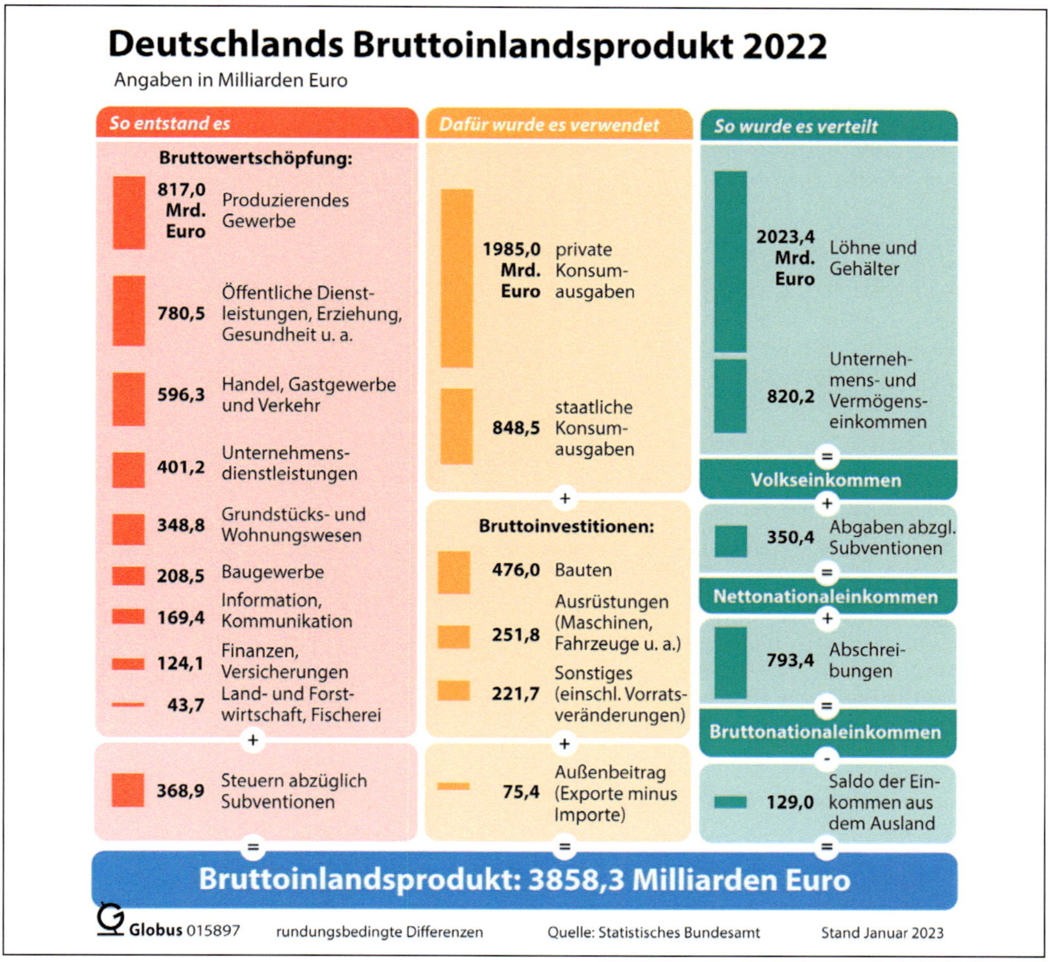

Zusammenhang zwischen Entstehungs-, Verwendungs- und Verteilungsrechnung

Entstehung- und Verwendung des Bruttoinlandsprodukts, Verteilung des Volkseinkommens für die Bundesrepublik Deutschland 2022 (in Mrd. €)

Entstehungsrechnung

Bruttowertschöpfung der Wirtschaftsbereiche:	
Land- und Forstwirtschaft, Fischerei	42,90
+ Produzierendes Gewerbe (mit Baugew.)	1.031,60
+ Handel, Gastgewerbe und Verkehr	596,50
+ Information und Kommunikation	169,60
+ Finanzierung, Versicherung, Vermietung und sonst. Unternehmensdienstleister	1.001,70
+ Öffentliche und private Dienstleister	656,20
= Bruttowertschöpfung aller Wirtschaftsbereiche	3.498,50
+ Gütersteuern abzüglich Gütersubventionen	368,60
= **Bruttoinlandsprodukt zu Marktpreisen**	**3.867,10**

Verwendungsrechnung

Konsum		2.827,30
davon entfallen auf		
private Konsumausgaben	1.978,90	
Konsumausgaben des Staates	848,40	
+ Bruttoinvestitionen		960,20
davon entfallen auf		
Ausrüstungen	253,67	
Bauten	474,59	
Sonstige Anlagen	144,01	
Vorratsveränderungen	87,89	
+ Außenbeitrag (Exporte – Importe)		79,52
davon entfallen auf		
Exporte	1.946,59	
Importe	1.867,06	
Bruttoinlandsprodukt zu Marktpreisen		**3.867,02**

= **Bruttoinlandsprodukt zu Marktpreisen**	**3.867,02**
+ Primäreinkommen, die Inländer aus dem Ausland beziehen 256,20 – Primäreinkommen, die Ausländer aus dem Inland beziehen 124,30 Saldo:	+ 131,9
= **Bruttonationaleinkommen**	**3.998,92**
– Abschreibungen	**792,70**
= **Nettonationaleinkommen** (Primäreinkommen)	**3.206,22**
– Produktions- und Importabgaben (420,51) + Subventionen (72,71 gerundet)	**– 347,80**
= **Volkseinkommen**	**2.858,42**

Volkseinkommen 2.858,42

Verteilungsrechnung

Unternehmens- und Vermögenseinkommen (brutto)	**828,70**	**Arbeitnehmerentgelt**	**2.029,75**
– Öffentliche Abgaben auf Einkommen aus Unternehmertätigkeit und Vermögen (direkte Steuern u. Ä.) + Saldo lfd. Übertragungen		– Sozialbeiträge der Arbeitgeber	**359,74**
		= **Bruttolöhne u. -gehälter**	**1.670,01**
		– Lohnsteuer und Sozialbeiträge der Arbeitnehmer	**541,19**
= **Nettoeinkommen aus Unternehmertätigkeit und Vermögen**		= **Nettolohn- und -gehaltssumme (Nettoeinkommen aus unselbstständiger Arbeit)**	**1.128,82**

Vgl. Statistisches Bundesamt: Volkswirtschaftliche Gesamtrechnungen 2022, Fachserie 18, Reihe 1.4, März 2023 [12.04.2023] Rechenstand: 2023,02. Korrektur der Ausgabe vom 03.03.2023.

Aktuelle Zahlen bei Destatis

2.3 Inlandsprodukt als Messgröße gesamtwirtschaftlicher Leistung

Lernziele:

Nach der Bearbeitung dieses Kapitels sind Sie in der Lage, Folgendes zu tun:

Sie ...

- ... unterscheiden zwischen dem nominalen und dem realen Inlandsprodukt.
- ... erklären die Bedeutung des Inlandsprodukts pro Kopf.
- ... nehmen kritisch zur Aussagekraft des Inlandsprodukts als Wohlstandsindikator Stellung.

Drei Berechnungsarten BIP

2.3.1 Reales Inlandsprodukt pro Kopf

Mit dem Inlandsprodukt zu Marktpreisen sollen eigentlich Güterströme gemessen werden. Tatsächlich wird aber durch Bewertung der Güter mit ihren Marktpreisen der **Geldwert dieser Güter** gemessen. Nur durch die Verwendung einer solchen einheitlichen Messgröße (z. B. Währungseinheit Euro) können die verschiedenen Güterarten und -mengen zu einer einzigen Größe wie dem Inlandsprodukt zusammengefasst werden. Es wäre aber irreführend, einfach den in Euro ausgedrückten Geldwert der Produktionsergebnisse zweier Jahre miteinander zu vergleichen und daraus Schlüsse über die Veränderung der verfügbaren Gütermenge zu ziehen. Der in Geldeinheiten ausgedrückte Wert der im Inlandsprodukt enthaltenen Güter kann sich nämlich durch allgemeine Preissteigerungen **nominal** (= dem Nennwert nach) erhöht haben, ohne dass tatsächlich mehr Güter produziert wurden.

Sollen die Produktionsergebnisse mehrerer Jahre miteinander verglichen werden, um Aussagen über die Güterversorgung der Bevölkerung und die wirtschaftliche Leistungsfähigkeit der Volkswirtschaft machen zu können, sind daher nicht **nominale**, sondern nur **reale** Veränderungen des Inlandsprodukts von Interesse. Um die reale Entwicklung zu erfassen, muss das nominale Inlandsprodukt um die in diesem Zeitraum eingetretene Preissteigerung korrigiert werden, d. h., das Inlandsprodukt muss zu **konstanten Preisen** berechnet werden. Nicht das nominale, sondern nur das reale Inlandsprodukt kann bei einem **Zeitvergleich** als Messgröße für die Entwicklung der gesamtwirtschaftlichen Leistung infrage kommen.

B

Beispiel für die Berechnung des Bruttoinlandsprodukts (BIP) zu konstanten Preisen für die Bundesrepublik Deutschland

Für eine Modellvolkswirtschaft gelten folgende Annahmen:

Jahr	Nominales Bruttoinlandsprodukt (BIP_n) in Mrd. €	Preisindex[1] (Deflator)
2015	3.026,180	100,00
2022	3.867,050	118,59

Berechnung der nominalen Steigerung in Prozent

3.026,180 Mrd. € = 100 %   3.867,050 Mrd. € = x %

x = 127,78 %   Das BIP ist nominal um ca. 27,78 % gestiegen.

Berechnung des realen Bruttoinlandsprodukts (BIP_r)[2]

$$BIP_r = \frac{BIP_n}{\text{Preisindex}} \cdot 100 = \frac{3.867,050}{118,59} \cdot 100 \approx 3.260,856$$

Im Jahr 2022 betrug das reale BIP (in Preisen von 2015) 3.260,856 Mrd. €.

Berechnung der realen Steigerung in Prozent

3.026,180 Mrd. € = 100 %   3.260,856 Mrd. € = x %

x = 107,75 %

Das BIP ist real um ca. 7,75 % gestiegen.

Entwicklung des nominalen und realen BIP 2015–2022

Jahr	BIP in jeweiligen Preisen		BIP_r in Preisen von 2015	
	Mrd. €	Veränderung in %	Mrd. €	Veränderung in %
2015	3.026,180	3,4	3.026,180	1,9
2016	3.134,740	3,6	2.643,343	1,3
2017	3.267,160	4,2	2.755,005	1,5
2018	3.365,450	3,0	2.837,887	2,0
2019	3.473,260	3,2	2.928,797	2,1
2020	3.405,430	– 2,0	2871,600	1,8
2021	3.601,750	5,8	3037,145	3,1
2022	3.867,050	7,4	3260,857	5,5

F

$$BIP_r = \frac{(BIP_n \cdot 100)}{\text{Preisindex (BIP-Deflator)}}$$

F

Das nominale Inlandsprodukt beruht auf den Marktpreisen des Berechnungszeitraumes.

Das reale Inlandsprodukt wird mit den konstanten Preisen des Vorjahres berechnet. Es ist ein Maßstab für die wirtschaftliche Entwicklung einer Volkswirtschaft unter Ausschaltung der Preissteigerungen.

Um die Leistungsfähigkeit verschiedener Volkswirtschaften miteinander vergleichen und die Güterversorgung der Bevölkerung beurteilen zu können, ist außerdem die Berechnung des Inlandsprodukts pro Kopf nötig. Für den internationalen Vergleich wird üblicherweise das Bruttoinlandsprodukt je Einwohner bzw. das Pro-Kopf-Einkommen als Maßstab benutzt. Trotz einer Steigerung des realen Inlandsprodukts kann das Pro-Kopf-Einkommen sinken, wenn nämlich die Wachstumsrate der Bevölkerung größer ist als die Wachstumsrate des realen Inlandsprodukts. Diese Situation ist für Entwicklungsländer mit starkem Bevölkerungswachstum typisch.

1 Für die Berechnung des realen BIP wird ein spezieller Preisindex (Preisindex für das Bruttoinlandsprodukt, BIP-Deflator) verwendet, der nicht mit dem Verbraucherpreisindex identisch ist. Stat. Bundesamt, VGR des Bundes 2022, März 2023, Tab. 2.3.3, 3.1.1.

2 Seit 2005 weist das Stat. Bundesamt das reale BIP nur noch als Indexzahl und nicht mehr in Euro aus.

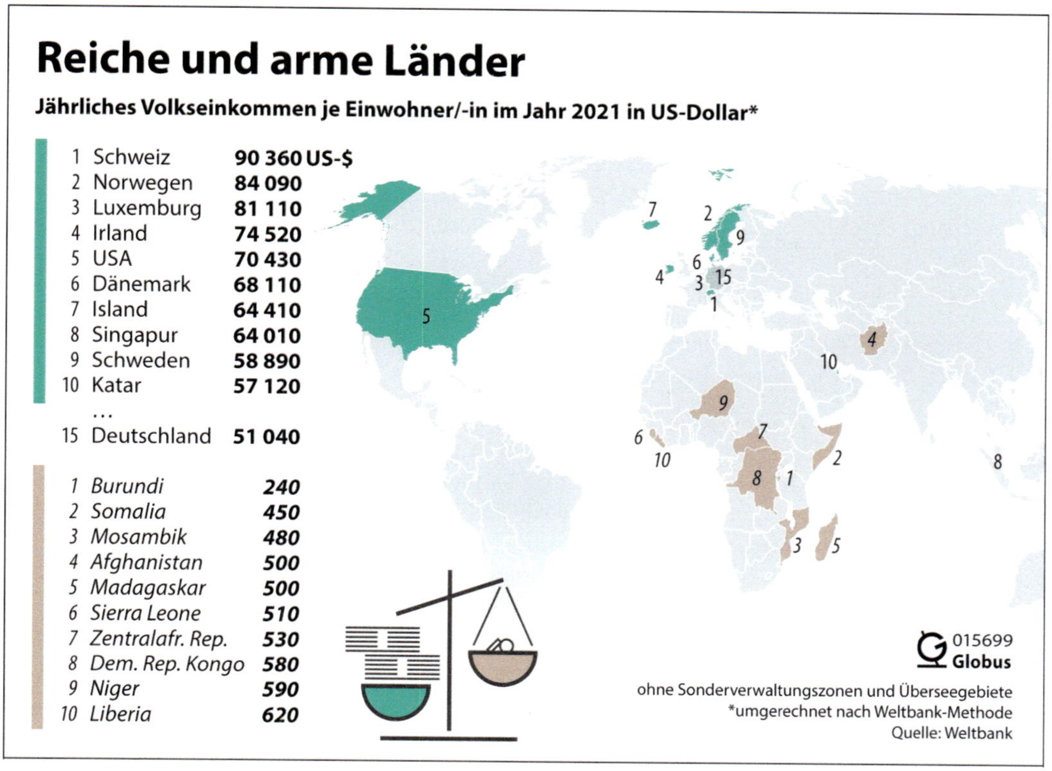

2.3.2 Kritik am Inlandsprodukt als Wohlstandsindikator[1]

Wohlstand, Lebensstandard, Lebensqualität

2.12, S. 112

Das Inlandsprodukt pro Kopf wird häufig auch als Indikator für den **Wohlstand** der Bevölkerung in einer Volkswirtschaft benutzt. Zwar signalisiert ein steigendes Inlandsprodukt pro Kopf eine zunehmende materielle Güterversorgung. Das bedeutet aber nicht ohne Weiteres auch eine Steigerung von **Lebensstandard** und **Wohlstand**. Obwohl diese beiden Begriffe nicht eindeutig definiert und voneinander abgrenzbar sind, beinhalten sie doch beide den Gesichtspunkt, dass das Wohlergehen der Menschen nicht nur von der Menge der bereitgestellten materiellen Güter abhängt, sondern auch von solchen immateriellen Gütern wie z. B. Freiheit, soziale Sicherheit, Freizeit und Umwelterhaltung. Dies wird auch mit dem Begriff **Lebensqualität** zum Ausdruck gebracht.

Erfassungs-, Bewertungs- und Zurechnungsprobleme

Ein wesentlicher Kritikpunkt an der Aussagekraft des Inlandsprodukts als Wohlstandsindikator ist die Tatsache, dass bestimmte Vorgänge, die den Wohlstand in einer Volkswirtschaft beeinflussen, nicht in der volkswirtschaftlichen Gesamtrechnung und damit auch nicht im Inlandsprodukt erfasst werden.

1 Indikator *(lat.)*: Messgröße; Größe, die etwas anzeigt

D Viele Güter werden im Inlandsprodukt nicht erfasst, weil sie nicht auf Märkten gehandelt werden und daher keinen Marktpreis haben.

Mit Ausnahme der vom Staat kostenlos bereitgestellten Güter (Konsumausgaben des Staates) sind nur solche Waren und Dienstleistungen im Inlandsprodukt enthalten, die auf Märkten gehandelt werden. Das bedeutet beispielsweise, dass weder die Eigenleistungen privater Haushalte (z. B. Haus- und Familienarbeit, Nachbarschaftshilfe, Hobbygärtnerei) noch die Befriedigung höherer Bedürfnisebenen (z. B. Bedürfnis nach Geborgenheit, Anerkennung, Selbstverwirklichung) im Inlandsprodukt berücksichtigt sind. Auch die Arbeitsbedingungen, unter denen die Güterproduktion erfolgt, kommen nicht in der Höhe des Inlandsprodukts zum Ausdruck.

D Die in der offiziellen Wirtschaftsstatistik nicht erfasste Schattenwirtschaft (z. B. Schwarzarbeit) trägt zwar zur gesamtwirtschaftlichen Wertschöpfung bei, geht aber nur als Schätzgröße in die Inlandsproduktberechnung ein.

Es können nur solche Leistungen statistisch erfasst und bei der Ermittlung des Inlandsprodukts berücksichtigt werden, die aus Dokumenten und anderen Unterlagen, die den Finanzbehörden vorgelegt werden, ersichtlich sind. Schattenwirtschaftliche Aktivitäten (z. B. Leistungen aus der Beschäftigung ohne formelles Arbeitsverhältnis, Lieferungen und Leistungen ohne Rechnung u. Ä.) gehen daher nur als Schätzgröße in das Inlandsprodukt ein.

D In das Inlandsprodukt gehen nur Gütermengen und Güterpreise ein. Die Qualität der Produkte wird nicht gesondert erfasst.

Die Marktpreise, mit denen die Güter in das Inlandsprodukt eingehen, spiegeln häufig nicht die Produktqualität, die sich beispielsweise auch in der Lebensdauer ausdrückt, wider. Die Herstellung vieler herkömmlicher Glühbirnen mit kurzer Lebensdauer erhöht beispielsweise trotz des Preisunterschiedes das Inlandsprodukt mehr als die Produktion langlebiger Energiesparlampen. Obwohl die Produktionstechnologie laufend verbessert wird, nimmt die Gebrauchsdauer vieler Konsumgüter (z. B. Kühlschränke, Autos, Waschmaschinen, Kleider) ständig ab. Der dadurch entstehende Ersatzbedarf steigert zwar Produktion und Inlandsprodukt, beansprucht aber gleichzeitig natürliche Rohstoffe und schafft erhebliche Entsorgungs-, Abfall- und Umweltprobleme.

D Die Höhe des Inlandsprodukts sagt nichts über die Einkommensverteilung aus.

Aus einer Veränderung des Inlandsprodukts lässt sich nicht ableiten, ob und gegebenenfalls wie sich die Einkommensverteilung verändert hat. Der Wohlstand einer Volkswirtschaft hängt aber nicht nur von der Menge der materiellen Güter ab, sondern auch von der Art und Weise, wie das Gesamteinkommen auf die Bevölkerung verteilt ist.

D Das Inlandsprodukt berücksichtigt nicht den Wert der Freizeit.

Das Inlandsprodukt kann beispielsweise deswegen steigen, weil aufgrund einer verlängerten Wochenarbeitszeit mehr gearbeitet und produziert wird. Dabei wird aber nicht berücksichtigt, dass der durch die Steigerung des Inlandsprodukts bedingte Verzicht auf Freizeit eine Wohlstandsminderung darstellt.

D Das Inlandsprodukt berücksichtigt nicht die sozialen Kosten.

Bei der Güterproduktion entstehen u. a. auch Kosten, die nicht von den verursachenden Unternehmen getragen, sondern auf die Allgemeinheit überwälzt werden (z. B. Schädigung von Umweltgütern in Form von Luftverschmutzung und Gewässerverunreinigung sowie dadurch bedingte Gesundheitsschäden). Dabei handelt es sich um **soziale Kosten**. Sie werden bei der Inlandsproduktberechnung nicht berücksichtigt.

1.5.2

D Die Aufwendungen zur Beseitigung von Umweltschäden erhöhen in Form von Nettoinvestitionen das Nettoinlandsprodukt, obwohl es sich dabei eigentlich um Ersatzinvestitionen handelt.

Aufwendungen für die Entsorgung verseuchter Böden und die Reinigung verschmutzter Gewässer werden als Nettoinvestitionen erfasst und erhöhen demzufolge das Nettoinlandsprodukt. Eigentlich handelt es sich dabei aber um eine Art Ersatzinvestition, um die am Produktionsfaktor Natur eingetretenen Schäden zu beheben. Es liegt keine Wertschöpfung, sondern lediglich eine Werterhaltung vor. Werden die Umweltschäden nicht oder nicht in vollem Umfang behoben, liegt eine Wertminderung vor, um die der Wert des Nettoinlandsprodukts verringert werden müsste.

»

„Das Sozialprodukt wächst, wenn immer mehr Abfälle die Umwelt belasten. Und es wächst noch einmal, wenn wir Mittel einsetzen, um Umweltschäden zu beseitigen. Es wächst, wenn der Lärm in den Städten zunimmt. Und es wächst noch einmal, wenn wir Lärmschutzanlagen anbringen. Es wächst, wenn der Verbrauch von Medikamenten, Drogen und Alkohol zunimmt. Und es wächst noch einmal, wenn die durch Medikamente, Drogen oder Alkohol Geschädigten behandelt werden müssen."

Quelle: Eppler, Erhard: Ende oder Wende, Stuttgart: Kohlhammer 1975, S. 38.

D Der Marktwert staatlicher Leistungen ist nicht feststellbar.

Staatliche Leistungen werden nicht auf dem Markt gehandelt, sondern größtenteils ohne unmittelbare Gegenleistung den Unternehmen und Haushalten zur Verfügung gestellt. Da es keinen Marktpreis für diese öffentlichen Güter gibt, werden sie bei der Berechnung des Inlandsprodukts zu ihren Herstellkosten bewertet (Inputbewertung). Dieser Wertansatz ist letztlich willkürlich. Beispielsweise lässt die Höhe der Kosten im Bildungswesen nicht unbedingt Aussagen über die Bildungsergebnisse zu.

D Bestimmte wirtschaftliche Vorgänge werden als Konsum, der das Inlandsprodukt erhöht, angesehen, obwohl es sich dabei eigentlich um Vorleistungen handelt, die nicht in die Höhe des Inlandsprodukts eingehen dürften.

Aufgrund von Bewertungs- und Zurechnungsproblemen werden alle staatlichen Leistungen als Endverbrauch (Konsum) angesehen, obwohl sie teilweise Vorleistungen für die Unternehmen darstellen (z. B. Verkehrswege für den Gütertransport). Da diese Vorleistungen den Unternehmen aber nicht direkt in Rechnung gestellt werden, unterbleibt bei der Ermittlung der Wertschöpfung der Unternehmen (= Produktionswert – Vorleistungen) der Abzug dieser staatlichen Vorleistungen. Daher ist der Wert des Inlandsprodukts um diese staatlichen Vorleistungen zu hoch. Bei den privaten Haushalten stellen dagegen z. B. die Fahrtkosten für den Weg zur Arbeitsstelle in Wirklichkeit keinen Konsum dar, der das Inlandsprodukt erhöht. Vielmehr handelt es sich um Vorleistungen für die Einkommenserzielung.

2.4 Ansätze zur Verbesserung der Aussagefähigkeit der Volkswirtschaftlichen Gesamtrechnung

Lernziele:

Nach der Bearbeitung dieses Kapitels sind Sie in der Lage, Folgendes zu tun:

Sie ...

- ... erklären das Konzept des Ökoinlandsprodukts.
- ... erläutern das Hauptproblem bei einer umweltökonomischen Gesamtrechnung.
- ... nennen soziale Indikatoren zur Wohlstandsmessung.
- ... unterscheiden international gebräuchliche Ansätze zur Wohlstandsmessung.

2.4.1 Ökoinlandsprodukt und umweltökonomische Gesamtrechnung

Die Idee, ein sogenanntes Öko-Inlandsprodukt zu berechnen, trägt der Tatsache Rechnung, dass das herkömmliche Inlandsprodukt Umweltschäden und Umweltverschmutzung nicht berücksichtigt – im Gegenteil, wir haben ja gesehen, dass die Beseitigung von Umweltschäden sogar das Inlandsprodukt erhöht. Die Idee ist also, die Kosten für die Nutzung der natürlichen Ressourcen bei der Ermittlung des Inlandsproduktes zu berücksichtigen.

F

  Bruttoinlandsprodukt
– Abschreibung auf Anlagegüter
= Nettoinlandsprodukt
– Abschreibung auf Naturvermögen (= Nutzungskosten des Naturvermögens)
= Ökoinlandsprodukt

Das klingt einfach und sinnvoll, hat aber seine Tücken: Wie bewertet man Umweltschäden? Was ist es uns wert, Tierarten zu erhalten, Streuobstwiesen zu schützen, und was kostet es uns, wenn wir unsere Rohstoffvorräte aufbrauchen?

Das Statistische Bundesamt verwendet eine umweltökonomische Gesamtrechnung, deren Ziel es ist, die Wechselwirkungen zwischen Wirtschaft und Umwelt zu untersuchen und Umweltbelastungen, Veränderungen des Umweltzustands und Umweltschutzmaßnahmen zu beschreiben. Untenstehende Grafik gibt Ihnen einen Überblick über diese Rechnung.

Module der deutschen Umweltökonomischen Gesamtrechnung

Belastung	Zustand	Maßnahmen
Material- und Energieflussrechnungen **Physische Materialströme** ▪ Gesamtwirtschaftliches Materialkonto ▪ Rohstoffrechnung nach Branchen ▪ Energieflussrechnungen nach Branchen ▪ Primärmaterial nach Branchen ▪ Emmisionsrechnungen nach Branchen ▪ Wassergesamtrechnungen nach Branchen ▪ Physische Input-Output-Tabellen	**Umweltzustand** **Quantitative und qualitive Bestandsveränderungen des Naturvermögens in physischen Einheiten** ▪ Siedlungsflächen nach Branchen	**Umweltschutzmaßnahmen** **Umweltbezogene monetäre Ströme und Bestände** ▪ Umweltschutzausgaben ▪ Umweltsteuern
Sektorale Berichtsmodule	▪ Verkehr und Umwelt ▪ Landwirtschaft und Umwelt ▪ Waldgesamtrechnungen ▪ Private Haushalte und Umwelt	

Vgl. Statistisches Bundesamt: Einführung in die Umweltökonomischen Gesamtrechnungen 2015, 16.03.2015, S. 6; online unter: In https://www.destatis.de/DE/Themen/Gesellschaft-Umwelt/Umwelt/UGR/ueberblick/Publikationen/Downloads/einfuehrung-ugr-pdf-5850021.pdf?__blob=publicationFile [17.04.2021].

Wie Sie sehen, besteht die Umweltökonomische Gesamtrechnung aus vier Modulen:

- Das Modul Umweltbelastungen zeigt die belastenden Materialströme, wie z. B. pro Jahr entnommene Rohstoffe oder emittierte Schadstoffe; also den Strom der aus der Natur entnommenen Rohstoffe sowie an die Natur abgegebenen Rest- und Schadstoffe.
- Das Modul Umweltzustand zeigt, wie die Bodenfläche genutzt wird und wie sich Siedlungs- und Verkehrsflächen entwickeln.
- Im Modul Umweltschutzmaßnahmen werden umweltbezogene Steuern dargestellt, Investitionen und laufende Ausgaben für den Umweltschutz.
- Die sogenannten sektoralen Berichtsmodule sollen die Wechselwirkungen zwischen Umwelt und Wirtschaft für einzelne Bereiche detaillierter darstellen.

2.4.2 Soziale Indikatoren

Eine weitere Möglichkeit, das Wohlbefinden eines Landes zu messen, besteht darin, nicht die Güterproduktion (als das Inlandsprodukt) als Indikator zu verwenden, sondern verschiedene andere Messzahlen (Indikatoren) zu erheben, die Auskunft darüber geben können, wie es der Bevölkerung geht. Solche Sozialindikatoren können beispielsweise sein:

- Gesundheit: Lebenserwartung, Versorgung mit Ärzten, Qualität der Pflege, Verbreitung von Über- oder Untergewicht
- Bildungschancen: Personen mit abgeschlossener Berufsausbildung, Schulabbrecher, Weiterbildungsmöglichkeiten
- Familie und Beruf: Kinderbetreuungsquote, Pendeldauer, Arbeitszeitverkürzung für Kinderbetreuung, tatsächliche Arbeitszeit im Vergleich zur gewünschten Arbeitszeit
- Sicherheit: Kriminalität und befürchtete Kriminalität, Hassverbrechen und politisch motivierte Straftaten, Vertrauen in Staat und Polizei

- Umwelt: Luftqualität, Artenvielfalt, Landschaftsqualität
- Freiheit und politische Teilhabe: Wahlbeteiligung, Gewährleistung von Grundrechten, Möglichkeiten, Einfluss auf die Politik zu nehmen

Wie Sie sehen, gibt es viele sinnvolle Sozialindikatoren. Das Problem liegt nun jedoch darin, sich aus den vielen Indikatoren ein Bild von der Gesamtlage des Landes zu machen. Man muss also eigentlich alle Indikatoren erheben, gewichten und zusammenzählen – womit aber die Aussagekraft der Indikatoren stark beeinträchtigt wird. Wer wissen will, wie es einem Land geht, wird nicht umhinkommen, sich alle Indikatoren einzeln und im Detail anzuschauen.

Im internationalen Vergleich werden verschiedene Wohlstandsindikatoren genutzt, die alle mehr oder weniger einzelne solcher Sozialindikatoren nutzen. Schauen Sie sich dazu untenstehende Tabelle an.

Indikator	Beschreibung
Net Economic Welfare	Dieser Index berücksichtigt neben dem Inlandsprodukt unter anderem Indikatoren wie die Einkommensverteilung, unbezahlte Haus- und Familienarbeit, Bildung, Umweltverschmutzung und den Rückgang von Ressourcen.
Human Development Index (HDI)	Dieser Index berücksichtigt neben dem Bruttonationaleinkommen pro Kopf, Lebenserwartung, Dauer der Ausbildung und Lebenserwartung.
Better Life Index	Dieser Index berücksichtigt unter anderem Bildung, Wohnverhältnisse, Umwelt, Einkommen, Gemeinsinn, Zivilengagement, Sicherheit, Lebenszufriedenheit und Work-Life-Balance.
Happy Planet Index (HPI)	Dieser Index berücksichtigt Lebenserwartung, Lebenszufriedenheit (subjektives Wohlbefinden), Ungleichheit und den ökologischen Fußabdruck.

Ein alternativer Ansatz: Glücksforschung

Ein letzter Ansatz ist relativ neu: Man versucht, das Glück der Menschen direkt mittels Befragungen zu messen (solche Umfragen sind beispielsweise Eurobarometer, European Social Survey, European Quality of Life Survey, European Social Surveys, Latinobarometers, Asiabarometers). Konkret geht das so, dass man vielen Personen eines Landes immer wieder eine einfache Frage stellt: „Alles in allem zusammengenommen, wie glücklich sind Sie"? Die Befragten geben ihr Glücksgefühl auf einer Skala von eins bis zehn (bisweilen auch auf einer anderen Skala) an, und je mehr Menschen eine hohe Glückszahl angeben, umso besser geht es dem betreffenden Land – so zumindest die Idee. Untenstehende Grafik gibt Ihnen einen Eindruck, wie das Glück innerhalb Deutschlands verteilt ist.

Abbildung 7
Regionaler Glücksindex 2020

Deutsche Post

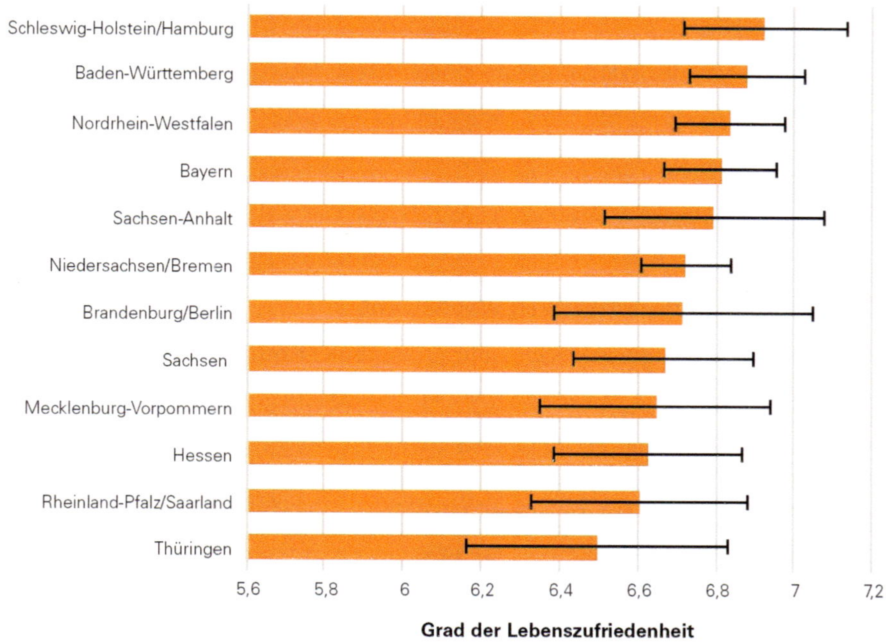

Quelle: Eigene Berechnungen auf Basis Institut für Demoskopie Allensbach (IfD-Umfragen 12017, 8233I+II, 8239 sowie 12018).
Anmerkung: Die Konfidenzintervalle entsprechen dem 95-Prozent-Niveau. Sie geben Aufschluss über die Unsicherheit der Zufriedenheitsmessung.

Das Corona-Jahr 2020 hat zu einer vollkommenen Vermischung der Regionen geführt. Bis auf Thüringen haben alle ostdeutschen Länder auch westdeutsche Regionen hinter sich gelassen.

So gut dieser Ansatz klingt – auch er birgt seine Probleme:

- Die Antwort auf die Frage, wie glücklich man ist, dürfte auch von gegenwärtigen Eindrücken bestimmt sein. Beispielsweise kann der Gewinn einer Fußballweltmeisterschaft das Glücksgefühl eines Landes steigern.
- Das Wort „Glück“ oder „Zufriedenheit“ hat für Menschen aus unterschiedlichen Kulturen eine unterschiedliche Bedeutung; sodass man möglicherweise die vergebenen Glückspunkte eines Mexikaners nur bedingt mit den Glücksgefühlen eines Japaners oder Russen vergleichen kann.
- Die Zahl der Einflussfaktoren auf das Glück dürfte unendlich groß sein, und wenn jemand glücklich ist, so kann das viele verschiedene Ursachen haben. Wir können also nicht exakt sagen, was genau Menschen glücklich macht.
- Wir kennen auch nicht immer die Wirkungsrichtung des Glücks: Wenn verheiratete Personen glücklicher sind als nicht verheiratete Personen, dann wissen wir nicht, ob Heiraten glücklich macht oder ob glückliche Menschen eher heiraten.

2.5 Grenzen des Wirtschaftswachstums

Lernziele:

Nach der Bearbeitung des Kapitels sind Sie in der Lage, Folgendes zu tun:

Sie ...

- ... erklären die Grenzen des Wachstums an einem Beispiel.
- ... erklären den Begriff „exponentielles Wachstum".
- ... erläutern die Hauptursachen für die Begrenztheit des quantitativen Wachstums.
- ... erklären die Konzepte „qualitatives Wachstum" sowie „nachhaltige Entwicklung".
- ... beschreiben die drei Bereiche, auf die sich nachhaltige Entwicklung beziehen soll.

2.5.1 Probleme des quantitativen Wachstums

2.13, S. 112

Mit einer zunehmenden mengenmäßigen Güterproduktion **(= quantitatives Wachstum)** gehen in vielen Fällen auch ein zusätzlicher Rohstoffverbrauch, vermehrte Emissionen und ein steigendes Verkehrsaufkommen einher. Dies führt zu einer erhöhten **Umweltbelastung.** Die Beseitigung dieser wachstumsbedingten **Umweltschäden** erfordert und bewirkt ihrerseits wiederum Wirtschaftswachstum. Wie in einem „Teufelskreis" ist somit Wachstum nötig, um die Probleme zu beheben, die durch eben dieses Wachstum entstanden sind und weiterhin entstehen.

Die Aufwendungen zur Umweltsanierung gehen wachstumssteigernd in das Bruttoinlandsprodukt ein, obwohl sie eigentlich nur Reparaturen am Produktionspotenzial (Behebung der am Produktionsfaktor Natur eingetretenen Schäden) darstellen. Daran wird die Unzulänglichkeit des Inlandsprodukts als Messgröße für Wirtschaftswachstum deutlich.

Nicht nur vor dem Hintergrund der wachstumsbedingten Umweltzerstörung wird von Kritikern auf die Begrenzung weiteren Wirtschaftswachstums hingewiesen. Auch in anderen Bereichen zeichnet sich ab, dass wirtschaftliches Wachstum an natürliche und soziale Grenzen stößt: Ressourcen- und Flächenverbrauch, industrielle Massenproduktion mit der Suche nach immer neuen Konsumentenbedürfnissen und Absatzmärkten, Energieverschwendung, Verstädterung, Massenverkehr, Abfall, Sondermüll usw. lassen erahnen, dass die Belastbarkeit des Erdplaneten nicht unendlich ist.

> **„Wertvolle Rohstoffe gehen verloren**
>
> Verweigert ein kleines Elektrogerät den Dienst, verführen die niedrigen Preise dazu, gleich ein neues Gerät zu kaufen. Eine Reparatur wird oft erst gar nicht in Erwägung gezogen; zum Teil lohnt sie auch nicht. So manches Elektrogerät für den Haushalt landet in der Mülltonne. Stattdessen sollte man die Geräte über Wertstoffhöfe oder in größeren Elektrogeschäften, Lebensmittelgeschäften und Discountern zurückgeben und dem Recycling zuführen, wie es das Gesetz vorschreibt. Denn sonst gehen wertvolle Rohstoffe wie etwa Kupfer und Aluminium verloren.
>
> Hausmülluntersuchungen des Umweltbundesamtes zeigen, dass in 128 Kilogramm Restmüll pro Einwohner im Jahr 2017 im Durchschnitt ein Kilogramm Elektroschrott enthalten waren, hauptsächlich Elektrokleingeräte. Für die Herstellung von neuen Produkten werden daher zusätzliche Rohstoffe benötigt, deren Gewinnung energieintensiv und umweltbelastend ist."
>
> *Quelle: Verbraucherzentrale (Hrsg.): Lohnt es sich, kleine Elektrogeräte zu reparieren?, 23.08.2022; online unter: https://www.verbraucherzentrale.de/wissen/umwelt-haushalt/nachhaltigkeit/lohnt-es-sich-kleine-elektrogeraete-zu-reparieren-8197 [14.04.2023].*

Unter dem Titel „Grenzen des Wachstums" hat der Club of Rome 1972 einen Bericht über die Umweltsituation veröffentlicht.[1] Damit wurden der Weltöffentlichkeit erstmals die Folgen eines

1 Der Club of Rome ist ein Zusammenschluss von Persönlichkeiten aus Wirtschaft, Wissenschaft und Kultur. Er veranstaltet Konferenzen und finanziert Berichte zu aktuellen Fragen von globaler Bedeutung.

weiteren ungezügelten wirtschaftlichen Wachstums vor Augen geführt. Unter der Annahme, dass sich Umweltbewusstsein und Verhalten der Menschen nicht ändern und der weltweite Industrialisierungsprozess in der bisherigen Art weiter fortschreitet, prophezeiten die Wissenschaftler aufgrund von Computersimulationen einerseits die Erschöpfung der wichtigsten Rohstoffe und Energiequellen innerhalb einer Generation und andererseits die Zerstörung der Umwelt mit großen Hungerkatastrophen in einer übervölkerten Welt. Zwanzig Jahre später legten die Autoren neue Hochrechnungen auf der Basis aktueller Daten unter dem Titel „Die neuen Grenzen des Wachstums" vor.

Wachstumsbefürworter bestreiten dagegen solche Wachstumsgrenzen. Sie verweisen auf immer neuere Entwicklungen, Technologien und Erfindungen zur Eindämmung der negativen Folgeerscheinungen des Wirtschaftswachstums. Dass sich die auf der Basis von Computersimulationen entstandenen pessimistischen Vorhersagen über den Zusammenbruch der ökonomischen und ökologischen Systeme bisher tatsächlich nicht erfüllt haben, liegt ausschließlich an der nicht vorhersehbaren und daher in den Berechnungen nicht berücksichtigungsfähigen Entwicklung von Wissen und technischem Fortschritt.

"

Bereits im Jahr 1870 wurde vorhergesagt, dass New York bis zum Jahr 1900 im Pferdedung ersticken würde, und in den 1920er Jahren gab es weder Antibiotika noch Computer. Wachstum ist notwendig und unverzichtbar sowie ein moralisches Gebot, um den Menschen in den Entwicklungsländern zu einem besseren und angemessenen Lebensstandard zu verhelfen.

vgl. L. Summers, ehemals Chefökonom der Weltbank (1992).

MALTHUSsches Bevölkerungsgesetz

Einer der ersten Wissenschaftler, der auf die Grenzen des Wachstums hingewiesen hat, war der englische Pfarrer und Volkswirt ROBERT MALTHUS (1766–1834). MALTHUS vertrat die Auffassung, dass das Bevölkerungswachstum geometrisch (exponentiell, etwa wie die Zahlenreihe 1, 2, 4, 8, 16, ...) verläuft, während die Nahrungsmittelproduktion nur arithmetisch (z. B. wie die Zahlenreihe 1, 2, 3, 4, 5, ...) zunimmt **(MALTHUSsches Bevölkerungsgesetz).** Da er die technische Entwicklung und Produktivitätssteigerung in der Landwirtschaft nicht vorhersehen konnte, prognostizierte er als Folge des Bevölkerungswachstums Hungersnöte und Verteilungskämpfe (Kriege). Da die Armen ihre Situation nach seiner Auffassung durch ihre unkontrollierte Vermehrung selbst verschuldet hätten, schlug er für diese Bevölkerungsgruppe die Senkung der Geburtenrate durch sexuelle Enthaltsamkeit und späte Heirat vor. Nachfolger befürworteten sogar eine systematische Abtreibung.

Probleme des exponentiellen Wirtschaftswachstums[1]

Dass ein weiteres Wirtschaftswachstum in dem Umfang, wie es beispielsweise in Deutschland zur Lösung des Beschäftigungsproblems für nötig gehalten wird (mehr als 2% jährlich), auf Dauer kaum vorstellbar ist, zeigen folgende Überlegungen: Da es sich beim Wirtschaftswachstum um ein exponentielles Wachstum (wie beim Zinseszinseffekt) handelt, würde sich bei einer jährlichen Wachstumsrate von 2% die Güterproduktion innerhalb von **35 Jahren verdoppeln.** Bei einer Wachstumsrate von 4% (wie sie in den 1970er Jahren angestrebt wurde) würde die Verdoppelung bereits nach knapp 18 Jahren eintreten. Nach knapp **59 Jahren** wäre die Güterproduktion **zehnmal so groß** wie heute. Die von der Natur gesetzten Grenzen würden noch viel schneller erreicht, wenn sich in den Entwicklungsländern tatsächlich die noch wesentlich höheren Wachstumsraten einstellen würden, die langfristig nötig wären, um den Rückstand gegenüber den Industrieländern aufzuholen.

1 Beim exponentiellen Wirtschaftswachstum bleibt die jährliche Zunahme des realen Bruttoinlandsprodukts nicht gleich. Sie steigt vielmehr ständig.

„Jeder, der glaubt, dass exponentielles Wachstum für immer weitergehen kann in einer endlichen Welt, ist entweder ein Verrückter oder ein Ökonom.“

Quelle: Müller, Carsten: Nachhaltige Ökonomie: Ziele, Herausforderungen und Lösungswege. Berlin: De Gruyter Oldenbourg 2015, S. 4.

Während im ersten Bericht des Club of Rome 1972 der entscheidende Begrenzungsfaktor des Wachstums noch in den **erschöpfbaren Rohstoffen** gesehen wurde, zeigt sich inzwischen, dass weltweit die Beeinträchtigung der Erdatmosphäre durch den **Ausstoß von Klimagasen** von wesentlich größerer Bedeutung ist.

2.5.2 Qualitatives Wachstum und nachhaltige Entwicklung

Ein Wirtschaftswachstum, das auch ökologische Ziele berücksichtigt, wird als **qualitatives Wachstum** bezeichnet. Durch ökologisch-technischen Fortschritt und umweltfreundliche Produktionsverfahren soll eine **Entkoppelung** zwischen Wirtschaftswachstum einerseits und dem Verbrauch an Rohstoffen und Energie andererseits ermöglicht werden.

D Qualitatives Wachstum umfasst neben einer auf umweltschonender Technologie beruhenden Produktion umweltfreundlicher Güter auch eine Ausdehnung der Dienstleistungen zulasten der herkömmlichen Industrieproduktion. Durch entsprechende Produktionsverfahren (Technologie) und Zusammensetzung des Inlandsprodukts (Struktur) sollen auf diese Weise trotz weiteren Wirtschaftswachstums Ressourcenverbrauch und Umweltbelastung eingeschränkt werden.

Auch die Zielsetzung des qualitativen Wachstums beinhaltet also die Produktion einer sich jedes Jahr erhöhenden Gütermenge (exponentielles Wachstum). Qualitatives Wachstum ist also nicht zu verwechseln mit einem sogenannten „Nullwachstum“.

Trotz der bisher erzielten Fortschritte bei der Reduzierung von Schadstoffemissionen und Ressourcenverbrauch ist aber nicht zu übersehen, dass

- das Potenzial umweltschonender Produktionsmöglichkeiten begrenzt ist,
- Güterproduktion (trotz Recycling[1] und Konzentration auf die Dienstleistungsbranche) nie ohne Rohstoff- und Energieverbrauch auskommt,
- die Endlichkeit der Natur im Gegensatz zu einem auf Unendlichkeit ausgerichteten (exponentiellen) Wirtschaftswachstum[2] steht.

Nachhaltige Entwicklung

Angesichts der vielfältigen weltweiten Umweltprobleme wurde 1992 auf einer Konferenz der Vereinten Nationen die **nachhaltige Entwicklung**[3] *(sustainable development)* als ein verbindliches Ziel internationaler Politik formuliert.[4]

Die Zukunftsorientierung eines an diesem Leitbild ausgerichteten wirtschaftlichen Handelns kommt in der alten Weisheit zum Ausdruck:

1 Recycling *(engl.)*: Wiederverwendung/Wiederverwertung von Rohstoffen
2 Beim exponentiellen Wachstum bleibt die jährliche Zunahme nicht gleich. Sie steigt vielmehr ständig in Abhängigkeit von dem sich laufend vermehrenden jährlichen Anfangsbestand (z. B. Zinseszinsen, Bevölkerungswachstum).
3 In der Forstwirtschaft besagt das Nachhaltigkeitsprinzip, dass nicht mehr Holz geschlagen werden soll, als seit dem letzten Holz-Einschlag nachgewachsen ist.
4 Der sogenannten Rio-Erklärung über Umwelt und Entwicklung sind 1992 in Rio de Janeiro 170 Staaten, darunter auch Deutschland, beigetreten.

„Wir haben die Erde nicht von unseren Eltern geerbt, sondern nur von unseren Kindern geliehen."

Magisches Dreieck der Nachhaltigkeit

Der Begriff Nachhaltigkeit wird mittlerweile in einer erweiterten Bedeutung genutzt. Nachhaltigkeit bedeutet heute:

- Schutz von Natur, Arten, Klima und Umwelt und deren Erhalt für nachfolgende Generationen (**Ökologie**)
- Erhalt der wirtschaftlichen Möglichkeiten auch für nachfolgende Generationen; die heutige Generation soll nicht zulasten der folgenden Generationen leben (**Ökonomie**)
- Soziale und gesellschaftliche Teilhabe, friedliche Beilegung von Konflikten, ein zukunftsfähiges und lebenswertes Zusammenleben aller Bürger, beispielsweise über den Abbau ungleicher Verteilung von Einkommen, Vermögen und Macht (**Soziales**)

D **Nachhaltige Entwicklung** ist ein ethisches Leitbild, das allen Menschen und zukünftigen Generationen die Chancen auf ein gesundes, umweltverträgliches und friedliches Miteinander ermöglichen soll.

Sie sehen, das ist ein recht hoher Anspruch, der sich in alle unsere Lebensbereiche erstreckt, weswegen Kritiker bisweilen sagen, dass der Begriff der Nachhaltigkeit zu einer Worthülse verkommt, einem Wort, mit dem man alles irgendwie rechtfertigen oder ablehnen kann.

Nachhaltiges Handeln im Blick auf die Lebensverhältnisse in anderen Teilen der Erde

Die Lebensverhältnisse in anderen Teilen der Erde werden maßgeblich von unserem Handeln beeinflusst. Die ökologischen, ökonomischen und sozialen Auswirkungen spüren vor allem diejenigen, die sich ohnehin kaum wehren können.

Im Rahmen der von der deutschen Bundesregierung im Jahr 2017 entwickelten Agenda 2030 soll eine Grundlage für mehr Nachhaltigkeit geschaffen werden. Kern sind 17 Ziele für nachhaltige Entwicklung, die dabei helfen sollen, so zu wirtschaften, dass Menschen in anderen Teilen der Erde nicht benachteiligt werden.

5.2

Zu diesen Zielen zählen unter anderem:

Ziel 6:
„Verfügbarkeit und nachhaltige Bewirtschaftung von Wasser und Sanitärversorgung für alle gewährleisten“[1]

Ziel 7:
„Zugang zu bezahlbarer, verlässlicher, nachhaltiger und moderner Energie für alle sichern“[2]

Ziel 12:
„Nachhaltige Konsum- und Produktionsmuster sicherstellen“[3]

Ziel 13:
„Umgehend Maßnahmen zur Bekämpfung des Klimawandels und seiner Auswirkungen ergreifen“[4]

Ziel 14:
„Ozeane, Meere und Meeresressourcen im Sinne nachhaltiger Entwicklung erhalten und nachhaltig nutzen“[5]

Ziel 15:
„Landökosysteme schützen, wiederherstellen und ihre nachhaltige Nutzung fördern, Wälder nachhaltig bewirtschaften, Wüstenbildung bekämpfen, Bodendegradation beenden und umkehren und dem Verlust der biologischen Vielfalt ein Ende setzen“[6]

1 Quelle: Bundesministerium für wirtschaftliche Zusammenarbeit und Entwicklung: „SDG 6: Sauberes Wasser und Sanitäreinrichtungen“, in: Agenda 2030. Die Globalen Ziele für nachhaltige Entwicklung, 2021; online unter: https://www.bmz.de/de/agenda-2030/sdg-6 [10.11.2021].

2 Quelle: Bundesministerium für wirtschaftliche Zusammenarbeit und Entwicklung: „SDG 7: Bezahlbare und saubere Energie“, in: Agenda 2030. Die Globalen Ziele für nachhaltige Entwicklung, 2021; online unter: https://www.bmz.de/de/agenda-2030/sdg-7 [10.11.2021].

3 Quelle: Bundesministerium für wirtschaftliche Zusammenarbeit und Entwicklung: „SDG 12: Nachhaltige/r Konsum und Produktion“, in: Agenda 2030. Die Globalen Ziele für nachhaltige Entwicklung, 2021; online unter: https://www.bmz.de/de/agenda-2030/sdg-12 [10.11.2021].

4 Quelle: Bundesministerium für wirtschaftliche Zusammenarbeit und Entwicklung: „SDG 13: Maßnahmen zum Klimaschutz“, in: Agenda 2030. Die Globalen Ziele für nachhaltige Entwicklung, 2021; online unter: https://www.bmz.de/de/agenda-2030/sdg-13 [10.11.2021].

5 Quelle: Bundesministerium für wirtschaftliche Zusammenarbeit und Entwicklung: „SDG 14: Leben unter Wasser“, in: Agenda 2030. Die Globalen Ziele für nachhaltige Entwicklung, 2021; online unter: https://www.bmz.de/de/agenda-2030/sdg-14 [10.11.2021].

6 Quelle: Bundesministerium für wirtschaftliche Zusammenarbeit und Entwicklung: „SDG 15: Leben an Land“, in: Agenda 2030. Die Globalen Ziele für nachhaltige Entwicklung, 2021; Online unter: https://www.bmz.de/de/agenda-2030/sdg-15 [10.11.2021].

Zusammenfassung Kapitel 2: Wirtschaftskreislauf und Volkswirtschaftliche Gesamtrechnung

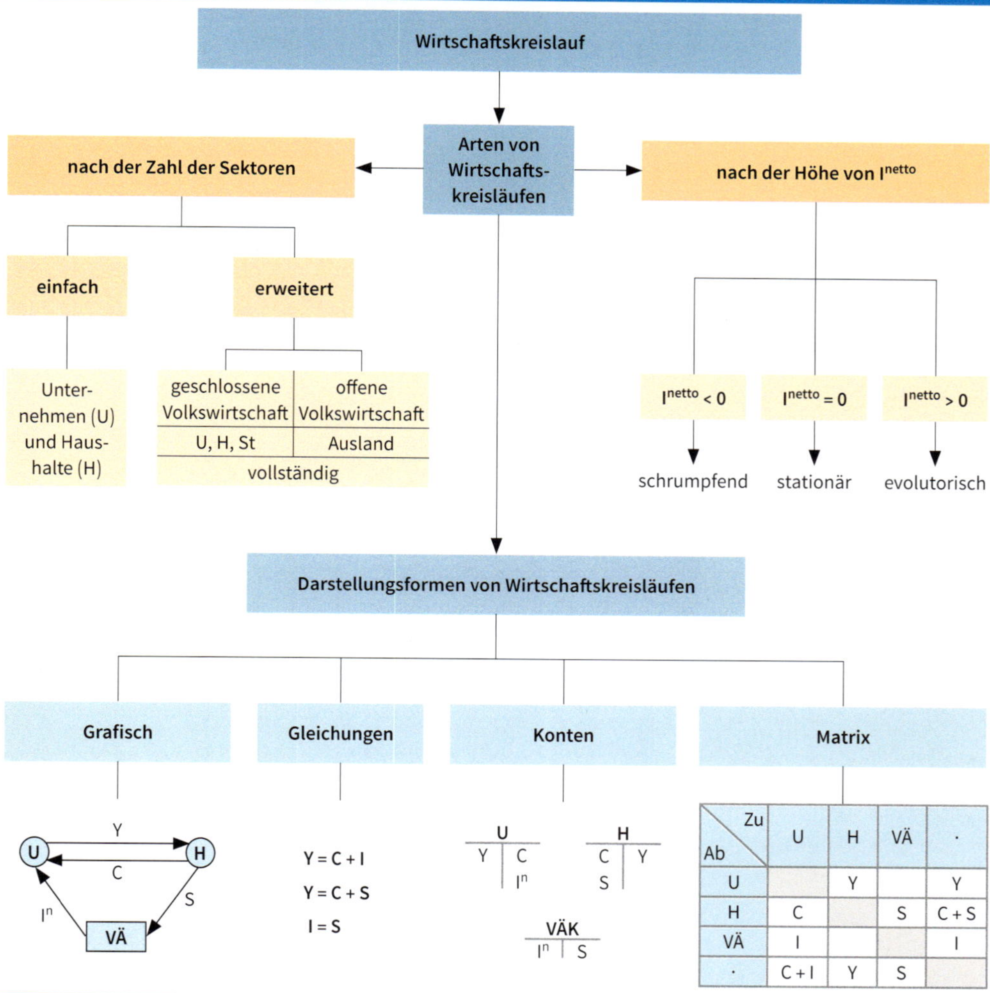

Ab \ Zu	U	H	VÄ	·
U		Y		Y
H	C		S	C + S
VÄ	I			I
·	C + I	Y	S	

Zusammenfassung Kapitel 2: Wirtschaftskreislauf und Volkswirtschaftliche Gesamtrechnung

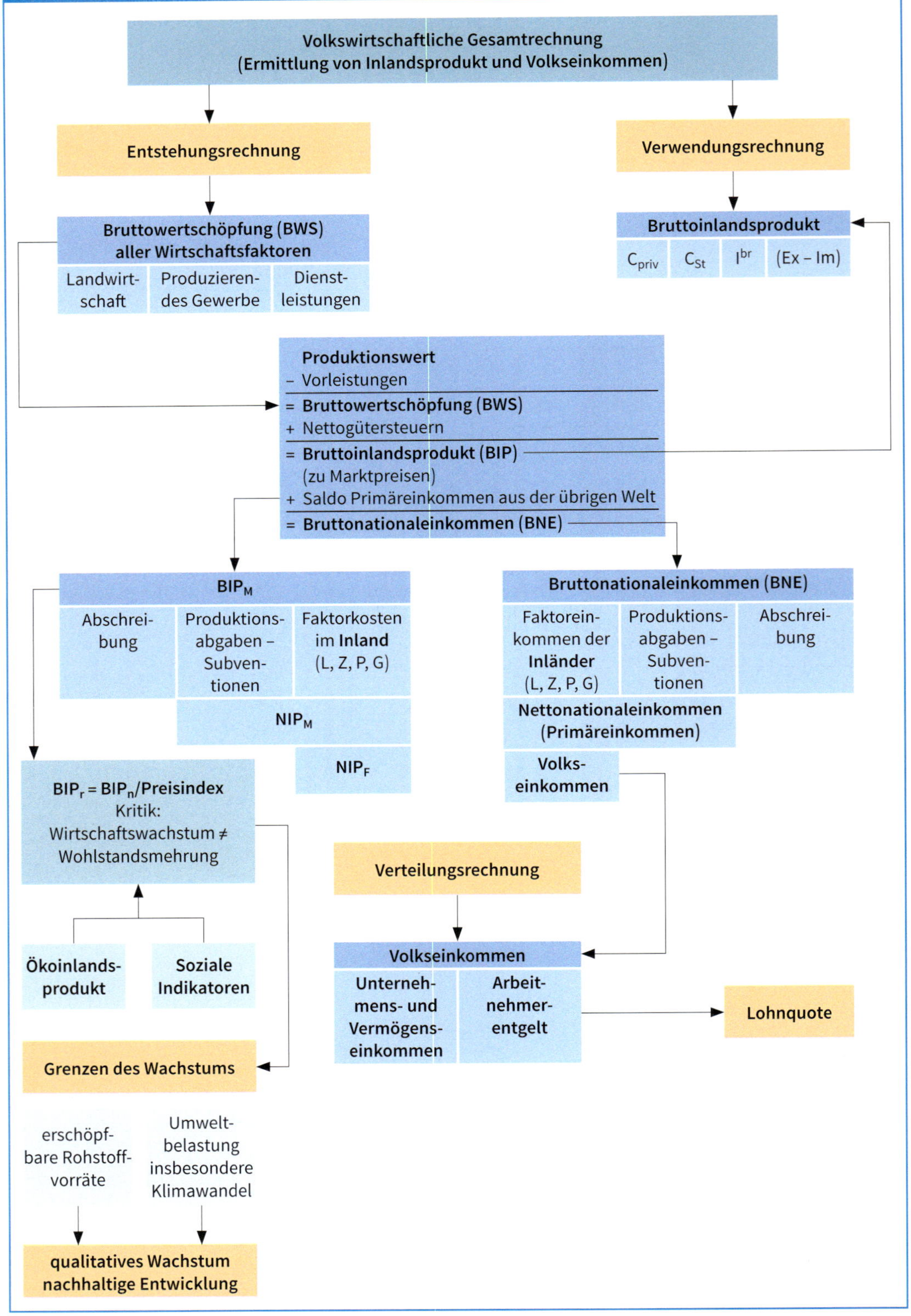

Aufgaben zu Kapitel 2: Wirtschaftskreislauf und Volkswirtschaftliche Gesamtrechnung

2.1 Geld- und Güterströme – Einfacher Wirtschaftskreislauf

Die folgende Tabelle zeigt die Lieferbeziehungen (Güterströme) zwischen drei Wirtschaftsbereichen A, B und C einer Modellvolkswirtschaft (in Mio. Geldeinheiten).

empfangender Wirtschaftsbereich / liefernder Wirtschaftsbereich	Verflechtung zwischen den Wirtschaftsbereichen			Summe der abgegebenen Leistungen
	A	B	C	
A: Dienstleistungen/Konsumgüter		0	0	
B: Investitionsgüter	20		30	
C: Bergbau, Land- und Forstwirtschaft	10	40		
Summe der empfangenen Leistungen				

1. Stellen Sie anhand der Tabelle fest, in welcher Höhe die Unternehmen jedes der drei Wirtschaftsbereiche insgesamt von den Unternehmen anderer Wirtschaftsbereiche Leistungen empfangen haben und in welcher Höhe sie insgesamt Leistungen an Unternehmen anderer Wirtschaftsbereiche abgegeben haben.

2. Die Unternehmen des Wirtschaftsbereichs A haben auf dem Konsumgütermarkt Güter in Höhe von insgesamt 120 Mio. Geldeinheiten abgesetzt. Die Unternehmen der Wirtschaftsbereiche B und C haben außer den in der Tabelle dargestellten Leistungen keine weiteren Leistungen erbracht. Die privaten Haushalte erzielen ihr Einkommen für Arbeitsleistungen (= Faktoreinkommen) in den Unternehmen der Wirtschaftsbereiche A, B und C. Sie geben ihr gesamtes Faktoreinkommen für Konsumgüter beim Wirtschaftsbereich A aus.

   Den in der Tabelle dargestellten Güterströmen fließen Geldströme entgegen.

   Stellen Sie die Geldströme in dieser Volkswirtschaft dar, indem Sie eine Grafik nach folgendem Muster erstellen und die Werte (in Mio. Geldeinheiten) bei den Geldströmen eintragen.

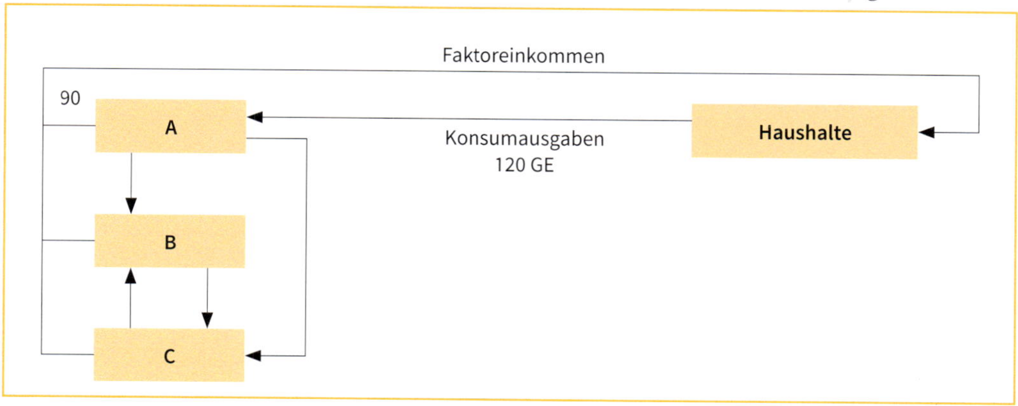

3. Berechnen Sie die Wertschöpfung und das Volkseinkommen (= Summe aller Faktoreinkommen) in dieser Volkswirtschaft.

4. Fassen Sie die Wirtschaftsbereiche A, B und C in einer grafischen Darstellung zu einem Sektor „Unternehmen" zusammen und zeichnen Sie die Geldströme zwischen dem Sektor Unternehmen und dem Sektor Haushalte ein.

5. Erläutern Sie, welche Informationen durch die Zusammenfassung (= Aggregation) der Unternehmen der drei Wirtschaftsbereiche zum Sektor Unternehmen verloren gehen.

2.2 Beitrag eines Unternehmens zur Wertschöpfung in einer Volkswirtschaft

Eine Maschinenfabrik hat im vergangenen Geschäftsjahr Güter im Wert von 400 Mio. Euro verkauft. Das Unternehmen bezog Vorleistungen von anderen Unternehmen in Höhe von 100 Mio. Euro. Die Abschreibungen beliefen sich auf 200 Mio. Euro.

1. Berechnen Sie die Höhe des Produktionswerts der Maschinenfabrik.
2. Berechnen Sie die Bruttowertschöpfung der Maschinenfabrik (= Beitrag zum Bruttoinlandsprodukt).
3. Berechnen Sie die Nettowertschöpfung der Maschinenfabrik (= Beitrag zum Nettoinlandsprodukt).
4. Ermitteln Sie, in welcher Höhe in der Maschinenfabrik Faktoreinkommen entstanden sind.

2.3 Wertschöpfung in einer Volkswirtschaft

In einer Modellvolkswirtschaft existieren nur zwei Unternehmen. Unternehmen 1 importiert Rohstoffe und verarbeitet diese. Die verarbeiteten Rohstoffe werden an Unternehmen 2 geliefert, das daraus Konsumgüter für die inländischen Konsumenten herstellt.

Der Wert der importierten Rohstoffe beträgt 300 GE. Die Wertschöpfung der beiden Unternehmen 1 und 2 beträgt jeweils 200 GE.

Ermitteln Sie folgende Größen:

1. Produktionswert des Landes (PW)
2. Wertschöpfung des Landes (Inlandsprodukt)
3. Volkseinkommen

2.4 Inlandsprodukt in einer Volkswirtschaft

Das folgende Bild zeigt den Kreislauf einer Volkswirtschaft in der vergangenen Periode (in Mrd. Euro).

1. Berechnen Sie für diese Volkswirtschaft das Bruttoinlandsprodukt.
2. Berechnen Sie für diese Volkswirtschaft das Nettoinlandsprodukt.
3. Erläutern Sie, woran zu erkennen ist, dass es sich um eine wachsende Volkswirtschaft handelt.

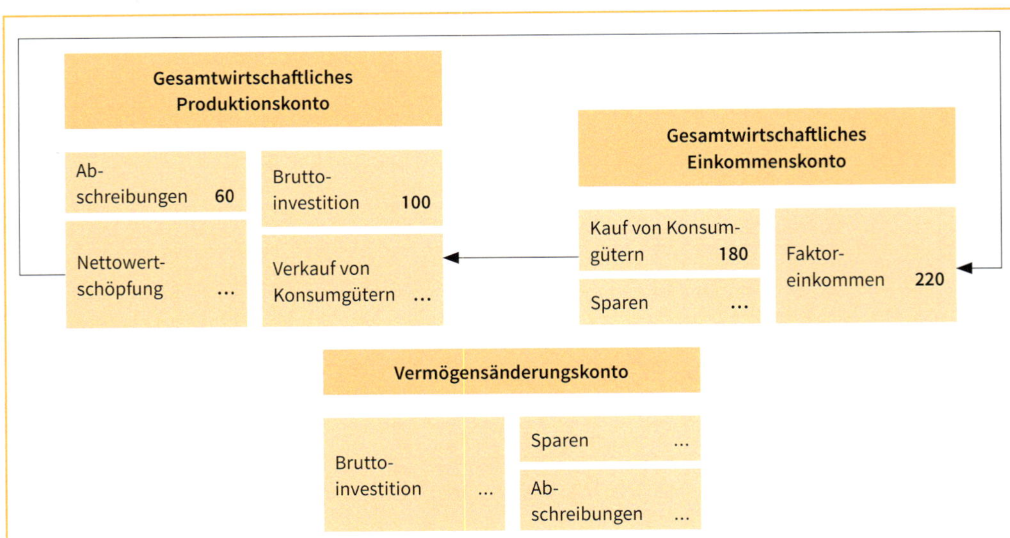

2.5 Wirtschaftskreislauf – Zusammenhang zwischen Sparen und Investition

In einer Volkswirtschaft beträgt die Summe aller Faktoreinkommen (= Volkseinkommen) 1.000 GE. Das zu Faktorkosten bewertete Produktionsergebnis (= Nettowertschöpfung) beträgt demzufolge ebenfalls 1.000 GE. Die privaten Haushalte sparen 20 % ihrer Faktoreinkommen.

1. Ermitteln Sie die Beträge für Konsumausgaben und Sparen der privaten Haushalte.
2. Ermitteln Sie den Wert der von den Unternehmen an die Haushalte verkauften Güter.
3. Ermitteln Sie, in welcher Höhe die Unternehmen (geplant oder ungeplant) Nettoinvestitionen vorgenommen haben.
4. Stellen Sie die Zusammenhänge grafisch in Form eines Kreislaufs dar.
5. Zeigen Sie an diesem Zahlenbeispiel mithilfe der entsprechenden Gleichungen, wofür das Produktionsergebnis und wofür das Volkseinkommen verwendet wurde.
6. Zeigen Sie an diesem Zahlenbeispiel die Gleichheit zwischen I und S auf und begründen Sie, warum die Höhe der Nettoinvestitionen am Ende einer Periode immer den Ersparnissen entsprechen muss.

2.6 Veränderungen des Bestands an Sachkapital in einer evolutorischen Wirtschaft – Zusammenhang zwischen Investition und Sparen

Der Bestand an Sachkapital (Gebäude, Maschinen, Werkzeuge) in den Unternehmen einer Modellvolkswirtschaft hat zu Beginn einer Periode einen Wert von 200 GE. Die für die Gütererzeugung notwendigen Produktionsfaktoren werden den Unternehmen von den Haushalten gegen Entgelt zur Verfügung gestellt.

1. Durch die Güterproduktion tritt ein Verschleiß an den vorhandenen Maschinen und den anderen Produktionsmitteln ein. Der Wert des Sachkapitalbestandes sinkt dadurch während der Periode zunächst um 20 GE (= Abschreibung). Die verschlissenen dauerhaften Produktionsmittel werden aber durch neue Investitionsgüter ersetzt, deren Wert genauso hoch ist, wie die durch den Verschleiß entstandene Wertminderung.
   Tragen Sie die Zahlen für Wertminderung und Ersatzinvestition in ein Schaubild nach dem untenstehenden Muster (Abb. 1) ein.

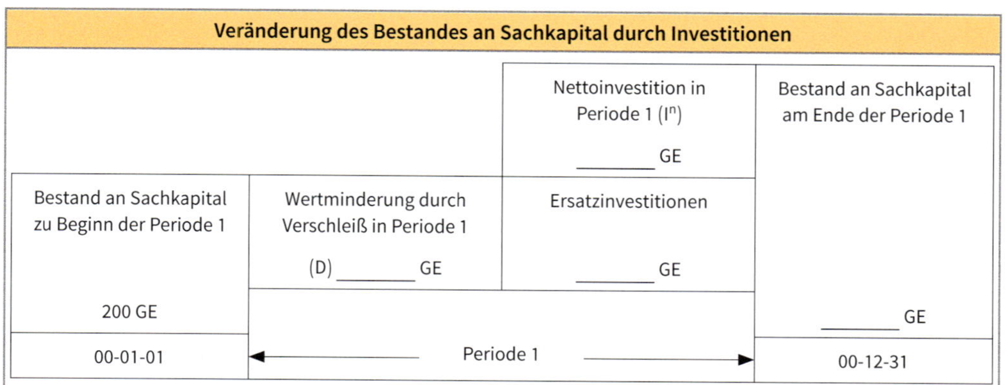

Abb. 1

2. Der Wert, der in dieser Periode von den Unternehmen den bezogenen Vorleistungen hinzugefügt wurde, ist die Bruttowertschöpfung. Der Teil der Bruttowertschöpfung, der über die Ersatzinvestitionen hinausgeht, ist die Nettowertschöpfung. Diese Güter werden zu den Kosten bewertet, die bei ihrer Erstellung angefallen sind (= Faktorkosten). Die Bewertung dieser Güter zu Faktorkosten ergibt 100 GE. Das entspricht gleichzeitig dem Betrag, den die Unternehmen als Entgelt in Form von Löhnen, Zinsen, Pachten und Gewinnen an die Haushalte abführen müssen, weil sie für die Erstellung dieser Güter die von den Haushalten zur Verfügung gestellten Produktionsfaktoren genutzt haben (Faktoreinkommen).

Von diesen Gütern gelten nur diejenigen als Konsumgüter, die **tatsächlich** von den Haushalten **gekauft** wurden. Alle anderen Güter stellen Investitionen dar, da sie bei den Unternehmen entweder zu einer Bestandserhöhung an Maschinen, Gebäuden o. Ä.(= Anlageinvestitionen) führen oder eine Vermehrung der Lagerbestände (= Lagerinvestitionen) bewirken.

Die Haushalte geben 70 % ihres Einkommens für Konsumgüter aus.

Ermitteln Sie für die Unternehmen der Modellvolkswirtschaft zum Ende der Periode folgende Größen (in GE) und tragen Sie diese in das Produktionskonto des Sektors „Unternehmen" ein (Schaubild nach dem Muster von Abb. 2 auf nächster Seite).

a) Wert der insgesamt den Vorleistungen hinzugefügt wurde (Bruttowertschöpfung),
b) Wert der erzeugten Konsumgüter (C),
c) Wert der Bruttoinvestition (I^{br}), der Ersatzinvestition (D) und der Nettoinvestition (I^{n}),
d) Wert der erzeugten Güter nach Abzug der Ersatzinvestitionen (= Nettowertschöpfung, Y).

Kreislauf einer evolutorischen Wirtschaft

Produktionskonto des Sektors Unternehmen

Abschreibung ____ GE		Konsumgüter ____ GE	
Netto-wert-schöp-fung ____ GE	Löhne		
	Gehälter		
	Zinsen	Nettoin-vestition ____ GE	Bruttoin-vestition ____ GE
	Mieten	Ersatzin-vestition ____ GE	
	Gewinne		

Einkommenskonto des Sektors Haushalte

Konsumausgaben ____ GE	Faktoreinkommen ____ GE
Ersparnis ____ GE	

Vermögensänderungskonto

________________ ____ GE	________________ ____ GE
	________________ ____ GE

Abb. 2

3. Ermitteln Sie für die Haushalte der Modellvolkswirtschaft zum Ende der Periode folgende Größen (in GE) und tragen Sie diese in das Einkommenskonto des Sektors „Haushalte" (Abb. 2) ein:
   a) Höhe des Faktoreinkommens (Y),
   b) Höhe der Konsumausgaben (C),
   c) Höhe der nicht für Konsumgüter ausgegebenen Einkommensteile (= Ersparnis, S).
4. Ermitteln Sie, in welcher Höhe die Haushalte in der vergangenen Periode Vermögen gebildet haben.
   Tragen Sie den Wert in Ihrem Schaubild auf der rechten Seite des Vermögensänderungskontos ein.

5. Ermitteln Sie, in welcher Höhe sich der Wert des Sachvermögens der Unternehmen verändert hat.
Tragen Sie die Werte im Kreislaufschema (vgl. Abb. 2) in das Vermögensänderungskonto ein (Mehrungen auf der linken Seite, Minderungen auf der rechten Seite).
6. Erläutern Sie, warum die Höhe der Nettoinvestitionen am Ende der Periode immer den Ersparnissen entsprechen muss.
7. Erläutern Sie, warum Ersparnisse lediglich in Höhe der Netto- und nicht in Höhe der Bruttoinvestitionen vorliegen müssen.
8. Ermitteln Sie, wie hoch der Wert des Bestandes an Sachkapital in der Modellvolkswirtschaft am Ende der Periode ist.
Tragen Sie die fehlenden Werte für Nettoinvestition und Bestand an Sachkapital ein (vgl. Abb. 1).
9. Erläutern Sie, worauf die Veränderung des Wertes des Sachkapitalbestandes zurückzuführen ist.
10. Erläutern Sie, warum es sich im vorliegenden Fall um eine wachsende (= evolutorische) Wirtschaft handelt.
11. Ermitteln Sie, welche Änderungen sich ergeben, wenn die Unternehmen ihre Gewinne nicht in voller Höhe an die Haushalte ausschütten, sondern Gewinnanteile in Höhe von 10 GE einbehalten und die Haushalte 70 GE für Konsumgüter ausgeben würden.

2.7 Grafische Darstellung des Wirtschaftskreislaufs einer stationären Wirtschaft unter Berücksichtigung der ökonomischen Aktivität des Staates

In einer Volkswirtschaft wurden in den Unternehmen Güter im Wert von 500 GE produziert (= Wertschöpfung). Als Entgelt für die dabei eingesetzten Produktionsfaktoren sind den Haushalten Einkommen in gleicher Höhe in Form von Löhnen, Gehältern, Zinsen, Mieten und Gewinnen zugeflossen (= Volkseinkommen).
Die Unternehmen führen Produktionsabgaben (z. B. Gewerbesteuer) in Höhe von 75 GE an den Staat ab.

Die Haushalte zahlen aus ihrem Bruttoeinkommen direkte Steuern (Einkommensteuer) in Höhe von 100 GE an den Staat. Der Staat zahlt an die Haushalte 120 GE (z. B. als Gehälter für Angehörige des öffentlichen Dienstes, Pensionen, Renten und Transfereinkommen wie Kindergeld, Wohngeld, Sozialhilfe). Die Haushalte verwenden das gesamte verfügbare Einkommen für Konsumausgaben.

Der Staat zahlt Subventionen an die Unternehmen in Höhe von 55 GE.

Stellen Sie für diese Volkswirtschaft die Kreislaufbeziehungen zwischen den Sektoren Unternehmen, private Haushalte und Staat grafisch dar. Benennen Sie die dargestellten Geldströme und geben Sie die zugehörigen Werte an.

2.8 Wirtschaftskreislauf einer evolutorischen Wirtschaft

Für eine Modellvolkswirtschaft gelten folgende Daten:

Primärer Sektor (Land- und Forstwirtschaft)
- Es werden keine Vorleistungen von anderen Sektoren bezogen.
- Es entstehen Faktoreinkommen (u. a. Löhne und Gehälter) in Höhe von 150 GE, die im vollen Umfang den privaten Haushalten zufließen.
- Die Erzeugnisse des primären Sektors werden an die Weiterverarbeitungsindustrie (sekundärer Sektor) zur Herstellung von Nahrungsmitteln, Möbeln, Textilien usw. verkauft.

Sekundärer Sektor (Weiterverarbeitungsindustrie)
- Es entstehen Faktoreinkommen in Höhe von 100 GE.
- Die Erzeugnisse der Weiterverarbeitungsindustrie werden an den Handel (tertiärer Sektor) verkauft.

Tertiärer Sektor (Handel)
- Es entstehen Faktoreinkommen in Höhe von 250 GE.
- Der Handel verkauft Erzeugnisse an private Konsumenten und an den Staat.

Private Haushalte
- Die Haushalte zahlen auf ihre Einkommen 20 % Steuern an den Staat.
- Vom verbleibenden verfügbaren Einkommen geben sie 90 % für Konsumzwecke aus.

Staat
- Der Staat gibt die gesamten Steuereinnahmen, die er von den privaten Haushalten erhält, für Käufe beim tertiären Sektor (Handel) aus.

1. Ermitteln Sie die Wertschöpfung auf jeder Produktionsstufe.
2. Ermitteln Sie die Wertschöpfung insgesamt (= Entstehungsrechnung des Inlandsprodukts).
3. Stellen Sie die Geldströme in einem Kreislaufmodell mit den Sektoren Unternehmen, private Haushalte, Staat und dem Pol Vermögensänderung dar.

2.9 Produktionskonto des Sektors Unternehmen – Produktionskonto des Sektors Staat – Gesamtwirtschaftliches Produktionskonto

Für drei Unternehmen aus verschiedenen Wirtschaftszweigen einer Volkswirtschaft liegen für die vergangene Periode folgende Daten vor (Produktionswerte zu Marktpreisen ohne Umsatzsteuer):

Unternehmen A: Urproduktion (Primärer Sektor)

Kauf von Vorleistungen (Materialeinkauf): 30 GE (sämtliche Vorleistungen wurden importiert), Abschreibungen: 10 GE, Produktionsteuern: 10 GE; Löhne und Gehälter: 40 GE, Zinsen, Pachten: 5 GE, Umsatzerlöse aus dem Verkauf von Vorleistungen (Rohstoffe, Halbfertigerzeugnisse usw.) an Unternehmen B (Verarbeitendes Gewerbe): 100 GE, Subventionen: 5 GE

Unternehmen B: Verarbeitendes Gewerbe (Sekundärer Sektor)
Kauf von Vorleistungen (Rohstoffe und Halbfertigerzeugnisse) von Unternehmen A, Abschreibungen: 30 GE, Produktionsteuern: 20 GE; Löhne und Gehälter: 300 GE, Zinsen, Pachten: 20 GE, Umsatzerlöse aus dem Verkauf von Vorleistungen (Erzeugnisse, die zum Weiterverkauf bestimmt sind) an Unternehmen C (Handel): 500 GE, Selbsterstellte Anlagen: 50 GE

Unternehmen C: Handel (Tertiärer Sektor)
Kauf von Erzeugnissen von Unternehmen B, Abschreibungen: 5 GE, Produktionsteuern: 5 GE; Löhne und Gehälter: 50 GE, Zinsen, Pachten: 20 GE, Umsatzerlöse aus dem Verkauf von Erzeugnissen: 500 GE, davon entfallen 200 GE auf den Verkauf an private Haushalte, 50 GE auf den Verkauf von Vorleistungen (Material) an den Staat, 100 GE auf den Export und 120 GE auf den Verkauf von Investitionsgütern an Unternehmen A und B sowie 30 GE auf den Verkauf von Investitionsgütern an den Staat. Der Lagerbestand an Fertigerzeugnissen hat um 100 GE zugenommen.

Für die staatlichen Aktivitäten in dieser Volkswirtschaft liegen folgende Daten vor: Von Unternehmen C bezogene Vorleistungen: 50 GE, Abschreibungen auf staatliche Gebäude und Anlagegüter: 10 GE, Löhne und Gehälter: 30 GE, Zinsen, Mieten, Pachten: 60 GE

1. Erstellen Sie für jedes der drei Unternehmen das Produktionskonto.
2. Fassen Sie die Produktionskonten der drei Unternehmen zum Produktionskonto des Sektors Unternehmen zusammen.
3. Erstellen Sie das Produktionskonto des Sektors Staat.
4. Fassen Sie die Produktionskonten der Sektoren Unternehmen und Staat zum konsolidierten Produktionskonto (Inlandsproduktkonto) zusammen.

2.10 Erstellung des gesamtwirtschaftlichen Produktionskontos

Produktionswerte und Vorleistungen nach Wirtschaftsbereichen 2022 (in Mrd. Euro)			
Wirtschaftsbereiche	**Produktionswert**	**Vorleistungen**	**Bruttowertschöpfung (BWS)**
Land- und Forstwirtschaft, Fischerei	88,700	45,802	
Produzierendes Gewerbe	3.103,363	2.071,738	
Dienstleistungsbereich	4.309,846	1.885,874	

vgl. Statistisches Bundesamt: Volkswirtschaftliche Gesamtrechnungen 2022, Fachserie 18, Reihe 1.4, Tab. 3.2.3, S. 118 f. und Tab. 3.2.6, S. 126 f., März 2023 [14.04.2023].

1. Berechnen Sie die Bruttowertschöpfung (BWS) der einzelnen Wirtschaftsbereiche und aller Wirtschaftsbereiche zusammen.
2. Erstellen Sie aus den Zahlen der obenstehenden Tabelle das gesamtwirtschaftliche Produktionskonto (rechte Seite: Produktionswert). Die Abschreibungen betragen 792,715 Mrd. €.
3. Berechnen Sie das
   a) Bruttoinlandsprodukt zu Marktpreisen,
   b) Nettoinlandsprodukt zu Marktpreisen,
   wenn die Nettogütersteuern (= Unterschiedsbetrag zwischen BWS und BIP) 368,555 Mrd. € betrugen.
4. Berechnen Sie das Nettoinlandsprodukt zu Faktorkosten, wenn die Nettoproduktionsabgaben 368,555 Mrd. € betrugen.

2.11 Ermittlung des Inlandsprodukts

Für eine Volkswirtschaft liegen für das vergangene Jahr (Jahr 01) folgende Daten vor (Wertangaben in Preisen des Jahres 01):

Verkäufe von Konsumgütern an private Haushalte	1.500 GE
Vorleistungen von inländischen an inländische Unternehmen	2.500 GE
Abschreibungen	300 GE
Bruttoinvestitionen	450 GE
Staatliche Subventionen an Unternehmen	30 GE
Produktions- und Importabgaben an den Staat	300 GE
Vorleistungen aus dem Ausland (Importe)	1.000 GE
Faktorkosten für den Produktionsfaktor Arbeit (= Arbeitnehmereinkommen: Löhne und Gehälter)	1.300 GE
Unternehmergewinne	230 GE
Faktorkosten für die Produktionsfaktoren Kapital und Boden (= Vermögenseinkommen: Zinsen und Pachten)	400 GE
Wert der unentgeltlich abgegebenen Leistungen des Staates (Konsumausgaben des Staates)	500 GE
Verkäufe von Gütern an das Ausland (Exporte)	1.100 GE

1. Erstellen Sie das gesamtwirtschaftliche Produktionskonto.
2. Ermitteln Sie die Höhe folgender Größen: Bruttoinlandsprodukt zu Marktpreisen, Nettoinlandsprodukt zu Marktpreisen, Nettoinlandsprodukt zu Faktorkosten.
3. Berechnen Sie den Produktionswert, wenn davon ausgegangen wird, dass das Bruttoinlandsprodukt und die Bruttowertschöpfung gleich hoch sind.
4. Drücken Sie die Berechnung des Bruttoinlandsprodukts zu Marktpreisen von der Verwendungsseite in einer allgemeinen Formel aus.
5. Drücken Sie den Zusammenhang zwischen Bruttoinlandsprodukt zu Marktpreisen, Nettoinlandsprodukt zu Marktpreisen und Nettoinlandsprodukt zu Faktorkosten in einer allgemeinen Formel aus.
6. Im Jahr zuvor (Jahr 00) betrug das Bruttoinlandsprodukt 2500 GE (in Preisen des Jahres 00). Lässt sich daraus schließen, dass sich die Güterversorgung der Bevölkerung im Jahr 01 gegenüber 00 verbessert hat? Begründen Sie Ihre Aussage.

2.12 Kritik am Inlandsprodukt als Wohlstandsindikator

Stellen Sie fest, ob das Inlandsprodukt aufgrund folgender Vorgänge steigt, sinkt oder unverändert bleibt. Begründen Sie Ihre Antworten.

a) Ein Junggeselle stellt eine Haushälterin ein. Es werden ordnungsgemäß Lohnsteuer und Sozialversicherungsbeiträge abgeführt.
b) Der Junggeselle heiratet seine bisherige Haushälterin. Auch nach der Heirat führt sie den Haushalt weiter.
c) Es werden vermehrt langlebige Energiesparlampen statt herkömmlicher Glühbirnen verwendet. Die Mehraufwendungen aufgrund des höheren Preises der Energiesparlampen gegenüber den herkömmlichen Lampen können schon nach kurzer Zeit durch geringeren Energieverbrauch und längere Lebensdauer ausgeglichen werden.
d) Die Regierung ergreift steuerpolitische Maßnahmen zur Einkommensumverteilung, um untere Einkommensschichten zu entlasten und höhere Einkommensschichten zu belasten.
e) Einer der bisherigen gesetzlichen Feiertage wird gestrichen. Die Arbeitnehmer müssen jetzt bei gleichem Monatslohn einen Tag mehr arbeiten.
f) Ein Hobbygärtner versorgt seine Familie regelmäßig mit Obst und frischem Gemüse.
g) Ein kranker Familienvater wird zu Hause von seinen Familienangehörigen gepflegt.
h) Der Kranke (Fall g) wird vom Arzt in ein Krankenhaus eingewiesen.
i) Ein Bauherr erstellt einen Teil des Rohbaus durch Eigenleistung und Nachbarschaftshilfe.
j) Ein Malergeselle tapeziert nach Feierabend die Wohnung des Nachbarn gegen Entgelt.
k) Ein Landwirt spezialisiert sich auf biologischen Anbau. Wegen des Verzichts auf Pflanzenschutzmittel gehen die Produktionsmengen in der Umstellungsphase zunächst zurück. Er kann aber seine Produkte wegen der besseren Qualität teurer verkaufen, sodass sein Erlös nicht sinkt.
l) Nach einem Unfall müssen mehrere Personen im Krankenhaus behandelt werden. Eine Person stirbt an den Folgen des Unfalls.
m) Die Außenmauern einer Kirche werden durch Luftschadstoffe beschädigt und müssen restauriert werden.
n) Es werden Solarzellen aus dem benachbarten Ausland importiert.
o) Die Regierung genehmigt den Verkauf von U-Booten an ein Entwicklungsland.
p) An einer Autobahn werden Schallschutzwände gegen den Verkehrslärm errichtet.
q) Wegen hoher Gefährdung durch den Straßenverkehr bringen Eltern ihre Kinder mit dem Pkw zum Kindergarten.
r) Durch Überdüngung der Böden mit Gülle aus der Massentierhaltung wird das Grundwasser mit Nitrat belastet.

2.13 Grenzen des Wachstums – Exponentielles Wachstum

Unser Vorstellungsvermögen kann bei bestimmten mathematischen Sachverhalten nicht lange mithalten. Besonders deutlich wird das bei der Unfähigkeit, exponentielles Wachstum zu verstehen. Viele kennen die Parabel vom Reiskorn: Wenn man auf das erste Feld eines Schachbretts ein Reiskorn legt und auf das jeweils nächste Feld die doppelte Anzahl, so ergibt sich die Folge 1, 2, 4, 8, ... Nach 64 Schritten ist man bei so vielen Körnern angelangt, dass die Weltjahresproduktion an Reis längst überschritten ist. Das hört sich unrealistisch an, doch Kettenbriefe sind im Prinzip nichts anderes: Man erhält einen Brief, der schon einige Stationen hinter sich hat, und soll zehn Kopien an Freunde schicken, die dies ebenfalls tun. Alle, für die sich das Spiel über fünf Runden erhalten hat, erhalten von den dann aktiven Schreibern eine Postkarte. Man schreibt ein paar Karten und bekommt nach einiger Zeit angeblich einen Waschkorb voll Post. Ein Waschkorb würde aber gar nicht reichen: Wenn wirklich alle Mitspieler pflichtbewusst wären, könnte man mit 100 000 Karten rechnen. So ein Spiel bricht daher früh zusammen, weil zu viele Leute von zu vielen Freunden gebeten werden, Karten zu schreiben.

1. Erläutern Sie, welche Besonderheiten ein exponentielles Wachstum gegenüber einem linearen Wachstum aufweist.
2. In Deutschland wird ein Wirtschaftswachstum von mindestens 3 % jährlich für nötig gehalten, um positive Beschäftigungseffekte auf dem Arbeitsmarkt auszulösen. Ermitteln Sie mit folgender Faustformel, wann sich bei dieser jährlichen Wachstumsrate die Güterproduktion verdoppeln würde.

> **F** „Regel 70“: Wenn eine Größe mit x % pro Jahr wächst, dauert es etwa 70/x Jahre, bis sich diese Größe verdoppelt hat.

3. Überprüfen Sie das bei Aufgabe 2 ermittelte Ergebnis mithilfe der exakten Formel für das exponentielle Wachstum (Summenformel einer geometrischen Reihe, „Zinseszinsformel“):
   $K_n = K_0 \cdot (1 + p/100)^n$
   K_n = Endwert (Endkapital), K_0 = Ausgangswert (Anfangskapital), p = Wachstumsrate (Zinssatz), n = Laufzeit
4. Erläutern Sie, welche Folgen sind bei einem derartigen Wirtschaftswachstum zu erwarten sind.
5. Stellen Sie das MALTHUSsche Bevölkerungsgesetz (*siehe S. 99*) unter folgenden Annahmen grafisch dar. Die Bevölkerung wächst exponentiell (Formel s. o.). Die Nahrungsmittelproduktion wächst dagegen arithmetisch nach der Formel $K_n = K_0 \cdot (1 + n \cdot p/100)$. Die Wachstumsrate beträgt in beiden Fällen 3 %.
6. Ausgangssituation:
   Bevölkerung: 100 Personen, Nahrungsmittelversorgung: 200 Gütereinheiten (= 2 Gütereinheiten pro Person). Die Mindestversorgung mit Nahrungsmitteln beträgt 1 Gütereinheit pro Person.

   Berechnen Sie, ab welchem Jahr die Mindestversorgung von 1 Gütereinheit pro Person nicht mehr gewährleistet ist. Erklären Sie, wie sich diese Zahle ändern würde, wenn die Wachstumsrate für beide Größen 5 % betragen würde.

Ich kann …	Bitte ankreuzen		Wenn Nein: Siehe Seite(n) im Buch	Zuordnung AFB
	Ja	Nein		
2.1 Wirtschaftskreislauf				**AFB**
… die Ströme in einem wirtschaftlichen Kreislaufmodell unterscheiden.			S. 70 ff.	I
… erläutern, welche Beziehungen in einer stationären Wirtschaft zwischen den Wirtschaftssektoren Haushalte und Unternehmen bestehen.			S. 73 f.	II
… eine evolutorische Wirtschaft von einer stationären Wirtschaft unterscheiden.			S. 74 f.	I
… die Bedeutung des Pols „Vermögensänderung“ im Kreislaufschema einer wachsenden Wirtschaft erläutern.			S. 75	II
… die Gleichung für die Verwendung des gesamtwirtschaftlichen Produktionsergebnisses (Inlandsprodukt) sowie die Verwendung des Volkseinkommens in einer wachsenden Wirtschaft wiedergeben.			S. 75 ff.	I
… die Tatsache erklären, dass in einer geschlossenen Volkswirtschaft die gesamtwirtschaftlichen Nettoinvestitionen und die gesamtwirtschaftlichen Ersparnisse am Ende einer Wirtschaftsperiode immer gleich groß sind.			S. 76	II
… die Anpassungsprozesse erläutern, wenn geplante Ersparnisse und geplante Investitionen voneinander abweichen.			S. 77	II
… das Modell des Wirtschaftskreislaufs in einer offenen Volkswirtschaft mit staatlicher Aktivität mit den verschiedenen Geldströmen darstellen.			S. 77 ff.	I
… erklären, warum die Güter, die den Haushalten und Unternehmen vom Staat kostenlos zur Verfügung gestellt werden, nicht im Kreislaufschema erfasst werden.			S. 78	II

3 Nachfrage privater Haushalte am Gütermarkt

3.1 Grundlagen der Nachfragetheorie der privaten Haushalte

3.4 Elastizität der Nachfrage

3.2 Bestimmungsfaktoren der Nachfrage eines einzelnen Haushalt

3.3 Gesamtnachfrage (Marktnachfrage) für ein Gut

3 Nachfrage privater Haushalte am Gütermarkt

"

Jeder einzelne Konsument trägt durch seine Kaufentscheidungen dazu bei, die Höhe und Zusammensetzung der Nachfrage nach einzelnen Gütern zu bestimmen. Die Nachfrage der Konsumenten ist neben dem Angebot der Unternehmen die entscheidende Größe, die in einer Marktwirtschaft das Zustandekommen und die Höhe der Preise für einzelne Güter bestimmt. Um die Preisbildung an Gütermärkten verstehen zu können, muss daher zunächst geklärt werden, wie die Nachfrage an Gütermärkten entsteht und wovon sie abhängt.

3.1 Grundlagen der Nachfragetheorie der privaten Haushalte

Lernziele:

Nach der Bearbeitung des Kapitels sind Sie in der Lage, Folgendes zu tun:

Sie ...

- ... nennen die Annahmen der privaten Haushalte im Wirtschaftsprozess.
- ... erklären die Begriffe Nutzenmaximierung und optimaler Konsumplan.

D Private Haushalte sind Wirtschaftseinheiten, die einerseits den Unternehmen Produktionsfaktoren (insbesondere den Faktor Arbeit) gegen Entgelt anbieten und andererseits mit dem erzielten Einkommen als Nachfrager von Konsumgütern sowie als Sparer auftreten.

Die Nachfragetheorie untersucht, von welchen Zielsetzungen und Bestimmungsfaktoren das Nachfrageverhalten und die Kaufentscheidungen der privaten Haushalte (= Verbraucher, Konsumenten, Nachfrager) abhängig sind.

Dabei wird von folgenden **Annahmen** ausgegangen:

(1) Jeder private Haushalt hat das **Ziel**, sein Einkommen so zu verwenden, dass er seine individuellen Bedürfnisse möglichst weitgehend befriedigt und den größtmöglichen individuellen Nutzen erzielt **(Nutzenmaximierung)**. Dieses Verhalten entspricht dem **ökonomischen Prinzip**, nach dem bei rationalem Verhalten versucht wird, mit gegebenen Mitteln einen möglichst hohen Nutzen zu erzielen (= Maximalprinzip).

(2) Um dieses Ziel zu erreichen, muss ein Haushalt folgende **Entscheidungen** treffen:
- Welcher Teil des Einkommens soll gespart werden?
- Wie sollen die für den Konsum vorgesehenen Einkommensteile (= Konsumsumme) möglichst nutzbringend auf die einzelnen Konsumgüterarten aufgeteilt werden (= optimaler Konsumplan)?

3.2 Bestimmungsfaktoren der Nachfrage eines einzelnen Haushalts

Lernziele:

Nach der Bearbeitung des Kapitels sind Sie in der Lage, Folgendes zu tun:

Sie ...

- ... nennen die für die allgemeine individuelle Nachfragefunktion wesentlichen Bestimmungsfaktoren der Nachfrage.
- ... erläutern den Verlauf der normalen individuellen Nachfragekurve anhand eines selbst gewählten Beispiels.
- ... erklären die Begriffe Sättigungsmenge und Prohibitivpreis und ermitteln deren Mengen.
- ... analysieren die sich ergebenden Änderungen – bei normalem Verlauf der individuellen Nachfragekurve –, wenn der Preis des Gutes sinkt/steigt.
- ... können Substitutionsgüter erklären.
- ... analysieren die Veränderung der nachgefragten Menge, wenn der Preis des Substitutionsgutes steigt, und erklären, wie sich die Nachfragekurve verändert.
- ... können Komplementärgüter erklären.
- ... analysieren die Veränderung der nachgefragten Menge, wenn der Preis eines Komplementärgutes steigt, und können erklären, wie sich die Nachfragekurve verändert.
- ... diskutieren eine Einkommenserhöhung auf die nachgefragte Menge eines superioren Gutes.
- ... erklären den Begriff des „Sättigungsgutes" und des „inferioren Gutes".
- ... beurteilen die sich ergebenen Änderungen der Bedürfnisstruktur und der Zukunftserwartungen auf die individuelle Nachfragekurve.
- ... können die Inhalte des VEBLEN-Effekts, Mitläufer-Effekts und Snob-Effekts wiedergeben und verstehen.

3.2.1 Allgemeine und spezielle Nachfragefunktion eines Haushalts

Bestimmungsfaktoren der Nachfrage

Am Beispiel des Nachfrageverhaltens der Schülerin Emma in Bezug auf Butterbrezeln lassen sich u. a. folgende **Bestimmungsfaktoren der Nachfrage** ableiten. Dabei wird die von Emma nachgefragte Menge an Butterbrezeln (= Gut_1) mit x_1^N bezeichnet.

- **Preis des Gutes (p_1)**: Wenn der Preis von Butterbrezeln auf 1,00 € steigt, würde Schülerin Emma weniger Butterbrezeln kaufen wollen. Fiele der Preis dagegen auf 0,20 €, würde sie mehr kaufen wollen. Normalerweise steigt die geplante Nachfragemenge mit sinkendem Preis und sinkt mit steigendem Preis.
- **Einkommen (y)**: Die Nachfrage der Schülerin Emma nach Butterbrezeln hängt möglicherweise auch von der Höhe ihres Taschengeldes und ihrer sonstigen Einkünfte ab. Wenn die Nachfrage nach einem Gut bei steigendem Einkommen zunimmt, handelt es sich um ein **höherwertiges** (superiores) **Gut.** Bei bestimmten Gütern liegt aber ein umgekehrter Zusammenhang vor: Die Nachfrage geht mit zunehmendem Einkommen zurück, weil die bisher nachgefragten Güter durch höherwertige ersetzt werden (z. B. Margarine durch Butter). In diesem Fall handelt es sich um ein **geringwertigeres** (inferiores) **Gut.** Ändert sich dagegen die Nachfrage trotz einer Einkommenserhöhung nicht, konnte der Bedarf bereits mit dem bisherigen Einkommen vollkommen gedeckt werden. Dann liegt ein **Sättigungsgut** vor.

- **Preise anderer Güter ($p_2 \dots p_n$)**: Sinkt beispielsweise der Preis für andere Pausensnacks, würde die Schülerin Emma möglicherweise statt Butterbrezeln süße Teilchen kaufen. Ihre Nachfrage nach Butterbrezeln nimmt dann ab. Da Butterbrezeln und süße Teilchen (oder andere Backwaren) ähnliche Bedürfnisse befriedigen und sich gegenseitig **ersetzen** können, handelt es sich um **Substitutionsgüter** wie z.B. Würstchen und Hamburger, Sweatshirt und Pulli, Kino und Theater. Bei manchen Gütern besteht aber ein umgekehrter Zusammenhang: Bei sinkendem Preis eines Gutes (und steigender nachgefragter Menge) nimmt zusätzlich auch die Nachfrage nach einem anderen Gut zu. Da sich solche Güter gegenseitig **ergänzen**, werden sie als **Komplementärgüter** bezeichnet, wie z.B. Autos und Benzin, Computer und Software, Skier und Liftkarten.
- **Bedürfnisstruktur, Nutzeneinschätzung und Zukunftserwartungen**: Eine Gesundheitskampagne, die vor dem Verzehr von zu viel Laugengebäck warnt, könnte bei Schülerin Emma zu einem erhöhten Gesundheitsbewusstsein und damit zu einer Abnahme der Nachfrage nach Butterbrezeln führen. Denselben Effekt könnte es haben, wenn Emma aufgrund ihres hohen Konsums an Pausensnacks Gewichtsprobleme hat und verstärkt auf die „schlanke Linie" achten will. Auch wenn Emma ein geringerer Teil ihres Taschengeldes zur freien Verfügung steht, weil sie auf die Anschaffung eines Tablet-PC spart, könnte das zu einer Abnahme der Nachfrage nach Butterbrezeln führen.

Allgemeine Nachfragefunktion

Der beschriebene Zusammenhang lässt sich als **allgemeine Nachfragefunktion eines einzelnen Konsumenten** folgendermaßen darstellen:

F

$$\underbrace{x_1^N}_{\text{nachgefragte Menge = Wirkung}} = \underbrace{f(p_1, p_2, \dots p_n, y, \text{Bedürfnisstruktur, Nutzen, Zukunftserwartungen...})}_{\text{Bestimmungsfaktoren = Ursachen}}$$

Die Nachfragefunktion für einen **einzelnen** Konsumenten wird auch als **individuelle** Nachfragefunktion bezeichnet. Die Zusammenhänge des Nachfrageverhaltens sind jedoch nur sehr schwer zu erkennen, wenn sich mehrere Bestimmungsfaktoren gleichzeitig ändern. Deshalb werden nacheinander jeweils nur die Wirkungen eines dieser Einflussfaktoren untersucht. Alle anderen Faktoren werden dabei als unverändert (konstant) angenommen.

Ursachenanalyse mithilfe der Ceteris-paribus-Bedingung

Bei dem Versuch, die Analyse wirtschaftlicher Zusammenhänge zu vereinfachen und die vielfältigen Beziehungen der Realität auf bestimmte Ausschnitte zu beschränken, spielt in der Volkwirtschaftslehre die Ceteris-paribus-Bedingung eine wesentliche Rolle. Ceteris paribus (c.p.) bedeutet so viel wie *„unter sonst gleichen Bedingungen"*. Dies besagt, dass die Wirkungen **einer** verursachenden Größe unter der Annahme untersucht werden, dass alle anderen Einflussfaktoren unverändert (konstant) bleiben. Auf diese Weise lassen sich aus Emmas **allgemeiner Nachfragefunktion** mehrere spezielle **Nachfragefunktionen ableiten**.

B

Anwendung der Ceteris-paribus-Bedingung

Die Nachfragetheorie kommt zu dem Ergebnis, dass die nachgefragte Menge eines Konsumgutes mehr oder weniger stark von verschiedenen Größen (z.B. Preis des Gutes, Bedürfnisstruktur, Einkommen der Konsumenten, Werbung, Qualität) beeinflusst wird. Eine solche Aussage, dass die Nachfrage von vielen Faktoren abhängt, ist aber völlig inhaltsleer. Eine überprüfbare Behauptung (Hypothese) unter Verwendung der *Ceteris-paribus-Annahme* könnte wie folgt lauten: **„Die Nachfrage nach einem Gut ist ceteris paribus (c.p.) von seinem Preis abhängig."** Alle anderen Einflussfaktoren werden also gedanklich als konstant unterstellt.

Spezielle Nachfragefunktion

Dies führt dann z. B. zu einer funktionalen Beziehung
- zwischen der nachgefragten Menge eines Gutes (x_1) in Abhängigkeit vom Preis dieses Gutes (p_1) in Form einer Preis-Konsum-Kurve oder
- zwischen der nachgefragten Menge eines Gutes (x_1) und dem Einkommen eines Konsumenten (y) in Form einer Einkommens-Konsum-Kurve.

Wird in der Volkswirtschaftslehre von einer Nachfragefunktion (Nachfragekurve) gesprochen, so ist üblicherweise damit die **spezielle Nachfragefunktion** gemeint, bei der **nur** die Wirkung des Preises eines Gutes (p_1) auf die nachgefragte Menge dieses Gutes (x_1) untersucht wird:

F

$$x^N{}_1 = f(p_1)$$

Der Preis ist dabei die **einzige** Ursache. Für alle übrigen Einflussgrößen wird angenommen, dass sie unverändert bleiben.

3.2.2 Abhängigkeit der Nachfrage eines Haushalts vom Preis des nachgefragten Gutes (Preis-Konsum-Kurve)

B Bei einer Umfrage über das Konsumverhalten von Jugendlichen hat die Schülerin Emma auf die Frage „Wie viele Butterbrezeln würdest du pro Woche nachfragen, wenn der Preis soundso viel Euro betragen würde?“ für unterschiedliche Preise die in der nebenstehenden Tabelle angegebenen Mengen genannt.

Emmas Nachfragetabelle für Butterbrezeln

Preis (€)	Menge (Stück pro Woche)
0,00	12
0,20	10
0,40	8
0,60	6
0,80	4
1,00	2
1,20	0

Die Tabelle spiegelt Emmas Verbrauchsplan für Butterbrezeln für einen bestimmten Zeitraum (z. B. während einer Woche im Oktober) wider. Sie stellt den funktionalen Zusammenhang zwischen der geplanten Nachfragemenge an Butterbrezeln (= abhängige Größe) und dem Preis für Butterbrezeln (= unabhängige Größe) dar. Zu einem anderen Zeitpunkt könnte aber Emmas Nachfrageverhalten völlig anders aussehen, weil sich beispielsweise ihre Einkommensverhältnisse oder die Preise für andere Backwaren geändert haben oder weil sie zum Geburtstag eine Großpackung Chips geschenkt bekommen hat.

D Die von einem Konsumenten bei unterschiedlichen Preisen jeweils geplanten Nachfragemengen ergeben die Preis-Mengen-Kombinationen, bei denen er unter den vorliegenden Bedingungen seinen größtmöglichen Nutzen erzielt (= optimaler Verbrauchsplan).

Individuelle Nachfragekurve

3.1, S. 142

Werden die Preis-Mengen-Kombinationen der Tabelle in ein Koordinatensystem übertragen und die einzelnen Punkte miteinander verbunden, ergibt sich eine von links oben nach rechts unten fallende **Nachfragekurve**. Da diese Kurve nur für einen bestimmten Konsumenten gilt, handelt es sich um eine **individuelle Nachfragekurve**.

”

Nachfragekurve als mathematische Funktion

Die Zuordnung der abhängigen Größe (Menge = Wirkung) und der unabhängigen Größe (Preis = Ursache) zu den Koordinatenachsen erfolgt bei der Nachfragekurve anders als in der Mathematik üblich. An der **y-Achse** steht der **Preis,** obwohl es sich dabei **immer** um die **un**abhängige Variable handelt. An der **x-Achse** steht als abhängige Variable die **nachgefragte Menge.** Eigentlich lassen sich die Werte der Nachfragetabelle in einem Koordinatensystem nur durch einzelne Punkte, die bestimmte Preis-Mengen-Kombinationen wiedergeben, abbilden. Der Einfachheit halber wird aber unterstellt, dass sich aus der Verbindung dieser (theoretisch unendlich vielen) Punkte eine stetige Kurve konstruieren lässt, die – wie im vorliegenden Fall – zudem eine konstante Steigung (= linearer Verlauf) hat.

Unter Berücksichtigung der gegenüber der üblichen mathematischen Darstellung vertauschten Achsen lässt sich die Steigung der abgebildeten Nachfragekurve wie folgt ermitteln:

Verhältnis von Horizontalunterschied zu Höhenunterschied (Steigungsdreieck)

Δ x (Menge) : Δ p (Preis) = – 2 : 0,20 = – 10. Der Schnittpunkt mit der x-Achse liegt im Punkt (0|12). – Die Nachfragefunktion lautet demzufolge: $x = -10p + 12$

B

Emmas Nachfragekurve für Butterbrezeln

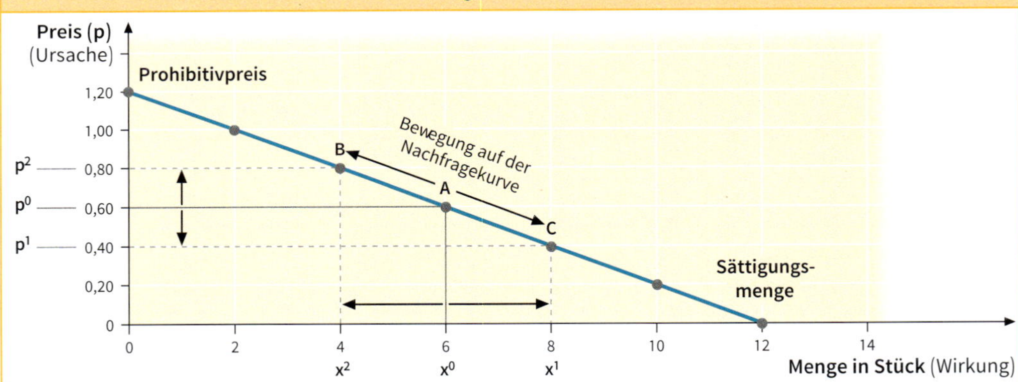

D Die individuelle Nachfragekurve zeigt, wie viele Mengeneinheiten eines Gutes ein Konsument jeweils bei unterschiedlichen Preisen dieses Gutes in einer bestimmten Zeiteinheit nachzufragen plant.

4.6

Ob der Konsument allerdings seinen Verbrauchs**plan** verwirklichen und die **geplanten** Mengen tatsächlich **kaufen** kann, hängt u. a. davon ab, ob zu dem jeweiligen Preis überhaupt entsprechende Mengen angeboten werden.

Gesetz der Nachfrage

Bei normalem Verhalten der Konsumenten hat die Nachfrage kurve eine negative Steigung. In diesem Kurvenverlauf kommt das **Gesetz vom abnehmenden Nutzenzuwachs** zum Ausdruck. Da jede zusätzlich konsumierte Einheit eines Gutes einem Haushalt im Normalfall einen geringeren Nutzenzuwachs stiftet, fragt der Haushalt nur dann mehr von diesem Gut nach, wenn der Preis dieses Gutes sinkt.

D Die normale Nachfragekurve hat eine negative Steigung („Gesetz der Nachfrage"), das heißt,
- je höher der Preis ist, umso geringer ist die geplante Nachfragemenge,
- je niedriger der Preis ist, umso höher ist die geplante Nachfragemenge.

D Ändert sich der Preis des Gutes und bleiben alle anderen Bestimmungsgründe der Nachfrage gleich, so ergibt sich eine neue Preis-Mengen-Kombination für dieses Gut. Dies löst eine Bewegung auf der Kurve aus.

In Grenzfällen können sich auch Schnittpunkte der Kurve mit den Achsen ergeben, die sich folgendermaßen erklären lassen: Beim Schnittpunkt mit der Mengenachse liegt die **Sättigungsmenge**. Dieser nachgefragten Menge entspricht ein Preis von null, das heißt, der Konsument möchte keine zusätzliche Mengeneinheit dieses Gutes konsumieren, selbst wenn er das Gut kostenlos erhält. Beim Schnittpunkt mit der Preisachse, dem eine nachgefragte Menge von null entspricht, ist ein Preis erreicht, zu dem der Konsument nicht mehr bereit oder in der Lage ist, auch nur eine einzige Mengeneinheit des Gutes nachzufragen **(Prohibitivpreis[1])**.

3.2.3 Abhängigkeit der Nachfrage eines Haushalts von den Preisen anderer Güter

Die von der Schülerin Emma nachgefragte Menge an Butterbrezeln (x^N_1) kann außer vom Preis für Butterbrezeln (p_1) u. a. auch von den Preisen anderer Güter ($p_2, \dots p_n$) abhängen. Die entsprechende spezielle Nachfragefunktion lässt sich dann bei Nichtbeachtung (Konstanz) aller anderen Einflussfaktoren als $x^N_1 = f(p_2, \dots p_n)$ darstellen. Wird die Untersuchung auf den Zusammenhang zwischen der nachgefragten Menge des Gutes 1 (x^N_1) und dem Preis des Gutes 2 (p_2), also auf $x^N_1 = f(p_2)$ beschränkt, lassen sich drei Fälle unterscheiden. Steigt p_2, so kann x^N_1 entweder steigen, sinken oder unverändert bleiben, je nachdem, ob sich die beiden Güter 1 und 2 ersetzen, ergänzen oder nicht beeinflussen.

3.2, S. 142

Substitutionsgüter[2]

Steigt als Folge einer Preissteigerung für Gut 2 die Nachfrage nach Gut 1 (und umgekehrt), so sind die Güter 1 und 2 Substitutionsgüter. **Substitutionsgüter können sich gegenseitig ersetzen.**

1 prohibitiv (lat.): verhindernd
2 Substitution *(lat.):* Ersetzung

B Substitutionsgüter: Butterbrezeln und süße Teilchen

Steigt der Preis für süße Teilchen, wird Emma möglicherweise mehr Butterbrezeln nachfragen, weil sie süße Teilchen durch Butterbrezeln ersetzt.

Substitution zwischen Gut 1 und Gut 2	
$x^N_1 = f(p_2)$	$x^N_1 = f(p_1)$
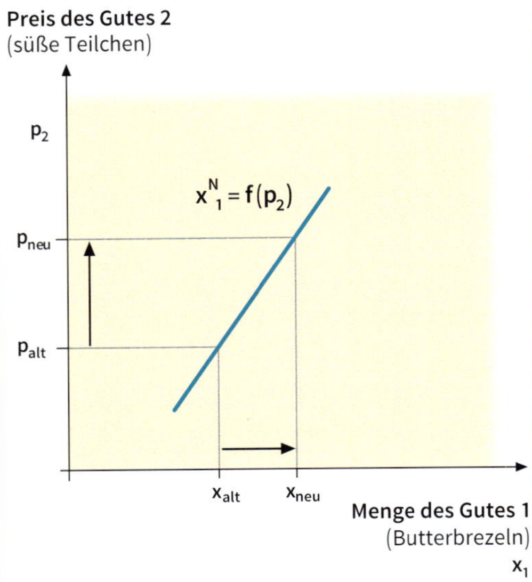	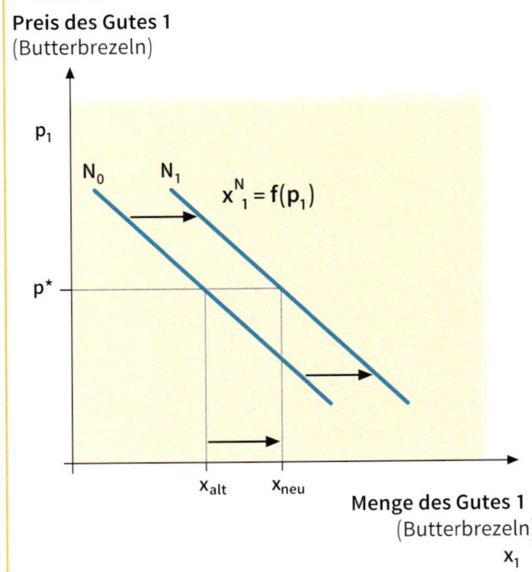
Im Koordinatensystem mit der speziellen Nachfragekurve $x^N_1 = f(p_2)$ bewirkt eine Erhöhung von p_2 eine Erhöhung von x^N_1 und umgekehrt.	Im Koordinatensystem mit der speziellen Nachfragekurve $x^N_1 = f(p_1)$ bewirkt eine Erhöhung von p_2 eine **Verschiebung** der Kurve nach rechts und umgekehrt.

B Weitere Substitutionsgüter

Kaffee und Tee, Wurst und Käse, Butter und Margarine, Brötchen und Brot, Rindfleisch und Schweinefleisch

Komplementärgüter[1]

Sinkt als Folge einer Preissteigerung für Gut 2 die Nachfrage nach Gut 1 (und umgekehrt), so sind die Güter 1 und 2 Komplementärgüter. **Komplementärgüter ergänzen sich gegenseitig.** Die Verwendung eines Gutes bedingt in diesem Fall zwangsweise die Verwendung eines anderen Gutes.

1 komplementär *(lat.)*: ergänzend

B **Komplementärgüter: Benzin und Autos**

Steigt der Preis für Benzin, wird ein Haushalt möglicherweise auf den Kauf eines Zweitwagens verzichten.

Komplementarität zwischen Gut 1 und Gut 2	
$X^N_1 = f(p_2)$	$X^N_1 = f(p_1)$
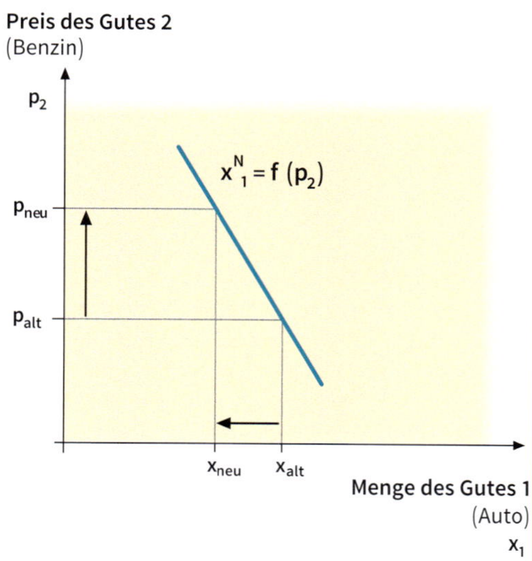	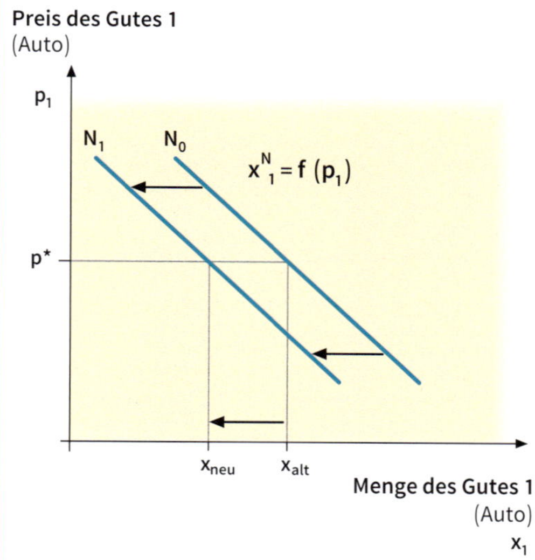
Im Koordinatensystem mit der speziellen Nachfragekurve $X^N_1 = f(p_2)$ bewirkt eine Erhöhung von p_2 eine Verminderung von x^N_1 und umgekehrt.	Im Koordinatensystem mit der speziellen Nachfragekurve $X^N_1 = f(p_1)$ bewirkt eine Erhöhung von p_2 eine **Verschiebung** der Kurve nach links und umgekehrt.

B **Weitere Beispiele für Komplementärgüter**

Computer und Software, Telefon und Telefonnetz, Brief und Briefmarke, Drucker und Toner, Spielekonsole und Spiele, Skier und Ski-Liftpass

Indifferente Güter[1]

Hat eine Preisveränderung von Gut 2 keine Auswirkungen auf die Nachfrage nach Gut 1, bestehen zwischen beiden Gütern keine Preis-Mengen-Beziehungen.

B **Indifferente Güter: Schokoriegel und T-Shirts**

Steigt der Preis für Schokoriegel, bleibt die Nachfrage nach T-Shirts normalerweise unverändert.

D Änderungen der Preise anderer Güter führen zu einer Verschiebung der individuellen Nachfragekurve (Preis-Konsum-Kurve), sofern es sich nicht um indifferente Güter handelt.

3.2.4 Abhängigkeit der Nachfrage eines Haushalts vom Einkommen und Vermögen (Einkommens-Konsum-Kurve)

Steigt das Einkommen (y) der Schülerin Emma, erhöhen sich normalerweise auch ihre Konsumausgaben. Von dem Mehrkonsum sind aber nicht alle Güter gleichermaßen betroffen. Werden

3.2, S. 142

1 indifferent *(lat.)*: gleichgültig, unerheblich

bei der Untersuchung des Zusammenhangs zwischen der nachgefragten Menge (x^N) eines Gutes 1 und dem Haushaltseinkommen (y) alle anderen Einflussfaktoren als konstant angesehen, lässt sich die entsprechende spezielle Nachfragefunktion als $x^N_1 = f(y)$ (Einkommens-Konsum-Funktion) in einem Einkommen-Mengen-Diagramm darstellen. Als Reaktion der nachgefragten Menge des Gutes 1 auf eine Veränderung des Haushaltseinkommens lassen sich dabei grundsätzlich drei Fälle unterscheiden. Steigt das Haushaltseinkommen y, so kann x^N_1 entweder steigen, sinken oder unverändert bleiben, je nachdem, ob es sich bei Gut 1 um ein **superiores Gut** (= höherwertiges Gut, Nichtsättigungsgut), ein **inferiores Gut** (= geringwertiges Gut) oder ein **Sättigungsgut** handelt. Je nach Einkommenshöhe kann ein und dasselbe Gut sowohl superior als auch inferior sein oder zum Sättigungsgut werden.

Superiore und inferiore Güter – Sättigungsgüter

Einkommens-Konsum-Funktion		
1. Superiore Güter (Nichtsättigungsgüter)	**2. Inferiore Güter**	**3. Sättigungsgüter**
Steigt als Folge einer Einkommenserhöhung die Nachfrage nach Gut 1 (und umgekehrt), so handelt es sich bei Gut 1 um ein **superiores** (höherwertiges) Gut (Luxusgut). Güter, die bei einer Einkommenserhöhung vermehrt nachgefragt werden, werden auch als **Nichtsättigungsgüter** bezeichnet, weil bei ihnen die Sättigungsmenge noch nicht erreicht ist.	Sinkt als Folge einer Einkommenserhöhung die Nachfrage nach Gut 1 (und umgekehrt), so handelt es sich bei Gut 1 um ein **inferiores** (geringwertiges) Gut (Nicht-Luxusgut). Inferiore Güter werden bei steigendem Einkommen durch superiore Güter ersetzt. Ein Gut gilt aber erst ab einer bestimmten Einkommenshöhe (Abb. S. 125: y_{alt}) als inferior. Unterhalb dieser Einkommensschwelle ist dieses Gut superior, da sich sein Konsum bei steigendem Einkommen zunächst erhöht.	Hat eine Einkommensveränderung keine Auswirkungen auf die Nachfrage nach Gut 1, so handelt es sich bei Gut 1 um ein **Sättigungsgut.** Bei Sättigungsgütern konnte der Bedarf mit dem bisherigen Einkommen (Abb. S. 125: y_{alt}) bereits vollkommen gedeckt werden.
Beispiel: Für die meisten Haushalte dürften Champagner, Kaviar und andere Luxusgüter superiore Güter sein.	**Beispiel:** Ab einer bestimmten Einkommenshöhe dürfte Margarine im Normalfall ein inferiores Gut sein, weil bei zunehmendem Einkommen Margarine durch Butter ersetzt wird. Oder: Beim Fischkonsum wird Hering durch Lachs ersetzt.	**Beispiel:** Ab einer bestimmten Einkommenshöhe dürfte die Nachfrage nach Salz oder Streichhölzern im Normalfall trotz einer Einkommenserhöhung unverändert bleiben.

Im Koordinatensystem mit der speziellen Nachfragekurve $x^N_1 = f(p_1)$ (= Preis-Konsum-Kurve) bewirkt eine Einkommenserhöhung bei superioren Gütern eine **Verschiebung der Kurve** nach rechts und umgekehrt. Eine Rechtsverschiebung bedeutet, dass der Haushalt bei dem als konstant angenommenen Preis des Gutes 1 mehr von Gut 1 zu konsumieren plant. Bei inferioren Gütern verläuft die Entwicklung in umgekehrter Richtung. Bei Sättigungsgütern bleibt die Lage der Preis-Konsum-Kurve dagegen trotz einer Einkommensänderung unverändert.

D Änderungen des Einkommens führen zu einer Verschiebung der individuellen Nachfragekurve (Preis-Konsum-Kurve) eines Konsumenten, sofern es sich nicht um ein Sättigungsgut handelt.

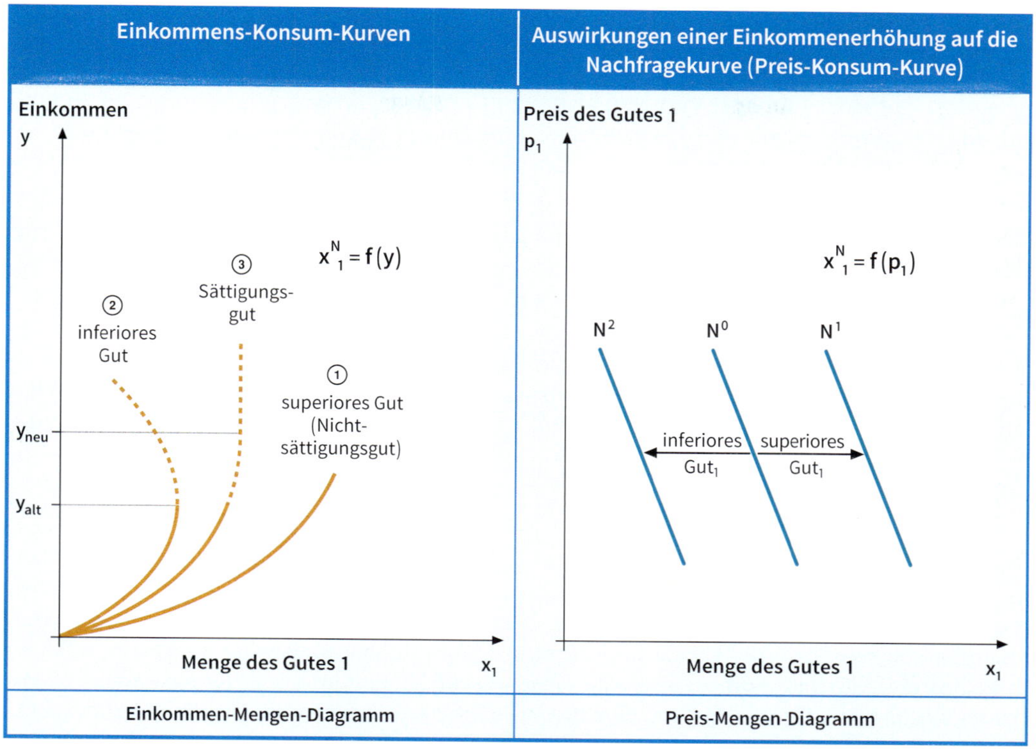

Die Höhe der Konsumausgaben hängt u.a. auch davon ab, ob und in welchem Umfang der Haushalt über Vermögen verfügt, das gegebenenfalls in Einkommen umgewandelt werden kann. Ein Haushalt, der über Vermögenswerte verfügt, hat normalerweise eine andere Bedürfnisstruktur als ein vermögensloser Haushalt. Daraus ergeben sich Unterschiede hinsichtlich des Nachfrageverhaltens dieser beiden Haushalte.

3.2.5 Bedürfnisstruktur und Zukunftserwartungen als Bestimmungsfaktoren der Nachfrage eines Haushalts

Die Nachfrage eines Haushalts nach einem Gut kann sich ändern, obwohl der Preis des Gutes, die Preise aller anderen Güter sowie das Einkommen unverändert geblieben sind. Mögliche Ursache dafür ist eine **Änderung der Bedürfnisstruktur** des Haushalts. In diesem Fall hat sich seine Nutzeneinschätzung für eines oder mehrere Güter im Zeitablauf geändert. Das kann u.a. bedingt sein durch zunehmendes Alter der Haushaltsmitglieder, Veränderung der Zahl der Haushaltsmitglieder, Modeerscheinungen und gesundheitsbewusstere Lebensweise. Häufig ist dies aber auch auf eine **Beeinflussung der Konsumenten durch die Produzenten** zurückzuführen, die mithilfe von Marketingmaßnahmen wie Werbung, Produktgestaltung und Verkaufsförderung Bedarf wecken, stimulieren und lenken. Dabei werden auch soziologische und psychologische Konsumeinflüsse genutzt, indem in der Werbung bestimmte Güter mit begehrten sozialen Rollen, gehobenem Status und bekannten Persönlichkeiten in Verbindung gebracht werden.

Auch die **Zukunftserwartungen** spielen möglicherweise für die Konsumentscheidungen eines Haushalts eine Rolle. Bei erwarteten Preissteigerungen kommt es zu „Hamsterkäufen" über den gegenwärtigen Bedarf hinaus. Drohende Arbeitslosigkeit und eine damit einhergehende künftige Minderung des Haushaltseinkommens wird möglicherweise zum gegenwärtigen Zeitpunkt zu einer Verringerung der Konsumausgaben und zu einer Erhöhung der Ersparnisse („Notgroschen") führen.

3.2.6 Soziologische und psychologische Bestimmungsfaktoren der Nachfrage eines Haushalts

Der Nachfragetheorie der privaten Haushalte liegt ein Modell zugrunde, bei dem unterstellt wird, dass ein typischer privater Haushalt unter Beachtung des **ökonomischen Prinzips** rational handelt und seinen **Nutzen maximiert.** Das daraus abgeleitete Nachfrageverhalten und die entsprechende Nachfragefunktion sind durch die empirisch überprüfbare Aussage gekennzeichnet, dass bei steigendem Preis eines Gutes die nachgefragte Menge dieses Gutes sinkt und umgekehrt.

Giffen-Fall

Ein empirisch nachgewiesenes und ökonomisch begründbares Abweichen des Verbraucherverhaltens von den **Modell**ergebnissen der Nachfragetheorie liegt beispielsweise beim **Giffen-Paradoxon**[1] vor.

Soziologische und psychologische Effekte

1.1

Darüber hinaus ist das Verbraucherverhalten großenteils durch Gewohnheiten, Nachahmung, Bequemlichkeit, Modetrends, Sozialprestige u.Ä. bestimmt und kann zudem noch durch Einflüsse der Werbung manipuliert sein. Im Sinne der Nachfragetheorie handelt es sich dabei nicht um streng rationale Kaufmotive. Da aber der Nutzen eine subjektive Größe ist, die empirisch kaum ermittelt werden kann, können für einzelne Haushalte beispielsweise auch solche Güterkäufe, die ein Bedürfnis nach Geltung und Ansehen befriedigen und u.U. dem normalen Nachfrageverhalten widersprechen, als nutzbringend empfunden werden. Ein solches Verbraucherverhalten, das maßgeblich durch soziale Einflussfaktoren bestimmt wird, weicht von den Ergebnissen der Nachfragetheorie ab und ist nicht ökonomisch erklärbar.

- **VEBLEN-Effekt**[2] (Prestige-Effekt, *conspicuous consumption)*
  Trotz höherer Preise steigt bei bestimmten Haushalten die nachgefragte Menge solcher Güter, mit denen Wohlhabenheit demonstriert werden kann. Diesen Gütern wird ein umso höherer Nutzen beigemessen, je höher der **Preis** des Gutes ist, den Nichtkäufer vermuten.
- **Mitläufer-Effekt** *(bandwagon effect)*
  Haushalte fragen von einem Gut bei gegebenem Preis mehr nach, wenn auch andere Haushalte das Gut vermehrt konsumieren, d.h., die individuelle Nachfrage ist umso größer, je größer die **Gesamtnachfrage** ist. Darin kommt z.B. bei Modeerscheinungen der Wunsch zum Ausdruck, die Gruppe von Konsumenten nachzuahmen, zu der man gehören möchte.
- **Snob**[3]**-Effekt**
  Haushalte fragen von einem Gut bei gegebenem Preis mehr nach, wenn andere Haushalte von diesem Gut weniger konsumieren, d.h., die individuelle Nachfrage ist umso größer, je geringer die **Gesamtnachfrage** ist. Dieser Effekt beschreibt das umgekehrte Verhalten wie beim Mitläufer-Effekt. Darin kommt der Wunsch nach Exklusivität und Abhebung von der großen Masse zum Ausdruck.

Diese und andere Beobachtungen wie z.B. impulsives Verhalten bei Spontankäufen, zufälliges Verhalten bei Bagatellkäufen, sozial abhängiges Verhalten bei Modeerscheinungen usw. zeigen, dass für die Konsumentenentscheidungen auch soziologische und psychologische Faktoren eine bedeutende Rolle spielen, deren Erklärung nicht Gegenstand der Volkswirtschaftslehre, sondern der Verhaltensforschung ist.

1 Paradoxon *(gr.)*: Widersinn
2 Veblen, Thorstein: Theorie der feinen Leute.Eine ökonomische Untersuchung der Institutionen. Köln/Berlin: Kiepenheuer & Witsch 1958 [1899].
3 Snob *(engl.)*: vornehm tuender Mensch

3.3 Gesamtnachfrage (Marktnachfrage) für ein Gut

Lernziele:

Nach der Bearbeitung des Kapitels sind Sie in der Lage, Folgendes zu tun:

Sie ...

- ... nennen die Bestimmungsfaktoren der Gesamtnachfrage.
- ... erläutern die Gesamtnachfrage.
- ... arbeiten die Ursachen einer Rechts- bzw. Linksverschiebung der Gesamtnachfrage heraus.
- ... können von einer Bewegung auf der Gesamtnachfragekurve (Preiserhöhung-/senkung) zu einer Verschiebung der Gesamtnachfragekurve abgrenzen.

3.3.1 Ableitung der Gesamtnachfrage aller Haushalte für ein Gut

Werden die bei unterschiedlichen Preisen von den Konsumenten gewünschten individuellen Nachfragemengen für ein bestimmtes Gut addiert, ergibt sich die **Gesamtnachfrage** (Marktnachfrage) für dieses Gut.

3.3, S. 144

Tabellarische Ermittlung der Gesamtnachfrage

B

Nachfragemengen für Butterbrezeln pro Woche							
Preis (€)	Emmas individuelle Nachfragemengen in Stück	+	Finns individuelle Nachfragemengen in Stück	+	alle anderen individuellen Nachfragemengen in Stück	=	Gesamtnachfrage (Marktnachfrage) in Stück
0,00	12	+	18	+	15970	=	16000
0,20	10	+	15	+	13975	=	14000
0,40	8	+	12	+	11980	=	12000
0,60	6	+	9	+	9985	=	10000
0,80	4	+	6	+	7990	=	8000
1,00	2	+	3	+	5995	=	6000
1,20	0	+	0	+	4000	=	4000
1,40	0	+	0	+	2000	=	2000
1,60	0	+	0	+	0	=	0

Wären Emma und Finn die einzigen Konsumenten von Butterbrezeln, ergäbe sich durch Zusammenfassung (Aggregation) der beiden individuellen Nachfragekurven die in Abb. 3 dargestellte Gesamtnachfragekurve.

Grafische Ermittlung der Gesamtnachfrage

B

Grafische Aggregation (horizontale Addition) zweier individueller Nachfragekurven für Butterbrezeln zu einer Gesamtnachfragekurve für Butterbrezeln

Abb. 1
Emmas individuelle Nachfragekurve

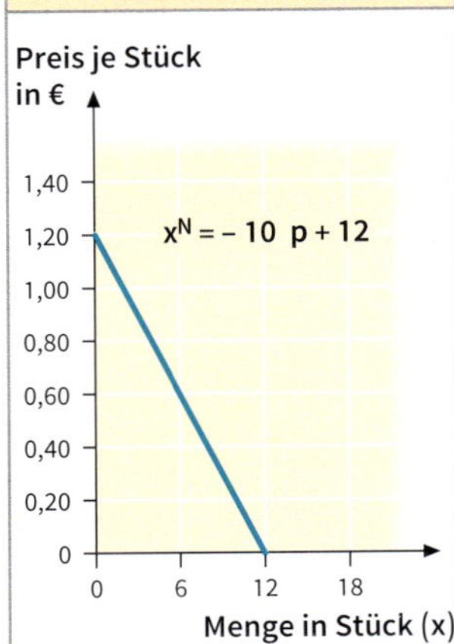

Abb. 2
Finns individuelle Nachfragekurve

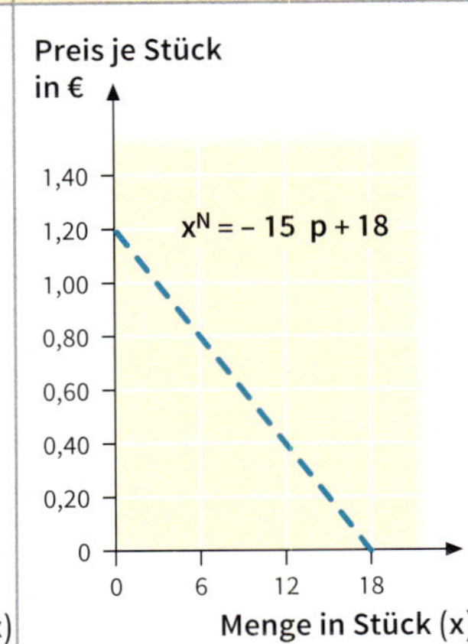

Abb. 3
Emmas und Finns individuelle Nachfragekurve

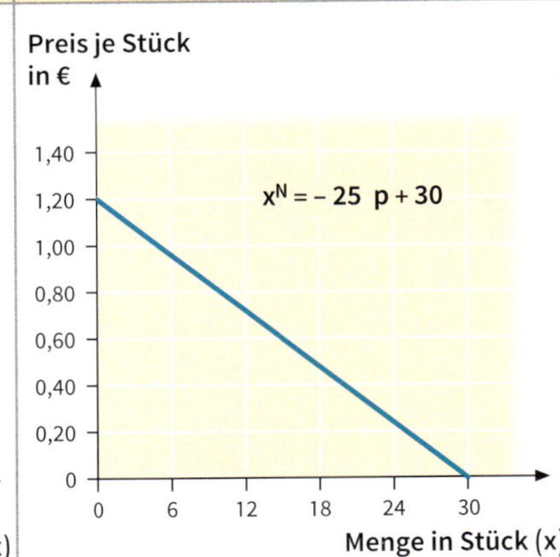

Werden auch die individuellen Nachfragekurven aller übrigen Konsumenten von Butterbrezeln in einer Stadt hinzuaddiert, ergibt sich folgender Verlauf der Gesamtnachfrage (Marktnachfrage).

Gesamtnachfrage (Marktnachfrage) für Butterbrezeln

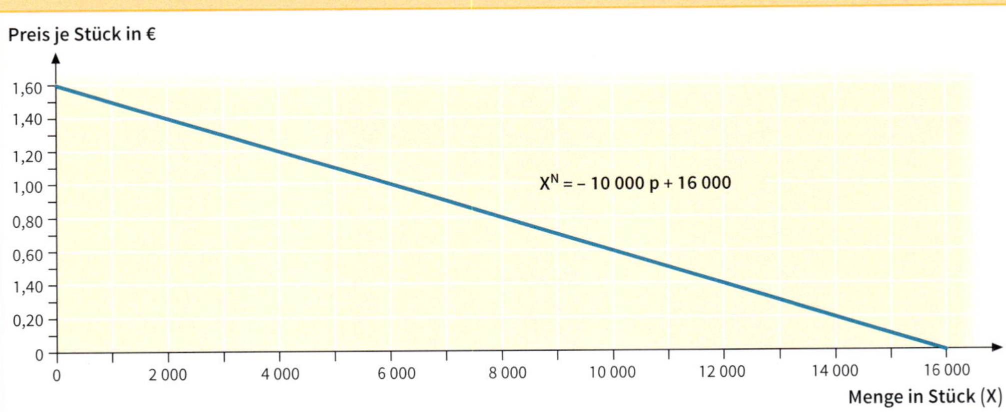

D Die Gesamtnachfrage (Marktnachfrage) nach einem bestimmten Gut ergibt sich durch Zusammenfassung (Aggregation) der nach diesem Gut bestehenden individuellen Nachfrage der einzelnen Konsumenten.

3.3.2 Bestimmungsfaktoren der Gesamtnachfrage

Während die individuelle Nachfrage nach dem Gut 1 u.a. vom Preis des Gutes (p_1), den Preisen anderer Güter (p_2, ... p_n), dem Einkommen, dem Vermögen und der Nutzeneinschätzung des Haushalts abhängig ist, sind für die Höhe der Gesamtnachfrage nach einem Gut noch zusätzliche Einflussfaktoren von Bedeutung. Dazu gehört u.a. die **Einkommens- und Vermögensver-**

teilung in einer Volkswirtschaft. Die Art und Weise, wie das gesamtwirtschafliche Einkommen und Vermögen auf die einzelnen Haushalte einer Volkswirtschaft verteilt sind, beeinflusst die Höhe des insgesamt für Konsumzwecke verwendeten Einkommens und damit auch die Gesamtnachfrage nach einzelnen Gütern. Die Konsumgewohnheiten von Haushalten mit hohem Einkommen sind anders als von Haushalten mit niedrigem Einkommen. Daneben ist die Gesamtnachfrage nach einem Gut auch von der **Zahl der Haushalte**, die dieses Gut nachfragen, abhängig. Bevölkerungswachstum, eine den Bekanntheitsgrad des Produkts steigernde Werbung u. Ä. können somit zu einer Änderung der Gesamtnachfrage nach einem Gut führen.

Bestimmungsfaktoren der Gesamtnachfrage (Marktnachfrage)

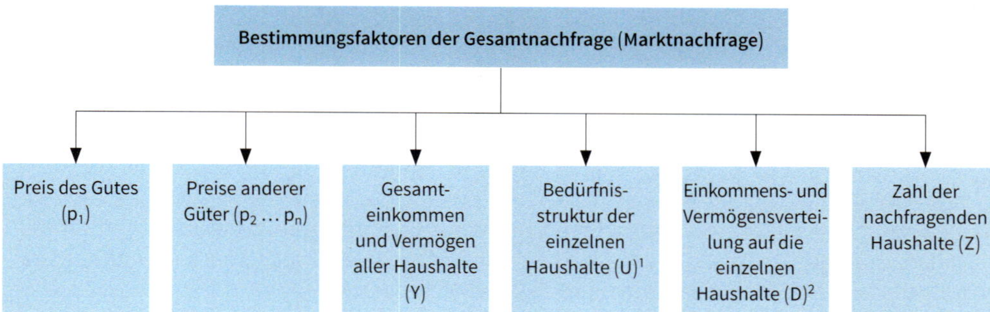

Allgemeine Gesamtnachfragefunktion nach Gut 1: $X^N_1 = f(p_1, p_2, \ldots p_n, Y, U, D, Z)$

3.3.3 Veränderungen der Gesamtnachfrage

3.4, S. 114

Wenn sich einzelne Einflussfaktoren der Gesamtnachfrage ändern, muss deutlich unterschieden werden, ob durch diese Änderung im Preis-Mengen-Diagramm eine **Bewegung auf einer gegebenen Nachfragekurve** (= Steigen oder Sinken der nachgefragten Menge) oder eine **Verschiebung der Nachfragekurve** (= Zunahme oder Abnahme der Nachfrage) ausgelöst wird. Dabei lassen sich vier Fälle unterscheiden.

"

Unterscheidung zwischen Nachfrage und nachgefragter Menge

Auch sprachlich sollte der Unterschied zwischen den vier folgenden Fällen immer deutlich werden, indem bei einer Bewegung auf der Kurve von Steigen oder Sinken der **nachgefragten Menge** und bei einer Verschiebung der Kurve von Zunahme oder Abnahme der **Nachfrage** gesprochen wird.

Bewegung auf der Nachfragekurve

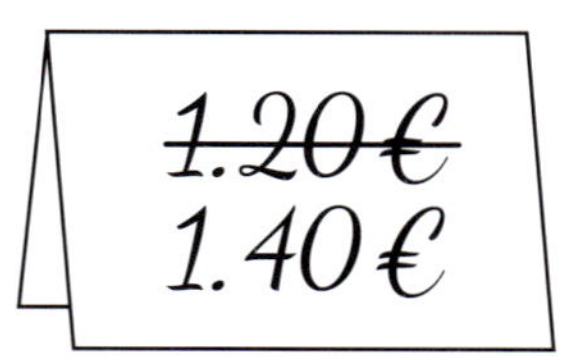

Ändert sich der **Preis** des Gutes, während alle anderen Einflussfaktoren unverändert bleiben, bewirkt das im Preis-Mengen-Diagramm eine **Bewegung auf der Nachfragekurve**.

- Eine **Preiserhöhung** bewirkt eine **Bewegung auf der Nachfragekurve nach oben links**, weil die **nachgefragte Menge sinkt** (z. B. sinkt als Folge einer Preiserhöhung für Butterbrezeln die nachgefragte Menge).
- Eine **Preissenkung** bewirkt eine **Bewegung auf der Nachfragekurve nach unten rechts**, weil die **nachgefragte Menge steigt** (z. B. steigt als Folge einer Preissenkung für Butterbrezeln die nachgefragte Menge).

1 U steht hier für *utility* (Nutzen).
2 D steht hier für *distribution* (Verteilung).

Verschiebung der Nachfragekurve

Ändert sich dagegen **eine der anderen Einflussgrößen**, drückt sich das im Preis-Mengen-Diagramm in einer **Verschiebung der Nachfragekurve** aus.

- Zu einer **Linksverschiebung der Nachfragekurve** kommt es dann, wenn nach dem auslösenden Ereignis **zu jedem Preis weniger nachgefragt** wird. Die Nachfrage nimmt ab (z. B. Werbeverbot für alkoholhaltige Mixgetränke: bei jedem denkbaren Preis werden weniger dieser Produkte nachgefragt als vorher). Ein anderes Beispiel wäre, wenn in einem Deodorant mit Aluminiuminhalt Meldungen zu krebserregenden Inhaltsstoffen, hier Aluminium, bekannt würden, dann reagieren die Nachfrager ebenfalls mit einer Abnahme der Nachfrage.
- Zu einer **Rechtsverschiebung der Nachfragekurve** kommt es dann, wenn nach dem auslösenden Ereignis **zu jedem Preis mehr nachgefragt** wird als vorher. Die Nachfrage nimmt zu (z. B. Gesundheitskampagne für den Verzehr von Obst: bei jedem denkbaren Preis wird mehr Obst nachgefragt als vorher einen ähnlichen Effekt zeichnet sich bei sog. Superfruits wie Heidelbeeren ab. Beispielsweise hat der Anbau von Heidelbeeren in Spanien so stark zugenommen, damit die Nachfrage in Deutschland gedeckt werden kann.).

D Eine Verschiebung der Nachfragekurve nach rechts bedeutet, dass die Marktnachfrage bei jedem Preis größer ist als vorher. Eine Verschiebung der Nachfragekurve nach links bedeutet, dass die Marktnachfrage bei jedem Preis kleiner ist als vorher.

B Wenn eine Regierung aus gesundheitspolitischen Gründen die Nachfrage nach Tabakwaren einschränken möchte, kann sie einerseits versuchen, eine **Verschiebung der Nachfragekurve nach links** auszulösen. Dazu gehören u. a. Maßnahmen wie die Warnung vor den Gesundheitsrisiken des Rauchens auf den Zigarettenpackungen, ein Werbeverbot für Tabakwaren, Hinweise darauf, dass Nichtraucher bessere Liebhaber sind, usw. Andererseits kann die Regierung aber auch versuchen, durch eine Verteuerung der Tabakwaren den Konsum einzuschränken. Durch die Erhebung einer Tabaksteuer, die von den Zigarettenherstellern auf die Käufer überwälzt wird, steigt der Preis für Zigaretten, sodass sich eine **Bewegung auf der Nachfragekurve nach links oben** (höherer Preis bei geringerer Menge) ergibt.

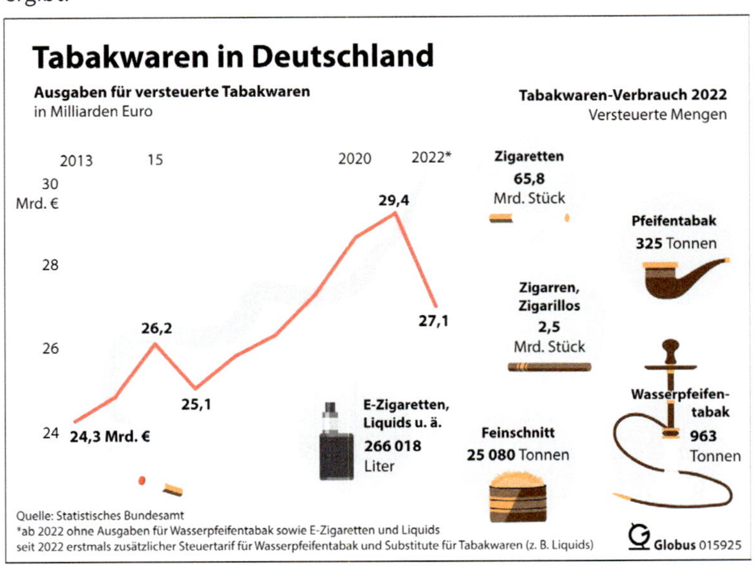

<table>
<tr><th>Änderung der nachgefragten Menge
(Bewegung auf der Nachfragekurve)</th><th>Änderung (Verschiebung)
der Nachfragekurve</th></tr>
<tr><td>
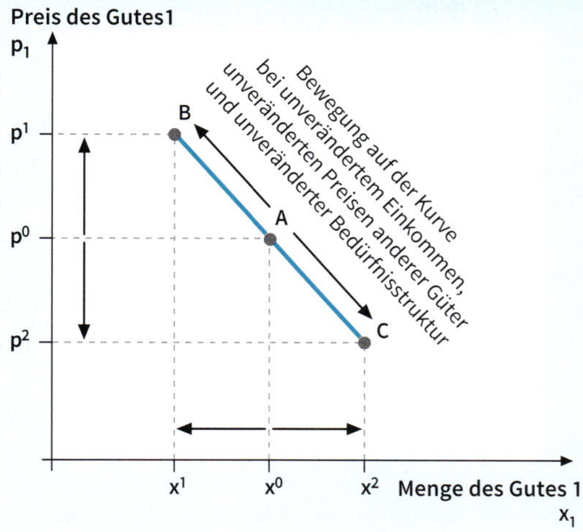

</td><td>
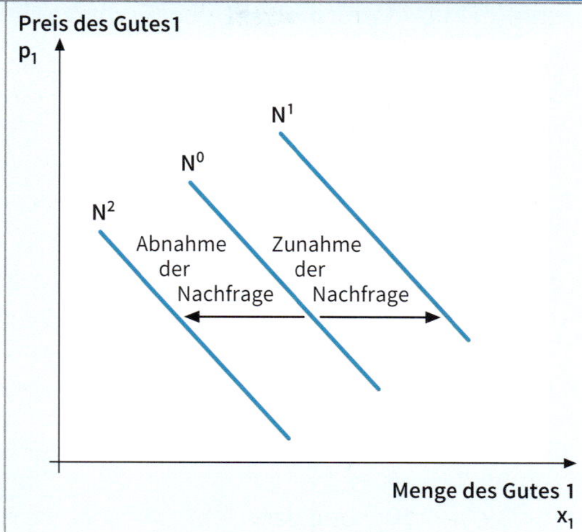

</td></tr>
<tr><td>Eine Bewegung auf der Nachfragekurve eines Gutes ergibt sich nur dann, wenn sich der Preis dieses Gutes ändert.</td><td>Eine Verschiebung der Nachfragekurve eines Gutes ergibt sich, wenn sich nicht der Preis dieses Gutes, sondern einer oder mehrere der anderen Bestimmungsfaktoren ändern.
Eine Rechtsverschiebung (= Zunahme der Nachfrage) ergibt sich z. B. in folgenden Fällen:
- Preissteigerung bei einem Substitutionsgut,
- Preissenkung bei einem Komplementärgut,
- Einkommenserhöhung der Haushalte im Falle eines superioren Gutes,
- höhere Nutzeneinschätzung des Gutes durch die Haushalte,
- Erhöhung der Zahl der Nachfrager (Bevölkerungswachstum).
Im jeweils umgekehrten Fall ergibt sich eine Linksverschiebung der Nachfragekurve (= Abnahmen der Nachfrage).</td></tr>
</table>

3.4 Elastizität der Nachfrage

Lernziele:

Nach der Bearbeitung des Kapitels sind Sie in der Lage, Folgendes zu tun:

Sie ...

- ... erklären die direkte Preiselastizität der Nachfrage und können diese berechnen und beurteilen.
- ... unterscheiden verschiedene Arten der Preiselastizität: elastische, vollkommen elastische, unelastische und vollkommen unelastische Nachfrage.
- ... können die Auswirkung Preiserhöhung/-senkung auf den Erlös anhand der elastischen Nachfrage vergleichen.
- ... erklären die Kreuzpreiselastizität und können diese berechnen und beurteilen.
- ... können die Einkommenselastizität bei superioren und inferioren Gütern berechnen und beurteilen.

3.4.1 Begriff der Elastizität

Sowohl für wirtschaftspolitische Entscheidungen des Staates zur Beeinflussung der Gesamtnachfrage (z. B. Veränderungen bei der Umsatz- oder Einkommensteuer) als auch für preispolitische Maßnahmen von Unternehmen genügt es oft nicht, zu wissen, dass die nachgefragte Menge eines Gutes grundsätzlich von der Höhe des Preises, vom Einkommen der Haushalte und anderen Faktoren abhängt. Als Entscheidungsgrundlage sind vielmehr häufig Informationen darüber wichtig, in welchem **Ausmaß** sich die Gesamtnachfrage nach einem Gut ändert, wenn sich beispielsweise der Preis oder das Einkommen ändert. Eine **Maßzahl** für das **Ausmaß** einer solchen Änderung ist die **Elastizität.**

D Die Elastizität gibt an, um wie viel Prozent sich eine abhängige (= reagierende) Größe ändert, wenn sich die unabhängige (= verursachende) Größe um 1 % ändert.

Unterschied zwischen Elastizität und Steigung einer Kurve – Vorteile der Elastizität

Die **Elastizität** einer Kurve darf nicht mit deren **Steigung** verwechselt werden. Die erste Ableitung der Nachfragefunktion $x = -20p + 400$ ergibt, dass die entsprechende Nachfragekurve eine Steigung von –20 hat. Das bedeutet, dass sich die nachgefragte Menge x als abhängige Größe um 20 Mengeneinheiten verringert, wenn der Preis p als unabhängige Größe um eine Geldeinheit steigt. Die **Steigung** der Nachfragekurve eignet sich aber aus folgenden Gründen nur sehr eingeschränkt als **Änderungsmaßstab.**

1. Die Steigung hängt von den verwendeten Maßeinheiten ab. Die obige Nachfragefunktion mit einer Steigung von –20 könnte wie folgt interpretiert werden: Die Erhöhung des Preises um einen Euro je Kilogramm geht mit einem Sinken der nachgefragten Menge um 20 kg einher. Wird aber beispielsweise statt der Gewichtseinheit Kilogramm die Gewichtseinheit Tonnen verwendet, so entspricht eine Preiserhöhung von einem Euro je Kilogramm einem Sinken der nachgefragten Menge um 0,02 t. Das gleiche Änderungsverhalten ergibt also in Abhängigkeit von der gewählten Maßeinheit (Dimension) einerseits die Zahl –20 und andererseits die Zahl –0,02.

2. Das zugrunde liegende Ausgangsniveau der jeweiligen Änderung wird nicht berücksichtigt. Eine Verringerung der Menge um 20 kg je Euro macht bei einer ursprünglichen nachgefragten Menge von 500 kg nur 4 %, bei einem Ausgangsniveau von 50 kg hingegen 40 % aus. Wenn das Ausgangsniveau nicht bekannt ist, macht daher die Aussage „die nachgefragte Menge ist infolge der Preiserhöhung um 20 kg gesunken“ wenig Sinn, da die **absoluten** Änderungswerte (Verringerung um 20 kg bei Preiserhöhung um 1,00 €) nur unzureichende Informationen über das **tatsächliche Änderungsverhalten** der beiden Größen liefern.

Um diese Nachteile zu vermeiden, ist es sinnvoll, statt der absoluten die **relativen (prozentualen) Veränderungen** der jeweiligen Größen zueinander ins Verhältnis zu setzen. Dies geschieht durch die Messgröße der **Elastizität.**

3.4.2 Direkte Preiselastizität der Nachfrage

B Eine Preiserhöhung für einen bestimmten Autotyp von 20.000,00 € um 200,00 € auf 20.200,00 €, wird die nachgefragte Menge kaum beeinflussen. Wird dagegen der Preis einer Spielkonsole ebenfalls um 200,00 € von bisher 400,00 € auf jetzt 600,00 € erhöht, wird die nachgefragte Menge spürbar sinken. Aus dieser Beobachtung lässt sich aber nicht schließen, dass die Nachfrager nach Autos weniger stark auf Preisänderungen reagieren als die Nachfrager nach Spielkonsolen. Der Preis für das Auto wurde nur um 1 %, der Preis das Spielkonsolen dagegen um 50 % erhöht. Bei einer Erhöhung des Autopreises um 50 % würde die nachgefragte Menge bei Autos ebenfalls stark sinken.

3.5, S. 145

Vergleichbar sind Aussagen über **Nachfragereaktionen** bei verschiedenen Gütern nur dann, wenn sie die durch eine **prozentuale** Preisänderung ausgelöste **prozentuale** Änderung der nachgefragten Menge berücksichtigen. Dieser Zusammenhang kommt in der **direkten Preiselastizität der Nachfrage** zum Ausdruck.

D Die direkte Preiselastizität der Nachfrage ist das Verhältnis zwischen der prozentualen Änderung der nachgefragten Menge eines Gutes zur prozentualen Preisänderung dieses Gutes. Sie gibt an, um wie viel Prozent sich die nachgefragte Menge eines Gutes ändert, wenn sich der Preis dieses Gutes um 1 % ändert.

B **Elastizitätsberechnung**

Angenommen, ein Lebensmittelmarkt hat für eine bestimmte Sorte Frischmilch einen Zusammenhang zwischen der täglichen Absatzmenge und dem Preis festgestellt, wie er in der folgenden linearen Nachfragekurve zum Ausdruck kommt.

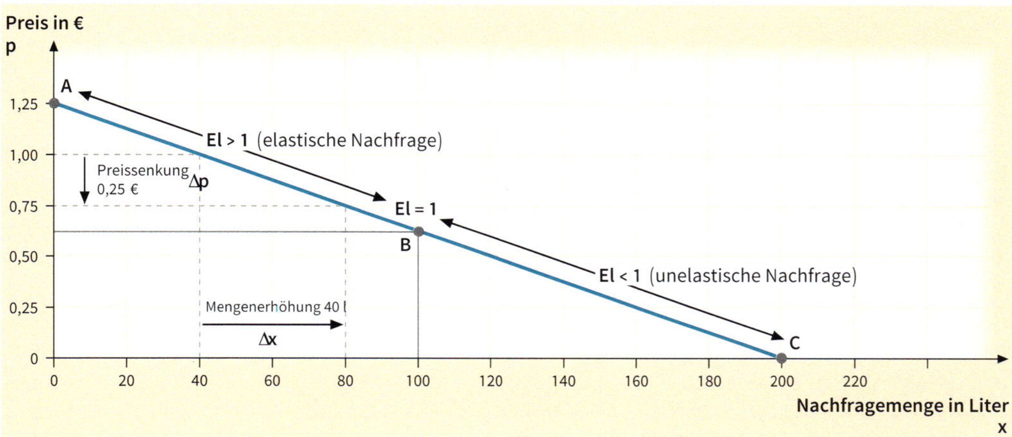

F

$$El_{dir} = \frac{\text{prozentuale Änderung der Nachfragemenge}}{\text{prozentuale Preisänderung}} = \frac{\frac{\Delta x \cdot 100}{x}}{\frac{\Delta p \cdot 100}{p}} = \frac{\Delta x}{\Delta p} \cdot \frac{p}{x}$$

Dabei bedeuten: El_{dir} = direkte Preiselastizität der Nachfrage, p = ursprünglicher Preis, Δp = Veränderung des Preises in €, x = ursprüngliche Nachfragemenge, Δx = Veränderung der Nachfragemenge in Stück o. Ä.

Negatives Vorzeichen entfällt

Das rechnerische Ergebnis der direkten Preiselastizität der Nachfrage ist im Normalfall negativ, weil bei normaler Nachfrageaktion eine **Erhöhung** des Preises zu einer **Verringerung** der nachgefragten Menge führt (= negative Steigung der Nachfragekurve). Trotzdem wird die direkte Preiselastizität der Nachfrage üblicherweise ohne Vorzeichen als absoluter Betrag $|El_{dir}|$ angegeben.

B

Berechnung der direkten Preiselastizität der Nachfrage bei einer Preissenkung von 1,00 € auf 0,75 €

	Preis	Menge
vorher	1,00 €	40 l
nachher	0,75 €	80 l
Änderung (absolut)	– 0,25 €	+ 40 l
Änderung in %	– 25 %	+ 100 %

$$EL_{dir} = \left|\frac{+100}{-25}\right| = 4$$

Der Mengeneffekt ist größer als der Preiseffekt.

Berechnung der direkten Preiselastizität der Nachfrage bei einer Preissenkung von 0,50 € auf 0,25 €

	Preis	Menge
vorher	0,50 €	120 l
nachher	0,25 €	160 l
Änderung (absolut)	– 0,25 €	+ 40 l
Änderung in %	– 50 %	+ 33,3 %

$$EL_{dir} = \left|\frac{+33{,}3}{-50}\right| = 0{,}66$$

Der Preiseffekt ist größer als der Mengeneffekt.

Elastizitätswerte zwischen unendlich und null

Das Zahlenbeispiel zeigt, dass die direkte Preiselastizität der Nachfrage trotz gleicher absoluter Preis- und Mengenänderungen in beiden Fällen verschieden ist. Wegen der unterschiedlichen Ausgangspreise und -mengen unterscheiden sich die relativen (prozentualen) Preis- und Mengenänderungen. Daraus ergibt sich, dass die direkte Preiselastizität der Nachfrage in jedem Punkt der linearen Nachfragekurve unterschiedlich ist *(vgl. Abb. S. 133)*. Entlang dieser Nachfragekurve nimmt die Elastizität alle Werte zwischen unendlich und null an. Im Schnittpunkt mit der Preisachse *(Punkt A)* ist die Preiselastizität unendlich groß, im Halbierungspunkt *(Punkt B)* ist sie gleich eins und im Schnittpunkt mit der Mengenachse *(Punkt C)* ist sie gleich null.

D Die direkte Preiselastizität einer linearen Nachfragekurve ist in jedem Punkt unterschiedlich. Sie kann alle Werte zwischen null (Schnittpunkt mit der Mengenachse) und unendlich (Schnittpunkt mit der Preisachse) annehmen.

Elastische und unelastische Nachfrage

Ist die prozentuale Änderung der nachgefragten Menge größer als die prozentuale Preisänderung, so ergibt sich für die Elastizität ein Wert, der größer als 1 ist. In diesen Fällen wird von einer **elastischen Nachfrage** gesprochen. Dies trifft hier für alle Punkte der oberen Hälfte der Nachfragekurve zu (Strecke $\overline{AB}$, vgl. *Abb. S. 133)*. Ist die prozentuale Änderung der nachgefragten Menge genau so hoch wie die prozentuale Preisänderung, so hat die Elastizität den Wert 1. Das trifft hier für den Halbierungspunkt der Nachfragekurve zu *(Punkt B)*. Ist die prozentuale Änderung der nachgefragten Menge kleiner als die prozentuale Preisänderung, so ergibt sich für die Elastizität ein Wert, der kleiner als 1 ist. In diesen Fällen wird von einer **unelastischen Nachfrage** gesprochen. Das trifft hier für alle Punkte der unteren Hälfte der Nachfragekurve zu (Strecke BC, *vgl. Abb. S. 133)*.

D Ist die prozentuale Mengenänderung größer als die prozentuale Preisänderung, liegt eine elastische Nachfrage vor ($El_{dir} > 1$). Ist die prozentuale Mengenänderung kleiner als die prozentuale Preisänderung, liegt eine unelastische Nachfrage vor ($El_{dir} < 1$).

Steigung einer Kurve und Preiselastizität der Nachfrage

Im Normalfall kann nicht von der Steigung der Nachfragekurve auf die Höhe der Preiselastizität geschlossen werden. Bei einer linearen Nachfragekurve ist beispielsweise die Steigung konstant, während die Werte für die Preiselastizität an jeder Stelle unterschiedlich sind und zwischen null und unendlich liegen können. Trotzdem wird die Höhe der Nachfrageelastizität häufig nach der Steigung der Nachfragekurve beurteilt. Dabei gilt folgende Regel: Je flacher die Nachfragekurve durch einen bestimmten Punkt verläuft, desto höher ist in diesem Punkt die Preiselastizität der Nachfrage und umgekehrt. Handelt es sich um ein eher preiselastisches Gut, wird die Nachfragekurve für dieses Gut in einem Preis-Mengen-Diagramm flacher als für ein preisunelastisches Gut eingezeichnet.

Die folgenden Abbildungen zeigen Abschnitte von zwei Nachfragekurven, in denen gleiche absolute Preisänderungen unterschiedliche Mengenänderungen nach sich ziehen. Die gleiche Preiserhöhung führt bei einem steileren Verlauf des Kurvenabschnitts zu einem geringeren Rückgang der nachgefragten Menge als bei einem flacheren Verlauf. Die Nachfrage ist in dem hier betrachteten Abschnitt der linken Nachfragekurve unelastisch, während die Nachfrage in dem hier betrachteten Abschnitt der rechten Nachfragekurve elastisch ist.

unelastische Nachfrage

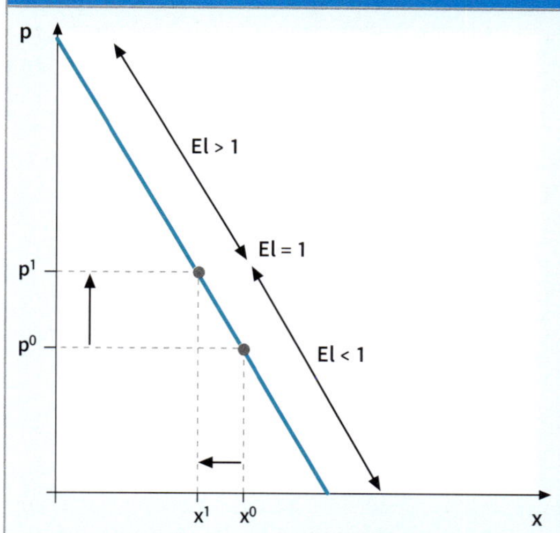

Unelastische Reaktion: Bei Preisänderungen verändert sich die nachgefragte Menge verhältnismäßig wenig (z. B. lebensnotwendige Güter).

elastische Nachfrage

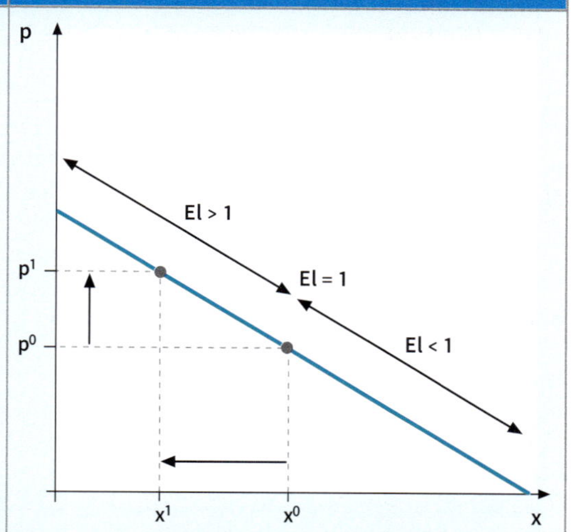

Elastische Reaktion: Bei Preisänderungen verändert sich die nachgefragte Menge verhältnismäßig stark (z. B. Luxusgüter).

"

Ausgewählte Preiselastizitäten der Nachfrage aufgrund empirischer Untersuchungen

(Schätzungen variieren je nach Quelle und Forschungsansatz)

Produkt	Preisplastizität der Nachfrage
Tabak	0,4 (unelastisch)
Milch	0.3 (unelastisch)
Wein	0,6 (unelastisch)
Schuhe	0,7 (unelastisch)
Autos	1,9 (elastisch)
Spezielle Automarke	4,0 (elastisch)

Produkt	Preisplastizität der Nachfrage
Kino	0,9 (unelastisch)
Unterhaltung	1,4 (elastisch)
Möbel	3,0 (elastisch)
Treibstoff	0,4 (unelastisch)
Brot	0,2 (unelastisch)

Quelle: Mankiw, N. Gregory & Taylor, Mark P.: Grundzüge der Volkswirtschaftslehre, 7. Aufl., Stuttgart: Schäffer-Poeschel 2018, S. 104 (verändert).

Nachfragekurven mit konstanter Preiselastizität

Bei einer linearen Nachfragekurve mit normalem Verlauf ist zwar die Steigung konstant, die Preiselastizität aber in jedem Punkt unterschiedlich. Deshalb kann aus der Steigung einer derartigen Nachfragekurve nicht direkt auf die Höhe der Preiselastizität geschlossen werden. Es gibt aber Nachfragekurven, die im gesamten Verlauf eine konstante Preiselastizität aufweisen. Dazu gehören u. a. solche Nachfragekurven, die parallel zur Preis- bzw. parallel zur Mengenachse verlaufen.

- Eine Nachfragekurve, die parallel zur Preisachse (Ordinate) verläuft, hat an jeder Stelle eine Elastizität von 0. Die Nachfrage ist in diesem Fall vollkommen unelastisch. Trotz Preisänderungen bleibt die nachgefragte Menge konstant. Ein solches Nachfrageverhalten ist z. B. bei lebensnotwendigen Medikamenten denkbar. Wenn der Haushalt über genügend Einkommen verfügt, werden solche Medikamente in unveränderter Menge nachgefragt, unabhängig davon, wie hoch der Preis ist.
- Eine Nachfragekurve, die parallel zur Mengenachse (Abszisse) verläuft, hat an jeder Stelle eine Elastizität von unendlich. Die Nachfrage ist in diesem Fall vollkommen elastisch. Es handelt sich dabei um einen theoretischen Grenzfall. Zum gegebenen und jedem niedrigeren Preis würde eine unendliche Menge nachgefragt. Jede Preiserhöhung würde dagegen die nachgefragte Menge auf null sinken lassen.

vollkommen unelastische Nachfrage

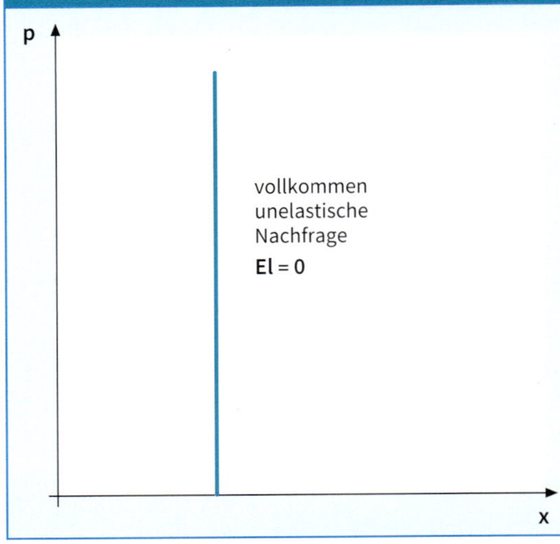

vollkommen elastische Nachfrage

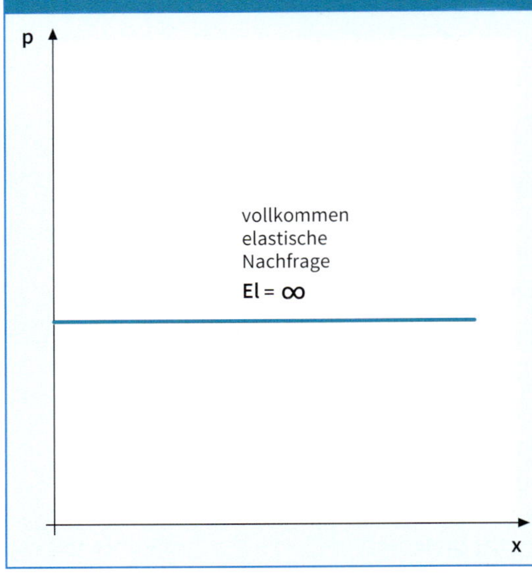

Praktische Bedeutung der Preiselastizität

3.6, S. 146

Die praktische Bedeutung der direkten Preiselastizität der Nachfrage liegt u. a. darin, dass sie Aussagen darüber zulässt, wie sich beispielsweise eine von mehreren Mineralölunternehmen gleichzeitig vorgenommene Benzinpreisänderung voraussichtlich auf den Erlös der Unternehmen auswirken wird. Die mit dem Preis multiplizierte Nachfragemenge stellt nämlich einerseits die Ausgaben der Nachfrager und andererseits den Erlös (Umsatz) der Anbieter dar.

F

Ausgaben der Nachfrager = Erlös der Anbieter = Preis (p) · Menge (x)

Ob als Folge einer bestimmten Preisänderung für Benzin die Ausgaben der Nachfrager und damit die Erlöse der Mineralölunternehmen steigen, sinken oder gleich bleiben, hängt vom Ausmaß der durch die Preisänderung ausgelösten Nachfrageänderung und somit von der direkten Preiselastizität der Nachfrage ab. Dieser Zusammenhang zwischen der Preiselastizität der

Nachfrage und den Ausgaben der Konsumenten wird im Folgenden anhand des Beispiels von S. 134 und der dort abgeleiteten Formel aufgezeigt:

F

$$El_{dir} = \frac{\Delta x}{\Delta p} \cdot \frac{p}{x}$$

B **Abhängigkeit der Konsumausgaben von der Elastizität**

Bisheriger Preis	Bisherige Menge	Neuer Preis	Neue Menge	El_{dir}	Bisherige Ausgaben	Neue Ausgaben	Zusammenhang zwischen Elastizität und Konsumausgaben
1,00	40	0,75	80	$\left\lvert \frac{+40}{-0{,}25} \cdot \frac{1}{40} \right\rvert = 4$	40,00	60,00	$El_{dir} > 1$ Konsumausgaben steigen
0,50	120	0,25	160	$\left\lvert \frac{+40}{-0{,}25} \cdot \frac{0{,}50}{120} \right\rvert = 0{,}66$	60,00	40,00	$El_{dir} < 1$ Konsumausgaben sinken

Zusammenhang zwischen Preiselastizität, Konsumausgaben und Erlösen

D Ist die Nachfrage elastisch ($El_{dir} > 1$), führt eine Preiserhöhung zu einer Verringerung der Konsumausgaben und eine Preissenkung zu einer Erhöhung der Konsumausgaben. Bei unelastischer Nachfrage ($El_{dir} < 1$) gilt der umgekehrte Zusammenhang.

Zusammenhang zwischen Preiselastizität der Nachfrage, Ausgaben der Nachfrager und Erlösen der Anbieter

Preisänderung \ Elastizität	Unelastische Nachfrage $El_{dir} < 1$	$El_{dir} = 1$	Elastische Nachfrage $El_{dir} > 1$
Preissenkung	Konsumausgaben und Erlöse sinken	Konsumausgaben und Erlöse konstant	Konsumausgaben und Erlöse steigen
Preiserhöhung	Konsumausgaben und Erlöse steigen	Konsumausgaben und Erlöse konstant	Konsumausgaben und Erlöse sinken

3.7, S. 147

Für die Anbieter ist eine Preiserhöhung mit dem Ziel einer Erlössteigerung also nur dann sinnvoll, wenn die Nachfrage unelastisch ist. Um Preiserhöhungen besser durchsetzen zu können, versuchen die Unternehmen daher, durch absatzpolitische Maßnahmen (z. B. Werbung, Service) die Nachfrageelastizität für die von ihnen angebotenen Produkte zu verringern, indem sie dem Verbraucher das Gefühl der Unentbehrlichkeit dieser Produkte vermitteln. Andererseits lässt sich für die Anbieter eine Ausdehnung der Absatzmenge bei gleichzeitiger Erlössteigerung nur dann erreichen, wenn die Nachfrage auf eine Preissenkung elastisch reagiert.

3.4.3 Indirekte Preiselastizität der Nachfrage (Kreuzpreiselastizität)

Die Nachfrage nach einem Gut hängt u. a. auch von den Preisen anderer Güter ab. Für die Anbieter von Autos ist es beispielsweise von Interesse, wie sich die Nachfrage nach Autos ändert, wenn der Benzinpreis z. B. durch eine Erhöhung der Mineralölsteuer auf Dauer steigt. Das Ausmaß der Nachfrageänderung nach einem Gut als Reaktion auf die Preisänderung eines anderen Gutes lässt sich mit der **indirekten Preiselastizität der Nachfrage (Kreuzpreiselastizität)** messen.

3.8, S. 148

D Die indirekte Preiselastizität der Nachfrage (Kreuzpreiselastizität) ist das Verhältnis zwischen der prozentualen Änderung der nachgefragten Menge eines Gutes zur prozentualen Preisänderung eines anderen Gutes. Sie gibt an, um wie viel Prozent sich die nachgefragte Menge eines Gutes ändert, wenn sich der Preis eines anderen Gutes um 1 % ändert.

F

$$El_{indir} = \frac{\text{prozentuale Änderung der Nachfragemenge für Gut 1}}{\text{prozentuale Preisänderung für Gut 2}} = \frac{\frac{\Delta x_1 \cdot 100}{x_1}}{\frac{\Delta p_2 \cdot 100}{p_2}} = \frac{\Delta x_1}{\Delta p_2} \cdot \frac{p_2}{x_1}$$

Dabei bedeuten: El_{indir} = indirekte Preiselastizität der Nachfrage, p_2 = ursprünglicher Preis des Gutes 2, Δp_2 = Veränderung des Preises p_2 in Euro, x_1 = ursprüngliche Nachfragemenge des Gutes 1, Δx_1 = Veränderung der Nachfragemenge von x_1 in Stück o. Ä.

Indirekte Preiselastizität bei Substitutions- und Komplementärgütern

3.2.3

Butter und Margarine sind **Substitutionsgüter. Steigt der Preis** für Butter, so **nimmt** die **Nachfrage** nach Margarine **zu** (= Rechtsverschiebung der Nachfragekurve für Margarine). Preisänderung und Mengenänderung entwickeln sich gleichgerichtet. Daher ist der Wert für **El_{indir} bei Substitutionsgütern positiv.** Je größer der Wert für El_{indir}, umso stärker ist die Konkurrenz zwischen den beiden Substitutionsgütern.

3.2.3

Autos und Autoreifen sind **Komplementärgüter. Sinkt der Preis** für Autos, so **nimmt** die **Nachfrage** nach Autoreifen **zu** (= Rechtsverschiebung der Nachfragekurve für Autoreifen). Preisänderung und Mengenänderung entwickeln sich entgegengesetzt. Daher ist der Wert für **El_{indir} bei Komplementärgütern negativ.**

3.4.4 Einkommenselastizität

3.9, S. 148

Die Nachfrage nach einem Gut hängt u. a. auch von der Einkommenshöhe der Haushalte (Y) ab. Das Ausmaß der Nachfrageänderung nach einem Gut als Reaktion auf eine Einkommensänderung lässt sich mit der Einkommenselastizität messen.

D Die Einkommenselastizität ist das Verhältnis zwischen der prozentualen Änderung der nachgefragten Menge eines Gutes zur prozentualen Änderung des Einkommens. Sie gibt an, um wie viel Prozent sich die nachgefragte Menge eines Gutes ändert, wenn sich das Einkommen um 1 % ändert.

F

$$El_y = \frac{\text{prozentuale Änderung der Nachfragemenge für Gut 1}}{\text{prozentuale Einkommensänderung}} = \frac{\frac{\Delta x \cdot 100}{x}}{\frac{\Delta Y \cdot 100}{Y}} = \frac{\Delta x}{\Delta Y} \cdot \frac{Y}{x}$$

Dabei bedeuten: Ely = Einkommenselastizität, Y = ursprüngliches Einkommen, ΔY = Veränderung des Einkommens in €, x = ursprüngliche Nachfragemenge, Δx = Veränderung der Nachfragemenge in Stück o. Ä.

Superiore Güter

Einkommenselastizität bei superioren Gütern:

Steigt das Einkommen der Bevölkerung, so steigt die Nachfrage nach Luxusgütern (z. B. Champagner, Kaviar). Solche Güter werden als **superiore Güter** bezeichnet. Einkommensänderung und Änderung der nachgefragten Menge entwickeln sich gleichgerichtet. Die Einkommenselastizität hat ein positives Vorzeichen.

D Bei superioren Gütern hat die Einkommenselastizität einen positiven Wert.

Inferiore Güter

Einkommenselastizität bei inferioren Gütern:

Güter, die bei steigendem Einkommen der Bevölkerung durch höherwertige Güter ersetzt werden (z. B. Margarine durch Butter), werden als inferiore Güter bezeichnet. Einkommensänderung und Änderung der nachgefragten Menge entwickeln sich entgegengesetzt. Die Einkommenselastizität hat ein negatives Vorzeichen.

D Bei superioren Gütern hat die Einkommenselastizität einen positiven Wert.

ENGEL-SCHWABEsches Gesetz

Die beiden preußischen Statistiker Ernst ENGEL (1821–1896) und Hermann SCHWABE (1830–1874) haben im 19. Jahrhundert empirisch nachgewiesen, dass mit steigendem Einkommen die Nachfrage nach Nahrungsmitteln (ENGEL) bzw. Wohnraum (SCHWABE) zunimmt, während der prozentuale Anteil der Ausgaben für Nahrungsmittel und Wohnraum an den Gesamtausgaben abnimmt **(ENGEL-SCHWABEsches Gesetz).** Das bedeutet, dass die Einkommenselastizitäten für Nahrungsmittel und Wohnraum zwar positiv, aber < 1 sind.

3.4.5 Anwendungsfälle der Nachfrageelastizitäten im Überblick

Elastizität	Definition und Wertebereiche	Anwendung
Direkte Preiselastizität der Nachfrage	$El_{dir} = \frac{\Delta x}{\Delta p} \cdot \frac{p}{x}$	< 0 → Regelfall (normales Gut) > 0 → VEBLEN-Effekt[1]
	Elastizitätsbereiche und Extremfälle	
	$El_{dir} > \|1\|$	→ elastische Nachfrage; Erlösminderung bei Preiserhöhung und umgekehrt
	$El_{dir} < \|1\|$	→ unelastische Nachfrage, Erlössteigerung bei Preiserhöhung und umgekehrt
	$El_{dir} = \|1\|$	→ isoelastische Nachfrage, Erlös bleibt konstant bei Preisveränderung
	$El_{dir} = 0$	→ vollkommen starre Nachfrage
	$El_{dir} = \infty$	→ vollkommen elastische Nachfrage
Indirekte Preiselastizität der Nachfrage (Kreuzpreiselastizität)	$El_{indir} = \frac{\Delta x_1}{\Delta p_2} \cdot \frac{p_2}{x_1}$	> 0 → Substitutionsgüter < 0 → Komplementärgüter = 0 → indifferente Güter
Einkommenselastizität	$El_Y = \frac{\Delta x}{\Delta Y} \cdot \frac{Y}{x}$	> 0 → superiore Güter (Nichtsättigungsgüter) < 0 → inferiore Güter = 0 → Sättigungsgüter
Einkommenselastizität bei Nahrungsmitteln und Wohnraum	Wertebereich: $0 < El_Y < 1$	→ ENGEL-SCHWABEsches Gesetz

1 Nach Thorstein Veblen (1857–1929): Konsumeffekt der insbesondere bei Prestigegütern zu anormalen Nachfragereaktionen führt. Die Nachfrage steigt mit steigendem Preis, da die Konsumenten mit dem Hochpreis-Produkt ein hohes Prestige erkaufen wollen (Einkommensdemonstration/Geltungskonsum).

Zusammenfassung Kapitel 3: Nachfrage privater Haushalte am Gütermarkt

Allgemeine individuelle Nachfragefunktion $x^N_1 = f(p_1, p_2, ..., p_n, y, u, ...)$
Bestimmungsfaktoren der nachgefragten (= nutzenmaximalen) Menge von Gut 1:
Preis des Gutes 1, Preise anderer Güter, Einkommen, Bedürfnisstruktur/Nutzeneinschätzung, ...

↓

Anwendung der c.p.-Annahme

↓

Spezielle Nachfragefunktionen

↓

$x^N_1 = f(p_1)$
Nachfragekurve (Preis-Konsum-Kurve)

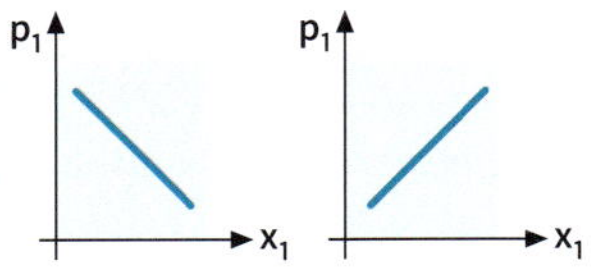

normaler Verlauf („Gesetz der Nachfrage")

anomaler Verlauf
- Giffen-Güter
- Veblen-Effekt

$x^N_1 = f(p_2)$

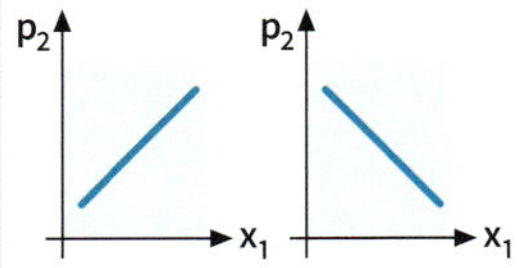

x_1 und x_2: **Substitutionsgüter**

x_1 und x_2: **Komplementärgüter**

$x^N_1 = f(y)$
Einkommens-Konsum-Kurve

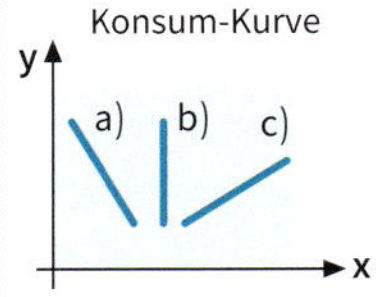

a) **Inferiores Gut**
b) **Sättigungsgut**
c) **Superiores Gut**

$x^N_1 = f$ **(Bedürfnisstruktur, Werbung, ...)**
Bedarfsbeeinflussung durch Werbung
↓
soziologische und psychologische Bestimmungsfaktoren
- Veblen-Effekt (Prestige)
- Mitläufer-Effekt
- Snob-Effekt

Zusammenfassung Kapitel 3: Nachfrage privater Haushalte am Gütermarkt

Aggregation der individuellen Nachfrage = Gesamtnachfrage (Marktnachfrage)
Allgemeine Gesamtnachfragefunktion: $X^N_1 = f(p_1, p_2, ..., p_n, Y, D, U, Z ...)$
Bestimmungsfaktoren der insgesamt nachgefragten Mengen von Gut 1: Preis des Gutes, Preise anderer Güter, Einkommen aller Haushalte, Einkommens- und Vermögensverteilung, Bedürfnisstruktur und Zahl der Haushalte

↓

Anwendung der c.p.-Annahme

↓

Gesamtnachfragekurve: $x^N_1 = f(p_1)$

Änderung des Preises (p_1) des Gutes (X_1)
= Bewegung auf der Kurve
= Änderung der nachgefragten Menge

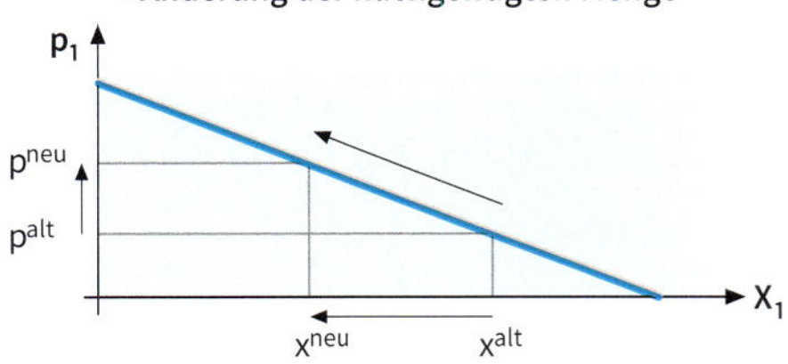

Änderung anderer Bestimmungsfaktoren (z. B. Y)
= Verschiebung der Kurve
= Änderung der Nachfrage

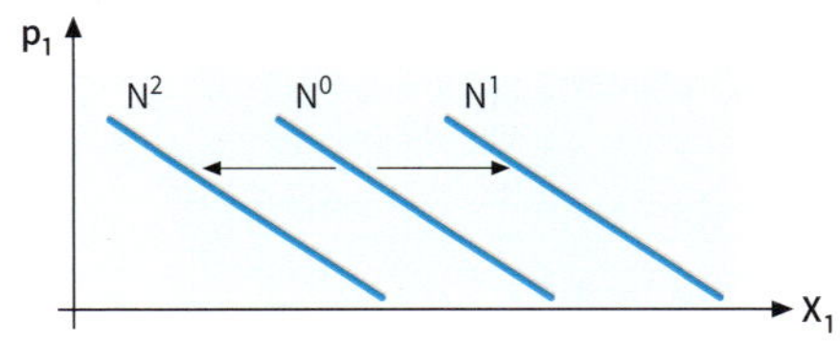

Nachfrageelastizität =
prozentuale Änderung der nachgefragten Menge bei Änderung der unabhängigen Variablen um 1 %

Kreuzpreiselastizität

$$El_{indir} = \frac{\Delta x_1 \cdot p_2}{\Delta p_2 \cdot x_1}$$

(indirekte Preiselastizität der Nachfrage)

- El > 0 → Substitutionsgüter
- El < 0 → Komplementärgüter
- El = 0 → indifferente Güter

Direkte Preiselastizität der Nachfrage

$$El_{dir} = \frac{\Delta x_1 \cdot p_1}{\Delta p_1 \cdot x_1}$$

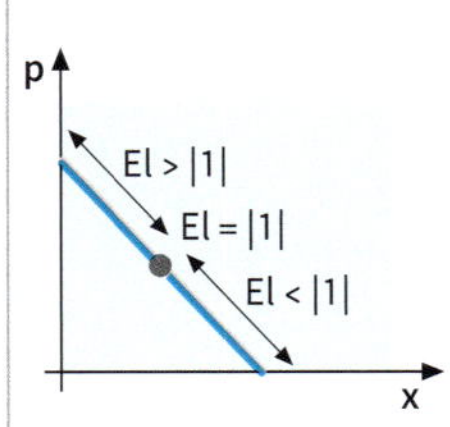

- El < 0 → Normales Gut
- El > 0 → Veblen-Effekt
- El > |1| → elastisch
- El < |1| → unelastisch
- Extremfälle: Konst. El
- El = 0, El = 1, El = ∞

Einkommenselastizität

$$El_y = \frac{\Delta x_1 \cdot y}{\Delta y \cdot x_1}$$

- El > 0 → superiore Güter
- El < 0 → inferiore Güter
- El = 0 → Sättigungsgüter

$0 < El_Y < 1$: ENGEL-SCHWABEsches Gesetz

Aufgaben zu Kapitel 3: Nachfrage privater Haushalte am Gütermarkt

3.1 Individuelle Nachfrage

Ein Haushalt wird im Rahmen einer Marktanalyse über den geplanten Verbrauch von Erfrischungsgetränken in Abhängigkeit vom Preis der Getränke befragt. Die Befragung ergibt folgendes Ergebnis:

Preis je Einheit (p)	10	9	8	7	6	5	4	3	2	1	0
geplante Verbrauchsmengen in einem bestimmten Zeitraum (x^N)	0	1	2	3	4	5	6	7	8	9	10

1. Zeichnen Sie die durch die Befragung ermittelten Preis-Mengen-Kombinationen als Punkte in ein Koordinatensystem ein.
2. Erläutern Sie die Annahmen, die getroffen werden müssen, wenn die als Punkte dargestellten Preis-Mengen-Kombinationen zu einer stetigen Nachfragekurve (Preis-Konsum-Kurve) verbunden werden sollen.
3. Ermitteln Sie die Sättigungsmenge im vorliegenden Fall und erklären Sie diese Menge.
4. Ermitteln Sie den Prohibitivpreis im vorliegenden Fall und erklären Sie diesen Preis.
5. Als Nachfragefunktion lässt sich der Zusammenhang zwischen Preis und Menge für den vorliegenden Fall wie folgt darstellen: $x^N = -p + 10$

   Erläutern Sie den Verlauf dieser Nachfragefunktion und begründen Sie, warum hier ein normales Nachfrageverhalten zugrunde liegt.

3.2 Abhängigkeit der Nachfrage von den Preisen anderer Güter und vom Einkommen

1. Einfluss der Preise anderer Güter: Fall 1

   a) Erläutern Sie den in der Abb. 1 dargestellten Zusammenhang. Geben Sie an, um welche Art von Gütern es sich bei x_1 und x_2 handelt, indem Sie die Beziehung zwischen diesen beiden Gütern untersuchen.

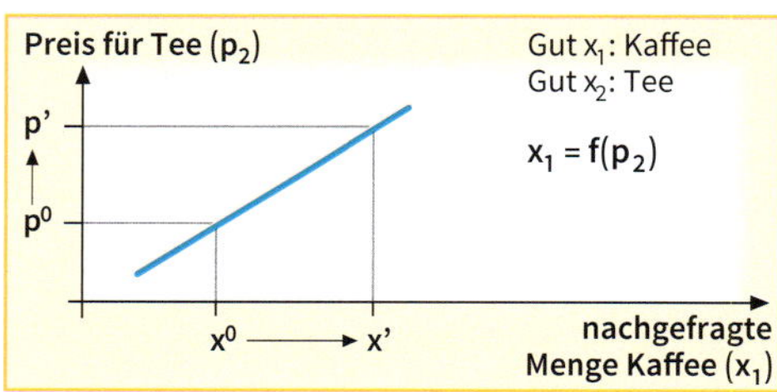

Abb. 1

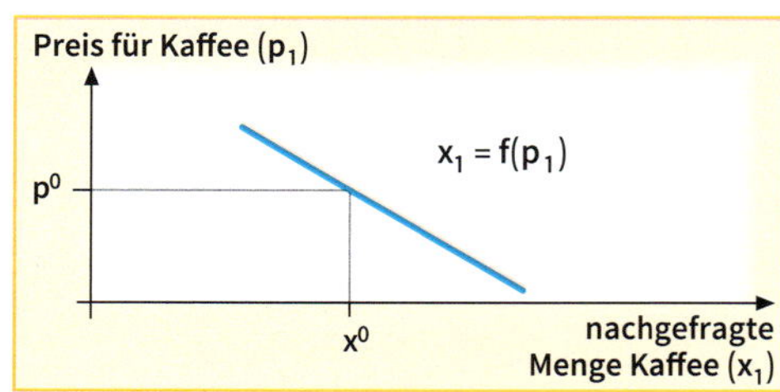

Abb. 2

   b) Erläutern Sie den Unterschied zwischen den in Abb. 1 und Abb. 2 dargestellten Nachfragekurven. Geben Sie an, wie sich eine Preiserhöhung für Tee auf die in Abb. 2 dargestellte Nachfragekurve (Preis-Konsum-Kurve) für Kaffee, den Preis für Kaffee sowie die nachgefragte Menge nach Kaffee auswirkt.

   c) Analysieren Sie, wie sich eine Preissenkung für Tee auf die Nachfragekurve für Kaffee (Abb. 2), den Preis für Kaffee sowie die nachgefragte Menge nach Kaffee auswirkt.

2. Einfluss der Preise anderer Güter: Fall 2

a) Erklären Sie den in der Abb. 3 dargestellten Zusammenhang. Geben Sie an, um welche Art von Gütern es sich bei x_1 und x_2 handelt, indem Sie die Beziehung zwischen diesen beiden Gütern untersuchen.

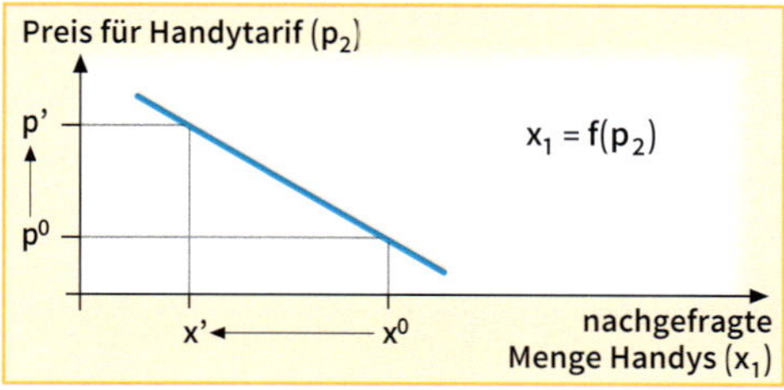

Abb. 3

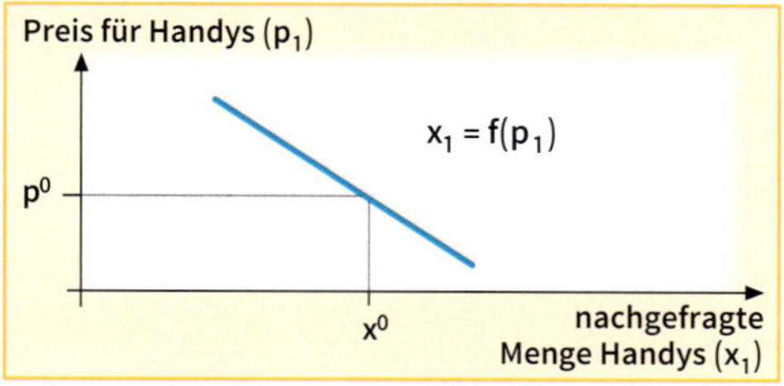

Abb. 4

b) Erläutern Sie den Unterschied zwischen den in Abb. 3 und Abb. 4 dargestellten Nachfragekurven. Geben Sie an, wie sich eine Preiserhöhung für Handytarife auf die in Abb. 4 dargestellte Nachfragekurve für Handys, den Preis für Handys sowie die nachgefragte Menge nach Handys auswirkt.

c) Analysieren Sie, wie sich eine Preissenkung für Handytarife auf die Nachfragekurve (Preis-Konsum-Kurve) für Handys (Abb. 4), den Preis für Handys sowie die nachgefragte Menge nach Handys auswirkt.

3. Einfluss der Preise anderer Güter: Fall 3

Erklären Sie, ob und ggf. wie sich eine Preiserhöhung für Obst (p_2) auf die Nachfragekurven in Abb. 2 und Abb. 4 auswirkt. Geben Sie an, um welche Art von Gütern es sich bei x_1 (Kaffee bzw. Handys) und x_2 (Obst) handelt, indem Sie die Beziehung zwischen diesen Gütern untersuchen.

4. Einfluss von Einkommensveränderungen

a) Erklären Sie die durch die Nachfragekurven (Einkommens-Konsum-Kurven) in Abb. 5 dargestellten Zusammenhänge. Welche der Kurven gilt für ein
- in allen Einkommensbereichen superiores Gut (Luxusgut),
- ein ab einer bestimmten Einkommenshöhe inferiores Gut (Nicht-Luxusgut),
- superiores Gut, das ab einer bestimmten Einkommenshöhe zum Sättigungsgut wird?

Begründen Sie Ihre Aussage.

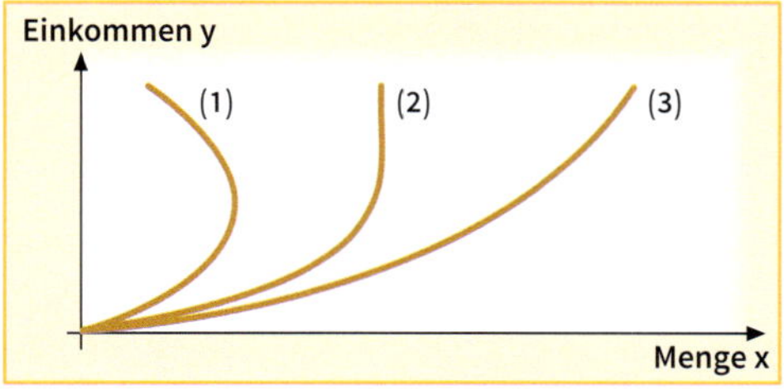

Abb. 5

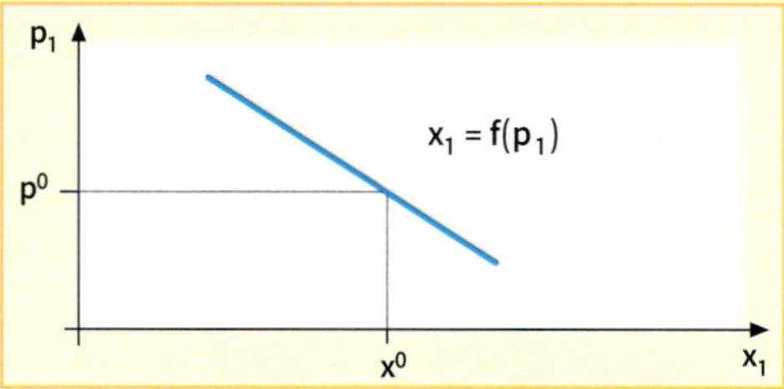

Abb. 6

b) Begründen Sie, wie sich eine Einkommenserhöhung auf die in Abb. 6 dargestellte Nachfragekurve, den Preis sowie die nachgefragte Menge auswirkt, wenn es sich bei dem Gut x_1 jeweils um ein
- superiores Gut
- inferiores Gut
- Sättigungsgut

handelt.

c) Diskutieren Sie, wie sich eine Einkommenssenkung in den Fällen von b) jeweils auswirken würde.

3.3 Gesamtnachfrage (Marktnachfrage)

Für ein neues Erfrischungsgetränk gelten folgende individuelle Nachfragefunktionen der Haushalte A, B und C:
Haushalt A: $x_A = 10 - p$
Haushalt B: $x_B = 12 - 2p$
Haushalt C: $x_C = 12 - 3p$

1. Ermitteln Sie nach folgendem Muster aus den individuellen Nachfragefunktionen der drei Haushalte die entsprechenden Preis-Mengen-Kombinationen und berechnen Sie die Gesamtnachfrage X^N.

Preis	10	9	8	7	6	5	4	3	2	1	0
x_A											
x_B											
x_C											
X^N											

2. Stellen Sie die drei individuellen Nachfragekurven in drei nebeneinander liegenden Koordinatensystemen dar.
3. Arbeiten Sie die Bestimmungsfaktoren der Gesamtnachfrage der drei Haushalte A, B und C heraus. Vergleichen Sie die unterschiedlichen Verläufe der Nachfragekurven der drei Haushalte und erklären Sie, worauf diese zurückzuführen sein könnten.
4. Stellen Sie in einem zusätzlichen Koordinatensystem die Gesamtnachfragekurve dar, indem Sie die drei individuellen Nachfragekurven zusammenfassen (= aggregieren).
5. Begründen Sie in der abgeleiteten Gesamtnachfragekurve die zwei Knicke.
6. In der Nachfragetheorie wird häufig von linear verlaufenden Gesamtnachfragekurven ausgegangen. Dazu wird angenommen, dass sehr viele Haushalte mit jeweils unterschiedlichen Nachfragekurven das Gut x nachfragen. Wegen der hohen Zahl der Nachfragekurven sind dann die vielen Knicke so wenig ausgeprägt, dass eine Gesamtnachfragekurve ohne Knicke (= lineare Gesamtnachfragekurve) unterstellt werden kann.

   Angenommen, die unter 4. ermittelte Gesamtnachfragekurve würde linear verlaufen. Der Prohibitivpreis beträgt 10 GE und die Sättigungsmenge 34 ME.

   Stellen Sie für diesen Fall die Gesamtnachfragefunktion auf.

3.4 Veränderung der Gesamtnachfrage (Marktnachfrage) – Substitutionsgüter – Komplementärgüter

Die folgenden Faktoren können im Zeitablauf zu Verschiebungen der Gesamtnachfragekurve für das Gut 1 von N^1 nach N^2 führen. Begründen Sie, in welchen der folgenden Fälle das Schaubild (Rechtsverschiebung der Kurve) stimmen würde.

a) Der Preis des Gutes 1 ist gesunken.
b) Für das Gut 1 wurde verstärkt Online- und TV-Werbung betrieben.
c) Das Einkommen der Konsumenten ist gestiegen.
d) Preissenkung eines Substitutionsgutes.
e) Preissenkung eines Komplementärgutes.
f) Die Zahl der Konsumenten hat zugenommen.
g) Die Nutzeneinschätzung des Gutes durch die Haushalte hat sich verringert.

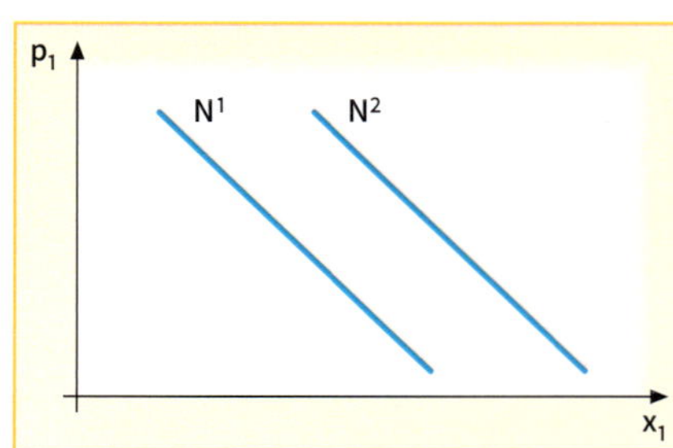

3.5 Direkte Preiselastizität der Nachfrage

Der Vorstand des Fußballclubs SCF möchte die Einnahmen aus dem Verkauf von Sitzplatzkarten für das heimische Stadion erhöhen. Derzeit liegt der Durchschnittspreis für Sitzplatzkarten bei 18,00 €.

Ein Marktforschungsinstitut wird beauftragt, das Zuschauerverhalten der SCF-Anhänger in Abhängigkeit vom Preis für Sitzplatzkarten unter der Annahme zu ermitteln, dass der derzeitige Tabellenplatz im oberen Drittel gefestigt und die attraktive Spielweise der letzten Saison beibehalten werden kann. Das Marktforschungsinstitut kommt zu folgendem Ergebnis:

Durchschnittlicher Preis in €	54,00	48,00	42,00	36,00	30,00	24,00	18,00	12,00	6,00
Zahl der nachgefragten Eintrittskarten	2 000	4 000	6 000	8 000	10 000	12 000	14 000	16 000	18 000

Teil I: Zusammenhang zwischen Preisveränderung und Erlös

1. Der Vorstand ist unschlüssig, ob er zur Erreichung des Ziels den Eintrittspreis um 6,00 € erhöhen oder senken soll. Welche Entscheidung sollte der Vorstand Ihrer Meinung nach treffen? Begründen Sie, warum es in diesem Fall tatsächlich zu einer Erhöhung der Einnahmen (= Erlöse) kommt.
2. Zeichnen Sie die Nachfragekurve in ein Koordinatensystem ein (siehe Arbeitsblatt) und kennzeichnen Sie die Auswirkungen des von Ihnen unter 1. unterbreiteten Vorschlags auf Preis und Menge.
3. Von einem Vorstandsmitglied wird vorgeschlagen, den Preis auf 30,00 € zu erhöhen.
   a) Prüfen Sie die Auswirkungen einer solchen Preiserhöhung.
   b) Geben Sie an, warum dieser Vorschlag vermutlich abgelehnt bzw. angenommen wird.

Teil II: Reaktion der Nachfrager auf Preisveränderungen

4. Dem Vorstand ist bekannt, dass der ortsansässige Eishockey-Club EHC vor einiger Zeit seine Eintrittspreise für Sitzplätze von zuvor durchschnittlich 12,00 € auf durchschnittlich 18,00 € erhöht hat. Darauf hin sind die Einnahmen des EHC gesunken.
   a) Erläutern Sie, warum es trotz gleicher Preiserhöhung von 6,00 € zu dieser unterschiedlichen Entwicklung beim SCS und EHC kommen kann.
   b) Vergleichen Sie dazu die jeweilige Preiserhöhung in Prozent. Begründen Sie ihre Antwort.

5. Die Dauerkarten für die VIP-Lounge im Stadion kosten derzeit 1.200,00 € pro Saison.
   a) Gehen Sie in eine „Murmelrunde“ mit Ihrer Sitznachbarin oder Ihrem Sitznachbarn und überlegen Sie, wie sich Ihrer Meinung nach eine Preiserhöhung um 6,00 € auf die nachgefragte Menge dieser VIP-Karten auswirkt?
   b) Erläutern Sie den Unterschied zu den Auswirkungen einer Preiserhöhung von ebenfalls 6,00 € bei den Einzelkarten des SCS (Aufgabe 1) und des EHC (Aufgabe 4).
   c) Vergleichen Sie dazu erneut die jeweilige Preiserhöhung in Prozent.
6. Nachfragereaktionen bei verschiedenen Gütern und verschiedenen Ausgangspreisen sind nur dann vergleichbar, wenn die **prozentualen** Preisänderungen und die dadurch ausgelösten **prozentualen** Mengenänderungen berücksichtigt werden.
   a) Drücken Sie die Preisveränderung aus Aufgabe 1 und die sich daraus ergebene Mengenänderung jeweils als Prozentzahl aus.
   b) Um wie viel Prozent würde sich in diesem Fall die Menge ändern, wenn sich der Preis lediglich um 1% ändern würde?

Teil III: Berechnung der Preiselastizität

7. Eine Zahl, die angibt, um wie viel Prozent sich die nachgefragte Menge ändert, wenn sich der Preis um 1% ändert, wird als **Preiselastizität** (El) bezeichnet. Sie kann wie folgt berechnet werden:

   $$El = \frac{\text{Mengenänderung in \%}}{\text{Preisänderung in \%}}$$

   a) Vervollständigen Sie die auf der Grundlage des Zuschauerverhaltens der SCF-Anhänger erstellte Tabelle (siehe Arbeitsblatt) und berechnen Sie für die einzelnen Preisänderungen die jeweilige Preiselastizität der Nachfrage.
   b) Leiten Sie die allgemeine Formel zur Berechnung der Preiselastizität der Nachfrage her.

8. Erläutern Sie, welche Entwicklung der Preiselastizitat sich feststellen lässt, wenn die Preise für die Eintrittskarten ausgehend vom niedrigsten Preis (6,00 €) laufend um 6,00 € erhöht werden würden.

9. Erklären Sie in eigenen Worten, die Elastizitätswerte von
   a) 4 und
   b) 0,25

   in der vorliegenden Tabelle.
   Formulieren Sie eine allgemeingültige Aussage darüber, was die Preiselastizitat der Nachfrage angibt.

10. Begründen Sie den Zusammenhang zwischen der Preiselastizitat der Nachfrage und der Entwicklung der Einnahmen (= Erlöse). Zeigen Sie auf, welche Feststellung gemacht werden kann, wenn die Preise für Eintrittskarten ausgehend vom niedrigsten Preis (6,00 €) laufend um 6,00 € erhöht werden.

11. Ist die Preiselastizitat größer als eins, liegt eine elastische Nachfrage vor. Bei einer Preiselastizitat kleiner als eins wird von einer unelastischen Nachfrage gesprochen. Prüfen Sie anhand dieser Aussage und der vorliegenden Tabelle, wie sich bei einer Preiserhöhung
    a) im elastischen Bereich,
    b) im unelastischen Bereich

    die Einnahmen (= Erlöse) verändern. Beschreiben Sie, worauf diese Entwicklung zurückzuführen ist.

12. Kennzeichnen Sie die unterschiedlichen Elastizitätsbereiche in der unter 1. erstellten Nachfragekurve.

13. Skizzieren Sie die Nachfragekurve für Eintrittskarten des EHC (Aufgabe 4) und kennzeichnen Sie den Elastizitätsbereich, wenn durch die Preiserhöhung um 6,00 € die nachgefragte Menge von 5000 Karten auf 2000 Karten zurückgegangen ist.
    a) Begründen Sie mithilfe der Elastizität der Nachfrage, warum sich im vorliegenden Fall die Preiserhöhung beim EHC anders auf die Einnahmen (Erlöse) auswirkt als die gleich hohe Preiserhöhung beim SCS. (Hilfestellung: Unterschied zwischen Steigung und Elastizität)
    b) Erstellen Sie dazu eine Skizze zur Erläuterung.

Teil IV: Binnendifferenzierung Unterschied zwischen Steigung und Elastizität

14. Es wird behauptet, die Nachfrage sei umso unelastischer je steiler die Nachfragekurve verläuft.
    a) Bestimmen Sie anhand der zu Aufgabe 2 erstellten Grafik für die Preisänderung von 12,00 € auf 18,00 € und von 36,00 € auf 42,00 € jeweils die Steigung der Nachfragekurve und die Preiselastizität der Nachfrage.
    b) Widerlegen Sie die o. g. Aussage anhand der Ergebnisse von a) und erläutern Sie den Unterschied zwischen der Steigung der Nachfragekurve und der Preiselastizität der Nachfrage.

3.6 Direkte Preiselastizität und Erlösentwicklung

1. Erklären Sie, welche Aussagen sich über die Höhe der Nachfrageelastizität in den Punkten A bis E der Nachfragekurve in Abb. 1 ableiten lassen.

2. Entscheiden Sie, welche Aussage (steigt oder sinkt der Erlös?) zutrifft zur Höhe der Nachfrageelastizität und damit der Veränderung des Erlöses der Anbieter in den Fällen a) bis d) der Tabelle zu Aufgabe 2. 0

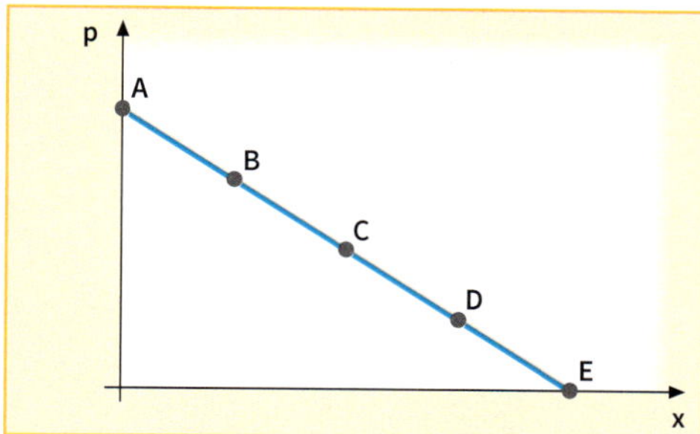

Abb. 1 zu Aufgabe 1

Fall	Direkte Preis-elastizität der Nachfrage	Veränderung des Preises
a)	0,6	steigt
b)	1,8	fällt
c)	1,2	steigt
d)	0,8	fällt

Tabelle zu Aufgabe 2

3.7 Elastische und unelastische Reaktion der Nachfrager

Angenommen, die Regierung eines Landes möchte die milcherzeugenden Betriebe in der Landwirtschaft unterstützen, um deren Einkommen zu sichern. Dazu legt sie einen staatlich garantierten Mindestpreis ($p^m = 8$ GE) für Milchprodukte fest, der über dem bisherigen Marktpreis ($p^0 = 6$ GE) liegt *(vgl. Abb. 1 und 2)*. Die Folge ist, dass keine Milchprodukte mehr zu einem niedrigeren Preis als 8 GE verkauft werden dürfen. Zum Marktpreis p^0 wurden bisher 100 Mio. ME Milchprodukte angeboten und nachgefragt. Durch die Preiserhöhung um 2 GE werden die Verbraucher veranlasst, weniger Milchprodukte nachzufragen. Die von ihnen nachgefragte Menge sinkt daher. Trotzdem soll für die Landwirte der Absatz (100 Mio. ME) gleich hoch bleiben. In Höhe der verringerten Verbrauchernachfrage muss die Regierung daher Milchprodukte aufkaufen, einlagern und anderweitig verwerten (z. B. exportieren oder vernichten).

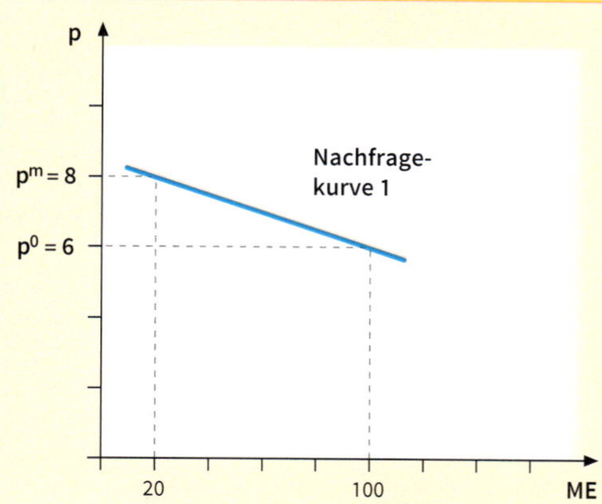

Abb. 1

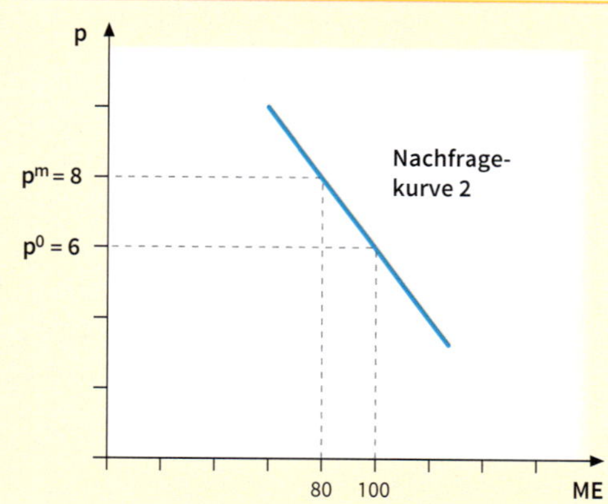

Abb. 2

1. Stellen Sie fest, in welchem Umfang (Mio. GE) die Regierung zur Stützung des Preises p^m jeweils Finanzmittel für den Aufkauf von Milchprodukten bereitstellen muss, wenn für die Milchprodukte die Gesamtnachfragekurve 1 (Abb. 1) bzw. 2 (Abb. 2) gilt.
2. Begründen Sie, worauf die unterschiedliche Belastung des Staatshaushalts durch die Stützungskäufe in den Fällen 1 und 2 zurückzuführen ist.
3. Berechnen Sie für beide Fälle die Preiselastizität der Nachfrage.

3.8 Verbrauchsteuern – Direkte und indirekte Preiselastizität der Nachfrage

„Die Finanzminister wissen schon seit langer Zeit, dass Zigaretten, alkoholische Getränke und Benzin sehr nützlich sind, um die Steuereinnahmen zu mehren. Die Einführung oder Erhöhung spezieller Verbrauchsteuern auf die verbrauchten Mengeneinheiten dieser Güter erhöht zwar deren Preis, verringert aber kaum die nachgefragte Menge. Für die Finanzminister ist diese Situation angenehm. Sie füllen ihre Kassen, ohne die Gans, die goldene Eier legt, zu schlachten."[1]

1. Beurteilen Sie, welche Aussage sich hinsichtlich der Höhe der Preiselastizität der Nachfrage bei den genannten Gütern treffen lässt.
2. Erklären Sie, warum die Preiselastizität der Nachfrage bei den genannten Gütern annähernd gleich ist.
3. Benennen Sie mögliche Substitute zur Filterzigarette aus Konsumentensicht. Recherchieren Sie im Internet die unterschiedlichen Auswirkungen auf die Gesundheit der Konsumenten.
4. Beurteilen Sie, ob
   a) aus gesundheitspolitischer Sicht eine Erhöhung der Tabaksteuer,
   b) aus umweltpolitischer Sicht eine Erhöhung der Mineralölsteuer
   Erfolg versprechend ist.
5. Zur Senkung der mit dem Rauchen verbundenen hohen Krankheitskosten, möchte die Regierung eine Tabaksteuererhöhung für Zigaretten vornehmen, die zu einer Preiserhöhung für Zigaretten von 10 % führt. Dadurch soll die Zahl der nachgefragten Zigaretten um mindestens 20 % zurückgehen.
   a) Berechnen Sie, wie hoch die direkte Preiselastizität der Nachfrage mindestens sein muss, um dieses Ziel mit der vorgenommenen Tabaksteuererhöhung zu erreichen.
   b) Marktforschungsergebnisse zeigen, dass die direkte Preiselastizität der Nachfrage nach Zigaretten in Wirklichkeit 0,8 beträgt. Berechnen Sie, um wie viel Prozent der Zigarettenpreis hätte steigen müssen, damit das Ziel, den Zigarettenkonsum um 20 % zu senken, erreicht werden kann.
   c) Die Steuer für Tabakverschnitt zum Selbstdrehen von Zigaretten wird nicht erhöht. Aufgrund der 10 %-igen Preiserhöhung für Zigaretten nimmt die Nachfrage nach diesem Tabak um 25 % zu. Ermitteln Sie die Höhe der indirekten Preiselastizität der Nachfrage für Tabakverschnitt. Beurteilen Sie, welche Rückschlüsse sich aus dem Vorzeichen der indirekten Preiselastizität ziehen lassen.
6. Der Finanzminister eines Landes plant zur Erhöhung der Steuereinnahmen eine Umsatzsteuer von 5 % auf den Verkauf von Zucker oder auf den Verkauf von Juwelen einzuführen. Es ist davon auszugehen, dass dadurch der Zucker- bzw. Juwelenpreis um 5 % steigen würde. Der Finanzminister untersagt, dass die direkte Preiselastizität der Nachfrage bei Zucker 0,44 und bei Juwelen 2,6 beträgt.
   Begründen Sie, welche der beiden Steuern ertragreicher ist.

3.9 Elastizitätsberechnungen – Direkte und indirekte Preiselastizität

1. Ehepaar A ging bisher zweimal monatlich ins Theater. Als aber die Preise für die Theaterkarten von 25,00 € auf 30,00 € erhöht wurden, schränkte Familie A den Theaterbesuch auf eine Vorstellung im Monat ein. Berechnen Sie die direkte Preiselastizität der Nachfrage.
2. Bisher ist Ehepaar A zweimal monatlich ins Kino gegangen. Wegen der Erhöhung der Theaterpreise von 25,00 € auf 30,00 € hat das Ehepaar den Theaterbesuch eingeschränkt und geht stattdessen jetzt dreimal monatlich ins Kino. Berechnen Sie die indirekte Preiselastizität der Nachfrage (Kreuzpreiselastizität).
3. Nachdem Herr A eine Einkommenserhöhung von 10 % erhalten hat, geht das Ehepaar jetzt wieder je zweimal monatlich ins Theater und ins Kino. Erklären Sie die vorliegende Einkommenselastizität in Bezug auf Theater- und Kinobesuch.

1 Quelle: Hardes, Heinz-Dieter & Mertes, Jürgen: Grundzüge der Volkswirtschaftslehre, 4. Aufl., München/Wien: Oldenbourg Verlag 1994, S. 132.

Ich kann...	Bitte ankreuzen		Wenn Nein: Siehe Seite(n) im Buch	Level/ Anforde-rungsniveau
	Ja	Nein		
3.1 Grundlagen der Nachfragetheorie der privaten Haushalte				**AFB**
... die Annahmen der privaten Haushalte im Wirtschaftsprozess nennen.			S. 116	I
... die Begriffe Nutzenmaximierung und optimaler Konsumplan erklären.			S. 116	I
3.2 Bestimmungsfaktoren der Nachfrage eines einzelnen Haushalts				
... die wesentlichen Bestimmungsfaktoren der Nachfrage für die allgemeine individuelle Nachfragefunktion nennen.			S. 117 f.	I
... den Verlauf der normalen individuellen Nachfragekurve Anhand eines selbstgewählten Beispiels erläutern.			S. 119 f.	II
... die Begriffe Sättigungsmenge und Prohibitivpreis erklären und deren Mengen ermitteln.			S. 120	II/I
... sich ergebenden Änderungen – bei normales Verlauf der individuellen Nachfragekurve – wenn der Preis des Gutes sinkt/steigt analysieren.			S. 120	III
... Substitutionsgüter erklären.			S. 121 f.	I
... die Veränderung der nachgefragten Menge, wenn der Preis des Substitutionsgutes steigt, analysieren und erklären, wie sich die Nachfragekurve verändert.			S. 121 f.	II
... Komplementärgüter erklären.			S. 122 f.	I
... die Veränderung der nachgefragten Menge, wenn der Preis eines Komplementärguts steigt, analysieren und erklären, wie sich die Nachfragekurve verändert.			S. 123	II
... eine Einkommenserhöhung auf die nachgefragte Menge eines superioren Gutes diskutieren.			S. 123 f.	III
... den Begriff des „Sättigungsgutes“ und des „inferioren Gutes“ erklären.			S. 124	I
... die sich ergebenen Änderungen der Bedürfnisstruktur und der Zukunftserwartungen auf die individuelle Nachfragekurve beurteilen.			S. 125 f.	III
... die Inhalte des VEBLEN-Effekts, Mitläufer-Effekts und Snob-Effekts wiedergeben und verstehen.			S. 126	I/II
3.3 Gesamtnachfrage (Marktnachfrage) für ein Gut				
... die Bestimmungsfaktoren der Gesamtnachfrage nennen.			S. 128 f.	I
... die Gesamtnachfrage erläutern.			S. 129 f.	I
... die Ursachen einer Rechts- bzw. Linksverschiebung der Gesamtnachfrage herausarbeiten.			S. 130 f.	II

4 Angebot privater Unternehmen am Gütermarkt

4.1 Grundannahmen der Angebotstheorie

4.6 Gesamtangebot

4.5 Individuelle Angebotskurve bei ertragsgesetzlichem Verlauf der Kostenkurve

4.2 Bestimmungsfaktoren des Angebots eines einzelnen Unternehmens

4.3 Gewinnmaximierung und Angebotsverhalten eines Unternehmens bei linearem Verlauf der Gesamtkostenkurve

4.7 Elastizität des Angebots

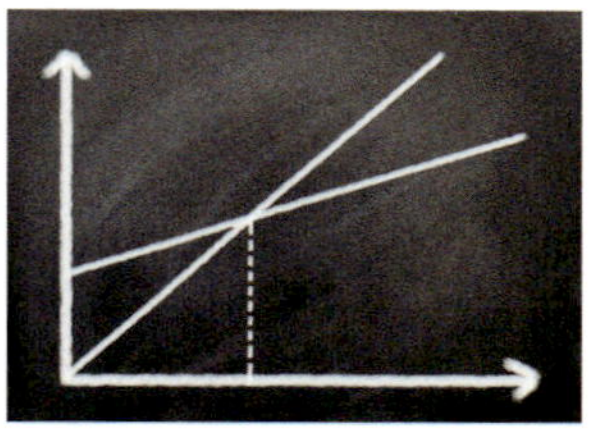

4.4 Gewinnmaximierung und Angebotsverhalten eines Unternehmens bei ertragsgesetzlichem Verlauf der Gesamtkostenkurve

4 Angebot privater Unternehmen am Gütermarkt

"

Jedes einzelne Unternehmen trägt durch seine Produktionsentscheidungen dazu bei, die Höhe und Zusammensetzung des Angebots an einzelnen Gütern zu bestimmen. Das Angebot der Unternehmen ist neben der Nachfrage der Konsumenten die entscheidende Größe, die in einer Marktwirtschaft das Zustandekommen und die Höhe der Preise für einzelne Güter bestimmt. Um die Preisbildung an Gütermärkten verstehen zu können, muss daher zunächst geklärt werden, wie das Angebot an Gütermärkten entsteht und wovon es abhängt. Da angenommen wird, dass private Unternehmen immer diejenige Menge anbieten, bei der ihr Gewinn möglichst groß ist (Gewinnmaximum), geht es in diesem Zusammenhang insbesondere auch um die Frage: Bei welcher Produktionsmenge liegt das Gewinnmaximum eines Unternehmens?

Da der Gewinn auch von den Kosten abhängt, müssen dazu die Kostenstrukturen eines Unternehmens analysiert und deren Einfluss auf Gewinnmaximum und Angebotsmenge festgestellt werden

4.1 Grundannahmen der Angebotstheorie

Lernziele:

Nach der Bearbeitung des Kapitels sind Sie in der Lage, Folgendes zu tun:

Sie ...

- ... nennen die Annahmen (Prämissen) der Angebotstheorie.
- ... nennen das Hauptziel der Unternehmer als Anbieter.
- ... erklären die Begriffe „Mengenanpasser“ und „Preisnehmer“.

Annahmen (Prämissen)

Bei der Untersuchung des Angebotsverhaltens wird von folgenden **Annahmen** (Prämissen) ausgegangen:

5.2.1

(1) Jedes private Unternehmen hat das Ziel, einen höchstmöglichen Gewinn zu erzielen **(Gewinnmaximierung).**

(2) Das Unternehmen stellt nur ein Gut her **(Einproduktunternehmen).**

(3) Die produzierte Menge kann auch abgesetzt werden (keine Lagerhaltung).

(4) Auf dem Markt, an dem das Unternehmen anbietet, gibt es viele **Konkurrenten** (Polypol).

(5) Der Markt, an dem das Unternehmen anbietet, ist ein **vollkommener Markt** (homogene Güter, keine Präferenzen, vollständige Markttransparenz).

(6) Aus den Annahmen (4) und (5) ergibt sich: Aufgrund der Vielzahl der Unternehmen ist der **Marktanteil** jedes einzelnen Unternehmens so **gering**, dass es **keinen Einfluss auf den Preis** hat, der sich am Markt ergibt.

B Ein Beispiel, bei dem diese Bedingungen annähernd erfüllt sind, ist der Weizenanbau in den USA. Dort gibt es Zehntausende von Weizenbauern, von denen jeder einzelne nur einen sehr kleinen Prozentsatz der gesamten Weizenernte eines Jahres produziert.

Da die Weizenqualität annähernd überall gleich ist, richten sich die Nachfrager ausschließlich nach dem Preis des angebotenen Weizens. Ein einzelner Weizenbauer kann aber mit seinem Preis nicht von dem Preis abweichen, der sich am Markt ergibt und zu dem alle anderen mit ihm konkurrierenden Weizenbauern ihre Produktion verkaufen. Würde nämlich ein Weizenbauer als **Einziger** den **Preis über dem Marktpreis** festlegen, würde er nichts mehr verkaufen können und seinen gesamten Absatz an die Konkurrenten verlieren, die dieses Gut preisgünstiger anbieten. Würde der Weizenbauer hingegen als **Einziger** den **Preis unter dem Marktpreis** festlegen, würde ihm zwar die gesamte zu diesem Preis am Markt herrschende Nachfrage zufallen. Aufgrund seines geringen Marktanteils und seiner begrenzten Produktionskapazitäten könnte er aber die sich auf ihn konzentrierende Gesamtnachfrage nicht befriedigen. Außerdem würde er in diesem Fall nicht seinen Gewinn maximieren (siehe Annahme 1), da er seinen Weizen freiwillig zu einem niedrigeren als dem erzielbaren Marktpreis verkauft.

Daraus folgt: Der **Marktpreis** ist für jedes einzelne Unternehmen ein **Datum** (= unveränderbare Größe). Das einzelne Unternehmen kann seinen Gewinn **nur** durch eine **Veränderung** der **Angebotsmenge**, nicht aber durch eine Veränderung des Preises beeinflussen. Das Unternehmen ist somit **Mengenanpasser** und **Preisnehmer.** Diese Situation entspricht einem Markt mit **vollständiger Konkurrenz** (= Polypol auf dem vollkommenen Markt).

5.2.1

4.2 Bestimmungsfaktoren des Angebots eines einzelnen Unternehmens

Lernziele:

Nach der Bearbeitung des Kapitels sind Sie in der Lage, Folgendes zu tun:

Sie ...

- ... nennen die Bestimmungsfaktoren des individuellen Angebots eines Unternehmens.
- ... unterscheiden zwischen einer allgemeinen und einer speziellen Angebotsfunktion.
- ... erläutern den Zusammenhang zwischen Kosten, Erlösen und Gewinn.
- ... erklären die Ursachen unterschiedlicher Kostenverläufe.

4.2.1 Allgemeine und spezielle Angebotsfunktion eines Unternehmens

Am Beispiel des Angebotsverhaltens eines Brezelbäckers lassen sich u. a. folgende Bestimmungsfaktoren des Angebots ableiten. Dabei wird die angebotene Menge an Brezeln (= Gut 1) mit x_1^A bezeichnet.

- **Preis des Gutes (p_1)**: Wenn der Preis für eine Brezel langfristig auf 0,50 € sinkt, die dem Hersteller entstehenden Kosten für eine Brezel (= Stückkosten) aber bei 0,60 € liegen, müsste dieses Unternehmen langfristig die Produktion einstellen und sich aus dem Markt zurückziehen. Die Angebotsmenge dieses Unternehmens beträgt dann null. Bei jedem Preis, der über den Stückkosten liegt, würde das Unternehmen dagegen seine Angebotsmenge so lange ausdehnen, bis es sein Gewinnmaximum erreicht hat.

- **Kosten der Produktionsfaktoren und Vorprodukte** (K_{fix}, k_v): Wenn die Einkaufspreise für Rohstoffe und Zutaten (z. B. Teiglinge) oder die Kosten der Produktionsfaktoren (z. B. Löhne) steigen, führt das bei gleich bleibendem Verkaufspreis zu einer Gewinnminderung. Kostenerhöhungen können somit dieselbe Wirkung haben wie sinkende Verkaufspreise. Liegen die Stückkosten über dem Verkaufspreis, entsteht ein Verlust. Das Unternehmen stellt in diesem Fall daher langfristig die Produktion ein.
- **Technologie**: Der Einsatz neuer Technologien (z. B. energiesparende Backvorrichtung) senkt die Produktionskosten, sodass bei unverändertem Preis ein höherer Gewinn entsteht.
- **Erwartungen**: Sind die Absatz- und Gewinnerwartungen des Unternehmens positiv, wird es versuchen, seine Kapazitäten zu erhöhen. Die angebotene Menge steigt in diesem Fall.

Allgemeine Angebotsfunktion

Der beschriebene Zusammenhang lässt sich als **allgemeine Angebotsfunktion eines einzelnen Produzenten** folgendermaßen darstellen:

F

$$\underbrace{x^A_1}_{\text{angebotene Menge = Wirkung}} = \underbrace{f(p_1, K_{fix}, k_v, \text{technisches Wissen, Erwartungen}, \ldots)}_{\text{Bestimmungsfaktoren = Ursachen}}$$

3.2.1 Die Zusammenhänge des Angebotsverhaltens sind jedoch nur sehr schwer zu erkennen, wenn sich mehrere Bestimmungsfaktoren gleichzeitig ändern. Deshalb werden – wie beim Nachfrageverhalten – jeweils nur die Wirkungen **eines** dieser Einflussfaktoren untersucht. Alle anderen Faktoren werden dabei als unverändert (konstant) angenommen (Abstraktion). Unter Anwendung der Ceteris-paribus-Bedingung lassen sich auf diese Weise aus der **allgemeinen Angebotsfunktion** eines Unternehmens mehrere **spezielle Angebotsfunktionen** ableiten.

Spezielle Angebotsfunktion

Wird in der Volkswirtschaftslehre von einer Angebotsfunktion (Angebotskurve) gesprochen, so ist üblicherweise damit die **spezielle Angebotsfunktion** gemeint, bei der **nur** die Wirkung des Preises eines Gutes (p_1) auf die angebotene Menge dieses Gutes (x_1) untersucht wird:

F

$$x_1 = f(p_1)$$

Der Preis ist dabei die **einzige** Ursache. Für alle übrigen Einflussgrößen wird unter Anwendung der Ceteris-paribus-Bedingung angenommen, dass sie unverändert bleiben.

4.2.2 Einfluss von Preis und Kosten auf die Angebotsmenge

Da private Unternehmen das Ziel der **Gewinnmaximierung** verfolgen, entspricht ihre **Angebotsmenge** derjenigen Produktionsmenge, bei der unter Beachtung des vom Markt vorgegebenen Preises der höchstmögliche Gewinn erzielt wird. Es muss daher zunächst geklärt werden, bei welcher Produktionsmenge ein Unternehmen bei gegebenem Preis sein **Gewinnmaximum** erreicht (**= optimaler Produktionsplan**).

Erlös, Kosten und Gewinn

Der **Gewinn** (G) eines Unternehmens ergibt sich aus der Differenz zwischen dem **Erlös** (E) und den bei der Produktion entstandenen **Kosten** (K).

F

Gewinn = Erlös – Kosten

$$G = E - K$$

Der **Erlös** (E) ergibt sich aus der Multiplikation des für eine Einheit des Gutes erzielten Preises (p) mit der zu diesem Preis abgesetzten Menge (x).

F

Erlös = Absatzpreis je Stück · Absatzmenge

$$E = p \cdot x$$

Entsprechend den Annahmen der Angebotstheorie kann ein einzelnes Unternehmen aufgrund der Konkurrenzverhältnisse den Marktpreis (p) nicht beeinflussen *(siehe Annahme Nr. 6 auf S. 152)* und muss ihn als gegebene (konstante) Größe akzeptieren (Preisnehmer). Folglich kann das Unternehmen den Erlös (E) nur dadurch beeinflussen, indem es seine Produktionsmenge (x) verändert (Mengenanpasser). Die auf der **Erlösfunktion E = p · x** beruhende **Erlöskurve** hat daher in diesem Fall einen **linearen Verlauf** in Form einer Geraden aus dem Ursprung mit der **Steigung p** *(vgl. Abb. S. 158).*

Kostenbegriffe und Kostenfunktionen

Die **Gesamtkosten** (K_g) setzen sich aus fixen und variablen Kosten zusammen. **Fixe Kosten** (K_f) ändern sich bei einer Änderung der Produktionsmenge nicht (z. B. Pacht für Betriebsgebäude, Abschreibung auf Maschinen). **Variable Kosten** ändern sich dagegen mit einer Änderung der Produktionsmenge (z. B. Energieverbrauch einer Maschine, Materialverbrauch). Die **gesamten variablen Kosten** (K_v) ergeben sich aus der Multiplikation der **variablen Kosten je Stück** (k_v) mit der **Produktionsmenge** (x).

F

Gesamtkosten = fixe Kosten + variable Kosten je Stück · Produktionsmenge

$$K = K_f + k_v \cdot x$$

Unterschiedliche Kostenverläufe

In Abhängigkeit davon, ob und wie sich die **variablen Kosten je Stück** (k_v) bei einer Änderung der Produktionsmenge ändern, können folgende Fälle unterschieden werden *(vgl. Tab. und Abb. S. 156):*

1. Die variablen Kosten je Stück (k_v) bleiben bei einer Veränderung der Produktionsmenge konstant (z. B. gleich bleibende Stückpreise für benötigte Rohstoffe). Die gesamten variablen Kosten (K_v) erhöhen sich in diesem Fall **proportional** zur steigenden Produktionsmenge. Daraus ergibt sich ein **linearer Verlauf** der Kurve der gesamten variablen Kosten (K_v) und der Gesamtkostenkurve (K_g).

2. Die variablen Kosten je Stück (k_v) sinken bei zunehmender Produktionsmenge (z. B. sinkende Stückpreise für die benötigten Rohstoffe aufgrund von Mengenrabatten). Die gesamten variablen Kosten (K_v) erhöhen sich in diesem Fall **unterproportional** zur steigenden Produktionsmenge. Daraus ergibt sich ein **degressiv steigender** Verlauf der Kurve der gesamten variablen Kosten (K_v) und der Gesamtkostenkurve (K_g).

3. Die variablen Kosten je Stück (k_v) steigen bei zunehmender Produktionsmenge (z. B. höhere Energiekosten bei höherer Drehzahl von Motoren). Die gesamten variablen Kosten (K_v) erhöhen sich in diesem Fall **überproportional** zur steigenden Produktionsmenge. Daraus ergibt sich ein **progressiv steigender** Verlauf der Kurve der gesamten variablen Kosten (K_v) und der Gesamtkostenkurve (K_g).

4. Die variablen Kosten je Stück (k_v) sinken zunächst bei zunehmender Produktionsmenge (siehe Fall 2), sodass die gesamten variablen Kosten (K_v) zunächst **unterproportional** steigen. Ab einer bestimmten Produktionsmenge steigen jedoch die variablen Kosten je Stück (k_v) bei zunehmender Produktionsmenge (siehe Fall 3), sodass die gesamten variablen Kosten (K_v) ab dieser Produktionsmenge **überproportional** steigen. Daraus ergibt sich ein **s-förmiger Verlauf** der Kurve der gesamten variablen Kosten (K_v) und der Gesamtkostenkurve (K_g).

Kostenverläufe für unterschiedliche Veränderungen der variablen Kosten bei Erhöhung der Produktionsmenge								
Produktionsmenge (Stück)	Variable Kosten in €							
	Fall 1 proportionale Kosten		Fall 2 unterproportionale Kosten		Fall 3 überproportionale Kosten		Fall 4 zunächst unter-, dann überproportionale Kosten	
	je Stück k_v	Gesamt $K_v = K_g$	je Stück k_v	Gesamt $K_v = K_g$	je Stück k_v	Gesamt $K_v = K_g$	je Stück k_v	Gesamt $K_v = K_g$
0	–	0	–	0	–	0	–	0
100	20,00	2.000	16	1.600	22	2.200	60	6.000
200	20,00	4.000	12	2.400	25	5.000	40	8.000
300	20,00	6.000	10	3.000	30	9.000	40	12.000
400	20,00	8.000	8	3.200	38	15.200	55	22.000

Da die fixen Kosten (Kf) unberücksichtigt bleiben, sind die gesamten variablen Kosten (Kv) ausnahmsweise gleich den Gesamtkosten (Kg). Fall 4 stellt eine Kombination der Fälle 2 und 3 dar.

Verläufe der variablen Kosten

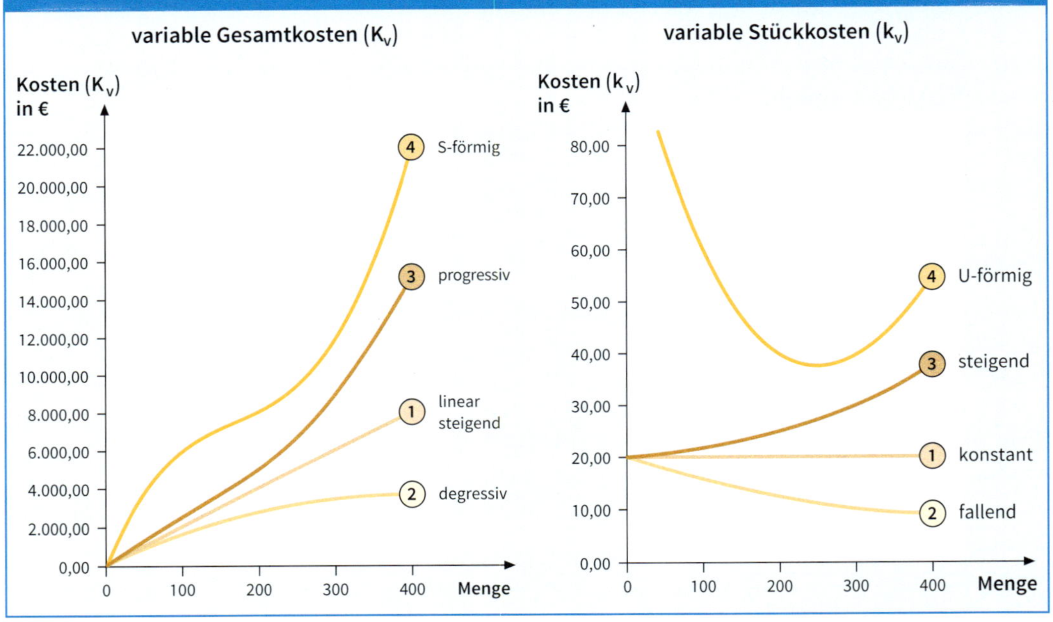

In Abhängigkeit davon, wie sich die variablen Kosten bei einer Änderung der Produktionsmenge jeweils entwickeln, lassen sich für die **Bestimmung des Gewinnmaximums** folgende beiden Fälle unterscheiden: linearer Verlauf der Gesamtkosten und nicht-linearer Verlauf der Gesamtkosten

4.3 Gewinnmaximum und Angebotsverhalten eines Unternehmens bei linearem Verlauf der Gesamtkostenkurve

Lernziele:

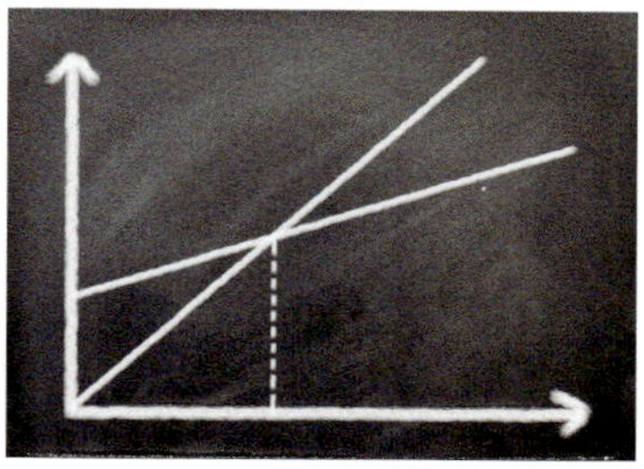

Nach der Bearbeitung des Kapitels sind Sie in der Lage, Folgendes zu tun:

Sie ...

- ... erläutern den Begriff „Gewinnschwelle" („Break-even-Point").
- ... berechnen die Gewinnschwelle.
- ... ermitteln die gewinnmaximale Produktionsmenge eines Unternehmens bei linearem Verlauf der Gesamtkosten in Gesamt- und Stückbetrachtung und leiten daraus die Gewinnmaximierungsregel bei linearem Kostenverlauf ab.
- ... erklären den Begriff „Fixkostendegression" („Gesetz der Massenproduktion").
- ... erläutern die langfristige Preisuntergrenze eines Unternehmens bei linearem Kostenverlauf.
- ... stellen den Verlauf der Angebotskurve eines einzelnen Unternehmens bei linearem Verlauf der Gesamtkosten dar.

Gewinnschwelle

Bleiben die variablen Kosten je Stück bei jeder Produktionsmenge unverändert, so hat die auf der **Kostenfunktion $K = K_f + k_v \cdot x$** beruhende **Gesamtkostenkurve** einen linearen Verlauf *(vgl. Abb. S. 158 oben).*

D Die Produktionsmenge, bei der Erlös und Kosten gleich groß sind und der Gewinn demzufolge null ist, wird als Gewinnschwelle (Break-even-Point) bezeichnet.

Je weiter die Produktionsmenge über die Gewinnschwelle hinaus ausgedehnt wird, desto mehr steigt der Gewinn, da die Differenz aus Erlösen und Kosten immer größer wird.

4.1, S. 182

D **Berechnung der Gewinnschwelle**
Die Gewinnschwelle liegt bei derjenigen Produktionsmenge, bei der sich Erlöskurve und Kostenkurve schneiden (E = K). Rechnerisch lässt sich diese Menge wie folgt ermitteln:

F

$$E = K$$
$$p \cdot x = K_f + k_v \cdot x$$
$$x \cdot (p - k_v) = K_f$$
$$x = \frac{K_f}{p - k_v}$$

Kapazitätsgrenze – Gewinnmaximum

B Für die Herstellung von Butterbrezeln in Arnos Brezelbäckerei gelten folgende Daten:

Preis je Brezel	maximale Produktionsmenge	Fixkosten (K_f)	variable Stückkosten (k_v)
1,00 €	1000 Stück pro Tag	150,00 € pro Tag	konstant 0,50 €

Daraus ergeben sich die in den folgenden Abbildungen dargestellten Zusammenhänge. Im vorliegenden Fall liegt die **Kapazitätsgrenze** bei 1 000 Stück. Für diese Produktionsmenge lassen sich folgende Größen ermitteln:

Gesamtgrößen	**Stückgrößen**
Erlös: $E = p \cdot x$ $E = 1{,}00\,€ \cdot 1\,000$ Stück $= 1.000{,}00\,€$	Preis: $p = 1{,}00\,€$
Gesamtkosten: $K_g = K_f + k_v \cdot x$ $K_g = 150{,}00\,€ + 0{,}50\,€ \cdot 1\,000$ Stück $= 650{,}00\,€$	Stückkosten: $k_g = \frac{K_f}{x} + k_v$ $k_g = 150{,}00\,€/1\,000$ Stück $+ 0{,}50\,€ = 0{,}65\,€$
Gesamtgewinn: $G = E - K$ $G = 1.000{,}00\,€ - 650{,}00\,€ = 350{,}00\,€$	Stückgewinn: $g = p - k$ $g = 1{,}00\,€ - 0{,}65\,€ = 0{,}35\,€$

D Bei linearem Verlauf der Gesamterlös- und der Gesamtkostenkurve liegt das Gewinnmaximum immer bei der größtmöglichen Produktionsmenge (Kapazitätsgrenze).

Linearer Verlauf der Gesamterlös- und der Gesamtkostenkurve

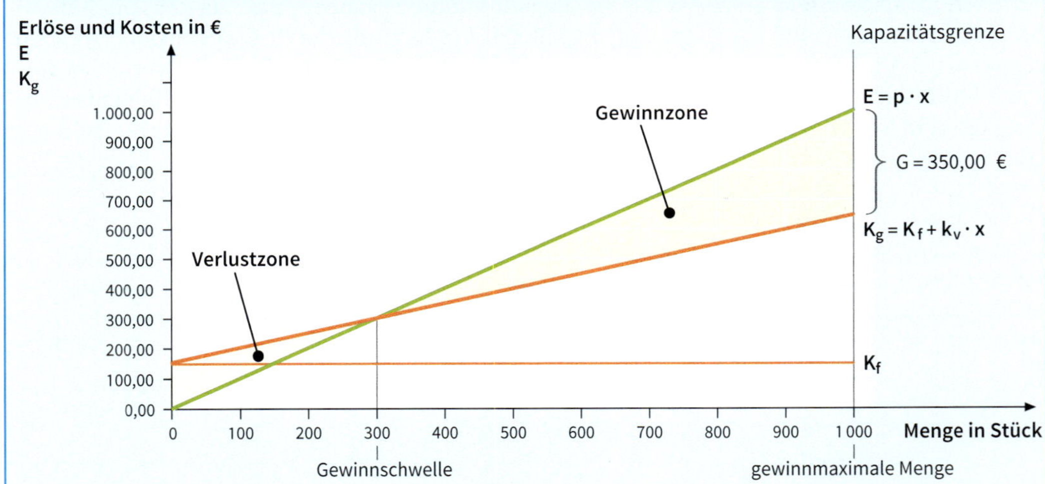

Diese Zusammenhänge lassen sich auch anhand von **Stückerlös** und **Stückkosten** verdeutlichen. Dazu müssen Gesamterlös (E) und Gesamtkosten (K_g) durch die Produktions- und Absatzmenge (x) geteilt werden. Der Erlös je Stück (e) ist identisch mit dem Preis (p).

Stückbetrachtung

F

$$\text{Stückerlös} = \frac{\text{Gesamterlös (E)}}{\text{Absatzmenge (x)}} = \frac{\text{Stückpreis (p)} \cdot \text{Absatzmenge (x)}}{\text{Absatzmenge (x)}} = \text{Stückpreis (p)}$$

Grafisch dargestellt entspricht das einer Parallelen zur Mengenachse im Abstand p. Die Gesamtkosten je Stück (k_g) sind die auf eine Produktionseinheit entfallenden Kosten **(Stückkosten)**. Sie setzen sich zusammen aus den fixen Kosten je Stück ($k_f = K_f/x$) und den variablen Kosten je Stück (k_v).

F

$$\text{Gesamtkosten je Stück (Stückkosten) } k_g = \frac{\text{Gesamtkosten } (K_g)}{\text{Produktionsmenge } (x)} = \frac{K_f + k_v \cdot x}{(x)} = \frac{\text{fixe Kosten } (K_f)}{\text{Produktionsmenge } (x)} + \text{variable Stückkosten } (k_v)$$

Stückerlös und Gesamtkosten je Stück

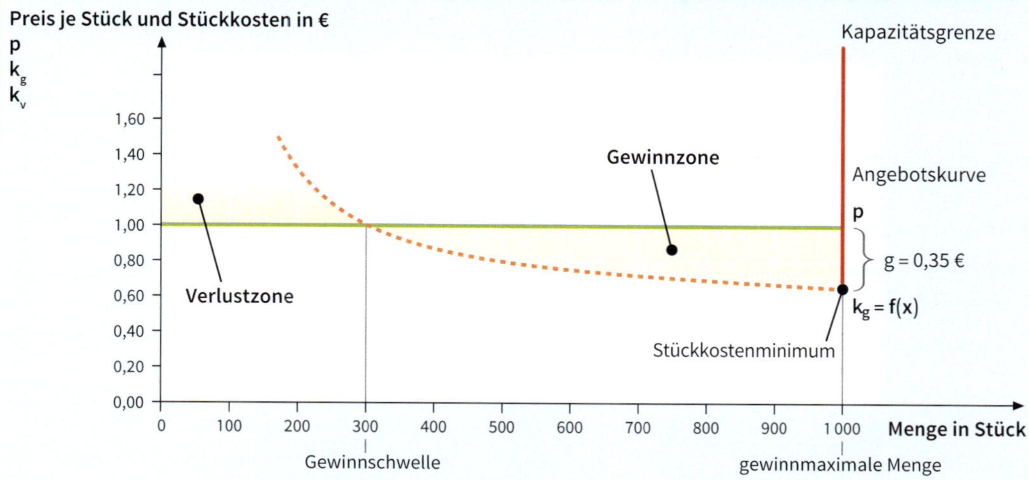

Gesetz der Massenproduktion – Preisuntergrenze

Die fixen Kosten je Stück sinken mit zunehmender Produktionsmenge (x), da der Anteil der fixen Kosten, der auf eine Mengeneinheit entfällt, bei Ausdehnung der Produktionsmenge immer kleiner wird **(Fixkostendegression, Gesetz der Massenproduktion).** Wenn die variablen Kosten je Stück (k_v) unverändert bleiben, hat die Stückkostenkurve (k_g) einen stetig fallenden Verlauf *(vgl. Abb. oben).* Da langfristig sowohl die fixen als auch die variablen Kosten gedeckt sein müssen, stellen die **Gesamtkosten je Stück** die **langfristige Preisuntergrenze** dar. Für ein Unternehmen lohnt sich langfristig die Produktion nur dann, wenn der Verkaufspreis je Stück (p) mindestens so hoch wie die Gesamtkosten je Stück (k_g) ist. Nur bei einem Preis über den Stückkosten entsteht ein Gewinn je Stück (g). Dies ergibt sich aus der Gleichung: $\mathbf{g = p - k_g}$. Das Unternehmen wird in diesem Fall bei jedem Preis, der über den Stückkosten liegt, die Produktion bis zur **Kapazitätsgrenze** ausdehnen, weil bei dieser Produktionsmenge der höchstmögliche Gewinn erzielt wird **(Gewinnmaximum).** Bei der **Kapazitätsgrenze** erreichen die **Stückkosten** ihr **Minimum.**

D

Bei linearem Verlauf der Erlös- und Kostenkurve gilt:
- Ist der Preis niedriger als die Stückkosten, die sich an der Kapazitätsgrenze ergeben, stellt das Unternehmen die Produktion langfristig ein. Die Angebotsmenge beträgt dann null.
- Zu jedem Preis, der mindestens die Stückkosten deckt, die sich an der Kapazitätsgrenze ergeben, bietet das Unternehmen die bei der Kapazitätsgrenze liegende gewinnmaximale Menge an.

Individuelle Angebotskurve

Ob ein Unternehmen als Anbieter auftritt, hängt somit davon ab, ob der **Preis** unter den sich an der Kapazitätsgrenze ergebenden **Stückkosten** liegt oder nicht. **Wie viel** ein Unternehmen anbietet, wenn der Preis den Stückkosten entspricht[1] oder darüber liegt, hängt von seiner **Kapazi-**

1 Bei einem Preis, der genau den Stückkosten entspricht, ist der Stückgewinn null. Auch, wenn ein solches Unternehmen keinen Gewinn erzielt, ist es trotzdem existenzfähig, weil in die Stückkosten auch Unternehmerlohn und Eigenkapitalverzinsung eingerechnet sind. Da ein solches Unternehmen bei der geringsten Preissenkung Verluste erleiden und langfristig seine Produktion einstellen würde, wird es auch als Grenzanbieter bezeichnet.

tätsgrenze ab. Für ein solches Unternehmen wird somit der Verlauf der **Angebotskurve**, die zeigt, wie viele Mengeneinheiten des Gutes das Unternehmen bei unterschiedlichen Preisen anbieten würde, einerseits von der Differenz zwischen **Stückkosten** und **Preis** und andererseits von der **Kapazitätsgrenze** bestimmt *(vgl. untere Abb. S. 158)*.

D Bei linearem Verlauf der Erlös- und Kostenkurve gilt:
Die Angebotskurve des Unternehmens beginnt in Höhe der Stückkosten an der Kapazitätsgrenze (= Minimum der Stückkosten) und verläuft von dort aus senkrecht nach oben. Das Angebot ist also vollkommen unelastisch.

3.2.3

Ob ein Unternehmen allerdings seinen Produktionsplan verwirklichen und die **geplanten Angebotsmengen** tatsächlich produziert und absetzt, hängt u.a. davon ab, ob zu dem jeweiligen Preis überhaupt entsprechende Mengen nachgefragt werden.

Gesamtangebot bei linearem Verlauf der Gesamtkostenkurve

Werden die bei unterschiedlichen Preisen von den einzelnen Produzenten angebotenen Mengen für ein Gut addiert, ergibt sich das **Gesamtangebot** (Marktangebot) für dieses Gut.

B Für fünf Anbieter von Butterbrezeln liegen folgende Daten vor:

4.2, S. 182
4.3, S. 183

	Bäckerei A	Bäckerei B	Bäckerei C	Bäckerei D	Bäckerei E
Maximale Produktionsmenge pro Tag in Stück	1 000	1 000	1 000	1 000	1 000
Fixkosten (K_f) pro Tag in €	150	300	200	300	400
variable Stückkosten (k_v) in €	0,45	0,50	0,80	0,90	1,00
Gesamtkosten je Stück (k)	0,60	0,80	1,00	1,20	1,40

Bei einem Preis für Butterbrezel von 1,00 € bieten langfristig nur die Betriebe A, B und C an. Bei diesen Betrieben sind die Stückkosten an der Kapazitätsgrenze nicht höher als der Preis. Die Betriebe D und E scheidet dagegen aus dem Markt aus, weil sie einen Verlust erwirtschaftet. Betrieb A hat mit 0,60 € die geringsten Stückkosten. Wenn der Preis unter 0,60 € sinkt, wird das Produkt langfristig von keinem der fünf Betriebe angeboten.
Ein Anbieter, dessen Stückkosten durch den Preis gerade noch gedeckt sind und der somit weder Gewinn noch Verlust erzielt, wird als **Grenzanbieter** bezeichnet. Das trifft hier bei einem Preis von 1,00 € für einen Butterbrezel für Anbieter C zu.
Bei einer Preissenkung stellen die jeweiligen Grenzbetriebe als Erste ihre Produktion ein, weil der niedrigere Preis zur Deckung der Stückkosten nicht mehr ausreicht. Sinkende Preise führen also dazu, dass nach und nach diejenigen Anbieter aus dem Markt ausscheiden, deren Stückkosten höher als der Preis sind. Durch das Ausscheiden dieser Anbieter sinkt die angebotene Menge.
Bei steigendem Preis bieten dagegen auch die Unternehmen an, deren Stückkosten bei niedrigeren Preisen nicht gedeckt sind. Außerdem dehnen die bisherigen Anbieter möglicherweise ihre Produktionskapazitäten aus. Durch die zunehmende Zahl der Anbieter und die Kapazitätserweiterungen erhöht sich bei steigendem Preis gleichzeitig auch die angebotene Menge.
Die Angebotsfunktion beschreibt die Abhängigkeit der Angebotsmenge vom Preis des Gutes. Die folgende Tabelle gibt die individuellen Angebotsfunktionen der Bäckereien A, B, C, D und E wieder.

Preis in €	Angebotsmenge für Butterbrezel in Stück					
	Bäckerei A	Bäckerei B	Bäckerei C	Bäckerei D	Bäckerei E	Gesamtangebot
0,20	0	0	0	0	0	0
0,40	0	0	0	0	0	0
0,60	1 000	0	0	0	0	1 000
0,80	1 000	1 000	0	0	0	2 000
1,00	1 000	1 000	1 000	0	0	3 000
1,20	1 000	1 000	1 000	1 000	0	4 000
1,40	1 000	1 000	1 000	1 000	1 000	5 000

Werden die Preis-Mengen-Kombinationen der Tabelle in ein Koordinatensystem übertragen und die einzelnen Punkte miteinander verbunden[1], ergibt sich eine von links unten nach rechts oben steigende **Angebotskurve**.

Angebotskurve

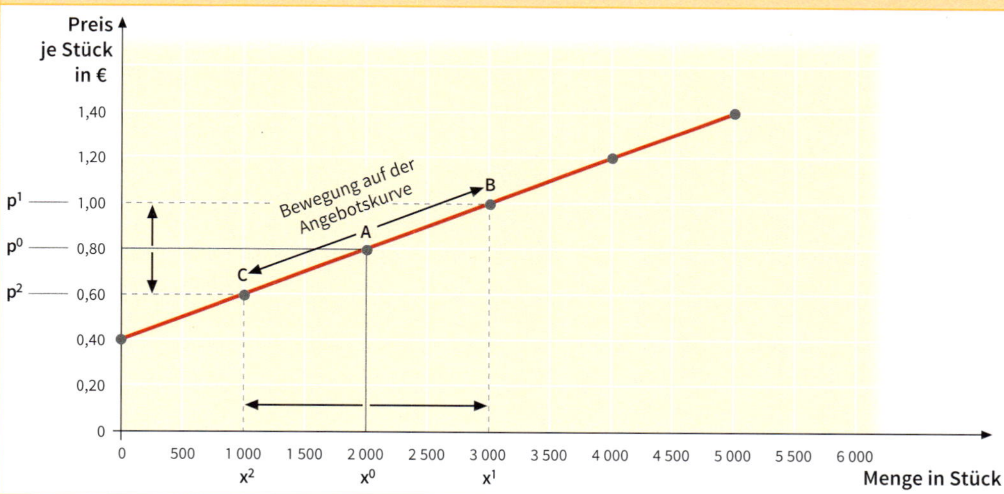

D Die Gesamtangebotskurve zeigt, wie viele Mengeneinheiten eines Gutes die Unternehmen insgesamt jeweils bei unterschiedlichen Preisen dieses Gutes in einer bestimmten Zeiteinheit anzubieten bereit sind.

Die **Angebotskurve** sagt nichts darüber aus, wie viele Mengeneinheiten tatsächlich **abgesetzt** werden. Die Absatzmenge hängt davon ab, wie groß bei dem jeweiligen Preis die **nachgefragte Menge** ist.

D Die normale Angebotskurve hat eine positive Steigung („Gesetz des Angebots"), das heißt,
- je höher der Preis ist, umso höher ist die geplante Angebotsmenge,
- je niedriger der Preis ist, umso geringer ist die geplante Angebotsmenge.

D Ändert sich der Preis eines Gutes und bleiben alle anderen Bestimmungsfaktoren des Angebots unverändert, so ergibt sich eine neue Preis-Mengen-Kombination für dieses Gut. Dies löst eine Bewegung auf der Kurve aus.

1 Obwohl die Tabelle in einem Koordinatensystem eigentlich nur durch Punkte, die bestimmte Preis-Mengen-Kombinationen wiedergeben, abgebildet werden kann, wird der Einfachheit halber unterstellt, dass sich aus der Verbindung dieser Punkte eine Kurve mit konstanter Steigung (= linearer Verlauf) konstruieren lässt.

4.4 Gewinnmaximum und Angebotsverhalten eines Unternehmens bei ertragsgesetzlichem[1] Verlauf der Gesamtkostenkurve

Lernziele:

Nach der Bearbeitung des Kapitels sind Sie in der Lage, Folgendes zu tun:

Sie ...

- ... beschreiben den Zusammenhang zwischen Erlös, Kosten und Gewinn bei ertragsgesetzlichem Verlauf der Gesamtkostenkurve.
- ... erläutern die Begriffe „Grenzerlöse" und „Grenzkosten".
- ... ermitteln die gewinnmaximale Menge mithilfe der „Tangentenlösung".
- ... geben die allgemeine Gewinnmaximierungsregel bei ertragsgesetzlichem Verlauf der Gesamtkostenkurve wieder.
- ... erklären mathematisch und betriebswirtschaftlich mithilfe einer tabellarischen und grafischen Darstellung die Zusammenhänge, welche zur allgemeinen Gewinnmaximierungsregel führen.
- ... erklären den Zusammenhang zwischen Gewinnmaximum, Grenzkostenkurve und Angebotskurve.
- ... stellen die langfristige und kurzfristige Preisuntergrenze dar und erläutern in diesem Zusammenhang die Begriffe „Betriebsoptimum" und „Betriebsminimum".

4.4.1 Zusammenhang zwischen Erlös, Kosten und Gewinn

4.4, S. 183

Ändern sich die variablen Kosten je Stück (k_v) bei einer Veränderung der Produktionsmenge (x), so ergibt sich ein **nicht-linearer Verlauf der Gesamtkostenkurve.** In der Kostentheorie wird häufig von einem **s-förmigen Verlauf** der **Gesamtkosten** ausgegangen *(Kostenfunktion 3. Grades).* In diesem Fall steigen die **Gesamtkosten** bei zunehmender Produktionsmenge zunächst **degressiv** und dann **progressiv.** Das Gewinnmaximum des Unternehmens liegt dann **nicht** an der **Kapazitätsgrenze.** In diesem Fall ist die Bestimmung des Gewinnmaximums schwieriger als bei linearem Verlauf der Gesamtkostenkurve.

Für die Herstellung von Butterbrezeln in Brunos Brezelbäckerei gelten folgende Daten:

Preis je Brezel	max. Produktionsmenge	Fixkosten (K_f)	variable Stückkosten (k_v)
1,00 €	1 000 Stück pro Tag	150,00 € pro Tag	von 0,74 € bis 2,00 € je nach Produktionsmenge

Daraus lassen sich für verschiedene Produktionsmengen folgende Zusammenhänge ableiten:

Produktions-menge (x) in Stück	Erlös (Preis · Menge) in €	Fixe Kosten (K_f) in €	variable Stückkosten (k_v) in €	variable Kosten insgesamt (K_v) in €	Gesamtkosten ($K_g = K_f + K_v$) in €	Gewinn $G = E - K_g$ in €
0	0	150	0	0	150	- 150
100	100	150	0,74	74	224	- 124
200	200	150	0,56	112	262	- 62
300	300	150	0,46	138	288	12
400	400	150	0,44	176	326	74
500	500	150	0,50	250	400	100
600	600	150	0,64	384	534	66
700	700	150	0,86	602	752	- 52
800	800	150	1,16	928	1.078	- 278
900	900	150	1,54	1.386	1.536	- 636
1.000	1.000	150	2,00	2.000	2.150	- 1.150

1 Im Folgenden wird in den Wirtschaftswissenschaften von einem ertragsgesetzlichen Verlauf der Kostenfunktion gesprochen, wenn diese einen s-förmigen Verlauf hat. Das heißt, wenn diese zuerst degressiv steigt und dann progressiv.

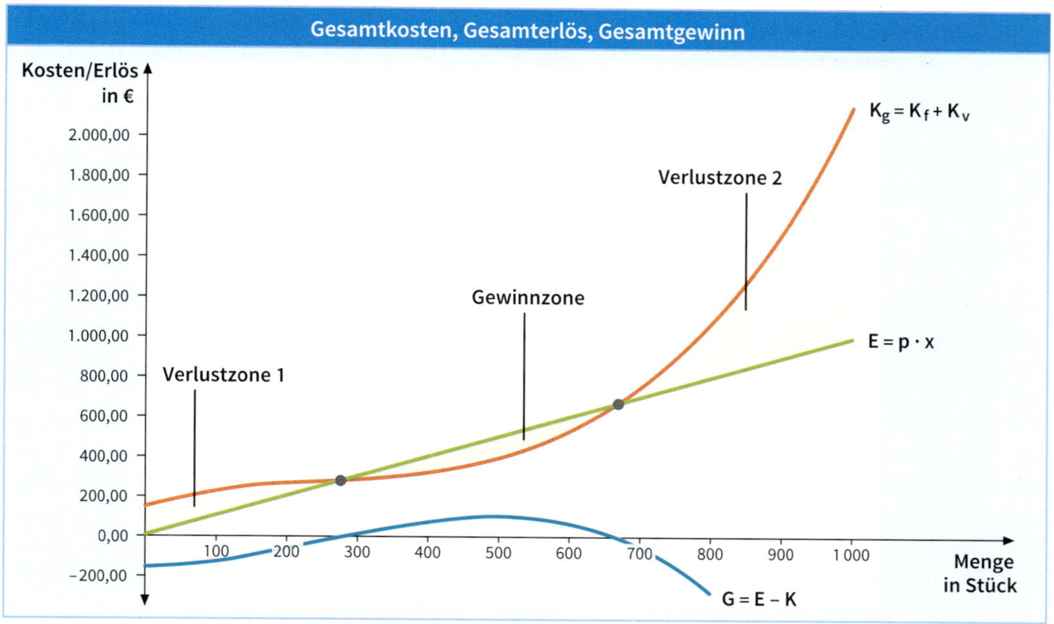

4.4.2 Gewinnmaximum

Der erste Schnittpunkt zwischen der Gesamterlöskurve und der Gesamtkostenkurve stellt für Bruno die **Gewinnschwelle**, der zweite seine **Gewinngrenze**[1] dar. Erst ab einer über die Gewinnschwelle von 284 Stück[2] hinausgehenden Brezelproduktion sind die **Erlöse** größer als die **Kosten**, sodass ein **Gewinn** erzielt wird. Bei einer geringeren Produktionsmenge entsteht ebenso ein Verlust wie bei einer über die Gewinngrenze von 665 Brezeln[2] hinausgehenden Menge. Brunos **Gewinnmaximum** liegt innerhalb seiner Gewinnzone an der Stelle, an der die **Differenz zwischen Erlös und Kosten** am größten ist. Das ist bei einer Produktionsmenge von 500 Brezeln der Fall. An der Kapazitätsgrenze hingegen, bei der Brunos Konkurrent Arno wegen des linearen Gesamtkostenverlauf sein Gewinnmaximum erreicht, würde Bruno einen Verlust von 1.150,00 € pro Tag erleiden.

Geometrische Bestimmung der gewinnmaximalen Menge
Geometrisch lässt sich diese gewinnmaximale Produktionsmenge ermitteln, indem die lineare Gesamterlöskurve bis zum **Tangentialpunkt** mit der Gesamtkostenkurve parallel nach unten verschoben wird *(vgl. Abb. S. 165)*. Bei dieser Menge (hier: 500 Brezeln) ist der Abstand zwischen Erlös- und Kostenkurve am größten. Die **Steigung der Erlöskurve** ist an dieser Stelle **gleich der Steigung der Kostenkurve**. Aufgrund dieses Zusammenhangs lässt sich das Gewinnmaximum auch mithilfe von **Grenzerlösen** und **Grenzkosten** wie folgt ableiten:

D Grenzerlös (E') ist der zusätzliche Erlös, der sich bei einer Erhöhung der Absatzmenge um eine Einheit ergibt (= Zuwachs des Gesamterlöses bei einer Absatzerhöhung um eine Einheit).

D Der Grenzerlös ist die erste Ableitung (E') der Gesamterlösfunktion E. Er gibt die Steigung der Gesamterlöskurve bei unterschiedlichen Absatzmengen an ($\Delta E/\Delta x$).

1 In der volkswirtschaftlichen Fachliteratur werden in diesem Zusammenhang häufig die Begriffe „Nutzenschwelle" und „Nutzengrenze" statt „Gewinnschwelle" und „Gewinngrenze" verwendet. In diesem Buch wird dagegen in Anlehnung an die in der Betriebswirtschaftslehre üblichen Bezeichnungen von „Gewinnschwelle" (= Break-even-Point) und „Gewinngrenze" gesprochen.
2 Die Berechnung der exakten Stückzahlen kann mittels eines grafikfähigen Taschenrechners (GTR) erfolgen.

D Grenzkosten (K') sind die zusätzlichen Kosten, die sich bei einer Erhöhung der Produktionsmenge um eine Einheit ergeben (= Zuwachs der Gesamtkosten bei einer Produktionserhöhung um eine Einheit).

D Die Grenzkosten sind die erste Ableitung (K') der Gesamtkostenfunktion Kg. Sie geben die Steigung der Gesamtkostenkurve bei unterschiedlichen Produktionsmengen an (ΔK/Δx).

Ermittlung der Grenzkosten

In der folgenden Tabelle werden die Grenzkosten aus Vereinfachungsgründen mit einer für den vorliegenden Fall hinreichenden Genauigkeit in Schritten von Δx = 100 ermittelt. Wird die Produktionsmenge von 0 auf 100 Stück erhöht (Δx), steigen die Gesamtkosten gemäß der folgenden Tabelle um 74,00 € (ΔK). Die Erhöhung der Brezelproduktion um **1 Stück** bewirkt also **im Durchschnitt** einen Kostenzuwachs von ΔK/Δx = 74/100 = 0,74 € **(= Grenzkosten).** Dieser Betrag wird dem **Durchschnittswert** (50 Stück) zwischen der ursprünglichen Menge (0 Stück) und der neuen Menge nach der Produktionserhöhung (100 Stück) zugewiesen. Wird die Produktionsmenge weiter von 100 Stück auf 200 Stück erhöht, steigen die Gesamtkosten um weitere 38,00 € von 224,00 € auf 262,00 € (vgl. folgende Tabelle). Auf **eine zusätzliche Brezel** entfällt bei dieser Mengenerhöhung eine durchschnittliche **Kostenänderung** von ΔK/Δx = 38/100 = 0,38 € **(= Grenzkosten).**

Tabellarische und grafische Darstellung

Produktionsmenge (x) in Stück	Stückpreis (p) in €	Gesamterlös (p·x) in €	Grenzerlös[1] E' = ΔE/Δx in €	Gesamtkosten (K_g) in €	Grenzkosten[2] K' = ΔK/Δx in €
0	1,00	0		150	
			1,00		0,74
100	1,00	100		224	
			1,00		0,38
200	1,00	200		262	
			1,00		0,26
300	1,00	300		288	
			1,00		0,38
400	1,00	400		326	
			1,00		0,74
500	1,00	500		400	
			1,00		1,34
600	1,00	600		534	
			1,00		2,18
700	1,00	700		752	
			1,00		3,26
800	1,00	800		1.078	
			1,00		4,58
900	1,00	900		1.536	
			1,00		6,14
1 000	1,00	1.000		2.150	

1 Erlösänderung je zusätzlicher Mengeneinheit
2 Kostenänderung je zusätzlicher Mengeneinheit

Gewinnmaximale Produktionsmenge

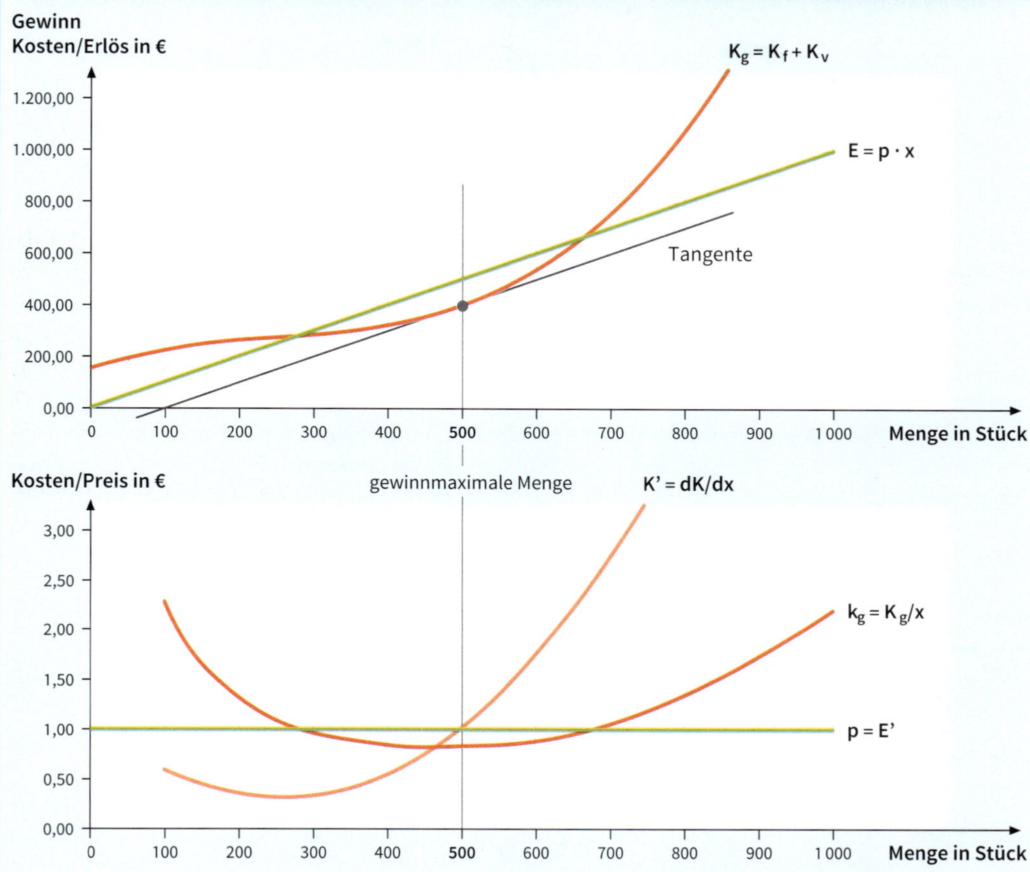

Die Grenzerlöskurve (E') gibt die Steigung der Erlöskurve E und die Grenzkostenkurve (K') die Steigung der Kostenkurve K an. Die gewinnmaximale Menge ist dadurch bestimmt, dass die Steigung der Erlöskurve (E) und der Kostenkurve (K) gleich ist. Diese Bedingung ist im Schnittpunkt zwischen Grenzerlöskurve (E') und Grenzkostenkurve (K') erfüllt. Aus der unteren Abb. auf S. 165 wird deutlich, dass der Schnittpunkt der **Grenzerlöskurve** (E'), die im vorliegenden Fall in Höhe des Preises von 1,00 € parallel zur x-Achse verläuft, mit dem aufsteigenden Ast der **Grenzkostenkurve** (K') bei der gewinnmaximalen Menge von 500 Stück liegt.

Daraus lässt sich folgende **allgemeine Gewinnmaximierungsregel** ableiten:[1]

> **F**
>
> Das Gewinnmaximum eines Unternehmens liegt bei der Produktionsmenge, bei der Grenzerlös und Grenzkosten gleich groß sind.
>
> $$E' = K'$$

Da für einen **Mengenanpasser** der vom Markt vorgegebene Preis eine Konstante ist und seine auf der Erlösfunktion $E = p \cdot x$ beruhende Erlöskurve linear verläuft, ist in diesem speziellen Fall der **Grenzerlös** (E') identisch mit dem **Stückpreis** (p). Für einen Mengenanpasser lässt sich die Gewinnmaximierungsbedingung also auch wie folgt formulieren:

1 Bei Unternehmen mit linearem Verlauf der Gesamtkosten versagt diese allgemeine Gewinnmaximierungsregel. Aufgrund der konstanten Steigung der Gesamtkostenkurve verläuft in diesem Fall die Grenzkostenkurve im Abstand der variablen Stückkostenkurve parallel zur x-Achse. Grenzkosten und variable Stückkosten sind in diesem Fall identisch. Die Grenzerlöskurve verläuft im Abstand des Preises ebenfalls parallel zur x-Achse. Da der Preis (= Grenzerlös) konstant über den Grenzkosten liegt ($p \geq K' = k_v$), steigt der Gewinn mit jedem zusätzlich abgesetzten Stück. Das Gewinnmaximum liegt in diesem Fall bei der höchstmöglichen Produktionsmenge, d. h. an der Kapazitätsgrenze *(vgl. Kap. 4.3)*.

F

Für einen Mengenanpasser gilt: E' = p
Spezielle Gewinnmaximierungsregel für einen Mengenanpasser: p = K'

Dieser Zusammenhang lässt sich betriebswirtschaftlich wie folgt verdeutlichen: Solange der **Erlös**, der durch den **Verkauf einer zusätzlichen Brezel** erzielt wird (Grenzerlös E' = 1,00 €), größer ist als die **Kosten**, die durch die **Produktion dieser zusätzlichen Brezel** entstehen (Grenzkosten K'), lässt sich durch eine weitere Ausdehnung der Produktionsmenge der Gesamtgewinn (G) noch erhöhen. Bei einer Ausdehnung der Produktionsmenge über die 500 Brezeln hinaus wird das Gewinnmaximum überschritten, da die Grenzkosten (K') dann höher als der Grenzerlös (E') sind. In diesem Fall sinkt der Gesamtgewinn (G) bei zunehmender Produktionsmenge.

Aus der Tangentiallösung zur Ermittlung des Gewinnmaximums *(vgl. Abb. S. 165)* ergibt sich, dass das Gewinnmaximum immer im progressiv steigenden Bereich der Gesamtkostenkurve K_g liegt. Da dort die Steigung der Gesamtkosten K_g zunimmt, steigt auch die Grenzkostenkurve K' in diesem Bereich. Das Gewinnmaximum kann daher nur beim Schnittpunkt zwischen der Grenzerlöskurve E' (hier: Preisgerade p = 1) und dem **aufsteigenden Ast** der Grenzkostenkurve K' liegen.

D

Das Gewinnmaximum liegt immer auf dem aufsteigenden Ast der Grenzkostenkurve.

4.4.3 Zusammenhang zwischen Gewinnmaximum, Grenzkostenkurve und Angebotskurve

Grenzkostenkurve und Angebotskurve

4.4.2

Ziel dieses Kapitels war es, das **Gewinnmaximum** herzuleiten, um dessen **Einfluss auf die Angebotskurve** festzustellen. Aus der unteren Abb. auf S. 165 und den bisherigen Überlegungen lässt sich folgern, dass die gewinnmaximale Produktions- und Angebotsmenge immer auf dem aufsteigenden Ast der Grenzkostenkurve (K') liegt. Es bleibt aber die Frage zu klären, welcher Teilbereich der Grenzkostenkurve der Angebotskurve entspricht. Dazu ist die Bestimmung der Preisuntergrenze nötig.

D

Die Preisuntergrenze ist der Verkaufspreis, der mindestens erzielt werden muss, damit die Produktionskosten gedeckt werden können.

Zur Bestimmung der **Preisuntergrenze** müssen zunächst die **Stückkosten** ermittelt werden:

Produktionsmenge (x) in Stück	Preis (p) in €	Fixkostenanteil je Stück: 150/x (k_f) in €	variable Kosten je Stück (k_v) in €	Gesamtkosten je Stück (Stückkosten) (k_g) in €	Stückgewinn (p – k) in €
0	1,00	–	–	–	0
100	1,00	1,50	0,74	2,24	– 1,24
200	1,00	0,75	0,56	1,31	– 0,31
300	1,00	0,50	0,46	0,96	– 0,04
375	*1,00*	*0,40*	*0,4375*	*0,8375*	*0,1625*
400	1,00	0,38	0,44	0,82	0,18
463	*1,00*	*0,32*	*0,4724*	*0,7924*	*0,2076*
500	1,00	0,30	0,50	0,80	0,20
600	1,00	0,25	0,64	0,89	0,11
700	1,00	0,21	0,86	1,07	– 0,07
800	1,00	0,19	1,16	1,35	– 0,35
900	1,00	0,17	1,54	1,71	– 0,71
1 000	1,00	0,15	2,00	2,15	– 1,15

Langfristige Preisuntergrenze und Betriebsoptimum

Betriebsoptimum

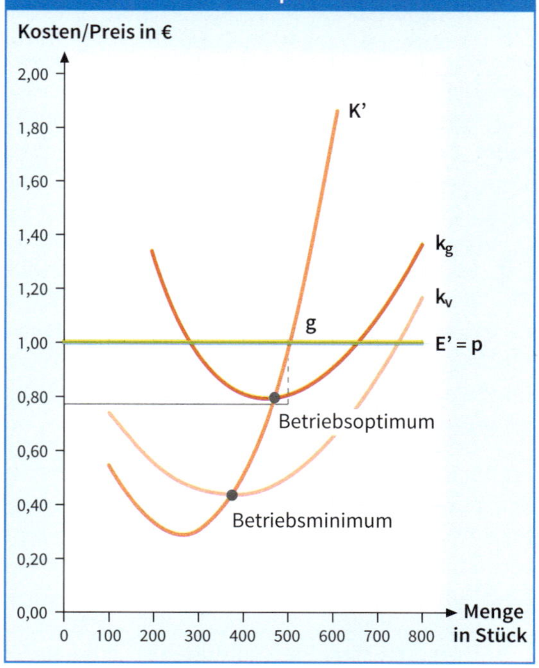

Aus der obigen Tabelle und der nebenstehenden Grafik ergibt sich Folgendes:
Bei einem Preis von 1,00 € je Brezel liegt die gewinnmaximale Produktionsmenge bei 500 Brezeln (p = K'). Die Stückkosten (kg) betragen bei dieser Produktionsmenge 0,80 €. Folglich beträgt der Stückgewinn (g = p – k_g) 0,20 €. Brunos Gesamtgewinn (G) beläuft sich dann auf 500 St. · 0,20 € = 100,00 €. Wenn der Brezelpreis aber beispielsweise auf 0,60 € sinkt und somit unter dem Minimum der Stückkosten (k_g) liegt, entsteht ein Verlust. Der Schnittpunkt zwischen der Preisgeraden und der Grenzkostenkurve (p = K') liegt dann unter dem Stückkostenminimum. Nur wenn Bruno langfristig seine gesamten Kosten, die sich aus fixen und variablen Bestandteilen zusammensetzen, decken kann, ist seine Brezelbäckerei auf Dauer existenzfähig. Das gelingt ihm nur, wenn der Brezelpreis (p) mindestens so hoch ist wie das Minimum der Stückkosten. Im vorliegenden Fall liegt das Minimum der Stückkosten bei 0,7924 €. Da die Stückkosten (k_g) bei der entsprechenden Produktionsmenge von 463 Stück am geringsten sind und der höchste Stückgewinn (0,2076 €) erzielt wird, wird dieser Punkt als **Betriebsoptimum** oder als **optimaler Kostenpunkt** bezeichnet.

D Das Minimum der Stückkosten wird auch als Betriebsoptimum oder optimaler Kostenpunkt bezeichnet. Die langfristige Preisuntergrenze liegt beim Minimum der Stückkosten (= Betriebsoptimum).

Der **Stückgewinn** (g) ist zwar beim **Betriebsoptimum** höher als beim **Gewinnmaximum**. Trotzdem ist aber der **Gesamtgewinn** ($G = g \cdot x$) beim Gewinnmaximum am höchsten.

Kurzfristige Preisuntergrenze und Betriebsoptimum

Das Minimum der variablen Stückkosten (k_v) liegt bei 375 Brezeln. Die Grenzkostenkurve schneidet in diesem Punkt die Stückkostenkurve ($k_v = K'$). Da die variablen Stückkosten (k_v) bei dieser Produktionsmenge am geringsten sind, wird dieser Punkt als **Betriebsminimum** bezeichnet. Ein Preis von 0,60 € je Brezel würde zwar nicht ausreichen, um die Stückkosten (k_g) in voller Höhe zu decken. Immerhin liegt dieser Preis aber über den variablen Stückkosten (k_v). In ihrem Minimum betragen die variablen Stückkosten im vorliegenden Fall ca. 0,4375 €. Bei der entsprechenden Produktionsmenge von 375 Stück liegt das **Betriebsminimum**.

D Das Minimum der variablen Stückkosten wird auch als Betriebsminimum bezeichnet.

Kurzfristige Preisuntergrenze und Deckungsbeitrag

Jede zu 0,60 € verkaufte Brezel deckt also nicht nur ihre eigenen variablen Kosten, sondern steuert noch einen Teil zur Deckung der Fixkosten bei. Dieser Deckungsbeitrag (db), der sich aus der Differenz zwischen Stückpreis (p) und variablen Stückkosten (k_v) ergibt ($db = p - k_v$), ist bei einem Preis von 0,60 € positiv.

D Die Differenz zwischen Stückpreis und variablen Stückkosten stellt den Deckungsbeitrag je Stück (db) dar: $db = p - k_v$. Wenn der Stückpreis über den variablen Stückkosten liegt, ist der Deckungsbeitrag je Stück positiv.

Bei einem positiven Deckungsbeitrag ist es trotz eines möglicherweise eintretenden Verlusts günstiger, die Produktion (vorläufig) weiter aufrechtzuerhalten, da andernfalls der Verlust noch höher wäre. Bei einer Produktionsmenge von 0 würde Bruno wegen der weiterhin anfallenden fixen Kosten einen Verlust von 150,00 € pro Tag erleiden. Produziert er jedoch trotz des nicht kostendeckenden Preises von 0,60 € weiter, ist sein Verlust geringer.

D Solange der Deckungsbeitrag positiv ist, sollte die Produktion auch dann weiterhin aufrechterhalten werden, wenn ein Verlust entsteht. Bei positivem Deckungsbeitrag werden nämlich durch den Preis nicht nur die variablen Stückkosten gedeckt, sondern es wird auch ein Beitrag zur Deckung der Fixkosten geleistet. Würde die Produktion hingegen ganz eingestellt, entfiele dieser Deckungsbeitrag und es würde sich ein Verlust in Höhe der gesamten Fixkosten ergeben.

Vorübergehend kann Bruno also auf die (vollständige) Deckung der fixen Kosten verzichten und sich mit der Deckung der variablen Kosten begnügen. Das gelingt ihm nur, wenn der Brezelpreis (p) mindestens 0,44 € (exakt: 0,4375 € = Minimum der variablen Stückkosten) beträgt. Andernfalls sollte Bruno – sofern sich seine Kostenstruktur nicht ändern lässt – die Brezelbäckerei ganz aufgeben und sich nach einem anderen Job umsehen.

D Die kurzfristige Preisuntergrenze liegt beim Minimum der variablen Stückkosten (= Betriebsminimum).

4.5 Individuelle Angebotskurve bei ertragsgesetzlichem Verlauf der Kostenkurve

Lernziele:

Nach der Bearbeitung des Kapitels sind Sie in der Lage, Folgendes zu tun:

Sie ...

- ... erklären den Verlauf einer Angebotskurve eines Unternehmens bei ertragsgesetzlichem Verlauf der Gesamtkostenkurve.
- ... erläutern anhand der Angebotskurve (Grenzkostenkurve) die Wirkung einer Veränderung des Preises eines Gutes auf die angebotene Menge.
- ... geben das Gesetz des Angebots wieder.
- ... analysieren den Einfluss einer Veränderung der fixen Kosten auf die individuelle Angebotskurve.
- ... analysieren den Einfluss einer Veränderung der variablen Kosten auf die individuelle Angebotskurve.

4.5.1 Abhängigkeit des Angebots eines Unternehmens vom Preis

D Die individuelle Angebotskurve $X^A = f(p)$ zeigt, wie viele Mengeneinheiten eines Gutes ein Unternehmen jeweils bei unterschiedlichen Preisen dieses Gutes in einer bestimmten Zeiteinheit anzubieten plant.

Die Menge, die ein Unternehmen anzubieten plant, entspricht immer derjenigen Produktionsmenge, bei der unter Beachtung des vom Markt vorgegebenen Preises der höchstmögliche Gewinn erzielt wird (**= Gewinnmaximum**, optimaler Produktionsplan).

4.5, S. 184

Aufgrund der Aussagen über die Preisuntergrenze lässt sich der Verlauf einer solchen Angebotskurve eindeutig bestimmen. Bei **s-förmigem Verlauf der Gesamtkostenkurve** gilt:

4.4.1

- Die Grenzkostenkurve (K') schneidet sowohl die Stückkostenkurve (k_g) als auch die Kurve der variablen Stückkosten (k_v) immer in deren Minimum.
- Das Gewinnmaximum liegt immer auf dem aufsteigenden Ast der Grenzkostenkurve (K').

Daraus folgt:

D Bei s-förmigem Verlauf der Gesamtkosten beginnt die Angebotskurve eines Mengenanpassers

- langfristig im Minimum der Stückkosten (k_g) (Betriebsoptimum, langfristige Preisuntergrenze),
- kurzfristig im Minimum der variablen Stückkosten (k_v) (Betriebsminimum, kurzfristige Preisuntergrenze).

Jeweils von dort ausgehend ist sie mit dem aufsteigenden Ast der Grenzkostenkurve identisch.

Für Brunos Brezelbäckerei *(vgl. Zahlenbeispiel S. 162).* hat die Angebotskurve den in der Abbildung dargestellten Verlauf.

Grenzkostenkurve/Angebotskurve

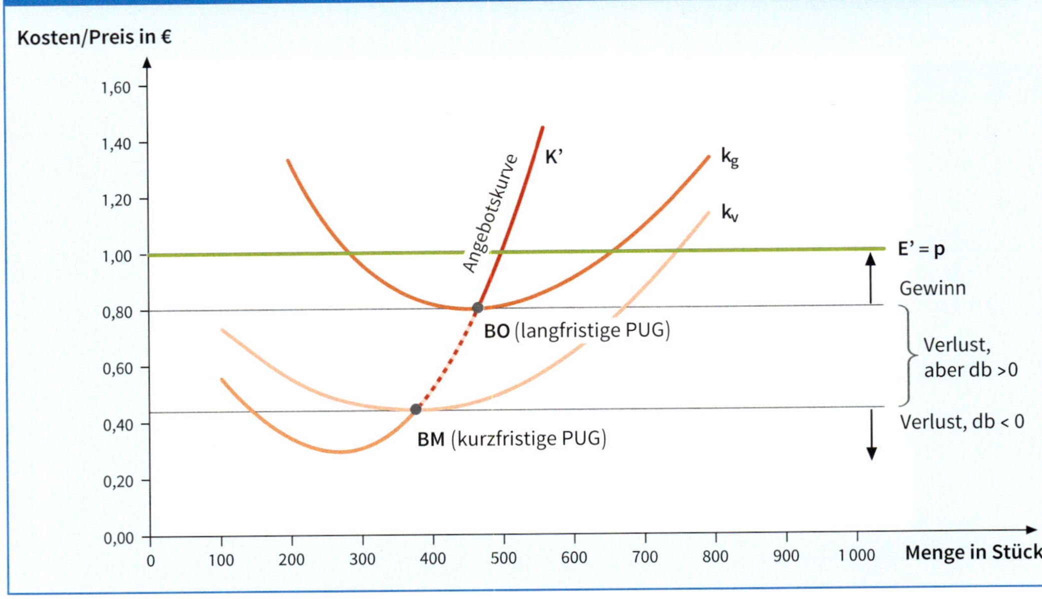

Die Angebotskurve beginnt bei einem Preis von 0,79 €[1], der dem Minimum der Stückkosten (k_g) entspricht **(langfristige Preisuntergrenze).** Wird kurzfristig auf die volle Deckung der Fixkosten verzichtet, beginnt die Angebotskurve bei einem Preis von 0,44 €[1], der dem Minimum der variablen Stückkosten entspricht **(kurzfristige Preisuntergrenze).** Bei einem Preis von weniger als 0,44 €, ist die Angebotsmenge in jedem Fall null. Bei steigendem Preis liegt das durch den Schnittpunkt zwischen Preisgeraden und Grenzkostenkurve bestimmte Gewinnmaximum (p = K') bei einer immer größer werdenden Produktionsmenge. Daraus ergibt sich der normale Verlauf einer Angebotskurve.

Angebotskurve als mathematische Funktion

Wird eine **Grenzkostenkurve** aus einem **Kostendiagramm** als **Angebotskurve** in ein **Preis-Mengen-Diagramm** übertragen, muss beachtet werden, dass sich dabei die funktionalen Abhängigkeiten ändern. Die Grenzkostenkurve zeigt die Abhängigkeit der Kosten von der (Angebots-)Menge. Eine Angebotskurve zeigt die Abhängigkeit der angebotenen Menge vom Preis. Dass die Menge trotz der unterschiedlichen Abhängigkeiten in beiden Fällen an der X-Achse abgetragen wird, ist dadurch bedingt, dass in der Volkswirtschaftslehre bei **Angebots- und Nachfragekurven** (nicht aber bei Kostenkurven) – anders als in der Mathematik üblich – an der **Y-Achse** der **Preis** steht, obwohl es sich dabei **immer** um die **un**abhängige Variable handelt. An der **X-Achse** steht dagegen als **ab**hängige Variable immer die **Menge.**

1 Exakte Berechnung der Werte mittels GTR.

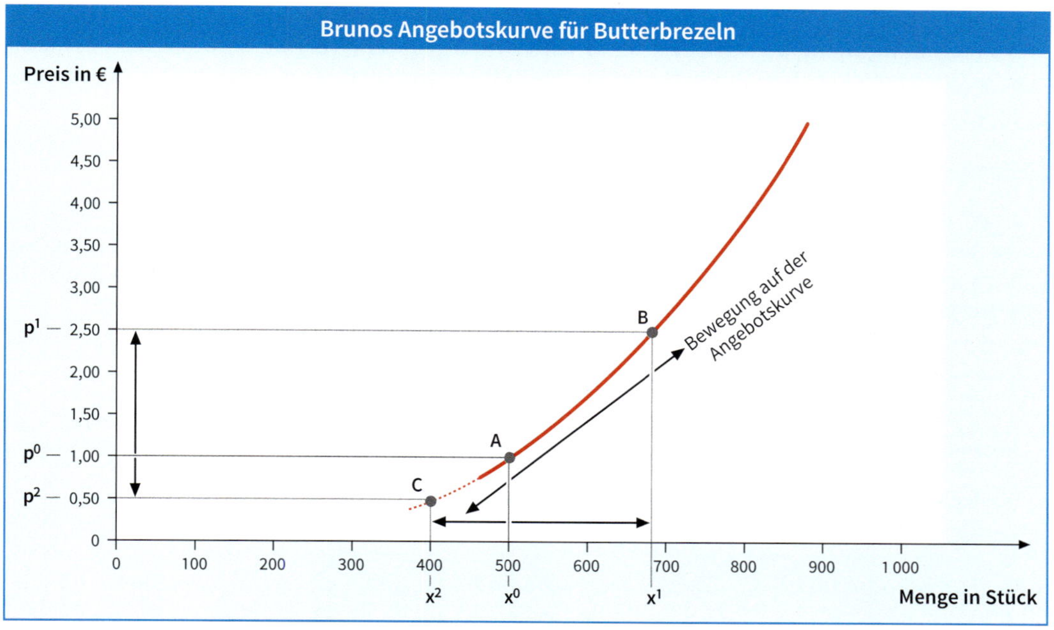

Gesetz des Angebots

D Die normale Angebotskurve hat eine positive Steigung (= „Gesetz des Angebots"), d. h.
- je höher der Preis ist, umso höher ist die geplante Angebotsmenge,
- je niedriger der Preis ist, umso geringer ist die geplante Angebotsmenge.

D Ändert sich der Preis eines Gutes und bleiben alle anderen Bestimmungsfaktoren des Angebots unverändert, so ergibt sich auf der Angebotskurve eine neue Preis-Mengen-Kombination für dieses Gut. Dies löst eine Bewegung auf der Kurve aus. Die Lage der Kurve bleibt aber unverändert.

In bestimmten Fällen sind auch Situationen denkbar, in denen sich die Angebotsmenge bei Preisänderungen des Gutes nicht oder im umgekehrten Verhältnis ändert (= anomales Anbieterverhalten). Dies ist beispielsweise der Fall bei

- nicht lagerfähigen landwirtschaftlichen Produkten (z. B. Erdbeeren), die trotz sinkender Preise in gleicher oder – wegen der laufenden Ernte – sogar in erhöhter Menge angeboten werden, weil sie sonst verderben;
- freiwilliger Bildung von Lagervorräten und künstlicher Angebotsverknappung durch Unternehmen, die auf weitere Preissteigerungen warten (Spekulation);
- sinkenden Löhnen, die eine Erhöhung des Arbeitsangebots nach sich ziehen, weil die Arbeitskräfte nur durch Mehrarbeit ihr Existenzminimum sichern können (= anomaler Verlauf der Arbeitsangebotskurve in bestimmten Bereichen).

4.5.2 Abhängigkeit des Angebots eines Unternehmens von den Produktionskosten

Folgen einer Erhöhung der Stückkosten

Das Angebot eines Unternehmens wird nicht nur durch den Preis bestimmt, sondern auch durch die Kosten. Steigen die Preise für die Produktionsfaktoren (= Faktorkosten), so erhöhen sich für das Unternehmen die Stückkosten (k_g). Die Stückkostenkurve verschiebt sich nach oben. Wenn das Stückkostenminimum nach der Verschiebung über dem Preis liegt, ist die langfristige Preisuntergrenze unterschritten. Wegen des dann eintretenden Verlusts wird die Produktion langfristig eingestellt (Angebotsmenge = 0). Liegt der Preis allerdings noch über dem Stückkostenminimum, sodass durch die Kostenerhöhung kein Verlust, sondern lediglich eine Verringerung des Gewinns eintritt, sind für die Bestimmung der neuen gewinnmaximalen Menge folgende beiden Fälle zu unterscheiden:

Erhöhung der Fixkosten

Steigen die **Fixkosten** (z.B. Pacht, Abschreibung), verschiebt sich die **Stückkostenkurve** (k_g) nach oben. Da sich aber eine **Fixkostenveränderung** nicht auf die **Steigung** der Gesamtkostenkurve auswirkt und daher den Verlauf der **Grenzkostenkurve nicht beeinflusst**, ändert sich die **gewinnmaximale Menge** nicht.

B

Veränderung der Stückkosten- und Angebotskurve: Erhöhung der Fixkosten von 150,00 € auf 250,00 €

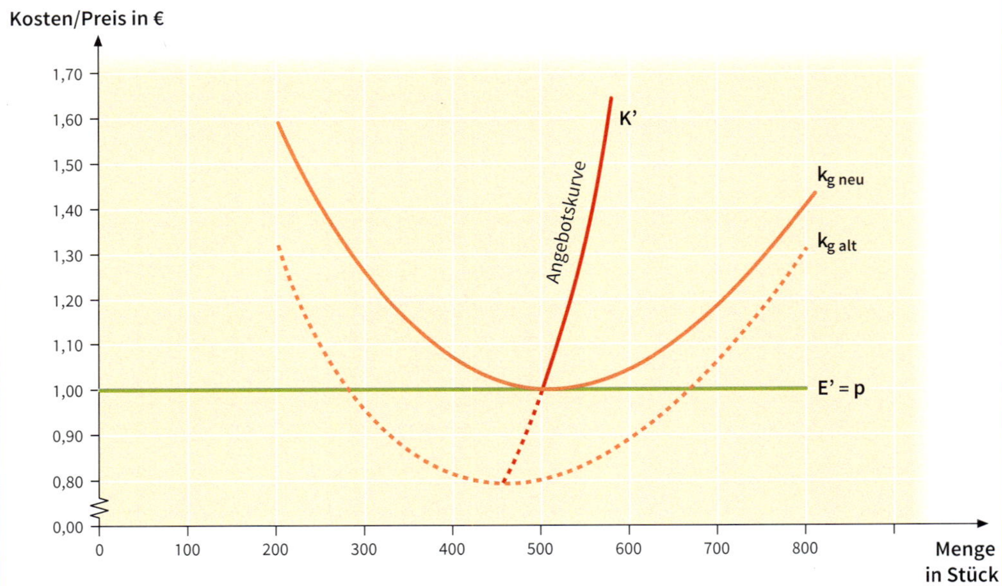

Bei einer Erhöhung der Fixkosten von 150,00 € auf 250,00 € pro Tag steigt die dem Betriebsoptimum entsprechende Menge von bisher 463 Stück auf 500 Stück. Die langfristige Preisuntergrenze steigt von 0,79 € auf 1,00 €. Beträgt der Brezelpreis weiterhin nur 1,00 €, liegt der Schnittpunkt zwischen Grenzerlös- und Grenzkostenkurve nach wie vor bei einer Produktionsmenge von 500 Stück. Bruno erzielt aber bei dieser Situation weder einen Gewinn noch einen Verlust, weil dieser Preis genau die neuen Stückkosten deckt.

D

Eine Veränderung der Fixkosten hat keinen Einfluss auf die gewinnmaximale Menge. Die Angebotskurve würde sich in diesem Fall nur dann verändern, wenn aufgrund einer Fixkostenerhöhung die Stückkosten über dem Preis liegen und wegen des eintretenden Verlusts die Angebotsmenge auf 0 zurückgeht.

Erhöhung der variablen Kosten

Steigen (auch) die **variablen Stückkosten** (z. B. für Rohstoffe und Zutaten) verschiebt sich die **Stückkostenkurve** (k_g) nach oben. Zusätzlich erhöht sich dadurch aber auch die **Steigung** der Gesamtkostenkurve, was wiederum zu einer **Linksverschiebung** der **Grenzkostenkurve** (K‘) führt.

B

Veränderung der Stückkosten- und Angebotskurve: Erhöhung der variablen Kosten um 30 %

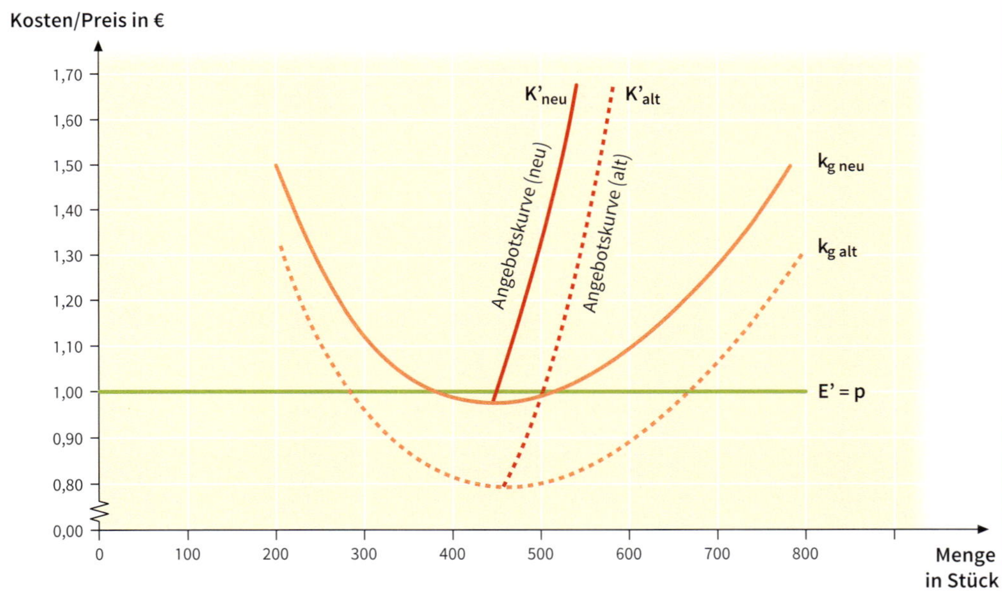

Bei einer Erhöhung der variablen Kosten um 30 % verringert sich die dem Betriebsoptimum entsprechende Menge von 463 auf ca. 420 Stück. Die langfristige Preisuntergrenze steigt von 0,79 € auf ca. 0,98 €. Beträgt der Brezelpreis weiterhin nur 1,00 €, sinkt die gewinnmaximale Produktionsmenge von 500 Stück auf ca. 450 Stück. Bruno erzielt bei dieser Situation einen Gewinn, der aber niedriger ist als vorher.

D Ein Anstieg der variablen Stückkosten bewirkt, dass die angebotene Menge bei jedem beliebigen Preis geringer als vorher ist. Solange der Preis über den Stückkosten liegt, drückt sich das in einer Verschiebung der Angebotskurve nach links aus. Im umgekehrten Fall (Verringerung der variablen Stückkosten) ergibt sich eine Rechtsverschiebung der Angebotskurve.

4.6 Gesamtangebot

Lernziele:

Nach der Bearbeitung des Kapitels sind Sie in der Lage, Folgendes zu tun:

Sie ...

- ... ermitteln das Gesamtangebot (Marktangebot) durch grafische Aggregation individueller Angebotskurven.
- ... nennen die Bestimmungsfaktoren des Gesamtangebots.
- ... analysieren die Veränderungen der angebotenen Menge, wenn sich der Preis des Gutes ändert.
- ... analysieren die Veränderungen der angebotenen Menge, wenn sich ein anderer Bestimmungsfaktor des Angebots (nicht der Preis) ändert.
- ... grenzen eine Bewegung auf der Gesamtangebotskurve von einer Verschiebung der Gesamtangebotskurve ab.
- ... stellen die Wirkungen einer Rechts- bzw. Linksverschiebung des Gesamtangebots grafisch dar.
- ... fassen die Ursachen einer Rechts- bzw. Linksverschiebung des Gesamtangebots zusammen.

4.6.1 Ableitung der Gesamtangebotskurve aller Unternehmen einer Branche für ein Gut

4.6, S. 185

Werden die bei unterschiedlichen Preisen von den einzelnen Unternehmen angebotenen Mengen eines Gutes addiert, ergibt sich das **Gesamtangebot** (Marktangebot) für dieses Gut.

B

Preis (€)	Angebotsmengen für Butterbrezeln pro Woche						
	Arnos individuelle Angebotsmengen in Stück	+	Brunos individuelle Angebotsmengen in Stück	+	alle anderen individuellen Angebotsmengen in Stück	=	Gesamtangebot[1] (Marktangebot) in Stück in einer Stadt
0,00	0	+	0	+	0	=	0
0,10	0	+	0	+	0	=	0
0,20	0	+	0	+	0	=	0
0,30	0	+	0	+	0	=	0
0,40	0	+	0	+	0	=	0
0,50	0	+	0	+	0	=	0
0,60	0	+	0	+	1 000	=	1 000
0,70	1 000	+	0	+	1 000	=	2 000
0,80	1 000	+	464	+	1 536	=	3 000
0,90	1 000	+	482	+	2 518	=	4 000
1,00	1 000	+	500	+	3 500	=	5 000
1,10	1 000	+	516	+	4 484	=	6 000
1,20	1 000	+	531	+	5 469	=	7 000
1,30	1 000	+	545	+	6 544	=	8 000
1,40	1 000	+	560	+	7 440	=	9 000
1,50	1 000	+	572	+	8 428	=	10 000

Grafische Aggregation (horizontale Addition) zweier individueller Angebotskurven für Brezeln zu einer Gesamtangebotskurve für Brezeln

Abb. 1 Arnos individuelle Angebotskurve	Abb. 2 Brunos individuelle Angebotskurve	Abb. 3 Arnos und Brunos individuelle Angebotskurven
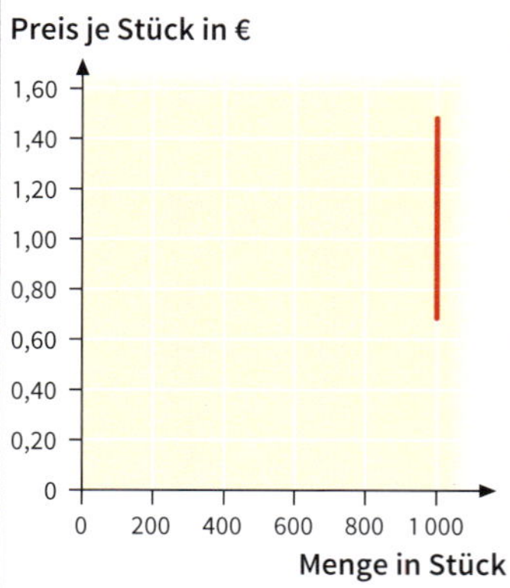	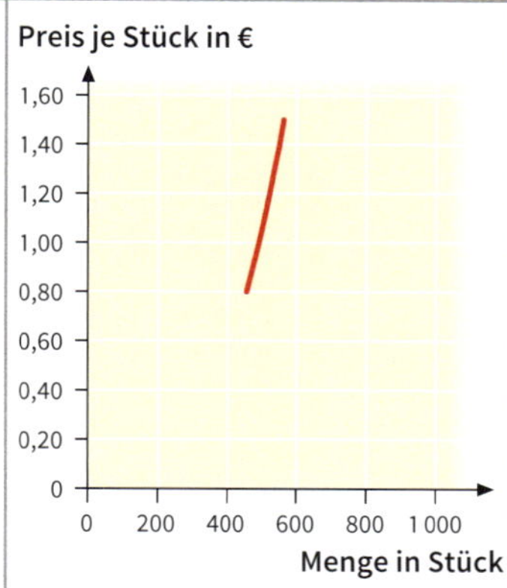	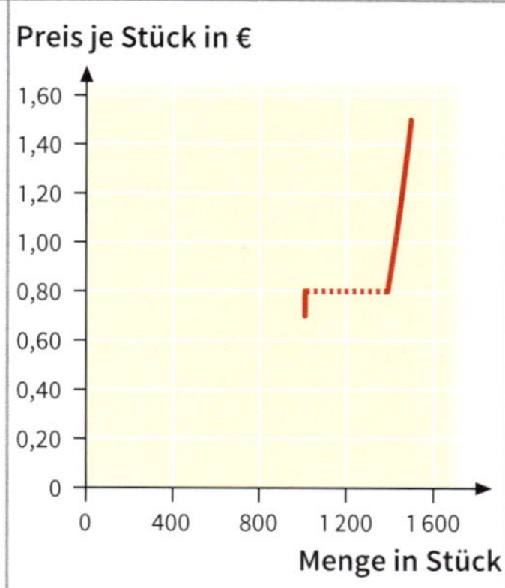

Wären Arno und Bruno die einzigen Brezelbäcker in einer Stadt, ergäbe sich durch Zusammenfassung (Aggregation) der beiden individuellen Angebotskurven die in Abb. 3 dargestellte Gesamtangebotskurve.

Werden auch die individuellen Angebotskurven aller übrigen Brezelbäcker der Stadt entsprechend der obigen Tabelle hinzuaddiert, ergibt sich folgender Verlauf der Gesamtangebotskurve für Brezeln (Marktangebot).

Gesamtangebotskurve

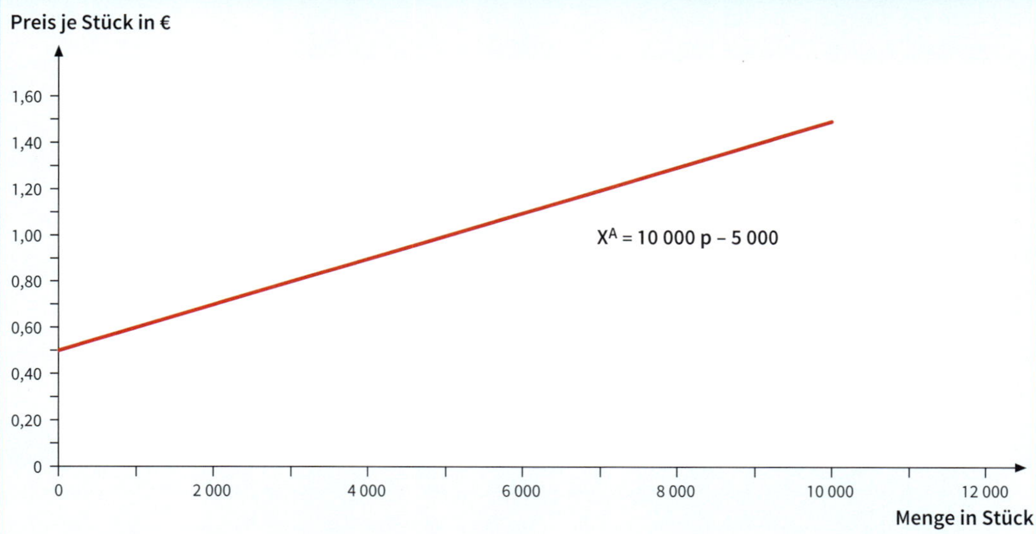

D Das Gesamtangebot (Marktangebot) für ein Gut ergibt sich aus der Zusammenfassung (Aggregation) des individuellen Angebots für dieses Gut.

1 Die Zahlen wurden aus Vereinfachungsründen so gewählt, dass sich ein linearer Verlauf der Angebotskurve ergibt.

4.6.2 Bestimmungsfaktoren des Gesamtangebots

Neben dem **Preis des Gutes**, der bereits bei der Ableitung der Angebotskurve eines einzelnen Unternehmens (= individuelle Angebotskurve) als Bestimmungsfaktor untersucht wurde, können auch folgende Größen Einfluss auf die **Gesamtangebotskurve** haben:

Produktionskosten (Preise der Produktionsfaktoren)

Steigen die Produktionskosten, so erhöhen sich für die betroffenen Anbieter die Stückkosten (k_g). Dadurch steigt die langfristige Preisuntergrenze (= Minimum der Stückkosten k_g). Anbieter, deren gestiegene Stückkosten nicht mehr durch den bisherigen Preis gedeckt sind, erwirtschaften einen Verlust und scheiden aus dem Markt aus. Die insgesamt zum bisherigen Preis angebotene Menge sinkt dadurch. Die Gesamtangebotskurve verschiebt sich nach links. Bei s-förmigem Verlauf der Gesamtkostenkurve tritt bei einer Erhöhung der variablen Stückkosten (k_v) eine zusätzliche weitere Linksverschiebung der gesamten Angebotskurve ein, da für die betroffenen Unternehmen die Grenzkostenkurve und somit auch die Angebotskurve steiler verläuft. Für die betroffenen Unternehmen liegt das Gewinnmaximum dadurch bei einer niedrigeren Produktionsmenge, sodass auch die insgesamt angebotene Menge sinkt.

Verbesserung des technischen Wissens und Veränderung der Produktionstechnik

Eine Verbesserung der Produktionstechnik (z. B. Entwicklung neuer Brezelbackanlagen mit geringerem Energieverbrauch) wirkt sich wie eine Kostensenkung aus. Das führt bei sinkenden variablen Kosten zu einer Rechtsverschiebung der Angebotskurve.

Absatz- und Gewinnerwartungen

Haben die Unternehmen günstige Absatz- und Gewinnerwartungen, werden sie mehr investieren und ihre Produktionskapazitäten ausdehnen. Das führt zu einer Ausdehnung des Gesamtangebots. Die Gesamtangebotskurve verschiebt sich nach rechts.

Preisentwicklung bei anderen Gütern

Steigen die Preise für andere Backwaren, während der Preis für Brezeln unverändert bleibt, erbringt die Brezelherstellung im Vergleich zur Herstellung anderer Backwaren möglicherweise einen geringeren Gewinn als vorher. Sofern die produktionstechnischen Voraussetzungen gegeben sind, kann es daher aufgrund der veränderten Gewinnerwartungen zu einer Produktionsverlagerung zugunsten der anderen Backwaren kommen (= Lenkungsfunktion des Preises). Dies würde zu einem Rückgang des Brezelangebots und zu einer Linksverschiebung der Gesamtangebotskurve für Brezeln führen.

Zahl der Anbieter

Nimmt die Zahl der Anbieter zu, so erhöhen sich die insgesamt verfügbaren Produktionskapazitäten. Das Gesamtangebot steigt. Die Gesamtangebotskurve verschiebt sich nach rechts.

Bestimmungsfaktoren des Gesamtangebots (Marktangebot)					
Preis des Gutes (p_1)	Preise der Produktionsfaktoren (Kosten) ($k_1, \dots, k_n$)	technisches Wissen, Produktionstechnik (T)	Absatz- und Gewinnerwartungen (G)	Preise anderer Güter ($p_2, \dots, p_n$)	Zahl der anbietenden Unternehmen (Z)
Allgemeine Gesamtangebotsfunktion für Gut 1: $X^A_1 = f(p_1, k_1 \dots k_n, T, G, p_2, \dots, p_n, Z)$					

4.6.3 Veränderung des Gesamtangebots

4.7, S. 185

Wenn sich einzelne Einflussfaktoren des Gesamtangebots ändern, muss deutlich unterschieden werden, ob durch diese Änderung im Preis-Mengen-Diagramm eine **Bewegung auf einer gegebenen Angebotskurve** (= Veränderung der angebotenen Menge) oder eine **Verschiebung der Angebotskurve** (= Veränderung des Angebots) ausgelöst wird. Auch sprachlich sollte der Unterschied zwischen diesen beiden Fällen immer deutlich werden, indem im ersten Fall vom Steigen oder Sinken der **angebotenen Menge** und im zweiten Fall von Zunahme oder Abnahme des **Angebots** gesprochen wird.

Änderung der angebotenen Menge (Bewegung auf der Angebotskurve)

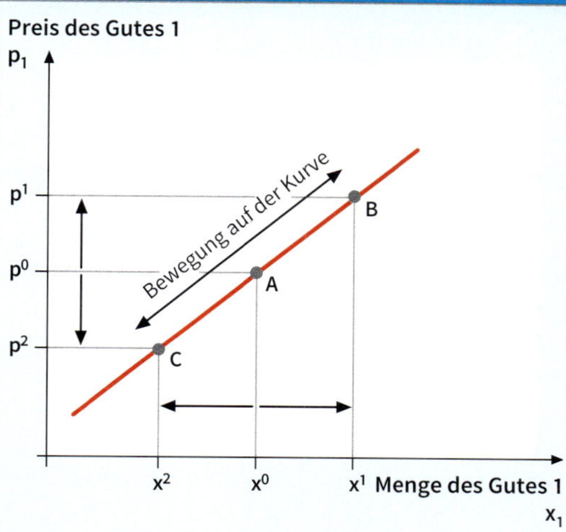

Eine Bewegung auf der Angebotskurve eines Gutes ergibt sich nur dann, wenn sich der Preis dieses Gutes ändert.

Änderung (Verschiebung) der Angebotskurve

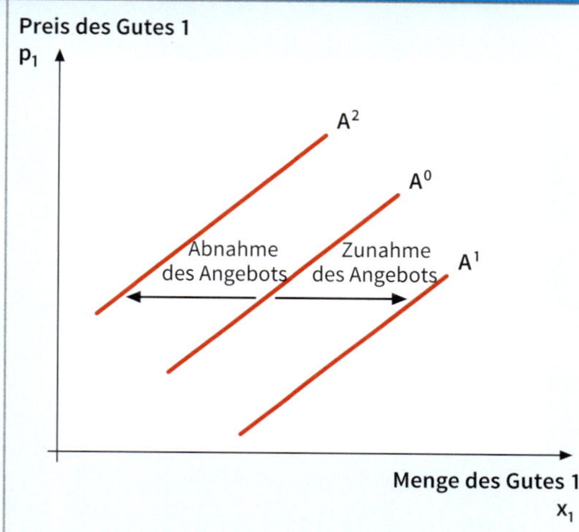

Eine Verschiebung der Angebotskurve eines Gutes ergibt sich, wenn sich nicht der Preis dieses Gutes, sondern einer oder mehrere der anderen Bestimmungsfaktoren ändern.

Eine Rechtsverschiebung (= Zunahme des Angebots) ergibt sich z. B. in folgenden Fällen:

- Preissenkung bei den Produktionsfaktoren (= Kostensenkung),
- Verbesserung des angewandten technischen Wissens,
- verbesserte Absatz- und Gewinnerwartungen,
- Erhöhung der Zahl der Anbieter.
- Preissenkung bei anderen Gütern.

Im jeweils umgekehrten Fall ergibt sich eine Linksverschiebung der Gesamtangebotskurve (= Abnahme des Angebots).

4.7 Elastizität des Angebots

Lernziele:

Nach der Bearbeitung des Kapitels sind Sie in der Lage, Folgendes zu tun:

Sie ...

- ... erklären und berechnen die Preiselastizität des Angebots.
- ... nennen Beispiele für Güter mit geringer bzw. hoher Angebotselastizität.
- ... interpretieren Angebotselastizitäten in einzel- und gesamtwirtschaftlichen Zusammenhängen.
- ... erläutern die Angebotselastizität einer individuellen Angebotskurve eines Unternehmens mit linearen Erlös- und Kostenkurven.

4.8, S. 185

Bei normalem Angebotsverhalten der Produzenten führen höhere Preise zu einem Anstieg der Angebotsmenge. Die **Preiselastizität des Angebots** ist eine Maßzahl für das **Ausmaß**, mit dem die angebotene Menge auf eine Preisänderung reagiert.

D Die Preiselastizität des Angebots ist das Verhältnis zwischen der prozentualen Änderung der angebotenen Menge eines Gutes zur prozentualen Preisänderung dieses Gutes. Sie gibt an, um wie viel Prozent sich die angebotene Menge eines Gutes ändert, wenn sich der Preis dieses Gutes um 1 % ändert.

B Am Beispiel der nebenstehenden Angebotskurve lassen sich folgende Angebotselastizitäten ermitteln: Bei einer Preissteigerung von 3,00 € auf 4,00 € (= Steigerung um 33 1/3 %) steigt die angebotene Menge von 100 Stück auf 200 Stück (= Erhöhung um 100 %). Die Elastizität ist größer als 1 (= elastisch), da die prozentuale Mengenerhöhung größer als die prozentuale Preiserhöhung ist.

Bei einer Preissteigerung von 12,00 € auf 15,00 € (= Steigerung um 25 %) steigt dagegen die angebotene Menge lediglich von 500 Stück auf 525 Stück (= Erhöhung um 5 %). Die Elastizität ist kleiner als 1 (= unelastisch), da die prozentuale Mengenerhöhung kleiner als die prozentuale Preiserhöhung ist.

Angebotskurve

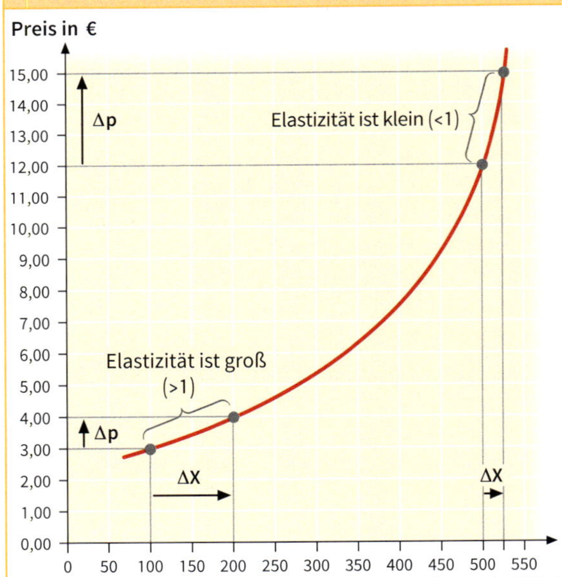

F

$$\text{Preiselastizität des Angebots} = \frac{\text{prozentuale Änderung der Angebotsmenge}}{\text{prozentuale Preisänderung}} = \frac{\frac{\Delta x \cdot 100}{x}}{\frac{\Delta p \cdot 100}{p}} = \frac{\Delta x}{\Delta p} \cdot \frac{p}{x}$$

B

Berechnung der Angebotselastizität bei einer Preiserhöhung von 3,00 € auf 4,00 €

	Preis	Menge
vorher	3,00 €	100 Stück
nachher	4,00 €	200 Stück
Änderung (absolut)	+ 1,00 €	+ 100 Stück
Änderung in %	$+33\frac{1}{3}$ %	+ 100 %

Angebotselastizität $= \frac{+100}{+33\frac{1}{3}} = 3$

Berechnung der Preiselastizität bei einer Preiserhöhung von 12,00 € auf 15,00 €

	Preis	Menge
vorher	12,00 €	500 Stück
nachher	15,00 €	525 Stück
Änderung (absolut)	+ 3,00 €	+ 25 Stück
Änderung in %	+ 25 %	+ 5 %

Angebotselastizität $= \frac{+5}{+25} = 0{,}2$

D Ist die prozentuale Mengenänderung größer als die prozentuale Preisänderung, liegt ein elastisches Angebot vor (Angebotselastizität > 1). Ist die prozentuale Mengenänderung kleiner als die prozentuale Preisänderung, liegt ein unelastisches Angebot vor (Angebotselastizität < 1).

Die Höhe der Angebotselastizität hängt entscheidend von der Möglichkeit der Unternehmen ab, bei Preissteigerungen die Produktionsmenge zu erhöhen.

B Bei nicht erneuerbaren Rohstoffen wie z. B. Erdöl und Erdgas sowie bei Baugrundstücken in bevorzugten Lagen ist die Angebotselastizität sehr gering. Demgegenüber ist bei Gütern, bei denen die Unternehmen die Produktionsmenge durch Erhöhung der Maschinenlaufzeiten, Zusatzschichten und Kapazitätserweiterungen flexibel steigern können (z. B. Autos, Bücher, Fernsehgeräte) die Angebotselastizität hoch.

Die Angebotselastizität eines Unternehmens ist umso geringer, je näher das Unternehmen an der Kapazitätsgrenze produziert. Im Extremfall ist das Angebot völlig unelastisch (Angebotselastizität = 0). Das trifft beispielsweise dann zu, wenn lineare Erlös- und Kostenverläufe unterstellt werden, so dass das Gewinnmaximum der entsprechenden Unternehmen an der Kapazitätsgrenze liegt. Für ein solches Unternehmen verläuft die individuelle Angebotskurve – beginnend im Minimum der Stückkosten – parallel zur Preisachse.

Angebotselastizität = 0

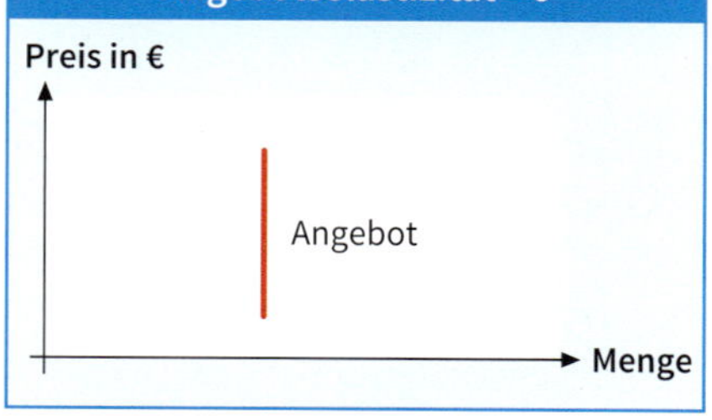

Zusammenfassung Kapitel 4: Angebot privater Unternehmen am Gütermarkt

Allgemeine individuelle Angebotsfunktion: $x^A_1 = f(p_1, p_2, \ldots, p_n, K_{fix}, k_v, T, G \ldots)$
Bestimmungsfaktoren der angebotenen (= gewinnmaximalen) Menge von Gut 1:
Preis des Gutes 1, Preise anderer Güter, Kosten (= Preise der Produktionsfaktoren),
Stand des technischen Wissens, Gewinnerwartungen, …

↓

Anwendung der c.p.-Annahme

↓

Spezielle Angebotsfunktionen: $x^A_1 = f(p_1)$ $x^A_1 = f(K_{fix}, k_v)$

Ziel: Gewinnmaximierung
Gewinn (G) = Erlös (E) – Kosten (K) → Max!

linearer Gesamtkostenverlauf	**s-förmiger Gesamtkostenverlauf**

Gesamtbetrachtung

Gesamterlös: $E = p \cdot x$
Gesamtkosten: $K_g = K_f + k_v \cdot x$

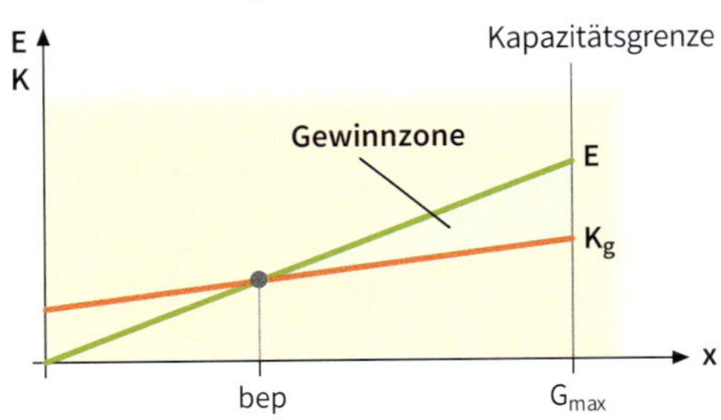

Gesamterlös: $E = p \cdot x$
Gesamtkosten: $K_g = K_f + a \cdot x + b \cdot x^2 + c \cdot x^3$

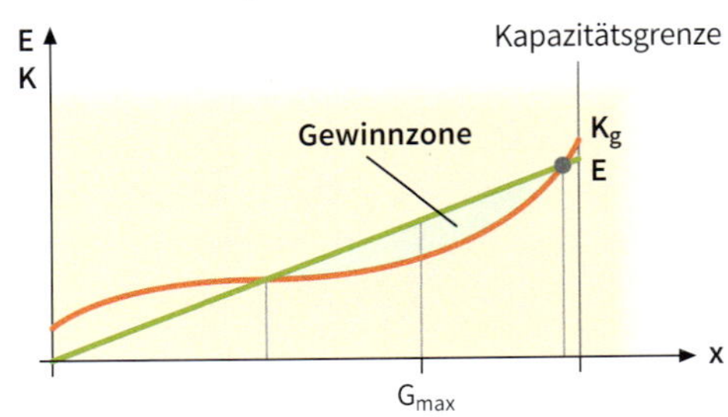

Stückbetrachtung

Stückerlös: $e = p$
Stückkosten: $k_g = \frac{K_f}{x} + k_v$

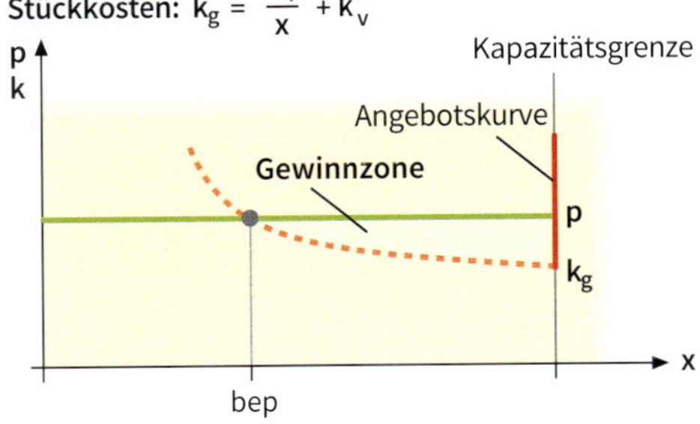

Stückerlös: $e = p$
Stückkosten: $k_g = \frac{K_f}{x} + a + b \cdot x + c \cdot x^2$

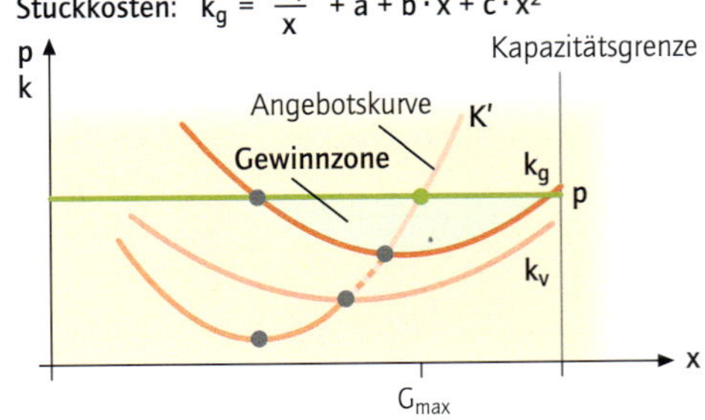

Zusammenfassung Kapitel 4: Angebot privater Unternehmen am Gütermarkt

Aggregation des individuellen Angebots = Gesamtangebot (Marktangebot)
Allgemeine Gesamtangebotsfunktion: $X^A_1 = f(p_1, p_2, \ldots, p_n, K_{fix}, k_V, T, G, Z \ldots)$
Bestimmungsfaktoren der insgesamt angebotenen Mengen von Gut 1:
Preis des Gutes, Preise anderer Güter, Faktorkosten, Stand des technischen Wissens, Gewinnerwartungen, Zahl der Anbieter, …

↓

Anwendung der c.p.-Annahme

↓

(Spezielle) Gesamtangebotskurve: $X^A_1 = f(p_1)$

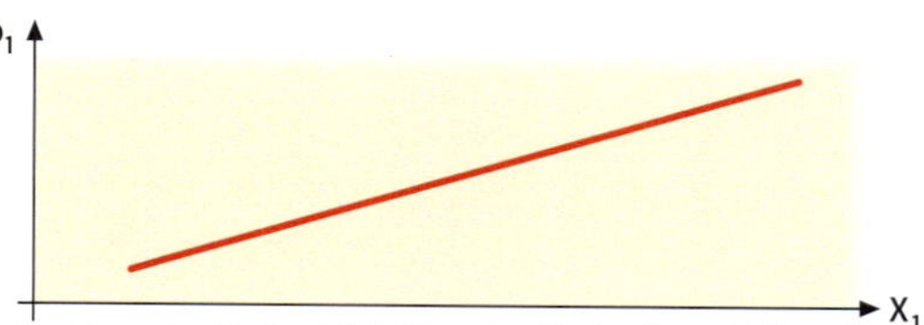

normaler Verlauf: je höher der Preis, desto höher die angebotene Menge („Gesetz des Angebots“)

Änderung des Preises (p_1) des Gutes (X_1)
= Bewegung auf der Kurve
= Änderung der angebotenen Menge

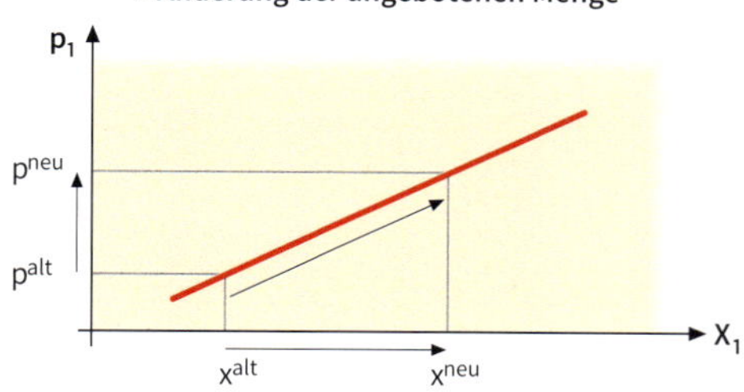

Änderung anderer Bestimmungsfaktoren
(z. B. Kosten) = Verschiebung der Kurve
= Änderung des Angebots

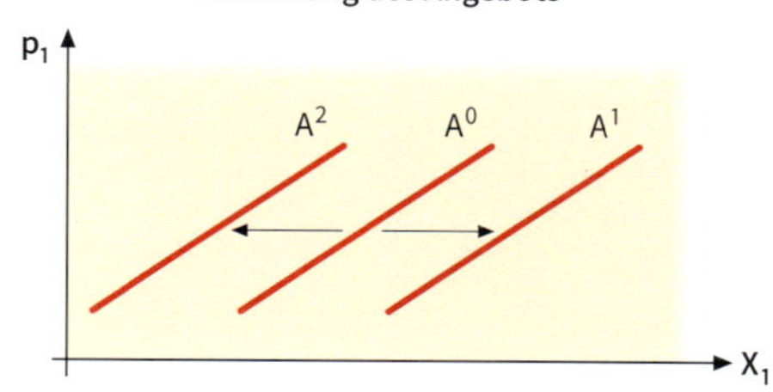

Preiselastizität des Angebots =
prozentuale Änderung der angebotenen Menge bei Änderung des Preises um 1 %

Preiselastizität des Angebots $= \frac{\Delta x \cdot p}{\Delta p \cdot x}$

Aufgaben zu Kapitel 4: Angebot privater Unternehmen am Gütermarkt

4.1 Gewinnmaximum – Gewinnschwelle – Abhängigkeit der Angebotsmenge vom Preis

Für einen Hersteller von Schokoriegeln liegt folgende Situation vor: Aufgrund der Wettbewerbssituation kann das Unternehmen den Marktpreis nicht selbst beeinflussen, sondern nur seine Angebotsmenge an den vom Markt vorgegebenen Preis anpassen (= Mengenanpasser). Das Unternehmen erzielt den maximalen Gewinn, wenn es die höchstmögliche Ausbringungsmenge von 1 Mio. Schokoriegeln erzeugt und verkauft. Die Produktionskosten setzen sich wie folgt zusammen:

Die unabhängig von der Produktionsmenge anfallenden Kosten (fixe Kosten, z. B. für Gebäudemiete, Abschreibungen auf Maschinen) betragen 150.000,00 €. Die Kosten, deren Höhe sich in Abhängigkeit von der Produktionsmenge ändert (variable Kosten, z. B. für Zutaten, Energieverbrauch von Maschinen), betragen 0,15 € je Schokoriegel.

1. Berechnen Sie, wie hoch der maximale Gewinn dieses Herstellers wäre, wenn der Marktpreis für Schokoriegel 0,60 € betragen würde.
2. Berechnen Sie, mit wie viel Prozent der Hersteller seine Kapazität mindestens auslasten muss, damit kein Verlust entsteht.
3. Ermitteln Sie, wie hoch die Angebotsmenge dieses Herstellers wäre, wenn der Marktpreis für Schokoriegel 0,50 € betragen würde.
4. Angenommen, der Marktpreis für Schokoriegel sinkt dauerhaft. Stellen Sie dar, ab welchem Marktpreis der Hersteller seine Produktion einstellen würde.

4.2 Abhängigkeit der Angebotsmenge vom Preis bei linearem Gesamtkostenverlauf

Fünf landwirtschaftliche Betriebe bieten ein gleichartiges Agrarprodukt an. Aufgrund der Marktsituation können die Unternehmen den Marktpreis nicht selbst beeinflussen, sondern nur ihre Angebotsmenge an den vom Markt vorgegebenen Preis anpassen (= Mengenanpasser). Alle fünf Betriebe erzielen ihren maximalen Gewinn, wenn sie ihre höchstmögliche Ausbringungsmenge von jeweils 100 t erzeugen und verkaufen. Wegen unterschiedlicher Bodenqualität und unterschiedlich hohem Maschineneinsatz weichen die Produktionskosten der einzelnen Betriebe voneinander ab.

	Betrieb A	Betrieb B	Betrieb C	Betrieb D	Betrieb E
Maximale Produktionsmenge in t	100	100	100	100	100
Fixkosten in € (z. B. Pacht, Abschreibungen auf Landmaschinen)	1.500	2.000	3.000	2.500	2.000
Variable Kosten je t Ernteertrag in € (z. B. Saatgut, Dünger, Treibstoff)	15	20	20	35	50

1. Ermitteln Sie, wie hoch langfristig die Angebotsmenge von Betrieb A ist, wenn der Marktpreis je t 60,00 € beträgt.
2. Berechnen Sie, wie hoch langfristig die insgesamt angebotene Menge der fünf Betriebe ist, wenn der Marktpreis je t 60,00 € beträgt.
3. Ermitteln Sie, wie hoch der Marktpreis mindestens sein muss, damit das Produkt langfristig von mindestens einem der fünf Betriebe am Markt angeboten wird.
4. Berechnen Sie, wie hoch langfristig die insgesamt angebotene Menge der fünf Betriebe ist, wenn die variablen Stückkosten um 10,00 € steigen und der Marktpreis nach wie vor 60,00 € je t beträgt.
5. Zeichnen Sie die Gesamtangebotskurve vor und nach der Erhöhung der variablen Stückkosten (vgl. 4) der fünf Betriebe in ein Preis-Mengen-Diagramm ein.

4.3 Gesamtangebotskurve bei linearem Verlauf der Gesamtkosten

Für fünf Produzenten eines gleichartigen Produkts, die ihre Kapazitäten voll ausgelastet haben, gelten folgende Daten:

	Betrieb A	Betrieb B	Betrieb C	Betrieb D	Betrieb E
Stückkosten bei der Kapazitätsgrenze (€)	400	500	600	700	800
Kapazität (Stück)	50000	40000	30000	20000	10000

1. Zeichnen Sie die Angebotskurve (y-Achse: 10 cm, 1 cm = 100 €; x-Achse: 15 cm, 1 cm = 10000 Stück). Ermitteln Sie, warum die Angebotskurve im vorliegenden Fall nicht linear verläuft.
2. Stellen Sie fest, wie hoch die Angebotsmenge bei einem Marktpreis von 900,00 € ist.
3. Ermitteln Sie, wie sich die Angebotsmenge verändert, wenn der Marktpreis langfristig auf 700,00 € sinkt.
4. Ermitteln Sie, wie sich die Angebotsmenge verändert, wenn sich bei einem Marktpreis von 700,00 € für jeden Anbieter eine Erhöhung der Stückkosten bei der Kapazitätsgrenze um 100,00 € ergibt.

4.4 S-förmiger Kostenverlauf – Gewinnmaximum – kritische Kosten- und Gewinnpunkte – Angebotskurve

In einer landwirtschaftlichen Produktionsgenossenschaft zeigt die Analyse der Kostenstruktur für den Anbau einer bestimmten Getreidesorte folgenden Zusammenhang zwischen der jährlichen Produktionsmenge (x) und den dabei anfallenden Gesamtkosten (K_g):

Menge (x) in t	0	1000	2000	3000	4000	5000	6000	7000
Kosten (K_g) in €	200.000	278.000	320.000	338.000	344.000	350.000	368.000	410.000

Menge (x) in t	8000	9000	10000	11000	12000	13000	14000
Kosten (K_g) in €	488.000	614.000	800.000	1.058.000	1.400.000	1.838.000	2.384.000

Der Verkaufspreis beträgt 100,00 € je t.

1. Ermitteln Sie für die Produktionsmengen von 0 t bis 14000 t tabellarisch (siehe Arbeitsblatt) folgende Größen: Erlöse (E), Fixkosten (K_{fix}), variable Gesamtkosten (K_v), Gesamtkosten (K_g), Gewinn/Verlust (G).
2. Stellen Sie in einem Koordinatensystem (siehe Arbeitsblatt) die Entwicklung der Erlöse (E) und der Gesamtkosten (K_g) in Abhängigkeit von der Produktionsmenge grafisch dar.
3. Beantworten Sie anhand der Grafik und der Tabelle die folgenden Fragen:
   a) Ab welcher Produktionsmenge (ungefähre Mengenangabe) erzielt der Betrieb einen Gewinn (Gewinnschwelle)?
   b) Ab welcher Produktionsmenge (ungefähre Mengenangabe) tritt der Betrieb erneut in die Verlustzone ein (Gewinngrenze)?
   c) Bei welcher Produktionsmenge erzielt der Betrieb den höchsten Gewinn?
4. Ermitteln Sie anhand der Grafik, welche Bedingung hinsichtlich der Steigungen der Erlöskurve (E) und der Gesamtkostenkurve (K_g) bei der gewinnmaximalen Produktionsmenge erfüllt sein muss.
5. Stückpreis und Stückkosten
   a) Ermitteln Sie für die Produktionsmengen 0 t bis 14000 t tabellarisch (siehe Arbeitsblatt) zunächst nur den Stückpreis (p) und die Stückkosten (k_g).
   b) Stellen Sie in einem zweiten Koordinatensystem (siehe Arbeitsblatt) die Entwicklung des Stückpreises (p) und der Stückkosten (k_g) grafisch dar.
   c) Überprüfen Sie anhand der Grafik die bei den Aufgaben 3 a) und 3 b) ermittelte Gewinnschwelle und Gewinngrenze.

6. Die Steigung der Erlöskurve (E) bei unterschiedlichen Absatzmengen wird durch die jeweiligen Grenzerlöse (E') angegeben. Der Grenzerlös (= 1. Ableitung) ist der zusätzliche Erlös, der sich bei einer Erhöhung der Absatzmenge um eine Einheit ergibt.
Die Steigung der Gesamtkostenkurve (K_g) bei unterschiedlichen Absatzmengen wird durch die jeweiligen Grenzkosten (K') angegeben. Die Grenzkosten (= 1. Ableitung) sind die zusätzlichen Kosten, die sich bei einer Erhöhung der Produktionsmenge um eine Einheit ergeben.
   a) Ermitteln Sie in der bei Aufgabe 5a) erstellten Tabelle die Grenzerlöse und die Grenzkosten für die Produktionsmengen von 0t bis 14000t.
   b) Stellen Sie in dem bei Aufgabe 5b) erstellten Koordinatensystem die Entwicklung der Grenzerlöse (E') und der Grenzkosten (K') grafisch dar.
   c) Überprüfen Sie anhand der Grafik die bei Aufgabe 3c) ermittelte gewinnmaximale Menge. Begründen Sie mathematisch und betriebswirtschaftlich, warum die gewinnmaximale Produktionsmenge dann erreicht ist, wenn die Bedingungen E' = K' bzw. p = K' erfüllt sind.
7. Variable Stückkosten (k_v)
   a) Ermitteln Sie anhand der bei Aufgabe 5a) erstellten Tabelle die variablen Stückkosten (k_v) für die Produktionsmengen 0t bis 14000t.
   b) Stellen Sie in dem bei Aufgabe 5b) erstellten Koordinatensystem die Entwicklung der variablen Stückkosten grafisch dar.
8. Beantworten Sie anhand der beiden Tabellen und der beiden Grafiken folgende Fragen:
   a) Welche Kostenart entscheidet darüber, ob es neben der Gewinnschwelle auch eine Gewinngrenze gibt?
   b) Warum gibt es bei linearem Verlauf der Gesamtkostenkurve keine Gewinngrenze?
   c) Wie weit darf der Preis langfristig höchstens sinken, damit der Betrieb die Produktion fortsetzen kann (= langfristige Preisuntergrenze)?
   d) Wie weit darf der Preis kurzfristig höchstens sinken, damit der Betrieb seine Produktion nicht einstellen muss (= kurzfristige Preisuntergrenze)?
   e) Welche Besonderheit weist die Gesamtkostenkurve beim Minimum der Grenzkostenkurve auf?
9. Das Minimum der Stückkostenkurve (k_g) wird als Betriebsoptimum (oder optimaler Kostenpunkt) und das Minimum der variablen Stückkosten (k_v) als Betriebsminimum bezeichnet. In diesem Zusammenhang wird auch von „kritischen Kostenpunkten“ gesprochen.
Stellen Sie anhand der bei den Aufgaben 5b) und 6b) erstellten grafischen Darstellung der Stückgrößen für diese beiden Kostenpunkte fest,
   a) bei welchen Produktionsmengen (ungefähre Mengenangaben) sie jeweils liegen,
   b) welche Besonderheiten sie jeweils aufweisen.
10. Stellen Sie in einem Preis-Mengen-Diagramm die individuelle Angebotskurve des Betriebes dar und begründen Sie deren Verlauf. Unterscheiden Sie dabei auch zwischen der langfristigen Preisuntergrenze (Aufgabe 8c) und der kurzfristigen Preisuntergrenze (Aufgabe 8d).
11. Für das vorliegende Beispiel lauten die Erlös- und Kostenfunktionen wie folgt:
Erlösfunktion: $E = 100 \cdot x$ Kostenfunktion: $K = 200000 + 0{,}000002\,x^3 - 0{,}024\,x^2 + 100\,x$
Stellen Sie die in den beiden Koordinatensystemen erstellten Kurven (Gesamtgrößen und Stückgrößen) mithilfe eines grafikfähigen Taschenrechners dar. Ermitteln Sie folgende Größen: Gewinnschwelle, Gewinngrenze, Gewinnmaximum, Betriebsoptimum, Betriebsminimum.

4.5 Individuelle Angebotskurve

Ein Unternehmen weist folgende Gesamtkostenentwicklung auf.

Menge (x) in Stück	0	10	20	30	40	50	60	70	80	90	100	110	120
Gesamtkosten (K_g) in €	40	54	64	72	79	85	92	100	110	124	142	166	196

1. Ermitteln Sie für die Mengen 0 bis 120 Stück tabellarisch k_g, k_v und K' und bestimmen Sie, bei welchen Mengen das Betriebsoptimum und das Betriebsminimum liegen.

2. Stellen Sie die kurz- und langfristige Angebotskurve des Unternehmens grafisch dar.
3. Überlegen Sie, ob und gegebenenfalls wie sich die Angebotskurve ändert, wenn
   a) nur die Fixkosten,
   b) zusätzlich auch die variablen Stückkosten steigen.

4.6 Individuelle Angebotskurve – Gesamtangebotskurve

Für drei landwirtschaftliche Betriebe ergeben sich bei der Getreideproduktion im Bereich der progressiv steigenden Gesamtkosten folgende Grenzkosten:

Betrieb 1		Betrieb 2		Betrieb 3	
Menge in t	K' in €	Menge in t	K' in €	Menge in t	K' in €
50,0	10	25,0	20	20,0	30
65,0	20	37,5	30	30,0	40
72,5	30	45,0	40	37,5	50
80,0	40	50,0	50	45,0	60
85,0	50	55,0	60	50,0	70
90,0	60	60,0	70	55,0	80
92,5	70	62,5	80	60,0	90
95,0	80	65,0	90	65,0	100
97,5	90	67,5	100		
100,0	100				
Betriebsoptimum: 65 t		Betriebsoptimum: 37,5 t		Betriebsoptimum: 37,5 t	

1. Stellen Sie für jeden Betrieb die langfristige Angebotsfunktion tabellarisch und grafisch dar.
2. Stellen Sie die langfristige Gesamtangebotsfunktion der drei Betriebe tabellarisch und grafisch dar.
3. Ermitteln Sie, wie hoch die Gesamtangebotsmenge bei einem Marktpreis von 50,00 € je t ist.
4. Durch Erhöhung der Fixkosten erhöht sich in allen Betrieben das Betriebsoptimum um 7,5 t.
   a) Stellen Sie die sich dadurch ergebenden Veränderungen für die Gesamtangebotsfunktion tabellarisch und grafisch dar.
   b) Errechnen Sie, wie hoch nach der Erhöhung der Fixkosten die Gesamtangebotsmenge bei einem gleich bleibenden Marktpreis von 50,00 € je t ist. Begründen Sie das Ergebnis.

4.7 Veränderung des Gesamtangebots (Marktangebot)

Stellen Sie fest, welche der folgenden Faktoren im Zeitablauf die Verschiebung der Gesamtangebotskurve für das Gut 1 von A^1 nach A^2 verursacht haben können. Begründen Sie Ihre Antwort.

a) Der Preis des Gutes 1 ist gesunken.
b) Die Preise anderer Güter sind gesunken.
c) Erhöhung der Faktorkosten.
d) Die Absatz- und Gewinnerwartungen der Unternehmen haben sich verschlechtert.
e) Kostensenkung durch techn. Fortschritt.
f) Die Zahl der Anbieter hat zugenommen.

4.8 Elastizität des Angebots

Berechnen Sie die Angebotselastizität für folgende Fälle a) bis d) und erläutern Sie die Ergebnisse:

a)

Preis		Menge	
vorher	nachher	vorher	nachher
4,00 €	5,00 €	100 Stück	125 Stück

b)

Preis		Menge	
vorher	nachher	vorher	nachher
4,00 €	5,00 €	100 Stück	200 Stück

c)

Preis		Menge	
vorher	nachher	vorher	nachher
4,00 €	5,00 €	100 Stück	110 Stück

d)

Preis		Menge	
vorher	nachher	vorher	nachher
4,00 €	5,00 €	100 Stück	100 Stück

Ich kann …	Bitte ankreuzen		Wenn Nein: Siehe Seite(n) im Buch	Level/ Anforderungsniveau
	Ja	Nein		
4.1 Grundannahmen der Angebotstheorie				
… die Annahmen (Prämissen) der Angebotstheorie nennen.			S. 152	I
… das Hauptziel der Unternehmer als Anbieter nennen.			S. 152	I
… die Begriffe „Mengenanpasser“ und „Preisnehmer“ erklären.			S. 153	II
4.2 Bestimmungsfaktoren des Angebots eines einzelnen Unternehmens				
… die Bestimmungsfaktoren des individuellen Angebots eines Unternehmens nennen.			S. 153 f.	I
… zwischen einer allgemeinen und einer speziellen Angebotsfunktion unterscheiden.			S. 154 f.	I
… den Zusammenhang zwischen Kosten, Erlösen und Gewinn erläutern.			S. 154 ff.	II
… die Ursachen unterschiedlicher Kostenverläufe erklären.			S. 156	II
4.3 Gewinnmaximum und Angebotsverhalten eines Unternehmens bei linearem Verlauf der Gesamtkostenkurve				
… den Begriff „Gewinnschwelle“ („Break-even-point“) erläutern.			S. 157	II
… die Gewinnschwelle berechnen.			S. 158	II
… die gewinnmaximale Produktionsmenge eines Unternehmens bei linearem Verlauf der Gesamtkosten in Gesamt- und Stückbetrachtung ermitteln und daraus die Gewinnmaximierungsregel bei linearem Kostenverlauf ableiten.			S. 158 ff.	II
… den Begriff „Fixkostendegression“ („Gesetz der Massenproduktion“) erklären.			S. 159	II
… die langfristige Preisuntergrenze eines Unternehmens bei linearem Kostenverlauf erläutern.			S. 160 f.	II
… den Verlauf der Angebotskurve eines einzelnen Unternehmens bei linearem Verlauf der Gesamtkosten darstellen.			S. 160 f.	II
4.4 Gewinnmaximum und Angebotsverhalten eines Unternehmens bei ertragsgesetzlichem Verlauf der Gesamtkostenkurve				
… den Zusammenhang zwischen Erlös, Kosten und Gewinn bei ertragsgesetzlichem Verlauf der Gesamtkostenkurve beschreiben.			S. 162 f.	I
… die Begriffe „Grenzerlöse“ und „Grenzkosten“ erläutern.			S. 163	II

5 Preisbildung auf verschiedenen Arten von Märkten

5.1 Funktionen und Arten von Märkten

5.6 Mögliche Verhaltensweisen der Anbieter beim Oligopol

5.5 Monopolistischer Preisspielraum: Polypol auf dem unvollkommen Markt

5.2 Preisbildung auf Wettbewerbsmärkten

5.3 Staatliche Eingriffe in die Preisbildung auf Wettbewerbsmärkten

5.4 Preisbildung des Angebotsmonopols

5 Preisbildung auf verschiedenen Arten von Märkten

"

Zustandekommen und Höhe der **Preise** werden in einer Marktwirtschaft durch **Angebot** und **Nachfrage** bestimmt. Nachdem in den beiden vorhergehenden Kapiteln die Faktoren, die Angebot und Nachfrage beeinflussen, ausführlich behandelt wurden, steht jetzt der **Preisbildungsprozess** im Mittelpunkt. Die Preisbildung findet auf **Märkten** statt. Die Art und Weise, wie Preise zustande kommen und wie hoch sie sind, hängt entscheidend davon ab, ob die **Marktteilnehmer** in **Wettbewerb** miteinander stehen oder nicht. Dementsprechend muss die Preisbildung auf Wettbewerbsmärkten von derjenigen unterschieden werden, bei der einzelne Anbieter über **Marktmacht** verfügen.

5.1 Funktionen und Arten von Märkten

Lernziele:

Nach der Bearbeitung dieses Kapitels sind Sie in der Lage, Folgendes zu tun:

Sie ...

- ... erklären die Funktion von Märkten.
- ... beschreiben das Marktformenschema nach Stackelberg.[1]
- ... nehmen Stellung zur Marktmacht und zur Marktform.

Funktionen von Märkten

In einer Marktwirtschaft stellen die Unternehmer ihre Produktionspläne und die privaten Haushalte ihre Verbrauchspläne selbstständig und unabhängig voneinander unter Berücksichtigung ihrer eigenen Ziele auf. Es wäre ein großer Zufall, wenn alle ursprünglichen Pläne der Marktteilnehmer ohne Änderungen miteinander vereinbar wären. Die gegenseitige Abstimmung und Anpassung der Pläne von Anbietern und Nachfragern erfolgt auf dem **Markt.**

D Der Markt ist der Ort, an dem Angebot und Nachfrage zusammentreffen.

Obwohl es höchst unterschiedliche Märkte gibt, wie z. B. den Wochenmarkt, den Gebrauchtwagenmarkt, den Drogenmarkt oder den computergesteuerten virtuellen Devisenmarkt, sind die Grundregeln und das Verhalten der Marktteilnehmer doch auf allen Märkten gleich. Die Marktteilnehmer verfolgen unterschiedliche Interessen. Die Anbieter wollen zu einem Preis verkaufen, bei dem ihr Gewinn maximiert wird, während die Nachfrager ihren Nutzen maximieren und daher möglichst billig kaufen möchten. Der Ausgleich dieser gegensätzlichen Interessen erfolgt auf dem Markt durch den **Preis.**

1 Ein gebräuchliches Marktformenschema stammt von dem Nationalökonomen Heinrich von Stackelberg (1905 – 1946).

D Der Markt hat die Funktion, die Pläne der Anbieter und der Nachfrager durch den Preis zum Ausgleich zu bringen. Der Markt ist der Ort der Preisbildung.

Einteilung der Märkte nach der Art der gehandelten Güter

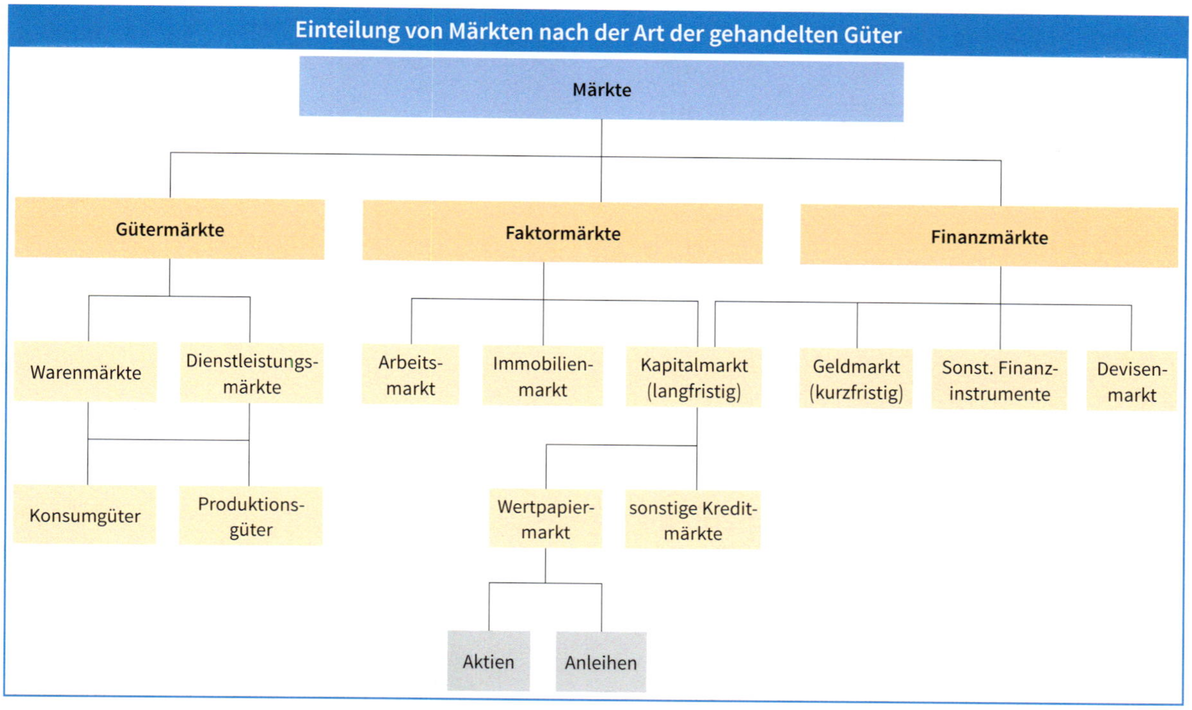

Einteilung der Märkte nach der Zahl der Marktteilnehmer und der Marktmacht

Von großer Bedeutung für die Verhaltensweisen von Anbietern und Nachfragern ist die Zahl der Marktteilnehmer. Je größer die Zahl der Anbieter, umso stärker ist beispielsweise der zu erwartende Konkurrenzkampf. Ein Anbieter mit vielen Konkurrenten trifft andere Entscheidungen als ein alleiniger Anbieter, der die gesamte Nachfrage auf sich vereinigt. Die Preisbildung vollzieht sich daher anders, je nachdem, ob es auf einem Markt viele, wenige oder nur einen Anbieter bzw. Nachfrager gibt. Um die Entscheidungen von Anbietern und Nachfragern auf Märkten, die sich hinsichtlich der Zahl der Marktteilnehmer unterscheiden, analysieren zu können, werden die Märkte üblicherweise nach folgendem **Marktformenschema** gegliedert:[1]

Marktformen

Anbieter \ Nachfrager	viele	wenige	einer
viele	zweiseitiges Polypol	Nachfrageoligopol	Nachfragemonopol
wenige	Angebotsoligopol	zweiseitiges Oligopol	beschränktes Nachfragemonopol
einer	Angebotsmonopol	beschränktes Angebotsmonopol	zweiseitiges Monopol

1 Diese Art des Marktformenschemas stammt von Heinrich von Stackelberg (1905 – 1946). Vgl. v. Stackelberg, H., Grundlagen der theoretischen Volkswirtschaftslehre, Tübingen, Zürich 1951, S. 235. Die griechischen Vorsilben poly, oligo und mono haben folgende Bedeutung: poly ... = viel ..., oligo ... = wenig ..., mono ... = allein ...

D Ein Polypol ist durch viele Anbieter (Polypolisten) und viele Nachfrager gekennzeichnet. Der einzelne Marktteilnehmer hat nur einen geringen Anteil am Gesamtangebot bzw. an der Gesamtnachfrage.

D Beim Angebotsoligopol treten nur wenige Anbieter auf. Der einzelne Oligopolist hat einen großen Anteil am Gesamtangebot auf dem Markt.

D Beim Angebotsmonopol tritt nur ein Anbieter auf. Er verfügt über große Marktmacht.
Da er keine Konkurrenten hat, muss er bei seinen Entscheidungen nur die Reaktion der Nachfrager berücksichtigen.

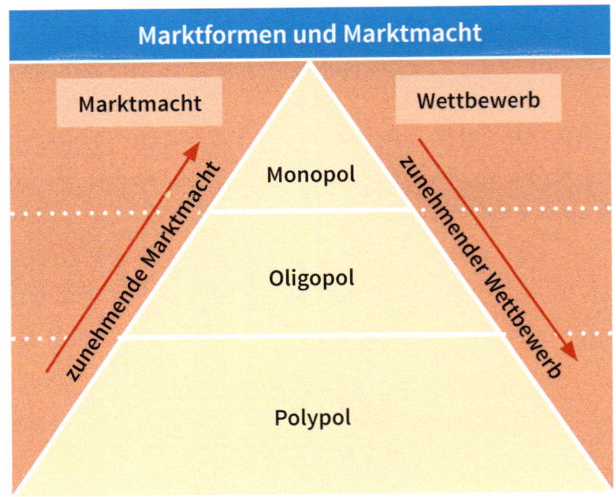

5.2 Preisbildung auf Wettbewerbsmärkten

Lernziele:

Nach der Bearbeitung dieses Kapitels sind Sie in der Lage, Folgendes zu tun:

Sie ...

- ... ermitteln das Marktgleichgewicht tabellarisch, grafisch und algebraisch.
- ... analysieren das Marktgleichgewicht beim Polypol.
- ... stellen Anpassungsprozesse dar, die sich auf Wettbewerbsmärkten einstellen, wenn der Marktpreis über bzw. unter dem Gleichgewichtspreis liegt.
- ... erklären, warum der einzelne Anbieter bei vollständiger Konkurrenz als Mengenanpasser bezeichnet wird.
- ... erkennen den Gleichgewichtspreis als optimales Ergebnis des Polypols auf dem vollkommenen Markt.
- ... nennen die Bedingungen des vollkommenen Marktes.
- ... können das Modell eines vollkommenen Marktes erläutern.
- ... grenzen den unvollkommen vom vollkommenen Markt ab und begründen, dass Marktpreise in der Realität meist keine Gleichgewichtspreise sind.
- ... definieren die Konsumenten- und Produzentenrente aus und berechnen deren Höhe.
- ... stellen Änderungen des Gleichgewichtspreises bei einer Verschiebung der Angebots- und/oder Nachfragekurve dar.
- ... entwickeln selbstständig den Anpassungsprozess (Cobweb-Modell) hin zu einem neuen Marktgleichgewicht.

5.2.1 Preisbildung an einer Börse: Beispiel für ein Polypol auf dem vollkommenen Markt

Ein **Wettbewerbsmarkt** liegt vor, wenn viele Anbieter miteinander in Konkurrenz stehen und somit keiner von ihnen über **Marktmacht** verfügt **(Polypol)**. In der Realität ist der Preisbildungsprozess auf solchen Märkten höchst undurchsichtig.

Preisbildung an einer Warenbörse

Am Beispiel einer **Börse**, bei der ein **Makler** aufgrund der ihm vorliegenden zahlreichen Kauf- und Verkaufsaufträge schrittweise den Marktpreis ermittelt, lässt sich die Preisbildung auf Wettbewerbsmärkten veranschaulichen.

B **Preisbildung an der Stuttgarter Getreidebörse**

An der Stuttgarter Waren- und Produktenbörse werden u. a. verschiedene Getreidearten gehandelt. Eine **Maklerkommission** sammelt die Verkaufsaufträge der Produzenten und die Kaufaufträge der Getreidehändler. Die Produzenten teilen mit, welchen Preis sie mindestens erzielen wollen (Mindestpreis) und welche Mengen (in t) sie zu diesem Preis anbieten. Die Händler nennen als Nachfrager die Preise, die sie höchstens zu zahlen bereit sind (Höchstpreise), und die Mengen (in t), die sie zu diesem Preis abnehmen wollen. Aus den Kauf- und Verkaufsaufträgen ermittelt die **Maklerkommission** den Börsenpreis. Dabei ist es ihre gesetzlich vorgeschriebene Aufgabe, den Preis zu finden, bei dem die meisten Kauf- und Verkaufsaufträge ausgeführt werden können **(Meistausführungsprinzip)**. Bei diesem Preis ist die umgesetzte **Menge** am größten.

5.1, S. 240

Tabellarische Ermittlung des Gleichgewichtspreises

B Angenommen, an einem bestimmten Börsentag liegen der Maklerkommission für eine bestimmte Getreidesorte, deren Qualität (z. B. Feuchtigkeitsgehalt) eindeutig festgelegt ist, folgende Kauf- und Verkaufsaufträge vor:

Verkaufsaufträge (Angebot)			Kaufaufträge (Nachfrage)		
Name des Verkäufers	Mindestpreis je t in €	angebotene Menge t	Name des Käufers	Höchstpreis je t in €	nachgefragte Menge t
A	100,00	75	F	300,00	55
B	150,00	50	G	250,00	35
C	200,00	25	H	200,00	60
D	250,00	15	I	150,00	90
E	300,00	13	J	100,00	110

5.2, S. 240
5.3, S. 241

Die Maklerkommission ordnet den unterschiedlichen Preisen die jeweils insgesamt angebotene und nachgefragte Menge zu und erstellt folgende Übersichten:

Preis in €	Angebot in t						Nachfrage in t					
	A	B	C	D	E	Summe	F	G	H	I	J	Summe
100,00	75	0	0	0	0	**75**	55	35	60	90	110	**350**
150,00	75	50	0	0	0	**125**	55	35	60	90	0	**240**
200,00	75	50	25	0	0	**150**	55	35	60	0	0	**150**
250,00	75	50	25	15	0	**165**	55	35	0	0	0	**90**
300,00	75	50	25	15	13	**178**	55	0	0	0	0	**55**

Preis in €	angebotene Menge in t	nachgefragte Menge in t	umgesetzte Menge in t	Verhältnis von Angebot und Nachfrage
100,00	75	350	75	Angebot < Nachfrage: 275 t
150,00	125	240	125	Angebot < Nachfrage: 115 t
200,00	150	150	150	Angebot = Nachfrage
250,00	165	90	90	Angebot > Nachfrage: 75 t
300,00	178	55	55	Angebot > Nachfrage: 123 t

Würde die Maklerkommission einen Preis von 100,00 € je t festlegen, würden zwar 350 t nachgefragt, aber nur 75 t angeboten. Daher könnten nur 75 t zu diesem Preis verkauft werden. Es besteht ein **Nachfrageüberschuss** bzw. eine **Angebotslücke** von 275 t. Würde die Maklerkommission dagegen einen Kurs von 300,00 € je t festlegen, würden zwar 178 t angeboten, aber nur 55 t nachgefragt. Daher könnten nur 55 t Getreide zu diesem Preis verkauft werden. Es besteht ein **Angebotsüberschuss** bzw. eine **Nachfragelücke** von 123 t. Die Maklerkommission wird an diesem Börsentag den Preis von 200,00 € je t Getreide festlegen.

Bei diesem Preis planen die Anbieter 150 t zu verkaufen und die Nachfrager planen 150 t zu kaufen. Es besteht weder ein Angebots- noch ein Nachfrageüberhang. Dieser Preis „räumt den Markt". Bei keinem anderen Preis kann eine größere Menge umgesetzt werden. Die unabhängig voneinander gebildeten Kauf- und Verkaufspläne entsprechen einander. Der Preis von 200,00 € je t ist der **Gleichgewichtspreis.** Die bei diesem Preis umgesetzte Menge (150 t) ist die **Gleichgewichtsmenge.**

Grafische Ermittlung des Gleichgewichtspreises

Die tabellarische Darstellung der Angebots- und Nachfragesituation lässt sich auch in grafischer Form als **Angebots-** und **Nachfragekurve** abbilden.

Angebots- und Nachfragekurve

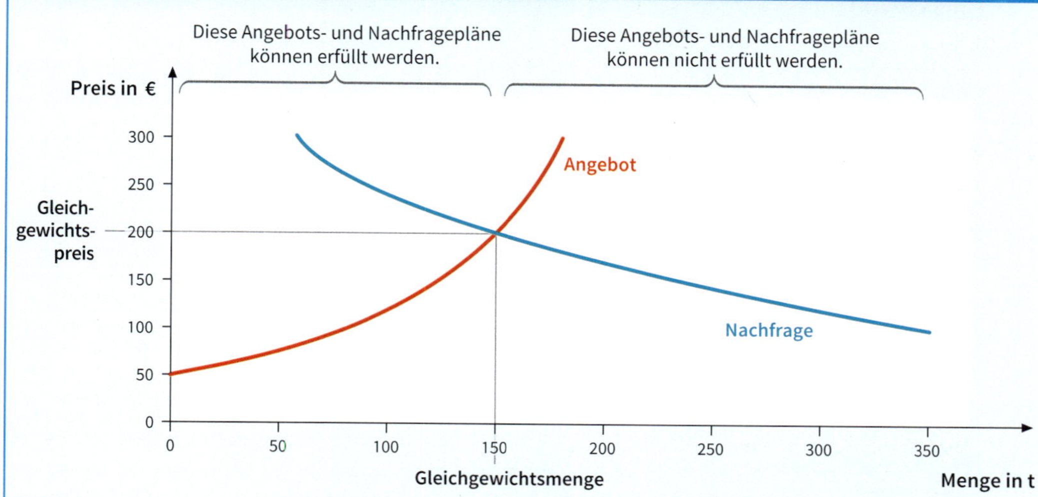

D Beim Gleichgewichtspreis sind die geplanten Angebots- und Nachfragemengen gleich groß. Zu keinem anderen Preis kann eine größere Menge umgesetzt werden.

D Der Schnittpunkt zwischen Angebots- und Nachfragekurve bestimmt den Gleichgewichtspreis und die Gleichgewichtsmenge.

Funktionaler Zusammenhang zwischen Nachfrage, Angebot und Gleichgewichtspreis

Auf den ersten Blick scheint ein Widerspruch zwischen den beiden Aussagen zu bestehen, dass einerseits der Preis eines Gutes die Höhe von Angebot und Nachfrage für dieses Gut beeinflusst und andererseits wiederum Angebot und Nachfrage den Gleichgewichtspreis (und die Gleichgewichtsmenge) dieses Gutes bestimmen. Um zu verstehen, welche Größe von welcher Größe abhängt, muss deutlich zwischen der angebotenen und nachgefragten **Menge** einerseits und der Angebots- und Nachfrage**funktion** bzw. Angebots- und Nachfrage**kurve** andererseits unterschieden werden. Die Zusammenhänge zwischen der nachgefragten bzw. angebotenen **Menge** eines Gutes und seinem **Preis** lassen sich als Nachfragefunktion $X^N = X^N(p)$ und als Angebotsfunktion $X^A = X^A(p)$ darstellen. **Angebots- und Nachfragemengen sind also eine Funktion des Preises.** Da aber der Schnittpunkt zwischen Angebots- und Nachfragekurve den Gleichgewichtspreis (und die Gleichgewichtsmenge) bestimmt, lautet die Gleichgewichtsbedingung $X^N(p) = X^A(p)$. Der Gleichgewichtspreis p^0 ist somit von der Angebots- und Nachfrage**funktion** bzw. vom Verlauf der Angebots- und Nachfrage**kurve** abhängig. **Der Gleichgewichtspreis p^0 ist somit eine Funktion der Angebots- und Nachfragefunktion.** Diese Funktion lässt sich als $p^0 = f(X^N(p), X^A(p))$ darstellen.

Börse als vollkommener Markt

Die Marktform der **Börse** stellt eine Besonderheit dar, da sie die in der Realität anzutreffende Marktform ist, die dem **Modell eines vollkommenen Marktes** sehr nahe kommt. Ein Markt wird als **vollkommen** bezeichnet, wenn die folgenden **Bedingungen** erfüllt sind:

❶ Homogenität der Güter		Die Güter sind sachlich völlig gleichartig.
		An der Getreidebörse ist diese Bedingung erfüllt. Das gehandelte Getreide mit einer bestimmten Bezeichnung (Gütemerkmal) hat eine einheitliche Qualität.
❷ Keine Präferenzen (Bevorzugungen)	persönliche Präferenzen	Persönliche Präferenzen können sich durch langjährige Geschäftsbeziehungen, den guten Ruf eines Unternehmens oder eine besonders freundliche und aufmerksame Bedienung ergeben.
		An der Börse ist diese Bedingung erfüllt. Die Nachfrager sind beispielsweise nicht bereit, einem bestimmten Anbieter zuliebe einen höheren Preis für eine Tonne Getreide zu bezahlen. Andererseits sind die Anbieter nicht bereit, einzelnen Nachfragern zuliebe einen geringeren Preis für eine Tonne Getreide zu akzeptieren.
	räumliche Präferenzen	Räumliche Präferenzen können sich ergeben, wenn für den Käufer wegen uneinheitlicher Entfernungen zu den einzelnen Anbietern ein unterschiedlicher Zeitaufwand oder unterschiedliche Transportkosten entstehen.
		An der Börse ist diese Bedingung erfüllt. Es gibt keine räumlichen Präferenzen einzelner Marktteilnehmer aus Gründen der Zeitersparnis oder der Minderung von Transportkosten.
	zeitliche Präferenzen	Zeitliche Präferenzen können sich durch unterschiedliche Lieferzeiten oder Bevorzugung bei der Abfertigung ergeben.
		An der Börse ist diese Bedingung erfüllt. Alle zur Ausführung kommenden Kauf- und Verkaufsaufträge werden gleichzeitig ausgeführt.
❸ Vollständige Markttransparenz		Alle Marktteilnehmer sind umfassend über die für den Abschluss von Kaufverträgen wesentlichen Daten informiert (z. B. Art und Qualität der Güter, Preise, Lieferfristen, Zahlungsbedingungen, Zahl und Marktmacht der Anbieter und Nachfrager).
		An der Börse ist diese Bedingung durch die Einschaltung eines Maklers (weitestgehend) erfüllt. Der Makler sorgt durch die Zusammenstellung der Kauf- und Verkaufsaufträge für die nötige Markttransparenz.

D Ein vollkommener Markt liegt vor, wenn folgende Bedingungen erfüllt sind:
❶ **Homogene Güter** ❷ **Keine Präferenzen** ❸ **Vollständige Markttransparenz**

Ergebnis eines vollkommenen Marktes: Einheitlicher Preis (Gleichgewichtspreis)

Auf einem **vollkommenen Markt** ergibt sich nur ein einziger Preis **(Einheitspreis)**, zu dem alle Käufe und Verkäufe des gehandelten Gutes getätigt werden (Gesetz von der **Unterschiedslosigkeit des Preises)**. Werden die Annahmen des vollkommenen Marktes auf einen Markt mit vielen Anbietern angewandt **(= Polypol auf dem vollkommenen Markt)**, wird diese Marktform auch als **vollständige Konkurrenz** *(pure competition)* bezeichnet.

5.4, S. 242

Die Erkenntnisse über den Preisbildungsprozess an einer Börse lassen sich auch auf andere Wettbewerbsmärkte übertragen, obwohl es sich bei den in der **Realität** vorkommenden Märkten fast immer um **unvollkommene Märkte** handelt. Auf diesen Märkten stellt sich kein **einheitlicher Gleichgewichtspreis** ein.

Allerdings nimmt auf vielen Märkten aufgrund der vermehrten Internetnutzung, die die Möglichkeit zum weltweiten Preis- und Qualitätsvergleich bietet, die Markttransparenz laufend zu. Als Folge davon lässt sich auch ein Rückgang der auf Präferenzen zugunsten bestimmter Anbieter beruhenden Kundenbindung feststellen. Die Informationsmöglichkeiten im Internet tragen somit erheblich zu einem Abbau von Marktunvollkommenheiten bei.

5.2.2 Zustandekommen des Preises auf anderen Wettbewerbsmärkten

Märkte in der Realität

Auf dem **Markt für Brezeln** in einer Stadt oder Region ergibt sich in Wirklichkeit kein einheitlicher Preis, zu dem alle Käufe und Verkäufe getätigt werden. Das „Gesetz von der Unterschiedslosigkeit des Preises“ gilt in diesem Fall nicht. Das liegt daran, dass – anders als im Modell der vollständigen Konkurrenz –

- die Marktteilnehmer nicht über die Angebots- und Nachfrageverhältnisse informiert sind (z. B. fehlende Markttransparenz über die von den einzelnen Anbietern verlangten Preise) und es – im Gegensatz zur Börse – keinen Makler gibt, der aus den Kauf- und Verkaufsaufträgen den Gleichgewichtspreis ermittelt,
- die Brezeln nicht völlig gleichartig (homogen) in Geschmack, Aussehen, Größe usw. sind (z. B. Brezeln mit besserem Geschmack, für die ein Nachfrager bereit ist, einen höheren Preis zu zahlen),
- die Nachfrager besondere Vorlieben (Präferenzen) haben (z. B. für Brezeln aus einer bestimmten Bäckerei, für die ein Käufer wegen der besonders freundlichen Bedienung oder der räumlichen Nähe bereit ist, einen höheren Preis zu zahlen).

B

Unvollkommene Märkte: Beispiel Wochenmarkt[1, 2]

Es ist Samstagmorgen. Frau Müller geht mit ihrer Tochter Silke auf den Wochenmarkt, um Obst und Gemüse einzukaufen. Bei dem dichten Gedränge ist es schwer, sich bis zu den zahlreichen Obst- und Gemüseständen vorzuarbeiten. Beim ersten Stand kostet der Salat 1,50 € je Kopf. Das erscheint Frau Müller sehr preisgünstig. Sie kauft zwei Köpfe. Auch die Tomaten sehen für 5,99 € je kg nicht schlecht aus.

§

Gewerbeordnung

§ 67 Wochenmarkt (1) Ein Wochenmarkt ist eine regelmäßig wiederkehrende, zeitlich begrenzte Veranstaltung, auf der eine Vielzahl von Anbietern eine oder mehrere der folgenden Warenarten feilbieten:
1. Lebensmittel ...
2. Produkte des Obst- und Gartenbaues, der Land- und Forstwirtschaft und der Fischerei;
3. rohe Naturerzeugnisse ...

Vom anderen Ende des Marktes hören sie einen Verkäufer schreien: „Frischer Spargel, frischer Spargel, äußerst billig.“ „Wir haben in diesem Jahr noch gar keinen Spargel gegessen. Lass uns doch mal hingehen“, sagt Frau Müller zu Silke. Sie schieben sich weiter durch das Gewühl und kommen an dem Gemüsestand, an dem sie sonst immer kaufen, vorbei. Dort kostet der Salat heute nur 1,20 € je Kopf. „Nächstens kaufe ich doch wieder an dem Stand, an dem ich Stammkundin bin“, ärgert sich Frau Müller.

Als sie an den Stand kommen, an dem 500 g Spargel marktschreierisch für 4,99 € angeboten werden, sagt Silke zu ihrer Mutter: „Sieh mal, wie sich die Leute von dem Geschrei beeindrucken lassen. Dort hinten habe ich aber an einem Stand ein Schild ‚Spargel 7,99 € je kg‘ gesehen.“ „Möglich“, sagt Frau Müller, „aber mehr als 500 g brauchen wir nicht. Und der Spargel hier sieht wirklich nicht schlecht aus. Wegen der paar Cent gehe ich jetzt nicht mehr zurück an den anderen Stand, um mich nach dem Preis von 500 g zu erkundigen. Außerdem wird es Zeit, dass wir zum Bäcker und zum Metzger kommen. Sonst gibt es dort keine frischen Sachen mehr.“ Auf dem Rückweg kommen sie wieder am Wochenmarkt vorbei, der bereits dem Ende zugeht. An einem Stand ändert eine Marktfrau gerade das Preisschild und ruft: „4,99 € für das Kilo Tomaten.“

1 In Anlehnung an F. J. Kaiser, H. Kaminski in: H. Stachowiak (Hrsg.), Modelle und Modelldenken im Unterricht, Bad Heilbrunn 1980, S. 103 f.

2 Die Preise für landwirtschaftliche Produkte sind aufgrund der Corona-Pandemie und des russischen Krieges gegen die Ukraine starken Schwankungen ausgesetzt. Einerseits ist das geänderte Einkaufsverhalten der Nachfrager (Verbraucher) zu erkennen, andererseits die geringeren Angebotsmengen (Verknappung). Die knappen Angebotsmengen verteuern die Preise erheblich und zuletzt sei erwähnt, dass Pandemie und Krieg die Inflation insgesamt in die Höhe treiben.

Marktform des Wochenmarktes

Der Wochenmarkt ist ein Beispiel für ein Polypol (viele Anbieter – viele Nachfrager). Da der Markt aber nicht vollkommen ist, handelt es sich um ein Polypol auf dem unvollkommenen Markt.

Vollkommener Markt	Situation auf dem beschriebenen Wochenmarkt
Homogenität der Güter: Die Güter sind völlig gleichartig.	Es werden Güter gleicher Art, aber in unterschiedlicher Qualität angeboten.
Keine Präferenzen: Käufer handeln nach dem ökonomischen Prinzip und treffen ihre Kaufentscheidungen ausschließlich anhand von Preis- und Qualitätsvergleichen.	Frau Müller und ihre Tochter lassen sich heute durch die Anpreisungen eines Gemüsehändlers beeinflussen. Sonst kaufen sie aus Tradition immer bei einem anderen Händler. Für weitere Preis- und Qualitätsvergleiche haben sie heute keine Zeit.
Alle Marktteilnehmer haben vollkommene Markttransparenz. Anbieter und Nachfrager kennen die Produkte und ihre Preise.	Frau Müller und ihre Tochter haben keine Markttransparenz. Sie kaufen gleich beim ersten Stand.

Werden trotz dieser Einschränkungen die in Kap. 3.3.1 hergeleitete Gesamtnachfragekurve für Brezeln und die in Kap. 4.5.1 hergeleitete Gesamtangebotskurve für Brezeln zusammen in einem Preis-Mengen-Diagramm wie in der folgenden Abbildung dargestellt, ergibt sich als Schnittpunkt dieser beiden Kurven ein **Marktgleichgewicht.**

Marktgleichgewicht

5.5, S. 243

Im vorliegenden Fall liegt das Marktgleichgewicht für Brezeln bei einem **Gleichgewichtspreis** von 1,00 € und bei einer **Gleichgewichtsmenge** 5 000 Stück. Alle Anbieter, deren Preisforderungen nicht über dem Gleichgewichtspreis liegen, können die angebotene Menge auch tatsächlich zum Gleichgewichtspreis absetzen. Alle Nachfrager, deren Zahlungsbereitschaft nicht unter dem Gleichgewichtspreis liegt, können die nachgefragte Menge auch tatsächlich zum Gleichgewichtspreis kaufen. Für diese Anbieter und Nachfrager besteht kein Anlass, den Preis oder die Menge zu ändern. Ihre Produktions- und Verbrauchspläne werden erfüllt. Nur die Anbieter, die einen höheren Preis als den Gleichgewichtspreis verlangen, und die Nachfrager, die nicht bereit sind, mindestens den Gleichgewichtspreis zu bezahlen, können ihre Pläne nicht realisieren.

Gesamtangebot und Gesamtnachfrage

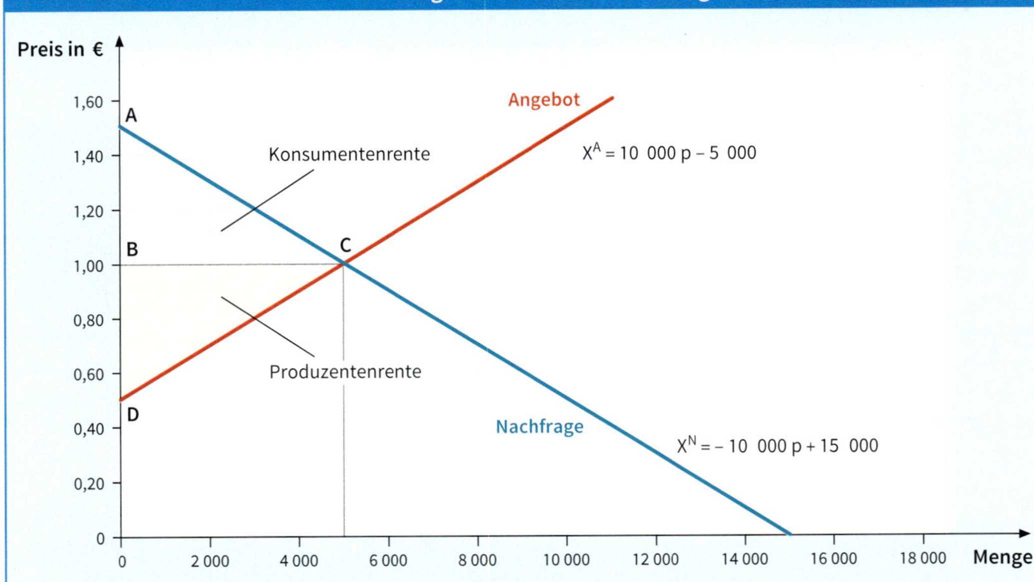

Anpassungsprozesse bei Ungleichgewichten

Solange die Gleichgewichtssituation noch nicht erreicht ist, lösen Anbieter und Nachfrager durch ihr Handeln und ihre Reaktionen Marktkräfte aus, die eine Entwicklung zum Gleichgewicht bewirken. Die Marktteilnehmer versuchen dabei durch „Versuch und Irrtum" herauszufinden, wo der Gleichgewichtspreis annähernd liegt. Diese Anpassungsprozesse lassen sich an einem Preis-Mengen-Diagramm nachvollziehen *(vgl. Abb. unten).*

Preis liegt vorübergehend über dem Gleichgewichtspreis: Angebotsüberschuss

Liegt der Preis vorübergehend über dem Gleichgewichtspreis (z. B. 1,30 €), können die Anbieter weniger absetzen als geplant. Geplant ist eine Absatzmenge von 8 000 Stück, die Nachfrager wollen zu diesem Preis aber nur 2000 Stück kaufen. Es entsteht ein **Angebotsüberschuss (Nachfragelücke)** in Höhe von 6000 Stück.

Die Anbieter werden bereit sein, den Preis zu senken. Ein einzelner Anbieter alleine könnte den Preis zwar nicht nachhaltig beeinflussen. Da aber bei diesem Preis viele Anbieter ihre Pläne nicht verwirklichen können, kommt es zu einer gegenseitigen **Preisunterbietung** der miteinander in Konkurrenz stehenden Anbieter. Aufgrund des sinkenden Preises verringert sich die angebotene Menge, da einige Anbieter aus dem Markt ausscheiden, weil der Preis unter ihre Stückkosten (Preisuntergrenze) gesunken ist. Gleichzeitig steigt die nachgefragte Menge, weil die bisherigen Käufer mehr nachfragen und möglicherweise neue Käuferschichten in der Lage sind, das Gut aufgrund des gesunkenen Preises zu kaufen. Die abwärts gerichteten Pfeile in der folgenden Abbildung zeigen den Anpassungsprozess, der sich als **Bewegung auf der Angebots- und Nachfragekurve** darstellen lässt. Der Angebotsüberschuss verringert sich allmählich und der Preis nähert sich dem Gleichgewichtspreis von 1,00 €. Wird der Gleichgewichtspreis erreicht, besteht für keinen Anbieter Anlass zu einer weiteren Preissenkung, da **alle**, die zu diesem Preis verkaufen wollen, tatsächlich ihre Produkte absetzen können.

4.5.1

D Liegt der Preis vorübergehend über dem Gleichgewichtspreis, entsteht ein Angebotsüberschuss (Nachfragelücke). Der Preis sinkt.

Gesamtangebot und Gesamtnachfrage

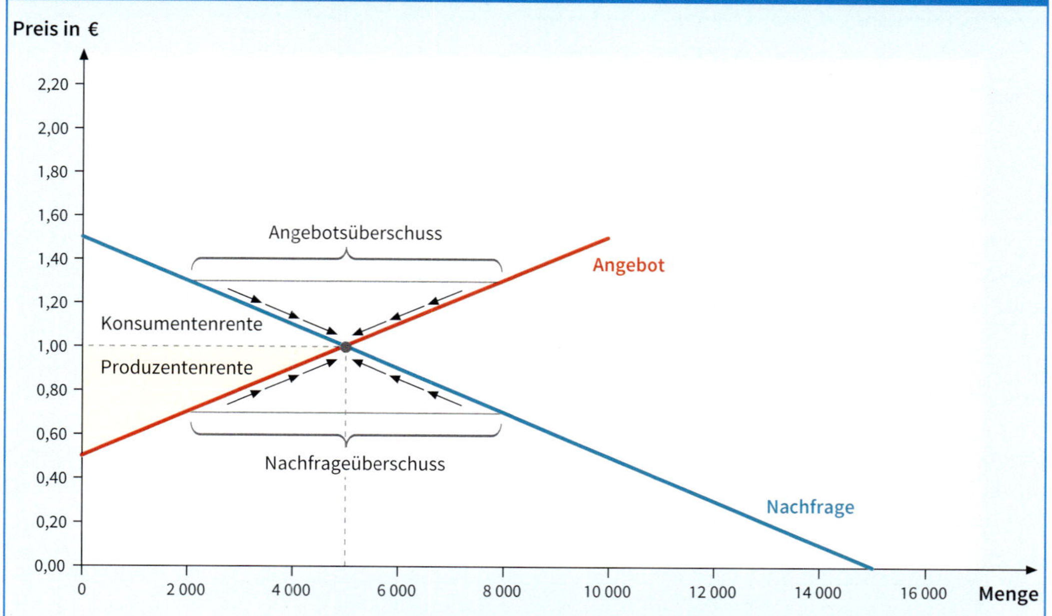

Preis liegt vorübergehend unter dem Gleichgewichtspreis: Nachfrageüberschuss

Liegt der Preis vorübergehend unter dem Gleichgewichtspreis (z. B. 0,70 €), entsteht ein **Nachfrageüberschuss (Angebotslücke)** in Höhe von 6 000 Stück.

Ein Teil der Nachfrager kann seine Pläne nicht erfüllen, da er das Gut gar nicht oder nicht in der gewünschten Menge kaufen kann. Die Nachfrager mit einer höheren Zahlungsbereitschaft werden daher bereit sein, einen höheren Preis zu bezahlen. Es kommt zu einer gegenseitigen **Preisüberbietung.** Als Folge davon steigt die angebotene Menge. Die Anbieter dehnen ihre Produktion aus und neue Anbieter, für die der Preis bisher nicht kostendeckend war, treten am Markt auf. Gleichzeitig sinkt die nachgefragte Menge, weil die bisherigen Käufer weniger nachfragen und ein Teil von ihnen möglicherweise nicht mehr in der Lage ist, das Gut aufgrund des gestiegenen Preises zu kaufen. Die aufwärts gerichteten Pfeile in der Abbildung zeigen den Anpassungsprozess. Es liegt eine **Bewegung auf der Angebots- und Nachfragekurve** vor. Der Nachfrageüberschuss verringert sich und der Preis nähert sich dem Gleichgewichtspreis von 1,00 €. Beim Gleichgewichtspreis besteht für keinen Nachfrager Anlass, einen höheren Preis zu bieten, da alle, die zu diesem Preis kaufen wollen, tatsächlich die gewünschte Gütermenge erwerben können.

> **D** Liegt der Preis unter dem Gleichgewichtspreis, entsteht ein Nachfrageüberschuss (Angebotslücke). Der Preis steigt.

Anpassungsprozess

Angebots- oder Nachfrageüberschüsse deuten darauf hin, dass die Marktteilnehmer noch keine vollkommene Marktübersicht haben. Durch zunehmende Informationen über die Marktverhältnisse erhöht sich die Markttransparenz.

> **D** Die Reaktion der Marktteilnehmer bei einem Marktungleichgewicht löst einen Anpassungsprozess aus, aufgrund dessen sich der Preis immer mehr dem Gleichgewichtspreis annähert.

Da im vorliegenden Fall ein Angebotsüberschuss eine Preissenkung und ein Nachfrageüberschuss eine Preiserhöhung auslöst, ergibt sich auf dem Markt eine Annäherung an das Gleichgewicht. Ist der Gleichgewichtszustand tatsächlich erreicht, bestehen unter den **gegebenen Marktbedingungen** keine Tendenzen zu irgendwelchen Veränderungen.

5.2.3 Konsumenten- und Produzentenrente

Berechnung der Konsumentenrente

5.6, S. 243

5.7, S. 243

Die Nachfrager, die bereit gewesen wären, auch zu einem höheren Preis als dem Gleichgewichtspreis zu kaufen, erzielen einen Vorteil (Nutzensteigerung), da sie jetzt die gewünschten Güter billiger erwerben können als geplant. Die Differenz zwischen der Zahlungsbereitschaft und den niedrigeren tatsächlichen Ausgaben wird als **Konsumentenrente** bezeichnet. Diejenigen Nachfrager, die beispielsweise bereit sind, 1,30 € je Brezel zu zahlen, erzielen demgegenüber im vorliegenden Fall eine Konsumentenrente von 0,30 € je Brezel. Die Nachfrager, die höchstens zu dem Preis kaufen wollten, der sich später als Gleichgewichtspreis herausstellt (hier: 1,00 €), können zwar ihre Nachfrage befriedigen, erzielen aber keine Konsumentenrente. Sie werden als **Grenznachfrager** bezeichnet. Die Summe aller Konsumentenrenten lässt sich grafisch durch die Fläche des Dreiecks BCA *(vgl. Abb. S. 198)* darstellen. Sie beträgt im vorliegenden Fall 1.250,00 € (5 000 · 0,5)/2.

> **D** Die Konsumentenrente aller Nachfrager zusammen entspricht der Fläche unterhalb der Nachfragekurve und oberhalb des Gleichgewichtspreises.

Berechnung der Produzentenrente

Die Anbieter, die bereit gewesen wären, auch zu einem niedrigeren Preis als dem Gleichgewichtspreis zu verkaufen, erzielen einen Vorteil (Gewinnerhöhung), da sie die Güter teurer verkaufen können als geplant. Die Differenz zwischen den Einnahmen beim geforderten Mindestpreis und den tatsächlich erzielten höheren Einnahmen wird als **Produzentenrente**[1] bezeichnet. Diejenigen Anbieter, die beispielsweise bereit sind, die Brezeln für 0,70 € je Stück zu verkaufen, erzielen demgegenüber im vorliegenden Fall eine Produzentenrente von 0,30 € je Stück. Die Anbieter, die mindestens zu dem Preis verkaufen wollten, der sich später als Gleichgewichtspreis herausstellt (hier: 1,00 €), können zwar ihre Ware absetzen, erzielen aber keine Produzentenrente. Sie werden als **Grenzanbieter** bezeichnet. Die Summe aller Produzentenrenten lässt sich grafisch durch die Fläche des Dreiecks BDC *(vgl. Abb. S. 198)* darstellen. Sie beträgt im vorliegenden Fall 1.250,00 € (5 000 · 0,5)/2.

4.5.1

D Die Produzentenrente aller Anbieter zusammen entspricht der Fläche oberhalb der Angebotskurve und unterhalb des Gleichgewichtspreises.

5.2.4 Änderung des Gleichgewichtspreises

Die Marktbedingungen können sich aber **im Zeitablauf** ändern, sodass es zu einer Abweichung vom bisherigen Gleichgewichtszustand kommt. Veränderungen bei den Bestimmungsfaktoren von Angebot und Nachfrage und sich daraus ergebende neue Pläne der Marktteilnehmer führen möglicherweise zu einer **Verschiebung der Angebots- und/oder Nachfragekurven.**

5.8, S. 244

Neues Gleichgewicht bei Verschiebung der Nachfragekurve

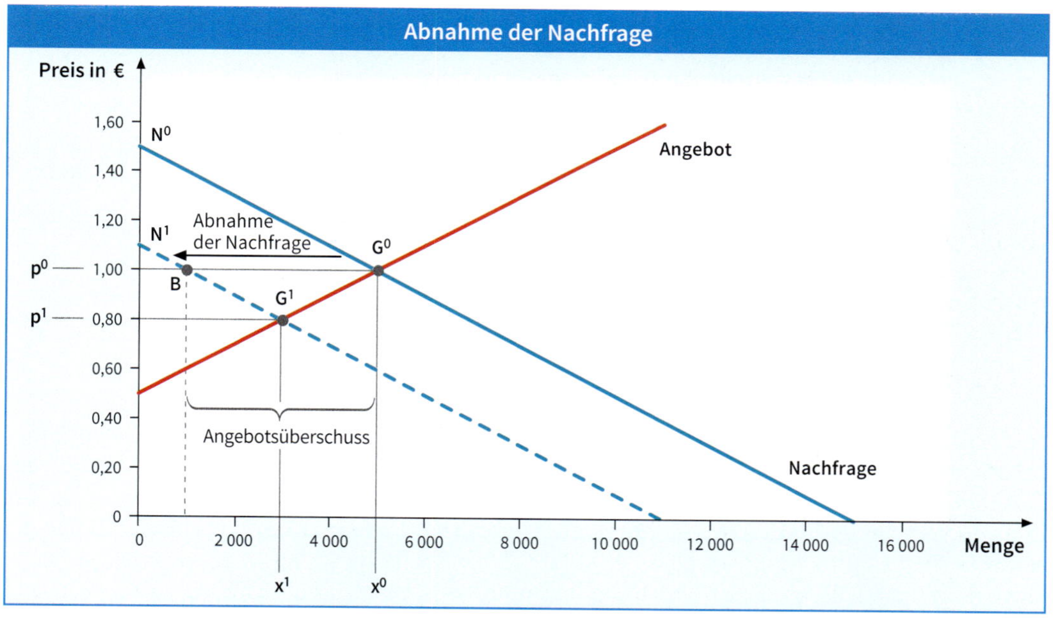

3.3.3.
4.6.3

Beispielsweise kann sich durch Geschmacksveränderungen und eine andere Lebensweise die Nutzeneinschätzung für Brezeln verringern und die **Nachfrage** bei gleich bleibendem Angebot abnehmen. Das führt – sofern alle anderen Bestimmungsfaktoren von Angebot und Nachfrage unverändert bleiben – zu einer Linksverschiebung der Nachfragekurve *(s. Abb. oben).* Beim bisherigen Gleichgewicht G^0 mit dem Gleichgewichtspreis p^0 = 1,00 und der Gleichgewichtsmenge x^0 = 5 000 Stück würde sich durch die Abnahme ein Angebotsüberschuss von 4 000 Stück (Strecke $\overline{G^0B}$) ergeben. Durch den Preisunterbietungsprozess der Anbie-

1 Die Produzentenrente ist nur dann mit dem Gewinn der Anbieter identisch, wenn keine fixen Kosten vorliegen. Andernfalls entspricht die Produzentenrente der Summe der Deckungsbeiträge.

ter sinkt der Preis, bis ein neues Gleichgewicht G^1 bei einem niedrigeren Preis (p_1 = 0,80) und einer geringeren Menge (x^1 = 3000 Stück) erreicht ist. Entsprechend kommt es bei einer Zunahme der Nachfrage zu einer Rechtsverschiebung der Nachfragekurve. Beim bisherigen Gleichgewichtspreis würde sich dann ein Nachfrageüberschuss ergeben. Durch den Preisüberbietungsprozess der Nachfrager steigt der Preis, bis ein neues Gleichgewicht bei einem höheren Preis und einer größeren Menge erreicht ist.

Neues Gleichgewicht bei Verschiebung der Angebotskurve

Das **Angebot** an Brezeln kann beispielsweise durch eine Erhöhung der Preise für Teiglinge (= Kostenerhöhung für die Hersteller von Brezeln) abnehmen. Das führt zu einer Linksverschiebung der Angebotskurve.

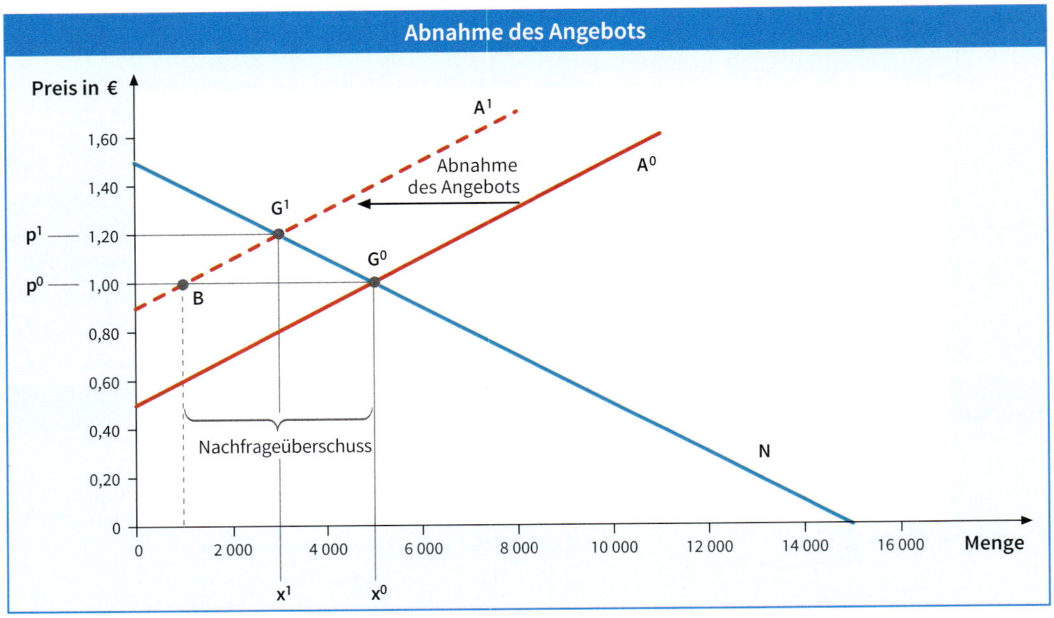

Bleibt die Nachfrage unverändert, würde sich beim bisherigen Gleichgewicht G^0 mit dem Gleichgewichtspreis p^0 = 1,00 und der Gleichgewichtsmenge x^0 = 5000 Stück durch die Abnahme des Angebots ein Nachfrageüberschuss in Höhe von 4000 Stück (Strecke $\overline{G^0B}$) ergeben.

Der Preisüberbietungsprozess der Nachfrager lässt den Preis steigen, bis ein neues Gleichgewicht G^1 bei einem höheren Preis (p^1 = 1,20) und einer geringeren Menge (x^1 = 3000 Stück) erreicht ist. Entsprechend kommt es bei einer Zunahme des Angebots zu einer Rechtsverschiebung der Angebotskurve. Beim bisherigen Gleichgewichtspreis würde sich dann ein Angebotsüberschuss ergeben. Durch den Preisunterbietungsprozess der Anbieter sinkt der Preis, bis ein neues Gleichgewicht bei einem niedrigeren Preis und einer größeren Menge erreicht ist.

5.9, S. 245

5.10, S. 245

Auswirkungen einer Veränderung von Angebot und Nachfrage

Änderung (ceteris paribus)	Kurven-verschiebung	Art des entstehenden Überschusses	Gleichge-wichtspreis	Gleichge-wichtsmenge
Zunahme der Nachfrage	nach rechts	Nachfrageüberschuss	steigt	steigt
Abnahme der Nachfrage	nach links	Angebotsüberschuss	sinkt	sinkt
Zunahme des Angebots	nach rechts	Angebotsüberschuss	sinkt	steigt
Abnahme des Angebots	nach links	Nachfrageüberschuss	steigt	sinkt

D Änderungen von Angebot oder Nachfrage (= Verschiebung der Kurven) führen zu einem Angebots- oder Nachfrageüberschuss. Dadurch werden Anpassungsprozesse in Form von Preis- und Mengenänderungen (= Bewegung auf den Kurven) ausgelöst, die zu einem neuen Gleichgewichtspreis und einer neuen Gleichgewichtsmenge führen (= Preismechanismus).

Vergleich von Gleichgewichtszuständen zu unterschiedlichen Zeitpunkten: Komparativ-statische Analyse

Die dargestellten Zusammenhänge zwischen Angebots- bzw. Nachfrageänderungen und dem Gleichgewichtspreis werden durch den **Vergleich** zweier Zustände zu **unterschiedlichen Zeitpunkten** (z.B. Gleichgewichtspreis vor und nach einer Einkommenserhöhung) erfasst. Diese vergleichende Betrachtung zweier Gleichgewichtszustände zu aufeinanderfolgenden Zeitpunkten wird als **komparativ-statische Analyse** bezeichnet. Die Veränderungen zwischen den untersuchten Zeitpunkten drücken sich im vorliegenden Fall in einer **Kurvenverschiebung** aus.

5.2.5 Verzögerte Angebotsreaktion (Cobweb-Modell)

In der Realität erfolgen die Reaktionen der Marktteilnehmer auf Änderung der Marktverhältnisse mit zeitlicher Verzögerung. Das gilt insbesondere für die Anbieter. Um beispielsweise die Angebotsmenge ausdehnen und eine zunehmende Nachfrage befriedigen zu können, müssen möglicherweise die Produktionskapazitäten erhöht werden. Bei landwirtschaftlichen Produkten können die Produzenten beispielsweise erst bei der Aussaat für die nächste Ernte auf Nachfrageänderungen reagieren. Werden in einem Preisbildungsmodell solche zeitlichen Verzögerungen und die dadurch bedingten Anpassungsprozesse berücksichtigt, handelt es sich um ein **dynamisches Modell**.

5.11, S. 246

B Ausgangssituation ist ein Marktgleichgewicht, bei dem 100 000 t Weizen ($x_{G\,alt}$) zu einem Preis von 140,00 € je t ($p_{G\,alt}$) umgesetzt werden. Aufgrund einer allgemeinen Einkommenserhöhung nimmt die Nachfrage nach Weizen zu, was sich in einer **Rechtsverschiebung der Nachfragekurve** (von N_{alt} nach N_{neu}) ausdrückt. Aufgrund des sich dadurch ergebenden Nachfrageüberhangs würde sich bei nicht verzögerter Reaktion der Markteilnehmer ein neues Gleichgewicht bei einem Preis von 170,00 € je t ($p_{G\,neu}$) und einer umgesetzten Menge von 125 000 t ($x_{G\,neu}$) ergeben. Die Angebotsmenge kann aber kurzfristig nicht erhöht werden. Die ursprüngliche Gleichgewichtsmenge von 100 000 t wird jetzt zu einem wesentlich höheren Preis (p_1 = 190,00 €/t) nachgefragt (N_1). Die hohe Zahlungsbereitschaft der Nachfrager ist nicht nur für die bisherigen Weizenanbauer

Verzögerte Angebotsreaktion (Cobweb-Modell)

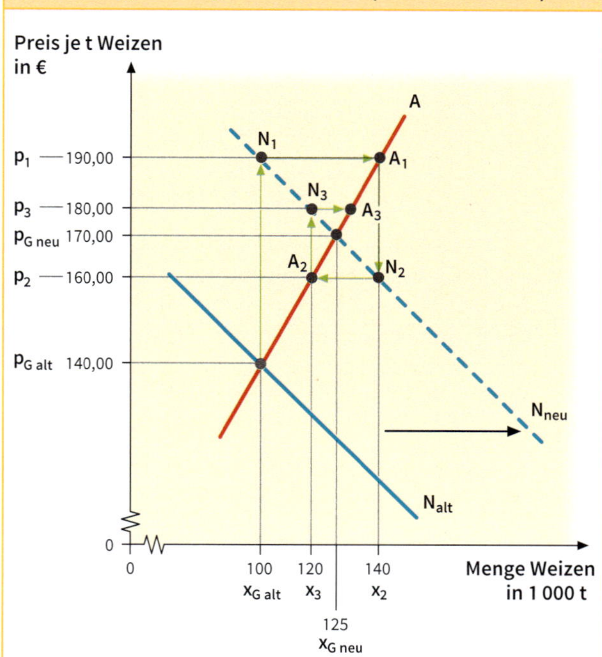

ein Anreiz, ihre Produktionsflächen auszudehnen. Auch Landwirte, die bisher keinen Weizen angebaut haben, sehen darin ein Signal, auf den Weizenanbau umzusteigen. Die Landwirte richten also ihre Entscheidung, wie viel Weizen sie im nächsten Jahr anbieten wollen, am derzeit erzielbaren Preis aus. **Die Angebotsmenge an Weizen im nächsten Jahr ist also abhängig vom Weizenpreis im laufenden Jahr.** Das auf 140 000 t (x_2) erhöhte Angebot, das im nächsten Jahr auf den Markt kommt, führt aber bei dem letztjährigen Preis von 190,00 €/t zu einem Angebotsüberhang (A_1) und kann nur zu einem Preis von 160,00 €/t (p_2) abgesetzt werden (N_2). Dieser durch die Überproduktion ausgelöste Preissturz bewirkt wiederum, dass zahlreiche Anbieter ihre Produktionskosten nicht mehr decken können und aus dem Markt ausscheiden. Auch die übrigen Weizenanbauer schränken ihre Produktion ein, so dass sich die Angebotsmenge auf $x_3 = 120\,000$ t verringert (A_2). Diese verringerte Angebotsmenge wird von den Nachfragern wiederum zu einem deutlich höheren Preis ($p_3 = 180{,}00$ € je t) abgenommen, was wiederum zu einer Angebotserhöhung führt (A_3). Dieser Prozess setzt sich so lange fort, bis das neue Gleichgewicht bei einem Preis von 170,00 € je t und einer Menge von 125 000 t erreicht ist.

D Ist der Preis in der gegenwärtigen Periode maßgebend für die Angebotspläne der Produzenten und kann die veränderte Produktionsmenge erst in der nächsten Periode angeboten werden, erfolgt der Anpassungsprozess vom alten zum neuen Gleichgewicht unter bestimmten Voraussetzungen in Schwingungen, deren grafische Darstellung einem Spinnennetz ähnlich ist (Cobweb).

D Das Cobweb-Modell berücksichtig, dass insbesondere die Anpassung des Angebots an veränderte Marktsituationen zeitlich verzögert erfolgt (time-lag).

F Für das Cobweb-Modell gelten folgende Annahmen:
Die in der Periode t nachgefragte Menge eines bestimmten Gutes hängt vom Preis dieses Gutes in der Periode t ab:

$$x_t^N = f(p_t)$$

Die in der Periode t angebotene Menge dieses Gutes hängt vom Preis dieses Gutes in der Vorperiode ab:

$$x_t^A = f(p_{t-1})$$

Dieses Modell wird in Anlehnung an die grafische Darstellung als **Cobweb-Modell** (oder **Spinnennetz-Modell)** bezeichnet. Dabei ergibt sich nur dann ein neues Gleichgewicht, wenn die (absolute) Steigung der Nachfragekurve geringer als die der Angebotskurve ist. Andernfalls führt das Anbieter- und Nachfragerverhalten immer weiter vom Gleichgewicht weg (= instabiles bzw. explosives Modell), weil bei Preisschwankungen die Mengenreaktionen der Anbieter größer sind als die der Nachfrager. Wenn die Steigung beider Kurven gleich ist, sind die Mengenreaktionen von Anbietern und Nachfragern gleich groß. In diesem Fall kommt es zu zyklischen Schwankungen um das ursprüngliche Gleichgewicht (= indifferentes Modell).

Den Fall einer labilen Marktentwicklung hat bereits 1927 der Agrarwissenschaftler Artur Hanau beobachtet. Durch empirische Untersuchung konnte er feststellen, dass auf dem Schweinemarkt entweder ein Angebotsüberhang oder ein Nachfrageüberhang herrscht und dass sich diese Ungleichgewichte – begleitet durch entsprechende Preisschwankungen – regelmäßig wiederholen. Diese Beobachtung ist in die wirtschaftswissenschaftliche Literatur unter dem Begriff **Schweinezyklus** eingegangen. Damit werden Marktprozesse bezeichnet, die sich ständig wiederholen, ohne zu einem stabilen Gleichgewicht zu führen (z. B. Agrarmarkt, Wohnungsmarkt, Arbeitsmarkt für bestimmte Berufsgruppen wie Ingenieure und Lehrkräfte).

5.3 Staatliche Eingriffe in die Preisbildung auf Wettbewerbsmärkten

Lernziele:

Nach der Bearbeitung dieses Kapitels sind Sie in der Lage, Folgendes zu tun:

Sie ...

- ... nennen marktkonforme Eingriffe des Staates in die Marktpreisbildung.
- ... analysieren die Folgen der Erhebung einer Mengensteuer.
- ... analysieren die Folgen der Zahlung einer Subvention.
- ... nennen marktkonträre Eingriffe des Staates in die Marktpreisbildung.
- ... diskutieren die Einführung eines Mindestpreises.
- ... diskutieren die Einführung eines Höchstpreises.
- ... beurteilen die Möglichkeiten des Staates, in das Marktgeschehen einzugreifen, und diskutieren Auswirkungen auf die Marktteilnehmer und den Staat.

5.3.1 Marktkonforme Maßnahmen

D Greift der Staat in die Marktpreisbildung ein, ohne jedoch den Preismechanismus außer Kraft zu setzen, handelt es sich um eine marktkonforme Maßnahme.

Die marktkonformen Maßnahmen des Staates zur indirekten Beeinflussung des Preises umfassen insbesondere

- die Erhebung von Steuern, Zöllen und sonstigen Abgaben,
- die Zahlung von Subventionen und Transferleistungen,
- staatliche Stützungskäufe.

Beispiel Mengensteuern

Verbrauchsteuern lassen sich in Wertsteuern und Mengensteuern einteilen. Bei einer Wertsteuer (z. B. Umsatzsteuer) wird ein bestimmter Prozentsatz vom Wert der umgesetzten Ware als Steuer erhoben. Bei einer Mengensteuer muss der Unternehmer dagegen je Mengeneinheit (z. B. je Stück, kg, Liter) des verkauften Gutes einen bestimmten Betrag an den Staat abführen. Das ist z. B. bei der Mineralöl-, Tabak- und Branntweinsteuer der Fall. Mit diesen Steuern werden neben der Erzielung von Staatseinnahmen häufig auch umwelt- bzw. gesundheitspolitische Ziele verbunden.

B Die Regierung beschließt, auf den Verkauf eines bestimmten landwirtschaftlichen Anbauprodukts eine Mengensteuer von 100,00 € je t zu erheben. Neben der Erhöhung der Staatseinnahmen soll diese Steuer gleichzeitig als Lenkungsinstrument dienen, um den Anbau dieses Produkts, der wegen der intensiven Düngung zu Boden- und Trinkwasserschäden führt, einzuschränken.

Die Erhebung einer solchen Mengensteuer bedeutet für die Produzenten eine Erhöhung der Stückkosten. Dies bewirkt eine Verschiebung der Gesamtangebotskurve nach links. Die ursprüngliche Angebotskurve A^0 verschiebt sich in der unten stehenden Abbildung durch die Erhebung der Mengensteuer (100,00 € je t) nach A^1. Die Anbieter versuchen die Steuer auf die Nachfrager abzuwälzen. Dies ist bei Verbrauchsteuern vom Gesetzgeber auch so beabsichtigt. Die Überwälzung gelingt aber in der Regel nicht in vollem Umfang. Die Nachfrager reagieren nämlich auf die durch die Verschiebung der Angebotskurve ausgelöste Erhöhung des Marktpreises mit einer Einschränkung der nachgefragten Menge (Bewegung auf der Nachfragekurve von G^0 nach G^1). Ausgehend von der ursprünglichen Gleichgewichtsmenge x^0 in Höhe von 2 Mio. t sinkt im vorliegenden Fall die nachgefragte Menge auf 1,5 Mio. t (Mengeneffekt). Die umgesetzte Menge verringert sich also um 0,5 Mio. t. Diese Mengeneinschränkung führt dazu, dass die Preiserhöhung geringer ausfällt als die Steuererhöhung.

D Die Möglichkeiten zur Steuerüberwälzung und damit das Ausmaß der Preiserhöhung sind umso geringer, je höher die Preiselastizität der Nachfrage ist (d. h. je flacher die Nachfragekurve in diesem Bereich verläuft). Bei völlig elastischer Nachfrage kann keine Überwälzung gelingen.

Ausgehend vom ursprünglichen Gleichgewichtspreis p^0 in Höhe von 250,00 € führt die Mengensteuer von 100,00 € je t bei unverändertem Verlauf der Nachfragekurve N^0 im vorliegenden Fall zu einer Preissteigerung um 50,00 € (Preiseffekt). Der neue Gleichgewichtspreis p^1 liegt bei 300,00 €.

Erhebung einer Mengensteuer

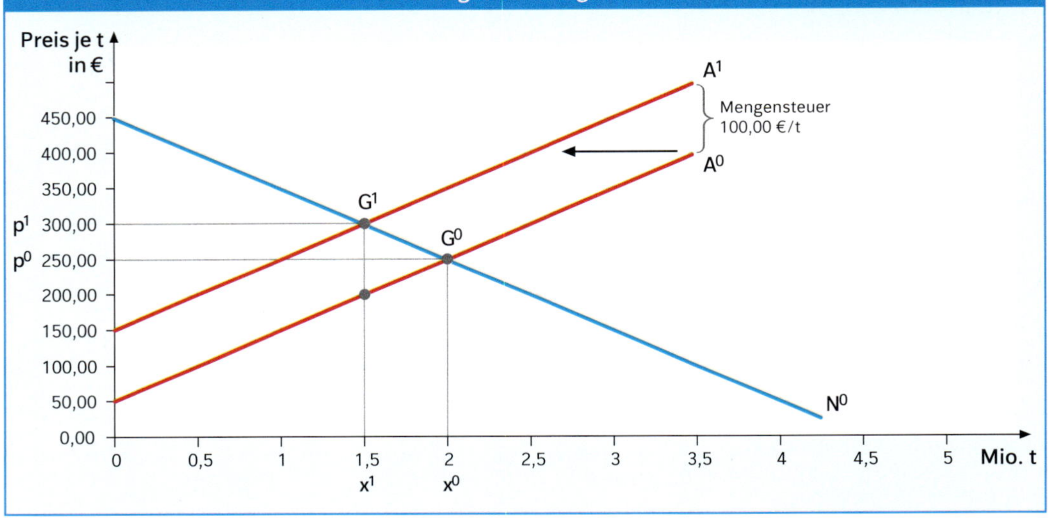

D Die Erhebung einer Mengensteuer führt in der Regel zu einer Preiserhöhung und einer Produktionseinschränkung (Preis- und Mengeneffekt). Diejenige Marktseite, die weniger elastisch reagiert, trägt den größeren Teil der Steuerlast.

Beispiel Subventionen

Subventionen sind Leistungen des Staates an Unternehmen, für die keine ökonomische Gegenleistung erbracht werden muss. Häufiges Ziel von Subventionszahlungen ist es, den Unternehmen ein höheres Einkommen zu verschaffen, als es der Markt durch die Verkaufserlöse zulassen würde. Neben der Einkommenssicherung spielt bei den Subventionszahlungen aber auch die Lenkung der Produktionsfaktoren in andernfalls vernachlässigte Bereiche (z. B. Wohnungsbau, Investitionen zur Energieeinsparung) eine wichtige Rolle.

B Die Regierung beschließt, den Anbau eines bestimmten landwirtschaftlichen Produkts, das als vielseitig verwendbarer Rohstoff gilt und dessen Anbau besonders umweltverträglich ist, durch eine Subventionszahlung von 100,00 € je t (= Mengensubvention) zu fördern. Gleichzeitig sollen durch diese Maßnahme auch die Einkommen in der Landwirtschaft gesichert werden.

Ein je Mengeneinheit gezahlter Subventionsbetrag wirkt genau umgekehrt wie eine Mengensteuer. Die Subventionszahlung bedeutet für die Produzenten eine Verringerung der Stückkosten. Dies bewirkt eine Verschiebung der Gesamtangebotskurve nach rechts. Die ursprüngliche Angebotskurve A^0 verschiebt sich in der folgenden Abbildung durch die Subventionszahlung (100,00 € je t) nach A^1. Die Nachfrager reagieren auf die durch die Verschiebung der Angebotskurve ausgelöste Senkung des Marktpreises mit einer Ausdehnung der nachgefragten Menge (Bewegung auf der Nachfragekurve von G^0 nach G^1). Ausgehend von der ursprünglichen Gleichgewichtsmenge x^0 in Höhe von 1,5 Mio. t steigt im vorliegenden Fall die nachgefragte Menge auf 2 Mio. t (Mengeneffekt). Die umgesetzte Menge erhöht sich also um 0,5 Mio. t.

D Subventionszahlungen führen in der Regel zu einer Preissenkung und einer Produktionsausdehnung (Preis- und Mengeneffekt).

Subventionszahlung

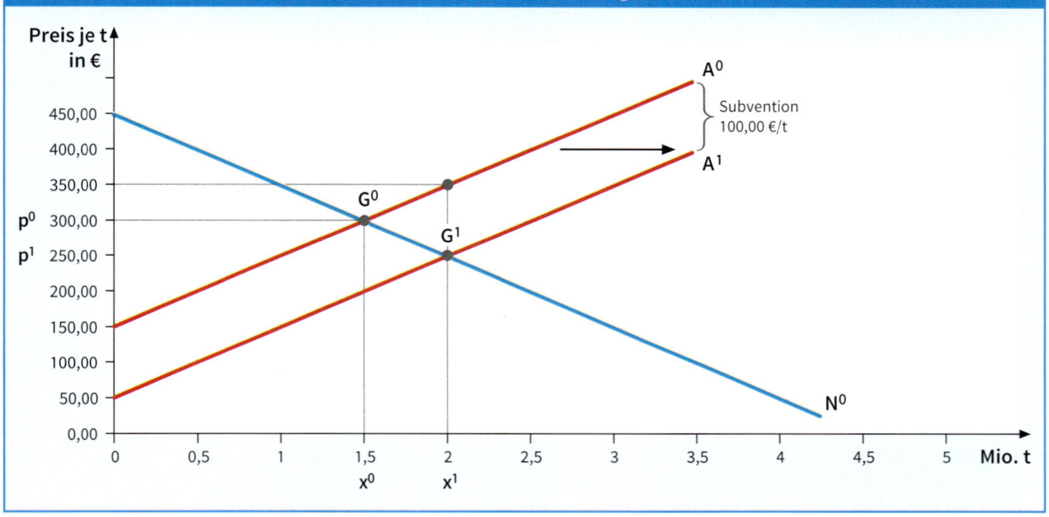

5.3.2 Marktkonträre Maßnahmen

D Wird durch staatliche Eingriffe in die Marktpreisbildung der Preismechanismus außer Kraft gesetzt, handelt es sich um eine marktkonträre Maßnahme.

Der Staat kann den Marktpreis behördlich festlegen, wenn die Höhe des Gleichgewichtspreises, der sich aus dem freien Zusammenwirken von Angebot und Nachfrage ergibt, nicht den wirtschafts- oder sozialpolitischen Zielvorstellungen entspricht. Folgende Möglichkeiten der Preisfestsetzung lassen sich unterscheiden:

- **Festpreis**, der weder unter- noch überschritten werden darf,
- **Mindestpreis**, der nicht unterschritten werden darf,
- **Höchstpreis**, der nicht überschritten werden darf.

In allen Fällen besteht der Zweck darin, entweder die Anbieter oder die Nachfrager im Vergleich zum Gleichgewichtspreis besser zu stellen.

Mindestpreise

Um bestimmte Produzentengruppen zu begünstigen und ihr Einkommen zu sichern, kann der Staat Mindestpreise festlegen, die nicht unterschritten werden dürfen. Den Produzenten wird so der Absatz ihrer Produkte zu einem über dem Gleichgewichtspreis liegenden Preis garantiert. Sie werden dadurch gegenüber dem Gleichgewichtspreis besser gestellt.

Das bekannteste Beispiel für Mindestpreispolitik ist die Preisbildung auf den Agrarmärkten. In fast allen Industrieländern der westlichen Welt werden solche Preisstützungsmaßnahmen zugunsten der heimischen Landwirtschaft vorgenommen. Ein weiteres Beispiel ist die Festlegung von Mindestlöhnen.

B Die Regierung beschließt zur Sicherung der Einkommen in der Landwirtschaft und zur Sicherung eines ausreichenden Nahrungsmittelangebots, den Marktpreis für eine bestimmte Getreidesorte über den derzeitigen Gleichgewichtspreis von 300,00 € je t hinaus anzuheben und einen Mindestpreis von 400,00 € je t festzulegen.

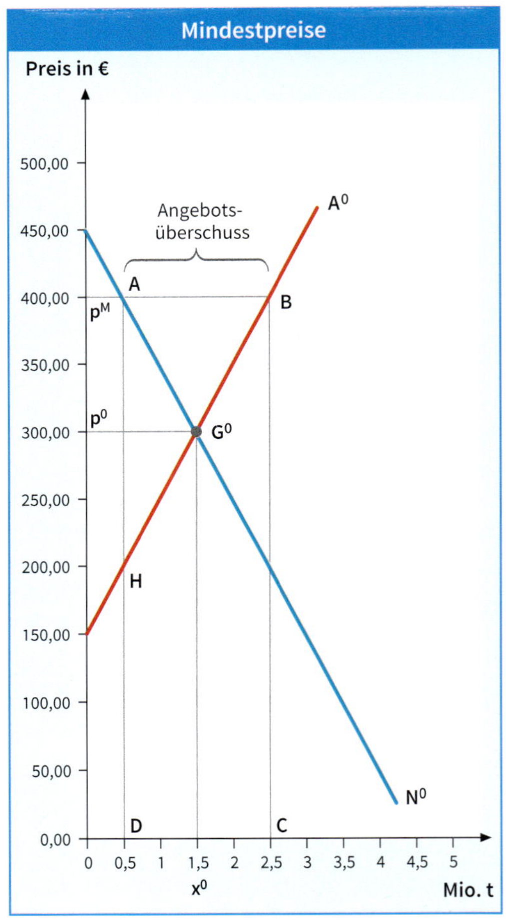

Der garantierte Mindestpreis muss über dem Gleichgewichtspreis liegen. Andernfalls wäre er wirkungslos, da sich dann als Marktpreis der Gleichgewichtspreis p^0 von 300,00 € ergeben würde. Der Mindestpreis verursacht eine Überproduktion, da die Produzenten ihre Angebotsmenge erhöhen und die Konsumenten gleichzeitig ihre Nachfragemenge einschränken. Während beim Gleichgewichtspreis p^0 von 300,00 € angebotene und nachgefragte Menge jeweils 1,5 Mio. t betragen, werden bei einem Mindestpreis p^M von 400,00 € nur 0,5 Mio. t nachgefragt, aber 2,5 Mio. t angeboten. Es liegt somit ein Angebotsüberschuss in Höhe von 2 Mio. t (Strecke $\overline{AB}$) vor. Der Staat kann den Mindestpreis nur durchsetzen, wenn dieser Angebotsüberschuss „aus dem Markt genommen wird". Das heißt, der Staat muss die Überschussmenge von 2 Mio. t zum Preis von 400,00 € je t aufkaufen. Dazu sind Mittel in Höhe von 800 Mio. € (2 Mio. t · 400,00 €; Fläche ABCD) nötig. Die Staatsausgaben erhöhen sich zusätzlich noch um die Lager-, Konservierungs- und Vernichtungskosten und verringern sich unter Umständen um die Erlöse, die beim verbilligten Verkauf der Überschüsse auf dem Binnen- oder Weltmarkt erzielt werden.

5.12, S. 246
5.13, S. 246

Der Mindestpreispolitik zur Sicherung der Produzenteneinkommen sind durch die enormen Kosten für den Staatshaushalt, die mit Aufkauf, Lagerung, Vernichtung bzw. Subventionierung der Überschüsse einhergehen, Grenzen gesetzt. Um die Überschüsse zu vermeiden, müsste im vorliegenden Fall die Produktion auf 0,5 Mio. t beschränkt werden. Dazu sind ergänzende mengenpolitische Maßnahmen (z. B. Anbaubeschränkungen) nötig. Im Extremfall werden sogar Prämien als Belohnung für die Einstellung der Produktion (z. B. Flächenstilllegungsprämien) bezahlt.

D Mindestpreise führen zu einem Überangebot. Sie machen staatliche Maßnahmen zum Aufkauf und zur Verwertung der Angebotsüberschüsse nötig. Die dafür erforderlichen staatlichen Ausgaben sind weitaus höher als die mit der Festsetzung von Mindestpreisen erzielbaren Einkommenserhöhungen der Produzenten.

Höchstpreise

Um die Nachfrager bestimmter Güter zu begünstigen, kann der Staat Höchstpreise festlegen, die nicht überschritten werden dürfen. Die Nachfrager werden dadurch gegenüber dem Gleichgewichtspreis besser gestellt.

5.14, S. 248

Typische Fälle für Höchstpreispolitik sind Mietstopp und Preisbegrenzungen für wichtige Grundnahrungsmittel.

B Die Regierung ist der Meinung, der Gleichgewichtspreis von 300,00 € je t, der sich durch das freie Zusammenspiel von Angebot und Nachfrage für ein wichtiges Grundnahrungsmittel herausgebildet hat, sei zu hoch. Sie beschließt daher, zur preisgünstigen Nahrungsmittelversorgung der Bevölkerung einen Höchstpreis von 200,00 € festzusetzen.

Der Höchstpreis muss unter dem Gleichgewichtspreis liegen. Andernfalls wäre er wirkungslos, da sich dann als Marktpreis der Gleichgewichtspreis p^0 von 300,00 € ergeben würde *(vgl. nebenstehende Abb.)*. Der Höchstpreis verursacht eine Mangelsituation, da die Produzenten ihre Angebotsmenge einschränken und die Konsumenten gleichzeitig ihre Nachfragemenge erhöhen. Während beim Gleichgewichtspreis p^0 von 300,00 € angebotene und nachgefragte Menge jeweils 1,5 Mio. t betragen, werden bei einem Höchstpreis p^H von 200,00 € nur 0,5 Mio. t angeboten, aber 2,5 Mio. t nachgefragt. Es liegt somit ein Nachfrageüberschuss in Höhe von 2 Mio. t (Strecke $\overline{AB}$) vor. Der Staat kann den Höchstpreis nur durchsetzen, wenn er zusätzliche Maßnahmen zur Rationierung und Zuteilung des knappen Gutes ergreift (z. B. Verteilung von Bezugsscheinen an ausgewählte Bezugsberechtigte). Andernfalls würden diejenigen Nachfrager die Güter erhalten,

- die sich als Erste in die Käuferschlangen einreihen (Windhundverfahren),
- die gute Beziehungen zu den Preiskontrolleuren haben (Vetternwirtschaft),
- die bereit sind, auf dem **Schwarzmarkt** einen höheren Preis als den Höchstpreis zu zahlen.

Höchstpreise

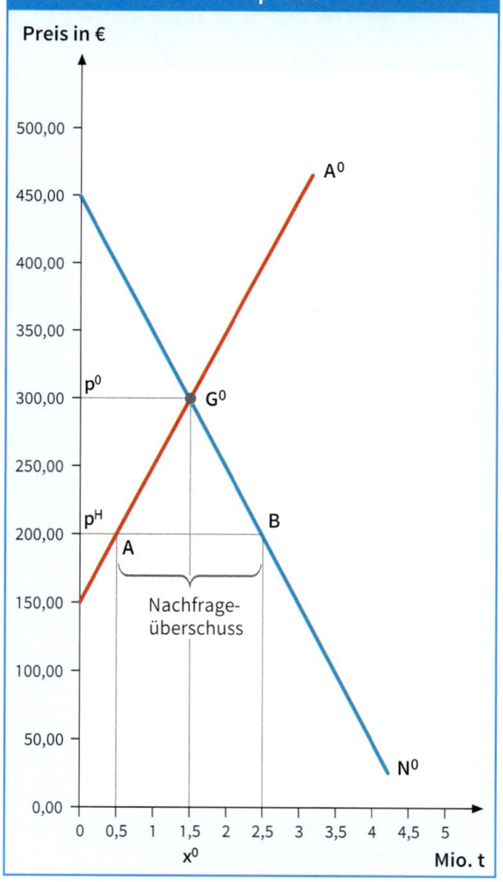

Die Entstehung von Schwarzmärkten ist die typische Folge von Höchstpreisen. Auf diesem Markt werden die rechtswidrig dem offiziellen Markt vorenthaltenen Angebotsmengen zu weitaus höheren Preisen gehandelt. Der durch den Höchstpreis ausgelöste Angebotsrückgang bewirkt, dass zahlreiche Nachfrager jetzt schlechter gestellt sind als vorher. Obwohl sie bereit gewesen wären, 300,00 € oder sogar mehr (bis zu 449,99 €) zu bezahlen, kann ihre Nachfrage wegen des knappen Angebots nicht befriedigt werden. Nur diejenigen Nachfrager, die das Gut jetzt tatsächlich zum Preis von 200,00 € erhalten, obwohl sie bereit gewesen wären, mehr dafür zu bezahlen, haben Vorteile von der Höchstpreisregelung. Der Staat muss durch ein Kontroll- und Auswahlsystem dafür sorgen, dass diese Begünstigten auch tatsächlich diejenigen sind, die durch die staatliche Maßnahme unterstützt werden sollten. Andernfalls profitieren möglicherweise genau diejenigen Nachfrager von dieser Maßnahme, die es am wenigsten nötig haben und auch höhere Preise hätten bezahlen können.

Der staatliche Eingriff in den Preismechanismus zieht in jedem Fall weitere staatliche Eingriffe und Kontrollmaßnahmen nach sich.

D Höchstpreise führen zu einem Nachfrageüberhang. Sie machen staatliche Kontrollen nötig, um das knappe Angebot auf die berechtigten Nachfrager zu verteilen.

5.4 Preisbildung des Angebotsmonopols

Lernziele:

Nach der Bearbeitung dieses Kapitels sind Sie in der Lage, Folgendes zu tun:

Sie ...

- ... nennen verschiedene Arten von Monopolen.
- ... stellen die Preis-Absatz-Kurve des Monopolisten dar und erklären, warum diese beim Angebotsmonopol mit der Gesamtnachfragekurve identisch ist.
- ... erklären die Aussage „Ein Angebotsmonopolist kann entweder Preisfixierer oder Mengenfixierer sein“.
- ... erläutern den Zusammenhang der Preiselastizität der Nachfrage und der Marktmacht des Angebotsmonopolisten.
- ... erläutern die Gewinnmaximierungsregel des Angebotsmonopolisten.
- ... ermitteln tabellarisch, grafisch und mathematisch das Gewinnmaximum des Angebotsmonopolisten.
- ... nennen die Arten der Preisdifferenzierung.
- ... erläutern, unter welchen Voraussetzungen ein Angebotsmonopolist durch Preisdifferenzierung seinen Gewinn erhöhen kann.

5.4.1 Marktform des Angebotsmonopols

D Gibt es auf einem Markt nur einen Anbieter, dem viele Nachfrager gegenüberstehen, liegt ein Angebotsmonopol vor.

Reine Angebotsmonopole sind in der Realität genauso selten zu finden wie vollkommene Polypole (vollständige Konkurrenz). Das ist u. a. dadurch bedingt, dass auf einem monopolistischen Markt

- im Laufe der Zeit Konkurrenten auftreten (Imitation), sofern es sich um einen offenen Markt handelt,
- Substitutionsgüter entstehen, die in Konkurrenz zum Gut des Monopolisten stehen,
- der Gesetzgeber die Entstehung von Monopolen kontrollieren und bei Missbrauchsgefahr verhindern kann.

Die meisten Monopole befinden sich in öffentlicher Hand (Staat, Gemeinden) und/oder unterliegen einer öffentlichen Kontrolle. **Öffentliche Monopole** werden in der Regel nicht mit der Absicht der Gewinnmaximierung betrieben. Ihr Marktverhalten ist deshalb anders zu beurteilen als bei privaten Monopolen. Private Angebotsmonopole in der Form von **Kollektivmonopolen** können entstehen, wenn sich konkurrierende Anbieter zu **Kartellen** zusammenschließen, um durch gemeinsame Vereinbarungen den Wettbewerb auszuschließen (z. B. einheitliche Preisgestaltung, Aufteilung des Absatzgebietes). Solche Preis- und Gebietskartelle sind nach deutschem und europäischem Recht grundsätzlich verboten.

Obwohl reine private Angebotsmonopole einen theoretischen Grenzfall darstellen, lassen sich aus der Monopolpreisbildung im Modell wichtige Erkenntnisse für die Absatzpolitik marktmächtiger Unternehmen in der Realität ableiten.

B **Preis-Absatz-Funktion eines Angebotsmonopolisten: Konzertveranstaltung der Aids-Hilfe e.V.**

Die Aids-Hilfe e. V. in einer mittelgroßen Stadt plant zur Finanzierung ihrer Arbeit ein Wohltätigkeitskonzert. Mehrere bekannte Musikgruppen aus der Umgebung haben ihre unentgeltliche Mitwirkung zugesagt. Die Stadt stellt das örtliche Fußballstadion mit einem Fassungsvermögen von 8 000 Personen für diese Veranstaltung zur Verfügung. Die Veranstalter stehen vor dem Problem, die Höhe des Eintrittspreises festzulegen. Bei ähnlichen Veranstaltungen in früheren Jahren hat es sich als sinnvoll erwiesen, alle Eintrittskarten gleich teuer anzubieten. Es liegen auch ziemlich genaue Schätzungen über den Zusammenhang zwischen der Höhe des Eintrittspreises und der zu erwartenden Zuschauerzahl in Form der folgenden **Preis-Absatz-Funktion** vor.

Preis (p) in €	25,00	22,50	20,00	17,50	15,00	12,50	10,00	7,50	5,00	2,50	0
Zuschauer (x) in 1 000	0	1	2	3	4	5	6	7	8	9	10

D Die Preis-Absatz-Funktion (Preis-Absatz-Kurve) gibt an, welche Menge ein einzelner Anbieter jeweils zu einem von ihm festgesetzten Preis (Preisfixierung) absetzen kann.

Da der **Monopolist** der **einzige Anbieter** ist, ist die zu einem bestimmten Preis **absetzbare Menge** immer **identisch** mit der am Markt zu diesem Preis **nachgefragten Menge.** Daraus folgt für den Sonderfall des Monopols:

D Die Preis-Absatz-Kurve ist beim Angebotsmonopol identisch mit der Gesamtnachfragekurve.

Preis-Absatz-Kurve und Gesamtnachfragekurve für die Konzertveranstaltung der Aids-Hilfe e. V.

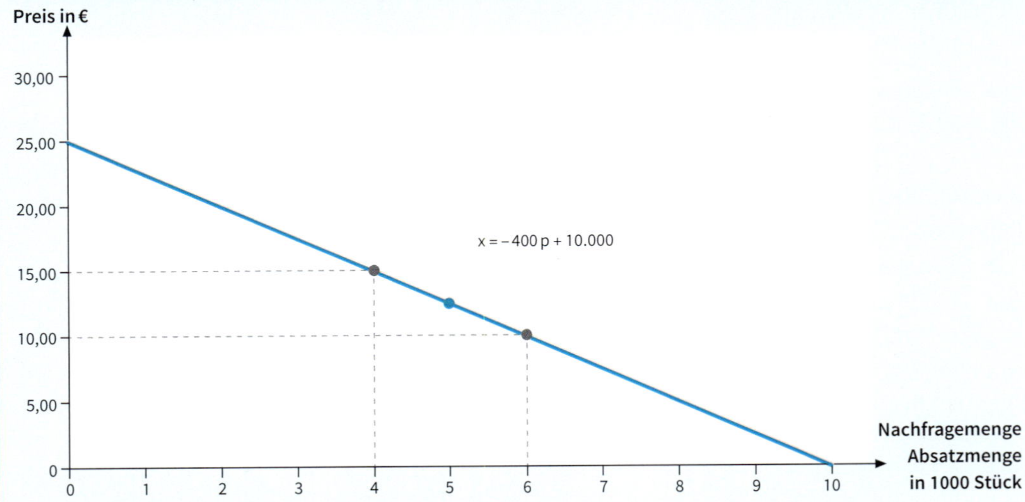

5.1

Aufgrund vollkommener Markttransparenz ist dem Monopolisten die mit seiner Preis-Absatz-Kurve übereinstimmende Nachfragekurve bekannt. Im Gegensatz zu einem Anbieter beim Polypol, der nur seine Produktionsmenge, nicht aber den Preis bestimmen kann, ist der Angebotsmonopolist wegen seiner Marktmacht in der Lage, den Marktpreis festzulegen. Die Nachfrager mit ihrem verschwindend geringen Marktanteil müssen in diesem Fall den vom Monopolisten geforderten Preis als Datum akzeptieren.

B Legt der Konzertveranstalter als Monopolist z. B. einen Preis von 15,00 € fest (= Preisfixierer), muss er aber die sich bei diesem Preis am Markt ergebende Nachfragemenge von 4 000 Stück, die seiner Absatzmenge entspricht, hinnehmen *(vgl. Abb. oben)*. Statt des Preises kann der Konzertveranstalter als Monopolist aber auch die Absatzmenge (z. B. 6 000 Stück) festlegen (= Mengenfixierer). In diesem Fall muss er den Preis von 10,00 € akzeptieren, zu dem diese Menge am Markt nachgefragt wird.

D Der Angebotsmonopolist kann für das von ihm angebotene Gut entweder den Preis oder die Absatzmenge festlegen.

Der Monopolist kann aber nicht jede beliebige Menge zu jedem beliebigen Preis verkaufen. Er muss sich vielmehr an den Preis-Mengen-Kombinationen orientieren, wie sie in seiner Preis-Absatz-Kurve bzw. in der Nachfragekurve zum Ausdruck kommen. Mit anderen Worten: Er ist zwar autonomer Mengen- oder Preisfixierer, muss aber bei seiner Entscheidung die Reaktion der Nachfrager berücksichtigen.

Die entscheidende Frage lautet: **Bei welcher Preis-Mengen-Kombination maximiert der Monopolist seinen Gewinn?**

5.4.2 Erlösmaximum des Angebotsmonopolisten

5.15, S. 249

Der Gewinn (G) ist die Differenz zwischen Erlösen (E) und Kosten (K). Wichtige Erkenntnisse über das Verhalten eines Monopolisten lassen sich aber bereits an einem vereinfachten Modell gewinnen, bei dem die Produktionskosten zunächst unberücksichtigt bleiben. Für diesen Fall ist der Gewinn identisch mit dem Erlös, sodass es für den Monopolisten lediglich darauf ankommt, diejenige Absatzmenge mit dem dazugehörigen Preis zu ermitteln, bei der sich ein möglichst großer Gesamterlös ergibt.

Auch wenn eine Produktion ohne Kosten grundsätzlich nicht möglich ist, lassen sich u. a. folgende Marktsituationen vorstellen, in denen die Produktionskosten bei der Ermittlung des Monopolpreises vernachlässigt werden können:

- Verkauf landwirtschaftlicher Produkte aus den Vorratslagern einer landwirtschaftlichen Genossenschaft.
- Ermittlung des Eintrittspreises für eine Wohltätigkeitsveranstaltung (Konzert o. Ä.), bei der auf Honorar und Kostenerstattung verzichtet oder die anfallenden Kosten von einem Sponsor übernommen werden.

B Für das Wohltätigkeitskonzert entstehen dem Aids-Hilfe e. V. keine Kosten. Die Stadtverwaltung stellt das örtliche Fußballstadion mit einem Fassungsvermögen von 8 000 Personen kostenlos zur Verfügung. Alle anderen Kosten (z. B. Werbung, Druck der Eintrittskarten, Versicherungsprämien) werden von einer örtlichen Brauerei gegen Ausstellung einer Spendenquittung übernommen. Der gesamte Erlös kommt dem Aids-Hilfe e. V. zugute.

Welcher Preis soll unter diesen Voraussetzungen festgelegt werden?

Erlös für die Konzertveranstaltung der Aids-Hilfe e. V.			
Preis (p) in €	Eintrittskarten (x) in Stück	Erlöse (E) in € $E = p \cdot x$	Direkte Preiselastizität der Nachfrage $El_{dir} = \frac{\Delta x \text{ in } \%}{\Delta p \text{ in } \%} = \frac{\Delta x}{\Delta p} \cdot \frac{p}{x}$
25,00	0	0,00	
22,50	1 000	22.500,00	$\frac{1}{2{,}5} \cdot \frac{22{,}5}{1} = 9$
20,00	2 000	40.000,00	$\frac{1}{2{,}5} \cdot \frac{20{,}0}{2} = 4$
17,50	3 000	52.500,00	$\frac{1}{2{,}5} \cdot \frac{17{,}5}{3} = 2{,}33$
15,00	4 000	60.000,00	$\frac{1}{2{,}5} \cdot \frac{15{,}0}{4} = 1{,}5$
12,50	**5 000**	**62.500,00**	$\frac{1}{2{,}5} \cdot \frac{12{,}5}{5} = 1$
10,00	6 000	60.000,00	$\frac{1}{2{,}5} \cdot \frac{10{,}0}{6} = 0{,}67$
7,50	7 000	52.500,00	$\frac{1}{2{,}5} \cdot \frac{7{,}5}{7} = 0{,}43$
5,00	8 000	40.000,00	$\frac{1}{2{,}5} \cdot \frac{5{,}0}{8} = 0{,}25$
2,50	9 000	22.500,00	$\frac{1}{2{,}5} \cdot \frac{2{,}5}{9} = 0{,}11$
0,00	10 000	0,00	

Da sich der Gesamterlös aus Preis (p) · Menge (x) ergibt, lässt sich das Problem der Erlösmaximierung anhand der Preis-Absatz-Kurve *(vgl. Abb. S. 212)* wie folgt veranschaulichen: Zu jedem Punkt auf der Preis-Absatz-Kurve (z. B. Punkt A) lässt sich aus dem zugehörigen Preis (p = 15,00 €) und der zugehörigen Menge (x = 4 000 Stück) der Erlös (E = 60.000,00 €) ermitteln und als Flächeninhalt eines Rechtecks darstellen. Bei derjenigen Preis-Mengen-Kombination auf der Preis-Absatz-Kurve, bei der das zugehörige Rechteck den größten Flächeninhalt hat, liegt das Erlösmaximum.

Erlöskurve in Form einer Parabel

Für einen **Polypolisten** (Mengenanpasser) ist der Preis eine vom Markt vorgegebene (konstante) Größe. Seine auf der Erlösfunktion E = p · x beruhende Erlöskurve ist daher eine **Gerade aus dem Ursprung**. Der **Monopolist** kann dagegen entweder den Preis oder die Menge selbst festlegen. Seine Erlöskurve hat deshalb die Form einer **Parabel**.

5.5.1

Preis-Absatz-Kurve und Gesamtnachfragekurve für die Konzertveranstaltung der Aids-Hilfe e. V.

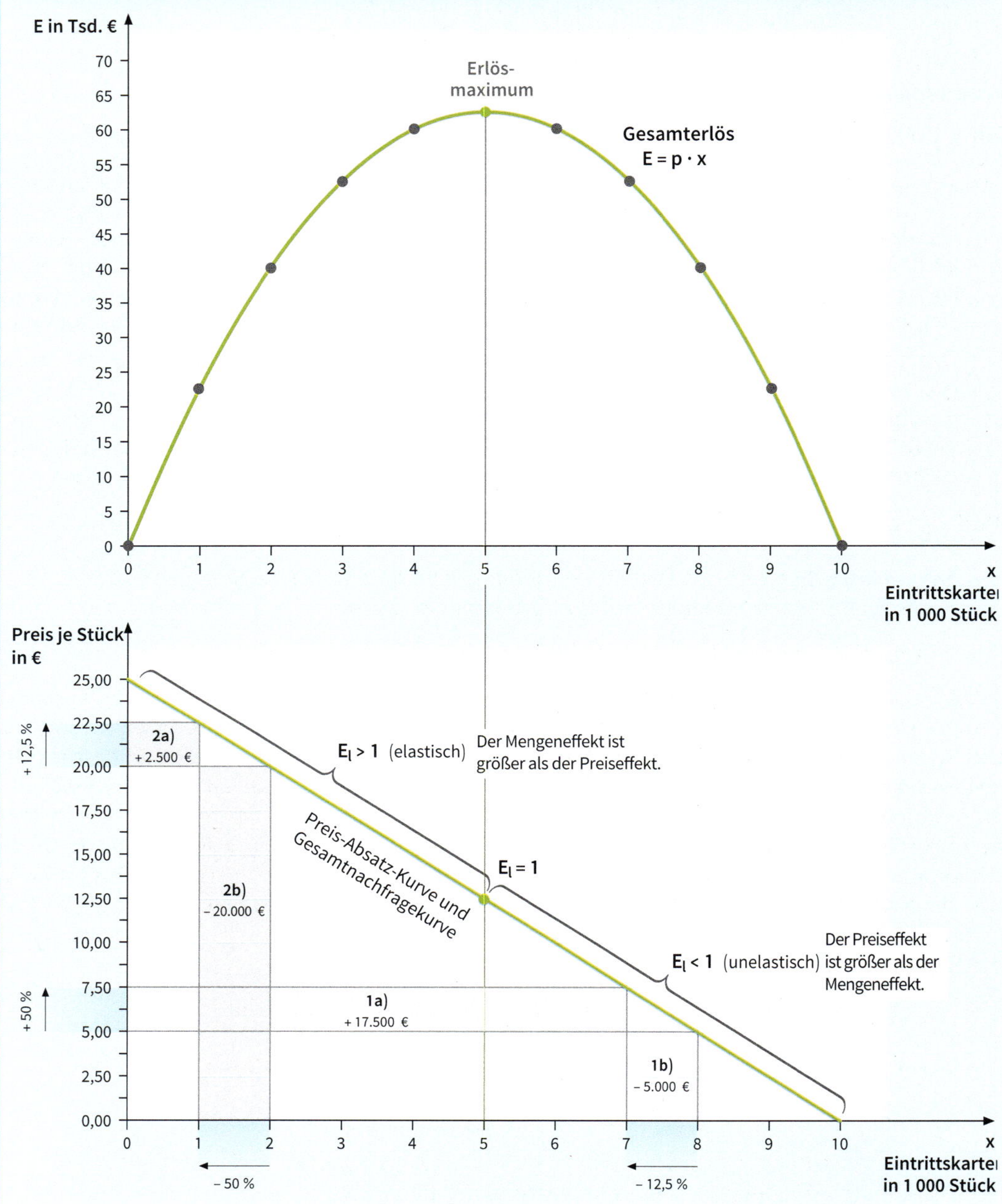

Ein Preis von 2,50 € kommt für die Veranstalter nicht infrage, da dann das Fassungsvermögen des Stadions (8 000 Plätze) überschritten wäre. Bei einem Preis von 5,00 € wäre das Stadion ausverkauft. Der Erlös kann aber noch gesteigert werden. Bei einem Preis von 12,50 € bleiben zwar voraussichtlich 3 000 Plätze unbesetzt. Der Erlös, der im vorliegenden Fall mit dem Gewinn identisch ist, ist aber bei diesem Preis am größten. Daraus folgt, dass es für den Monopolisten vorteilhaft ist, seine Produktionskapazität nicht voll auszulasten und die Angebotsmenge absichtlich zu verknappen.

D Der Angebotsmonopolist erzielt seinen höchstmöglichen Erlös (Erlösmaximum), indem er durch absichtliche Angebotsverknappung einen Teil der Nachfrage unbefriedigt lässt und dadurch die Marktversorgung verschlechtert.

Gesamterlös und Elastizität

Fall 1: Preiserhöhung bei unelastischer Nachfrage

Wenn die Veranstalter einen Preis von 5,00 € verlangen, können 8 000 Eintrittskarten verkauft werden. Der Erlös beträgt dann 40.000,00 € (8 000 Karten · 5,00 €). Bei einer **Preiserhöhung** auf 7,50 € sinkt die Zahl der abgesetzten Karten auf 7 000 Stück. Die Preiserhöhung bewirkt im vorliegenden Fall gleichzeitig eine **Erlössteigerung** um 12.500,00 € auf 52.500,00 € (7 000 Karten · 7,50 €). Eine Erlössteigerung als Folge einer Preiserhöhung ergibt sich immer dann, wenn die prozentuale Preiserhöhung (hier: 50 %) größer ist als die dadurch ausgelöste prozentuale Mengenminderung (hier: 12,5 %). Die Preiselastizität der Nachfrage ist dann < 1 (hier: 12,5 %/50 % = 0,25), d. h., die **Nachfrage ist unelastisch.** Wie die Abb. auf S. 214 unten zeigt, ist in einem solchen Fall die durch die Preiserhöhung entstehende Erlössteigerung (Fläche 1a: + 17.500,00 €) größer als die durch die verringerte Absatzmenge bedingte Erlösminderung (Fläche 1b: – 5.000,00 €).

Wird dagegen der Preis bei unelastischer Nachfrage gesenkt, sinkt der Erlös.

D Bei unelastischer Nachfrage gilt: Preiserhöhungen führen zu Erlössteigerungen und Preissenkungen zu Erlösminderungen des Angebotsmonopolisten.

Fall 2: Preiserhöhung bei elastischer Nachfrage

Wenn die Veranstalter einen Preis von 20,00 € verlangen, können 2 000 Eintrittskarten verkauft werden. Der Erlös beträgt dann 40.000,00 € (2 000 Karten · 20,00 €). Bei einer Preiserhöhung auf 22,50 € sinkt die Zahl der abgesetzten Karten auf 1 000 Stück. Die **Preiserhöhung** bewirkt im vorliegenden Fall gleichzeitig eine **Erlösminderung** um 17.500,00 € auf 22.500,00 € (1 000 Karten · 22,50 €). Eine Erlösminderung als Folge einer Preiserhöhung ergibt sich immer dann, wenn die prozentuale Preiserhöhung (hier: 12,5 %) kleiner ist als die dadurch ausgelöste prozentuale Mengenminderung (hier: 50 %). Die Preiselastizität der Nachfrage ist dann > 1 (hier: 50 %/12,5 % = 4), d. h., die **Nachfrage ist elastisch.** Wie die Abb. auf S. 214 unten zeigt, ist in einem solchen Fall die durch die Preiserhöhung entstehende Erlössteigerung (Fläche 2a: + 2.500,00 €) kleiner als die durch die verringerte Absatzmenge bedingte Erlösminderung (Fläche 2b: – 20.000,00 €).

Wird dagegen der Preis bei elastischer Nachfrage gesenkt, steigt der Erlös.

D Bei elastischer Nachfrage gilt: Preiserhöhungen führen zu Erlösminderungen und Preissenkungen zu Erlössteigerungen des Angebotsmonopolisten.

D Nur wenn die Nachfrage unelastisch ist, verfügt der Angebotsmonopolist über genügend Marktmacht, um durch eine Preiserhöhung seinen Erlös steigern zu können.

Zusammenhang zwischen Preisveränderung, Elastizität und Gesamterlös

Elastizität / Preisänderung	Elastische Nachfrage $El_{dir} > 1$ Bereich der oberen Hälfte der Nachfragekurve	$El_{dir} = 1$ Halbierungspunkt der Nachfragekurve	Unelastische Nachfrage $El_{dir} < 1$ Bereich der unteren Hälfte der Nachfragekurve
Preiserhöhung	Erlös (E) sinkt	Erlös (E) konstant Maximum	Erlös (E) steigt
Preissenkung	Erlös (E) steigt	Erlös (E) konstant Maximum	Erlös (E) sinkt

5.4.3 Gewinnmaximum des Angebotsmonopolisten

5.16, S. 250
5.17, S. 251

Die Ergebnisse, die am vereinfachten Modell der Monopolpreisbildung ohne Berücksichtigung von Kosten gewonnen wurden, gelten ohne wesentliche Einschränkungen auch dann, wenn dem Monopolisten Produktionskosten entstehen. Der Gewinn (G) ist in diesem Fall nicht identisch mit dem Erlös. Er ergibt sich vielmehr aus der Differenz zwischen Erlös (E) und Kosten (K). **Wenn nur fixe Kosten anfallen, liegt das Gewinnmaximum aber weiterhin bei derselben Menge wie das Erlösmaximum.** Werden dagegen variable Kosten berücksichtigt, ergeben sich für Erlös- bzw. Gewinnmaximum unterschiedliche Mengen. Es wird dabei unterstellt, dass der Monopolist genauso viel produziert, wie er absetzen kann (keine Lagerhaltung).

Tabellarische und grafische Ermittlung des Gewinnmaximums

B Annahme: Für das Wohltätigkeitskonzert entstehen dem Aids-Hilfe e. V. fixe Kosten für Stadionmiete, Werbung, Druck der Eintrittskarten, Versicherungsprämien usw. von 15.000,00 €. Außerdem müssen 5,00 € je verkaufter Eintrittskarte an die Stadtverwaltung für die Stadionreinigung, die Bezahlung von Ordnungskräften usw. (= variable Kosten) abgeführt werden.

Welcher Preis soll unter diesen Voraussetzungen festgelegt werden?

Gewinn für die Konzertveranstaltung der Aids-Hilfe e. V.						
Preis (p) in €	Eintrittskarten (x) in Stück	Erlöse (E) in € E = p · x	Erlösänderung je zusätzlicher Eintrittskarte in € (Grenzerlös) E' = ΔE/Δx	Kosten (K) in €	Kostenänderung je zusätzlicher Eintrittskarte in € (Grenzkosten) K' = ΔK/Δx	Gewinn/Verlust (G) in € G = E − K
25,00	0	0,00		15.000,00		− 15.000,00
			22,50		5,00	
22,50	1 000	22.500,00	*20,00*	20.000,00	*5,00*	2.500,00
			17,50		5,00	
20,00	2 000	40.000,00	*15,00*	25.000,00	*5,00*	15.000,00
			12,50		5,00	
17,50	3 000	52.500,00	*10,00*	30.000,00	*5,00*	22.500,00
			7,50		5,00	
15,00	***4 000***	***60.000,00***	***5,00***	***35.000,00***	***5,00***	***25.000,00***
			2,50		5,00	
12,50	5 000	62.500,00	*0,00*	40.000,00	*5,00*	22.500,00
			− 2,50		5,00	
10,00	6 000	60.000,00	*− 5,00*	45.000,00	*5,00*	15.000,00
			− 7,50		5,00	
7,50	7 000	52.500,00	*− 10,00*	50.000,00	*5,00*	2.500,00
			− 12,50		5,00	
5,00	8 000	40.000,00	*− 15,00*	55.000,00	*5,00*	− 15.000,00
			− 17,50		5,00	
2,50	9 000	22.500,00	*− 20,00*	60.000,00	*5,00*	− 37.500,00
			− 22,50		5,00	
0,00	10 000	0,00		65.000,00		− 65.000,00

Gewinnzone: Gewinnschwelle – Gewinngrenze

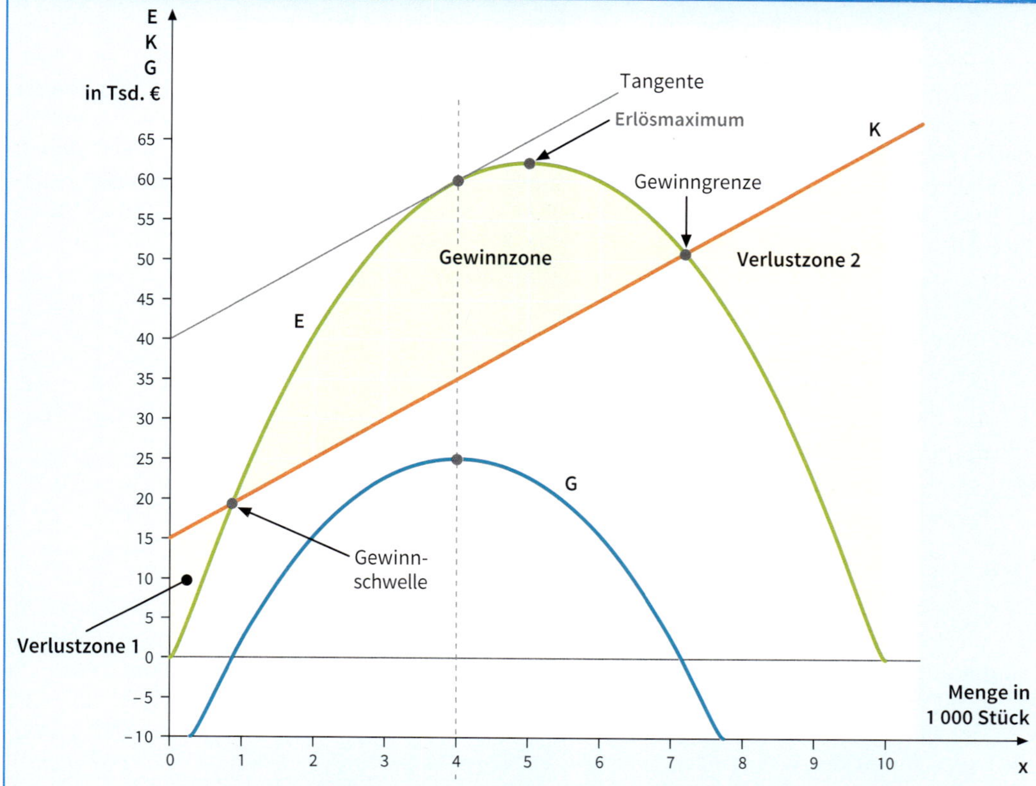

COURNOTscher Punkt

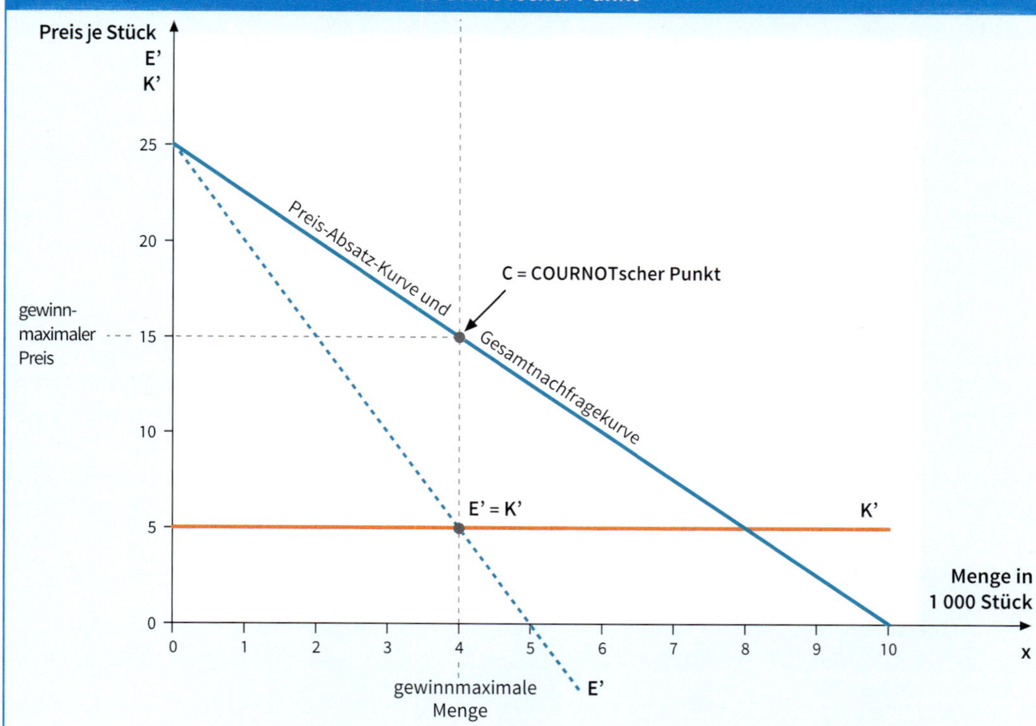

Der erste Schnittpunkt zwischen der Gesamterlöskurve und der Gesamtkostenkurve stellt die **Gewinnschwelle**, der zweite Schnittpunkt die **Gewinngrenze** des Monopolisten dar *(vgl. Abb. S. 217)*. Erst ab einer über die Gewinnschwelle hinausgehenden Menge (hier: ca. 838 Zuschauer) sind die Erlöse größer als die Kosten, sodass ein Gewinn erzielt wird. Bei einer geringeren Menge entsteht ebenso ein Verlust wie bei einer über die Gewinngrenze (hier: ca. 7162 Zuschauer) hinausgehenden Menge. Das Gewinnmaximum liegt innerhalb der Gewinnzone an der Stelle, wo die Differenz zwischen Gesamterlös und Gesamtkosten am größten ist (hier: 4000 Zuschauer). Geometrisch lässt sich das Gewinnmaximum ermitteln, indem die lineare Gesamtkostenkurve parallel verschoben wird bis zum Tangentialpunkt mit der Erlöskurve. Bei dieser Menge (hier: 4000 Zuschauer) ist der **Abstand zwischen Erlöskurve und Kostenkurve am größten.** Die Steigung der Erlöskurve ist an dieser Stelle gleich der Steigung der Kostenkurve. Aus diesem Zusammenhang lässt sich das Gewinnmaximum auch mithilfe der **Grenzerlös-** und **Grenzkostenkurve** ableiten.

Grenzerlös

> **D** Betriebswirtschaftlich ist der Grenzerlös der zusätzliche Erlös, der sich bei einer Erhöhung der Absatzmenge um eine Einheit ergibt (= Zuwachs des Gesamterlöses bei einer Absatzerhöhung um eine Mengeneinheit).

Ermittlung des Grenzerlöses

Der Grenzerlös (E') ergibt sich als Differenzenquotient $\Delta E/\Delta x$ für $\Delta x = 1$. Wird die kleinstmögliche (= infinitesimale) Veränderung Δx betrachtet, geht der Differenzenquotient in den Differentialquotient dE/dx über. Der Grenzerlös ist somit die erste Ableitung E' der Erlösfunktion E. Er gibt somit die Steigung der Gesamterlöskurve (E) an *(siehe Abb. S. 217)*. In der Tabelle auf S. 216 wird der Grenzerlös aus Vereinfachungsgründen mit einer für den vorliegenden Fall hinreichenden Genauigkeit in Schritten von $\Delta x = 1000$ ermittelt. Wird die Zahl der verkauften Eintrittskarten von 0 auf 1000 Stück erhöht (Δx), steigt der Gesamterlös gemäß der Tab. auf S. 214 um 22.500,00 € (ΔE). Die Erhöhung der Verkaufszahl um **1 Karte** bewirkt also **im Durchschnitt** einen Erlöszuwachs von $\Delta E/\Delta x = 22.500,00/1000 = 22,50$ € (= Grenzerlös). Dieser Betrag wird dem **Durchschnittswert** (500 Stück) zwischen der ursprünglichen Menge (0 Stück) und der neuen Menge (1000 Stück) zugewiesen. Wird die Zahl der verkauften Eintrittskarten weiter von 1000 Stück auf 2000 Stück erhöht, steigt der Gesamterlös um weitere 17.500,00 € von 22.500,00 € auf 40.000,00 € (vgl. Tab. auf S. 216). Auf eine **zusätzliche Eintrittskarte** entfällt bei dieser Mengenerhöhung eine durchschnittliche Erlösänderung von $\Delta E/\Delta x = 17.500,00/1000 = 17,50$ € **(= Grenzerlös).** Der Grenzerlös von 20,00 € bei 1000 Stück ergibt sich als Mittelwert: (22,50 € + 17,50 €) / 2 = 20,00 €.

> **D** Mathematisch ist der Grenzerlös die erste Ableitung (E') der Erlösfunktion. Er gibt die Steigung der Gesamterlöskurve bei unterschiedlichen Absatzmengen an ($\Delta E/\Delta x$).

Aus der Tabelle ist ersichtlich, dass der **Grenzerlös eines Monopolisten immer kleiner als der Preis ist.** Das ist durch die fallende Nachfragekurve bedingt. Zur Steigerung der Absatzmenge von 1000 Stück auf 2000 Stück muss der Monopolist im vorliegenden Fall den Preis von 22,50 € auf 20,00 € senken. Er wird aber nicht nur für die zusätzlichen 1000 Eintrittskarten, sondern auch für die ersten 1000 Eintrittskarten lediglich 20,00 € je Stück erhalten. Das bewirkt, dass der zusätzliche Erlös für jede verkaufte Eintrittskarte (Grenzerlös) niedriger als der Verkaufspreis ist. Das zeigt sich auch in der Steigung der Grenzerlöskurve E' im Vergleich zur Preis-Absatz-Kurve (siehe Abb. S. 217).

> **D** Die Steigung der Grenzerlöskurve ist doppelt so groß wie die der Preis-Absatz-Kurve. Die Grenzerlöskurve fällt somit doppelt so stark. Der Grenzerlös muss daher immer kleiner als der Preis sein.

Erlösmaximum: Grenzerlös = 0

Ein Grenzerlös von null bedeutet, dass kein weiterer Erlöszuwachs mehr möglich ist. Bei der Absatzmenge, die einem Grenzerlös von null entspricht, hat daher die Gesamterlöskurve ihr Maximum. Im dargestellten Fall liegt diese Absatzmenge bei 5 000 Eintrittskarten *(vgl. Abb. S. 217)*. Die Absatzmenge im Erlösmaximum (= Schnittpunkt zwischen Grenzerlöskurve und Mengenachse) ist immer halb so groß wie die Absatzmenge, die sich bei einem Preis von null ergibt (= Schnittpunkt zwischen Nachfragekurve und Mengenachse).[1] Dem Erlösmaximum bzw. dem Grenzerlös von null entspricht eine Nachfrageelastizität von 1 (= Halbierungspunkt der Nachfragekurve). Im elastischen Bereich der Nachfragekurve ist der Grenzerlös positiv, d. h., bei einer Ausdehnung der Absatzmenge steigt der Gesamterlös (= positive Steigung der Gesamterlöskurve). Im unelastischen Bereich der Nachfragekurve ist der Grenzerlös dagegen negativ, d. h., bei einer Ausdehnung der Absatzmenge sinkt der Gesamterlös (= negative Steigung der Gesamterlöskurve).

D Die Grenzerlöskurve schneidet die X-Achse (Mengenachse) immer bei der Hälfte des X-Achsenabschnitts der Preis-Absatz-Kurve. Bei dieser Menge ist der Grenzerlös null (E' = 0) und der Gesamterlös maximal (E_{max}).

Grenzkosten

D Betriebswirtschaftlich sind die Grenzkosten die zusätzlichen Kosten, die sich bei einer Erhöhung der Produktionsmenge um eine Einheit ergeben (= Zuwachs der Gesamtkosten bei einer Produktionserhöhung um eine Mengeneinheit).

4.4.2

D Mathematisch sind die Grenzkosten die erste Ableitung (K') der Gesamtkostenfunktion (K). Sie geben die Steigung der Gesamtkostenkurve bei unterschiedlichen Produktionsmengen an ($\Delta K/\Delta x$).

Bei linearem Kostenverlauf sind die Grenzkosten konstant und entsprechen den variablen Kosten je Stück (hier: 5,00 €).

Gewinnmaximierungsbedingung: Grenzerlös (E') = Grenzkosten (K')

Da der Grenzerlös (E') die Steigung der Erlöskurve und die Grenzkosten (K') die Steigung der Kostenkurve angeben, sind bei der gewinnmaximalen Menge (hier: 4 000 Zuschauer) **Grenzerlös und Grenzkosten gleich groß** (hier: jeweils 5,00 €). An dieser Stelle gilt somit die Bedingung: **E' = K'.** Solange der Grenzerlös größer ist als die Grenzkosten, ist das Gewinnmaximum noch nicht erreicht und der Gewinn steigt bei zunehmender Menge. Ist der Grenzerlös dagegen kleiner als die Grenzkosten, ist das Gewinnmaximum bereits überschritten und der Gewinn sinkt bei zunehmender Menge. Geometrisch entspricht die gewinnmaximale Menge dem Schnittpunkt zwischen Grenzerlös- und Grenzkostenkurve.

D Das Gewinnmaximum des Angebotsmonopolisten liegt bei der Menge, bei der Grenzerlös und Grenzkosten gleich groß sind (E' = K').

D Wegen der Bedingung E' = K' muss bei positiven Grenzkosten (K' > 0) im Gewinnmaximum auch ein positiver Grenzerlös (E' > 0) vorliegen. Ein positiver Grenzerlös ist aber nur bei einer Nachfrageelastizität von größer als 1 möglich. Daher liegt das Gewinnmaximum des Angebotsmonopolisten im elastischen Bereich der Nachfragekurve.

1 Für den Nachweis dieser mathematischen Zusammenhänge siehe Kapitel 3.4.3.

Der zur gewinnmaximalen Menge gehörende Preis (hier: 15,00 €) lässt sich mithilfe der Preis-Absatz-Funktion ermitteln. Der Punkt auf der Preis-Absatz-Kurve des Monopolisten, der die gewinnmaximale Preis-Mengen-Kombination darstellt (hier: Punkt C), wird als **COURNOT-scher Punkt**[1] bezeichnet. Dieser Punkt ergibt sich, indem der Schnittpunkt zwischen Grenzerlös- und Grenzkostenkurve auf die Preis-Absatz-Kurve projiziert wird *(vgl. Abb. S. 217)*.

Marktversorgung

„Der Monopolist versorgt […] den Markt ständig mangelhaft und befriedigt die effektive Nachfrage niemals ganz, sodass er seine Ware weit über dem natürlichen Preis verkaufen kann, wodurch seine Einkünfte […] beträchtlich über die natürliche Höhe steigen."

Quelle: Smith, Adam: Der Wohlstand der Nationen. Eine Untersuchung seiner Natur und seiner Ursachen, hrsg.von Georg von Wallwitz, übers. von Horst Claus Recktenwald, München: dtv Verlagsgesellschaft 2018, S. 65.

5.4.2

Im Vergleich zum Monopol ohne Kosten wird bei der Berücksichtigung von Produktionskosten deutlich, dass das Gewinnmaximum bei einer noch niedrigeren Menge (4 000 Zuschauer gegenüber 5 000 Zuschauern) und einem noch höheren Preis (15,00 € gegenüber 12,50 €) liegt. Der Monopolist maximiert also seinen Gewinn dadurch, dass er das Angebot künstlich verknappt (Verschlechterung der Marktversorgung) und die geringere Angebotsmenge zu einem höheren Preis verkauft. Ausmaß der Preiserhöhung bzw. der Mengenminderung hängen vom Kostenverlauf ab.

D Je steiler die Kostenkurve ansteigt, d. h., je höher die variablen Stückkosten sind, umso geringer ist die Angebotsmenge des Monopolisten und umso höher ist der Angebotspreis.

5.17, S. 251
5.18, S. 252

Mathematische Ermittlung des Gewinnmaximums (Differenzialrechnung)

Mathematisch lässt sich das Gewinnmaximum des Monopolisten für das vorliegende Zahlenbeispiel wie folgt ermitteln:

Die verwendete lineare Preis-Absatz-Funktion *(vgl. Tab. S. 211 bzw. Abb. S. 212)*, die beim Monopol der Nachfragefunktion entspricht und die Abhängigkeit der absetzbaren Menge vom Preis beschreibt, lautet

(1) allgemein: $x = x(p)$ hier: $x = -400p + 10\,000$

Da der Monopolist aber – im Gegensatz zu einem Polypolisten (Mengenanpasser) – entweder den Preis oder die Menge festlegen kann *(vgl. S. 212)*, kann die Gleichung im vorliegendem Fall ausnahmsweise auch nach p aufgelöst und das Abhängigkeitsverhältnis zwischen Menge (x) und Preis (p) umgekehrt werden.

(2) allgemein: $p = a - bx$ hier: $p = (10\,000 - x)/400 = 25 - 0{,}0025\,x$

Diese Umformung mit der Menge (x) als unabhängige Variable ist nötig, weil zur Ermittlung des Gewinnmaximums die gewinnmaximale Menge bestimmt werden muss (s. u.). Das geht nur, wenn in der zu maximierenden Gewinnfunktion $G = E - K$ die Menge (x) die unabhängige Variable ist. Da die Kosten (K) von der Menge (x) abhängig sind ($K = K_f + k_v \cdot x$), müssen auch die Erlöse ($E = p \cdot x$) in Abhängigkeit von der Menge (x) formuliert werden. Das geschieht, indem die nach p aufgelöste Preis-Absatz-Funktion (2) in $E = p \cdot x$ eingesetzt wird (3).

Der Abschnitt der Preis-Absatz-Kurve auf der Preisachse entspricht dem Parameter a (hier: 25), da sich dieser Wert für p bei einer Absatzmenge (x) von null ergibt *(vgl. Abb. S. 217)*. Der Abschnitt auf der Mengenachse ergibt sich, wenn für p null eingesetzt wird. Für diesen Fall gilt: $x = a/b$ (hier: $x = 25/0{,}0025 = 10\,000$)

Der Erlös ergibt sich aus der Multiplikation von Preis und Menge: $E = p \cdot x$

1 Nach Antoine Augustin Cournot (1801 – 1877), französischer Mathematiker und Ökonom

Unter Verwendung von (2) lautet die Erlösfunktion:

(3) allgemein: $E = (a - bx) \cdot x = ax - bx^2$ hier: $E = (25 - 0{,}0025\ x) \cdot x = 25\ x - 0{,}0025\ x^2$

Der Erlös ist null, wenn die Menge null ist (x = 0) oder der Preis null ist (a–bx = 0). Aus der ersten Nullstelle (x = 0) folgt, dass die Erlöskurve die Mengenachse im Koordinatenursprung schneidet *(vgl. Abb. S. 221).* Für die zweite Nullstelle gilt: a – bx = 0 (hier: 25 – 0,0025 x = 0). Daraus folgt: x = a/b (hier: x = 25/0,0025 = 10 000). Die zweite Nullstelle liegt also dort, wo die Nachfragekurve die Mengenachse berührt *(vgl. Abb. S. 221).*

An der Extremstelle der Erlösfunktion (Erlösmaximum) müssen die 1. Ableitung gleich null und die 2. Ableitung negativ sein.

(4) allgemein: $E' = a - 2bx = 0$ hier: $E' = 25 - 0{,}005x = 0$

(5) allgemein: $E'' = -2b < 0$ hier: $E'' = -0{,}005 < 0$

Aus (4) folgt für den hier vorliegenden Fall: x = 25/0,005 = 5 000. Die erlösmaximale Menge liegt also bei 5 000 Stück. Das Schaubild der Erlösfunktion ist eine nach unten geöffnete Parabel. Also liegt das Maximum in der Mitte zwischen den Schnittpunkten mit der x-Achse. Das entspricht der Hälfte des Abschnitts der Preis-Absatz-Kurve auf der Mengenachse.

Wichtiges Ergebnis: Die erlösmaximale Menge lässt sich dadurch bestimmen, dass der Abschnitt der Preis-Absatz-Kurve auf der Mengenachse halbiert wird.

Die 1. Ableitung E' = a – 2bx (hier: E' = 25 – 0,005x) ist die **Grenzerlösfunktion.** Sie hat die Form einer **Geraden** und gibt die Steigung der Gesamterlösfunktion an. Ihre Steigung (hier: 0,005) ist doppelt so groß wie die der zugehörigen Preis-Absatz-Funktion. Die Nullstelle der Grenzerlösfunktion (E' = 0) liegt bei x = 1/2 · a/b (hier: x = 1/2 · 25/0,0025 = 5 000). Im vorliegenden Fall ist der Grenzerlös also bei einem Absatz von 5 000 Karten gleich null *(vgl. Abb. S. 221).* Die Steigung der Gesamterlösfunktion ist an dieser Stelle null (= Erlösmaximum). Für eine geringere Absatzmenge ist der Grenzerlös größer als null, d. h., die Steigung der Gesamterlöskurve ist in diesem Bereich positiv. Für eine größere Absatzmenge ist der Grenzerlös kleiner als null, d. h., die Steigung der Gesamterlöskurve ist in diesem Bereich negativ.

Die Kostenfunktion *(vgl. Tab. S. 220)* lautet:

(6) allgemein: $K = K_f + k_v \cdot x$ hier: $K = 15000 + 5\ x$

Die zu maximierende Gewinnfunktion lautet:

(7) allgemein: $G = E - K \rightarrow \max!$ hier: $G = 25\ x - 0{,}0025x^2 - 15000 - 5x$
$= 20\ x - 0{,}0025x^2 - 15000 \rightarrow \max!$

Die notwendige (erste) Bedingung für das Maximum erfordert, dass die 1. Ableitung null ist.

(8) allgemein: $G' = E' - K' = 0$ hier: $G' = 20 - 0{,}005x = 0$

Die hinreichende (zweite) Bedingung für das Maximum erfordert, dass die 2. Ableitung negativ ist.

(9) allgemein: $G'' < 0$ hier: $G'' = -0{,}005$

Für den vorliegenden Fall ergibt sich aus (8) als gewinnmaximale Menge: 20 – 0,005x = 0. Daraus folgt: x = 4 000

Aus der ersten Gewinnmaximierungsbedingung (8) folgt, dass beim Gewinnmaximum Grenzerlös und Grenzkosten gleich sein müssen.

(10) allgemein: $E'(x) = K'(x)$ hier: $25 - 0{,}005x = 5$

Wichtiges Ergebnis: Der Angebotsmonopolist erzielt seinen maximalen Gewinn, wenn Grenzerlös und Grenzkosten gleich sind.

Für den vorliegenden Fall ergibt sich aus (10) als gewinnmaximale Menge: x = 4 000. Durch Einsetzen von x in (2) ergibt sich der gewinnmaximale Preis: p = 15,00.

5.4.4 Preisdifferenzierung des Angebotsmonopolisten

Voraussetzung für Preisdifferenzierung: Unvollkommener Markt

Die Untersuchung des Preisbildungsprozesses beim Angebotsmonopol hat zu dem Ergebnis geführt, dass es bei dieser Marktform nur einen einzigen Preis geben kann. Ein Markt, auf dem sich ein **Einheitspreis** ergibt, zu dem **alle** Käufe und Verkäufe getätigt werden, ist ein **vollkommener Markt**. Der Angebotsmonopolist kann jedoch seinen Monopolgewinn noch weiter erhöhen, wenn es ihm gelingt, das **gleiche Gut** an unterschiedliche Käufergruppen zu **unterschiedlichen Preisen** zu verkaufen. Eine solche **Preisdifferenzierung**, bei der sich für ein homogenes Gut verschiedene Preise ergeben, ist nur auf einem **unvollkommenen Markt** möglich. Das „Gesetz von der Unterschiedslosigkeit des Preises" gilt in diesem Fall nicht.

Es lassen sich verschiedene Formen der Preisdifferenzierung unterscheiden.

Arten der Preisdifferenzierung	Kriterien für die Marktteilung	Beispiel
persönliche Preisdifferenzierung	Gruppenzugehörigkeit	Ein Konzertveranstalter gewährt ermäßigte Preise für Schüler und Studenten. Die Landesgartenschau gewährt ermäßigten Eintritt für Rentner.
räumliche Preisdifferenzierung	Regionen, Länder	Ein pharmazeutisches Unternehmen verkauft das gleiche Medikament im Ausland billiger als im Inland.
zeitliche Preisdifferenzierung	Zeitpunkt der Nachfrage	Die Parkgebühren in einem Parkhaus sind nachts niedriger als am Tag.
		Ein Energieversorgungsunternehmen gewährt einen günstigen Nachtstromtarif. Ein Fitnessstudio bietet bei Nutzung am Vormittag günstigere Monatstarife an.
sachliche Preisdifferenzierung	Verwendungszweck des Gutes	Ein Energieversorgungsunternehmen verlangt von Privatkunden einen höheren Tarif als von Industriekunden.
	Nachfragemenge	Die Deutsche Bahn fordert von einer zweiten mitreisenden Person nur den halben Fahrpreis.
	Einschätzung durch unterschiedliche Verbraucherschichten	Ein Waschmittelhersteller verkauft ein Waschpulver sowohl mit einer neutralen No-Name-Verpackung (weiße Ware) als auch unter einem bekannten Markennamen. Durch Werbung, Verpackung usw. werden Qualitätsunterschiede vorgetäuscht.

5.19, S. 252

D Wenn der Monopolist Preisdifferenzierung betreibt, d. h. ein gleichartiges Gut zu unterschiedlichen Preisen verkauft, handelt es sich um ein Monopol auf einem unvollkommenen Markt.

Ziel und Mittel der Preisdifferenzierung

Ziel jeder Preisdifferenzierung ist es, die Bereitschaft einiger Nachfrager, für das Gut einen höheren als den Marktpreis zu zahlen, auszunutzen. Diese Zahlungsbereitschaft der Nachfrager kommt in der von links oben nach rechts unten fallenden Nachfragekurve zum Ausdruck. Auch bei hohem Preis wären noch einige Nachfrager bereit, das Gut zu kaufen. Ist der tatsächlich vom Monopolisten festgesetzte Preis jedoch niedriger als der von einigen Nachfragern geplante, erzielen diese Nachfrager einen Vorteil, weil sie das Gut billiger erwerben können als vorgesehen. Die Differenz zwischen ihrer Zahlungsbereitschaft und den niedrigeren tatsächlichen Ausgaben ist die **Konsumentenrente**.

5.2.3

D Ziel der Preisdifferenzierung ist die Abschöpfung von Konsumentenrente.

In allen Fällen ist Voraussetzung für eine Preisdifferenzierung, dass der Anbieter den Preis autonom festlegen und den Markt teilen kann. Eine solche Aufteilung des Marktes in Absatzschichten mit dem Ziel, in den einzelnen Marktsegmenten unterschiedliche Preise durchzusetzen, ist für einen Anbieter umso leichter möglich, je geringer die Markttransparenz ist und je leichter sich Marktsegmente in persönlicher, räumlicher, zeitlicher oder sachlicher Hinsicht abgrenzen lassen. Wesentlich ist dabei auch, dass der Weiterverkauf des Gutes zwischen den einzelnen Käufergruppen ausgeschlossen ist.

D Mittel der Preisdifferenzierung ist die Aufspaltung der Gesamtnachfrage in Absatzschichten.

Preisdifferenzierung oberhalb des Monopolpreises

B **Konzertveranstalter als Monopolist mit Preisdifferenzierung**

Die Veranstalter eines Popkonzerts, das in einem Fußballstadion mit einem Fassungsvermögen von 8 000 Personen stattfinden soll *(vgl. 5.4.3)*, gehen von den in folgender Tabelle wiedergegebenen Daten aus. Es wird überlegt, ob durch eine Preisdifferenzierung der Gesamtgewinn gesteigert werden kann, indem für zahlungskräftige Besucher, die nicht zur Gruppe der Schüler, Auszubildenden und Studenten gehören, höhere Eintrittspreise festgelegt werden.

Gewinn für die Konzertveranstaltung der Aids-Hilfe e. V.				
Preis (p) in €	**Zuschauer (x)**	**Erlöse (E) in €**	**Kosten (K) in €**	**Gewinn/Verlust (G) in €**
25,00	0	0,00	15.000,00	– 15.000,00
22,50	1 000	22.500,00	20.000,00	2.500,00
20,00	2 000	40.000,00	25.000,00	15.000,00
17,50	3 000	52.500,00	30.000,00	22.500,00
15,00	4 000	60.000,00	35.000,00	25.000,00
12,50	5 000	62.500,00	40.000,00	22.500,00
10,00	6 000	60.000,00	45.000,00	15.000,00
7,50	7 000	52.500,00	50.000,00	2.500,00
5,00	8 000	40.000,00	55.000,00	– 15.000,00
2,50	9 000	22.500,00	60.000,00	– 37.500,00
0,00	10 000	0,00	65.000,00	– 65.000,00

Monopolist mit Preisdifferenzierung

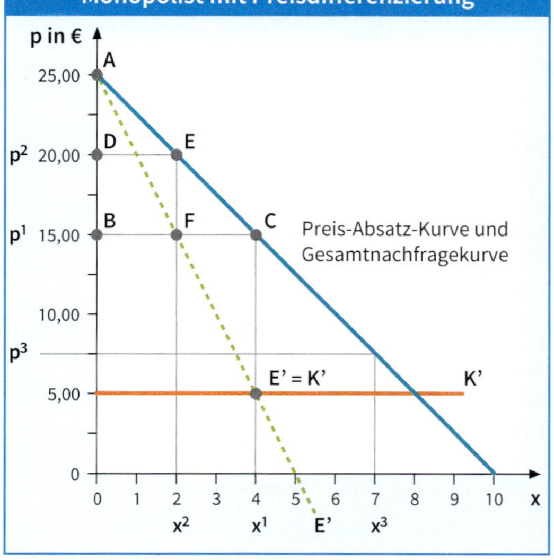

Das bisherige Gewinnmaximum von 25.000,00 € ergibt sich bei einem Preis von 15,00 € und einer Zuschauerzahl von 4 000. Wird dieser bisherige Monopolpreis von 15,00 € (p^1) als ermäßigter Preis für Schüler, Auszubildende und Studenten beibehalten und der Preis für alle übrigen Besucher auf 20,00 € (p^2) festgesetzt, kann der Erlös um 10.000,00 € gesteigert werden. Voraussetzung dafür ist im vorliegenden Fall, dass sich unter den 4 000 Zuschauern, die bereit sind, einen Eintrittspreis von 15,00 € zu bezahlen, insgesamt mindestens 2 000 Schüler, Auszubildende und/oder Studenten befinden. Da für diesen Fall die Gesamtzahl der Zuschauer auch nach der Preisdifferenzierung noch bei 4 000 liegt, ändern sich die Kosten nicht.

5.4.3

Erlöszuwachs und Gewinnzuwachs sind demzufolge ausnahmsweise gleich hoch. Die Erlös- und Gewinnsteigerung von 10.000,00 € kommt dadurch zustande, dass der Veranstalter einen Teil der Konsumentenrente oberhalb des bisherigen Monopolpreises abschöpft und in Erlös bzw. Gewinn umwandelt.

B **Gewinnerhöhung durch Preisdifferenzierung** oberhalb des Monopolpreises

2 000 Zuschauer · 20,00 € =	40.000,00 €
+ 2 000 Schüler/Studenten · 15,00 € =	30.000,00 €
= Gesamterlös	70.000,00 €
– Kosten (15.000,00 + 4 000 · 5)	35.000,00 €
= Gesamtgewinn	35.000,00 €

Ursprünglich betrug die Konsumentenrente 20.000,00 €, was dem Flächeninhalt des Dreiecks B, A, C *(vgl. Abb. S. 223)* entspricht: (4000 · 10)/2 = 20.000,00 €).

Nach der Preisdifferenzierung zahlen aber 2 000 Zuschauer 20,00 € (p^2) statt bisher 15,00 € (p^1) für eine Eintrittskarte, d. h. 5,00 € mehr als in der Ausgangssituation. Die abgeschöpfte Konsumentenrente von 10.000,00 € entspricht dem Flächeninhalt des Rechtecks B, D, E, F (2 000 · 5 = 10.000,00 €). Die verbleibende Konsumentenrente von 10.000,00 € könnte teilweise noch weiter abgeschöpft werden, wenn es durch eine zusätzliche Marktaufspaltung gelänge, beispielsweise bei den 1 000 Zuschauern, die bereit wären einen Preis von mindestens 22,50 € für eine Eintrittskarte zu zahlen, diesen Preis auch durchzusetzen.

Preisdifferenzierung unterhalb des Monopolpreises

Durch Preisdifferenzierung auch unterhalb des Monopolpreises kann der Gewinn noch gesteigert werden, solange der niedrigste aller festgesetzten Preise gerade noch die variablen Stückkosten deckt (hier: 5,00 €). Wird beispielsweise für eine nicht ermäßigte Eintrittskarte der Monopolpreis von 15,00 € (p^1) verlangt und der Preis für ermäßigte Karten auf 7,50 € (p^3) halbiert, könnten – sofern es sich bei den 3 000 zusätzlichen Zuschauern ausschließlich um Schüler, Auszubildende und Studenten handelt – der Erlös um 22.500,00 € und der Gewinn um 7.500,00 € gegenüber der Ausgangssituation gesteigert werden. Mit insgesamt 7 000 Zuschauern wäre das Stadion bei einem Fassungsvermögen von 8 000 Zuschauern in diesem Fall zu 87,5 % ausgelastet.

B **Gewinnerhöhung durch Preisdifferenzierung** unterhalb des Monopolpreises

4 000 Zuschauer · 15,00 € =	60.000,00 €
+ 3 000 Schüler/Studenten · 7,50 € =	22.500,00 €
= Gesamterlös	82.500,00 €
– Kosten (15.000,00 + 7 000 · 5)	50.000,00 €
= Gesamtgewinn	32.500,00 €

Der durch die Preisdifferenzierung entstehende Gewinn ist umso größer, je mehr Teilmärkte abgegrenzt werden können. Im Extremfall zahlt jeder Nachfrager genau den Preis, den er gerade noch zu zahlen bereit ist.

5.5 Monopolistischer Preisspielraum: Polypol auf dem unvollkommenen Markt

Lernziele:

Nach der Bearbeitung dieses Kapitels sind Sie in der Lage, Folgendes zu tun:

Sie ...

- ... erklären, warum die Situation eines Polypols auf dem unvollkommenen Markt auch als „monopolistische Konkurrenz" bezeichnet wird.
- ... beschreiben, welche Unvollkommenheitsmerkmale der Markt bei monopolistischer Konkurrenz aufweisen kann.
- ... erläutern den Verlauf und die verschiedenen Bereiche der doppelt geknickten Preis-Absatz-Kurve beim Polypol auf dem vollkommenen Markt.
- ... erläutern die Gewinnmaximierungsregel beim Polypol auf dem vollkommenen Markt.

5.5.1 Doppelt geknickte Preis-Absatz-Kurve

Marktunvollkommenheiten

Häufig werden am Markt sehr ähnliche Güter angeboten, die aber nach Einschätzung der Nachfrager aus verschiedenen Gründen nicht gleichartig (homogen) sind. Möglicherweise werden diese Güter nur deswegen als andersartig (heterogen) angesehen, weil sie sich in der Verpackung oder durch eine Markenbezeichnung unterscheiden. Neben solchen **sachlichen Präferenzen** liegen **Marktunvollkommenheiten** beispielsweise auch dann vor, wenn sich aufgrund von besonders zuvorkommender Kundenbetreuung eine „Stammkundschaft" entwickelt (= persönliche Präferenzen), der Anbieter einen günstigen Standort (z. B. gute Geschäftslage, genügend Parkraum, geringe Entfernung) hat (= räumliche Präferenz) oder eine besonders schnelle Lieferung zusagt (= zeitliche Präferenz). Auf einem solchen **unvollkommenen Markt** können für eigentlich gleichartige Güter dennoch unterschiedliche Preise entstehen.

5.2.1

5.20, S. 253

Eine solche Marktsituation ist für den Einzelhandel und das Handwerk typisch.

Preispolitischer Spielraum des Polypolisten

B In einer Stadt mit vielen Backwarenläden kann ein einzelner Bäcker beispielsweise den Preis für sein Dreikornbrot um 0,25 € je kg über dem der anderen Anbieter festlegen, ohne alle Kunden für diese Brotsorte zu verlieren. Wenn er den Preis allerdings über eine bestimmte Grenze hinaus erhöht, kauft kein Kunde mehr dieses Brot bei ihm. Dass sein Dreikornbrot-Absatz bei einer geringfügigen Preiserhöhung nicht auf null zurückgeht, kann daran liegen, dass einigen Kunden möglicherweise der Weg bis zum nächsten Bäckerladen zu weit ist. Es kann aber auch dadurch bedingt sein, dass die Kunden im Laden dieses Bäckers lieber einkaufen als bei der Konkurrenz, weil beispielsweise das Verkaufspersonal freundlicher und zuvorkommender ist. Die Ursache könnte aber auch sein, dass die Kunden nicht wissen, dass dieses Brot anderswo billiger ist. Da es auf diesem Markt unterschiedliche Preise für ein gleichartiges Produkt geben kann, handelt es sich um einen unvollkommenen Markt.

D Die Marktform des Polypols auf dem unvollkommenen Markt (= unvollkommenes Polypol) ist dadurch gekennzeichnet, dass sich viele Anbieter und viele Nachfrager mit jeweils geringen Marktanteilen gegenüberstehen, ein einheitlicher Preis aber deswegen nicht zustande kommt, weil mindestens eine der Bedingungen des vollkommenen Marktes (Homogenität, keine Präferenzen, Markttransparenz) nicht erfüllt ist.

Die Anbieter beim Polypol auf dem unvollkommenen Markt können den Preis innerhalb gewisser Grenzen verändern, ohne dass sie bei einer kleinen Preiserhöhung befürchten müssen, Kunden an die Konkurrenz zu verlieren, und ohne dass es ihnen bei einer kleinen Preissenkung gelingt, Käufer aus dem Kundenstamm eines anderen Anbieters abzuziehen. Sie können somit – anders als bei der Marktform der vollkommenen Konkurrenz – innerhalb eines bestimmten Preisintervalls Preispolitik wie ein Monopolist betreiben. Diese Marktform wird daher auch als **monopolistische Konkurrenz** bezeichnet.

5.2.1

Es gibt aber eine Ober- und eine Untergrenze für den preispolitischen Spielraum eines einzelnen Anbieters. Setzt der Anbieter den Preis zu hoch fest, ist für die Nachfrager der Preisnachteil im Vergleich zu den Konkurrenten so groß, dass die bisherigen Präferenzen gegenüber diesem Anbieter ihre Wirkung verlieren. Alle Kunden wandern zur Konkurrenz ab. Der Anbieter würde dann – wie beim Polypol auf dem vollkommenen Markt – seinen ganzen Absatz verlieren. Setzt der Anbieter dagegen den Preis zu niedrig fest, wechseln alle Nachfrager von der Konkurrenz zu ihm über. Aufgrund seines geringen Marktanteils kann er diese Nachfrage aber nicht befriedigen und keine zusätzlichen Kunden langfristig an sich binden.

Aus diesen Überlegungen ergibt sich beim Polypol auf dem unvollkommenen Markt für einen einzelnen Anbieter eine Preis-Absatz-Funktion, wie sie in der folgenden Abbildung dargestellt ist. Sie wird auch als **doppelt geknickte Preis-Absatz-Kurve** bezeichnet.[1]

D Die Preis-Absatz-Kurve eines Polypolisten auf dem unvollkommenen Markt weist zwei Knicke auf (doppelt geknickt) und ist dadurch in drei Abschnitte unterteilt. Sie gibt an, welche Menge dieser Anbieter jeweils absetzen kann, wenn er unterschiedlich hohe Preise festsetzt.

5.21, S. 254

Doppelt geknickte Preis-Absatz-Kurve

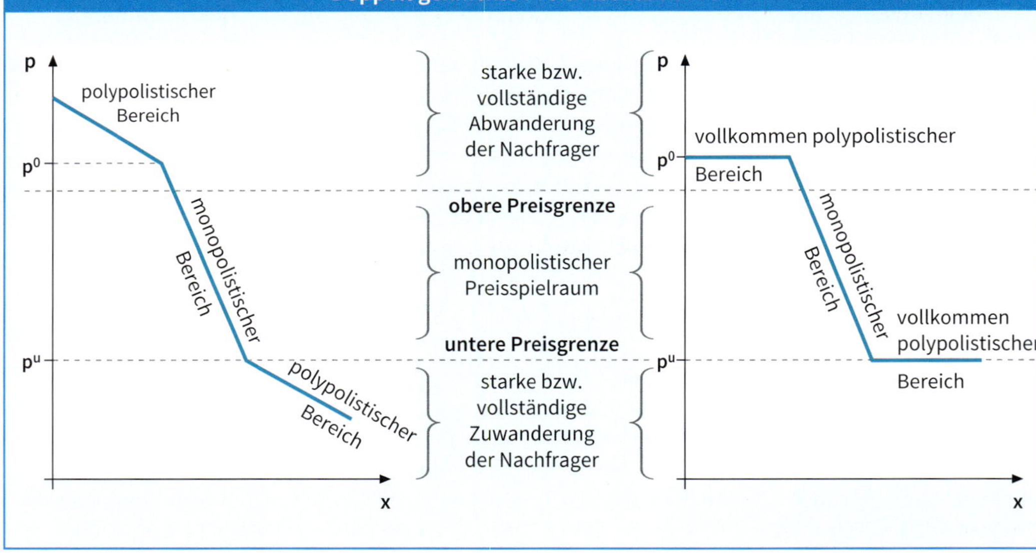

1 Diese Form der Preis-Absatz-Funktion wurde von Erich Gutenberg (1897–1984), einem bedeutenden deutschen Betriebswirt an der Universität Köln, entwickelt. Vgl. Gutenberg, E., Grundlagen der Betriebswirtschaftslehre, Bd. 2: Der Absatz, 17. Aufl., Berlin, Heidelberg, New York 1984, S. 247 ff.

Zusammenhang zwischen Preis-Absatz-Kurve und Nachfragekurve

Die Preis-Absatz-Kurve eines Anbieters spiegelt den Teil der Gesamtnachfrage wider, der auf diesen einzelnen Anbieter entfällt. Im Gegensatz zum Monopol ist aber beim Polypol diese auf einen einzelnen Anbieter entfallende Nachfrage nicht identisch mit der Gesamtnachfrage, da es auch noch andere Anbieter gibt, die einen Teil der Gesamtnachfrage auf sich vereinigen. Es handelt sich also bei der Preis-Absatz-Kurve um einen nur für den einzelnen Anbieter bedeutsamen Teil der Gesamtnachfragekurve, der er sich aus Anbietersicht gegenübersieht.

Drei Bereiche der doppelt geknickten Preis-Absatz-Kurve

In dem Preisintervall zwischen der Obergrenze (p^2) und der Untergrenze (p^3) kann der Anbieter Preispolitik wie ein Angebotsmonopolist betreiben. Der entsprechende Abschnitt auf der Preis-Absatz-Kurve wird daher auch als **monopolistischer Bereich** bezeichnet. Ausgehend vom Preis p^1 führt eine Preissenkung – wie beim Monopol – zu einer Absatzsteigerung, weil Nachfrager auftreten, die dieses Gut bisher nicht oder nur in geringer Menge gekauft haben (Weckung latenter Nachfrage). Bei einer Preiserhöhung verzichten dagegen einige der bisherigen Nachfrager ganz auf das Gut oder schränken zumindest die gekaufte Menge ein. In diesem Bereich wandern aber weder Kunden bei Preiserhöhungen zu anderen Anbietern ab, noch laufen bei Preissenkungen Kunden von anderen Anbietern über. Ob und in welchem Umfang durch eine Preisveränderung in diesem Intervall der Erlös steigt oder fällt, hängt von der Elastizität der Nachfrage ab. Die Größe des monopolistischen Bereichs wird vom Ausmaß der Marktunvollkommenheiten bestimmt. Je stärker die Präferenzen der Nachfrager sind, je heterogener die Güter eingeschätzt werden und je unvollständiger die Markttransparenz ist, desto ausgeprägter ist der monopolistische Bereich.

D Zwischen oberer und unterer Preisgrenze (monopolistischer Bereich) kann sich ein Anbieter beim unvollkommenen Polypol wie ein Monopolist verhalten und Preispolitik betreiben.

Außerhalb des monopolistischen Bereichs werden die Präferenzen mehr und mehr unwirksam. Diese beiden Abschnitte der Preis-Absatz-Kurve werden auch als **polypolistische Bereiche** bezeichnet *(vgl. Abb. S. 226)*. Eine Erhöhung des Preises über den oberen Grenzpreis (p^2) führt zu einer Abwanderung von Kunden zu anderen Anbietern und damit zu einer Absatzminderung. Bei einer Preissenkung unterhalb des unteren Grenzpreises (p^3) kommt es nicht nur zu einer Weckung latenter Nachfrage, sondern auch zu einem Kundenzustrom von anderen Anbietern. In welchem Umfang diese Zu- und Abwanderungen vorkommen und ob der Übergang zwischen den drei Bereichen der Preis-Absatz-Kurve allmählich oder abrupt verläuft, hängt vom Einzelfall ab. Die Preis-Absatz-Kurve verläuft außerhalb des monopolistischen Bereichs umso flacher, je geringer die Präferenzen und je höher die Markttransparenz sind. Im Extremfall sind die Bedingungen eines vollkommenen Marktes erfüllt, sodass der Anbieter beim oberen Grenzpreis seinen gesamten Absatz verliert und beim unteren Grenzpreis jede im Bereich seiner Produktionskapazität liegende Menge absetzen kann. Das lässt sich durch jeweils parallel zur Mengenachse verlaufende Abschnitte der Preis-Absatz-Kurve darstellen *(vgl. Abb. S. 229)*.

Verstärkung der Kundenbindung: Akquisitorisches Potenzial

Ein Anbieter, der durch die Marktunvollkommenheiten Vorteile hat, wird versuchen, den monopolistischen Bereich zu erhalten und auszubauen, indem er absatzpolitische Instrumente (z. B. Werbung, Verpackung, Liefer- und Zahlungsbedingungen) einsetzt. Diese Möglichkeit, beim unvollkommenen Polypol bei den Kunden Präferenzen zu schaffen oder zu verstärken und die Preiselastizität der Nachfrage zu verringern, wird auch als **akquisitorisches Potenzial** bezeichnet. Ziel ist es dabei, den monopolistischen Bereich weiter nach oben zu verlagern und die Preis-Absatz-Kurve nach rechts zu verschieben.

5.5.2 Gewinnmaximum und Preisbildung

Tabellarische und grafische Ermittlung des Gewinnmaximums

5.22, S. 254

B Gewinnmaximum beim Polypol auf dem unvollkommenen Markt

Auch für den Polypolisten am unvollkommenen Markt gilt, dass er seinen Gewinn (G) bei derjenigen Ausbringungsmenge maximiert, bei der die Differenz zwischen Gesamterlös (E) und Gesamtkosten (K) am größten ist.

Für eine Getränkehandlung in einer Großstadt gilt der in nebenstehender Tabelle dargestellte Zusammenhang zwischen dem Preis je Kiste Mineralwasser und der abgesetzten Menge pro Monat. Die obere Preisgrenze liegt bei 3,50 €, die untere bei 2,00 €. Aufgrund der beschränkten Lagerkapazität liegt die maximale Absatzmenge bei 6000 Kisten monatlich.

Preis (p) in €	Kisten (x) in Tsd.	Erlöse (E) in Tsd. €	Kosten (K) in Tsd. €	Gewinn/ Verlust (G) in Tsd. €
3,50	0	0,0	1	– 1,0
3,50	1	3,5	2	1,5
3,50	2	7,0	3	4,0
3,50	3	10,5	4	6,5
3,00	4	12,0	5	7,0
2,50	5	12,5	6	6,5
2,00	6	12,0	7	5,0
2,00	7	14,0	8	6,0
2,00	8	16,0	9	7,0
2,00	9	18,0	10	8,0
2,00	10	20,0	11	9,0

Gewinnmaximum beim Polypol auf dem unvollkommenen Markt

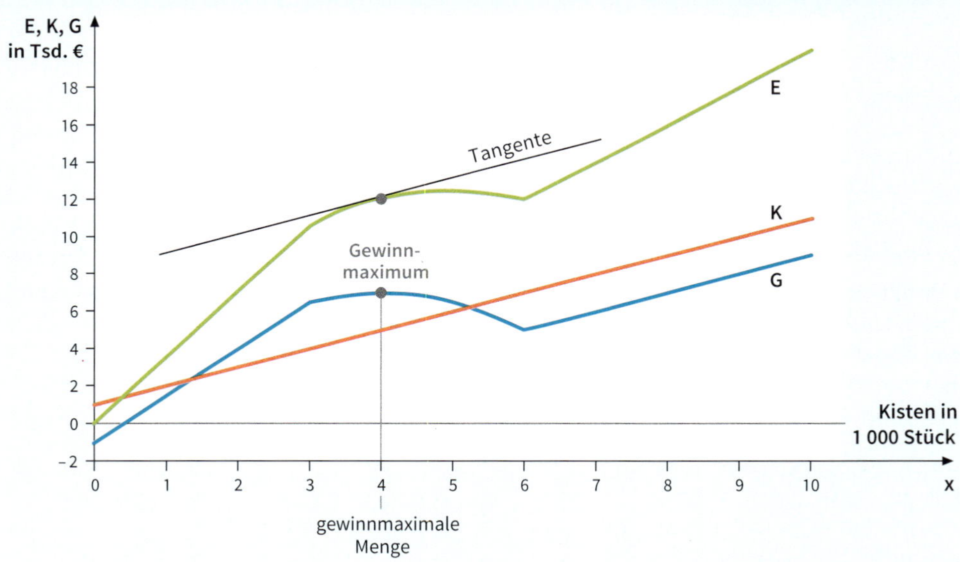

Unter Berücksichtigung der Kapazitätsbeschränkung von 6000 Kisten liegt das Erlösmaximum (12.500,00 €) bei 5000 Kisten und das Gewinnmaximum (7.000,00 €) bei 4000 Kisten.

Gewinnmaximum im monopolistischen Bereich

5.4.3

Bei einem Absatz von 4000 Kisten sind Grenzerlös und Grenzkosten mit jeweils 1,00 € gleich. Das Gewinnmaximum liegt im monopolistischen Bereich. Der Getränkehändler kann also Preispolitik betreiben. Dem **COURNOTschen Punkt C** entspricht ein Preis von 3,00 € *(vgl. folgende Abb.)*. Um sein Gewinnmaximum zu realisieren, wird der Händler somit den Preis auf 3,00 € festlegen.

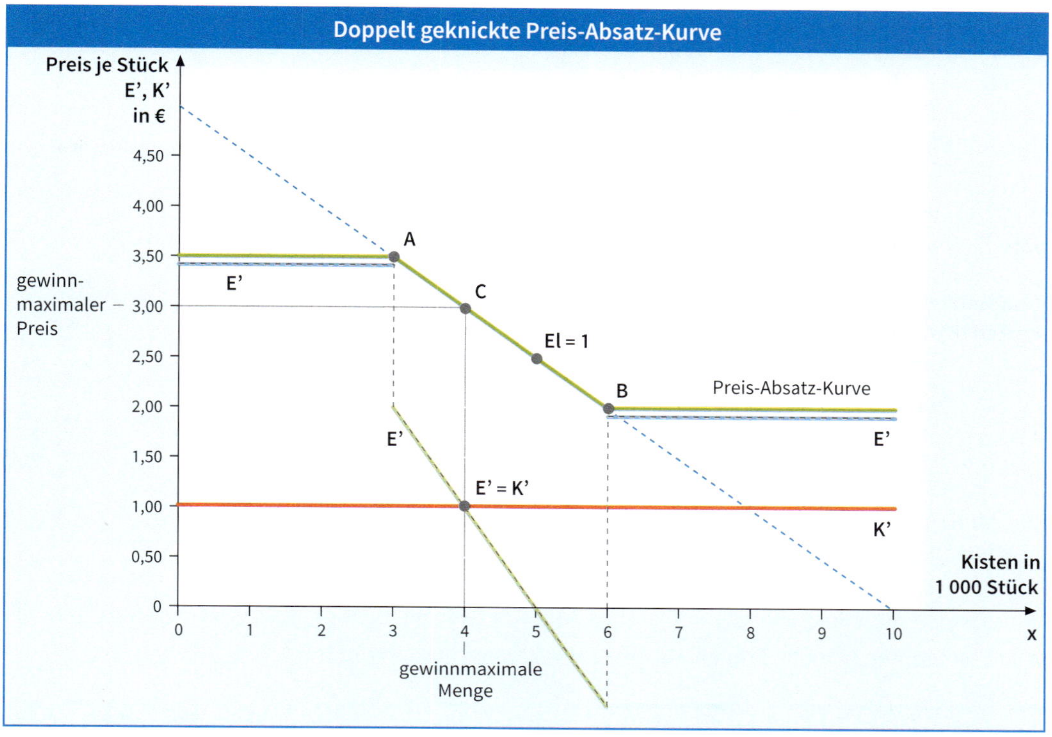

Verlauf der Grenzerlöskurve

Die auf dem vorliegenden Zahlenbeispiel basierende Gesamterlöskurve kann als Zusammensetzung der linearen Erlöskurven eines Anbieters bei vollkommener Konkurrenz (Mengenbereiche von 0 bis 3000 bzw. von 6000 bis 10000) und der Erlöskurve eines Monopolisten in Form einer nach unten geöffneten Parabel (Mengenbereich von 3000 bis 6000) aufgefasst werden. Entsprechend verläuft die Grenzerlöskurve in diesen Bereichen unterschiedlich. In den polypolistischen Abschnitten entspricht der Grenzerlös dem Preis: $E(x) = p \cdot x \rightarrow E'(x) = p$. Die Grenzerlöskurve fällt daher in diesen Abschnitten mit der parallel zur Mengenachse verlaufenden Preis-Absatz-Kurve zusammen.

Im Punkt A weist die Grenzerlöskurve einen Sprung auf, da hier der direkte Übergang in den monopolistischen Bereich erfolgt. Im monopolistischen Bereich fällt die Grenzerlöskurve wie beim Angebotsmonopol. Sie schneidet bei der Ausbringungsmenge von 5000 Kisten die Mengenachse. Bei dieser Ausbringungsmenge hat die Elastizität der Preis-Absatz-Funktion den Wert 1.

5.4.2

Eine zweite Sprungstelle liegt beim Übergang vom monopolistischen zum polypolistischen Bereich im Punkt B. Ab hier folgt die Grenzerlöskurve wieder der Preis-Absatz-Kurve. Da im vorliegenden Fall die Preis-Absatz-Funktion im monopolistischen Bereich sowohl unelastische Abschnitte ($El_{dir} < 1$) als auch elastische Abschnitte ($El_{dir} > 1$) aufweist, existiert bei dem Elastizitätswert $El_{dir} = 1$ über dem monopolistischen Bereich ein eindeutiges Erlösmaximum. Wäre die Elastizität auf der Preis-Absatz-Kurve dagegen in jedem Punkt des monopolistischen Bereichs größer oder kleiner als 1, gäbe es entweder kein Erlösmaximum oder es läge außerhalb des monopolistischen Bereichs.

Gewinnmaximum im polypolistischen Bereich

Würde die Lagerkapazität im vorliegenden Fall beispielsweise bei 10000 Kisten liegen, könnte der Händler seinen Gewinn nur durch bestmögliche Anpassung der Absatzmenge an den in diesem Bereich vorgegebenen Marktpreis (z. B. 2,00 €) maximieren (= Mengenanpasser). Bei Ausnutzung einer Kapazitätsgrenze von 10000 Kisten würde der Händler bei einem Erlös von

20.000,00 € und Gesamtkosten von 11.000,00 € einen Gewinn von 9.000,00 € erzielen. Er wird aber in diesem Fall wahrscheinlich versuchen, unter Ausnutzung seines akquisitorischen Potenzials (= Fähigkeit zur Schaffung von Präferenzen) den monopolistischen Bereich nach rechts zu verschieben und gleichzeitig nach oben auszudehnen, um die Absatzmenge von 10 000 Kisten zu einem höheren Stückpreis als 2,00 € verkaufen zu können.

5.6 Preisbildung beim Oligopol

Lernziele:

Nach der Bearbeitung dieses Kapitels sind Sie in der Lage, Folgendes zu tun:

Sie ...

- ... definieren die Marktform des Oligopols.
- ... stellen die Einflussgrößen (Reaktionsparameter), welche ein Polypolist, ein Oligopolist und ein Monopolist bei seinen Absatzentscheidungen berücksichtigen muss, vergleichend dar.
- ... nennen die verschiedenen möglichen Verhaltensweisen auf oligopolistischen Märkten.
- ... beschreiben, welche Folgen ein Preiswettbewerb auf oligopolistischen Märkten haben kann.
- ... erläutern das Phänomen der Preisstarrheit auf oligopolistischen Märkten.
- ... beschreiben den Begriff „Preisführerschaft“.
- ... erklären, unter welchen Voraussetzungen ein Kartell monopolistische Preispolitik betreiben kann.
- ... erklären die Preisstarrheit auf oligopolistischen Märkten mithilfe des Modells der geknickten Preis-Absatz-Kurve.
- ... erklären den Herfindahl-Hirschman-Index in seiner Anwendung.

5.6.1 Mögliche Verhaltensweisen der Anbieter beim Oligopol

D Gibt es auf einem Markt nur wenige Anbieter, denen viele Nachfrager gegenüberstehen, liegt ein Angebotsoligopol vor.

5.5

Das Angebotsoligopol ist – neben dem Polypol auf dem unvollkommenen Markt – die in entwickelten Volkswirtschaften am häufigsten anzutreffende Marktform (z. B. Waschmittel, Zigaretten, Mineralöl, Automobile, Autoreifen).

Aktions- und Reaktionsparameter

Der Marktanteil des einzelnen Oligopolisten ist so groß, dass er – im Gegensatz zum Polypolisten – auch den Marktpreis beeinflussen kann. Anders als beim Monopolisten hängt beim Oligopolisten das Ergebnis seiner Entscheidungen aber nicht nur von der Reaktion der Nachfrage, sondern auch von dem Verhalten der übrigen Anbieter ab. Senkt beispielsweise ein Oligopolist seinen Preis, werden die übrigen Anbieter einen großen Teil ihrer Absatzmenge verlieren, wenn sie auf diese Preisänderung nicht reagieren. Sie werden daher – sofern ihre Kostensituation dies zulässt – ebenfalls den Preis in gleichem oder noch stärkerem Ausmaß senken, sodass sich der Marktanteil jedes Einzelnen kaum ändert. Andererseits führt eine Preiserhöhung eines Oligopolisten zu einer erheblichen Einschränkung seiner Absatzmenge, wenn die anderen Anbieter nicht ebenfalls ihre Preise erhöhen.

D Ein Oligopolist muss bei seinen Entscheidungen nicht nur die Reaktion der Nachfrage, sondern zusätzlich auch die wahrscheinliche Reaktion der Konkurrenz berücksichtigen.

Marktform / Parameter	Polypol	Monopol	Oligopol
Aktionsparameter (Entscheidungsparameter) = zu beeinflussende Größe	**Menge** Der Polypolist kann nur die Produktionsmenge an den gegebenen Marktpreis anpassen. (Mengenanpasser)	**Preis oder Menge** Der Monopolist kann wahlweise entweder den Marktpreis oder die Produktionsmenge festlegen. (Autonome Preis- oder Mengenstrategie)	**Preis oder Menge** Der Oligopolist kann den Marktpreis oder die Produktionsmenge beeinflussen. (Autonome Preis- oder Mengenfixierer)
Reaktionsparameter = bei einer Entscheidung zu berücksichtigende Größen	Produktionskosten, gegebener Marktpreis	Produktionskosten, Reaktion der Nachfrage (Nachfrageelastizität)	Produktionskosten, Reaktion der Nachfrage (Nachfrageelastizität), Verhalten der Konkurrenten

Nichtkooperatives[1] Verhalten (Verdrängungswettbewerb)

Versucht jeder einzelne Oligopolist, seinen Gewinn zu maximieren, löst das üblicherweise einen Preisunterbietungsprozess aus, weil jeder Anbieter seine Absatzmenge zulasten des Marktanteils der Konkurrenten ausdehnen will. Wenn aber alle Anbieter ihre Preise senken, sinkt der Gewinn, ohne dass sich die Marktanteile wesentlich ändern. **Gewinnmaximierendes Verhalten des Einzelnen** bewirkt somit eine Gewinnminderung aller Anbieter und führt zu einer Preisvergünstigung für die Nachfrager. Oft endet dieser Preiswettbewerb mit einem **Verlust für alle beteiligten Unternehmen.** Der Prozess kann in einen **Preiskrieg** (ruinöse Konkurrenz) münden. Dabei senkt derjenige Oligopolist, der am kostengünstigsten produziert oder die höchsten finanziellen Rücklagen hat, den Preis sogar unter seine Selbstkosten und nimmt zeitweilige Verluste in Kauf. Auf diese Weise will er seine Konkurrenten ebenfalls in die Verlustzone treiben und sie zwingen, aus dem Markt auszuscheiden (Verdrängungswettbewerb). Sein Ziel ist es, eine monopolähnliche Situation mit entsprechenden Gewinnmöglichkeiten zu schaffen.

5.23, S. 255

Weil auf oligopolistischen Märkten die Gefahr besteht, dass ein Preiswettbewerb für alle Anbieter Nachteile mit sich bringt, ist es naheliegend, dass die Anbieter stillschweigend oder offen vereinbaren, den Preis als Wettbewerbsinstrument auszuschalten und stattdessen miteinander zu kooperieren. Anstelle der Preispolitik treten dann andere absatzpolitische Maßnahmen (z. B. Werbung, Qualität, Kundendienst) in den Vordergrund.

D Auf oligopolistischen Märkten zeigt sich häufig kein Preiswettbewerb (aggressive Strategie), sondern ein auf Übereinkunft beruhendes kooperatives Verhalten (friedliche Strategie).

Preisstarrheit

Da mit preispolitischen Maßnahmen erhebliche Risiken für einen Oligopolisten einhergehen, wird der Preiswettbewerb auf solchen Märkten häufig durch andere Wettbewerbsformen (z. B. Qualität, Werbung) ersetzt. Es kann daher vorkommen, dass auf oligopolistischen Märkten die Preise auffallend lange stabil bleiben **(Preisstarrheit).**

5.24, S. 256

Preisführerschaft

Wenn auf oligopolistischen Märkten Preisänderungen vorgenommen werden, liegt dem häufig keine aggressive, sondern eine friedliche Strategie in Form der **Preisführerschaft** zugrunde. Dabei verändert ein Anbieter den Preis und gibt damit den übrigen Anbietern das Signal, ihrer-

1 kooperativ *(lat.)*: gemeinsam handeln; gemeinschaftlich

seits ebenfalls die Preise zu verändern **(Parallelverhalten)**. Bei dem Preisführer kann es sich um den Anbieter mit dem größten Marktanteil handeln. Es ist aber auch möglich, dass die Preisführerschaft zwischen den Unternehmen wechselt. Letzteres ist beispielsweise bei Benzinpreiserhöhungen der Mineralölgesellschaften zu beobachten. Ein derartiges Parallelverhalten stellt zwar eine Wettbewerbsbeschränkung dar, die aber nicht gesetzlich verboten ist.

Preisabsprachen

Eine naheliegende Verhaltensweise, um die Rivalität zwischen den Anbietern noch weiter zu mindern, ist die **Preisabsprache**. Diese kann als **abgestimmte Verhaltensweise ohne vertragliche Vereinbarung** erfolgen („Frühstückskartell", „Augenzwinkerkartell", *„gentlemen agreement")*. Werden die Absprachen über Preise und/oder Produktionsmengen vertraglich festgelegt, liegt ein **Preiskartell** und/oder **Quotenkartell** vor. Sowohl abgestimmtes Verhalten als auch Preis- und Quotenkartelle sind als schwere Formen der Wettbewerbsbeschränkung nach deutschem und europäischem Recht verboten. Im Rahmen eines **Kartells** können sich die beteiligten Unternehmen **gemeinsam wie ein Monopol** verhalten (Kollektivmonopol, Quasi-Monopol). Die **gemeinsame Gewinnmaximierung** macht auch eine Einigung zwischen den beteiligten Unternehmen über die Aufteilung der künstlich verknappten Produktionsmengen und der Gewinnanteile nötig. Sie gelingt so lange, wie der gemeinsam vereinbarte Monopolpreis von niemandem unterboten wird. Je größer die Zahl der Kartellmitglieder ist, umso eher besteht aber die Gefahr, dass der vereinbarte Preis von einigen Mitgliedern unterlaufen wird. Diese steigern dadurch ihren Absatz über die zugeteilte Produktionsmenge hinaus und erreichen eine **individuelle Gewinnsteigerung** zulasten der anderen Kartellmitglieder.

5.25, S. 256

Mögliche Verhaltensweisen der Anbieter beim Oligopol			
kooperatives Verhalten (friedliche Strategie)			**nichtkooperatives Verhalten** (aggressive Strategie)
Preisstarrheit	**Preisführerschaft** (Parallelverhalten)	**Preisabsprachen** (abgestimmtes Verhalten, Preiskartell)	**Verdrängungswettbewerb** (Preiskrieg, ruinöse Konkurrenz)
Wettbewerbsmittel: Werbung, Qualität, Kundendienst			Wettbewerbsmittel: Preis

Homogene und heterogene Oligopole

	Homogene Oligopole	Heterogene Oligopole
Art der Güter	homogene (völlig gleichartige) Güter (z. B. Elektrizität, Benzin)	ähnliche (substituierbare) Güter (z. B. Autos, Waschmittel)
Marktverhalten	Eine Preisänderung bringt dem Oligopolisten kaum Vorteile, da sie entsprechende Gegenmaßnahmen der Konkurrenz auslöst. Daher kommt es auf oligopolistischen Märkten häufig zu den oben erläuterten Verhaltensweisen wie: ▌ Preisstarrheit ▌ Preisführerschaft ▌ Preisabsprachen	Ähnliches Verhalten wie beim Polypol auf dem unvollkommenen Markt: ▌ monopolistischer Preisspielraum ▌ anstelle der Preispolitik treten andere absatzpolitische Maßnahmen (z. B. Werbung, Qualität, Kundendienst) zur Schaffung von Kundenpräferenzen in den Vordergrund.
Veranschaulichung durch Preis-Absatz-Kurve	Die sich bei einem homogenen Oligopol häufig ergebene Preisstarrheit lässt sich mit Hilfe einer **einfach geknickten Preis-Absatz-Kurve** veranschaulichen.	Der beim heterogenen Oligopol häufig auftretenden monopolistischen Preisspielraum lässt sich mit Hilfe einer **doppelt geknickten Preis-Absatz-Kurve** veranschaulichen. Anders als beim Polypol auf dem unvollkommenen Markt hat diese Kurve im oberen und unteren Preisbereich eine (leicht) negative Steigung.

5.6.2 Geknickte Preis-Absatz-Kurve

Die häufig auf oligopolistischen Märkten festzustellende Preisstarrheit lässt sich auch mithilfe des folgenden Modells erklären.

5.26, S. 257

B Ausganspunkt ist die sich in Punkt C ergebende Preis-Mengen-Kombination eines Oligopolisten Y. Legt er den Preis für das von ihm angebotene Produkt auf 800 GE fest, kann er 3 000 ME absetzen.

Würde der Oligopolist Y den Preis verändern wollen, müssen die folgenden beiden Fälle unterschieden werden:

Würde er den Preis um 100 GE auf 700 GE senken, muss er damit rechnen, dass seine Konkurrenten ebenfalls ihre Preise senken, um ihren Marktanteil nicht zu verlieren. Der für den Oligopolisten Y durch die Preissenkung von 800 GE auf 700 GE (– 12,5 %) entstehende Absatzzuwachs von 3 000 ME auf 3 500 ME (+ 16 2/3 %) ist daher verhältnismäßig gering.	Würde er den Preis um 100 GE auf 900 GE erhöhen, muss er damit rechnen, dass seine Konkurrenten ihre Preise unverändert lassen, um ihren Marktanteil zu erhöhen. Der für den Oligopolisten Y durch die Preiserhöhung von 800 GE auf 900 GE (+ 12,5 %) entstehende Absatzrückgang von 3 000 ME auf 1 500 ME (– 50 %) ist daher verhältnismäßig groß.

Aufgrund dieser Annahmen des Oligopolisten Y über die voraussichtlichen Verhaltensweisen seiner Konkurrenten hat seine Preis-Absatz-Kurve den in der folgenden Abbildung dargestellten Verlauf. Bei der bisherigen Preis-Mengen-Kombination (Punkt C) weist sie einen Knick auf. Im darüber liegenden Preisbereich reagieren die Nachfrager auf eine Preiserhöhung des Oligopolisten Y sehr elastisch hinsichtlich der bei diesem Oligopolisten nachgefragten Menge. Im darunter liegenden Preisbereich reagieren die Nachfrager auf eine Preissenkung des Oligopolisten Y dagegen weniger elastisch hinsichtlich der bei diesem Oligopolisten nachgefragten Menge.

Geknickte Preis-Absatz-Kurve des Oligopolisten Y

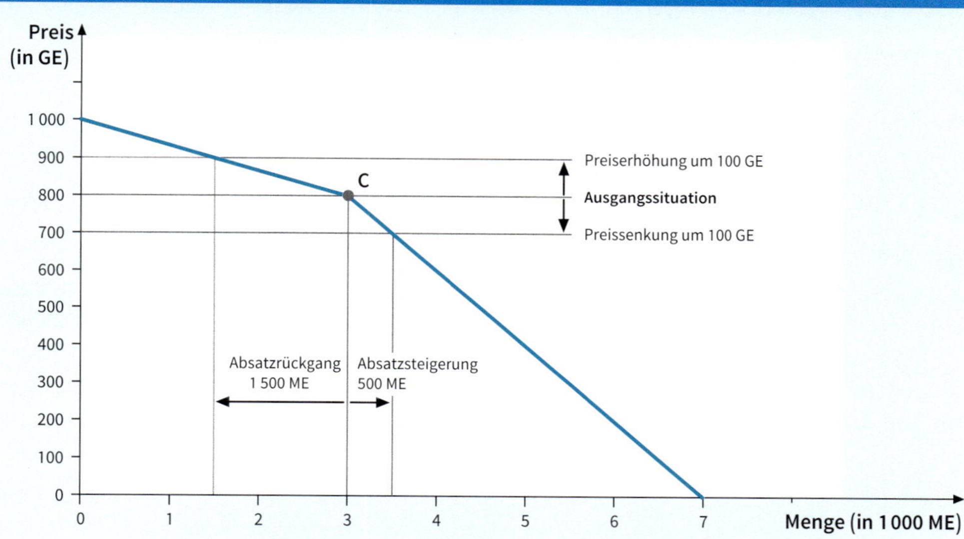

D Will ein Oligopolist seinen Preis verändern, muss er die voraussichtliche Reaktion der Konkurrenten berücksichtigen. Bei einer Preiserhöhung würden die Konkurrenten ihre Preise voraussichtlich nicht ändern. Bei einer Preissenkung würden die Konkurrenten voraussichtlich ebenfalls ihre Preise senken.

D Aus dem erwarteten Verhalten der Konkurrenten folgt, dass die Nachfrager bei einer Preiserhöhung des Oligopolisten sehr elastisch hinsichtlich der bei ihm nachgefragten Menge und bei einer Preissenkung weniger elastisch hinsichtlich der bei ihm nachgefragte Menge reagieren.

D Das sich aus der jeweiligen Reaktion der Konkurrenten ergebende unterschiedliche Nachfrageverhalten der Konsumenten bewirkt, dass die Preis-Absatz-Kurve eines Oligopolisten einen Knick aufweist (kinked-demand-curve).

4.6.2

Auch für einen Oligopolisten ergibt sich die gewinnmaximale Preis-Mengen-Kombination dann, wenn die Grenzerlöse mit den Grenzkosten übereinstimmen **(E‘ = K‘)**.

Der Knick in der Preis-Absatz-Kurve bedeutet aber, dass die zu dieser Preis-Absatz-Kurve gehörende Grenzerlöskurve an dieser Stelle eine Sprungstelle aufweist und der Grenzerlös nicht definiert ist. Verläuft die Grenzkostenkurve durch diesen Unstetigkeitsbereich, gibt es keinen Schnittpunkt zwischen Grenzerlös- und Grenzkostenkurve. Die gewinnmaximale Preis-Mengen-Kombination ist in diesem Fall durch den Punkt, an dem die Preis-Absatz-Kurve ihren Knick hat, gekennzeichnet. Daraus folgt:

D Wenn sich die Grenzkosten innerhalb des Unstetigkeitsbereichs der Grenzerlöskurve ändern, bleibt die gewinnmaximale Preis-Mengen-Kombination trotzdem unverändert.

Unstetigkeitsbereich der Grenzerlöskurve E‘

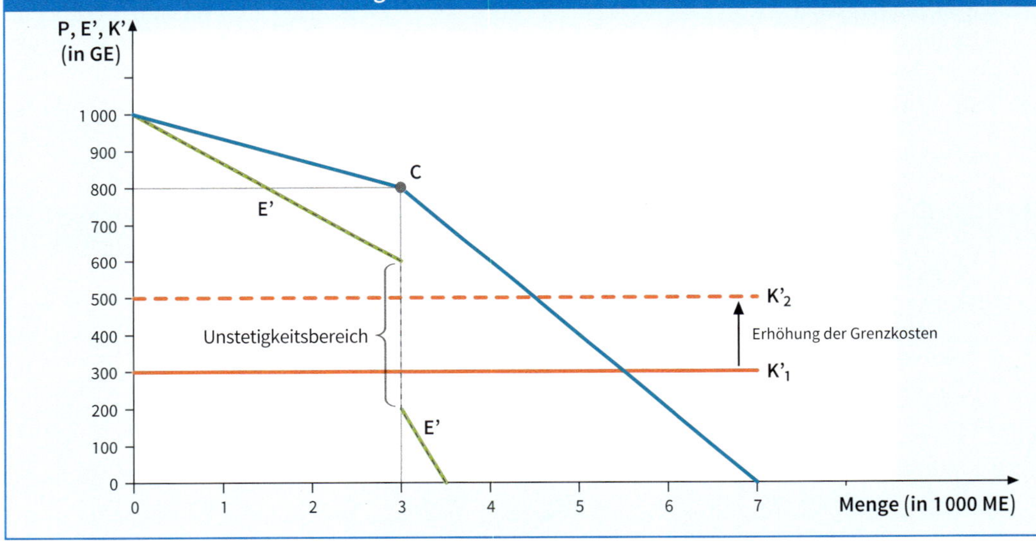

Auch wenn sich die geknickte Preis-Absatz-Kurve aufgrund veränderter Nachfrage nach rechts oder links verschiebt, kann es dazu kommen, dass sich zwar die gewinnmaximale Menge des Oligopolisten ändert, der gewinnmaximale Preis aber gleich bleibt, weil die Grenzkostenkurve weiterhin durch den Unstetigkeitsbereichs der Grenzerlöskurve verläuft.

D Mithilfe der geknickten Preis-Absatz-Funktion kann die auf oligopolistischen Märkten zu beobachtende Preisstarrheit erklärt werden.

5.6.3 Herfindahl-Hirschman-Index

Der Herfindahl-Hirschman-Index[1] kurz HHI oder nur mit H abgekürzt, ist eine häufig benutzte Kennzahl zur Konzentrationsmessung - insbesondere zur Messung der Unternehmenskonzentration. Zur Berechnung des HHI werden die Marktanteile der Anbieter quadriert und daraus die Summe gebildet. In das Konzentrationsmaß des HHI werden alle Unternehmen miteinbezogen. Dass deren Marktanteile quadriert werden, führt dazu, dass die Unternehmen mit einem größeren Marktanteil ein entsprechend größeres Gewicht im HHI erhalten.

1 Die Volkswirte Orris Clemens Herfindahl und Albert Otto Hirschmann sind die Namensgeber des HHI.

Der Markt, auf dem es (n) Anbieter gibt, lässt sich in einer allgemeinen Formel darstellen:

F

$$HHI = \left[\frac{x_1}{(x_1 + x_2 + \ldots + x_n)^2}\right]^2 + \left[\frac{x_2}{(x_1 + \ldots + x_n)^2}\right]^2 + \ldots + \left[\frac{x_n}{(x_1 + \ldots + x_n)^2}\right]^2$$

x_1 bezeichnet den Umsatz des Anbieters 1 bzw. des Unternehmens 1, daraus folgt, dass xn den Umsatz des Anbieters (n) angibt.

Der Herfindahl-Hirschman-Index liegt innerhalb der Grenzen:

F

$$\frac{1}{n} \leq HHI \leq 1$$

Diese Festlegung folgt dem US-amerikanischen Merger Guidelines[1]. Ein $HHI < 0{,}1$ bedeutet der Markt ist nicht konzentriert. Bei einem HHI von $0{,}1 \leq HHI \leq 0{,}18$ ist die Konzentration mäßig und bei einem $HHI > 0{,}18$ ist der Markt hochkonzentriert.

Dazu ein Beispiel:

B

Angenommen es gäbe in Deutschland drei Anbieter von Tabakwaren in der Zigarettenindustrie mit einem Jahresumsatz von 30 Mrd. Euro. Der Anbieter A hätte im vergangenen Jahr einem Umsatz von 15 Mrd. Euro gemacht. Der Anbieter B hätte entsprechend einen Umsatz von 10 Mrd. und der Anbieter C von 5 Mrd. Euro am Tabakmarkt. Daraus würde sich folgende Berechnung HHI ergeben: $HHI = \left(\frac{15}{30}\right)^2 + \left(\frac{10}{30}\right)^2 + \left(\frac{5}{30}\right)^2 = 0{,}38$

Der Markt der Zigarettenindustrie wäre mit einem HHI Wert von 0,38 hochkonzentriert. Dieses Ergebnis wäre bei drei Anbietern in einem oligopolistischen Markt nicht verwunderlich. Hinzu kommt, dass ein beachtlicher Anteil an Tabaksteuern in diesem Umsatz enthalten sind. Allerdings sind die realen Marktanteile der Zigarettenindustrie eher wie folgt verteilt.

Marktanteile der Zigarettenhersteller 2016 (und 2017)[1]

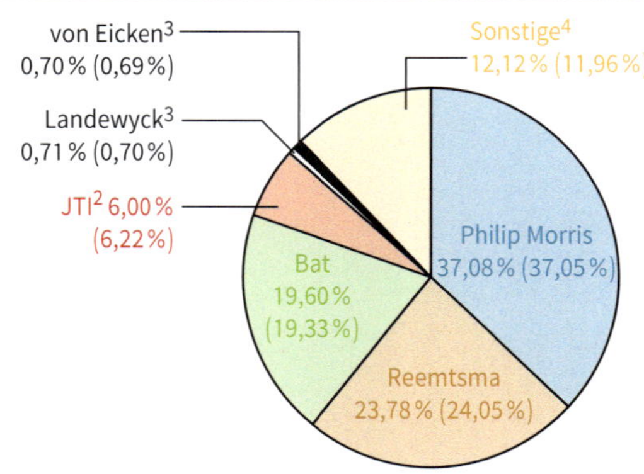

1) basieren auf einer Schätzung 2) inkl. Tawa Edeka 3) exkl. Handelsmarken 4) andere Anbieter; Handelsmarken ohne Angaben von Absatzzahlen durch den Hersteller

vgl. DZV (Hrsg.): Kennzahlen der Zigarettenindustrie; online unter: https://www.zigarettenverband.de/themen/zahlen-und-fakten/kennzahlen [22.09.2022].

1 vgl. Beeker, Detlef: VWL für Dummies, 1. Aufl., Weinheim: Wiley-VCH 2016, S. 182.

Der HHI dient der Messung der Unternehmenskonzentration und findet in der kartellrechtlichen Praxis seine Anwendung. Somit ergeben sich aus der Berechung des HHI im Bereich des Kartellrechts der Nachweis einer markbeherschenden Stellung eines oder mehrer Anbieter. Die Europäische Kommission berechnet den HHI anhand der Addition der quadrierten Marktanteile aller Anbieter in einem Wirtschaftszweig. Je höher der ermittelte HHI Wert für einen bestimmten Markt ist, desto größer ist der produzierte Anteil in einem Markt.

Für den Zigarettenmarkt in Deutschland 2017 ergibt sich somit folgende Rechnung.

Berechnung des HHI anhand de Grafikdaten:

F

$$HHI = (37{,}08)^2 + (23{,}78)^2 + (19{,}6)^2 + (6{,}0)^2 + (0{,}71)^2 + (0{,}70)^2 + (12{,}12)^2 = 2508{,}45$$

Die Marktkonzentration nach dem HHI der europäischen Kommission ist unter 1000 niedrig, zwischen 1000 und 1800 mittelmäßig und über 1800 als stark zu bezeichnen. Dieses Ergebnis ist aufgrund des Marktanteils eines Anbieters von 37,08 % sehr eindeutig. Allerdings liegt nach §18 GWB eine marktbeherrschende Stellung vor, da drei Unternehmen einen Marktanteil von mehr als 50 % besitzen. Allerdings ist es an sich nicht verboten, wenn Unternehmen eine starke Position im Markt haben, diese jedoch nicht missbrauchen. → Kooperatives Verhalten bzw. friedliche Strategie hinsichtlich des Preises.

B

Angenommen drei Unternehmen würden sich den Markt mit jeweils 33,33 % aufteilen, so würde hier nach dem HHI der Wert 0,33 errechnet, dann läge eine vollständige Gleichverteilung im Markt vor. Dieses ist in der Realität allerdings eher unwahrscheinlich, da die Anbieter sich durch andere Wettbewerbsmittel wie Qualität oder Werbung voneinander unterscheiden bzw. abgrenzen.

Zusammenfassung Kapitel 5: Preisbildung auf verschiedenen Arten von Märkten

Märkte

Unterscheidungsmerkmale:
1. Homogenität der Güter 2. Präferenzen
3. Markttransparenz

→ unvollkommen | vollkommen

Preisbildung

Unterscheidungsmerkmal:
Zahl der Marktteilnehmer

→ **Polypol** | **Monopol** | **Oligopol**

Preisbildung auf vollkommenden Märkten
(Einheitspreis für ein Gut)

vollkommenes Polypol | vollkommenes Monopol | vollkommenes Oligopol

Preisbildung auf unvollkommenen Märkten
(verschiedene Preise für ein Gut)

unvollkommenes Polypol | unvollkommenes Monopol | unvollkommenes Oligopol

Börse = Polypol auf dem vollkommenen Markt

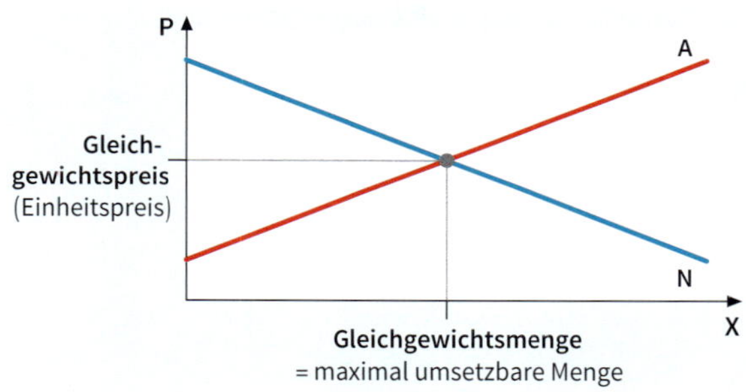

Polypolistische Märkte = Wettbewerbsmärkte

↓

Anbieter können keine Preispolitik betreiben
Preis = vom Markt vorgegebene Größe
Anbieter = Mengenanpasser

Entstehung des Gleichgewichtspreises

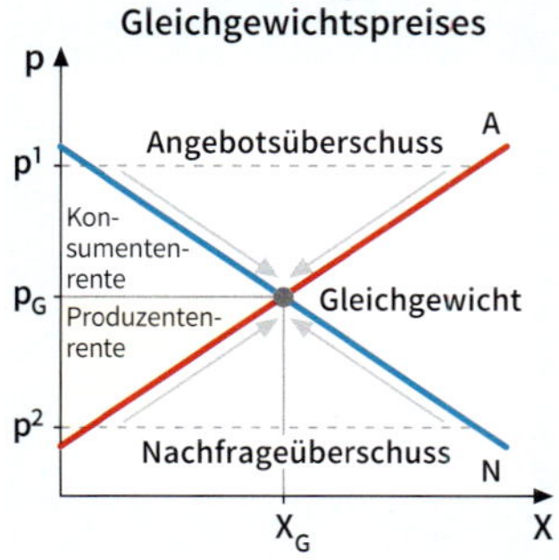

Veränderung des Gleichgewichtspreises

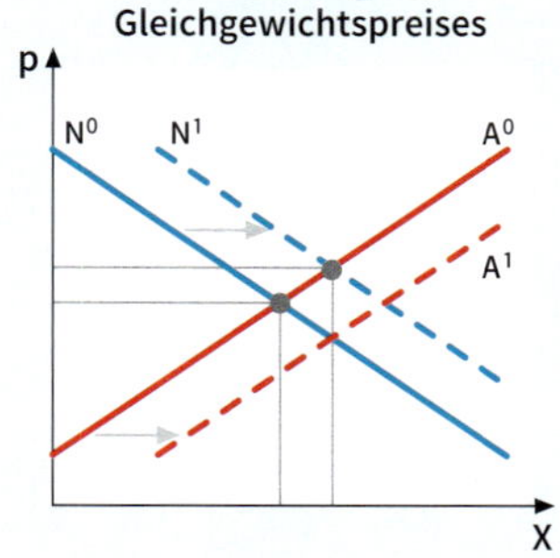

Cobweb-Modell

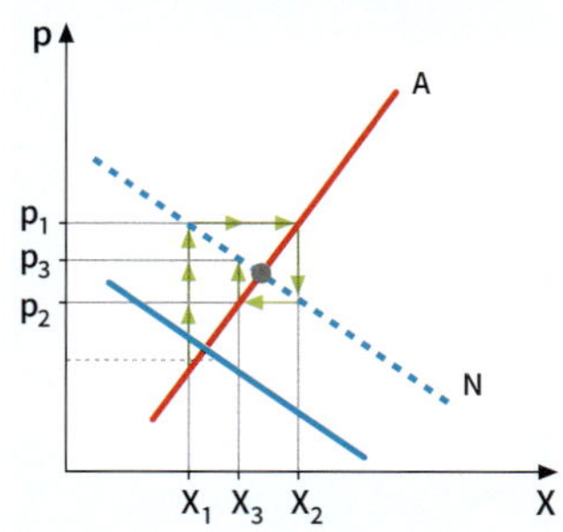

Zusammenfassung Kapitel 5: Preisbildung auf verschiedenen Arten von Märkten

Eingriffe des Staates in die Marktpreisbildung auf Wettbewerbsmärkten

Marktkonforme Eingriffe
(Preismechanismus wird nicht außer Kraft gesetzt)

Mengen-/Wertsteuern **Subventionen**

Stützungskäufe

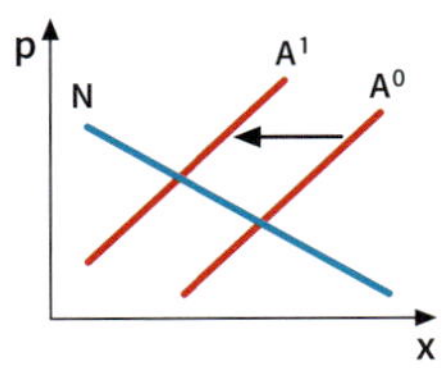

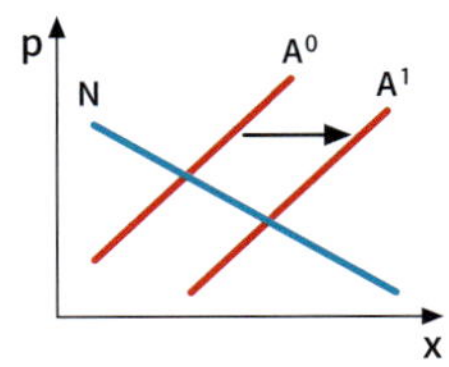

Marktkonträre Eingriffe
(Preismechanismus wird außer Kraft gesetzt)

Mindestpreis
Folge: Produktionsüberhang

Höchstpreis
Folge: Schwarzmärkte

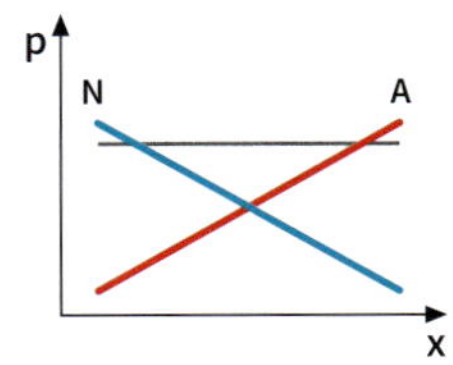

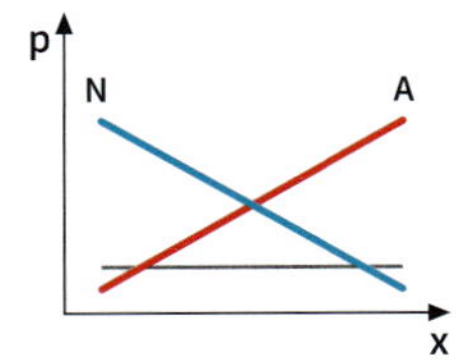

reines Angebotsmonopol
(vollkommener Markt)

Preis- oder Mengenfixierer

Gesamtbetrachtung
G = E–K → Max!

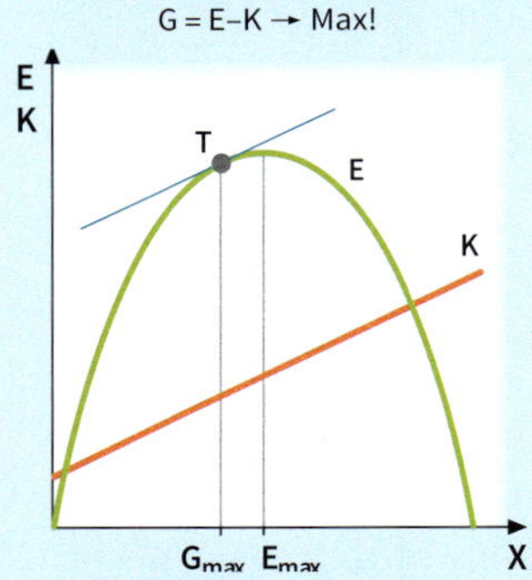

Gesamtbetrachtung
G_{max} bei E' = K'

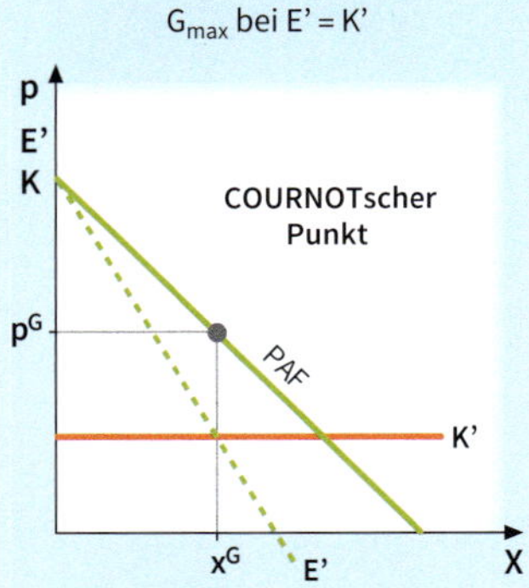

Angebotsmonopol mit Preisdifferenzierung
(unvollkommener Markt)

Das gleiche Produkt wird an verschiedene Käufergruppen zu unterschiedlichen Preisen verkauft (Abschöpfung der Konsumentenrente)

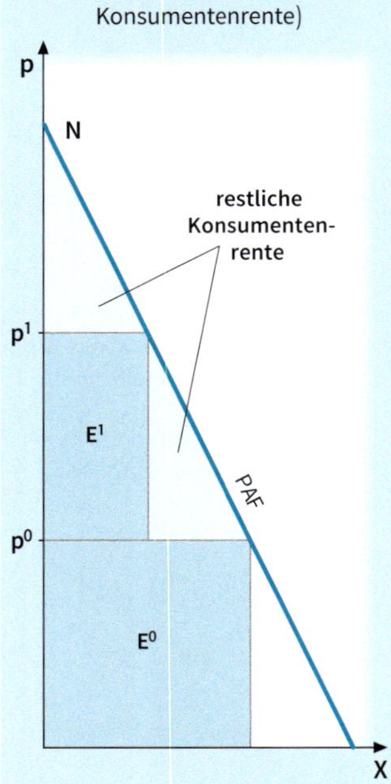

Erlössteigerung ($E^0 + E^1$) durch Abschöpfung von Konsumentenrente

Polypol auf dem unvollkommenen Markt
(monopolistische Konkurrenz)

Doppelt geknickte PAF
(monopolistischer Preisspielraum)

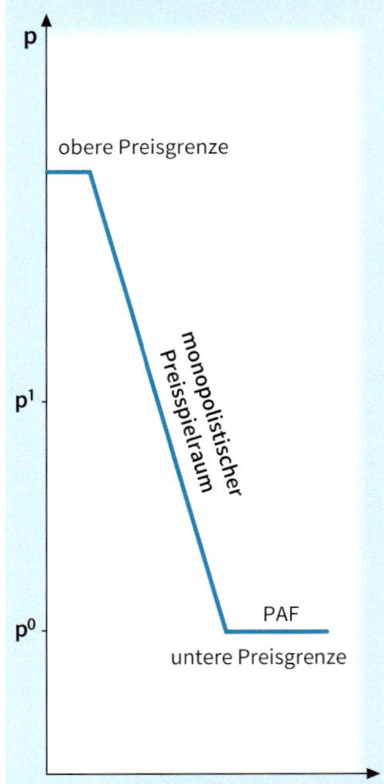

G_{max} bei E' = K'

Zusammenfassung Kapitel 5: Preisbildung auf verschiedenen Arten von Märkten

Oligopol

- **kooperatives Verhalten** (friedliche Strategie)
  - **Preis-starrheit**
  - **Preisführer-schaft**
  - **Preis-absprachen**
- **nichtkooperatives Verhalten** (aggressive Strategie)
  - **Verdrängungswettbewerb** (Preiskampf, ruinöse Konkurrenz)
- **HHI Index**
  - **Unternehmenskonzen-trationsmessung**

Geknickte Preis-Absatz-Kurve zur Erklärung von Preisstarrheit beim Oligopol

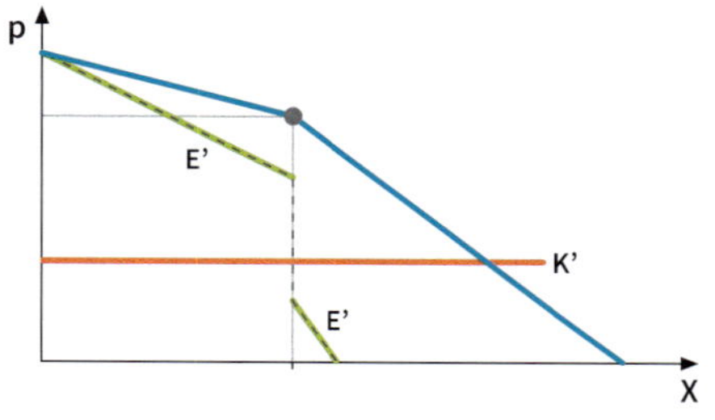

Aufgaben zu Kapitel 5: Preisbildung auf verschiedenen Arten von Märkten

5.1 Rollenspiele zur Preisbildung

Führen Sie in Ihrer Klasse die beiden Rollenspiele durch, bei denen die Preisbildung auf einem Markt für Äpfel und an an einer Fischbörse simuliert wird. Die Beschreibung der Rollenspiele und die Materialien befinden sich beim Downloadmaterial.

5.2 Preisbildung an der Börse

An einer Rohstoffbörse erhält ein Makler für einen bestimmten Rohstoff folgende Aufträge:

Verkaufsaufträge		
Verkäufer	Mindestpreis	Menge (t)
A	180,00 €	40
B	120,00 €	20
C	100,00 €	60
D	60,00 €	80

Kaufaufträge		
Käufer	Höchstpreis	Menge (t)
E	60,00 €	60
F	100,00 €	20
G	120,00 €	40
H	180,00 €	80

1. Begründen Sie, welchen Preis der Makler festlegen wird.
2. Tragen Sie die Angebots- und Nachfragekurve in ein Koordinatensystem ein (x-Achse: 15 cm, 1 cm = 20 Mengeneinheiten; y-Achse: 10 cm, 1 cm = 20 Geldeinheiten).
3. Erklären Sie, warum der Preis von 180 € nicht erreichbar ist.
4. Erklären Sie, warum der Preis von 60 € nicht erreichbar ist.
5. Stellen Sie fest, in welcher Höhe
   a) der Käufer G, b) der Verkäufer D
   durch den Gleichgewichtspreis einen Vorteil gegenüber ihren ursprünglichen Kauf- bzw. Verkaufsabsichten erzielen.
6. Nachrichten über eine mögliche weltweite Verknappung des Rohstoffs lösen eine erhöhte Nachfrage aus. Der Makler stellt fest, dass alle Käufer zu den bisher von ihnen gebotenen Höchstpreisen 20 t mehr kaufen wollen. Welchen neuen Preis legt der Makler fest?
7. Stellen Sie die veränderten Nachfrageverhältnisse im Koordinatensystem (vgl. Nr. 2) dar.
8. Erläutern Sie anhand der Ergebnisse von Aufg. 1 und 2 bzw. Aufg. 6 und 7 die Funktionen des Preises, indem Sie u. a. folgende Fragen beantworten:
   a) Welche Informationen können die Marktteilnehmer aus der Preisveränderung ableiten (Informationsfunktion)?
   b) Welche Folgen können sich für den Einsatz der Produktionsfaktoren ergeben, wenn die sich abzeichnende Preisentwicklung weiter anhält (Allokationsfunktion)?
   c) Zu welchen Ergebnissen führt die Ausgleichsfunktion des Preises in den vorliegenden Fällen?
   d) Welche Anbieter sind im vorliegenden Fall von der Auslesefunktion des Preises betroffen?
   e) Welche Nachfrager werden im vorliegenden Fall nicht durch die Verteilungsfunktion (Zuteilungsfunktion) des Preises begünstigt?
   f) Für welche Marktteilnehmer stellt der Preis im vorliegenden Fall eine Anreizfunktion dar?

5.3 Börsenpreisbildung – Kauf- und Verkaufsaufträge mit Zusätzen

An einer Rohstoffbörse erhält ein Makler für einen bestimmten Rohstoff folgende Aufträge:

Angebot		
Menge in kg	Zusatz	Preis € je kg (mindestens)
30 000	bestens	–
10 000	limit	4,50
40 000	limit	4,60
20 000	limit	4,70
50 000	limit	5,00

Nachfrage		
Menge in kg	Zusatz	Preis € je kg (höchstens)
40 000	billigst	–
30 000	limit	4,40
20 000	limit	4,60
20 000	limit	4,70
20 000	limit	4,80
10 000	limit	4,90

Bedeutung der Zusätze bei Kauf- und Verkaufsaufträgen:

bestens: *Anweisung an den Makler, zum höchstmöglichen Preis (bestens) zu verkaufen. Verkäufer ist bereit, zu* ***jedem*** *vom Makler festgesetzten Preis zu verkaufen.*

billigst: *Anweisung an den Makler, zum niedrigstmöglichen Preis (billigst) zu kaufen. Käufer ist bereit, zu* ***jedem*** *vom Makler festgesetzten Preis zu kaufen.*

Limit: *Anweisung an den Makler, bei Verkaufsaufträgen nicht unter dem angegebenen Preis zu verkaufen (= mindestens) und bei Kaufaufträgen nicht über dem angegebenen Preis zu kaufen (= höchstens).*

1. Ermitteln Sie anhand einer Tabelle, welchen Preis der Makler festlegt.
2. Überprüfen Sie anhand des vorliegenden Beispiels die Behauptung: „Der Börsenpreis ist der Preis, bei dem die größtmögliche Menge umgesetzt wird."
3. Angenommen, die Nachfrage bleibt unverändert (vgl. oben). Ermitteln Sie den vom Makler jeweils festzulegenden Preis, wenn das Gesamtangebot lautet:
   a) 90 000 kg bestens,
   b) 80 000 kg bestens.

5.4 Preisbildung auf dem unvollkommenen Markt

Von den am Markt angebotenen Wallboxen für Elektroautos hat der ADAC sechs geförderte Boxen durch die KFW ausgewählt und getestet. Das Ergebnis ist in Auszügen in der Tabelle wiedergegeben.

Wallboxen mit KfW-Förderung 2021							
Marke/Modell		Kostad TX-1000/ ABB Terra AC W22-G5-R-C-O	Vestel EVC04-AC11SW-T2P	Volkswagen ID. Charger Connect	hesotec electrify. eBox wr30 rechts 11kW	STARK-IN-STROM. DE WALLBOX PRO CONNECT 11 KW	EVBox Elvi (E3160-A35062-10.2)
Preis (UVP) in Euro		1102,00	799,95	689,00	1099,56	799,00	1199,00
ADAC-Urteil		+	+	+	+	o	–
Gesamtnote		**1,8**	**2,1**	**2,1**	**2,2**	**2,6**	**5,01**
	Gewichtung						
Lieferumfang und Montage	***10 %***	**2,7**	**1,3**	**1,8**	**2,7**	**3,3**	**1,9**
Lieferumfang	*50 %*	3,3	1,0	1,0	3,2	4,0	1,0
Montage	*50 %*	2,1	1,6	2,6	2,2	2,5	2,8
Sicherheit	***30 %***	**1,5**	**2,2**	**1,5**	**1,6**	**3,8**	**5,01**
Sicherheitsprüfung	*70 %*	1,0	2,0	1,0	1,0	4,5	5,0
Sicherheitsausstattung	*25 %*	3,0	3,0	3,0	3,0	2,0	3,0
Typenschild	*5 %*	1,5	1,5	1,0	3,0	2,4	3,0
Funktion	***30 %***	**1,8**	**2,2**	**2,1**	**1,8**	**1,3**	**1,5**
Zuverlässigkeit	60 %	1,0	1,0	1,0	1,0	1,0	1,0
Stromverbrauch in Bereitschaft	25 %	4,0	4,0	3,0	4,0	2,0	3,0
Stromausfall	15 %	1,2	4,2	5,0	1,4	1,2	1,0
Ausstattung	***20 %***	**2,2**	**2,9**	**2,9**	**3,7**	**2,7**	**2,4**
Schnittstellen	25 %	1,0	3,0	3,0	4,0	4,0	3,0
Authentifizierung	20 %	4,0	2,0	2,0	2,0	3,0	2,0
Energiezähler und Anzeige	20 %	2,7	2,7	3,8	3,7	1,9	1,8
Einstellung des Ladestroms	15 %	2,0	4,0	4,0	5,0	1,0	3,0
Kommunikation und Vernetzung	10 %	1,6	4,8	1,0	4,8	4,6	1,4
Ladekabel und Ladebuchse	10 %	1,0	1,0	3,0	3,0	2,0	3,0
App	***10 %***	**1,0**	**1,0**	**2,5**	**2,0**	**1,5**	**1,7**

Quelle: Rudschies, Wolfgang: ADAC Test Wallboxen: Welche ist die beste?, 26.10.2022, ADAC e.V.; online unter: https://www.adac.de/rund-ums-fahrzeug/tests/elektromobilitaet/wallboxen/?redirectId=quer.wallboxtestalt [02.02.2023].

1. Erläutern Sie, wie es zu Preisunterschieden bei den Wallboxen mit gleicher Ausstattung und Qualität kommen kann.
2. Erklären Sie, wie es kommt, dass für die Wallboxen mit den ADAC-Urteilen „mangelhaft“ oder „befriedigend“ teilweise erheblich mehr bezahlt wurde als für Produkte mit dem ADAC-Urteil „sehr gut“?
3. Diskutieren Sie, welche Wirkungen die Veröffentlichung derartiger Untersuchungen des ADAC haben kann.
4. Erläutern Sie, wie sich die Möglichkeit, im Internet Produkt- und Preisvergleiche vornehmen zu können, auf die Marktunvollkommenheiten auswirkt. Nennen Sie Beispiele.

5.5 Preisbildung auf einem polypolistischen Markt

Auf einem Wochenmarkt werden u. a. Eier der Güteklasse A/Gewichtsklasse L angeboten und nachgefragt. Es handelt sich um einen polypolistischen Markt. Die Marktteilnehmer verhalten sich in einer bestimmten Woche wie folgt:

Bei einem Stückpreis von 0,20 € und weniger wäre die angebotene Menge 0. In diesem Fall würden die Eierhändler die Eier lieber an Nudelfabriken, Eisdielen und andere Großabnehmer liefern. Für jeden Cent mehr würde die angebotene Menge um 50 Eier steigen. Bei einem Preis von 0,50 € und mehr wäre die nachgefragte Menge 0. Für jeden Cent weniger würde die nachgefragte Menge um 25 Eier steigen.

1. Zeichnen Sie die Angebots- und Nachfragekurve in ein Preis-Mengen-Diagramm ein.
2. Auch auf einem Markt mit homogenen Gütern und ohne Präferenzen stellt sich der Gleichgewichtspreis in Normalfall nicht sofort ein. Vielmehr handelt es sich um einen temporär (= zeitweise) unvollkommenen Markt, weil es einige Zeit dauert, bis sich die Marktteilnehmer die nötige Markttransparenz verschafft haben. Angenommen, auf dem hier vorliegenden Eiermarkt liegt der Stückpreis zunächst bei 0,34 €.
   Erläutern Sie die Reaktionen der Marktteilnehmer und die sich daraus ergebende Tendenz zu einem Gleichgewichtspreis.
3. Berechnen Sie, bei welchem Preis und bei welcher Menge sich der Markt im Gleichgewicht befindet.

5.6 Preisbildung beim Polypol auf dem vollkommenen Markt

Für ein landwirtschaftliches Produkt werden an der Warenbörse zu einem bestimmten Zeitpunkt folgende Gesamtangebots- und Gesamtnachfragefunktionen festgestellt:

Angebot: $x^A = p - 10$ Nachfrage: $x^N = -p + 50$

1. Ermitteln Sie rechnerisch den Gleichgewichtspreis und die Gleichgewichtsmenge.
2. Zeichnen Sie die Angebots- und Nachfragekurve in ein Koordinatensystem ein (x-Achse: 15 cm; 1 cm = 5 Mengeneinheiten; y-Achse: 15 cm; 1 cm = 5 Geldeinheiten).
3. Berechnen Sie für das Marktgleichgewicht den Gesamterlös, die Konsumenten- und die Produzentenrente.
4. In der folgenden Woche verändert sich die Angebotsfunktion wie folgt: $x^A = p - 5$. Die Nachfragefunktion bleibt unverändert. Zeichnen Sie die neue Angebotskurve in das Koordinatensystem ein und ermitteln Sie zeichnerisch den neuen Gleichgewichtspreis.
5. Begründen Sie, worauf die Veränderung der Angebotsfunktion zurückzuführen sein kann.
6. Berechnen Sie für das neue Marktgleichgewicht den Gesamterlös, die Konsumenten- und die Produzentenrente.
7. Prüfen Sie anhand der Konsumenten- und Produzentenrente, ob die Angebotsveränderung für die Marktteilnehmer vorteilhaft war.
8. Ermitteln Sie die Preiselastizität der Nachfrage für die Preis-Mengen-Änderung vom ursprünglichen zum neuen Marktgleichgewicht.
9. Erläutern Sie, welcher Zusammenhang im vorliegenden Fall zwischen der Preiselastizität der Nachfrage und der Veränderung des Erlöses besteht?

5.7 Preis- und Wohlfahrtsänderungen durch Erhöhung der Markttransparenz[1]

"

In einer Region an der indischen Südwestküste haben die Fischer früher üblicherweise nach dem Fischfang ihre Heimathäfen angesteuert, um die Fische dort zu verkaufen. Dabei kam es auf den Fischmärkten in den benachbarten Küstendörfern täglich zu höchst unterschiedlichen Preisen für gleichartigen Fisch (z. B. Sardinen).

1 Vgl. Thieme, A., Handys und Fischpreis, in: WISU Nr. 1/08, S. 69

Manchmal ließen sich die Fische in einem Dorf überhaupt nicht verkaufen und mussten wieder ins Meer geworfen werden, während sich im Nachbardorf Höchstpreise erzielen ließen. Ursache war die Unvollkommenheit des Marktes:
Die Fischer konnten sich über die Preisunterschiede auf den Märkten nicht rechtzeitig informieren. Transportkosten und mangelnde Lagerfähigkeit des Fischs erlaubten es zudem nicht, den Marktplatz rechtzeitig zu wechseln, falls sich im Nachbardorf höhere Preise erzielen ließen. Nachdem aber ein Mobilfunknetz in der Küstenregion installiert worden war, änderte sich die Situation auf den Fischmärkten erheblich. Mit ihren Handys können sich die Fischer jetzt schon vom Meer aus über die Absatzmöglichkeiten auf den einzelnen Märkten entlang der Küste informieren und bereits von dort aus Kaufverträge abschließen. Es wird jetzt jeweils der Hafen des Dorfes angelaufen, wo sich der höchste Gewinn erzielen lässt. Die Preisunterschiede zwischen den lokalen Märkten entlang der Küste sind nahezu verschwunden. Auch müssen keine unverkauften Fische mehr zurück ins Meer geworfen werden.

Die untenstehenden Abbildungen zeigen die Marktsituationen in zwei Dörfern vor Nutzung der Handys. Die Fischer aus Dorf 2 haben 50 kg mehr Fisch gefangen als die Fischer aus Dorf 1. Das Nachfrageverhalten der Bewohner ist in beiden Dörfern gleich. (Nachfragefunktion: $x^N = -25p + 200$)

1. Erläutern Sie die unterschiedlichen Marktsituationen in Dorf 1 und Dorf 2.
2. Beschreiben Sie, wie ein Teil der Fischer aus Dorf 2 reagieren wird, wenn ihnen aufgrund der Handynutzung Informationen über die Marktsituationen in beiden Dörfern vorliegen?
3. Berechnen Sie, welcher Gleichgewichtspreis und welche Gleichgewichtsmenge sich jeweils auf den beiden Teilmärkten einstellen werden.

Marktsituation

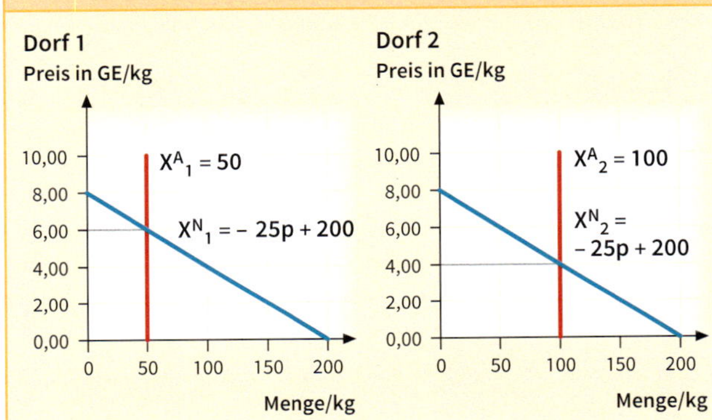

4. Vergleichen Sie die Summe von Produzenten- und Konsumentenrente vor und nach der Handynutzung. Begründen Sie, worauf dieser Unterschied (= Wohlfahrtsänderung) zurückzuführen ist.

5.8 Marktgleichgewicht – Verschiebung der Angebots- und Nachfragekurve

Auf dem Markt für italienisches Speiseeis herrscht in einer nordrhein-westfälischen Kreisstadt ein harter Konkurrenzkampf. Ein Marktforschungsinstitut hat in Abhängigkeit vom Preis für eine Eiskugel (P) für das Gesamtangebot (X^A) der Eisdielen und für die (insbesondere auf die zahlreichen Schülerinnen und Schüler entfallende) Gesamtnachfrage (X^N) folgende Zusammenhänge ermittelt (Menge in 1000 Eiskugeln):

Angebotsfunktion: $X^A = +10\,P - 2$ Nachfragefunktion: $X^N = -5\,P + 10$

1. Ermitteln Sie den Gleichgewichtspreis und die Gleichgewichtsmenge (Menge in 1000 Kugeln pro Tag).
2. Erläutern Sie, wie sich folgende Ereignisse auf die Angebots- und Nachfragekurve auswirken.
   - Es wird ein neues Gymnasium eröffnet, sodass noch mehr Schülerinnen und Schüler aus dem Umland eine Schule in der Kreisstadt besuchen.
   - Der Preis für verpacktes „Eis am Stiel“ sinkt.
   - Das Gewerbeaufsichtsamt lässt wegen Nichtbeachtung der Hygienevorschriften mehrere Eisdielen schließen.
   - Die Pachten für Ladenlokale in der Innenstadt steigen kräftig. Das betrifft auch die meisten Eisdielen.

5.9 Zusammenhang zwischen Angebot, Nachfrage und Preis – Wirkung einer Energiesteuer (Ökosteuer)

1. „Naturkatastrophen, die einen großen Teil der Ernte vernichten, können mit Einkommenssteigerungen in der Landwirtschaft verbunden sein."
   a) Überprüfen Sie diese Behauptung, indem Sie eine normal verlaufende Angebots- und Nachfragekurve für Grundnahrungsmittel skizzieren und die sich durch eine Naturkatastrophe ergebenden Änderungen und Anpassungsprozesse zum neuen Gleichgewicht erläutern.
   b) Für den Fall, dass die Behauptung zutrifft: Warum schränken die Landwirte ihre Produktionsmengen nicht von vornherein ein oder vernichten einen Teil ihrer Ernte?

2. Die Regierung will aus umweltpolitischen Gründen eine Energiesteuer in Form einer Mengensteuer einführen. Die Produzenten müssen dabei je Mengeneinheit erzeugter Energie (z. B. je Liter oder kWh) einen bestimmten Betrag als Steuer abführen. Das soll zu einer Erhöhung der Energiepreise führen und den Energieverbrauch verringern. In einer Zeitung findet sich dazu folgender Hinweis:

   > Die mit der Einführung der Energiesteuer beabsichtigte Energiepreissteigerung ist wahrscheinlich nur von kurzer Dauer. Steigende Preise bewirken nämlich einen Rückgang der Nachfrage. Die verminderte Nachfrage wird aber ihrerseits wieder dafür sorgen, dass die Preise sinken. Aufgrund dieser Zusammenhänge ist es nicht sicher, dass die Einführung einer Energiesteuer langfristig tatsächlich zu einer Energiepreissteigerung führt.

   Die Argumentation enthält einen Trugschluss, weil bei der Verwendung des Begriffs „Nachfrage" nicht deutlich zwischen „nachgefragter Menge" und „Nachfrage i. S. von Nachfragekurve" unterschieden wird.
   Versuchen Sie herauszufinden, wo der Denkfehler liegt, indem Sie eine normal verlaufende Angebots- und Nachfragekurve skizzieren und anhand der Skizze folgende Frage klären:
   a) Ermitteln Sie die Veränderung der geplanten Steuer auf den Verlauf der Gesamtangebots- bzw. Gesamtnachfragekurve.
   b) Ermitteln Sie die Veränderung der geplanten Steuer auf den Gleichgewichtspreis und Gleichgewichtsmenge.
   c) Erläutern Sie den Anpassungsprozess zum neuen Gleichgewicht. Unterscheiden Sie dabei auch zwischen Kurvenverschiebung und Bewegungen auf den Kurven.
   d) Wovon hängt das Ausmaß ab, in dem sich Gleichgewichtspreis und Gleichgewichtsmenge durch die geplante Steuer verändern?
   e) Bestimmen Sie, wie sich der Verlauf der Nachfragekurve ändern müsste, damit bei gleich bleibender Angebotskurve der vor der Einführung der Steuer geltende Gleichgewichtspreis wieder erreicht wird.
   f) Begründen Sie, wodurch eine solche Verlaufsänderung der Nachfragekurve ausgelöst werden kann.
   g) Begründen Sie, ob die geplante Steuer eine solche Verlaufsänderung auslöst.
   h) Diskutieren Sie, ob es durch die geplante Steuer zu einer Energiepreissteigerung kommt.

5.10 Unterscheidung zwischen nachgefragter Menge und Nachfrage

Setzen Sie in die Lücken des auf dem Arbeitsblatt abgedruckten Marktberichts aus einer Landwirtschaftszeitung jeweils an der richtigen Stelle einen der folgenden Begriffe ein:

a) Nachfrage *(i. S. von Gesamtnachfragekurve)*
b) nachgefragte Menge
c) individuelle Nachfrage *(i. S. von individueller Nachfragekurve)*
d) aggregierte Nachfrage *(i. S. von Summe der individuellen Nachfrage, Marktnachfrage)*
e) gesamtwirtschaftliche Nachfrage *(i. S. von Ausgaben aller Konsumenten, Unternehmen und staatlichen Stellen)*

5.11 Verzögerte Angebotsreaktion – Cobweb-Modell

1. Beschreiben Sie den Anpassungsprozess bei verzögerter Angebotsreaktion entsprechend dem Cobweb-Modell.
2. Zeichnen Sie die Marktentwicklung entsprechend dem Cobweb-Modell in zwei verschiedene Preis-Mengen-Diagramme nach folgendem Muster ein. Welche Unterschiede lassen sich feststellen und worauf sind sie zurückzuführen?

Verzögerte Angebotsreaktion - Cobweb-Modell

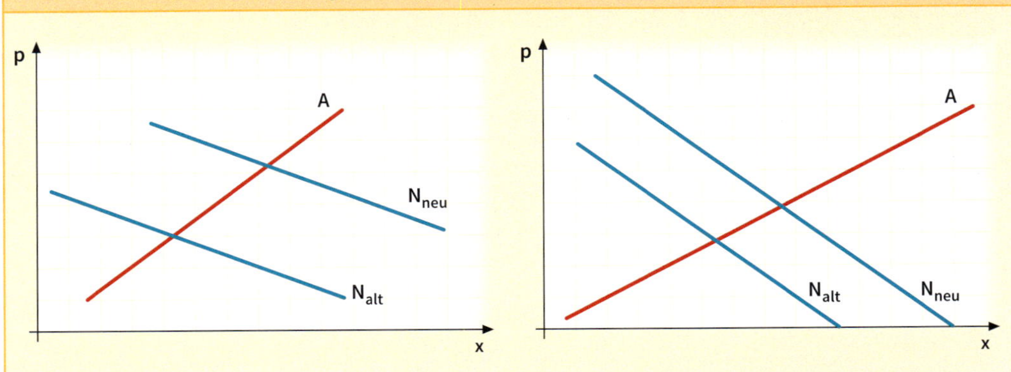

3. Erläutern Sie, was im Zusammenhang mit der verzögerten Angebotsreaktion unter dem „Schweinezyklus" zu verstehen ist. Nennen Sie Beispiele für eine solche Marktentwicklung.

5.12 Subventionierung oder Mindestpreis?

Für ein bestimmtes landwirtschaftliches Anbauprodukt liegen die in der nebenstehenden Abbildung dargestellten Marktverhältnisse vor. Die Regierung möchte den Anbau dieses Produkts weiter fördern.

Stellen Sie fest, wie sich
1. staatliche Subventionszahlungen in Höhe von 100,00 € je t und
2. die Festsetzung eines um 100,00 € über dem derzeitigen Gleichgewichtspreis liegenden Mindestpreises auf die Produktionsmenge, den Preis, die Erlöse der Produzenten und den Staatshaushalt auswirken.

Preis - Mengendiagramm

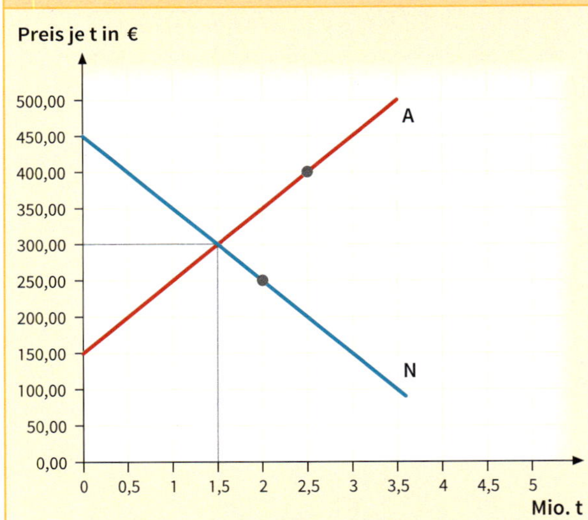

5.13 Marktkonforme und marktkonträre Eingriffe des Staates auf dem Agrarmarkt – Stücksubventionen – Mindestpreispolitik

Für ein bestimmtes landwirtschaftliches Produkt liegt zum Zeitpunkt t_0 die unten dargestellte Marktsituation vor. Die Regierung möchte die Produktion dieses Produktes fördern und gleichzeitig die Einkommenssituation in der Landwirtschaft verbessern. Dafür will sie Haushaltsmittel in Höhe von 800,00 Mio. € zur Verfügung stellen. Es soll geprüft werden, ob die Mittel besser zu Gewährung von Subventionen an die Landwirte oder zum Aufkauf von Überschüssen nach Festsetzung eines Mindestpreises verwendet werden sollen.

1. **Subvention**
Angenommen, die Regierung gewährt den Landwirten eine Stücksubvention von 400,00 € je t. Die Nachfrage bleibt unverändert. Stellen Sie die Veränderung der Marktsituation in einem Koordinatensystem grafisch dar und berechnen Sie die fehlenden Werte in der folgenden Tabelle.

	Preis (€)	Menge (Mio. t)	Erlöse (Mio. €)	Staatsausgaben (Mio. €)
Ausgangssituation	700	1		0
Subvention 400,00 €/t				
Änderung gegenüber Ausgangssituation				

2. **Mindestpreis**
Auf Druck des Bauernverbandes setzt die Regierung zum Zeitpunkt t_1 anstelle der Subvention einen Mindestpreis fest, der 100,00 € über dem Gleichgewichtspreis in t_0 liegt. Die Nachfrage bleibt unverändert. Stellen Sie die Veränderung der Marktsituation in einem Koordinatensystem grafisch dar und berechnen Sie die fehlenden Werte in der untenstehenden Tabelle.

	Preis (€)	Menge (Mio. t)	Erlöse (Mio. €)	Staatsausgaben (Mio. €)
Ausgangssituation	700	1	700	0
Mindestpreis 100,00 € über dem Gleichgewichtspreis	800			
Änderung gegenüber Ausgangssituation	+ 100			

3. Vergleichen Sie die beiden Maßnahmen miteinander und erläutern Sie die Unterschiede.
4. Im Falle des Mindestpreises müssen die aufgekauften Überschüsse von der Regierung zunächst gelagert werden. Es wird davon ausgegangen, dass dabei ca. 20 % der Menge durch Verderb und andere Umstände vernichtet wird. Die restliche Menge könnte auf dem Weltmarkt für die Hälfte des Mindestpreises verkauft werden. Für Lagerung und Transport fallen für die Regierung Kosten in Höhe von 20 % der Verkaufserlöse an.
Mit wieviel Euro würde in diesem Fall der Staatshaushalt insgesamt belastet?
5. Wegen schlechter Witterungsverhältnisse fällt die Ernte im Jahr t_2 erheblich geringer als in den Vorjahren aus. Dadurch ändert sich der Marktpreis gegenüber der Ausgangssituation (t_0) vorübergehend um 20 %.
   a) Wie hoch ist der Marktpreis im Jahr t_2?
   b) Wie wirkt sich in diesem Fall der Mindestpreis von 800,00 € aus?
6. Diskutieren Sie, mit welchen anderen Mitteln die Regierung anstelle von Stücksubventionen oder Mindestpreispolitik ergreifen könnte, um die Einkommenssituation in der Landwirtschaft zu verbessern.

Preis - Mengendiagramm

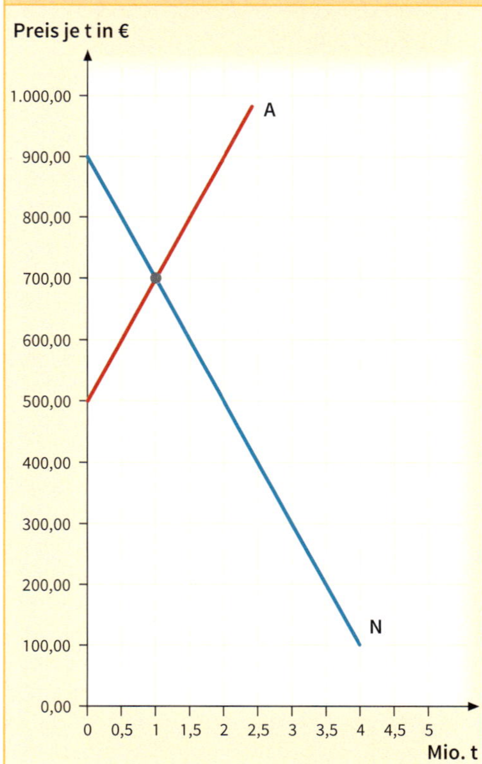

5.14 Marktkonträre und marktkonforme Eingriffe des Staates auf dem Wohnungsmarkt: Höchstmieten – Wohngeldzahlungen – Subventionen

In einer mittelgroßen Stadt soll die Situation auf dem Wohnungsmarkt analysiert werden. Die Erhebungen des Wohnungsamtes zur Erstellung eines Mietspiegels führen bei 4-Zimmer-Wohnungen mit vergleichbarer Größe, Ausstattung und Lage zu folgendem Ergebnis:

Monatliche Höchstmiete	Zahl der interessierten Mieter	Monatliche Mindestmiete	Zahl der interessierten Vermieter
bis 250,00 €	20 000	ab 1.250,00 €	20 000
bis 500,00 €	15 000	ab 1.000,00 €	15 000
bis 750,00 €	10 000	ab 750,00 €	10 000
bis 1.000,00 €	5 000	ab 500,00 €	5 000
bis 1.250,00 €	0	ab 250,00 €	0

1. Stellen Sie die Angebots- und Nachfragekurve in einem Koordinatensystem dar und ermitteln Sie die Miete in der Gleichgewichtssituation. (x-Achse: 2 cm = 5 000 Wohnungen, y-Achse: 2 cm = 250,00 €)
2. Die Stadtverwaltung ist der Meinung, die Miete in der Gleichgewichtssituation sei insbesondere für kinderreiche Familien unerschwinglich. Daher soll aus sozialpolitischen Gründen für diese Art von 4-Zimmer-Wohnungen ein Höchstpreis festgelegt werden, der 250,00 € unter der Gleichgewichtsmiete liegt.
   a) Stellen Sie die Veränderung der Marktsituation im Koordinatensystem grafisch dar und berechnen Sie die fehlenden Werte nach dem Muster der nachstehenden Tabelle.

	Miete (€)	Menge (Wohnungen)	Mieteinnahmen (Mio. €)
Ausgangssituation	750	10 000	7,5
Höchstpreis 250,00 € unter dem Gleichgewichtspreis	500	Muster	
Änderung gegenüber Ausgangssituation	– 250		

   b) Gibt es Mieter, die durch die Festsetzung der Höchstmiete Nachteile gegenüber der Ausgangssituation erleiden? Um welche Mieter handelt es sich gegebenenfalls?
   c) Gibt es Mieter, die durch die Festsetzung der Höchstmiete Vorteile gegenüber der Ausgangssituation haben? Um welche Mieter handelt es sich gegebenenfalls?
   d) Die Absicht der Stadtverwaltung bestand ursprünglich darin, durch die Höchstmiete kinderreiche Familien zu begünstigen. Prüfen Sie, ob das gelungen ist.
   e) Welche zusätzlichen Maßnahmen müsste die Stadtverwaltung ergreifen, um die Zielgruppe „Familien mit mehreren Kindern" durch die Höchstmiete zu begünstigen?
3. Nachdem durch die Höchstmiete die Lage auf dem Wohnungsmarkt nicht entschärft werden konnte, wird bei der Stadtverwaltung überlegt, ob durch die Zahlung von Wohngeld an die Mieter oder die Zahlung von Subventionen an die Vermieter eine Besserung zu erreichen ist.
   a) Stellen Sie – ausgehend von der ursprünglichen Gleichgewichtsmiete – die Veränderungen auf dem Wohnungsmarkt grafisch dar, wenn an alle Mieter von 4-Zimmer-Wohnungen diesen Typs ein Wohngeld von 250,00 € monatlich gezahlt würde.
   b) Stellen Sie – ausgehend von der ursprünglichen Gleichgewichtsmiete – die Veränderungen auf dem Wohnungsmarkt grafisch dar, wenn an alle Vermieter von 4-Zimmer-Wohnungen diesen Typs eine Subvention (z. B. Grundsteuerermäßigung, zinsgünstige Darlehen u. Ä.) in Höhe von 250,00 € monatlich gezahlt würde.
   c) Vergleichen Sie die beiden Maßnahmen (Wohngeldzahlung bzw. Subventionen für die Vermieter) miteinander. Welche Maßnahme ist im Hinblick auf Mietniveau, Schaffung von Wohnraum und finanzielle Belastung der Stadtkasse durch Wohngeld- bzw. Subventionszahlungen günstiger?

5.15 Erlös- und Gewinnmaximierung durch Angebotsverknappung – Angebotsmonopol

Die Obst- und Gemüsebauern einer Region sehen sich einem zunehmenden Preisverfall für ihre Produkte ausgesetzt. Ursache dafür ist einerseits die starke Konkurrenz der Bauern untereinander und andererseits die Angebotserhöhung aufgrund der guten Ernteergebnisse. Die diesjährige Ernte ist inzwischen abgeschlossen und eingelagert worden. Jetzt sollen die Lagervorräte verkauft werden. Die derzeitigen Marktverhältnisse für eine bestimmte Obstsorte gehen aus der folgenden Tabelle hervor:

Preis (GE je t Obst)	260	240	220	200	180	160	140	120	100	80	60	40
aus dem Lagervorrat angebotene Menge (in t)	6 000	6 000	6 000	6 000	6 000	6 000	6 000	5 500	5 000	4 500	3 000	1 000
nachgefragte Menge (in t)	0	500	1 000	1 500	2 000	2 500	3 000	3 500	4 000	4 500	5 000	5 500

1. Berechnen Sie die Höhe des Lagerbestandes.
2. Erklären Sie, welcher Gleichgewichtspreis und welche Gleichgewichtsmenge sich im vorliegenden Fall unter den Bedingungen des Polypols auf dem vollkommenen Markt ergeben würde.
3. Zeichnen Sie die Angebots- und Nachfragekurve in ein Koordinatensystem ein (x-Achse: Menge in t, 12 cm, 1 cm = 500 Mengeneinheiten; y-Achse: Preis, 13 cm, 1 cm = 20 Geldeinheiten).
4. Erläutern Sie den Verlauf der Angebotskurve im Preisbereich von 140 GE bis 260 GE.
5. Begründen Sie, welchen Grund kann es haben kann, dass zum Gleichgewichtspreis nicht der volle Lagerbestand, sondern nur eine geringere Menge angeboten wird.
6. Berechnen Sie die Höhe der Konsumentenrente im Fall der Polypolpreisbildung.
7. Der Bauernverband schlägt vor, dass sich die Obst- und Gemüsebauern zu einer Erzeugergemeinschaft zusammenschließen, um ihre Produkte gemeinsam zu vermarkten und gegenüber den Händlern eine größere Marktmacht zu erzielen. Aus der in der obigen Tabelle dargestellten Nachfragefunktion lässt sich die Erlösfunktion der Erzeugergemeinschaft ableiten, indem jeweils Preis und nachgefragte Menge miteinander multipliziert werden (Erlös = Preis · Menge).
   Zeichnen Sie die Erlöskurve der Erzeugergemeinschaft in ein Koordinatensystem ein (x-Achse: Menge in t, 12 cm, 1 cm = 500 Mengeneinheiten, y-Achse: Erlös in 1000 GE, 11 cm, 1 cm = 40 000 Geldeinheiten).
8. Berechnen Sie, bei welcher Preis-Mengen-Kombination das Erlösmaximum liegt und wie hoch es ist.
9. Stellen Sie fest, um wie viele t die Vorratsmenge und die erlösmaximale Absatzmenge voneinander abweichen. Begründen Sie, welche Maßnahme hinsichtlich dieser Menge ergriffen werden muss, damit die in der Erzeugergemeinschaft zusammengeschlossenen Bauern das höchstmögliche Gesamteinkommen (= Erlösmaximum) erzielen können.
10. Wie hoch wäre der höchstmögliche Gesamtgewinn der Erzeugergemeinschaft, wenn für die bei Nr. 9 vorgeschlagene Maßnahme fixe Kosten von 100 000 GE anfallen und andere Kosten vernachlässigt werden können?
11. Ermitteln Sie die Konsumentenrente für den Fall, dass es der Erzeugergemeinschaft gelingt, die gewinnmaximale Preis-Mengen-Kombination durchzusetzen. Vergleichen Sie das Ergebnis mit der bei Nr. 6 ermittelten Konsumentenrente. Worauf ist der Unterschied zurückzuführen?
12. Wie hoch ist die Preiselastizität der Nachfrage für die gewinnmaximale Preis-Mengen-Kombination der Erzeugergemeinschaft?
13. Begründen Sie, warum sich der Gesamtgewinn der Erzeugergemeinschaft bei einer weiteren Preiserhöhung verringern würde.
14. Nehmen Sie zu den vom Bauernverband vorgeschlagenen Maßnahmen zur Regulierung des Obstmarktes Stellung.
15. Vergleichen Sie am vorliegenden Beispiel die Marktformen Polypol und Monopol anhand folgender Merkmale: Zahl der Anbieter, durch den Anbieter beeinflussbare Größe(n) (= Entscheidungsparameter), vom Anbieter bei einer Entscheidung zu berücksichtigende Größen (= Reaktionsparameter), Marktmacht, Erlös, Konsumentenrente, Gewinn.

5.16 Preisbildung eines Monopolisten: Tabellarische, grafische und analytische Ermittlung des Gewinnmaximums

Die beiden ersten Spalten der folgenden Tabelle zeigen die Preis-Absatz-Funktion eines Monopolisten:

Preis (p)	Menge (x)	Erlös (E)	Grenz-erlös (E')	Fixkosten K_{fix}	variable Gesamt-kosten (K_v)	Gesamt-kosten (K)	Grenzkosten (K')	Gewinn (G)
100	0							
90	1							
80	2							
70	3							
60	4							
			10				10	
50	5	250		60	50	110		140
			- 10				10	
40	6	240		60	60	120		120
			- 30				10	
30	7	210		60	70	130		80
			- 50				10	
20	8	160		60	80	140		20
			- 70				10	
10	9	90		60	90	150		- 60
			- 90				10	
0	10	0		60	100	160		- 160

1. Tragen Sie die fehlenden Zahlenwerte der Erlös- und Grenzerlösfunktion in eine entsprechende Tabelle ein.
2. Stellen Sie fest, bei welcher Ausbringungsmenge der Monopolist sein Erlösmaximum erreicht.
3. Die Gesamtkostenfunktion lautet: K = 60 + 10 x.
   Tragen Sie die fehlenden Zahlenwerte für die Fixkosten, die variablen Gesamtkosten, die Gesamtkosten, die Grenzkosten und den Gewinn in eine entsprechende Tabelle ein.
4. Zeichnen Sie die Erlöskurve, die Gesamtkostenkurve und den positiven Bereich der Gewinnkurve in ein Koordinatensystem ein (x-Achse: Menge, 10 cm, 1 cm = 1 Mengeneinheit; y-Achse: Erlöse, Kosten, Gewinn, 13 cm, 1 cm = 20 Geldeinheiten).
5. Ermitteln Sie
   a) die Ausbringungsmenge, bei der der Monopolist sein Gewinnmaximum erreicht,
   b) den Preis, der dieser gewinnmaximalen Ausbringungsmenge entspricht,
   c) die Höhe des Gewinns im Gewinnmaximum.
6. Zeichnen Sie die Preis-Absatz-Kurve, den positiven Bereich der Grenzerlöskurve und die Grenzkostenkurve in ein darunter liegendes Koordinatensystem ein. (x-Achse: Menge, 10 cm, 1 cm = 1 Mengeneinheit; y-Achse: Preis, Grenzerlös, Grenzkosten, 10 cm, 1 cm = 10 Geldeinheiten).
7. Erläutern Sie, welche Beziehung bei der gewinnmaximalen Ausbringungsmenge zwischen Grenzerlös und Grenzkosten besteht, und begründen Sie diesen Zusammenhang.
8. Zeichnen Sie den COURNOTschen Punkt in das untere Koordinatensystem ein und bestimmen Sie grafisch die gewinnmaximale Preis-Mengen-Kombination.
9. Kennzeichnen Sie in dem unteren Koordinatensystem die Fläche, die der Konsumentenrente entspricht, und berechnen Sie den Flächeninhalt.
10. Überprüfen Sie die von Ihnen tabellarisch und grafisch ermittelten Werte für das Erlös- und Gewinnmaximum mithilfe der Differentialrechnung. Die zugrunde liegende Nachfragefunktion lautet im vorliegenden Fall: x = 10 – 0,1p bzw. p = 100 – 10 x

5.17 Einflussfaktoren bei der Monopolpreisbildung – Preiselastizität – Kosten des Monopolisten

Für ein Unternehmen, das alleiniger Anbieter für ein Gut auf dem Markt ist, gilt die in der folgenden Tabelle dargestellte Erlös- und Kostensituation:

Menge (X)	0	10	20	30	40	50	60	70	80	90	100	110	120	130	140	150	160
Erlöse (E)	0	750	1.400	1.950	2.400	2.750	3.000	3.150	3.200	3.150	3.000	2.750	2.400	1.950	1.400	750	0
Kosten (K)	1.200	1.400	1.600	1.800	2.000	2.200	2.400	2.600	2.800	3.000	3.200	3.400	3.600	3.800	4.000	4.200	4.400

1. Bestimmen Sie anhand der Tabelle die gewinnmaximale Ausbringungsmenge.
2. Berechnen Sie die fixen Kosten (Kf), die variablen Stückkosten (kv) und die Grenzkosten (K').
3. Ermitteln Sie anhand der Tabelle die Preis-Absatz-Funktion und tragen Sie diese in ein Koordinatensystem ein (x-Achse: Menge, 16 cm, 1 cm = 10 Mengeneinheiten; y-Achse: Preis, 10 cm, 1 cm = 10 Geldeinheiten).
4. Begründen Sie, bei welcher Menge die Grenzerlöskurve die x-Achse im vorliegenden Fall schneiden muss.
5. Tragen Sie die Grenzerlös- und die Grenzkostenkurve in das Koordinatensystem ein.
6. Bestimmen Sie den COURNOTschen Punkt und die gewinnmaximale Preis-Mengen-Kombination.
7. Bestimmen Sie für die folgenden Fälle die Preiselastizität der Nachfrage und stellen Sie fest, welche Zusammenhänge zwischen der Preisveränderung, der Erlösveränderung und der Preiselastizität der Nachfrage bestehen.
   a) Preissenkung von 55 GE auf 45 GE
   b) Preissenkung von 35 GE auf 25 GE
8. Nach Verhandlungen mit dem Betriebsrat erklärt sich der Monopolist bereit, die Alterssicherung und Vermögensbildung der Arbeitnehmer zu unterstützen. Zur Aufbringung der Mittel werden folgende Finanzierungsmodelle diskutiert:
   - Der Monopolist stellt 20 % seines Gewinns zur Verfügung (Gewinnbeteiligung).
   - Der Monopolist stellt einen festen Betrag von 10 % der derzeitigen Fixkosten zur Verfügung. Die Fixkosten erhöhen sich somit um 10 %.
   - Der Monopolist gewährt seinen Arbeitnehmern einen Lohnzuschlag von 20 %. Bisher betragen die Lohnkosten 50 % der variablen Kosten.

   a) Prüfen Sie bei allen drei Modellen, ob sich dadurch die gewinnmaximale Preis-Mengen-Kombination ändert. Ermitteln Sie für diesen Fall jeweils die neue Absatzmenge, den neuen Preis, den Erlös, die Produktionskosten und das neue Gewinnmaximum. Wie verändern sich diese Größen gegenüber der Ausgangssituation?
   b) Ermitteln Sie für jede dieser drei Maßnahmen, welcher Betrag den Arbeitnehmern jeweils zufließt.
9. Betriebsrat und Monopolist einigen sich auf das Gewinnbeteiligungsmodell. In der nächsten Periode ändert sich die Nachfrage. Die in obiger Tabelle dargestellte Preis-Absatz-Funktion des Monopolisten $x = 160 - 2p$ verändert sich aufgrund einer Nachfrageverschiebung zur neuen Preis-Absatz-Funktion: $x = 140 - 2p$.
   a) Erläutern Sie, worauf die Nachfrageveränderung zurückzuführen sein kann.
   b) Berechnen Sie, wie hoch Absatzmenge, Preis, Erlös, Produktionskosten und Gewinn im neuen Gewinnmaximum sind, das sich nach der Nachfrageänderung ergibt?
   c) Begründen Sie, ob in diesem Fall eines der beiden anderen Finanzierungsmodelle zur Vermögensbildung (Lohnzuschlag von 20 % bzw. 10 % der bisherigen Fixkosten) für die Arbeitnehmer günstiger wäre.

10. Fassen Sie Ihre Erkenntnisse in einer Tabelle nach folgendem Muster zusammen, indem Sie angeben, wie sich Kosten- und Nachfrageveränderungen auf die Gewinnsituation des Angebotsmonopolisten auswirken.

Wirkung auf / Ursache	gewinnmaximale Menge	gewinnmaximaler Preis	Gewinn
Fixkosten steigen			
variable Kosten steigen			
Nachfrage nimmt ab			

5.18 Gewinnmaximum beim Monopol

1. Für einen Angebotsmonopolisten gelten folgende Funktionen:
   Erlösfunktion: $E = 25x - 2x^2$
   Kostenfunktion: $K = 5 + x + x^2$
   a) Bestimmen Sie das Gewinnmaximum mithilfe der Gewinnmaximierungsregel $E' = K'$.
   b) Überprüfen Sie das Ergebnis in einer Tabelle nach unten stehendem Muster.

Menge	Erlös	Kosten	Gewinn
0	0	5	–5
1			

2. Ein anderer Monopolist produziert zu Kosten von $K = 15 + 10x$ und sieht sich einer Gesamtnachfragefunktion der Form $X = 13 - 0{,}5p$ gegenüber. Wie hoch sind
   a) die gewinnmaximale Menge, b) der gewinnmaximale Preis, c) der maximale Gewinn
   dieses Monopolisten?

5.19 Fallstudie: Preisdifferenzierung beim Monopol: Horizontale Aufspaltung des Marktes in Absatzschichten (Marktsegmentierung)

Der Fußballverein einer Kleinstadt erhält im Pokalwettbewerb durch Losentscheid ein Heimspiel gegen einen äußerst attraktiven Gegner. Das städtische Stadion fasst 10 000 Zuschauer. Der Vereinsvorstand möchte den sonst üblichen Eintrittspreis von einheitlich 10,00 € erhöhen, weil er mit einer starken Nachfrage nach Eintrittskarten rechnet. Aus früheren Veranstaltungen liegen ziemlich genaue Anhaltspunkte über das Nachfrageverhalten der Fußballfans bei unterschiedlichen Preisen vor.

Eintrittspreis in €	30,00	27,50	25,00	22,50	20,00	17,50	15,00	12,50	10,00	7,50	5,00	2,50	0
Zuschauer	0	1 000	2 000	3 000	4 000	5 000	6 000	7 000	8 000	9 000	10 000	11 000	12 000

Die Stadt verlangt für die Überlassung des Stadions einen Beitrag zur Kostendeckung von 5,00 € je Zuschauer. Weitere Kosten fallen für den Verein nicht an.

1. Der Vereinsvorstand möchte wissen, bei welchem Einheitspreis der höchste Gewinn für die Vereinskasse erzielt werden kann.
   Bestimmen Sie grafisch den COURNOTschen Punkt und ermitteln Sie die gewinnmaximale Preis-Mengen-Kombination (Koordinatensystem: x-Achse: Menge, 12 cm; 1 cm = 1000 Mengeneinheiten; y-Achse: Preis, Grenzerlös, Grenzkosten, 12 cm; 1 cm = 2,5 Geldeinheiten).

2. Ermitteln Sie für die gewinnmaximale Preis-Mengen-Kombination
   a) die Höhe des Gewinns,
   b) die Höhe der Konsumentenrente,
   c) den Auslastungsgrad des Stadions.
3. Der Vereinsvorstand weiß, dass die Fans der Gästemannschaft bereit wären, einen noch höheren als den Monopolpreis zu zahlen. Es wird daher überlegt, ob sich der Gewinn noch steigern lässt, indem für die Eintrittskarten, die der Gästemannschaft für ihre Fans zustehen, ein Aufschlag von 5,00 € auf den Monopolpreis erhoben wird. (Annahme: Zu diesem erhöhten Preis fragen nur auswärtige Fans nach.)
   a) Wie viele Eintrittskarten können in diesem Fall zu dem erhöhten Preis und wie viele zu dem geringeren Preis verkauft werden?
   b) Wie hoch wäre in diesem Fall der Gesamterlös?
   c) Wie hoch wäre in diesem Fall der Gesamtgewinn?
   d) Wie hoch wäre die nach der Preisdifferenzierung verbleibende Konsumentenrente?
   e) Wie hoch wäre die durch diese Preisdifferenzierung abgeschöpfte Konsumentenrente?
4. Der gewinnmaximierende Einheitspreis (Monopolpreis) erscheint dem Vereinsvorstand für bestimmte Fangruppen der Heimmannschaft unangemessen hoch. Außerdem soll das Stadion stärker gefüllt werden, damit die Heimmannschaft lautstark unterstützt werden kann. Es wird daher beschlossen, Jugendlichen und Rentnern einen Preisnachlass von 5,00 € gegenüber dem Monopolpreis zu gewähren. Die den Gästen zustehenden Eintrittskarten sollen weiterhin mit einem Zuschlag von 5,00 € versehen werden.
   a) Wie viele Eintrittskarten können in diesem Fall insgesamt verkauft werden?
   b) Wie hoch wäre in diesem Fall der Gesamterlös?
   c) Wie hoch wäre in diesem Fall der Gesamtgewinn?
5. Es soll versucht werden, Gewinn und Zuschauerzahl durch eine weitere Preisdifferenzierung noch zu steigern. Dabei gilt die nebenstehende Preisstaffel.
   a) Wie viele Eintrittskarten können in diesem Fall insgesamt verkauft werden?
   b) Wie hoch wäre in diesem Fall der Gesamterlös?
   c) Wie hoch wäre in diesem Fall der Gesamtgewinn?

Reservierte Karten für die Gästefans	22,50 €
Normalpreis	17,50 €
Rentner, Arbeitslose, Jugendliche	12,50 €
Vereinsmitglieder	7,50 €

6. Der Vereinsvorstand stellt fest, dass trotz dieser Preisdifferenzierung das Stadion immer noch nicht ausverkauft ist, und überlegt, ob die bisherige Preisstaffel geändert und der Eintrittspreis für Jugendliche auf 2,50 € gesenkt werden soll. Beantworten Sie dazu folgende Fragen:
   a) Wie groß wäre in diesem Fall die Gesamtnachfrage nach Eintrittskarten?
   b) Wie viele Eintrittskarten können in diesem Fall angesichts der begrenzten Stadionkapazität tatsächlich verkauft werden?
   c) Untersuchen Sie, wie sich diese Maßnahme zur vollen Auslastung des Stadions auf den Gewinn auswirken würde. Worauf ist die Gewinnveränderung zurückzuführen?

5.20 Preis-Absatz-Kurven bei unterschiedlichen Marktformen – Nachfragekurven aus Sicht eines einzelnen Anbieters

Zusatzaufgabe zu zu Kapitel 5: Preisbildung auf verschiedenen Arten von Märkten

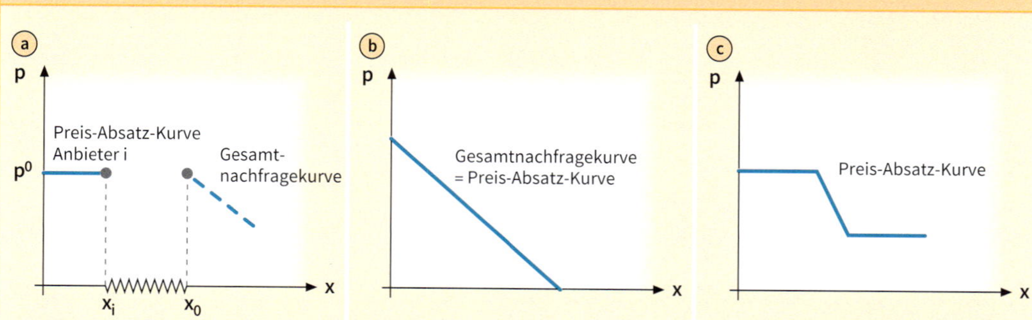

1. Die drei Kurven a), b) und c) bringen die Absatzmöglichkeiten eines einzelnen Anbieters bei unterschiedlichen Marktformen zum Ausdruck. Ordnen Sie jede der drei Kurven der entsprechenden Marktform zu und erläutern Sie den Verlauf der jeweiligen Kurve.
2. Erklären Sie, welcher Zusammenhang besteht zwischen einer Preis-Absatz-Kurve und einer Nachfragekurve.
3. Unterscheiden Sie zwischen einer Preis-Absatz-Kurve und einer individuellen Angebotskurve.

5.21 Preisspielraum bei Backwaren

In einer Stadt mit vielen Backwarenläden kann ein einzelner Bäcker beispielsweise den Preis für sein Dreikornbrot um 0,25 € je kg über dem der anderen Anbieter festlegen, ohne alle Kunden für diese Brotsorte zu verlieren. Wenn er den Preis allerdings über eine bestimmte Grenze hinaus erhöht, kauft kein Kunde mehr dieses Brot bei ihm.

1. Begründen Sie die Ursachen, die es haben kann, dass der Dreikornbrot-Absatz des Bäckers bei einer geringfügigen Preiserhöhung nicht auf null zurückgeht.
2. Bestimmen Sie die Marktform im vorliegenden Fall.

5.22 Fallstudie: Preisbildung beim Polypol auf dem unvollkommenen Markt

In einer Stadt mit vielen Bäckereifachgeschäften bietet ein Bäcker eine neue Sorte Vollkornbrötchen unter dem Namen „Fitties“ an. Die Brötchen werden als besonders schmackhaft und bekömmlich angepriesen. Gleichzeitig mit Werbemaßnahmen für die neue Brötchensorte hat der Bäcker auch seinen Service in verschiedener Hinsicht verbessert. Die Ladenöffnungszeiten sind jetzt länger. Er bietet seinen Kunden die Zustellung von frischen Backwaren am Sonntagmorgen frei Haus. Außerdem hat er Kundenkarten eingeführt, auf denen er den Kunden jeden Einkauf von mehr als 2,50 € bestätigt. Sobald sich die Einkäufe eines Kunden auf 100,00 € summieren, wird eine Gutschrift von 5,00 € gewährt.

Der Bäcker schätzt aufgrund seiner Markterfahrung, wie sich die Nachfrager bei verschiedenen Preisen für die neue Brötchensorte verhalten werden. Bei einem Preis von 0,65 € je Brötchen kann er höchstens 300 Brötchen täglich absetzen. Legt er den Preis über 0,65 € fest, verzichten alle Kunden auf diese Brötchen und kaufen stattdessen billigere Brötchen bei der Konkurrenz. Legt er den Preis auf 0,20 € je Brötchen oder niedriger fest, gewinnt er so viele Kunden, dass er seine Tageskapazität von 1 500 Brötchen voll auslasten kann.

Die voraussichtliche Erlös- und Kostenentwicklung fasst er in der folgenden Tabelle zusammen.

Preis für 1 Brötchen in €	0,65	0,65	0,65	0,65	0,60	0,55	0,50	0,45	0,40	0,35	0,30	0,25	0,20	0,20	0,20	0,20
Brötchen Tagesabsatz (Stück)	0	100	200	300	400	500	600	700	800	900	1 000	1 100	1 200	1 300	1 400	1 500
Erlös in €	0	65	130	195	240	275	300	315	320	315	300	275	240	260	280	300
Grenzerlöse je Brötchen (in €)																
Gesamtkosten (in €)	50	70	90	110	130	150	170	190	210	230	250	270	290	310	330	350
Grenzkosten je Brötchen (in €)																

1. Tragen Sie die Preis-Absatz-Kurve für die „Fitties“ in ein Koordinatensystem ein (x-Achse: Menge, 16 cm, 1 cm = 10 Mengeneinheiten; y-Achse: Preis, Grenzerlös, 12 cm, 1 cm = 0,10 € von – 0,40 € bis + 0,70 €).
2. Erläutern Sie den Verlauf der Preis-Absatz-Kurve.
3. Ermitteln Sie anhand der Tabelle die Grenzerlöse für ein „Fittie“-Brötchen bei den unterschiedlichen Ausbringungsmengen und tragen Sie die Grenzerlöskurve in das Koordinatensystem ein.
4. Ermitteln Sie anhand der Tabelle die Grenzkosten für ein „Fittie“-Brötchen und tragen Sie die Grenzkostenkurve in das Koordinatensystem ein.

5. Bestimmen Sie grafisch den gewinnmaximalen Preis und die gewinnmaximale Menge für die Brötchen nach der Gewinnmaximierungsregel E' = K'.
6. Tragen Sie die Gesamterlös- und Gesamtkostenkurve in ein darunter liegendes Koordinatensystem ein und bestimmen Sie das Gewinnmaximum.
   (Koordinatensystem: x-Achse: Menge, 16 cm, 1 cm = 10 Mengeneinheiten, y-Achse: Erlöse, Kosten, 16 cm; 1 cm = 20,00 €)
7. Angenommen, der Bäcker möchte mit den „Fittie"-Brötchen einen möglichst hohen Erlös erzielen. Bestimmen Sie für diesen Fall die Ausbringungsmenge (= Erlösmaximum) und den Stückpreis.
8. Angenommen, der Bäcker möchte seinen Marktanteil bei Brötchen erhöhen und seine Kapazitäten möglichst stark auslasten. Es soll aber kein Verlust entstehen. Bestimmen Sie für diesen Fall die Ausbringungsmenge für die „Fittie"-Brötchen (= Gewinngrenze).

9. Überprüfen Sie die von Ihnen ermittelten Werte für das Erlös- und Gewinnmaximum mithilfe der Differentialrechnung.
   Preis-Absatz-Funktion im monopolistischen Bereich: $p = 0{,}8 - 0{,}0005x$
   Gesamtkostenfunktion: $K = 50 + 0{,}2x$.
10. Vergleichen Sie das Verhalten der Bäckerei bei der Preisfindung für die „Fittie"-Brötchen vom Anbieterverhalten auf dem vollkommenen Markt.

5.23 Verhaltensweisen von Oligopolisten

»

Harter Verdrängungswettbewerb unter den Lebensmitteleinzelhändlern

Zwischen den Lebensmittel-Discountern Aldi, Lidl, Netto und Norma herrscht insbesondere bei Grundnahrungsmitteln und Getränken ein gnadenloser Preiskampf. Diese Entwicklung hat jüngst sogar das Bundeskartellamt zum Eingreifen veranlasst. Einer der beteiligten Konkurrenten hatte nämlich seine Preise für bestimmte Produkte so stark gesenkt, dass sie unter seinem Einstandspreis und damit unter seinen Selbstkosten lagen. Solche Dumpingpreise sind aber nach § 20 Abs. 3 des Gesetzes gegen Wettbewerbsbeschränkung (GWB) verboten.

»

Jedes Jahr das gleiche Spiel: Benzinpreis steigt zu Beginn der Reisesaison

Regelmäßig zu Beginn der Schulferien und damit zur Hauptreisesaison lässt sich an den Tankstellen das gleiche Phänomen beobachten: Die Mineralölkonzerne wie ARAL/BP, Shell, Total, Esso usw. erhöhen ihre Benzin- und Dieselpreise kräftig. Das geschieht selbst dann, wenn der Ölpreis am Weltmarkt sinkt und ein schwacher Dollar Rohölimporte zu günstigen Preisen in Euro ermöglicht. Das Bundeskartellamt kann gegen dieses Verhalten nicht vorgehen, solange keine Beweise für wettbewerbswidrige Preisabsprachen vorliegen.

1. Identifizieren Sie, welche Zwecke die Anbieter in den beiden beschriebenen Fällen verfolgen.
2. Erläutern Sie, welche Mittel die Anbieter zur Erreichung ihrer Ziele einsetzen.

5.24 Fallstudie: Angebotsoligopol – Erklärung von Verhaltensweisen im Oligopol – Kartellbildung

Angenommen, auf dem Benzinmarkt gibt es nur die beiden Anbieter A und B. Jeder von beiden versucht eine Strategie zu wählen, bei der sein Gewinn möglichst groß ist.

Situation 1
Für beide Anbieter besteht nur die Wahl zwischen zwei Strategien.

Strategie 1 (S_1): **Hoher Preis** Strategie 2 (S_2): **Niedriger Preis**

		Anbieter B	
		Hochpreis (S_{B1})	Niedrigpreis (S_{B2})
Anbieter A	Hochpreis (S_{A1})	(B) 50 (A) 50	(B) 100 (A) – 50
	Niedrigpreis (S_{A2})	(B) – 50 (A) 100	(B) 0 (A) 0

Setzt A einen hohen Preis (z. B. Monopolpreis) fest, so ist dies für ihn nur dann mit einem hohen Gewinnzuwachs verbunden, wenn auch B denselben hohen Preis verlangt. Setzt B dagegen einen niedrigeren Preis fest, erleidet A eine Gewinnminderung, weil seine Absatzmenge zurückgeht. Der Gewinnzuwachs des B ist in diesem Fall noch höher, als wenn beide Anbieter die Hochpreisstrategie wählen. Wählen beide Anbieter die Niedrigpreisstrategie, ergibt sich keine Gewinnveränderung. Diese Zusammenhänge sind für die vier möglichen Strategiekombinationen in der oben stehenden **Gewinnmatrix** in Mio. € dargestellt (linke untere Ecke: Gewinnveränderungen für Unternehmen A; rechte obere Ecke: Gewinnveränderung für Unternehmen B).

1. Begründen Sie, welche Strategie der Anbieter A voraussichtlich wählen wird.
2. Begründen Sie, welche Strategie der Anbieter B voraussichtlich wählen wird.
3. Begründen Sie den Einfluss der gewählten Strategie auf die Gewinnsituation der beiden Anbieter.
4. Erläutern Sie die Auswirkungen der voraussichtlichen Strategiekombination auf die Nachfrager.

Situation 2:
Aufgrund veränderter Kostenstrukturen ändert sich die Gewinnmatrix wie folgt:

		Anbieter B	
		Hochpreis (S_{B1})	Niedrigpreis (S_{B2})
Anbieter A	Hochpreis (S_{A1})	(B) 60 (A) 40	(B) 100 (A) – 50
	Niedrigpreis (S_{A2})	(B) – 50 (A) 100	(B) 5 (A) – 5

Begründen Sie, welche Strategie Anbieter B voraussichtlich wählen wird und welche Folgen sich daraus ergeben für A.

Situation 3:
Die beiden Anbieter A und B haben ein Kartell gebildet, um **gemeinsam** ihren Gewinn zu maximieren. Der vereinbarte Kartellpreis (Monopolpreis) lässt sich aber nur durchsetzen, wenn die Angebotsmenge eingeschränkt wird. Die gewinnmaximale Menge wird daher zu gleichen Teilen auf die beiden Anbieter aufgeteilt. Beide Anbieter haben dadurch aber Leerkapazitäten. Jeder von ihnen überlegt daher, ob sich nicht ein individueller Zusatzgewinn erzielen lässt, wenn die Produktion unter Umgehung der Kartellvereinbarung heimlich erhöht wird.

Beiden Unternehmen stehen folgende Strategien zur Auswahl:
Strategie 1 (S_1): Produktion nicht erhöhen (= Kartellvereinbarung einhalten)
Strategie 2 (S_2): Produktion erhöhen (= Kartellvereinbarung umgehen)

Die sich bei jeder der vier Strategiekombinationen ergebenden Gewinne für A und B sind in der folgenden **Gewinnmatrix** dargestellt (linke untere Ecke: Gewinn für Unternehmen A; rechte obere Ecke: Gewinn für Unternehmen B).

		Anbieter B	
		Produktion nicht erhöhen (S_{B1})	Produktion erhöhen (S_{B2})
Anbieter A	Produktion nicht erhöhen (S_{A1})	(B) 110 (A) 110	(B) 120 (A) 80
	Produktion erhöhen (S_{A2})	(B) 80 (A) 120	(B) 100 (A) 100

1. Prüfen Sie, ob das Kartell längerfristig Bestand haben wird. Begründen Sie Ihre Antwort.
2. Zeigen Sie auf, wie sich die voraussichtliche Strategiekombination auf den Gewinn der beiden Anbieter auswirken wird.
3. Vergleichen Sie die Auswirkungen der voraussichtlichen Strategiekombination für die Nachfrager.

5.25 Gewinnmaximierung beim heterogenen Oligopol

Ein Unternehmen, das Körperpflegemittel herstellt, bietet u. a. Seife von gehobener Qualität auf einem unvollkommenen polypolistischen Markt an. Die Geschäftsleitung vermutet, dass für das Unternehmen auf dem Seifenmarkt folgende Preis-Absatz-Funktion gilt (Mengenangaben in 100 000 Stück):

Bereich I: $p = -\frac{1}{3}x + 8$ für $0 \leq x \leq 3$
Bereich II: $p = -x + 10$ für $3 \leq x \leq 6$
Bereich III: $p = -\frac{1}{4}x + 5{,}5$ für $6 \leq x \leq 10$

1. Stellen Sie die Preis-Absatz-Kurve und die Grenzerlöskurve in einem Koordinatensystem grafisch dar (x-Achse: Menge, 12 cm, 1 cm = 100 000 Mengeneinheiten; y-Achse: Preis, Grenzerlös, 10 cm, 1 cm = 1 Geldeinheit).
2. Bestimmen Sie die obere und die untere Preisgrenze des monopolistischen Bereichs.
3. Die Gesamtkostenfunktion lautet: K = 1 000 000 + 3x. Tragen Sie die Grenzkostenkurve in das Koordinatensystem ein.
4. Ermitteln Sie Preis und Menge
   a) im Gewinnmaximum,
   b) im Erlösmaximum.
5. Berechnen Sie den Gewinn im Gewinnmaximum.
6. Durch ein verändertes Fertigungsverfahren gelingt es dem Unternehmen, die variablen Kosten je Stück von bisher 3 GE auf 2 GE zu senken. Die Gesamtkostenfunktion lautet jetzt: K = 1 000 000 + 2x. Tragen Sie die neue Grenzkostenkurve in das Koordinatensystem ein.
7. Ermitteln Sie die neue gewinnmaximale Preis-Mengen-Kombination und die Höhe des Gewinns im Gewinnmaximum.

5.26 Geknickte Preis-Absatz-Kurve

Für einen Oligopolisten gilt folgende Preis-Absatz-Funktion:

Bereich I: $p = -1/3\,x + 8$ für den Mengenbereich $0 \leq x \leq 3$
Bereich II: $p = -x + 10$ für den Mengenbereich $3 \leq x \leq 10$

1. Stellen Sie die Preis-Absatz-Kurve und die Grenzerlöskurve in einem Koordinatensystem grafisch dar.
2. Begründen Sie den Verlauf der Preis-Absatz-Kurve.
3. Die Gesamtkostenfunktion lautet: K = 100 + 4,5 x. Tragen Sie die Grenzkostenkurve in das Koordinatensystem ein und bestimmen Sie die gewinnmaximale Preis-Mengen-Kombination.
4. Aufgrund einer Erhöhung der variablen Stückkosten verändert sich die Gesamtkostenfunktion wie folgt: K = 100 + 5,5 x. Tragen Sie die neue Grenzkostenkurve in das Koordinatensystem ein und bestimmen Sie die gewinn-maximale Preis-Mengen-Kombination.
5. „Mithilfe der geknickten Preis-Absatz-Kurve wird versucht, die auf oligopolistischen Märkten häufig zu beobachtenden Preisstarrheit zu begründen.“ Erläutern Sie diese Aussage anhand der grafischen Darstellung.

Ich kann …	Bitte ankreuzen		Wenn Nein: Siehe Seite(n) im Buch	Zuordnung AFB
	Ja	Nein		
5.1 Funktionen und Arten von Märkten				**AFB**
… die Funktion von Märkten erklären.			S. 190 f.	II
… das Marktformenschema nach Stackelberg beschreiben.			S. 191	I
… Stellung zur Marktmacht und zur Marktform nehmen.			S. 192	II
5.2 Preisbildung auf Wettbewerbsmärkten				**AFB**
… das Marktgleichgewicht tabellarisch, grafisch und algebraisch ermitteln.			S. 193 ff.	II
… das Marktgleichgewicht beim Polypol analysieren.			S. 195	III
… Anpassungsprozesse darstellen, die sich auf Wettbewerbsmärkten einstellen, wenn der Marktpreis über bzw. unter dem Gleichgewichtspreis liegt.			S. 197 ff.	II
… erklären, warum der einzelne Anbieter bei vollständiger Konkurrenz als Mengenanpasser bezeichnet wird.			S. 198	II
… den Gleichgewichtspreis als optimales Ergebnis des Polypols auf dem vollkommenen Markt erkennen.			S. 198 f.	II
… die Bedingungen des vollkommenen Marktes nennen.			S. 196	I
… das Modell eines vollkommenen Marktes erläutern.			S. 196	II
… den unvollkommen vom vollkommenen Markt abgrenzen und begründen, dass Marktpreise in der Realität meist keine Gleichgewichtspreise sind.			S. 198 f.	II/III
… die Konsumenten- und Produzentenrente definieren und deren Höhe berechnen.			S. 199 ff.	II
… die Änderungen des Gleichgewichtspreises bei einer Verschiebung der Angebots- und/oder Nachfragekurven darstellen.			S. 201 f.	II
… selbstständig den Anpassungsprozess (Cobweb-Modell) hin zu einem neuen Marktgleichgewicht entwickeln.			S. 203 f.	II/III
5.3 Staatliche Eingriffe in die Preisbildung auf Wettbewerbsmärkten				**AFB**
… marktkonforme Eingriffe des Staates in die Marktpreisbildung nennen.			S. 205 f.	I
… die Folgen der Erhebung einer Mengensteuer analysieren.			S. 205 f.	II
… die Folgen der Zahlung einer Subvention analysieren.			S. 206 f.	II
… marktkonträre Eingriffe des Staates in die Marktpreisbildung nennen.			S. 207 f.	I
… die Einführung eines Mindestpreises diskutieren.			S. 208 f.	II
… die Einführung eines Höchstpreises diskutieren.			S. 209 f.	II
… die Möglichkeiten des Staates, in das Marktgeschehen einzugreifen beurteilen und Auswirkungen auf die Marktteilnehmer und den Staat diskutieren.			S. 209 f.	III
5.4 Preisbildung des Angebotsmonopols				**AFB**
… verschiedene Arten von Monopolen nennen.			S. 211	I
… die Preis-Absatz-Kurve des Monopolisten darstellen, und erklären, warum diese beim Angebotsmonopol mit der Gesamtnachfragekurve identisch ist.			S. 211 f.	II

Muster

6 Marktwirtschaftliche Ordnung in Modell und Realität

6.1 Idealtypische Wirtschaftsformen

6.6 Arbeits- und Sozialordnung in der sozialen Marktwirtschaft

6.5 Wettbewerbsordnung der sozialen Marktwirtschaft

6.2 Modell einer freien Marktwirtschaft

6.3 Abweichung zwischen Modell und Realität marktwirtschaftlicher Ordnung

6.4 Grundlagen der sozialen Marktwirtschaft in Deutschland

6.7 Einkommensentstehung und Einkommensverteilung

- Einkommensentstehung
- Funktionelle Einkommensverteilung
- Personelle Einkommensverteilung
- Primäre- und sekundäre Einkommensverteilung

6.9 Armut in Deutschland

- Absolute vs. Relative Armut
- Armutsrisikoquote
- Altersarmut
- Armutsbekämpfung

6.8 Einkommens- und Vermögensverteilung in Deutschland

- Lohn- und Gewinnquote
- Ungleiche Einkommensverteilung
- Ungleiche Vermögensverteilung
- Wirkung verteilungspolitischer Maßnahmen

6 Marktwirtschaftliche Ordnung in Modell und Realität

Im Jahr 1934 steht im Hörsaal der Heidelberger Universität ein Mann in nationalsozialistischer Uniform und verkündet den versammelten Professoren der Universität, dass die bisher dort gelehrten Ideen der Volkswirtschaftslehre überholt seien – zu liberal, zu jüdisch, zu schwächlich und zu nichts zu gebrauchen. Die Zuhörer sitzen mit gebeugten Köpfen da und lassen die Hasspredigt über sich ergehen. Nur ein Mann steht auf, schüttelt die Fäuste und ruft „Ich protestiere!“. Der mutige Mann ist Walter Eucken, einer der Väter der Sozialen Marktwirtschaft.

Für Sie ist das selbstverständlich: Sie dürfen frei – auf Facebook oder in Gesprächen – Ihre Meinung äußern, Sie dürfen frei entscheiden, welchen Beruf Sie ergreifen wollen, Sie dürfen wählen gehen, und niemand darf Ihnen Ihr Eigentum wegnehmen. In der Zeit, in der Walter Eucken zusammen mit Kollegen darüber nachdachte, wie eine gerechte, freie Wirtschaftsordnung aussehen könnte, war das nicht selbstverständlich, viele Professoren erhielten Lehrverbote, allein das Nachdenken über Alternativen zum Nationalsozialismus war gefährlich, viele bürgerliche Freiheiten gingen verloren. Unter dem Eindruck dieser Zeit entstand die Idee der Sozialen Marktwirtschaft.

Die soziale Marktwirtschaft ist nur eine mögliche Wirtschaftsordnung, aber diese setzen wir in Deutschland um. Über den Zweck, den Wirtschaftsordnungen in einem Staat erfüllen, gelangen Sie in diesem Kapitel zu den Merkmalen idealtypischer Wirtschaftsordnungen. Die Modelle der freien und soziale Marktwirtschaft werden einander gegenübergestellt und mit der Realität abgeglichen. Zuletzt setzen Sie sich ausgiebig mit den Merkmalen der sozialen Marktwirtschaft auseinander, die Sozial- und die Wettbewerbsordnung werden dabei in den Vordergrund gestellt.

Die Preisbildung auf Märkten erfolgt nicht unter sozialen Gesichtspunkten, sondern einzig und allein in Abhängigkeit von Angebot und Nachfrage. Die sich am Markt ergebenden Güterpreise und Einkommen haben daher nichts mit sozialer Gerechtigkeit zu tun. In einer Marktwirtschaft ist es deshalb Aufgabe des Staates, solche Marktergebnisse, die als sozial ungerecht und nicht akzeptabel empfunden werden, durch eine Einkommensumverteilung zu korrigieren. Dies dient auch der Wahrung des sozialen Friedens in einem Land. Zudem sind nicht alle Mitglieder der Gesellschaft gleichermaßen leistungsfähig, um am Arbeitsmarkt ein ausreichendes Einkommen zu erzielen (z. B. Alte, Kranke, Menschen mit Behinderungen, Kinder) oder finanzielle Notlagen aus eigener Kraft zu bewältigen. Der Staat muss daher für solche Fälle eine Möglichkeit zur Abdeckung von Lebens- und Beschäftigungsrisiken im Rahmen einer gesetzlichen Sozialversicherung bieten. Neben dem Wettbewerbsprinzip wird dieses Prinzip des sozialen Ausgleichs (Sozialprinzip) in der Wirtschaftsordnung der sozialen Marktwirtschaft besonders betont. Allerdings zeigte sich in den letzten Jahrzehnten, dass die sozialen Sicherungssysteme in Deutschland aus vielfältigen Gründen in große Finanzierungsschwierigkeiten geraten sind. Ursachen sind u. a. die bereits lange andauernde hohe Arbeitslosigkeit und die Bevölkerungsentwicklung (immer mehr Alte und immer weniger Junge). Die Reform der Sozialversicherungssysteme ist eine der größten politischen Aufgaben, die die derzeitige Regierung zu bewältigen hat. Dabei ist offensichtlich, dass eine Lösung ohne erhebliche Stärkung der Eigenverantwortung des Einzelnen durch private Vorsorge und Selbstbeteiligung nicht möglich ist. Dies gilt insbesondere für die Altersversorgung der jungen Generation, die private Vorsorgemaßnahmen zwingend nötig macht.

6.1 Idealtypische Wirtschaftsordnungen

Lernziele:

Nach der Bearbeitung des Kapitels sind Sie in der Lage, Folgendes zu tun:

Sie ...

- ... erklären den Begriff der Wirtschaftsordnung.
- ... vergleichen die Merkmale der beiden idealtypischen Wirtschaftsordnungen freie Marktwirtschaft und Zentralverwaltungswirtschaft.

Begriff der Wirtschaftsordnung

In einer arbeitsteiligen Wirtschaft müssen die Regeln für das Zusammenwirken der Beteiligten dauerhaft vereinbart werden. Nur so können die wirtschaftlichen Aktivitäten von Unternehmen, Haushalten und Staat aufeinander abgestimmt und die **Grundfragen jeder Volkswirtschaft**

> **D** Was, wie und für wen wird produziert?

erfolgreich gelöst werden. Es gehört zu den Aufgaben **staatlicher Wirtschaftspolitik**, ein solches Regelsystem, das aus Grundsätzen, Vereinbarungen und Vorschriften für wirtschaftliches Handeln besteht, festzulegen.

> **D** Die Wirtschaftsordnung ist die Gesamtheit aller Rahmenbedingungen (z. B. geschriebene und ungeschriebene Regeln, öffentliche und private Einrichtungen zur Ordnung des Wirtschaftsgeschehens), innerhalb derer sich die Wirtschaftsbeziehungen und Wirtschaftsveränderungen in einer Volkswirtschaft entwickeln.

Gesellschaftspolitisches Leitbild

Die **Wirtschaftsordnung** ist neben der Rechts- und Sozialordnung das wichtigste Element der alle Bereiche des menschlichen Zusammenlebens umfassenden **Gesellschaftsordnung.** Das in der jeweiligen Gesellschaftsordnung vorherrschende **gesellschaftspolitische Leitbild** hat entscheidenden Einfluss auf die Wirtschaftsordnung. Als zwei extrem unterschiedliche Auffassungen vom Wesen des Menschen stehen sich dabei **Individualismus**[1] und **Kollektivismus**[2] gegenüber.

Der Individualismus sieht den Menschen als Ausgangs- und Mittelpunkt allen gesellschaftlichen Lebens. Sein oberstes Ideal ist die freie Entfaltung aller Anlagen, Kräfte und Interessen des Einzelnen. Diesem Menschenbild entspricht als Staats- und Gesellschaftsauffassung der **Liberalismus.**[3]

Der Kollektivismus sieht dagegen den Einzelnen vor allem und zuerst als ein der **Gemeinschaft** (Kollektiv) untergeordnetes Wesen. Das beinhaltet die Auffassung, die Gemeinschaft habe eigenständige, übergeordnete Interessen, die möglicherweise von den Interessen des Einzelnen abweichen und gegen dessen Willen durchgesetzt werden müssen. Als politisches System entspricht dem Kollektivprinzip der **Sozialismus** in seinen verschiedenen Ausprägungen, von denen der **Kommunismus** als extremste Form angesehen wird.

Die gesellschaftspolitische Grundentscheidung zwischen Individualismus und Kollektivismus bestimmt weitgehend auch alle anderen wesentlichen Elemente einer Wirtschaftsordnung.

Vergleichende Übersicht der Merkmale idealtypischer Wirtschaftsordnungen

Als gedankliche **Modelle** lassen sich die beiden **idealtypischen Wirtschaftsordnungen freie Marktwirtschaft** und **Zentralverwaltungswirtschaft** unterscheiden. Es handelt sich dabei um Modellkonstruktionen und nicht um in der Realität vorzufindende Wirtschaftsordnungen.

1 Individuum *(lat.)*: der einzelne Mensch
2 Kollektiv *(lat.)*: Gruppe, Gemeinschaft
3 liberal *(lat.)*: freiheitlich

Merkmale der idealtypischen Wirtschaftsordnungen im Vergleich		
Freie Marktwirtschaft	**Merkmale**	**Zentralverwaltungswirtschaft**
Individualismus	**Leitidee hinsichtlich der Stellung des Einzelnen in der Gesellschaft**	Kollektivismus
Liberalismus	**aus der Leitidee entwickelte gesellschaftspolitische Auffassung**	Sozialismus
Privateigentum (private Verfügungsmacht) an den Produktionsmitteln (Kapitalismus)	**Eigentumsordnung**	Gemeineigentum an den Produktionsmitteln (sozialisiertes Eigentum)
Einzelwirtschaftliche Planung durch die Unternehmen (Produktionspläne) und Haushalte = dezentrale Planung, Lenkung und Steuerung des Wirtschaftsprozesses zur Abstimmung der Einzelpläne durch den Preismechanismus	**Aufstellung und Koordination der Wirtschaftspläne (Lenkungsprinzip)**	Aufstellung eines zentralen Gesamtplans durch eine zentrale Planungsbehörde, Lenkung und Steuerung des Wirtschaftsprozesses durch die Planungsbehörde
Schutz der Freiheiten der Bürger durch Festsetzung und Überwachung eines Ordnungsrahmens („Nachtwächterstaat")	**Rolle des Staates**	Uneingeschränkte wirtschaftliche und politische Macht des Staates
Demokratie	**Staatsform**	Diktatur

6.2 Modell einer freien Marktwirtschaft

Lernziele:

Nach der Bearbeitung des Kapitels sind Sie in der Lage, Folgendes zu tun:

Sie ...

- ... erläutern die ideologischen Grundlagen einer freien Marktwirtschaft.
- ... erklären Adam Smiths Metapher der „unsichtbaren Hand".
- ... nennen die Voraussetzungen, die für das Funktionieren einer freien Marktwirtschaft erfüllt sein müssen (= Ordnungsrahmen einer freien Marktwirtschaft).
- ... erläutern, wie das Planungs-, Koordinations-, Motivations- und Kontrollsystem im Modell der freien Marktwirtschaft funktioniert, und leiten daraus die Funktionen des Preises ab.
- ... nennen und beschreiben die Funktionen des Preises im Modell einer freien Marktwirtschaft.
- ... erklären den Begriff der „Konsumentensouveränität".

6.2.1 Ideologische Grundlagen einer freien Marktwirtschaft

Die wesentlichen Merkmale einer Marktwirtschaft wurden erstmals von ADAM SMITH (1723–1790) systematisch untersucht und beschrieben. Er gilt als Begründer der klassischen Volkswirtschaftslehre und Vorreiter marktwirtschaftlichen Denkens. Seinen Überlegungen liegt das gesellschaftspolitische Leitbild des **Individualismus** zugrunde. Die freie Entfaltung des Menschen ist daher das oberste Ziel. Entsprechend der zugehörigen Staats- und Gesellschaftsauffassung des **Liberalismu-**

soll der Staat weitgehend auf Eingriffe in das Wirtschaftsgeschehen verzichten und die Wirtschaftsentwicklung dem freien Spiel der Marktkräfte überlassen. Nach der Auffassung von A. SMITH führt das egoistische Erwerbsstreben des Einzelnen, das wie eine „unsichtbare Hand" wirkt, gleichzeitig zur Förderung des Gemeinwohls. Die Selbststeuerung der Wirtschaft wird als das geeignete Mittel angesehen, um den Reichtum einer Nation zu vergrößern und gleichzeitig eine sozial gerechte Güterverteilung herbeizuführen.

„Nicht vom Wohlwollen des Metzgers, Brauers oder Bäckers erwarten wir das, was wir zum Essen brauchen, sondern davon, dass sie ihre eigenen Interessen wahrnehmen. Wir wenden uns nicht an ihre Menschenliebe, sondern an ihre Eigenliebe; wir erwähnen ihnen gegenüber nicht unsere eigenen Bedürfnisse, sondern sprechen nur von ihrem Vorteil."[1]

„[...] wenn [jeder Einzelne] die Erwerbstätigkeit so fördert, dass ihr Ertrag den höchsten Wert erzielen kann, strebt er lediglich nach seinem eigenen Gewinn. Und er wird in diesem wie auch in vielen anderen Fällen von einer unsichtbaren Hand geleitet, um einen Zweck zu fördern, den zu erfüllen er in keiner Weise beabsichtigt hat. Auch für das Land selbst ist es keineswegs immer das Schlechteste, dass der Einzelne ein solches Ziel nicht bewusst anstrebt, ja, gerade dadurch, dass er das eigene Interesse verfolgt, fördert er häufig das der Gesellschaft nachhaltiger, als wenn er wirklich beabsichtigt, es zu tun."[2]

Adam Smith (1723–1790)

[1]*Quelle: Smith, Adam: Der Wohlstand der Nationen, Eine Untersuchung seiner Natur und seiner Ursachen, hrsg. v. Georg von Wallwitz, übers.v. Horst Claus Recktenwald, München: dtv Verlagsgesellschaft 2018, S. 194.*
[2]*Quelle: Smith, Adam: Der Wohlstand der Nationen, Eine Untersuchung seiner Natur und seiner Ursachen, hrsg. & übers.v. Horst Claus Recktenwald, München: dtv Verlagsgesellschaft 1996, S. 17.*

D Nach Auffassung der Vertreter des klassischen Wirtschaftsliberalismus wird das Gemeinwohl dann am besten gefördert, wenn sich die Menschen bei ihrem wirtschaftlichen Handeln an ihren eigenen Interessen orientieren und der Staat weitgehend auf Eingriffe in das Wirtschaftsgeschehen verzichtet.

6.2.2 Ordnungsrahmen einer freien Marktwirtschaft

Voraussetzung für das Funktionieren einer Marktwirtschaft ist ein Ordnungsrahmen, innerhalb dessen der Wirtschaftsprozess abläuft. Diesen Ordnungsrahmen legt der Staat fest. Er greift aber nicht direkt in das Wirtschaftsgeschehen ein.

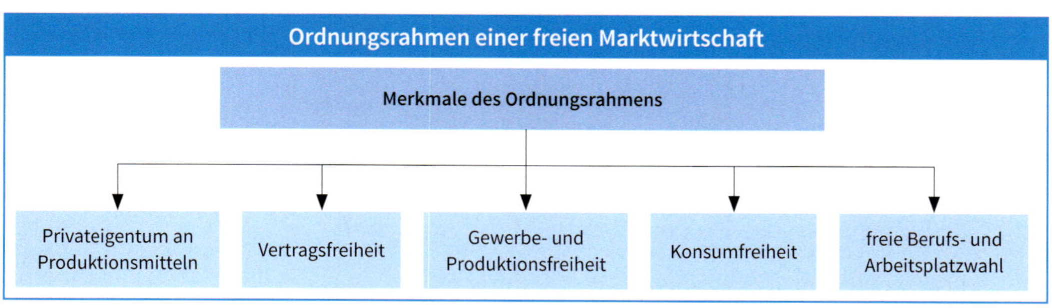

- Das **Privateigentum an den Produktionsmitteln** (z. B. Maschinen, Transportmittel, Boden) ist Voraussetzung dafür, dass sich die Unternehmen bei der Aufstellung und Verwirklichung ihrer Produktionspläne frei entscheiden können.
- Die **Vertragsfreiheit** ermöglicht es den Vertragspartnern, beliebige Verträge abzuschließen und deren Inhalt selbst zu bestimmen. Ohne Vertragsfreiheit kann es keinen freien Austausch von Sachgütern und Leistungen am Markt geben. Der Staat muss Rechtssicherheit garantieren, damit die Vertragspartner ihre Ansprüche notfalls mit staatlicher Hilfe (z. B. Gerichte, Polizei) durchsetzen können.

- Die **Gewerbefreiheit** ermöglicht es jedem Produzenten, ein beliebiges Gewerbe zu betreiben und sich am Markt frei zu betätigen. Staatliche Kontrollen und Zulassungsbeschränkungen sind damit nicht zu vereinbaren. Marktzutrittsschranken würden zu einer Verringerung des Wettbewerbs führen und die Entstehung marktbeherrschender Unternehmen fördern. Die Gewerbefreiheit umfasst auch die **freie Wahl von Beruf und Arbeitsplatz.**
- Die **Produktionsfreiheit** ermöglicht es jedem Produzenten, selbst darüber zu entscheiden, was und wie viel er produzieren will.
- Die **Konsumfreiheit** ermöglicht es jedem Konsumenten, selbst darüber zu entscheiden, wie er sein Einkommen verwenden und was er in welchem Umfang kaufen will.

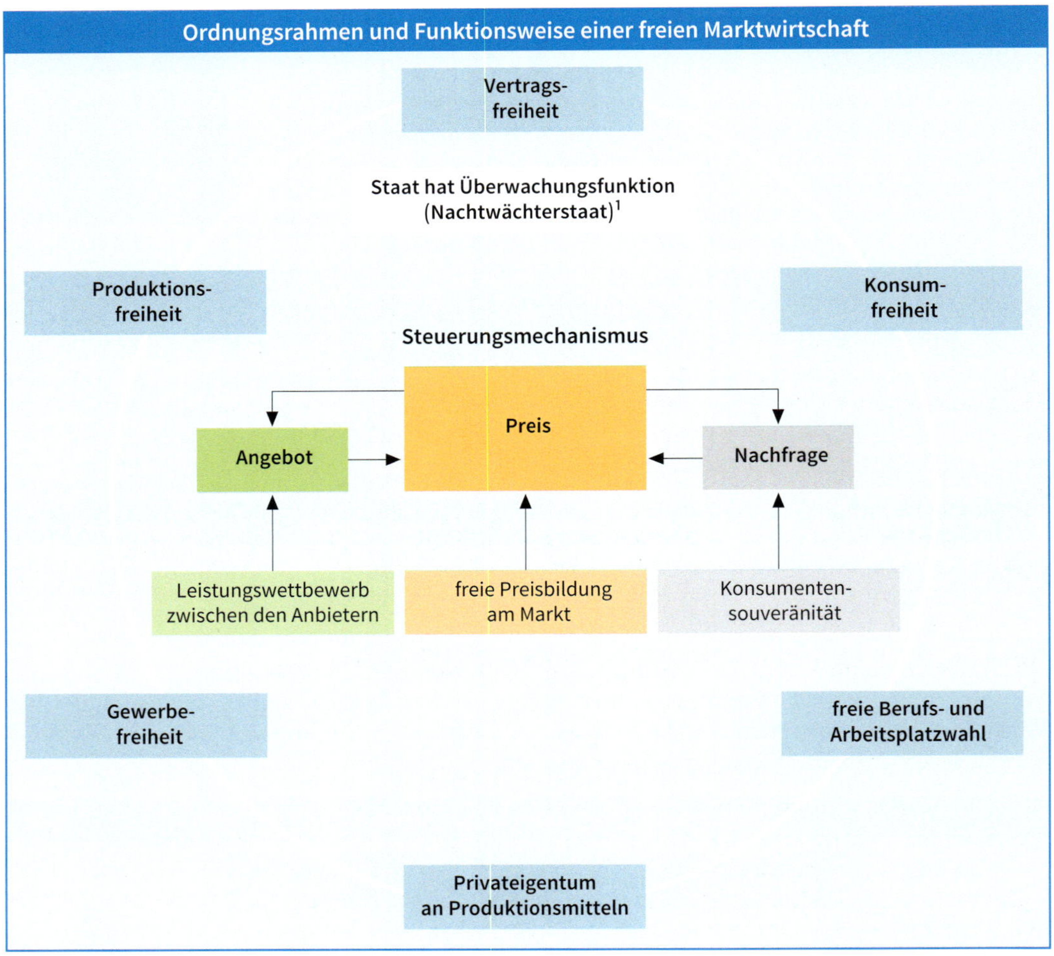

6.2.3 Funktionen des Preises in einer Marktwirtschaft

Wettbewerb und **Preissystem** sorgen in einer **Marktwirtschaft** dafür, die folgenden Grundfragen einer jeden Volkswirtschaft zu lösen:

D

Grundfragen jeder Volkswirtschaft:
1. Was soll produziert werden?
2. Wie soll produziert werden?
3. Für wen soll produziert werden?

1 Diese polemische Bezeichnung für die Rolle des Staates, sich auf den Schutz des Privateigentums zu beschränken, stammt vom deutschen Politiker Ferdinand Lassalle (1825–1864).

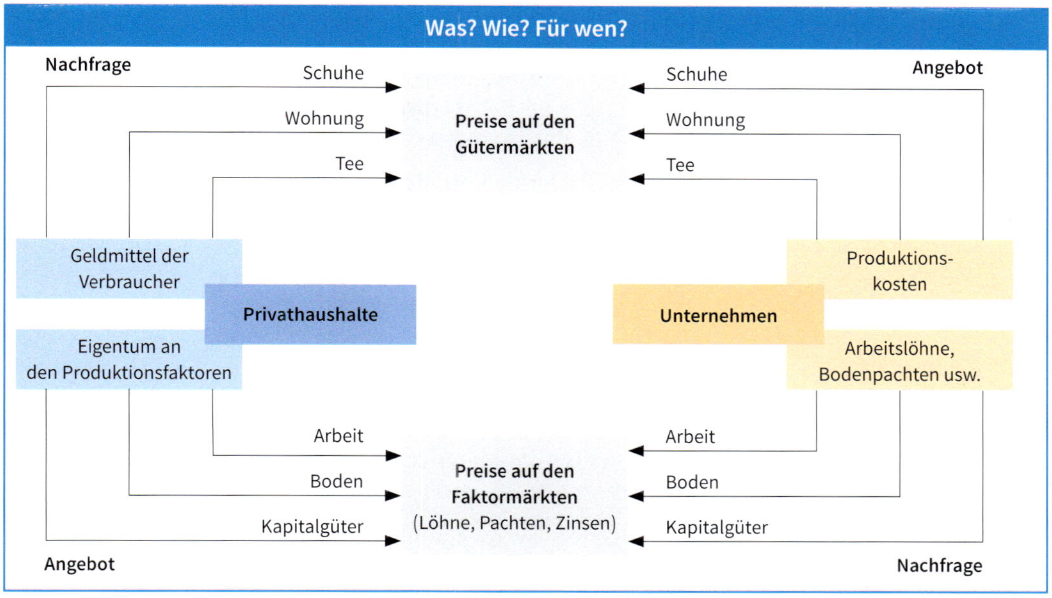

In **jeder Wirtschaftsordnung** müssen die wirtschaftlichen Aktivitäten von Unternehmen und Haushalten geplant, aufeinander abgestimmt (koordiniert) und kontrolliert werden. Außerdem sind Anreize (Motivation) nötig, damit die Entscheidungen der Wirtschaftseinheiten unter Beachtung des ökonomischen Prinzips getroffen werden. In einer Marktwirtschaft werden die mit diesen grundlegenden **Funktionselementen Planung**, **Koordination**, **Motivation** (Anreiz) und **Kontrolle** einhergehenden Aufgaben folgendermaßen gelöst:

6.1, S. 308

Planungssystem	Koordinationssystem	Motivationssystem	Kontrollsystem
Dezentrale Konsum- und Produktionsplanung durch Haushalte und Unternehmen	Abstimmung der Konsum- und Produktionspläne durch den Preis	Leistungsanreiz durch Gewinnstreben	Leistungskontrolle durch Wettbewerb

Preismechanismus und **Wettbewerb** spielen dabei eine entscheidende Rolle.

Planungssystem: Dezentrale Planung

In einer freien Marktwirtschaft werden die Entscheidungen, welche Güter in welchem Umfang produziert und konsumiert werden sollen, von den Produzenten und Konsumenten eigenständig getroffen (= **dezentrale Planung**). Die Produktions- und Konsumentscheidungen der Wirtschaftseinheiten sind dabei abhängig von den Preisen auf den Güter- und Faktormärkten. Preiserhöhungen signalisieren, dass das Angebot für die herrschende Nachfrage zu gering ist, Preissenkungen, dass das Angebot für die herrschende Nachfrage zu hoch ist. Der Preis dient als Knappheitsindikator (= **Signal-** oder **Informationsfunktion des Preises**).

Indem die Produzenten ihre Produktionsmenge an die veränderte Knappheitssituation auf den Gütermärkten anpassen, werden gleichzeitig die Produktionsfaktoren in die Bereiche gelenkt, in denen nach der Preisänderung die größten Gewinne zu erwarten sind. Dadurch ist gewährleistet, dass die Produktionsfaktoren jeweils in ihrer produktivsten Verwendung eingesetzt werden (= **Lenkungsfunktion des Preises**).

Mit der Änderung von Produktionsmenge und Produktionsstruktur verändert sich auch der Bedarf an bestimmten Produktionsfaktoren. Das beeinflusst die Preisverhältnisse auf den Faktormärkten. Somit ziehen Preisänderungen auf Gütermärkten auch Preisänderungen auf Faktormärkten nach sich. Da die Preise auf den Faktormärkten die Einkommen für die Inhaber der Produktionsfaktoren darstellen, ergeben sich daraus auch Veränderungen für die Einkommens- und

Vermögensverteilung (= **Verteilungsfunktion des Preises**). Auf der Nachfrageseite teilen die Preise das Angebot den Nachfragern zu, die bereit sind, den Marktpreis zu akzeptieren (= **Zuteilungsfunktion des Preises**).

Koordinationssystem: Abstimmung der Pläne durch den Preis

Es wäre reiner Zufall, wenn die einzelwirtschaftlichen Pläne der Produzenten und Konsumenten von vornherein so übereinstimmen würden, dass alle Produzenten zu den von ihnen geplanten Preisen ihre gesamte Produktion absetzen könnten und alle Konsumenten zu den von ihnen akzeptierten Preisen die erwartete Gütermenge erhalten würden. In Wirklichkeit müssen Produzenten und Konsumenten ihre Pläne laufend anpassen. Möchten beispielsweise die Konsumenten zu einem bestimmten Preis weniger Güter kaufen, als die Produzenten aufgrund ihrer Produktionspläne anbieten wollen, werden die Produzenten den Preis senken. Zu diesem niedrigeren Preis sind einige Konsumenten zusätzlich bereit, diese Güter – abweichend von ihrem ursprünglichen Konsumplan – zu kaufen. Eine solche Lenkung des Wirtschaftsprozesses durch die auf den Bedürfnissen der Konsumenten beruhenden Nachfrageentscheidungen wird als **Konsumentensouveränität**[1] bezeichnet.

Die **Wechselwirkungen** zwischen Angebot, Nachfrage und Preis, die eine **Koordination** der Wirtschaftspläne von Produzenten und Konsumenten herbeiführen, werden als **Preismechanismus** bezeichnet und stellen das **Steuerungsinstrument** einer Marktwirtschaft dar. Dieser Anpassungsprozess, der ständige Preis-, Produktions- und Nachfrageänderungen beinhaltet, setzt sich so lange fort, bis die Pläne der Produzenten und Konsumenten aufeinander abgestimmt sind (= **Planabstimmungs-**, **Koordinations-** oder **Ausgleichsfunktion des Preises**).

Motivationssystem: Leistungsanreiz durch Gewinnstreben

Die Steuerung einer Marktwirtschaft durch einen sich frei am Markt bildenden Preis kann nur funktionieren, wenn die Anbieter miteinander in Wettbewerb stehen. Ein funktionierender Wettbewerb schafft bei den Produzenten Anreize zur Leistungsverbesserung und erzwingt Anpassungen an veränderte Konsumentenwünsche, da auf diese Weise die Möglichkeiten zur Gewinnerzielung steigen. Für die Produzenten stellen Gewinne einen Leistungsanreiz dar, während Verluste einer Bestrafung für unwirtschaftliches Verhalten gleichkommen. Produzenten und Konsumenten werden durch den Preis zu wirtschaftlichem Handeln und zur Berücksichtigung der Knappheitsverhältnisse auf den Güter- und Faktormärkten veranlasst
(= **Anreizfunktion des Preises**).

Kontrollsystem: Leistungskontrolle durch Wettbewerb

Die dezentrale Planung der Wirtschaftseinheiten setzt Privateigentum an Produktionsgütern voraus. Mit privaten Eigentumsrechten geht aber die Gefahr einer wirtschaftlichen Machtkonzentration einher. Der Wettbewerb zwischen den Produzenten stellt diesbezüglich ein wirksames System zur Machtkontrolle dar. Bei funktionierendem Wettbewerb ist es ausgeschlossen, dass ein Produzent auf Dauer eine unangemessen hohe Marktmacht innehat, da die Mitbewerber seine Produkte und Produktionsverfahren nachahmen und den von ihm verlangten Preis unterbieten. Da sich in einer Wettbewerbswirtschaft Konsumenten und Produzenten bei der Suche nach eigenen Vorteilen ständig gegenseitig beobachten und überwachen, beinhaltet der Wettbewerb nicht nur einen Leistungsanreiz, sondern gleichzeitig auch eine wirksame Leistungskontrolle für wirtschaftliches Verhalten.

Über den Preis erzielen leistungsfähige Marktteilnehmer ein entsprechendes Einkommen und werden belohnt. Nicht leistungsfähige oder nicht leistungswillige Marktteilnehmer werden dagegen über den Preis mit einer Einkommensminderung bis hin zur Verdrängung vom Markt bestraft (= **Auslesefunktion des Preises**).

1 souverän *(franz.)*: selbstständig, unabhängig

Funktionen des Preises im Überblick

Funktionen des Preises in einer freien Marktwirtschaft					
Signal-/ Informations-funktion	**Lenkungs-funktion**	**Ausgleichs-/ Planabstim-mungsfunktion**	**Verteilungs- und Zuteilungs-funktion**	**Anreizfunktion**	**Auslesefunktion**
Der Preis informiert über die Knappheit eines Gutes (Knappheitsindikator).	Der Preis lenkt die Produktionsfaktoren in die Bereiche, in denen sie am produktivsten eingesetzt werden können.	Der Preis stimmt die Pläne von Unternehmen und Haushalten aufeinander ab und bringt Angebot und Nachfrage zum Ausgleich.	Veränderungen von Güter- und Faktorpreisen wirken sich auf die Einkommensverteilung aus. Über den Preis wird das Angebot den Nachfragern zugeteilt.	Der Preis bietet einen Anreiz, mit knappen Gütern sparsam umzugehen.	Der Preis bestraft leistungsunfähige Unternehmen und sorgt dafür, dass sie aus dem Markt ausscheiden.

D Wettbewerb ist die Voraussetzung für das Wirksamwerden des Preismechanismus und die Erfüllung der Preisfunktionen.

6.3 Abweichungen zwischen Modell und Realität marktwirtschaftlicher Ordnung

Lernziele:

Nach der Bearbeitung des Kapitels sind Sie in der Lage, Folgendes zu tun:

Sie ...

- ... beschreiben Fehlentwicklungen einer rein marktwirtschaftlichen Ordnung.

Das Modell der freien Marktwirtschaft beschreibt eine idealtypische Wirtschaftsordnung, die nur unter ganz bestimmten Bedingungen funktionsfähig ist. In der Realität kann eine rein marktwirtschaftliche Lenkung des Wirtschaftsprozesses zwar zu effizienten und kostengünstigen Ergebnissen führen, die aber häufig nach heutigen Gerechtigkeitsvorstellungen unsozial sind.

6.2, S. 309

6.3, S. 309

D Alle in der Realität vorzufindenden marktwirtschaftlichen Ordnungen weichen vom Idealtyp der freien Marktwirtschaft mehr oder weniger stark ab. Einerseits sind die Modellvoraussetzungen in der Realität teilweise nicht gegeben, sodass die wirtschaftliche Entwicklung anders verläuft als im Modell angenommen. Andererseits führt die freie Marktwirtschaft in bestimmten Fällen zu Ergebnissen, die den heutigen Vorstellungen von sozialer Gerechtigkeit widersprechen.

Im 19. Jahrhundert gab es insbesondere in England eine auf den Prinzipien des **Liberalismus** beruhende Wirtschaftsordnung. Die damit einhergehende Wirtschaftspolitik, die auch als **Laissez-faire-Liberalismus**[1] oder **Manchester-Liberalismus**[2] bezeichnet wird, war durch eine äußerst starke Zurückhaltung des Staates gekennzeichnet (Nachtwächterstaat). Eine ausschließlich an den Eigeninteressen der Menschen orientierte Wirtschaftsordnung, die nur durch den Marktmechanis-

1 laissez faire, laissez passer *(franz.)*: lasst machen, lasst gehen. Dies ist eine im 17. Jh. in Frankreich als Motto für die Beseitigung hinderlicher Staatseingriffe in den Wirtschaftsablauf entstandene Redewendung.

2 Diese Bezeichnung geht auf die Forderung einiger Industrieller aus der englischen Stadt Manchester zurück, die jegliche Eingriffe des Staates in das Wirtschaftsgeschehen unterbinden wollten.

mus gelenkt wird, kann aber zu erheblichen Fehlentwicklungen führen. Der von A. SMITH in diesem Zusammenhang behauptete Wohlstand für die gesamte Gesellschaft tritt keineswegs in allen Fällen ein. Insbesondere folgende Mängel machen staatliche Eingriffe in das Wirtschaftsgeschehen einer Marktwirtschaft notwendig:

Fehlentwicklung einer rein marktwirtschaftlichen Ordnung	
Unsoziale Einkommens- und Vermögensverteilung	Da die Voraussetzungen zur Einkommens- und Vermögenserzielung, nämlich Intelligenz, Leistungs- und Durchsetzungsfähigkeit, ererbtes Vermögen, Eigentum an Produktionsmitteln u. Ä. in der Realität ungleich verteilt sind, ist eine ungleiche Einkommens- und Vermögensverteilung die zwangsläufige Folge einer freien Marktwirtschaft. Es besteht die Tendenz, dass Arme immer ärmer und Reiche immer reicher werden.
Soziale Missstände durch Versagen des Arbeitsmarktes	Befürworter der freien Marktwirtschaft behaupten, es würde sich automatisch Vollbeschäftigung einstellen. Statt des erhofften Gleichgewichts bei Vollbeschäftigung können sich auf einem freien Arbeitsmarkt vielmehr Marktmacht der Arbeitgeber, starke Abhängigkeit der besitzlosen Arbeitnehmer und ein Lohnniveau unterhalb des Existenzminimums einstellen.
Einschränkung des Leistungswettbewerbs zwischen den Anbietern	Durch die Ungleichheiten bei der Einkommens- und Vermögensverteilung entsteht Marktmacht, die dazu missbraucht werden kann, mögliche Konkurrenten vom Markt fernzuhalten, vorhandene Konkurrenten zu verdrängen und überhöhte Preise von den Konsumenten zu verlangen. Durch die Ausnutzung der Vertragsfreiheit zum Zweck von unerlaubten Absprachen zwischen Unternehmen zur Ausschaltung des Wettbewerbs können Kartelle und Monopole entstehen, die zu einer weiteren Konzentration von wirtschaftlicher und politischer Macht führen. Wettbewerbsbeschränkungen machen das entscheidende Koordinations-, Motivations- und Kontrollsystem einer Marktwirtschaft funktionsunfähig.
Unterversorgung mit öffentlichen Gütern und Überbeanspruchung von Umweltgütern	Ohne wirtschaftliche Einflussnahme des Staates kommt es in einer Marktwirtschaft zu einer Unterversorgung mit öffentlichen Gütern (z. B. Infrastruktur, Gesundheits- und Bildungswesen), da solche Güter nicht oder nicht im erwünschten Umfang von privaten Anbietern über den Markt bereitgestellt werden. Auch bei der Nutzung von Umweltgütern liegt ein solches Marktversagen vor.
Wirtschaftskrisen	Kritiker der freien Marktwirtschaft behaupten, dass ein rein marktwirtschaftliches System u. a. aufgrund einer Tendenz zur Überproduktion regelmäßig wiederkehrende Wirtschaftskrisen auslöst. Die in der Realität beobachtbaren Konjunkturschwankungen werden als Beleg dafür herangezogen, dass die von der klassischen Arbeitsmarkttheorie behauptete Tendenz zur Vollbeschäftigung ohne staatliche Eingriffe in Wirklichkeit nicht besteht. Von Befürwortern des marktwirtschaftlichen Systems wird dagegen behauptet, dass gerade die staatliche Einflussnahme auf den Wirtschaftsprozess die Wirtschaftsschwankungen erst hervorruft.

6.4 Grundlagen der sozialen Marktwirtschaft in Deutschland

Lernziele:

Nach der Bearbeitung des Kapitels sind Sie in der Lage, Folgendes zu tun:

Sie …

- … beschreiben Ludwig Erhards Bedeutung für die soziale Marktwirtschaft in der Bundesrepublik Deutschland.

- ... erläutern den Zusammenhang zwischen dem Grundgesetz und der am Leitbild der sozialen Marktwirtschaft orientierten Wirtschaftsordnung der Bundesrepublik Deutschland.
- ... erklären das Verhältnis von Wettbewerbsprinzip und Sozialprinzip in der sozialen Marktwirtschaft.
- ... unterscheiden die Ordnungsmerkmale der sozialen Marktwirtschaft und der freien Marktwirtschaft.

6.4.1 Ordnungspolitisches Leitbild der sozialen Marktwirtschaft

Die „Väter" der sozialen Marktwirtschaft

Die theoretischen Grundlagen der in der Bundesrepublik Deutschland seit ihrer Gründung im Jahr 1949 bestehenden Wirtschaftsordnung gehen auf die als **Ordoliberalismus**[1] bezeichnete Denkrichtung der sog. „FREIBURGER SCHULE" um WALTER EUCKEN[2] zurück. Ihre konkrete Ausgestaltung in der Realität erfuhr diese Wirtschaftsordnung durch den ersten Wirtschaftsminister der Bundesrepublik Deutschland, LUDWIG ERHARD[3], und seinen Mitarbeiter ALFRED MÜLLER-ARMACK[4]. Grundlage ist die ordnungspolitische Konzeption der **sozialen Marktwirtschaft**, die das marktwirtschaftliche Prinzip mit dem des sozialen Ausgleichs zu verbinden versucht.

D Die Idee der sozialen Marktwirtschaft bestehe darin, „das Prinzip der Freiheit auf dem Markt mit dem des sozialen Ausgleichs zu verbinden".

Merkmale der sozialen Marktwirtschaft

Die Vertreter einer sozialen Marktwirtschaft sehen das vorrangige Ziel staatlicher Wirtschaftspolitik in der Schaffung und Sicherung einer **Wettbewerbsordnung**. Anders als im klassischen Liberalismus wird aber vom **Ordoliberalismus** ausdrücklich anerkannt, dass der **Leistungswettbewerb** wegen fehlender Start- und Chancengleichheit zwangsläufig zu einer **ungleichen Einkommens- und Vermögensverteilung** führt. Dadurch sind auch die Möglichkeiten ungleich verteilt, sich selbst gegen bestimmte Lebensrisiken (z.B. Alter, Krankheit, Invalidität, unverschuldete Arbeitslosigkeit) ausreichend abzusichern. Daher wird über die staatlichen Maßnahmen zur Gestaltung der Wettbewerbsordnung hinaus auch eine „Spezielle Sozialpolitik" zur Schließung dieser „Gerechtigkeitslücke" als notwendig angesehen. Die Konzeption der sozialen Marktwirtschaft sieht also ergänzend zur staatlich garantierten **Wettbewerbsordnung** eine **Sozialordnung** vor, die auch die **Korrektur der Wettbewerbsergebnisse** nach sozialen Gerechtigkeitsvorstellungen durch spezielle Maßnahmen zur Einkommensumverteilung und sozialen Sicherung umfasst.

D In einer am Leitbild der sozialen Marktwirtschaft orientierten Wirtschaftsordnung erfolgt die Lenkung des Wirtschaftsprozesses durch den freien Markt und Wettbewerb. Wenn das Marktergebnis sozial unerwünscht ist oder als ungerecht angesehen wird, greift der Staat korrigierend ein.

1 Ordo *(lat.)*: Ordnung
2 Walter Eucken (1891–1950), einer der bedeutendsten deutschen Volkswirtschaftsprofessoren, lehrte an der Universität Freiburg i. Brsg.
3 Ludwig Erhard (1897–1977), Professor für Volkswirtschaftslehre; 1949–1963 Bundeswirtschaftsminister; 1963–1966 Bundeskanzler
4 Alfred Müller-Armack (1901–1978), Professor für Volkswirtschaftslehre in Köln; 1958–1963 Staatssekretär im Bundeswirtschaftsministerium

6.4, S. 311

Geschichtliche Entwicklung der Wirtschaftsordnung

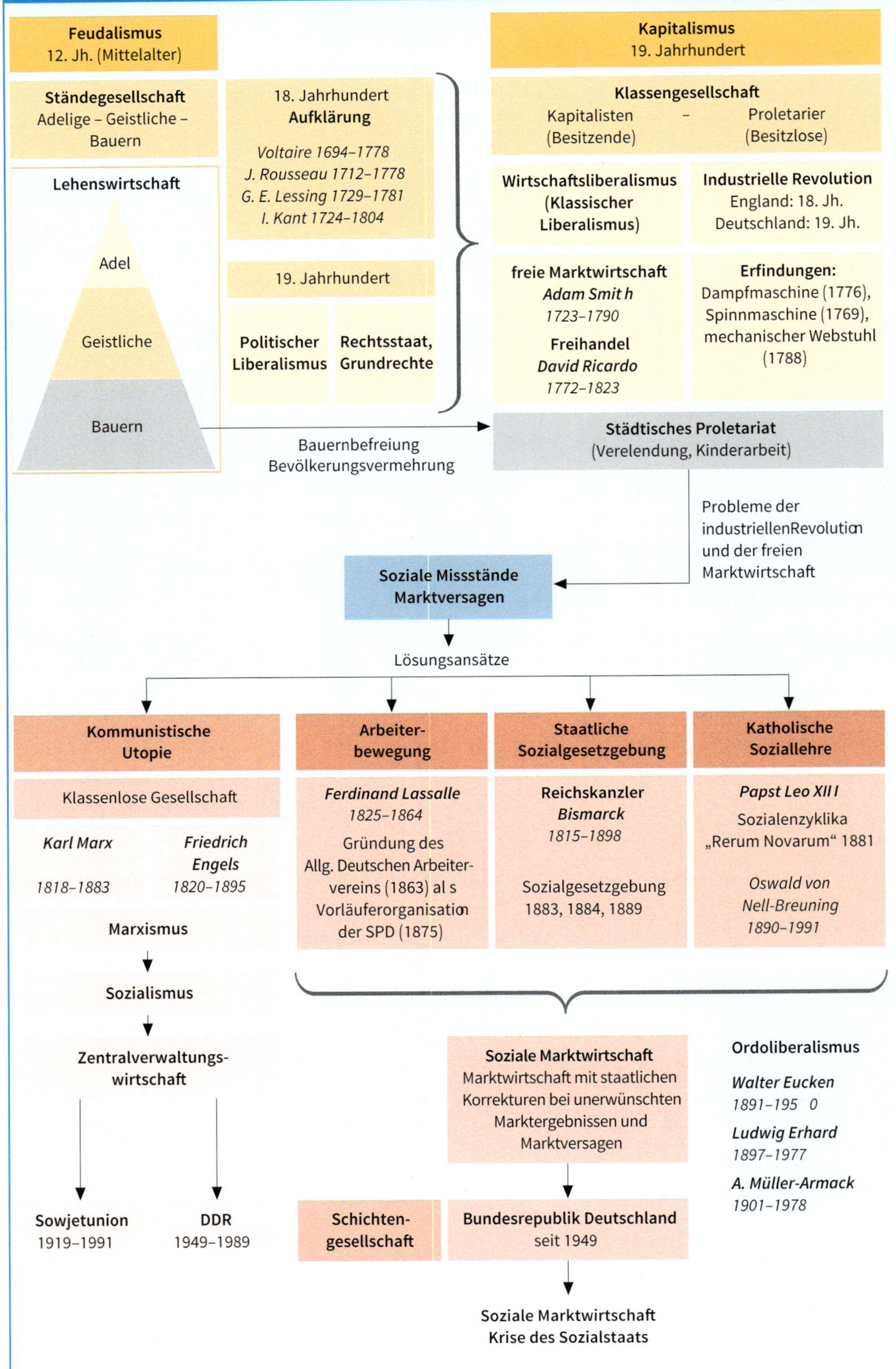

6.4.2 Ordnungsmerkmale der sozialen Marktwirtschaft

Die soziale Marktwirtschaft ist das Leitbild einer Wirtschaftsordnung, die bei ihrer konkreten Ausgestaltung in der Bundesrepublik Deutschland im Laufe der Zeit Wandlungen unterlag und für künftige Gestaltungsaufgaben offen ist. Im **Grundgesetz** der Bundesrepublik ist keine bestimmte Wirtschaftsordnung verankert.
Vielmehr lässt das Grundgesetz verschieden ausgestaltete reale Wirtschaftsordnungen zu. Allerdings ist das Grundgesetz weder mit einer Zentralverwaltungswirtschaft noch mit einer freien Marktwirtschaft zu vereinbaren.

D Das Grundgesetz der Bundesrepublik Deutschland ist weder mit einer freien Marktwirtschaft noch mit einer Zentralverwaltungswirtschaft zu vereinbaren. Es schreibt keine bestimmte Wirtschaftsordnung vor, sondern lässt verschiedene Ausgestaltungen zu.

6.5, S. 311

Grundgesetz für die Bundesrepublik Deutschland vom 23. Mai 1949	
Mit einer Zentralverwaltungswirtschaft unvereinbare Grundrechte	**Mit einer freien Marktwirtschaft unvereinbare Verpflichtungen und Rechte**
Art. 2: Entfaltung der Persönlichkeit (1) Jeder hat das Recht auf die freie Entfaltung seiner Persönlichkeit, soweit er nicht die Rechte anderer verletzt und nicht gegen die verfassungsmäßige Ordnung oder das Sittengesetz verstößt. (2) Jeder hat das Recht auf Leben und körperliche Unversehrtheit. Die Freiheit der Person ist unverletzlich. In diese Rechte darf nur auf Grund eines Gesetzes eingegriffen werden.	**Art. 14 (2): Sozialpflichtigkeit des Eigentums** (2) Eigentum verpflichtet. Sein Gebrauch soll zugleich dem Wohle der Allgemeinheit dienen. **Art. 14 (3): Enteignung zugunsten des Allgemeinwohls** (3) Eine Enteignung ist nur zum Wohle der Allgemeinheit zulässig. Sie darf nur durch Gesetz oder auf Grund eines Gesetzes erfolgen, das Art und Ausmaß der Entschädigung regelt. […]
Art. 5: Recht auf freie Meinungsäußerung (1) Jeder hat das Recht, seine Meinung in Wort, Schrift und Bild frei zu äußern und zu verbreiten und sich aus allgemein zugänglichen Quellen ungehindert zu unterrichten. Die Pressefreiheit und die Freiheit der Berichterstattung durch Rundfunk und Film werden gewährleistet. Eine Zensur findet nicht statt.	**Art. 15: Recht auf Überführung in Gemeineigentum** Grund und Boden, Naturschätze und Produktionsmittel können zum Zwecke der Vergesellschaftung durch ein Gesetz, das Art und Ausmaß der Entschädigung regelt, in Gemeineigentum oder in andere Formen der Gemeinwirtschaft überführt werden. Für die Entschädigung gilt Artikel 14 Abs. 3 Satz 3 und 4 entsprechend.
Art. 9: Vereinigungsfreiheit (1) Alle Deutschen haben das Recht, Vereine und Gesellschaften zu bilden. (3) Das Recht, zur Wahrung und Förderung der Arbeits- und Wirtschaftsbedingungen Vereinigungen zu bilden, ist für jedermann und für alle Berufe gewährleistet. Abreden, die dieses Recht einschränken oder zu behindern suchen, sind nichtig, hierauf gerichtete Maßnahmen sind rechtswidrig.	**Art. 20 (1): Sozialer Bundesstaat** (1) Die Bundesrepublik Deutschland ist ein demokratischer und sozialer Bundesstaat. **Art. 20a: Umweltschutz** Der Staat schützt auch in Verantwortung für die künftigen Generationen die natürlichen Lebensgrundlagen und die Tiere im Rahmen der verfassungsmäßigen Ordnung […]
Art. 11: Recht auf Freizügigkeit (1) Alle Deutschen genießen Freizügigkeit im ganzen Bundesgebiet.	**Art. 28 (1): Sozialer Rechtsstaat** (1) Die verfassungsmäßige Ordnung in den Ländern muss den Grundsätzen des republikanischen, demokratischen und sozialen Rechtsstaates im Sinne dieses Grundgesetzes entsprechen. […]

Grundgesetz für die Bundesrepublik Deutschland vom 23. Mai 1949	
Mit einer Zentralverwaltungswirtschaft unvereinbare Grundrechte	**Mit einer freien Marktwirtschaft unvereinbare Verpflichtungen und Rechte**
Art. 12: Berufsfreiheit (1) Alle Deutschen haben das Recht, Beruf, Arbeitsplatz und Ausbildungsstätte frei zu wählen. Die Berufsausübung kann durch Gesetz oder auf Grund eines Gesetzes geregelt werden. (2) Niemand darf zu einer bestimmten Arbeit gezwungen werden, außer im Rahmen einer herkömmlichen allgemeinen, für alle gleichen öffentlichen Dienstleistungspflicht.	**Art. 109 (2): Berücksichtigung des gesamtwirtschaftlichen Gleichgewichts durch Bund und Länder** (2) Bund und Länder erfüllen gemeinsam die Verpflichtungen der Bundesrepublik Deutschland aus Rechtsakten der Europäischen Gemeinschaft auf Grund des Artikels 104 des Vertrags zur Gründung der Europäischen Gemeinschaft zur Einhaltung der Haushaltsdisziplin und tragen in diesem Rahmen den Erfordernissen des gesamtwirtschaftlichen Gleichgewichts Rechnung.
Art. 14 (1): Recht auf Privateigentum (1) Das Eigentum und das Erbrecht werden gewährleistet. Inhalt und Schranken werden durch die Gesetze bestimmt. (2) Eigentum verpflichtet. Sein Gebrauch soll zugleich dem Wohle der Allgemeinheit dienen. (3) Eine Enteignung ist nur zum Wohle der Allgemeinheit zulässig. Sie darf nur durch Gesetz oder auf Grund eines Gesetzes erfolgen, das Art und Ausmaß der Entschädigung regelt. […]	

Die folgenden Ausprägungen der Ordnungsmerkmale können als systembestimmende Elemente einer freien bzw. einer sozialen Marktwirtschaft angesehen werden:

6.6, S. 311

Ordnungsmerkmale einer marktwirtschaftlichen Ordnung		
freie Markwirtschaft	**Merkmale**	**soziale Marktwirtschaft**
keine Eingriffe in das Wirtschaftsgeschehen, nur Schutz- und Ordnungsmaßnahmen („Nachtwächterstaat")	**Rolle des Staates**	**Eingriffe des Staates in das Wirtschaftsgeschehen** zur - Sicherung des Wettbewerbs (Wettbewerbspolitik) - Wahrung sozialer Gerechtigkeit (Sozial- und Einkommenspolitik) - Erreichung des gesamtwirtschaftlichen Gleichgewichts (Wachstum-, Konjunktur- und Strukturpolitik)
uneingeschränktes Privateigentum an Produktionsmitteln, keine Sozialbindung des Eigentums	**Eigentumsform**	**Einschränkung der Eigentumsgarantie:** Grundsätzlich wird das Privateigentum garantiert. Zugunsten des Allgemeinwohls sind aber Enteignungen gegen Entschädigung zulässig (z. B. Grundstücksenteignung für den Bau von Straßen). Auch Staatseigentum ist (z. B. öffentliche Unternehmen für Verkehr, Energieversorgung usw.). Zweckentfremdungsverbot: Vermieter dürfen Wohnraum nicht ohne Genehmigung anderweitig nutzen (z. B. für Gewerbebetrieb) und können u. U. verpflichtet werden, leer stehenden Wohnraum zu vermieten. Mitbestimmung von Arbeitnehmern im Aufsichtsrat von Kapitalgesellschaften.
freie Preisbildung auf allen Märkten, nur der Preismechanismus soll das Wirtschaftsgeschehen steuern („invisible hand")	**Wettbewerb und Preisbildung**	**Einschränkung des freien Wettbewerbs und der freien Preisbildung:** Wettbewerb und freie Preisbildung sind die Grundprinzipien. Auf Teilmärkten greift der Staat aber in die Preisbildung ein oder tritt selbst als Anbieter auf (z. B. Preisregulierung auf dem Agrarmarkt, staatliche Monopole bei Wasser- und Energieversorgung, Bereitstellung öffentlicher Güter).

Ordnungsmerkmale einer marktwirtschaftlichen Ordnung		
freie Markwirtschaft	**Merkmale**	**soziale Marktwirtschaft**
weitgehende Vertragsfreiheit (einschließlich Kartellverträgen), Formfreiheit von Verträgen	**Verträge**	**Einschränkung der Vertragsfreiheit:** Verträge zur Bildung von Kartellen und anderen wettbewerbsbeschränkenden Vereinbarungen sind nichtig. Das gilt auch für Verträge, bei denen schwächere Vertragspartner übervorteilt werden (z. B. Wucher, Ausnutzung einer Notlage). Schutzgesetze (z. B. Verbraucherschutz, Arbeitsschutz) schränken Vertragsfreiheit zugunsten des schwächeren Vertragpartners ein.
weitere Produktions- und Gewerbefreiheit	**Produktion/ Handel**	**Einschränkung der Produktions- und Gewerbefreiheit:** Betriebe, von denen eine Gefährdung der Gesundheit und/oder der Sicherheit der Bevölkerung ausgehen kann, sind genehmigungspflichtig und unterstehen staatlicher Kontrolle (z. B. Gaststätten, Apotheken, Kernkraftwerke).
Freihandel (freie Im- und Exporte ohne Zölle)	**Außenhandel**	**Einschränkung des Freihandels:** Staatliche Genehmigung für bestimmte Exportgüter (z. B. Waffenexporte); Importzölle für bestimmte Produkte zum Schutz der inländischen Produzenten (z. B. Agrarprodukte, Textilien).
weitgehende Konsumfreiheit	**Konsum**	**Einschränkung der Konsumfreiheit:** Güter, die Gesundheitsgefährdungen mit sich bringen können, sind nicht frei verkäuflich (z. B. Medikamente, Rauschgift, Waffen).
freie Berufs- und Arbeitsplatzwahl, Freizügigkeit	**Beruf/Arbeitsplatz**	**Einschränkung der Berufs- und Arbeitsplatzwahl:** Bestimmte Berufsgruppen müssen sich staatlichen Prüfungen unterziehen (z. B. Ärzte, Lehrer, Juristen) und benötigen für ihre Niederlassung eine staatliche Zulassung (z. B. Notare).
freie Lohnbildung am Arbeitsmarkt, keine Gewerkschaften, keine Mindestlöhne	**Arbeitsmarkt**	**Koalitionsfreiheit und Tarifverhandlungen:** Gewerkschaften und Arbeitgeberverbände handeln Löhne und Arbeitsbedingungen aus. Der Staat greift in diese Verhandlungen nicht ein (Tarifautonomie). Staatliche Maßnahmen zur Einkommensumverteilung (z. B. Kindergeld, Wohngeld, progressiver Einkommensteuertarif).

6.5 Wettbewerbsordnung in der sozialen Marktwirtschaft

Lernziele:

Nach der Bearbeitung des Kapitels sind Sie in der Lage, Folgendes zu tun:

Sie …

- … erklären den Begriff „Kartell“.
- … erörtern Einflussmöglichkeiten der Akteure auf nationaler und europäischer Ebene zur Vermeidung von Wettbewerbsgefährdung.
- … fassen die zentralen Regelungen des Gesetzes gegen Wettbewerbsbeschränkungen (GWB) zusammen.

6.5.1 Wettbewerbssicherung als staatliche Aufgabe

Wettbewerb ist das Grundelement jeder Marktwirtschaft. Ohne **Wettbewerb** kann der **Preis** seine für die **Steuerung** und **Koordination** des Wirtschaftsprozesses unerlässlichen Funktionen nicht erfüllen. Die geschichtlichen Erfahrungen zeigen aber, dass in einer Marktwirtschaft Tendenzen zur Einschränkung des Wettbewerbs und damit zur Selbstauflösung dieser Wirtschaftsordnung bestehen, wenn der Wettbewerb nicht durch staatliche Maßnahmen gesichert wird.

Unternehmen haben nämlich das Bestreben, sich den Zwängen und Kontrollen des Wettbewerbs zu entziehen und sich vor Konkurrenten zu schützen, indem sie z. B.

- untereinander wettbewerbsbeschränkende Vereinbarungen treffen (Kartell),
- ihre Marktmacht durch Unternehmenszusammenschlüsse erhöhen (Fusion),
- ihre Marktmacht dazu benutzen, andere Wettbewerber vom Markt auszuschließen (Missbrauch marktbeherrschender Stellung).

> „Geschäftsleute des gleichen Gewerbes kommen selten […] zusammen, ohne dass das Gespräch in einer Verschwörung gegen die Öffentlichkeit endet oder irgendein Plan ausgeheckt wird, wie man die Preise erhöhen kann […]. Kaufleute sind immer daran interessiert, […] den Wettbewerb einzuschränken […], doch muss eine Beschränkung der Konkurrenz […] stets schaden, da diese lediglich dazu dienen kann, dass die Geschäftsleute ihren Gewinn über die natürliche Spanne hinaus erhöhen und gleichsam den Mitbürgern eine absurde Steuer zum eigenen Vorteil auferlegen."
>
> *Quelle: Smith, Adam: Der Wohlstand der Nationen, Eine Untersuchung seiner Natur und seiner Ursachen, hrsg. v. Georg von Wallwitz, übers. v. Horst Claus, Claus Recktenwald, München: dtv Verlagsgesellschaft 1996, S. 212f.*

Unbegrenzte Vertragsfreiheit und weitgehender Verzicht auf Staatseingriffe sind Ursache für eine zunehmende Ausschaltung des Wettbewerbs durch Kartelle (= Kollektivmonopole) und eine wachsende Monopolisierung.

> „Anbieter und Nachfrager suchen stets – wo immer es möglich ist – Konkurrenz zu vermeiden und monopolistische Stellungen zu erwerben oder zu behaupten. Ein tiefer Trieb zur Beseitigung von Konkurrenz und zum Erwerb von Monopolstellungen ist überall und zu allen Zeiten lebendig […] Warum sollen drei Bäcker in einer Stadt des 13. Jahrhunderts konkurrieren? Sie verabreden sich und bilden ein Monopol und sie versuchen darüber hinaus, sich gegen weitere Konkurrenz abzuschirmen. Ähnlich war es vorher, ist es heute und wird es in Zukunft sein […]. Universal besteht der „Hang zur Monopolbildung" – ein Faktum, mit dem alle Wirtschaftspolitik zu rechnen hat. So war es auch in der Zeit liberaler Wirtschaftspolitik."
>
> *Quelle: Eucken, Walter: Grundsätze der Wirtschaftspolitik, 6. Aufl., Tübingen: Mohr Siebeck 1990, S. 31.*

D Ein Kartell ist ein Zusammenschluss von rechtlich selbstständig bleibenden Unternehmen der gleichen Wirtschaftsstufe, die durch Vertrag oder Absprache ihre wirtschaftliche Handlungsfreiheit teilweise aufgeben, um den Wettbewerb einzuschränken oder aufzuheben.

6.5.2 Wettbewerbspolitik

Gesetz gegen Wettbewerbsbeschränkungen

6.7, S. 311

Um Beschränkungen des Wettbewerbs zu verhindern, hat der Gesetzgeber 1958 das Gesetz gegen Wettbewerbsbeschränkungen (GWB) erlassen, das auch als „Grundgesetz der Marktwirtschaft" bezeichnet wird. Mit der Anwendung und Durchsetzung dieses Gesetzes ist das Bundeskartellamt beauftragt, eine unabhängige Wettbewerbsbehörde zu sein, d.h. es trifft seine Entscheidungen ausschließlich nach wettbewerblichen Kriterien und unterliegt bei seiner Arbeit keinen Weisungen von dritter Seite. Das Kartellamt verfolgt die im GWB festgelegten Verstöße gegen die Wettbewerbsordnung, nämlich:

- Kartellvereinbarungen (§§ 1-3)
- Verbot des Missbrauchs marktbeherrschender Stellung und Verbot wettbewerbsbeschränkenden Verhaltens (§§ 19-23) sowie
- Zusammenschlusskontrolle (§§ 35-43).

Kartellvereinbarungen

Diese Strategie ist recht einfach: Man spricht sich mit Konkurrenten ab über Preise und Konditionen, um den Wettbewerb, der vor allem über den Preis geführt wird, zu unterbinden.

B Bekannte Wursthersteller trafen sich jahrzehntelang regelmäßig im Hamburger Hotel Atlantic, um über Marktentwicklungen und Preise zu diskutieren. Dabei kam es zu konkreten Absprachen, gemeinsam Preiserhöhungen gegenüber dem Einzelhandel durchzusetzen. Das Bundeskartellamt verhängte Geldbußen in Höhe von rund 338 Mio. € gegen 21 Wursthersteller wegen illegaler Preisabsprachen.

Kartelle oder abgestimmte Verhaltensweisen führen zumeist zu überhöhten Preisen, sinkender Produktqualität und sinkender Innovationskraft.

D Wenn Wettbewerber ihr Verhalten auf einem Markt absprechen oder koordinieren und dadurch eine Beschränkung des Wettbewerbs entsteht, spricht man von einem Kartell. Kartelle sind in Deutschland grundsätzlich verboten (§ 1 GWB).

Aber wie so oft gibt es Ausnahmen vom allgemeinen Kartellverbot, nämlich dann, wenn eine Vereinbarung

- die Warenerzeugung oder -verteilung verbessert,
- den technischen oder wirtschaftlichen Fortschritt gefördert und
- die Verbraucher an dem dabei entstehenden Gewinn angemessen beteiligt werden,
- zwischen kleinen und mittleren Unternehmen geschlossen wird.

Gesetz gegen Wettbewerbsbeschränkungen (GWB)

§

§ 1 Verbot wettbewerbsbeschränkender Vereinbarungen

Vereinbarungen zwischen Unternehmen, Beschlüsse von Unternehmensvereinigungen und aufeinander abgestimmte Verhaltensweisen, die eine Verhinderung, Einschränkung oder Verfälschung des Wettbewerbs bezwecken oder bewirken, sind verboten.

§ 2 Freigestellte Vereinbarungen

(1) Vom Verbot des § 1 freigestellt sind Vereinbarungen zwischen Unternehmen [...], die unter angemessener Beteiligung der Verbraucher an dem entstehenden Gewinn zur Verbesserung der Warenerzeugung oder -verteilung oder zur Förderung des technischen oder wirtschaftlichen Fortschritts beitragen, ohne dass den beteiligten Unternehmen Möglichkeiten eröffnet werden, für einen wesentlichen Teil der betreffenden Waren den Wettbewerb auszuschalten. [...]

§ 3 Mittelstandskartelle

Vereinbarungen zwischen miteinander im Wettbewerb stehenden Unternehmen können vom Verbot freigestellt werden, wenn sie den Wettbewerb auf dem Markt nicht wesentlich beeinträchtigen und die Vereinbarung dazu dient, die Wettbewerbsfähigkeit kleinerer oder mittlerer Unternehmen zu verbessern.

Vgl. Gesetz gegen Wettbewerbsbeschränkungen; online unter: https://www.gesetze-im-internet.de/gwb [20.12.2021].

Missbrauchsaufsicht

Bei dieser Strategie beschränken Unternehmen, die bereits marktmächtig sind, den Wettbewerb, indem sie ihre Marktmacht missbrauchen.

6.7, S. 312

B Der Lebensmittelhändler Edeka übernahm 2009 Filialen des Konkurrenten Tengelmann und forderte von etwa 500 abhängigen Lieferanten Sonderkonditionen („Hochzeitsrabatte"). Da Edeka die Marktmacht hatte, waren die Lieferanten abhängig von Edeka, deswegen stufte das Bundeskartellamt diese Forderungen als missbräuchlich ein.

Bei der Missbrauchsaufsicht kommen zwei Dinge zusammen: Erstens ist das Unternehmen in einer starken Machtposition und zweitens nutzt es diese Position aus, um Lieferanten zu erpressen, Kunden zu benachteiligen oder Konkurrenten zu behindern. Dies beinhaltet viele Verhaltensweisen:

- man verweigert Konkurrenten den Zugang zu Netzen, Daten oder anderen wichtigen Einrichtungen,
- man versucht, Unternehmen mit einer Kampfpreisstrategie vom Markt zu drängen,
- man verkauft ein Produkt nur in Verbindung mit einem zweiten Produkt (Kopplungsgeschäfte), beispielsweise erhalten Sie nur die Etikettiermaschine, wenn Sie zugleich auch die dazu notwendigen Etiketten beim gleichen Hersteller kaufen oder
- man fordert von Lieferanten unangemessene Preise oder Konditionen.

Solche Praktiken sind nicht per se verboten oder wettbewerbsschädigend, sie werden erst ein Problem, wenn sie in Verbindung mit Marktmacht auftreten.

B Der Online-Händler Amazon verbot Händlern, die auf der Plattform von Amazon ihre Produkte verkauften, die gleichen Produkte auf anderen Verkaufsplattformen billiger anzubieten. Wäre Amazon nicht marktmächtig, wäre das für die Händler kein Problem, sie könnten einfach auf andere Plattformen ausweichen. Aber da man als Händler nicht umhinkommt, seine Ware bei Amazon anzubieten, ist man von Amazon abhängig, Amazon missbraucht also seine Marktmacht.

Das Kartellamt unterscheidet zwischen

- Ausbeutungsmissbrauch: man fordert zu hohe Preise oder Konditionen, die bei normalem Wettbewerb nicht zustande kommen würde, und
- Behinderungsmissbrauch: man nutzt seine Marktmacht, um Konkurrenten daran zu hindern, im Wettbewerb zu bestehen.

D Das Kartellamt überwacht im Rahmen der Missbrauchsaufsicht das Verhalten marktbeherrschender Unternehmen und kann missbräuchliches Verhalten untersagen.

Und woran macht das Kartellamt fest, ob ein Unternehmen marktmächtig ist? Hier orientiert sich das Amt an Vermutungen bezüglich des Umsatzes, dabei gilt die Faustformel: Je größer die Marktanteile weniger Unternehmen sind, umso eher kann man von Marktmacht ausgehen. Wenn beispielsweise ein Unternehmen einen Marktanteil von mindestens 33,3 % hat, vermutet man Marktmacht.

Gesetz gegen Wettbewerbsbeschränkungen (GWB)

§

§ 19 Verbotenes Verhalten von marktbeherrschenden Unternehmen

(1) Der Missbrauch einer marktbeherrschenden Stellung durch ein oder mehrere Unternehmen ist verboten.

(2) Ein Missbrauch liegt insbesondere vor, wenn ein marktbeherrschendes Unternehmen als Anbieter oder Nachfrager einer bestimmten Art von Waren oder gewerblichen Leistungen ein anderes Unternehmen z.B. direkt oder indirekt behindert; Entgelte oder sonstige Geschäftsbedingungen fordert, die von denen abweichen, die sich bei wirksamem Wettbewerb wahrscheinlich ergeben würden oder andere Unternehmen ohne sachlich gerechtfertigten Grund auffordert, ihm Vorteile zu gewähren.

§ 19 a Missbräuchliches Verhalten von Unternehmen mit überragender marktübergreifender Bedeutung für den Wettbewerb

Das Bundeskartellamt kann durch Verfügung feststellen, dass einem Unternehmen eine überragende marktübergreifende Bedeutung für den Wettbewerb zukommt. Bei der Feststellung müssen z.B. die marktbeherrschende Stellung des Unternehmens, seine Finanzkraft und sein Zugang zu wettbewerbsrelevanten Daten berücksichtigt werden.

Gesetz gegen Wettbewerbsbeschränkungen (GWB)

§

§ 21 Boykottverbot, Verbot sonstigen wettbewerbsbeschränkenden Verhaltens

(1) Unternehmen und Vereinigungen von Unternehmen dürfen nicht ein anderes Unternehmen oder Vereinigungen von Unternehmen in der Absicht, bestimmte Unternehmen unbillig zu beeinträchtigen, zu Liefersperren oder Bezugssperren auffordern.
[...]
(4) Es ist verboten, einem Anderen wirtschaftlichen Nachteil zuzufügen, weil dieser ein Einschreiten der Kartellbehörde beantragt oder angeregt hat.

Zusammenschlusskontrolle

Die letzte wettbewerbsbeschränkende Strategie besteht darin, sich mit Konkurrenten zusammenzuschließen oder sie aufzukaufen (Fusion). Wenn das Kartellamt vermutet, dass durch einen Zusammenschluss eine marktbeherrschende Stellung entsteht, kann das Amt diesen Zusammenschluss verbieten.

B Die Fernsehsender RTL und ProSiebenSat.1 wollten zusammen ein Gemeinschaftsunternehmen für den Aufbau und den Betrieb einer Online-Video-Plattform gründen. Das Kartellamt kam zu dem Schluss, dass dies die marktbeherrschende Stellung der beiden Sendergruppen auf dem Markt für Fernsehwerbung verstärken würde und untersagte dieses Vorhaben.

Gesetz gegen Wettbewerbsbeschränkungen (GWB)

§

§ 36 Grundsätze für die Beurteilung von Zusammenschlüssen

(1) Ein Zusammenschluss, durch den wirksamer Wettbewerb erheblich behindert würde, insbesondere von dem zu erwarten ist, dass er eine marktbeherrschende Stellung begründet oder verstärkt, ist vom Bundeskartellamt zu untersagen. Dies gilt nicht, wenn durch den Zusammenschluss auch Verbesserungen der Wettbewerbsbedingungen eintreten und diese Verbesserungen die Behinderung des Wettbewerbs überwiegen.
[...]
(2) Ist ein beteiligtes Unternehmen ein abhängiges, herrschendes oder Konzernunternehmen im Sinne des Aktiengesetzes, sind die so verbundenen Unternehmen als einheitliches Unternehmen anzusehen.

(3) Steht einer Person oder Personenvereinigung, die nicht Unternehmen ist, die Mehrheitsbeteiligung an einem Unternehmen zu, gilt sie als Unternehmen.

§

§ 37 Zusammenschluss

(1) Ein Zusammenschluss liegt in folgenden Fällen vor:
1. Erwerb des Vermögens eines anderen Unternehmens ganz oder zu einem wesentlichen Teil;
2. Erwerb der direkten oder indirekten Kontrolle über ein Unternehmen, begründet durch Rechte, Verträge oder andere Mittel mit bestimmendem Einfluss;
3. Erwerb von Anteilen an einem anderen Unternehmen, wenn die Anteile 50 % oder 25 % des Kapitals oder der Stimmrechte des Unternehmens erreichen;
4. jede sonstige Verbindung von Unternehmen, durch die mehrere Unternehmen direkt oder indirekt einen wettbewerblich erheblichen Einfluss auf ein anderes Unternehmen ausüben können.

Wettbewerbspolitik der Europäischen Union

Für die Erhaltung des Wettbewerbs in Deutschland ist das Bundeskartellamt zuständig, auf der Eben der Europäischen Union ist es die Europäische Kommission, die zuständig ist. Als Faustregel kann man sich merken: Wenn eine innereuropäische Grenze ins Spiel kommt, wird es ein Fall für die Kommission. Im Einzelnen kümmert sich die Kommission um

- Zusammenschlüsse von gemeinschaftsweiter Bedeutung, die am weltweiten Gesamtumsatz und dem Gesamtumsatz in der EU der fusionierenden Unternehmen festgemacht wird,
- die Öffnung der Dienstleistungsmärkte (Verkehr, Energie, Post, Telekommunikation) für den Wettbewerb und
- die Kontrolle staatlicher Beihilfen (also die Förderung von heimischen Unternehmen durch EU-Mitgliedsländer).

B Der Suchmaschinenbetreiber Google wurde von der Europäischen Kommission dreimal wegen Verstößen gegen das EU-Kartellrecht mit Geldbußen belegt. In einem Fall hatte Google den Nutzern seiner Dienste untersagt, Werbeanzeigen anderer Unternehmen auf ihren Homepages zu schalten – wer Google-Software nutzte, um Werbung auf seiner Homepage zu machen, durfte nicht Werbung von Google-Konkurrenten auf der eigenen Homepage schalten. Eine weitere Strafe erhielt Google, weil das Unternehmen seinen Preisvergleichsdienst bei der Suche über die eigene Suchmaschine vor Wettbewerbern platzierte. Die dritte Strafe erhielt Google dafür, dass die Hersteller von Mobiltelefonen, die das Google-Betriebssystem Android nutzen wollten, gezwungen wurden, dazu Google-Software zu installieren.

6.6 Arbeits- und Sozialordnung in der sozialen Marktwirtschaft

Lernziele:

Nach der Bearbeitung des Kapitels sind Sie in der Lage, Folgendes zu tun:

Sie ...

- ... beschreiben die Bedeutung einer Arbeits- und Sozialordnung.
- ... erklären die Begriffe „Subsidiaritätsprinzip“ und „Solidaritätsprinzip“.
- ... erläutern anhand der Abb. auf S. 285 Ansatzpunkte staatlicher Sozialpolitik.
- ... nennen die Teilbereiche des deutschen Sozialversicherungssystems.
- ... berechnen Beiträge zur gesetzlichen Sozialversicherung.
- ... nennen Sozialleistungen nach dem Fürsorgeprinzip.
- ... nennen staatliche Maßnahmen zur Einkommensumverteilung.

6.6.1 Grundlagen

Sozialprinzip

Nicht alle Mitglieder der Gesellschaft sind gleichermaßen leistungsfähig, um als Teilnehmer am Wettbewerb auf Arbeits- oder Gütermärkten Leistungseinkommen zu erzielen (z. B. Alte, Kranke, Kinder). Daher wurde bereits von den „Vätern der sozialen Marktwirtschaft“ ausdrücklich betont, dass zum **Wettbewerbsprinzip** zwingend das Prinzip des sozialen Ausgleichs **(Sozialprinzip)** als **gleichrangiges** Kernelement dazugehört. Dieses Sozialprinzip kommt in der Ausgestaltung der **Arbeits- und Sozialordnung** zum Ausdruck.

D Wirtschafts-, Arbeits- und Sozialordnung sind Teilordnungen (Subsysteme) der Gesellschaftsordnung. Sie beeinflussen sich in hohem Maße gegenseitig.

D Die Arbeits- und Sozialordnung ist die Gesamtheit aller Einrichtungen (z. B. Regeln, Normen, öffentliche und private Institutionen) zur Regelung der sozialen Beziehungen zwischen Mitgliedern einer Gesellschaft soweit diese auf wirtschaftliche Ursachen zurückzuführen sind (z. B. Arbeits-, Einkommens- und Vermögensverhältnisse).

Im Rahmen der **Arbeits- und Sozialordnung** der **sozialen Marktwirtschaft** steht neben der Schaffung von **Chancengleichheit** die Korrektur der zwangsläufig durch den Marktmechanismus entstehenden ungleichen Einkommens- und Vermögensverteilung im Vordergrund **(Korrektur der Marktergebnisse)**. Darüber hinaus ist für die Fälle, in denen der Markt versagt, eine Absicherung der sozial Schwachen vorgesehen. Dieses Ziel soll aber unter strenger Beachtung des **Subsidiaritätsprinzips** verfolgt werden.

D Das Subsidiaritätsprinzip besagt, dass die Leistungen, die der Einzelne und die jeweils kleineren menschlichen Gemeinschaften (Familien, Nachbarschaft) aus eigener Initiative und mit eigenen Kräften erbringen können, nicht der Gesellschaft als Aufgabe zugewiesen werden dürfen (Prinzip der Hilfe zur Selbsthilfe und zur gegenseitigen Hilfe).

Neben dem Subsidiaritätsprinzip ist das **Solidaritätsprinzip** ein weiterer möglicher Grundsatz für die Gestaltung der Sozialordnung.

D Nach dem Solidaritätsprinzip ist es ausschließliche Aufgabe von Staat und Gesellschaft, Not leidenden Menschen zu helfen und einen Ausgleich zugunsten der wirtschaftlich und sozial Schwächeren vorzunehmen.

Ziele der Sozialpolitik

Die **Sozialordnung**, die neben der Wettbewerbsordnung das zentrale Element der am Leitbild der **sozialen Marktwirtschaft** orientierten Wirtschaftsordnung in Deutschland ist, wird wesentlich durch die **Sozialpolitik** gestaltet.

D Sozialpolitik umfasst alle Maßnahmen, die sozial schwache Personen schützen sollen, allgemeine Lebensrisiken wie Unfall, Krankheit, Invalidität, Alter oder Arbeitslosigkeit absichern, Einkommens- und Vermögensunterschiede ausgleichen und Chancengerechtigkeit schaffen sollen.

Die Sozialpolitik in Deutschland verfolgt zwei wesentliche Ziele:

Soziale Gerechtigkeit	Soziale Sicherheit
- Startgerechtigkeit durch möglichst gleiche materielle Ausgangsbasis für alle (Chancengleichheit) - Ausgleich starker Einkommens- und Vermögensunterschiede (z. B. wegen unterschiedlicher Familienlasten wie bei kinderreichen Familien) - Hilfe für sozial Schwache (z. B. Behinderte, Personen mit geminderter Leistungsfähigkeit)	Sicherung der wirtschaftlichen und sozialen Lebensbedingungen bestimmter sozialer Gruppen gegen allgemeine Lebensrisiken wie Unfall, Krankheit, Invalidität, Alter, Arbeitslosigkeit, Tod des Ernährers.

Eine der wichtigsten Grundlagen der gesamten Sozialpolitik ist das Sozialgesetzbuch (SGB)[1], das die wesentlichen Bereiche des Sozialrechts regelt. Es besteht aus 14 Teilen, die unter anderem Vorschriften enthalten zur

- Grundsicherung für Arbeitssuchende (SGB II) und zur Arbeitsförderung (SGB III),
- gesetzlichen Krankenversicherung (SGB V),
- gesetzlichen Rentenversicherung (SGB VI) und zur
- gesetzlichen Pflegeversicherung (SGB XI).

1 online unter: https://www.sozialgesetzbuch-sgb.de/

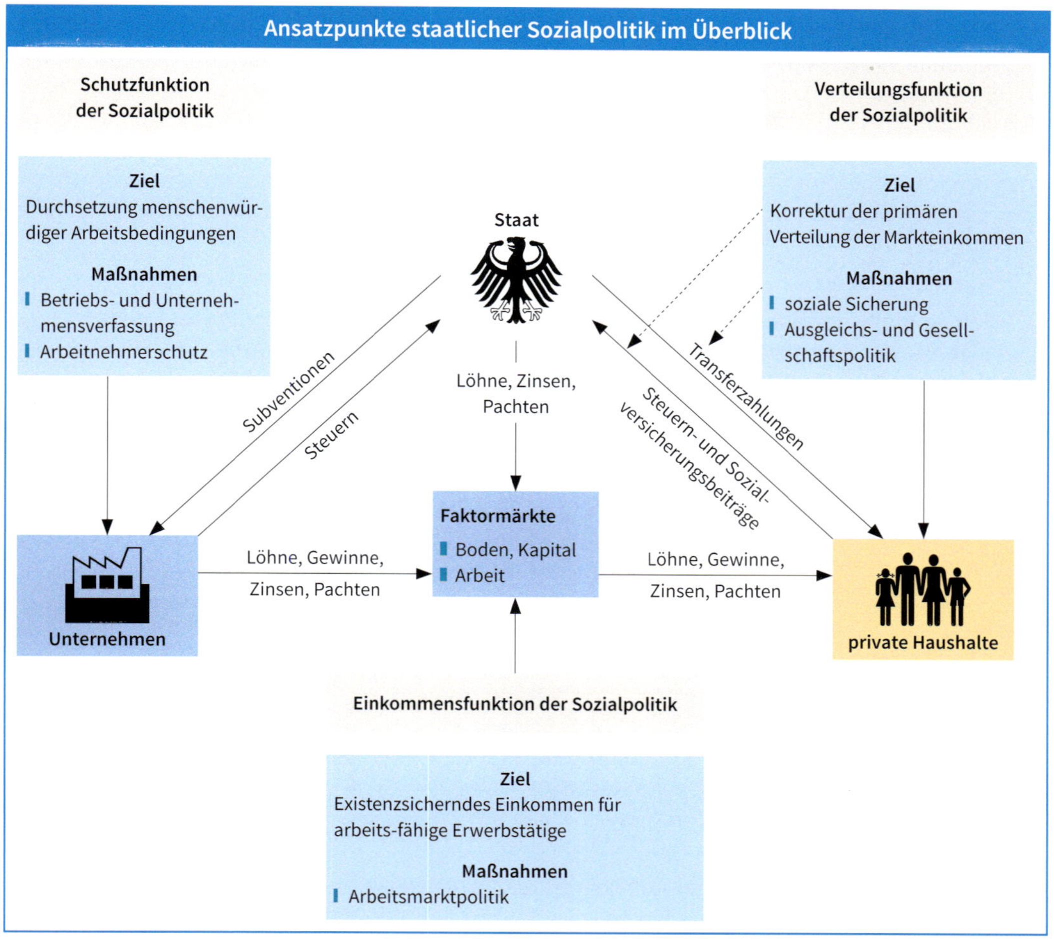

6.6.2 Soziale Sicherung

Leistungen nach dem Versicherungsprinzip: Sozialversicherung

Ein weiterer wichtiger Baustein der Sozialpolitik sind die sogenannten Sozialversicherungen, die im Sozialgesetzbuch geregelt sind:

- gesetzliche Krankenversicherung,
- gesetzliche Rentenversicherung,
- Arbeitslosenversicherung,
- Pflegeversicherung und
- gesetzliche Unfallversicherung.

Diese Versicherungen sollen die Bürger gegen elementare Lebensrisiken wie Krankheit, Alter oder Arbeitslosigkeit absichern.

So funktionieren Sozialversicherungen

Die Sozialversicherungen unterscheiden sich von normalen, privaten Versicherungen (wie beispielsweise Ihrer Kfz-Versicherung) in drei Punkten:

- Versicherungspflicht. Sobald Sie in einem Beschäftigungsverhältnis stehen, sind Sie sozialversichert – ob Sie wollen oder nicht.
- Berechnung der Beiträge. In privaten Versicherungen werden die Beiträge nach dem Risiko berechnet, das ein Versicherter hat (wer teure Möbel hat, zahlt einen höheren Beitrag für die Hausratversicherung), das ist das Äquivalenzprinzip. In Sozialversicherungen bemisst sich der Beitrag unabhängig vom Risiko, stattdessen zahlt man einen Prozentsatz vom Bruttoeinkommen als Beitrag, allerdings nur bis zu einer fest definierten Grenze (das ist die Beitragsbemessungsgrenze).
- Sozialversicherungen sind nicht darauf aus, Gewinne zu erzielen.

B Eine Krankenversicherung, die ihre Beiträge nach Risiko bemisst, müsste von chronisch erkrankten Menschen höhere Beiträge nehmen. Dies hätte zur Folge, dass sich chronisch erkrankte Personen mit geringerem Einkommen keine Krankenversicherung leisten könnten. In der gesetzlichen Krankenversicherung hingegen spielen Vorerkrankungen keine Rolle, der Beitrag wird als Prozentsatz vom Arbeitslohn oder -gehalt bestimmt. Das entspricht dem Solidaritätsprinzip.

In der untenstehenden Tabelle finden Sie die wichtigsten Regelungen der einzelnen Sozialversicherungen.

6.8, S. 312

Versicherung	Leistungen
Gesetzliche Krankenversicherung (GKV), SGB V	Versichert sind alle Arbeitnehmer mit ihren Familienangehörigen. Leistungen: ärztliche Behandlung, Medikamente, Krankenhausbehandlungen und Vorsorgeaufwendungen. Sachleistungsprinzip: Die GKV rechnet direkt mit Ärzten, Apotheken und Krankenhäusern ab, die Versicherten erhalten keine Rechnung. Die Beitragshöhe ist unabhängig vom individuellen Risiko (Solidaritätsprinzip). Die Kassen können auf den Beitrag einen kassenindividuellen Zusatzbeitrag erheben.
Gesetzliche Rentenversicherung (GRV), SGB VI	Versicherte: alle nichtselbstständig beschäftigten Arbeitnehmer. Einkommensabhängige Beiträge bis zur Beitragsbemessungsgrenze, die Höhe der späteren Rente bestimmt sich nach den zuvor getätigten Einzahlungen (Äquivalenzprinzip), aber mit zahlreichen Ausnahmen (inklusive eines staatlichen Zuschusses zur GRV). Leistungen: Rente wegen Alters oder Todes oder verminderter Erwerbsfähigkeit, Leistungen zur Teilhabe am Arbeitsleben und zur medizinischen Rehabilitation.
Arbeitslosenversicherung (ALV), SGB III	Versicherte: alle nichtselbstständig beschäftigten Arbeitnehmer. Leistungen: Arbeitslosengeld über zwölf Monate (bei Erfüllung bestimmter Voraussetzungen); die Höhe bestimmt sich nach dem Bruttogehalt der letzten zwölf Monate.
Pflegeversicherung (PflV), SGB XI	Versicherte: alle nichtselbstständig beschäftigten Arbeitnehmer, alle anderen müssen sich privat absichern. Leistungen: Sach- oder Geldleistungen im Pflegefall, abgestuft nach Schweregrad der Pflegebedürftigkeit.
Gesetzliche Unfallversicherung (GUV), SGB VII	Versicherte: alle Beschäftigten, auch Auszubildende; wird alleine vom Arbeitgeber gezahlt. Träger: Berufsgenossenschaften und Unfallkassen. Leistungen bei Arbeitsunfällen, Berufskrankheiten und Wegeunfällen.

Finanzierung der Sozialversicherungsbeiträge: fifty-fifty

Was die Finanzierung angeht, so gibt es noch einen wichtigen Punkt bei den Sozialversicherungen: Die Zahlung der Beiträge zu diesen Versicherungen – als Prozentsatz vom Brutto-Arbeitsverdienst berechnet – teilen sich Arbeitnehmer und Arbeitgeber (mit Ausnahme der Unfallversicherung, die zahlt der Arbeitgeber alleine). Wichtig dabei ist das Wort „zahlen“: Der Arbeitgeber und der Arbeitnehmer zahlen je die Hälfte der Beiträge in dem Sinn, dass sie das Geld an die Sozialversicherungen überweisen (man spricht hier auch vom Arbeitgeberbeitrag und Arbeitnehmerbeitrag). Dies bedeutet aber nicht, dass sie diese Beiträge im ökonomischen Sinne tragen, also die Lasten tragen, die mit der Zahlung dieser Beiträge verbunden sind.

Ihren Arbeitgeber interessiert letztlich nur, was Sie ihn unter dem Strich kosten, und diese Kosten beinhalten auch die Sozialversicherungsbeiträge. Ob er dieses Geld an Sie, an die Sozialversicherung oder wohin auch immer überweist, macht für ihn keinen Unterschied. Er könnte Ihnen auch den Arbeitgeberbeitrag auf Ihr Konto überweisen, und Sie überweisen ihn dann weiter an die Sozialversicherungen – das würde nichts ändern, außer dass Sie dann sehen, was Sie die Sozialversicherung tatsächlich kostet.

B

Auszubildende, 17 Jahre, Steuerklasse I, keine Kinder, konfessionslos, Bundesland: Baden-Württemberg 2023[1]		**Arbeitnehmer, 41 Jahre, Steuerklasse I, keine Kinder, evangelisch, Bundesland: Baden-Württemberg 2023**	
Monatsgehalt brutto	800,00 €	Monatsgehalt brutto	3 400,00 €
Lohnsteuer (Steuerklasse I)	0,00 €	Lohnsteuer (Steuerklasse I)	431,66 €
Solidaritätszuschlag*	0,00 €	Solidaritätszuschlag	0,00 €
Kirchensteuer	0,00 €	Kirchensteuer	34,53 €
Summe Steuern	**0,00 €**	**Summe Steuern**	**466,19 €**
Sozialabgaben		Sozialabgaben	
Krankenversicherung (8,1 %)	64,80 €	Krankenversicherung (8,1 %)	275,40 €
Rentenversicherung (9,3 %)	74,40 €	Rentenversicherung (9,3 %)	316,20 €
Arbeitslosenversicherung (1,3 %)	10,40 €	Arbeitslosenversicherung (1,3 %)	44,20 €
Pflegeversicherung (1,7 %)	13,60 €	Pflegeversicherung (2,3 %)[2]	78,20 €
Summe Sozialabgaben AN (20,4 %)	163,20 €	Summe Sozialabgaben AN (21 %)	714,00 €
Arbeitnehmer netto	**636,80 €**	**Arbeitnehmer netto**	**2.219,81 €**
Belastung Arbeitgeber		Belastung Arbeitgeber	
Krankenversicherung (8,1 %)	64,80 €	Krankenversicherung (8,1 %)	275,40 €
Rentenversicherung (9,3 %)	74,40 €	Rentenversicherung (9,3 %)	316,20 €
Arbeitslosenversicherung (1,3 %)	10,40 €	Arbeitslosenversicherung (1,3 %)	44,20 €
Pflegeversicherung (1,7 %)	13,60 €	Pflegeversicherung (1,7 %)	57,80 €
Summe Sozialabgaben AG (20,4 %)	163,20 €	Summe Sozialabgaben AG (20 %)	693,60 €
Summe Arbeitgeber	**963,20 €**	**Summe Arbeitgeber**	**4.093,60 €**

* Der Solidaritätszuschlag entfällt seit Januar 2021 bis zu einem zu versteuernden Einkommen von 61.717 Euro. Darüber fällt dieser wieder an. Demzufolge sind ca. 90 % der Zahler dadurch entlastet und haben mehr Nettoeinkommen.

Ermittelt unter https://www.brutto-netto-rechner.info/

Wie Sie anhand der Beispieltabelle weiterhin sehen können, ist die Belastung des Einzelnen durch das Steuer- und Abgabensystem recht unterschiedlich: Wer wenig verdient, zahlt wenig bis gar keine Steuern. Bei den Sozialversicherungen ist das anders, rechnen Sie nach: Die Auszubildende zahlt 20,4 % Ihres Einkommens an Sozialabgaben, der Besserverdiener 21 %. Und Sie sehen auch, dass die Sozialversicherungsbeiträge beim Arbeitgeber zu Buche schlagen: Unser Besserverdiener kostet den Arbeitgeber 4.093,60 €, netto verbleiben ihm aber nur 2.219,81 € – das sind rund 54,2 % der Gesamtkosten des Arbeitgebers.

1 ab Juli 2023
2 Wer über 23 Jahre alt ist und kinderlos, muss in der gesetzlichen Pflegeversicherung einen Zuschlag von 0,6 % des beitragspflichtigen Einkommens bezahlen. Daran beteiligt sich der Arbeitgeber nicht, wie unten in der Tabelle zu sehen ist.

Im Internet finden Sie zahlreiche Brutto-Netto-Rechner, mit deren Hilfe Sie ausrechnen können, was Sie an Steuern und Sozialversicherungsbeiträgen zahlen.

Staatliche Fürsorgeleistungen: Bürgergeld und Sozialhilfe

Neben den Leistungen der Sozialversicherungen, denen ein Beitrag gegenübersteht, gibt es noch Leistungen des Staates, die nach dem sogenannten Fürsorgeprinzip gewährt werden, die also nur dann gewährt werden, wenn Menschen in Not und bedürftig sind (also kein eigenes Einkommen oder Vermögen in größerem Umfang haben). Diese Leistungen sollten aber streng nach dem Subsidiaritätsprinzip erfolgen (das Sie in Abschnitt 6.6.1 kennen gelernt haben). Zu solchen Leistungen zählen:

- Das Bürgergeld wurde zum 1. Januar 2023 als Grundsicherung für Arbeitssuchende eingeführt. Dabei handelt es sich um eine staatliche Sozialleistung für hilfebedürftige, erwerbsfähige Menschen und ihre Angehörigen. Durch die Einführung des Bürgergeldes wurde das Arbeitslosengeld II, auch als Hartz IV bezeichnet, abgelöst.
  Diese Reform der Sozialleistung und die damit verbundene Einführung des Bürgergeldes wurden notwendig, um den Entwicklungen des Arbeitsmarktes sowie den veränderten Lebensumstände der Menschen besser gerecht zu werden.
  Drei Ziele des Bürgergeldes:
  - die Sicherung des Existenzminimums
  - die dauerhafte Integration in Arbeit
  - die Verbesserung der Arbeitsmarktchancen durch Ausbildung oder Weiterbildung.

  Die Beantragung erfolgt weiterhin über die Jobcenter.[1]
- „Der Regelbedarf wird in Höhe der jeweiligen Regelbedarfsstufe entsprechend § 28 des Zwölften Buch Sozialgesetzbuch (SGB XII) auch in der Grundsicherung für Arbeitsuchende nach dem Zweiten Buch Sozialgesetzbuch (SGB II) anerkannt. Die Regelbedarfsstufen (RBS) steigen zum 1. Januar 2023 wie folgt:
  - für alleinstehende und alleinerziehende Leistungsberechtigte: 502 Euro (RBS 1)
  - für zwei Partner der Bedarfsgemeinschaft, die das 18. Lebensjahr vollendet haben, jeweils: 451 Euro (RBS 2)
  - für sonstige erwerbsfähige Angehörige einer Bedarfsgemeinschaft, sofern sie das 18. Lebensjahr vollendet haben bzw. für erwachsene Leistungsberechtige unter 25 Jahren, die ohne Zusicherung des Jobcenters umziehen: 402 Euro (RBS 3)
  - für Jugendliche im 15. Lebensjahr bis unter 18 Jahre: 420 Euro (RBS 4)
  - für Kinder vom Beginn des 7. bis zur Vollendung des 14. Lebensjahres: 348 Euro (RBS 5)
  - für Kinder bis zur Vollendung des 6. Lebensjahres: 318 Euro (RBS 6)
  - Für die Ausstattung mit persönlichem Schulbedarf ergibt sich für das erste Schulhalbjahr 2023 eine Erhöhung auf 116 Euro und für das zweite Schulhalbjahr eine Erhöhung auf 58 Euro.“[2]

Für den Fall, dass die Beiträge der Versicherten in der gesetzlichen Sozialversicherung nicht ausreichen, muss der Bund die Mittel aus Steuergeldern zuschießen, sogenannte Bundesgarantien.

---

1 vgl. Verein Für soziales Leben (Hrsg.): Was ist Bürgergeld; online unter: https://www.buerger-geld.org/faq/.

2 Quelle: Bundesministerium für Arbeit und Soziales (Hrsg.): Das ändert sich im neuen Jahr, 20.12.2022; online unter: https://www.bmas.de/DE/Service/Presse/Pressemitteilungen/2022/das-aendert-sich-2023.html [01.02.2023].

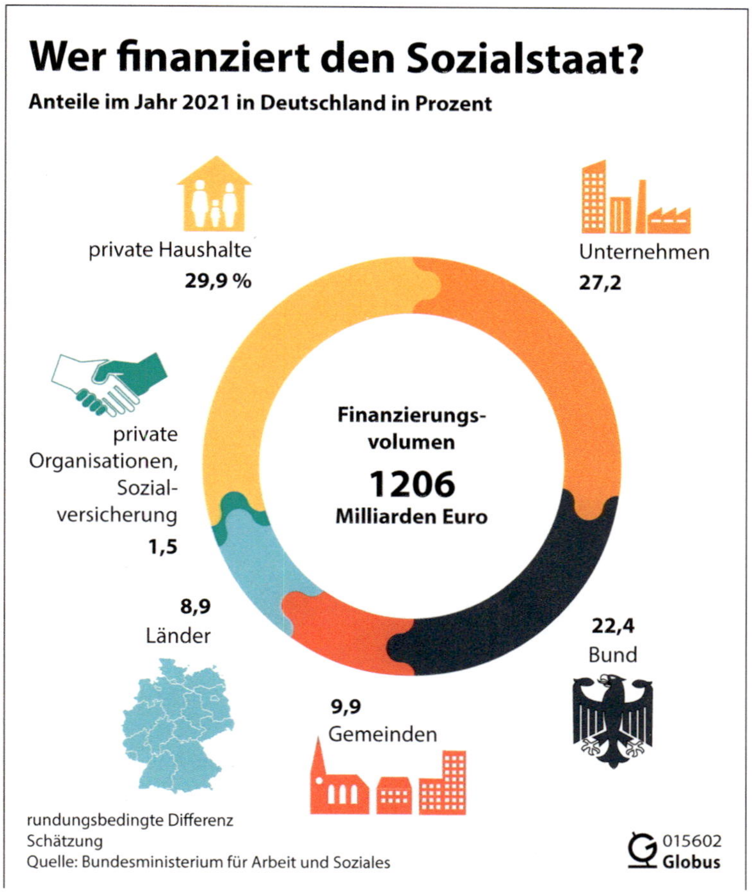

6.7 Einkommensentstehung und Einkommensverteilung

Lernziele:

Nach der Bearbeitung des Kapitels sind Sie in der Lage, Folgendes zu tun:

Sie …

- … unterscheiden Sie zwischen funktioneller und personeller Einkommensverteilung.
- … unterscheiden Sie zwischen primärer und sekundärer Einkommensverteilung.
- … unterscheiden Sie zwischen Ungleichheit und Ungerechtigkeit.
- … nennen und erklären Sie weitere Transferleistungen des Staates.

6.7.1 Entstehung und Verteilung des Volkseinkommens – funktionelle Einkommensverteilung

Für die erbrachte Arbeitsleistung und die Nutzung der anderen im Produktionsprozess eingesetzten Produktionsfaktoren erhalten deren Inhaber von den Unternehmen ein Entgelt in Form von Lohn, Pacht, Zinsen, Gewinn. Diese Entlohnung der Produktionsfaktoren wird als **Faktoreinkommen** bezeichnet.

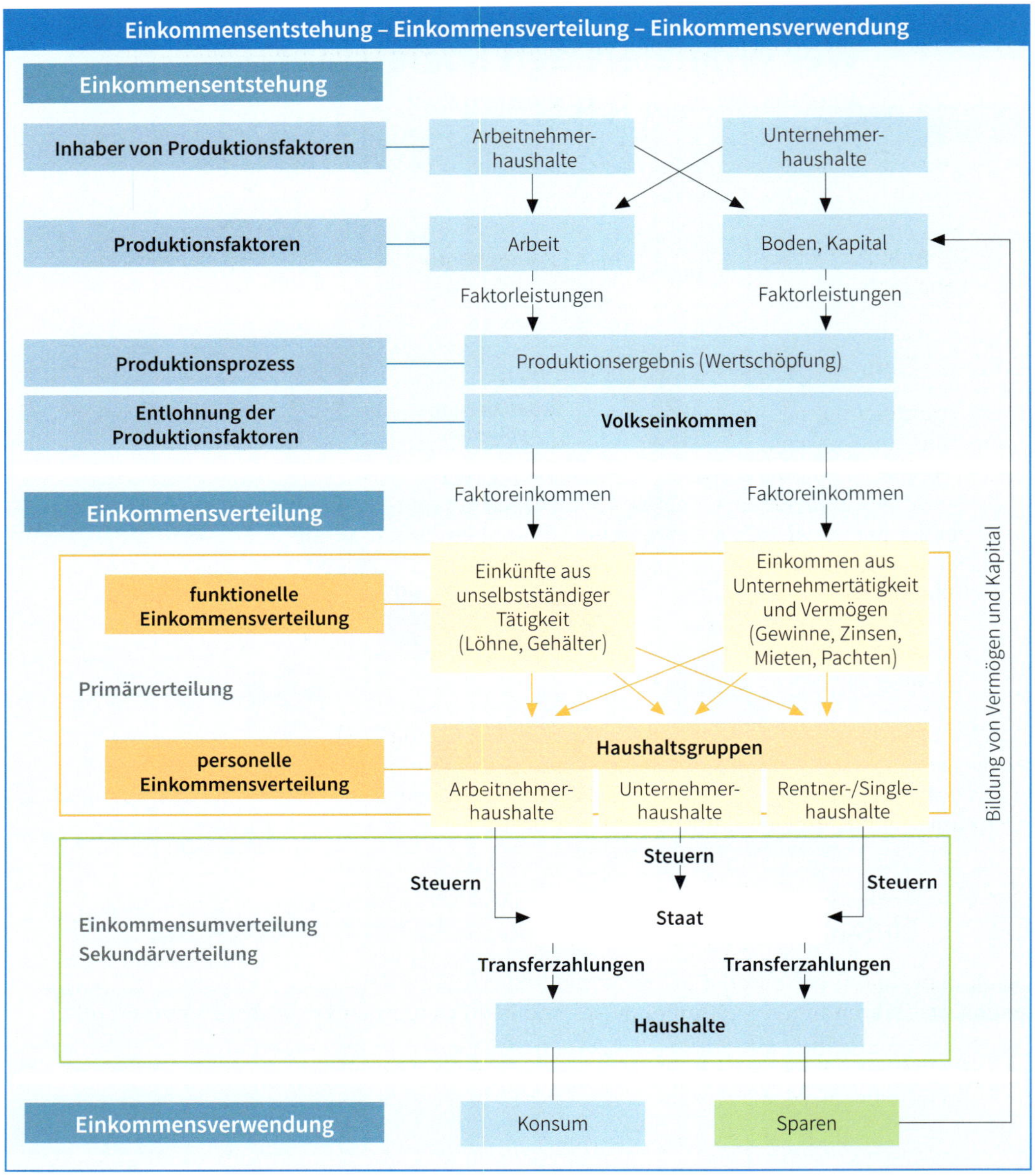

D Faktoreinkommen sind die Entgelte, die die Inhaber der Produktionsfaktoren für deren Einsatz im Produktionsprozess erhalten.

D Die Summe aller von Inländern in einer Volkswirtschaft bezogenen Faktoreinkommen ergibt das Volkseinkommen.

Die Verteilung des Volkseinkommens auf die unterschiedlichen Produktionsfaktoren wird als **funktionelle**[1] (oder: funktionale) **Einkommensverteilung** bezeichnet.

D Die funktionelle Einkommensverteilung zeigt die Aufteilung des Volkseinkommens auf die Produktionsfaktoren Arbeit, Boden und Kapital.

1 funktionell *(lat.)*: eine Tätigkeit betreffend

Da eine genaue statistische Aufteilung des Volkseinkommens auf die einzelnen Produktionsfaktoren sehr schwierig wäre, werden im Rahmen der funktionellen Einkommensverteilung nur zwei Einkommensarten unterschieden:

Volkseinkommen	
Einkommen aus unselbstständiger Arbeit (Löhne und Gehälter)	Einkommen aus Unternehmertätigkeit und Vermögen (Gewinne, Zinsen, Pachten, Mieten)

D Der Anteil der Einkommen aus unselbstständiger Arbeit am Volkseinkommen wird als Lohnquote bezeichnet.

6.8.1

6.7.2 Personelle Einkommensverteilung

Das Gesamteinkommen einer Person oder eines Haushalts setzt sich in vielen Fällen aus mehreren Einkommensarten zusammen. Beispielsweise erzielt ein Arbeitnehmerhaushalt neben seinem Lohneinkommen möglicherweise auch noch Zinsen und Dividenden aus den in Wertpapieren angelegten Ersparnissen oder Mieteinkünfte aus einer vermieteten Wohnung. Dies wird bei der **personellen Einkommensverteilung** berücksichtigt, indem die Verteilung des Einkommens auf einzelne Personen und Personengruppen (z. B. Familien, Rentnerhaushalte, soziale Schichten) dargestellt wird.

D Die personelle Einkommensverteilung zeigt die Verteilung des Einkommens auf bestimmte Personen und Personengruppen.

Bei der Ermittlung der personellen Einkommensverteilung bleibt die Art der Einkommensentstehung (z. B. Arbeits- oder Gewinneinkommen) also unberücksichtigt. Die personelle Einkommensverteilung lässt beispielsweise Aussagen darüber zu, wie viel Prozent des Volkseinkommens auf wie viel Prozent der Haushalte entfallen.

6.7.3 Einkommensumverteilung: Primäre und sekundäre Einkommensverteilung

Nach dem Zeitpunkt, an dem die Einkommensverteilung betrachtet wird, lässt sich zwischen **primärer Einkommensverteilung** und **sekundärer Einkommensverteilung** unterscheiden.

D Als primäre Einkommensverteilung wird die Einkommensverteilung bezeichnet, die sich unmittelbar aus dem Produktionsprozess aufgrund der erhaltenen Faktoreinkommen ergibt.

Die primäre Einkommensverteilung beruht auf den an den Faktormärkten erzielten Einkommen. Sie spiegelt die von den Produktionsfaktoren geleisteten Beiträge im Rahmen des Produktionsprozesses wider und entspricht einer Einkommensverteilung nach dem **Leistungsprinzip.** Aufgrund von Alter, Krankheit, unterschiedlicher Intelligenz und anderen Faktoren sind aber nicht alle Menschen gleichermaßen leistungsfähig. Außerdem bestehen je nach sozialer Herkunft und Bildungsstand höchst unterschiedliche Startchancen im Berufsleben. Eine ausschließlich leistungsabhängige und dem Prinzip der **Leistungsgerechtigkeit** entsprechende Einkommensverteilung wird daher allgemein als sozial unverträglich und ungerecht empfunden. In Abhängigkeit von den in der Bevölkerung vorherrschenden Gerechtigkeitsvorstellungen soll der Staat daher eine **Umverteilung** dieser Leistungseinkommen zugunsten derjenigen vornehmen, die aus verschiedenen Gründen nicht oder nicht in ausreichendem Maße für sich selbst aufkommen können **(Bedarfsgerechtigkeit).** Wenn der Staat die primäre Einkommensverteilung mittels verteilungspolitischer Maßnahmen mit dem Ziel einer größeren **Bedarfsgerechtigkeit** und **Chancengleichheit** korrigiert, ergibt sich die **sekundäre Einkommensverteilung.**

6.9, S. 313
6.10, S. 313
6.11, S. 313

D Als sekundäre Einkommensverteilung wird die Einkommensverteilung bezeichnet, die sich nach staatlichen Umverteilungsmaßnahmen ergibt.

Es gibt aber keinen allgemein anerkannten Maßstab für eine gerechte Einkommensverteilung. Vielmehr ist dieses Ziel an bestimmten Gerechtigkeitsvorstellungen orientiert, die auf Werturteilen beruhen und nicht messbar sind.

Unterschied zwischen ungleich und ungerecht

Der Unterschied zwischen **wissenschaftlichen Aussagen** und **Werturteilen** lässt sich anhand der **Einkommensverteilung** zeigen.

Die Feststellung, die Verteilung der Einkommen in Deutschland sei **ungleich**, ist eine wissenschaftliche Aussage, die sich durch entsprechende Statistiken und Darstellungen (vgl. Lorenz-Kurve S. 295) belegen lässt. Die Aussage, die Verteilung sei **ungerecht**, ist hingegen eine Wertung, die auf der persönlichen Meinung desjenigen beruht, der sie äußert. Während manche die aktuelle Einkommensverteilung in Deutschland als ungerecht empfinden und eine stärkere Umverteilung fordern, sind andere der Meinung, es werde genug umverteilt und die bestehende Verteilung sei durchaus angemessen.

Die Einschätzung der Verteilungsgerechtigkeit in der Bevölkerung

Frage: Halten Sie die wirtschaftlichen Verhältnisse in Deutschland insgesamt für gerecht oder nicht gerecht?

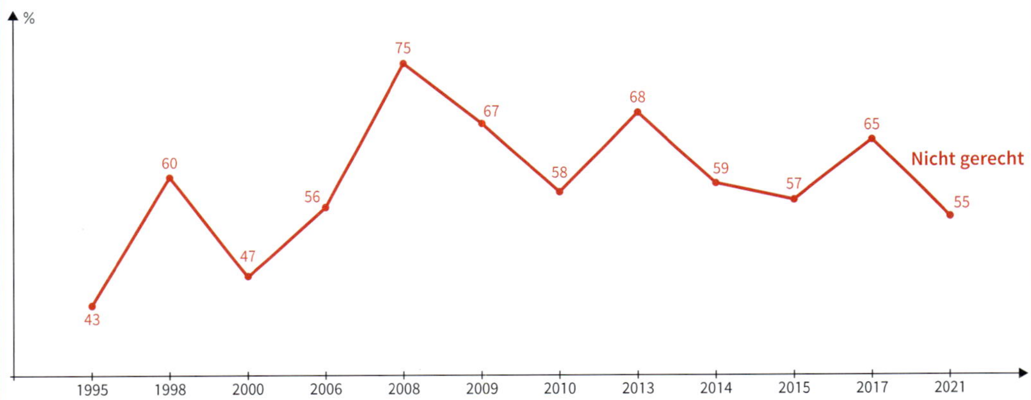

Basis: Deutschland; Bevölkerung ab 16 Jahre
Datenquelle: Umfrage des Instituts für Demoskopie Allensbach, Stand: März 2021 ; online unter: https://www.insm.de/fileadmin/insm-dms/text/publikationen/Allensbach_Umfrage_2021/12031_Soziale_Marktwirtschaft_Studienbericht_29032021_1_.pdf [03.03.2022].

6.8.3

D Mittel zur Einkommensumverteilung von der Primär- zur Sekundärverteilung sind von der Einkommenshöhe abhängige Steuern und Sozialabgaben sowie Transferzahlungen (z. B. Kindergeld, Krankengeld, Renten, Bürgergeld, Sozialhilfe, Wohngeld, Ausbildungsförderung).

6.8 Einkommens- und Vermögensverteilung in Deutschland

Lernziele:

Nach der Bearbeitung des Kapitels sind Sie in der Lage, Folgendes zu tun:

Sie ...

- ... erläutern die Lohnquote.
- ... erläutern die Gewinnquote.
- ... beschreiben die LORENZ-Kurve.
- ... erläutern die Bedeutung des GINI-Koeffizienten.
- ... unterscheiden zwischen Einkommen und Vermögen.
- ... erläutern die Vermögensverteilung in Deutschland.
- ... beschreiben, warum eine Politik der Einkommensumverteilung für nötig gehalten wird.

6.8.1 Lohnquote und Gewinnquote als Maßstab für die funktionelle Einkommensverteilung

6.12, S. 313

Bezüglich der **funktionellen Einkommensverteilung** in Deutschland lässt sich folgende Feststellung treffen: Die **Lohnquote**, d.h. der Anteil der Einkommen aus unselbstständiger Arbeit am Volkseinkommen, hat seit Anfang der 2000er Jahre bis 2007 erheblich abgenommen. In den Jahren danach ist sie wieder leicht gestiegen. Seit 2017 war bis zu Beginn der Corona-Pandemie wieder ein deutlicher Anstieg zu verzeichnen.

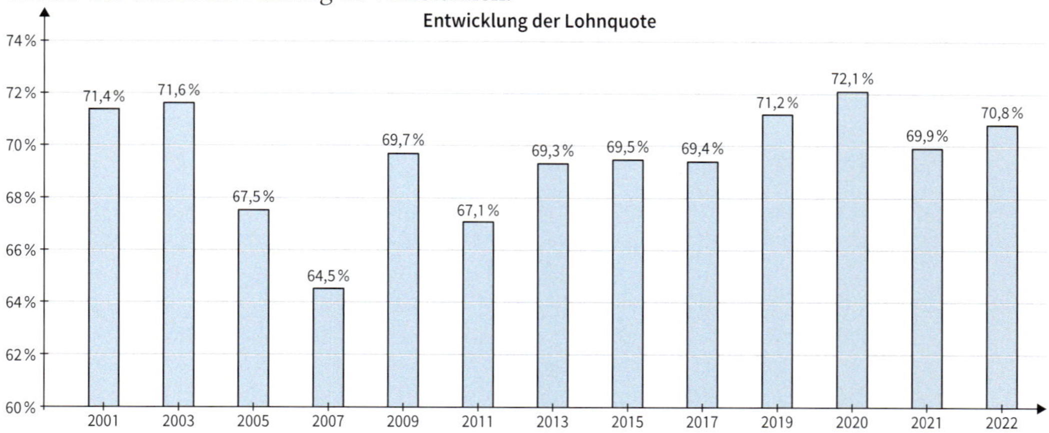

vgl. Statistisches Bundesamt (Hrsg.): Inlandsprodukt, Stand 13. Januar 2023; online unter: https://www.destatis.de/DE/Themen/Wirtschaft/Konjunkturindikatoren/Lange-Reihen/Volkswirtschaftliche-Gesamtrechnungen/lrvgr04a.html.

Allerdings lässt sich mit der **Lohnquote** allein die Einkommensverteilung nicht messen. Einerseits werden die Vermögenseinkommen der Arbeitnehmer (z.B. Zinseinkünfte, Erträge aus Immobilien) ebenso den Einkommen aus Unternehmertätigkeit und Vermögen zugerechnet wie die Einkommen von Landwirten und anderen Kleingewerbetreibenden. Die sich teilweise auf mehrere Millionen Euro jährlich belaufenden Bezüge der Vorstandsvorsitzenden deutscher Aktiengesellschaften gehören dagegen zu den Einkommen aus unselbstständiger Arbeit und gehen in die Lohnquote ein. In den letzten Jahrzehnten haben die Einkommen aus Vermögen ständig zugenommen. Dadurch nimmt die Lohnquote zwangsläufig ab, ohne dass damit zugleich eine Schlechterstellung der Arbeitnehmer einhergehen muss. Allerdings ist auffällig, dass trotz des erheblichen Beschäftigungsaufschwungs die Lohnquote lange Zeit kaum gestiegen ist. Sowohl der Fachkräftemangel als auch der demografische Wandel des Arbeitskräftepotenzials tragen aber in den letzten Jahren zu einem stärkeren Anstieg der Lohnquote bei.

Die **Gewinnquote** gibt den Anteil des Einkommens aus Unternehmertätigkeit und Vermögen am Volkseinkommen wieder. Die Gewinnquote beinhaltet somit insbesondere Einkünfte aus unternehmerischer, selbstständiger Tätigkeit wie beispielsweise mittelständischer Unternehmen. Daneben beinhaltet die Gewinnquote auch die Vermögenseinkünfte der Arbeitnehmer (z.B. Dividenden, Zinsen, Miet- und Pachteinkünfte). Wie in der nachfolgenden Grafik zu erkennen ist, entwickelt sich die Gewinnquote nach einem deutlichen Anstieg zu Beginn der 2000er Jahre fast durchgängig nach unten. Sowohl Lohnquote als auch Gewinnquote dienen als Maß für die Verteilungsgerechtigkeit in einem Land und sind von nicht geringem wirtschaftspolitischem Interesse. Betrachtet man die Grafik auf der nächsten Seite so fällt auf, dass Lohnquote und Gewinnquote immer gegenläufig verlaufen und sich immer zu eins addieren.

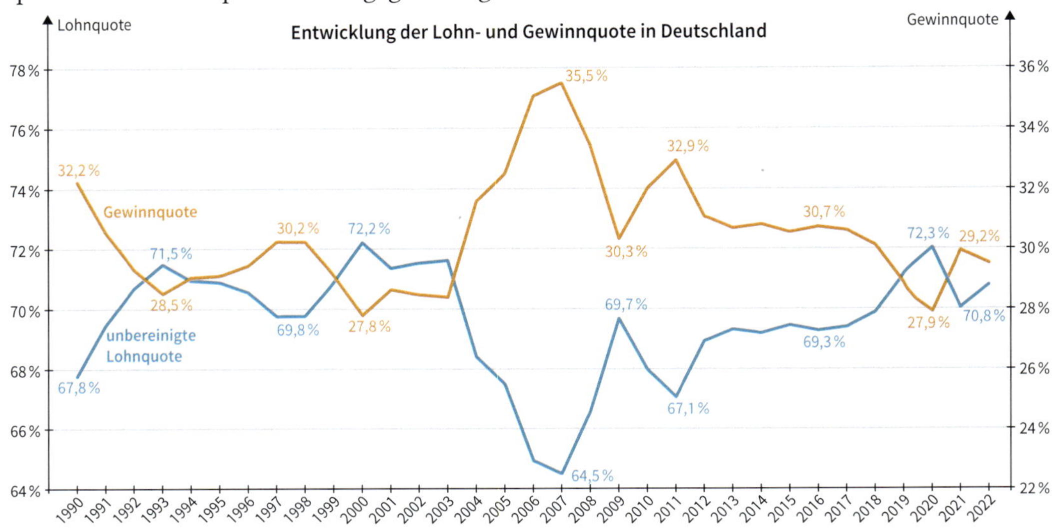

vgl. Statistisches Bundesamt (Hrsg.): Inlandsprodukt, Stand 13. Januar 2023; online unter: https://www.destatis.de/DE/Themen/Wirtschaft/Konjunkturindikatoren/Lange-Reihen/Volkswirtschaftliche-Gesamtrechnungen/lrvgr04a.html.

6.8.2 Ungleiche Einkommensverteilung

6.13, S. 313

Die **personelle Einkommensverteilung** lässt sich u.a. mithilfe einer **LORENZ**[1]-Kurve (Konzentrationskurve) darstellen. Die nachstehenden LORENZ-Kurven für die personelle Einkommensverteilung in der Bundesrepublik Deutschland zeigen u.a., dass bei der Primärverteilung (= vor der Umverteilung durch Steuern, Sozialabgaben und Transferzahlungen) 50 % der einkommensschwächsten Haushalte nur über knapp 15 % aller in der Bundesrepublik erzielten Bruttoeinkommen verfügten, während auf die restlichen 50 % der Haushalte ca. 85 % aller Bruttoeinkommen entfielen. Bei der Sekundärverteilung (= nach der Umverteilung durch staatliche Maßnahmen) verfügten die einkommensschwächsten 50 % der Haushalte über ca. 30 % aller Nettoeinkommen. Andererseits vereinigten die 20 % der Haushalte mit den höchsten Einkommen fast 40 % aller Nettoeinkommen auf sich. Nach dem neuerdings regelmäßig von der Bundesregierung vorgelegten „Armuts- und Reichtumsbericht" hat sich die Ungleichverteilung der Einkommen in den letzten Jahren und Jahrzehnten erheblich erhöht. 2021 betrug die Armutsrisikoquote, d.h. der Anteil der Personen in Haushalten, deren Einkommen (einschließlich aller Transfereinkommen) weniger als 60 % des Durchschnittseinkommens (d.h. 2021 weniger als 1.251 € monatlich) beträgt, 16,9 %. Insbesondere Arbeitslose, Alleinerziehende und Familien mit Migrationshintergrund haben ein erhöhtes Armutsrisiko.

1 nach dem amerikanischen Statistiker Max O. Lorenz benannte grafische Darstellung einer Häufigkeitsverteilung, die insbesondere die Konzentration veranschaulicht

Einkommensverteilung in Deutschland 2018

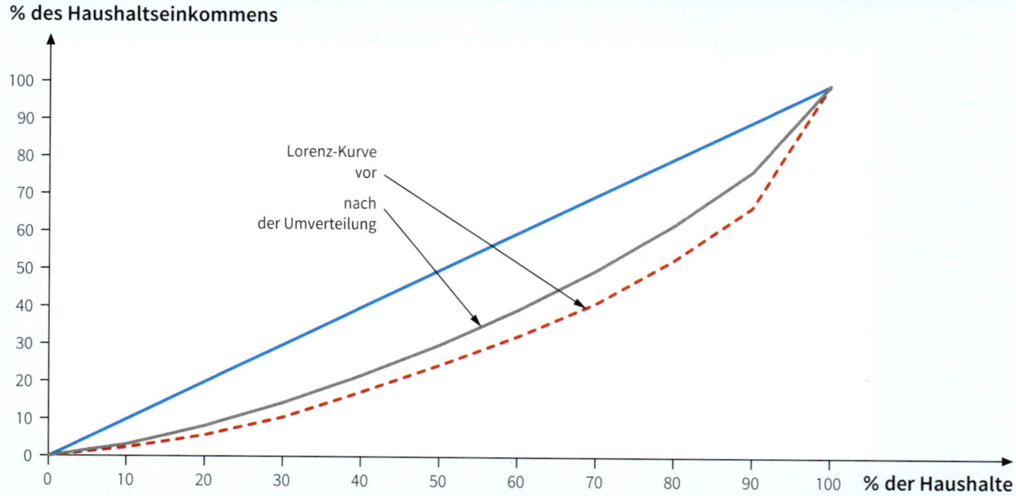

vgl. Statistisches Bundesamt (Hrsg.) Datenreport 2021 - Kapitel 6: Private Haushalte, Einkommen und Konsum, März 2021; SOEPv34, mit 0,1 Prozent Top-Coding; Berechnungen des DIW Berlin
siehe auch: https://www.bpb.de/kurz-knapp/zahlen-und-fakten/soziale-situation-in-deutschland/317063/vermoegen-nach-einkommensverteilung/.

B

Beispiel: Manager mit Spitzenverdienst 2021

Deutsche Top-Manager verdienen prächtig: Durchschnittlich 5,9 Mio. Euro erhielt der Chef eines DAX-Konzerns 2021. Die Vergütung der Vorstände setzt sich aus variablen Posten wie Boni und Prämien sowie einem Fixgehalt zusammen. Absoluter Top-Verdiener war mit mehr als 19 Mio. € Linde-Chef Steve Angel. An zweiter Stelle der Spitzenverdiener stand Herbert Diess (VW) mit 11,5 Mio. €, gefolgt von Christian Klein (SAP) mit 9,1 Mio. € und Kasper Rorsted (Adidas) mit 8,9 Mio. €. Weitere Spitzenplätze nahmen Christian Sewing (Deutsche Bank) mit 8,8 Mio. €, Thierry Bernard (Qiagen) mit 8,6 Mio. € und Martin Brudermüller (BASF) mit 8,4 Mio. € ein. Im internationalen Vergleich ist die Vergütung der deutschen Vorstandsvorsitzenden allerdings bescheiden. So liegen die im Dow-Jones geführten Werte beim vielfachen des DAX. Spitzenverdiener bei den im Dow-Jones-Index notierten Unternehmen war der Chef des Halbleiterherstellers „Intel", Patrick P. Gelsinger, mit 178 Mio. Dollar.

vgl. Deutsche Schutzgemeinschaft für Wertpapierbesitz e. V. (DSW), Technische Universität München (TUM), Studie zur Vergütung der Vorstände in den DAX-Unternehmen 2021.

Die reichsten Deutschen 2023

Rang	Person bzw. Familie	Unternehmen, Branche	Vermögen in Mrd. Euro
1	Dieter Schwarz	Schwarz-Gruppe (Lidl, Kaufland,...); Einzelhandel	39,2
2	Klaus–Michael Kühne	Kühne + Nagel; Logistik	32,1
3	Susanne Klatten	BMW, Entrust, SGL Group; Automobile, digitale Datensicherung, Kohlenstoff- und Graphitherstellung	27,8
4	Stefan Quandt	BMW; Automobile	24,7
5	Reinhold Würth & Familie	Würth Gruppe; Befestigungs- und Montagetechnik	16,6
6	Theo Albrecht Jr.	Aldi Nord, Trader Joe's; Einzelhandel	16,3
7	Karl Albrecht Jr. & Familie	Aldi Süd; Einzelhandel	15,7
8	Thomas/Andreas Strüngmann & Familie	Biontech; Biotech-, Pharma-, Gesundheitsunternehmen	12,2
9	Andreas von Bechtolsheim & Familie	Sun Microsystems, Google Investor; Computer, Software	10,3
10	Friedhelm Loh	Friedhelm Loh Group (Rittal,...); Stahlunternehmen, Schaltschränke, Software- und Automatiesierungslösungen	9,8

Vgl. Handelsblatt (Hrsg.): Ranking 2023 - Das sind die zehn reichsten Deutschen, 15.02.2023; online unter: https://www.handelsblatt.com/unternehmen/ranking-2023-das-sind-die-zehn-reichsten-deutschen/25730214.html [17.05.2023].

Gini-Koeffizient der Einkommen

Der **Gini-Koeffizient** der Einkommen misst die **Ungleichverteilung der realen Haushaltseinkommen** in Deutschland und verpackt die grafische Information der Lorenz-Kurve in eine einzelne Zahl. Der Gini-Koeffizient ist der am häufigsten verwendete Indikator zur Erfassung der Einkommensungleichheit. Die Grundidee dazu basiert auf der Fläche, die zwischen der tatsächlichen Lorenzkurve und der Winkelhalbierenden (die „Gerade der perfekten Verteilung") aufgespannt wird. Wenn diese Fläche nämlich größer wird, ist das ein Zeichen dafür, dass die Verteilung ungerechter wird. Je größer diese Konzentrationsfläche ist, desto größer ist der dazugehörige Gini-Koeffizient, und desto ungerechter ist die Verteilung des Einkommens. Der Gini-Koeffizient beschreibt also wie gleich oder ungleich Einkommen in der Gesellschaft verteilt sind: Bei einem Wert von 0 würden alle Personen das gleiche Einkommen besitzen und die Einkommen wären somit komplett gleich verteilt. Im Gegensatz dazu steht ein Wert von 1 für eine völlige Ungleichverteilung der Einkommen, d. h eine einzige Person würde das gesamte Einkommen erhalten und alle anderen nichts. Damit ist der Gini sehr leicht zu interpretieren.

vgl. Daten aus: SOEP v36; Statista 2022; eigene Berechnungen.

Durch die im nächsten Kapitel angesprochenen verteilungspolitischen Maßnahmen gelingt es dem Staat, den Gini-Koeffizienten nach unten zu korrigieren und somit für eine bessere Einkommensgleichverteilung zu sorgen.

"

Einkommens- und Vermögensverteilung in Deutschland

Einkommen sind nicht gleich verteilt. Die Ungleichheit der Einkommen ergibt sich aus dem Marktprozess. Sie wird allerdings durch Transferleistungen einerseits sowie Steuern und Sozialversicherungsbeiträge andererseits wesentlich reduziert (vgl. die Abbildung auf der vorangehenden Seite). Trotzdem hat die Ungleichverteilung der Einkommen in Deutschland in den letzten Jahrzehnten zugenommen. Eine vergleichbare Entwicklung war auch für die neuen Länder feststellbar. Noch wesentlich ungleichmäßiger als die Einkommen sind aber die **Privatvermögen** in Deutschland verteilt. Dies zeigt die folgende Abbildung. Die reichsten 10% der Haushalte besitzen rund 56% des gesamten Vermögens. Die untere Hälfte der Haushalte verfügt dagegen über kaum mehr als 1% des gesamten Vermögens. Die **Ungleichheit der Vermögensverteilung** beruht zu einem erheblichen Teil auf der **ungleichmäßigen Einkommensverteilung**. Vom Einkommen hängt die Sparfähigkeit ab, die neben Erbschaften und Wertzuwächsen die Entwicklung der individuellen Vermögensbestände im Lebensverlauf bestimmt. Zusammenfassend ist festzustellen, dass sich die Ungleichheit der Einkommen und der Vermögen langfristig verstärkt hat. Die Schere zwischen arm und reich hat sich weiter geöffnet.

vgl. Grabka, Markus & Halbmeier, Christoph: Vermögensungleichheit in Deutschland bleibt trotz deutlich steigender Nettovermögen anhaltend hoch, DIW Wochenbericht 40/2019, S. 735ff.

Ungleiche Vermögensverteilung

Das Reinvermögen eines Haushalts ergibt sich aus der Summe von Geld- und Sachvermögen (Immobilien- und Gebrauchsvermögen) abzüglich der **Schulden**. Die **Vermögensverteilung** lässt sich ebenfalls in Form einer **LORENZ**-Kurve darstellen. Hier zeigt sich für die Bundesrepublik eine noch ungleichmäßigere Verteilung als bei den Einkommen. Die ärmsten 50% der Haushalte verfügen nur über ca. 2%, die reichsten 10% der Haushalte dagegen über ca. 56% des Gesamtvermögens.

Vermögenskonzentration

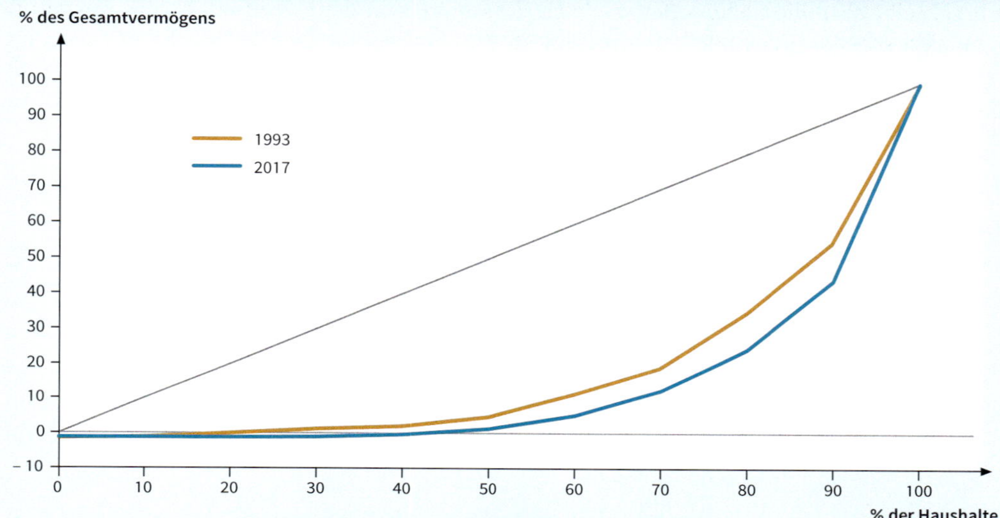

Vermögensverteilung nach Zehnteln (Dezile), Anteile am Gesamtvermögen in Prozent, bezogen auf das Nettovermögen von Personen in privaten Haushalten im Alter ab 17 Jahren, 2002, 2007 und 2017

Hinweis: Ein negatives Vermögen bedeutet eine Verschuldung der Haushalte.

Vermögen werden derzeit in Deutschland lediglich im Fall einer Vererbung (geringfügig) besteuert. Daher liegen keine offiziellen Zahlen zur Höhe privater Vermögen vor. Die meisten Angaben beruhen vielmehr auf Umfragen. Dazu werden Haushalte nach dem Zufallsprinzip ausgewählt. Die Wahrscheinlichkeit, dass die Auswahl auf einen Multimillionär fällt, ist sehr gering. Außerdem erfolgt die Beantwortung der Fragen freiwillig. Daher sind die offiziell erhobenen Daten insbesondere für die reichsten Haushalte höchst lückenhaft und ungenau. Zwar zeigen schon die durch Befragung erhobenen Daten für Deutschland eine im internationalen Vergleich extrem hohe Ungleichverteilung der Vermögen. In Wirklichkeit dürfte diese Vermögensungleichheit in Deutschland noch wesentlich größer sein. Neuere Untersuchungen kommen zu dem Ergebnis, dass die obersten 10% der Vermögensbesitzer über rund 67% des Gesamtvermögens aller Haushalte verfügen. Für das oberste Promille, d.h. 0,1% der Bevölkerung oder ca. 70000 Personen, gilt, dass sie über 20,4% des Gesamtvermögens verfügen. Eine weitere Untergliederung innerhalb dieses oberen Promilles zeigt sogar, dass die reichsten 0,01% der Haushalte 9,12% und die reichsten 0,001% (= ca. 400 „superreiche" Haushalte) 4,67% des Gesamtvermögens auf sich vereinigen. Dies bedeutet: Die allerreichsten 45 Haushalte in der Bundesrepublik verfügen über ein Vermögen, das etwa genauso groß ist, wie das gesamte Vermögen der ärmeren Hälfte der Bevölkerung (ca. 20 Mio. Haushalte).

Das Privatvermögen in Deutschland (2020)

Bruttovermögen*	Schulden		Nettovermögen
9,4 Bio. €	– 1,2 Bio. €	=	8,2 Bio. €

Durchschnittliches Nettovermögen	125.000 € WEST	**111.000 € DEUTSCHLAND**	55.000 € OST

Die reichsten 1 % haben ein durchschnittliches Vermögen von **mind. 1 Mio. €**	6 % der Bevölkerung haben mehr **Schulden** als Vermögen	22 % der Bevölkerung haben gar **kein Vermögen**

Und so setzt sich das Bruttovermögen eines Haushalts durchschnittlich zusammen:

68.180 €	selbst genutztes Wohneigentum
25.011 €	sonstige Immobilien
17.806 €	Geldanlagen
11.394 €	Versicherungen, Bausparverträge
21.814 €	Betriebsvermögen
7.299 €	Sachanlagen und Fahrzeuge

**Einwohner ab 17 Jahren, Vermögen ohne Fahrzeuge und Hausrat*

Das Vermögen der Privathaushalte

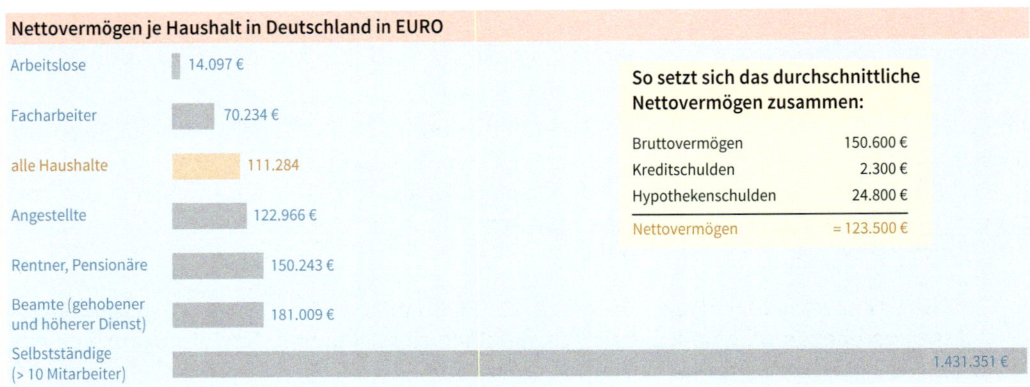

vgl. Deutsches Institut für Wirtschaftsforschung e.V., Wochenbericht 29/2020; Statistisches Bundesamt, Datenreport 2021 Private Haushalte - Einkommen und Konsum; DGB Verteilungsbericht 2021.

Die Auswertung der obigen Grafiken zeichnet folgendes Bild: Jeder Bundesbürger verfügt durchschnittlich über ein Vermögen von rund 111.000 € (alle Haushalte). Diese Zahl erscheint auf den ersten Blick überraschend hoch. Sie sagt aber nichts darüber aus, wie dieses Vermögen in Deutschland verteilt ist. So gibt es deutliche Unterschiede zwischen den alten und den neuen Bundesländern: Während der Durchschnittswert für Westdeutschland bei 125.000 € liegt, beträgt er in den neuen Ländern nur rund 55.000 €. Das reichste Prozent der Bevölkerung kommt auf ein Vermögen von durchschnittlich über 1 Million €. Demgegenüber verfügen rund 22 % der Bevölkerung weder über Geld- noch Sachvermögen. 6 % der Bevölkerung haben sogar nicht nur kein Vermögen, sondern nur Schulden (= „negatives Vermögen").

6.8.3 Einkommensumverteilung

Um eine vom Großteil der Bevölkerung als gerecht empfundene Verteilung von Einkommen und Vermögen zwischen verschiedenen Bevölkerungsschichten herbeizuführen, bedient sich der deutsche Staat verschiedener verteilungspolitischer Instrumente. Durch den Leistungswettbewerb auf Güter- und Faktormärkten wird auch die Verteilung von Löhnen und Gewinnen bestimmt (Verteilungsfunktion des Preiswettbewerbs). Diese **primäre Einkommensverteilung** ist ausschließlich leistungsabhängig und wird deswegen als ungerecht empfunden. Sie kann durch staatliche Umverteilungsmaßnahmen nach bestimmten Gerechtigkeitsvorstellungen korrigiert werden (= **sekundäre Einkommensverteilung**).

Verteilungsprinzipien und Einkommensverteilung in der sozialen Marktwirtschaft

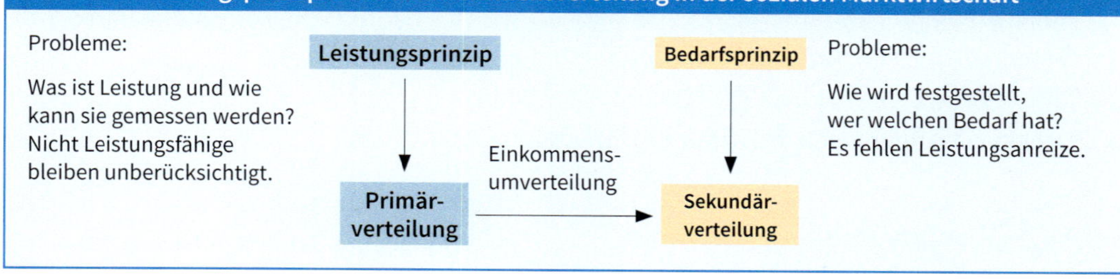

Aufgrund der Tarifautonomie ist eine Einkommenspolitik des Staates im Sinne einer direkten Beeinflussung von Löhnen und Gehältern (funktionelle Einkommens- und Primärverteilung) nur im öffentlichen Dienst möglich, wo der Staat selbst als Arbeitgeber auftritt. Im Zusammenhang mit der Sozialpolitik ist unter Einkommenspolitik daher vor allem eine Einkommensumverteilungspolitik des Staates zu verstehen.

D Einkommensumverteilungspolitik umfasst alle Maßnahmen, die in eine auf den Marktergebnissen beruhende primäre Einkommensverteilung eingreifen und durch Umverteilung eine Sekundärverteilung herbeiführen.

In Deutschland erfolgt die Einkommensumverteilung insbesondere durch folgende Maßnahmen:

Einkommenssteuer	Sozialversicherungsbeiträge	Transferzahlungen
Besteuerung nach der Leistungsfähigkeit aufgrund eines Einkommensteuertarifs, der ab einem unversteuerten Grundfreibetrag bei zunehmender Einkommenshöhe progressiv ansteigt (2022 Eingangssteuersatz 14 %, Spitzensteuersatz 45 %). Bei den meisten Steuerexperten ist unbestritten, dass ein progressiver Einkommensteuertarif der Besteuerung nach dem Leistungsfähigkeitsprinzip am ehesten entspricht. Auch die „Väter der sozialen Marktwirtschaft" hielten eine solche progressive Einkommensbesteuerung für den in einer Marktwirtschaft nötigen Einkommensausgleich ausdrücklich für sinnvoll.	Einkommensabhängige Pflichtbeiträge zur Renten-, Arbeitslosen-, Kranken- und Pflegeversicherung der Arbeitnehmer, die in den meisten Fällen vom Arbeitgeber und Arbeitnehmer je zur Hälfte getragen werden. Geringfügige Ausnahmen von dieser jeweils hälftigen Beitragszahlung bestehen lediglich in der Pflegeversicherung beim Zuschlag von 0,25 % für kinderlose Arbeitnehmer, die älter als 23 Jahre sind. In beiden Fällen entfällt der Arbeitgeberanteil.	aus Steuern, Sozialversicherungsbeiträgen oder staatlicher Kreditaufnahme finanzierte Zahlungen an private Haushalte (u. a. Alters- und Erwerbsminderungsrenten, Sozialhilfe, Deckung der Krankheitskosten, Kranken-, Arbeitslosen-, Kinder-, Erziehungs- und Wohngeld, Ausbildungsförderung, Förderung der Vermögensbildung)

D Das Leistungsfähigkeitsprinzip besagt, dass jeder Bürger entsprechend seinen finanziellen Möglichkeiten zur Finanzierung staatlicher Leistungen herangezogen werden soll. Dieses Prinzip kommt in einem progressiven Einkommensteuertarif zum Ausdruck.

6.9 Armut in Deutschland

Lernziele:

Nach der Bearbeitung des Kapitels sind Sie in der Lage, Folgendes zu tun:

Sie ...

- ... unterscheiden absolute und relative Armut.
- ... erläutern und analysieren die Armutsrisikoquote.
- ... unterscheiden Armut nach verschiedenen Bevölkerungsgruppen.
- ... beschreiben Ursachen für Altersarmut.
- ... diskutieren Probleme bei der Messung von Armut.
- ... arbeiten Maßnahmen zur Armutsbekämpfung heraus.

6.9.1 Absolute und relative Armut

Als arm gilt, wer aufgrund seiner finanziellen Situation nicht in der Lage ist, ein angemessenes Leben zu führen. Man unterscheidet Armut nach absoluter und relativer Armut.

D **Absolute Armut** ist ein Zustand, in dem sich ein Mensch die Befriedigung seiner wirtschaftlichen und sozialen Grundbedürfnisse nicht leisten kann.

B Jemand hat nicht genug zu essen oder kein sauberes Trinkwasser. Menschen müssen auf der Straße leben, weil sie keine Wohnung haben. Bei Krankheit kann die medizinische Behandlung nicht bezahlt werden.

Gerade in Entwicklungsländern leiden die Menschen unter absoluter Armut. In sehr wohlhabenden Ländern wie Deutschland oder anderen EU-Ländern besteht jedoch keine absolute Armut. Armut wird deshalb als relative Größe definiert.

D **Relative Armut** beschreibt Armut im Verhältnis zum jeweiligen gesellschaftlichen Umfeld eines Menschen.

B Menschen können sich nicht so gutes Essen wie andere Menschen oder nicht einfach neue Kleidung leisten. Auch reicht das Geld nicht, um ins Theater oder ins Kino zu gehen oder Geschenke für Geburtstage zu kaufen.

6.9.2 Armutsrisikoquote

6.14, S. 314

Für diese relative Armut hat sich der Begriff **Armutsgefährdung bzw. Armutsrisiko** durchgesetzt. Armutsgefährdung besteht dann, wenn das Einkommen deutlich unter dem mittleren Einkommen der Bevölkerung liegt. Zur Messung dieser Einkommensverteilung hat sich die sogenannte **Armutsgefährdungsquote bzw. Armutsrisikoquote** durchgesetzt.

D Die **Armutsrisikoquote** entspricht dem Anteil der Personen mit einem Einkommen unterhalb der Armutsgrenze in Prozent der Gesamtbevölkerung.

Die verwendete Armutsgrenze (auch als **Armutsrisikoschwelle bzw. Armutsgefährdungsschwelle** bezeichnet) liegt bei 60% des durchschnittlichen **Nettoäquivalenzeinkommens**. Das Nettoäquivalenzeinkommen ist ein je nach Zahl und Alter der Haushaltsmitglieder gewichtetes Nettoeinkommen. Diese Gewichtung ist deshalb notwendig, da in Haushalten Einspareffekte bestehen, z. B. durch die gemeinsame Nutzung von Wohnraum oder von Haushaltsgeräten usw. Nach der in der Regel verwendeten neuen Skala der Organisation für wirtschaftliche Zusammenarbeit und Entwicklung (OECD) erhält der Haupteinkommensbezieher des Haushalts den Gewichtungsfaktor 1,0, alle übrigen Haushaltsmitglieder von 14 Jahren und älter den Faktor 0,5 und Personen unter 14 Jahren den Faktor 0,3.

B Ein Ehepaar mit 2 Kindern unter 14 hätte daher bei einem verfügbaren Einkommen von 4.500 € monatlich ein Äquivalenzeinkommen von 2.142,86 € $\left(\frac{4500}{1{,}0 + 0{,}5 + 2 \cdot 0{,}3} = 2.142{,}86\,€\right)$. Die wirtschaftliche Leistungsfähigkeit einer alleinlebenden Person mit einem Einkommen von 2.142,86 € würde diesem Haushalt als gleichwertig angesehen werden.

Im **Armuts- und Reichtumsbericht der Bundesregierung** werden detaillierte Angaben zur Entwicklung der Armut in Deutschland gemacht. Die nachfolgende Grafik zeigt die Armutsrisikoquote für Gesamtdeutschland sowie für Menschen ab 65 (Altersarmut). Nachdem im früheren Bundesgebiet die Armutsrisikoquote bis Mitte/Ende der 1990er-Jahre stetig gesunken ist, verzeichnet sie seit dem Jahr 2000 einen Trend nach oben. Der bisherige Höchststand wurde 2021 mit 16,9 % erreicht, d. h 16,9 % der Bevölkerung leben unterhalb der Armutsgrenze. Der Schwellenwert für Armutsgefährdung in Deutschland lag 2021 bei 1.251 € pro Monat für Alleinlebende. Zwei Erwachsene mit zwei Kindern unter 14 Jahren waren armutsgefährdet, wenn sie zusammen und nach Einbeziehung staatlicher Transferleistungen ein Einkommen von weniger als 2.731 € pro Monat zur Verfügung hatten. Bei Alleinerziehenden mit einem Kind unter 14 Jahren lag die Armutsgefährdungsschwelle bei 1.396 €, bei zwei Erwachsenen ohne Kinder bei 1.611 €.

Armutsrisikoquote in Deutschland

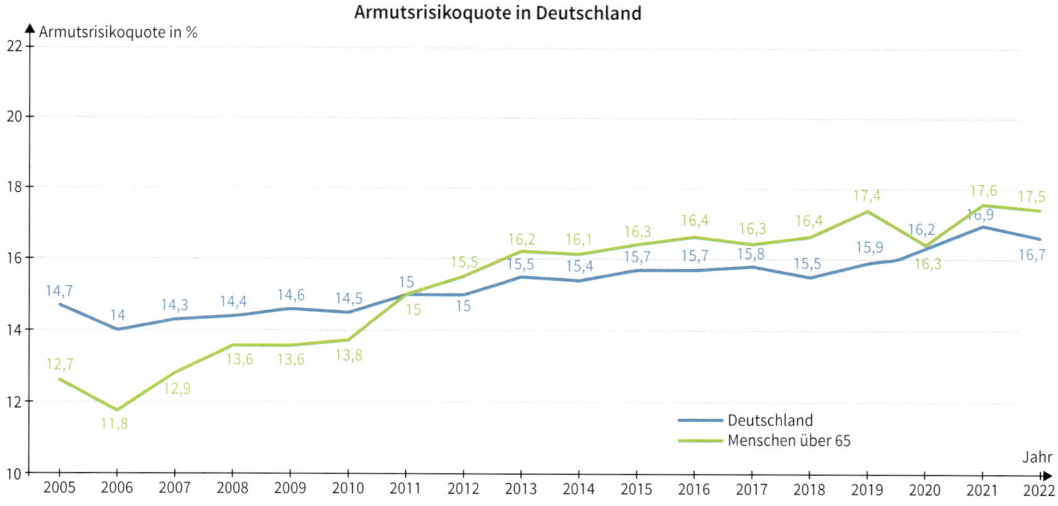

vgl. Statistisches Bundesamt: Armutsgefährdungsquote, Mikrozensus, Stand: 17.07.2023.

Wie sich die Armutsrisikoquote in den kommenden Jahren entwickelt, hängt maßgeblich von der Beschäftigung, den Lohnzuwachsraten sowie der Ausgestaltung der Sozialpolitik ab. Die deutlich höhere Armutsrisikoquote in den neuen Bundesländern hängt immer noch mit dem dort insgesamt niedrigeren Einkommensniveau zusammen.

Von Armut betroffen sind nicht alle **Bevölkerungsgruppen** in gleichem Maße. Besonders gefährdet sich demnach die Gruppen der Erwerbslosen (57,9 %) sowie der Alleinerziehenden (46,7 %). Auch der Bildungsstand hat einen wesentlichen Einfluss auf Armutsgefährdung. Während Personen mit hohem Bildungsabschluss ein Armutsrisiko von 6,2 % aufweisen, liegt dieses bei Personen mit niedrigem Bildungsabschluss bei 32,9 %.

Armutsgefährdungsschwelle und Armutsgefährdung (monetäre Armut) nach Sozialleistungen in Deutschland nach verschiedenen Kriterien

Soziodemographische Untergliederung	Erhebungsjahr 2020
Schwellenwert für Armutsgefährdung in EUR je Jahr	
Alleinlebende	15.605
zwei Erwachsene mit zwei Kindern unter 14 Jahren	32.770
Armutsgefährdungsquote nach Sozialleistungen nach…	
dem Geschlecht, Anteil in %	
Insgesamt	**16,2**
Männer	15,3
Frauen	16,8
dem Alter, Anteil in %	
Insgesamt	**16,2**
unter 18-Jährige	15,4
18- bis 64-Jährige	15,0
65-Jährige und Ältere	16,3
dem überwiegenden Erwerbsstatus im Vorjahr (Personen ab 16 Jahren), Anteil in %	
erwerbstätig	10,7
nicht erwerbstätig	28,1
arbeitslos	52,8
im Ruhestand	20,3
dem Bildungsstand (Personen ab 18 Jahren), Anteil in %	
niedrig	33,2
mittel	17,6
hoch	10,4
dem Haushaltstyp, Anteil in %	
Insgesamt	**18,5**
Personen in Haushalten ohne Kind	19,1
Alleinlebende	29,7
alleinlebende Männer	28,7
alleinlebende Frauen	30,6
zwei Erwachsene, jünger als 65 Jahre	12,2
zwei Erwachsene, mindestens ein Erwachsener 65 Jahre oder älter	16, 0
Personen in Haushalten mit Kind(ern)	17,6
Alleinerziehende	33, 0
zwei Erwachsene mit einem Kind	12,8
zwei Erwachsene mit zwei Kindern	14,3

vgl. EU-SILC–Eurostat-Datenbank, Mikrozensus, Erhebungsjahre 2020 und 2021 & Statistisches Bundesamt: Lebensbedingungen und Armutsgefährdung, Stand 30. Juni 2022; online unter: https://www.destatis.de/DE/Themen/Gesellschaft-Umwelt/Einkommen-Konsum-Lebensbedingungen/Lebensbedingungen-Armutsgefaehrdung/Tabellen/armutsschwelle-gefaehrdung-mz-silc.html.

6.9.3 Altersarmut

Die Grafik auf S. 301 zeigt auch den Anstieg der Armutsrisikoquote der über 65-Jährigen. Die Generation 65 plus ist in Deutschland mittlerweile zunehmend von **Altersarmut** bedroht. In keiner anderen Altersgruppe war der Anstieg seit dem Jahr 2005 so groß. Insgesamt sind aktuell 17,5 % der über 65-Jährigen von Altersarmut bedroht.

6.15, S. 314

Wer im Alter seinen Lebensunterhalt nicht selbst bestreiten kann, erhält die Grundsicherung. Betraf dies im Jahr 2003 noch 258.000 Menschen, so waren es Ende 2021 589.000 Menschen. Die Zahl ist einerseits auf die steigende Zahl an Rentenempfängern zurückzuführen, allerdings ist insgesamt ein Anstieg der Empfänger von Sozialleistungen im Alter zu verzeichnen.

Ursachen für Altersarmut können sein:

- **Unterbrechungen während des Arbeitslebens** (z. B. wegen Arbeitslosigkeit, Kindererziehung oder Pflege), Arbeit im Niedriglohnsektor und Selbstständigkeit führen zu geringeren Zahlungen in die gesetzliche Rentenversicherung.
- **Alleinerziehende Frauen** sind besonders von Altersarmut bedroht, da diese durch die Erziehung der Kinder häufig weniger arbeiten und weniger sparen können.
- **Informelle Beschäftigung**, d. h. Menschen die einer Beschäftigung nachgehen, welche nicht gemeldet ist („Schwarzarbeit"). Hier besteht keinerlei finanzielle Absicherung.
- **Gender Pay Gap**: 2021 haben Frauen in Deutschland 18 % weniger verdient als Männer. Dies ist häufig damit zu erklären, dass Frauen häufiger in Branchen und Berufen arbeiten, in denen schlechter bezahlt wird und sie seltener Führungspositionen bekleiden. Außerdem arbeiten sie häufiger in Teilzeit und in Minijobs.

Besonders häufig betroffen von Altersarmut sind Frauen. Sie erhalten durchschnittlich 46 % weniger Rente als Männer. Damit ist die Rentenlücke zwischen Männern und Frauen in keinem anderen europäischen Industrieland so groß wie in Deutschland.

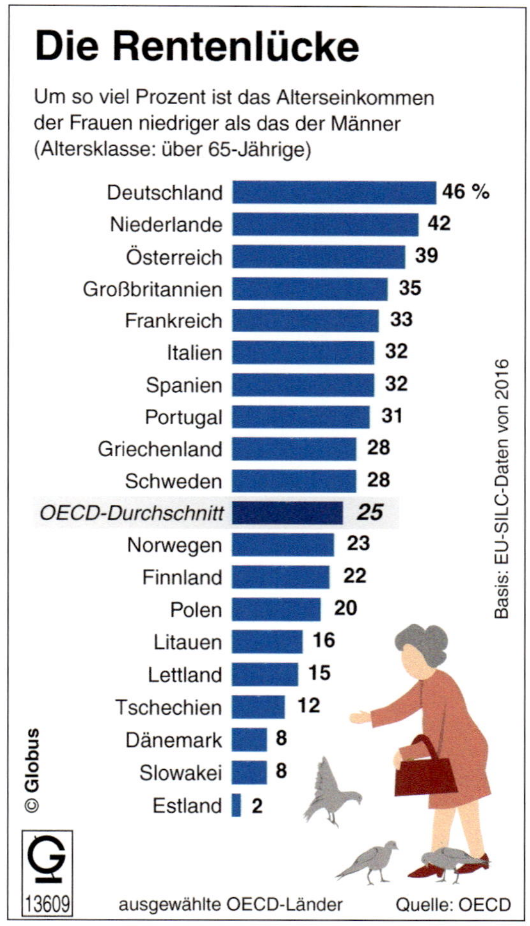

6.9.4 Probleme der Armutsmessung

Mithilfe der Armutsrisikoquote erhält man eine Vorstellung von der Ungleichheit in unserer Gesellschaft. Die Interpretation der Zahlen ist aber nicht so eindeutig, wie man dies zunächst vermuten mag, denn die Angaben beziehen sich immer auf das Haushaltseinkommen. Wie aber hängen Einkommen und die Sicherstellung eines guten Lebensstandards zusammen?

Betrachtet man sich die Entwicklung des Einkommens eines Menschen über dessen Lebensspanne, dann stellt man fest, dass das Einkommen bis zu einem Alter von 45 bis 55 Jahren stetig ansteigt und dann deutlich abfällt. Hat ein älterer Mensch aber deshalb einen geringeren

Lebensstandard? Häufig nehmen die Menschen Kredite auf, um sich beispielsweise Wohneigentum anschaffen zu können oder um ihr Studium zu finanzieren. Dies führt aber dazu, dass die Einkommensrückgänge im Rentenalter nicht zu entsprechenden Rückgängen hinsichtlich des Lebensstandards führen. Man bezeichnet sie auch als **wirtschaftlichen Lebenszyklus**. Sinnvoller wäre demnach die Betrachtung des Lebenszeiteinkommens. Leider sind Daten hierzu nicht ohne weiteres verfügbar. Die beschriebene Problematik wird beispielsweise darin deutlich, dass es unterschiedliche methodische Ansätze bei der Berechnung der Armutsrisikoquote gibt. Manche Institutionen berücksichtigen Wohneigentum, andere nicht. Dies führt zu unterschiedlichen Armutsrisikoquoten.

Ein weiterer Kritikpunkt bezieht sich darauf, dass das Einkommen bestimmter Bevölkerungsgruppen durch zufällige oder vorrübergehende Ereignisse bestimmten Schwankungen unterliegt. So müssen beispielsweise Landwirte in einem Jahr mit großer Dürre aufgrund der Ernteausfälle temporäre **Einkommenseinbußen** hinnehmen. Im Gegenzug gibt es Jahre, in denen die Landwirte besonders gut verdienen, da beispielsweise die Ernte besonders gut ausfällt oder die Preise besonders gut sind. Das zusätzliche Einkommen werden die Landwirte dann sparen, um Einkommenseinbußen in anderen Jahren auszugleichen. Der Landwirt wird aber keinen Einbruch seines Lebensstandards fürchten müssen. Man spricht hier von **transitorischem Einkommen**, da Einkommensschwankungen ausgeglichen werden. Bei der Berechnung der Armutsrisikoquote wird aber nur das permanente Einkommen betrachtet und transitorische Einkommensveränderungen ausgeschlossen.

6.9.5 Armutsbekämpfung

Die Politik unternimmt seit geraumer Zeit verschiedene Maßnahmen zur Bekämpfung der Armut in Deutschland. Dabei werden auch zahlreiche weitere Maßnahmen diskutiert.

Abschaffung von Kinderarmut und Armut in der Familie	Finanzielle Leistungen und Unterstützungsangebot, die Kinder stärken und eine gesellschaftliche Teilhabe ermöglichen, u.a. durch eine Kindergrundsicherung oder Kinderzuschläge
Besserer Zugang zu Arbeitsmärkten sowie Schul- und Berufsbildung	Schaffung integrativer Arbeitsmärkte, um arbeitsfähigen Personen zu sicheren und dauerhaften Arbeitsplätzen zu verhelfen. Dabei wird insbesondere besonders schutzbedürftigen Gruppen wie z. B. alleinerziehenden Müttern, Migranten, älteren und behinderten Menschen oder Menschen mit geringer Berufsbildung geholfen.
Bekämpfung von Diskriminierung sowie geschlechts- und altersspezifischen Aspekten von Armut	Bereitstellung einer Einkommensunterstützung in angemessener Höhe, um soziale Ausgrenzung zu verhindern sowie verbesserter Zugang zu qualitativ hochwertigen Dienstleistungen, wie zum Beispiel Wohngeld, Gesundheitsleistungen und Kinderbetreuungseinrichtungen zu ermöglichen
Maßnahmen gegen finanzielle Ausgrenzung und Überschuldung	Seit 2009 haben auch Menschen unterhalb der Armutsgrenze die Möglichkeit, ein Bankkonto einzurichten. Somit wird der finanziellen Eingliederung und einer verantwortlichen Kreditvergabe und Kreditaufnahme Rechnung getragen.
Maßnahmen gegen schlechte Wohnverhältnisse und Ausgrenzung auf dem Wohnungsmarkt	Überarbeitung der Wohnungs- und Baupolitik, u.a. durch Schaffung zusätzlicher Sozialwohnung, Mietpreisbremse und mehr Wohngeld
Förderung der sozialen Eingliederung von armutsgefährdeten Gruppen	Die Situation von schutzbedürftigen Gruppen soll unter anderem durch folgende Maßnahmen verbessert werden: - Eine bessere Einbindung von Migranten und ethnischen Minderheiten in den Arbeitsmarkt - Förderung der Einstellung von behinderten Menschen - Maßnahmen für Gleichbehandlung und gegen Diskriminierung

Im Armuts- und Reichtumsbericht der Bundesregierung werden zahlreiche Maßnahmen genannt, wovon hier einige aufgeführt werden sollen:

- Wegfall des Solidaritätszuschlags für 90% der Zahlerinnen und Zahler
- Familienentlastungsgesetz: Anhebung des Kindergeldes bzw. des Kinderfreibetrags
- Anhebung der Behinderten-Pauschbeträge und damit steuerliche Entlastung
- Förderung strukturschwacher Regionen durch die Kommission „Gleichwertige Lebensverhältnisse“; dadurch Förderung der Digitalisierung, der ländlichen Dorfentwicklung und des Ehrenamts
- Erweiterung der Betreuungsmöglichkeiten von Kitas, Kindergärten und Krippen sowie der Ausbau von Ganztagesangeboten
- Angleichung des Rentenniveaus von Ost und West bis 2025
- Qualifizierungschancengesetz, welches Fördermöglichkeiten zur beruflichen Weiterbildung eröffnet und insbesondere Arbeitslosen eine neue Beschäftigung ermöglichen soll
- Pflegelöhneverbesserungsgesetz: Im Mittelpunkt steht dabei u.a. die verbesserte Möglichkeit zu Tarifvertragsabschlüssen sowie Bonuszahlungen für Pflegekräfte
- Stärkung der Gleichberechtigung von Mann und Frau, u.a. die Förderung von Führungspositionen für Frauen sowie die Entgeltgleichheit zwischen Mann und Frau
- Einführung der Grundrente
- Anrechnung der Kinderziehungszeit
- Stärkung der Inklusion
- Deutschsprachförderprogramme für Zugewanderte
- Anerkennung von im Ausland erworbenen Berufsqualifikationen

Zusammenfassung Kapitel 6: Marktwirtschaftliche Ordnung in Modell und Realität

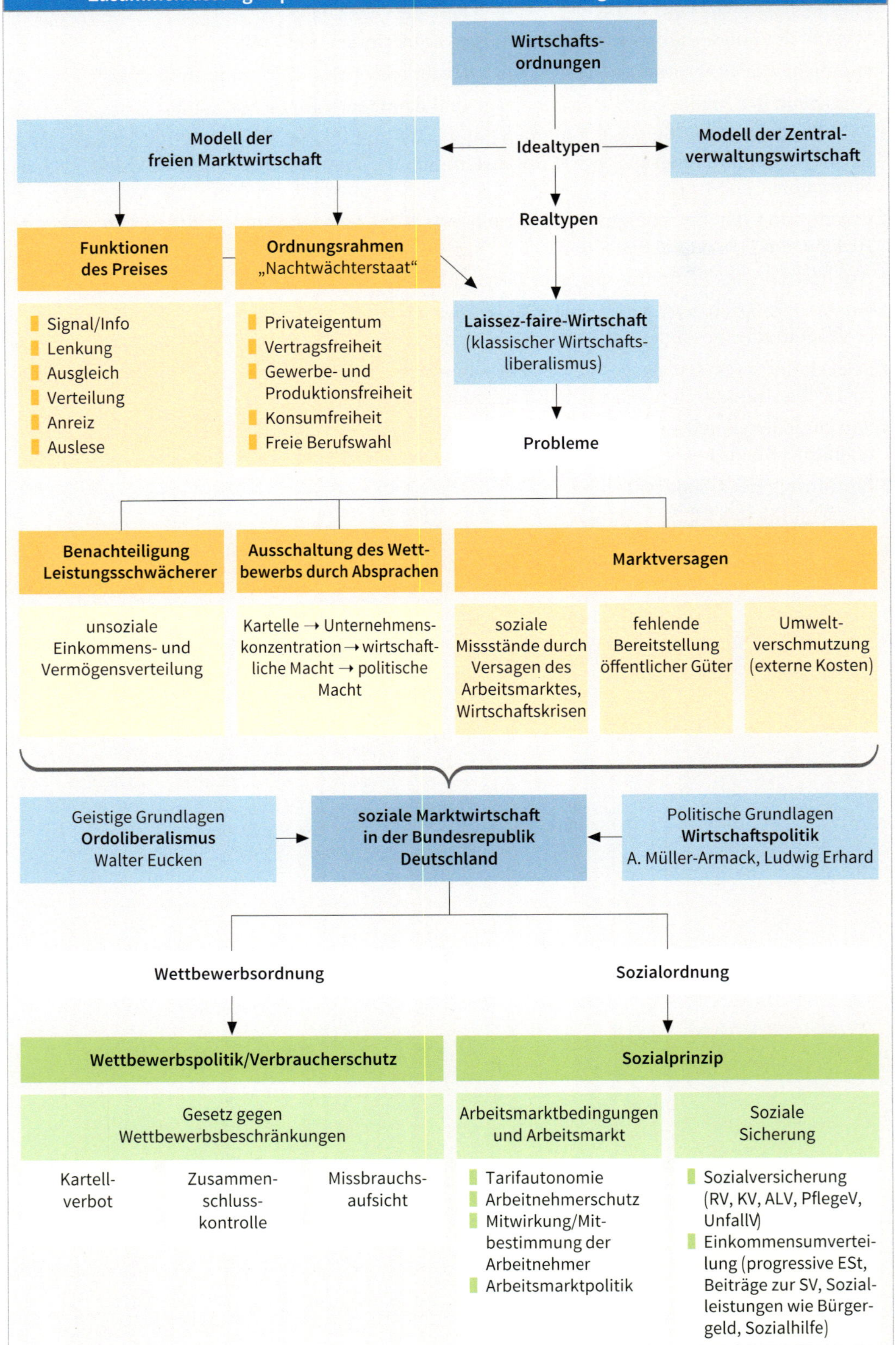

Zusammenfassung Kapitel 6: Einkommens- und Vermögensverteilung in Deutschland

Einkommens- und Vermögensverteilung in Deutschland

- primäre Einkommensverteilung
- funktionelle Einkommensverteilung (Lohnquote)
- sekundäre Einkommensverteilung
- personelle Einkommensverteilung

Zusammenfassung Kapitel 6: Wirkung verteilungspolitischer Maßnahmen des Staates

Verteilungspolitische Maßnahmen

- progressive Einkommenssteuer
- Sozialversicherungsbeiträge
- Transferleistungen

Zusammenfassung Kapitel 6: Armut in Deutschland

Armut in Deutschland

- absolute vs. relative Armut
- Armutsrisikoquote
- Altersarmut
- Armutsbekämpfung

Aufgaben zu Kapitel 6: Marktwirtschaftliche Ordnung in Modell und Realität

6.1 Lenkungssystem in der Marktwirtschaft

»

Das freundliche Volk der ToDongo (Bewohner einer bisher unentdeckten Insel) sendet eine Abordnung von fünf Mitgliedern ihrer Regierung in Ihre Klasse und braucht dringend guten Rat. Zur wirtschaftlichen Lenkung der Insel könnte sich folgende Unterhaltung ergeben:

„Wir leben minimalistisch, unsere Volk war stets stark von der Überlieferung der Alten beeinflusst. Die flinken Männer unseres Volkes jagen und betreiben Ackerbau und Viehzucht.

Unsere Gelehrten haben auf ihren Erkundungsreisen mit den Schiffen gesehen, dass in der Wirtschaft mit Befehlen viel erreicht werden kann. Dadurch sind wir auch bereit, dass ein Gremium aus Gelehrten, Regierenden und Flinken sofern notwendig, eine Verordnung zu erlassen berechtigt sein könnte. Eine sich dadurch ergebende Verpflichtung zur Mitarbeit an nationalen Inselvorhaben ist zwangsweise an alle Männer im Volk gerichtet. Sagen Sie uns bitte, ob es da noch eine bessere oder andere Möglichkeit gibt, wie wir unsere Insel-Gesellschaft organisieren können? Langfristig wollen wir erfolgreich bestehen und wirtschaften!“

Die Antwort wäre wahrscheinlich: „Selbstverständlich gibt es noch einen anderen Weg. **Organisieren Sie Ihre Gesellschaft als Marktgesellschaft!**“

„Nun gut, das haben wir verstanden“, meinen die Gelehrten, „wie teilen wir jetzt unseren Leuten ihre verschiedenen Aufgaben zu?“

„Nun ja eben gar nicht, in einer Marktwirtschaft wird keinem eine bestimmte Aufgabe zugeteilt. Die Regeln des Marktsystems lautet nämlich: Jeder darf selbst bestimmen, was er tun will.“

Die Gelehrten scheinen überrascht. „So behaupten Sie also, dass die Männer nicht zugeteilt werden müssen, nicht dem Jagen, nicht dem Ackerbau und der Viehzucht? Weiterhin bestellt man nicht, die Männer für das Transportwesen mit den Schiffen und den Gespannen, oder jene Frauen für die Aufzucht des Nachwuchses?

Man überlässt es wirklich dem gesamten freundlichen Volk der ToDongo sich frei selbst zu entscheiden? Welche Folgen hat das, wenn niemand freiwillig in das Transportwesen mit den Schiffen und den Gespannen geht, wenn keiner sich um den Nachwuchs kümmern will?“

„Sie sind sich da sehr sicher“, antworten wir überzeugt, „nichts derlei wird eintreten! In einer Marktgesellschaft werden alle Positionen ausgefüllt, weil es für das Volk dienlich ist sie auszufüllen.“

Skeptisch nehmen dies die Gelehrten zur Kenntnis. Dann fragt einer: „Nun angenommen, wir folgen Ihrem Rat zur Marktwirtschaft und lassen unsere Männer und Frauen tun, was ihnen beliebt. Doch jetzt sprechen wir noch von etwas Wichtigem, zum Beispiel von der landwirtschaftlichen Produktion. Wie bestimmt man in Ihrer sogenannten Marktwirtschaft die richtige Produktionsmenge für das Volk?“

„Auch das macht man nicht“, antworten wir. „Nicht? Ja, woher wissen wir dann, ob genügend Getreide erzeugt wurden?“

„Es wird genügend erzeugt werden, das lenkt der Markt.“ „Ach aber wie wissen wir, dass nicht zu viel Getreide erzeugt wird?“, fragt er ausstechend. „Auch das wird der Markt lenken!“ Wo gibt es denn diesen Markt, der all diese Wunder für das Volk vollbringen kann? Wer lenkt diesen denn?“

„Niemand lenkt den Markt, dieser lenkt sich selbst“, antworten wir. „Wissen Sie, in Wirklichkeit gibt es keinen Markt im eigentlichen Sinn, das ist nur ein von uns verwendeter Begriff um das Verhalten des Volkes darzulegen.“

„Aber ich dachte, das Volk verhält sich so, wie sie beabsichtigen!“

„Das ist auch so. Haben Sie bitte keine Bedenken: Das Volk wird sich so verhalten, wie Sie es wollen!“

„Ich fürchte, wir haben unsere Zeit vergeudet“, sagt der Älteste des Volkes.

Erläutern Sie der Abordnung der ToDongos grundlegend den Steuerungsmechanismus des Preises in einer Marktwirtschaft anhand der Punkte:

1. Wie wird festgelegt, welche Güter in welchen Mengen produziert werden?
2. Wie lässt sich die Knappheit der Güter feststellen?

3. Wie können die Produzenten und Konsumenten lernen, mit knappen Gütern sparsam umzugehen?
4. Worin widersprechen sich die Pläne der Produzenten und der Konsumenten, bzw. wie werden sie aufeinander abgestimmt?

6.2 Faire Güterverteilung durch das Preissystem? Prüfen Sie ihr Gerechtigkeitsempfinden!

Führen Sie in Ihrer Klasse eine Umfrage anhand eines vorbereiteten Fragebogens über Ihr persönliches Gerechtigkeitsempfinden in Bezug auf die Fairness der Güterverteilung durch das Preissystem durch. Diskutieren Sie darüber mit Ihren Mitschülern. Stellen Sie für Ihre Klasse die Prozentanteile der einzelnen Antworten fest und vergleichen Sie diese mit der Durchschnittsbevölkerung.

Die Fragen und die Befragungsergebnisse für die Durchschnittsbevölkerung befinden sich beim Downloadmaterial.

6.3 Soziale Probleme der Marktwirtschaft: Arbeitslohn in Deutschland und im Ausland

1. Vergleichen Sie die Arbeitsbedingungen in der Textilindustrie früher und heute, skizzieren Sie die wesentlichen Veränderungen in diesem Industriezweig und halten Sie die Ergebnisse dazu fest, z. B. unter Einsatz eines Präsentationsprogramms. Recherchieren Sie dazu auch die Ergebnisse der Tarifrunde 2021 auf den Seiten der IG Metall.

Branche & Tarifgebiet	Wochenarbeitszeit	Urlaubsanspruch	Ausbildungsvergütung erstes und letztes Jahr	durchschnittlicher Monatslohn*
Bekleidungslohngewerbe, bundesweit gültig	37 Stunden	30 Tage	719,00 € 930,00 €	Frauen: 2.021 Männer: 2.261
Metallhandwerk, bundesweiter Durchschnitt	Ø 37 Stunden	30 Tage**	698,50 € 1.022,00 €	Frauen: 2.369 Männer: 2.637

* *durchschnittlicher Monatslohn für eine/n Textilbearbeiter/-in bzw. Metallarbeiter/-in, Vorbildung: Ausbildung, Baden-Württemberg, Alter: 25 Jahre, unbefristeter Vertrag, Bezahlung nach Tarif, Unternehmensgröße 50-249 Mitarbeitende, Unternehmenszugehörigkeit: 3 Jahre*
** *Azubis 28 Tage*

vgl. Statistisches Bundesamt: Gehaltsvergleich; online unter https://service.destatis.de/DE/gehaltsvergleich/.
vgl. IG Metall: Tariftabellen Metallhandwerk; online unter https://www.igmetall.de/tarif/tariftabellen/wie-viel-gibt-es2.

»

Der Beginn der industriellen Revolution in der Textilproduktion im ausgehenden 18. Jahrhundert veränderte naturgemäß auch die Textilindustrie in Deutschland. Waren bis dahin Stoffe und Kleidung in Handarbeit hergestellt worden, wurden die Handwerker mit dem Einzug der Maschinen und der Entstehung der Fabriken die Grundlage ihrer Tätigkeit. Viele nahmen die Arbeit in den Fabriken auf, um den Lebensunterhalt zu verdienen.

Die Maschinen jedoch machten einen Großteil der Arbeitskräfte überflüssig, zu vielen Arbeitssuchenden standen zu wenig Arbeitsplätze gegenüber. Die Löhne waren entsprechend niedrig und reichten nicht, um den Lebensunterhalt der Handwerker und ihrer Familie zu sichern. Viele der Ehefrauen und sogar ihrer Kinder mussten mitarbeiten. Dabei war es üblich, an 6 Tagen in der Woche zwischen 10-14 Stunden täglich zu arbeiten. Gleichzeitig waren die Löhne der Arbeiter in der Textilindustrie in der Mitte des 19 Jahrhunderts um etwa 15 % niedriger als die durchschnittlichen Löhne anderer in der Industrie Beschäftigter. Bis zu Beginn des 2. Weltkriegs sank das Lohnniveau im Vergleich sogar auf 68%.

Auch nach dem Krieg war es nicht möglich, diesen Rückstand aufzuholen. Die anderen Industriebranchen erlebten durch starken Maschineneinsatz und zukunftsorientierte Investitionsbereitschaft eine Blüte, wohingegen die Textilbranche Investitionen scheute und weiterhin auf billige Arbeitskräfte und veraltete Maschinen setzte. An den Motiven hatte sich seit dem Einzug der Industrialisierung nichts geändert: Für geringgeschätzte Tätigkeiten, die vornehmlich von Frauen ausgeführt wurden, wurden hohe Löhne nicht als angemessen betrachtet.

vgl. Peter Donath, Annette Szegfü: „Wir machen Stoff – Die Gewerkschaft Textil-Bekleidung 1949–1998“, transcript Verlag, Bielefeld, 2021, S. 21.

2. Vergleichen Sie die tariflichen geregelten Arbeitsbedingungen in Deutschland mit den im Folgenden beschriebenen Arbeitsbedingungen in den Bekleidungsfabriken der Entwicklungsländer. Erläutern Sie, welche Faktoren Einfluss auf die Entwicklung der Arbeitsbedingungen haben und erklären Sie, wie die Missstände mit der freien Marktwirtschaft zusammenhängen können.

"

Harte Arbeit für billige Mode

Die Bedingungen in manchen Zulieferfabriken von Primark sind schlechter, als der Textildiscounter verspricht. Das belegt eine aktuelle Studie.

Die Textilkette Primark ist ein Phänomen. Viele Kleidungsstücke kosten fast nichts. Da gibt es „schwarze Kleider" für 8 Euro oder „schwarz-beige Schlüpfschuhe" für 6 Euro. Gleichzeitig erklärt das Unternehmen mit Sitz im irischen Dublin: „Das Wohlergehen der Arbeitskräfte ist uns wichtig. Wir erwarten gerechte Löhne und sichere Arbeitsbedingungen." Dass niedrige Preise und hohe Sozialstandards nicht unbedingt zusammenpassen, zeigt nun eine neue Studie, die der taz vorliegt. Die fast ausschließlich weiblichen Arbeiterinnen in den Fabriken von Sri Lanka erhalten demnach höchstens bei extrem langen Arbeitszeiten ausreichend Lohn, um die Lebenshaltungskosten für Familien decken zu können. Die Studie im Auftrag der Christlichen Initiative Romero (CIR) in Münster erscheint zum 50-jährigen Jubiläum der Eröffnung der ersten Primark-Filiale in Irland. Untersucht wurden unter anderem die Arbeitsverhältnisse in mehreren Fabriken, in denen das Unternehmen fertigen lässt.

Während der staatliche Mindestlohn für Frauen in Sri Lanka knapp 80 Euro monatlich beträgt, bekommen die Arbeiterinnen in den Primark-Fabriken 100 oder 120 Euro. Allerdings liegen die durchschnittlichen Lebenshaltungskosten für Familien in Sri Lanka nach staatlichen Erhebungen bei rund 150 Euro monatlich, die gewerkschaftliche Organisation Asia Floor Wage Campaign nennt fast 300 Euro. So viel müssten die Primark-Arbeiterinnen also eigentlich verdienen, um vernünftig leben zu können. „Ich würde diese Arbeit keinem empfehlen. Unsere Löhne sind so niedrig, wir können nicht einmal genug Lebensmittel kaufen", berichtete eine der befragten Beschäftigten. Wenn die Frauen trotzdem ausreichende Gehälter erzielen wollen, müssen sie laut Studie sehr lange Arbeitszeiten in Kauf nehmen. Einige würden 60 Stunden pro Woche schuften, wobei die maximale Beschäftigungszeit gesetzlich auf 57 Stunden beschränkt ist. Teilweise kommen auch bis zu 80 Stunden vor. „In keiner der untersuchten Fabriken wird der Verhaltenskodex eingehalten, den Primark seinen Herstellern auferlegt", sagte Isabell Ullrich von der Christlichen Initiative Romero.

Unzureichende Bezahlung und zu lange Arbeitszeiten seien an der Tagesordnung, weil in den Fabriken meist keine Gewerkschaften aktiv sind, die die Interessen der Beschäftigten vertreten. Ein Unternehmenssprecher räumte „eine kleine Anzahl von Problemen an drei Standorten" ein. Diese werde man angehen und die „Fortschritte überwachen". Grundsätzlich seien die Arbeitsbedingungen aber okay. […]

Interessanterweise ist der Billiganbieter Primark Mitglied im Textilbündnis, das Bundesentwicklungsminister Gerd Müller (CSU) initiierte. Neben Unternehmen wie Adidas, KiK oder Otto arbeiten darin Wirtschaftsverbände, Gewerkschaften und kritische Organisationen mit, darunter die Kampagne für Saubere Kleidung, der die Christliche Initiative Romero angehört. Unter dem Druck der Politik soll das Bündnis die Zustände in den Produktionsländern verbessern. Auch die langfristige Durchsetzung existenzsichernder Löhne gehört zu den Zielen. Von den versprochenen Verbesserungen ist bei den Beschäftigten der Fabriken in Asien, Afrika und Lateinamerika bisher allerdings fast nichts angekommen.

Primark ist auch Mitglied bei der Organisation Act, in der eine Gruppe globaler Konzerne wie H&M und Inditex mit dem internationalen Gewerkschaftsbund Industriell kooperiert. Ziel ist es, erstmals gemeinsame Tarifverhandlungen in einem Produktionsland – Kambodscha – zu führen. Wenn das funktioniert, könnten von diesem Mechanismus später auch die Beschäftigten in Sri Lanka profitieren.

Quelle: Koch, Hannes: Harte Arbeit für billige Mode, taz vom 11.6.2019; online unter: https://taz.de/Studie-ueber-Primark-in-Sri-Lanka/!5599072/ [01.04.2023].

6.4 Entwicklung und Geschichte der Wirtschaftsordnung

Erstellen Sie als Klassenprojekt einen Zeitstrahl mit der geschichtlichen Entwicklung der Wirtschaftsordnung. Klären Sie unbekannte Epochen mithilfe Ihres Geschichtsbuches und/oder einer Internetrecherche. Erarbeiten Sie in Gruppen zu den folgenden Personen Steckbriefe/Wandzeitungen oder Plakate. Wählen Sie aus den in der Tabelle abgedruckten Personen eine zur Bearbeitung in Gruppen aus. Achten Sie schon bei der Recherche darauf, dass die Informationen korrekt sind. Die Texte sollten immer kurz und sachlich sein. Manchmal sind Stichpunkte sinnvoll.

Name	Karl Marx	Friedrich Engels	Ferdinand Lassalle	Otto von Bismarck	Papst Leo XIII	Walter Eucken	Ludwig Erhard	Alfred Müller-Armack
Bild								
Geboren								
Geburtsort								
Verstorben								
Studium								
Beruf								
Wichtige Werke								
…								
…								

Präsentieren Sie vor Ihrer Klasse Ihre Ergebnisse unter Verwendung der von Ihnen beschafften Informationen und erläutern Sie die Einordnung in den Zeitstrahl.

6.5 Soziale Marktwirtschaft und Grundgesetz

Begründen Sie anhand der Gegenüberstellung auf S. 275 f., warum die dort aufgeführten Grundgesetzartikel

- nicht mit einer freien Marktwirtschaft,
- nicht mit einer Zentralverwaltungswirtschaft

zu vereinbaren sind.

6.6 Prioritätenspiel: Was kennzeichnet eine soziale Marktwirtschaft?

Führen Sie in Ihrer Klasse ein Prioritätenspiel zum Thema „Was kennzeichnet eine soziale Marktwirtschaft?" durch.

Bei diesem Spiel muss sich jeder jede Teilnehmerin und jeder Teilnehmer zunächst darüber Klarheit verschaffen, was sie oder er unter einer sozialen Marktwirtschaft versteht und welche Teilaspekte ihr oder ihm besonders wichtig erscheinen. Auf der Basis der unterschiedlichen Auffassungen soll eine möglichst große Übereinstimmung hinsichtlich der Vorstellungen über die wesentlichen Merkmale einer sozialen Marktwirtschaft hergestellt werden.

Spielbeschreibung und Spielunterlagen finden sich beim Downloadmaterial.

6.7 Unternehmenskonzentration – Wettbewerbspolitik – Gesetz gegen Wettbewerbsbeschränkung

1. LUDWIG ERHARD (erster Wirtschaftsminister der Bundesrepublik Deutschland von 1949–1963), auf den die konkrete Ausgestaltung der sozialen Marktwirtschaft zurückgeht, hat das 1957 erlassene *Gesetz gegen Wettbewerbsbeschränkungen* als **„Grundgesetz der Marktwirtschaft"** bezeichnet. Erläutern Sie diese Aussage.

2. Informieren Sie sich im Internet zum Thema Wettbewerbspolitik auf den Seiten des Bundeskartellamts: http://www.bundeskartellamt.de Suchbegriff: Schulmaterialien
   a) Recherchieren Sie auf der Website des Bundeskartellamts zur Fusionskontrolle (Zusammenschlusskontrolle) die Freigabe des Zusammenschlussvorhabens von EDEKA/Tengelmann (2008). Welche möglichen Auswirkungen einer Fusion auf die regionalen Märkte konnten verhindert werden?
   b) Recherchieren Sie auf der Website des Bundeskartellamts zur Kartellvereinbarung (Preisabsprachen) das Aktenzeichen: B10-105/11 „Bußgelder gegen Brauereien" in der Branche: Herstellung und Vertrieb von Bier mit der Entscheidung vom 27.12.2013 und 31.03.2014. Welche Preise wurden abgesprochen? Welche Brauereien waren beteiligt und wie hoch war das verhängte Bußgeld?

3. Prüfen Sie, ob auf die folgenden Fälle Regelungen des Gesetzes gegen Wettbewerbsbeschränkungen (GWB) anwendbar sind. Mit welchen Maßnahmen des Bundeskartellamtes ist ggf. zu rechnen? Begründen Sie Ihre Aussagen.
   a) Der **Kaffeeröster Tchibo** wollte 1997 den Konkurrenten **Eduscho** übernehmen. Beide Unternehmen zusammen erreichten einen Marktanteil von ca. 28 %.
   b) Die **Bayerische Vereinsbank** und die **Bayerische Hypotheken- und Wechselbank** wollten sich 1998 zusammenschließen (Verschmelzung). Hinsichtlich der Bilanzsumme belegt das neue Unternehmen hinter der Deutschen Bank den zweiten Platz. Sein Marktanteil beim filialgebundenen Aktiv- und Passivgeschäft mit Privat- und Firmenkunden (Kontokorrent- sowie kurz- bis mittelfristige Kredite, Sicht-, Spar- und mittelfristige Einlagen) erreicht nur auf einigen regionalen Märkten in Bayern mehr als 20 %.
   c) Die **Lufthansa** verlangte als zeitweiliger Monopolist auf der Strecke Frankfurt–Berlin deutlich höhere Preise als auf anderen vergleichbaren innerdeutschen Strecken, auf denen sie in Wettbewerb mit anderen Fluggesellschaften stand. Die hohen Preise wurden mit Verlusten auf anderen innerdeutschen Strecken begründet.
   d) Achtzehn kleine Möbelspeditionen aus Deutschland und Österreich gründen die **„Kooperationsgruppe Euroumzug e.V."** in Wuppertal. Zweck ist die Koordinierung der Umzugsleistungen (insbesondere die Vermeidung von Leerfahrten), der gemeinsame Einkauf und die Empfehlung von Preisen.
   e) Die Vertreter bedeutender europäischer Farbenhersteller trafen sich in unregelmäßigen zeitlichen Abständen. Nach einem solchen Treffen erhöhten die betreffenden Unternehmen trotz unterschiedlicher Kostensituation ihre Preise für Teerfarbstoffe in zeitlichem Gleichschritt einheitlich um 8 %. Eine vertragliche Vereinbarung konnte ihnen aber nicht nachgewiesen werden.
   f) Die Nettopreise für Neuwagen sind in Deutschland am höchsten. Vor diesem Hintergrund hat der **VW**-Konzern seine Vertriebspartner in Italien angewiesen, keine importierten VW- oder Audi-Neuwagen an Kunden aus Deutschland oder Österreich zu verkaufen.

6.8 System der sozialen Sicherung in Deutschland

a) Erläutern Sie das Sozialprinzip in eigenen Worten.
b) Erklären Sie die Begriffe „Subsidiaritätsprinzip" und „Solidaritätsprinzip".
c) Recherchieren Sie unter http://sozialpolitik.com das Magazin „Sozialpolitik". Klären Sie die folgenden Aufgaben anhand des Onlinemagazins ab:
   - Erstellen Sie eine Mind-Map zur Arbeitswelt von Morgen.
   - Erläutern Sie im Kontext von Arbeit das Konzept der Inklusion.
   - Beschreiben Sie die Bedeutung von sozialer Sicherheit und Gerechtigkeit.
   - Stellen Sie die Finanzierung des Sozialstaats im Überblick dar.
   - Formulieren Sie in eigenen Worten die Prinzipien der Sozialversicherung.
d) Erstellen Sie einen tabellarischen Überblick der Sozialversicherung. Nennen Sie bei jedem Sozialversicherungszweig zwei bis drei der wichtigsten Leistungen für die Versicherten.
e) Testen Sie Ihr Wissen auch mit den interaktiven Übungen zur Sozialpolitik unter https://www.sozialpolitik.com/#uebungen.

6.9 Rollenspiel: Grundprobleme einer gerechten Einkommensverteilung

Führen Sie in Ihrer Klasse das Rollenspiel „Gerechte Einkommensverteilung“ durch und diskutieren Sie vor diesem Hintergrund verschiedene Prinzipien der Einkommensverteilung. Die Spielbeschreibung finden Sie im kostenfreien Download-Material zu diesem Titel.

6.10 Soziale Gerechtigkeit – Utopie oder Herausforderung?

Informieren Sie sich im Internet zum Thema soziale Gerechtigkeit, z. B. auf den Seiten der Bundeszentrale für politische Bildung: http://www.bpb.de

6.11 Analyse der Lohnquote in Deutschland

Lesen Sie den folgenden Artikel zur Entwicklung der Lohnquote in Deutschland: https://www.welt.de/wirtschaft/article224395458/Lohnquote-auf-Rekordhoch-So-gerecht-war-Deutschland-noch-nie.html (abgerufen am 28.02.2021)

1. Beschreiben Sie, wie sich die Lohnquote zusammensetzt.
2. Erläutern Sie die Entwicklung der Lohnquote in Deutschland in den letzten zehn Jahren. Beachten Sie dabei auch die Rolle der Corona-Krise.
3. Diskutieren Sie die Eignung der Lohnquote als Maßstab einer gerechten Einkommensverteilung.

6.12 Einkommensverteilung in Deutschland

Für die Messung der Einkommenskonzentration werden die privaten Haushalte häufig entsprechend der Höhe ihres Einkommens in 10 Gruppen (= Dezile) eingeteilt. Für jede Gruppe wird der prozentuale Anteil am Gesamteinkommen aller Haushalte wie folgt ausgewiesen: Anteil der ärmsten 10 % der Haushalte (= 1. Dezil) am Gesamteinkommen, Anteil der zweitärmsten 10 % der Haushalte (= 2. Dezil) am Gesamteinkommen usw. bis zum Anteil der reichsten 10 % der Haushalte (= 10. Dezil) am Gesamteinkommen. Entsprechend dieser Gliederung liegen für die BRD für die Jahre 1991 und 2020 (geschätzt) folgende Zahlen vor:

Haushaltsgruppen nach Einkommenshöhe (Dezile)			1. 10 %	2. 10 %	3. 10 %	4. 10 %	5. 10 %	6. 10 %	7. 10 %	8. 10 %	9. 10 %	10. 10 %
% Anteil am Gesamteinkommen aller Haushalte	1991	vorher	0,2	1,4	3,4	5,7	7,9	9,7	11,6	14,1	17,7	28,3
		nachher	4,0	5,9	6,9	7,7	8,5	9,4	10,4	12,0	14,2	21,0
	2020	vorher	0,1	1,2	2,8	5,1	7,2	9,2	11,3	13,6	17,7	31,8
		nachher	3,6	5,3	6,3	7,2	8,2	9,1	10,4	12,0	14,4	23,5

1. Erstellen Sie in Anlehnung an die Abb. auf S. 295 für die Einkommensverteilung in Deutschland zwei Abbildungen mit je zwei LORENZ-Kurven für 1991 (vor und nach der Einkommensumverteilung) und 2020 (vor und nach der Einkommensumverteilung).
2. Vergleichen Sie die Kurvenverläufe miteinander und erläutern Sie die Aussagekraft der von Ihnen erstellten LORENZ-Kurven.
3. Stellen Sie fest, wie viel Prozent des Gesamteinkommens jeweils die ärmsten 20 % und die reichsten 20 % der Haushalte in den Jahren 1991 und 2020 (jeweils vor und nach der Einkommensumverteilung) auf sich vereinigt haben.

4. Berechnen Sie, wie viel Euro die in dem Beispielkasten auf S. 295 erwähnten Top-Manager pro Tag/pro Stunde verdient haben, wenn 230 Arbeitstage pro Jahr und ein 8-h-Tag zugrunde gelegt werden? Vergleichen Sie das Ergebnis mit dem Durchschnittseinkommen eines Bankangestellten, einer Krankenschwester und eines Bürgergeld-Empfängers.
5. Diskutieren Sie in Anlehnung an die Grafiken und die Texte in Kapitel 6.8 zu der Frage: „Ist die Einkommensverteilung in Deutschland gerecht?"

6.13 Relative Armut–Armutsrisikoquote

Informieren Sie sich über die aktuelle Entwicklung der Armutsrisikoquote in Deutschland auf der Seite des Statistischen Bundesamtes www.destatis.de und auf der Seite der Bundeszentrale für politische Bildung www.bpb.de sowie auf www.armuts-und-reichtumsbericht.de
Bereiten Sie ein Kurzreferat vor, in dem Sie auf die wichtigsten Zahlen und Entwicklungen eingehen.

6.14 Armutsrisikoquote

Spielen Sie das Quiz zum Thema „Armut" auf der Seite der Bundeszentrale für politische Bildung:
https://www.bpb.de/nachschlagen/zahlen-und-fakten/soziale-situation-in-deutschland/313961/quizarmut
Informieren Sie sich im Anschluss über die Armutsgefährdungsquoten von Migranten, Familien, nach Bundesländern und über Altersarmut über die nach Abschluss des Quiz bereitgestellten Informationen.

Ich kann …	Bitte ankreuzen		Wenn Nein: Siehe Seite(n) im Buch	Level/ Anforde-rungsniveau
	Ja	Nein		
6.1 Idealtypische Wirtschaftsordnungen				
… den Begriff der Wirtschaftsordnung erklären.			S. 265	II
… die Merkmale der beiden idealtypischen Wirtschaftsordnungen freie Marktwirtschaft und Zentralverwaltungswirtschaft vergleichen.			S. 266	I
6.2 Modell einer freien Marktwirtschaft				
… die ideologischen Grundlagen einer freien Marktwirtschaft erläutern.			S. 266 f.	II
… A. Smiths Metapher der „unsichtbaren Hand“ erklären.			S. 267	II
… die Voraussetzungen, die für das Funktionieren einer freien Marktwirtschaft erfüllt sein müssen, nennen (= Ordnungsrahmen einer freien Marktwirtschaft).			S. 267 f.	I
… erläutern, wie das Planungs-, Koordinations-, Motivations- und Kontrollsystem im Modell der freien Marktwirtschaft funktioniert und daraus die Funktionen des Preises ableiten.			S. 268 ff.	II
… die Funktionen des Preises im Modell einer freien Marktwirtschaft nennen und beschreiben.			S. 270 f.	I
… den Begriff der „Konsumentensouveränität“ erklären.			S. 270	II
6.3 Abweichung zwischen Modell und Realität marktwirtschaftlicher Ordnung				
… die Fehlentwicklungen einer rein marktwirtschaftlichen Ordnung beschreiben.			S. 271.	II
6.4 Grundlagen der sozialen Marktwirtschaft				
… Ludwig Erhards Bedeutung für die soziale Marktwirtschaft in der Bundesrepublik Deutschland beschreiben.			S. 273	I
… den Zusammenhang zwischen dem Grundgesetz und der am Leitbild der sozialen Marktwirtschaft orientierten Wirtschaftsordnung der Bundesrepublik Deutschland erläutern.			S. 275 f.	II
… das Verhältnis von Wettbewerbsprinzip und Sozialprinzip in der sozialen Marktwirtschaft erklären.			S. 274 f.	II
… die Ordnungsmerkmale der sozialen Marktwirtschaft und der freien Marktwirtschaft unterscheiden.			S. 276 f.	I
6.5 Wettbewerbsordnung in der sozialen Marktwirtschaft				
… den Begriff „Kartell“ erklären.			S. 278 f.	II
… Einflussmöglichkeiten der Akteure auf nationaler und europäischer Ebene zur Vermeidung von Wettbewerbsgefährdung erörtern.			S. 279 f. & S. 282	II
… die zentralen Regelungen des Gesetzes gegen Wettbewerbsbeschränkungen (GWB) zusammenfassen.			S. 281 f.	I
6.6 Arbeits- und Sozialordnung in der sozialen Marktwirtschaft				
… die Bedeutung einer Arbeits- und Sozialordnung beschreiben.			S. 283 f.	I
… die Begriffe „Subsidiaritätsprinzip“ und „Solidaritätsprinzip“ erklären.			S. 283 f.	II

7 Ziele, Bereiche und Träger der Wirtschaftspolitik

7.1 Ziele, Bereiche und Träger der Wirtschaftspolitik

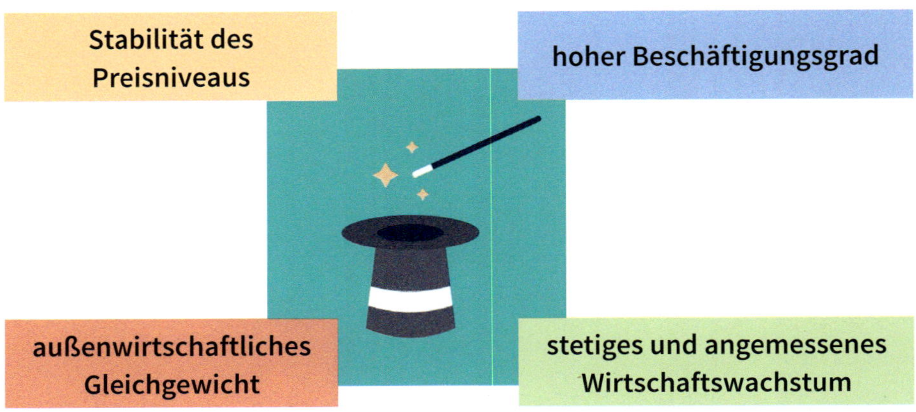

7.2 Bereiche und Träger der Wirtschaftspolitik

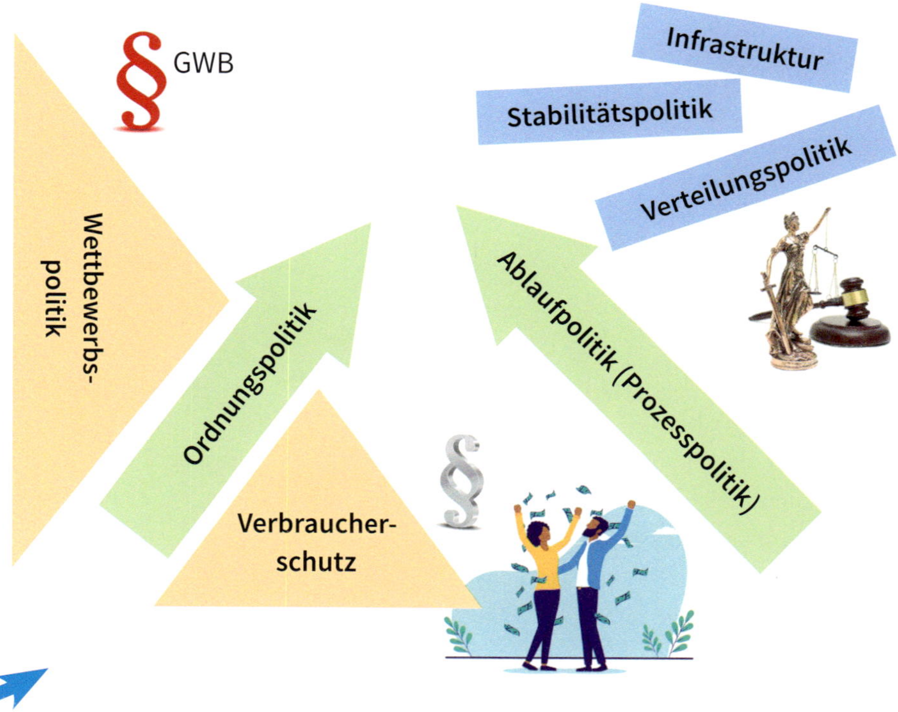

7 Ziele, Bereiche und Träger der Wirtschaftspolitik

"

Die wichtige wirtschaftliche Größe wie das Wachstum des Bruttoinlandsprodukts, die Höhe von Investitionen und Konsum sowie die Bedeutung einzelner Wirtschaftssektoren und auch die Beschäftigungssituation unterliegen ständigen Veränderung. Genau aus diesem Grund ist es notwendig, dass der Staat und andere Institutionen geeignete **wirtschaftspolitische Maßnahmen** ergreifen, um die gesamtwirtschaftliche Entwicklung zu verstetigen sowie negative Auswirkungen der wirtschaftlichen Schwankungen und Veränderungen durch rechtzeitiges Gegensteuern zu verhindern. In Deutschland hat der Staat sich bei der Wahl seiner wirtschaftspolitischen Maßnahmen an Zielen zu orientieren, die teilweise gesetzlich festgelegt sind. Oberstes Ziel ist es dabei, **Wohlstand und Wohlfahrt** der Bevölkerung zu sichern und nach Möglichkeit weiter zu steigern. Die Ziele des magischen Vierecks leiten sich aus dem Stabilitätsgesetz von 1967 ab. Maßnahmen, die in der Wirtschaftspolitik zur Zielerreichung Einsatz finden, lassen sich in die Bereiche Ordnungspolitik und Ablaufpolitik gliedern.

7.1 Ziele der Wirtschaftspolitik

Lernziele:

Nach der Bearbeitung dieses Kapitels sind Sie in der Lage, Folgendes zu tun:

Sie ...

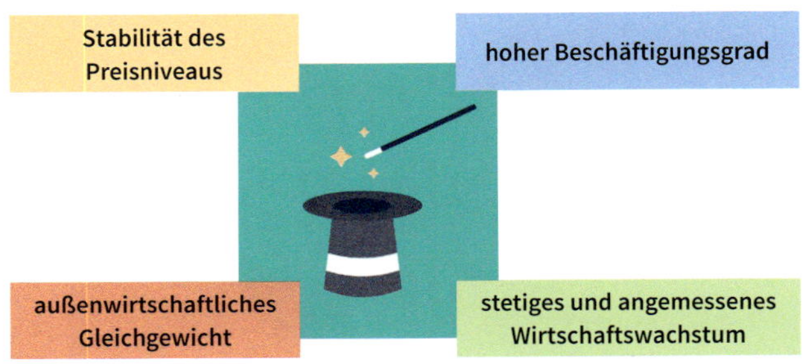

- ... erläutern, warum die Ziele des Stabilitätsgesetzes als „magisches Viereck“ bezeichnet werden.
- ... nennen die wirtschaftspolitischen Ziele des magischen Sechsecks.
- ... arbeiten Zielbeziehungen heraus.
- ... erklären das „Maastricht-Kriterium“.
- ... verstehen, zu welchem Zweck das „Defizitkriterium“ in der EU eingeführt wurde.

Wirtschaftspolitik als Bestandteil der Gesellschaftspolitik

Die möglichen Fehlentwicklungen einer freien Marktwirtschaft zeigen, dass wirtschaftlicher Wohlstand in einem Land – anders als von den Vertretern des klassischen Liberalismus behauptet – nicht automatisch durch den Marktmechanismus entsteht. Vielmehr sind dazu auch Eingriffe des Staates und anderer Institutionen (z. B. Zentralbank, Tarifpartner) in das Wirtschaftsgeschehen nötig.

D Wirtschaftspolitik ist die Gesamtheit aller Bestrebungen, Handlungen und Maßnahmen, die darauf abzielen, den Ablauf des Wirtschaftsgeschehens in einem Gebiet oder Bereich zu ordnen, zu beeinflussen, zu gestalten oder unmittelbar festzulegen.

Alle wirtschaftspolitischen Maßnahmen haben das gemeinsame **Ziel**, der Förderung des Wohlstands zu dienen. Diese Wohlstandssteigerung ist ihrerseits wiederum ein **Mittel**, zur Verwirklichung **übergeordneter** gesellschaftlicher **Ziele** wie z. B. Freiheit, Gerechtigkeit und Sicherheit. Im Rahmen einer solchen Hierarchie von Ober- und Unterzielen trägt die Wirtschaftspolitik als Teil der Gesellschaftspolitik zur Erreichung höherrangiger gesellschaftlicher Grundwerte bei.

D Wirtschaftspolitische Ziele sind Unterziele übergeordneter gesellschaftspolitischer Ziele.

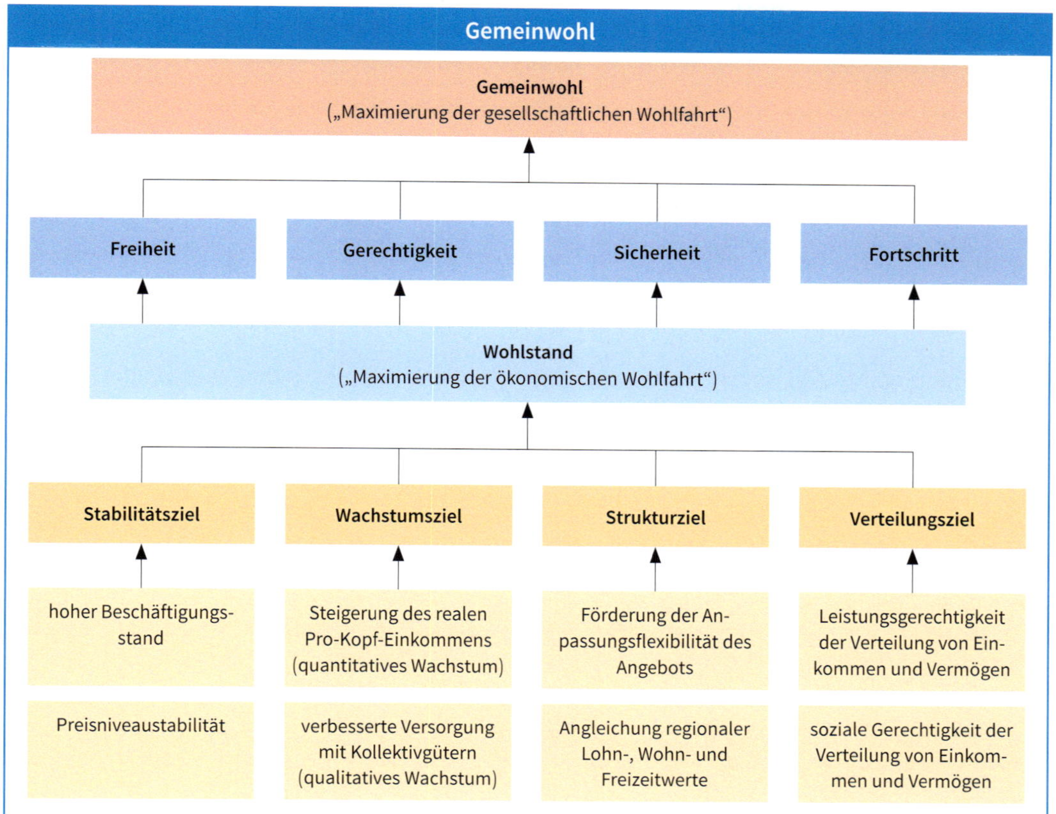

Vgl: Tuchtfeld, E., zitiert nach Berg, H., Cassel, D., Theorie der Wirtschaftspolitik, in: Vahlens Kompendium der Wirtschaftstheorie und Wirtschaftspolitik, Bd. 2, München 1985, S. 189.

Ziele des Stabilitätsgesetzes von 1967

In der Grundkonzeption der sozialen Marktwirtschaft wird Wirtschaftspolitik vor allem als Verwirklichung und Sicherung der **Wettbewerbsordnung** (Ordnungspolitik) verstanden, ergänzt um eine vornehmlich auf der **Geldpolitik** der Zentralbank beruhenden Konjunkturpolitik und einer als Hilfe zur Selbsthilfe und gegenseitigen Hilfe verstandenen **Sozialpolitik**. Daran orientierte sich die Wirtschaftspolitik in der Bundesrepublik Deutschland bis Mitte der 1960er-Jahre weitgehend.

Mit dem 1967 erlassenen „Gesetz zur Förderung der Stabilität und des Wachstums der Wirtschaft“ **(Stabilitätsgesetz)** vollzog sich ein deutlicher Wandel von der bis dahin vorherrschenden Ordnungspolitik zu größerer direkter Einflussnahme des Staates auf das Wirtschaftsgeschehen **(= Prozesspolitik)**. Das äußerte sich u. a. in einer aktiven staatlichen Konjunkturpolitik **(Fiskalpolitik)**. Im **Stabilitätsgesetz** sind neben den folgenden **Zielen** auch die **Instrumente** der **Fiskalpolitik**[1] umrissen.

Gesamtwirtschaftliches Gleichgewicht			
Stabilität des Preisniveaus	Hoher Beschäftigungsstand	Außenwirtschaftliches Gleichgewicht	Stetiges und angemessenes Wirtschaftswachstum

1 Fiskus *(lat.)*: Staatskasse, Staat; Fiskalpolitik: finanzpolitische Maßnahmen (Einnahmen- und Ausgabenpolitik) des Staates im Rahmen der Konjunktur- und Wachstumspolitik

"

Gesetz zur Förderung der Stabilität und des Wachstums der Wirtschaft

vom 8. Juni 1967 (Stabilitätsgesetz)

§ 1 [Erfordernisse der Wirtschaftspolitik] Bund und Länder haben bei ihren wirtschafts- und finanzpolitischen Maßnahmen die Erfordernisse des gesamtwirtschaftlichen Gleichgewichts zu beachten. Die Maßnahmen sind so zu treffen, dass sie im Rahmen der marktwirtschaftlichen Ordnung gleichzeitig zur Stabilität des Preisniveaus, zu einem hohen Beschäftigungsstand und außenwirtschaftlichem Gleichgewicht bei stetigem und angemessenem Wirtschaftswachstum beitragen.

1967 wurde auch das Grundgesetz wie folgt ergänzt:

Art. 109 (2) Bund und Länder haben bei ihrer Haushaltswirtschaft den Erfordernissen des gesamtwirtschaftlichen Gleichgewichts Rechnung zu tragen.

Um überprüfen zu können, ob die Ziele erreicht wurden, muss jedes Ziel **operationalisiert**, d.h. in folgender Hinsicht konkretisiert und präzisiert werden:

- Zuordnung von **Indikatoren** (messbare Ereignisse), die den Zielerreichungsgrad anzeigen
- Formulierung des Ziels in **zahlenmäßiger** Form
- Festlegung des **Zeitraums**, innerhalb dessen das Ziel erreicht werden soll

Erläuterungen zu einzelnen wirtschaftspolitischen Zielen

1. **Stabilität des Preisniveaus**
   Das Ziel Preisniveausteigerung mittelfristig bei 2% wird von der Europäischen Zentralbank (EZB) vorgegeben. Eine Inflationsrate von 0% wird u.a. wegen der Gefahr einer Deflation (= anhaltende Preisniveausenkung) nicht angestrebt. Wegen der Zuständigkeit der EZB hat die Bundesregierung wenig Einfluss auf die Einhaltung dieses Zieles.
2. **Hoher Beschäftigungsstand**
   Nach heutiger Interpretation würde eine Arbeitslosenquote, die sich zwischen 3% und 5% bewegt, als weitgehende Erfüllung des Beschäftigungsziels angesehen.
3. **Außenwirtschaftliches Gleichgewicht**
   Das Ziel und der Maßstab (Anteil des Außenbeitrags am BIP) stammen aus der Zeit fester Wechselkurse. Durch erhebliche Ausfuhrüberschüsse wurde nämlich in den 1950er- und 1960er-Jahren die Konjunktur zeitweise überhitzt. Seit der Aufhebung der festen Wechselkursbindung an den Dollar (1973) besteht für feste Zielvorgaben keine Notwendigkeit mehr. Maßstab und Definition des außenwirtschaftlichen Gleichgewichts im Sinne eines wirtschaftspolitischen Ziels sind seitdem unklar. Das Ziel gilt allgemein dann als erreicht, wenn von außenwirtschaftlichen Beziehungen keine nachteiligen Wirkungen auf die Binnenwirtschaft (hoher Beschäftigungsstand, Preisniveaustabilität und angemessenes Wirtschaftswachstum) ausgehen.[1]
4. **Stetiges und angemessenes Wirtschaftswachstum**
   Ein stetiges Wirtschaftswachstum ist sinnvoll, um u.a. Schwankungen im Auslastungsgrad des Produktionspotenzials und damit Arbeitslosigkeit und Inflation zu vermeiden. Was unter „angemessenem" Wirtschaftswachstum zu verstehen ist, ist schwer zu definieren. In den 70er-Jahren galten jährliche Wachstumsraten von 4% als angemessen. Heute erscheinen schon allein aus beschäftigungspolitischen Gründen mindestens 2,5% bis 3% als nötig, aber kaum erreichbar. Zu berücksichtigen ist, dass sich bei einem jährlichen Wachstum von 4% die Produktionsmenge in 17 Jahren und bei 2% in 35 Jahren verdoppeln würde.

D

Das Stabilitätsgesetz von 1967 nennt vier wirtschaftspolitische Ziele: Stabilität des Preisniveaus, hoher Beschäftigungsstand, außenwirtschaftliches Gleichgewicht, stetiges und angemessenes Wirtschaftswachstum.

1 In der EU gilt ein Leistungsbilanzsaldo von 6 % des nominalen BIP als Grenzwert. Bei höheren Leistungsbilanzsalden werden zu große wirtschaftliche Ungleichgewichte zwischen den EU-Mitgliedsstaaten befürchtet.

Ziel	Indikator (Messgröße)	Ziel gilt als erreicht, wenn ...	Zielvorgaben der EZB bzw. der Regierung für 2015-2022[1]	Zielerreichung im Jahr 2015-2022[2]
Stabilität des Preisniveaus	Verbraucherpreisindex	am Verbraucherpreisindex gemessene Preisniveausteigerung (Inflationsrate) mittelfristig bei 2 % liegt (neu seit Juli 2021, davor nahe aber unter 2%)	< 2 % (2015) < 2 % (2016) < 2 % (2017) < 2 % (2018) < 2 % (2019) < 2 % (2020) = 2 % (2021)[3] = 2 % (2022)	0,5 % (2015) 0,5 % (2016) 1,5 % (2017) 1,8 % (2018) 1,4 % (2019) 0,5 % (2020) 3,1 % (2021) 6,9 % (2022)
Hoher Beschäftigungsstand	Arbeitslosenquote	Arbeitslosenquote ≤ 3 %	6,6 % (2015) 6,4 % (2016) 6,0 % (2017) 5,3 % (2018) 4,9 % (2019) 5,0 % (2020) 5,3 % (2021) 5,5 % (2022) 5,4 % (2023)	6,4 % (2015) 6,1 % (2016) 5,7 % (2017) 5,2 % (2018) 5,0 % (2019) 5,9 % (2020) 5,7 % (2021) 5,3 % (2022)
Außenwirtschaftliches Gleichgewicht	Anteil des Außenbeitrags am BIP in %	positiver Außenbeitrag 1,5 % bis 2 % des nominalen BIP (siehe Erläuterung)	6,8 % (2015) 7,6 % (2016) 7,2 % (2017) 7,6 % (2018) 7,3 % (2019) 6,7 % (2020) 5,3 % (2021) 2,3 % (2022) 0,4 % (2023	7,6 % (2015) 7,4 % (2016) 7,1 % (2017) 6,2 % (2018) 5,6 % (2019) 5,7 % (2020) 5,1 % (2021) 2,1 % (2022)
Stetiges und angemessenes Wirtschaftswachstum	Zuwachsrate des realen BIP	gleichmäßiges Wachstum in angemessener Höhe (für deutliche Beschäftigungseffekte gelten 3 % als nötig)	1,5 % (2015) 1,7 % (2016) 1,4 % (2017) 2,4 % (2018) 1,0 % (2019) 1,1 % (2020) 4,2 % (2021) 3,7 % (2022) 2,8 % (2023	1,7 % (2015) 2,2 % (2016) 2,5 % (2017) 1,5 % (2018) 0,6 % (2019) −4,6 % (2020) 2,6 % (2021) 1,9 % (2022)

Aktuelle Zahlen:
www.bundesbank.de

Weitere wirtschaftspolitische Ziele

Die vier im Stabilitätsgesetz enthaltenen **quantitativen**[4] **Ziele** lassen sich zahlenmäßig formulieren und überprüfen. Daneben sind an anderer Stelle die **qualitativen Ziele** *„Gerechte Einkommens- und Vermögensverteilung"* und *„Erhalt einer lebenswerten Umwelt"* (Umweltschutz Art. 20a GG) genannt. Für diese Ziele kann lediglich die Zielrichtung, nicht aber eine messbare Beschreibung des derzeitigen und des angestrebten Zustands angegeben werden.

D Weitere wirtschaftspolitische Ziele sind: gerechte Einkommens- und Vermögensverteilung sowie Erhalt einer lebenswerten Umwelt (Umweltschutz).

1 Eigene Darstellung nach Daten von: Bundesministerium für Wirtschaft und Energie, Jahreswirtschaftsbericht; verschiedene Jahrgänge & Europäische Zentralbank, Pressemitteilung vom 8. Juli 2021; Deutsche Bundesbank, Monatsbericht September 2022, S. 6 & Pressenotiz „Bundesbank-Projektionen: Aufschwung verschiebt sich etwas" vom 17.12.2021. Der Jahreswirtschaftsbericht 2020 wurde am 29.01.2020 veröffentlicht, bevor die Corona-Krise in Deutschland eine große Rolle spielte.

2 Eigene Darstellung nach Daten von: Stat. Bundesamt, März 2021 und April 2023.

3 Nach Auffassung des EZB-Rats kann Preisstabilität am besten gewährleistet werden, wenn mittelfristig ein Inflationsziel von 2% angestrebt wird.

4 quantitativ *(lat.)*: mengenmäßig

Magisches Vieleck als Problem der Wirtschaftspolitik

Die vielfältigen Zielbeziehungen lassen es nicht zu, dass alle Ziele – wie im Stabilitätsgesetz gefordert – **gleichzeitig** erreicht werden. Zwischen einigen **Zielen** bestehen **Konflikte**, da Maßnahmen zur Erreichung eines Ziels gleichzeitig die Erreichung eines anderen Ziels behindern. Beispielsweise können in bestimmten Fällen

- **Maßnahmen zur Beschäftigungsförderung** (Ziel: hoher Beschäftigungsstand) zu Preissteigerungen führen (Ziel: Stabilität des Preisniveaus);
- **Maßnahmen zur Wachstumsförderung** (Ziel: stetiges und angemessenes Wirtschaftswachstum) die Kluft zwischen Armen und Reichen verstärken (Ziel: gerechte Einkommens- und Vermögensteilung) und/oder die Umweltbelastung erhöhen (Ziel: Erhalt einer lebenswerten Umwelt).

7.1, S. 326

7.2, S. 327

Wenn dagegen Maßnahmen zur Erreichung eines Ziels gleichzeitig auch die Erreichung eines anderen Ziels fördern, liegt eine **Zielharmonie** vor. Bezogen auf mögliche Konflikte zwischen den vier Zielen des Stabilitätsgesetzes wird das Zielbündel daher auch als **magisches Viereck** bezeichnet. Die Berücksichtigung weiterer Ziele führt zu einem **magischen Vieleck**. Zielkonflikte machen es nötig, dass die Wirtschaftspolitik Prioritäten setzt. Die Entscheidung der Politiker über die Gewichtung und Rangfolge der anzustrebenden Ziele ist von Interessenstandpunkten abhängig und damit ein politisches **Werturteil**. In der Praxis wird meistens das Ziel am nachdrücklichsten verfolgt, das in der jeweiligen wirtschaftlichen Situation und der vermuteten künftigen Entwicklung am stärksten gefährdet ist. Das ist gegenwärtig in den meisten Ländern das Beschäftigungsziel.

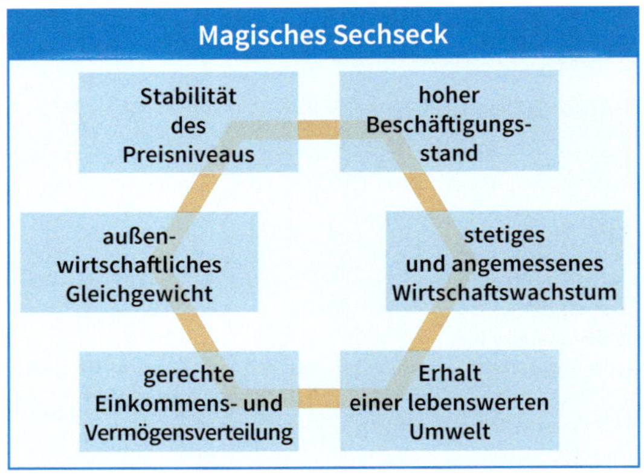

D Zwischen verschiedenen wirtschaftspolitischen Zielen können Konflikte bestehen. Werden miteinander in Konflikt stehende Ziele verfolgt, wird von einem „magischen Vieleck“ gesprochen.

Ziele des Europäischen Stabilitäts- und Wachstumspakts

Von den 27 EU-Mitgliedern[1] nehmen bisher (2023) 20 an der Europäischen Währungsunion mit der gemeinsamen Euro-Währung teil. Voraussetzung für die Aufnahme in die Währungsunion ist die Erfüllung der sogenannten **Konvergenzkriterien**[2], die 1992 im Vertrag von Maastricht vereinbart wurden. Kroatien bekam zum 1. Januar 2023 zuletzt den Euro als offizielle Währung.

Konvergenzkriterien für den Beitritt zur Europäischen Währungsunion (EWU)			
stabiles Preisniveau	**gesunde Staatsfinanzen**	**stabile Wechselkurse**	**Zinsniveau**
Die **Inflationsrate** darf höchstens 1,5 Prozentpunkte über dem Durchschnitt der drei preisstabilsten Mitgliedsstaaten liegen.	Die jährliche **Neuverschuldung** des Staates (Defizit der öffentlichen Haushalte) darf höchstens 3 %, die **Gesamtverschuldung** höchstens 60 % des BIP betragen.	Teilnahme in den letzten zwei Jahren am **Europäischen Währungssystem** (EWS) ohne starke **Kursschwankungen**	**langfristige Zinsen** höchstens 2 Prozentpunkte über dem Zinssatz der drei preisstabilsten Mitgliedsstaaten

1 Für die nach dem Brexit verbleibenden 27 EU-Mitgliedstaaten wurde zuerst im Hinblick auf den vorgesehenen Austrittstermin die Bezeichnung EU-27_2019 gewählt. Da der Austritt jedoch erst im Jahr 2020 erfolgte, ergibt sich die Bezeichnung EU-27_2020. In den Datenbanken von Eurostat wurde diese Änderung am 3. März 2020 wirksam. Die Eurozone besteht aus 20 EU-Staaten und wird deswegen als Euro-20 bezeichnet. Zuletzt übernahm Kroatien am 1. Januar 2023 den Euro als offizielle Währung.

2 Konvergenz *(lat.)*: Annäherung, Übereinstimmung

Überschreitet ein Land **nach Aufnahme in die Währungsunion** beispielsweise die Vorgaben für die Staatsverschuldung **(Defizitkriterium)**, drohen ihm seitens der EU-Kommission Abmahnungen („blaue Briefe"), Defizitverfahren (= Verpflichtung, Sparbeschlüsse vorzulegen und einzuhalten) und letztlich Geldbußen bis zu 0,5 % des jeweiligen BIP.

Hauptziel dieser Regelung ist es, durch Eindämmung der Staatsausgaben und der **Staatsverschuldung** zu verhindern, dass das Preisniveau und damit die **Inflationsrate** im Euro-Währungsgebiet übermäßig steigen.

8.4

Deutschland hat aufgrund der hohen Staatsverschuldung von 2002 bis 2005 ständig sowohl gegen das Defizitkriterium als auch gegen die Schuldenstandsquote verstoßen. Mit der Corona-Krise und den Ausgaben im Zuge des russischen Krieges gegen die Ukraine werden die Staatsschulden weiterhin enorm ansteigen und das Defizitkriterium erneut möglicherweise nicht erreicht werden.

Entwicklung des Defizits des Staatshaushalts und des Schuldenstands in Deutschland entsprechend den „Maastricht-Kriterien"

Jahr	2012	2013	2014	2015	2016	2017	2018	2019	2020	2021
Defizit/Überschuss des Staatshaushalts in % des BIP	0,0	0,0	+0,6	+1,0	+1,2	+1,3	+1,9	+1,5	−4,3	−3,7
Schuldenstand in % des BIP	80,7	78,3	75,3	72,0	69,0	64,7	61,3	58,9	68	68,6
Schuldenstand in Mrd. €	2.195,80	2.181,90	2.184,30	2.178,10	2.162,70	2.112,50	2.063,50	2.046,60	2.315,21	2.315,21

vgl. Deutsche Bundesbank, Monatsbericht März 2023, S. 58 und Eurostat [19.04.2023].

7.2 Bereiche und Träger der Wirtschaftspolitik

Lernziele:

Nach der Bearbeitung dieses Kapitels sind Sie in der Lage, Folgendes zu tun:

Sie ...

- ... erläutern die Inhalte der Ordnungspolitik.
- ... erklären die zielgerichtete Beeinflussung des Wirtschaftsgeschehens durch die Ablaufpolitik (Prozesspolitik).
- ... nennen kontextuell die Träger der Wirtschaftspolitik.

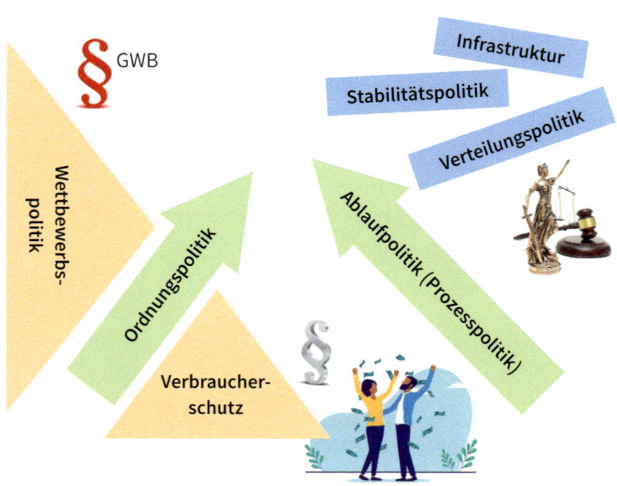

Die Maßnahmen zur Erreichung der wirtschaftspolitischen Ziele lassen sich für eine Marktwirtschaft, wie sie in Deutschland existiert, in verschiedene Teilbereiche gliedern.

D Wirtschaftspolitische Maßnahmen lassen sich in die Bereiche Ordnungspolitik und Ablaufpolitik (Prozesspolitik) gliedern.

Ordnungspolitik	
Festlegung der Rahmenbedingungen der Wirtschaftsordnung (= rechtliche Ausgestaltung der Eigentums-, Markt-, Wettbewerbs-, Unternehmens-, Geld-, Finanz-, Außenwirtschafts- und Sozialordnung)	
Verbraucherpolitik Stärkung der Marktposition der Verbraucher gegenüber Produzenten durch - Verbraucherinformation - Rechtsschutz - Verbrauchererziehung	**Wettbewerbspolitik** (Kern der Ordnungspolitik) Sicherung eines funktionsfähigen Wettbewerbs durch - Wettbewerbsschutzpolitik (z. B. GWB) - Wettbewerbsförderpolitik (z. B. Privatisierung, Beseitigung wettbewerbsverzerrender Vorschriften)

Ablaufpolitik (Prozesspolitik)		
Ergänzungs- und Korrekturmaßnahmen bei Marktversagen (= zielgerichtete Beeinflussung des Wirtschaftsgeschehens)		
Infrastruktur- und Umweltpolitik Bereitstellung und Regelung der Nutzung öffentlicher Güter	**Stabilitätspolitik** Vermeidung und Behebung von Konjunkturschwankungen (z. B. Preisniveau-, Beschäftigungs- und Wachstumsschwankungen)	**Verteilungspolitik** Einkommens- und Vermögensumverteilung entsprechend den herrschenden Vorstellungen von sozialer Gerechtigkeit

Kombination von Ordnungs- und Ablaufpolitik			
Strukturpolitik Beeinflussung des wirtschaftlichen Strukturwandels		**Außenwirtschaftspolitik** u. a. Beeinflussung des Außenhandels, des Kapitalverkehrs und der internationalen Währungsbeziehungen	**Wachstumspolitik** Erhöhung des realen Inlandsprodukts durch Förderung von - Investitionen, - Qualifikation der Arbeitskräfte, - Forschung/Entwicklung (technischer Fortschritt), - Wettbewerb.
Sektorale Strukturpolitik (z. B. Industrie-, Agrarpolitik)	**Regionale Strukturpolitik** (z. B. Förderung des ländlichen Raums)		

Die Träger der Wirtschaftspolitik, d. h. die für die wirtschaftspolitischen Maßnahmen zuständigen Institutionen, lassen sich wie folgt einteilen:

Träger der Wirtschaftspolitik					
Entscheidungsträger				**Einflussträger** (Beeinflussung und Beratung)	
staatliche Institutionen	**Institutionen unter staatlicher Aufsicht**	**autonome (= vom Staat unabhängige) Institutionen**	**internationale Institutionen**	**öffentlich-rechtliche Institutionen**	**private Institutionen**
Legislative Parlamente (Bund, Länder, Kommunen) **Exekutive** Regierungen (Bund, Länder), Verwaltungen, Behörden **Judikative** u. a. BVG, Arbeits- und Sozialgerichte	**Bundeskartellamt** (Wettbewerbspolitik), **Bundesagentur für Arbeit** (Arbeitsmarktpolitik)	**Europäisches System der Zentralbanken (ESZB)** (Geldpolitik) **Selbstverwaltungsorgane** Landwirtschafts-, Handwerks-, Industrie- u. Handelskammern **Tarifparteien** Gewerkschaften und Arbeitgeberverbände	**Europäische Union** (EU), **Internationaler Währungsfonds** (IWF), **Welthandelsorganisation** (WTO)	**Beratungsgremien** Sachverständigenrat („Rat der fünf Weisen"), Monopolkommission, wissenschaftliche Beiräte	**Interessengruppen** Verbände, Parteien

D Zu den Trägern der Wirtschaftspolitik gehören Bund, Länder und Gemeinden, andere öffentlich-rechtliche Institutionen, internationale Organisationen sowie nichtstaatliche Interessenverbände.

Zusammenfassung Kapitel 7: Ziele, Bereiche und Träger der Wirtschaftspolitik

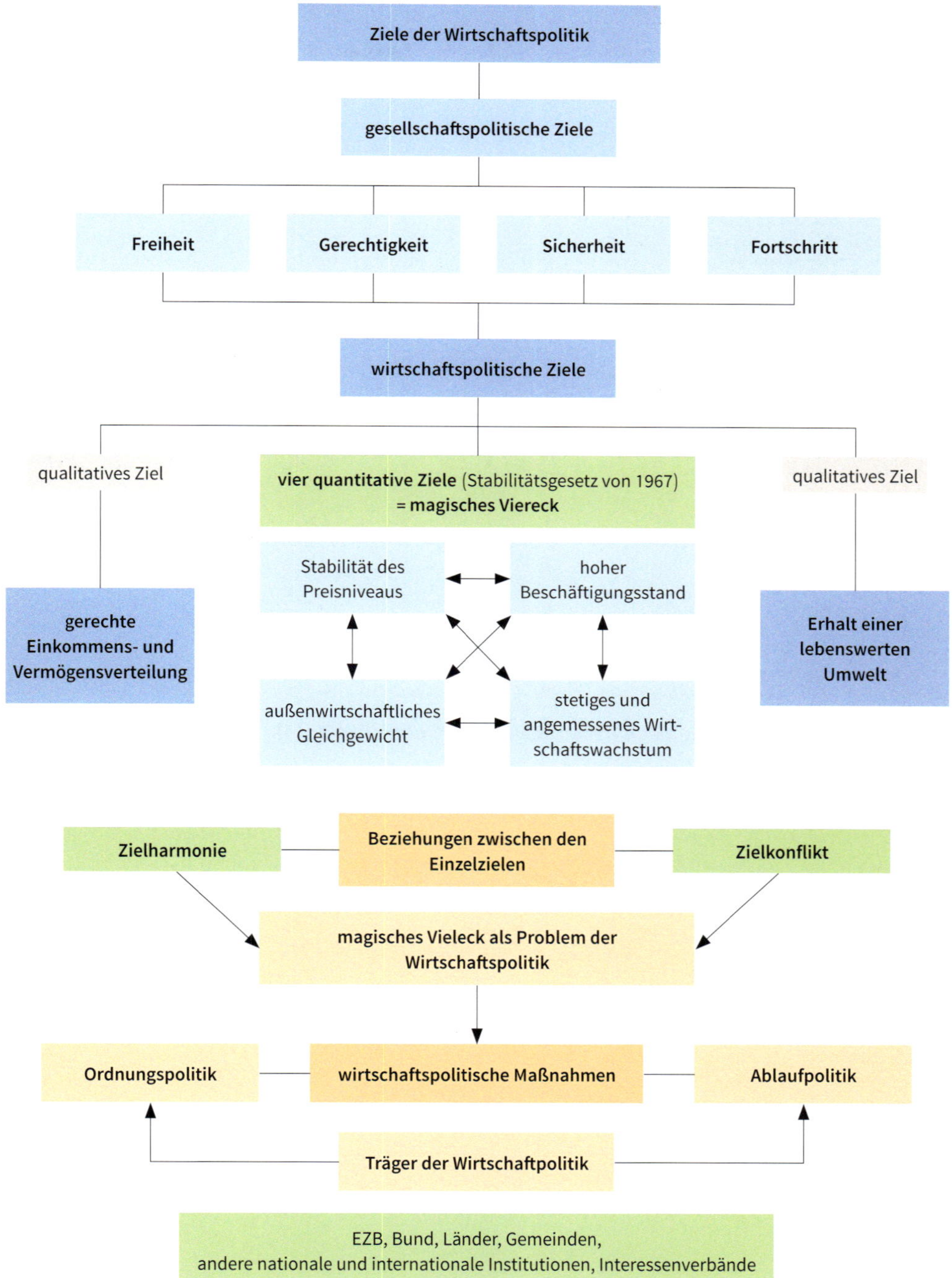

Aufgaben zu Kapitel 7: Ziele, Bereiche und Träger der Wirtschaftspolitik

7.1 Erreichung wirtschaftspolitischer Ziele – Magisches Viereck

1. Untersuchen Sie anhand der statistischen Daten der Tabelle auf S. 321 und der folgenden Abbildung in welchen Jahren seit 1967 mindestens zwei der Ziele des magischen Vierecks gleichzeitig erreicht waren.

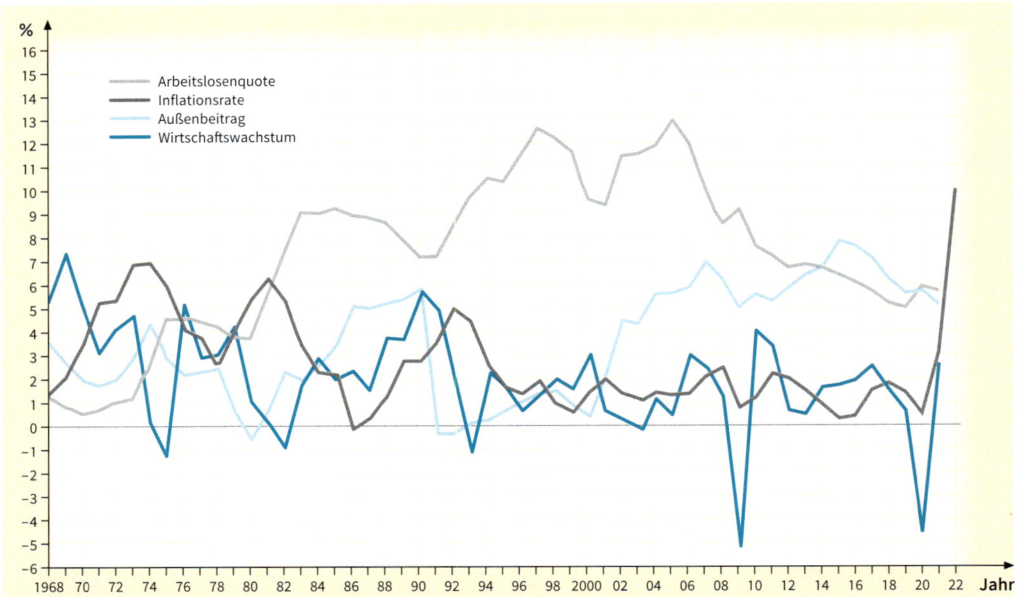

Arbeitslosenquote: Arbeitslose in % aller Erwerbspersonen (ohne Soldaten)

Wirtschaftswachstum: Wachstumsraten des realen BIP
Inflationsrate: Veränderung des Verbraucherpreisindex
Außenbeitragsquote: Anteil des Außenbeitrags (Exporte – Importe) am nominalen BIP

2. Begründen Sie, welche Rückschlüsse sich aus dem Ergebnis von Aufgabe 1 ziehen lassen.

7.2 Magisches Vier- und Sechseck und deren Zielbeziehungen analysieren

Die folgende Abbildung zeigt das magische Viereck der Wirtschaftspolitik.

1. Erklären Sie anhand des jeweiligen Ziels die Entwicklung und Tendenz.

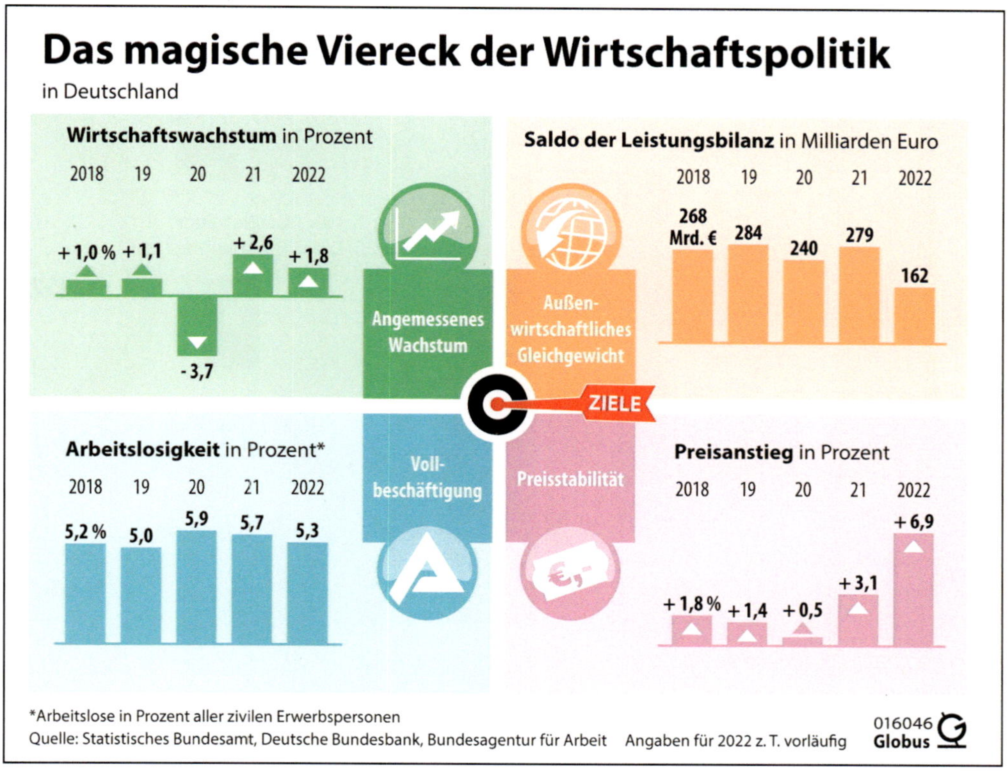

2. Zeigen Sie auf, in welchen Jahren die Ziele nach den Vorgaben des Stabilitätsgesetzes erfüllt wurden.
3. Analysieren Sie anhand der Zielbeziehungen (Zielharmonie, Zielindifferenz und Zielkonflikt) das Wirtschaftswachstum und den hohen Beschäftigungsstand. Begründen Sie ihre Antwort mindestens anhand der Indikatoren Produktionspotential, Nachfrage nach Investitionen und Arbeitsplätze.
4. Analysieren Sie anhand der Zielbeziehungen (Zielharmonie, Zielindifferenz und Zielkonflikt) den hohen Beschäftigungsstand und die Stabilität des Preisniveaus. Begründen Sie Ihre Antwort mindestens anhand der Indikatoren Einkommen, Nachfrage der Konsumenten und Angebot der Produzenten.
5. Finden Sie weitere Zielbeziehungen im magischen Viereck, angenommen der Staat würde die Nachfrage positiv beeinflussen.
6. Begründen Sie anhand von mindestens zwei Indikatoren, wie sich ein (zum Beispiel) niedriges Wirtschaftswachstum auf die Beschäftigung auswirken kann.
7. Begründen Sie anhand von mindesten zwei Indikatoren, welche Folgen eine (zum Beispiel) hohe Arbeitslosigkeit auf das Preisniveau haben wird.

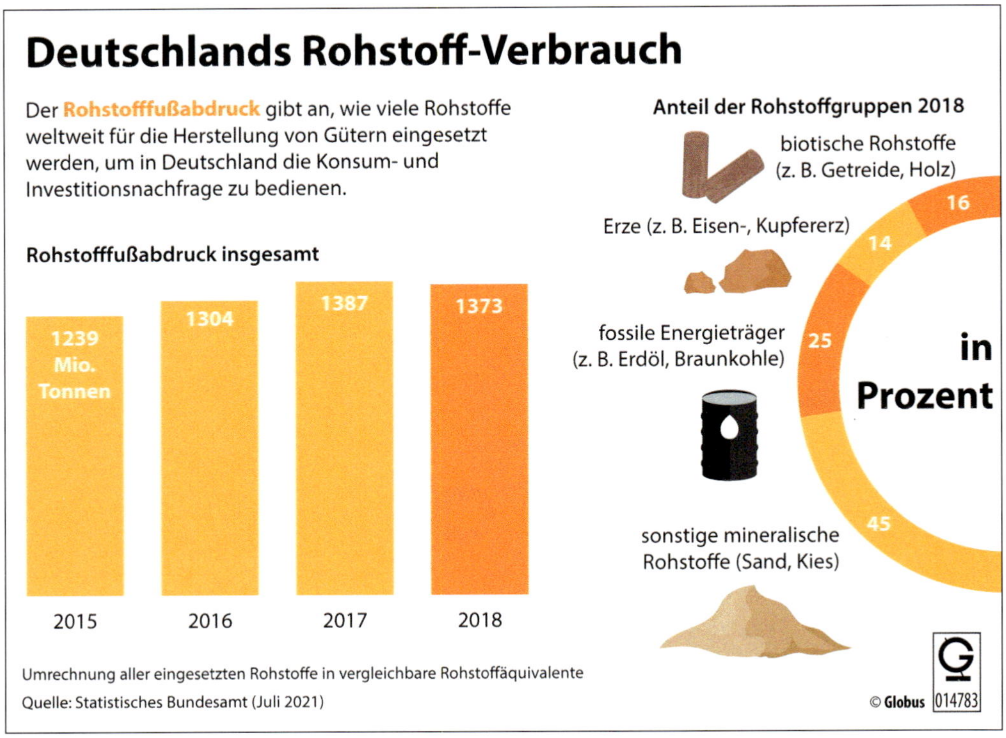

8. Nehmen Sie kritisch Stellung zum Ziel „Erhalt einer lebenswerten Umwelt“ unter Einbezug der oben stehenden Abbildung und zu dem Ziel „stetig und angemessenes Wirtschaftswachstum“. Erläutern Sie die langfristige Sicht auf einen möglichen Konflikt um Rohstoffe.
9. Begründen Sie anhand von zwei Unwetterereignissen jüngst vergangener Zeit, warum Umweltschäden sich kaum monetisieren lassen.
10. Nehmen Sie an, Sie könnten die Kluft zwischen Arm und Reich politisch regulieren, das Ziel einer „gerechteren Einkommensverteilung“ also näherkommen. Erläutern Sie, was Sie verändern oder anpassen würden.

Ich kann …	Bitte ankreuzen		Wenn Nein: Siehe Seite(n) im Buch	Level/ Anforderungsniveau
	Ja	Nein		
7.1 Ziele der Wirtschaftspolitik				**AFB**
… erläutern, warum die Ziele des Stabilitätsgesetzes als „magisches Viereck“ bezeichnet werden.			S. 318 f.	II
… die wirtschaftspolitischen Ziele des magischen Sechsecks nennen.			S. 319 ff.	I
… die Zielbeziehungen herausarbeiten			S. 322	III
… das „Maastricht-Kriterium“ erklären.			S. 322	II
… verstehen, zu welchem Zweck das „Defizitkriterium“ in der EU eingeführt wurde.			S. 322 f.	III

8 Geldtheorie und Geldpolitik

8.1 Zusammenhang zwischen Geld und Gütermenge

8.7 Probleme geldpolitischer Maßnahmen bei der Beeinflussung der wirtschaftspolitischen Ziele

8.6 Geldpolitische Instrumente des Europäischen Systems der Zentralbanken

8.2 Geldmengenbegriff

8.3 Geldschöpfung

8.4 Binnenwert des Geldes

8.5 Deflation

8 Geldtheorie und Geldpolitik

"

Eine arbeitsteilige Wirtschaft ist ohne Geld nicht denkbar. Damit das Geld seine Funktionen erfüllen kann, muss der Geldwert einigermaßen stabil sein. Entscheidend ist in diesem Zusammenhang die Frage: Wie viel Geld muss in der Wirtschaft vorhanden sein? Wenn beispielsweise die Geldmenge schneller wächst als die wirtschaftliche Leistung (= Güterangebot), steigen die Preise und der Geldwert sinkt. Die Funktion des Geldes als Wertaufbewahrungsmittel ist in diesem Fall eingeschränkt. Wächst dagegen die Geldmenge im Verhältnis zum Güterangebot zu langsam, steht nicht genügend Geld zum Kauf der Güter zur Verfügung. In diesem Fall ist die Funktion des Geldes als allgemeines Tausch- und Zahlungsmittel eingeschränkt. Ohne stabilen Geldwert kann eine Marktwirtschaft nicht funktionieren. Das Preissystem kann andernfalls seine Aufgaben als Lenkungs- und Steuerungsinstrument einer Marktwirtschaft nicht erfüllen, da z. B. die Informationsfunktion der Preise verfälscht wäre. Wegen dieser enormen Bedeutung des Geldes für die wirtschaftliche Entwicklung ist in den meisten Ländern eine vom Staat unabhängige Zentralbank für die Geldversorgung, die Regulierung der Geldmenge und die Aufrechterhaltung der Geldwertstabilität zuständig.

8.1 Aufgaben und Aufbau des Europäischen Systems der Zentralbanken (ESZB) und des Eurosystems

Lernziele:

Nach der Bearbeitung des Kapitels sind Sie in der Lage, Folgendes zu tun:

Sie ...

- ... erläutern den Aufbau des Europäischen Systems der Zentralbanken (ESZB).
- ... nennen das vorrangige Ziel und die Aufgaben der Eurosystems.
- ... beschreiben die Autonomie (Unabhängigkeit) des Eurosystems.

Geldmenge als Ansatzpunkt zur Geldwertstabilisierung

Inflation ist auf Dauer ohne Ausweitung der **Geldmenge** nicht möglich. Daher ist die Beeinflussung der Geldmenge ein wesentlicher Ansatzpunkt, um Inflation und Deflation zu vermeiden und zur Erreichung wirtschaftspolitischer Ziele beizutragen. In den meisten Ländern wird die Aufgabe der Geldmengenregulierung von einer **Zentralbank** als **Träger der Geldpolitik** wahrgenommen.

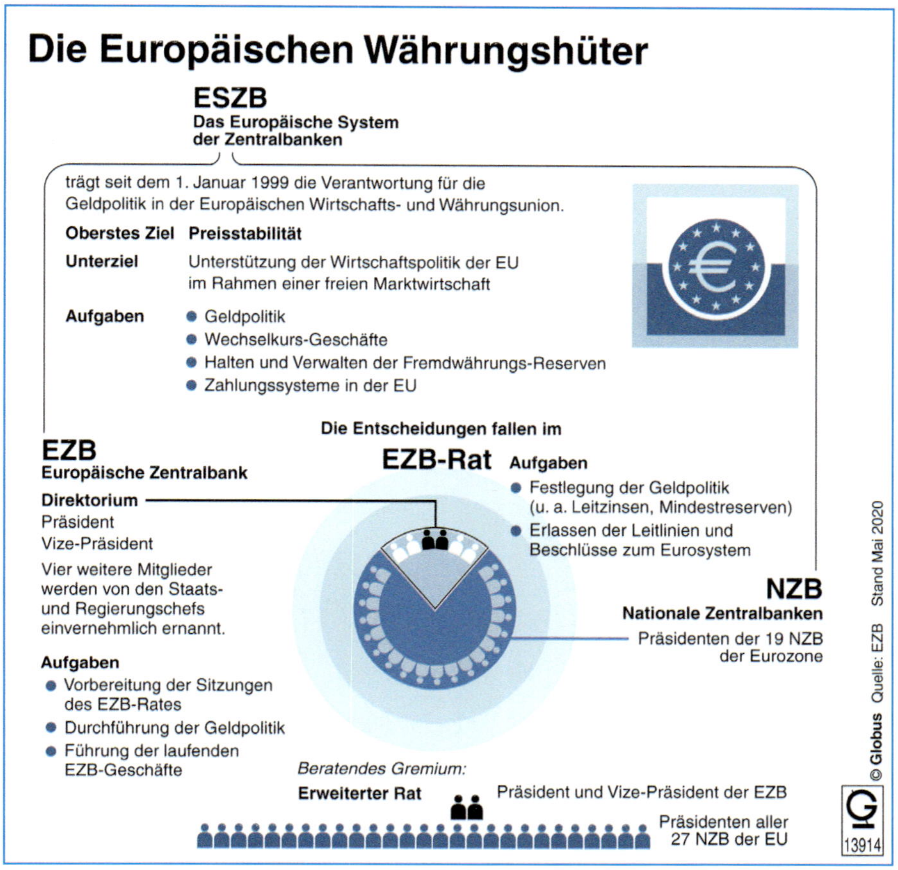

Seit Beginn der Europäischen Währungsunion (EWU) zum 1. Januar 1999 gibt es für das gesamte Euro-Währungsgebiet nur noch eine **gemeinsame Geldpolitik.** Dazu wurde das **„Europäische System der Zentralbanken“** (ESZB) geschaffen. Das ESZB besteht aus der Europäischen Zentralbank (EZB) und den rechtlich selbstständigen nationalen Zentralbanken (NZB) aller 27 EU-Mitgliedstaaten (2023).

§

Bundesbankgesetz:

§ 3 Die Deutsche Bundesbank ist als Zentralbank der Bundesrepublik Deutschland integraler Bestandteil des Europäischen Systems der Zentralbanken.

Die **EZB** und die **NZBen** der derzeit 20 **Euro-Teilnehmerstaaten** (2023) werden als **Eurosystem** bezeichnet. Das **Eurosystem** ist für die **gemeinsame Geldpolitik** im **Euro-Währungsgebiet** zuständig. Die EZB hat ihren Sitz in Frankfurt a. M. Die folgende Abbildung zeigt die EU-Mitglieder und die Euro-Währungseinführung.

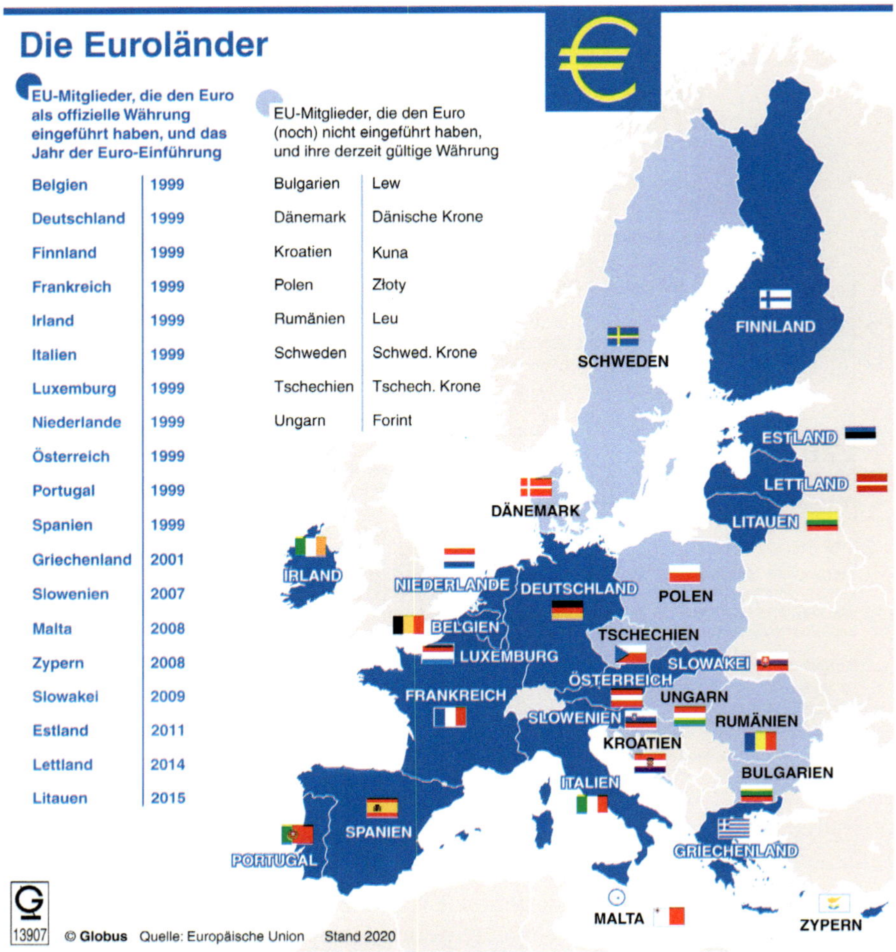

Vorrangige Ziele und Aufgaben des Eurosystems

8.5.2

8.1, S. 397

Vorrangiges Ziel des Eurosystems ist die Sicherung der Preisniveaustabilität[1] im gemeinsamen Währungsraum. Dieses Ziel wird als erreicht angesehen, wenn die Preissteigerungsrate mittelfristig bei 2% liegt. Im Zuge der Strategieüberprüfung hatte sich der EZB-Rat im Juli 2021 ein neues Inflationsziel von 2 % gesetzt. Davor hatte das Ziel auf "unter, aber nahe 2 %" gelautet. Die EZB verwendete als geldpolitisches Instrument die Forward Guidance[2] erstmals im Juli 2013. Der EZB-Rat teilte mit, dass er davon ausgeht, dass die Leitzinsen für längere Zeit auf einem niedrigen Niveau bleiben werden. Daher wurde die Forward Guidance[2] der EZB immer wieder angepasst. Maßstab die Veränderung des sogenannten **Harmonisierten Verbraucherpreisindex (HVPI)** für das Euro-Währungsgebiet, der aus den Preisindizes für die Lebenshaltung in den Mitgliedsstaaten ermittelt wird. Darüber hinaus unterstützt das Eurosystem die allgemeine Wirtschaftspolitik in der EU, soweit dies ohne Beeinträchtigung des Ziels der Preisniveaustabilität möglich erscheint. Neben der Geldpolitik kommt dem Eurosystem im Wesentlichen noch die Aufgabe zu, Banknoten auszugeben, die offiziellen Währungsreserven zu halten und zu verwalten sowie einen reibungslosen Zahlungsverkehr zu gewährleisten.

1 In den Veröffentlichungen des ESZB wird von Preisstabilität gesprochen. Dies ist missverständlich, da die Preise ihre Funktionen in einer Marktwirtschaft nur erfüllen können, wenn sie flexibel sind, d. h. sowohl steigen als auch fallen können. Ziel der Geldpolitik ist es nicht, die Preise, sondern das allgemeine Preis**niveau** stabil zu halten.

2 Mit der Forward Guidance kommuniziert die EZB ihre künftigen geldpolitischen Absichten. Diese basieren auf ihrer Einschätzung und Prognosen hinsichtlich der Aussichten für die Preisstabilität.

§

ESZB-Satzung Art. 2:

Ziele [...] ist es das vorrangige Ziel des ESZB, die Preisstabilität zu gewährleisten. Soweit dies ohne Beeinträchtigung des Zieles der Preisstabilität möglich ist, unterstützt das ESZB die allgemeine Wirtschaftspolitik in der Gemeinschaft, [...] Das ESZB handelt in Einklang mit dem Grundsatz einer offenen Marktwirtschaft mit freiem Wettbewerb, [...].

Aufbau des Eurosystems

Der **EZB-Rat** trifft die Entscheidungen zur Erfüllung der Aufgaben des Eurosystems und legt insbesondere die gemeinsame Geldpolitik fest. Ihm gehören die Präsidenten der nationalen Zentralbanken sowie die sechs Mitglieder des Direktoriums an. Das **Direktorium** ist für die Umsetzung der Beschlüsse des EZB-Rates und die Führung der laufenden Geschäfte der EZB verantwortlich. Es besteht aus dem Präsidenten und dem Vizepräsidenten der EZB sowie weiteren vier Mitgliedern.

8.2, S. 397

Sowohl die EZB als auch die nationalen Zentralbanken sind bei ihren Entscheidungen von den Weisungen der Regierungen und sonstiger Träger der Wirtschaftspolitik auf nationaler und europäischer Ebene unabhängig **(Autonomie[1] der Zentralbanken)**. Dadurch wird verhindert, dass die Regierungen der Mitgliedsländer Einfluss auf die Geldpolitik der EZB nehmen und sie als Instrument für die Erreichung eigener wirtschaftspolitischer Ziele, die möglicherweise in Widerspruch zu den EZB-Zielen stehen, nutzen können.

Unabhängigkeit des Eurosystems

Die Unabhängigkeit des Eurosystems gliedert sich in vier Strukturelemente:

- **Institutionell**: Die EZB und die nationalen Zentralbanken sind unabhängig von Weisungen aus der Politik.
- **Funktionell**: Die EZB ist bei der Entscheidung hinsichtlich der Methode, mit der sie ihre Aufgaben erfüllen möchte, unabhängig.
- **Finanziell**: Die EZB hat einen eigenen Haushalt und bestimmt selbst über den Einsatz ihrer Mittel, mit denen sie von den Mitgliedsländern ausgestattet wird.
- **Personell**: Mitglieder des EZB-Rates können nur aus schwerwiegenden Gründen durch den Europäischen Gerichtshof ihres Amtes enthoben werden. Eine zweite Amtszeit für Mitglieder des Direktoriums ist ausgeschlossen. Das Führungspersonal wird für einen möglichst langen Zeitraum gewählt (EZB-Präsident: 8 Jahre, Präsidenten der Nationalen Zentralbanken mindestens 5 Jahre).

§

Unabhängigkeit der EZB

ESZB-Satzung Art. 7

Unabhängigkeit: Nach Artikel 108 dieses Vertrags darf bei der Wahrnehmung der ihnen durch diesen Vertrag und diese Satzung übertragenen Befugnisse, Aufgaben und Pflichten weder die EZB noch eine nationale Zentralbank noch ein Mitglied ihrer Beschlussorgane Weisungen von Organen oder Einrichtungen der Gemeinschaft, Regierungen der Mitgliedstaaten oder anderen Stellen einholen oder entgegennehmen. Die Organe und Einrichtungen der Gemeinschaft sowie die Regierungen der Mitgliedstaaten verpflichten sich, diesen Grundsatz zu beachten und nicht zu versuchen, die Mitglieder der Beschlussorgane der EZB oder der nationalen Zentralbanken bei der Wahrnehmung ihrer Aufgaben zu beeinflussen.

1 autonom *(gr.)*: selbstständig, unabhängig

§

Keine Kreditgewährung an öffentliche Haushalte und kein unmittelbarer Erwerb von staatlichen Schuldverschreibungen

ESZB-Satzung Art. 21.1

Geschäfte mit öffentlichen Stellen: Nach Artikel 101 dieses Vertrags sind Überziehungs- oder andere Kreditfazilitäten bei der EZB oder den nationalen Zentralbanken für Organe oder Einrichtungen der Gemeinschaft, Zentralregierungen, regionale oder lokale Gebietskörperschaften oder andere öffentlich-rechtliche Körperschaften, sonstige Einrichtungen des öffentlichen Rechts oder öffentliche Unternehmen der Mitgliedstaaten ebenso verboten wie der unmittelbare Erwerb von Schuldtiteln von diesen durch die EZB oder die nationalen Zentralbanken.

Die **Deutsche Bundesbank** wirkt bei der Erfüllung der Aufgaben des Eurosystems mit, indem sie die geldpolitischen Beschlüsse der EZB auf Ebene der Bundesrepublik Deutschland umsetzt. Außerdem sorgt sie für die Abwicklung des Zahlungsverkehrs im Inland und mit dem Ausland (§ 3 BBankG) und verwaltet die nationalen Währungsreserven. Daneben wirkt die Bundesbank noch als Hausbank des Staates, indem sie den größten Teil des bargeldlosen Zahlungsverkehrs von Bund und Ländern abwickelt sowie bei der Ausgabe und Kurspflege von Wertpapieren der öffentlichen Hand beteiligt ist. Eine Kreditgewährung an den Staat ist aber ausgeschlossen. Da allerdings der Bund alleiniger Eigentümer des Grundkapitals der Bundesbank ist, steht ihm der Gewinn, den die Bundesbank insbesondere durch Zinserträge und Werterhöhungen ihrer Währungsreserven erzielt, zu. Vor dem Hintergrund der hohen Staatsverschuldung wird von einigen Politikern auch immer wieder gefordert, die Bundesbank solle die nicht mehr benötigten Goldreserven verkaufen, um mit dem Erlös zur Sanierung des Bundeshaushalts beizutragen. Dies wurde von der Bundesbank bisher stets abgelehnt.

D Die Geldpolitik des Eurosystems ist darauf gerichtet, durch Regulierung der Geldmenge ein stabiles Preisniveau im Euro-Währungsgebiet zu gewährleisten. Das Eurosystem ist bei seinen Entscheidungen von Weisungen der Regierungen und anderen Trägern der Wirtschaftspolitik unabhängig.

8.2 Geldmengenbegriffe

Lernziele:

Nach der Bearbeitung des Kapitels sind Sie in der Lage, Folgendes zu tun:

Sie ...

- ... unterscheiden die Begriffe Zentralbankgeld und Geschäftsbankengeld.
- ... unterscheiden die Geldmengenbegriffe M1, M2 und M3.

Arten des Geldes

In einer modernen Volkswirtschaft kann zwischen dem von der Zentralbank und dem von den Geschäftsbanken geschaffenen Geld wie folgt unterschieden werden:

Zentralbankgeld	Geschäftsbankengeld (Buch- und Giralgeld)
Von der Zentralbank (Notenbank) geschaffenes Geld. Es umfasst das Bargeld in Form von Banknoten und Münzen sowie Guthaben bei der Zentralbank (Sichteinlagen[1]).	Von den Geschäftsbanken geschaffenes Geld in Form von Sichteinlagen der Nichtbanken[2]. Über derartige Guthaben, die dem laufenden Zahlungsverkehr dienen, kann durch Abhebung (= Umwandlung in Bargeld), Scheck oder Überweisung verfügt werden.

Eine weitere Untergliederung in **Bargeld** und **Buchgeld** führt zu folgender Einteilung:

Geldarten in der Europäischen Währungsunion

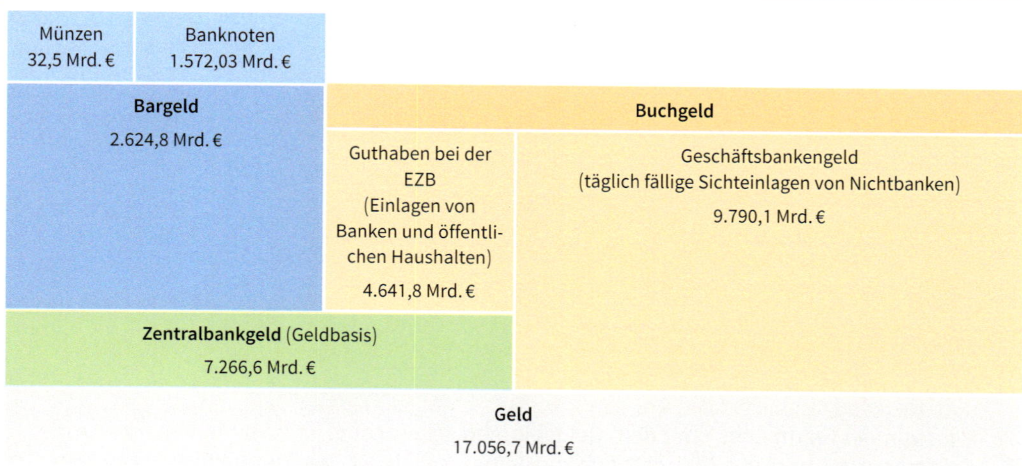

Vgl. Deutsche Bundesbank (Hrsg.) EZB Wirtschaftsbericht, Ausgabe 2/2023 - Statistik, S. 18; Stand: Dezember 2022 & eigene Berechnung im April 2024.

D Die Zentralbank ist die zentrale geldpolitische Institution einer Volkswirtschaft, die für die Erreichung der geldpolitischen Ziele (insbesondere der Preisniveaustabilität) verantwortlich ist und den Zahlungsverkehr sicherstellt. Sie hat das alleinige Recht zur Ausgabe von Banknoten (Notenbank).

Im Euro-Währungsgebiet (Europäische Währungsunion) werden die Aufgaben der Zentralbank von der Europäischen Zentralbank (EZB) und den nationalen Zentralbanken der Euro-Teilnehmerstaaten übernommen, die zusammen das Eurosystem bilden.

8.1

D Geschäftsbanken (Kreditinstitute) sind Unternehmen, die Bankgeschäfte (z. B. Annahme von Geldern als Einlage, Kreditgewährung, Verwaltung von Wertpapieren, Abwicklung des bargeldlosen Zahlungsverkehrs) betreiben.

Die Summe aus dem im Geschäftsbankensektor befindlichen Zentralbankgeld (Bargeldbestand der Geschäftsbanken und Guthaben bei der Zentralbank) und dem Bargeldbestand der Nichtbanken **(= Bargeldumlauf)** wird auch als **Geldbasis (M0)** bezeichnet.

1 Sichteinlagen sind Guthaben auf einem Bankkonto, die „bei Sicht" fällig sind, d. h., über diese Beträge kann (ohne Kündigungsfrist) sofort verfügt werden (= Guthaben auf Girokonten).
2 Nichtbanken sind private Haushalte und Organisationen (z. B. Vereine), Unternehmen (ohne Banken) und staatliche Institutionen.

Geldmengenbegriffe des Eurosystems

8.3, S. 397

In der Geldpolitik gibt es mehrere Abgrenzungskriterien, um die Geldmenge zu definieren. Dies ist u. a. dadurch bedingt, dass es für die Zentralbank unterschiedliche Ansatzpunkte gibt, um durch geldpolitische Maßnahmen die gesamtwirtschaftliche Nachfrage zu steuern und das Preisniveau zu stabilisieren. Das **Eurosystem** unterscheidet die **Geldmengenbegriffe M1, M2** und **M3.**[1]

Zum Bankensektor gehören bei dieser Abgrenzung alle sogenannten **Monetären Finanzinstitute (MFI).** Dieser MFI-Sektor setzt sich aus der Zentralbank sowie allen im Euro-Währungsbereich ansässigen Kreditinstituten, Bausparkassen, Geldmarktfonds und ähnlichen Einrichtungen zusammen.

Zusammensetzung der Geldmengen M0, M1, M2, M3			Dezember 2022 (in Mrd. €)			
Verbindlichkeiten des Bankensektors gegenüber Nichtbanken (andere Unternehmen, Haushalte, Staat)	*vom Bankensektor ausgegebene Wertpapiere*	Schuldverschreibungen bis zu 2 Jahren[2]	42,1	M3 16.072,1		
		Geldmarktfondsanteile[3]	635,6			
		Wertpapierpensionsgeschäfte (Repogeschäfte[4])	123,3			
	kurzfristige Einlagen	Einlagen mit vereinbarter Kündigungsfrist bis zu 3 Monaten	2.566,6		M2 15.271,1	
		Einlagen mit vereinbarter Laufzeit bis zu 2 Jahren	1.376,1			
	Sichteinlagen der Nichtbanken (täglich fällige Bankguthaben)		9.790,1			M1 11.328,4
Geldbasis M0 7.266,595	Bargeldumlauf (Banknoten und Münzen außerhalb des Bankensektors)		1.538,3			
	Kassenbestand der Geschäftsbanken		1.086,5			
	Zentralbankguthaben von Geschäftsbanken und öffentlichen Haushalten		4.641,8			

Vgl. Deutsche Bundesbank (Hrsg.): EZB Wirtschaftsbericht, Ausgabe 2/2023 - Statistik, S. 18.

D Wird von der Geldmenge oder dem Geldvolumen gesprochen, ist damit üblicherweise die Geldmenge M1 gemeint. Sie setzt sich zusammen aus dem Bargeldumlauf (Bargeld ohne Kassenbestände der Banken) und den Sichteinlagen von Nichtbanken aus dem Euro-Währungsgebiet.

Der Geldmengenbegriff M1 (Bargeld außerhalb des Bankensektors und Sichteinlagen der Bankkunden) entspricht weitgehend der **nachfragewirksamen Geldmenge.** Für die Berechnung der Geldmengen M2 und M3 werden der Geldmenge M1 solche Einlagen bei den Geschäftsbanken sowie kurzlaufende Wertpapiere hinzugerechnet, die ohne größere Schwierigkeiten in Zahlungsmittel umgewandelt und damit nachfragewirksam werden können. Spar- und Termineinlagen stellen aber ebenso wenig wie die kurzfristigen Wertpapiere Geld dar. Das vom ESZB im Rahmen seiner geldpolitischen Strategie bekannt gegebene **Geldmengenziel** (Referenzwert) bezieht sich auf die **Geldmenge M3.**

8.6.1

1 M steht für *money*
2 Kurzlaufende Wertpapiere, z. B. Schuldverschreibungen öffentlicher Institutionen (Schatzanweisungen)
3 Anteile an Investmentfonds, die Gelder von Anlegern sammeln und den Gegenwert am Geldmarkt (= Markt für kurzfristige Kredite) anlegen.
4 Wertpapiere mit Rückkaufvereinbarung (repurchase agreements). Das Repogeschäft hat in Deutschland sehr geringe Bedeutung.

8.3 Geldschöpfung

Lernziele:

Nach der Bearbeitung des Kapitels sind Sie in der Lage, Folgendes zu tun:

Sie ...

- ... nennen die Geldproduzenten.
- ... erklären das Münzregal.
- ... erläutern die Entstehung von Zentralbankgeld.
- ... vollziehen nach, wie sich die Schaffung von Zentralbankgeld auf die Bilanz der Zentralbank auswirkt.
- ... beschreiben die Vernichtung von Zentralbankgeld.
- ... beurteilen die Auswirkungen der Vernichtung von Zentralbankgeld auf die Bilanz der Zentralbank.
- ... verstehen die passive Buchgeldschöpfung.
- ... verstehen die aktive Buchgeldschöpfung.
- ... arbeiten die Kreditgewährungsmöglichkeiten einzelner Geschäftsbanken heraus.
- ... nennen den Kreditschöpfungsmultiplikator des gesamten Geschäftsbankensystems bei vollständigem Bargeldrückfluss.
- ... nennen die Annahmen, die dem Kreditschöpfungsmultiplikator bei vollständigem Bargeldrückfluss zugrunde liegen.

8.3.1 Geldproduzenten

Bar- und Buchgeld

In einer modernen Volkswirtschaft bieten die Zentralbank und die Geschäftsbanken Geld an. Während die **Zentralbank** das alleinige Recht hat, **Bargeld** (Banknoten und Münzen) in Umlauf zu bringen (Bargeldschöpfung), stellen die **Geschäftsbanken Buchgeld** bereit, indem sie Sichtguthaben auf Bankkonten einräumen (Buchgeldschöpfung der Geschäftsbanken).

§

Auszug aus der Satzung des Europäischen Systems der Zentralbanken (ESZB) und der Europäischen Zentralbank (EZB)

Art. 16: Banknoten

Die EZB und die nationalen Zentralbanken sind zur Ausgabe von Banknoten berechtigt. Die von der EZB und den nationalen Zentralbanken ausgegebenen Banknoten sind die einzigen Banknoten, die in der Gemeinschaft als gesetzliches Zahlungsmittel gelten.

Münzen

Das Recht, Münzen zu prägen **(Münzregal)**, liegt in der EU bei den Mitgliedstaaten. Die Europäische Zentralbank übernimmt die geprägten Münzen und schreibt den Mitgliedstaaten den Gegenwert gut. Da die Kosten der Münzprägung in den meisten Fällen geringer sind als der Nennwert, ergibt sich aus dem Münzregal ein nicht unbeträchtlicher **Münzgewinn**.

Geldproduzenten			
Staat	Europäische Zentralbank		Geschäftsbanken
Münzen Die Münzen werden vom Staat geprägt (Münzregal) und von der Zentralbank in Umlauf gebracht.	**Banknoten**	**Guthaben bei der Zentralbank (Sichteinlagen)** →	**Buchgeld** Sichteinlagen der Nichtbanken bei den Geschäftsbanken = Guthaben von priv. Haushalten, Unternehmen (ohne Banken) und Staat auf Bankkonten, über die sofort (ohne Kündigungsfrist) verfügt werden kann.
Zentralbankgeld (ZBG)			

8.3.2 Geldschöpfung der Zentralbank

Zentralbankgeldmenge

D Die Zentralbankgeldmenge setzt sich aus dem gesamten Bargeld (Banknoten und Münzen) außerhalb der Zentralbank sowie den Sichtguthaben bei der Zentralbank zusammen.

8.2

Die Zentralbankgeldmenge ist nicht identisch mit der Geldmenge M1. Daher führt eine Veränderung der Zentralbankgeldmenge nicht zwangsläufig zu einer Veränderung der Geldmenge M1. Die Bargeldbestände der Zentralbank gehören weder zur Zentralbankgeldmenge noch zur Geldmenge M1.

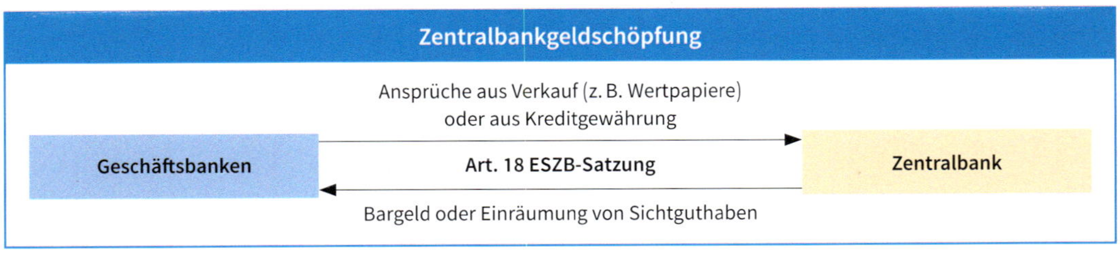

Schaffung und Vernichtung von Zentralbankgeld

§

Auszug aus der ESZB-Satzung

Art. 18: Offenmarkt- und Kreditgeschäfte

Zur Erreichung der Ziele des ESZB und zur Erfüllung seiner Aufgaben können die EZB und die nationalen Zentralbanken

- auf den Finanzmärkten tätig werden, indem sie auf Gemeinschafts- oder Drittlandswährungen lautende Forderungen und börsengängige Wertpapiere sowie Edelmetalle […] kaufen und verkaufen oder entsprechende Darlehensgeschäfte tätigen;
- Kreditgeschäfte mit Kreditinstituten und anderen Marktteilnehmern abschließen, […].

D Die Zentralbank schöpft Geld, wenn sie Vermögensgegenstände (z. B. Wertpapiere, Devisen) kauft und mit Zentralbankgeld bezahlt oder bei Kreditgewährung Zentralbankgeld bereitstellt.

D Die Zentralbank vernichtet Geld, wenn sie Vermögensgegenstände (z. B. Wertpapiere, Devisen) verkauft und sich mit Zentralbankgeld bezahlen lässt oder zur Tilgung eingeräumter Kredite Zentralbankgeld entgegennimmt.

Auswirkungen auf die Zentralbankbilanz

Jede Entstehung und Vernichtung von Zentralbankgeld schlägt sich in der Bilanz der Zentralbank nieder.

Aktiva	Zusammengefasste Zentralbankbilanz Bilanz des Eurosystems in Mrd. € (Jan. 20..[1])		Passiva
Gold	400	Banknotenumlauf[2]	1.000
Devisen, Währungsreserven	300	Einlagen von Geschäftsbanken	2.000
Kredite an Geschäftsbanken	1.300	Eigenkapital	100
Wertpapiere	1.500	Sonstige Passiva	900
Sonstige Aktiva	500		
Aktiva insgesamt	**4.000**	**Passiva insgesamt**	**4.000**

Die von der Zentralbank in Umlauf gebrachten Banknoten stellen eine Verbindlichkeit gegenüber dem jeweiligen Inhaber der Banknote dar. Dies wird besonders am Beispiel der früher üblichen Goldwährung deutlich, bei der Banknoten jederzeit in Gold umgetauscht werden konnten. Dass der Inhaber einer Banknote eine Forderung gegenüber der Zentralbank hat, zeigt sich heutzutage u. a. daran, dass z. B. Euro-Banknoten bei der Zentralbank jederzeit in fremde Währungen umgetauscht werden können (= **Konvertibilität der Währung**).

§

Auszug aus dem Reichsbankgesetz vom 30. Aug. 1924

§ 2 Die Reichsbank hat […] das ausschließliche Recht, Banknoten in Deutschland auszugeben.
§ 22 Die Reichsbank ist verpflichtet, Barrengold zum festen Preis von 1392 Reichsmark für das Pfund fein gegen Noten umzutauschen.
§ 31 Die Bank ist verpflichtet, ihre Noten dem Inhaber einzulösen. Die Einlösung erfolgt nach Wahl der Bank in:
1. deutschen Goldmünzen […]
2. Goldbarren […]

B

Zentralbankgeldschöpfung

Die Zentralbank kauft von den Geschäftsbanken Wertpapiere in Höhe von 10 Mrd. € und bezahlt diese mit Banknoten.

Buchungssatz aus Sicht der ZB: Wertpapiere an Banknotenumlauf

Auf die oben dargestellte Zentralbankbilanz wirkt sich dieser Vorgang wie folgt aus:

Aktiva	Zusammengefasste Zentralbankbilanz (in Mrd. €)		Passiva
Bisherige Aktiva (= Vermögen)	4.000	Bisherige Passiva (= Eigenkapital und Verbindlichkeiten)	4.000
+ Zunahme Wertpapiere	10	+ Zunahme Banknotenumlauf	10
Aktiva insgesamt	**4.010**	**Passiva insgesamt**	**4.010**

Im vorliegenden Fall führt die Entstehung von Zentralbankgeld zu einer Verlängerung (Aktiv-Passiv-Mehrung) der Zentralbankbilanz. Die Schaffung von Zentralbankgeld kann sich aber auch als Passivtausch in der Zentralbankbilanz auswirken. Beispiel: Die Zentralbank nimmt von ihr selbst ausgegebene Schuldverschreibungen (= Verbindlichkeit der Zentralbank) von den Geschäftsbanken zurück und schreibt den Gegenwert in Form einer Erhöhung der Einlagen der Geschäftsbanken gut *(vgl. ZB-Bilanz s. o.)*.

1 Gerundete Beispielzahlen
2 Während der Begriff „Bargeldumlauf" im Zusammenhang mit der Geldmenge M1 üblicherweise nur für die Bargeldbestände (Banknoten und Münzen) außerhalb des Geschäftsbankensektors benutzt wird, umfasst die Position „Banknotenumlauf" in der Zentralbankbilanz sämtliche von der Zentralbank ausgegebenen Banknoten, unabhängig davon, ob sie sich innerhalb oder außerhalb des Geschäftsbankensektors befinden.

B **Zentralbankgeldvernichtung**

Die Zentralbank nimmt von den Geschäftsbanken Zahlungen in Form von Banknoten in Höhe von 10 Mrd. € zur teilweisen Tilgung gewährter Kredite entgegen.

Buchungssatz aus Sicht der ZB: Banknotenumlauf an Kredite

Auf die oben dargestellte Zentralbankbilanz wirkt sich dieser Vorgang wie folgt aus:

Aktiva	**Zusammengefasste Zentralbankbilanz** (in Mrd. €)		**Passiva**
Bisherige Aktiva (= Vermögen) – Abnahme Kredite an Geschäftsbanken	4.000 10	Bisherige Passiva (= Eigenkapital und Verbindlichkeiten) – Abnahme Banknotenumlauf	4.000 10
Aktiva insgesamt	**3.990**	**Passiva insgesamt**	**3.990**

Im vorliegenden Fall führt die Vernichtung von Zentralbankgeld zu einer Verkürzung (Aktiv-Passiv-Minderung) der Zentralbankbilanz. Die Vernichtung von Zentralbankgeld kann sich aber auch als Passivtausch in der Zentralbankbilanz auswirken. Beispiel: Die Zentralbank verkauft von ihr selbst ausgegebene Schuldverschreibungen (= Verbindlichkeit der Zentralbank) an die Geschäftsbanken und lässt sich diese mit Banknoten bezahlen *(vgl. ZB-Bilanz auf der vorherigen Seite)*.

8.2

Wenn die Zentralbank keine Verbindlichkeiten in fremder Währung eingeht, ist eine Zahlungsunfähigkeit (Illiquidität) ausgeschlossen, da sie immer mit selbst geschaffenem Geld bezahlen kann. Eine Obergrenze für die Zentralbankgeldmenge besteht nur insoweit, als die Zentralbank der Wirtschaft höchstens so viel Zentralbankgeld zur Verfügung stellen darf, dass die Erreichung des Ziels der Preisniveaustabilität nicht gefährdet wird.

8.3.3 Geldschöpfung einer einzelnen Geschäftsbank

8.4, S. 398

D Geschäftsbankengeld (= Buch- oder Giralgeld) ist das von den Geschäftsbanken in Form von Sichtguthaben der Nichtbanken (= andere Unternehmen, Haushalte, Staat) geschaffene Geld.

Passive Schaffung von Geschäftsbankengeld (Passive Buchgeldschöpfung)

Wenn ein Bankkunde Bargeld auf sein Girokonto bei einer Geschäftsbank einzahlt, entsteht Buchgeld (=Sichtguthaben). Da in diesem Fall der Anstoß zur Schaffung von Buchgeld nicht von der Bank ausgeht, wird dieser Vorgang als **passive Buchgeldschöpfung** bezeichnet. Durch die Einzahlung von 1.000,00 € auf ein Girokonto (=Passivgeschäft der Bank) ergeben sich folgende Auswirkungen auf die Bankbilanz:

Aktiva	**Zusammengefasste Bilanz der Geschäftsbank A** (in €)		**Passiva**
Bisherige Aktiva (= Vermögen) + Zunahme des Banknotenbestandes (= Mehrung des ZBG-Bestandes)	100.000 1.000	Bisherige Passiva + Zunahme der Sichteinlagen (= Mehrung der Sichtverbindlichkeiten)	100.000 1.000
Aktiva insgesamt	**101.000**	**Passiva insgesamt**	**101.000**

Die Bareinzahlung führt zu einer Verlängerung der Geschäftsbankbilanz (Aktiv-Passiv-Mehrung). Die Geldmenge M1 ändert sich dadurch nicht. Lediglich die Zusammensetzung der Geldmenge M1 ist anders, da Bargeld durch Buchgeld ersetzt wird.

D Bei passiver Buchgeldschöpfung ändert sich die Geldmenge M1 nicht.[1] M2 und M3 bleiben in jedem Fall unverändert.

1 Ausnahme: Werden zu M2 gehörende (Spar-)Einlagen abgehoben, erhöht sich ausnahmsweise M1. Da M1 ein Teil von M2 ist, ändert sich M2 aber nicht. M3 bleibt in jedem Fall unverändert.

Aktive Schaffung von Geschäftsbankengeld (Aktive Buchgeldschöpfung)

Eine aktive Buchgeldschöpfung liegt vor, wenn eine Geschäftsbank

- von einem Bankkunden gegen Einräumung eines Sichtguthabens Vermögensgegenstände (z. B. Devisen, Wertpapiere) kauft oder
- einem Bankkunden durch Kreditgewährung Mittel auf einem Girokonto zur weiteren Verwendung bereitstellt.

Wenn eine Geschäftsbank einem Kunden einen Kredit über 1.000,00 € zur Verfügung stellt (= Aktivgeschäft der Bank) und diesen Betrag zunächst auf dem Girokonto des Kunden gutschreibt, ergeben sich folgende Auswirkungen auf die Bankbilanz:

Aktiva	**Zusammengefasste Bilanz der Geschäftsbank A** (in €)		**Passiva**
Bisherige Aktiva (= Vermögen) + Zunahme der Forderungen	100.000 1.000	Bisherige Passiva + Zunahme der Sichteinlagen (= Mehrung der Sichtverbindlichkeiten)	100.000 1.000
Aktiva insgesamt	**101.000**	**Passiva insgesamt**	**101.000**

Die Kreditgewährung führt zu einer Verlängerung der Geschäftsbankbilanz (Aktiv-Passiv-Mehrung). Die Geldmenge M1 erhöht sich um 1.000,00 €, da ohne Verringerung des außerhalb des Bankensektors befindlichen Bargeldbestandes zusätzliches Buchgeld geschaffen wurde. Unabhängig davon, ob der Kreditnehmer über das neu geschaffene Buchgeld durch Überweisung auf ein anderes Konto oder durch Barabhebung verfügt, bleibt die um 1.000,00 € gestiegene Geldmenge M1 unverändert. Bei einer Überweisung verringert sich das Sichtguthaben des Kreditnehmers, während sich gleichzeitig das Sichtguthaben des Zahlungsempfängers erhöht. Bei einer Barabhebung wird Buchgeld in Bargeld umgewandelt (Verringerung der Sichteinlagen bei gleichzeitiger Erhöhung des außerhalb des Bankensektors befindlichen Bargeldbestandes).

D Bei aktiver Buchgeldschöpfung erhöht sich die Geldmenge M1 und als Folge davon auch M2 und M3.

Grenzen der Schaffung von Geschäftsbankengeld

Die **passive Buchgeldschöpfung** ist nur durch die außerhalb des Geschäftsbankensektors in Umlauf befindliche Bargeldmenge begrenzt. Wenn im Extremfall das gesamte Bargeld bei einer Geschäftsbank gegen Einräumung von Sichtguthaben eingezahlt und damit in Buchgeld umgewandelt ist, besteht keine weitere Möglichkeit zur passiven Buchgeldschöpfung mehr. Die Geschäftsbank kann durch die passive Buchgeldschöpfung nicht in Zahlungsschwierigkeiten kommen, da die Sichteinlagen durch Bargeld gedeckt sind und jederzeit wieder in bar ausbezahlt werden können. Da sich durch passive Buchgeldschöpfung und Buchgeldvernichtung die nachfragewirksame Geldmenge M1 nur in Ausnahmefällen und die Geldmengen M2 und M3 nie ändern, ist dieser Vorgang im Hinblick auf das **Ziel der Preisniveaustabilität** unbedenklich.

8.3.3

Anders ist die Situation bei der **aktiven Buchgeldschöpfung** einer Geschäftsbank. Bei der Einräumung von Sichtguthaben aufgrund des Ankaufs von Vermögensgegenständen oder einer Kreditgewährung muss die Geschäftsbank damit rechnen, dass die Bankkunden diese Sichtguthaben ganz oder teilweise in bar abheben wollen. In diesem Fall muss die Geschäftsbank das von ihr geschaffene Buchgeld in Bargeld, das sie aber nicht selbst schaffen kann, umwandeln. Eine unbegrenzte aktive Buchgeldschöpfung ist daher nicht möglich. Die folgenden beiden Faktoren begrenzen die aktiven Geldschöpfungsmöglichkeiten einer Geschäftsbank:

8.3.4

Grenzen der aktiven Buchgeldschöpfung	
Barreserve (Barreservesatz)	**Mindestreserve (Mindestreservesatz)**
Jede Bank muss ständig einen bestimmten Bargeldbetrag als Kassenbestand für die Fälle halten, in denen Kunden Sichteinlagen bar abheben wollen (Umwandlung von Buchgeld in Bargeld). Diese Liquiditätsreserve wird als **Barreserve** (BR) bezeichnet. Ihre Höhe hängt von den Erfahrungswerten der Bank hinsichtlich der Zahlungsgewohnheiten der Kunden ab.	In den meisten Ländern schreibt die Zentralbank den Geschäftsbanken vor, dass sie einen bestimmten Prozentsatz der Kundeneinlagen als Mindestreserve (MR) bei der Zentralbank in Form einer Sichteinlage halten müssen. Dadurch wird ein Teil des im Geschäftsbankensektor befindlichen Zentralbankgeldes blockiert.

F Jede Geschäftsbank muss in Höhe eines bestimmten Prozentsatzes der Kundeneinlagen Zentralbankgeld als Reserve zurücklegen.
Reservesatz (r) = Barreservesatz + Mindestreservesatz

F Die einer Geschäftsbank nach Abzug von Bar- und Mindestreserve zur freien Verfügung verbleibende Zentralbankgeldmenge wird als Überschussreserve bezeichnet:
Ü = ZBG – (BR + MR)

Die **Überschussreserve** ist umso größer, je geringer die Bar- und Mindestreserve ist. Unter folgenden Voraussetzungen stellt die Überschussreserve die Obergrenze für die aktive Buchgeldschöpfung einer einzelnen Geschäftsbank dar:

- Die Geschäftsbank kann sich kein zusätzliches Zentralbankgeld bei der Zentralbank besorgen.
- Die Geschäftsbank muss damit rechnen, dass die durch aktive Buchgeldschöpfung entstandenen Sichtguthaben vollständig in bar abgehoben oder auf ein anderes Konto überwiesen werden.

Je mehr Kunden eine Bank hat, umso größer ist jedoch die Wahrscheinlichkeit, dass das Sichtguthaben auf das Konto eines anderen Kunden bei **derselben** Bank überwiesen wird und ihr somit kein Zentralbankgeld durch Überweisung auf ein Konto bei einer **anderen** Bank verloren geht.

D Unter bestimmten Voraussetzungen bildet die Überschussreserve für eine einzelne Geschäftsbank die Obergrenze für die aktive Buchgeldschöpfung.

8.3.4 Geldschöpfung des gesamten Geschäftsbankensystems (Geldschöpfungsmultiplikator)

8.4, S. 399
8.5, S. 399

Im Gegensatz zu einer einzelnen Bank können die Geschäftsbanken in ihrer Gesamtheit (Geschäftsbankensystem) Buchgeld in einer Höhe schaffen, die wesentlich über die ursprüngliche Überschussreserve einer einzelnen Geschäftsbank hinausgeht (multiple Geldschöpfung). Um das in einem Modell zu zeigen, werden folgende Annahmen getroffen:

Modellannahmen

- Der Reservesatz (Mindestreserve und Barreserve) beträgt 20 % (r = 0,2).
- Eine einzelne Geschäftsbank kann nur in Höhe ihrer Überschussreserve Kredite vergeben (= aktive Buchgeldschöpfung), da sie sich kein zusätzliches Zentralbankgeld beschaffen kann.
- Es besteht eine genügend große Kreditnachfrage, sodass jede Geschäftsbank von der Möglichkeit der Kreditvergabe tatsächlich Gebrauch macht und Kredite in Höhe ihrer Überschussreserve gewährt.
- Die Kreditbeträge werden von den Kreditnehmern in voller Höhe in bar abgehoben (= Buchgeldvernichtung) und für Barzahlungen verwendet. Die Zahlungsempfänger zahlen das erhal-

tene Bargeld **in voller Höhe** auf ihre Girokonten bei einer **anderen Bank** ein (=passive Buchgeldschöpfung). Das Zentralbankgeld fließt also **vollständig** in den Geschäftsbankensektor zurück.

- Dieser Vorgang (Kreditgewährung in Höhe der Überschussreserve und Bareinzahlung des Kreditbetrages bei einer anderen Bank) wiederholt sich viele Male.

Tabellarische Darstellung des Multiplikatorprozesses

Wenn die Geschäftsbank 1 eine Bareinzahlung (= ZBG) von 10.000,00 € erhält, läuft der Prozess der Buchgeldschöpfung des gesamten Bankensystems unter den genannten Bedingungen wie folgt ab:

	A	P	Erhöhung der Sichteinlagen durch Zufluss von Bargeld (100 %)	Bar- und Mindestreserve (20 %)	Überschussreserve = Kreditgewährung (80 %)
Geschäftsbank 1	+ Reserven 2.000 + Kreditforderung 8.000	+ Sichteinlagen 10.000	**10.000**	2.000	8.000
Geschäftsbank 2	+ Reserven 1.600 + Kreditforderung 6.400	+ Sichteinlagen 8.000	8.000	1.600	6.400
Geschäftsbank 3	+ Reserven 1.280 + Kreditforderung 5.120	+ Sichteinlagen 6.400	6.400	1.280	5.120
Geschäftsbank 4	+ Reserven 1.024 + Kreditforderung 4.096	+ Sichteinlagen 5.120	5.120	1.024	4.096
⋮	⋮		⋮	⋮	⋮
Gesamtes Geschäftsbankensystem	+ Reserven 10.000 + Kreditforderung 40.000	+ Sichteinlagen 50.000	50.000	**10.000**	40.000

Wie aus der Tabelle ersichtlich ist, wird die Überschussreserve, die für die Kreditgewährung zur Verfügung steht, von Stufe zu Stufe kleiner. Diese Entwicklung ist dadurch bedingt, dass jede Bank nur über 80 % des zugeflossenen Bargeldes frei verfügen kann, weil 20 % als Reserve (Mindest- und Barreserve) gehalten werden müssen. Der Geldschöpfungsprozess ist dann beendet, wenn das im Geschäftsbankensektor befindliche Bargeld von 10.000,00 € vollständig für die Reservehaltung verwendet worden ist.

D Der Geldschöpfungsprozess der Geschäftsbanken kann nur so lange andauern, bis das im Geschäftsbankensektor befindliche Bargeld (= ZBG) vollständig durch die Reservehaltung (Mindest- und Barreserve) aufgezehrt ist.

Ermittlung des Geldschöpfungsmultiplikators

Aufgrund dieser Bedingung lässt sich für den vorliegenden Fall der Kreditbetrag, der vom gesamten Bankensystem höchstens gewährt werden kann, wie folgt berechnen:

Bei einem Reservesatz von 20 % muss am Ende des Geldschöpfungsprozesses die Summe der Sichteinlagen 100 %, bezogen auf den als Bar- und Mindestreserve gehaltenen ZBG-Betrag (hier 10.000,00 €), ausmachen. Die Kreditsumme muss sich auf 80 % dieses Betrages belaufen. Daraus ergibt sich:

Aus ZBG bestehende Bar-/Mindestreserve des gesamten Bankensystems am Ende des Geldschöpfungsprozesses	20 %	= 10.000,00 €
Kreditgewährung des gesamten Bankensystems am Ende des Geldschöpfungsprozesses	80 %	= 40.000,00 €
Sichteinlagen im gesamten Bankensystem am Ende des Geldschöpfungsprozesses	100 %	= 50.000,00 €

Bei einem Reservesatz von 20 % können somit auf der Basis einer Bareinlage (= ZBG) von 10.000,00 € Kredite in Höhe von insgesamt 40.000,00 € gewährt werden.

Das Kreditvolumen ist noch höher, wenn das Zentralbankgeld in Höhe von 10.000,00 € dem Bankensektor nicht durch die Bareinlage eines Kunden bei der Geschäftsbank 1 (= passive Buchgeldschöpfung) zufließt, sondern durch Kreditaufnahme der Geschäftsbank 1 bei der Zentralbank entsteht. Da auf diesen Zentralbankkredit keine Bar- und/oder Mindestreserve gehalten werden muss, beträgt die für eine Kreditvergabe zur Verfügung stehende Überschussreserve der Geschäftsbank 1 in diesem Fall 10.000,00 €. Die Kreditschöpfungsmöglichkeit des gesamten Bankensystems würde dadurch auf 50.000,00 € steigen.

D Das gesamte Geschäftsbankensystem kann auf der Grundlage einer bestimmten Überschussreserve (= frei verfügbares Zentralbankgeld) ein Vielfaches dieses Betrages an Krediten gewähren.

Der Faktor, der angibt, auf das Wievielfache der ursprünglichen Überschussreserve sich die Kreditgewährungsmöglichkeit der Geschäftsbanken beläuft, wird als **Geldschöpfungsmultiplikator** (m) bezeichnet.

D Der Geldschöpfungsmultiplikator gibt an, um das Wievielfache die Kreditvergabemöglichkeit der Geschäftsbanken höher als die ursprüngliche Überschussreserve ist.

8.6, S. 399

Im vorliegenden Fall beträgt das Kreditvolumen (40.000,00 €) das Fünffache der ursprünglichen Überschussreserve (8.000,00 €). Der Geldschöpfungsmultiplikator ist *fünf*. Er ergibt sich als Kehrwert des Reservesatzes: m = 1/r = 1/0,2 = 5.

B

(20 %)	0,2 ≙	10.000,00 €	ZBG für Reserve (BR + MR)
(100 %)	1,0 ≙	x €	Summe der Sichteinlagen

Multiplikator → $\boxed{x} = \frac{1}{0{,}2} \cdot 10.000{,}00 = 5 \cdot 10.000{,}00 = 50.000{,}00$ € Sichteinlagen

D Wenn alles Bargeld in den Geschäftsbankensektor zurückfließt (= Annahme eines vollständigen Bargeldrückflusses), ist der Geldschöpfungsmultiplikator gleich dem Kehrwert des Reservesatzes:

$$\text{Geldschöpfungsmultiplikator (m)} = \frac{1}{\text{Reservesatz (r)}}$$

Der Geldschöpfungsmultiplikator (m) setzt die Kreditschöpfungsmöglichkeit (Kr) und die ursprüngliche Überschussreserve ($Ü_1$) zueinander in Beziehung. Die Summe der Kredite, die das Geschäftsbankensystem aufgrund einer bestimmten Überschussreserve vergeben kann, lässt sich für den vorliegenden Fall wie folgt berechnen:

B $Kr = m \cdot Ü_1 = \frac{1}{r} \cdot Ü_1 = \frac{1}{0{,}2} \cdot 8.000{,}00\,€ = 40.000{,}00\,€$

D Die Kreditvergabemöglichkeit des Geschäftsbankensystems ist umso größer, je geringer die Reservehaltung (Bar- und Mindestreserve) ist und umgekehrt.

Bei unveränderter Überschussreserve können die Banken ihre Kreditvergabemöglichkeiten erweitern, wenn es ihnen gelingt, ihre Kunden zur verstärkten Nutzung des bargeldlosen Zahlungsverkehrs anstelle von Barzahlung zu veranlassen. Dies würde eine Verringerung der notwendigen Barreserve mit sich bringen. Andererseits kann die Zentralbank durch Veränderung des Mindestreservesatzes die Geldschöpfungsmöglichkeiten der Geschäftsbanken beeinflussen.

8.6.4

Mathematische Ermittlung des Geldschöpfungsmultiplikators

B **Geldschöpfungsmultiplikator bei vollständigem Bargeldrückfluss**

Die Entwicklung der Kreditvergabemöglichkeiten in der Tabelle auf S. 345 folgt einer mathematischen Gesetzmäßigkeit. Das Kreditvolumen des gesamten Geschäftsbankensystems (Kr_S) ergibt sich aus der Summe der von den einzelnen Geschäftsbanken gewährten Kredite. Bei einem Reservesatz von r = 0,2 ergibt sich folgender Zusammenhang:

$Kr_S =$	Kr_1	+	Kr_2	+	Kr_3	+	$\ldots Kr_n$
	8.000	+	6.400	+	5.120	+	…
	8.000	+	$8.000\,(1-0{,}2)^1$	+	$8.000\,(1-0{,}2)^2$	+	$8.000\,(1-0{,}2)^{n-1}$

Diese Folge entspricht einer unendlichen geometrischen Reihe. Die allgemeine Summenformel für eine unendliche geometrische Reihe der Form $a + a \cdot q + a \cdot q^2 + a \cdot q^3 + \ldots a \cdot q^{n-1}$ lautet:

$$s = \frac{1}{1-q} \cdot a$$

Für die Summe aller Kredite des gesamten Geschäftsbankensystems lautet die entsprechende Summenformel:

$$Kr_S = \frac{1}{1-(1-r)} \cdot Ü_1 = \frac{1}{r} \cdot Ü_1$$

Im vorliegenden Zahlenbeispiel beträgt die Kreditvergabemöglichkeit des Geschäftsbankensystems:

$$Kr_S = \frac{1}{0{,}2} \cdot 8.000{,}00\,€ = 40.000{,}00\,€$$

Dieser Zusammenhang gilt nur unter der Annahme, dass die gewährte Kreditsumme von den Zahlungsempfängern wieder in voller Höhe bei einer anderen Bank eingezahlt wird (= **vollständiger Bargeldrückfluss in den Geschäftsbankensektor**).

Geldschöpfungsmultiplikator bei teilweisem Bargeldrückfluss

Wird davon ausgegangen, dass ein gewisser Prozentsatz der Kreditsumme von den Zahlungsempfängern als Bargeld gehalten wird und nur der Restbetrag jeweils wieder zu Sichteinlagen bei den Geschäftsbanken und damit zu neuer Kreditgewährungsmöglichkeit führt (= **teilweiser Bargeldrückfluss**), ergibt sich eine geringere Kreditgewährungsmöglichkeit.

Beispiel:

r = Reservesatz

c = Bargeldabflussquote
(Teil der Kreditsumme, den die Wirtschaftssubjekte als Bargeld halten)

(1 − c) = Bargeldrückflussquote
(Teil der Kreditsumme, der als Bargeld in den Geschäftsbankensektor zurückfließt)

$$\mathbf{Kr_S} = \frac{1}{1-(1-c)\,(1-r)} \cdot Ü_1 = \frac{1}{1-(1-r-c+cr)} \cdot Ü_1 = \frac{1}{r+c-cr} \cdot Ü_1 = \mathbf{\frac{1}{r\,(1-c)+c} \cdot Ü_1}$$

Im vorliegenden Zahlenbeispiel beträgt die Kreditvergabemöglichkeit des Geschäftsbankensystems:

$$\mathbf{Kr_S} = \frac{1}{0{,}2\,(1-0{,}25)+0{,}25} \cdot 8.000{,}00\,€ = \frac{1}{0{,}4} \cdot 8.000{,}00\,€ = \mathbf{20.000{,}00\,€}$$

Geringer Erklärungswert des Geldschöpfungsmultiplikators

Der durch den Geldschöpfungsmultiplikator beschriebene Zusammenhang zwischen Zufluss von Zentralbankgeld an eine Bank und Kreditgewährung des gesamten Bankensystems kann nicht zur Erklärung des tatsachlichen Kreditangebots dienen. Die Interpretation, dass in der Realität das Bankensystem nur als Vermittler arbeitet und die Kundeneinlagen anderen Kunden als Kredit gewährt, ist nicht zutreffend. Vielmehr ist der Zusammenhang umgekehrt: Zunächst vergeben die Banken Kredite und prüfen danach, wo sie das benötigte Zentralbankgeld am günstigsten beschaffen können. Diese Möglichkeit der Banken, „Geld aus dem Nichts" zu schaffen, wäre dann unterbunden, wenn durch ein Vollgeldsystem[1] alle Bankkredite in vollem Umfang durch Zentralbankgeld gedeckt wären. In diesem Fall wurde Geld nur durch die Zentralbank geschaffen.

Die durch den Geldschöpfungsmultiplikator gestützte Auffassung, dass es bei einem einmaligen Zufluss von Zentralbankgeld zu einer Kreditexpansion des gesamten Bankwesens kommt, beruht auf fehlerhaften Annahmen. Es wird nämlich unterstellt, dass die Banken grundsätzlich zur Kreditvergabe bereit sind und dass dies nur wegen des Mangels an Zentralbankgeld nicht immer erfolgt.

Dies würde bedeuten, dass bei einem gegebenen Zinsniveau immer ein Überschuss an Nachfrage nach Krediten besteht.

Die Geldversorgung der Geschäftsbanken durch die EZB im Zusammenhang mit der Finanz- und Staatshaushaltkrise zeigt, dass die Zentralbankguthaben der Banken sehr stark angestiegen sind („Die Banken schwimmen im Geld"), ohne dass sich dies in einer verstärkten Kreditgewährung und Geldmengenerhöhung niedergeschlagen hat. Vielmehr benutzen die Banken das billige Zentralbankgeld in erheblichem Umfang für eigene zinsbringende Anlagen und Spekulationen.

Somit ist der Geldschöpfungsmultiplikator ein auf Definitionsgleichungen beruhendes Modell, das einen mechanistischen Zusammenhang zwischen Zentralbankgeld und Kreditgewährung beschreibt, aber keine Theorie des Geldangebots darstellt[2].

8.4 Binnenwert des Geldes

Lernziele:

Nach der Bearbeitung des Kapitels sind Sie in der Lage, Folgendes zu tun:

Sie ...

- ... nennen die Abhängigkeit des Binnenwerts des Geldes.
- ... erläutern das Preisniveau.
- ... fassen zusammen, in welchem Verhältnis das Preisniveau und die Kaufkraft des Geldes zueinander stehen.
- ... beschreiben den Preisindex.
- ... erklären die Entstehung des Preisindex.
- ... beschreiben die Vorgehensweise zur Ermittlung des Verbraucherpreisindex.

1 Diese Idee wurde u. a. von so namhaften Okonomen wie Walter Eucken (1891–1950, geistiger Vater der Sozialen Marktwirtschaft in Deutschland) und Milton Friedman (1912–2006, Nobelpreistrager 1976) vertreten.

2 Vgl. dazu Bofinger, Peter: Grundzuge der Volkswirtschaftslehre, 4. Aufl., Pearson Studium 2015, S. 503 f.

- ... beschreiben und kritisieren das Wägungsschema und begründen die regelmäßige Anpassung und Neuermittlung.
- ... erklären den Begriff des Basisjahres und des Berichtsjahres.
- ... nehmen kritisch Stellung bezüglich der Aussagekraft des Verbraucherpreisindex.
- ... berechnen das Realeinkommen.
- ... erklären den Reallohn und den Realzins.

8.4.1 Kaufkraft und Preisniveau

Geld ist ein Tauschmittel. Sein Tauschwert hängt von der Gütermenge ab, die mit einer Geldeinheit erworben werden kann. Dieser Tauschwert wird auch als Kaufkraft des Geldes bezeichnet.

D Der Geldwert wird durch die Kaufkraft des Geldes bestimmt. Ausdruck für die Kaufkraft des Geldes ist die Gütermenge, die mit einer Geldeinheit erworben werden kann.

Wird die Kaufkraft des Geldes auf die Menge inländischer Güter bezogen, die für eine Einheit inländischen Geldes erworben werden kann, handelt es sich um den **Binnenwert des Geldes** (innerer Geldwert). Der **Außenwert des Geldes** (äußerer Geldwert) gibt demgegenüber an, wie viele ausländische Güter je inländischer Geldeinheit gekauft werden können. Der Außenwert des Geldes ist vom Wechselkurs abhängig.

12.3

Die Kaufkraft des Geldes ist von den **Güterpreisen** abhängig. Je höher die Güterpreise sind, desto weniger Mengeneinheiten können mit einer Geldeinheit erworben werden.

Um ermitteln zu können, ob sich die Kaufkraft des Geldes in einer Volkswirtschaft verändert hat, ist nicht die Preisentwicklung einzelner Güter entscheidend. Preiserhöhungen bei einzelnen Gütern können nämlich durch Preissenkungen bei anderen Gütern wieder ausgeglichen werden. Für die Messung der Kaufkraft kommt es vielmehr auf die Veränderung des Durchschnitts aller wichtigen Güterpreise in einer Volkswirtschaft an. Der Durchschnittspreis einer bestimmten Menge unterschiedlicher Güter ist das Preisniveau.

D Das Preisniveau ist der Durchschnitt aller wichtigen Güterpreise in einer Volkswirtschaft.

B **Kaufkraft des Geldes**

Erhält ein Käufer zu einem bestimmten Zeitpunkt für einen Euro fünf Brötchen und zu einem späteren Zeitpunkt nur noch vier Brötchen, so ist die Kaufkraft des Geldes in Bezug auf die Brötchen gesunken. Ursache dafür ist die Preissteigerung je Brötchen von 0,20 € auf 0,25 €. Die Preissteigerung in Höhe von 25 % (von 0,20 € auf 0,25 €) bewirkt einen Kaufkraftverlust in Höhe von 20 % (von fünf Brötchen auf vier Brötchen).

Die Kaufkraft des Geldes und das Preisniveau stehen in umgekehrtem Verhältnis zueinander:

D Wenn das Preisniveau steigt, sinkt die Kaufkraft des Geldes, und umgekehrt. Die Kaufkraft des Geldes ist der Kehrwert des Preisniveaus:

$$\text{Kaufkraft des Geldes} = \frac{1}{\text{Preisniveau}}$$

8.4.2 Messung des Preisniveaus: Verbraucherpreisindex

Preisindizes

8.7, S. 400

Einerseits ist es aufgrund der Vielzahl von Waren und Dienstleistungen kaum möglich, die **Preise aller Güter** in einer Volkswirtschaft für die Ermittlung des Preisniveaus zu berücksichtigen. Andererseits wäre die Aussagekraft eines solchen Preisniveaus, das auf dem Durchschnitt aller Güterpreise beruht, sehr begrenzt.

B **Verbraucherpreisindex**

Für die Konsumenten ist es beispielsweise unerheblich, ob sich die Export- oder Investitionsgüterpreise ändern. Die Kaufkraft des ihnen zur Verfügung stehenden Geldes ändert sich nämlich nur dann, wenn sich die Preise von Gütern ändern, die von ihnen nachgefragt werden. Daher wird die Kaufkraft der meisten Haushalte auch nicht durch Preisveränderungen bei solchen Konsumgütern wie Juwelen, Luxusautos oder Kaviar beeinflusst.

Das Statistische Bundesamt ermittelt die Preisveränderungen für verschiedene Gütergruppen. Die Messung dieser Preisveränderungen erfolgt mithilfe von **Preisindizes.**

D Ein Preisindex ist eine Maßzahl, um die in der Vergangenheit festgestellten Preisveränderungen für bestimmte Gütergruppen auszudrücken.

Verbraucherpreisindex

Die wirtschaftspolitisch wichtigste Kennzahl zur Messung der durchschnittlichen Preisveränderung ist der vom Statistischen Bundesamt ermittelte **Verbraucherpreisindex (VPI).** Er bringt die Preisentwicklung typischer Güter der Lebenshaltung von Durchschnittshaushalten zum Ausdruck und wird üblicherweise als Maßstab für die Veränderung des Preisniveaus und der Kaufkraft des Geldes in Deutschland benutzt.

D Der Verbraucherpreisindex misst die durchschnittlichen Preisveränderungen aller Waren und Dienstleistungen, die von privaten Haushalten für Konsumzwecke gekauft werden.

Er dient als Maßstab für die Veränderung von Preisniveau und Kaufkraft in einer Volkswirtschaft.

Ein Maßstab für die Preisniveauentwicklung im gesamten Euro-Währungsraum ist der vom Europäischen Statistischen Amt ermittelte **Harmonisierte Verbraucherpreisindex (HVPI).**

Vorgehensweise zur Berechnung eines Verbraucherpreisindex

D Das Basisjahr ist ein ausgewähltes Kalenderjahr, das als Vergleichsmaßstab für die Folgejahre (Berichtsjahre) dienen soll.

- **Zusammenfassung typischer Konsumgüter zu einem Warenkorb**
  Wegen ihrer Vielzahl und ihrer unterschiedlichen Bedeutung können und sollen nicht alle Konsumgüter in die Preisbeobachtung einbezogen werden. Durch gezielte Marktbeobachtung werden daher zunächst solche Konsumgüter, die besonders typisch sind und häufig gekauft werden, ausgewählt und zu einem **Warenkorb** zusammengestellt.
- **Bewertung der Güter des Warenkorbs mit den Preisen des Basisjahres**
  Die Güter des Warenkorbes werden mit den durchschnittlichen Preisen des Basisjahres bewertet und mit den Verbrauchsmengen gewichtet. Für den Wert dieses Warenkorbs im Basisjahr wird ein Preisindex von 100 festgesetzt.
- **Bewertung der Güter des Warenkorbs mit den Preisen des Berichtsjahres**
  In den auf das Basisjahr folgenden Jahren werden dieselben Güter, die den Warenkorb des

Basisjahres bilden, mit den **aktuellen** Preisen des Berichtsjahres bewertet, aber weiterhin mit den durchschnittlich verbrauchten Mengen des Basisjahres gewichtet. Auf diese Weise lässt sich der **Wert der Güter des Warenkorbs im Berichtsjahr** ermitteln.

- **Vergleich zwischen Basisjahr und Berichtsjahr**
  Der Wert der Güter des Warenkorbs im Basisjahr wird mit dem Wert des Warenkorbs im Berichtsjahr verglichen. Die in Prozent ausgedrückte Wertänderung gibt die Veränderung der Lebenshaltungskosten (Inflationsrate) an, um die sich der Preisindex gegenüber dem Basisjahr erhöht.

B Berechnungsbeispiel für einen Warenkorb mit drei Gütern

	Basisjahr 2015			Berichtsjahr 2022		Berechnung
Güter	Preise p_0	Menge q_0	Ausgaben $p_0 \cdot q_0$	Preise p_1	Ausgaben $p_1 \cdot q_0$	
A	12,50 €/kg	16 kg	200,00 €	13,50 €/kg	216,00 €	$P = \frac{\sum p_1 \cdot q_0}{\sum p_0 \cdot q_0} \cdot 100$
B	4,00 €/kg	75 kg	300,00 €	5,00 €/kg	375,00 €	
C	2,00 €/kg	250 kg	500,00 €	2,50 €/kg	625,00 €	$= \frac{1.216,00}{1.000,00} \cdot 100 = 121,6$
$\sum$			1.000,00 €		1.216,00 €	

Im vorliegenden Beispiel beträgt der Preisindex im Berichtsjahr 121,6, d.h., im Berichtsjahr mussten für den gleichen Warenkorb 21,60 % mehr bezahlt werden als im Basisjahr. Von 2015 (Basisjahr) bis 2022 (Berichtsjahr) haben sich die Lebenshaltungskosten somit um 21,6 % erhöht. Dieser Berechnung liegt folgende Formel zugrunde, die häufig bei Preisindexermittlungen angewandt wird **(LASPEYRES-Index)**[1]:

F

$$P = \frac{\sum p_1 \cdot q_0}{\sum p_0 \cdot q_0} \cdot 100$$

p_0 = Preis im Basisjahr
q_0 = Menge im Basisjahr
p_1 = Preis im Berichtsjahr

Ermittlung des Verbraucherpreisindex für Deutschland durch das Statistische Bundesamt

- **Warenkorb**
  Die Auswahl der **Güter des Warenkorbs** durch das Statistische Bundesamt erfolgt in Form von repräsentativen[2] Stichproben. Dazu werden in der Regel zunächst typische Einkaufsstädte, dort dann typische Geschäfte und darin die am häufigsten verkauften Produkte ermittelt. Die einzelnen Güter werden zu ca. 700 Güterarten (z. B. Bücher, Autos, Kraftstoffe, Mieten) zusammengefasst.

8.8, S. 400

- **Preiserfassung**
  Für die Messung der Preisentwicklung werden in ca. 94 Regionen, Städte und Gemeinden jeden Monat die Preise der gleichen Produkte in denselben Geschäften notiert. Zusätzlich erfolgt für viele Güterarten eine zentrale Preiserhebung, beispielsweise im Internet oder in Versandhauskatalogen. Da der Onlinehandel immer weiter wächst und immer mehr an Bedeutung gewinnt, werden Preise teilweise auch durch automatisierte Preiserhöhungen im Internet eingesetzt (sog. Web Scraping). Insgesamt werden so monatlich über 300 000 Einzelpreise erfasst. Dabei wird auch durch entsprechende Gewichtung der Preise in unterschiedlichen Geschäftstypen (z. B. Discounter, Fachgeschäft, Versandhandel und Onlinehandel) versucht, auch Änderungen der Einkaufsgewohnheiten der Konsumenten zu berücksichtigen. Langfristig sollen auch Scannerdaten von Kassen hinzukommen, um die Preiserhebung zu konkretisieren.

1 Die Formel wurde 1871 erstmals von dem Statistiker **Etienne Laspeyres** (1834–1913) für Indexberechnungen aufgestellt und angewandt.
2 repräsentativ *(lat.)*: stellvertretend, typisch, charakteristisch

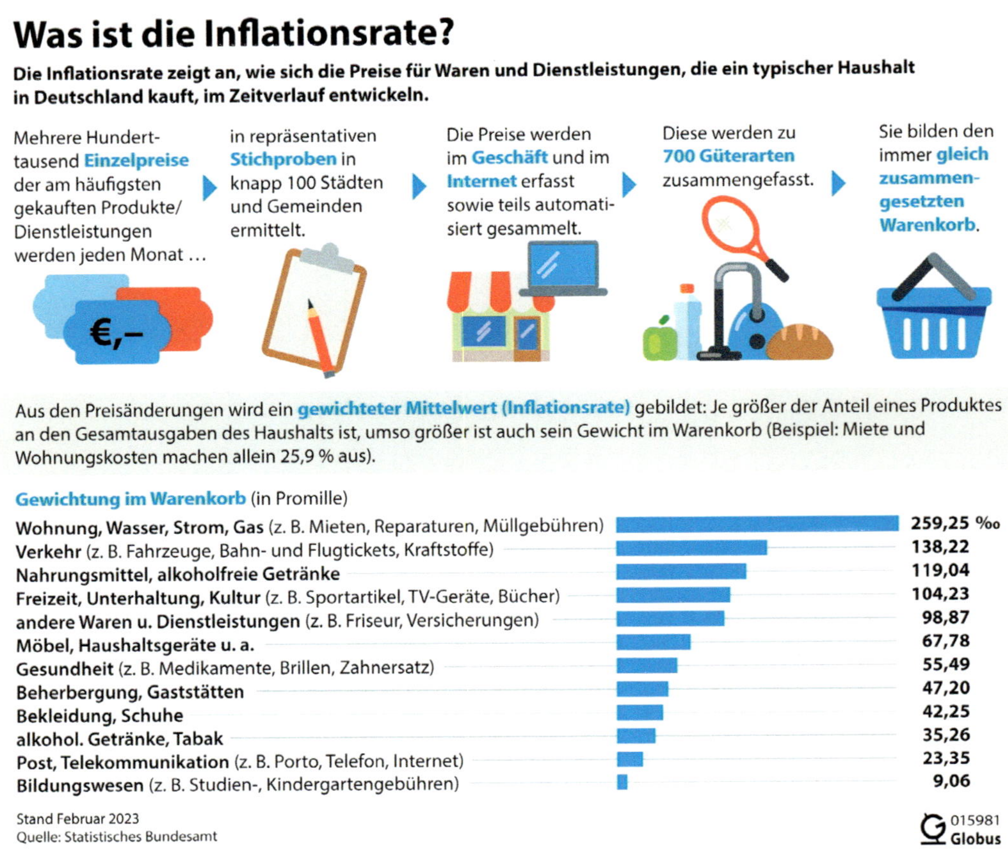

Gewichtung der Güterarten des Warenkorbs (Wägungsschema)

Anstelle der nur schwer zu ermittelnden Verbrauchsmengen werden die ermittelten Preise aller Güterarten des Warenkorbs mit den jeweiligen **Ausgabenanteilen**, die die privaten Haushalte im Durchschnitt für diese Güterart ausgeben, gewichtet. Als Informationsquelle für das Verbraucherverhalten dient vornehmlich die alle fünf Jahre durchgeführte Einkommens- und Verbrauchsstichprobe (EVS), in deren Rahmen 50 000 bis 70 000 Haushalte auf freiwilliger Basis während des Erhebungsjahres ein Haushaltsbuch führen. Ergänzend kommen aktuelle Erhebungen der sogenannten Laufenden Wirtschaftsrechnung (LWR) hinzu. Dazu werden die von bis zu 2 000 Haushalten monatlich zu führenden Haushaltsbücher ausgewertet.

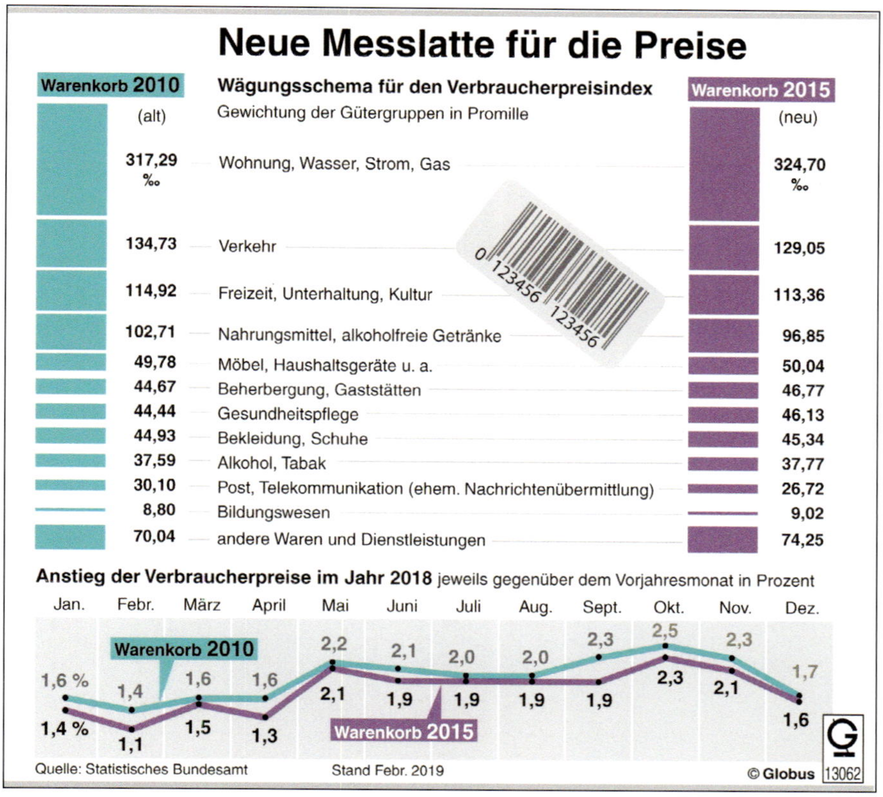

Durch Zusammenfassung der ca. 700 Güterarten des Warenkorbs und deren **Ausgabenanteile** (in Promille) zu 12 Hauptgruppen ergibt sich das **Wägungsschema** *(siehe Abb. S. 352).* Das Wägungsschema gibt an, welchen Anteil die einzelnen Güterarten an den gesamten Konsumausgaben der privaten Haushalte haben. Für jede dieser 12 Hauptgruppen wird ein Preisindex ermittelt. Dabei und bei der Ermittlung des Gesamtindex dienen die **Ausgabenanteile** als **Gewichtungsfaktoren (g).** Der Gesamtindex (Verbraucherpreisindex) wird als gewogenes arithmetisches Mittel der 12 Hauptgruppenindizes berechnet.

Aktualisierung des Wägungsschemas

Der Preisindex wird alle fünf Jahre auf ein neues Basisjahr umgestellt (aktuelles Basisjahr: 2015). Bei dieser regelmäßigen Umstellung erfolgt jedes Mal eine **Aktualisierung des Wägungsschemas.** Dadurch lassen sich auf der Basis neuer Daten über die Verbrauchsgewohnheiten Änderungen des Konsumverhaltens der privaten Haushalte im Zeitablauf berücksichtigen. Während des Fünfjahreszeitraums bleibt das Wägungsschema unverändert (=konstante Verbrauchsstrukturen), um für diesen Zeitraum ausschließlich die Preisentwicklung, unbeeinflusst von Änderungen der Ausgabengewichte, darstellen zu können. Die Güter des Warenkorbs selbst können bei Bedarf auch während der fünf Jahre aktualisiert werden, damit immer diejenigen Gütervarianten in die Preisbeobachtung eingehen, die von den Konsumenten gegenwärtig häufig gekauft werden. So wurden bei der laufenden Aktualisierung des Warenkorbs 2015 unter anderem wegen der fortschreitenden Digitalisierung Güter neu aufgenommen, z. B. Musik-Streams, E-Book-Reader und E-Book-Downloads. Durch die neue Basis 2015 werden diese separat ausgewiesen. Weiterhin werden erstmals Hörhilfen oder Reparatur von Zahnersatz einzeln ausgewiesen. Sicherlich wird der Gesundheitsbereich aufgrund des steigenden Anteils der Seniorinnen und Senioren an der Gesamtbevölkerung zunehmend immer wichtiger. Weil sich die Konsumausgaben für bestimmte Güter bzw. Gütergruppen aus dem Produkt Preis (p) · Menge (q) ergeben, führt die Verwendung der Ausgabenanteile als Gewichtungsfaktor (g) zum selben Ergebnis wie eine Gewichtung der Preise (p) mit den Verbrauchsmengen (q). Das zeigt der folgende Vergleich mit dem Zahlenbeispiel von S. 351:

B **Berechnungsbeispiel für einen Warenkorb mit drei Gütergruppen**

	Basisjahr 2015		**Berichtsjahr 2022**	**Verbraucherpreisindex als gewogenes arithmetisches Mittel der Gütergruppenindizes**		
Gütergruppe	Ausgaben $p_0 \cdot q_0$	Ausgabenanteil in ‰ (g_0)	Ausgaben $p_1 \cdot q_0$	Preisindex der Gütergruppe	Gewichtung des Gütergruppenindex mit g_0	Preisindex im Jahr 2021
A	200 €	200 ‰ (0,2)	216 €	$\frac{216}{200} \cdot 100 = 108$	$108 \cdot 0{,}2 = 21{,}6$	
B	300 €	300 ‰ (0,3)	375 €	$\frac{375}{300} \cdot 100 = 125$	$125 \cdot 0{,}3 = 37{,}5$	
C	500 €	500 ‰ (0,5)	625 €	$\frac{625}{500} \cdot 100 = 125$	$125 \cdot 0{,}5 = 62{,}5$	
$\sum$	1.000 €	1 000 ‰ (1,0)			121,6	**121,6**

Entwicklung des Verbraucherpreisindex

Verbraucherpreisindex in Deutschland, Basisjahr 2015									
Jahr		**2015**	**2016**	**2017**	**2018**	**2019**	**2020**[1]	**2021**	**2022**
Preisindex		100,0	100,4	102,1	104,0	105,5	105,8	109,7	118,7
Veränderung zum Vorjahr	Indexpunkte	100	0,4	1,7	1,9	1,5	0,3	3,9	9,5
	in %		0,4	1,7	1,9	1,4	0,4	3,1	8,7

Vgl. Deutsche Bundesbank (Hrsg.): Monatsbericht März 2023, XI. Konjunkturlage in Deutschland, 7. Preise, Indexstand, S. 71 [20.04.2022].

Aktuelle Zahlen

Die Veränderung des Preisindex kann in **Indexpunkten** oder in **Prozent (Inflationsrate)** angegeben werden.

B Der Preisindex ist von 2015 (100) bis 2021 (109,7) um 9,7 Indexpunkte gestiegen. Das entspricht einer Erhöhung um 9,7 %.

Der Preisindex ist 2021 (109,7) gegenüber 2020 (105,8) um 3,9 Indexpunkte gestiegen. Als prozentuale Veränderung (Inflationsrate) ausgedrückt, ergibt das eine Erhöhung von 3,69 % $\left(\frac{109{,}7 \cdot 100}{105{,}8} = 103{,}69\right)$.

F $$\text{Inflationsrate} = \frac{\text{neuer Preisindex} - \text{alter Preisindex}}{\text{alter Preisindex}} \cdot 100$$

Entwicklung der Kaufkraft (Geldwertentwicklung für die Verbraucher)

8.9, S. 401

Die Kaufkraft ist der Kehrwert des Preisniveaus $\left(K = \frac{1}{p}\right)$, d. h.:

B Je höher das Preisniveau, desto niedriger die Kaufkraft.

Wird das Preisniveau (P) durch einen Preisindex ausgedrückt, lässt sich die Kaufkraft im Vergleich zu einem anderen Jahr wie folgt berechnen:

F $$\text{Kaufkraft} = \frac{\text{Preisindex des Vergleichsjahres (z. B. Basisjahr 2015: Index 100)}}{\text{Preisindex des Berichtsjahres (z. B. Berichtsjahr 2021 ergibt sich noch: Index 109,7)}} \cdot 100$$

Der sich bei der Kaufkraftberechnung ergebende Wert gibt an, wie hoch die Kaufkraft im Berichtsjahr gegenüber dem Vergleichsjahr (z. B. Basisjahr) ist.

1 beeinflusst durch eine befristete Mehrwertsteuersenkung von Juli bis Dezember 2020 wegen der Corona-Pandemie

B

Preisindex_{alt}	100	$\text{Kaufkraftindex}_{alt}$	100
Preisniveauänderung	+9,7 %		
Preisindex_{neu}	109,7	$\text{Kaufkraftindex}_{neu} = \frac{100}{109{,}7} \cdot 100 = 91{,}16$	

Das Preisniveau ist um 9,7 % gestiegen und gleichzeitig ist die Kaufkraft ist um 8,84 % gesunken.

Harmonisierter Verbraucherpreisindex, Basisjahr 2015

Jahr		2014	2015	2016	2017	2018	2019	2020[1]	2021	2022
Preisindex		98.9	100.0	100.4	102.1	104.0	105.5	105.8	109.7	118,7
Kaufkraftindex		101,11	100,00	99,60	97,94	96,15	94,52	94,52	91,16	84,25
Veränderung zum Vorjahr	**Indexpunkte**	–	1,11	0,40	1,66	1,79	1,37	0,27	3,36	7,33
	in %	–	– 1.10	– 0.40	– 1.67	– 1.83	– 1.42	– 0.28	– 3.56	– 8,00

vgl. Deutsche Bundesbank (Hrsg.): Monatsbericht März 2023, XI. Konjunkturlage in Deutschland, 7. Preise, Indexstand, S. 71 [20.04.2022].

B

Veränderung der Kaufkraft

Die Kaufkraft ist von 2015 (100) bis 2021 (91,16) um 8,84 % gesunken, d. h., im Vergleich zu 2015 hatten100 € 2021 nur noch einen Wert von 91,16 €. Der Kaufkraftverlust betrug in diesem Zeitraum 8,84 € (100,00 – 91,16). Berechnung: (alter Preisindex 100 – neuer Preisindex 109,7) / neuer Preisindex 109,7 · 100 = 8,84.

Die Kaufkraft beträgt 2021 (91,16) gegenüber 2020 (94,52) nur noch 96,45 % $\left(\frac{91{,}16}{94{,}52} \cdot 100 = 96{,}45\right)$. Sie ist damit 2021 gegenüber 2020 um 3,56 % gesunken.

F

$$\text{Kaufkraftänderung} = \frac{\text{alter Preisindex} - \text{neuer Preisindex}}{\text{neuer Preisindex}} \cdot 100$$

Kritik am Warenkorb und Aussagekraft des Verbraucherpreisindex

Die Aussagekraft des Verbraucherpreisindex als Maßstab für Preisniveauänderungen ist u. a. aus folgenden Gründen eingeschränkt:

- **Warenkorb und Wägungsschema gelten nicht für alle Haushalte gleichermaßen**: Die Auswahl der Güter für den Warenkorb und ihre Gewichtung mit dem jeweiligen Ausgabenanteil stimmen nicht für alle Haushalte mit den Konsumgewohnheiten überein. Es wird nicht nach einzelnen sozialen Gruppen der Bevölkerung, die unterschiedlich stark von Preisänderungen bei einzelnen Gütern und von Preisniveauveränderungen insgesamt betroffen sein können, unterschieden. Daher ist die Wahrnehmung für Preissteigerungen davon abhängig, wie häufig bestimmte Produkte gekauft werden. Die gefühlte Inflation ist höher, wenn ein Preisanstieg durch die Kaufhäufigkeit bemerkt wird. Geringverdiener geben einen Großteil ihres Einkommens für Waren des täglichen Bedarfs aus und sind daher von Preissteigerungen bei zum Beispiel Lebensmitteln von der gefühlten Inflation häufiger betroffen.
- **Aktualisierung des Warenkorbs**: Neue Konsumgüter werden erst nach einiger Zeit im Warenkorb erfasst. Solche Güter sind typischerweise zunächst teuer und werden dann immer preisgünstiger. Durch die verspätete Aktualisierung des Warenkorbs bleiben die anfänglich hohen Preise dieser Güter unberücksichtigt. Ein Beispiel wären hier Blu-Ray und jetzt das Streaming von Filmen. Hier sind die Substitute schnell auf den Markt gekommen und preisgünstiger geworden.

- **Aktualisierung des Wägungsschemas:** Das Wägungsschema bleibt aus Gründen der Vergleichbarkeit bis zur Festsetzung eines neuen Basisjahres im Rhythmus von fünf Jahren unverändert. In der Zwischenzeit eingetretene Änderungen der Konsumgewohnheiten, durch die sich die Ausgabenanteile für einzelne Gütergruppen ändern, werden nur verspätet berücksichtigt.
- **Qualitätsverbesserung:** Preissteigerungen aufgrund besserer Qualität werden nicht oder nur unzureichend erfasst. Wenn beispielsweise Autos oder Mobiltelefone teurer werden, lässt sich statistisch der Teil der Preissteigerung, der auf besserer Qualität, Leistungsverbesserung und Ausstattung beruht, nicht von den anderen Ursachen der Preissteigerung trennen. Die tatsächliche Preissteigerung ist daher geringer als die für den Preisindex zugrunde gelegte. Durch die sogenannte **hedonische Preismessung**[1] wird seit einiger Zeit versucht diesen Mangel zu beheben. Bleibt z. B. der Preis eines Computers trotz Qualitätsverbesserungen konstant, ergibt sich bei diesem Verfahren, dass ein Computer mit gleicher Qualität billiger geworden sein muss. Es wird geschätzt, dass insbesondere wegen der nicht erfassten Qualitätsänderungen die in Deutschland gemessene Preisniveauänderung um ca. ¾ Prozentpunkte zu hoch ausfällt. Grundsätzlich bleiben Qualitätsveränderungen bei Produkten aufgrund der Messbarkeit ein Problem. Das Statistische Bundesamt versucht daher, den Preis des Warenkorbs unter konstanter Qualität zu berechnen.
- **Neue Vertriebsformen:** Preisgünstige neue Vertriebsformen (z. B. Telefon- und Internet-Shopping) können nur mit zeitlicher Verzögerung berücksichtigt werden. Daher fällt die gemessene Teuerung zu hoch aus.

Konsumenten empfinden die Inflation in der Regel als etwa dreimal so hoch wie die von den Statistikern ermittelte Erhöhung des Verbraucherpreisindex (**„gefühlte Inflation“**). Das hat u. a. folgende Gründe:

- Preissteigerungen werden von den Verbrauchern intensiver wahrgenommen und höher bewertet als Preissenkungen.
- Wenn häufig gekaufte Produkte teurer werden, geht dies besonders stark in das Bewusstsein der Konsumenten ein.
- Preissenkungen bei Gütern, die selten gekauft werden oder bei denen die Ausgaben vom Konto abgebucht werden (z. B. Mobilfunkrechnungen oder Zeitungsabonnements), werden kaum wahrgenommen.

D Steigt das Einkommen prozentual schneller als der Verbraucherpreisindex, so erhöht sich der Lebensstandard.
Sinkt das Einkommen mit einem niedrigeren Prozentsatz als der Verbraucherpreisindex, dann sinkt der Lebensstandard.

8.4.3 Nominal- und Realeinkommen

8.10, S. 401

Eine Erhöhung des Preisniveaus und die damit einhergehende Minderung der Kaufkraft des Geldes bedeutet für die privaten Haushalte nicht zwangsläufig eine Verringerung ihres Wohlstands. Entscheidend ist, wie sich die **Einkommen der Haushalte** entwickeln. Das **Nominaleinkommen** ist der dem Einkommen entsprechende Geldbetrag. Beim **Realeinkommen** wird dagegen auch berücksichtigt, welche Gütermenge mit einem bestimmten Nominaleinkommen gekauft werden kann.

D Das Realeinkommen berücksichtigt die Kaufkraft des Einkommens. Es gibt die Gütermenge an, die mit einem bestimmten Nominaleinkommen gekauft werden kann.

F

$$\text{Realeinkommen} = \frac{\text{Nominaleinkommen}}{\text{Verbraucherpreisindex}} \cdot 100$$

1 hedonisch *(gr.)*: lust-, genussvoll. Als hedonisch wird eine Bewertungsmethode bezeichnet, die ein Objekt nicht nur nach seinen äußeren, sondern auch nach seinen inneren Werten beurteilt.

Durchschn. Lohn- und Gehaltssumme Je beschäftigten Arbeitnehmer		2015	2016	2017	2018	2019	2020	2021	2022
Bruttoeinkommen	In €	33.274	34.101	35.010	36.118	37.204	37.162	38.393	40.219
	Veränderung zum Vorjahr in %	3,0	2,5	2,7	3,2	3,0	-0,1	3,3	4,8
(nominal) Nettoeinkommen[1]	In €	22.347	22.854	23.396	24.100	24.943	25.021	15.976	27.185
	Veränderung zum Vorjahr in %	2,8	2,3	2,4	3,0	3,5	0,3	3,8	4,7
Nettorealeinkommen	In €	21.111	21.675	22.315	23.162	23.595	23.916	24.415	25.947
	Veränderung zum Vorjahr in %	1,9	2,7	3,0	3,8	1,9	1,4	2,1	6,3

vgl. Statistisches Bundesamt (Hrsg.): Fachserie 18, Reihe 1.4, S. 53, Tabelle 2.1.10, 2022 [21.04.2023].

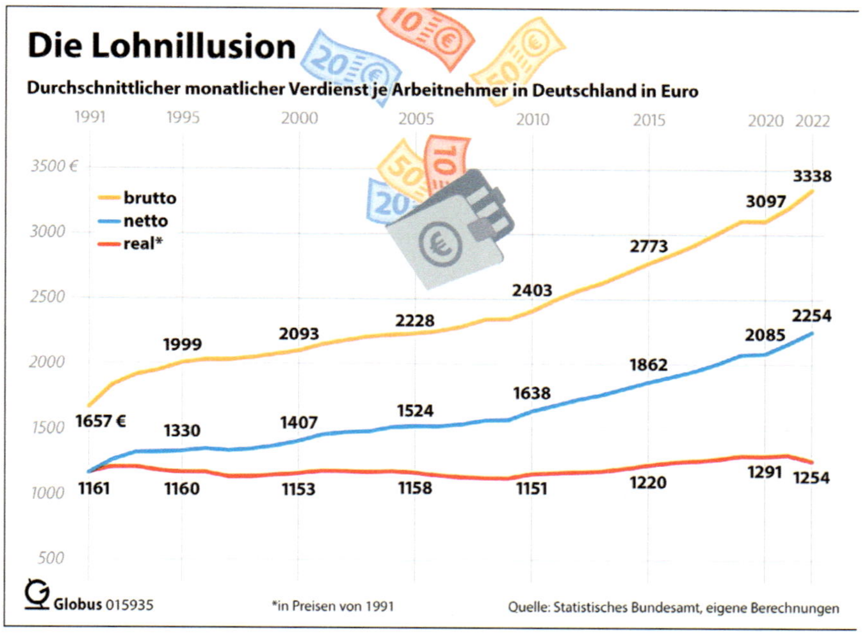

B Berechnung des Nettorealeinkommens 2020

2020 betrug der Verbraucherpreisindex (Basisjahr 2015 = 100) 105,8.

$$\text{Nettorealeinkommen 2020} = \frac{\text{Netto-Nominaleinkommen 2020}}{\text{Verbraucherpreisindex 2020}} \cdot 100 = \frac{22.715 \cdot 100}{105{,}8} = 21.469\ €$$

Einkommensveränderungen von 2015 bis 2020			
Ø jährliche Lohn- und Gehaltssumme je beschäftigten Arbeitnehmer	2015	2020	Veränderung in %
Bruttoeinkommen (in €)	33.274	37.141	+11,6
Nettoeinkommen (in €)	22.347	25.054	+12,11
Nettorealeinkommen (in €)	21.111	23.752	+12,5

vgl. Statistisches Bundesamt (Hrsg.): Fachserie 18, Reihe 1.4, S. 53, Tabelle 2.1.10, 2020 [09. Sept 2021].

1 Nach Abzug von Lohn- und Kirchensteuer, Solidaritätszuschlag, Arbeitnehmeranteil zur Sozialversicherung

Von 2015 bis 2020 sind in Deutschland die **nominalen Nettoeinkommen** der Arbeitnehmer um 12,1% gestiegen. Da aber im selben Zeitraum die Lebenshaltungskosten um ca. 6,6% gestiegen sind, haben sich die realen Nettoeinkommen der Arbeitnehmer nur um 12,5% erhöht. Das Reallohnniveau ist damit seit langer Zeit wieder höher als im Jahr 2000. Das ist auf die relativ hohe Steigerung der Nettolöhne in den letzten Jahren und die niedrigen Preissteigerungsraten zurückzuführen.

D

Steigt das Nominaleinkommen stärker als der Verbraucherpreisindex, dann steigt auch das Realeinkommen. Steigt dagegen der Preisindex für die Lebenshaltung stärker als das Nominaleinkommen, dann sinkt das Realeinkommen.

8.4.4 Reallohn und Realzins

Reallohnindex

Das Realeinkommen wurde bereits in Kapitel 8.4.3 dargestellt. Häufig wird für den Begriff Realeinkommen als Synonym auch der Reallohn verwendet. Der Reallohn bildet das Verhältnis zwischen Nominallohn und Preisniveau ab. Für die Nachfrager ist stets der Reallohn als Kaufkraftmessung relevant, da nur dieser tatsächlich zeigt, wie viele Waren, Güter und Dienstleistungen gekauft werden können. Auch für die Anbieter ist der Reallohn entscheidend, da das Verhältnis von Nominallohn und dem Preis des Endproduktes hierbei von Relevanz ist. Der Reallohn zeigt das Entgelt für geleistete Arbeit unter Berücksichtigung der Inflationsrate an.

Zur Berechnung des Reallohns bestimmt das statistische Bundesamt zunächst den Reallohnindex. Dieser bildet sich aus dem Quotienten des Nominallohnindex und dem Verbraucherpreisindex. Änderungen des Indexes entsprechen circa den Nominallohnänderungen abzüglich der Inflationsrate.

F

$$\text{Reallohnindex} = \frac{\text{Nominallohnindex}}{\text{Verbraucherpreisindex}} \cdot 100$$

”

“Reallöhne im Jahr 2022 um 3,1 % gegenüber 2021 gesunken

Der Nominallohnindex in Deutschland ist im Jahr 2022 um 3,5 % gegenüber dem Vorjahr gestiegen. Der Index bildet die Entwicklung der Bruttomonatsverdienste von Arbeitnehmerinnen und Arbeitnehmern einschließlich Sonderzahlungen ab. Die Verbraucherpreise stiegen im selben Zeitraum um 6,9 %. Wie das Statistische Bundesamt (Destatis) weiter mitteilt, sanken die Reallöhne im Jahr 2022 damit um 3,1 % gegenüber 2021, nachdem sie sich bereits in den letzten beiden Krisenjahren rückläufig entwickelt hatten. Während im Jahr 2020 insbesondere der vermehrte Einsatz von Kurzarbeit zur negativen Nominal- und Reallohnentwicklung beigetragen hatte, zehrte 2021 und 2022 die hohe Inflation den Nominallohnanstieg auf.“

Quelle: Statistisches Bundesamt (Hrsg.): Reallöhne im Jahr 2022 um 3,1 % gegenüber 2021 gesunken, 01.03.2023; online unter: https://www.destatis.de/DE/Presse/Pressemitteilungen/2023/03/PD23_078_62321.html [21.04.2023].

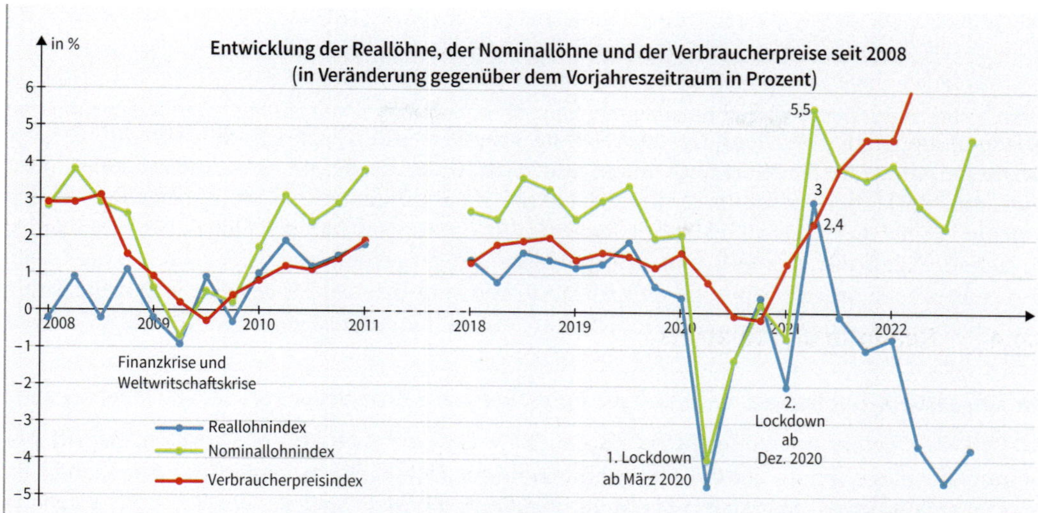

Vgl. Statistisches Bundesamt, 2023; online unter: https://www.destatis.de/DE/Presse/Pressemitteilungen/2023/03/PD23_078_62321.html.

Reallohn

Der Reallohn R berechnet sich aus dem Verhältnis von Lohnsatz W (aggregierter Nominallohn = durchschnittlicher Bruttoarbeitslohn pro Stunde in Geldeinheiten) und dem Preisniveau P (durchschnittlicher Preis der Güter).

F

$$R = \frac{W}{P}$$

Realzins

Der Realzins zeigt die Wertveränderungen eines Vermögens an unter Berücksichtigung der Inflation oder gar der Deflation. Dabei wird berücksichtigt, ob ein Geldvermögen bei steigendem Preisniveau an Wert bzw. Kaufkraft verliert oder umgekehrt bei sinkendem Preisniveau an Wert gewinnt. Der Realzins hat Einfluss auf das Sparverhalten der Haushalte und auf das Investitionsverhalten der Unternehmen. Auch auf die Finanzierung des Staatshaushalts hat der Realzins Einfluss. Unter dem Realzins wird meist der Zinssatz abzüglich der erwarteten Inflationsrate verstanden. Der Realzins kann nur zu einem gewissen Zeitpunkt festgestellt werden, indem die Zinsverhältnisse unter Berücksichtigung der Kaufkraft beurteilt werden. Im Gegensatz zum Nominalzins gibt der Realzins Auskunft darüber, wie viel die erwirtschaftete Rendite aus den Zinsgewinnen wirklich wert sind.

Der Realzins kann somit grob als Nominalzins abzüglich Inflation dargestellt werden. Der Realzins berücksichtigt die Schwankungen der Kaufkraft, indem der Nominalzinssatz korrigiert wird.

B

Zur Berechnung des Realzins r wird der Nominalzins i unter Abzug der Inflation π herangezogen, aber dies ist nur eine Annäherungsformel und kann nicht zu 100 % richtig sein. Somit zeigt der Realzins das Verhältnis von Inflation und Nominalzins auf.

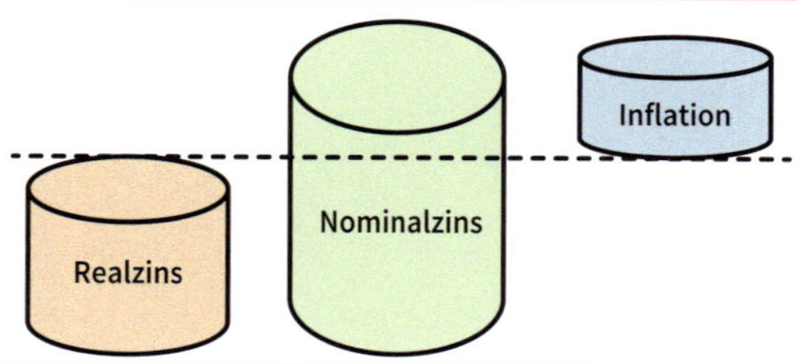

F

Realzinssatz = Nominalzinssatz – Inflationsrate

$$r \approx i - \pi$$

Angenommen, der Abiturient Tim legt 500,00 € an und würde von der Bank dafür 10 % Zinsen erhalten. Dann wäre der Wert nach einem Jahr 500,00 € plus die 50,00 € Zinsen, also 550,00 €. Tim wäre um 50,00 € reicher, wenn er dieses Geld abheben würde. Diffizil ist hier der Begriff des „reicher" seins, da sich der Geldbetrag zwar um 10 % gesteigert hat, die Frage aber offenbleibt, ob sich die Kaufkraft ebenfalls ums 10 % gesteigert hat. Sofern die Preise gestiegen – die Güter also „teurer" geworden – sind und eine Inflation von zum Beispiel 3 % besteht, würde die Kaufkraft eben nicht um 10 % steigen, sondern nur um 7 %. Umgekehrt wäre die Inflation 14 %, so wäre Tims Kaufkraft sogar um 4 % gesunken.

Da Tim gerne E-Books liest, stellt sich die Frage, wie viele E-Books er von dem Geldbetrag kaufen könnte.

Seine Geldanlage waren 500,00 €. Angenommen, ein E-Book kostet 10,00 €, so kann er 50 E-Books kaufen. Seine Geldanlage entspricht dem Wert von 50 E-Books.

Angenommen, nach einem Jahr kostet ein E-Book erneut 10,00 €, dann könnte Tim mit 550,00 € geteilt durch 10,00 € gleich 55 E-Books kaufen können. So wäre seine Kaufkraft auch tatsächlich um 10 % angestiegen. Es würde hier also eine **Inflationsrate von 0 %** unterstellt.

Bei einer **Inflationsrate von 10 %** würde sich der Preis eines E-Books auf 11,00 Euro erhöhen und mit den 550,00 € wären 50 E-Books in der Anzahl kaufbar. Die Kaufkraft wäre konstant.

Beträge die **Inflationsrate 15 %**, würde sich der Preis eines E-Books auf 11,50 € erhöhen und Tim könnte mit den 550,00 € nur noch 47 E-Books kaufen. Die Kaufkraft würde sinken.

D

Der Realzins gibt an, wie schnell die Kaufkraft des Sparguthabens im Zeitablauf ansteigt. Der Realzins wird dann negativ, wenn die Inflationsrate höher als der Nominalzins ist

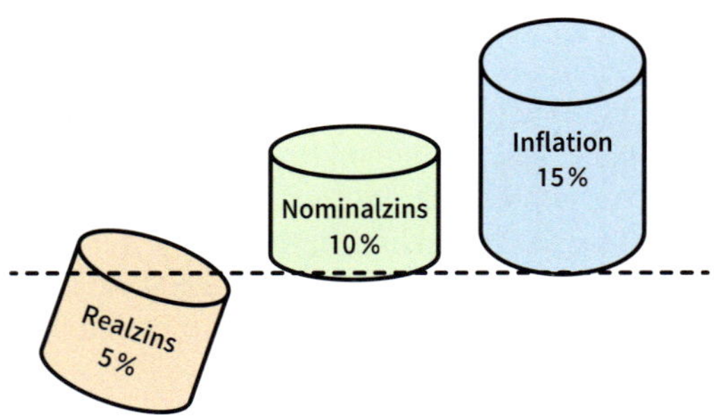

Fazit:

Je höher die Inflation ist, desto niedriger ist der Realzins.

Bei einer Inflation von Null sind Nominal- und Realzins identische Größen.

Da die Inflation über Null liegt, ist der Nominalzins i. d. R, auch größer als der Realzins.

Zusammenhang mit dem Leitzins der EZB – Sparquote in der Corona-Krise

Der seit 2009 niedrige Nominalzins ist durch die Leitzinsvorgaben der EZB immer weiter gesunken, so dass im Jahr 2016 (siehe Grafik Zinskanal S. 375) dieser nahe 0% lag. Selbst damit reichte der Nominalzinssatz mit seinem extrem niedrigen Niveau nicht aus, um die Inflation auszugleichen. Infolgedessen ist Sparen sei 2009 immer unattraktiver geworden.[1]

Klassische Einlagen von Sparern werden kaum bzw. gar nicht mehr durch die Banken verzinst. Vielmehr hat die Europäische Zentralbank (EZB) mit ihrer Geldpolitik seit 2014 die Marktzinsen nunmehr seit sieben Jahren in den negativen Bereich abgesenkt. Zuerst auf minus 0,1%und mittlerweile seit September 2019 auf minus 0,5%. Daher ist aktuell der Begriff Negativ- oder Minuszinsen am Markt aufgetaucht und macht die Verwahrentgelte der Geschäftsbanken sichtbar. Ohne positive Zinsen führen allgemeine Preissteigerungen dazu, dass der Wert von Spareinlagen sich real verringert. Abstrahiert von den Verwahrentgelten sorgt die Inflation für eine Verringerung der realen Werte der Vermögen der Sparer auch auf Giro- und Tagesgeldkonten. Genau dort ist der Realzins die entscheidende Messgröße.

"

“Immer mehr Banken und Sparkassen sehen sich nun gezwungen, diese Kosten für Geld auf Giro- und Tagesgeldkonten weiter zu berechnen. Studien zufolge taten das bis zum Februar 2021 mehr als 320 deutsche Institute. Viele Kreditinstitute gewähren dabei aber Freibeträge, die von 5.000 Euro bis zu Millionenbeträgen reichen. [...]

Die Inflationsrate betrug im Februar 2021 in Deutschland im Vergleich zum Vorjahresmonat 1,3 Prozent. Der durchschnittliche Zins auf Tagesgeld lag im Februar 2021 bei 0,01 Prozent. Unter diesen Voraussetzungen beträgt der reale Wertverlust 1,29 Prozent pro Jahr.“

Quelle: Gischer, Horst & Burghof, Hans-Peter: Sieben Jahre Minuszinsen - welche Chancen sich jetzt bieten, 22.04.2021, Sparkassen-Finanzportal GmbH, online unter: https://www.sparkasse.de/themen/geldanlage/minuszinsen-verwahrentgelte.html [24.01.2023].

Dennoch haben in der Corona-Krise die Menschen in Deutschland auf Konsum verzichtet und ihr Geld gespart. Das Corona-Jahr 2020 brachte allein den Sparkassen neue Einlagen in Höhe von 79,1 Milliarden. Das entspricht einem Plus von 7,9% und ist ein Rekordwert.[2]

Vorläufig ergibt sich Destatis zufolge für das 2. Quartal 2021 eine Sparquote von 16,3%, nach 22,0% im Vorquartal und 19,8% im 2. Quartal 2020. Damit liegt die Sparneigung aber nach wie vor auf einem vergleichsweise hohen Niveau.[3]

"

„Während die privaten Haushalte in den beiden stark von der Corona-Pandemie betroffenen Jahren 2020 und 2021 weniger konsumiert und mehr gespart hatten als gewöhnlich, führten im 2. Quartal 2022 die Aufhebung nahezu sämtlicher Corona-Einschränkungen einerseits und die starken Preisanstiege andererseits zu stark steigenden nominalen Konsumausgaben und einer Sparquote auf Vorkrisenniveau: Diese lag nach vorläufigen Berechnungen bei 10,1% (nach 16,5% im 2. Quartal 2021).“

Quelle: Statistisches Bundesamt: Bruttoinlandsprodukt: Ausführliche Ergebnisse zur Wirtschaftsleistung im 2. Quartal 2022, Pressemitteilung Nr. 357, 25. August 2022; online unter: https://www.destatis.de/DE/Presse/Pressemitteilungen/2022/08/PD22_357_811.html Zugriff [24.01.2023].

---

1 *vgl. Mankiw (2018), S. 663*

2 vgl. Sparkassen-Finanzportal GmbH: Sieben Jahre Minuszinsen – welche Chancen sich jetzt bieten, online abgerufen unter: https://www.sparkasse.de/themen/geldanlage/minuszinsen-verwahrentgelte.html [07.03.20222].

3 vgl. Statistisches Bundesamt, online unter https://www.destatis.de/DE/Presse/Pressemitteilungen/2021/08/PD21_398_811.html [07.03.2022].

"

"Bundesbank erwartet 2022 Tiefpunkt bei der Sparquote

In der Corona-Pandemie haben die Haushalte besonders viel gespart. Die Notenbank erwartet, dass sie dafür im nächsten Jahr besonders viel Geld ausgeben.

[...] Die auf Rekordniveau gestiegene Sparquote wird laut der Bundesbank nach der Pandemie wegen Nachholeffekten beim Konsum deutlich zurückgehen und sich schließlich auf dem Vorkrisenniveau einpendeln. [...] Die Sparquote in Deutschland war wegen der Corona-Beschränkungen im ersten Quartal 2021 auf den Rekordwert von 23,2 Prozent gestiegen. Die Bundesbank erwartet, dass viele Haushalte einen Teil ihrer in der Corona-Zeit unfreiwillig gebildeten Ersparnisse verwenden werden, um den entgangenen Konsum nachzuholen. Den Prognosen zufolge wird die Sparquote daher im nächsten Jahr unter das Vorkrisenniveau sinken und Ende 2022 ihren Tiefpunkt erreichen. Danach soll sie wieder in Richtung des Vorkrisenniveaus steigen. [...]

Konsum als wichtigster Treiber des Aufschwungs in Deutschland

Die Bundesbank geht in ihren Berechnungen zur Wachstums- und Inflationsentwicklung davon aus, dass die Haushalte etwa ein Viertel ihres wegen der Pandemie ausgefallenen Konsums in den Jahren bis 2025 nachholen. Über welchen Zeitraum sich der nachholende Konsum streckt, hängt laut der Experten der Notenbank auch vom Einkommen der Haushalte ab. Bei höheren Einkommen sei eher damit zu rechnen, dass zusätzliche Ausgaben – zum Beispiel für Urlaubsreisen – auf eine längere Zeitspanne verteilt werden."

Quelle: Mallien, Jan: Bundesbank erwartet 2022 Tiefpunkt bei der Sparquote, 21.06.2021, Handelsblatt; online unter: https://www.handelsblatt.com/finanzen/banken-versicherungen/banken/monatsbericht-bundesbank-erwartet-2022-tiefpunkt-bei-der-sparquote/27307116.html?ticket=ST-9014866-oEthnw2LlH4xrr6ab5gL-ap2 [24.01.2023].

8.5 Deflation – Geldwertsteigerung

Lernziele:

Nach der Bearbeitung des Kapitels sind Sie in der Lage, Folgendes zu tun:

Sie ...

- ... beschreiben den Begriff „Deflation".
- ... nennen die Ursachen und Auswirkungen einer Deflation.
- ... erklären, warum Deflation eine Gefahr für die Wirtschaft ist.

D Deflation ist ein Prozess anhaltender Preisniveausenkung bzw. anhaltender Geldwertsteigerung.

Ein **Ungleichgewicht** zwischen monetärer Gesamtnachfrage und güterwirtschaftlichem Gesamtangebot kann sowohl Ursache einer **Inflation** als auch Ursache einer **Deflation** sein. Wenn das Wachstum der gesamtwirtschaftlichen Nachfrage nachhaltig hinter dem Anstieg des realen Inlandprodukts (= gesamtwirtschaftliches Angebot) zurückbleibt, kommt es zu einer **Nachfragelücke.** Die Preissenkungen und die dadurch ausgelösten Lohnsenkungen führen zu Gewinn- und Einkommensminderungen, die wiederum weitere Nachfragerückgänge auslösen. Ein solches gesamtwirtschaftliches Missverhältnis zwischen Angebot und Nachfrage, das auch als **deflatorische** Lücke bezeichnet wird, kann binnenwirtschaftlich bedingt sein durch

- pessimistische Zukunftserwartungen mit abnehmender Konsum- und Investitionsneigung, zunehmender Ersparnisbildung, abnehmender Kreditnachfrage, sinkenden Zinsen und sinkender Umlaufgeschwindigkeit des Geldes,
- Kürzungen der Staatsausgaben zum Ausgleich von Defiziten öffentlicher Haushalte.

Auslöser einer deflationären Entwicklung kann ein Börsenkrach sein. So leiteten beispielsweise die als „Schwarzer Freitag" bekannten Kursverluste an der New Yorker Aktienbörse vom 25. Oktober 1929 eine weltweite Deflation (Weltwirtschaftskrise 1929–1933) ein. In Japan war das

Platzen einer „Spekulationsblase" Ende der 1980er-Jahre der Beginn einer über ein Jahrzehnt dauernden Deflation. Auch in der Euro-Zone sind seit der internationalen Bankenkrise (2009) die Preissteigerungsraten auf ein Niveau gesunken, das von einigen Wirtschaftswissenschaftlern als Deflationsgefahr angesehen wird. Die niedrigen Inflationsraten sind aber in erster Linie auf die gesunkenen Rohstoffpreise (insbesondere Erdöl) und nicht so sehr auf einen Rückgang der gesamtwirtschaftlichen Nachfrage zurückzuführen.

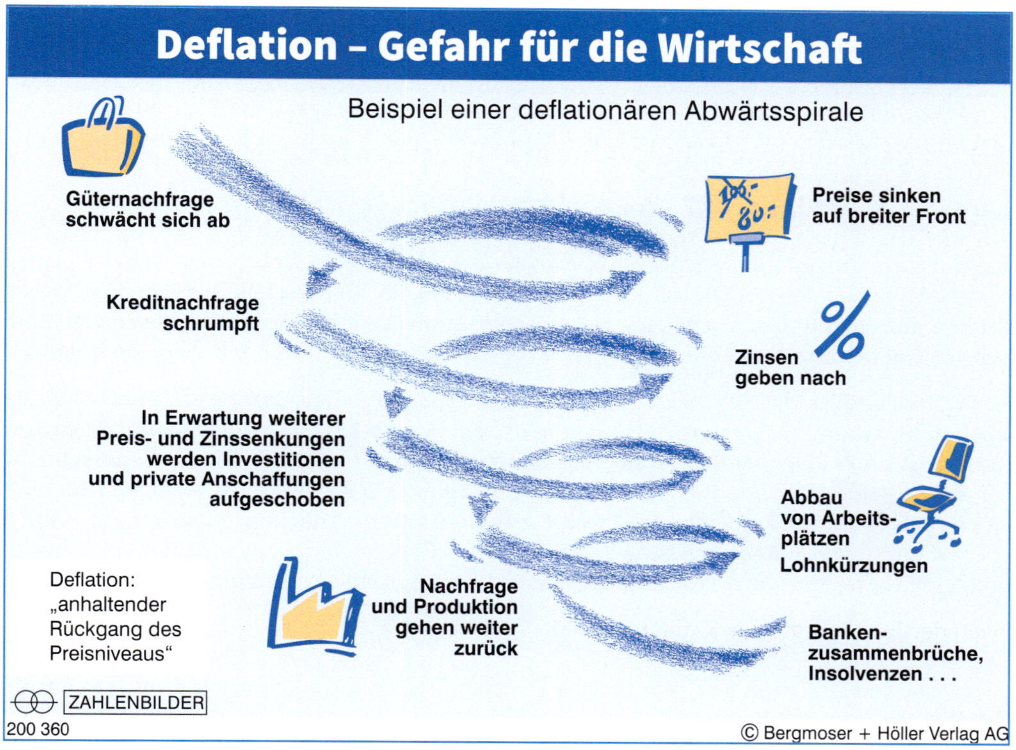

8.6 Geldpolitische Instrumente des Europäischen Systems der Zentralbanken

Lernziele:

Nach der Bearbeitung des Kapitels sind Sie in der Lage, Folgendes zu tun:

Sie ...

- ... erläutern den integrierten Analyserahmen der EZB.
- ... nennen die geldpolitischen Instrumente der EZB.
- ... erläutern den beabsichtigten Transmissionsmechanismus der geldpolitischen Maßnahmen.
- ... beurteilen die Hauptrefinanzierungsgeschäfte der EZB im Rahmen der Offenmarktpolitik.
- ... unterscheiden die Tenderverfahren für die Zuteilung von Zentralbankgeld auf die Geschäftsbanken.

- ... beschreiben den Begriff „Ständige Fazilitäten".
- ... erläutern die Entwicklung der Leitzinsen anhand der Grafik auf Seite 366.
- ... erklären den Zinskanal und dessen Funktion.
- ... beschreiben und verstehen den Begriff der Mindestreservepolitik.
- ... fassen die Ziele, die die EZB mit der Mindestreservepolitik verfolgt, zusammen.

D Unter Geldpolitik sind alle Maßnahmen der Europäischen Zentralbank (EZB) zu verstehen, die darauf gerichtet sind, insbesondere das Ziel der Preisniveaustabilität zu erreichen.

8.6.1 Geldpolitische Strategie und Instrumente im Überblick

Geldpolitische Strategie: Neuausrichtung in drei Kernelemente

Weil die Inflationsrate als wichtigste Zielgröße der Geldpolitik nicht direkt kontrolliert und beeinflusst werden kann, benötigt jede Zentralbank Regeln, an denen sie sich bei ihren geldpolitischen Entscheidungen orientieren kann. Diese grundsätzlichen Regeln werden als **geldpolitische Strategie** bezeichnet.

Die neue geldpolitische Strategie der EZB seit Juli 2021, beschreibt weiterhin die Gewährleistung der Preisstabilität. Der Gesetzgeber gibt dieses Ziel explizit vor. Die EZB unterzog sich seit Januar 2020 einer eingehenden Strategieüberprüfung (zuvor zuletzt im Jahr 2003) aufgrund der geänderten geldpolitischen Rahmenbedingungen. Zwischen 2003 bis zur Neuausrichtung 2021 war das geldpolitische Ziel, mittelfristig eine Inflationsrate zu erreichen (gemessen am HVPI für den Euroraum) von unter, aber nahe 2 Prozent.[1] Die Zwei-Säulen-Strategie bis Juli 2021 wurde durch einen **integrierten Analyserahmen** ersetzt. Dieser setzt sich aus einer **„wirtschaftlichen Analyse"** und einer **„monetären** und **finanziellen Analyse** " neu zusammen, wobei letztere nun auch intensiv Finanzstabilitätsaspekte einbeziehen wird.

Die seit 08. Juli 2021 vom EZB-Rat festgelegte „neue" geldpolitische Strategie besteht aus **drei Kernelementen**:

1. Festlegung der Zielinflationsrate
Symmetrisches Inflationsziel von 2% als Punktziel in der mittleren Frist „Um mehr Klarheit über das Preisstabilitätsziel zu schaffen und die Inflationserwartungen besser verankern zu können, habe der EZB-Rat beschlossen, die Formulierung des Preisstabilitätsziels abzuändern. Nach Auffassung des EZB-Rats sei Preisstabilität am besten zu gewährleisten, indem **mittelfristig ein Inflationsziel** von 2 % angestrebt werde."[2] Daraus resultiert eine notwendige Balance zwischen einem Sicherheitsabstand zu einer Deflation und den Kosten von höheren Inflationsraten. Das Ziel gilt als symmetrisch deshalb, weil negative Abweichungen genauso unerwünscht betrachtet werden als positive - vom Zielwert mittelfristig 2 %. Dieser geldpolitische Ansatz ist somit **vorwärtsgerichtet** und **nicht vergangenheitsabhängig**.
2. Festlegung der Instrumente, mit denen das Ziel erreicht werden soll
„Es stehe fest, dass die Leitzinsen der EZB – die Zinssätze für die Hauptrefinanzierungsgeschäfte, die Einlagefazilität und die Spitzenrefinanzierungsfazilität – das bedeutendste geldpolitische Instrument bleiben würden."[3] Hier ist die Festlegung der geldpolitischen Instrumente durch die EZB gemeint mit denen sie ihre Ziele erreichen will. Zum Beispiel die **Anpassung des Leitzinses** und bei Notwendigkeit ein Rückgriff auf unkonventionelle geldpolitische Instrument wie sog. quantitative Lockerungen *(= quantitative easing)* nehmen kann.

1 Vgl. Neyer, Ulrike: Die neue geldpolitische Strategie der Europäischen Zentralbank, in: APuZ – Geldpolitik 18-19/22, 29.04.2022.

2 Quelle: Europäische Zentralbank (Hrsg.): Zusammenfassung der geldpolitischen Sitzung des Rates der Europäischen Zentralbank am Mittwoch, 7. Juli 2021, Frankfurt am Main, 29.07.2021, S.2; online unter: https://www.bundesbank.de/resource/blob/873006/8e6c35d7911a7165edcc64347757bd53/mL/2021-07-29-account-data.pdf [21.04.2023].

3 Quelle: Europäische Zentralbank (Hrsg.): Zusammenfassung der geldpolitischen Sitzung des Rates der Europäischen Zentralbank am Mittwoch, 7. Juli 2021, Frankfurt am Main, 29.07.2021, S.3; online unter: https://www.bundesbank.de/resource/blob/873006/8e6c35d7911a7165edcc64347757bd53/mL/2021-07-29-account-data.pdf [21.04.2023].

3. Festlegung, welche Informationen in die geldpolitischen Entscheidungen einfließen werden und wie diese aufbereitet sein sollten
„Der EZB-Rat habe auch seinen Analyserahmen erörtert und wichtige Änderungen daran vorgenommen. Die geldpolitische Analyse, einschließlich der regelmäßigen Verhältnismäßigkeitsprüfung der Wirksamkeit, Effizienz und Nebenwirkungen der Maßnahmen, stelle die Grundlage für die geldpolitischen Beschlüsse dar. Historisch beruhe der Analyserahmen der EZB auf zwei Säulen, die eine Bewertung der Risiken für die Preisstabilität aus zwei unterschiedlichen Blickwinkeln vorsähen: der wirtschaftlichen und der monetären Analyse. Die sich aus diesen beiden Säulen ergebenden Risiken für die Preisstabilität würden nach einer Gegenprüfung zu einer Gesamteinschätzung gebündelt. Mit Blick auf die neue Strategie sei sich der EZB-Rat bewusst, dass es Vorteile biete, zwei spezialisierte Analyseschwerpunkte zu haben. In einer Welt, die sich durch zahlreiche wechselseitige Verflechtungen zwischen den Geld- und Finanzmärkten und der Realwirtschaft auszeichne, sei jedoch zugleich ein Ineinandergreifen der Analysen vonnöten."[1] Hier geht es um die Aufbereitung von Informationen. Die ehemals zwei Säulen sind nicht mehr nebeneinander zu sehen, sondern werden abgeglichen zum sog. cross-checking bzw. zum integrierten Analyserahmen.

Für die Messung der Inflationsrate wird wie vorher auch, der Harmonisierte Verbraucherpreisindex (HVPI) eingesetzt. Neu ist, dass zukünftig die Kosten **für selbstgenutztes Wohneigentum** ergänzt werden sollen. Dieses wird positiv bewertet, da die Preismessung somit besser der Lebenswirklichkeit der Menschen im Durchschnitt näherkommt. Weiterhin wird der Erkenntnis Rechnung getragen, dass der **Klimawandel weitreichende Folgen für die Preisstabilität** haben wird. Diese erschließen sich aus strukturellen und konjunkturellen Auswirkungen sowohl auf die Wirtschaft als auch auf das Finanzsystem. „Der EZB-Rat ist fest entschlossen, innerhalb seines Mandats dafür zu sorgen, dass das Eurosystem, im Einklang mit den Klimaschutzzielen der EU, die Implikationen des Klimawandels und des Übergangs zu einer CO_2-armen Wirtschaft für die Geldpolitik und das Zentralbankwesen in vollem Umfang berücksichtigt.
Dementsprechend hat sich der EZB-Rat zu einem ambitionierten klimabezogenen Maßnahmenplan verpflichtet."[2] Die nächste Strategieüberprüfung der EZB soll im Jahr 2025 stattfinden.

Die umfassende Bewertung aller relevanten Faktoren mit zwei ineinandergreifende Analysen: **wirtschaftliche Analyse** und **monetäre und finanzielle Analyse** ist von zunehmender Bedeutung. Die wirtschaftliche Analyse beschäftigt sich mit realen und nominalen Entwicklungen, die monetäre und finanzielle Analyse wird ihr Hauptaugenmerk auf der **geldpolitischen Transmission** über den Finanzsektor und die möglichen Risiken für die mittelfristige Preisstabilität nehmen. Dadurch kann die Geldpolitik langfristig mit mehr Flexibilität gestaltet werden.

wirtschaftliche Analyse	monetäre und finanzielle Analyse
– Realwirtschaftliche und nominale Entwicklungen – Vierteljährliche gesamtwirtschaftliche Projektionen – Analyse von strukturellen Trends (z. B. Digitalisierung, Klimawandel, Globalisierung) – Erschließung neuer Informationsquellen und Entwicklung von Modellen z. B. hinsichtlich den Auswirkungen des Klimawandels	– Geldpolitische Transmission – Analyse der monatlichen Bankbilanz -und Zinsdaten. – Identifikation von finanziellen Schocks – Geldmenge – Kreditaggregate – Geld-/Anleihen- und Aktienmärkte beobachten – Stabilität des Bankensystems – Finanzierungsverhältnisse der Haushalte und Unternehmen.

„Mit der Pandemie, der Energiekrise und der hohen Inflation haben sich die Fragestellungen der monetären und finanziellen Analyse erneut geändert."

Quelle: Deutsche Bundesbank (Hrsg.): Von der monetären Säule zur monetären und finanziellen Analyse, Monatsbericht Januar 2023, 16.01.2023, S. 47; online unter: https://www.bundesbank.de/resource/blob/903518/2b638c8fa7d5458cb07d2d7d25561408/mL/2023-01-monetaere-saeule-data.pdf [21.04.2023].

1 Quelle: Europäische Zentralbank (Hrsg.): Zusammenfassung der geldpolitischen Sitzung des Rates der Europäischen Zentralbank am Mittwoch, 7. Juli 2021, Frankfurt am Main, 29.07.2021, S. 3.

2 Quelle: Europäische Zentralbank (Hrsg.): Erklärung zur geldpolitischen Strategie der EZB, 2021, Frankfurt am Main; online unter: https://www.ecb.europa.eu/home/search/review/html/ecb.strategyreview_monpol_strategy_statement.de.html [21.04.2021].

Entwicklung der Geldmenge, der Preise und des Wirtschaftswachstums im Euro-Währungsgebiet

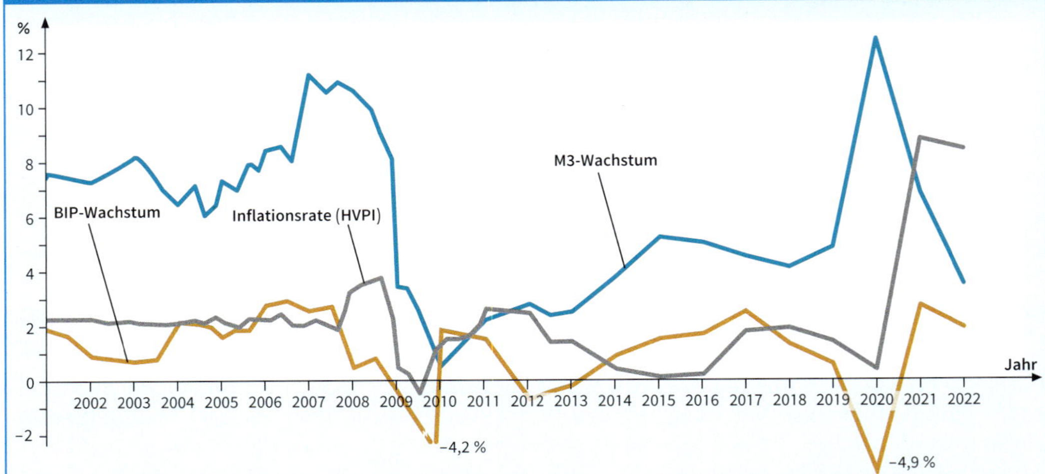

Vgl. Europäische Zentralbank (Hrsg.): Geldmengenentwicklung im Euroraum: Februar 2023, 27.03.2023, online unter: https://www.bundesbank.de/resource/blob/906950/271ddf1c1caa51a58c97a4a14e25f041/mL/2023-03-27-geldmengenentwicklung-download.pdf [21.04.2023].

Daraus ist ersichtlich, dass eine Ausweitung der Geldmenge M3 nicht zwangsläufig zu einer Erhöhung des Preisniveaus führt. Das kann z. B. folgende Ursachen haben:

- Durch verstärkte Kreditgewährung der Banken steigt zwar M1 und somit auch M3. Wenn diese finanziellen Mittel aber nicht für den Kauf von Gütern, die im Verbraucherpreisindex erfasst werden, verwendet werden, sondern z. B. für Immobilien oder Finanzanlagen, ergibt sich kein Anstieg des Verbraucherpreisindex.
- Durch Umschichtungen innerhalb des Geldvermögens kann es zu einer Erhöhung von M3 ohne Auswirkungen auf den Verbraucherpreisindex kommen. Wenn beispielsweise im Zuge einer Finanz- und Börsenkrise die Anleger Aktien und Investmentfondsanteile verkaufen und die Beträge sicherheitsorientiert in Termin- und Spareinlagen anlegen, steigt M3. Der Verbraucherpreisindex wird dadurch nicht beeinflusst.
- Die Umlaufgeschwindigkeit sinkt.

Geldpolitische Instrumente im Überblick

Mit den geldpolitischen Instrumenten, wie sie in der folgenden Übersicht dargestellt sind, will die EZB zunächst **direkt** den **Geldmarkt**, der im engeren Sinne den Handel mit **Zentralbankgeld** zwischen den Geschäftsbanken umfasst, beeinflussen.

Geldpolitisches Instrumentarium der EZB		
Offenmarktgeschäfte[1]	**Ständige Fazilitäten**[2]	**Mindestreservepolitik**
Zu den Offenmarktgeschäften gehören folgende Maßnahmen: Kreditvergabe an Geschäftsbanken, Kauf und Verkauf von Wertpapieren zwischen EZB und Geschäftsbanken sowie Ausgabe von EZB-Schuldverschreibungen.	Gewährung von Tagesgeldkrediten an die Geschäftsbanken bzw. Anlage überschüssiger Liquidität als Tagesgeld bei der EZB; Festlegung von Ober- und Untergrenzen der Zinssätze für täglich fällige Geldanlagen.	Die Geschäftsbanken sind verpflichtet, in Höhe eines bestimmten Anteils der Einlagen ihrer Kunden Guthaben bei der Zentralbank zu unterhalten. Die Mindestreserveguthaben werden verzinst.

1 Beeinflusst durch eine befristete Mehrwertsteuersenkung von 19 auf 16 % wegen der Corona-Pandemie im Zeitraum 07-12.2020. Hinzu kommt, dass die Lockdowns seit dem März 2020 und die damit einhergegangen Einschränkungen des öffentlichen Lebens, die zur Eindämmung von COVID-19 vorgenommen wurden, vermutlich Auswirkungen auf die Berechnung der Inflationsrate hatten.

2 Der Begriff „offener Markt“ bringt zum Ausdruck, dass die EZB die Wertpapiere nicht direkt vom Emittenten (z. B. dem Staat) übernehmen darf, sondern auf dem Geld- bzw. Kapitalmarkt kaufen bzw. verkaufen muss. Inzwischen wird der Begriff „Offenmarktpolitik“ aber für alle Maßnahmen benutzt, die von der Zentralbank als Offenmarktgeschäfte bezeichnet werden. Es muss sich dabei nicht unbedingt um Käufe und Verkäufe von Wertpapieren am offenen Markt handeln.

3 Fazilität *(lat.)*: Leichtigkeit; Möglichkeit, bei Bedarf kurzfristig Kredite in Anspruch nehmen oder Guthaben anlegen zu können.

Eine Bank kann sich Zentralbankgeld nicht nur bei der EZB, sondern auch bei anderen Banken, die über überschüssige Liquidität verfügen, beschaffen. Der Markt, der dem Ausgleich von kurzfristigen Liquiditätsüberschüssen und -defiziten im Bankensystem dient, ist der **Geldmarkt.** Das Zentralbankgeld wird zwischen den einzelnen Banken telefonisch gehandelt. Je nach der Überlassungsfrist ergeben sich unterschiedliche Zinssätze **(Geldmarktsätze)** für Tagesgeld, Einmonatsgeld, Dreimonatsgeld, Sechsmonatsgeld und Zwölfmonatsgeld. **Indirekt** soll durch die Veränderung der Bankenliquidität und des Zinsniveaus auf dem Geldmarkt **Einfluss auf die Kreditbedingungen** ausgeübt werden, die die Geschäftsbanken ihren Kunden einräumen. Erst wenn der Impuls der Zentralbank sich im Verhalten der Nichtbanken (andere Unternehmen, private Haushalte, Staat) niederschlägt, können sich Geldmenge und Preisniveau verändern.

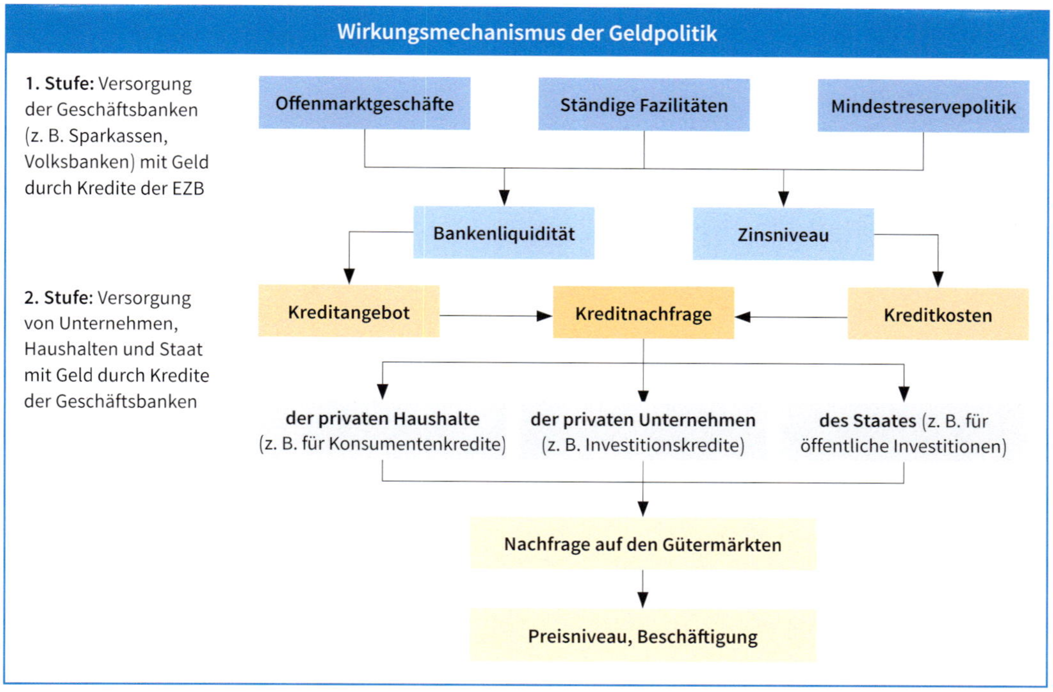

8.6.2 Offenmarktpolitik

Grundlagen und Wirkungszusammenhänge

Der Begriff „Offenmarktpolitik" bezeichnet im ursprünglichen Sinne den Kauf und Verkauf von Wertpapieren durch die Zentralbank. Für die EZB ist aber inzwischen die Vergabe von Krediten an die Geschäftsbanken das wichtigste Instrument der Offenmarktpolitik. Ziel dieser Maßnahmen ist es, die Zentralbankgeldmenge und das allgemeine Zinsniveau zu beeinflussen. Bezogen auf den Wertpapierhandel und die Kreditgeschäfte zwischen Zentralbank und Geschäftsbanken ergibt sich folgender Wirkungszusammenhang **(Transmissionsmechanismus)**.

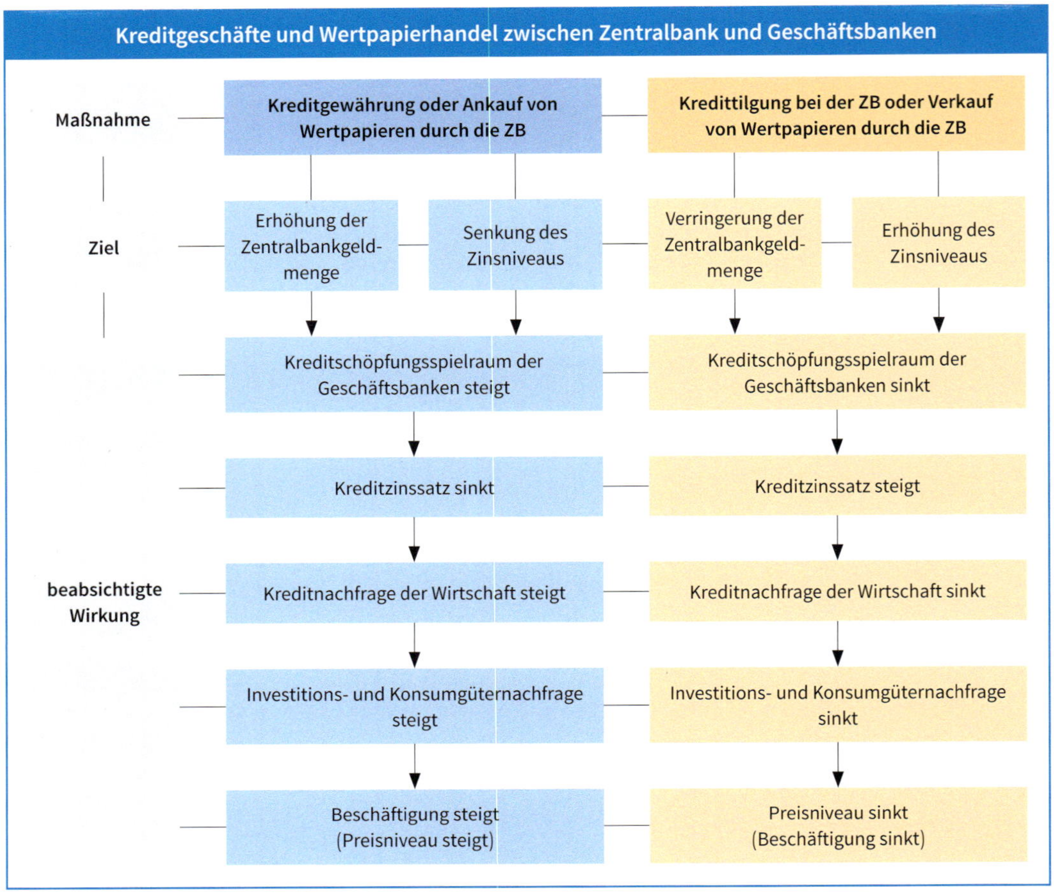

Instrumente der Offenmarktpolitik

Von den vielfältigen Varianten der Offenmarktpolitik stehen der EZB grundsätzlich folgende Instrumente zur Verfügung:

- Befristete Geldgeschäfte mit Geschäftsbanken zur Bereitstellung von Zentralbankgeld durch Kreditgewährung gegen Verpfändung von Wertpapieren (Pfandkredite) oder durch Kauf von Wertpapieren mit Rückkaufvereinbarung (Pensionsgeschäfte)
- Unbefristete Geldgeschäfte durch Kauf und Verkauf von Wertpapieren ohne Rückkaufvereinbarung (definitive Käufe und Verkäufe)
- Ausgabe von Schuldverschreibungen der EZB zur Abschöpfung von Zentralbankgeld (Emission in abgezinster Form und Rücknahme zum Nennwert)
- Befristete Devisengeschäfte mit Geschäftsbanken in Form von Devisenswapgeschäften. Für eine Verringerung der Zentralbankgeldmenge kauft die EZB Euro am **Kassamarkt** gegen Fremdwährungen (z. B. US-$). Die Erfüllung des Geschäfts, d. h. Bezahlung und Lieferung der Fremdwährungen, muss sofort erfolgen. **Gleichzeitig** kauft die EZB entsprechende Fremdwährungen wieder gegen Euro am **Terminmarkt**, wo das Erfüllungsgeschäft erst später zu einem beim Geschäftsabschluss vereinbarten Zeitpunkt und Kurs erfolgt.
- Hereinnahme von Termineinlagen zur Abschöpfung von Zentralbankgeld

Überblick über Instrumente der Offenmarktpolitik der EZB

Die Geldgeschäfte der EZB zur **Beeinflussung der Zentralbankgeldmenge** und damit zur **Liquiditätsversorgung der Geschäftsbanken** im Rahmen der **Offenmarktpolitik** lassen sich hinsichtlich Zielsetzung, Laufzeit und Rhythmus in die vier folgenden Gruppen einteilen.

Offenmarktpolitik der EZB				
Bezeichnung	**Hauptrefinanzierungsgeschäfte**	**Längerfristige Refinanzierungsgeschäfte**	**Feinsteuerungsoperationen**	**Strukturelle Operationen**
Ziel	kurzfristige Versorgung der Geschäftsbanken mit Liquidität (Refinanzierung)	längerfristige Versorgung der Geschäftsbanken mit Liquidität (Refinanzierung)	Steuerung der Liquidität der Geschäftsbanken und der Zinssätze bei unerwarteten Schwankungen	Anpassung der strukturellen Liquiditätslage der Geschäftsbanken
Instrumente zur Bereitstellung von Zentralbankgeld	befristete Geldgeschäfte z. B. in Form von Pfandkrediten	befristete Geldgeschäfte z. B. in Form von Pfandkrediten	▌ befristete Geldgeschäfte z. B. in Form von Pfandkrediten ▌ befristete Devisenkäufe ▌ Wertpapierkäufe	▌ befristete Geldgeschäfte z. B. in Form von Pfandkrediten ▌ Wertpapierkäufe
Instrumente zur Abschöpfung von Zentralbankgeld			▌ befristete Devisenverkäufe ▌ Hereinnahme von Termineinlagen ▌ Wertpapierverkäufe	▌ Ausgabe von Schuldverschreibungen ▌ Wertpapierverkäufe
Laufzeit	eine Woche	einen Monat, drei Monate und länger	keine feste Laufzeit	mit und ohne feste Laufzeiten
Rhythmus	wöchentlich auf Initiative des EZB	monatlich auf Initiative des EZB regelmäßig und unregelmäßig	von Fall zu Fall	regelmäßig und/oder von Fall zu Fall

Erst kurz vor Beginn der Währungsunion fiel die Entscheidung, die EZB auch mit dem Instrument der Mindestreservepolitik auszustatten. Da die Mindestreservepolitik ebenfalls eine Liquiditätssteuerung und -anpassung ermöglicht, haben die **Feinsteuerungsoperationen** und die **strukturellen Operationen** im Rahmen der Offenmarktpolitik nur **geringe Bedeutung**.

8.6.4

Überblick über Refinanzierungsgeschäfte der EZB

Die offenmarktpolitischen Aktivitäten der EZB zur Bereitstellung von Zentralbankgeld konzentrieren sich auf die **Hauptrefinanzierungsgeschäfte** und die **längerfristigen Refinanzierungsgeschäfte.** Die konkrete Ausgestaltung dieser beiden Geschäftsarten hängt von den Vertragsbeziehungen zwischen der EZB und den Geschäftspartnern ab. Dabei lassen sich zwei Formen unterscheiden:

Kredite gegen Verpfändung[1]	Pensionsgeschäfte[2] (Wertpapierkäufe mit Rückkaufvereinbarung):
Die EZB gewährt den Geschäftsbanken Kredite und stellt ihnen für die Laufzeit des Kredits Zentralbankgeld zur Verfügung. Als Sicherheit verpfänden die Geschäftsbanken Wertpapiere oder Kreditforderungen an die EZB (Pfandkredite).	Die EZB kauft von den Geschäftsbanken für einen befristeten Zeitraum Wertpapiere und bezahlt diese mit Zentralbankgeld. Zum vereinbarten Termin müssen die Wertpapiere von den Geschäftsbanken zurückgekauft werden.

Beide Geschäfte sind selbstliquidierend, d. h., zum vereinbarten Rückkauftermin bzw. am Ende der Kreditlaufzeit verringert sich die Zentralbankgeldmenge ohne zusätzliche Maßnahmen der EZB automatisch.

1 Kredite, bei denen verpfändete Wertpapiere als Sicherheit dienen, werden normalerweise als **Lombardkredite** bezeichnet. Nach der Systematik der geldpolitischen Instrumente des ESZB wird diese Art der Refinanzierung der Offenmarktpolitik zugerechnet und **nicht** als Lombardpolitik bezeichnet.

2 Diese Geschäfte werden auch als Repos (Repurchase Agreements) bezeichnet.

D Die Deutsche Bundesbank als ausführendes Organ des Eurosystems betreibt die Offenmarktgeschäfte zur Refinanzierung ausschließlich in Form von Pfandkrediten.

Pfandkredite sind bei der gleichzeitigen Inanspruchnahme mehrerer Refinanzierungsmöglichkeiten einfacher zu handhaben als Pensionsgeschäfte. Die als Pfand hinterlegten Wertpapiere und Kreditforderungen werden einem Sicherheitspool (Pfandkonto der Geschäftsbank bei der Bundesbank) zugeführt. Nimmt eine Geschäftsbank eine der Refinanzierungshilfen in Anspruch, wird lediglich der Sicherheitspool in Höhe des Kreditbetrags mit einer Verfügungssperre belegt. Der nicht belastete Teil des Pools kann für andere Refinanzierungsgeschäfte genutzt werden. Neben marktfähigen Schuldverschreibungen und am geregelten Markt gehandelten Aktien gehören zu den verpfändbaren Sicherheiten auch Kreditforderungen. Handelswechsel können dagegen seit 2007 nicht mehr an die EZB verpfändet werden.

Hauptrefinanzierungsgeschäfte

8.11, S. 402

Das wichtigste Geldgeschäft im Rahmen der Offenmarktpolitik der EZB ist die Versorgung der Geschäftsbanken mit Zentralbankgeld mit einer Befristung auf eine Woche **(Hauptrefinanzierungsgeschäfte).** Diese Refinanzierungsmöglichkeit wird in wöchentlichem Rhythmus angeboten. Die Zuteilung der Gelder erfolgt im Rahmen einer **Ausschreibung**. Je nach Art des angewandten Ausschreibungsverfahrens *(siehe nächste Seite)* stellt der aktuelle von der EZB als **Leitzins** festgesetzte **Hauptrefi-Satz** *(vgl. Grafik S. 366)* entweder den **Festzinssatz** (beim Mengentender) oder den **Mindestbietungssatz** (beim Zinstender) dar.

B **Ankündigung der Zentralbank vom 10.02.20..**
Liquiditätsbereitstellung über Offenmarktkredite

Hauptrefi-Geschäft
Mengentender
Zuteilung: 11.02.20.. 11:15 Uhr
Laufzeit: 7 Tage Festzinssatz: 0,05 %

Längerfristige Refinanzierungsgeschäfte

8.12, S. 403

Im Gegensatz zum kurzfristigen Hauptrefinanzierungsinstrument werden die **längerfristigen Refinanzierungsgeschäfte** mit einer Laufzeit von drei Monaten im monatlichen Rhythmus angeboten. Sie unterstützen damit die längerfristige Liquiditätsplanung der Geschäftsbanken. Mit dieser Refinanzierungsmöglichkeit ist nicht beabsichtigt, (zusätzliche) geldpolitische Signale zu geben. Sie dient vielmehr dazu, Liquiditätsschwankungen bei den Geschäftsbanken auszugleichen. Die Zinssätze für dieses sogenannte **längerfristige Refi-Geschäft** sind richtungsweisend für Geldgeschäfte mit gleicher Laufzeit zwischen den Banken (Interbankenmarkt).

B **Ankündigung der Zentralbank vom 28.01.20..**
Liquiditätsbereitstellung über Offenmarktkredite

Längerfristiges Refinanzierungsgeschäft
Mengentender
Zuteilung 29.01.20.. 11:15 Uhr
Laufzeit: 91 Tage Festzinssatz: Berechnung am Ende der Laufzeit

D Die Offenmarktpolitik der EZB besteht vor allem in der Versorgung der Geschäftsbanken mit Zentralbankgeld (Refinanzierung der Geschäftsbanken) durch Kredite mit Laufzeiten von einer Woche (Hauptrefinanzierungsgeschäfte) bzw. drei Monaten (längerfristige Refinanzierungsgeschäfte).

D Der Zinssatz, zu dem den Geschäftsbanken Kredite mit einwöchiger Laufzeit gewährt werden (= Hauptrefinanzierungssatz), wird als Leitzins bezeichnet, da seine Höhe den von der EZB angestrebten geldpolitischen Kurs signalisiert.

Verfahren zur Zuteilung von Zentralbankgeld

Die Kreditvergabe und damit die Bereitstellung von Zentralbankgeld erfolgt durch ein Ausschreibungsverfahren, bei dem die interessierten Geschäftsbanken Angebote abgeben können **(Tenderverfahren)**[1]. Ausschreibungen, die innerhalb von 24 Stunden abgewickelt werden und sich an alle Geschäftsbanken richten, werden als **Standardtender** bezeichnet. Sowohl das Hauptrefinanzierungsinstrument (= Haupttender) als auch die längerfristigen Refinanzierungsinstrumente (=Basistender) werden ausschließlich als Standardtender angeboten.

8.13, S. 404

8.14, S. 404

Ablauf des Tenderverfahrens	
1	Ankündigung durch die EZB und die nationalen Zentralbanken (z. B. Montag ab 15:30 Uhr)
2	Abgabe von Geboten durch die Geschäftsbanken (z. B. Montag ab 16:00 Uhr bis Dienstag 9:30 Uhr)
3	Zusammenstellung der Gebote durch die EZB
4	Zuteilung durch die EZB und Bekanntgabe der Ergebnisse (z. B. Dienstag ab 11:15 Uhr)
5	Bestätigung der einzelnen Zuteilungsergebnisse
6	Gutschrift der Zuteilungsbeträge auf den Konten der Geschäftsbanken (z. B. Mittwoch ab 11:00 Uhr)

Nur die Feinsteuerungsoperationen werden im Rahmen eines **Schnelltenders** (in der Regel innerhalb von einer Stunde von der Terminankündigung bis zur Bestätigung des Zuteilungsergebnisses) durchgeführt.

D Die Zuteilung von Zentralbankgeld an die Geschäftsbanken erfolgt im Rahmen der Offenmarktpolitik durch ein Ausschreibungsverfahren, bei dem die Geschäftsbanken Gebote über die gewünschten Beträge abgeben können (Tenderverfahren).

Je nach geldpolitischer Absicht kommt entweder ein **Mengentender** oder ein **Zinstender** infrage.

Mengentender (Festsatztender)

Beim Mengentender legt die EZB im Voraus den Zinssatz fest, zu dem sie bereit ist, den Geschäftsbanken Zentralbankgeld zu überlassen. Die Geschäftsbanken geben Gebote über den **Kreditbetrag** ab, den sie zu diesem Festsatz in Anspruch nehmen wollen. Normalerweise liegt die Summe der Einzelgebote erheblich über dem geldpolitisch beabsichtigten Zuteilungsvolumen, sodass den Geschäftsbanken nur ein bestimmter Prozentsatz des gewünschten Kreditbetrags zugeteilt werden kann **(= Repartierung)**[2]. Der Mengentender wird angewandt, wenn die EZB ein Zinssignal geben möchte.

Bei diesem anfänglich im Rahmen der Hauptrefinanzierungsgeschäfte angewandten Zuteilungsverfahren ergaben sich wegen der hohen Kreditwünsche der Banken (Überbietung) äußerst niedrige Zuteilungssätze. Ab 2000 erfolgte die Zuteilung daher nicht mehr als Mengen-, sondern ausschließlich als Zinstender. Im Zuge der Finanz- und Bankenkrise kam aber ab Nov. 2008 für beide Refinanzierungsgeschäfte (wieder) der Mengentender zur Anwendung. Zur Verbesserung der Liquiditätslage im Bankensektor wurden dabei ausnahmsweise allen Bietern der zum vorgegebenen Zinssatz gewünschte Kreditbetrag in vollem Umfang zugeteilt. Eine Repartierung war somit nicht nötig.

1 tender *(engl.)*: Zahlungsangebot, Ausschreibung
2 repartieren: *(lat.)*: verteilen

B Liquiditätszuführung im Rahmen des Hauptrefi-Geschäfts mit Mengentender

1. Die EZB teilt den Geschäftsbanken mit, dass sie beabsichtigt, Zentralbankgeld im Rahmen des Hauptrefi-Geschäfts mit Mengentender zuzuteilen.
2. Die Geschäftsbanken A, B und C geben mehrere Gebote ab.
3. Die EZB stellt die Gebote zusammen *(vgl. untenstehende Tabelle)* und legt das Zuteilungsvolumen auf 100 Mio. € fest.

Geschäftsbank	Gebot (Mio. €)
A	30
B	40
C	55
Insgesamt	125

4. Die Zuteilung wird wie folgt berechnet:
$$\frac{\text{zuzuteilender Betrag (100 Mio. €)} \cdot 100}{\text{gebotener Gesamtbetrag (125 Mio. €)}} = \text{Zuteilungsquote in \% (80 \%)}$$
5. Jede der drei Geschäftsbanken erhält 80 % ihres Gebots zugeteilt:
Geschäftsbank A: 24,0 Mio. €, Geschäftsbank B: 32,0 Mio. €, Geschäftsbank C: 44,0 Mio. €
Die Gesamtsumme der Zuteilung entspricht dem zugeteilten Betrag von 100 Mio. €.

Zinstender (Tender mit variablem Zinssatz)

8.15, S. 405

Beim Zinstender geben die Geschäftsbanken Gebote ab, in welcher Höhe und zu welchem Zinssatz sie Kredite bei der EZB aufnehmen wollen. Je dringender eine Geschäftsbank Zentralbankgeld benötigt, umso höher ist der angebotene Zinssatz. Von ein und derselben Geschäftsbank können bis zu 10 Gebote mit verschiedenen Zinssätzen (kleinster Zinsschritt 0,01 Prozentpunkte) eingereicht werden.

B Liquiditätszuführung im Rahmen des Hauptrefi-Geschäfts mit Zinstender

1. Die EZB teilt den Geschäftsbanken mit, dass sie beabsichtigt, Zentralbankgeld im Rahmen des Hauptrefi-Geschäfts (befristete Transaktion) mit Zinstender zuzuteilen. Anders als bei den längerfristigen Refi-Geschäften wird dabei ein Zinssatz, der nicht unterschritten werden darf (Mindestbietungssatz = Hauptrefi-Satz), vorgegeben (z. B. 3 %).
2. Die Geschäftsbanken A, B und C geben mehrere Gebote ab.
3. Die EZB beschließt 100 Mio. € zuzuteilen und stellt die Gebote wie folgt zusammen:

	Gebotene Beträge (in Mio. €) bei einem Zinssatz von ... %							Summe
	3,09	3,08	3,07	3,06	3,05	3,04	3,03	
Geschäftsbank A	–	5,0	5,0	5,0	10,0	5,0	5,0	35,0
Geschäftsbank B	5,0	5,0	10,0	10,0	15,0	5,0	–	50,0
Geschäftsbank C	5,0	5,0	10,0	15,0	15,0	5,0	10,0	65,0
Gebote insgesamt	10,0	15,0	25,0	30,0	40,0	15,0	15,0	150,0
kumulierte Gebote	10,0	25,0	50,0	80,0	120,0	135,0	150,0	

4. Die Zuteilung beginnt bei den höchsten gebotenen Zinssätzen. Jedes Gebot erhält so lange eine volle Zuteilung, bis das beabsichtigte Zuteilungsvolumen ausgeschöpft ist. Können beim niedrigsten zum Zuge kommenden Zinssatz nicht mehr alle Gebote befriedigt werden, muss – wie beim Mengentender – eine Zuteilungsquote berechnet werden (Repartierung).

Der Zinssatz, zu dem eine Zuteilung gerade noch (ganz oder teilweise) möglich ist, wird als **marginaler[1] Zinssatz** bezeichnet.

Bei einer Zuteilungssumme von 100 Mio. € liegt der marginale Zinssatz im vorliegenden Beispiel bei 3,05 %. Alle Gebote über 3,05 % werden bis zu einem Gesamtbetrag von 80 Mio. € voll zugeteilt. Die 40 Mio. €, für die ein Zinssatz von 3,05 % geboten wurde, können nur teilweise zugeteilt werden. Die Zuteilungsquote für die Gebote zum marginalen Zinssatz ergibt sich wie folgt:

(Gesamter Zuteilungsbetrag – Betrag der voll zugeteilten Gebote) · 100

$$\frac{100\text{ Mio. €} \quad - \quad 80\text{ Mio. €}}{\text{Summe der Gebote zum marginalen Zinssatz}} = \text{Zuteilung in \%}$$

40 Mio. € — 50 %

Zinstender: Holländisches oder amerikanisches Verfahren

Die Verzinsung der zugeteilten Beträge erfolgt entweder zum marginalen Zinssatz **(=holländisches Verfahren)** oder zu den individuellen Bietungssätzen der Geschäftsbanken **(=amerikanisches Verfahren)**.

Die Zinstender der EZB werden ausschließlich nach dem amerikanischen Verfahren abgerechnet.

B

Abrechnung der Zuteilung nach dem amerikanischen Verfahren zu den individuellen Bietungssätzen der Geschäftsbanken

	Gebote (in Mio. €)	Zugeteilte Beträge (in Mio. €) zu einem Zinssatz von … %					Zuteilung insgesamt
		3,09	3,08	3,07	3,06	3,05	
Geschäftsbank A	35,0	–	5,0	5,0	5,0	5,0	20,0
Geschäftsbank B	50,0	5,0	5,0	10,0	10,0	7,5	37,5
Geschäftsbank C	65,0	5,0	5,0	10,0	15,0	7,5	42,5
Insgesamt	150,0	10,0	15,0	25,0	30,0	20,0	100,0

F

$$\text{Zinstender: Zuteilungssatz (\%) beim marginalen Zinssatz} = \frac{\left(\text{zuzuteilender Gesamtbetrag} - \text{Betrag der voll zugeteilten Gebote}\right) \cdot 100}{\text{Gesamtbetrag der Gebote zum marginalen Zinssatz}}$$

Höhe der Refinanzierungsgeschäfte

Bei den **Hauptrefinanzierungsgeschäften** im Rahmen des Zinstenders veröffentlicht die EZB am Ankündigungstag den von ihr **geschätzten Liquiditätsbedarf** der Geschäftsbanken. Dadurch soll den Geschäftsbanken eine Orientierungshilfe für die Vorbereitung der Gebote gegeben werden. Zusätzlich wird auch am Zuteilungstag eine aktualisierte Schätzung über den Betrag veröffentlicht, der nach Auffassung der EZB normalerweise erforderlich ist, um am kurzfristigen Geldmarkt ausgeglichene Bedingungen herzustellen („Benchmark-Zuteilung“[2]).

Bei den **längerfristigen Refinanzierungsgeschäften** wird das Volumen, das in den nächsten Zinstendern zugeteilt werden soll, im Voraus bekannt gegeben.

1 marginal *(lat.)*: am Rande, auf der Grenze liegend
2 Benchmark *(engl.)*: Maßstab, Orientierungspunkt

8.6.3 Ständige Fazilitäten[1]

Zwei Arten von Fazilitäten

Im Rahmen der **ständigen Fazilitäten** (= Inanspruchnahme von Krediten und Geldanlagen bei Bedarf) der EZB lassen sich folgende beiden Arten unterscheiden:

Ständige Fazilitäten		
Maßnahme	**Spitzenrefinanzierungsfazilität** Kreditgewährung der EZB zum Spitzenrefinanzierungssatz gegen Verpfändung von Wertpapieren (Übernachtkredit)	**Einlagefazilität** Anlage von Tagesgeld bei der EZB zum Einlagesatz
Ziel	Kurzfristige Bereitstellung von Zentralbankgeld (Liquidität) für die Geschäftsbanken. Der Spitzenrefinanzierungssatz bildet die Obergrenze des Tagesgeldsatzes.	Kurzfristige Abschöpfung von Zentralbankgeld (Liquidität) der Geschäftsbanken. Der Einlagesatz bildet die Untergrenze des Tagesgeldsatzes.
Laufzeit	ein Tag	
Inanspruchnahme	auf Initiative der Geschäftsbanken bei Bedarf	

D Die Geschäftsbanken können beim ESZB Tagesgeldkredite aufnehmen (Spitzenrefinanzierungsfazilität) und überschüssige Liquidität als Tagesgeld verzinslich anlegen (Einlagefazilität).

Zinskanal

Der Zinssatz für die Spitzenrefinanzierungsfazilität ist in der Regel deutlich höher und der Zinssatz für die Einlagefazilität deutlich niedriger als die entsprechenden Zinssätze am Geldmarkt, zu denen **Banken untereinander** kurzfristig Geld ausleihen oder anlegen **(Interbankenmarkt).** Daher nutzen die Geschäftsbanken die ständigen Fazilitäten normalerweise nur, wenn es keine Alternativen gibt. Da aber der Zugang zu diesen Kredit- und Geldanlagemöglichkeiten – abgesehen von den geforderten Sicherheiten bei der Spitzenrefinanzierungsfazilität – keinen Beschränkungen unterliegt, bilden ihre Zinssätze im Allgemeinen eine Ober- und Untergrenze des Tagesgeldsatzes am Geldmarkt **(Zinskanal).** Die geldpolitische Funktion dieses Instruments besteht somit darin, die Schwankungsbreite des (Tages-)Geldmarktsatzes zu begrenzen.

D Der Unterschied zwischen den Zinssätzen für die Spitzenrefinanzierungsfazilität (= Obergrenze) und für die Einlagefazilität (= Untergrenze) wird als Zinskanal bezeichnet. Der Zinskanal entspricht der Schwankungsbreite für Tagesgeldzinsen am Geldmarkt.

Leitzinsen

D Neben dem Hauptleitzins (= Haupt-Refisatz) werden auch der Spitzenrefinanzierungssatz und der Einlagesatz als Leitzinsen bezeichnet. Bei einer Veränderung der Leitzinsen durch die EZB werden alle drei Leitzinsen gleichzeitig erhöht oder gesenkt.

Der Abstand zwischen dem Haupt-Refisatz und den beiden anderen Leitzinsen, der ursprünglich jeweils 1 Prozentpunkt nach oben und unten betragen hatte, wurde im Rahmen der Bankenkrise seit 2008 zeitweise auf 0,25 Prozentpunkte verringert. Durch diese Verengung des Zinskanals sollten die Schwankungen beim Zinssatz für Tagesgeld (Interbankenmarkt) weiter eingeschränkt werden. Seit 2019 ist der Leitzins (Hauptrefinanzierungssatz) auf 0,00 % festgelegt und der Einlagensatz seit 2014 bei – 0,4 % und seit 2019 auf – 0,5 % herabgesetzt. Die EZB hat den Leitzins von Juli 2022 bis Juli 2023 auf 4,25 % angehoben. Sukzessive waren dies in kurzer Frist

1 facilitas *(lat.)*: Leichtigkeit

neun Anhebungen. Angesichts der weiterhin hohen Inflation war dies notwendig. Damit liegt der Leitzins so hoch wie zu zuletzt zu Beginn der weltweiten Finanzkrise im Oktober 2008. Der wichtige Einlagenzins für Sparer steigt auf 3,75 %.

8.16, S. 405

Leitzinsen

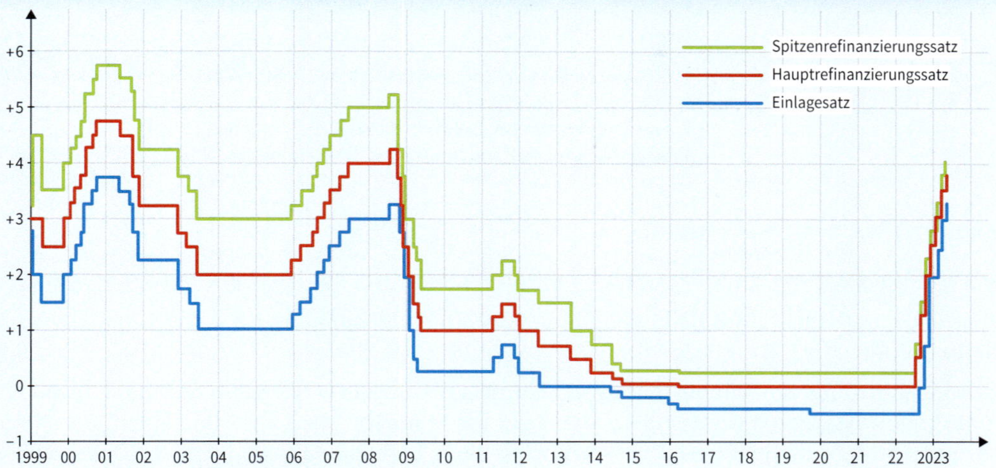

Vgl. Europäische Zentralbank; Deutsche Bundesbank, 10.05.2023.

8.6.4 Mindestreservepolitik

D Mindestreserven sind Guthaben, die die Geschäftsbanken bei den nationalen Zentralbanken zwangsweise hinterlegen müssen.

Die Geldeinlagen, die Bankkunden bei den Geschäftsbanken in Form von Kontoguthaben (z. B. Girokonto, Sparkonto) unterhalten, stellen aus der Sicht der Geschäftsbanken Verbindlichkeiten gegenüber den Bankkunden dar. Die Geschäftsbanken sind ihrerseits verpflichtet, in Höhe eines bestimmten Anteils dieser Verbindlichkeiten Guthaben bei den nationalen Zentralbanken zu unterhalten **(= Mindestreserven)**.

Höhe der Mindestreserven

Die Höhe der Mindestreserve richtet sich nach

- Art und Höhe der **mindestreservepflichtigen Verbindlichkeiten** einer Geschäftsbank sowie
- dem von der EZB festgelegten **Mindestreservesatz**.

Das Mindestreserve-Soll wird monatlich für jede Geschäftsbank neu berechnet. Der je nach Art und Laufzeit der Verbindlichkeit unterschiedliche **Mindestreservesatz** kann jederzeit von der EZB geändert werden. Das zur Erfüllung der Mindestreservepflicht notwendige Guthaben wird mit dem Durchschnittssatz der letzten Hauptrefinanzierungsgeschäfte verzinst.

Anders als es die Modelle des Geldschöpfungsmultiplikators vermuten lassen, haben die Mindestreserven im Rahmen der EZB-Politik aber **nicht** die Funktion, die Geldschöpfungsmöglichkeiten der Geschäftsbanken zu begrenzen. Ausdruck dafür ist u. a. die Tatsache, dass die Mindestreservesätze seit Gründung der EZB (1. Jan. 1999) bis Dezember 2011 unverändert geblieben sind.

MR-Satz seit 1. Jan. 1999	Mindestreservepflichtige Verbindlichkeiten der Geschäftsbanken
Jan. 1999 bis Dez. 2011: 2 % seit 8. Dez. 2011: 1 %	▎Täglich fällige Einlagen (Buchgeld) ▎Einlagen mit einer vereinbarten Laufzeit von bis zu zwei Jahren ▎Einlagen mit einer vereinbarten Kündigungsfrist von bis zu zwei Jahren ▎Ausgegebene Schuldverschreibungen mit vereinbarter Laufzeit von bis zu zwei Jahren ▎Geldmarktpapiere
0 %	▎Einlagen mit einer vereinbarten Laufzeit von über zwei Jahren ▎Einlagen mit einer vereinbarten Kündigungsfrist von über zwei Jahren ▎Repogeschäfte (Wertpapiere mit Rückkaufvereinbarung) ▎Ausgegebene Schuldverschreibungen mit vereinbarter Laufzeit von über zwei Jahren

Ziele einer Mindestreservepolitik

Mit der Mindestreservepolitik verfolgt die EZB im Wesentlichen zwei geldpolitische Ziele:

- Die Reservepflicht soll im Bedarfsfall eine **Liquiditätsverknappung** bei den Geschäftsbanken herbeiführen.
- Das zur Erfüllung der Mindestreservepflicht nötige Guthaben bei der Zentralbank muss nicht während des ganzen Monats eine einheitliche Höhe aufweisen, sondern lediglich im Monats**durchschnitt** dem Mindestreserve-Soll entsprechen. Durch die Möglichkeit, das Mindestreserve-Soll vorübergehend zu über- oder unterschreiten, entsteht ein **Liquiditätspuffer**, durch den zeitweilige Schwankungen des Liquiditätsbedarfs auch ohne Eingriff der Notenbank aufgefangen werden können. Damit wird **eine Verstetigung der Zinsentwicklung** am Geldmarkt angestrebt **(Liquiditätspuffer- und Glättungsfunktion).**

Die Tatsache, dass der Mindestreservesatz im Euro-Währungsgebiet seit Gründung der EZB 1999 bis Dezember 2011 unverändert bei 2% lag, zeigt die geringe Bedeutung dieses geldpolitischen Instruments.

Wirkung einer Mindestreservepolitik

Bei Änderung des Mindestreservesatzes ergibt sich folgender Wirkungszusammenhang (Transmissionsmechanismus).

Mindestreservepolitik		
Maßnahme	Senkung des Mindestreservesatzes	Erhöhung des Mindestreservesatzes
Ziel	▼ Erhöhung der Liquidität der Geschäftsbanken	▼ Verringerung der Liquidität der Geschäftsbanken
Beabsichtigte Wirkung	▼ Kreditschöpfungsspielraum der Geschäftsbanken steigt ▼ Kreditzinssatz sinkt ▼ Kreditnachfrage der Wirtschaft steigt	▼ Kreditschöpfungsspielraum der Geschäftsbanken sinkt ▼ Kreditzinssatz steigt ▼ Kreditnachfrage der Wirtschaft sinkt

D Die Änderung des Mindestreservesatzes wirkt sich auf die Kreditschöpfungsmöglichkeiten der Geschäftsbanken und damit auf das Zinsniveau aus.

8.3.3 Die Mindestreservepolitik beeinflusst unmittelbar das Geldmengenangebot der Geschäftsbanken (= Mengenpolitik). Sie wirkt daher schärfer und schneller als eine Zinsänderung (= Preispolitik) im Rahmen der Offenmarktpolitik.

8.7 Probleme geldpolitischer Maßnahmen bei der Beeinflussung wirtschaftspolitischer Ziele

Lernziele:

Nach der Bearbeitung des Kapitels sind Sie in der Lage, Folgendes zu tun:

Sie ...

- ...beschreiben Wirkungshemmnisse, die bei geldpolitischen Maßnahmen eintreten können.
- ...unterscheiden verschiedene Arten von Wirkungsverzögerungen (time lags).
- ...erläutern die Wirkungsverzögerungen, die dazu führen können, dass genau das Gegenteil der eigentlich beabsichtigten Wirkung erreicht wird.
- ...beschreiben die besonderen Probleme und Ausweichreaktionen, die bei der Inflationsbekämpfung mithilfe geldpolitischer Maßnahmen eintreten können.
- ...beschreiben die besonderen Probleme und Ausweichreaktionen, die bei der Konjunkturankurbelung mithilfe geldpolitischer Maßnahmen eintreten können.
- ...nehmen kritisch Stellung, welche besonderen Probleme entstehen können, müsste die EZB einheitliche Geldpolitik für alle EWU-Mitgliedsstaaten betreiben, obwohl die wirtschaftliche Entwicklung in den einzelnen Ländern teilweise höchst unterschiedlich ist.
- ...nennen konventionelle und unkonventionelle Maßnahmen, die die EZB seit dem Beginn der Finanzkrise 2008 ergriffen hat.
- ...können Stellung nehmen zu den Auswirkungen der Corona-Pandemie auf die wirtschaftspolitischen Maßnahmen und die Geldpolitik.
- ...beschreiben die Maßnahmen und Herausforderungen der Geldpolitik im Zuge des Klimawandels.

8.7.1 Typische Probleme der Geldpolitik

Wirkungsverzögerungen und Dosierungsprobleme

Ein wesentliches Problem der Geldpolitik sind die **zeitlichen Verzögerungen** *(time lags)* bis zum Wirksamwerden der Maßnahmen.

8.17, S. 406

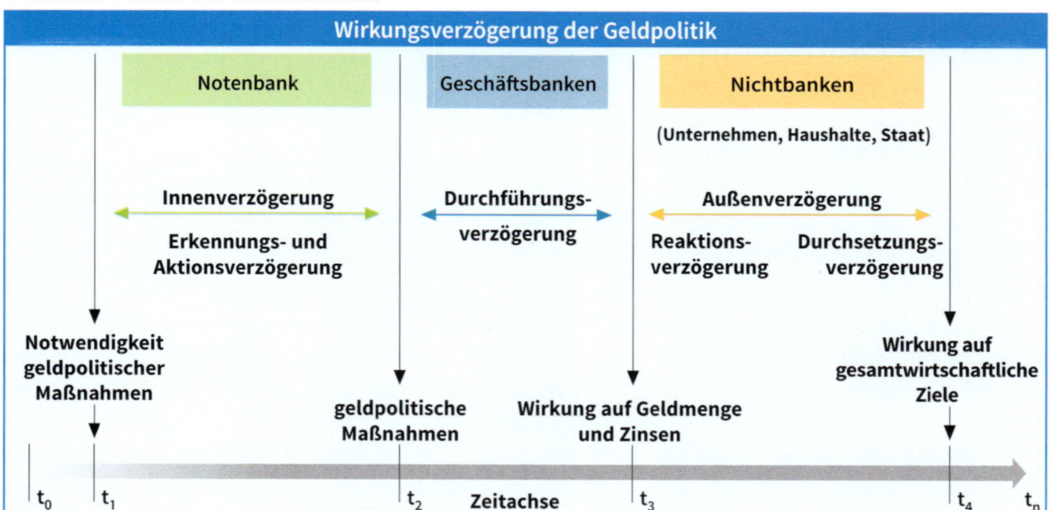

vgl. Issing, O.: Einführung in die Geldpolitik, 6. Aufl., München 1996, S. 175.

Das Problem der **Wirkungsverzögerungen** kann besonders bedeutsam werden, wenn die Geldpolitik als Mittel zur Beseitigung gesamtwirtschaftlicher Ungleichgewichte (= Konjunktursteuerung) eingesetzt wird.

B **Wirkungsverzögerung bei expansiver Geldpolitik**

Eine expansive Geldpolitik (Geldmengenerhöhungen und/oder Zinssenkung), die das Ziel hat, die gesamtwirtschaftliche Güternachfrage anzukurbeln, wirkt möglicherweise zu spät. Die Wirtschaftslage kann sich bis dahin bereits aufgrund anderer Faktoren so verändert haben, dass statt einer Ausdehnung eine Dämpfung der Güternachfrage nötig wäre. Aufgrund der Wirkungsverzögerungen kann es also dazu kommen, dass gesamtwirtschaftliche Ungleichgewichte noch verstärkt statt behoben werden.

Neben den Wirkungsverzögerungen besteht ein weiteres Problem der Geldpolitik in der **Dosierung** der Maßnahmen. Die kaum eindeutig zu beantwortende Frage lautet: Wie stark muss in der jeweiligen Situation der geldpolitische Impuls in Form von Zins- und/oder Geldmengenänderungen sein, um das beabsichtigte Ziel zu erreichen?

Ausweichreaktionen und Nebeneffekte

Die beabsichtigte Wirkung der von der Zentralbank ergriffenen geldpolitischen Maßnahmen kann durch das Verhalten der Geschäftsbanken und des Nichtbankensektors (Unternehmen, Haushalte, Staat) unterlaufen und durch geldpolitische Nebeneffekte eingeschränkt werden.

Ziel: Inflationsbekämpfung durch Geldmengensenkung und Zinserhöhung zur Minderung der gesamtwirtschaftlichen Güternachfrage	Ziel: Ankurbelung der Wirtschaft durch Geldmengenerhöhung und Zinssenkung zur Steigerung der gesamtwirtschaftlichen Güternachfrage
▮ Da nur die kreditfinanzierte Güternachfrage von diesen Maßnahmen betroffen ist, sinkt die gesamtwirtschaftliche Güternachfrage möglicherweise nicht in dem notwendigen Ausmaß. ▮ Wegen der hohen Zinsen fließt Geld aus dem Ausland (z. B. US-$) zu und erhöht die inländische Geldmenge. Bei freien Wechselkursen steigt dadurch allerdings der Kurs der Inlandswährung (z. B. €). Dadurch wird der Zinsvorteil für ausländische Geldanleger wieder eingeschränkt. Die Kurserhöhung der Inlandswährung (Aufwertung) verteuert gleichzeitig die Exporte und verbilligt die Importe. ▮ Unternehmen und Banken können sich möglicherweise (zinsgünstiger) im Ausland refinanzieren.	▮ Alle Maßnahmen haben nur Angebotscharakter, d. h., weder die Banken noch die Nichtbanken können zur Kreditaufnahme gezwungen werden. ▮ Trotz niedriger Zinsen kann die Konsumneigung wegen pessimistischer Zukunftserwartungen gering sein. ▮ Die Investitionsgüternachfrage kann trotz niedriger Zinsen gering sein, da Investitionsentscheidungen mehr von den Gewinnerwartungen als von der Höhe des Zinssatzes abhängig sind (geringe Zinselastizität der Investitionen). ▮ Die Geschäftsbanken legen möglicherweise die zusätzlich erhaltene Liquidität in Wertpapieren (im In- oder Ausland) an, statt das Kreditangebot zu erhöhen (Umschichtung von Primär- in Sekundärliquidität).

8.7.2 Besondere Probleme der Geldpolitik im Euro-Währungsgebiet

Einheitliche Geldpolitik bei unterschiedlicher Wirtschaftsentwicklung in den Mitgliedstaaten der Europäischen Währungsunion (EWU)

Für die Europäische Zentralbank besteht ein besonderes Problem darin, dass sie eine einheitliche Geldpolitik für alle Mitgliedstaaten der EWU betreiben muss, obwohl die wirtschaftliche Entwicklung in den einzelnen Ländern höchst unterschiedlich ist. Je mehr sich die Inflationsraten in den einzelnen Ländern der Währungsunion auseinanderentwickeln, desto schwieriger ist es für die EZB, mit einer für alle Länder einheitlichen Zinspolitik („one-fits-all"-Zinspolitik) den besonderen Erfordernissen gerecht zu werden.

Das Ziel der Preisniveaustabilität würde für einige Länder mit überdurchschnittlich hohen Preissteigerungsraten eine Zinserhöhung nötig machen. Wegen der geringen Wachstumsraten und der hohen Arbeitslosenquoten wären dagegen für andere Länder weitere Zinssenkungen angebracht.

Wegen der Gemeinschaftswährung und ihrer Steuerung durch die EZB sind die herkömmlichen wirtschaftspolitischen Instrumente zur Konjunkturbelebung und Beschäftigungsförderung in den einzelnen Ländern weitgehend blockiert. Keines der Mitgliedsländer kann durch eine wachstums- und beschäftigungsorientierte Geldpolitik Zinsen und Wechselkurse zu seinen Gunsten beeinflussen.

Einseitige Orientierung an der Preisniveaustabilität

Angesichts der hohen Arbeitslosigkeit und der relativ niedrigen Inflationsrate in der Euro-Zone wurde die EZB zuweilen von Politikern und Wirtschaftswissenschaftlern wegen ihrer einseitigen Orientierung am Ziel der Preisniveaustabilität kritisiert. Gefordert wurde eine stärkere Berücksichtigung der Konjunktur- und Arbeitsmarktsituation bei den zinspolitischen Entscheidungen der EZB. Dabei wurde u. a. auch mit Verweis auf die nordamerikanische Zentralbank **Federal Reserve System** (FED) mit ihrer Zielformulierung *„maximum employment, stable prices, and moderate long-term interest rates“*, betont, dass die Inflationsbekämpfung kein Selbstzweck, sondern ein Mittel sei, um für Wachstum und Beschäftigung zu sorgen. Die frühere EZB-Politik änderte sich aber infolge der 2008 ausgelösten internationalen Finanzkrise und der nachfolgenden Staatsschuldenkrise. In der Euro-Zone war das Inflationsziel „unter, aber nahe bei 2%“ in den letzten Jahren kaum gefährdet. 2015 betrug die Inflationsrate im Euro-Raum 0,0%, sodass zeitweise sogar eine Deflation befürchtet wurde. Daher stand bei den geldpolitischen Maßnahmen der EZB in den letzten Jahren nicht mehr die Inflationsbekämpfung im Mittelpunkt. Vielmehr zielten die Maßnahmen auf eine Inflationsförderung und eine Konjunkturbelebung zur Verbesserung der Beschäftigungslage in den Mitgliedsstaaten ab. Das Ziel der Preisniveaustabilität wurde daher zur Überprüfung des geldpolitischen Kurses der EZB im Juli 2021 auf 2% mittlerweile angepasst.

Überholte Orientierung am Geldmengenwachstum

Die Entwicklung der Geldmenge M3 und der Inflationsrate legen sowohl in den USA als auch im Euro-Währungsgebiet den Schluss nahe, dass der behauptete Zusammenhang zwischen diesen beiden Größen nicht (mehr) besteht.

Neuere empirische Untersuchungen bestätigen diese Beobachtungen und zeigen tatsächlich Folgendes[1]: Die von MILTON FRIEDMAN und den Monetaristen aufgestellte Behauptung, dass die Geldmenge die wesentlichste Ursache für Inflation sei („Zu viel Geld jagt zu wenig Güter“), ist nicht unbedingt zutreffend. Vielmehr ist für den Zusammenhang zwischen Geldmenge und Inflation entscheidend, wie hoch die Inflationsrate in einem Land ist. In Ländern mit niedriger Inflationsrate (z. B. USA, Euro-Länder) lässt sich so gut wie kein Zusammenhang zwischen der Geldmenge und der Preissteigerungsrate feststellen. Wenn aber die Inflationsrate über einer kritischen Schwelle von ca. 12% liegt, ergibt sich dagegen ein eindeutiger Zusammenhang zwischen wachsender Geldmenge und höherer Inflation.

Umstrittener Ankauf von Staatsanleihen

In den Jahren 2010 und 2011 hat die EZB im Rahmen der Staatsschuldenkrise Staatsanleihen einiger der betroffenen Euro-Länder auf dem Kapitalmarkt bzw. von Geschäftsbanken gekauft. Damit sollte u. a. die Zahlungsunfähigkeit dieser Länder verhindert und ihre Kreditwürdigkeit für die notwendige Aufnahme neuer Schulden verbessert werden.

---

1 vgl. Teles, Pedro & Uhlig, Harald: Is Quantity Theory still alive?, CEPR Discussion Paper Nr. 8049, Okt. 2010 & Handelsblatt Nr. 206, 25.10.2010, S. 19.

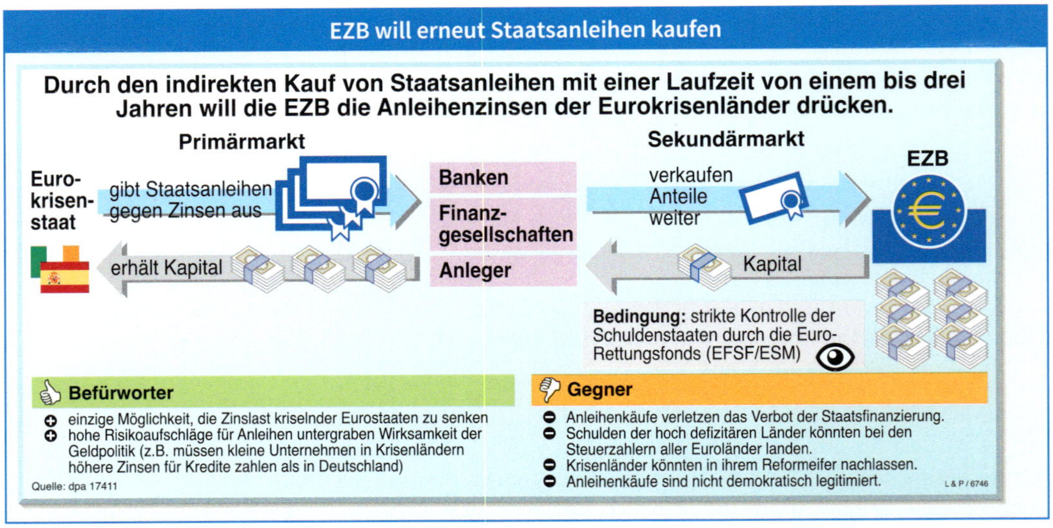

Aus einem weiteren Grund hat die EZB zudem im März 2015 mit dem Aufkauf von Staatsanleihen ausgewählter Mitgliedsstaaten im Umfang von 60 Mrd. € monatlich begonnen. Dabei geht es nicht um die Verbesserung der Kreditwürdigkeit von Krisenländern, sondern um die Erhöhung der Geldmenge zur **Ankurbelung der Konjunktur** und zur **Inflationsförderung**.[1]

Nach drei Jahren im Dezember 2018 wurden die Aufkäufe von Staatsanleihen vorläufig beendet. Von Januar 2019 bis Oktober 2019 erfolgten ebenfalls keine Aufkäufe mehr. Allerdings wurden die Beträge der fälligen Anleihen reinvestiert. Seit November 2019 werden wieder Aufkäufe von rund 20 Milliarden Euro pro Monat getätigt. Seit März 2020 herrschte aufgrund der Corona-Pandemie[2] nicht nur medizinisch, sondern auch wirtschaftlich ein noch nie da gewesener Ausnahmezustand (vgl. dazu S. 384).

Der direkte Erwerb solcher Anleihen von den Staaten selbst (= Primärmarkt) ist der EZB eindeutig verboten *(Art. 21 der ESZB-Satzung)*. Aber auch deren Erwerb auf dem Kapitalmarkt (= Sekundärmarkt) ist unter Politikern und Wirtschaftswissenschaftlern höchst umstritten. Allerdings hat der Europäische Gerichtshof ein solches Vorgehen der EZB im Juni 2015 grundsätzlich für zulässig erklärt.

Der Ankauf von Anleihen am **Sekundärmarkt** ist der EZB erlaubt, wenn dies der Erreichung ihrer Ziele und der Erfüllung ihrer Aufgaben dient *(Art. 18 der ESZB-Satzung)*. Um Rezessions- und Deflationsgefahren mit geldpolitischen Mitteln zu bekämpfen, kann eine solche Maßnahme im Rahmen einer expansiven Geldpolitik tatsächlich sinnvoll sein. Die EZB verteidigt daher diese Maßnahme mit dem Hinweis, dass der Ankauf von Anleihen gemäß Art. 18 der ESZB-Satzung zum geldpolitischen Instrumentarium der EZB gehört und der Vereinheitlichung des Zinsniveaus in der Euro-Zone dient.

Im Fall des Ankaufs von Staatsanleihen der Krisenländer ist aber strittig, ob es sich wirklich um eine geldpolitische Maßnahme zur Erreichung der EZB-Ziele (vorrangiges Ziel: Preisniveaustabilisierung) oder um eine (unzulässige) finanzpolitische Maßnahme zur Staatsfinanzierung handelt. Der Ankauf von Anleihen durch die EZB am Sekundärmarkt bewirkt zwar keinen Geldzufluss an die Krisenstaaten, allerdings sinken dadurch die Zinsen am Anleihenmarkt, sodass die Ausgabe neuer Staatsanleihen zu günstigeren Zinsen erfolgen kann. Wenn aber die Krisenstaaten tatsächlich am Fälligkeitstag die von der EZB aufgekauften Staatsanleihen nicht in vollem Umfang tilgen können (oder bereits vorher ein Schuldenerlass/Schuldenschnitt vereinbart wurde), erleidet die EZB Verluste in entsprechender Höhe, da der Wert der angekauften Anleihen

1 Vgl. Teles, Pedro & Uhlig, Harald: Is Quantity Theory still alive?, CEPR Discussion Paper Nr. 8049, Okt. 2010 & Handelsblatt Nr. 206, 25.10.2010, S. 19.

2 Unter Pandemie versteht man eine länder- und kontinentübergreifende Ausbreitung einer Krankheit beim Menschen, im engeren Sinn die Ausbreitung einer Infektionskrankheit. Im Unterschied zur Epidemie ist eine Pandemie somit örtlich nicht beschränkt.

gesunken ist und im Extremfall 0 € beträgt. Diese Verluste müssen von den nationalen Zentralbanken (Deutschland: Deutsche Bundesbank) entsprechend ihres Anteils am Eigenkapital der EZB getragen werden (z. B. Deutsche Bundesbank 27,15 %). Dadurch können die nationalen Zentralbanken entsprechend weniger (oder gar keine) Gewinne an den jeweiligen Staatshaushalt abführen. Letztlich werden dadurch die Bürger der Euro-Staaten belastet, da diese Einnahmeausfälle durch sinkende staatliche Ausgaben (= Verzicht auf staatliche Leistungen) und/oder Steuererhöhungen ausgeglichen werden müssen.

Inflationsgefahr durch den Ankauf von Staatsanleihen durch die EZB?

Im Zusammenhang mit den Anleihekäufen der EZB am Sekundärmarkt wird häufig auf die damit einhergehenden Inflationsgefahren hingewiesen. Wenn die EZB Anleihen kauft, steigt nämlich im Gegenzug die Zentralbankgeldmenge, auf deren Basis die Geschäftsbanken weiteres Geld in Form von Krediten schaffen können. Durch die für die Anleihen anfallenden Zins- und Tilgungszahlungen an die EZB sinkt die Zentralbankgeldmenge zu einem späteren Zeitpunkt aber wieder.

Nur wenn zwischenzeitlich die erhöhte Geldmenge nachfragewirksam verwendet wird und dadurch die Preise für Güter des Warenkorbs, der dem Verbraucherpreisindex zugrunde liegt, steigen, führt die Geldmengenerhöhung tatsächlich zu inflationären Tendenzen. Allerdings ist auch in früheren Jahren die Geldmenge in der Euro-Zone zeitweise erheblich gestiegen, ohne dass es zu übermäßigen Preisniveausteigerungen kam. Dies war einerseits dadurch bedingt, dass die Produktionskapazitäten im Euro-Raum nur unterdurchschnittlich ausgelastet waren und somit eine Mehrproduktion ohne Preissteigerungen möglich war. Andererseits wurde die erhöhte Geldmenge nicht vorrangig für Güter des Warenkorbs, sondern für Kapitalanlagen verwendet. Es muss daher zwischen den Preisen für Güter des Warenkorbs einerseits und Vermögenspreisen andererseits unterschieden werden. In letzter Zeit zeichnet sich insbesondere auf dem deutschen Immobilienmarkt eine verstärkte Nachfrage mit entsprechenden Preissteigerungen ab („Blasenbildung"). Aber nur wenn der Immobilienboom zu steigenden Mieten führt, steigt dadurch auch das Verbraucherpreisniveau.

Die Erhöhung der Zentralbankgeldmenge hat die Geschäftsbanken bisher nicht zu einer wesentlichen Erhöhung der Kreditvergabe für die Privatwirtschaft veranlasst. Da die Geschäftsbanken solche Kredite inzwischen zunehmend auch mit Eigenkapital absichern müssen, erscheint ihnen eine Kreditvergabe derzeit zu risikoreich. Daraus ergibt sich die gegenwärtig zu beobachtende Situation, dass zwar die Geldmenge steigt, ohne dass dies aber bisher eine deutliche Erhöhung des Preisniveaus zur Folge hatte. Es ist allerdings nicht auszuschließen, dass irgendwann das Missverhältnis zwischen Zentralbankgeld, Schulden und Bruttoinlandsprodukt so groß wird, dass eine sogenannte „Ketchup-Inflation" droht. Wie bei einer Ketchup-Flasche, die man schüttelt, kommt zuerst nichts heraus und dann ein ganzer Schwall, den man nicht aufhalten kann. Ähnlich kann es sich mit der Inflation verhalten. Wenn sie tatsächlich kommt, muss die EZB versuchen, sie mithilfe ihrer geldabschöpfenden Instrumente (z. B. Verkauf von Staatsanleihen) oder über massive Zinserhöhungen aufzuhalten.

8.7.3 Herausforderungen für die Geldpolitik durch die Finanz- und Schuldenkrise

Als Reaktion auf die durch die Insolvenz des Bankhauses „Lehman Brothers" in den USA (September 2008) ausgelöste Finanzkrise und der sich daran anschließenden europäischen Staatsschuldenkrise hat die EZB in der Zwischenzeit zahlreiche **konventionelle** und **unkonventionelle** geldpolitische Maßnahmen ergriffen.

Konventionelle Maßnahmen

Im Zeitraum von Oktober 2008 bis März 2016 hat die EZB den Haupt-Refisatz in zwölf Schritten von 4,25% auf ein historisches Tief von null Prozent gesenkt. Der Einlagesatz, zu dem Geschäftsbanken Tagesgeld „über Nacht" bei der EZB anlegen können, ist seit September 2014 negativ und beträgt seit September 2019 −0,5%. Seit Juli 2022 ist der Haupt-Refisatz auf 0,5% angehoben worden. Im September 2022 erneut auf 1,25% zur Bekämpfung der Corona-Pandemie bedingten Inflation. Am 27. Oktober 2022 setzte die EZB den Leitzins auf 2% zur Bekämpfung der „Rekordinflation" im Euroraum. Es folgten weiter neun Anpassungen bis Juli 2023 auf 4,25 %. Die Inflation ist mittlerweile zurückgegangen.[1]

Unkonventionelle Maßnahmen

(1) Als Folge der Lehman-Insolvenz kam es zu einem völligen Vertrauensverlust im Hinblick auf die Geldgeschäfte zwischen den Banken. Dies hatte zur Folge, dass die Geschäftsbanken auf dem **Interbankenmarkt** weder kurzfristiges Geld anlegen noch aufnehmen konnten. Vielmehr waren die Geschäftsbanken für ihre Liquiditätsversorgung nahezu ausschließlich auf Notenbankkredite angewiesen. Dies führte zu einem enormen Anstieg der Zinsgebote bei Zinstendern. Um den Zinssatz und die Zinsgebote zu senken, stellte die EZB die Haupt-Refigeschäfte im Oktober 2008 auf einen **Mengentender mit voller Zuteilung** und einem **Festzinssatz** um. Eine Repartierung ist in diesem Fall nicht erforderlich. Auch die längerfristigen Refinanzierungsgeschäfte wurden auf einen Mengentender mit fester Zinsvorgabe umgestellt. Durch diese Maßnahmen, die einen grundlegenden Wechsel der EZB-Geldpolitik darstellten, wurde den Banken gewissermaßen jeder Liquiditätswunsch zum Haupt-Refisatz erfüllt.

Beispielsweise wurden im Zeitraum von Dezember 2011 bis Februar 2012 mehrere **längerfristige Refinanzierungsgeschäfte** durchgeführt, durch die dem Geschäftsbankensystem mehr als eine Billion Euro für drei Jahre zum Refisatz von damals 1% zur Verfügung gestellt wurden[2]. Die Absicht bestand darin, dass die Banken diese Liquidität für die Kreditvergabe an Bankkunden verwenden. In Wirklichkeit haben die Banken diese Mittel aber in erheblichem Umfang für den Erwerb von höher verzinsten Wertpapieren benutzt.

(2) Ein weiteres Merkmal der unkonventionellen Geldpolitik besteht darin, dass die EZB bei den von den Geschäftsbanken zu hinterlegenden Sicherheiten zu Zugeständnissen bereit war. So wurden beispielsweise im Gegensatz zu früher auch Unternehmensanleihen und Staatsanleihen geringerer Bonität als Sicherheiten akzeptiert.

(3) Seit Frühjahr 2010 kam es in der Euro-Zone bei einigen Mitgliedsstaaten zu einer Staatschuldenkrise (insbesondere Griechenland, Irland, Portugal, Spanien und Italien). Die betroffenen Länder konnten nicht mehr oder nur noch zu extrem hohen Zinsen neue Kredite an den Kapitalmärkten aufnehmen. Vor diesem Hintergrund hat der EZB-Rat im Mai 2010 beschlossen, künftig auch Staatsschuldverschreibungen zu kaufen.

Die EZB hat seinerzeit insbesondere griechische, portugiesische, irische und spanische Staatsanleihen gekauft. Da ein Zahlungsausfall eines oder mehrerer dieser Länder zu erheblichen Verlusten bei der EZB und den nationalen Zentralbanken führen würde, wurde das Eigenkapital der EZB zum Jahreswechsel 2010/2011 nahezu verdoppelt.

(4) Da die Banken im Laufe der Krise über immer weniger Sicherheiten zur Absicherung von Krediten bei der EZB verfügten, wurde im Januar 2012 der bis dahin unveränderte Mindestreservesatz von 2% auf 1% gesenkt. Zwar gehört die Mindestreservepolitik zum normalen EZB-Instrumentarium. Im vorliegenden Fall kann die Senkung des Mindestreservesatzes aber durchaus als unkonventionelle Maßnahme eingestuft werden.

1 Dezember 2022 ca. 10 % Inflation; März 2023 7,4 %

2 Diese außergewöhnlichen Maßnahmen wurden in Anspielung auf ein im ersten Weltkrieg eingesetztes Geschütz des Rüstungskonzerns Krupp als „Dicke Bertha" bezeichnet.

(5) Die Maßnahmen führten insgesamt nicht zu der erhofften Vertrauensbildung auf dem Interbankenmarkt. Dies wurde u.a. daran deutlich, dass sich die Geschäftsbanken Liquidität über Refi-Geschäfte bei der EZB zu einem Festzins besorgten und die überschüssigen Mittel im Rahmen der Einlagefazilitäten niedriger verzinst horteten. Vor diesem Hintergrund beschloss der EZB-Rat im Juni 2014 erstmals einen negativen Einlagesatz. Dieser betrug im März 2016 –0,4%. Dies bedeutet, dass Geschäftsbanken, die „über Nacht" Geld bei der Zentralbank „parken" möchten, für diese sichere Anlage einen Strafzins von 0,4% zahlen müssen.

(6) Im Hinblick auf die sich 2014 in der Euro-Zone abzeichnende Deflationsgefahr (die Inflationsrate war im Dezember 2014 mit –0,2% erstmals seit fünf Jahren negativ) hat die EZB als Gegenmaßnahme im März 2015 mit dem Aufkauf von Staatsanleihen ausgewählter Mitgliedsstaaten begonnen. Dabei ging es nicht um die Verbesserung der Kreditwürdigkeit von Krisenländern, sondern um die Erhöhung der Geldmenge zur Ankurbelung der Konjunktur und Inflationsförderung. Dieses Programm, das zwischenzeitlich auch den Kauf von Unternehmensanleihen umfasste, ist Ende 2018 ausgelaufen.

Zwischenzeitlich wurden die Aufkäufe ausgesetzt und seit November 2019 werden wieder Aufkäufe von rund 20 Milliarden Euro pro Monat getätigt. Am 09. März 2020 war der Corona-Crash an der Börse. Dieses Ereignis führte zu einem angekündigten Notfallprogramm am 19. März 2020 in Höhe von 750 Milliarden. Die Anleihenkäufe des Asset Purchase Programme (APP) wurden von der Europäische Zentralbank zum 1. Juli 2022 durch Beschluss der EZB eingestellt[1], so dass einer Zinserhöhung nach elf Jahren aufgrund der aktuellen hohen Inflation im Juni 2022 von +7,6%[2] möglich wurde.

Wirkung der quantitativen Lockerung

Die – in Anlehnung an ein ähnliches Programm der US-Notenbank – als „quantitative Lockerung" (quantitative easing) bezeichnete Art der expansiven Geldpolitik mit den beschriebenen unkonventionellen Maßnahmen kommt dann zur Anwendung, wenn keine weiteren Leitzinssenkungen mehr möglich sind. Bei der Kritik an den von der EZB vorgenommenen Käufen von Staatsanleihen geht es nicht nur um rechtliche Bedenken, ob es sich dabei um eine unzulässige (indirekte) Staatsfinanzierung handelt. Vielmehr werden auch Notwendigkeit und Wirksamkeit dieser außergewöhnlichen Maßnahme mit folgenden Argumenten infrage gestellt:

- Es besteht keine akute Deflationsgefahr in der Euro-Zone. Der Rückgang des Preisniveaus ist vor allem auf den gesunkenen Ölpreis und nicht auf die Kaufzurückhaltung der Verbraucher zurückzuführen.
- Banken, Investmentfonds, Pensionskassen u.a. sind möglicherweise nicht bereit, sichere Wertpapiere aus ihren Beständen an die EZB zu verkaufen.
- Es ist nicht sicher, dass bei einem Verkauf der Wertpapiere an die EZB das zufließende Zentralbankgeld für kreditfinanzierte Güterkäufe von Unternehmen und Verbrauchern genutzt wird. Vielmehr können diese Mittel auch für den Kauf von Aktien oder anderen Wertpapieren verwendet werden. Dies würde zwar zu steigenden Wertpapierkursen, nicht aber zu der beabsichtigten Konjunkturankurbelung und zur Erhöhung der am Harmonisierten Verbraucherpreisindex gemessenen Inflationsrate führen.
- Die Fremdfinanzierung der meisten Unternehmen in der Euro-Zone beruht auf Krediten ihrer jeweiligen Hausbank. Deren Kreditbedingungen können aber nur in geringem Umfang durch Anleihekäufe der EZB beeinflusst werden, zumal die Kreditzinsen bereits auf einem extrem niedrigen Stand sind und kaum noch weiter sinken können.
- Es wird eine falsche Botschaft an die Euro-Krisenländer (u.a. Griechenland, Spanien, Portugal) gesandt. Deren Reformbereitschaft wird gebremst, indem der Eindruck erweckt wird, dass im Ernstfall die Staatsanleihen (auch der Krisenländer) von der EZB aufgekauft werden.

1 vgl. EZB Pressemitteilung vom 9. Juni 2022.
2 vgl. Statistisches Bundesamt Pressemitteilung Nr. 272 vom 29. Juni 2022.

Folgen der Niedrigzinspolitik

Weitere Infos Destatis

Die bisherigen Ergebnisse zeigen, dass die mit der Niedrigzinspolitik beabsichtigte Wirkung – die Kreditvergabe an Unternehmen und Verbraucher zu erhöhen und dadurch die gesamtwirtschaftliche Nachfrage anzukurbeln – nicht eingetreten ist. Eine lang andauernde Niedrigzinspolitik kann allerdings erhebliche problematische Nebenwirkungen mit sich bringen.

- Es besteht die Gefahr, dass die Banken die von ihnen zu zahlenden Strafzinsen bei der Einlagefazilität als zusätzliche Kreditkosten an die Kreditnehmer weitergegeben.
- Das den Banken zur Verfügung gestellte Zentralbankgeld wird nicht zur Kreditvergabe an die Wirtschaft, sondern für Anlagen auf den Finanzmärkten mit entsprechenden Kurssteigerungen (Blasenbildung) genutzt.
- Die Inhaber von Geldvermögen (Sparer) erleiden durch die niedrigen Zinsen, die häufig nicht die Inflationsrate ausgleichen (= negative Realzinsen), erhebliche Einbußen. Dem gegenüber zählen alle Schuldner (darunter insbesondere auch der Staat) zu den Gewinnern.
- Die auf Sparvorgängen beruhenden Formen der Altersvorsorge (Lebensversicherungen, Pensionsfonds) werden unattraktiv. Die Leistungen müssen gekürzt werden.

8.4.4

8.7.4 Besondere Herausforderungen der Konjunktur- und Geldpolitik aufgrund der Corona-Krise

Wirtschaftskrise 2020 – Corona-Krise

Aktuelle Zahlen WHO

Die Wirtschaftskrise 2020 wird auch als Corona-Krise oder Coronarezession bezeichnet. Sie wurde durch die COVID-19-Pandemie ausgelöst. In vielen Ländern wurden „Lockdowns“ angeordnet, die das soziale und wirtschaftliche Leben weitgehend heruntergefahren haben. Die Folge daraus waren Ausgangsbeschränkungen und Kontaktverbote sowie Betriebsschließungen. Dadurch sollte die Ausbreitung des Ende 2019 ausgebrochenen Coronavirus SARS-CoV-2 (dieses Virus löst die Krankheit COVID-19 aus) verhindert werden. Der „Lockdown“ brachte einen starken Börseneinbruch (09. März 2020 Corona-Crash), weltweit sank die Wirtschaftsleistung, die Arbeitslosigkeit und Kurzarbeit stiegen an, die Leistungsfähigkeit der Gesundheitssysteme wurden weltweit in höchstem Maße gefordert. Am 21.04.2023 waren nach Angaben der WHO 763,7 Mio. Menschen weltweit infiziert, bei rund 7 Millionen Todesfällen. Zahlreiche Staaten erhielten international Kredithilfen. Am 05. Mai 2023 hat die WHO den globalen Corona-Gesundheitsnotstand aufgehoben. Weltweit hat es nach Tedros Gheberyesus (Chef der WHO) mindestens 20 Millionen Tote gegeben, damit ist die Opferzahl fast drei Mal so hoch wie die offiziellen Angaben.[1] Bis zum 16. April 2023 wurden 13,3 Milliarden Impfdosen[2] weltweit verabreicht.

”

“In der Nacht zum Donnerstag hatte die EZB weitreichende Maßnahmen zur weiteren Stützung der Wirtschaft im Euroraum beschlossen. Unter anderem stockt sie ihre Wertpapierkäufe um 750 Milliarden Euro auf. Alle Wirtschaftssektoren sollen von besseren Finanzierungsbedingungen profitieren und damit den durch die Ausbreitung des Coronavirus ausgelösten Schock „absorbieren“ können. EZB-Chefin Christine Lagarde schrieb bei Twitter: ‚Außergewöhnliche Zeiten erfordern außergewöhnliche Maßnahmen.‘ Es gebe ‚keine Limits bei unserem Einsatz für den Euro‘.“

Quelle: wgr/© Agence France-Presse: EZB-Chefin erwartet erheblichen Rückgang der Wirtschaftsleitung im Euroraum, 19.03.2020.

1 vgl. dpa/afp: WHO erklärt Corona-Notstand für beendet, 05.05.2023, online unter: https://www.zdf.de/nachrichten/politik/corona-who-gesundheit-notstand-aufgehoben-100.html.

2 Die Gesundheitsminister Bund und Länder haben für Ende Dezember 2020 ein gemeinsames Vorgehen bei Impfungen gegen das Coronavirus beschlossen. Die erste Impfung wurde am 26.12.2020 an eine Seniorin verabreicht. Danach folgte der Aufbau einer Infrastruktur mit Impfzentren und Priorisierung in den Altersgruppen. Die Impfzentren wurden am 30.09.2021 geschlossen. Die Impfungen werden von mobilen Teams und niedergelassenen Ärzten weitergeführt.

"

"Der EU-Gipfel hat das vereinbarte Paket mit Kredithilfen von bis zu 540 Milliarden Euro für Kurzarbeiter, Unternehmen und verschuldete Staaten gebilligt. [...] Die Hilfen sollen zum 1. Juni bereitstehen.

Auf das Paket hatten sich die EU-Finanzminister vor zwei Wochen geeinigt. Es enthält drei Punkte – jeweils ein „Sicherheitsnetz" für Jobs, für kleine und mittlere Unternehmen und für angeschlagene Staaten wie Italien oder Spanien, die ohnehin verschuldet sind und nun auch noch von der Corona-Pandemie schwer getroffen werden.

Dazu gehört das Konzept „Sure" der EU-Kommission, das Kurzarbeitergeld in den EU-Staaten unterstützen soll. [...]

Zweiter Punkt ist ein Garantiefonds bei der Europäischen Investitionsbank EIB [...].

Das dritte Element sind vorsorgliche Kreditlinien des Europäischen Stabilitätsmechanismus ESM."

Quelle: Redaktion kurier.at: EU-Gipfel billigt 540 Milliarden-Paket für Corona-Hilfe. 23.04.2020; online unter: https://kurier.at/wirtschaft/eu-gipfel-billigt-540-milliarden-paket-fuer-corona-hilfe/400822259 [24.01.2023].

"

"Finanzminister Olaf Scholz (SPD) plant für 2020 mit einer Neuverschuldung von 218,5 Milliarden Euro. [...]

Jetzt kommen in einem zweiten Nachtragshaushalt noch einmal 62,5 Milliarden Euro dazu, wie am Montag aus dem Finanzministerium verlautete. [...]

Teil des Konjunkturpakets ist eine vorübergehende Senkung der Mehrwertsteuer, die Einkäufe im Supermarkt, im Möbel- oder Autohaus und in anderen Geschäften bis Jahresende günstiger machen soll. Außerdem bekommen Familien mit Kindern einen Bonus von 300 Euro pro Kind. Kleine und mittelständische Unternehmen, die von der Corona-Krise besonders hart getroffen sind, können Überbrückungshilfen von insgesamt 25 Milliarden Euro erhalten, damit sie den Sommer überstehen und noch im Geschäft sind, wenn die Wirtschaft langsam wieder durchstartet."

Quelle: dpa: © dpa Deutsche Presse-Agentur, 15.06.2020.

Zeitachse der „Corona-Krise“

Maßnahmen des Bundes und der Länder, sowie gesundheitspolitische Maßnahmen		Konjunktur und Geldpolitische Maßnahmen, sowie EU-Politische Maßnahmen
Dez 2019 Erste Erkrankungsfälle in Wuhan/China	Dez	
2020		**2020**
28. Januar Erste Infektion in Bayern	Jan	
11./12. Februar WHO-Konferenz, 400 Experten **13. Februar** Treffen der EU-Gesundheitsminister in Brüssel **25. Februar** Erste Erkrankte in Baden-Württemberg und Nordrhein-Westfalen **28. Februar** Das RKI schätzt die Gefahr des Coronavirus als „gering bis mäßig“ ein. **29. Februar** 57 infizierte in Deutschland, das RKI schätzt die Gefahr als „mäßig“ ein.	Feb	**24. Februar** Die Europäische Kommission gibt Hilfsinvestitionen in Höhe von 232 Mrd. EUR bekannt, Einsatzzweckgemäß WHO: Forschung, Afrika, Rückholung im Ausland festsitzender EU-Bürger
11. März Die WHO erklärt die Pandemie weltweit. **13. März** Treffen der deutschen Ministerpräsidenten, Absage von Veranstaltungen, Beschränkung der Sozialkontakte, Quarantäne-Pflicht für Reiserückkehrer **17. März** Das RKI stuft die Gefahr als „hoch“ ein **18. März** Erste Bundesländer veranlassen Schulschließungen. **22. März** Bund und Länder beschließen umfassendes Kontaktverbot, Schließung von Gastronomie- und Dienstleistungsbetriebe, Auflagen für Personenkontakt im öffentlichen Raum, Mindestabstand von 1,5 Metern – zunächst bis 19. April **26. März** Das RKI schätzt die Gefahr als „sehr hoch“ ein.	März	**9. März** Corona-Crash and der Börse **12. März** EZB beschließt, bis zum Jahresende 120 Mrd. EUR bereitzustellen für langfristige Kredite von Banken und Aufkauf von Wertpapieren. **19. März** Die EZB kündigt ein Notfallprogramm über 750 Mrd. EUR zur Bekämpfung der wirtschaftlichen Folgen der Corona-Pandemie an (PEPP: Pandemie-Notfallkaufprogramm). **26. März** Forderungen nach Corona Bonds durch einzelne EU Mitgliedsstaaten
15. April Empfehlung der „Maskenpflicht“ beim Einkaufen und im ÖPNV. Erste Lockerungen für kleine und mittlere Geschäfte mit Flächen bis zu 800 m^2: Öffnung unter Auflagen ab dem 20.4.3030 **18. April** Globales Live-Streaming und TV-Ereignis „One World: Together at home“ **30. April** wurden weitere Lockerungen vereinbart wie z. B. Unter Hygieneauflagen können Spielplätze geöffnet werden, Gottesdienste ermöglicht und Museen.	Apr	**9. April** Besonders von der Pandemie betroffenen Mitgliedsstaaten sollen Kredite des Euro-Rettungsschirms ESM bis zu einer Höhe von 240 Mrd. ermöglicht werden.

Mai

- **06. Mai** Ergebnis der Telefonkonferenz mit Frau Merkel und der Ministerpräsidenten der Mindestabstand von 1,5 Metern ist weiterhin einzuhalten, alle Geschäfte dürfen unter Auflagen wieder eröffnen, ebenso der Breiten- und Freizeitsport, Besuchsbeschränkungen für Kliniken etc. werden gelockert, Notbeteuerung wird erweitert.
  Die Länder erhalten weitgehend die Verantwortung für weitere Lockerungen, bei einer Überschreitung der Obergrenze von 50 Neuinfektionen pro 100 000 Einwohnern pro Woche in einzelnen Landkreisen oder kreisfreien Städten → sog. Beschränkungskonzept/Obergrenze soll als Notfallbremse gelten.
- **18. Mai** Vorstellung der Wiederaufbaufonds als deutsch französische Initiative in Höhe von 500 Mrd. Euro mit dem Ziel gemeinsamer europäischer Anleihen.
- **27. Mai** Vorschlag der Kommission von der Leyen für den Wideraufbaufonds „Next Generation EU" über 500 Mrd. Euro Zuschüsse und 250 Mrd. Euro günstige Kredite für die Mitgliedsländer. Die Vorstellung wäre, dass das Geld nicht vor 2028 und nicht nach 2058 zurückgezahlt werden sollte.

Juni

15. Juni weitere Lockerungen treten in Kraft

- **3./4. Juni** Erweiterung des PEPP Programms wurde durch die EZB um 600 Milliarden Euro
- **12. Juni** Beschluss über die Maßnahmen des Konjunkturpakets der Bundesregierung. Zur Ankurbelung des Konsums soll der Mehrwertsteuersatz vom 1. Juli bis zum 31. Dezember von 19 auf 16 Prozent sinken.

Juli

- **21. Juli** Die Staats- und Regierungschefs der EU haben sich auf den EU-Haushalt bis 2027 und das Corona-Hilfspaket in Höhe von 1.800 Milliarden geeinigt.

⋮

Dez

- **August bis Dezember** Anstieg der Corona Zahlen und erneute Welle
- **September/Oktober** Im Schulunterricht werden medizinische oder FFP2-Masken getragen
- **03. September 2020** Einführung des 300,00 Euro Kinderbonus pro Kind.
- **September bis Dezember** Überbrückungshilfe II
- **Ab 16. Dezember** folgte ein weiterer „harter Lockdown" in Deutschland. Erneut kam es zu Schulschließungen und die Geschäfte des Einzelhandels wurden geschlossen.
- **09. Dezember** Einführung der Homeoffice Pauschale für Arbeitnehmer für die Corona-Jahre 2020 und 2021
- **10. Dezember** das PEPP Programm beläuft sich auf den neuen Gesamtbetrag von 1.850 Mrd. €.

2021

- **15. April** Erneut erste Lockerungen Krisengewinner wurden Paketdienstleister und Onlineplattformen
- **Ende April** Die Automobilbranche startet wieder ihre Produktion unter Lieferengpässen.
  Die Impfkampagnen in den Impfzentren laufen schleppend aufgrund von Impfstoffengpässen in der Lieferkette.

2021[1]

- **20. März** Die Neustarthilfe umfasst 100.000 Anträge.
- **13. April** 31,3 Mrd. Euro Corona-Hilfen sind ausbezahlt.
- **05. Mai** Das Aufholpaket „Chance für die Zukunft von Kindern und Jugendlichen" wird mit 2 Mrd. gesetzt.
- **26. Mai** Der „Sonderfonds für Kulturveranstaltungen, der Konzerte, Kino und Co. wieder ermöglichen soll beträgt 2,5 Mrd.

  Anfang Juni Neustarthilfe kann beantragt werden. Antragsfrist bis Ende Oktober 2021 verlängert.
- **13. Juni** Bereits 14 Mrd. Euro wurden für Überbrückungshilfen III ausbezahlt.
- **20. Juli** Bereits 1,3 Mrd. Euro Neustarthilfe sind bereits bei Soloselbstständigen angekommen.
- **Juli bis Dezember** Überbrückungshilfe III und Überbrückshilfe III Plus

2022

- **Ab Januar** Beginn der Omikron-Welle: Die Corona-Maßnahmen in Deutschland waren bis zum 19. März 2022 befristet. Seit Ablauf der Übergangsfrist am 3. April 2022 gibt es in Deutschland keine bundesweit geltenden Kontaktbeschränkungen und keine allgemeine Maskenpflicht mehr; lediglich Empfehlungen zum Tragen von Masken.
- **Juli** Angenommene Sommerwelle SARS-CoV-2-Variante Omikron BA.4 und BA.5.

2022

- **Januar bis Juni** Neustarthilfe 2022 (Q1 & Q2): Soloselbstständige und kleine Kapitalgesellschaften können Unterstützung in Form der Neustarthilfen beantragen und so einen einmaligen Zuschuss für den jeweiligen Förderzeitraum erhalten.
  Auf Neustarthilfe 2022 wurden insgesamt 153.001 Anträge im Volumen von 0,57 Mrd. EUR gestellt. 104.133 Anträge im Volumen von 0,38 Mrd. EUR wurden ausgezahlt (Stand: 13.07.22).[2]

2023

- **05. Mai 2023** Die WHO hebt den Gesundheitsnotstand wegen der Covid-19-Pandemie auf.

2023

- **Im April 2023** fallen alle Maßnahmen der Pandemie.

Dashboard Deutschland

Von der Corona-Krise in die Energiekrise

Obwohl die Corona-Krise noch andauert, setzte bereits die nächste Konjunkturkrise ein aufgrund der allgemein angestiegenen Energiekosten und der hohen Inflation im Euroraum. Als Maßnahme erhielten die Bundesbürger 300,00 Euro Energiepauschale.

Auswirkungen auf die Wirtschaft gegen Ende der COVID-19-Pandemie

Seit Oktober 2021 setzt sich die Erholung der Weltwirtschaft fort, wenngleich die Prognosen zum Wachstum und Inflation nahezu wöchentlich angepasst werden müssen. Anhaltende Lieferengpässe in diversen Branchen mit Material und Kostendruck trübten die positiven Aussichten im Herbst 2021, verhießen jedoch keine allzu pessimistischen Annahmen. Die immer noch dominierenden Delta- und Omikron-Varianten des Coronavirus führten nicht zu erneuten Lockdown-Maßnahmen. Es ist allerdings noch ungewiss, ob die Erholung des Welthandels anhält und das vollständige Wiederhochfahren der Wirtschaft sich nicht erneut verlangsamt. Die konjunkturelle Belebung war und ist den europaweiten, erfolgreichen Impfkampagnen geschuldet. Erst daraufhin sind die Öffnungen der weiten Teile der Wirtschaft ermöglicht worden. Die Aufhebung der Beschränkungen erlaubte wieder vor Ort in Geschäften des Einzelhandels einzukaufen, Restaurants oder Kinos zu besuchen oder Reisen zu unternehmen, wenngleich sich in sensiblen Bereichen wie in der Altenbetreuung Infektionsschutzauflagen wie 2G oder 3G noch länger hielten.

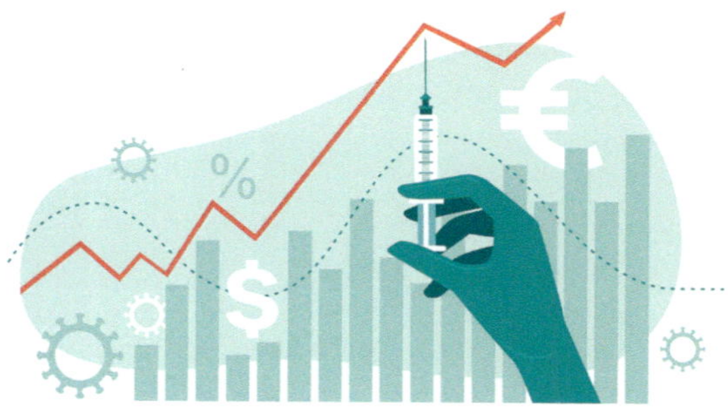

Im August 2021 betrug die Inflationsrate 3,0 %, im September lag sie bereits bei 4,1 %. Eine höhere Inflationsrate gab es in Deutschland zuletzt im Dezember 1993. Damals betrug sie 4,3 %. Die Gründe dafür waren 2021 sowohl temporäre Sondereffekte (z.B. die Senkung der Mehrwertsteuersätze im zweiten Halbjahr 2020) als auch eine starke Preissteigerung bei allen Energieträgern. Die Energiepreise waren im August 2021 im Durchschnitt 24 % höher als im Vorjahresmonat, wobei Erdgas den größten Preistreiber darstellte[1]. Positiv - wenn auch noch zurückhaltend - entwickelten sich dennoch die Konsumausgaben der Verbraucher und auch die Lage am Arbeitsmarkt zeigte eine positive Entwicklung auf. Dies zeigte sich in den sinkenden Arbeitslosenzahlen und den ebenfalls sinkenden Zahlen der Menschen, die in Programme zur Arbeitsplatzsicherung eingebunden waren. Die Zahl der Arbeitslosen war von 2,27 Millionen Menschen in 2019 auf 2020 stark angestiegen und erreichte im März 2020 einen Höchststand von 2,7 Millionen. Doch trotz positiver Tendenz wurden im September 2021 auch weiterhin etwa 2 Millionen weniger Erwerbstätige als vor der Pandemie verzeichnet - primär Jüngere und geringer Qualifizierte - und auch die Anzahl der Beschäftigten in Programmen der Arbeitsplatzsicherung war weiterhin beträchtlich[2].

Noch nie zuvor waren so viele Menschen in Kurzarbeit wie seit dem Beginn des Lockdowns im März 2020. In kürzester Zeit wurde ein historischer Höchststand erreicht - mit knapp 6 Millionen Personen. Das entsprach in etwa 18 % aller sozialversicherungspflichtig Beschäftigten. Zum Vergleich waren es in der Finanz- und Wirtschaftskrise 2008/09 lediglich 1,4 Millionen. Während damals überwiegend das verarbeitende Gewerbe in Kurzarbeit ging, waren es in der Corona-Krise auch Dienstleistungsbetriebe wie Hotellerie und Gastronomie. Am Höhepunkt bezogen 63% der Beschäftigten im Gastgewerbe und 27% im verarbeitenden Gewerbe sog. konjunkturelles Kurzarbeitergeld[3].

1 vgl.Statistisches Bundesamt – Destatis (Hrsg.): Pressemitteilung Nr. 482, 13.10.2021, online unter https://www.destatis.de/DE/Presse/Pressemitteilungen/2021/10/PD21_482_611.html.

2 vgl. EZB Wirtschaftsbericht, Ausgabe 6/2021 – Wirtschaftliche, finanzielle und monetäre Entwicklungen, S. 1-6

3 vgl. Presseteam der Bundesagentur für Arbeit (Hrsg.): Jahresrückblick 2020. Arbeitsmarkt wegen Corona-Krise stark unter Druck, 05.01.2021, Presseinfo Nr. 2; online unter: https://www.arbeitsagentur.de/presse/2021-02-jahresrueckblick-2020

8.7.5 Neue Herausforderungen für die Geldpolitik im Zuge des Klimawandels

Am 8. Juli 2021 veröffentlichte die EZB in ihrer neuen Kursrichtung zur geldpolitischen Strategie eine Pressemitteilung mit dem Maßnahmenplan zur Berücksichtigung von Klimaschutzaspekten. Dabei sollen mehr Analysekapazitäten im Hinblick auf den Bereich Klimawandel in makroökonomischen Modellen und Statistiken gesetzt werden. Der EZB Rat setzt sich weiterhin dafür ein, dass bei geldpolitischen Geschäften Klimaschutzaspekte in die Bereiche Offenlegung, Risikobewertung, Sicherheitenrahmen und Wertpapierankauf beim Unternehmenssektor Berücksichtigung finden sollen. Der Maßnahmenplan von 2021 bis 2024 soll dabei in Abstimmung mit den EU-Maßnahmen und –Initiativen in den Bereich Offenlegung und Berichterstattung zur ökologischen Nachhaltigkeit gebracht werden. Der Maßnahmenplan dient zur systematischen Erfassung der ökologischen Nachhaltigkeit in die Geldpolitik[1].

<table>
<tr><th colspan="6">Detaillierter Fahrplan für klimabezogene Maßnahmen</th></tr>
<tr><th></th><th></th><th>2021</th><th>2022</th><th>2023</th><th>2024</th></tr>
<tr><td>1.</td><td>Von Experten des Eurosystems/der EZB erstellte gesamtwirtschaftliche Projektionen</td><td colspan="2">Einführung technischer Annahmen zu CO_2-Preisen für Prognosezwecke und regelmäßige Evaluierung der Auswirkung von klimabezogenen finanzpolitischen Maßnahmen auf das Basisszenario der von Experten des Eurosystems/der EZB erstellten gesamtwirtschaftlichen Projektionen.</td><td colspan="2"></td></tr>
<tr><td>2.</td><td>Makroökonomische Modelle und Szenarioanalysen</td><td></td><td colspan="3">Aufnahme von Klimarisiken in die Referenzmodelle der EZB und Beurteilung ihrer Auswirkungen auf das Potenzialwachstum. Durchführung von Szenarioanalysen zu Übergangsregelungen. Modellierung von Implikationen des Klimawandels für die Transmission der Geldpolitik.</td></tr>
<tr><td rowspan="3">3.</td><td rowspan="3">Statistische Daten für Risikoanalysen zum Klimawandel</td><td colspan="2">Entwicklung von Indikatoren für grüne Finanzinstrumente.</td><td colspan="2" rowspan="3">Entwicklung neuer statistischer Datenerhebungen zum Klimawandel.</td></tr>
<tr><td colspan="2">Erstellen von Indikatoren für klimabezogene physische Risiken, denen Finanzinstitute durch ihre Portfolios ausgesetzt sind.</td></tr>
<tr><td colspan="2">Ableitung von Indikatoren zum CO_2- Fußabdruck der Portfolios von Finanzinstituten.</td></tr>
<tr><td>4.</td><td>Konzept der Marktneutralität und Konzept der Markteffizienz bei geldpolitischen Geschäften</td><td>Prüfung potenzieller Verschiebungen bei der Marktallokation bei Marktineffizienzen und der Vor- und Nachteile alternativer Allokationen</td><td>Erarbeitung konkreter Vorschläge für alternative Benchmarks, insbesondere für das Programm zum Ankauf von Wertpapieren des Unternehmenssektors (CSPP).</td><td colspan="2"></td></tr>
</table>

1 vgl. Europäische Zentralbank (Hrsg.): Pressemitteilung vom 08. Juli 2021.

<table>
<tr><th colspan="6">Detaillierter Fahrplan für klimabezogene Maßnahmen</th></tr>
<tr><th></th><th></th><th>2021</th><th>2022</th><th>2023</th><th>2024</th></tr>
<tr><td rowspan="2">5.</td><td rowspan="2">Offenlegungen im Einklang mit EU- Maßnahmen als Anforderung für die Zulassung als Sicherheit und bei Ankäufen von Vermögenswerten</td><td colspan="2">Vorschlag und Verabschiedung der EU-Offenlegungsverordnung.</td><td>In Kraft.</td><td>Erste regulatorische Offenlegungen für das Jahr 2023.</td></tr>
<tr><td></td><td>Gestaltung geeigneter Richtlinien und Durchführung von rechtlichen und operationellen Vorbereitungen.</td><td>Anpassungszeitraum für Emittenten.</td><td>In Kraft.</td></tr>
<tr><td>6.</td><td>Klimastresstests in Bezug auf die Bilanz des Eurosystems</td><td>Aufbereitung der Daten und Erarbeitung der Methodik.</td><td>Durchführung eines Pilot- Stresstests auf Basis des gesamtwirtschaftlichen Klimastresstests 2021 der EZB und des aufsichtlichen Klimastresstests einzelner Banken 2022.</td><td colspan="2">Einführung regelmäßiger Klimastresstests auf Basis des Pilot-Stresstests.</td></tr>
<tr><td>7.</td><td>Klimarisiken bei Bonitätsbeurteilung en für Sicherheiten und Ankäufe von Vermögenswerten</td><td colspan="2">Beurteilung der Offenlegungen von Ratingagenturen und verstehen, wie sie Klimarisiken in ihren Ratings berücksichtigen.</td><td colspan="2">Berücksichtigung von auf Klimarisiken abzielenden Anforderungen im Rahmenwerk für Bonitätsbeurteilungen im Eurosystem (ECAF), falls erforderlich.</td></tr>
<tr><td>8.</td><td>Klimarisiken im Sicherheitenrahmen</td><td colspan="2">Überprüfung der Bewertung von Sicherheiten und der Risikokontrollmaßnahmen um sicherzustellen, dass Klimarisiken Rechnung getragen wird. Beurteilung von Finanzinnovationen im Zusammenhang mit ökologischer Nachhaltigkeit.</td><td colspan="2">Überwachung der Angemessenheit der Bewertung von Sicherheiten und der Risikokontrollmaßnahmen um sicherzustellen, dass Klimarisiken ordnungsgemäß Rechnung getragen wird.

Ausgestaltung und Umsetzung von Änderungen, falls erforderlich.</td></tr>
<tr><td rowspan="3">9.</td><td rowspan="3">Klimarisiken im CSPP</td><td colspan="4">Durchführung einer verbesserten Due-Diligence-Prüfung unter Berücksichtigung von Klimarisiken.</td></tr>
<tr><td colspan="3">Ausarbeiten von klimabezogenen Offenlegungen zum CSPP.</td><td></td></tr>
<tr><td colspan="2">Erarbeiten von Vorschlägen zur Anpassung des CSPP-Rahmens, um Klimaschutzaspekte zu berücksichtigen.</td><td>Anpassung des CSPP-Rahmens.</td><td></td></tr>
</table>

Hinweis: Die rötlichen Bereiche markieren externe Entwicklungen, auf die sich das Eurosystem bei der Umsetzung von Maßnahmen stützt. Die blauen Bereiche stellen Maßnahmen des Eurosystems dar.

Quelle der Tabelle: Europäische Zentralbank (Hrsg.): EZB präsentiert Maßnahmenplan zur Berücksichtigung von Klimaschutzaspekten in ihrer geldpolitischen Strategie, 08.07.2021; online unter https://www.ecb.europa.eu/press/pr/date/2021/html/ecb.pr210708_1_annex~f84ab35968.de.pdf [07.04.2022] (verändert).

"

"Der Klimawandel wird in den nächsten Jahren und Jahrzehnten spürbare Auswirkungen auf die europäische Wirtschaft haben. Klimaforscher sehen es als weitgehend erwiesen an, dass Extremwetterereignisse in Zukunft häufiger werden. Das Jahr 2020 war in Europa das wärmste Jahr seit Beginn der Wetteraufzeichnungen. Aber nicht nur der Klimawandel selbst, sondern auch politische Maßnahmen, die den Klimawandel bremsen oder eine Anpassung der Lebensverhältnisse an den Klimawandel befördern sollen, werden ökonomische Effekte nach sich ziehen."

Quelle: Deutsche Bundesbank (Hrsg.): Monatsbericht September 2021, 73/9, 24.09.2021, S. 51.

Hinsichtlich des wichtigsten Ziels der Preisstabilität wird die Geldpolitik vor neue Aufgaben gestellt werden. Neue ökonomische Analysen, Prognosen und Modelle werden zur Risikoabschätzung von Klimawandel und Klimapolitik im Hinblick auf die Preisstabilität heranzuziehen sein, um die Zusammenhänge besser verstehen zu können.

Eine gängige Einteilung von ökonomische Klimarisiken lassen sich in allgemeine physische Risiken und Transitionsrisiken (=Übergangsrisiken) unterschieden.

<table>
<tr><th>Physische Risiken</th><th>Transitionsrisiken</th></tr>
<tr><td>Statistische Verteilung von Wettergrößen:
Zum Beispiel die Häufung von Extremwetterereignissen wie Sturm, Starkregen, Überflutung, Hitzewellen, Dürren u. n. m.
Generell aber auch der Anstieg des Meeresspiegels
Niederschlagsverteilung und-veränderung
Anstieg der Durchschnittstemperatur</td><td>Risiken in Folge von klimapolitischen Maßnahmen
Zum Beispiel aus
- Verändertem Konsumverhalten
- Technologischem Fortschritt
Aus wirtschaftlicher Sicht die Bepreisung von CO_2 und CO_2-äquivalenten Emissionen</td></tr>
<tr><th colspan="2">Volkswirtschaftliche Wirkung der Klimapolitik und ihre möglichen Effekte auf die Preisstabilität im Euroraum</th></tr>
<tr><td colspan="2">Arbeitslosigkeit
Wachstumseinbußen
Investitionsverhalten
Auf- oder Abwertung des Kapitalstocks (Einsatz des Kapitals für die Produktion wird rentabel oder unrentabel durch die Entwicklung von z. B. CO_2-Preisen)
Internationale Handelskonflikte</td></tr>
</table>

Die **physischen Risiken** beeinflussen die Volkswirtschaft unterschiedlich, so kann durch Extremwetterereignisse der Kapitalstock abnehmen oder gar zerstört werden. Arbeitsplätze und der private Konsum werden möglicherweise beeinträchtigt.[1] Hinzu treten Investitionskosten bei Unternehmen und auch Privatpersonen zur Anpassung der Infrastruktur an zum Beispiel Hochwasserschutz oder wie derzeit in Ahrweiler[2] Investitionen in die Wiederaufbaumaßnahmen. Weiterhin können geophysische Veränderungen neben Handelsrouten auch Lieferketten beeinflussen und so zu einer positiven oder negativen Verschiebung der Inflationsrate führen.

Die **Transitionsrisiken** entsprechen dem Voranschreiten des Übergangs hin zu einer klimaneutralen Wirtschaft. Risiken ergeben sich dabei aus verändertem Konsumverhalten oder dem technologischen Fortschritt. Insbesondere spielt hierbei die Bepreisung von CO_2 eine größere Rolle, da die Preisentwicklung sich negativ auf den Kapitalstock auswirken kann und die Produktionen dadurch unrentabel werden, oder die Investitionen teurer sind als die Schließung von Unternehmen. Dieses Risiko wird als „stranded assets" bezeichnet. Dahinter steckt die plötzliche oder schleichende Entwertung des Kapitalstocks eines Unternehmens oder gar eines Sek-

1 Die European Enviroment Agency der EU schätzt auf Basis des Rückversicherers Munich Re AG die ökonomischen Verluste aus Extremwetterereignissen in den 27 EU Staaten im Jahr 2019 auf ca. 13 Mrd. Euro.

2 14. bis 17. Juli 2021 Starkregenfälle führen zu Hochwasser an der Ahr und hinterließen eine Spur der Zerstörung. (62 Brücken zerstört, weitere 13 schwer beschädigt, sieben Eisenbahnbrücken, ca. 20 Kilometer Gleis durch Über- und Unterspülungen zerstört. Infrastruktur betraf 19 Kindertagesstätten, 14 Schulen und noch mehr).

tors. Um dem entgegenzuwirken und den Kapitalbedarf zu decken, entstehen neue Finanzierungsinstrumente wie zum Beispiel Green Bonds. Die Entwicklung von Indikatoren für grüne Finanzinstrumente, können ggf. die geldpolitische Transmission beeinflussen.

"

"Grüne Geldpolitik: Der Klimaplan der EZB – und was Greenpeace davon hält

Die Europäische Zentralbank hat einen Neun-Punkte-Plan vorgelegt, um mehr für den Klimaschutz zu tun. Die Umweltschutzorganisation Greenpeace nennt die Veränderung „substanziell", den Zeitplan aber „zu abwartend". Worum geht es konkret?

Neun Punkte hat EZB-Präsidentin Christine Lagarde am Donnerstag vorgelegt, mit denen die Notenbank in den Jahren 2021 bis 2024 schrittweise „grüner" werden will. Die Umweltschutzorganisation Greenpeace, die mit Drachenfliegern auf dem EZB-Gebäude gelandet war, um mehr Klimaschutz einzufordern, nennt die Veränderungen durchaus „substanziell" – die Festlegungen aber noch etwas „vage" und den Zeitplan „zu abwartend".

Zwei Punkte dürften klimaschädlichen Unternehmen besonders wehtun, sagt Greenpeace-Finanzfachmann Mauricio Vargas: Zum einen will die Notenbank prüfen, inwieweit ihre bisherigen Kriterien für geldpolitische Anleihekäufe klimaschädliche Unternehmen bevorzugen, weil beispielsweise das Volumen der ausstehenden Anleihen eine Rolle spielt. Dieses Jahr soll das untersucht und im nächsten Jahr mit besseren Kriterien geändert werden.

Zum anderen will die EZB die Ratingagenturen dazu bewegen, physische Klimarisiken wie die Meereslage einer Stadt und transitorische Risiken wie ein mögliches Verbot von Verbrennungsmotoren stärker in die Anleiheratings einzubeziehen. Von Mitte nächsten Jahres an könnten entsprechende Anforderungen in das Rahmenwerk „Eurosystem Credit Assessment Framework" aufgenommen werden.

Neue Indikatoren und Modelle

Schon jetzt sollten beim Kaufprogramm für Unternehmensanleihen CSPP Klimarisiken berücksichtigt werden. Hinsichtlich des Sicherheitenrahmens für Geschäfte mit Banken seien die Angaben vager, kritisierte Vargas. Deutlich sei hingegen der Auftrag an die Bankenaufsicht, mehr auf Klimarisiken für Finanzinstitute zu achten.

„Offenlegung" von Klimarisiken ist ein wichtigstes Stichwort in dem Plan: Hier will die EZB sich eng mit der EU abstimmen. Vom Jahr 2024 an sollen Unternehmen ihre Klimarisiken verbindlich offenlegen müssen, wenn sie noch beim Anleihekaufprogramm der EZB dabei sein wollen.

Greenpeace nennt das gut, meint aber, die „doppelte Materialität" von Klimarisiken werde nicht berücksichtigt: Die EZB verfolge Risiken durch die Umwelt für die Unternehmen, aber nicht Risiken durch die Unternehmen für die Umwelt.

Unterschiedliche Schritte will die EZB unternehmen, um Klimarisiken besser einschätzen zu können. Dazu gehören spezielle makroökonomische Projektionen und Modelle, die stufenweise bis zum Jahr 2024 implementiert werden sollen. Außerdem will sie neue Indikatoren entwickeln, mit denen sich Folgen des Klimawandels besser statistisch erfassen lassen."

Quelle: Siedenbiedel, Christian: Der Klimaplan der EZB – und was Greenpeace davon hält, 10.07.2021, online unter: https://www.faz.net/aktuell/finanzen/der-klimaplan-der-ezb-und-was-greenpeace-davon-haelt-17430648.html [24.01.2023]; (c) Alle Rechte vorbehalten. Frankfurter Allgemeine Zeitung GmbH, Frankfurt. Zur Verfügung gestellt vom Frankfurter Allgemeine Archiv"

Zusammenfassung Kapitel 8: Geldtheorie und Geldpolitik

Geld

Geldmenge = Wert der verkaufen Gütermenge

Quantitätsgleichung

$M \cdot U = P \cdot H$

Arten

Form

- **Bargeld:** Banknoten, Münzen
- **Buchgeld:** Sichtguthaben (Giralgeld)

Geldproduzenten

- **Zentralbankgeld:** Bargeld, Sichtguthaben bei der Zentralbank
- **Geschäftsbankengeld:** Sichtguthaben bei Geschäftsbanken

Menge

- **M1:** Bargeld + Sichtguthaben
- **M2:** M1 + kurzfristige Einlagen
- **M3:** M2 + geldmarktfähige Wertpapiere der Banken

Geldschöpfung

Zentralbank

Schaffung von ZBG durch Kauf von Wertpapieren, Devisen o. Ä. oder Kreditgewährung

Geschäftsbank

passive Buchgeldschöpfung z. B. durch Bareinzahlung auf ein Konto

aktive Buchgeldschöpfung z. B. durch Kreditgewährung an Nichtbanken

Geschäftsbankensystem

multiple Buchgeldschöpfung

Max. Kredit: $Kr = \frac{1}{r} \cdot Ü_1$

Multiplikator bei vollständigem Bargeldrückfluss: $m = \frac{1}{r}$

Multiplikator bei teilweisem Bargeldrückfluss: $Kr = \frac{1}{r(1-c)+c} \cdot Ü_1$

Binnenwert des Geldes (= Kaufkraft)

$$\text{Kaufkraft des Geldes} = \frac{1}{\text{Preisniveau}}$$

Messung des Preisniveaus durch den **Verbraucherpreisindex**

$$\text{Realeinkommen} = \frac{\text{Nominaleinkommen}}{\text{Preisindex}} \cdot 100$$

Indexhaushalte, Warenkorb, Gewichtung, Basisjahr, Berichtsjahr

$$P = \frac{\sum p_1 \cdot q_0}{\sum p_0 \cdot q_0} \cdot 100$$

Zusammenfassung Kapitel 9: Geldpolitik

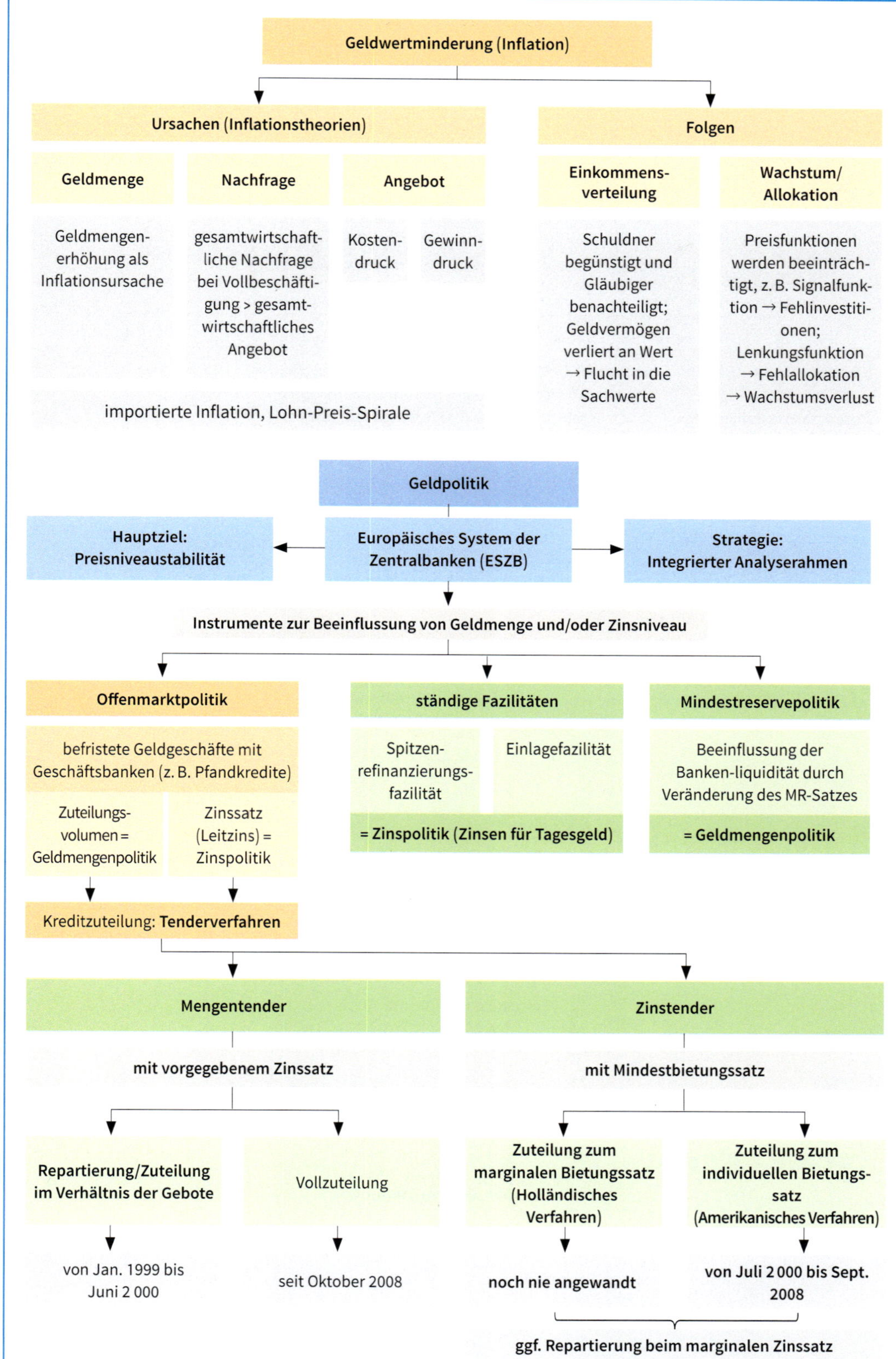

Zusammenfassung Kapitel 8: Probleme geldpolitischer Maßnahmen

Probleme geldpolitischer Maßnahmen bei der Beeinflussung wirtschaftspolitischer Ziele

- Wirkungsverzögerungen (time lag)
- Dosierungsproblem (Impulsstärke)
- Ausweichreaktionen der Banken und Nichtbanken

Besondere Probleme der Geldpolitik im Euro-Währungsgebiet

- einheitliche Geldpolitik bei unterschiedlicher Wirtschaftsentwicklung
- einseitige Orientierung an der Preisniveau-stabilität
- überholte Orientierung am Geldmengen-wachstum
- umstrittener Ankauf von Staatsanleihen

Herausforderungen für die Geldpolitik durch die Finanz- und Schuldenkrise

konventionelle Maßnahmen
- Leitzinssenkung auf 0,0 %

unkonventionelle Maßnahmen
- Mengentender mit Vollzuteilung
- Senkung der Anforderungen an Wertpapiere, die von Geschäftsbanken bei der EZB als Sicherheiten hinterlegt werden
- Halbierung des Mindestreservesatzes
- negativer Einlagesatz
- Kauf von Staatsanleihen

Besondere Herausforderungen der Konjunktur- und Geldpolitik aufgrund der Corona-Krise

- Zeitachse der Corona-Krise

Neue Herausforderungen für die Geldpolitik im Zuge des Klimawandels

- Risiken der „Grünen Geldpolitik“

Aufgaben zu Kapitel 8: Geldtheorie und Geldpolitik

8.1 Inflation und Deflation in Deutschland

Erläutern Sie anhand der Kapitel 8.4 und 8.5 mögliche Ursachen und Folgen eines unstabilen Geldwertes (Inflation bzw. Deflation).

8.2 Aufgaben, Aufbau und Ziele einer Zentralbank

Zur Beantwortung folgender Fragen ist eine Internetrecherche auf den Seiten der EZB und der Deutschen Bundesbank hilfreich:

- www.bundesbank.de
- www.ecb.de

Bundesbank

EZB

1. Erläutern Sie anhand der Abbildung auf S. 333 den Aufbau und die Organe des „Europäischen Systems der Zentralbanken“ (ESZB). Unterscheiden Sie dabei auch zwischen ESZB, Eurosystem und EZB.
2. Nennen Sie die Länder, die den Euro eingeführt haben.
3. Erläutern Sie die Aufgaben des EZSB, des Eurosystems und des EZB-Rates.
4. Erläutern Sie anhand der in Kapitel 8.1 abgedruckten Artikel 2, 7 und 21 der ESZB-Satzung die drei Eckpfeiler des Eurosystems.
5. Erläutern Sie, worin die Unabhängigkeit (Autonomie) der EZB besteht und begründen Sie, warum diese wichtig ist.
6. Erklären Sie, welcher Zusammenhang besteht zwischen der EZB und der Deutschen Bundesbank.
7. Nennen Sie die gegenwärtigen Präsidenten der EZB und der Deutschen Bundesbank.
8. Geben Sie an, wie groß derzeit der Banknotenumlauf im Euro-Währungsgebiet ist.
9. Führen Sie auf, wie groß derzeit die Gold- und Währungsreserven der EZB sind.
10. Stellen sie dar, welche wirtschaftspolitischen Themen in den aktuellen Monatsberichten der EZB und der Deutschen Bundesbank behandelt werden.

8.3 Geldmengenbegriffe – Ermittlung der Geldmenge im Euro-Währungsgebiet

Ermitteln Sie aus den nachfolgenden Zahlen

a) die Geldmenge M1,
b) die Geldmenge M2,
c) die Geldmenge M3.

Zusammengefasste Bilanz aller Banken (Monetäre Finanzinstitute) im Euro-Währungsgebiet Dez. 20.. in Mrd. €			
Aktiva			**Passiva**
Kredite an Nichtbanken in der EWU	11.771,2	Bargeldumlauf außerhalb der Banken	723,2
Wertpapiere außer Aktien	2.909,5	Einlagen von öffentlichen Haushalten, Unternehmen und Privatpersonen	
Aktien	786,5	– täglich fällig (Sichteinlagen)	3.099,2
Devisen und sonstige Forderungen gegen Ansässige außerhalb der EWU	5.258,5	– mit Laufzeit bis zu 2 Jahren	2.380,6
Sachanlagen	229,1	– mit Laufzeit von mehr als 2 Jahren	1.940,1
Sonstige Aktiva	3.169,0	– mit Kündigungsfrist bis zu drei Monaten	1.520,3
		– mit Kündigungsfrist über drei Monate	116,6
		Kurzfristige Wertpapiere mit Rückkaufvereinbarung (Repogeschäfte)	330,7
		Geldmarktfonds und Geldmarktpapiere	723,0
		Ausgegebene Schuldverschreibungen	
		– Laufzeit bis zu 2 Jahren	262,4
		– Laufzeit über 2 Jahre	2.538,7
		Verbindlichkeiten gegenüber Ansässigen außerhalb des Euro-Währungsgebietes	4.766,8
		Eigenkapital und Rücklagen	1.613,8
		Sonstige Passiva	3.099,2
Insgesamt	24.123,8	Insgesamt	24.123,8

8.4 Geldschöpfungsmöglichkeit einer einzelnen Geschäftsbank

1. Nach Abzug der Bar- und Mindestreserve in Höhe von 25 % der Kundeneinlagen stehen der Geschäftsbank A 500.000,00 € Zentralbankgeld zur Verfügung (= Überschussreserve). In dieser Höhe könnte sie Kredite vergeben.
   Prüfen Sie für jeden der folgenden Fälle, ob und ggf. in welchem Umfang sich dadurch die
   - Kreditvergabemöglichkeiten der Bank A (= Überschussreserve),
   - Geldmenge M1
   - und die Zentralbankgeldmenge verändern.

   Geben Sie auch an, ob und ggf. wie sich durch diese Vorgänge die Bilanzen der Geschäftsbank A und der Zentralbank verändern.
   a) Ein Bankkunde tätigt eine Bareinzahlung auf sein Girokonto in Höhe von 5.000,00 €.
   b) Ein deutscher Exporteur wechselt Devisen im Wert von 100.000,00 €, die er aus einem Exportgeschäft erhalten hat, bei der Geschäftsbank A um und lässt sich den Gegenwert auf seinem Girokonto gutschreiben.
   c) Die Geschäftsbank A verkauft die Devisen an die Zentralbank weiter und erhält dafür Banknoten im Wert von 100.000,00 €.
2. Die Geschäftsbank B hat Wertpapiere an die Zentralbank verkauft und dafür Banknoten in Höhe von 200.000,00 € erhalten. Sie möchte auf der Basis dieses Zentralbankgeldes einem Kunden einen Kredit gewähren. Der Reservesatz auf Sichteinlagen beträgt 25 %.
   a) Berechnen Sie, in welcher Höhe die Geschäftsbank B dem Kunden höchstens einen Kredit einräumen kann.
   b) Die Bank B räumt dem Kunden X den maximal möglichen Kredit ein (vgl. 2a) und schreibt diesen auf seinem Girokonto gut.
   Prüfen Sie, wie sich die folgenden Vorgänge jeweils auf die Kreditvergabemöglichkeiten der beteiligten Banken sowie auf die Geldmenge M1 auswirken:
   - Fall 1: Der Kreditnehmer X hebt den gutgeschriebenen Betrag sofort in voller Höhe von seinem Girokonto in bar ab. Das Bargeld verbleibt außerhalb des Bankensektors.
   - Fall 2: Der Kreditnehmer X hebt den gutgeschriebenen Betrag sofort in voller Höhe von seinem Girokonto in bar ab und zahlt ihn auf ein Girokonto (mit Guthaben) seines Gläubigers Y bei Bank C ein.
   - Fall 3: Der Kreditnehmer X überweist den gutgeschriebenen Betrag von seinem Girokonto sofort in voller Höhe auf ein Girokonto (mit Guthaben) seines Gläubigers Z bei der Bank B.

8.5 Geldschöpfungsmöglichkeit des gesamten Geschäftsbankensystems – Geldschöpfungsmultiplikator

Für das Geschäftsbankensystem einer Volkswirtschaft gelten folgende Annahmen:
Geschäftsbank 1 erhält eine Bareinzahlung eines Kunden über 50.000,00 €.
Der Reservesatz für Bar- und Mindestreserve beträgt 20 %.
Die Kreditvergabemöglichkeiten werden von den Geschäftsbanken in vollem Umfang ausgeschöpft.
Jeder angebotene Kredit wird von den Bankkunden in Anspruch genommen.
Die Kreditbeträge werden jeweils in voller Höhe bar abgehoben und vollständig auf ein Konto bei einer anderen Bank eingezahlt (= vollständiger Bargeldrückfluss in das Bankensystem).

1. Vervollständigen Sie für die ersten fünf beteiligten Banken eine Tabelle nach dem Muster auf S. 345.
2. Geben Sie an, in welcher Höhe das gesamte Geschäftsbankensystem Kredite vergeben kann.
3. Wie hoch ist der Geldschöpfungsmultiplikator im vorliegenden Fall?
4. Ermitteln Sie, um wie viel Prozent sich die Kreditvergabemöglichkeit des Geschäftsbankensystems ändert, wenn der Reservesatz für Bar- und Mindestreserve auf 10 % sinken würde.
5. Angenommen, die Geschäftsbank 1 erhält keine Bareinlage eines Kunden in Höhe von 50.000,00 €, sondern beschafft sich Zentralbankgeld in dieser Höhe durch den Verkauf von Wertpapieren an die Zentralbank. Alle anderen Modellbedingungen bleiben gleich wie in der Ausgangssituation. Erläutern Sie den Unterschied, der sich im Vergleich zur Ausgangssituation für den Geldschöpfungsprozess ergibt. Legen Sie dar, in welchem Umfang das gesamte Bankensystem in diesem Fall Kredite vergeben kann.
6. Erläutern Sie, wie sich das Ergebnis von 8.5 Nr. 5 ändern würde, wenn die Kreditnehmer nur 75 % der bar abgehobenen Kreditbeträge wieder bei einer anderen Bank einzahlen und den Rest als Bargeld halten (= Bargeldabflussquote 25 %). Begründen Sie das Ergebnis.

8.6 Geldmenge – Geldschöpfungsmultiplikator

1. Angenommen, eine Volkswirtschaft ist mit Bargeld in Höhe von 100 GE für jeden der 1000 Einwohner ausgestattet.
   Ermitteln Sie die jeweilige Höhe der Geldmenge M1 für die folgenden Fälle, wenn die Geschäftsbanken die jeweils maximal mögliche Kreditsumme gewähren.
   a) Das gesamte Bargeld befindet sich in Händen der Einwohner und damit außerhalb des Bankensektors.
   b) Das gesamte Bargeld wird auf Girokonten eingezahlt. Der Reservesatz beträgt 100 %.
   c) Das Bargeld wird zur Hälfte auf Girokonten eingezahlt. Der Reservesatz beträgt 100 %.
   d) Wie würden sich die Ergebnisse von b) und c) ändern, wenn der Reservesatz 10 % beträgt.
2. Für das Geschäftsbankensystem einer Volkswirtschaft gilt ein Reservesatz für Bar- und Mindestreserve von 30 %. Die Geschäftsbanken haben alle Kreditvergabemöglichkeiten ausgeschöpft. Die angebotenen Kredite wurden vollständig in Anspruch genommen. Alles Bargeld fließt in den Geschäftsbankensektor zurück.
   Nach n Perioden hat im Geschäftsbankensystem eine Kreditschöpfung von 10 Mio. € stattgefunden.
   a) Ermitteln Sie, wie hoch der Geldschöpfungsmultiplikator war.
   b) Ermitteln Sie, wie hoch die Überschussreserve der ersten am Geldschöpfungsprozess beteiligten Bank war.
   c) Ausgangspunkt des Geldschöpfungsprozesses war die Erhöhung der Sichteinlagen durch Bareinzahlung bei der ersten am Geldschöpfungsprozess beteiligten Bank. Führen Sie auf, wie hoch diese zusätzliche Sichteinlage war.

8.7 Warenkorb – Preisindex

Es soll ein Preisindex für Jugendliche ermittelt werden. Dazu wird im Basisjahr 00 ein Warenkorb für Jugendliche mit den folgenden Güterarten und Gütermengen erstellt.

Güter	Menge je Monat	Preis je Einheit (€)	Ausgaben je Monat (€)
Pizza	4 Stück	4,00	16,00
Kinobesuch	2 Besuche	5,00	10,00
Transport	8 Fahrten	1,50	12,00
Jeans (Nutzungsdauer 1 Jahr)	1/12	60,00	5,00
Kosmetikartikel	4 Einheiten	2,50	10,00

1. Für die folgenden Jahre 01 und 02 liegen nebenstehende Preise vor. Ermitteln Sie die Preisindizes für 01 und 02.

Güter	Preis je Einheit (€)	
	Jahr 01	Jahr 02
Pizza	4,50	4,50
Kinobesuch	5,50	6,00
Transport	1,50	2,00
Jeans	60,00	66,00
Kosmetikartikel	3,00	3,00

2. Für die Ermittlung eines anderen Preisindex liegen folgende Daten vor:

Güter	Preis je Einheit (€)		Menge der Güter	
	Basisjahr (p_0)	Berichtsjahr 01 (p_1)	Basisjahr (q_0)	Berichtsjahr 01 (q_1)
Nahrungsmittel	16,00	21,00	300	260
Bekleidung	150,00	180,00	24	36
Wohnung	800,00	960,00	12	12

a) Ermitteln Sie den Preisindex für das Berichtsjahr 01 und erläutern Sie das Ergebnis.
b) Im Jahr 02 steigen nur die Wohnungspreise (Preiserhöhung um 25%). Ermitteln Sie den Preisindex für das Jahr 02 und die prozentuale Preisniveauerhöhung (Inflationsrate) gegenüber dem Vorjahr.

8.8 Der Warenkorb eines Schülers beinhaltet folgende Werte:

Preise		Jahr 1	Jahr 1	Jahr 1	Jahr 1
	gekaufte Mengen	Basisjahr WK	Berichtsjahr 1	Berichtsjahr 2	Berichtsjahr 3
Brezeln in der Schulkantine	200	0,50 €	0,75 €	1,05 €	0,80 €
Limoflaschen in der Schulkantine	100	1,20 €	1,00 €	1,50 €	1,20 €
Schultheater- und Schulkinobesuche	20	5,00 €	6,00 €	9,00 €	7,50 €
Sportdress für den Schulsport	2	90,00 €	115,00 €	120,00 €	100,00 €
Wert des Warenkorbs					
Preisindex					
jährl. Preissteigerungsrate in %					

1. Berechnen Sie die fehlenden Werte.
2. Erstellen Sie einen eigenen Warenkorb für sich selber und berechnen diesen.
3. Nehmen Sie kritisch Stellung zur Aussage: „Der Preisindex kann steigen, obwohl die Preise fallen."

8.9 Verbraucherpreisindex – Wägungsschema

1. Berechnen Sie die fehlenden Größen in der folgenden Tabelle (mit einer Nachkommastelle):

Jahr		2014	2015	2016	2017	2018	2019	2020
Preisindex		98.9	100.0	100.5	102	103.8		105.8
Veränderung zum Vorjahr	Indexpunkte	0.3	1.1	0.5	1.5		1.5	
	in %	0.30	1.11		1.49	1.76	1.44	0.47
Kaufkraftindex		101.11	100.00		98.04	96.34		96.41
Veränderung zum Vorjahr	Indexpunkte	0.31	1.11	0.40	1.66	1.70	96.34	
	in %		−1.10	−0.40		−1.73	−100.00	1.52

2. Stellen Sie dar, welche Folgen für die Ermittlung des Preisniveaus, wenn das Wägungsschema nicht regelmäßig neu festgelegt würde es hätte. Begründen Sie Ihre Aussage, indem Sie das auf S. 353 dargestellte Wägungsschema erläutern.
3. Nehmen Sie kritisch Stellung, warum der Verbraucherpreisindex die tatsächlichen Lebenshaltungskosten nur unzureichend widerspiegeln kann.
4. Die 12 Hauptgruppenindizes für die Ermittlung des Verbraucherpreisindex wiesen Ende 2019 folgende Werte auf (Basisjahr 2015):

1. Nahrungsmittel	107,1	**5. Hausrat; Instandhaltung**	103,0	**9. Freizeit, Kultur**	106,9
2. Alkohol, Tabak	111,8	**6. Gesundheit**	104,7	**10. Bildung**	102,3
3. Kleidung, Schuhe	106,6	**7. Verkehr**	106,5	**11. Gaststätten, Hotel**	110,2
4. Wohnung, Gas etc.	105,5	**8. Nachrichtenübermittl.**	95,8	**12. Sonstiges**	106,9

vgl. Statistisches Bundesamt, Verbraucherpreisindizes für Deutschland, Jahresbericht 2017, S. 10 ff., Januar 2018 [27.03.2018].

a) Ermitteln Sie unter Verwendung des Wägungsschemas von S. 353 den Gesamtindex.
b) Angenommen, im folgenden Jahr erhöhen sich die Preise für Nahrungsmittel um 10 % und die für Wohnungsnebenkosten (Gas, Strom, Wasser) um 20 %. Alle anderen Preise bleiben unverändert. Wie hoch ist in diesem Fall der Verbraucherpreisindex im Folgejahr?
c) Geben Sie an, wie hoch unter den Annahmen von b) die prozentuale Veränderung des Preisniveaus gegenüber dem Vorjahr war.
d) Ermitteln Sie mithilfe eines Inflationsrechners des Statistischen Bundesamtes den Einfluss Ihrer persönlichen Verbrauchsgewohnheiten auf den Verbraucherpreisindex. (www.destatis.de, Suchbegriff: persönlicher Inflationsrechner)

8.10 Verbraucherpreisindex – Realeinkommen

In der Bundesrepublik Deutschland haben sich die Nettoeinkommen in den Jahren von 2015 bis 2022 wie folgt entwickelt:

Durchschnittliche jährliche Lohn- und Gehaltssumme je beschäftigtem Arbeitnehmer	2015	2016	2017	2018	2019	2020	2021	2022
Nettoeinkommen (in €)	22.347	22.854	23.396	24.100	24.943	25.021	25.976	27.185

vgl. Statistisches Bundesamt: Fachserie 18, Reihe 1.4, S. 53, Tabelle 2.1.10, 2022, 1. April 2023.

1. Berechnen Sie mithilfe des in Aufgabe 8.9 Nr. 1 ermittelten Verbraucherpreisindex (Basisjahr 2020) die Nettorealeinkommen für die Jahre 2015–2022.
2. Ermitteln Sie die prozentuale Veränderung der Realeinkommen in den Jahren 2015–2022.

3.

Ø Lohn- und Gehaltssumme in € je beschäftigtem Arbeitnehmer pro Jahr	Jahr	2005	2010	2015	2020
	brutto, nominal	26.735	28.835	33.274	37.141
	netto, nominal	18.283	19.659	22.347	25.054

vgl. Statistisches Bundesamt: Volkswirtschaftliche Gesamtrechnungen 2021, S. 53, Tab. 2.1.10, Juni 2022.

a) Ermitteln Sie für die einzelnen Jahre die Abzüge vom Bruttolohn in %.
b) Ermitteln Sie für die einzelnen Jahre die realen durchschnittlichen Nettoverdienste je Arbeitnehmer. Verbraucherpreisindex (2015 = 100): 2005: 86,2; 2010: 93,2; 2015: 100,0; 2020: 105,8.
c) Ermitteln Sie die prozentuale Veränderung der Brutto-, Netto- und Realverdienste zwischen 2015 und 2020. Worauf kann die auffällige Entwicklung bei den realen Nettoverdiensten zurückzuführen sein?

8.11 Offenmarktkredite – Ausschreibung – Zinstender

1. Eine Geschäftsbank erhält von der EZB über die Deutsche Bundesbank das folgende Schreiben.

Offenmarktgeschäfte: Ankündigung **Frankfurt, 12. März 20..**

Die EZB kündigt folgende Tender an:
Liquiditätsbereitstellung über Offenmarktkredite: Hauptrefinanzierungsoperation

Durchführung: Standardtender (Zinstender, amerikanisches Zuteilungsverfahren)
Gebotsfrist: 13.03.20.. 09:30 Uhr Zuteilungstag: 13.03.20..
Valutierungstag: 14.03.20.. Verfalltag: 21.03.20.. Laufzeit: 7 Tage

Mindestbietungssatz: 3,75 % Mindestbietungsbetrag: 1,00 Mio. € Bietungsschritte: 0,10 Mio. €

a) Geben Sie an, welchen Zweck die EZB mit diesem Schreiben verfolgt.
b) Erklären Sie, um welche Art von Zuteilungsverfahren (Tenderverfahren) es sich im vorliegenden Fall handelt.

2. Einen Tag später erreicht die Geschäftsbank das folgende Schreiben der EZB.

Offenmarktgeschäfte: Zuteilung **Frankfurt, 13. März 20..**

Die EZB teilt folgende Tender zu:
Liquiditätsbereitstellung über Offenmarktkredite: Hauptrefinanzierungsoperation

Durchführung: Standardtender (Zinstender, amerikanisches Zuteilungsverfahren)
Gebotsfrist: 13.03.20.. 09:30 Uhr Zuteilungstag: 13.03.20..
Valutierungstag: 14.03.20.. Verfalltag: 21.03.20.. Laufzeit: 7 Tage

Mindestbietungssatz: 3,75 % Mindestbietungsbetrag: 1 Mio. €
Beabsichtigtes Zuteilungsvolumen: 291.000 Mio. €

Gesamtes Bietungsvolumen: 372.454 Mio. € Anzahl der Bieter: 394
Gesamter Zuteilungsbetrag: 291.000 Mio. € Repartierungsquote: 49,4656 %
Akzeptierter marginaler Zuteilungssatz: 3,85 % Bietungsspanne: 3,75 %–3,90 %

Für Ihr(e) Gebot(e) zu o. g. Ausschreibung wurden folgende Zuteilungsdaten ermittelt:
Bietungssatz: 3,80 % Bietungsbetrag: 7 Mio. € Zugeteilter Betrag: 0,00 €

a) Erläutern Sie, was der marginale Zuteilungssatz von 3,85 % besagt und wie er ermittelt wird.
b) Erklären sie, was besagt die Repartierungsquote von 49,4656 % besagt und wie sie ermittelt wird.
c) Erläutern Sie die der Geschäftsbank auf ihr Gebot hin mitgeteilten Zuteilungsdaten. Stellen Sie dar, welche Aussage sich über die Dringlichkeit des Geldbedarfs bei dieser Geschäftsbank machen lässt.
d) Ermitteln Sie im vorliegenden Fall den höchsten gebotenen Zinssatz.

3. Erläutern Sie anhand der zusammengefassten Zentralbankbilanz (Bilanz des Eurosystems) auf S. 405, wie sich dieses Offenmarktgeschäft auf die Zentralbankbilanz auswirkt.

4. Stellen Sie anhand des Tenderkalenders fest, wann die nächsten Refinanzierungsgeschäfte angekündigt, zugeteilt und abgewickelt werden.
Der Tenderkalender kann abgerufen werden unter: www.bundesbank.de Startseite → Suchfunktion → Tenderkalender und -systeme

8.12 Offenmarktkredite – Tenderverfahren

1. Eine Geschäftsbank erhält von der EZB über die Deutsche Bundesbank das untenstehende Schreiben.

> **Offenmarktgeschäfte: Ankündigung** **Frankfurt, 11. Jan. 20..**
> Die EZB kündigt folgende Tender an:
> Liquiditätsbereitstellung über Offenmarktkredite: Hauptrefinanzierungsoperation
> Durchführung: Standardtender
> Gebotsfrist: 12.01.20.. 09:30 Uhr Zuteilungstag: 12.01.20..
> Valutierungstag: 13.01.20.. Verfalltag: 20.01.20.. Laufzeit: 7 Tage
> Festzinssatz: 1,5 % Mindestbietungsbetrag: 1,00 Mio. € Bietungsschritte: 0,10 Mio. €

a) Erläutern Sie, welchen Zweck die EZB mit diesem Schreiben verfolgt.
b) Geben Sie an, um welches Zuteilungsverfahren (Tenderverfahren) es sich im vorliegenden Fall handelt.
c) Zeigen Sie auf, in welchen Fällen die EZB dieses Zuteilungsverfahren anwendet.
d) Das gesamte Bietungsvolumen betrug 950.369 Mio. €, der gesamte Zuteilungsbetrag 75.000 Mio. €. Ermitteln Sie, welcher Betrag der Geschäftsbank zugeteilt wird, wenn sich ihr Bietungsbetrag auf 1,5 Mio. € belief.

2. Zur Behebung der Banken- und Finanzmarktkrise hat die EZB seit Oktober 2008 u. a. Offenmarktgeschäfte folgender Art getätigt:

> **Zuteilung**
> Liquiditätsbereitstellung über Offenmarktkredite
> Hauptrefinanzierungsoperation, Tender-ID: 20130260
> Durchführung: Standardtender (Mengentender)
> Gebotsfrist: 26.11.20.. 09:30 Uhr Zuteilungstag: 26.11.20..
> Valutierungstag: 27.11.20.. Verfalltag: 04.12.20.. Laufzeit: 7 Tage
> Festzinssatz: 0,25 % Mindestzuteilungsbetrag: –
> Mindestbietungsbetrag: 1,00 Mio. € Höchstbietungsbetrag: –
> Mindestzuteilungsquote: –
> Gesamtes Bietungsvolumen: 97.210 Mio. € Anzahl der Bieter: 78
> Gesamter Zuteilungsbetrag: 97.210 Mio. € Repartierungsquote: 100,00 %

a) Erläutern Sie die Besonderheiten des von der EZB angewandten Zuteilungsverfahrens.
b) Erläutern Sie die von der EZB mit der Anwendung dieses Zuteilungsverfahrens beabsichtigte Wirkung.
c) Angenommen, die Geschäftsbank XYZ hat ein Gebot über 1,2 Mrd. € abgegeben.
Ermitteln Sie für diese Geschäftsbank die Höhe des Zuteilungsbetrages und die Höhe der zu zahlenden Zinsen.
d) Geben Sie an, wie sich das Offenmarktgeschäft am 26.11.20.. und am 04.12.20.. auf
– die Bilanzen der EZB und der Geschäftsbank XYZ
– die Zentralbankgeldmenge und die Geldmenge M1
auswirkt.

8.13 Offenmarktpolitik – Hauptrefinanzierungsinstrument – Tenderverfahren

Die EZB teilt den Geschäftsbanken mit, dass sie beabsichtigt, Zentralbankgeld im Rahmen des Hauptrefi-Geschäfts durch einen Zinstender mit einer Laufzeit von sieben Tagen bei Anwendung des amerikanischen Verfahrens zuzuteilen. Der Mindestbietungssatz beträgt 3,75%. Die Geschäftsbanken A, B, C, D und E geben innerhalb von 24 Stunden folgende Gebote ab.

Banken	Gebote der Banken in Mio. € bei einem Zinssatz von ... %				
	3,82	3,81	3,80	3,79	3,78
A	5	10	15	20	0
B	15	5	15	10	10
C	10	15	5	5	0
D	15	10	5	0	5
E	5	15	10	5	5

1. Stellen Sie die Gebote in einer Tabelle nach dem Muster auf S. 372 zusammen:
2. Die EZB beschließt die Zuteilung von 120 Mio. €. Ermitteln Sie
   a) den marginalen Zinssatz,
   b) die Repartierungsquote.
3. Nehmen Sie die Zuteilung der Beträge in einer Tabelle nach dem Muster auf S. 373 vor.
4. In der Vorwoche wurde ein Hauptrefi-Geschäft mit einer Zuteilung von 170 Mio. € durchgeführt. Die Laufzeit betrug ebenfalls 7 Tage.
   a) Berechnen Sie, um wie viel Euro sich in der laufenden Woche die Zentralbankgeldmenge aufgrund dieser beiden Hauptrefi-Geschäfte verändert hat.
   b) Stellen Sie dar, wie sich diese Veränderung auf den Zinssatz für Tagesgeld auswirkt.
5. Beurteilen Sie, welche Beträge den fünf Banken bei unverändertem Zuteilungsvolumen der EZB (120 Mio. €) und bei unveränderten Gesamtbietungsbeträgen zugeteilt worden wären, wenn es sich um einen Mengentender zum Festzinssatz von 3,75% gehandelt hätte.

8.14 Refi-Geschäft der EZB – Zinstender

Die EZB will den Geschäftsbanken im Rahmen des längerfristigen Refi-Geschäfts Zentralbankgeld in Höhe von 100 Mio. € über einen Zinstender zuteilen. Die eingehenden Gebote der Geschäftsbanken werden zu der nebenstehenden Tabelle zusammengestellt.

Bietungssatz	Kumulierte Bietungsaufträge aller Banken in Mio. €
3,09	30
3,08	50
3,07	70
3,06	90
3,05	110
3,04	130
3,03	150

1. Geben Sie den marginalen Zinssatz an.
2. Ermitteln Sie, wie hoch die Zuteilungsquote für die Gebote zum marginalen Zinssatz ist.
3. Stellen Sie das Angebotsverhalten der EZB und das Nachfrageverhalten der Geschäftsbanken in Form einer Angebots- und Nachfragekurve in einem Zins-Mengen-Diagramm dar.
4. Erläutern Sie anhand der Grafik die Marktlage (Verhältnis von Angebot und Nachfrage) beim marginalen Zinssatz.
5. Ermitteln Sie, wie hoch der Zinsertrag der EZB aus diesem Refi-Geschäft wäre, wenn die Laufzeit 91 Tage beträgt und alle zugeteilten Beträge zum marginalen Zinssatz verzinst würden (= holländisches Verfahren).
6. Ermitteln Sie, wie hoch der Zinsertrag der EZB wäre, wenn nach dem amerikanischen Verfahren zugeteilt wird (Laufzeit 91 Tage).
7. Erläutern Sie, worauf der unterschiedliche Zinsertrag der EZB bei Anwendung des amerikanischen Verfahrens (Aufgabe 6) gegenüber der Anwendung des holländischen Verfahrens (Aufgabe 5) zurückzuführen ist.

8. Erläutern Sie den Unterschied (vgl. Aufgabe 7) auch anhand der Grafik zu Aufgabe 3, indem Sie die „Konsumentenrente" der Geschäftsbanken beim holländischen Verfahren mit der Abschöpfung der „Konsumentenrente" durch Zinsdifferenzierung beim amerikanischen Verfahren miteinander vergleichen.

8.15 Simulation: Refinanzierung der Geschäftsbanken – Zinstender – amerikanisches Verfahren

Führen Sie in Ihrer Klasse ein Simulationsspiel zur Refinanzierung der Geschäftsbanken (Zinstender) durch. Der Spielleiter repräsentiert die Zentralbank. Die Geschäftsbanken werden durch mehrere Schülergruppen vertreten. Spielbeschreibung und Spielunterlagen finden sich beim Downloadmaterial.

8.16 Geldpolitisches Instrumentarium des ESZB

Beantworten Sie die folgenden Fragen mithilfe der nachstehenden Bilanz des Eurosystems:

1. Begründen Sie, warum der Banknotenumlauf auf der Passivseite der Zentralbankbilanz ausgewiesen wird.
2. Erklären Sie, wie hoch zum Bilanzstichtag die Zentralbankgeldmenge war, wenn davon auszugehen ist, dass der Bestand an Euro-Scheidemünzen bei Banken und Nichtbanken 20 Mrd. € betrug.
3. Berechnen Sie, wie hoch die Nettoverbindlichkeiten (Verbindlichkeiten abzüglich Forderungen) der Kreditinstitute des Euro-Währungsgebietes gegenüber der Zentralbank zum Bilanzstichtag waren.
4. Prüfen Sie, welche der geldpolitischen Instrumente, die dem ESZB zur Verfügung stehen, zum angegebenen Zeitpunkt tatsächlich genutzt werden.

Bilanz des Eurosystems (EZB und nationale Zentralbanken der EWU-Mitglieder)
23. Febr. 20.. (in Mrd. €)

Aktiva			**Passiva**
1. Gold	176,5	1. Banknotenumlauf	603,6
2. Devisen, Währungsreserven, Forderungen in Fremdwährung	164,7	2. Verbindlichkeiten aus geldpolitischen Operationen gegenüber Kreditinstituten im Euro-Gebiet, davon: 2.1 Einlagen auf Girokonten (einschl. Mindestreserveguthaben) 177,8 2.2 Einlagefazilität 0,5 2.3 Termineinlagen 0,8 2.4 Geschäfte mit Rücknahmevereinb. 0,0	179,1
3. Forderungen in Euro an Ansässige außerhalb des Währungsgebietes	14,1	3. Sonst. Euro-Verbindlichkeiten gegenüber Kreditinstituten im Euro-Gebiet	0,1
4. Forderungen aus geldpolitischen Operationen an Kreditinstitute im Euro-Gebiet, davon: 4.1 Hauptrefinanzierungsgeschäfte 301,5 4.2 Längerfr. Refinanzierungsgeschäfte 130,0 4.3 Feinsteuerungsoperationen 0,0 4.4 Strukturelle Operationen 0,0 4.5 Spitzenrefinanzierungsfazilität 0,0	431,5	4. Verbindl. aus Schuldverschreibungen	0,0
5. Sonstige Forderungen an Kreditinstitute im Euro-Gebiet	14,0	5. Sonst. Verb. in Euro	86,8
6. Wertpapiere	85,9	6. Sonst. Verbindlichkeiten in Fremdwährungen	13,6
7. Forderungen an öffentliche Haushalte	39,1	7. Grundkapital	67,1
8. Sonstige Aktiva	224,6	8. Sonstige Passiva	200,1
Aktiva insgesamt	1.150,4	**Passiva insgesamt**	1.150,4

8.17 Konferenzspiel „EZB-Ratssitzung“

Führen Sie in Ihrer Klasse das Konferenzspiel „EZB-Ratssitzung“ durch. Spielbeschreibung und Spielunterlagen finden sich beim Downloadmaterial und unter https://www.bundesbank.de/resource/blob/614364/0d478104c742dc3bf14ab8216b0a2dc9/mL/szenario-1-data.pdf.

Ich kann …	Bitte ankreuzen		Wenn Nein: Siehe Seite(n) im Buch	Level/ Anforderungsniveau
	Ja	Nein		
8.1 Aufgaben und Aufbau des Europäischen Systems der Zentralbanken (ESZB) und des Eurosystems				
… den Aufbau des Europäischen Systems der Zentralbanken (ESZB) erläutern.			S. 333	II
… das vorrangige Ziel und die Aufgaben der Eurosystems nennen.			S. 334 f.	I
… die Autonomie (Unabhängigkeit) des Eurosystems beschreiben.			S. 335	I
8.2 Geldmengenbegriffe				
… die Begriffe Zentralbankgeld und Geschäftsbankengeld unterscheiden.			S. 337 f.	II
… die Geldmengenbegriffe M1, M2 und M3 unterscheiden.			S. 338	II
8.3 Geldschöpfung				
… die Geldproduzenten nennen.			S. 339 f.	I
… das Münzregal erklären.			S. 339	II
… die Entstehung von Zentralbankgeld erläutern.			S. 340 f.	II
… nachvollziehen, wie sich die Schaffung von Zentralbankgeld sich auf die Bilanz der Zentralbank auswirkt.			S. 341 f.	II
… die Vernichtung von Zentralbankgeld beschreiben.			S. 342	II
… die Auswirkungen der Vernichtung von Zentralbankgeld auf die Bilanz der Zentralbank beurteilen.			S. 342 ff.	II/III
… die passive Buchgeldschöpfung verstehen.			S. 342 f.	II
… die aktive Buchgeldschöpfung verstehen.			S. 343	II

9 Wachstum und Konjunktur

9.1 Wirtschaftswachstum

9.2 Konjunkturelle Schwankungen

9 Wachstum und Konjunktur

Die Soziale Marktwirtschaft der vergangenen 60 Jahre hat den Bürgern der Bundesrepublik ermöglicht, ihr nominales Einkommen zu verfünffachen. Wachstum bedeutet Wohlstand. Auf lange Sicht ist der Wohlstand immer gewachsen. Es gab konjunkturelle Rückschläge die bereits 1967 zur Einführung des Stabilitätsgesetzes führten. Im Jahr 2008 hatte Deutschland eine Bankenkrise und Konjunkturkrise erlebt. Die noch größere Rezession wurde in 2020 durch die Corona-Pandemie ausgelöst. Dies wurde weltweit eine gesundheitliche als auch wirtschaftliche Bedrohung. Der Ukraine Krieg und die anschließende Energiekrise sind historisch die größten Herausforderungen. Das wirtschaftliche Wachstum verläuft nicht gleichmäßig, sondern die gesamtwirtschaftliche Entwicklung ist weltweit durch wellenförmige Auf- und Abwärtsbewegungen von unterschiedlicher Dauer und durch einen ständigen Wandel gekennzeichnet. Der Gradmesser für die wirtschaftliche Entwicklung eines Landes ist der öffentliche und private Konsum, sowie deren Investitionstätigkeit und deren daraus resultierendes Bruttoinlandproduktraten. Auf negative bzw. geringe Wachstumsraten hin im Abschwung und hoher Arbeitslosigkeit mit geringerem Einkommen folgt auch wieder eine positive Konjunkturentwicklung mit höheren Wachstumsraten, steigender Beschäftigung, mehr Einkommen und häufig einhergehenden guten, positiven Außenbeitragsraten. Die von Experten aufgestellten Konjunkturprognosen werden anhand von Konjunkturindikatoren sowie deren Einschätzung aufgestellt. Die konjunkturpolitischen Maßnahmen versuchen die wirtschaftlichen Entwicklungen zu glätten und zu steuern umso eine stabile wirtschaftliche Entwicklung bei hoher Beschäftigung zu erreichen. Damit dem Ziel stetiges und angemessenes Wirtschaftswachstum gerecht zu werden.

9.1 Wirtschaftswachstum

Lernziele:

Nach der Bearbeitung dieses Kapitels sind Sie in der Lage, Folgendes zu tun:

Sie ...

- ... erläutern den Begriff „Wirtschaftswachstum".
- ... beschreiben, wie Wirtschaftswachstum gemessen wird.

Begriff und Bedeutung des Wirtschaftswachstums

D Unter Wirtschaftswachstum ist die Zunahme des gesamtwirtschaftlichen Produktionsergebnisses zu verstehen. Als Messgröße dient dabei das reale Bruttoinlandsprodukt.

Die in Prozent ausgedrückte Veränderung des Bruttoinlandsprodukts innerhalb eines bestimmten Zeitraums wird als **Wachstumsrate** bezeichnet.

D Maßstab des Wirtschaftswachstums ist das reale Bruttoinlandsprodukt. Die Wachstumsrate gibt die prozentuale Veränderung des realen Bruttoinlandsprodukts im Vergleich zur Vorperiode an.

Die Zunahme der tatsächlichen Güterproduktion (= Inlandsprodukt) setzt aber entsprechende Produktionskapazitäten voraus. Da beide Größen in engem Zusammenhang zueinander stehen und sich gegenseitig bedingen, dient das **Bruttoinlandsprodukt** als Maßstab für **kurz- und mittelfristiges Wachstum** (konjunkturelle Schwankungen), während das **längerfristige Wachstum** an der Veränderung des **Produktionspotenzials** gemessen wird.

D Das Produktionspotenzial ist das gesamtwirtschaftliche Produktionsergebnis, das bei vollständiger Auslastung mit optimalem Einsatz aller Produktionsfaktoren erzeugt werden kann.

Deutschland: Auslastung des Produktionspotenzials (in Preisen von 2015)

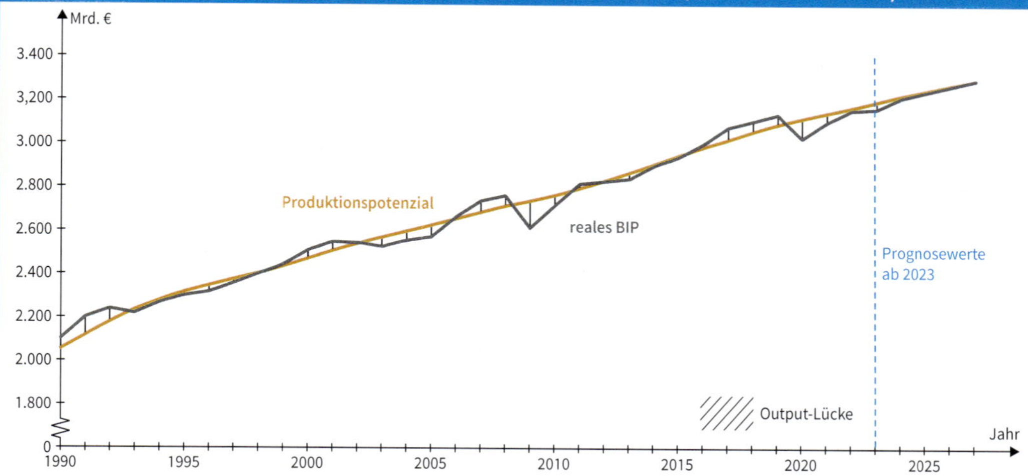

Vgl. Deutsche Bundesbank: Monatsbericht der Bundesbank für März 2023, S. 67-72, Stand: 16.03.2023 & Statistisches Bundesamt: Volkswirtschaftliche Gesamtrechnung 2022, S. 53, 58, 97, 106 u. 107, Stand: 03. März 2023.

Wirtschaftswachstum ist kein Selbstzweck. Es dient vielmehr der Erreichung anderer (übergeordneter) Ziele. Wirtschaftswachstum bewirkt, dass[1]

- sich die Güterversorgung verbessert und der Wohlstand der Bevölkerung steigt,
- bestehende Arbeitsplätze gesichert und neue Beschäftigungsmöglichkeiten geschaffen werden,
- Einkommens**zuwächse** entstehen, sodass ohne Eingriff in die bestehenden Einkommens- und Vermögensverhältnisse eine Begünstigung niedriger Einkommensbezieher durch eine Umverteilung der Einkommens**zuwächse** erleichtert und Verteilungskonflikte gemildert werden,
- aufgrund höherer Einkommen die Steuereinnahmen des Staates steigen. Dadurch kann die Versorgung mit öffentlichen Gütern verbessert, die Finanzierung staatlicher Sozialpolitik erleichtert und insgesamt der Wohlstand der Bevölkerung erhöht werden.

11.4

6.7.3

Ansatzpunkte der Wachstumspolitik

Während die **Konjunkturpolitik** die Schwankungen im Auslastungsgrad des Produktionspotenzials zu dämpfen versucht, ist es Aufgabe der **Wachstumspolitik**, das **Produktionspotenzial** selbst zu verändern.

9.1, S. 418

D Wachstumspolitik umfasst alle wirtschaftspolitischen Maßnahmen zur Erhöhung des Produktionspotenzials bzw. des am realen Inlandsprodukt gemessenen langfristigen Wirtschaftswachstums.

Ansatzpunkte der Wachstumspolitik sind die Erhöhung von Menge und Qualität der Produktionsfaktoren. Zu den wichtigsten wachstumspolitischen Maßnahmen gehören die

- Förderung von Investitionen durch Verbesserung des Investitionsklimas und der Gewinnerwartungen **(Investitionspolitik)**,
- Förderung von am Bedarf der Wirtschaft orientierter Bildung und Forschung **(Bildungs- und Forschungspolitik)**,

1 Unterschied zwischen (theoretisch) möglicher und tatsächlicher Produktion

- Förderung des Wettbewerbs zur Begünstigung und Verbreitung von Innovationen **(Wettbewerbspolitik)**,
- Förderung der Arbeitsproduktivität durch Weiterbildung und Umschulung **(Arbeitsmarktpolitik)**,
- Bereitstellung von Infrastruktur und anderen öffentlichen Gütern für einen effizienten Einsatz der Produktionsfaktoren **(Allokationspolitik)**.

9.2 Konjunkturelle Schwankungen

Lernziele:

Nach der Bearbeitung dieses Kapitels sind Sie in der Lage, Folgendes zu tun:

Sie ...

- ... beschreiben die konjunkturellen Schwankungen.
- ... nennen und erklären die Phasen eines idealtypischen Konjunkturzyklus.
- ... erläutern die einzelnen Phasen des Konjunkturzyklus.
- ... vergleichen das Modell des idealtypischen Konjunkturzyklus mit den realen BIP-Wachstumsraten.
- ... beschreiben die Indikatoren in den verschiedenen Phasen der Konjunktur.
- ... unterscheiden die Konjunkturindikatoren nach ihrer zeitlichen Reihenfolge im Konjunkturverlauf.
- ... nennen Beispiele, die zur Prognose und Diagnose der Konjunktur führen.
- ... nennen die Ursachen von konjunkturellen Schwankungen.
- ... beschreiben die Ziele, die mit konjunkturpolitischen Maßnahmen verfolgt werden.
- ... erläutern den Begriff „Konjunkturpolitik".

9.2.1 Konjunkturzyklus

Die wirtschaftliche Entwicklung der meisten Volkswirtschaften verläuft nicht stetig, sondern im Wechsel zwischen Wirtschaftskrisen und Phasen der Wohlstandssteigerung.

B **Wirtschaftsschwankungen**

Bereits in der Bibel ist die Rede von sieben Jahren des Überflusses in Ägypten, denen sieben magere Jahre folgen sollen.[1] Auch in den entwickelten Volkswirtschaften der Neuzeit weist die Wirtschaftsentwicklung Schwankungen auf. Neben den jahreszeitlich bedingten **Saisonschwankungen** (z. B. im Baugewerbe, in der Landwirtschaft und im Einzelhandel) lassen sich auch mittelfristige Schwankungen feststellen, die sich über mehrere Jahre erstrecken und die gesamte Volkswirtschaft erfassen. Diese Schwankungen werden als **konjunkturelle Schwankungen** bezeichnet.

D Die in gewisser Regelmäßigkeit auftretenden mehrjährigen Auf- und Abwärtsbewegungen der gesamtwirtschaftlichen Aktivitäten einer Volkswirtschaft werden als Konjunktur bezeichnet.

1 vgl. Altes Testament, Buch Genesis, Der Traum des Pharao und seine Deutung, Kapitel 41, Vers 17–36

Messgrößen der konjunkturellen Entwicklung

Als **Messgrößen** für die gesamtwirtschaftlichen Aktivitäten einer Volkswirtschaft dienen häufig entweder das reale **Bruttoinlandsprodukt zu Marktpreisen** und seine Veränderung (Wachstumsraten) oder der **Auslastungsgrad des Produktionspotenzials.**

9.2, S. 419

D Das Bruttoinlandsprodukt (BIP) ist der Wert aller Waren (Sachgüter) und Dienstleistungen, die in einer bestimmten Periode im Inland produziert werden.

D Während das nominale BIP den Wert der produzierten Güter in aktuellen Marktpreisen misst, ist das reale BIP um Preisveränderungen bereinigt. Nur das reale BIP kann bei einem Zeitvergleich als Messgröße für die gesamtwirtschaftliche Leistung infrage kommen.

D Das Produktionspotenzial einer Volkswirtschaft ist das gesamtwirtschaftliche Produktionsergebnis, das bei vollständiger Auslastung und optimalem Einsatz aller Produktionsfaktoren erzeugt werden kann.

Konjunkturphasen

Obwohl in der Realität keine strenge Abfolge der konjunkturellen Schwankungen feststellbar ist, wird in der Konjunkturtheorie häufig von einem idealtypischen **Konjunkturzyklus** (von Punkt A bis E in der nachstehenden Abbildung) ausgegangen, der aus folgenden vier **Konjunkturphasen** besteht:

(1) **Aufschwung** (Erholung)

Diese Phase folgt nach der Überwindung einer vorangegangenen Krise (Tiefpunkt). Der Auslastungsgrad des Produktionspotenzials und die Investitionstätigkeit nehmen zu, liegen aber noch unter dem Durchschnitt. Die Wachstumsraten des BIP steigen. Die Zukunftsaussichten werden optimistisch beurteilt.

(2) **Boom** (Hochkonjunktur)

Das Produktionspotenzial wird über das normale Maß hinaus ausgelastet (Überbeschäftigung mit Überstunden, Sonderschichten u. Ä.). In einigen Wirtschaftsbereichen kommt es zu Produktionsengpässen. Die Zuwachsraten des BIP werden geringer. Die zu Beginn noch optimistischen Zukunftserwartungen verschlechtern sich zunehmend.

(3) **Abschwung** (Abschwächung/Entspannung)

Nach Überschreiten des Hochpunktes sinken der Auslastungsgrad des Produktionspotenzials und die Investitionstätigkeit. Der Auslastungsgrad des Produktionspotenzials liegt aber immer noch über dem Durchschnitt. Das BIP wächst nicht mehr. Die Zukunftsaussichten werden pessimistisch beurteilt.

(4) **Rezession**[1]

Die Produktionskapazitäten sind nur unterdurchschnittlich ausgelastet (Unterbeschäftigung). Die Investitionstätigkeit nimmt weiter ab. Nach einer groben Definition liegt eine **Rezession** dann vor, wenn das reale BIP (kalender- und saisonbereinigt)[2] in mindestens zwei aufeinanderfolgenden Quartalen im Vergleich zum Vorquartal sinkt. Eine besonders lange und schwere Rezession wird als **Depression** bezeichnet.

1 Zuweilen wird auch die Abschwungphase bereits als Rezession bezeichnet.
2 Unter Berücksichtigung der unterschiedlichen Zahl von Arbeitstagen in den einzelnen Quartalen und saisonaler Besonderheiten (z. B. saisonaler Produktionsrückgang im Winter).

Konjunkturzyklus

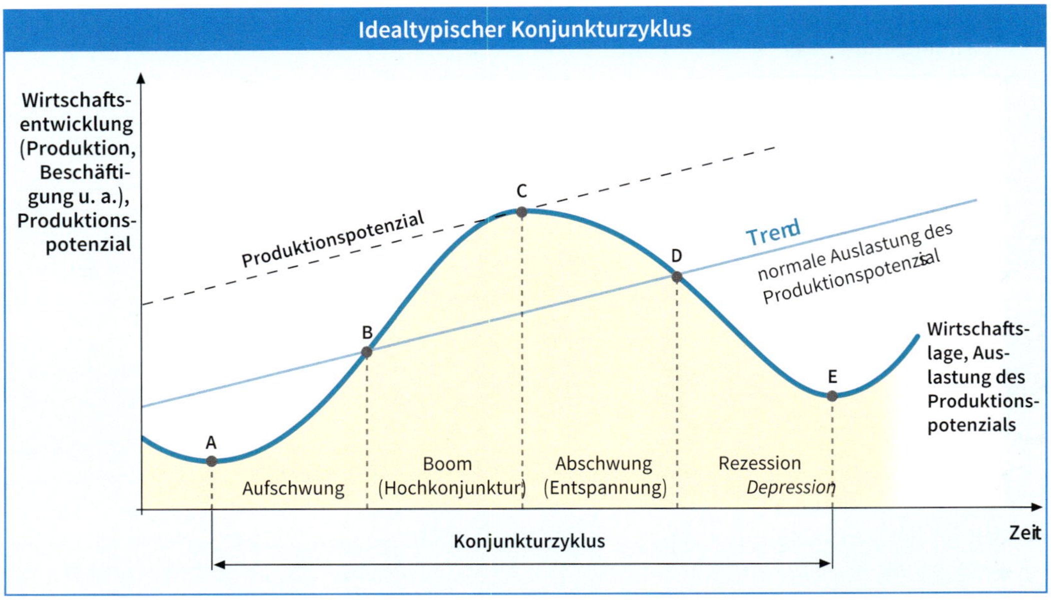

Die Dauer eines Konjunkturzyklus in der Bundesrepublik Deutschland schwankt erheblich. Auffallend ist, dass in allen Konjunkturzyklen seit 1950 die Höhe der Wachstumsraten des Inlandsprodukts jeweils niedriger ist als in den vorhergehenden Zyklen.

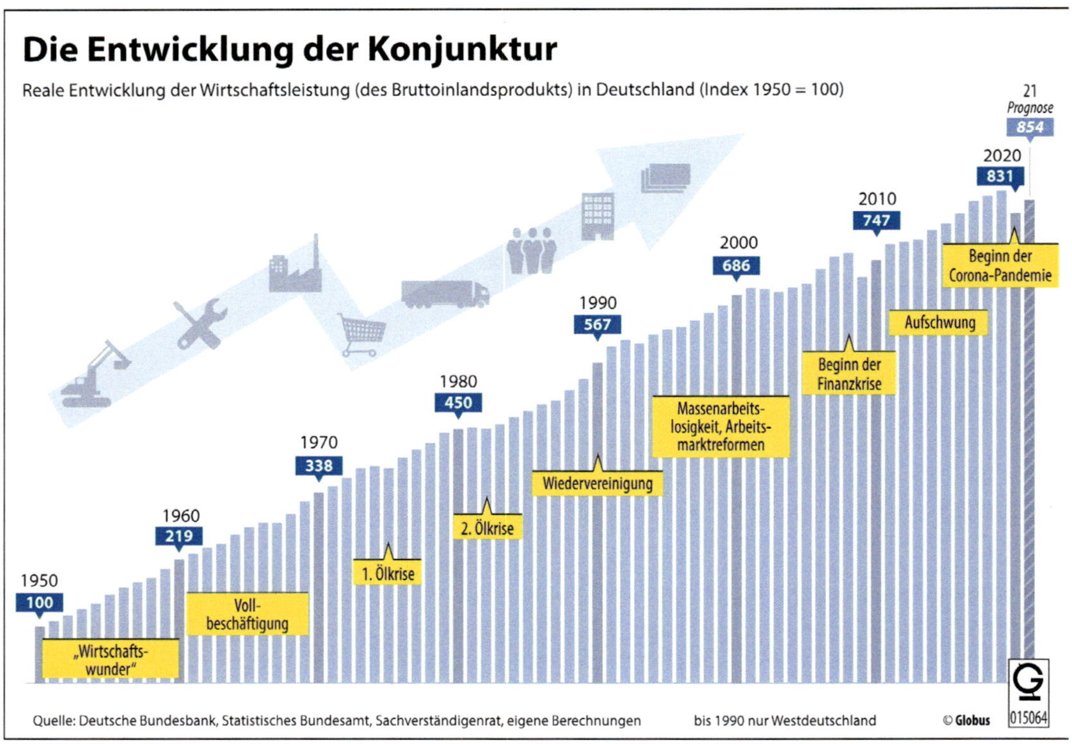

Aufgrund empirischer Untersuchungen wurden für die Vergangenheit Konjunktur- und Wachstumszyklen mit unterschiedlicher Dauer festgestellt, die sich teilweise gegenseitig überlagern.

9.2.2 Konjunkturindikatoren

Konjunkturforscher und Wirtschaftspolitiker sind daran interessiert, die jeweils aktuelle Phase des Konjunkturverlaufs zu bestimmen, um Voraussagen über die erwartete Entwicklung machen zu können. Da sich die einzelnen Konjunkturphasen nicht nur in den Wachstumsraten des BIP und dem Auslastungsgrad des Produktionspotenzials widerspiegeln, werden solche Konjunkturdiagnosen und Konjunkturprognosen auf der Grundlage eines Systems verschiedener **Konjunkturindikatoren** vorgenommen.

9.2, S. 419

9.3, S. 419

D Konjunkturindikatoren sind Messgrößen, die die gegenwärtige Konjunkturphase anzeigen (Konjunkturdiagnose) und Voraussagen über die voraussichtliche Entwicklung zulassen (Konjunkturprognose).

Es werden drei Gruppen von Konjunkturindikatoren unterschieden, die sich in den vier Konjunkturphasen unterschiedlich entwickeln.

- **Frühindikatoren**: dienen als Grundlage für die Prognose des weiteren Konjunkturverlaufs z. B. Auftragseingang, Lagerhaltung, Geschäftserwartung (Geschäftsklimaindex), Baugenehmigungen, Konsumbereitschaft, Geldmenge, Einzelhandelsumsätze, Zinsstruktur (= Differenz zwischen kurz- und langfristigen Zinsen), Börsenkurse
- **Gegenwartsindikatoren**: reagieren ohne zeitliche Verzögerung auf Konjunkturänderungen z. B. reales BIP (insbesondere die Produktion von Konsum- und Investitionsgütern), Kapazitätsauslastung, Produktivität, Kreditnachfrage
- **Spätindikatoren**: reagieren mit zeitlicher Verzögerung auf Konjunkturänderungen z. B. Preise, Beschäftigung (Arbeitslosenquote, offene Stellen), Löhne, Zahl der Insolvenzen

Indikatoren / Konjunkturphasen	Frühindikatoren (z. B. Auftragseingang)	Gegenwartsindikatoren (z. B. Produktion)	Spätindikatoren (z. B. Preise)
Boom	schnell steigend	steigend	schnell steigend
Abschwung	schnell fallend	fallend	langsam fallend
Rezession	langsam fallend	langsam fallend	langsam fallend, konstant
Aufschwung	steigend	langsam steigend	konstant, langsam steigend

9.2.3 Ursachen der Konjunkturzyklen

Es gibt keine einheitliche Konjunkturtheorie, mit der die zyklische Entwicklung der gesamtwirtschaftlichen Aktivität erklärt werden könnte. Vielmehr werden konjunkturelle Schwankungen durch das Zusammenwirken unterschiedlicher Verursachungsfaktoren ausgelöst. Bei der Vielzahl der sich teilweise gegenseitig widersprechenden Erklärungsansätze lassen sich u. a. folgende Gruppen unterscheiden:

- **Monetäre Theorien**: Die Konjunkturzyklen werden in erster Linie auf monetäre Faktoren (Geldmengen- und Zinsveränderungen) zurückgeführt. Demnach führt eine Ausdehnung der Geldmenge und die sich daraus ergebende Erhöhung des Kreditvolumens zu einem Aufschwung. Dieser Prozess hält so lange an, bis die steigende Nachfrage aufgrund der ausgelasteten Kapazitäten nicht mehr befriedigt werden kann. Wenn die Zentralbank die sich dann ergebende Preisniveausteigerung durch eine Begrenzung des Geldmengenwachstums stoppen will, wird ein Konjunkturabschwung eingeleitet.

- **Überinvestitionstheorien**: Die Rezession wird mit der übermäßigen Ausdehnung des Investitionsgütersektors im Konjunkturaufschwung erklärt. Die Produktionskapazitäten werden demnach möglicherweise über das zur Befriedigung der steigenden Konsumgüternachfrage nötige Maß hinaus vergrößert. Der Abbau der Überkapazitäten leitet nach dieser Auffassung den Konjunkturabschwung ein.
- **Unterkonsumtionstheorien**: Die Rezession wird als Folge einer ungleichgewichtigen Entwicklung zwischen Konsum- und Investitionsgüterindustrie im Aufschwung erklärt. Die Ausdehnung der Produktionskapazitäten ermöglicht eine Erhöhung der Konsumgüterproduktion. Im Boom bleibt aber die Konsumgüternachfrage hinter den Produktionsmöglichkeiten zurück, da Löhne und Gehälter nicht in gleichem Ausmaß steigen wie die Güterpreise und Gewinne. Es fehlt den privaten Haushalten an Kaufkraft, sodass die zu geringe Nachfrage den Abschwung einleitet. Diese Situation wird durch eine ungleiche Einkommensverteilung verschärft, indem die Bezieher hoher (Kapital-)Einkommen wegen ihrer hohen Sparquote zu wenig Konsumgüter nachfragen. Dadurch wird der Abschwung verstärkt.
- **Exogene (außerwirtschaftliche) Theorien**: Diese Theorien sehen die Ursachen der konjunkturellen Schwankungen in Faktoren, die nicht direkt durch das Wirtschaftsgeschehen beeinflusst werden. Dazu gehören beispielsweise Naturkatastrophen, Kriege, Erfindungen, Entdeckungen neuer Rohstoffquellen und optimistische bzw. pessimistische Zukunftserwartungen **(psychologische Konjunkturtheorien)**. Daneben wird auch versucht, einen Zusammenhang zwischen Wahl- und Konjunkturzyklen herzuleiten **(politische Konjunkturtheorien)**. Demnach sind die von demokratischen Regierungen in Zusammenhang mit ihren Bemühungen um eine Wiederwahl ergriffenen Maßnahmen (Wahlversprechen und Wahlgeschenke) Ursache für Konjunkturschwankungen.

Neben diesen verbalen Erklärungsansätzen gibt es auch zahlreiche Versuche zu modelltheoretischen Konjunkturerklärungen, indem konjunkturellen Schwankungen im Rahmen mathematischer Modelle nachempfunden werden.

9.2.4 Ziele der Konjunkturpolitik

Aufgabe der **Wachstumspolitik** ist es, die Entwicklung des **Produktionspotenzials** zu steuern. **Konjunkturpolitik** hat dagegen das Ziel, die **Schwankungen im Auslastungsgrad** des Produktionspotenzials zu dämpfen.

D Unter Konjunkturpolitik sind alle wirtschaftspolitischen Maßnahmen zu verstehen, die darauf gerichtet sind, die Wirtschaftsschwankungen zu glätten und eine stabile wirtschaftliche Entwicklung bei Vollbeschäftigung zu ermöglichen.

Konkrete Ziele der Konjunkturpolitik sind solche, wie sie beispielsweise im **Stabilitätsgesetz** von 1967 genannt sind: hoher Beschäftigungsstand, Preisniveaustabilität, angemessenes und stetiges Wirtschaftswachstum und außenwirtschaftliches Gleichgewicht. Weil mit der Konjunkturpolitik direkte Eingriffe des Staates in den Wirtschaftsprozess verbunden sind, handelt es sich um ein typisches Beispiel für staatliche Prozesspolitik (im Gegensatz zur Ordnungspolitik). Zu den Politikbereichen der Konjunkturpolitik zählen insbesondere die Fiskalpolitik (Einnahmen- und Ausgabenpolitik des Staates), aber auch die Geldpolitik, die Lohnpolitik und die Außenwirtschaftspolitik.

Zusammenfassung Kapitel 9: Wachstum und Konjunktur

Wachstumspolitik

Maßnahmen zur Erhöhung des Produktionspotenzials und des realen BIP

Konjunkturpolitik

Maßnahmen zur Glättung von Wirtschaftsschwankungen mit dem Ziel einer stabilen wirtschaftlichen Entwicklung bei Vollbeschäftigung

Produktionspotenzial ← **Wirtschaftswachstum** → **Bruttoinlandsprodukt**

Wachstumsrate: Veränderung des realen Bruttoinlandsprodukts

Ziele

Wohlstandsmehrung
Beschäftigung
Beeinflussung der Einkommensverteilung
Öffentliche Güter

Ansatzpunkte

Investitionen
Bildung/Forschung
Arbeitsmarktpolitik
Wettbewerbspolitik
Infrastrukturpolitik

Zusammenfassung Kapitel 9: Wachstum und Konjunktur

Indikatoren ← **Konjunktur** → **Ursachen**

Indikatoren

Frühindikatoren
z. B. Auftragseingang

Gegenwartsindikatoren
z. B. Produktion

Spätindikatoren
z. B. Preise, Beschäftigung

Konjunktur ↓ **Konjunkturzyklus**

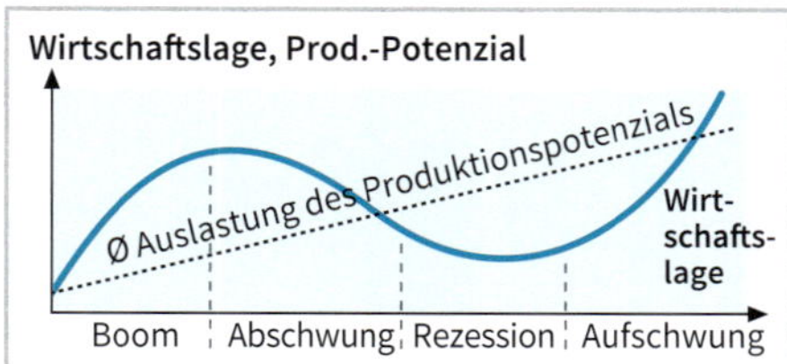

Ursachen

Überinvestition und Unterkonsumtion

monetäre Ursachen
(Geld und Kredit)

psychologische und politische Ursachen

Aufgaben zu Kapitel 9: Wachstum und Konjunktur

9.1 Konjunkturzyklen: Entwicklung des Bruttoinlandsprodukts in der Bundesrepublik Deutschland

1. In den Abb. 1 bis 3 wird die Entwicklung der gesamtwirtschaftlichen Aktivität für die Bundesrepublik Deutschland auf verschiedene Weise dargestellt. Erläutern Sie Vor- und Nachteile der einzelnen Darstellungsarten.
2. Analysieren Sie die Konjunkturentwicklung in der Bundesrepublik Deutschland anhand der Abbildungen und vergleichen Sie diese mit einem idealtypischen Konjunkturzyklus.

Abbildung 1:

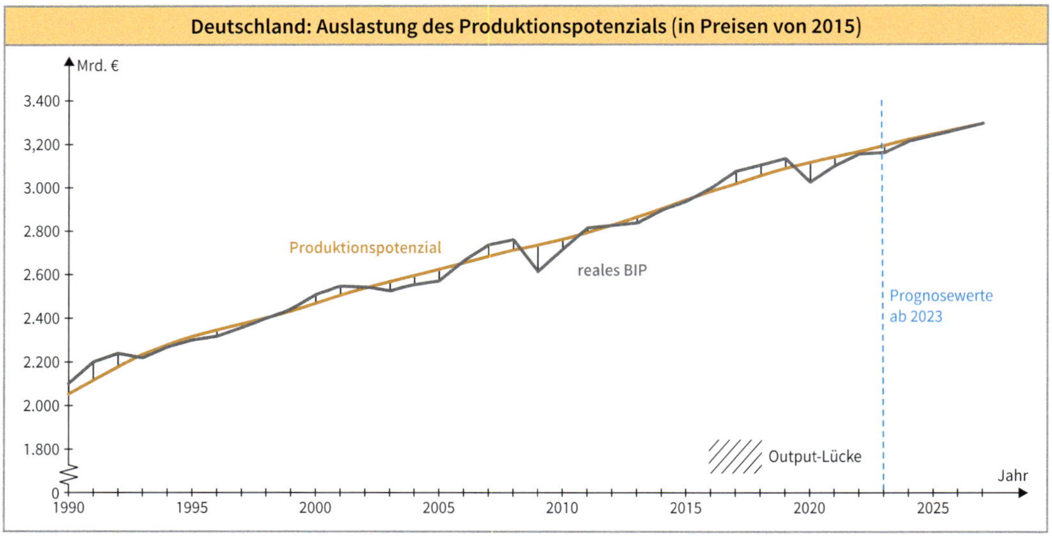

Abbildung 2:

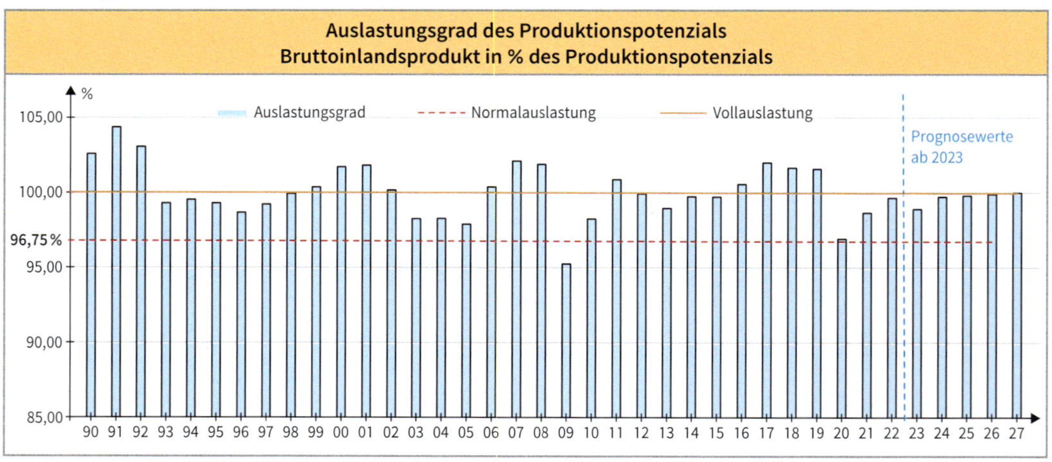

Abbildung 3:

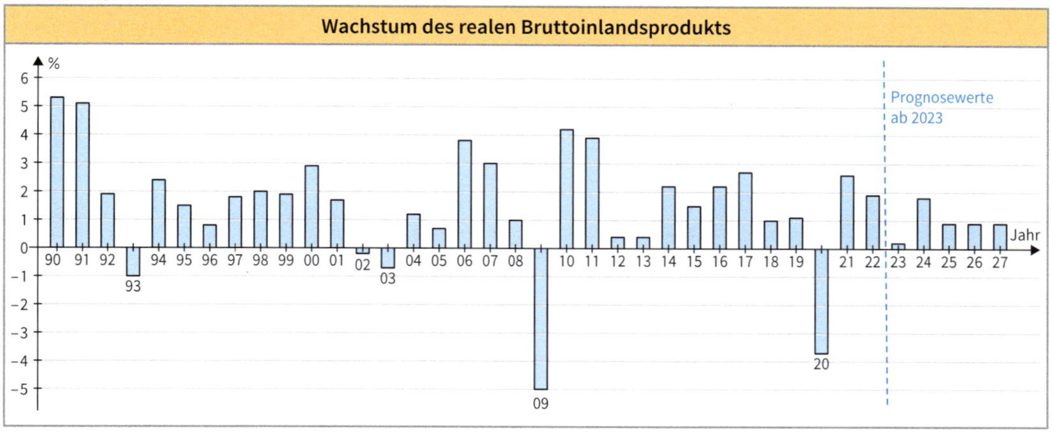

9.2 Konjunkturindikatoren

1. Die folgenden Konjunkturindikatoren entwickeln sich unterschiedlich in den einzelnen Phasen eines idealtypischen Konjunkturverlaufs.

   Verwenden Sie zur Charakterisierung folgende Begriffe: niedrig, hoch, steigend, stark steigend, sinkend, stark sinkend, (etwas oder sehr) optimistisch, (etwas oder sehr) pessimistisch.

   Konjunkturindikatoren: Auftragseingang, Lagerbestände, Kapazitätsauslastung, Produktion, Gewinne, Investitionen, Konsumneigung, Sparneigung, Preisniveau, Lohn- und Gehaltszuwächse, Arbeitslosenquote, offene Stellen, Zinsen, Aktienkurse, Steueraufkommen, Zukunftserwartungen.

Konjunkturindikatoren	Aufschwung	Boom	Abschwächung	Rezession
Auftragseingang				
usw.				

2. Ordnen Sie folgende Konjunkturindikatoren jeweils einer der drei Gruppen Früh-, Gegenwarts- und Spätindikatoren zu. Zeigen und erläutern Sie anhand eines Vernetzungsdiagramms die Abhängigkeiten zwischen diesen Indikatoren.

   Konjunkturindikatoren: Geschäftsklima, Arbeitslosenzahl, volkswirtschaftliche Lohnsumme, Kapazitätsauslastung, Gewinnerwartungen, Geldmenge, Konsumklima, Lagerbestand, Auftragseingang, Produktion, Produktivität, Preise, Investitionen, Konsum, Auftragsbestand

9.3 Konjunkturdiagnose – Konjunkturprognose

Für die Bundesrepublik Deutschland liegen für die Jahre 2011 bis 2021 für einige wichtige Konjunkturindikatoren folgende Indizes und Daten vor:

Vierteljährliche (kalender- und saisonbereinigte) Wachstumsraten des realen BIP (Veränderung gegenüber dem vorangegangenen Quartal in %)															
2011				2012				2013				2014			
1. Vj	2. Vj	3. Vj	4. VJ	1. Vj	2. Vj	3. Vj	4. VJ	1. Vj	2. Vj	3. Vj	4. VJ	1. Vj	2. Vj	3. Vj	4. VJ
1,8	0,2	0,5	0,0	0,4	0,1	0,2	−0,5	−0,2	0,9	0,4	0,4	1,0	0,0	0,5	0,9
2015				2016				2017				2018			
1. Vj	2. Vj	3. Vj	4. VJ	1. Vj	2. Vj	3. Vj	4. VJ	1. Vj	2. Vj	3. Vj	4. VJ	1. Vj	2. Vj	3. Vj	4. VJ
−0,2	0,6	0,6	0,4	0,8	0,4	0,3	0,3	1,2	0,8	0,7	0,9	−0,6	0,7	−0,8	0,8
2019				2020				2021				2022			
1. Vj	2. Vj	3. Vj	4. VJ	1. Vj	2. Vj	3. Vj	4. VJ	1. Vj	2. Vj	3. Vj	4. VJ	1. Vj	2. Vj	3. Vj	4. VJ
0,7	−0,2	0,1	0,3	−1,4	−9,5	−9,0	0,6	−1,5	1,9	0,8	0,0	0,8	0,1	0,5	−0,4

Indikatoren (März 2023)		2016	2017	2018	2019	2020	2021	2022
Auftragseingang (Industrie) 2015 = 100		100,7	108,6	110,5	104,9	97,2	119,3	126,1*
Einzelhandelsumsätze 2015 = 100		102,5	107,6	110,7	115,0	121,4	124,9	134,4
Reales BIP	Index 2015 = 100	102,23	104,97	106,00	107,12	103,16	195,87	107,76
	Wachstumsraten in %	2,2	2,7	1,0	1,1	-3,7	2,6	1,8
Bruttanlageinvesititionen	Index 2015 = 100	103,81	106,53	110,1	112,21	109,68	111,87	111,4
	Wachstumsraten in %	3,8	2,6	3,4	1,9	-2,3	1,2	0,4
Produktion (Produzierendes Gewerbe) 2015 = 100		101,5	104,9	105,9	102,9	95	98,4	97,8
Arbeitsproduktivität (je Erwerbstätigenstunde) 2015 = 100		100,97	102,29	103,37	104,16	105,19	106,1	106,55
Tariflohn- und Gehaltsniveau (Stundenbasis) 2015 = 100		102,1	104,2	107,5	110,6	112,9	114,6	117,7
Lohnstückkosten 2015 = 100		101,13	102,18	105,78	198,65	111,71	112,46	116,72
Verbraucherpreise 2015 = 100		100,71	102,23	103,73	105,09	105,73	108,99	116,54
Arbeitsmarkt	Arbeitslose in Mio.	2,691	2,533	2,34	2,267	2,695	2,6134	2,418
	Arbeitslosenquote %	6,1	5,7	5,2	5,0	5,9	5,7	5,3
	offene Stellen in Tsd.	655	731	796	774	613	706	845

**Schätzung*
vgl. Deutsche Bundesbank (Hrsg.): Monatsbericht der Bundesbank für März 2023, Seiten 67-72, Stand: 16.03.2023.
vgl. Statistisches Bundesamt (Hrsg.): Fachserie 18 Reihe 1.4, Volkswirtschaftliche Gesamtrechnung 2022, Seiten 53, 58, 97, 106 u. 107, Stand: 03.03.2023.

1. Stellen Sie anhand der Quartalswerte des BIP-Wachstums der letzten Jahre (Tabelle S. 187) fest, wann nach der üblichen Definition (negative Wachstumsraten in zwei aufeinanderfolgenden Quartalen) eine Rezession vorlag. Erstellen Sie aus den Quartalswerten des BIP-Wachstums ein Säulendiagramm und prüfen Sie, ob im grafischen Konjunkturverlauf zeitweise eines der folgenden Buchstabenmuster erkennbar ist:
   V = Abschwung mit erneutem steilem Aufschwung;
   U = längeres Verharren in der Talsohle;
   L = schneller Abschwung mit anhaltender Stagnation;
   W = Abschwung mit kurzfristiger Erholung und erneutem Abschwung (= double dip: zweimaliges Eintauchen).
   Datenquelle zur Ergänzung/Aktualisierung der Tabelle: Deutsche Bundesbank, Saisonbereinigte Wirtschaftszahlen (erscheint monatlich) bzw. www.bundesbank.de/stat → Zeitreihendatenbank → saisonbereinigte Wirtschaftszahlen → Konjunkturindikatoren.
2. Analysieren Sie den Konjunkturverlauf in der Bundesrepublik Deutschland zwischen 2016 und 2020 anhand geeigneter Indikatoren. Stellen Sie dazu auch die Entwicklung einzelner Indikatoren grafisch dar. Erläutern Sie die Zusammenhänge zwischen der Entwicklung der einzelnen Größen.
3. Machen Sie auf der Basis der vorliegenden Daten eine begründete Konjunkturprognose für die Jahre 2021/2022 und überprüfen Sie Ihre Prognose anhand der tatsächlichen Werte bzw. der Prognosen der Wirtschaftsforschungsinstitute.

Ich kann …	Bitte ankreuzen		Wenn Nein: Siehe Seite(n) im Buch	Level/ Anforderungsniveau
	Ja	Nein		
9.1 Wirtschaftswachstum				**AFB**
… den Begriff „Wirtschaftswachstum“ erläutern.			S. 410	II
… beschreiben, wie Wirtschaftswachstum gemessen wird.			S. 410 f.	II
9.2 Konjunkturelle Schwankungen				**AFB**
… die konjunkturellen Schwankungen beschreiben.			S. 412 f.	I/II
… die Phasen eines idealtypischen Konjunkturzyklus nennen und erklären.			S. 412 f.	I
… die einzelnen Phasen des Konjunkturzyklus erläutern.			S. 413	II
… das Modell des idealtypischen Konjunkturzyklus mit den realen BIP-Wachstumsraten vergleichen.			S. 414	III
… die Indikatoren in den verschiedenen Phasen der Konjunktur beschreiben.			S. 415 f.	II
… die Konjunkturindikatoren nach ihrer zeitlichen Reihenfolge im Konjunkturverlauf unterscheiden.			S. 416	II
… Beispiele, die zur Prognose und Diagnose der Konjunktur führen, nennen.			S. 416	I
… die Ursachen von konjunkturellen Schwankungen nennen.			S. 415 f.	I
… die Ziele, die mit konjunkturpolitischen Maßnahmen verfolgt werden, beschreiben.			S. 416	II
… den Begriff „Konjunkturpolitik“ erläutern.			S. 416	II

10 Wirtschaftspolitische Konzepte zur Wachstumsförderung und Konjunkturstabilisierung

10.1 Grundpositionen der Stabilisierungspolitik: Fiskalismus – Monetarismus

- Grundauffassungen des Fiskalismus (Keynesianismus)
- Grundauffassungen des Monetarismus
- Wirtschaftspolitische Grundauffassungen im Überblick

10.4 Ergebnisse der Wachstums- und Konjunkturpolitik in Deutschland

- Zusammenhang zwischen Wirtschaftswachstum, Beschäftigung und Inflation
- Einnahmen und Ausgaben des Staates: Staatsverschuldung

10.2 Grundzüge angebotsorientierter Wirtschaftspolitik

- Grundannahmen und Ziele
- Ansatzpunkte und Maßnahmen
- Probleme und Kritik

10.3 Grundzüge nachfrageorientierter Wirtschaftspolitik

- Grundannahmen: Antizyklische Fiskalpolitik
- Ansatzpunkte und Maßnahmen
- Probleme und Kritik antizyklischer Fiskalpolitik

10 Wirtschaftspolitische Konzepte zur Wachstumsförderung und Konjunkturstabilisierung

»

Die wirtschaftspolitischen Vorschläge zur Förderung von Wirtschaftswachstum und Beschäftigung sind – auch in Deutschland – von einer Kontroverse zwischen Vertretern einer angebotsorientierten und einer nachfrageorientierten Wirtschaftspolitik geprägt. Die Vertreter einer **angebotsorientierten Wirtschaftspolitik** sehen die Lösung der gesamtwirtschaftlichen Probleme in der Verbesserung der Produktionsbedingungen und der Gewinnaussichten für die Unternehmen. Sie gehen davon aus, dass die Unternehmen bei positiven Gewinnerwartungen investieren und damit Arbeitsplätze schaffen. Der Staat soll daher lediglich für günstige Rahmenbedingungen sorgen (z. B. Senkung der Unternehmenssteuern, Abbau von gesetzlichen Hemmnissen) und nicht durch eine aktive Wirtschaftspolitik in das Wirtschaftsgeschehen eingreifen. Die Vertreter einer **nachfrageorientierten Wirtschaftspolitik** setzen dagegen auf eine aktive Konjunktur- und Beschäftigungspolitik des Staates. Durch Maßnahmen zur Erhöhung der gesamtwirtschaftlichen Nachfrage soll die wirtschaftliche Entwicklung gestützt und gefördert werden. Sie gehen davon aus, dass Unternehmen nur dann investieren und Arbeitsplätze schaffen, wenn die erzeugten Güter (= Angebot) absetzbar sind. Voraussetzung dafür ist eine genügend große Nachfrage.

10.1 Grundpositionen der Stabilisierungspolitik: Fiskalismus – Monetarismus

Lernziele:

Nach der Bearbeitung des Kapitels sind Sie in der Lage, Folgendes zu tun:

Sie ...

- ... beschreiben den Begriff „Stabilisierungspolitik" inhaltlich.
- ... nennen die Grundaussagen von J. M. Keynes.
- ... erläutern die Grundauffassung des Monetarismus.
- ... vergleichen nachfrage- und angebotsorientierte Wirtschaftspolitik anhand folgender Kriterien: Rolle des Staates, vorrangige Zielsetzung, Ansatzpunkte der Stabilitätspolitik, Aufgaben der Finanz-, Geld- und Einkommenspolitik.

10.1, S. 449

D Unter Stabilisierungspolitik werden wirtschaftspolitische Maßnahmen verstanden, die auf die Erreichung und Erhaltung gesamtwirtschaftlicher Ziele und dabei insbesondere auf ein stabiles Preisniveau und einen hohen Beschäftigungsstand gerichtet sind.

Nach Auffassung der Vertreter des **klassischen Liberalismus**[1] des 18. und 19. Jahrhunderts (z. B. ADAM SMITH, 1723–1790, und DAVID RICARDO, 1772–1823) überwindet der Markt- und Preismechanismus automatisch mögliche Störungen der wirtschaftlichen Entwicklung. Auch auf dem Arbeitsmarkt kann es nach klassischer Auffassung auf Dauer kein Ungleichgewicht geben, da bei freier Lohnbildung ein Überangebot an Arbeitskräften die Löhne so lange sinken lässt, bis der zusätzliche Einsatz von Arbeitskräften für die Unternehmen wieder rentabel ist.

1 Als Klassik wird in der Wirtschaftswissenschaft die Zeit zwischen 1750 und 1850 bezeichnet, als es englischen und schottischen Ökonomen erstmals gelang, die Wirtschaftswissenschaften als selbstständige Wissenschaftsdisziplin mit eigener Methode herauszubilden und die Grundlagen der modernen Volkswirtschaftslehre zu legen.

D Wegen der mit dem Preis-, Zins- und Lohnmechanismus begründeten Tendenz zum Gleichgewicht zwischen Angebot und Nachfrage auf allen Märkten werden staatliche Eingriffe in das Wirtschaftsgeschehen von den Vertretern der klassischen Wirtschaftstheorie abgelehnt.

Grundauffassungen des Fiskalismus (Keynesianismus)

Vor dem Hintergrund der Massenarbeitslosigkeit im Rahmen der Weltwirtschaftskrise 1929–1933 häuften sich die Zweifel an den Selbstheilungskräften der Marktwirtschaft. Insbesondere der englische Wirtschaftswissenschaftler JOHN MAYNARD KEYNES (1883–1946) kritisierte die klassische Wirtschaftstheorie aufs Heftigste.

KEYNES belegte in seinem 1936 erschienenen Werk *Allgemeine Theorie der Beschäftigung, des Zinses und des Geldes*[1], dass in der Realität der Preis-, Zins- und Lohnmechanismus infolge von **Marktunvollkommenheiten** nicht so reibungslos funktioniert, dass sich ständig ein Gleichgewicht bei Vollbeschäftigung einstellt **(= Instabilitätshypothese).** Die Entwicklung eines Gleichgewichtszustandes auf dem Arbeitsmarkt durch sinkende Löhne ist nach KEYNES nicht zu erwarten, weil sich die Gewerkschaften dagegen sperren und die Löhne daher nach unten nicht flexibel genug sind. Bezüglich des Zinsmechanismus, der nach klassischer Auffassung Investitionen und Ersparnisse einander anpasst, verwies KEYNES darauf, dass weder Investieren noch Sparen in erster Linie vom Zinssatz abhängen. Während für die Höhe der Ersparnisse die Höhe der Einkommen entscheidend ist, hängen die Investitionen vornehmlich von den Gewinnerwartungen der Unternehmen ab. Die Gewinnerwartungen sind aber beispielsweise dann schlecht, wenn die Arbeitnehmer aus Sorge vor der Zukunft mehr sparen (d. h. Konsumverzicht üben) und/oder ihre Kaufkraft aufgrund stagnierender Löhne hinter dem Konsumgüterangebot zurückbleibt. Dies wird die Unternehmer veranlassen, ihre Produktionskapazitäten und Investitionen einzuschränken. Außer durch sinkende Konsum- und Investitionsgüternachfrage können gesamtwirtschaftliche Nachfrageausfälle auch eintreten, wenn der Staat seine Ausgaben kürzt oder die Exportgüternachfrage zurückgeht.

Ist die **gesamtwirtschaftliche Nachfrage**, die sich aus der Konsum-, Investitions- und Exportgüternachfrage sowie den Staatsausgaben zusammensetzt, kleiner als die bei Vollbeschäftigung mögliche Produktion (= Produktionspotenzial), so besteht eine **Nachfragelücke.** Die Unternehmen schränken daraufhin ihre Produktion so lange ein, bis auf dem Gütermarkt ein neues Gleichgewicht zwischen gesamtwirtschaftlichem Angebot und gesamtwirtschaftlicher Nachfrage eintritt. Dieses neue **Gleichgewicht** auf dem **Gütermarkt** ist aber ein **Gleichgewicht bei Unterbeschäftigung.** Eine solche Situation kann nach KEYNES nicht allein durch die Marktkräfte beseitigt werden. Vielmehr muss in diesem Fall der Staat eingreifen, indem er die **gesamtwirtschaftliche Nachfrage** ankurbelt, damit die Unternehmen die Produktion wieder ausdehnen und Vollbeschäftigung erreicht wird (= **nachfrageorientierte Wirtschaftspolitik**).

D Nach der keynesianischen Theorie bestimmt die gesamtwirtschaftliche Nachfrage das gesamtwirtschaftliche Angebot und damit die Höhe des Inlandsprodukts.

Da geldpolitische Maßnahmen der Zentralbank – wie sie die Monetaristen befürworten – nach keynesianischer Auffassung in bestimmten Konjunkturphasen nicht wirksam sind, soll der Staat insbesondere in der Rezession im Rahmen seiner Einnahmen- und Ausgabenpolitik Maßnahmen zur Konjunkturbelebung ergreifen. Die Unwirksamkeit aktiver Geldpolitik zur Ankurbelung der Wirtschaft durch Geldmengenerhöhung und Zinssenkung wird von Keynes u. a. mit folgendem Vergleich beschrieben: „Eine Ausdehnung der Geldmenge zur Wiederbelebung der Wirtschaft ist, wie wenn Sie zunehmen wollen und sich deshalb einen größeren Gürtel kaufen."

8.7

1 J. M. Keynes, The General Theory of Employment, Interest and Money, London 1936

Die auf der keynesianischen Theorie beruhende Auffassung, dass staatliche Maßnahmen zur Nachfragebeeinflussung wirksamer als die Geldpolitik der Zentralbank sind, wird – in Abgrenzung zum **Monetarismus** – als **Fiskalismus** bezeichnet.

Grundauffassungen des Monetarismus

Die Theorie von KEYNES und seinen Nachfolgern wird besonders heftig von den sogenannten **Monetaristen** kritisiert, deren bekanntester Vertreter MILTON FRIEDMAN war. Dieser Gegenströmung zum Keynesianismus kommt seit Ende der 1950er-Jahre eine zunehmende Bedeutung zu. Die Vertreter des Monetarismus betonen vor allem, dass die **Geldmenge** die entscheidende Bestimmungsgröße nicht nur für das Preisniveau, sondern auch für eine gleichgewichtige Entwicklung der Gesamtwirtschaft sei. Der **Monetarismus** stellt eine **spezielle Ausprägung der neoklassischen Theorie** dar. Nach Auffassung der **Neoklassiker** ist das marktwirtschaftliche System grundsätzlich stabil, sofern der Wettbewerb auf Güter- und Faktormärkten wirksam ist **(= Stabilitätshypothese)**. Die in der Realität zu beobachtenden Wirtschaftsschwankungen werden als zwangsläufige Folge der als **Interventionismus**[1] kritisierten staatlichen Eingriffe in den Wirtschaftsprozess angesehen. Der Staat schafft demnach durch seine Stabilisierungsversuche erst die Fehlentwicklungen, die er eigentlich vermeiden will. Staatliche Wirtschaftspolitik soll sich daher darauf konzentrieren, durch Stärkung der Marktkräfte und Gewährung von Leistungsanreizen die Rahmenbedingungen für eine sich aus eigener Dynamik entwickelnde Wirtschaft zu schaffen. Eine zentrale Rolle soll dabei die am Wachstum des Produktionspotenzials ausgerichtete Geldmengenpolitik spielen. Das monetaristische Konzept der Stabilisierungspolitik wird von den Vertretern der **angebotsorientierten Wirtschaftspolitik**, die ebenfalls auf der **neoklassischen Theorie** beruht, übernommen. Deren Maßnahmen zur Belebung der wirtschaftlichen Aktivitäten zielen auf die Bestimmungsfaktoren des Angebots und des Produktionspotenzials ab.

Wirtschaftspolitische Grundauffassungen im Überblick

10.2, S. 449

Konzeption / Merkmale	nachfrageorientierte Wirtschaftspolitik	angebotsorientierte Wirtschaftspolitik
Staatsauffassung	interventionistische[1] Staatsauffassung: Staat übernimmt stabilisierungspolitische (insbesondere beschäftigungspolitische) Verantwortung	liberalistische[2] Staatsauffassung (möglichst wenig Staatseingriffe): Staat übernimmt keine stabilitätspolitische Verantwortung, These vom Staatsversagen
Grundannahmen	**Instabilitätshypothese:** Marktwirtschaftliche Systeme sind aufgrund von Marktversagen instabil (Marktpessimismus). Unterbeschäftigung ist auf eine zu geringe gesamtwirtschaftliche Nachfrage zurückzuführen. Es besteht die Gefahr eines **Gleichgewichts bei Unterbeschäftigung.** Die Wirtschaftspolitik ist aber in der Lage, mit geeigneten Maßnahmen das Marktsystem zu stabilisieren.	**Stabilitätshypothese:** Marktwirtschaftliche Systeme sind stabil und tendieren zum Gleichgewicht auf allen Märkten (auch auf dem Arbeitsmarkt). Instabilität ist die Folge von unzureichendem Wettbewerb und/oder von Eingriffen des Staates in das Marktsystem. Wachstumsschwäche und Unterbeschäftigung sind insbesondere auf zu geringe private Investitionen zurückzuführen.
vorrangiges wirtschaftspolitisches Ziel Hauptakteure	Sicherung eines hohen Beschäftigungsstandes Hauptakteur: Staat (**Beschäftigungspolitik**)	**Preisniveaustabilität als** Voraussetzung für das Wirksamwerden des Preismechanismus. Hauptakteur: Zentralbank (**Geldpolitik**)

1 Intervention *(lat.)*: Eingriff
2 intervenieren *(lat.)*: eingreifen; sich einmischen
3 liberalistisch *(lat.)*: freiheitlich

Konzeption / Merkmale	nachfrageorientierte Wirtschaftspolitik	angebotsorientierte Wirtschaftspolitik
Ansatzpunkte der Stabilisierungspolitik	**Nachfragesteuerung:** Die gesamtwirtschaftliche Nachfrage bestimmt die Höhe von Inlandsprodukt, Volkseinkommen und Beschäftigung. Sie muss durch verschiedene wirtschaftspolitische Instrumente gesteuert und der Entwicklung des Produktionspotenzials angepasst werden (**Globalsteuerung**). **Nachfrageorientierte Glättung kurzfristiger konjunktureller Schwankungen** 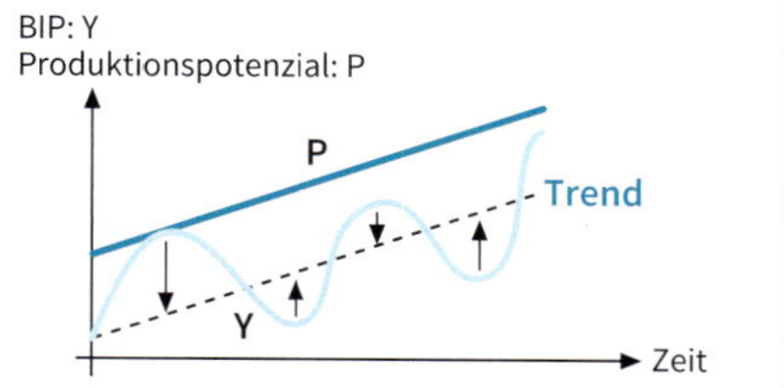	**Angebotssteuerung:** Die Rentabilität der Produktion bestimmt die Höhe von Inlandsprodukt, Volkseinkommen und Beschäftigung. Aufgabe des Staates ist es, die Voraussetzungen für das optimale Funktionieren des Marktsystems zu schaffen und so eine Erhöhung des Produktionspotenzials zu erreichen. **Angebotsorientierte Erhöhung des Produktionspotenzials** 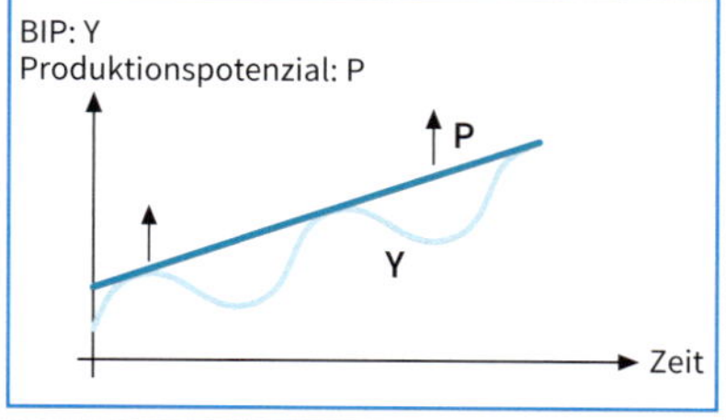
Aufgaben der staatlichen Einnahmen- und Ausgabenpolitik (Finanzpolitik)	Die Finanzpolitik übernimmt die zentrale Rolle im Rahmen der Stabilisierungspolitik. Mittels staatlicher Maßnahmen soll die gesamtwirtschaftliche Nachfrage gesteuert werden. Eine solche Politik wird als **Fiskalpolitik** bzw. **Fiskalismus** bezeichnet. Initialzündung zur Bekämpfung der Unterbeschäftigung sind kreditfinanzierte Staatsausgaben *(deficit spending)*.	Aufgabe der Finanzpolitik ist in erster Linie die Bereitstellung öffentlicher Güter. Die staatlichen Einnahmen und Ausgaben sollen am Wachstum des Produktionspotenzials orientiert und dadurch konjunkturneutral sein. Die Unternehmenssteuern sollen auf ein leistungsfreundliches Niveau gesenkt werden.
Aufgaben der Geldpolitik	Die Geldpolitik soll die Fiskalpolitik lediglich unterstützen. In der Rezession wird eine „Politik des billigen Geldes“ gefordert, um die Finanzierungsbedingungen für private Investitionen zu verbessern und die Zinslasten für die notwendigen staatlichen Haushaltsdefizite zu mildern.	Die Geldmengenentwicklung soll am Wachstum des Produktionspotenzials ausgerichtet werden (**potenzialorientierte Geldpolitik**).
Aufgaben der Einkommenspolitik	Der Lohnpolitik wird keine zentrale Rolle bei der Beschäftigungssicherung zugewiesen. Von gewerkschaftlicher Seite wird bei Tarifverhandlungen aber betont, dass Lohnerhöhungen zu mehr Kaufkraft und damit zu mehr Beschäftigung führen (**Kaufkrafttheorie**).	Der Lohnpolitik wird die beschäftigungspolitische Hauptverantwortung zugewiesen, da Arbeitslosigkeit als Ausdruck unflexibler Arbeitsmärkte und zu hoher Lohnkosten aufgefasst wird. Nicht der Staat, sondern die Tarifparteien sollen die Verantwortung für die Vollbeschäftigung übernehmen.

10.2 Grundzüge angebotsorientierter Wirtschaftspolitik

Lernziele:

Nach der Bearbeitung des Kapitels sind Sie in der Lage, Folgendes zu tun:

Sie ...

- ... beschreiben die Grundannahmen der angebotsorientierten Wirtschaftspolitik (Stabilitätshypothese).
- ... beschreiben, was das SAYsche Theorem aussagt.
- ... erläutern das LAFFER-Theorem.
- ... stellen angebotsorientierte Maßnahmen dar, mit denen der Staat Wirtschaftswachstum fördern kann.
- ... diskutieren Probleme und Kritikpunkte der angebotsorientierten Wirtschaftspolitik.

10.2.1 Grundannahmen und Ziele angebotsorientierter Wirtschaftspolitik

D Angebotsorientierte Wirtschaftspolitik will die Produktionsbedingungen in einer Volkswirtschaft verbessern, ihre Anpassungsfähigkeit an Veränderungen erhöhen sowie die Leistungsfähigkeit und Leistungsbereitschaft verstärken.

Stabilitätshypothese

Die angebotsorientierte Wirtschaftspolitik geht davon aus, dass ein funktionsfähiges marktwirtschaftliches System grundsätzlich stabil ist und sich gleichgewichtig entwickelt. Die in der Realität feststellbaren Fehlentwicklungen werden als Folgen staatlicher Interventionen interpretiert (These des Staatsversagens). Die beste Stabilitätspolitik sei daher der Verzicht auf staatliche stabilitätspolitische Interventionen.

SAYsches Theorem

Nach der klassischen Theorie kann es aus folgendem Grund langfristig kein Überangebot an Gütern geben: Jede Ausweitung der Produktion stellt gleichzeitig eine Erhöhung des Einkommens dar. Daher kann das Wachstum der gesamtwirtschaftlichen Nachfrage langfristig nicht hinter dem Wachstum des gesamtwirtschaftlichen Angebots zurückbleiben. Dieser Zusammenhang wurde zu der Behauptung verdichtet: „Jedes Angebot schafft sich seine Nachfrage selbst" (**SAYsches**[1] Theorem). Das Theorem leitet sich aus dem einfachen Wirtschaftskreislauf ab. Danach entspricht dem Wert der produzierten Güter ein gleich hohes Einkommen in Form von Löhnen, Zinsen, Pachten und Gewinnen. Dieses Einkommen dient dem Kauf der erzeugten Güter.

Jean-Baptiste Say (1767–1832), französ. Ökonom

D Das SAYsche Theorem besagt, dass sich jedes Angebot seine Nachfrage selbst schafft.

Eine Nachfragesättigung ist nach dieser Auffassung kein zentrales Problem moderner Volkswirtschaften. Wegen der Unersättlichkeit menschlicher Bedürfnisse komme es nur darauf an,

1 Jean-Baptiste Say, französischer Wirtschaftswissenschaftler, 1767–1832, Begründer der klassischen „Theorie der Absatzwege"

latente Bedürfnisse zu erkennen und entsprechende Waren und Dienstleistungen am Markt anzubieten.

Pionierunternehmer

Dynamische, risikofreudige Unternehmer, die Neuerungen **(Innovationen)** durchsetzen, indem sie neue Märkte erkunden und neue Produktionsverfahren anwenden, werden als Motoren des wirtschaftlichen Fortschritts eines marktwirtschaftlichen Systems angesehen.[1] Durch seinen Wettbewerbsvorsprung kann der Pionierunternehmer eine zeitlich befristete Monopolstellung erlangen. Die Monopolgewinne sorgen aber wiederum dafür, dass Konkurrenten als Nachahmer am Markt auftreten **(Imitation)**. Der für das Auftreten solcher Unternehmen notwendige Gewinnanreiz setzt **niedrige Steuern** auf Unternehmensgewinne voraus.

LAFFER-Theorem

Nach Auffassung der Vertreter der Angebotstheorie erhöht sich das Steueraufkommen trotz einer Senkung der Steuersätze. Dies wird mithilfe der sogenannten LAFFER[2]-Kurve zu belegen versucht. Die Kurve stellt die Abhängigkeit des Steueraufkommens von der Höhe des Steuersatzes dar. Die Kernaussage lautet, dass jedes gewinnabhängige Steueraufkommen durch zwei verschiedene Steuersätze erreicht werden kann. Ein niedriger Steuersatz (t_1), der auf hohe Unternehmensgewinne in einer Volkswirtschaft angewandt wird, beschert dem Staat dasselbe Steueraufkommen (T) wie ein hoher Steuersatz (t_2), der zu negativen Leistungsanreizen und damit zu geringen Unternehmensgewinnen führt. Wenn in einer Volkswirtschaft der kritische Wert t_{opt} überschritten und z. B. t_2 erreicht ist, kommt es nach dieser Auffassung zu Steuerwiderständen und einer leistungsmindernden Wirkung des Steuertarifs. In diesem Fall würde eine Senkung des Gewinn- und Einkommensteuersatzes nicht zu der allgemein erwarteten Verringerung, sondern zu einer Erhöhung des Steueraufkommens führen. Damit würde gleichzeitig eine Verringerung von Schwarzarbeit, Steuerhinterziehung und Steuerflucht einhergehen.

LAFFER-Kurve

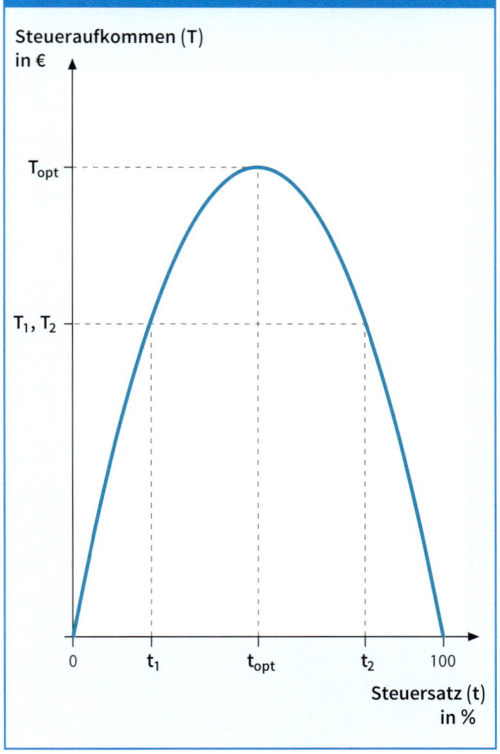

Im vorliegenden Fall ist das Ziel der Steuersenkungen – anders als in der keynesianischen Theorie – nicht die Erhöhung des verfügbaren Einkommens zur Ankurbelung der gesamtwirtschaftlichen Investitions- und Konsumgüternachfrage, um auf diesem Wege mehr Wachstum und Beschäftigung zu erreichen. Vielmehr steht die Minderung der leistungshemmenden Wirkung des Steuersystems im Vordergrund („Leistung soll sich lohnen"), um durch steuerliche Leistungsanreize Wachstum und Beschäftigung zu ermöglichen.

1 Die Analyse der Rolle solcher Pionierunternehmer geht auf J. A. Schumpeter (1883–1950) zurück. Es wird daher auch von SCHUMPETERschen Pionierunternehmern gesprochen. Schumpeter, J. A., Theorie der wirtschaftlichen Entwicklung: eine Untersuchung über Unternehmergewinn, Kapital, Kredit, Zins und den Konjunkturzyklus, Berlin 1993 (1. Aufl. München 1911)

2 benannt nach dem nordamerikanischen Wirtschaftswissenschaftler Arthur Laffer (geb. 1940)

10.2.2 Ansatzpunkte und Maßnahmen angebotsorientierter Wirtschaftspolitik

Die Rahmenbedingungen für Investitionen sollen u. a. durch eine **Verstetigung der Wirtschaftspolitik** verbessert werden. Dadurch soll verhindert werden, dass sich die Rahmendaten für unternehmerische Investitionsentscheidungen ständig und in unvorhersehbarer Weise ändern und sich somit als Investitionshemmnis auswirken. Es wird unterstellt, dass Unternehmer nur bei einer an einem längerfristigen Konzept orientierten Wirtschaftspolitik in der Lage sind, ihre Investitionsentscheidungen an verlässlichen Rahmendaten und auf einen längeren Zeitraum hin auszurichten. Die Forderungen nach Verstetigung beziehen sich insbesondere auf die **Finanz-**, **Geld-** und **Lohnpolitik**.

Konjunkturneutrale Finanzpolitik

Die Finanzpolitik des Staates soll zunächst vorrangig einen Abbau der strukturellen Defizite der staatlichen Haushalte und eine Absenkung der Staatsverschuldung herbeiführen. Daher sind Staatseinnahmen und die Staatsausgaben am Wachstum des Produktionspotenzials zu orientieren (= potenzialorientierte Finanzpolitik), sodass von den öffentlichen Einnahmen und Ausgaben keine expansiven oder kontraktiven Wirkungen auf die Konjunkturentwicklung ausgehen **(= konjunkturneutrale Finanzpolitik)**. Die Unternehmenssteuern sollen auf ein Niveau gesenkt werden, das mehr Leistungsanreize bietet und den (internationalen) Wettbewerb nicht verzerrt. Hauptaufgabe der Finanzpolitik ist demnach nicht die Stabilisierung des Konjunkturverlaufs. Vielmehr soll sie für den optimalen Einsatz aller volkswirtschaftlichen Produktionsfaktoren (z. B. durch die Bereitstellung öffentlicher Güter bei Marktversagen) sorgen.

Monetaristische Geldpolitik zur Preisniveaustabilisierung

← 8.6.1

Bei einer konsequent am Ziel der Preisniveaustabilität ausgerichteten Geldpolitik darf nach monetaristischer Auffassung die Geldmenge nicht schneller wachsen als die reale Gütermenge. Die Zentralbank muss daher das Geldmengenwachstum am Wachstum des Produktionspotenzials ausrichten **(potenzialorientierte Geldpolitik)**.

Beschäftigungsorientierte Lohnpolitik

Eine Erhöhung der **Arbeitsproduktivität** bedeutet, dass mit einer gleich bleibenden Zahl von Erwerbstätigen eine größere Produktionsmenge erzeugt wird. Wenn die Löhne stärker steigen als die Arbeitsproduktivität, erhöhen sich die Lohnkosten je Stück **(Lohnstückkosten)**. Gelingt es den Unternehmen, diese Kostenerhöhung in Form höherer Preise zu überwälzen, kann es zu einer **Lohnkosteninflation** kommen. Wenn gleichzeitig die Zentralbank die Geldmenge nicht erhöht, können die Unternehmen entweder die höheren Preise nicht durchsetzen oder die Preiserhöhungen sind bei der vorhandenen Geldmenge nur finanzierbar, wenn gleichzeitig die Produktionsmenge zurückgeht. In beiden Fällen bewirkt der Anstieg der Lohnstückkosten eine Zunahme der **Arbeitslosigkeit** (klassische bzw. lohnkostenbedingte Arbeitslosigkeit). Den Tarifparteien wird von den Angebotstheoretikern daher eine Lohnpolitik empfohlen, die sich am Produktivitätsfortschritt orientiert **(produktivitätsorientierte Lohnpolitik)**, um einen Anstieg der Lohnstückkosten zu vermeiden. Gleichzeitig wird eine größere **Flexibilisierung des Arbeitsmarktes** (z. B. betriebliche, branchenspezifische und regionale Differenzierung der Lohnentwicklung anstelle einheitlicher Flächentarifverträge, flexiblere Arbeitszeiten, Lockerung des Kündigungsschutzes und der Lohnfortzahlung im Krankheitsfall usw.) gefordert.

→ 11.3

→ 11.4

Mehr Marktwirtschaft auch in anderen Bereichen: Ordnungspolitik statt Ablaufpolitik

Neben der Verbesserung der Rahmenbedingungen durch eine **Verstetigung der Finanz-, Geld- und Lohnpolitik** werden u. a. auch Maßnahmen zur Stärkung der Marktkräfte und Erhöhung von Leistungsanreizen in zahlreichen anderen Politikbereichen gefordert.

- **Wettbewerbspolitik**
  Im Rahmen der **Wettbewerbsschutzpolitik** soll – u. a. durch eine strenge Anwendung des *Gesetzes gegen Wettbewerbsbeschränkungen* (GWB) – wettbewerbsbeschränkendes Verhalten der Unternehmen verhindert werden. Die **Wettbewerbsförderpolitik** hat das Ziel, bestehende Marktschranken zu beseitigen und neuen Unternehmen den Marktzugang zu erleichtern. Gefordert werden u. a. der Abbau von wettbewerbshemmenden bürokratischen Hürden und gesetzlichen Regelungen **(Deregulierung)**, eine **Privatisierung** solcher Aufgaben, deren Erfüllung auch dem Markt überlassen werden kann (z. B. Energiesektor), und der **Abbau von Subventionen**, die dem Erhalt von (international) nicht wettbewerbsfähigen Wirtschaftszweigen dienen (z. B. Bergbau, Werften).

- **Sozialpolitik**
  Es wird ein **Abbau sozialpolitischer Fehlanreize** durch mehr Eigenverantwortung und eine größere Selbstbeteiligung der Betroffenen gefordert (z. B. Selbstbeteiligung an den Krankheitskosten, Senkung der Lohnfortzahlung im Krankheitsfall, Kürzung bzw. Streichung von Arbeitslosengeld bei Ablehnung einer zumutbaren Arbeit). Entsprechend dem Grundsatz „Selbsthilfe geht vor Fremdhilfe“ wird eine stärkere Betonung des **Subsidiaritätsprinzips** im Rahmen der sozialen Sicherung angestrebt.

6.6

- **Innovationsfreundliche Forschungs- und Technologiepolitik**
  Dem Staat wird empfohlen, Forschung und Entwicklung durch den Ausbau der **Grundlagenforschung** zu fördern und die Ergebnisse zur Auswertung für neue Erfindungen allen privaten Unternehmen zur Verfügung zu stellen.

- **Bildungspolitik**
  Es werden kürzere Ausbildungszeiten, mehr Praxisnähe und Bedarfsorientierung und insgesamt mehr marktwirtschaftliche Elemente (z. B. Studiengebühren, Entlohnung der Professoren nach Leistung) gefordert.

- **Umweltpolitik**
  Es sollen vor allem marktwirtschaftliche Instrumente in der Umweltpolitik Anwendung finden (z. B. Umweltzertifikate). Eine Ökosteuer wird wegen der damit verbundenen Wettbewerbsverzerrung nur bei einer europaweiten Einführung für sinnvoll gehalten.

1.5.2

10.2.3 Probleme und Kritik angebotsorientierter Wirtschaftspolitik

Das Konzept der angebotsorientierten Wirtschaftspolitik ist nicht unwidersprochen geblieben. Die wichtigsten Kritikpunkte sind:

10.3, S. 450

- **Einseitige Betonung der Angebotsseite – Wachstum ohne Beschäftigung**
  Da das SAYsche Theorem, nach dem sich das Angebot seine Nachfrage selbst schafft, von den Vertretern der angebotsorientierten Wirtschaftspolitik zumindest teilweise als zutreffend angesehen wird, erübrigen sich nach ihrer Auffassung Maßnahmen zur Nachfragesteuerung. Die bisherigen Erfahrungen mit wirtschaftspolitischen Strategien, die auf neoliberalen Konzeptionen beruhen, sprechen aber eher dafür, dass auch von der gesamtwirtschaftlichen Nachfrage wichtige Beschäftigungsimpulse ausgehen können und müssen. **Erweiterungsinvestitionen** werden nur dann vorgenommen, wenn auch genügend große Absatzchancen vorhanden sind. Andernfalls führen steuerliche und andere angebotsorientierte Investitionsanreize zu **Rationalisierungsinvestitionen**, die einen weiteren Abbau von Arbeitsplätzen mit sich bringen. Für Deutschland wird geschätzt, dass derzeit mindestens 1,5 % Wirtschaftswachstum für positive Auswirkungen auf den Arbeitsmarkt nötig sind **(= Beschäftigungsschwelle)**. Niedrigere Wachstumsraten gelten als *jobless growth*.

10.4.1

Wirkung des LAFFER-Theorems fraglich

Empirische Daten, die den Verlauf der LAFFER-Kurve bestätigen und damit die Möglichkeit einer sich selbst finanzierenden Steuersenkung nachweisen, liegen bisher nicht vor.[1] Die Folge der radikalen Steuersenkungspolitik in den USA während der Präsidentschaft von R. REAGAN Anfang der 1980er-Jahre waren extrem hohe Defizite im Staatshaushalt. Der nachfolgende Präsident G. BUSH (1989–1993) sah sich daher gezwungen, den Staatshaushalt wieder durch Steuererhöhungen zu konsolidieren. Die sich aus Steuersenkungen ergebenden Anreizwirkungen treten allenfalls mit Verzögerung ein, sodass in der Übergangsphase eine **vermehrte Staatsverschuldung** mit entsprechenden Verdrängungseffekten unumgänglich scheint.

Löhne als Kosten- und Nachfragefaktor

11.3

Der unterstellte Zusammenhang zwischen niedrigen Löhnen und zunehmender Beschäftigung ist weder theoretisch noch empirisch hinreichend belegt. Es ist daher fraglich, ob bei Lohnzurückhaltung die Beschäftigung in dem gewünschten Ausmaß zunimmt. Eine Reallohnsenkung kann allenfalls zur Überwindung einer lohnkostenbedingten (klassischen) Arbeitslosigkeit beitragen, nicht aber eine durch fehlende gesamtwirtschaftliche Nachfrage bedingte (keynesianische) Arbeitslosigkeit abbauen. Sinkende Löhne bedeuten nicht nur sinkende Kosten, sondern auch sinkende Konsumgüternachfrage.

Einkommensumverteilung von Arm zu Reich

Die Leistungsstarken sollen noch stärker belohnt und den Leistungsschwachen sollen mit Hinweis auf größere Eigenverantwortung soziale Hilfen entzogen werden, um sie zur Leistung zu zwingen. Damit geht eine Einkommensumverteilung „von unten nach oben" einher, die teilweise als sozial ungerecht angesehen wird (z. B. steuerliche Entlastung der Unternehmen bei gleichzeitiger Kürzung des Arbeitslosengeldes). Diese Umverteilung wird u. a. damit zu rechtfertigen versucht, dass die Begünstigung der Leistungsstarken auf Dauer auch den Leistungsschwachen zugute komme, da langfristig von einer gestiegenen volkswirtschaftlichen Gesamtleistung alle Einwohner Vorteile haben (z. B. durch die Finanzierbarkeit höherer Sozialleistungen). Zusätzlich verhindert die vorgeschlagene produktivitätsorientierte Lohnpolitik eine Einkommensumverteilung zugunsten der Arbeitnehmer. Produktivitätsorientierte Lohnpolitik lässt die bestehende Einkommensverteilung und damit die Lohnquote konstant.

"

Pferdeäpfeltheorie

Die Vorstellung, dass insbesondere die Gutverdienenden begünstigt werden sollen (z. B. durch Steuer- und Abgabenerleichterungen), damit durch deren Wohlstandssteigerung die volkswirtschaftliche Gesamtleistung erhöht wird und diese Vorteile dann nach und nach auch in die unteren Einkommensschichten „durchsickern" wird als Trickle-down-Effekt bezeichnet. Abwertend wird diese Auffassung auch als Pferdeäpfeltheorie bezeichnet. Damit ist gemeint, dass, wenn man die Pferde kräftig füttert, auch noch etwas für die Spatzen übrig bleibt. Diese Theorie hat sich bisher nicht als zutreffend erwiesen.

„Wir warten auf diesen Trickle-down-Effekt nun seit 30 Jahren vergeblich."[2]

[2]Quelle: Krugman, Paul (im Gespräch mit Kaufmann, Matthias): Die USA sind kein Vorbild, 26.05.2008, manager-magazin.de; online unter: https://www.manager-magazin.de/unternehmen/artikel/a-554651.html [26.07.2022].

Probleme der politischen Durchsetzbarkeit

Die mittelfristig orientierte angebotstheoretische Wirtschaftspolitik kann es notwendig machen, dass über einen längeren Zeitraum eine hohe Arbeitslosigkeit toleriert werden muss. In einer parlamentarischen Demokratie ist daher die politische Durchsetzung einer solchen Wirtschaftspolitik aufgrund der in regelmäßigen Zeitabständen erfolgenden Wahlen gefährdet. Zudem ist nicht zu vernachlässigen, dass eine arbeitnehmerfreundliche Arbeits- und Sozialgesetzgebung wesentlich zum sozialen Frieden und damit zur wirtschaftlichen und gesellschaftlichen Stabilität beiträgt.

1 Empirische Untersuchungen für die USA legen vielmehr die Vermutung nahe, dass Steuersenkungen zu einem Einnahmeausfall des Staates führen. Vgl. Samuelson, P. A., Nordhaus, W. D.: Volkswirtschaftslehre, Wien 1998, S. 376.

Neoliberalismus

Insbesondere von (gewerkschaftsnahen) Kritikern werden die auf den Nobelpreisträger MILTON FRIEDMAN (1912 – 2006) und seine „Chicagoer Schule" zurückgehenden Ideen des **Monetarismus** inzwischen abwertend als **neoliberale**[1] **Wirtschaftspolitik** bezeichnet. Ursprünglich wurde der Begriff **Neoliberalismus** jedoch in Deutschland in den 1930er- und 1940er-Jahren von Wirtschaftswissenschaftlern wie WALTER EUCKEN (1891 – 1950) und anderen geprägt, aus deren Überlegungen die später als **Ordoliberalismus** bezeichnete Konzeption der **sozialen Marktwirtschaft** in Deutschland hervorging.

10.3 Grundzüge nachfrageorientierter Wirtschaftspolitik

Lernziele:

Nach der Bearbeitung des Kapitels sind Sie in der Lage, Folgendes zu tun:

Sie ...

- ... erläutern den Begriff „Fiskalpolitik".
- ... erklären das Konzept der antizyklischen Fiskalpolitik.
- ... nennen konjunkturfördernde und konjunkturdämpfende Maßnahmen der antizyklischen Fiskalpolitik.
- ... erläutern den Begriff „Konjunkturausgleichsrücklage".
- ... erläutern, was unter deficit spending verstanden wird.
- ... nehmen kritisch Stellung zur antizyklischen Fiskalpolitik.

10.3.1 Grundannahmen und Ziele nachfrageorientierter Wirtschaftspolitik: Antizyklische Fiskalpolitik

D Fiskalpolitik ist der Einsatz der Staatseinnahmen und Staatsausgaben zur Abmilderung oder Beseitigung von Konjunkturschwankungen.

Ursache der Konjunkturschwankungen ist nach der keynesianischen Theorie das Abweichen der gesamtwirtschaftlichen Nachfrage vom Produktionspotenzial (= gesamtwirtschaftliches Angebot). Diese Abweichungen soll der Staat durch ein **antizyklisches** Gegensteuern zum Konjunkturverlauf korrigieren.

In der **Hochkonjunktur** ist die gesamtwirtschaftliche Nachfrage im Verhältnis zum Produktionspotenzial zu hoch. Der Staat soll in dieser Situation zu einer Drosselung der gesamtwirtschaftlichen Nachfrage beitragen, indem er einerseits seine Ausgaben verringert (= Verringerung der Staatsnachfrage) und andererseits seine Einnahmen erhöht (z. B. Steuererhöhungen zur Abschöpfung von Kaufkraft und Minderung der Konsumgüternachfrage). Die sich dadurch für den Staatshaushalt ergebenden Überschüsse sollen vorübergehend stillgelegt **(Konjunkturausgleichsrücklage)** oder zur Schuldentilgung verwendet werden.

D In der Hochkonjunktur soll antizyklische Fiskalpolitik die gesamtwirtschaftliche Nachfrage durch Verringerung der Staatsausgaben und Erhöhung der Staatseinnahmen dämpfen.

1 neo *(gr.)*: neu

In der **Rezession** ist die gesamtwirtschaftliche Nachfrage im Verhältnis zum Produktionspotenzial zu gering. Der Staat soll in dieser Situation zu einer Erhöhung der gesamtwirtschaftlichen Nachfrage beitragen, indem er seine Ausgaben erhöht (= Erhöhung der Staatsnachfrage) und seine Einnahmen verringert (z. B. Steuererleichterungen als Investitionsanreiz). Das sich für den Staatshaushalt ergebende Defizit soll aus Mitteln einer Konjunkturausgleichsrücklage oder durch Kreditaufnahme ***(deficit spending)*** finanziert werden.

D In der Rezession soll antizyklische Fiskalpolitik die gesamtwirtschaftliche Nachfrage durch Erhöhung der Staatsausgaben und Verringerung der Staatseinnahmen ankurbeln.

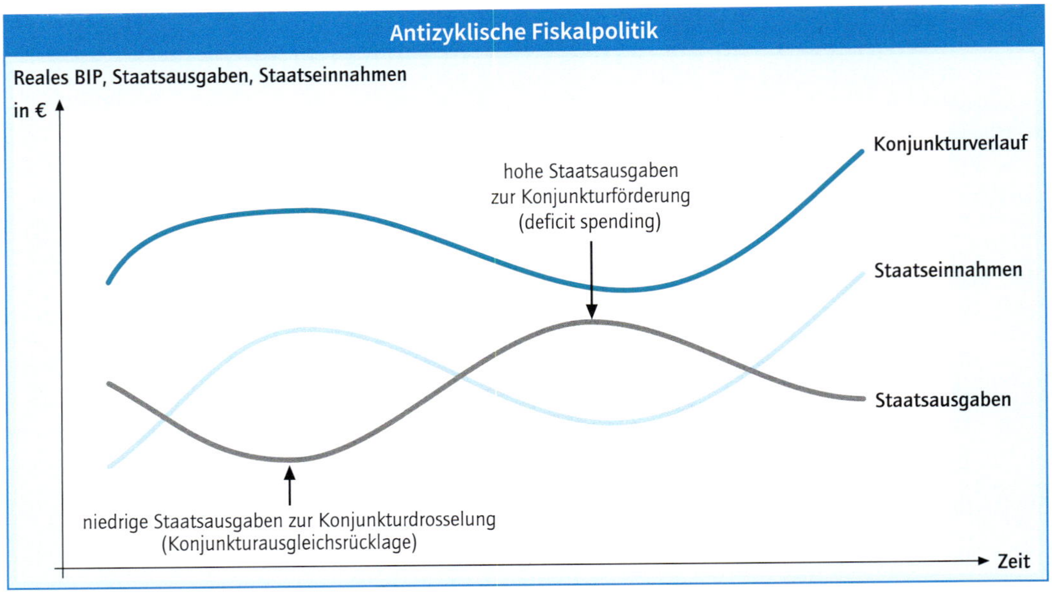

10.3.2 Ansatzpunkte und Maßnahmen antizyklischer Fiskalpolitik

Wirkungszusammenhänge bei nachfrageorientierter Wirtschaftspolitik

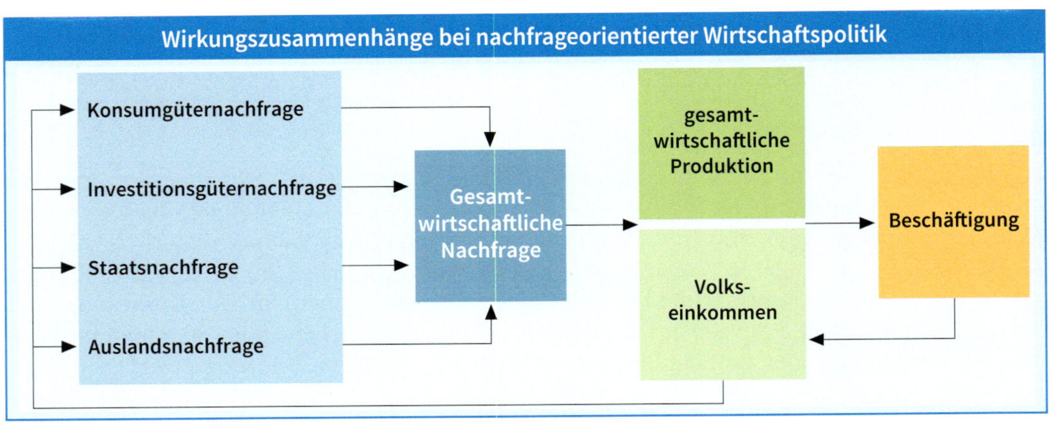

Die Ansatzpunkte der antizyklischen Fiskalpolitik, wie sie auch das **Stabilitätsgesetz** (StabG) von 1967 beinhaltet, sind die vier **Bestandteile der gesamtwirtschaftlichen Nachfrage**.

Konsumgüternachfrage

Die **Nachfrage der privaten Haushalte nach Konsumgütern** (C_{pr}) ist abhängig vom verfügbaren Einkommen und der Spar- bzw. Konsumneigung. Durch die Höhe der Einkommensteuer kann das verfügbare Einkommen und damit die Konsumgüternachfrage beeinflusst werden. Werden Steuererhöhungen zur Abschöpfung von Kaufkraft und damit zur Drosselung der privaten Konsumgüternachfrage vorgenommen, treten die beabsichtigten Entzugseffekte aber nur dann auf, wenn der Staat diese Mehreinnahmen stilllegt (z. B. im Rahmen einer Konjunkturausgleichsrücklage gem. § 5 StabG). Andernfalls tritt lediglich eine Nachfrageverschiebung vom privaten zum öffentlichen Sektor ein, ohne dass dabei die gesamtwirtschaftliche Nachfrage im beabsichtigten Umfang zurückgeht. Außerdem ist eine merkliche Konsumnachfragereaktion vornehmlich bei Beziehern niedriger und mittlerer Einkommen zu erwarten, deren Sparquote gering ist. Bezieher höherer Einkommen werden dagegen auf eine Veränderung der Einkommensteuer eher mit einer Änderung des Sparverhaltens als mit einer Änderung der Verbrauchsausgaben reagieren.

Investitionsgüternachfrage

Die **Nachfrage der Unternehmen nach Investitionsgütern** (I) ist in erster Linie von den Gewinnerwartungen abhängig. Durch die Höhe von Einkommen- bzw. Körperschaftsteuer kann die Investitionsgüternachfrage indirekt ebenso beeinflusst werden wie durch direkte Investitionssteuern, Investitionsprämien und andere Subventionen. Ein häufig genutztes Instrument zur Investitionsförderung ist auch die Verbesserung der steuerlichen Abschreibungsmöglichkeiten für Gegenstände des Anlagevermögens (z. B. degressive Abschreibung, Sonderabschreibungen). Durch solche Abschreibungsvergünstigungen können die Unternehmen ihre zu versteuernden Gewinne und die davon berechneten Gewinnsteuern (Einkommen- bzw. Körperschaftsteuer, Gewerbeertragsteuer) vorübergehend senken. Es ergibt sich dadurch eine Verlagerung der Steuerzahlung auf einen späteren Zeitpunkt.

Nachfrage des Staates (Staatsausgaben)

Die Nachfrage des Staates nach Waren und Dienstleistungen (G) kann vom Staat direkt beeinflusst werden. Daher gelten staatliche Investitionen (z. B. in die Infrastruktur) insbesondere in der Rezession als besonders geeignete Ansatzpunkte zur Konjunktursteuerung. Voraussetzung ist, dass entsprechende Planungen für öffentliche Investitionen bereits vorliegen (Schubladenprogramme), durch deren Realisierung ein privatwirtschaftlicher Nachfrageeinbruch ausgeglichen werden kann. Allerdings liegt ein großer Teil der staatlichen Investitionstätigkeit bei den Landkreisen und Gemeinden, die eher zu einem prozyklischen Ausgabeverhalten neigen (Parallelpolitik), indem sie ihre Investitionstätigkeit den Schwankungen des Steueraufkommens anpassen.

Exportgüternachfrage

Die **Nachfrage des Auslands** (Nettoexport, Ex – Im) kann vom Staat durch die Gewährung von Exportsubventionen o. Ä. beeinflusst werden. Entscheidender für die Exportnachfrage ist aber der **Wechselkurs**, der jedoch durch den Staat auf Dauer nicht gegen die auf den Devisenmärkten wirksamen Kräfte von Angebot und Nachfrage veränderbar ist.

➡ 12.3

Überblick über Instrumente der Fiskalpolitik		
Ansatzpunkte	**kontraktive Wirkung (nachfragedämpfend)**	**expansive Wirkung (nachfrageerhöhend)**
Steuern StabG §§ 26, 28	Erhöhung der Einkommen- und Körperschaftsteuer, Abbau von Steuervergünstigungen, Erhebung eines Stabilitäts- oder (rückzahlungspflichtigen) Konjunkturzuschlags	Senkung der Einkommen- und Körperschaftsteuer, Rückzahlung eines Konjunkturzuschlags
Sparanreize	Gewährung oder Erhöhung von Sparprämien	Abbau oder Verminderung von Sparprämien
Subventionen StabG § 10	Abbau oder Verminderung von Subventionen (z. B. Streichung von Exportsubventionen)	Gewährung oder Erhöhung von Subventionen (z. B. Exportförderung)
Investitions-anreize	Streichung von Abschreibungsvergünstigungen, Abbau oder Verminderung von Investitionsprämien	Verbesserung von Abschreibungsmöglichkeiten, Gewährung oder Erhöhung von Investitionsprämien
Staatsausgaben StabG §§ 5, 6, 7, 11, 15, 19 ff.	Kürzung und zeitliche Verlagerung von Staatsausgaben (z. B. Infrastrukturinvestitionen), Stilllegung frei werdender Mittel durch Bildung einer Konjunkturausgleichsrücklage	Erhöhung und zeitliches Vorziehen von Staatsausgaben (z. B. Infrastrukturinvestitionen), Finanzierung der zusätzlichen Ausgaben durch Kreditaufnahme oder Auflösung einer Konjunkturausgleichsrücklage

Globalsteuerung

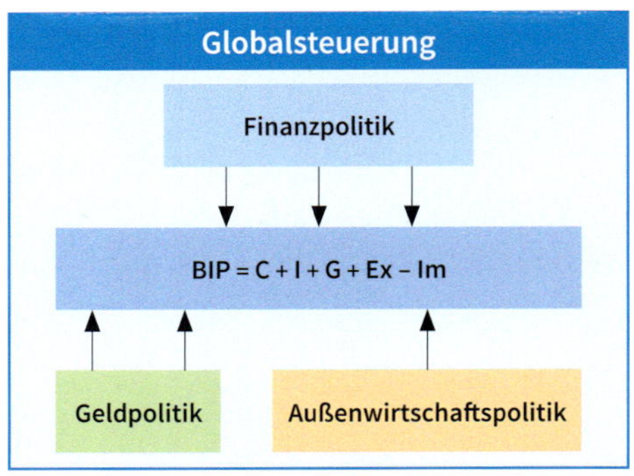

Die auf der keynesianischen Theorie beruhende Beeinflussung der gesamtwirtschaftlichen Nachfrage durch eine am **konjunkturellen Einzelfall** orientierte Auswahl, Kombination und Dosierung wirtschaftspolitischer Maßnahmen wird als **diskretionäre**[1] (im Gegensatz zu regelgebundener) **Wirtschaftspolitik** bezeichnet. Neben der Fiskalpolitik bieten die Geldpolitik, die Einkommenspolitik und die Außenwirtschaftspolitik wichtige Ansatzpunkte zur Steuerung der gesamtwirtschaftlichen Nachfrage. Die Konzeption, zur Erreichung gesamtwirtschaftlicher Ziele (§ 1 StabG) durch die Anpassung der gesamtwirtschaftlichen Nachfrage an die Entwicklung des Produktionspotenzials beizutragen und dazu fallweise Maßnahmen aus verschiedenen Bereichen der Wirtschaftspolitik einzusetzen, wird als **Globalsteuerung** bezeichnet.

D Die Globalsteuerung ist eine wirtschaftspolitische Konzeption, nach der eine Anpassung der gesamtwirtschaftlichen Nachfrage an die Entwicklung des Produktionspotenzials erfolgen soll, indem von Fall zu Fall als geeignet angesehene wirtschaftspolitische Maßnahmen aus den Bereichen der Fiskal-, Geld-, Einkommens- und Außenwirtschaftspolitik ergriffen werden.

10.3.3 Probleme und Kritik antizyklischer Fiskalpolitik

In der Bundesrepublik Deutschland wurde die postkeynesianische Konzeption der Fiskalpolitik insbesondere Mitte der 1960er-Jahre angewandt. Wesentliche Ursache für die Abkehr von der am Ordoliberalismus orientierten Wirtschaftspolitik des ehemaligen Wirtschaftsministers (1949–1963) und späteren Bundeskanzlers (1963 – 1966) LUDWIG ERHARD war die Rezession in den Jahren 1966/67. Der Anstieg der Arbeitslosenquote auf das für damalige Verhältnisse hohe Niveau von 2,1 % führte zu einer Ablösung der CDU/FDP-Koalition und zu einem neuen Regierungsbündnis zwischen CDU und SPD. Dem neuen Wirtschaftsminister KARL SCHILLER

1 diskretionär *(lat.)*: fallweise; am Einzelfall orientiert

(SPD) gelang es, mithilfe fiskalpolitischer Maßnahmen die Rezession zu überwinden, sodass die Arbeitslosenquote auf 0,7 % (1970) sank. Die rechtlichen Grundlagen für diese Maßnahmen waren zuvor in dem 1967 erlassenen **Stabilitätsgesetz** verankert worden, das neben der Schaffung neuer Instrumente vor allem die politischen Entscheidungsprozesse abkürzen sollte, um schnelles situationsgerechtes Handeln zu ermöglichen. Seit Ende der 1970er-Jahre sieht sich dieses bei der Bekämpfung konjunktureller Arbeitslosigkeit erfolgreiche Konzept allerdings vermehrter politischer und wissenschaftlicher Kritik u. a. aus folgenden Gründen ausgesetzt:

- **Vernachlässigung der Preisniveaustabilität**
  Das Beschäftigungsziel genießt im Rahmen der antizyklischen Fiskalpolitik Priorität gegenüber der Inflationsbekämpfung. In der Bundesrepublik Deutschland ging die auf der Globalsteuerung beruhende Vollbeschäftigungspolitik Anfang der 1970er-Jahre tatsächlich mit relativ hohen Inflationsraten zwischen 5,3 % (1971) und 7,0 % (1974) einher.

- **Zunahme der Staatsverschuldung (strukturelle Haushaltsdefizite)**
  Die durch staatliche Kreditaufnahme finanzierten Konjunkturprogramme zur Beschäftigungsförderung *(deficit spending)* führen zu staatlichen Haushaltsdefiziten. Da diese Defizite in der Hochkonjunktur aus politischen Gründen meistens nicht wieder abgebaut werden, kommt es in der nächsten Rezession zu noch höheren Fehlbeträgen. So entstehen aus einer zunächst unproblematischen, konjunkturell bedingten Staatsverschuldung strukturelle Haushaltsdefizite.

- **Verdrängungseffekt *(crowding out)***
  Die zunehmende Staatsverschuldung und die damit einhergehende staatliche Kreditaufnahme in Form von Anleihen führt zu einem Anstieg des Zinsniveaus. Dadurch wird möglicherweise die private Investitionstätigkeit (z. B. im Bausektor) zurückgedrängt (= zinsbedingtes *crowding out).* Zudem fließt bei einem hohen inländischen Zinsniveau Auslandskapital zu. Dadurch kommt es zu einer Aufwertung der Inlandswährung. Dies bedeutet eine Verteuerung der Exporte und führt möglicherweise zu einem Exportrückgang (= wechselkursbedingtes *crowding out).*

→ 12.3

- **Politische Hemmnisse**
  In einer parlamentarischen Demokratie fällt es den politischen Entscheidungsträgern in Zeiten hoher Steuereinnahmen schwer, diese Gelder stillzulegen (Konjunkturausgleichsrücklage) und nicht für Zwecke auszugeben, mit denen sie sich die Gunst der Wähler und damit ihre Wiederwahl erkaufen können. Andererseits sind konjunkturpolitisch notwendige Steuererhöhungen und Verringerungen der Staatsausgaben kurz vor einer Wahl kaum zu erwarten. Ökonomisch sinnvolle Maßnahmen sind somit häufig politisch nicht durchsetzbar. „Von Politikern Zurückhaltung zu verlangen, wenn das Geld da ist, ist dasselbe, wie wenn man von einem Hund verlangt, sich einen Wurstvorrat anzulegen." (J. A. Schumpeter)

- **Entscheidungs- und Wirkungsverzögerungen *(time lags)***
  Die Wirkung antizyklischer Fiskalpolitik tritt häufig erst mit erheblicher zeitlicher Verzögerung *(time lag)* ein. Vom Zeitpunkt des Eintritts konjunktureller Störungen und deren Wahrnehmung durch die Politiker bis zum Einsatz entsprechender Instrumente und deren Wirksamwerden können mehrere Jahre vergehen. Möglicherweise hat sich bis dahin die konjunkturelle Lage bereits so verändert, dass die Maßnahmen eine Verstärkung statt eine Dämpfung der Konjunkturzyklen und damit eine Destabilisierung bewirken. Neben der **Auswahl der geeigneten Mittel** und dem **zeitgerechten Einsatz** *(timing)* ist auch die **Wahl der richtigen Größenordnung** der „Konjunkturspritzen" (z. B. Senkung der Einkommensteuer um 5 % oder um 10 %?) sehr schwierig. Bei einer zu geringen Dosierung der Maßnahmen verpuffen die Wirkungen, bei einer Überdosierung wird die Initialzündung für ein neues Ungleichgewicht gelegt.

← 8.7

- **Stop-and-go-Politik**
  Das **Stabilitätsgesetz** von 1967 sieht konjunkturpolitische Eingriffe vor, bei denen die staatlichen Entscheidungsträger nach eigenem Ermessen *ad hoc*[1] Maßnahmen ergreifen können. Hierdurch kann es in Abhängigkeit von der jeweiligen konjunkturellen Situation zu einem abrupten Wechsel zwischen expansiven und kontraktiven Maßnahmen kommen *(Stop-and-go-Politik)*. Damit gehen eine Verunsicherung und Lähmung der Wirtschaft einher, die möglicherweise zu einer weiteren Destabilisierung führen. Dies widerspricht dem Grundsatz der **Konstanz der Wirtschaftspolitik**. Dieser Grundsatz beruht auf der Überlegung, dass Investitionsentscheidungen der Unternehmen mit vielen Unsicherheiten behaftet sind. Ändert der Staat dann noch ständig wichtige Rahmenbedingungen wie Steuern, Abschreibungsmöglichkeiten und Staatsausgaben, werden die Investitionsrisiken der Unternehmen unkalkulierbar. Anstelle der *Stop-and-go-Politik* (diskretionäre Fiskalpolitik) wird eine **regelgebundene Wirtschaftspolitik** gefordert, bei der je nach Konjunkturlage automatisch bestimmte Maßnahmen ergriffen werden *(built-in-flexibility)*.
- **Rationales Verhalten der Wirtschaftssubjekte** (Theorie der rationalen Erwartungen)
  Viele konjunkturpolitische Maßnahmen stellen lediglich Anreize dar und wirken nur, wenn sich die Wirtschaftssubjekte erwartungskonform verhalten. Häufig durchschauen die Wirtschaftssubjekte die bezweckte Absicht aber und passen sich der veränderten Situation an, sodass die Wirkung der Eingriffe verpufft. Unternehmer sehen sich beispielsweise der Situation gegenüber, dass die Steuern gesenkt werden, um Investitionen anzuregen. In der folgenden Konjunkturphase werden nach erfolgter Investitionstätigkeit die Steuern aber wieder erhöht. Das kann dazu führen, dass die Unternehmen bei der nächsten Steuersenkung nicht mit verstärkten Investitionen reagieren, weil sie bereits die nächste Steuererhöhung erwarten.

10.4 Ergebnisse der Wachstums- und Konjunkturpolitik in Deutschland

Lernziele:

Nach der Bearbeitung des Kapitels sind Sie in der Lage, Folgendes zu tun:

Sie ...

- ... erläutern das OKUNsche Gesetz.
- ... erläutern den Misery-Index.
- ... stellen anhand der Abb. auf S. 441 fest, welche Bereiche den größten Anteil an den Ausgaben des Bundes haben.
- ... nennen Ursachen der hohen Staatsverschuldung in Deutschland.
- ... erläutern die im Stabilitäts- und Wachstumspakt festgelegten Obergrenzen für die Staatsverschuldung der EWU-Mitgliedsstaaten.
- ... nennen mögliche Folgen der Staatsverschuldung.
- ... unterscheiden zwischen Staatsquote, Abgabenquote und Sozialleistungsquote.

1 ad hoc *(lat.)*: speziell für diesen Fall

10.4.1 Zusammenhang zwischen Wirtschaftswachstum, Beschäftigung und Inflation

Zielharmonie zwischen Wachstum und Beschäftigung – OKUNsches Gesetz

11.5

Grundsätzlich wird davon ausgegangen, dass bei Zunahme des realen BIP auch die Beschäftigung steigt und umgekehrt **(Zielharmonie)**. Für Deutschland wird aber geschätzt, dass derzeit mindestens 1,5 % Wachstum für positive Beschäftigungseffekte nötig sind **(= Beschäftigungsschwelle)**. Für die USA wurde von A. OKUN nachgewiesen, dass das reale BIP um 3,2 % steigt, wenn die Arbeitslosenquote um einen Prozentpunkt abnimmt **(OKUNsches Gesetz)**. Das ist darauf zurückzuführen, dass die Produktionssteigerung nach einer Phase der Unterbeschäftigung zunächst durch Abbau von Kurzarbeit, Erhöhung der Arbeitsproduktivität und Einführung von Überstunden bewältigt wird. Je nach Art und Ursache der Arbeitslosigkeit kann auch trotz eines stetigen Wirtschaftswachstums eine hohe „Sockelarbeitslosigkeit“ bestehen bleiben *(jobless growth)*.

10.4, S. 450

Die folgende Abbildung zeigt für Deutschland:

- eine abnehmende Tendenz der Wachstumsraten des BIP,
- den engen Zusammenhang zwischen dem BIP-Wachstum und der Entwicklung der Arbeitslosenquote.

Deutschland: Wirtschaftswachstum und Arbeitslosenquote 1950–2022

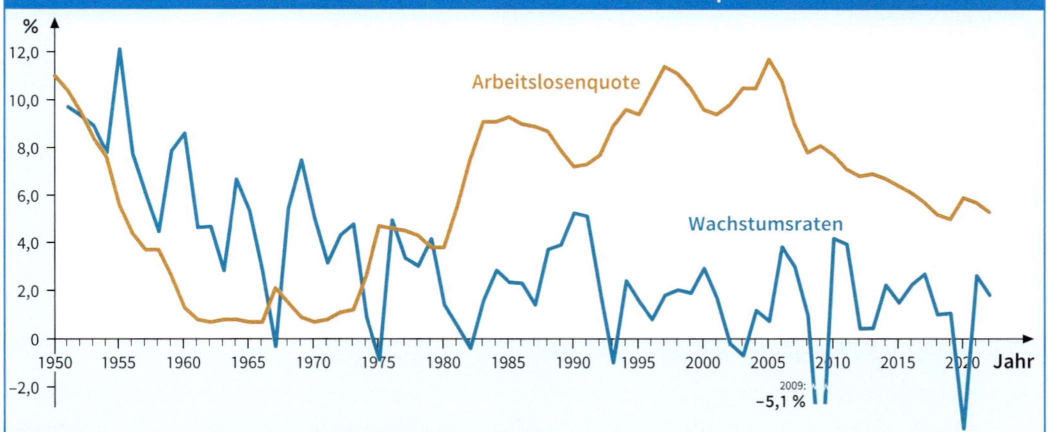

Vgl. Bundesagentur für Arbeitt, Statistisches Bundesamt, Stand: 10.04.2023.

Bei der Interpretation der abnehmenden Wachstumsraten im Zeitablauf und im Vergleich mit anderen Ländern ist allerdings zu berücksichtigen, dass bei einem ständig steigenden BIP der in Prozent ausgedrückte Zuwachs üblicherweise zwar abnimmt, die mengenmäßige Veränderung der Güterproduktion aber trotzdem größer sein kann als bei einem niedrigen BIP-Ausgangswert mit hohen prozentualen Zuwachsraten. Um die Leistungsfähigkeit verschiedener Volkswirtschaften miteinander vergleichen und die Güterversorgung der Bevölkerung beurteilen zu können, muss als Maßstab statt der Wachstumsrate das reale Inlandsprodukt je Einwohner herangezogen werden.

Zielkonflikt zwischen Inflation und Arbeitslosigkeit – Misery-Index

Die an den beiden **Grundübeln** einer Marktwirtschaft, **Inflation** und **Arbeitslosigkeit**, gemessenen Ergebnisse der Wachstums- und Konjunkturpolitik waren seit Gründung der Bundesrepublik Deutschland höchst unterschiedlich. Die Inflationsrate schwankte zwischen den Extremwerten – 1,6 % (1953) und + 6,9 % (1973), während die Arbeitslosenquote mit 0,7 % (1962, 1965, 1966, 1970) ihren niedrigsten und mit 11,7 % (2005) ihren bisher höchsten Wert erreichte. Die folgende Abbildung zeigt für einige Jahre den kurzfristig bestehenden **Zielkonflikt** zwischen (konjunktureller) **Arbeitslosigkeit** und (nachfragebedingter) **Inflation**: Je niedriger die Inflationsrate, desto höher die Arbeitslosenquote und umgekehrt. Auf Dauer besteht aber für die Wirtschaftspolitik keine Wahlmöglichkeit zwischen Inflation und Arbeitslosigkeit, da eine Verbesserung der Beschäftigungssituation nicht durch eine höhere Inflationsrate erkauft werden kann. Die Entwicklung von Inflation und Arbeitslosigkeit lässt sich durch einen sogenannten **Misery-Index** darstellen. Dieser Index wird durch die Addition von Inflationsrate und Arbeitslosenquote ermittelt. Für Deutschland zeigt dieser Index die niedrigsten Werte im Zeitraum zwischen 1960 und 1968. Danach ist der Index – bedingt durch die hohe Arbeitslosigkeit – schrittweise gestiegen.

Deutschland: Misery-Index: Inflationsrate und Arbeitslosenquote 1950–2022

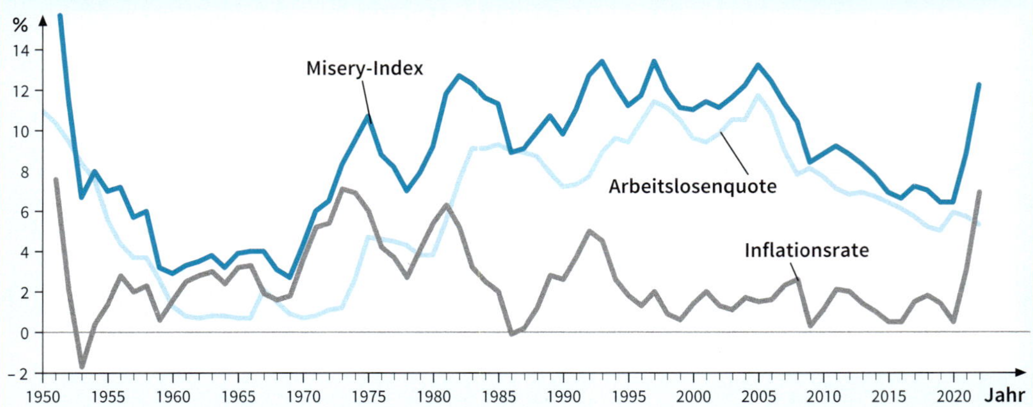

Vgl. Bundesagentur für Arbeitt, Statistisches Bundesamt, Stand: 10.04.2023.

10.4.2 Einnahmen und Ausgaben des Staates – Staatsverschuldung

D Zum Sektor Staat gehören der Bund, die Länder und Gemeinden sowie die Sozialversicherungsträger.

Einnahmen und Ausgaben des Staatshaushalts

Die zum Sektor Staat gehörenden Einrichtungen werden auch als **öffentliche Hand** bezeichnet. Sie finanzieren sich vor allem durch Zwangsabgaben **(Steuern und Gebühren)**. Im Zusammenhang mit ihrer Einnahmen-/Ausgabenrechnung wird auch vom **öffentlichen Haushalt** oder **Staatshaushalt** gesprochen. Die Güter, die diese Einrichtungen produzieren, werden den Bürgern in der Regel ohne direkte Gegenleistung zur Verfügung gestellt (= öffentliche Güter wie z. B. Straßen, Schulen, öffentliche Verwaltung, Rechtswesen, Polizei). Für den Bundeshaushalt 2023 hatte die Regierung Ausgaben in Höhe 476,3 Mrd. € veranschlagt (vgl. nachfolgende Grafik). Mit 166,2 Mrd. € war der größte Posten für den Bereich Arbeit und Soziales vorgesehen. An vierter Stelle folgte die Bundesschuld (= Zins- und Tilgungszahlungen für die Kredite des Bundes), die mit 42,2 Mrd. € ca. 9% aller Ausgaben des Bundes ausmachte. Finanziert werden die Ausgaben vor allem durch Steuereinnahmen. Die wichtigste Steuer ist die Umsatzsteuer, gefolgt von der Lohn- und Einkommensteuer und den Energiesteuern. Da mit den Steuereinnahmen und den sonstigen Einnahmen (zum Beispiel Lkw-Maut) die Ausgaben gedeckt werden können, war eine **Nettokreditaufnahme** (= Aufnahme neuer Schulden zur Finanzierung des Haushaltsdefizits) in den letzten Jahren nicht eingeplant.

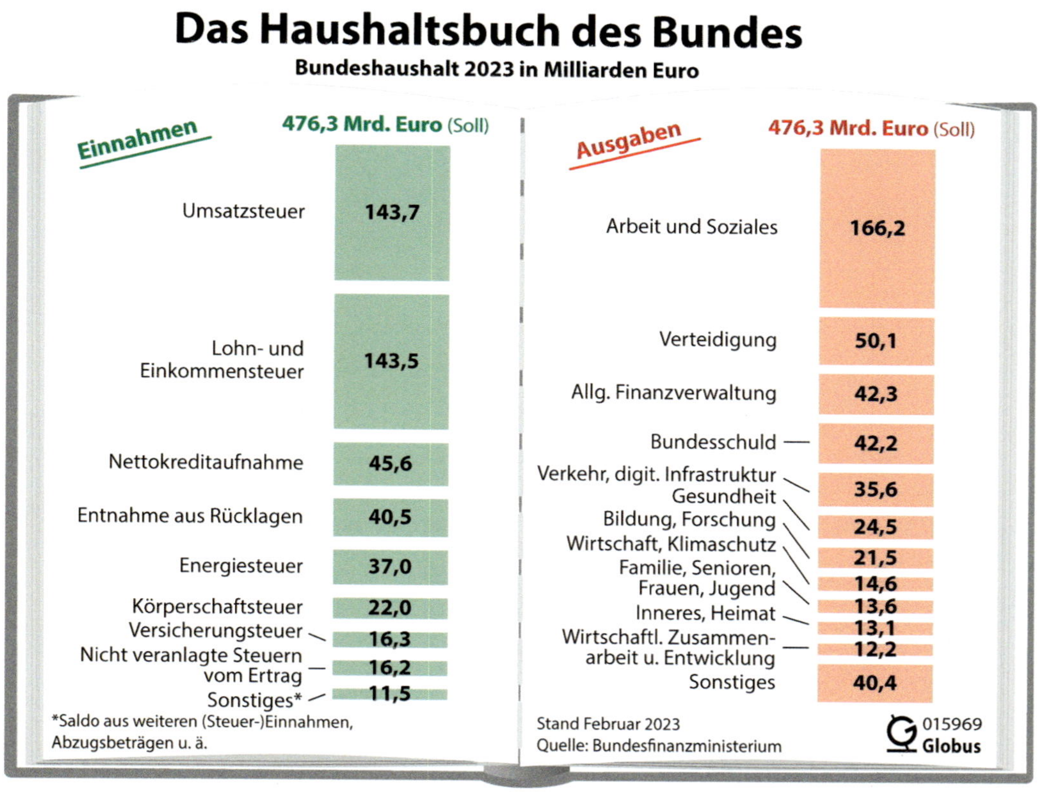

Staatsverschuldung

Ausmaß der Staatsverschuldung

Reichen die Steuereinnahmen nicht aus, um die vielfältigen staatlichen Aufgaben zu finanzieren, muss der Staat Kredite aufnehmen. Die folgenden Abbildungen zeigen, dass die Staatsschulden seit 1970 stark gestiegen sind und inzwischen ein besorgniserregendes Ausmaß angenommen haben.
Mit der Schuldenstandsquote wird das Verhältnis der Schulden des Staates (Bund, Länder, Gemeinden, Sozialversicherungsträger) im Verhältnis zum BIP ausgedrückt.

F

$$\text{Schuldenstandsquote} = \frac{\text{Schuldenstand} \cdot 100}{\text{BIP}}$$

Ab einer Schuldenstandsquote von 90 % gilt die Handlungsfähigkeit des Staates wegen der hohen Zinszahlungen als bedroht.

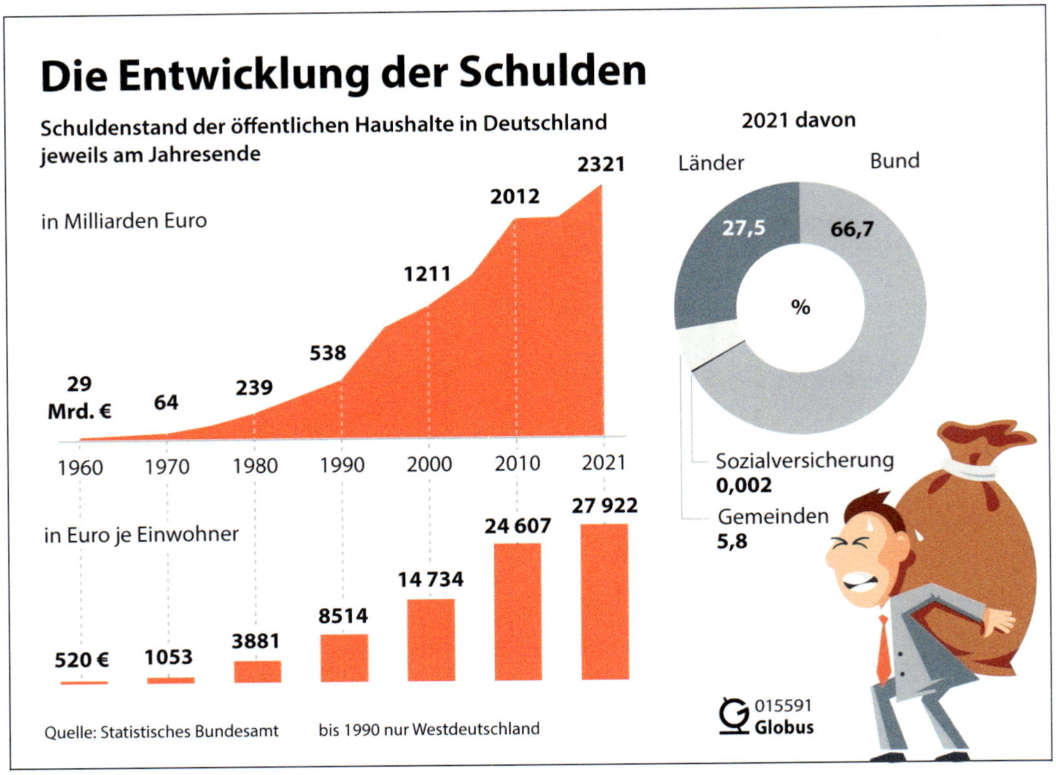

Ursachen der Staatsverschuldung

Einen ersten deutlichen Anstieg der Staatsverschuldung gab es nach 1970. Mit staatlichen Krediten finanzierte Konjunkturprogramme *(deficit spending)* und öffentliche Investitionen (z. B. Hochschulbau) führten unter der damaligen SPD/FDP-Regierung (1969 – 1982) zu einer erheblichen Erhöhung des Schuldenstandes. Ein zweiter – noch stärkerer – Schub setzte 1990 mit der deutschen Wiedervereinigung ein. Seitdem hat sich die Staatsverschuldung nahezu verdreifacht.

- Ein erheblicher Teil der Probleme der öffentlichen Haushalte ist auf die Kosten der Wiedervereinigung zurückzuführen. Dabei schlagen die überwiegend vom Bund als Transferleistungen an die neuen Bundesländer geleisteten Beträge zur Finanzierung von Sozialleistungen besonders zu Buche.
- Wegen der seit nahezu zwei Jahrzehnten bestehenden hohen Arbeitslosigkeit hat sich das Aufkommen der von Löhnen und Gehältern zu erhebenden Sozialversicherungsbeiträge verringert. Das machte einige Jahre lang ständig steigende staatliche Zuschüsse zur Sozialversicherung nötig. Gleichzeitig hat eine Einkommensteuerreform (2001 – 2005) zu erheblichen Einnahmeausfällen geführt.
- 2009 und 2010 kam es zu einem erneuten starken Anstieg der Staatsverschuldung (2009: 74,4 % des BIP, 2010: 83 % des BIP). Ursache waren insbesondere die Ausgaben für Konjunkturprogramme und arbeitsmarktpolitische Maßnahmen (u. a. Kurzarbeitergeld). Dadurch konnte in Deutschland die befürchtete schwere Rezession als Folge der weltweiten Finanzkrise (ab 2008) vermieden werden. Auch die verschiedenen Hilfsmaßnahmen (Banken- und EURO-Rettungsschirm) trugen zur weiteren Staatsverschuldung im Jahr 2011 (2,088 Bio. €) bei.

- Infolge der hervorragenden wirtschaftlichen Entwicklung Deutschlands konnte die Staatsverschuldung ab 2012 stetig reduziert werden (2019: 59,9 % des BIP). Dies änderte sich infolge der Corona-Pandemie und der damit verbundenen, notwendigen konjunkturpolitischen Maßnahmen. So stieg die Staatsverschuldung bis Ende 2022 auf rund 2,367 Bio. € (66,2 % des BIP) und damit auf einen neuen absoluten Höchststand.

Staatsverschuldung und Demokratie

Es ist feststellbar, dass die Staatsform der Demokratie eine zunehmende Staatsverschuldung besonders begünstigt *(Public-Choice-Theorie)*. Politiker und politische Parteien kommen in demokratischen Gesellschaften durch Wahlen an die Macht. Da sie (wieder-)gewählt werden wollen, machen sie von ihren Möglichkeiten Gebrauch, für ihre Zielgruppen unter den Wählern Entlastungen und andere Vergünstigungen zulasten höherer Staatsausgaben durchzusetzen (Klientelpolitik). Da eine Diskussion über Steuererhöhungen zur Finanzierung solcher Ausgaben die Wahlchancen mindern würde, bietet sich eine für die Wähler zunächst nicht spürbare Kreditfinanzierung an. In Demokratien mit Verhältniswahlrecht, wie z. B. in Deutschland, sind zudem häufig mehrere Parteien an der Regierung beteiligt. Jede dieser Parteien möchte ihre eigenen Wähler durch „Wahlgeschenke“ – unter Umständen zulasten der Allgemeinheit und des Gemeinwohls – zufrieden stellen. Das kann zu einer weiteren Aufblähung der (kreditfinanzierten) Staatsausgaben führen.

Grenzen der Staatsverschuldung

- **Verfassungsgemäßer Haushalt nach Art. 115 des Grundgesetzes**
  Nach Art. 115 GG darf die Kreditaufnahme des Bundes die Summe der im Haushaltsplan veranschlagten Investitionen nicht überschreiten. Ausnahmen von dieser Vorschrift sind nur dann zulässig, wenn durch erhöhte Kreditaufnahme eine Störung des „gesamtwirtschaftlichen Gleichgewichts“ abgewendet werden kann. Es ist aber weder eindeutig definiert, welche staatlichen Ausgaben als „öffentliche Investitionen“ gelten, noch wann eine Störung des gesamtwirtschaftlichen Gleichgewichts vorliegt. Angesichts der enormen staatlichen Kreditaufnahme zur Rezessionsbekämpfung im Jahr 2009 haben Bundestag und Bundesrat durch Änderung des Art. 115 GG künftig eine Schuldenbegrenzung **(Schuldenbremse)** für Bund und Länder beschlossen. Seit 2016 ist dem Bund und ab 2020 den Ländern die Aufnahme neuer Schulden verboten, außer bei einer besonders schweren Rezession und bei Katastrophen. Außerdem sollen konjunkturbedingte Haushaltsdefizite über 1,5 % des BIP hinaus nur zulässig sein, wenn sie an einen Tilgungsplan gebunden sind.

- **Defizitkriterium des europäischen Stabiliäts- und Wachstumspakts**
  In den sogenannten Maastricht-Verträgen von 1991 zur Gründung der Europäischen Wirtschafts- und Währungsunion (EWWU) und durch den Stabilitäts- und Wachstumspakt von 1997 haben sich die Mitgliedsstaaten zur Einhaltung folgender Obergrenzen bei der Staatsverschuldung verpflichtet:
  - Der gesamte Schuldenstand darf nicht mehr als 60 % des nominalen BIP betragen.
  - Das Haushaltsdefizit eines Mitgliedsstaats darf jährlich nicht mehr als 3 % seines nominalen BIP betragen (**= Neuverschuldungsgrenze**).

  Hinter diesen Zielformulierungen steht die Befürchtung, dass eine höhere Staatsverschuldung zur Inflation führt. Die auf die Stabilisierung des Preisniveaus gerichtete Zinspolitik der EZB soll nicht durch eine schuldenorientierte Finanzpolitik der Mitgliedsstaaten gefährdet werden. Da es aber keine eindeutigen ökonomischen Anhaltspunkte für die Ermittlung von Obergrenzen bei der Staatsverschuldung gibt, sind die EU-Politiker seinerzeit folgendermaßen vorgegangen.

7.1

Obergrenze der jährlichen Neuverschuldung

Als Obergrenze für den Schuldenstand wurde der durchschnittliche Schuldenstand aller EU-Länder aus dem Jahr 1990 gewählt. Dieser lag damals bei 60,2% des jeweiligen nominalen BIP. Der Festlegung der 3-%-Grenze lagen folgende Überlegungen zugrunde: Um eine Obergrenze für die jährliche **Neuverschuldung** ermitteln zu können, bei der trotz zusätzlicher Schuldenaufnahme der Schuldenstand von 60 % des nominalen BIP nicht überschritten wird, mussten Annahmen über das jährliche **Wachstum des nominalen BIP** getroffen werden. Im Jahr 1990 betrug das durchschnittliche reale BIP-Wachstum der EU-Länder 3%. Die erwartete und für vertretbar gehaltene Inflationsrate wurde mit 2% angesetzt. **Als Wachstumsrate für das nominale BIP** (= reales Wachstum plus Inflationsrate) ergab sich somit 5%. Mit anderen Worten: Wenn das nominale BIP jährlich um 5% steigt, verändert sich trotz einer jährlichen Neuverschuldung von 3% des nominalen BIP der Schuldenstand von 60% des nominalen BIP nicht.

Von 2002 bis 2005 hat Deutschland ununterbrochen gegen das Defizitkriterium der Neuverschuldung von 3 % des nominalen BIP verstoßen. 2006 konnte Deutschland erstmals wieder das Defizitkriterium erfüllen. 2009 und 2010 lag die Neuverschuldung aber u. a. wegen der kreditfinanzierten Konjunkturprogramme zur Rezessionsbekämpfung mit 3,2 % bzw. 4,3 % wieder über der 3 %-Marke. Seit 2014 gibt es ununterbrochen (bis 2019) Haushaltsüberschüsse, so dass keine Neuverschuldung nötig war. Aufgrund der Corona-Pandemie wurde diese positive Entwicklung vorerst beendet. Im Jahr 2020 und 2021 musste Deutschland aufgrund der umfangreichen Konjunkturpakete zur Abmilderung der Folgen der Corona-Pandemie wieder ein Haushaltsdefizit ausweisen. Im Zuge der Folgen des russischen Angriffskrieges gegen die Ukraine 2022 erhöhte sich dieses Defizit nochmals stark.

Mögliche Folgen einer Staatsverschuldung

Finanzpolitischer Handlungsspielraum wird eingeschränkt	Die erheblichen Zins- und Tilgungsverpflichtungen (wobei die Tilgung häufig durch neue Kredite finanziert wird) belasten die öffentlichen Haushalte in steigendem Maße. Von 100,00 €, die der Staat ausgibt, werden inzwischen fast 12,00 € für Zinsen verwendet. Das ist beispielsweise mehr, als der Staat für Bildung und Forschung ausgibt. Somit begrenzt die Staatsverschuldung die Mittel für dringend erforderliche öffentliche Investitionen und Reformvorhaben, sofern diese nicht durch Steuererhöhungen finanziert werden.
Verlust des Vertrauens in den Staat	Eine hohe Staatsverschuldung kann zu einem Vertrauensverlust der Bevölkerung führen (Angst vor einer Währungsreform mit Verlust der in Geldvermögen angelegten Ersparnisse). In den Schulden von heute werden Steuererhöhungen von morgen vermutet. Auch an den internationalen Kapital- und Finanzmärkten kann eine ausufernde Staatsverschuldung zu einem Vertrauensverlust führen. Im Extremfall sind die Anleger nicht mehr bereit, die Staatsanleihen hoch verschuldeter Länder zu kaufen. Dies war beispielsweise bei der 2010 beginnenden Staatsschuldenkrise im EURO-Raum (insbesondere bei Griechenland) der Fall.
Zurückdrängung privater Kreditaufnahme und Investitionstätigkeit	Tendenziell führt eine staatliche Kreditaufnahme zu einem Anstieg des Zinsniveaus. Dadurch wird möglicherweise die zinsabhängige private Investitionstätigkeit (z. B. im Bausektor) zurückgedrängt (= zinsbedingtes *crowding out)*. Da öffentliche Investitionen (z. B. Bau eines Schwimmbades in einer Gemeinde) grundsätzlich als weniger produktiv und wachstumsfördernd gelten als private Investitionen (z. B. Bau einer Maschinenfabrik), geht mit der Verdrängung privater Investitionen möglicherweise ein Verlust an Wachstumschancen einher. Dem steht aber entgegen, dass beispielsweise in Deutschland trotz hoher Staatsverschuldung das Zinsniveau extrem niedrig war und dass private Investitionsentscheidungen mehr von den Gewinnerwartungen als von der Höhe des Zinssatzes abhängig sind.
Staatsverschuldung kann zur Inflation führen	Länder mit hoher Staatsverschuldung haben nicht notwendigerweise eine hohe Inflationsrate (z. B. Deutschland). Zwar wurden alle großen Inflationen der Wirtschaftsgeschichte durch eine hohe Staatsverschuldung ausgelöst. Das war aber nur möglich, weil sich die Regierungen bei ihren nationalen Zentralbanken verschulden konnten und die Inflation durch eine Erhöhung der Geldmenge in die Höhe getrieben wurde. Das ist aber heute nicht mehr möglich. Nach Art. 104 des EG-Vertrages ist jede Form einer Staatsfinanzierung durch die EZB strikt untersagt. Allerdings hat die EZB 2011 mit der Übernahme von Staatsanleihen einiger hoch verschuldeter Länder (u. a. Griechenland) nach Auffassung von Kritikern gegen dieses Verbot verstoßen.

Zinsen und Tilgung der Staatsschulden können künftige Generationen belasten	Weit verbreitet ist die Vorstellung, dass die heutige Staatsverschuldung künftige Generationen belastet, indem Kinder und Enkel für Zinsen und Tilgung der Schulden aufkommen müssen, die der Staat in der Generation ihrer Eltern und Großeltern aufgenommenen hat. Einerseits ist es aber nicht unberechtigt, wenn die nächste Generation Schulden für solche Ausgaben zurückzahlt, die ihr selbst zugute kommen (z. B. kreditfinanzierte öffentliche Ausgaben für Infrastruktur und Bildung). Andererseits ist jedoch die Vorstellung, künftige Generationen würden durch die Staatsverschuldung belastet, nur unter bestimmten Voraussetzungen zutreffend. Es wird bei dieser Argumentation häufig übersehen, dass den Schulden des Staates in genau derselben Höhe Forderungen von Gläubigern gegenüberstehen. Einen Teil der Staatsschulden hat der Staat bei seinen eigenen Bürgern in Form von Schuldverschreibungen oder anderen Wertpapieren aufgenommen. Die Steuerzahler tragen die Last der Zinszahlungen. Die Zinsen fließen aber denjenigen Bürgern zu, die dem Staat Kredite gegeben haben. Es erfolgt also innerhalb einer Generation eine Zahlung aus der Tasche der Steuerzahler in die Tasche der Inhaber der staatlichen Wertpapiere. Da diese Wertpapiere an die nächste Generation vererbt werden, gilt auch für künftige Generationen: Die Steuern, die künftige Generationen für Zinsen und Tilgung der heute aufgenommenen Staatschulden bezahlen müssen, fließen den dann lebenden Inhabern der staatlichen Wertpapiere zu, die diese möglicherweise von ihren Eltern geerbt haben. Eine Umverteilung zwischen der heutigen und folgenden Generation findet in diesem Fall also nicht statt. Eine solche Umverteilung kann nur dann eintreten, wenn sich der Staat im Ausland verschuldet: In diesem Fall fließen die von inländischen Steuerzahlern aufgebrachten Zins- und Tilgungsleistungen Bürgern eines anderen Staates zu.
Staatsverschuldung hat negative Auswirkungen auf die Einkommensverteilung	Für die Lastenverteilung zwischen den Generationen ist die Staatsverschuldung also nicht von unmittelbarer Bedeutung. Sie hat aber Einfluss auf die Lastenverteilung innerhalb einer Generation. An der Finanzierung der Zinszahlungen sind zwangsweise alle Steuerpflichtigen beteiligt. Die Zinserträge fließen aber denjenigen zu, die sich die Anlage von Ersparnissen in Form von staatlichen Wertpapieren leisten können. In diesem Sinne hat die Staatsverschuldung durch eine Umverteilung von Arm zu Reich negative Auswirkungen auf die Einkommensverteilung.

Beurteilung der Staatverschuldung

Staatliche Kreditaufnahme ist nicht in jedem Fall negativ zu beurteilen. Sie kann beispielsweise gerechtfertigt sein, wenn damit öffentliche Investitionen (z. B. Bildung, Straßenbau) finanziert werden, von denen auch zukünftige Generationen profitieren. Auch in einer Rezession kann es sich als notwendig erweisen, vorübergehend Haushaltsdefizite mit der Folge einer höheren Staatsverschuldung in Kauf zu nehmen (= konjunkturbedingtes Defizit). In einer solchen Situation können auch zusätzliche kreditfinanzierte Staatsausgaben zur Ankurbelung der Konjunktur gerechtfertigt sein (= antizyklisches Defizit). Dem muss aber in Zeiten guter Konjunkturlage ein Abbau der Schulden gegenüberstehen. Problematisch sind hingegen sogenannte **strukturelle Haushaltsdefizite**, die sich bei der vorliegenden Einnahmen- und Ausgabenstruktur auch bei normaler Konjunkturlage ergeben würden. Diese Defizite müssen durch Ausgabenkürzungen abgebaut werden, um eine Stabilisierung der Staatsfinanzen zu erreichen.

10.5, S. 450

Wie problematisch eine hohe Staatsverschuldung ist, hängt auch davon ab, ob sich der Staat hauptsächlich im Inland oder im Ausland verschuldet. Den inländischen Schulden des Staates stehen in gleicher Höhe Ersparnisse und damit Vermögenswerte der inländischen Bevölkerung gegenüber. Das heißt die durch Steuereinnahmen (oder weitere Kreditaufnahme) finanzierten Zins- und Tilgungsleistungen des Staates fließen der inländischen Bevölkerung zu. Das Land wird durch die Staatsverschuldung somit weder reicher noch ärmer.

B **Inlandsschulden – Auslandsschulden**

In Deutschland sind ungefähr die Hälfte aller öffentlichen Schulden Auslandsschulden. Japan ist dagegen ein Beispiel für ein hochverschuldetes Land, dessen Schuldtitel (Anleihen) sich hauptsächlich im Besitz der eigenen Bürger sowie inländischer Banken und anderer Institutionen (z. B. Rentenkassen) befinden.

Wenn jedoch ein Land seine Ausgaben mit Krediten aus dem Ausland finanziert, bedeutet das in der Regel, dass der Staat und seine Bürger über ihre Verhältnisse leben. Die Zins- und Tilgungsleistungen müssen (möglicherweise von der nächsten Generation) im Inland aufgebracht werden und fließen ins Ausland ab.

Staatsquote, Abgabenquote, Sozialleistungsquote

Die Bedeutung des Sektors Staat in der Gesamtwirtschaft lässt sich anhand weiterer Kennzahlen deutlich machen.

Die **Staatsquote** gibt den Anteil der Staatsausgaben am BIP an und ist ein Maßstab für die Einflussnahme des Staates auf das Wirtschaftsgeschehen.

F

$$\text{Staatsquote} = \frac{\text{Staatsausgaben} \cdot 100}{\text{BIP}}$$

Die Staatsquote belief sich im Jahre 2022 auf ca. 49,7 %. Dies bedeutet jedoch nicht, dass der Staat fast die Hälfte des BIP für sich in Anspruch nimmt. In den Staatsausgaben sind neben den Ausgaben für öffentliche Investitionen, Personal und Verwaltung vor allem auch Ausgaben für Transferleistungen (Sozialleistungen an private Haushalte wie z. B. Wohngeld, Kindergeld, Sozialhilfe) und Subventionen enthalten. Diese Zahlungen gehen jedoch gleichzeitig als Teil des privaten Konsums bzw. der Unternehmensinvestitionen in das BIP ein. Würde man die staatlichen Gesamtausgaben zu den privaten Konsum- und Investitionsausgaben hinzuzählen, würden sich in Höhe der Transfer- und Subventionszahlungen Doppelzählungen ergeben. Die Summe würde mehr als 100 % des BIP betragen. Insofern ist die Staatsquote eine „unechte" Quote. Der Zähler enthält – ähnlich wie bei der Schuldenstandsquote – Teilmengen, die im Nenner nicht enthalten sind. Die Staatsquote lässt somit keine Aussagen darüber zu, in welchem Umfang der Staat das BIP für sich in Anspruch genommen hat.

Die **Abgabenquote** drückt den Anteil von Steuern und Sozialabgaben am BIP aus. Die Abgabenquote ist eine Maßzahl für die Bestimmung des Umfangs der Staatstätigkeit in einer Wirtschaft.

F

$$\text{Abgabenquote} = \frac{\text{Steuern und Sozialabgaben} \cdot 100}{\text{BIP}}$$

Die **Sozialleistungsquote** gibt den Anteil der Sozialleistungen (Sozialbudget) am BIP an. Anhand der Sozialquote lässt sich feststellen, welches Gewicht soziale Leistungen im Vergleich zur gesamtwirtschaftlichen Leistung eines Landes haben.

F

$$\text{Sozialleistungsquote} = \frac{\text{Sozialleistungen} \cdot 100}{\text{BIP}}$$

Entwicklung von Staatsquote, Abgabenquote und Sozialleistungsquote

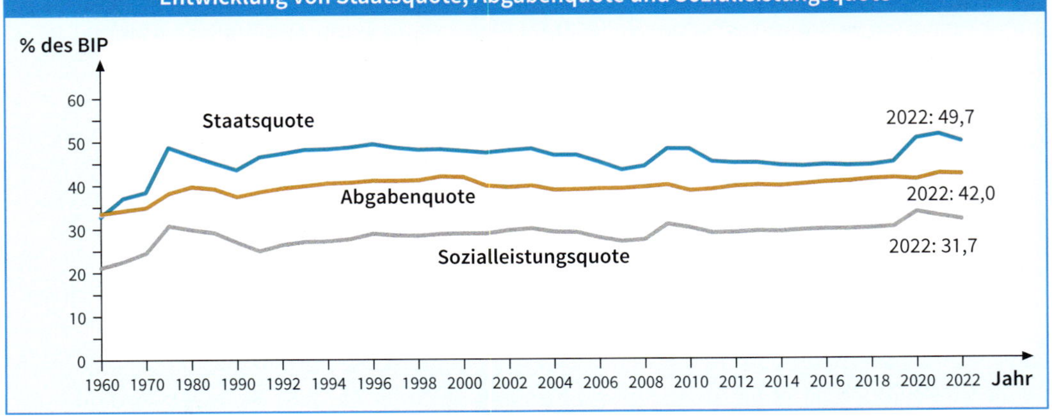

Zusammenfassung Kapitel 10: Wirtschaftspolitische Konzepte zur Wachstumsförderung und Konjunkturstabilisierung

Konzepte der Wirtschaftspolitik

Fiskalismus (Keynesianismus)		**Monetarismus**
Gesamtwirtschaftliche Nachfrage bestimmt die Höhe von Inlandsprodukt, Volkseinkommen und Beschäftigung.	**Grundüberlegung**	Die Rentabilität der Produktion bestimmt die Höhe von Inlandsprodukt, Volkseinkommen und Beschäftigung.
Nachfrageorientierte Wirtschaftspolitik		**Angebotsorientierte Wirtschaftspolitik**
Steuerung der Wirtschaft über die Beeinflussung der **gesamtwirtschaftlichen Nachfrage**	**Ansatzpunkte der Wirtschaftspolitik**	Verbesserung der **Funktionsfähigkeit des Marktsystems** z. B. durch Wettbewerbspolitik, Deregulierung und Flexibilisierung der Märkte, Privatisierung öffentlicher Unternehmen
antizyklische Fiskalpolitik Ausschaltung bzw. Dämpfung der konjunkturellen Schwankungen durch staatliche Einnahmen- und Ausgabenpolitik **deficit spending** Kreditfinanzierte Staatsausgaben zur Beschäftigungsförderung **Geldpolitik** soll Fiskalpolitik unterstützen („Politik des billigen Geldes“) **Löhne als Nachfragefaktor (Kaufkraft)**	**Maßnahmen**	**stetige/konstante Wirtschaftspolitik** **konjunkturneutrale Finanzpolitik** **Steuersenkungen** (LAFFER-Theorem) **potenzialorientierte Geldpolitik** (= am Wachstum des Produktionspotenzials ausgerichtete Geldpolitik), Preisniveaustabilität **produktivitätsorientierte Lohnpolitik**
Produktion, Beschäftigung und Einkommen steigen durch Erhöhung der gesamtwirtschaftlichen Nachfrage	**Beabsichtigte Wirkungen**	**Ertragskraft der Unternehmen steigt; erhöhte Rentabilität privater Investitionen: Produktionspotenzial steigt durch mehr Investitionen**
Vernachlässigung der **Preisniveaustabilität** **Staatsverschuldung** **Verdrängungseffekte** (crowding out) **Wirkungsverzögerungen** bei wirtschaftspolitischen Maßnahmen (time lags) **Stop-and-go-Politik** unerwartetes **Verhalten der Wirtschaftssubjekte**	**Probleme**	**SAYsches Theorem** (einseitige Angebotsorientierung) fraglich **Wirtschaftswachstum ohne Beschäftigungswirkung** (jobless growth) **Steuern: LAFFER-Theorem** fraglich **Arbeitslosigkeit** trotz **produktivitätsorientierter Lohnpolitik** Wirkungen auf **Einkommensverteilung: politische Durchsetzbarkeit** fraglich

Zusammenfassung Kapitel 10: Wirtschaftspolitische Konzepte zur Wachstumsförderung und Konjunkturstabilisierung

Phasen der Stabilisierungspolitik in Deutschland

1950–1966
Wirtschaftswunder

	Arbeitslosen-quote	Inflations-rate
max.	11,0 %	7,5 %
min.	0,7 %	0,0 %

1967–1980
nachfrageorientierte Wirtschaftspolitik

	Arbeitslosen-quote	Inflations-rate
max.	4,7 %	6,9 %
min.	0,7 %	1,4 %

1981–1998
angebotsorientierte Wirtschaftspolitik

	Arbeitslosen-quote	Inflations-rate
max.	11,4 %	6,3 %
min.	4,8 %	– 0,2 %

1998–2008
Strukturreformen

	Arbeitslosen-quote	Inflations-rate
max.	11,7 %	2,6 %
min.	7,8 %	0,6 %

2008–2019
Bewältigung der Finanz- und Staatsschuldenkrise

	Arbeitslosen-quote	Inflations-rate
max.	8,1 %	2,6 %
min.	5,2 %	0,1 %

ab 2020
Bewältigung der Corona-Pandemie

	Arbeitslosen-quote	Inflations-rate
max.	5,9 %	6,9 %
min.	5,3 %	0,5 %

Aufgaben zu Kapitel 10: Wirtschaftspolitische Konzepte zur Wachstumsförderung und Konjunkturstabilisierung

10.1 Angebots- und nachfrageorientierte Wirtschaftspolitik

1. Erstellen Sie je eine Mindmap zum Thema „Angebotsorientierte Wirtschaftspolitik“ und „Nachfrageorientierte Wirtschaftspolitik“.

   Unterscheiden Sie die beiden Konzeptionen u. a. anhand folgender Kriterien: vorrangige Ziele, Grundannahmen, Ansatzpunkte wirtschaftspolitischer Maßnahmen, Rolle des Staates, Rolle der Zentralbank, Umsetzungsprobleme und Kritik, ...

2. Ergänzen Sie die Mindmaps, indem Sie die wesentlichen Unterschiede zwischen angebots- und nachfrageorientierter Wirtschaftspolitik anhand des Streitgesprächs zwischen Prof. Sinn (Ifo-Institut München) und Prof. Bofinger (Mitglied des Sachverständigenrates) herausarbeiten.

   Quelle im Internet: Suchbegriff „Es ist genau andersherum“
   http://www.spiegel.de/spiegel/print/d-38201312.html

10.2 Aussagen von Vertretern nachfrage- und angebotsorientierter Wirtschaftspolitik

1. Erläutern Sie, welche der folgenden Aussagen von Vertretern einer nachfrageorientierten, welche von Vertretern einer angebotsorientierten Wirtschaftspolitik stammen können. Begründen Sie Ihre Meinung.

   a) Trotz eines Gleichgewichts auf den Gütermärkten kann es zu Unterbeschäftigung kommen.
   b) Löhne und Preise sind nach unten nicht sehr flexibel.
   c) Ökonomen machen es sich zu leicht, wenn sie uns in stürmischen Zeiten nicht mehr zu erzählen haben, als dass der Ozean wieder ruhig ist, wenn sich der Sturm gelegt hat. Langfristig sind wir alle tot.
   d) Nicht die privaten Marktteilnehmer, sondern die Politiker sorgen für Instabilität des Marktsystems.
   e) Die beste Sozialpolitik ist eine freie Marktwirtschaft.
   f) Jedes Angebot schafft sich seine Nachfrage selbst.
   g) Löhne sind Kosten.
   h) Die Lohnpolitik trägt die Hauptverantwortung für die Beschäftigung.
   i) Lohnerhöhungen stärken die Massenkaufkraft.
   j) Eine Senkung des Steuersatzes kann das Steueraufkommen erhöhen.
   k) Das Problem einer Nachfragesättigung besteht wegen der unerschöpflichen menschlichen Bedürfnisse nicht.
   l) Die Selbstheilungskräfte der Märkte müssen gestärkt und die staatlichen Eingriffe in den Wirtschaftsprozess vermindert werden.
   m) Konjunkturpolitik ist überflüssig und schädlich.
   n) Die notwendigen wirtschaftspolitischen Maßnahmen sind politisch nicht oder nur schwer durchsetzbar.

2. Es wird behauptet, eine antizyklische Fiskalpolitik führe zu einer Verstärkung konjunktureller Schwankungen.
   Begründen Sie diese Aussage.

10.3 Ideologischer Hintergrund einer angebotsorientierten Wirtschaftspolitik

„*Supply-side Economics* (deutsch: angebotsorientierte Wirtschaftspolitik) war in Wirklichkeit nur ein intellektuelles Tarnmanöver, um den Reichen das Leben noch bequemer zu machen und ihnen das Gewissen zu erleichtern. Das ist keine Übertreibung. Die ganze *Supply-side*-Theorie stützte sich auf die absurde Behauptung, dass die Reichen in den USA nur deshalb nicht arbeiten, weil sie angeblich zu wenig Geld verdienten, und die Armen angeblich nicht arbeiten, weil sie zu viel Sozialhilfe bekamen."

Quelle: Galbraith, John Kenneth (bedeutender amerikanischer Wirtschaftswissenschaftler, 1908 – 2006): „Sozialpolitik notwendig", Wirtschaftswoche Nr. 15 vom 08.04.1988, S. 64.

1. Beschreiben Sie, welche Produktionsanreize nach dem Konzept angebotsorientierter Wirtschaftspolitik den Reichen geboten werden sollen.
2. Erläutern Sie, welche Rolle der Staat nach dem Konzept angebotsorientierter Wirtschaftspolitik gegenüber den Armen spielen soll.
3. Erläutern Sie, wie sich angebotsorientierte Wirtschaftspolitik auf die Einkommensverteilung auswirkt.
4. Diskutieren Sie, wie der Unterschied zwischen Arm und Reich von Vertretern angebotsorientierter Wirtschaftspolitik gerechtfertigt wird.

10.4 Erreichung wirtschaftpolitischer Ziele – Zielkonflikte – Zielharmonie – Staatsverschuldung – OKUNsches Gesetz

1. Prüfen Sie anhand der in den Abb. auf S. 439 und 440 dargestellten Daten sowie mithilfe einer Internetrecherche für die Bundesrepublik Deutschland, ob zwischen den wirtschaftspolitischen Zielen
   - hoher Beschäftigungsstand und Wirtschaftswachstum,
   - hoher Beschäftigungsstand und Preisniveaustabilität

   im Zeitablauf Zusammenhänge in Form von Zielkonflikten oder Zielharmonien feststellbar sind.
2. Der sogenannte „Stabilitäts- und Wachstumspakt" der Mitglieder der Europäischen Wirtschafts- und Währungsunion sieht vor, dass das Defizit der öffentlichen Haushalte der Mitgliedsstaaten jeweils auf maximal 3 % des BIP begrenzt sein soll.
   a) Stellen Sie anhand der Tabelle auf S. 323 fest, in welchen Jahren Deutschland gegen diese Auflage verstoßen hat.
   b) Diskutieren Sie, aus welchen Gründen die EWS-Mitgliedsstaaten diese Höchstgrenze der öffentlichen Verschuldung vereinbart haben.

10.5 Staatsverschuldung – unvermeidbar und gefährlich?

Unter folgendem Link finden Sie bei der Bundeszentrale für politische Bildung Informationen zum Thema Staatsverschuldung: https://www.bpb.de/shop/materialien/themenblaetter/36517/staatsverschuldung-unvermeidbar-und-gefaehrlich/.
Bearbeiten Sie hierzu die dort bereitgestellten Arbeitsblätter.

(Zandonella, Bruno: "Staatsverschuldung – unvermeidbar und gefährlich?", Themenblätter im Unterricht Nr. 82, 04.05.2010, Bonn: Bundeszentrale für politische Bildung.)

Ich kann ...	Bitte ankreuzen		Wenn Nein: Siehe Seite(n) im Buch	Level / Anforderungsniveau
	Ja	Nein		
10.1 Grundpositionen der Stabilisierungspolitik: Fiskalismus – Monetarismus				**Level**
... den Begriff „Stabilisierungspolitik" beschreiben.			S. 424	I
... die Grundaussagen von J. M. Keynes nennen.			S. 425	I
... die Grundauffassung des Monetarismus erläutern.			S. 426	II

11 Beschäftigungsschwankungen: Ursachen – Wirkungen – Maßnahmen

11.2 Arbeitslosigkeit als wirtschaftliches und soziales Problem

- Kosten der Arbeitslosigkeit
- Soziale Auswirkungen der Arbeitslosigkeit

11.1 Ausmaß und Struktur der Arbeitslosigkeit

- Arbeitslosenquote: offene vs. verdeckte Arbeitslosigkeit
- Struktur der Arbeitslosigkeit

11.3 Ursachen und Formen der Arbeitslosigkeit

- klassische und keynesianische Arbeitslosigkeit
- saisonale Arbeitslosigkeit
- konjunkturelle und strukturelle Arbeitslosigkeit
- Strukturelle Arbeitslosigkeit in Form von Mismatch-Arbeitslosigkeit

11.4 Lohnpolitik der Tarifvertragsparteien

- Koalitionsfreiheit, Tarifautonomie, Tarifverträge
- Lohnkosten

11.5 Instrumente und Maßnahmen zur Beschäftigungsförderung

- Vorschläge der Tarifvertragsparteien zur Arbeitsmarktpolitik

11 Beschäftigungsschwankungen: Ursachen – Wirkungen – Maßnahmen

"

Die Frage nach Arbeitslosigkeit hat für den einzelnen Schüler oder die einzelne Schülerin wahrscheinlich noch keine große Bedeutung. Erst wenn man später nach Ausbildung oder Studium in den Arbeitsmarkt eintritt, wird dieses Thema mitunter bedeutsam. Volkswirtschaftlich gesehen ist die Arbeitsmarktpolitik dagegen von höchster Bedeutung, denn rund die Hälfte der Ausgaben des gesamten Bundeshaushaltes werden in soziale Sicherung, Familie, Jugend und den Arbeitsmarkt investiert. Dabei wird der Arbeitsmarkt hinsichtlich der Ursachen und Folgen von Arbeitslosigkeit genau analysiert. Schließlich spielen nicht nur die ökonomischen, sondern auch die sozialen Folgen der Arbeitslosigkeit für Staat und Individuum eine wichtige Rolle. Die Rolle des Arbeitsmarktes ist auch deshalb von großem staatlichem Interesse, da sich dieser im ständigen Wandel befindet. Welche Rolle spielen hierbei beispielsweise die Digitalisierung und die Industrie 4.0 und in welchem Ausmaß beeinflussen solche Faktoren die Zukunft der Arbeit? Hier muss der Staat steuern und lenken, um für die Unternehmen und die Bürger für größtmögliche Sicherheit in Zukunft zu sorgen.

11.1 Ausmaß und Struktur der Arbeitslosigkeit

Lernziele:

Nach der Bearbeitung des Kapitels sind Sie in der Lage, Folgendes zu tun:

Sie ...

- ... unterscheiden zwischen Erwerbspersonen und der Zahl der Erwerbstätigen.
- ... berechnen die Arbeitslosenquote.
- ... unterscheiden zwischen Arbeitslosen im Sinne der deutschen Statistik und Erwerbslosen im Sinne der internationalen Statistik.
- ... stellen die Struktur der Arbeitslosigkeit in Deutschland dar.

Arbeitslosenquote

11.1, S. 472

Ein nur teilweise ausgelastetes Produktionspotenzial einer Volkswirtschaft bedeutet, dass nicht alle Produktionsfaktoren voll beschäftigt sind. Bezogen auf den Faktor Arbeit wird der Beschäftigungsstand durch die **Arbeitslosenquote** gemessen.

Arbeitslos sind Personen, die – obwohl sie arbeitsfähig und arbeitswillig sind – keine Beschäftigung finden. Statistisch erfasst werden aber nur die bei den Agenturen für Arbeit registrierten Arbeitsuchenden (= offene Arbeitslosigkeit).

Unter den registrierten Arbeitsuchenden können sich aber auch Personen befinden, die lediglich die finanzielle Unterstützung der Agentur für Arbeit in Anspruch nehmen wollen und zu den herrschenden Bedingungen nicht ernsthaft an einer Arbeitsaufnahme interessiert sind (= freiwillig Arbeitslose). Andererseits gehen Arbeitslose, die sich nicht bei den Agenturen für Arbeit melden, weil sie keine Vermittlungschancen sehen oder keinen Anspruch auf Unterstützungszahlungen haben, sowie die Personen, die Kurzarbeit leisten müssen, an Arbeitsbeschaffungsmaßnahmen (ABM) teilnehmen oder unfreiwillig in den Vorruhestand gegangen sind, nicht in die Arbeitslosenstatistik ein (= verdeckt Arbeitslose). Folgende Grafik soll veranschaulichen, dass die "wahre" Arbeitslosigkeit also deutlich höher ausfällt als die offiziell statistisch gemessene.

Die „wahre" Arbeitslosigkeit (in Mio.)

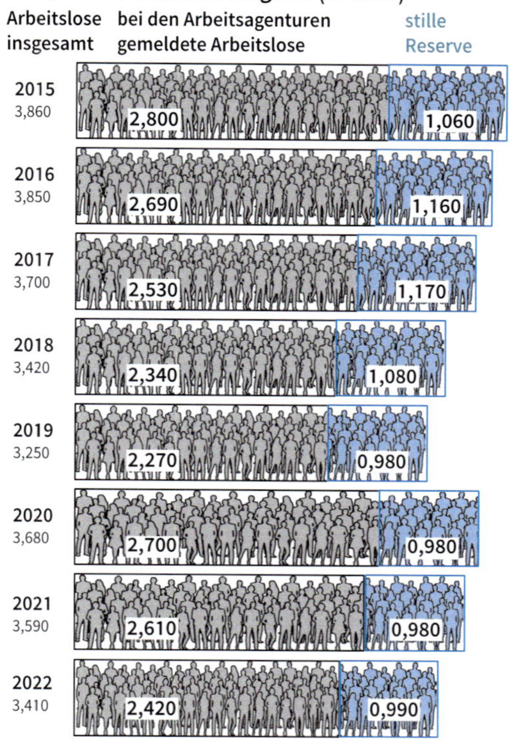

vgl. Institut Arbeit und Qualifikation der Universität Duisburg-Essen & Institut für Arbeitsmarkt- und Berufsforschung IAB [Abruf: 11.04.2023].

<table>
<tr><th colspan="4">Bevölkerung, Erwerbstätigkeit und Arbeitslosigkeit (Deutschland 2022)</th></tr>
<tr><th colspan="4">Einwohner (Wohnbevölkerung) 83,794 Mio.</th></tr>
<tr><td colspan="3">Erwerbspersonen (Arbeitskräftepotenzial)
46,759 Mio.</td><td>Nicht-Erwerbspersonen
37,035 Mio.</td></tr>
<tr><td colspan="2">zivile Erwerbspersonen[1]
45,570 Mio.</td><td>Sonstige
1,189 Mio.</td><td></td></tr>
<tr><td colspan="2">Erwerbstätige (Inländer)
45,431 Mio.</td><td>Erwerbslose
1,328 Mio.</td><td></td></tr>
<tr><td>Arbeitnehmer (Inländer)
41,523 Mio.</td><td>Selbstständige
3,908 Mio.</td><td></td><td></td></tr>
<tr><td></td><td colspan="2">verdeckte Arbeitslose
ca. 980.000</td><td>registrierte Arbeitslose
2,418 Mio.</td></tr>
<tr><td colspan="4">vgl. Statistisches Bundesamt, VGR 2022 (Inlandsproduktberechnung, Fachserie 1, Reihe 1.4, Stand: 03.03.2023)</td></tr>
</table>

F

$$\text{Arbeitslosenquote (ALQ)} = \frac{\text{registrierte Arbeitslose} \cdot 100}{\text{zivile}^{1}\ \text{Erwerbspersonen}}$$

$$\text{ALQ 2022} = \frac{2{,}418 \cdot 100}{45{,}570} = 5{,}3\,\%$$

D

Die Arbeitslosenquote gibt an, wie viel Prozent der (zivilen) Erwerbspersonen (Erwerbstätige plus Erwerbslose) als arbeitslos registriert sind.[1]

Hinsichtlich der Unterscheidung zwischen Arbeitslosigkeit im Sinne der deutschen Statistik und Erwerbslosigkeit im Sinne der internationalen Statistik ist Folgendes zu sagen: Nach derinternationalen Statistik üben Erwerbslose keinerlei Erwerbstätigkeit aus. Registrierte Arbeitslose in Deutschland dürfen aber eine Beschäftigung bis zu 15 Wochenstunden ausüben und gelten trotzdem als arbeitslos. Daher ist die ausgewiesene Zahl der Arbeitslosen größer als die Zahl der Erwerbslosen.

Arbeitslosigkeit in Deutschland

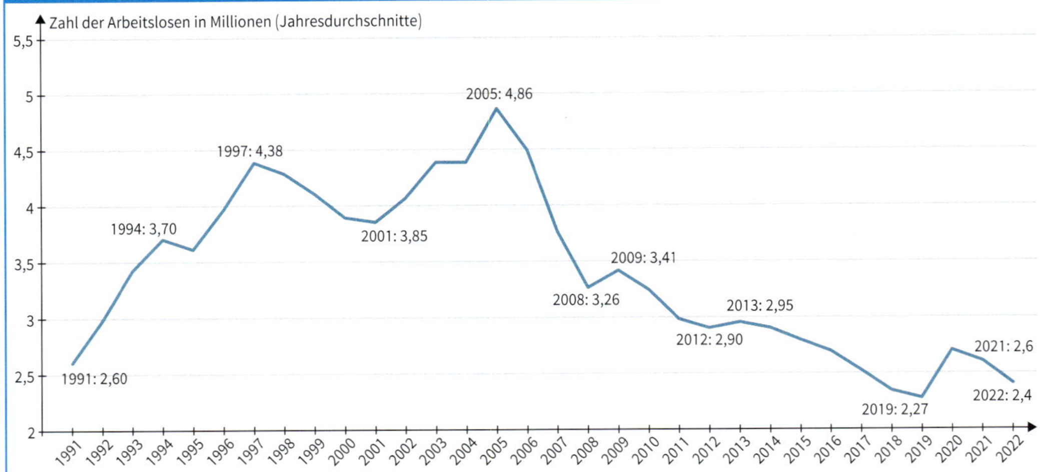

Vgl. Statistisches Bundesamt & Bundesagentur für Arbeit: Erwerbslosigkeit, 2023.

Struktur der Arbeitslosigkeit

Die Analyse der Arbeitslosenstruktur in Deutschland zeigt u. a. folgende Besonderheiten:

- In Ostdeutschland ist die Arbeitslosenquote (2022: 6,7 %) als Folge des wirtschaftlichen Umbruchs nach der Wiedervereinigung bedeutend höher als in Westdeutschland (2022: 5,0 %).
- Unter den Arbeitslosen in Westdeutschland hat über die Hälfte keine abgeschlossene Berufsausbildung. Die unterschiedlich hohe Arbeitslosigkeit bei Personen ohne Berufsausbildung und solchen mit Ausbildung vergrößert sich sowohl in den neuen als auch in den alten Bundesländern erheblich. Insgesamt ist in Deutschland das Problem der Arbeitslosigkeit unter Geringqualifizierten deutlich stärker ausgeprägt als in anderen Ländern.

1 Diese Definition entspricht dem in der EU angewandten EUROSTAT-Konzept.

- Mit steigendem Alter der Arbeitnehmer erhöht sich auch das Risiko einer Arbeitslosigkeit. Ältere Arbeitnehmer sind somit besonders stark von Arbeitslosigkeit betroffen.
- Über ein Drittel aller Arbeitslosen ist bereits mehr als ein Jahr ohne Beschäftigung (Langzeitarbeitslose). (Stand 2022: 0,916 Mio.)

Arbeitslosenquoten nach Bundesländern 2022

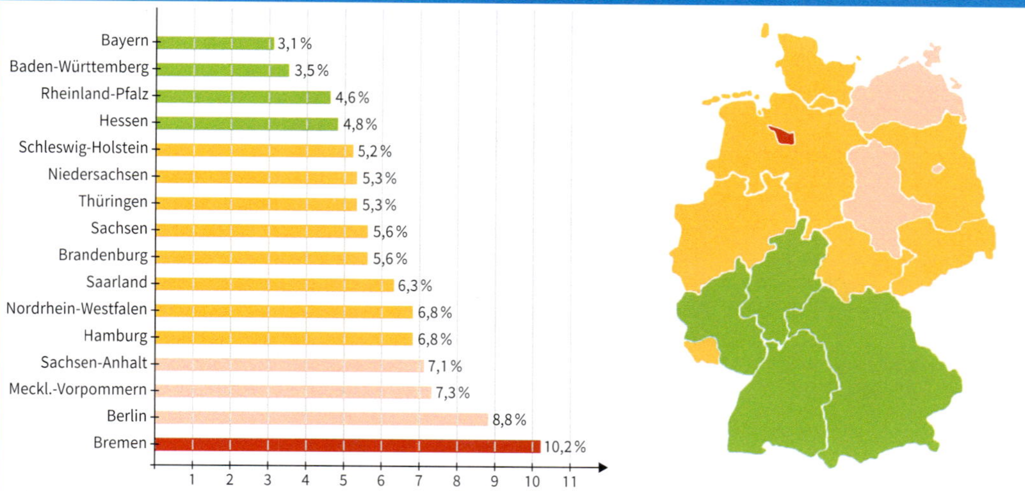

vgl. Bundesagentur für Arbeit: Arbeitslosigkeit im Zeitverlauf; Arbeitslose – Zeitreihe; Arbeitslosenquoten – Zeitreihe [11.04.2023].

11.2 Arbeitslosigkeit als wirtschaftliches und soziales Problem

Lernziele:

Nach der Bearbeitung des Kapitels sind Sie in der Lage, Folgendes zu tun:

Sie ...

- ... beschreiben die wirtschaftlichen Folgen der Arbeitslosigkeit.
- ... nennen soziale Folgen von Arbeitslosigkeit.
- ... beschreiben die Bedeutung der Arbeit für den Menschen.

Kosten der Arbeitslosigkeit

Arbeitslosigkeit verursacht für die Gesamtgesellschaft enorme Kosten. Einerseits bedeuten die unausgelasteten volkswirtschaftlichen Produktionskapazitäten eine Verschwendung wertvoller Ressourcen (Opportunitätskosten). Andererseits sind bei gleichzeitigen Mindereinnahmen an Steuern und Sozialversicherungsbeiträgen erhebliche staatliche Unterstützungszahlungen an die Betroffenen nötig. Die gesamtwirtschaftlichen Kosten der Arbeitslosigkeit in Deutschland betrugen 2021 rund 68 Mrd. €. Ein einzelner Arbeitsloser kostete damit die Gesellschaft im Jahr 2021 rund 26.000 €.

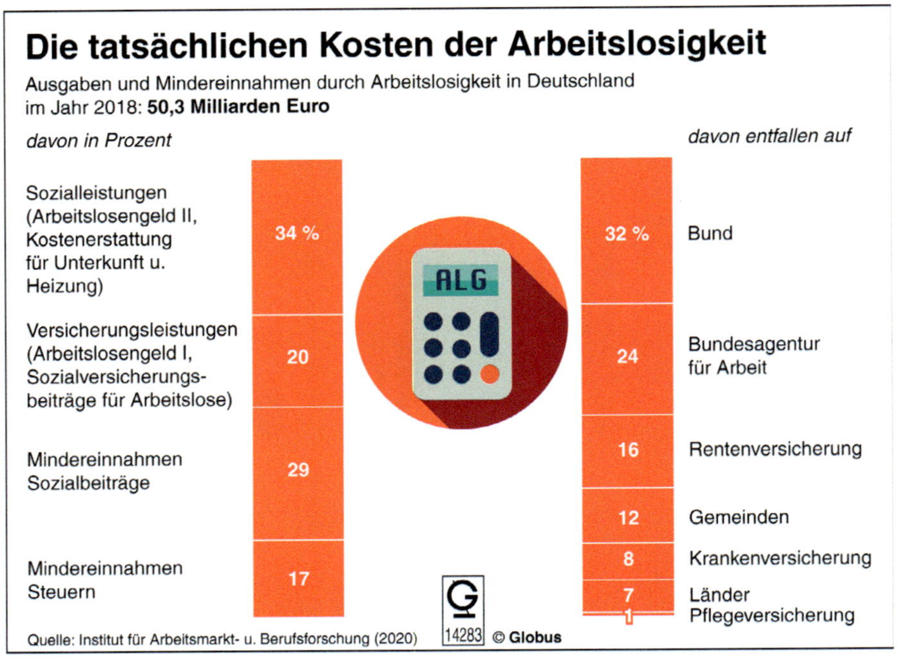

Soziale Auswirkungen der Arbeitslosigkeit

Die gesamtwirtschaftliche Betrachtungsweise darf aber nicht darüber hinwegtäuschen, dass sich hinter den nüchternen Arbeitslosenzahlen Einzelschicksale verbergen. Der Verlust des Arbeitsplatzes bedeutet für den Einzelnen, dass wesentliche menschliche Bedürfnisse nicht mehr durch Arbeit befriedigt werden können.

(mögliche) psychische Belastungen bei Arbeitslosigkeit

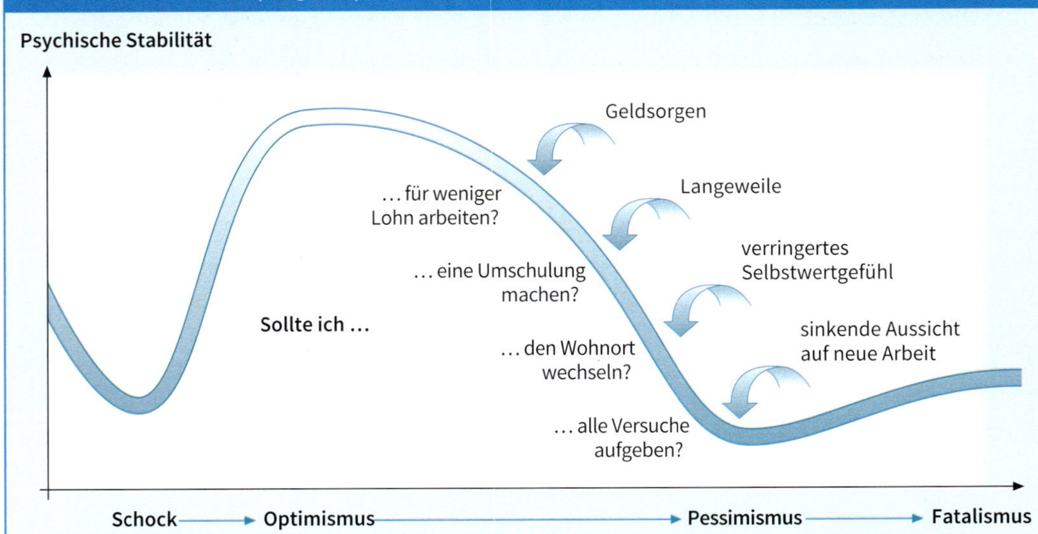

Vgl. Bundesanstalt für Arbeit (Hrsg.): Überlegungen zu einer vorausschauenden Arbeitsmarktpolitik, Nürnberg: Bundesanstalt für Arbeit Verlag 1978, S. 209.

Arbeitslose erleiden neben beträchtlichen finanziellen Einbußen möglicherweise auch den Verlust ihrer beruflichen Qualifikation, psychische Belastungen und Krankheiten sowie die Zerstörung familiärer und sozialer Beziehungen. Sie sind gesellschaftlichen Vorurteilen ausgesetzt.

D Arbeitslosigkeit ist nicht nur ein gesamtwirtschaftliches, sondern auch ein soziales Problem mit vielen persönlichen Einzelschicksalen.

Eine hohe Arbeitslosigkeit birgt auch Gefahren für die Gesellschaft in sich, da es zu einer Zunahme der Kriminalität, einem Anstieg des Alkohol- und Drogenkonsums sowie zu politischer Gleichgültigkeit und Radikalisierung kommen kann.

B Eine Studie des US-Kongresses kam hinsichtlich der Folgen einer Erhöhung der Arbeitslosenquote um einen Prozentpunkt zu folgendem Ergebnis:

Zusätzliche

- 495 Todesfälle durch Leberzirrhose
- 628 tödliche Gewaltverbrechen
- 920 Selbsttötungen
- 3 440 Gefangene in staatlichen Gefängnissen
- 4 227 Aufnahmen in psychiatrische Krankenhäuser
- 20 240 tödliche Herzinfarkte

Vgl. Goodwin, Michael & Burr, Dan E.: ECONOMIX: Wie unsere Wirtschaft funktioniert (oder auch nicht), Berlin: Verlagshaus Jacoby & Stuart 2013, S. 207.

11.3 Ursachen und Formen der Arbeitslosigkeit

Lernziele:

Nach der Bearbeitung des Kapitels sind Sie in der Lage, Folgendes zu tun:

Sie ...

- ... beschreiben die Entstehung von Arbeitslosigkeit verbal und grafisch.
- ... stellen die Auswirkung eines Mindestlohns auf die Arbeitslosigkeit dar.
- ... unterschieden die Ursachen/Formen der Arbeitslosigkeit.
- ... erläutern, was man unter konjunktureller Arbeitslosigkeit versteht.
- ... beschreiben verschiedene Formen der strukturellen Arbeitslosigkeit.
- ... erläutern, was unter Mismatch-Arbeitslosigkeit zu verstehen ist.
- ... erläutern die Zusammenhänge, die sich anhand einer Beveridge-Kurve darstellen lassen.

11.3.1 Klassische (lohnkostenbedingte) und keynesianische (nachfragebedingte) Arbeitslosigkeit

In der Wirtschaftstheorie werden vor allem zwei grundverschiedene Erklärungsansätze für die **Entstehung von Arbeitslosigkeit** diskutiert, die den Theorieschulen der **Neoklassik**[1] und des **Keynesianismus**[2] zuzuordnen sind. Dabei ist die keynesianische Arbeitslosigkeit vor allem **konjunkturell** und die (neo-)klassische Arbeitslosigkeit vielfach **strukturell** bedingt. In einer Rezessionsphase, die durch sinkende gesamtwirtschaftliche Nachfrage und ein zurückgehendes Preisniveau gekennzeichnet ist, würden die Vertreter dieser beiden Theorierichtungen die Arbeitslosigkeit etwa folgendermaßen erklären:

10.1

1 Als Neoklassik wird in der Volkswirtschaftslehre eine Theorierichtung bezeichnet, die ihren Ausgangspunkt in der zweiten Hälfte des 19. Jahrhunderts hat. Sie löste die durch Adam Smith (1723 – 1790), David Ricardo (1772 – 1823) und andere zumeist englische Ökonomen begründete klassische Volkswirtschaftslehre ab und bestimmte das ökonomische Denken bis zur Weltwirtschaftskrise in den dreißiger Jahren des 20. Jahrhunderts. Danach war der Keynesianismus für einige Jahrzehnte die vorherrschende Denkrichtung.

2 Auf dem Werk des englischen Wirtschaftswissenschaftlers John Maynard Keynes (1883 – 1946) beruhende Wirtschaftstheorie.

Arbeitsmarkt

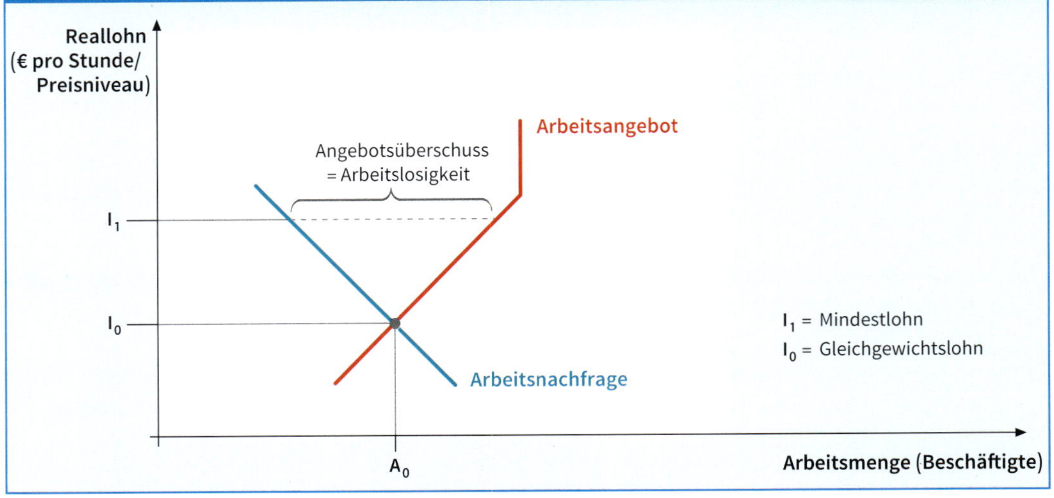

Klassische (lohnkostenbedingte) Arbeitslosigkeit

Das Arbeitsmarktdiagramm zeigt, dass der Reallohn zu hoch ist, um ein Arbeitsmarktgleichgewicht herbeizuführen. Vollbeschäftigung ist durch eine Senkung des Nominallohns (und damit des Reallohns) zu erreichen. Daher müssen alle hemmenden Faktoren, die eine Senkung des Reallohns verhindern (z. B. Mindestlohnvorschriften, unflexible Tarifvereinbarungen usw.), abgeschafft werden.

Keynesianische (nachfragebedingte) Arbeitslosigkeit

Das Hauptproblem ist nicht der zu hohe Reallohn. Entscheidend ist, dass die Nachfrage auf den Gütermärkten zu gering ist, um Vollbeschäftigung zu erreichen. Eine Lohnsenkung löst das Problem nicht. Warum sollten die Unternehmen mehr Arbeitskräfte einstellen, wenn sie die zusätzlich erzeugten Güter wegen fehlender Nachfrage nicht absetzen können? Der Staat muss für die Ausweitung der gesamtwirtschaftlichen Nachfrage sorgen.

D Die klassische Theorie sieht die Ursache der Arbeitslosigkeit in zu hohen Reallöhnen. Die keynesianische Theorie sieht die Ursache der Arbeitslosigkeit in einer zu geringen gesamtwirtschaftlichen Nachfrage.

11.3.2 Saisonale Arbeitslosigkeit

Die **saisonale Arbeitslosigkeit** ergibt sich aus jahreszeitlichen Schwankungen sowohl auf der Angebotsseite, d. h. bei der Produktion (insbesondere Bau-, Land- und Forstwirtschaft) als auch auf der Nachfrageseite (vor allem im Touristengewerbe und im Weihnachtsgeschäft). Dies bildet auch die folgende Grafik ab: Im Hochsommer ist immer ein Anstieg der Arbeitslosenquoten zu verzeichnen. Dies ist insbesondere dadurch bedingt, dass viele Schulabgänger und Ausbildungsabsolventen sich im Sommer zunächst arbeitslos melden. Ebenso halten sich viele Unternehmen während der Urlaubssaison mit Einstellungen zurück. Vor Weihnachten sinkt die Arbeitslosigkeit dann, weil sowohl in der Produktion als auch im Verkauf, aber beispielsweise auch durch den Skitourismus viele Mitarbeiter eingestellt werden. Dies hat allerdings einen traditionell starken Anstieg der Arbeitslosigkeit im Januar zur Folge. Eine ursachengerechte Bekämpfung ist hier schlecht möglich.

Arbeitslosenquote in Deutschland – Saisonale Schwankungen in %

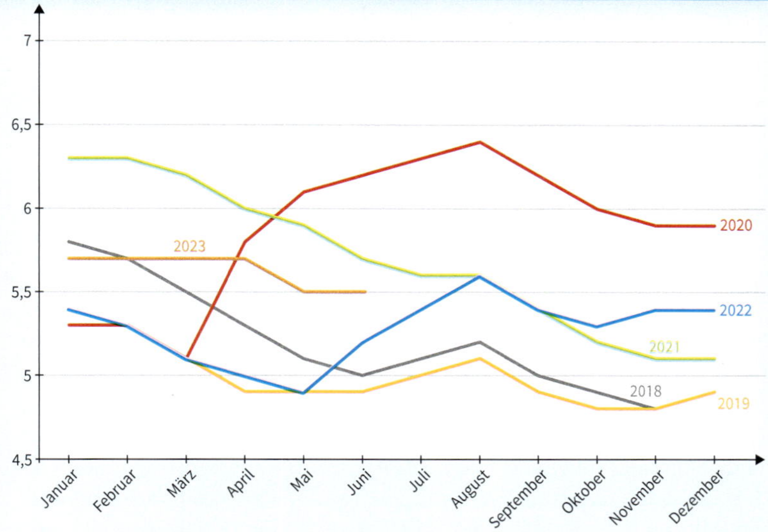

vgl. Statistisches Bundesamt (Hrsg.): Arbeitslosenquote Deutschland, Stand: 23.07.2023; online unter: https://www.destatis.de/DE/Themen/Wirtschaft/Konjunkturindikatoren/Arbeitsmarkt/arb210a.html.

11.3.3 Konjunkturelle und strukturelle Arbeitslosigkeit

Entsprechend den unterschiedlichen Erklärungsansätzen wird in der Arbeitsmarktpolitik im Hinblick auf die Bekämpfungsmöglichkeiten durch arbeitsmarktpolitische Maßnahmen insbesondere zwischen **konjunktureller** und **struktureller Arbeitslosigkeit** unterschieden:

konjunkturelle Arbeitslosigkeit	Konjunkturelle Arbeitslosigkeit entsteht durch Schwankungen in der Auslastung des Produktionspotenzials. In der Rezession wird von den Unternehmen weniger und im Boom mehr Arbeit nachgefragt.
strukturelle Arbeitslosigkeit	Strukturelle Arbeitslosigkeit beruht auf Strukturwandlungen in der Volkswirtschaft, die auch Änderungen hinsichtlich der Zahl der Arbeitsplätze und der Qualifikationsanforderungen mit sich bringen. Die Arbeitsnachfrage bleibt insbesondere in einzelnen Teilbereichen des Arbeitsmarktes hinter dem Arbeitsangebot zurück, weil in diesen Bereichen im Verhältnis zur Zahl der Erwerbspersonen nicht (mehr) genügend Arbeitsplätze vorhanden sind oder die Arbeitslosen wegen Alters, Qualifikation oder geringer räumlicher Mobilität nicht für die Besetzung der freien Stellen infrage kommen. Auch die lohnkostenbedingte (klassische) Arbeitslosigkeit stellt eine Form der strukturellen Arbeitslosigkeit dar.

Als **Unterformen der strukturellen Arbeitslosigkeit**, die alle in unmittelbarem Zusammenhang miteinander stehen und sich gegenseitig überlagern, lassen sich unterscheiden:

- **regionale Arbeitslosigkeit** in Form vermehrter Arbeitslosigkeit in strukturschwachen Gebieten (z. B. neue Bundesländer, Ostfriesland)
- **berufs- und qualifikationsspezifische Arbeitslosigkeit** durch Wegfall bestimmter Berufsgruppen und Änderung der Produktionsweise (z. B. Bergleute, Schriftsetzer)
- **branchenspezifische Arbeitslosigkeit** als Folge eines – teilweise durch den internationalen Konkurrenzkampf ausgelösten – Strukturwandels, von dem einzelne Branchen betroffen sind (z. B. Kohle, Stahl, Werften, Textil).
- **Geschlechts- und altersspezifische Arbeitslosigkeit**, da beispielsweise jugendliche Berufsanfänger und ältere Arbeitslose von den Agenturen für Arbeit besonders schwer vermittelbar sind. Innerhalb aller Altersgruppen ist der Anteil arbeitsloser Frauen besonders hoch.

- **Technologische Arbeitslosigkeit** liegt dann vor, wenn durch neue Fertigungsverfahren (Rationalisierung) Arbeitskräfte freigesetzt werden. Es besteht ein enger Zusammenhang mit der **lohnkostenbedingten Arbeitslosigkeit.**

Konjunkturelle und strukturelle Arbeitslosigkeit lassen sich meistens nicht eindeutig voneinander trennen. Der größer gewordene Anteil der Langzeitarbeitslosen in den letzten Jahrzehnten deutet aber darauf hin, dass die derzeitige Arbeitslosigkeit in der Bundesrepublik Deutschland zum überwiegenden Teil (ca. 85%) durch Strukturprobleme bedingt ist.

11.3.4 Strukturelle Arbeitslosigkeit in Form von Mismatch[1]-Arbeitslosigkeit

In Deutschland lässt sich auf dem Arbeitsmarkt folgende Situation feststellen: Arbeitslosigkeit auf der einen Seite (Dez. 2022: 2,418 Mio. Arbeitslose) und zahlreiche offene Stellen auf der anderen Seite (2022: 845.000 offene Stellen). Angebot und Nachfrage auf dem Arbeitsmarkt können also nicht in Einklang gebracht werden. Diese Form der **strukturellen Arbeitslosigkeit** wird als **Mismatch-Arbeitslosigkeit** bezeichnet. Es wird geschätzt, dass derzeit 60% der Arbeitslosigkeit in Westdeutschland auf solche Ungleichgewichte am Arbeitsmarkt zurückzuführen sind. Entweder passen die Qualifikationsanforderungen der offenen Stellen und die Qualifikation der Arbeitsuchenden nicht zusammen **(qualifikatorischer Mismatch** in Form von **Fachkräftemangel)** und/oder Arbeitgeber und Arbeitsuchende befinden sich an verschiedenen Orten und sind nicht mobil **(regionaler Mismatch).**

Selbst in einer Situation, in der Angebot und Nachfrage auf dem Arbeitsmarkt vollständig zueinanderpassen, nimmt die von beiden Marktseiten ausgehende Suche nach geeigneten Arbeitskräften bzw. geeigneten Arbeitsplätzen eine gewisse Zeit in Anspruch, sodass eine vorübergehende **Sucharbeitslosigkeit** entsteht. Diese Form der Arbeitslosigkeit wird auch als **friktionelle**[2] **Arbeitslosigkeit** bezeichnet. Sie stellt ebenfalls eine Art der Mismatch-Arbeitslosigkeit dar. Wie lange der Suchprozess dauert, hängt von den verfügbaren Informationen über den Arbeitsmarkt (Markttransparenz), der Intensität der Arbeitsvermittlung und der Mobilität der Arbeitskräfte ab.

11.2, S. 472

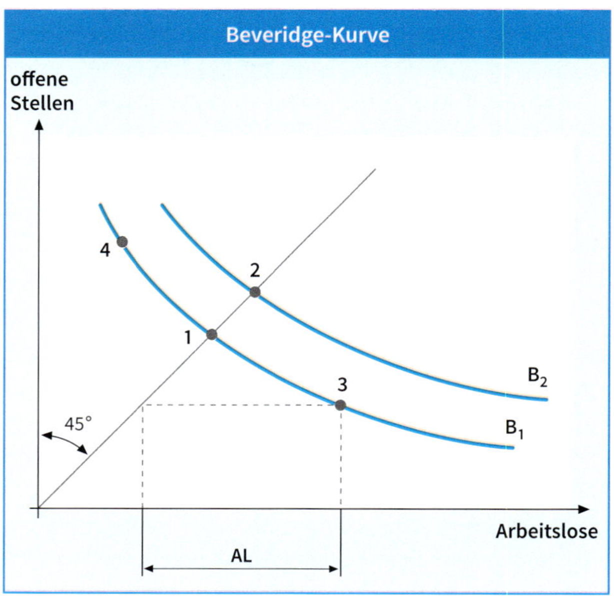

Ein Instrument, um die Mismatch-Arbeitslosigkeit darzustellen, ist die **Beveridge-Kurve**[3]. Anhand dieser Kurve lässt sich der Zusammenhang zwischen der Zahl (bzw. der Quote) der offenen Stellen und der Zahl (bzw. der Quote) der Arbeitslosen verdeutlichen und eine Unterscheidung zwischen Mismatch-Arbeitslosigkeit (strukturelle und/oder friktionelle Arbeitslosigkeit) und konjunktureller Arbeitslosigkeit vornehmen.

Die Kurve stellt alle möglichen Kombinationen zwischen der Zahl der offenen Stellen und der Zahl der Arbeitslosen in einer Volkswirtschaft dar und verdeutlicht folgenden Zusammenhang: Je höher die Arbeitslosigkeit ist, desto weniger offene Stellen gibt es und umgekehrt. Die Winkelhalbierende

1 Mismatch *(engl.)*: Nichtübereinstimmung, Unterschied
2 Friktion *(lat.)*: Reibung
3 Die Kurve wurde 1944 von dem englischen Ökonomen William Beveridge hergeleitet.

(45°-Linie) bildet alle Situationen auf dem Arbeitmarkt ab, bei denen die Zahl der offenen Stellen der Zahl der Arbeitslosen entspricht. In diesem Fall besteht die **gesamte Arbeitslosigkeit** aus **Mismatch-Arbeitslosigkeit**, d. h. aus **struktureller und/oder friktioneller Arbeitslosigkeit**.

Verschiebung der Beveridge-Kurve: Strukturelle und/oder friktionelle Arbeitslosigkeit

Eine Verschiebung der Beveridge-Kurve von Punkt 1 nach Punkt 2 bedeutet, dass sowohl die Zahl der offenen Stellen als auch die Zahl der Arbeitslosen zugenommen hat, sodass sich das Problem der Mismatch-Arbeitslosigkeit verschärft hat. Je weiter vom Ursprung die Beveridge-Kurve verläuft, umso höher ist also die Mismatch-Arbeitslosigkeit.

11.3, S. 472

Bewegung auf der Beveridge-Kurve: Konjunkturelle Arbeitslosigkeit

Eine Bewegung auf der Beveridge-Kurve von Punkt 1 zu Punkt 3 bedeutet, dass die Arbeitslosigkeit zugenommen hat und die Zahl der offenen Stellen zurückgegangen ist. Das ist dann der Fall, wenn Unternehmen weniger neue Arbeitskräfte suchen und gleichzeitig bereits Beschäftigte entlassen. Selbst dann, wenn alle offenen Stellen besetzt werden könnten, sodass keinerlei Mismatch-Arbeitslosigkeit bestünde, gäbe es weiter Arbeitslosigkeit im Umfang AL. Diese Arbeitslosigkeit wird als konjunkturell oder anderweitig strukturell bedingt angesehen (z. B. lohnkostenbedingte Arbeitslosigkeit). Sie liegt in allen Bereichen rechts unterhalb der 45°-Linie vor. Befindet sich eine Volkswirtschaft dagegen links oberhalb der 45°-Linie, liegt ein konjunkturell bedingter Überhang der offenen Stellen über die Zahl der Arbeitslosen vor.

In der Realität lässt sich häufig schwer feststellen, ob eine neue Kombination zwischen der Zahl der offenen Stellen und der Zahl der Arbeitslosen auf eine Verschiebung der Beveridge-Kurve oder auf eine Bewegung entlang einer bestehenden Beveridge-Kurve zurückzuführen ist. Der Verlauf der Beveridge-Kurve für Deutschland zeigt aber deutlich, dass sich seit Ende der 1970er-Jahre eine Rechtsverschiebung in Etappen ergeben hat (Kurven 1 bis 3 in der Abb. unten). Das deutet auf den wachsenden Umfang struktureller Arbeitslosigkeit in Form von Mismatch-Arbeitslosigkeit in Deutschland hin. Da die Arbeitslosigkeit unter gering qualifizierten Arbeitskräften besonders hoch ist, handelt es sich vor allem um einen **qualifikatorischen Mismatch**.

Jahr	2014	2015	2016	2017	2018	2019	2020	2021	2022
registrierte Arbeitslose in Tsd.	2 898	2 795	2 691	2 533	2 340	2 267	2 695	2 613	2 418
gemeldete offene Stellen in Tsd.	490	569	655	731	796	774	613	706	845

Vgl. Institut Arbeit und Qualifikation IAQ & Bundesagentur für Arbeit.

Verlauf der Beveridge-Kurve in Deutschland

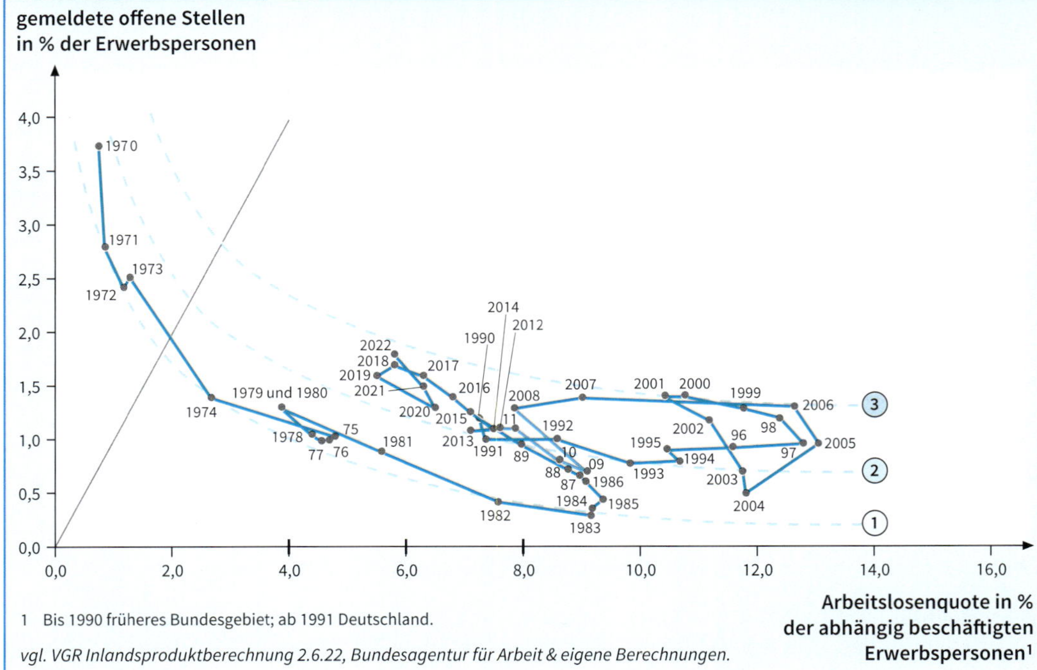

1 Bis 1990 früheres Bundesgebiet; ab 1991 Deutschland.

vgl. VGR Inlandsproduktberechnung 2.6.22, Bundesagentur für Arbeit & eigene Berechnungen.

11.4 Lohnpolitik der Tarifvertragsparteien

Lernziele:

Nach der Bearbeitung des Kapitels sind Sie in der Lage, Folgendes zu tun:

Sie ...

- ... erläutern die Begriffe „Koalitionsfreiheit“ und „Tarifautonomie“.
- ... stellen den Ablauf einer Tarifverhandlung dar.
- ... beschreiben, welche Ziele ein Flächentarifvertrag verfolgt.
- ... erörtern Vor- und Nachteile eines Flächentarifvertrags.
- ... erklären den Zusammenhang zwischen der Höhe der Arbeitskosten und der Arbeitslosigkeit.

Koalitionsfreiheit umd Tarifautonomie

Der Lohn ist aus Sicht der Volkswirtschaftstheorie ein Preis, der auf dem Arbeitsmarkt für die Leistung des Produktionsfaktors Arbeit gezahlt wird. Vor dem Hintergrund, dass ein unregulierter Arbeitsmarkt im Rahmen einer freien Marktwirtschaft zu Fehlentwicklungen in Form von Ausbeutung der Arbeitnehmer führt, besteht heute in den meisten Industrieländern die Auffassung, dass der Arbeitsmarkt nicht völlig dem freien Spiel der Marktkräfte überlassen werden soll. Wie in vielen anderen Ländern wird auch in Deutschland der Prozess der Lohnfindung nicht durch die einzelnen Unternehmen und Arbeitnehmer, sondern durch **Arbeitgeberverbände** und **Gewerkschaften (Tarifvertragsparteien)** bestimmt. Das Grundgesetz garantiert in Art. 9 Abs. 3 die **Koalitionsfreiheit**.

Die sich daraus ergebende **Tarifautonomie**, die im Tarifvertragsgesetz weiter konkretisiert ist, besagt, dass nicht der Staat, sondern die Tarifvertragsparteien (Tarifpartner) für die Vereinbarung von Arbeitsentgelt und sonstigen Arbeitsbedingungen verantwortlich sind.

11.4, S. 473

D Unter Tarifautonomie ist das Recht der Tarifpartner zu verstehen, ohne staatliche Einflussnahme die Höhe von Löhnen und Gehältern sowie andere Arbeitsbedingungen in Tarifverträgen zu regeln.

Tarifverträge

Die Regelung von Löhnen, Arbeitszeiten und sonstigen Arbeitsbedingungen durch die Tarifvertragsparteien erfolgt in Deutschland überwiegend im Rahmen von Branchentarifverhandlungen. Diese werden entweder bundesweit (z. B. Bauwirtschaft, Bankensektor) oder regional nach Tarifbezirken (z. B. Metall- und Elektroindustrie, Handel) geführt. Führen die Verhandlungen in einer Region zum Erfolg und zum Abschluss eines Tarifvertrags, wird dieser „Pilotabschluss" in der Regel von den anderen Regionen übernommen. Aus diesem Grund hat sich für branchenweite Tarifabschlüsse der Begriff **Flächentarifvertrag** durchgesetzt.

Einem solchen Flächentarifvertrag (Branchentarifvertrag), der für alle Unternehmen dieser Branche gilt, die freiwillig tarifgebundene Mitglieder des entsprechenden Arbeitgeberverbandes sind, unterliegen in Westdeutschland ca. 43% aller Unternehmen, in Ostdeutschland dagegen nur ca. 21%. Nicht flächentarifgebundene Unternehmen unterliegen entweder einem **Firmentarifvertrag** (Haustarif, Werktarif), der zwischen der für die Branche zuständigen Gewerkschaft und der Unternehmensleitung abgeschlossen wird, oder sie handeln ihre Arbeitsverträge individuell mit ihren Mitarbeitern aus.

Die Bedeutung des Flächentarifvertrags nimmt ständig ab, da sich auch in Westdeutschland immer weniger Unternehmen an die einheitlichen und unflexiblen Bedingungen des Flächentarifvertrags binden lassen wollen. Innerhalb der einzelnen Branchen ist die wirtschaftliche

Lage der einzelnen Unternehmen teilweise nämlich höchst unterschiedlich. Während gut situierte Unternehmen die Tarifvereinbarungen ohne Probleme einhalten können, können diese bei Unternehmen, die sich in einer wirtschaftlichen Krise befinden, zur Insolvenz führen. Um diesem Problem Rechnung zu tragen, haben die Tarifparteien mit sogenannten Öffnungsklauseln Spielräume für unternehmensspezifische Lösungen geschaffen. **Öffnungsklauseln** gestatten es einzelnen Unternehmen, zeitlich befristet tariflich vereinbarte Mindeststandards (z. B. Tariflöhne und -gehälter) zu unterschreiten.

Flächentarifvertrag	
Pro	**Kontra**
▎ Planungs- und Kalkulationssicherheit hinsichtlich der Lohnkosten ▎ friedenssichernde Funktion für die Unternehmen, da während der Laufzeit des Tarifvertrags Friedenspflicht gilt und keine unvorhersehbaren Arbeitskonflikte (Streiks) auftreten können ▎ Tarifkonflikte werden überbetrieblich ausgetragen. Dadurch werden Auseinandersetzungen aus den einzelnen Unternehmen herausgehalten. ▎ Kostenersparnis, da nicht mit jedem Arbeitnehmer einzeln verhandelt werden muss (= „Outsourcing“ für die Regelung der Arbeitsbedingungen, Einsparung von Transaktionskosten) ▎ Standardisierung von Löhnen, Arbeitszeiten und anderen Arbeitsbedingungen (= Konditionenkartell) entschärft die Konkurrenz zwischen den Unternehmen im Hinblick auf Lohnkosten und Qualität der Arbeitsbedingungen. ▎ Arbeitnehmer werden durch Mindestbedingungen vor Unterbietungswettbewerb (Lohndumping) geschützt.	▎ Das Niveau der Löhne und der anderen in den Flächentarifverträgen geregelten Arbeitsbedingungen in Deutschland gehört weltweit zu den höchsten. Im internationalen Wettbewerb führt dieses hohe Tarifniveau zu Wettbewerbs- und Standortnachteilen, da ausländische Wettbewerber nicht diesen Bedingungen unterliegen. ▎ Die starren Flächentarifverträge nehmen zu wenig Rücksicht auf die unterschiedliche wirtschaftliche Lage der einzelnen Betriebe. Es ist mehr Flexibilität auf betrieblicher Ebene nötig. Der Belegschaft eines Betriebes muss es leichter möglich sein, durch freiwillige Vereinbarungen mit der Unternehmensleitung von den Vereinbarungen des Flächentarifvertrags abzuweichen. Lösung: Gesetzlich verordnete Öffnungsklauseln, betriebliche Bündnisse zwischen Betriebsrat und Unternehmensleitung. ▎ Das durch die Flächentarifverträge zementierte hohe Niveau bei Löhnen und anderen Arbeitsbedingungen verhindert Neueinstellungen insbesondere für Problemgruppen bzw. „Outsider“ unter den Arbeitslosen (Langzeitarbeitslose, Geringqualifizierte).

Lohnpolitik ist somit in erster Linie Aufgabe der Tarifpartner. Allerdings nimmt der Staat durch gesetzliche Regelungen im Arbeits- und Sozialrecht indirekt erheblichen Einfluss auf die Arbeitsbedingungen und die Höhe der Arbeitskosten. Arbeitgeberbeiträge zur Sozialversicherung der Arbeitnehmer, Lohnfortzahlung im Krankheitsfall und andere gesetzlich oder tarifvertraglich geregelte Personalzusatzkosten (Lohnnebenkosten) bestimmen neben den tariflich vereinbarten Löhnen die tatsächliche Höhe der Arbeitskosten.

11.5 Instrumente und Maßnahmen zur Beschäftigungsförderung

Lernziele:

Nach der Bearbeitung des Kapitels sind Sie in der Lage, Folgendes zu tun:

Sie …

- … nennen und bewerten Maßnahmen zur Bekämpfung der Arbeitslosigkeit, die von der Arbeitgeberseite vorgeschlagen werden.
- … nennen und bewerten Maßnahmen zur Bekämpfung der Arbeitslosigkeit, die von der Arbeitnehmerseite vorgeschlagen werden.
- … diskutieren verschiedene Maßnahmen, die der Staat zum Abbau der Arbeitslosigkeit ergreifen kann.

11.5.1 Überblick

Unterschiedliche Ursachen der Arbeitslosigkeit erfordern unterschiedliche Maßnahmen zu ihrer Bekämpfung. Die Abbildung auf S. 468 gibt einen Überblick über mögliche Ansatzpunkte.

Unterscheidung zwischen Beschäftigungspolitik und Arbeitsmarktpolitik

Die Beschäftigungspolitik setzt an gesamtwirtschaftlichen Größen (z. B. gesamtwirtschaftliche Nachfrage und gesamtwirtschaftliches Angebot, Wirtschaftswachstum) an. Sie umfasst u. a. fiskalpolitische Maßnahmen des Staates im Rahmen der Konjunktur- und Wachstumspolitik sowie geldpolitische Maßnahmen der Zentralbank. Die Maßnahmen greifen – im Gegensatz zur Arbeitsmarktpolitik – nicht in einzelwirtschaftliche Entscheidungen einzelner Unternehmen und Haushalte ein. Im Rahmen der Arbeitsmarktpolitik geht es dagegen beispielsweise um Qualifizierungsmaßnahmen für Arbeitslose, Lohnkostenzuschüsse, Kurzarbeitergeld u. a. m.

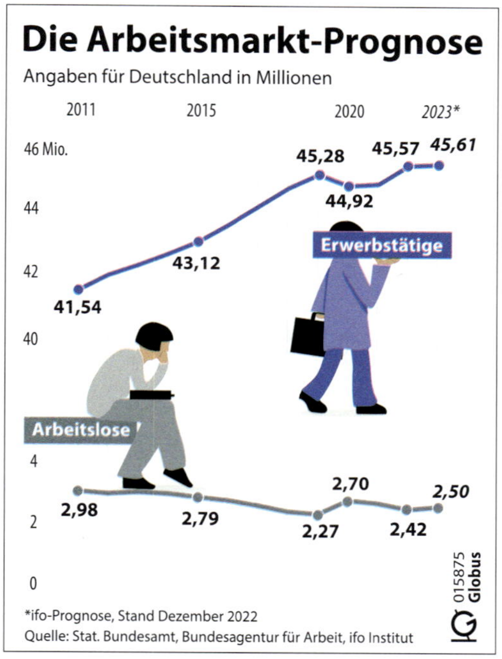

11.5.2 Vorschläge der Tarifvertragsparteien zur Arbeitsmarktpolitik

Unter den Tarifparteien und den Anhängern einer angebots- bzw. nachfrageorientierten Wirtschaftspolitik herrscht allerdings – nicht zuletzt wegen der sich teilweise widersprechenden Interessenlage – Uneinigkeit, welche Maßnahmen angesichts der gegenwärtigen hohen Arbeitslosigkeit in Deutschland ergriffen werden sollen. In der folgenden Tabelle auf der übernächsten Seite sind einige der gängigen Vorschläge und Argumente gegenübergestellt.

11.5, S. 473

Maßnahmen zur Bekämpfung der Arbeitslosigkeit

Bekämpfung der Arbeitslosigkeit

- **konjunkturelle Arbeitslosigkeit** (Erhöhung der gesamtwirtschaftlichen Nachfrage)
  - **Fiskalpolitik**
    - Erhöhung der Staatsausgaben
    - Minderung der Steuereinnahmen
  - **Geldpolitik**
    - Erhöhung der Geldmenge
    - Zinssenkung
  - **Außenwirtschaftspolitik**
    - Protektionismus (Importzölle, Exportsubventionen)
    - „Beggar-my-neighbour-Politik“
    - Abwertung der Inlandswährung
- **strukturelle Arbeitslosigkeit**
  - **regional**
    - Industrieansiedlung
    - Ausbau der Infrastruktur
    - Erhöhung der regionalen Mobilität der Arbeitskräfte
    - regionale Lohndifferenzierung
  - **sektoral**
    - Strukturpolitik
    - Subventionen
    - sektorale Lohndifferenzierung
  - **berufs- und qualifizierungsspezifisch**
    - Ausbildung
    - Weiterbildung
    - Umschulung
  - **altersspezifisch**
    - vorgezogene Altersgrenze
    - Umschulung
    - Ausbildungsplatzkampagne
  - **technologisch**
    - Umschulung
    - Weiterbildung
    - Rationalisierungsschutzabkommen
    - kostenneutrale Lohnpolitik
- **Schaffung neuer Arbeitsplätze**
  - **Wachstumspolitik**
    - Wettbewerbsförderung
    - Investitionspolitik (Erweiterungsinvestitionen)
    - Forschungspolitik
    - Bildungspolitik
    - Förderung von Existenzgründern
  - **Flexibilisierung des Arbeitsmarktes**
    - Lohndifferenzierung (Betrieb, Branchen, Regionen)
    - Flexible Arbeitszeiten
    - Lockerung arbeits- und sozialrechtlicher Vorschriften
- **bessere Verteilung der vorhandenen Arbeit**
  - **Arbeitsmarktpolitik**
    - Berufsberatung
    - Arbeitsvermittlung
    - Kurzarbeitergeld
    - ABM-Maßnahmen
    - Lohnkostenzuschüsse
  - **Arbeitszeitverkürzung**
    - Verkürzung der Wochen-, Jahres- und Lebensarbeitszeit
    - Abbau von Überstunden
  - **Lohnpolitik**
    - Lohnerhöhungen < Produktivitätsfortschritt

Maßnahme	Neoklassische Arbeitsmarkttheorie Position der Arbeitgeber	Keynesianische Arbeitsmarkttheorie Position der Gewerkschaften
Senkung der Lohnkosten	Der Lohn als Preis für den Produktionsfaktor Arbeit muss auf Arbeitsmarktungleichgewichte reagieren. Größere Flexibilität der Löhne nach unten in Abhängigkeit von der jeweiligen Unternehmenssituation ist erforderlich. Im internationalen Vergleich ist das Lohnniveau in Deutschland äußerst hoch. Das beeinträchtigt die internationale Wettbewerbsfähigkeit der deutschen Wirtschaft.	Niedrigere Löhne bewirken nicht unbedingt eine zusätzliche Beschäftigung. Die Lohnerhöhungen der letzten Jahre waren sehr maßvoll. Die realen Nettolöhne sind sogar gesunken. Trotzdem hat die Arbeitslosigkeit zugenommen. Obwohl in Ostdeutschland das Lohnniveau wesentlich niedriger als im Westen ist, ist dort die Arbeitslosigkeit besonders hoch. Die internationale Wettbewerbsfähigkeit der deutschen Wirtschaft ist nicht gefährdet. Die enormen Exportüberschüsse zeigen, dass in Deutschland die Lohnstückkosten niedrig, die Produktivität hoch und die Qualität der Arbeit gut ist.
Lohnerhöhung zur Erhöhung der Konsumgüternachfrage	Lohnerhöhungen verteuern die Produktion. Zudem ist der Nachfrageeffekt äußerst gering. Bei einem Bruttomonatslohn von 2.500,00 € würde eine Erhöhung um 100,00 € nach Abzug von Steuern, Sozialversicherungsabgaben, Ersparnis und Ausgaben für importierte Konsumgüter lediglich eine Nachfrageerhöhung nach inländischen Konsumgütern um 27,10 € (Single) bzw. 35,8 € (verheirateter Alleinverdiener mit 2 Kindern) bewirken.	Für eine Produktionsausweitung sind nicht die Lohnkosten entscheidend, sondern die Absatzmöglichkeiten der Unternehmen. Durch Lohnerhöhungen kann die Binnennachfrage nach Konsumgütern gestärkt und ein Beschäftigungsimpuls ausgelöst werden. In vielen Branchen sind die Produktionskapazitäten wegen fehlender Aufträge nicht ausgelastet. Das verstärkt den Preiswettbewerb und vernichtet Arbeitsplätze. Lohnerhöhungen im Rahmen des Produktivitätsfortschritts sind kostenneutral. Der Verzicht auf Lohnerhöhungen, die Kürzung der Sozialleistungen und die steigende Arbeitslosigkeit führen zu einer Schwächung der Konsumgüternachfrage und damit zu neuen Arbeitsplatzverlusten.
Einführung eines Niedriglohnsektors	Eine Lohndifferenzierung durch Einführung eines Niedriglohnsektors ist nötig, um auch gering qualifizierten Arbeitnehmern eine Beschäftigungsmöglichkeit zu bieten (Spreizung der unteren Lohngruppen). Es müssen Anreize zur Arbeitsaufnahme statt Anreize zur Schwarzarbeit geschaffen werden (z. B. durch höhere Zuverdienstgrenzen beim Arbeitslosengeld, Lohnsubventionen statt Bürgergeld).	Die Löhne in Westdeutschland haben sich seit 20 Jahren immer mehr auseinanderentwickelt, d. h., der Abstand zwischen denjenigen, die sehr viel verdienen, und denjenigen, die sehr wenig verdienen, ist immer größer geworden. Trotzdem hat sich die Arbeitslosigkeit nicht verringert. Trotz des niedrigen Lohnniveaus in Ostdeutschland ist dort die Arbeitslosigkeit besonders hoch. Ein Niedriglohnsektor setzt zudem voraus, dass es genügend freie Arbeitsplätze in diesem Arbeitsmarktsegment gibt.
Mindestlöhne	Mindestlöhne stellen einen marktkonträren Eingriff dar. Sie bewirken noch mehr Arbeitslosigkeit, da gering Qualifizierte im Niedriglohnbereich keine Beschäftigung mehr finden. Sie führen dazu, dass Arbeitsplätze noch schneller in Niedriglohnländer verlagert werden. In Deutschland besteht seit 2015 ein gesetzlicher Mindeslohn, der aktuell (2018) 8,84 EUR brutto je Stunde beträgt.	Staatlich festgelegte Mindestlöhne sichern den Beschäftigten eine für die Lebenshaltung ausreichende Lohnhöhe (Existenzminimum). Sie schützen vor Lohndumping durch Arbeitskräfte aus den osteuropäischen EU-Ländern. In fast allen Industrienationen gibt es Mindestlöhne. Negative Auswirkungen auf den Arbeitsmarkt lassen sich in diesen Ländern nicht belegen.
Arbeitszeit	Flexible Arbeitszeitregelungen. Mehrarbeit ohne Lohnausgleich zur Senkung der Stückkosten und Erhöhung der Wettbewerbsfähigkeit. Dadurch wird die Beschäftigung gesichert. Der gesetzliche Anspruch auf Teilzeitarbeit und die eingeschränkte Befristungsmöglichkeit der Arbeitsverhältnisse ist arbeitsplatzschädigend. Wunschkandidaten können nicht erneut befristet eingestellt werden, wenn sie schon früher im Unternehmen beschäftigt waren. Nicht jeder Wunsch auf Teilzeitarbeit lässt sich organisatorisch in den Betriebsablauf einfügen. Diesbezügliche juristische Auseinandersetzungen kosten viel Geld und Zeit.	Mehrarbeit führt zu Mehrproduktion, die wiederum in vollem Umfang abgesetzt werden muss. Andernfalls ergibt sich sogar ein negativer Beschäftigungseffekt. Längere Arbeitszeiten verhindern Neueinstellungen. Statt Arbeitszeitverlängerung sind weitere Arbeitszeitverkürzungen zur Schaffung neuer Arbeitsplätze nötig. Produktivitätssteigerungen machen Arbeitszeitverkürzungen ohne Kostensteigerung möglich. Abbau von Überstunden.

11.6, S. 474

11.6, S. 474

11.6, S. 4

Maßnahme	Neoklassische Arbeitsmarkttheorie Position der Arbeitgeber	Keynesianische Arbeitsmarkttheorie Position der Gewerkschaften
Abschaffung der Flächentarifverträge	Die traditionellen Flächentarifverträge (Löhne werden für die gesamte Branche eines Tarifgebietes festgelegt) müssen geändert werden. Der Lohnerhöhungsspielraum ist nicht bei allen Betrieben einer Branche gleich. Lohndifferenzierung in Abhängigkeit von der wirtschaftlichen Lage eines Betriebs muss möglich sein. Wenn es leichter wäre, im Krisenfall von tariflichen Vereinbarungen abzuweichen, würden mehr Arbeitsplätze geschaffen.	Die Flächentarifverträge bieten die Möglichkeit zur Vereinbarung von Öffnungsklauseln, um auf schwierige Situationen einzelner Unternehmen Rücksicht zu nehmen. Von solchen Öffnungsklauseln wird bereits vielfältiger Gebrauch gemacht. Die Forderung nach Abschaffung der Flächentarife zielt in Wirklichkeit darauf, den Mindestschutz für die Beschäftigten zu beseitigen und die Gewerkschaften zu schwächen.
Lockerung des Kündigungsschutzes	Der Kündigungsschutz muss gelockert werden. Er stellt neben anderen Schutzgesetzen eines der wesentlichen Einstellungshindernisse dar, da die Unternehmen befürchten, Arbeitnehmer in Krisenzeiten nicht ohne Weiteres entlassen zu können. Kündigungsschutzprozesse dauern lange und bergen unkalkulierbare finanzielle Folgen (Abfindungen u. Ä.). Wegen der vorgeschriebenen Sozialauswahl müssen bei Beschäftigungsrückgang oftmals Leistungsträger zuerst entlassen werden.	Nur Arbeitnehmer, die nicht in ständiger Angst vor einem Arbeitsplatzverlust leben, sind motiviert und steigern den Unternehmenserfolg. Sie sind auch zur Fort- und Weiterbildung bereit. Kündigungsschutz bedeutet für die Arbeitnehmer mehr Existenzsicherheit. Er schützt aber keineswegs vor Kündigung, sondern nur vor Willkür. Aus internationalen Statistiken lässt sich in keinem Land ein Zusammenhang zwischen Kündigungsschutz und Arbeitslosigkeit nachweisen.
Fehlanreize	Wesentliche Ursache für die Arbeitslosigkeit sind Fehlanreize. Beispielsweise kann die Forderung nach mehr Beschäftigung älterer Arbeitsloser nicht fruchten, wenn der Staat durch Programme zur Frühverrentung die sozialverträgliche Entlassung älterer Arbeitnehmer fördert. Arbeitsplätze im Niedriglohnsektor können nicht entstehen, wenn die soziale Absicherung für gering Qualifizierte finanziell attraktiver ist als eine legale Erwerbstätigkeit. Dauer und Höhe der Unterstützungsleistungen verhindern eine schnelle Arbeitssuche (mangelnde Flexibilität und Anpassungsbereitschaft).	Es wird immer wieder unterstellt, dass für Problemgruppen unter den Arbeitslosen (ältere Arbeitslose, Langzeitarbeitslose, gering Qualifizierte) genügend Arbeitsplätze zur Verfügung stehen, die nur wegen mangelnden Interesses der Betroffenen aufgrund zu hoher Sozialleistungen oder wegen der unzureichenden Vermittlungstätigkeit der Agenturen für Arbeit nicht besetzt werden können. In Wirklichkeit gibt es diese Arbeitsplätze nicht. Der Slogan „Fordern statt Fördern" setzt ein Arbeitsplatzangebot voraus, das aber nicht vorhanden ist.
Absenkung des Bürgergeldes und Verschärfung der Zumutbarkeitsregeln	Das Bürgergeld soll auf Sozialhilfeniveau gesenkt und gleichzeitig die Zumutbarkeitsregelung bezüglich der von den Agenturen für Arbeit angebotenen Stellen verschärft werden. So können der Druck auf Langzeitarbeitslose und der Anreiz zur Beschäftigungsaufnahme erhöht werden.	Die Kürzung von Sozialleistungen führt zu einer weiteren Schwächung des Konsums und neuen Arbeitsplatzverlusten. Wenn Arbeitslose gezwungen werden, eine schlechter bezahlte Arbeit, die eine geringere Qualifikation erfordert, anzunehmen, nehmen sie den geringer qualifizierten Arbeitskräften die ohnehin knappen Arbeitsplätze in diesem Bereich weg. Erhöhter Druck auf Arbeitslose und Maßnahmen zur Verbesserung der Arbeitsvermittlung setzen voraus, dass es genügend freie Arbeitsplätze gibt.
Senkung der Steuer- und Abgabenlast	Die Unternehmenssteuern und die Sozialversicherungsbeiträge, soweit sie sich als Lohnnebenkosten (= Arbeitgeberanteil zur Sozialversicherung) niederschlagen, müssen gesenkt werden, um die Wettbewerbsfähigkeit zu sichern.	Die Unternehmenssteuern (Körperschaftsteuer, Spitzensteuersätze der Einkommensteuer) sind in den letzten Jahren erheblich gesenkt worden. Trotzdem hat die Beschäftigung zeitweise weiter abgenommen. Hinsichtlich der Steuer- und Sozialabgabenquote bewegt sich Deutschland international im Mittelfeld. In einigen Ländern, die arbeitsmarktpolitisch wesentlich erfolgreicher sind als Deutschland (z. B. Schweden), liegt die Abgabenquote erheblich höher.
staatliches Beschäftigungsprogramm	Staatliche Programme zur Beschäftigungsförderung lösen allenfalls ein kurzfristiges „Strohfeuer" aus. Aufgabe des Staates ist es, die wirtschaftlichen Rahmenbedingungen so zu gestalten, dass die Unternehmen investieren und Arbeitskräfte einstellen. Steuererhöhungen sind ebenso wie eine zusätzliche Staatsverschuldung „Gift für die Wirtschaft".	Durchführung staatlicher Investitionsprogramme (z. B. Bildung, Infrastruktur, Umwelt). Finanzierung durch staatliche Kreditaufnahme und Wiedereinführung der Börsenumsatz- und Vermögensteuer sowie Erhöhung der im internationalen Vergleich niedrigen Erbschaftsteuer. Auf Dauer tritt durch die ausgelöste Beschäftigungserhöhung wegen des damit einhergehenden höheren Steueraufkommens ein Selbstfinanzierungseffekt ein.

Zusammenfassung Kapitel 11: Beschäftigungsschwankungen: Ursachen – Wirkungen – Maßnahmen

Arbeitslosigkeit

Arten/Ursachen

- saisonal
- konjunkturell
- friktionell
- strukturell

- Qualifikation
- Region, Mobilität
- Alter, Geschlecht
- Rationalisierung
- Mismatch

- Wirtschaftsstandort, Globalisierung

Messgröße: Arbeitslosenquote

offene Arbeitslosigkeit

$$ALQ = \frac{\text{registrierte Arbeitslose} \cdot 100}{\text{Erwerbspersonen}}$$

+ ca. 4 % verdeckte Arbeitslosigkeit

Folgen

Leerkapazitäten (Opportunitätskosten),
Mindereinnahmen (Steuern, Sozialvers.-beiträge),
Transferleistungen (Arbeitslosengeld, Sozialhilfe),
psychologische, gesellschaftliche, politische Folgen

Klassische Arbeitslosigkeit → **Maßnahmen** ← **Keynesianische Arbeitslosigkeit**

Koalitionsfreiheit/ Tarifautonomie → **Arbeitsmarkt Lohnpolitik der Tarifparteien** ← **Tarifverträge**

Lohnhöhe

- Produktivitätsorientierte Lohnpolitik
- Expansive Lohnpolitik (Kaufkrafttheorie)

Arbeitszeit

- Arbeitszeitverlängerung ohne Lohnerhöhung
- Arbeitszeitverkürzung mit/ohne Lohnausgleich

Arbeitsmarktreformen

- Flächentarifverträge
- Kündigungsschutz
- Teilzeitarbeit
- Mitbestimmung

Prognosen – Visionen – Zukunft der Arbeit – Arbeit der Zukunft

Aufgaben zu Kapitel 11: Beschäftigungsschwankungen: Ursachen – Wirkungen – Maßnahmen

11.1 Arbeitslosigkeit in Deutschland – Arbeitslosenquote – Arten und Ursachen der Arbeitslosigkeit

	2016	2017	2018	2019	2020	2021	2022
zivile Erwerbspersonen (Tsd).	44.114	44.436	45.002	45.334	45.685	45.851	45.570
registrierte Arbeitslose (Tsd.)	2.691	2.533	2.340	2.267	2.695	2.613	2.418
offene Stellen	655	731	796	774	613	706	845
Erwerbstätige in Land- und Forstwirtschaft (primärer Sektor)	1,4%	1,4%	1,4%	1,3%	1,3%	1,2%	1,2%
Erwerbstätige im produzierenden Gewerbe (sekundärer Sektor)	24,2%	24,1%	24,1%	24,1%	24,0%	23,8%	23,6%
Erwerbstätige im Dienstleistungssektor (tertiärer Sektor)	74,4%	74,5%	74,5%	74,6%	74,7%	74,9%	75,2%
Langzeitarbeitslose in % aller AL	36,9%	35,6%	34,8%	32,1%	30,3%	39,3%	37,9%
ALQ bei Erwerbspersonen ohne Beruf in %	20,0%	18,7%	18,3%	17,7%	20,9%	20,6%	19,8%
ALQ Ostdeutschland (neue Bundesländer) in %	8,5%	7,6%	6,9%	6,4%	7,3%	7,1%	6,7%

1. Ermitteln Sie die Quoten der registrierten Arbeitslosen für die Jahre 2016 – 2022.
2. Erläutern Sie, wodurch sich die Abweichung zwischen offener und verdeckter Arbeitslosigkeit ergibt.
3. Erläutern Sie, warum sich trotz sinkender Arbeitslosigkeit gleichzeitig die Zahl der offenen Stellen erhöht hat.
4. Prüfen Sie anhand der Zahlen und der Abb. auf S. 456, inwieweit verschiedene Arten der Arbeitslosigkeit erkennbar sind.
5. Analysieren Sie die aktuelle Situation und Entwicklung auf dem Arbeitsmarkt (Arbeitslosenquoten der einzelnen Bundesländer, Zugang und Abgang an Arbeitslosen während der letzten Monate, Bestand an Arbeitslosen):
   http://statistik.arbeitsagentur.de
   www.sozialpolitik-aktuell.de

Statistik BA

Sozialpolitik aktuell

11.2 Mismatch-Arbeitslosigkeit – Beveridge-Kurve – Unterscheidung zwischen konjunktureller und struktureller Arbeitslosigkeit

Bearbeiten Sie anhand der beiden Abbildungen auf S. 462 und S. 464 folgende Fragestellungen:

1. Erläutern Sie, welcher Zusammenhang durch eine Beveridge-Kurve dargestellt wird.
2. Beschreiben Sie, welche Arbeitsmarktsituationen durch die 45°-Linie dargestellt werden.
3. Erläutern Sie die Arbeitsmarktlage in den Punkten 1, 2, 3 und 4 in der Abb. auf S. 464.
4. Erläutern Sie, in welchem Fall es zu einer Bewegung auf einer Beveridge-Kurve nach rechts kommt.
5. Erläutern Sie, in welchem Fall es zu einer Verschiebung einer Beveridge-Kurve nach rechts oben kommt.
6. Erläutern Sie anhand der Beveridge-Kurve die Gemeinsamkeiten und Unterschiede zwischen Mismatch-Arbeitslosigkeit und konjunktureller Arbeitslosigkeit.
7. Beschreiben Sie die Arten der Arbeitslosigkeit, die sich anhand der Beveridge-Kurve für Deutschland feststellen lassen.

11.3 Arbeitslosigkeit: Struktur – Ursachen – Formen – Folgen

Erstellen Sie in Arbeitsgruppen eine Mindmap zum Thema Arbeitslosigkeit. Nehmen Sie dabei auf die Darstellungen auf S. 454 bis 470 dieses Buches Bezug.

11.4 Flächentarifvertrag – Firmentarifvertrag

Nach Auslaufen des Tarifvertrags stehen in der Automobilindustrie neue Tarifverhandlungen an. Zu den durch den zuständigen Arbeitgeberverband vertretenen Unternehmen gehören auch vier Produzenten von Autoreifen. Diese vier Zulieferbetriebe stellen Autoreifen des gleichen Typs her, die zum Preis von 130 € je Stück verkauft werden können.

Für die vier Zuliefererbetriebe gelten folgende Daten:

Betrieb	A	B	C	D
fixe Kosten in Mio. € pro Jahr	100	82,5	72,0	65,0
variable Kosten je Reifen in €	50	55	60	70
davon Lohnkosten je Reifen in €	20	25	30	40
Absatzmenge pro Jahr in Mio. Stück	2,0	1,5	1,2	1,1

1. Ermitteln Sie für die vier Unternehmen die Umsatzerlöse, die Gesamtkosten und den Gewinn.
2. Bei den Tarifverhandlungen fordert die Gewerkschaft eine Lohnerhöhung von 5%. Diese wird mit einer Produktivitätssteigerung von 2%, die während der Laufzeit des Tarifvertrags erwartet wird, und einer erwarteten Inflationsrate von 2% begründet. Außerdem weisen die Gewerkschaftsvertreter darauf hin, dass in einigen Betrieben der Branche im vergangenen Jahr erhebliche Gewinnsteigerungen eingetreten seien. Zur gerechten Beteiligung der Mitarbeiter an dieser Gewinnentwicklung sei eine über den Produktivitätsfortschritt und die Inflationsrate hinausgehende Lohnerhöhung nötig. Daraus ergibt sich die Forderung von 5% mehr Lohn.
   Der Arbeitgeberverband bezeichnet die Forderung als maßlos und weist sie entschieden zurück. Eine Tariflohnerhöhung in diesem Umfang könne von der Branche nicht verkraftet werden und würde zu Entlassungen führen.
   a) Überprüfen Sie den Einwand des Arbeitgeberverbandes am Beispiel der vier Reifenhersteller. Ermitteln Sie dazu, wie sich die Gewinne der einzelnen Unternehmen bei einer Lohnerhöhung von 5% entwickeln, wenn alle anderen Daten unverändert bleiben.
   b) Welche Änderung würde sich für den Betrieb D ergeben, wenn nach der Lohnerhöhung
      - die Reifenpreise in Höhe der erwarteten Inflationsrate von 2% steigen,
      - zusätzlich aufgrund des erwarteten Produktionsfortschritts die Lohnkosten je Reifen (= Lohnstückkosten) um 2% sinken?
3. Der Betriebsrat des Betriebs A schlägt der Gewerkschaft vor, für die Mitarbeiter dieses Betriebs mit ihrem Arbeitgeber über einen besonderen Firmentarifvertrag (Haustarifvertrag) zu verhandeln.
   a) Erläutern Sie, welche Absicht die Arbeitnehmer des Betriebs A damit verfolgen.
   b) Beurteilen Sie den Vorschlag aus der Sicht der Gewerkschaftsführung.

11.5 Maßnahmen zur Bekämpfung der Arbeitslosigkeit

1. Ordnen Sie den folgenden 20 Maßnahmen die verschiedenen Zuständigkeits- und Interessenbereiche a) bis e) zu.
   a) Bundesagentur für Arbeit
   b) Bundesregierung
   c) Tarifpolitik
   d) arbeitgeberfreundlich
   e) arbeitnehmerfreundlich
   1. Lohnerhöhung zur Steigerung der Konsumgüternachfrage (expansive Lohnpolitik)
   2. Senkung der Lohnnebenkosten durch Streichung des Arbeitgeberanteils zur Sozialversicherung

3. Beschäftigung unter Tariflohn (Niedriglohnsektor)
4. Senkung der Unternehmenssteuern und der Lohnnebenkosten
5. Lockerung des Kündigungsschutzes
6. bessere Qualifizierung der Arbeitskräfte
7. keine Lohnerhöhungen (Nullrunde)
8. Flexibilisierung der Arbeitszeit, längere Maschinenlaufzeiten
9. Teilzeitarbeit
10. Abschaffung der Flächentarifverträge
11. Kürzung von Arbeitslosengeld, Arbeitslosenhilfe und Sozialhilfe als Anreiz zur Arbeitsaufnahme
12. Verlängerung der Arbeitszeit ohne Lohnausgleich
13. befristete Arbeitsverträge
14. kreditfinanzierte staatliche Bildungs-, Forschungs-, Umwelt- und Infrastrukturinvestitionen
15. Verhinderung/Abschaffung von Mindestlöhnen
16. Öffnungsklauseln bei Tarifverträgen („Einsteigertarife"), aufgrund derer auch Arbeitskräfte zu niedrigeren als den tarifvertraglich vereinbarten Löhnen beschäftigt werden dürfen.
17. Verringerung der Wochenarbeitszeit (z.B. 35-Stunden-Woche) und der Lebensarbeitszeit (z.B. Beginn des Renteneintrittsalters mit 60 Jahren)
18. staatlich subventionierte Nachfrage nach Arbeitskräften (z.B. Kombilohn)
19. Senkungen der Einkommen- und Körperschaftsteuern zur Erhöhung der Investitions- und Konsumgüternachfrage
20. Neueinstellungen durch Abbau/Vermeidung von Überstunden

2. Das nebenstehende Marktmodell für den Arbeitsmarkt zeigt drei Strategien zur Verringerung der Arbeitslosigkeit.
   a) Erläutern Sie, welchem der drei Akteure (Arbeitgeber, Gewerkschaften, Regierung) die Strategien (1), (2) und (3) jeweils zuzuordnen sind.
   b) Überprüfen Sie, welche der unter 1. genannten Maßnahmen sich möglicherweise zur Verfolgung einer der drei Strategien eignen. Ordnen Sie die Maßnahmen den jeweiligen Strategien zu und begründen Sie anhand des Marktmodells die Wirkung dieser Maßnahmen.

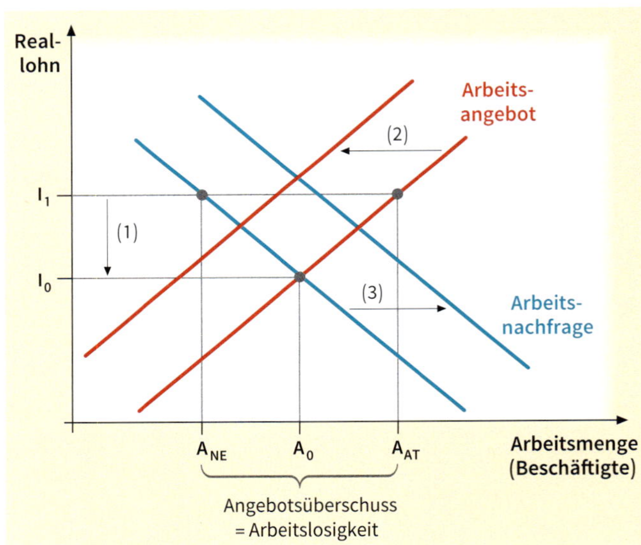

3. Begründen Sie, welche der unter 1. genannten Vorschläge nach Ihrer Meinung besonders Erfolg versprechend sind.

11.6 Vorschläge der Tarifvertragsparteien zur Arbeitsmarktpolitik

Ordnen Sie die verschiedenen Ausführungen der Tarifvertragsparteien – jeweils aus neoklassischer und keynesianischer Sicht – den aufgeführten Maßnahmen zu. Schneiden Sie dazu die verschiedenen Ausführungen aus (Vorlage 1) und kleben Sie diese in das Arbeitsblatt ein (Vorlage 2).

Die Vorlagen zum Ausschneiden und Aufkleben finden Sie in den Download-Materialien.

11.7 Erhöhung der Beschäftigung durch Arbeitszeitverlängerung oder Arbeitszeitverkürzung?

In einem Textilbetrieb werden von 100 Arbeitnehmern bei einer wöchentlichen Arbeitszeit von 38 Stunden in einer Woche 10 000 Herrenhemden hergestellt. Die Lohnkosten betragen 16,00 € je Stunde. Aufgrund des Konkurrenzdrucks wird eine Erhöhung der Arbeitszeit auf 42 Wochenstunden ohne Lohnausgleich vereinbart.

1. Berechnen Sie, wie viel Euro der Stundenlohn nach der Arbeitszeitverlängerung beträgt und um wie viel Prozent er sich verändert hat.
2. Berechnen Sie, wie hoch die Lohnstückkosten vor der Arbeitszeitverlängerung waren.
3. Berechnen Sie, wie viele Hemden aufgrund der verlängerten Arbeitszeit insgesamt produziert werden können, wenn eine entsprechende Verlängerung der Maschinenlaufzeiten problemlos möglich ist.
4. Berechnen Sie, wie hoch die Lohnstückkosten nach der Arbeitszeitverlängerung sind und um wie viel Prozent sie sich verändert haben.
5. Bestimmen Sie, um wie viel Prozent der Hemdenabsatz steigen muss, wenn durch die Arbeitszeitverlängerung keiner der bisherigen Arbeitnehmer überflüssig werden soll.
6. Berechnen Sie, um wie viel Prozent der Fundamentabsatz steigen muss, wenn nach der Arbeitszeitverlängerung keine Entlassungen vorgenommen und zusätzlich zehn Neueinstellungen vorgenommen werden sollen.
7. Der bisherige Absatzpreis betrug 40,00 € je Stück. Aus Konkurrenzgründen wird der Absatzpreis um die sich durch die Arbeitszeitverlängerung ergebende Senkung der Lohnstückkosten verringert. Berechnen Sie, wie hoch die Preiselastizität der Nachfrage sein muss, um bei dieser Preissenkung die sich
   a) bei der ursprünglichen Belegschaft von 100 Arbeitnehmern,
   b) nach der Neueinstellung mit 110 Arbeitnehmern
   ergebende Mehrproduktion absetzen zu können.
8. In Anlehnung an das berühmte „Stecknadelbeispiel“, an dem Adam Smith (1723–1790) die Vorteile der Arbeitsteilung aufgezeigt hat, kritisiert der britische Mathematiker und Philosoph Bertrand Russell (1872–1970) im folgenden Text die Logik des Markt- und Konkurrenzsystems.
   a) Erläutern Sie an diesem Beispiel und anhand der Ergebnisse der Teilaufgaben 1 bis 7 die Bedingungen, unter denen eine Arbeitszeitverkürzung zu mehr Beschäftigung führt.
   b) Prüfen Sie, ob die Aussagen aus Ihrer Sicht schlüssig sind.

»

Nehmen wir an, dass gegenwärtig eine bestimmte Anzahl von Menschen mit der Herstellung von Nadeln beschäftigt ist. Sie machen so viele Nadeln, wie die Weltbevölkerung braucht, und arbeiten acht Stunden täglich. Nun macht jemand eine Erfindung, die es ermöglicht, dass dieselbe Zahl von Menschen doppelt so viel Nadeln herstellen kann. Aber die Menschen brauchen nicht doppelt so viel Nadeln. Sie sind bereits so billig, dass kaum noch eine zusätzliche Nadel verkauft würde, wenn sie noch billiger werden. In einer vernünftigen Welt würde jeder, der mit der Herstellung von Nadeln beschäftigt ist, jetzt eben vier statt acht Stunden täglich arbeiten und alles ginge weiter wie zuvor. Aber in unserer realen Welt betrachtet man so etwas als demoralisierend. Die Nadelmacher arbeiten immer noch acht Stunden. Es gibt zu viele Nadeln. Einige Nadelfabrikanten machen Konkurs, und die Hälfte der Leute, die Nadeln machen, verlieren ihre Arbeitsplätze. Es gibt jetzt, genau betrachtet, genauso viel Freizeit wie bei halber Arbeitszeit; denn jetzt hat die Hälfte der Leute überhaupt nichts mehr zu tun, und die andere überarbeitet sich. Auf diese Weise ist sichergestellt, dass die unvermeidliche Freizeit Elend hervorruft, statt dass sie eine Quelle des Wohlbefindens werden kann. Kann man sich noch etwas Irrsinnigeres vorstellen?

Quelle: Russell, Bertrand: Lob des Müßiggangs, übers.: Elisabeth Fischer-Wernecke. Wien: Zsolnay Verlag 1957.

Ich kann …	Bitte ankreuzen		Wenn Nein: Siehe Seite(n) im Buch	Zuordnung AFB
	Ja	Nein		
11.1 Ausmaß und Struktur der Arbeitslosigkeit				
… zwischen Erwerbspersonen und der Zahl der Erwerbstätigen unterscheiden.			S. 455 f.	I
… die Arbeitslosenquote berechnen.			S. 455	I
… zwischen Arbeitslosen im Sinne der deutschen Statistik und Erwerbslosen im Sinne der internationalen Statistik unterscheiden.			S. 456	I
… die Struktur der Arbeitslosigkeit in Deutschland darstellen.			S. 456 f.	I
11.2 Arbeitslosigkeit als wirtschaftliches und soziales Problem				
… die wirtschaftlichen Folgen der Arbeitslosigkeit beschreiben.			S. 457	I
… soziale Folgen von Arbeitslosigkeit nennen.			S. 458	I
… die Bedeutung der Arbeit für den Menschen beschreiben.			S. 458 f.	I
11.3 Ursachen und Formen der Arbeitslosigkeit				
… die Entstehung von Arbeitslosigkeit verbal und grafisch beschreiben.			S. 459 f.	I
… die Auswirkung eines Mindestlohns auf die Arbeitslosigkeit darstellen.			S. 460	I
… die Ursachen/Formen der Arbeitslosigkeit unterscheiden.			S. 460 f.	I
… erläutern, was man unter konjunktureller Arbeitslosigkeit versteht.			S. 461	
… verschiedene Formen der strukturellen Arbeitslosigkeit beschreiben.			S. 462 f.	I
… erläutern, was unter Mismatch-Arbeitslosigkeit zu verstehen ist.			S. 462	II
… die Zusammenhänge, die sich anhand einer Beveridge-Kurve darstellen lassen, erläutern.			S. 462 f.	II
11.4 Lohnpolitik der Tarifvertragsparteien				
… die Begriffe „Koalitionsfreiheit“ und „Tarifautonomie“ erläutern.			S. 464 f.	II
… den Ablauf einer Tarifverhandlung darstellen.			S. 465	I
… beschreiben, welche Ziele ein Flächentarifvertrag verfolgt.			S. 465	I
… die Vor- und Nachteile eines Flächentarifvertrags erörtern.			S. 466	III
… den Zusammenhang zwischen der Höhe der Arbeitskosten und der Arbeitslosigkeit erklären.			S. 466	II
11.5 Instrumente und Maßnahmen zur Beschäftigungsförderung				
… Maßnahmen zur Bekämpfung der Arbeitslosigkeit nennen und bewerten, die von der Arbeitgeberseite vorgeschlagen werden.			S. 469 ff.	I/III
… Maßnahmen zur Bekämpfung der Arbeitslosigkeit nennen und bewerten, die von der Arbeitnehmerseite vorgeschlagen werden.			S. 469 ff.	I/III
… verschiedene Maßnahmen diskutieren, die der Staat zum Abbau der Arbeitslosigkeit ergreifen kann.			S. 468	III

12 Außenwirtschaft

12.1 Außenhandel und Zahlungsbilanz in Deutschland

- Zahlungsbilanz
- Handelspartner Deutschlands
- Ursachen für die Aufnahme internationaler Handelsbeziehungen

12.4 Instrumente der Außenwirtschaftspolitik

- Außenhandel zwischen Protektionismus und Freihandel
- Instrumente der Außenwirtschaftspolitik
- Tarifäre Handelshemmnisse
- Nicht-tarifäre Handelshemmnisse

12.2 Ursachen und Vorteile des Außenhandels

- Absolute und relative Kostenvorteile
- Verfügbarkeit von Rohstoffen und anderen Produktionsfaktoren

12.3 System flexibler Wechselkurse

- Kursbildung
- Beziehung zwischen Binnen- und Außenwert des Geldes
- Zusammenhang zwischen Wechselkurs, Außenhandel und Finanztransaktionen

12 Außenwirtschaft

„

Der Export von Waren ins Ausland spielt für Deutschland traditionell eine sehr wichtige Rolle, schließlich sind es vor allem Güter wie Autos und der Maschinenbau, die die Bundesrepublik zur viertgrößten Volkswirtschaft der Welt ließen wurden und die hohe Wettbewerbsfähigkeit demonstrieren. Aber wir profitieren über einen starken Außenhandel auch von Gütern, die wir aus der restlichen Welt importieren. Man denke nur an französischen Wein, amerikanische Autos oder Unterhaltungselektronik aus Fernost. Dabei stellt man aber auch fest, dass die Deutschen traditionell mehr exportieren als importieren. Dies bringt international betrachtet aber nicht nur Vorteile, sondern birgt auch verschiedene Risiken. Es ist deshalb nachvollziehbar, dass bestimmte Länder ihre heimische Wirtschaft durch protektionistische Maßnahmen schützen wollen. Man denke nur an den Leitspruch des früheren amerikanischen Präsidenten Donald Trump: „America First“. Schließlich spielen im Außenhandel auch die zunehmenden internationalen Verflechtungen auf den Finanz- und Kapitalmärkten eine wichtige Rolle. Aufgabe der Außenwirtschaftspolitik ist es deshalb, die vielfältigen Strömungen zu lenken und Maßnahmen zur Stabilisierung zu ergreifen.

12.1 Außenhandel und Zahlungsbilanz in Deutschland

Lernziele:

Nach der Bearbeitung des Kapitels sind Sie in der Lage, Folgendes zu tun:

Sie ...

- ... erläutern, warum Außenhandel für die deutsche Volkswirtschaft notwendig und vorteilhaft ist.
- ... nennen Deutschlands wichtigste Handelspartner.
- ... nennen wichtige deutsche Exportgüter.
- ... beschreiben den Aufbau der Zahlungsbilanz.
- ... erläutern anhand der Tabelle auf S. 483 die Zusammensetzung und Entwicklung des deutschen Leistungsbilanzsaldos.

12.1, S. 506

D Außenhandel ist der grenzüberschreitende Waren- und Dienstleistungsverkehr einer Volkswirtschaft. Er umfasst den Kauf ausländischer Güter (Import) und den Auslandsabsatz inländischer Güter (Export).

Deutschland gehört neben China, den USA und Japan zu den exportstärksten Volkswirtschaften der Welt. Annähernd jeder vierte Arbeitsplatz in Deutschland ist exportabhängig. Die Absatzmärkte deutscher Güter im Ausland konzentrieren sich auf die Mitgliedsstaaten der Europäischen Union und die USA. Andererseits ist Deutschland als dicht besiedeltes Industrieland mit geringen Rohstoffvorkommen auf die Einfuhr vieler Güter angewiesen.

Außenhandel ist in der Regel dann vorteilhaft, wenn

- bestimmte Rohstoffe und andere Güter im Inland nicht verfügbar sind,
- aufgrund der unterschiedlichen Ausstattung mit Produktionsfaktoren bestimmte Güter in bestimmten Ländern kostengünstiger als anderswo hergestellt werden können und sich deswegen Preisunterschiede zwischen In- und Ausland ergeben.

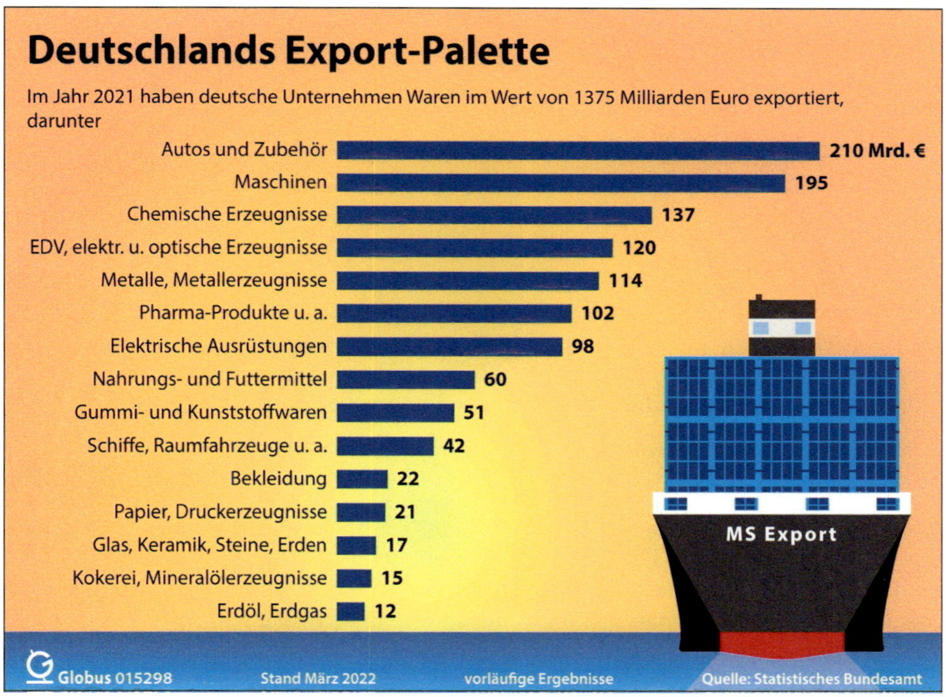

D In der Zahlungsbilanz werden die wirtschaftlichen Vorgänge (Transaktionen), die während eines bestimmten Zeitraums zwischen Inländern und Ausländern stattfinden, erfasst.

Der Begriff „Bilanz" ist in diesem Zusammenhang missverständlich, weil – anders als beim üblichen Bilanzbegriff – keine **Bestände** zu einem bestimmten **Zeitpunkt**, sondern Geld**ströme** während eines bestimmten **Zeitraums** dargestellt werden.

D Die Zahlungsbilanz besteht aus mehreren Teilbilanzen (Leistungsbilanz, Vermögensübertragungen, Kapitalbilanz, Devisenbilanz, Restposten).

Aufbau der Zahlungsbilanz

Leistungstransaktionen

I. Leistungsbilanz

1. Handelsbilanz
   → *Warenimporte, Warenexporte*
2. Dienstleistungsbilanz
   → *z. B. Urlaubsreisen*
3. Bilanz der Erwerbs- und Vermögenseinkommen
   → *Löhne und Gehälter sowie Zinsen und Renditen*
4. Bilanz der laufenden Übertragungen
   → die sogenannte *Schenkungsbilanz*

II. Vermögensübertragungen

Finanztransaktionen

III. Kapitalbilanz

1. Direktinvestitionen
   → *Investitionen im Ausland und Investitionen aus dem Ausland*
2. Wertpapiere
   → *Aktien und Anleihen*
3. Finanzderivate
4. Übriger Kapitalverkehr

IV. Saldo der statistisch nicht aufgliederbaren Transaktionen

V. Devisenbilanz

Handelsbilanz: Die Warenexporte sind in Deutschland üblicherweise höher als die Warenimporte **(= aktive Handelsbilanz).**

Dienstleistungsbilanz: Exporte und Importe von Dienstleistungen (u.a. Transport- und Versicherungsleistungen, Auslandsreisen). Auslandsreisen bedeuten einen Dienstleistungsimport. Der Saldo der deutschen Dienstleistungsbilanz ist wegen der zahlreichen Auslandsreisen der deutschen Bevölkerung traditionell negativ (= Importüberschuss).

Bilanz der Erwerbs- und Vermögenseinkommen: grenzüberschreitendes Faktoreinkommen (Kapitalerträge und Arbeitseinkommen).

Bilanz der laufenden Übertragungen: Beiträge an Internationale Organisationen (z.B. EU), grenzüberschreitende Renten, Pensionen und Unterstützungszahlungen (z.B. die Überweisungen der in Deutschland lebenden ausländischen Arbeitnehmer in ihre Heimatländer) sowie Zahlungen im Rahmen der Entwicklungshilfe, sofern es sich nicht um Kredite handelt. Der Saldo der deutschen Übertragungsbilanz ist insbesondere wegen hohen Leistungen an die EU üblicherweise negativ.

Kapitalbilanz: Kapitalexporte und Kapitalimporte wie z.B. grenzüberschreitende Kreditgeschäfte, Wertpapierkäufe oder Direktinvestitionen (= Unternehmensgründung oder Kapitalbeteiligung an Unternehmen). **Kapitalimporte** führen zu einer Zunahme der Verbindlichkeiten gegenüber dem Ausland oder zu einer Abnahme der Forderungen an das Ausland. Kauft ein deutscher Importeur Waren aus dem Ausland auf Kredit, so liegt ein Kapitalimport in Höhe der Verbindlichkeit vor. Ebenso stellen der Erwerb von deutschen Wertpapieren durch Ausländer und die Auflösung von Beteiligungen inländischer an ausländischen Unternehmen **Kapitalimporte** dar. **Kapitalexporte** führen zu einer Zunahme der Forderungen an das Ausland oder zu einer Abnahme der Verbindlichkeiten gegenüber dem Ausland. Dazu gehören z. B. Lieferantenkredite, die inländische Exporteure ihren Kunden einräumen, der Erwerb von Wertpapieren im Ausland sowie Kapitalbeteiligungen an ausländischen Unternehmen.

Restposten (Saldo der statistisch nicht aufgliederbaren Transaktionen): Da nicht alle außenwirtschaftlichen Vorgänge genau erfasst werden können (z. B. nicht oder falsch deklarierte Auslandsgeschäfte, Schmuggel, Kapitalflucht), enthält die Zahlungsbilanz die Position „Saldo der statistisch nicht aufgliederbaren Transaktionen". Dabei handelt es sich um einen Restposten, der ungeklärte Beträge umfasst.

D Die Zahlungsbilanz ist statistisch immer ausgeglichen. Die Teilbilanzen weisen jedoch üblicherweise Ungleichgewichte und damit positive oder negative Salden auf.

Zahlungsbilanz für Deutschland 2020–2022 in Mrd. €[1]

	2020	2021	2022
I. Leistungsbilanz			
1. Warenhandel			
Ausfuhr	*1189,3*	*1365,2*	*1550,8*
Einfuhr	*998,2*	*1170,8*	*1438,9*
Saldo	191,0	194,4	111,9
2. Dienstleistungen			
Einnahmen	*290,6*	*345,1*	*407,7*
Ausgaben	*283,2*	*340,3*	*438,4*
Saldo	7,4	4,8	–31,0
3. Erwerbs- und Vermögenseinkommen (Saldo der Primäreinkommen)	96,0	138,5	150,0
4. Laufende Übertragungen (Saldo der Sekundäreinkommen)	–54,2	–59,0	–68,8
Saldo der Leistungsbilanz	**240,2**	**278,7**	**162,0**
II. Vermögensübertragungen (Saldo)	**–9,1**	**–1,2**	**–18,6**
III. Kapitalbilanz (Export +, Import –)			
Direktinvestitionen	–4,9	100,4	125,3
Wertpapiere	16,4	203,5	24,3
Finanzderivate und Mitarbeiteroptionen	94,6	60,2	42,7
Übriger Kapitalverkehr	85,4	–147,4	31,0
Saldo der Kapitalbilanz	**191,5**	**216,7**	**223,3**
IV. Restposten (statistisch nicht aufgliederbar)	**–39,6**	**–28,9**	**84,3**
V. Veränderung der Währungsreserven (Devisenbilanz)	**–0,05**	**31,90**	**4,4**
Bilanzgleichung: I. + II. = III. + IV. + V.			
I. Saldo der Leistungsbilanz	240,2	278,7	162,0
+ II. Saldo der Vermögensübertragungen	–9,1	–1,2	–18,6
= Saldo insgesamt	**231,1**	**277,5**	**143,4**
III. Saldo der Kapitalbilanz	191,5	216,7	223,3
+ IV. Saldo Restposten	39,6	28,9	–84,3
+ V. Saldo der Devisenbilanz	–0,1	31,9	4,4
= Saldo insgesamt	**231,1**	**277,5**	**143,4**
Volkswirtschaftliche Gesamtrechnung			
Exporte von Waren und Dienstleistungen	1.464,8	1.693,9	1.954,62
Importe von Waren und Dienstleistungen	1.273,1	1.502,4	1.878,7
Außenbeitrag	**191,7**	**191,5**	**75,9**

Hinweis: Die Vorzeichen bei Kapital- und Devisenbilanz entsprechen – abweichend von der Systematik der Bundesbank – der Darstellung im Statistischen Jahrbuch.

1 vgl. Deutsche Bundesbank: Zahlungsbilanzstatistik, 13.07.2023. & vgl. Statistisches Bundesamt: Bundesamt: Konsumausgaben, Investition und Außenbeitrag, 25.05.2023.

12.2 Ursachen und Vorteile des Außenhandels

Lernziele:

Nach der Bearbeitung des Kapitels sind Sie in der Lage, Folgendes zu tun:

Sie ...

- ... beschreiben, warum Außenhandel betrieben wird.
- ... erläutern, wann ein Land einen komparativen (relativen) Kostenvorteil hat.
- ... erläutern, welche Wirkungen sich durch Außenhandel bei relativen Kostenvorteilen ergeben können.
- ... beschreiben den Begriff „Terms of Trade".
- ... erläutern, in welchem Fall Außenhandel für das Importland vorteilhaft ist.
- ... erklären, welche Annahmen der Theorie des komparativen Kostenvorteils zugrunde liegen.
- ... nehmen kritisch Stellung zur Theorie der komparativen Kostenvorteile.
- ... nennen Nachteile, die eine Spezialisierung im Rahmen der internationalen Arbeitsteilung für ein Land mit sich bringen kann.
- ... diskutieren, welchen Einfluss die Menge der verfügbaren Produktionsfaktoren eines Landes auf die Struktur des Außenhandels hat.

12.2.1 Unterschiedliche Produktionskosten

Absolute Kostenvorteile

An einem **Modell**, in dem zwei Länder jeweils zwei Güterarten herstellen, lässt sich zeigen, dass die Gesamtproduktion erhöht werden kann, wenn sich jedes Land auf die Herstellung des Gutes spezialisiert, das es kostengünstiger herstellen kann als das jeweils andere Land.

B Zwei-Güter-Modell: Absolute Kostenvorteile

Es wird angenommen, dass sowohl im Inland als auch im Ausland pro Periode 100 Arbeitseinheiten (AE) zur Verfügung stehen, mit denen **alternativ** die folgenden Mengen (ME) Weizen oder Stahl produziert werden können:

Ausland		Inland	
Stahl	Weizen	Stahl	Weizen
12 ME	0 ME	16 ME	0 ME
0 ME	24 ME	0 ME	10 ME

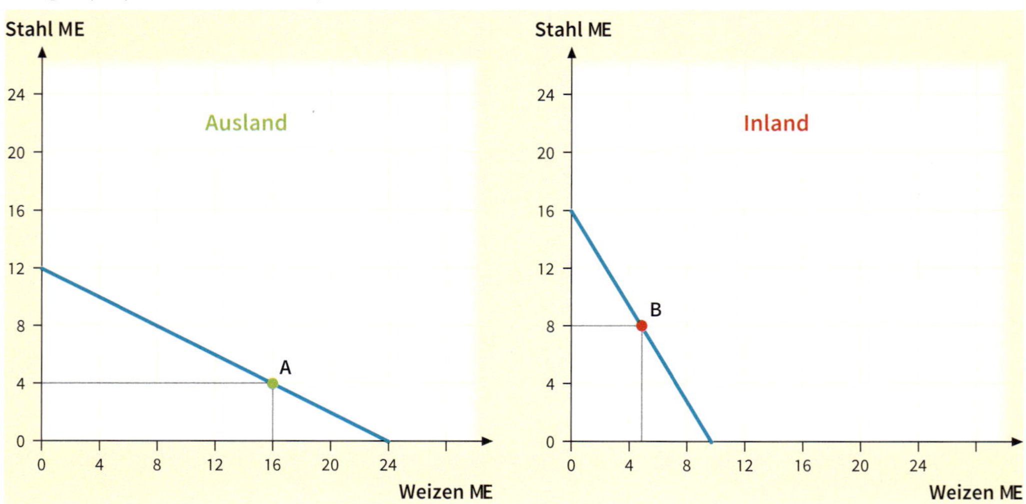

Im Ausland kann mit gleich großem Arbeitseinsatz mehr Weizen erzeugt werden als im Inland. Das bedeutet, dass im Ausland für die gleiche Weizenmenge weniger Arbeitseinheiten als im Inland benötigt werden. Für eine ME Weizen werden im Ausland 4,167 AE (100 : 24) und im Inland 10 AE (100 : 10) benötigt. Die Arbeitsproduktivität bei der Weizenproduktion ist im Ausland – möglicherweise aufgrund der besseren Bodenqualität – um 140 % höher als im Inland. Das **Ausland** hat also bei der Erzeugung von **Weizen** einen **absoluten Kostenvorteil gegenüber dem Inland.**

Das Inland kann dagegen mit gleich großem Arbeitseinsatz mehr Stahl herstellen als das Ausland. Das bedeutet, dass im Inland für die gleiche Menge Stahl weniger Arbeitseinheiten als im Ausland benötigt werden. Für eine ME Stahl werden im Inland 6,25 AE (100 : 16) und im Ausland 8,33 AE (100 : 12) benötigt. Die Arbeitsproduktivität bei der Herstellung von Stahl ist im Inland – aufgrund effizienterer Produktionsmethoden – um 33 $^1/_3$ % höher als im Ausland. Das **Inland** hat also bei der Herstellung von **Stahl** einen **absoluten Kostenvorteil gegenüber dem Ausland.**

Es wird weiter angenommen, dass aufgrund der Bedürfnisstruktur und der Nachfrageverhältnisse im Ausland bisher $^1/_3$ der dort verfügbaren Arbeitseinheiten für die Herstellung von 4 ME Stahl und $^2/_3$ der verfügbaren Arbeitseinheiten für die Herstellung von 16 ME Weizen eingesetzt werden (Punkt A auf der Produktionsmöglichkeitskurve). Im Inland werden mit der Hälfte der verfügbaren Arbeitseinheiten 8 ME Stahl und mit der anderen Hälfte 5 ME Weizen produziert (Punkt B auf der Produktionsmöglichkeitskurve). Anstatt in beiden Ländern weiterhin sowohl Weizen als auch Stahl zu produzieren, wäre es günstiger, wenn sich das Inland auf die Produktion von Stahl und das Ausland auf die Produktion von Weizen spezialisieren würden, um dann Handel miteinander zu treiben. Durch eine **internationale Arbeitsteilung** könnte die Gesamtproduktion erhöht werden.

Gesamtproduktion vor der internationalen Arbeitsteilung (Autarkie)[1]

Vor der Spezialisierung ergeben sich aufgrund der An-nahmen für beide Länder folgende Faktoreinsatz- und Produktionsmengen:

Land / Gut	Ausland	Inland	Gesamtproduktion
Stahl	4 ME	8 ME	12 ME
Weizen	16 ME	5 ME	21 ME

Gesamtproduktion nach der internationalen Arbeitsteilung

Wenn sich beide Länder auf die Produktion des Gutes spezialisieren, bei dem sie einen absoluten Kostenvorteil haben, ergeben sich folgende Faktoreinsatz- und Produktionsmengen:

Land / Gut	Ausland	Inland	Gesamtproduktion
Stahl	0 ME	16 ME	16 ME
Weizen	24 ME	0 ME	24 ME

D Wenn sich jedes Land auf die Produktion der Güter spezialisiert, bei denen es gegenüber dem anderen Land absolute Kostenvorteile hat, kann durch internationale Arbeitsteilung die Gesamtproduktion gesteigert werden.

Komparative[2] (relative) Kostenvorteile

In einem weiteren Modell kann gezeigt werden, dass ein Güteraustausch zwischen zwei Ländern auch dann noch vorteilhaft sein kann, wenn ein Land **keine absoluten**, sondern lediglich **relative (komparative) Kostenvorteile** hat.

12.2, S. 506

B Es wird angenommen, dass im In- und Ausland nach wie vor Weizen und Stahl produziert werden können. Allerdings hat sich im Ausland die Arbeitsproduktivität bei der Herstellung von Stahl erhöht. Die Situation im Inland ist unverändert geblieben. Jedem Land stehen weiterhin pro Periode 100 Arbeitseinheiten (AE) zur Verfügung, mit denen **alternativ** die folgenden Mengen Weizen oder Stahl produziert werden können:

Ausland		Inland	
Stahl	Weizen	Stahl	Weizen
18 ME	0 ME	16 ME	0 ME
0 ME	24 ME	0 ME	10 ME

1 Autarkie *(gr.)* = Selbstgenügsamkeit, wirtschaftliche Unabhängigkeit vom Ausland
2 komparativ = vergleichsweise

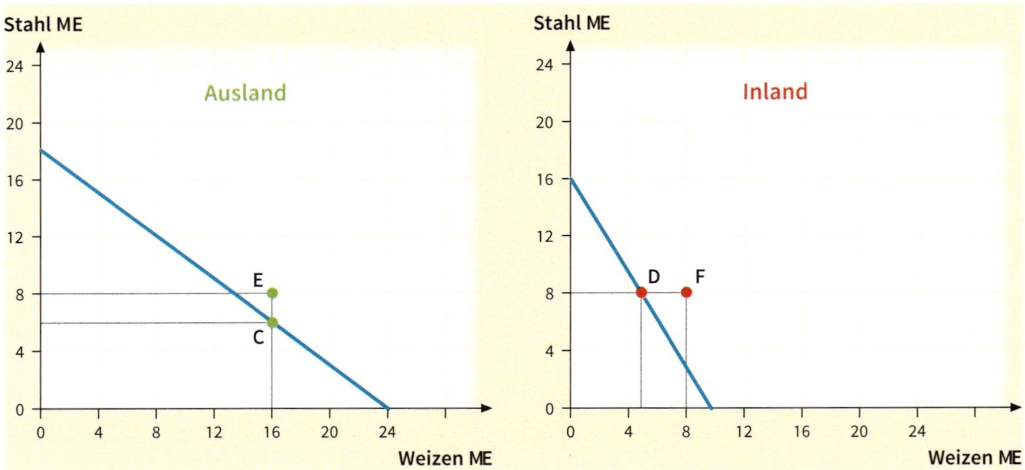

Das Ausland kann mit gleich großem Arbeitseinsatz jetzt mehr Weizen und mehr Stahl produzieren als das Inland. Das bedeutet, das Ausland benötigt für die gleiche Weizen- und Stahlmenge weniger Arbeitseinheiten als das Inland. Für eine ME Stahl werden im Ausland 5,56 AE (100 : 18) und im Inland 6,25 AE (100 : 16) benötigt. Für eine ME Weizen werden im Ausland 4,167 AE (100 : 24) und im Inland 10 AE (100 : 10) benötigt. Die Arbeitsproduktivität ist im Ausland bei Stahl um 12,5 % und bei Weizen um 140 % höher als im Inland.

Das Ausland hat also s**owohl bei der Erzeugung von Weizen als auch bei der Erzeugung von Stahl** einen **absoluten Kostenvorteil im Vergleich zum Inland.**

Der Vorteil des Auslands gegenüber dem Inland ist aber bei der Weizenerzeugung größer als bei der Stahlproduktion, da im Ausland in einer Periode 140 % mehr Weizen, aber nur 12,5 % mehr Stahl als im Inland produziert werden können. Das Ausland hat also im **Vergleich** bei der Weizenerzeugung einen **relativen** oder **komparativen Kostenvorteil.** Die unterschiedlichen Kostenverhältnisse für die beiden Länder und Produkte lassen sich mithilfe der **Opportunitätskosten** (Verzichtskosten) wie folgt ausdrücken:

Komparative Kostenunterschiede (Opportunitätskosten) der Güterproduktion im Ausland und Inland		
Land / **Kosten der Güter**	**Ausland**	**Inland**
Kosten für 1 ME Stahl ausgedrückt in ME Weizen, auf die verzichtet werden muss	$\frac{\text{Verzicht auf Weizen}}{\text{Mehrproduktion Stahl}} = \frac{24\text{ ME}}{18\text{ ME}} = 1{,}33$	$\frac{\text{Verzicht auf Weizen}}{\text{Mehrproduktion Stahl}} = \frac{10\text{ ME}}{16\text{ ME}} = 0{,}625$
Kosten für 1 ME Weizen ausgedrückt in ME Stahl, auf die verzichtet werden muss	$\frac{\text{Verzicht auf Stahl}}{\text{Mehrproduktion Weizen}} = \frac{18\text{ ME}}{24\text{ ME}} = 0{,}75$	$\frac{\text{Verzicht auf Stahl}}{\text{Mehrproduktion Weizen}} = \frac{16\text{ ME}}{10\text{ ME}} = 1{,}6$

Das **Ausland** hat im Vergleich zum Inland bei der **Weizenproduktion** einen **relativen Kostenvorteil,** da für die Mehrproduktion von einer ME Weizen im Ausland nur auf 0,75 ME Stahl, im Inland dagegen auf 1,6 ME Stahl verzichtet werden muss. Das **Inland** hat im Vergleich zum Ausland bei der Herstellung von Stahl einen **relativen Kostenvorteil,** da für die Herstellung einer ME Stahl nur auf 0,625 ME Weizen, im Ausland dagegen auf 1,33 ME Weizen verzichtet werden muss.

Es wird weiter angenommen, dass aufgrund der Bedürfnisstruktur und der Nachfrageverhältnisse im Ausland bisher 6 ME Stahl (= 33 $^1/_3$ AE) und 16 ME Weizen (= 66 $^2/_3$ AE) (Punkt C auf der Produktionsmöglichkeitskurve) und im Inland weiterhin 8 ME Stahl (= 50 AE) und 5 ME Weizen (= 50 AE) (Punkt D auf der Produktionsmöglichkeitskurve) hergestellt werden. Wenn sich jedes der beiden Länder auf die Produktion des Gutes spezialisiert, für das es einen **relativen Kostenvorteil** hat, kann durch internationale Arbeitsteilung die Gesamtproduktion erhöht werden.

Gesamtproduktion vor der internationalen Arbeitsteilung (Autarkie)

Vor der Spezialisierung ergeben sich aufgrund der An-nahmen für beide Länder folgende Faktoreinsatz- und Produktionsmengen:

Gut \ Land	Ausland	Inland	Gesamt-produktion
Stahl	6 ME	8 ME	14 ME
Weizen	16 ME	5 ME	21 ME

Gesamtproduktion nach der internationalen Arbeitsteilung

Wenn sich beide Länder auf die Produktion des Gutes spezialisieren, bei dem sie einen komparativen (relativen) Kostenvorteil haben, ergeben sich folgende Faktoreinsatz- und Produktionsmengen:

Gut \ Land	Ausland	Inland	Gesamt-produktion
Stahl	0 ME	16 ME	16 ME
Weizen	24 ME	0 ME	24 ME

D Wenn sich jedes Land auf die Produktion der Güter spezialisiert, bei denen es gegenüber dem anderen Land komparative (relative) Kostenvorteile hat, kann durch internationale Arbeitsteilung die Gesamtproduktion gesteigert werden.

Terms of Trade

Ob tatsächlich für alle Länder mit absoluten oder relativen Kostenvorteilen die Teilnahme am internationalen Handel vorteilhaft ist, hängt vom Austauschverhältnis zwischen den Export- und Importgütern auf dem Weltmarkt ab. Dieses reale Austauschverhältnis, das u. a. von der Marktmacht der beteiligten Länder abhängt, wird auch als *Terms of Trade* bezeichnet.

D Die Terms of Trade geben an, wie viele Importgüter ein Land für eine Einheit seines Exportgutes erhält.

B **Vorteilhaftigkeit des Außenhandels bei unterschiedlichen Austauschverhältnissen**

Die Spezialisierung aufgrund der relativen Kostenvorteile führt im vorliegenden Beispiel zu folgenden Ergebnissen:

- Das Inland importiert Weizen und exportiert Stahl. Es werden jetzt 8 ME Stahl mehr als vorher produziert (16 ME statt 8 ME).
- Das Ausland importiert Stahl und exportiert Weizen. Es werden jetzt 8 ME Weizen mehr als vorher produziert (24 ME statt 16 ME).

Beispiel: Austauschverhältnis zwischen Stahl und Weizen 1 : 1

Auswirkungen für das Inland: Die zusätzlichen 8 ME Stahl können gegen 8 ME Weizen getauscht werden, sodass insgesamt 8 ME Stahl (vorher ebenfalls 8 ME) und 8 ME Weizen (vorher 5 ME) zur Verfügung stehen (Punkt F in der Abbildung auf S. 486).

Auswirkungen für das Ausland: Die zusätzlichen 8 ME Weizen können gegen 8 ME Stahl getauscht werden, sodass insgesamt 16 ME Weizen (vorher ebenfalls 16 ME) und 8 ME Stahl (vorher 6 ME) zur Verfügung stehen (Punkt E in der Abbildung auf S. 486).

Ergebnis: Das Versorgungsniveau hat sich in beiden Ländern erhöht (Punkte E und F rechts von den Produktionsmöglichkeitskurven in den Abbildungen auf S. 486). Der Außenhandel bringt beiden Ländern Vorteile.

Ursache: Das **Inland** erhält für den Export (= Verzicht) von 1 ME Stahl als Gegenleistung 1 ME Weizen. Die Produktion von 1 ME Stahl bedingt aber lediglich den Verzicht auf die Produktion von 0,625 ME Weizen (Opportunitätskosten für das Exportgut Stahl: 0,625).

<table>
<tr><th>Fall</th><th></th><th>1</th><th>2</th><th>3</th><th>4</th><th>5</th><th>6</th><th>7</th></tr>
<tr><td rowspan="2">tot Inland:
ME Weizenimport je ME Stahlexport</td><td>Weizen-import ME</td><td>0,25</td><td>0,50</td><td>0,625</td><td>1</td><td>1,33</td><td>1,5</td><td>2</td></tr>
<tr><td>Stahl-export ME</td><td>1</td><td>1</td><td>1</td><td>1</td><td>1</td><td>1</td><td>1</td></tr>
<tr><td></td><td colspan="8">oder</td></tr>
<tr><td rowspan="2">tot Ausland:
ME Stahlimport je ME Weizenexport</td><td>Stahl-import ME</td><td>4</td><td>2</td><td>1,6</td><td>1</td><td>0,75</td><td>0,67</td><td>0,5</td></tr>
<tr><td>Weizen-export ME</td><td>1</td><td>1</td><td>1</td><td>1</td><td>1</td><td>1</td><td>1</td></tr>
<tr><td colspan="2">Situation für Inland
(Stahlexporteur)</td><td colspan="2">←
Nachteil für Inland
Export von 1 ME Stahl → Import von weniger als 0,625 ME Weizen</td><td>weder Vor- noch Nachteil für Inland
(Opportunitätskosten Inland)</td><td colspan="4">→
Vorteil für Inland
Export von 1 ME Stahl → Import von mehr als 0,625 ME Weizen</td></tr>
<tr><td colspan="2"></td><td colspan="3"></td><td>Vorteil für In- und Ausland</td><td colspan="3"></td></tr>
<tr><td colspan="2">Situation für Ausland
(Weizenexporteur)</td><td colspan="4">←
Vorteil für Ausland
Export von 1 ME Weizen → Import von mehr als 0,75 ME Stahl</td><td>weder Vor- noch Nachteil für Ausland
(Opportunitätskosten Ausland)</td><td colspan="2">→
Nachteil für Ausland
Export von 1 ME Weizen → Import von weniger als 0,75 ME Stahl</td></tr>
</table>

Für das **begünstigte Inland** sind die *Terms of Trade* **höher** als die **Opportunitätskosten** von 0,625, die für die Produktion von 1 ME des Exportgutes Stahl anfallen (vgl. S. 486).

Für das **begünstigte Ausland** sind die *Terms of Trade* **höher** als die **Opportunitätskosten** von 0,75, die für die Produktion von 1 ME des Exportgutes Weizen anfallen (vgl. S. 486).

Wenn das Austauschverhältnis aber nicht zwischen den Opportunitätskosten, die dem jeweiligen Exportland für den Export (= Verzicht) einer ME entstehen, liegt, erzielt nur ein Land Vorteile, während sich in dem anderen Land die Versorgungssituation verschlechtert (oder unverändert bleibt).

Gesamtergebnis

Für das Inland ist die Teilnahme am Außenhandel nur dann sinnvoll, wenn es für den Export von einer Einheit Stahl mehr als 0,625 Einheiten Weizen importieren kann (*Terms of Trade* > 0,625). Ohne Außenhandel könnte das Inland nämlich durch den Verzicht auf eine Einheit Stahl 0,625 Einheiten Weizen selbst herstellen. Voraussetzung für die Vorteilhaftigkeit des Außenhandels für das Inland ist also, dass seine *Terms of Trade* höher als seine Opportunitätskosten für das Exportgut Stahl sind.

Für das Ausland ist die Teilnahme am Außenhandel nur dann sinnvoll, wenn es für den Export von einer Einheit Weizen mehr als 0,75 Einheiten Stahl importieren kann (*Terms of Trade* > 0,75). Ohne Außenhandel könnte das Ausland nämlich durch den Verzicht auf eine Einheit Weizen 0,75 Einheiten Stahl selbst herstellen. Voraussetzung für die Vorteilhaftigkeit des Außenhandels für das Ausland ist also, dass seine *Terms of Trade* höher als seine Opportunitätskosten für das Exportgut Weizen sind.

Allgemein gilt:

F

$$\text{Terms of Trade (TOT)}^{1} = \frac{\text{Importmenge}}{\text{Exportmenge}}$$

1 Aus Vereinfachungsgründen werden die *Terms of Trade* in der internationalen Handelsstatistik nicht durch das Verhältnis von Import- und Exportmengen, sondern durch das Verhältnis der Exportpreisindizes zu den Importpreisindizes ausgedrückt.

D Nur wenn die Gütermenge, die für eine Einheit des Exportgutes als Gegenleistung importiert werden kann (= Terms of Trade) größer ist als die Opportunitätskosten für eine Einheit des Exportgutes, ist der Außenhandel für das Exportland vorteilhaft.

D Außenhandel bringt nur unter folgender Bedingung für beide Handelspartner Vorteile: Das Austauschverhältnis (Terms of Trade) muss zwischen den Opportunitätskosten liegen, die den Beteiligten ohne Außenhandel (Autarkie) für die Produktion des gleichen Gutes jeweils entstehen würden.

Aus Vereinfachungsgründen werden die *Terms of Trade* in der internationalen Handelsstatistik nicht durch das Verhältnis von Import- und Exportmengen, sondern durch das Verhältnis der Exportpreisindizes zu den Importpreisindizes ausgedrückt.

Steigen beispielsweise die Exportgüterpreise, während die Importgüterpreise weniger stark oder gar nicht steigen, so verbessern sich die Terms of Trade, weil in diesem Fall jetzt für eine Einheit Exportgüter mehr Importe getätigt werden können.

Die Verschlechterung der *Terms of Trade* durch den zeitweiligen Preisverfall bei vielen Rohstoffen ist eine wesentliche Ursache der Schuldenkrise vieler Entwicklungsländer.

Eingeschränkte Aussagekraft und negative Folgen der Theorie der komparativen (relativen) Kostenvorteile

Unrealistische Modellannahmen

Die erstmals von DAVID RICARDO (1772 – 1823)[1] am Beispiel von Portugal und England für die Güter Tuch und Wein formulierte Theorie der komparativen Kostenvorteile beruht u. a. auf folgenden Annahmen (Prämissen) und Einschränkungen:

- Es handelt sich um ein Modell mit nur zwei Ländern und zwei Gütern.
- Auf den nationalen Güter- und Faktormärkten herrschen die Bedingungen der vollständigen Konkurrenz.
- Es wird nur ein Produktionsfaktor (Arbeit) berücksichtigt. Das Austauschverhältnis auf den Binnenmärkten wird durch die zur Gütererzeugung benötigte Arbeitsmenge bestimmt (Arbeitswertlehre).
- Es herrscht Vollbeschäftigung aller Produktionsfaktoren, die auch nach Aufnahme des internationalen Handels erhalten bleibt.
- Die Produktionsfaktoren sind nur innerhalb eines Landes, nicht aber zwischen den beteiligten Ländern beweglich. Mit anderen Worten: Es besteht nur eine nationale, nicht aber eine internationale Mobilität der Produktionsfaktoren.
- Transportkosten werden nicht berücksichtigt. Der nationale und internationale Handel findet in Form des Naturaltauschs statt.

Unter diesen Annahmen sind die Aussagen der Theorie der komparativen Kostenvorteile schlüssig. Solange die Produktionsfaktoren nicht über die Landesgrenzen hinweg mobil sind, können die Vorteile des Außenhandels mit der unterschiedlichen Faktorausstattung der beteiligten Länder erklärt werden.

Eine Übertragung auf die heutige weltwirtschaftliche Situation scheitert aber allein schon daran, dass die Produktionsfaktoren (insbesondere das **Geldkapital**) – anders als im Modell angenommen – auch **international** sehr **mobil** sind. Da Kapital aufgrund moderner Kommunikationsmittel in Sekundenschnelle von einem Land in ein anderes transferiert werden kann, besteht für einen Investor keine Veranlassung, sich mit den **relativen Kostenvorteilen** der Güterproduktion in einem bestimmten Land zu begnügen. Er hat vielmehr die Möglichkeit, sein Kapital

1 Vgl. Ricardo, D., On the Prinicples of Political Economy and Taxation; deutsch: Über die Grundsätze der politischen Ökonomie und der Besteuerung, Berlin (Ost) 1979 (7. Kapitel)

dort zu investieren, wo die Produktion absolut am kostengünstigsten ist, wo also im internationalen Vergleich **absolute Kostenvorteile** vorliegen. **Standortwettbewerb** und **internationale Kostensenkungswettläufe** zur Schaffung günstiger Investitionsbedingungen für Auslandskapital als Folge der **Globalisierung** belegen diese Entwicklung. Im theoretischen Extremfall kann das bedeuten, dass aus Ländern, die für keine Güter absolute Kostenvorteile aufweisen, die gesamte Produktion ins Ausland verlagert wird.

Daneben schränkt auch die Nichtberücksichtigung der energieintensiven **Transportkosten** die Aussagekraft des Modells ein. Würden die Transportkosten in ihrer tatsächlichen Höhe, also einschließlich der **sozialen Kosten**, die für Infrastruktur, Unfälle, Umweltbelastung usw. entstehen, berücksichtigt, würde dadurch ein erheblicher Teil der vermeintlichen Vorteile internationaler Arbeitsteilung aufgewogen.

Keine Erklärung für Außenhandelsstrukturen in der EU

Die Gültigkeit der Theorie der komparativen Kostenvorteile lässt sich heute empirisch häufig nicht nachweisen. Deutschlands wichtigste Handelspartner sind Industrieländer, insbesondere die der EU (vgl. Abb. S. 481). Der deutsche Außenhandel ist mit solchen Ländern besonders intensiv, in denen die Arbeitsproduktivität annähernd gleich hoch ist wie in Deutschland (z. B. Frankreich, Niederlande, Italien, Großbritannien, USA). Der überwiegende Teil der deutschen Warenexporte entfällt auf die Kategorien Fahrzeuge, Maschinen und chemische Erzeugnisse (vgl. Abb. S. 481).

Auch bei den Importen haben diese Güterkategorien den größten Anteil. Damit ist der deutsche Außenhandel in hohem Maße ein **intrasektoraler Handel** (z. B. Export deutscher Autos und Import französischer Autos), der **nicht auf Spezialisierung** beruht. Die große Bedeutung des Handels mit Ländern, die eine ähnliche Produktions- und Kostenstruktur wie Deutschland aufweisen, ist ein weiterer Hinweis dafür, dass der überwiegende Teil des deutschen Außenhandels **nicht durch komparative Kostenunterschiede erklärt** werden kann.

Historischer Hintergrund

Die historischen Erfahrungen aus der Kolonial- und Industrialisierungszeit zeigen, dass eine Spezialisierung gemäß der Theorie der komparativen Kostenvorteile wegen der damit einhergehenden Abhängigkeiten sowohl wirtschaftlich als auch politisch sehr risikoreich sein kann.

Obwohl die 1817 von RICARDO formulierte Theorie der komparativen Kostenvorteile die Forderung nach **Freihandel** und die **Abschaffung von Zöllen** und sonstigen protektionistischen Maßnahmen nach sich zieht, verhinderte England im 19. Jahrhundert die Einfuhr indischer Textilien, die der aufkeimenden englischen Textilindustrie hätten gefährlich werden können. Während die indische Baumwoll- und Seidenmanufaktur Anfang des 19. Jahrhunderts hoch entwickelt war und einen Exportüberschuss bei Textilerzeugnissen ermöglichte, mussten gegen Ende des 19. Jahrhunderts bereits drei Viertel des indischen Textilbedarfs aus England eingeführt werden, obwohl England sich nach der Theorie der komparativen Kosten eigentlich auf Schafzucht und Whiskeybrennen hätte spezialisieren müssen. Die Industrialisierung Englands war für Indien aufgrund des Außenhandels mit der englischen Kolonialmacht mit einer Zerstörung der Textilmanufaktur („De-Industrialisierung") verbunden. Indien konnte lediglich noch textile Rohstoffe (z. B. Baumwolle) produzieren und musste die Weiterverarbeitung England überlassen. Da Indien zudem aus klimatischen Gründen einen absoluten Kostenvorteil beim Anbau von Baumwolle, Jute und anderen Nutzpflanzen hat, wurde deren Anbau zulasten der Erzeugung von Grundnahrungsmitteln forciert. Zu Beginn des 19. Jahrhunderts galt Indien noch als Getreidespeicher Asiens. Die Spezialisierung auf den Anbau anderer Pflanzenarten führte aber dazu, dass schon bald Nahrungsmittel eingeführt werden mussten und Indien bis heute immer wieder von Hungersnöten betroffen ist.

12.2.2 Verfügbarkeit von Rohstoffen und anderen Produktionsfaktoren

Handel zwischen Industrie- und Entwicklungsländern

Die Importe der Industrieländer aus den Entwicklungsländern sind zum großen Teil darauf zurückzuführen, dass in den Industrieländern zwar eine Nachfrage für bestimmte Güter besteht, diese aber aus klimatischen, geologischen oder anderen Gründen nur im Ausland produziert werden. In Deutschland gehören neben tropischen Früchten vor allem **Rohstoffe** für die industrielle Produktion dazu. Von den mehr als 190 Ländern der Welt hat annähernd die Hälfte keinerlei Reserven an nicht erneuerbaren Rohstoffen. Die bedeutenden Rohstoffvorkommen konzentrieren sich auf etwas mehr als 30 Länder. Die Nichtverfügbarkeit von Gütern in einem Land kann auch dadurch bedingt sein, dass die Menge und Qualität der Produktionsfaktoren nicht ausreichend ist (z.B. Mangel an *Know-how*, qualifizierten Arbeitskräften und modernen Technologien). Viele Entwicklungsländer müssen aus diesem Grund Investitionsgüter aus den Industrieländern importieren.

Die heute noch vielfach vorherrschende Form internationaler Arbeitsteilung zwischen Entwicklungsländern als Rohstofflieferanten und Industrieländern als Kapital- bzw. Konsumgüterproduzenten ist wesentlich durch die Kolonialzeit bedingt. Damals wurde den heutigen Entwicklungsländern diese Form der Arbeitsteilung aufgezwungen, indem beispielsweise die Kolonialmächte den Aufbau von Handwerksbetrieben und Industrien systematisch unterbunden haben (z.B. Verbot der Seiden- und Tuchproduktion in Mexiko durch die Spanier im 16. Jh., Zerstörung der indischen Textilindustrie durch die englischen Kolonialherren im 19. Jh.). Diese traditionelle Struktur wird auch heute noch teilweise durch die Außenhandelspolitik der Industrieländer gefestigt (z.B. Zollschranken und Mengenbeschränkungen für Importe aus Entwicklungsländern zum Schutz der heimischen Industrie). Die gegenwärtige Form der internationalen Arbeitsteilung zwischen Entwicklungs- und Industrieländern führt dazu, dass in vielen Fällen der Wert der Handelsströme aus den Industrie- in die Entwicklungsländer wesentlich größer ist als umgekehrt. Um diese Importe bezahlen zu können, müssen die betroffenen Entwicklungsländer sich immer weiter verschulden.

Arbeitsintensive und kapitalintensive Exportgüter

Die mengenmäßige Ausstattung eines Landes mit Produktionsfaktoren hat Auswirkungen auf die Preise der Produktionsfaktoren (Faktorkosten) und bestimmt, auf welche Güterarten sich einzelne Länder bei der Teilnahme am internationalen Handel spezialisieren (Faktorproportionentheorie, HECKSCHER-OHLIN-Theorem). In bevölkerungsreichen Ländern ist das Lohnniveau tendenziell niedriger, sodass hier **arbeitsintensive** Produktionszweige zu Exportsektoren heranreifen. In kapitalreichen Industrieländern, in denen sich ein hohes Lohn- und relativ niedriges Zinsniveau einstellt, entwickeln sich dagegen **kapitalintensive** Industrien zu Exportsektoren. Durch diese Spezialisierung wird in jedem Land der relativ knappe und damit teure Faktor sparsam verwendet. Ursache für die Vorteilhaftigkeit des Außenhandels sind auch in diesem Fall wieder die Unterschiede bei den Produktionskosten.

Wassily Leontief (1906–1999), Harvardprofessor und Nobelpreisträger für Wirtschaftswissenschaften 1973

Allerdings wies W. LEONTIEF für den Außenhandel der USA nach, dass die USA – ein im Vergleich zum Rest der Welt kapitalreiches Land – arbeitsintensive Waren exportierten und kapitalintensive importierten. Dieses Ergebnis wurde als **LEONTIEF-Paradoxon** bezeichnet, weil es der Theorie widerspricht, dass sich der internationale Handel durch die Faktorausstattung und die Faktorpreise in den beteiligten Ländern erklären lässt.

12.3 System flexibler (freier) Wechselkurse

Lernziele:

Nach der Bearbeitung des Kapitels sind Sie in der Lage, Folgendes zu tun:

Sie ...

- ... beschreiben, wie sich der Wechselkurs bildet.
- ... beschreiben die Mengennotierung beim Wechselkurs.
- ... stellen dar, wovon Angebot und Nachfrage auf dem Devisenmarkt abhängen.
- ... erläutern die Begriffe „Aufwertung“ und „Abwertung“.
- ... stellen dar, wie Auf- und Abwertungen entstehen können.
- ... beschreiben die Folgen von Wechselkursschwankungen für den Außenhandel.
- ... beschreiben den Wechselkursmechanismus.
- ... begründen, wie der Wechselkursmechanismus bei einem Exportüberschuss zum Gleichgewicht zwischen Exporten und Importen führt.
- ... beschreiben, welche Wirkung eine Aufwertung (Abwertung) auf den Binnenwert des Geldes haben kann.

12.3.1 Kursbildung

Wechselkurs (Devisenkurs)

12.3, S. 507

Es gibt keine **Währung** (= gesetzliches Zahlungsmittel eines Staates oder einer Staatengemeinschaft), die in allen Volkswirtschaften der Welt Gültigkeit hat. Außenhandel, bei dem Im- und Exportgüter gegen Geld getauscht werden, ist deshalb nur möglich, wenn die Währungen verschiedener Länder untereinander austauschbar sind. Das Austauschverhältnis zwischen zwei Währungen wird als **Wechselkurs** *(exchange rate)* bezeichnet.

Der Begriff **Wechselkurs** stammt aus der Zeit, als der internationale Zahlungsverkehr noch vornehmlich mithilfe von Wechseln abgewickelt wurde, die an einem ausländischen Ort in ausländischer Währung zahlbar waren. Gleichbedeutend wird auch der Begriff **Devisenkurs** benutzt. **Devisen** sind kurzfristige Forderungen (Sichtguthaben, Schecks und Wechsel) in fremder Währung. Ausländische Noten und Münzen werden dagegen als **Sorten** bezeichnet.

D Der Wechselkurs gibt den Preis für eine bestimmte Menge einer Währung (z. B. 1,00 €) ausgedrückt in einer anderen Währung (z. B. US-$) an. Er ist Maßstab für den Außenwert des Geldes.

Mengennotierung

Seit Einführung des Euro wird bei Kursangaben offiziell nur die sogenannte **Mengennotierung** verwendet. Sie gibt an, welchen Betrag einer ausländischen Währung man für einen Euro erhält bzw. bezahlen muss.

Wie aus der unten stehenden Kurstabelle ersichtlich ist, benutzen die Banken für die Umrechnung der Währung zwei Kurse. Der **niedrigere Geldkurs** (Ankaufskurs) wird angewandt, wenn die Bank ausländische Zahlungsmittel verkauft und **Euro ankauft**. Der Kunde erhält in diesem Fall für 1,00 Euro die kleinere Menge ausländischer Zahlungsmittel. Der **höhere Briefkurs** (Verkaufskurs) wird angewandt, wenn die Bank ausländische Zahlungsmittel ankauft und **Euro verkauft**. Der Kunde muss in diesem Fall für 1,00 Euro die größere Menge an ausländischen

Zahlungsmitteln bereitstellen. Der Unterschied zwischen Geld- und Briefkurs ist die Verdienstspanne der Banken für ihre Dienstleistungen im Devisen- und Sortenhandel.

Die Umrechnung der Kurse für Währungen der Nicht-Euro-Staaten erfolgt auf der Basis von Kurstabellen. Darin sind die an der Frankfurter oder Düsseldorfer Devisenbörse festgestellten Kurse der Währungen enthalten. Diese Kurse werden jedoch nicht mehr ausschließlich an den Devisenbörsen, sondern auch zwischen den Kreditinstituten ausgehandelt. Sie werden auch als Referenzkurse bezeichnet. Da die Tabellen nur unverbindliche Orientierungswerte darstellen, können die Kursangaben einzelner Kreditinstitute von den **Referenzkursen** abweichen.

Devisen- und Sortenkurse für 1,00 €

17.04.2023		Devisenkurse Referenzkurse Euro[1]		Sortenpreise am Bankschalter[2]	
		Geld	Brief	Ankauf	Verkauf
USA	US-$	1,0953	1,1013	1,1594	1,0487
Japan	Yen	146,8800	147,3600	156,0263	140,0314
Großbrit.	£	0,8824	0,8864	0,9392	0,8449
Schweiz	sfr	0,9797	0,9837	1,0378	0,9388
Kanada	kan-$	1,4617	1,4737	1,5594	1,3930
Schweden	skr	11,3252	11,3732	12,0142	10,8007
Norwegen	nkr	11,3737	11,4217	12,0727	10,8295
Dänemark	dkr	7,4309	7,4709	7,9179	7,1073

Wechselkursentwicklung US-$ je Euro (Monatsmitte)

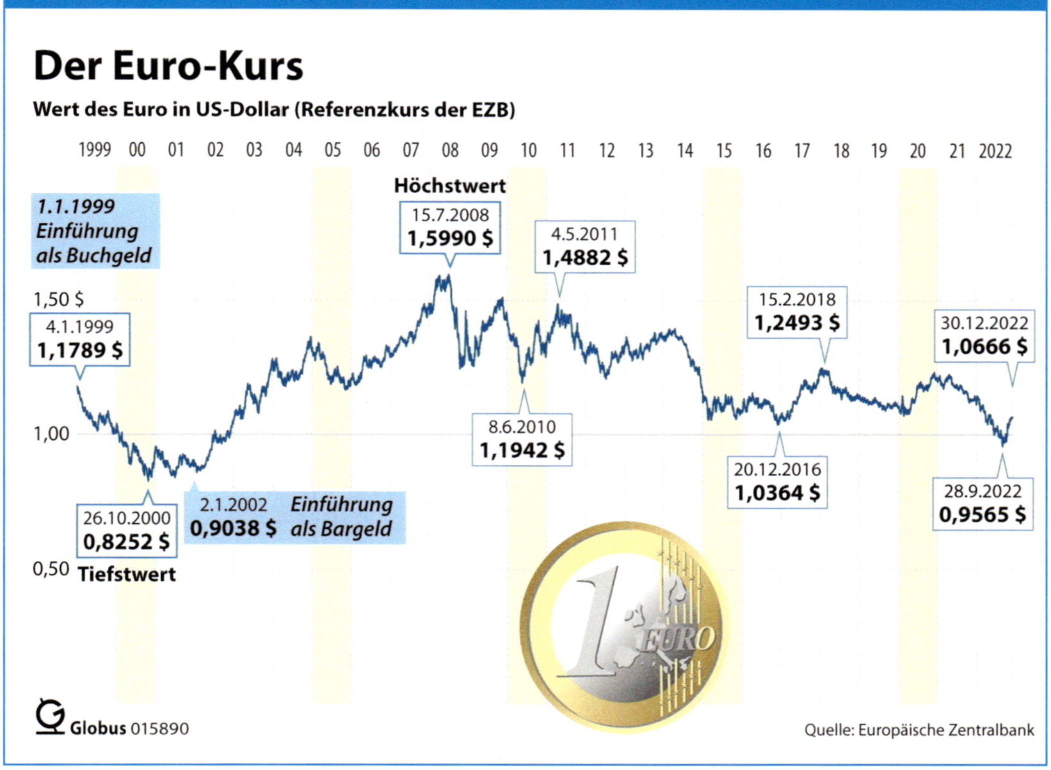

1 mitgeteilt von vwd, LBBW
2 Frankfurter Sortenkurse aus Sicht des Bankkunden, vgl. Handelsblatt, 17.04.2023

Devisenmarkt

D Ein System flexibler Wechselkurse liegt vor, wenn sich der Wechselkurs als Gleichgewichtspreis durch Angebot und Nachfrage auf dem Devisenmarkt bildet.

12.4, S. 507

Die Preisbildung auf dem **Devisenmarkt** vollzieht sich wie beim **Polypol auf dem vollkommenen Markt.** Es werden aber keine Waren und Dienstleistungen gehandelt.

5.2

D Auf dem Devisenmarkt werden Guthaben in Inlandswährung (z. B. Euro) gehandelt, deren Preis in Auslandswährung (z. B. US-$) ausgedrückt wird.

Die Grafik stellt im üblichen Preis-Mengen-Diagramm das Zustandekommen des Wechselkurses (w_0 = Gleichgewichtspreis) zwischen US-$ und Euro dar.

Entstehung w_0 zwischen US-$/Euro

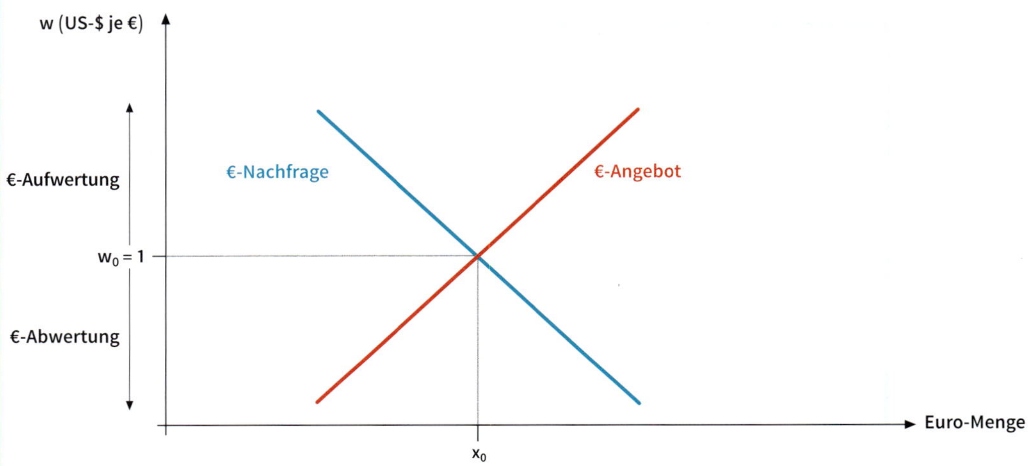

3.3

Jeder Nachfrage nach Euro entspricht gleichzeitig ein Angebot an Devisen (hier: US-$). Die Nachfragekurve für Euro hat im Normalfall eine negative Steigung. Das bedeutet:

D Je höher der Kurs, d. h., je mehr US-$ für einen Euro bezahlt werden müssen, umso geringer ist die geplante Nachfragemenge nach Euro. Je niedriger der Kurs, d. h. je weniger US-$ für einen Euro bezahlt werden müssen, umso höher ist die geplante Nachfragemenge nach Euro.

B **Wirkung einer Kurssteigerung**

Würde der **Kurs steigen** (z. B. von 1,40 US-$ je € auf 1,50 US-$ je €), müssten je Euro mehr US-$ bezahlt werden. Wenn deutsche Exporteure nach wie vor denselben Gegenwert in Euro erlösen wollen, müssen die in US-$ ausgedrückten Preise für deutsche Exportgüter in den USA erhöht werden. In den USA würden durch diese Verteuerung weniger deutsche Exportgüter nachgefragt. Daher benötigen die amerikanischen Importeure weniger Euro zur Bezahlung der Importe. Da sie weniger US-$ gegen Euro tauschen, würde die angebotene Menge an US-$ und damit die **nachgefragte Menge nach Euro sinken.**

4.5

Jedem Angebot an Euro entspricht gleichzeitig eine Nachfrage nach Devisen (z. B. US-$). Die Angebotskurve für Euro hat im Normalfall eine positive Steigung. Das bedeutet:

D Je höher der Kurs, d. h., je mehr US-$ für einen Euro bezahlt werden müssen, umso höher ist die geplante Angebotsmenge für Euro. Je niedriger der Kurs, d. h. je weniger US-$ für einen Euro bezahlt werden müssen, umso geringer ist die geplante Angebotsmenge für Euro.

B **Wirkung einer Kurssenkung**

Würde der **Kurs sinken** (z. B. von 1,50 US-$ je € auf 1,40 US-$ je €), müssten je Euro weniger US-$ bezahlt werden. Wenn Exporteure aus den USA nach wie vor denselben Gegenwert in US-$ erlösen wollen, müssen die Euro-Preise für amerikanische Exportgüter in Deutschland erhöht werden. In Deutschland würden durch diese Verteuerung weniger amerikanische Exportgüter nachgefragt. Daher benötigen die deutschen Importeure weniger US-$ zur Bezahlung der Importe. Da sie weniger Euro gegen US-$ tauschen, würde die nachgefragte Menge nach US-$ und damit die **angebotene Menge an Euro sinken.**

D Der Schnittpunkt zwischen Euro-Angebots- und Euro-Nachfragekurve bestimmt den Gleichgewichtskurs und die Gleichgewichtsmenge.

Auch die übrigen Gesetzmäßigkeiten der Preisbildung bei vollständiger Konkurrenz gelten für den Devisenmarkt.

D Eine Verschiebung der Euro-Nachfragekurve ergibt sich, wenn sich nicht der Wechselkurs, sondern ein anderer Bestimmungsfaktor der Euro-Nachfrage ändert.

Eine Rechtsverschiebung (= Zunahme der Nachfrage nach Euro) ergibt sich z. B. in folgenden Fällen:

- Wert der Exporte in die USA steigt.
- Kapital aus dem außereuropäischen Ausland wird im Euro-Währungsgebiet wegen hoher Zinsen angelegt.
- Das ESZB verkauft aus seinen Währungsreserven US-$ gegen Euro, um den Euro-Kurs zu stützen.

Verschiebung der Euro-Nachfragekurve

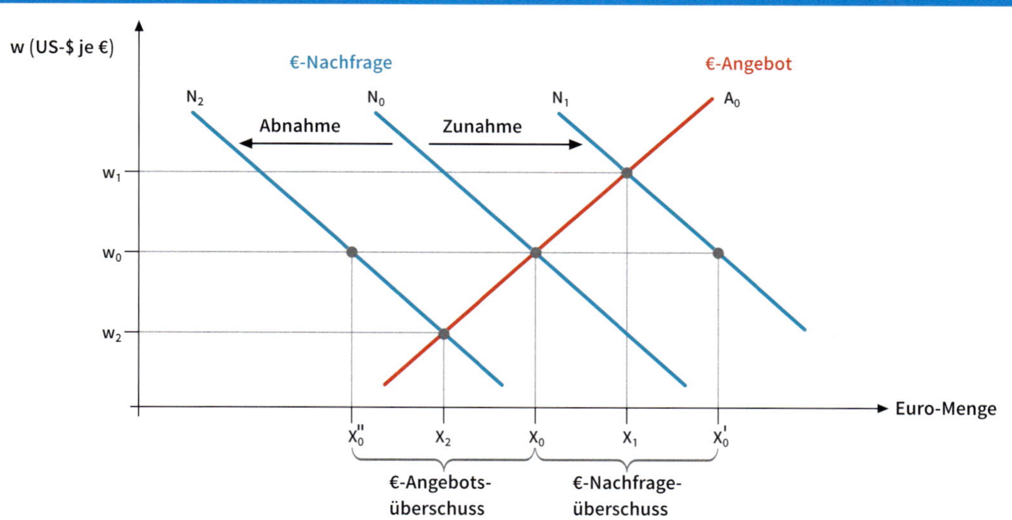

D Steigt die Nachfrage nach Euro (= Rechtsverschiebung der Nachfragekurve) bei unverändertem Angebot, so steigt aufgrund des Nachfrageüberschusses der Wechselkurs.

D Sinkt die Nachfrage nach Euro (= Linksverschiebung der Nachfragekurve) bei unverändertem Angebot, so sinkt aufgrund des Angebotsüberschusses der Wechselkurs.

Eine Verschiebung der Euro-Angebotskurve ergibt sich, wenn sich nicht der Wechselkurs, sondern ein anderer Bestimmungsfaktor des Euro-Angebots ändert.

Verschiebung der Euro-Angebotskurve

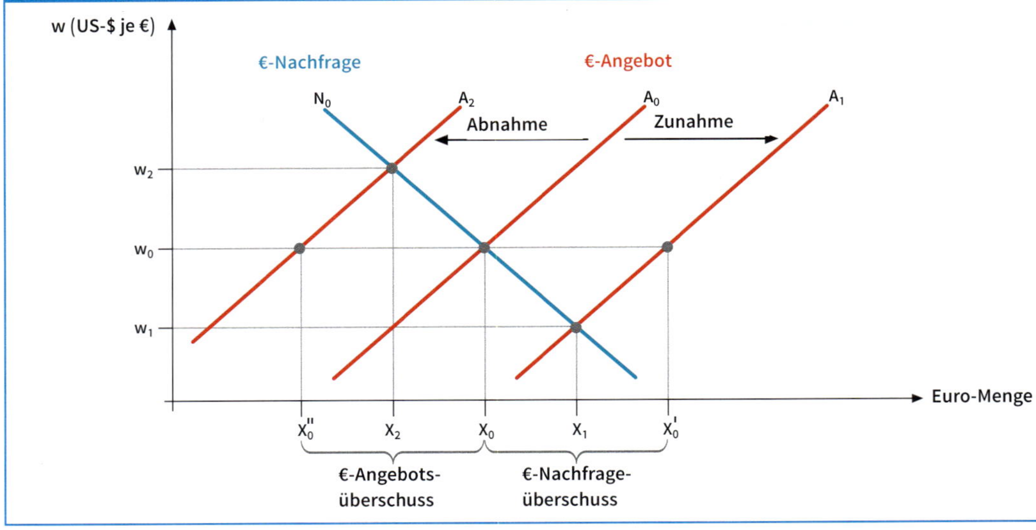

Eine Rechtsverschiebung (= Zunahme des Angebots an Euro) ergibt sich z. B. in folgenden Fällen:

- Wert der Importe, die in US-$ bezahlt werden müssen (z. B. Rohöl), steigt.
- Kapital aus dem Euro-Währungsgebiet wird wegen höherer Zinsen im außereuropäischen Ausland angelegt.
- Eine ausländische Zentralbank verkauft aus ihren Devisenreserven Euro, um den Kurs der eigenen Währung zu stützen.

Steigt das Angebot an Euro (= Rechtsverschiebung der Angebotskurve) bei unveränderter Nachfrage, so sinkt aufgrund des Angebotsüberschusses der Wechselkurs.

Sinkt das Angebot an Euro (= Linksverschiebung der Angebotskurve) bei unveränderter Nachfrage, so steigt aufgrund des Nachfrageüberschusses der Wechselkurs.

12.3.2 Beziehungen zwischen Binnen- und Außenwert des Geldes

Eine Aufwertung bewirkt eine Verbilligung, eine Abwertung eine Verteuerung der Einfuhrpreise. Inwieweit sich dies in einer Änderung des inländischen Preisniveaus (Binnenwert des Geldes) niederschlägt, hängt u. a. davon ab, ob die Importpreisänderungen an die Endverbraucher weitergegeben werden und wie groß der Anteil importierter Güter am Gesamtverbrauch ist. Bei einer Abwertung nehmen zudem möglicherweise die Exporteure die Preiserhöhungsspielräume im Ausland zum Anlass, ihre Produkte auch im Inland zu verteuern.

Tendenziell führt eine Aufwertung (= Erhöhung des Außenwertes des Geldes) zu Preissenkungen (= Erhöhung des Binnenwertes des Geldes) und umgekehrt.

Insgesamt hat eine Aufwertung konjunkturdämpfende Wirkungen. Sie ermöglicht preisgünstige Importe und dämpft damit die Inflation. Gleichzeitig vermindert sich aber die internationale Wettbewerbsfähigkeit der Exportindustrie, was zu Absatz- und Beschäftigungsproblemen führen kann. Eine Abwertung wirkt dagegen konjunkturfördernd. Sie ermöglicht steigende Exporte und kann dadurch die Beschäftigung im Exportsektor erhöhen.

Sind die Preissteigerungsraten im Inland geringer als im Ausland, nehmen im Inland die Exporte zu und die Importe ab. Werden die Devisen, die zur Bezahlung der inländischen Exportgüter dienen, bei inländischen Banken umgetauscht (z. B. Umtausch von US-$ in Euro), erhöht sich die nachfragewirksame Geldmenge (M1) im Inland. Dies kann zu Preissteigerungen führen, zumal das im Inland verfügbare Güterangebot aufgrund der gestiegenen Exporte zurückgeht und dadurch möglicherweise ein Nachfrageüberschuss entsteht (importierte Inflation). Diese Preissteigerungstendenz wird aber durch die Veränderung des Wechselkurses gebremst. Die Zunahme der Exporte bewirkt auf dem Devisenmarkt ein erhöhtes Angebot der ausländischen Währung (z. B. US-$) und damit eine erhöhte Nachfrage nach der inländischen Währung (z. B. Euro). Durch die damit einhergehende Aufwertung der Inlandswährung werden die Exporte teurer und gehen wieder zurück. Die Entwicklung kehrt sich also wieder um.

D Durch die Erhöhung des Wechselkurses (Aufwertung) kann verhindert werden, dass sich eine Inflation im Ausland als geldmengen- oder nachfragebedingte Inflation im Inland niederschlägt.

Allerdings tritt diese kompensierende Wechselkursänderung wegen vorherrschender anderer Einflussgrößen (z. B. Zinsdifferenzen, Konjunkturgefälle, Wechselkursspekulationen) oft nicht in der erwarteten Höhe ein.

12.3.3 Zusammenhang zwischen Wechselkurs, Außenhandel und Finanztransaktionen

Einerseits beeinflusst der Wechselkurs den Außenhandel, da Wechselkursänderungen Preisänderungen für Import- und Exportgüter bedeuten. Andererseits entstehen aber Angebot und Nachfrage auf dem Devisenmarkt auch durch internationale Güterströme, sodass der Wechselkurs auch vom Außenhandel beeinflusst wird.

Wechselkursschwankungen (Aufwertung und Abwertung)

D Steigt der Wechselkurs US-$/Euro, liegt eine Aufwertung des Euro und eine Abwertung des US-$ vor. Sinkt der Wechselkurs US-$/Euro, liegt eine Abwertung des Euro und eine Aufwertung des US-$ vor.

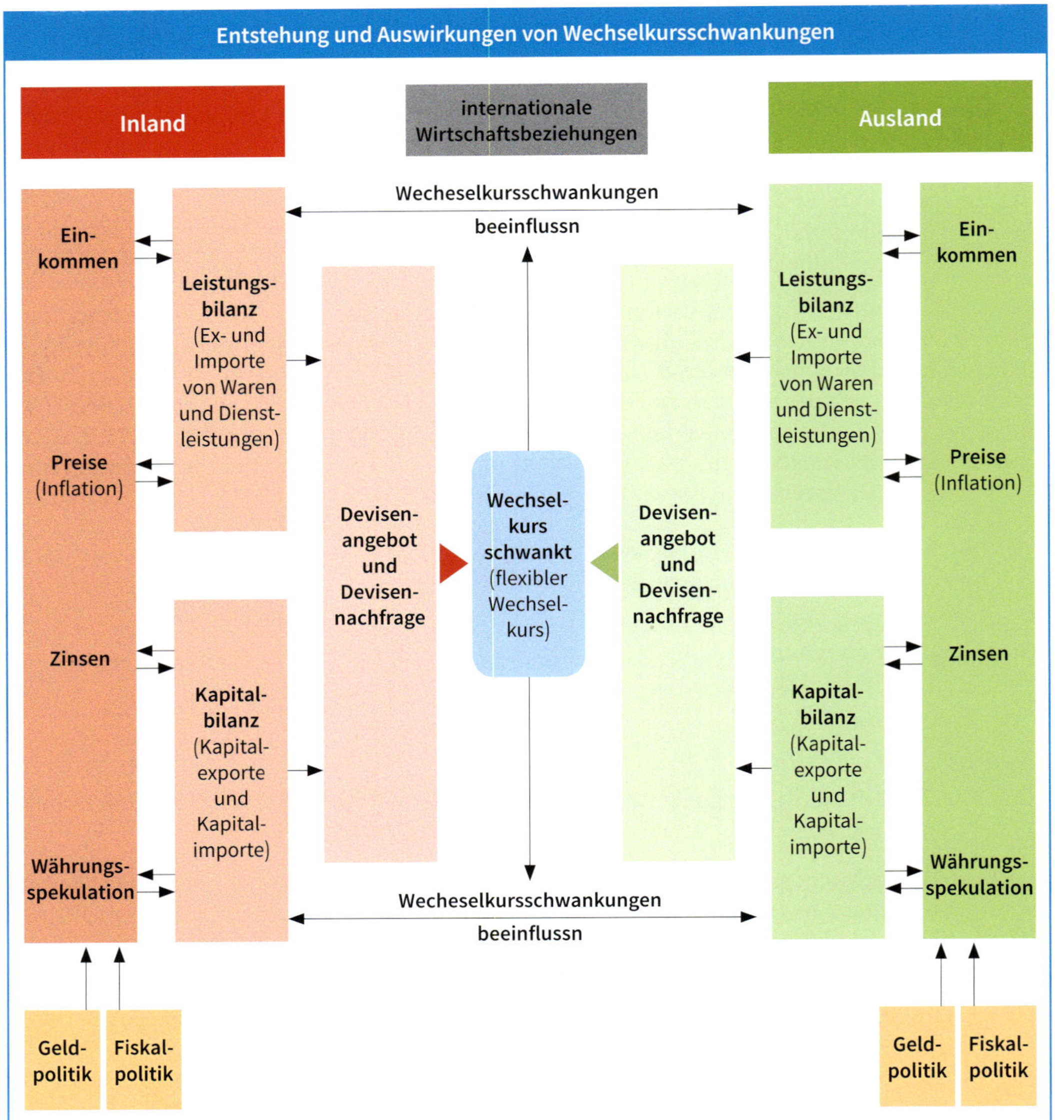

Vgl. Sperber, H.: Wirtschaft verstehen, 5. Aufl., Stuttgart 2016, S.286.

Bei den **Ursachen für Wechselkursschwankungen** können güterwirtschaftliche Faktoren (Handelsströme) und finanzwirtschaftliche Faktoren (Kapitalströme) unterschieden werden.

- **Inflationsdifferenzen zwischen einzelnen Ländern**

  Steigen die Preise im Ausland stärker als im Inland, kann es zu einer Zunahme der Exporte und Abnahme der Importe kommen. Zur Bezahlung der steigenden Exporte werden mehr Devisen (z.B. US-$) in Euro und wegen der sinkenden Importe weniger Euro in Devisen (z.B. US-$) umgetauscht. Auf dem Devisenmarkt führt das in Bezug auf den Euro zu einer Nachfrageerhöhung bzw. zu einer Angebotssenkung und damit zu einer Euro-Aufwertung.

- **Produktivitätsentwicklung und internationale Wettbewerbsfähigkeit**

  Ein Land mit hohem technologischem Niveau und Produktivitätswachstum im Bereich der Exportgüterindustrie weist eine Tendenz zur Aufwertung seiner Währung auf, da die internationale Wettbewerbsfähigkeit nicht nur vom Preis, sondern auch von der Qualität der Exportgüter abhängt.

- **Vermögensumschichtungen**
  Vermögensumschichtungen international operierender Kapitalanleger führen zu Wechselkursänderungen. Ursache können veränderte Risikoeinschätzungen und Ertragserwartungen sein. Für den erwarteten Ertrag sind nicht nur die **Zinserträge**, sondern vor allem auch die zukünftigen **Wechselkursentwicklungen** maßgebend. Erträge aus Zinsdifferenzen zwischen Inland und Ausland können nämlich durch entgegengerichtete Wechselkursentwicklungen wieder zunichtegemacht werden. Die **Erwartungen von Wechselkursänderungen** gehen auch auf **Änderungen der politischen Verhältnisse** in einem Land zurück, wenn deshalb wirtschaftliche Stabilität, internationale Wettbewerbsfähigkeit und Wirksamkeit der Wirtschaftspolitik von den Anlegern anders eingeschätzt werden.
- **Spekulation**
  Wechselkursschwankungen können durch sogenannte **Seifenblaseneffekte** *(bubbles)* verstärkt werden. Damit ist das spekulative Verhalten von Anlegern gemeint, die beispielsweise – obwohl alle ökonomischen Daten gegen einen weiteren Kursanstieg sprechen – weiterhin auf einen Kursanstieg spekulieren und ihr Geld in der aufwertungsverdächtigen Währung anlegen. Je mehr Anleger sich so verhalten, umso eher kommt es tatsächlich zu der erwarteten Wechselkursveränderung.

Ein wesentliches wirtschaftliches Argument für die Einführung des Euro als gemeinsame Währung im Rahmen der Europäischen Währungsunion war der dadurch bedingte Wegfall des Wechselkursrisikos zwischen den beteiligten Ländern. Das soll den innereuropäischen Handel erleichtern und so durch zusätzliche Investitionen und Produktivitätsfortschritte zu positiven Wachstumseffekten führen.

Zwischen dem Euro und den Währungen einiger EU-Mitgliedstaaten, die (noch) nicht an der Währungsunion teilnehmen (z.B. Dänemark, Schweden), besteht ein **System fester Wechselkurse mit Bandbreiten** (= Kombination fester und flexibler Wechselkurse). Dazu wird ein **Leitkurs** zwischen der jeweiligen Währung (z.B. Dänische Krone) und dem Euro vereinbart sowie eine **Bandbreite** (z.B. ± 15 %) festgelegt. Weicht der sich auf dem Devisenmarkt ergebende Wechselkurs um mehr als die festgelegte Bandbreite vom Leitkurs ab, intervenieren die Zentralbanken durch den Kauf bzw. Verkauf der betroffenen Währung so lange am Devisenmarkt, bis der Wechselkurs wieder innerhalb der Bandbreite liegt.

Abhängigkeit des Außenhandels vom Wechselkurs

Steigt der Wechselkurs (Aufwertung), müssen für eine inländische Währungseinheit mehr ausländische Währungseinheiten bezahlt werden (z.B. mehr US-$ je Euro). Dies hat eine Verteuerung der inländischen Güter im Ausland (Exportgüter) und eine Verbilligung der ausländischen Güter im Inland (Importgüter) zur Folge.

B

Situation	Export Export deutscher Luxusautos im Wert von 50.000,00 € je Stück in die USA	Import Rohölimporte, die in US-$ bezahlt werden 1 Barrel (159 l) Rohöl kostet 60,00 US-$.
vor der Aufwertung: Kurs 1,00 US-$/€	Bei einem Kurs von 1,00 muss der Exporteur ein Auto in den USA für 50.000,00 US-$ verkaufen, um als Gegenwert 50.000,00 € zu erhalten.	Bei einem Kurs von 1,00 erhält der Importeur für 60,00 € den Gegenwert von 60,00 US-$ zur Bezahlung von 1 Barrel Rohöl.
nach der Aufwertung: Kurs 1,50 US-$/€	Bei einem Kurs von 1,50 muss der Exporteur ein Auto in den USA für 75.000,00 US-$ verkaufen, um als Gegenwert 50.000,00 € zu erhalten. Würde er ein Auto weiterhin für 50.000,00 US-$ verkaufen, erhielte er nur 33.333,00 €.	Bei einem Kurs von 1,50 erhält der Importeur für 40,00 € den Gegenwert von 60,00 US-$ zur Bezahlung von 1 Barrel Rohöl. Für 60,00 € würde er jetzt 90,00 US-$ erhalten.

D Bei einer Kurssteigerung (Aufwertung) nehmen die Exporte tendenziell ab und die Importe tendenziell zu.

Sinkt der Wechselkurs (Abwertung), müssen für eine inländische Währungseinheit weniger ausländische Währungseinheiten bezahlt werden (z.B. weniger US-$ je Euro). Dies hat eine Verbilligung der inländischen Güter im Ausland (Exportgüter) und eine Verteuerung der ausländischen Güter im Inland (Importgüter) zur Folge.

D Bei einer Kurssenkung (Abwertung) nehmen die Exporte tendenziell zu und die Importe tendenziell ab.

Abhängigkeit des Wechselkurses vom Außenhandel

Werden deutsche Exportgüter in die USA verkauft, tauschen die Exporteure die US-$, die sie zur Bezahlung erhalten haben, in Euro um. Das Angebot an US-$ und damit die Nachfrage nach Euro steigt. Bei unverändertem Euro-Angebot steigt dann der Wechselkurs US-$/Euro.

D Warenexporte führen zu einem Steigen des Wechselkurses.

Werden ausländische Güter, die in US-$ bezahlt werden müssen, importiert, tauschen die deutschen Importeure für die Bezahlung Euro in US-$ um. Die Nachfrage nach US-$ und damit das Angebot an Euro steigt. Bei unveränderter Euro-Nachfrage sinkt dann der Wechselkurs US-$/Euro.

D Warenimporte führen zu einem Sinken des Wechselkurses.

Wechselkursmechanismus und Leistungsbilanzungleichgewichte

← 12.2

Durch die gegenseitige Beeinflussung von Wechselkurs und Außenhandel bei flexiblen Wechselkursen **(Wechselkursmechanismus)** besteht unter bestimmten Voraussetzungen eine Tendenz zum Abbau von Leistungsbilanzungleichgewichten (Export- oder Importüberschüssen).

12.5, S. 508
12.6, S. 509
12.7, S. 509
12.8, S. 510

Wechselkursmechanismus und Leistungsbilanzungleichgewichte

Ausgangssituation	**Inflationsrate in Deutschland < Inflationsrate in USA**		**Inflationsrate in Deutschland > Inflationsrate in USA**	
Folge für dt. Export- und Importmengen	Exportmenge steigt	Importmenge sinkt	Exportmenge sinkt	Importmenge steigt
Folge für die deutsche Leistungsbilanz	Exportwert > Importwert Ungleichgewicht (Exportüberschuss)		Exportwert < Importwert Ungleichgewicht (Importüberschuss)	
Folge für den Devisenmarkt	Nachfrage nach Euro steigt	Angebot an Euro sinkt	Nachfrage nach Euro sinkt	Angebot an Euro steigt
Folge für den Wechselkurs	Wechselkurs US-$/Euro steigt (Aufwertung)		Wechselkurs US-$/Euro sinkt (Abwertung)	
Folge für dt. Export- und Importpreise	Exportgüterpreise in US-$ steigen	Importgüterpreise in € sinken	Exportgüterpreise in US-$ sinken	Importgüterpreise in € steigen
Folge für dt. Export- und Importmengen	Exportmenge sinkt	Importmenge steigt	Exportmenge steigt	Importmenge sinkt
Folge für dt. Export- und Importwert Elastizitätsbedingungen	Wenn die Exportmenge stärker sinkt als die Exportgüterpreise steigen, sinkt der Exportwert.	Wenn die Importmenge stärker steigt als die Importgüterpreise sinken, steigt der Importwert.	Wenn die Exportmenge stärker steigt als die Exportgüterpreise sinken, steigt der Exportwert.	Wenn die Importmenge stärker sinkt als die Importgüterpreise steigen, sinkt der Importwert.
Folge für die deutsche Leistungsbilanz	**Exportwert ≈ Importwert Tendenz zum Gleichgewicht**			

Für den **Ausgleich der Leistungsbilanz** durch den **Wechselkursmechanismus** müssen u. a. folgende Voraussetzungen erfüllt sein:

- Güterimporte und -exporte reagieren auf Wechselkursänderungen normal, d. h., eine Abwertung bewirkt eine Importsenkung und Exporterhöhung, während eine Aufwertung zu einer Importerhöhung und Exportsenkung führt. Diese Reaktion tritt aber nur dann ein, wenn die Nachfrage nach Im- und Exporten hinreichend preiselastisch ist (Elastizitätsbedingungen).
- Devisenangebot und Devisennachfrage müssen maßgeblich aus Güterexporten und Güterimporten stammen. In Wirklichkeit haben aber zwischenzeitlich die internationalen Kapitalströ-

me einen viel größeren Einfluss auf Angebot und Nachfrage am Devisenmarkt als die internationalen Warenströme. Daher können Wechselkursveränderungen unabhängig von Güterex- und -importen auftreten, sodass der Wechselkursmechanismus von anderen Faktoren überlagert wird und nicht zum Ausgleich der Leistungsbilanz führt.

D Unter bestimmten Voraussetzungen bewirkt der Wechselkursmechanismus einen Ausgleich der Leistungsbilanz.

Die Globalisierung der Finanz- und Kapitalströme und die wachsende Bedeutung der internationalen Spekulation haben dazu geführt, dass täglich schätzungsweise bis zu 7 Billionen US-$ um den Globus zirkulieren. Davon werden allenfalls fünf bis zehn Prozent für die Bezahlung von Waren- und Dienstleistungen verwendet.

Wechselkursschwankungen sind also in erster Linie durch internationale Kapital- und nicht durch Handelsströme bedingt. Der Außenhandel wird durch Wechselkursschwankungen aber erheblich behindert, da die Unternehmen keine sichere Kalkulationsgrundlage haben und ihnen für die Minderung der Währungsrisiken erhebliche Kurssicherungskosten entstehen.

12.4 Instrumente der Außenwirtschaftspolitik

Lernziele:

Nach der Bearbeitung des Kapitels sind Sie in der Lage, Folgendes zu tun:

Sie ...

- ... erläutern den Begriff „Außenwirtschaftspolitik“.
- ... stellen dar, was unter Protektionismus zu verstehen ist.
- ... unterscheiden zwischen tarifären und nichttarifären Handelshemmnissen.
- ... unterscheiden protektionistische Maßnahmen der Außenwirtschaftspolitik hinsichtlich Zweck und Wirkung.
- ... erläutern, welche Wirkung Importzölle auf die Marktsituation im Inland haben.

D Unter Außenwirtschaftspolitik ist die Gesamtheit aller Maßnahmen zur Beeinflussung und Steuerung der außenwirtschaftlichen Beziehungen eines Landes zu verstehen. Sie umfasst sowohl die Außenhandelspolitik (Ordnung und Lenkung der internationalen Warenströme) als auch die Währungs- und Wechselkurspolitik (Ordnung und Lenkung der internationalen Kapitalströme).

Außenhandelspolitik zwischen Protektionismus[1] und Freihandel

12.9, S. 510

D Außenhandelspolitik ist der Teil der Außenwirtschaftspolitik, der sich auf die Beeinflussung des Warenverkehrs mit dem Ausland (Außenhandel) bezieht. Dazu gehören Maßnahmen zur Beschränkung des Imports und zur Förderung des Exports, der Abschluss von Handelsverträgen sowie die Beteiligung an internationalen Organisationen zur Liberalisierung des internationalen Handels.

D Unter Protektionismus sind alle außenwirtschaftspolitischen Maßnahmen zu verstehen, mit denen versucht wird, die eigene Volkswirtschaft oder bestimmte inländische Industriezweige vor ausländischer Konkurrenz zu schützen.

1 Protektionismus *(lat.)*: Schutz, Schutz der inländischen Wirtschaft vor ausländischer Konkurrenz

Die Beeinflussung des Außenhandels zum Schutz der inländischen Wirtschaft vor ausländischer Konkurrenz kann durch **tarifäre Handelshemmnisse** (z.B. Preispolitik mittels Zöllen, Steuern und Subventionen) oder **nichttarifäre Handelshemmnisse** (z.B. mengenmäßige Beschränkungen wie Export-/Importkontingente, technische Normen und Standards) erfolgen.

Soll durch solche Maßnahmen der Beschäftigungsstand des eigenen Landes auf Kosten anderer Länder verbessert werden, wird auch von „*beggar-my-neighbour*-Politik“ gesprochen (Export von Arbeitslosigkeit).

Protektionistische Eingriffe in den Außenhandel gehen aber seit einiger Zeit weltweit zurück, weil zunehmend internationale Vereinbarungen zum Abbau von Zöllen und anderen Handelshemmnissen getroffen und von der Welthandelsorganisation **WTO**[1] überwacht werden (Ziel: **Liberalisierung des Welthandels**). Wegen ihrer Mitgliedschaft in der EU stehen der Bundesrepublik Deutschland solche Maßnahmen ohnehin nicht zur Verfügung, da für diese Bereiche der Außenwirtschaftspolitik übergeordnete Organe der EU zuständig sind.

Insbesondere im Handel mit den Entwicklungsländern üben die Industrieländer aber nach wie vor erhebliche Handelsbeschränkungen zum Schutz ihrer eigenen Wirtschaft aus.

Überblick über protektionistische Maßnahmen der Außenwirtschaftspolitik

Ziel	Maßnahme	Wirkung	Zweck
Import-beschränkung	Importzölle erhöhen, Importsubventionen senken (Preispolitik)	Verteuerung der Importe	Inlandsproduktion wird vor ausländischer Konkurrenz geschützt. Strukturpolitik Konjunkturförderung
	Importverbote bzw. Importkontingentierung einführen (Mengenpolitik)	Beschränkung der Importe	
	Abwertung der Inlandswährung (Devisenkäufe der Zentralbank bei flexiblen Wechselkursen)	Verteuerung der Importe	
Import-förderung	Importsubventionen erhöhen, Importzölle senken (Preispolitik)	Verbilligung der Importe	vermehrte Verwendung von Auslandsgütern im Inland Konjunkturdämpfung
	Importverbote bzw. Importkontingentierung abschaffen (Mengenpolitik)	Ausweitung der Importe	
	Aufwertung der Inlandswährung (Devisenverkäufe der Zentralbank bei flexiblen Wechselkursen)	Verbilligung der Importe	
Export-förderung	Exportsubventionen erhöhen, Exportzölle senken (Preispolitik)	Verbilligung der Exporte	vermehrte Güterproduktion im Inland für den Export Strukturpolitik Konjunkturförderung
	staatliche Bürgschaften und Garantien zur Absicherung von Exportrisiken ausweiten (z.B. Forderungsausfälle)	Ausweitung der Exporte	
	Exportverbote bzw. Exportkontingentierung abschaffen (Mengenpolitik)	Ausweitung der Exporte	
	Abwertung der Inlandswährung (Devisenkäufe der Zentralbank bei flexiblen Wechselkursen)	Verbilligung der Exporte	

1 World Trade Organization mit 164 Mitgliedstaaten (2016)

Überblick über protektionistische Maßnahmen der Außenwirtschaftspolitik			
Ziel	**Maßnahme**	**Wirkung**	**Zweck**
Export-beschränkung	Exportsubventionen senken, Exportzölle erhöhen (Preispolitik)	Verteuerung der Exporte	verminderte Güterproduktion im Inland für den Export Strukturpolitik Konjunkturdämpfung
	staatliche Bürgschaften und Garantien zur Absicherung von Exportrisiken abbauen	Beschränkung der Exporte	
	Exportverbote bzw. Exportkontingentierung einführen (Mengenpolitik)	Beschränkung der Exporte	
	Aufwertung der Inlandswährung (Devisenverkäufe der Zentralbank bei flexiblen Wechselkursen)	Verteuerung der Exporte	

Zusammenfassung Kapitel 10: Außenwirtschaft

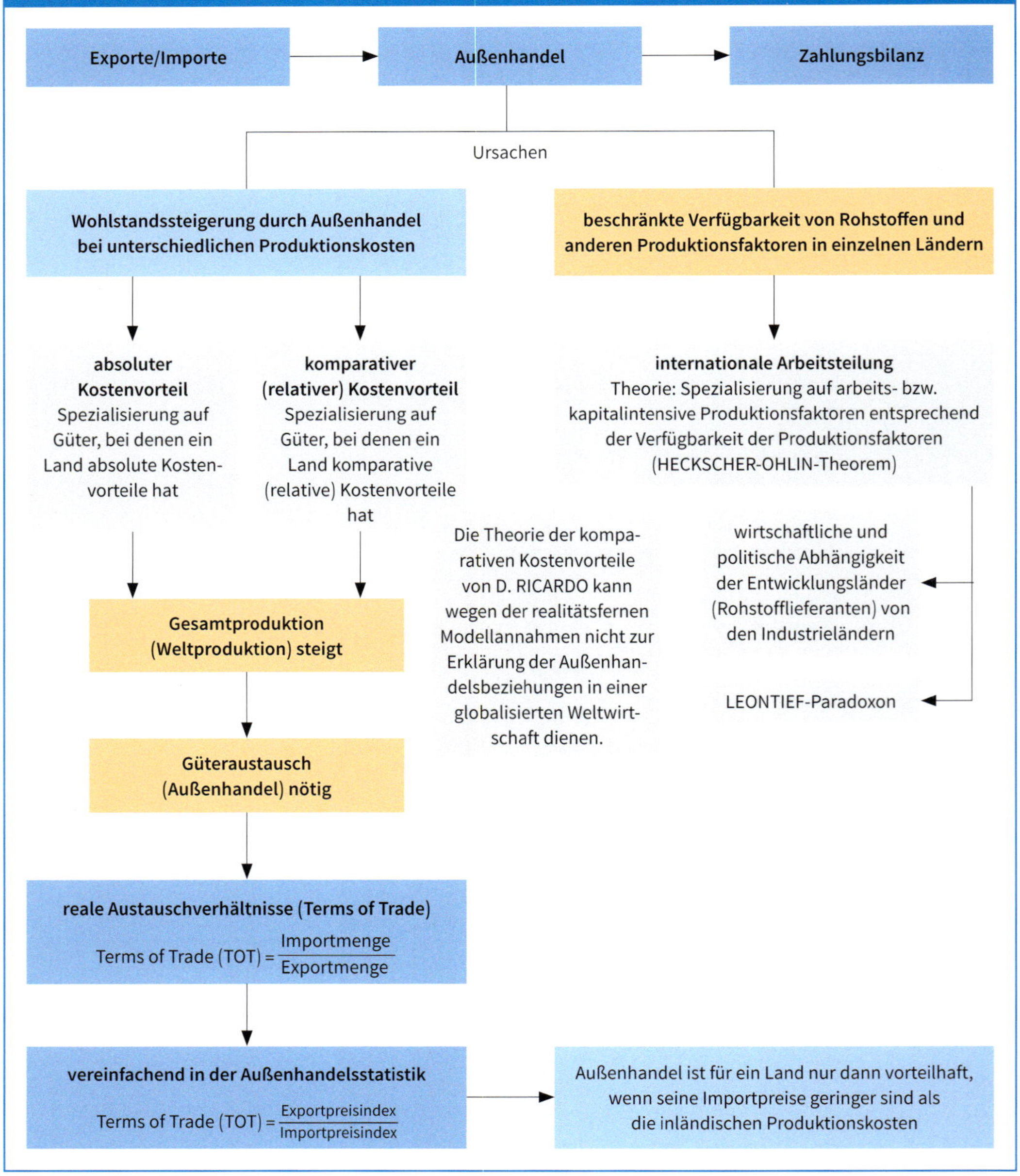

Zusammenfassung Kapitel 12: Außenwirtschaft

System flexibler Wechselkurse

↓

Kursbildung auf dem Devisenmarkt

↓

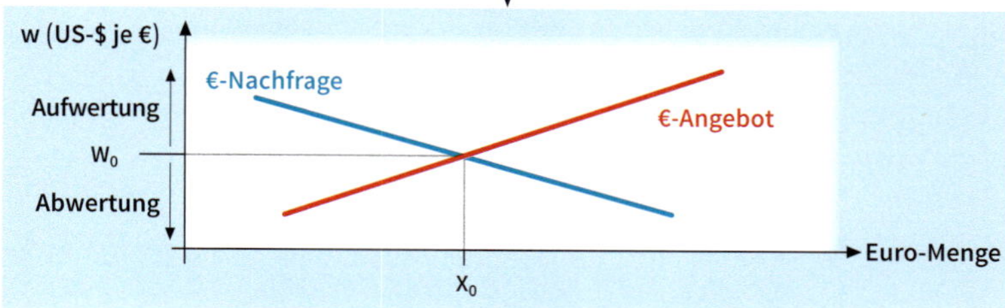

↓

Wechselkursschwankungen durch Verschiebung von €-Angebot und/oder €-Nachfrage

Aufwertung (Kurs steigt)
- Preissenkungen im Inland
- **Exporte sinken Importe steigen**
- **Aufwertung verhindert importierte Geldmengen- und Nachfrageinflation**

Abwertung (Kurs sinkt)
- **Exporte steigen Importe sinken**
- Preiserhöhungen im Inland

Wechselkurs-mechanismus

↓

Tendenz zum Ausgleich der Leistungsbilanz

Außenwirtschaftspolitik

Ziele
- Protektionismus → Handelshemmnisse: Zölle, Subventionen, Kontingente, …
- Freihandel → Liberalisierung, Deregulierung

Maßnahmen
- Handelshemmnisse: Zölle, Subventionen, Kontingente, …
- Liberalisierung, Deregulierung

Internationale Organisationen
- Europäische Union
- Welthandelsorganisation (WTO)
- Internationaler Währungsfonds (IWF)

Aufgaben zu Kapitel 12: Außenwirtschaft

12.1 Außenhandel Deutschland – Zahlungsbilanz

1. Deutschland galt in den letzten Jahren als Exportweltmeister. Stellen Sie anhand der Abbildung auf S. 481 fest, welches die wichtigsten Exportgüter waren und in welche Länder vornehmlich exportiert wurde.
2. Stellen Sie anhand der Zahlungsbilanz auf S. 483 fest, in welchen Teilbilanzen der Zahlungsbilanz sich der Außenhandel niederschlägt. In welchen Teilbilanzen werden folgende Vorgänge erfasst?
   a) Export von Maschinen
   b) Import von Südfrüchten
   c) Ausgaben für Auslandsurlaub
   d) Erwerb ausländischer Wertpapiere
3. Ermitteln Sie die Höhe des Außenbeitrags (= Beitrag des Ex- und Imports von Waren und Dienstleistungen zum BIP) in den angegebenen Jahren in € und in % des BIP (siehe auch S. 321).
4. Erläutern Sie, worauf die Veränderung des Außenbeitrags in den einzelnen Jahren zurückzuführen ist.

12.2 Theorie der komparativen (relativen) Kostenvorteile

Mit 8 Arbeitseinheiten (= Arbeitseinsatz von 8 Stunden) können im In- und Ausland die in nebenstehender Tabelle angegebenen **alternativen** Mengenkombinationen von Textilien und Getreide produziert werden. Bisher werden im Ausland 6 ME Getreide und 2 ME Textilien und im Inland 4 ME Getreide und 6 ME Textilien produziert.

Land	Güterart	Mengeneinheiten		
Ausland	Getreide	12	6	0
	Textilien	0	2	4
Inland	Getreide	16	4	0
	Textilien	0	6	8

1. Zeichnen Sie die linearen Produktionsmöglichkeitskurven für beide Länder in zwei getrennte Koordinatensysteme ein.
2. Berechnen Sie die Produktionskosten in Form der für 1 ME Getreide und 1 ME Textilien in beiden Ländern benötigten Arbeitseinheiten und ermitteln Sie die Produktivitätsunterschiede.
   Hinweis: Es wird angenommen, dass nur Arbeitskosten anfallen.
3. Stellen Sie fest, welche Aussagen sich hinsichtlich der absoluten und komparativen (relativen) Kostenunterschiede zwischen beiden Ländern machen lassen.
4. Berechnen Sie nach folgendem Muster die komparativen Kostenunterschiede mithilfe der Opportunitätskosten:

Komparative Kostenunterschiede (Opportunitätskosten) der Güterproduktion		
Land / Kosten der Güter	Ausland	Inland
Kosten für 1 ME Getreide ausgedrückt in ME Textilien, auf die verzichtet werden muss	$\frac{\text{Verzicht auf Textilien}}{\text{Mehrproduktion Getreide}} =$	$\frac{\text{Verzicht auf Textilien}}{\text{Mehrproduktion Getreide}} =$
Kosten für 1 ME Textilien ausgedrückt in ME Getreide, auf die verzichtet werden muss	$\frac{\text{Verzicht auf Getreide}}{\text{Mehrproduktion Textilien}} =$	$\frac{\text{Verzicht auf Getreide}}{\text{Mehrproduktion Textilien}} =$

5. Angenommen, beide Länder spezialisieren sich auf die Produktion des Gutes, bei dem sie komparative Kostenvorteile haben, und treiben bei einem Austauschverhältnis von
   2,5 ME Getreide = 1 ME Textilien
   miteinander Handel. Das Ausland importiert 2 ME Textilien.
   Beurteilen Sie für diesen Fall die Versorgungslage beider Länder anhand ihrer Produktionsmöglichkeitskurven.

6. Beurteilen Sie, ob und ggf. für welches Land der Außenhandel vorteilhaft ist, wenn die Annahmen von Aufgabe 5 weiterhin gelten und sich folgende Austauschverhältnisse ergeben:
   a) 1 ME Getreide = 1 ME Textilien
   b) 2 ME Getreide = 1 ME Textilien
   c) 3 ME Getreide = 1 ME Textilien
   d) 4 ME Getreide = 1 ME Textilien
7. Fassen Sie die Ergebnisse zusammen, indem Sie den Lückentext auf dem Arbeitsblatt ausfüllen.

12.3 Angebot und Nachfrage auf dem Devisenmarkt – Wechselkursveränderungen

1. Stellen Sie anhand der Abbildung auf S. 493 oben die Veränderung des Wechselkurses US-$/€ für Anfang 2002 im Vergleich zu Anfang 2008 durch Angebots- und Nachfragekurven dar und erläutern Sie Ursachen, die zu dieser Wechselkursänderung geführt haben können.
2. Entscheiden und begründen Sie, welche Wechselkursveränderungen (US-$/€) in folgenden Fällen ausgelöst werden:
   a) Das Zinsniveau in den USA liegt über dem in Europa. Es werden weitere Zinserhöhungen in den USA erwartet.
   b) Amerikanische Unternehmen investieren vermehrt in Deutschland.
   c) Internationale Unternehmen und Kapitalanleger haben größeres Vertrauen in die amerikanische als in die deutsche Wirtschaftspolitik. Die Gewinnerwartungen in den USA sind daher größer als in Deutschland.
   d) Die EZB verkauft US-$, um die Gefahr einer importierten Kosteninflation zu senken.
   e) Devisenspekulanten vermuten, dass der Euro seinen Tiefpunkt noch nicht erreicht hat und weiter fällt.
   f) Devisenspekulanten vermuten, dass der Euro zum Jahresende 1,30 US-$ statt derzeit 1,00 US-$ kosten wird.
   g) Der Preis für Rohöl, das in US-$ abgerechnet wird, sinkt weltweit.
   h) Kapitalanleger und Devisenspekulanten rechnen damit, dass der Euro nicht so hart und stabil bleibt. Für den Euro-Währungsraum werden höhere Inflationsraten als für die USA vorhergesagt.
   i) Gemessen an den Auftragseingängen und der Industrieproduktion zeichnet sich für die USA ein schnellerer und stärkerer Konjunkturaufschwung als in Europa ab.
   j) Lohnstückkosten, Arbeitslosenquote und Neuverschuldung des Staates sind in den USA geringer als in den europäischen Staaten.
   k) Die Preise in den USA steigen schneller als im Euro-Währungsraum.
   l) Die EZB schwenkt auf eine restriktive Geldpolitik um.
   m) Das Handelsbilanzdefizit (Importüberschuss) der USA wird kleiner.
3. Erläutern Sie, welche der in Aufgabe 2 a) – m) genannten Wechselkursveränderungen Kurssteigerungen bei Aktien exportorientierter deutscher Unternehmen auslösen können.

12.4 Intervention der Zentralbank am Devisenmarkt

Die Nachfrage nach japanischen Yen am Devisenmarkt stieg nach den BIP-Zahlen für das erste Quartal in Japan rapide an. Um diese erhöhte Nachfrage befriedigen zu können, bat die Bank vom Japan die EZB, in ihrem Namen japanische Yen gegen Euro zu verkaufen. Am Tag der Durchführung dieser Devisenmarktgeschäfte eröffnete der Wechselkurs bei 123,55 JPY/€ und schloss bei 125,15 JPY/€. Da die Geschäfte zwischen der Bank von Japan und den beteiligten Geschäftsbanken abgewickelt wurden, war zur Durchführung kein Einsatz von Währungsreserven der EZB nötig.

1. Beurteilen Sie, ob es sich bei den erwähnten BIP-Zahlen für Japan um positive oder negative Entwicklungen des BIP gehandelt hat. Begründen Sie Ihre Aussage.
2. Skizzieren Sie die beschriebene Kursveränderung in einem Preis-Mengen-Diagramm (y-Achse: Wechselkurs JPY/€, x-Achse: Menge €).
3. Beurteilen Sie, ob im vorliegenden Fall eine Aufwertung oder Abwertung des Yen gegenüber dem Euro vorliegt.
4. Erläutern Sie, aus welchen Gründen die Stärke des japanischen Yen (JPY) gegenüber dem US-Dollar sowohl für Japan als auch für die USA unerwünscht sein kann.

5. Angenommen, die Aufwertung des Yen gegenüber dem US-Dollar soll in einer gemeinsamen Aktion der Zentralbanken beider Länder gestoppt werden.
   a) Begründen Sie, welche Maßnahmen die beiden Zentralbanken jeweils ergreifen müssten, wenn beide in den Devisenmarkt eingreifen wollen.
   b) Ermitteln Sie, welche Veränderung des Leitzinses die beiden Zentralbanken jeweils vornehmen müssten, wenn der Wechselkurs durch Zinsänderungen in beiden Ländern beeinflusst werden soll. Begründen Sie Ihre Aussage.
6. Erläutern Sie, welche Voraussetzungen vorliegen müssen, damit der in folgendem Zeitungsartikel beschriebene Zusammenhang zwischen Wechselkurs und Leistungsbilanz eintritt.

> "
>
> "TOKIO. Japan konnte im ersten Halbjahr 1999 seinen chronischen Überschuss in der Leistungsbilanz deutlich abbauen. [...] Die Ursache dafür war in erster Linie die Verteuerung der japanischen Währung. Der Yen hat innerhalb dieser sechs Monate gegenüber dem US-Dollar 10 % an Wert gewonnen. Infolgedessen gingen die Exporte um 9,2 % zurück. Besonders stark schlugen die rückläufigen Ausfuhren nach Europa und in die USA zu Buche."
>
> *Quelle: wn: Starker Yen drückt Japans Leistungsbilanz-Überschuss, 13.08.1999, Handelsblatt, S. 1.*

12.5 Auswirkungen flexibler Wechselkurse – Aufwertung – Handelsbilanzungleichgewicht

1. Angenommen, auf dem Devisenmarkt ergibt sich ein Wechselkurs zwischen Schweizer Franken (sfr) und Euro von 1,50 sfr/€. Deutsche Exporteure haben Güter im Wert von 100 Mio. € in die Schweiz exportiert. Aus der Schweiz wurden Güter im Wert von 80 Mio. sfr. importiert. Diese Handelsströme tragen zu einem bestehenden Ungleichgewicht in der deutschen Handelsbilanz (Exportüberschuss) bei. Die deutschen und schweizerischen Importeure bieten auf einem gemeinsamen Devisenmarkt jeweils ihre inländische Währung an und fragen die zur Bezahlung der Importe benötigte ausländische Währung nach. Wie groß sind in diesem Fall das Angebot an Euro und die Nachfrage nach Euro?
2. Angenommen, aufgrund der Angebots- und Nachfragesituation auf dem Devisenmarkt ändert sich der Wechselkurs um 20 %. Berechnen Sie den neuen Wechselkurs.
3. Ein schweizerischer Hersteller exportiert Armbanduhren nach Deutschland. Berechnen Sie, um wie viel Prozent er nach der Kursänderung den Preis in Deutschland verändern kann, wenn er nach wie vor 200 sfr. je Stück erlösen möchte.
4. Ein deutscher Autoexporteur liefert in die Schweiz. Berechnen Sie, um wie viel Prozent er nach der Kursänderung den Preis in der Schweiz verändern muss, wenn er nach wie vor 15.000 € je Auto erlösen möchte.
5. Erläutern Sie, wie sich die Änderung des Wechselkurses im vorliegenden Fall auf die deutsche Handelsbilanz auswirken kann.
6. Der Höchststand des Wechselkurses sfr/€ betrug 1,68 (2007). Im Zusammenhang mit der Staatsschuldenkrise im Euro-Währungsgebiet 2010/2011 fiel der Kurs 2011 zeitweise bis auf 1,04 sfr/€. Im September 2011 kündigte die Schweizerische Nationalbank daraufhin an, künftig keinen Kurs mehr unter 1,20 sfr/€ zu dulden und notfalls in entsprechender Weise am Devisenmarkt einzugreifen.
   a) Erläutern Sie, worauf der starke Kursverlust des Euro gegenüber dem Schweizer Franken im Jahr 2011 zurückzuführen sein könnte.
   b) Beschreiben Sie, aus welchen Gründen die Schweizerische Nationalbank einen Kurs unter 1,20 sfr/€ verhindern will.
   c) Beschreiben Sie Maßnahmen, die die Schweizerische Nationalbank am Devisenmarkt ergreifen muss, wenn der Kurs auf unter 1,20 sfr/€ abzusinken droht und sie das verhindern will.

12.6 Leistungsbilanz und Wechselkurs

Es liegt folgende Ausgangssituation vor: Für die USA gilt, dass der Wert der Warenimporte aus der EU größer als der Wert der Warenexporte in die EU ist. Als Folge davon steigt das Leistungsbilanzdefizit der USA. Es wird angenommen, dass der Wechselkursmechanismus tendenziell zu einem Ausgleich der amerikanischen Leistungsbilanz führt.

1. Bringen für diesen Fall die folgenden Elemente in eine geordnete Reihenfolge, aus der Ursachen und Wirkungen ersichtlich sind (vgl. Abb. auf S. 501).
2. Geben Sie für die sich verändernden Größen jeweils auch die Entwicklungsrichtung (Steigen oder Fallen) an.

sich verändernde Größe	(Zwischen-)Ergebnisse
Preise in US-$ für amerikanische Importgüter Leistungsbilanzdefizit Exportmenge der USA Nachfrage nach Devisen Wert der US-Importe Importmenge der USA Preise für amerikanische Exportgüter in € Wechselkurs US-$ je Euro Wert der US-Exporte	Abwertung des US-$ Annäherung von Exportwerten und Importwerten Aufwertung des Euro Tendenz zum Ausgleich der Leistungsbilanz

12.7 Fallstudie: Globalisierung und internationale Verflechtung

Für eine Volkswirtschaft liegen die in der folgenden Tabelle dargestellten Zahlen vor.

Indikatoren	Vorjahr	laufendes Jahr
BIP in Preisen des Vorjahres	995 Mrd. GE	1.000 Mrd. GE
Veränderung des realen BIP	+ 1,0 %	+ 0,5 %
Veränderung des Preisniveaus im Inland	+ 3,0 %	+ 2,0 %
Veränderung des Preisniveaus im Ausland	+ 2,0 %	+ 2,0 %
Veränderung der Durchschnittslöhne im Inland (nominal)	+ 5,0 %	+ 4,0 %
Veränderung der Durchschnittslöhne im Ausland	+ 5,5 %	+ 5,0 %
Veränderung der Gewinneinkommen (Inland)	+ 4,5 %	+ 6,5 %
Zahl der Arbeitslosen	2,3 Mio.	2,6 Mio.
Erwerbstätige	25,3 Mio.	25,0 Mio.
Veränderung der Geldmenge M3	+ 4,0 %	+ 1,5 %
Veränderung der Staatsausgaben		+ 5,0 %
Veränderung der Steuereinnahmen		+ 2,0 %
Kapitalmarktzinsen (Inland)		10,0 %
Kapitalmarktzinsen (Ausland)		6,0 %
Leitzinsen der Zentralbank		6,5 %
Kapazitätsauslastung: inlandsorientierte Branchen Exportindustrie	91,5 % 75,5 %	90,0 % 71,0 %
private Investitionen (reale Veränderung)		+ 2,5 %
Staatsnachfrage (reale Veränderung)		+ 3,0 %
privater Verbrauch (reale Veränderung)		+ 2,0 %
Außenbeitrag (Ex – Im)		– 30 Mrd. GE
Exporte (nominale Veränderungsrate)	+ 2,0 %	– 0,5 %
Importe (nominale Veränderungsrate)	+ 3,5 %	+ 3,5 %
Veränderung der Ausfuhrpreise	+ 2,0 %	+ 2,0 %
Veränderung der Einfuhrpreise	– 2,0 %	– 2,0 %
Exportquote (Anteil der Exporte am BIP)		25,0 %
Importquote		27,0 %
Saldo der Kapitalbilanz (Kapitalimport)	+ 9 Mrd. GE	+ 30 Mrd. GE

Analysieren Sie die Situation und prüfen Sie die Erfolgschancen der vorgeschlagenen Maßnahmen im Hinblick auf die Ziele Preisniveaustabilität, hoher Beschäftigungsstand und angemessenes Wirtschaftswachstum. Das Land hat flexible Wechselkurse. Im letzten Jahr hat sich eine Aufwertung der Währung des Landes um 4 %, im Jahr davor um 3 % gegenüber der internationalen Leitwährung (US-$) ergeben.

vgl. Lösungshinweise im Anhang S. 612

Folgende stabilitätspolitische Vorschläge liegen für das kommende Jahr vor:

a) Zeitliches Vorziehen von staatlichen Investitionen in Höhe von 12 Mrd. GE auf das kommende Jahr. Die Mittel dazu sollen auf dem inländischen Kapitalmarkt beschafft werden.
b) Senkung der Arbeitslosenunterstützung und anderer Sozialleistungen. Senkung der Beamtengehälter. Einführung eines Niedriglohnsektors für gering qualifizierte Arbeitnehmer.
c) Senkung der Leitzinsen der Zentralbank auf 5 %
d) verstärkter Aufkauf ausländischer Währungen (insbesondere der Währungen der Hauptexportländer) durch die Zentralbank

12.8 Wechselkurse – Arbeitskosten – Internationale Wettbewerbsfähigkeit

Für Deutschland und die USA liegen bei einem Wechselkurs von 1,20 US-$ je € folgende Ausgangssituationen vor:

	Deutschland	USA
Arbeitskosten je Stunde	20,00 €	18,00 US-$
Arbeitsproduktivität (Stück je Stunde)	10	10

1. Berechnen Sie:
   - die Lohnstückkosten in Deutschland in Euro
   - die Lohnstückkosten in den USA in US-$
   - die Arbeitskosten in Deutschland in US-$
   - die Lohnstückkosten in Deutschland in US-$
   - die Differenz der Lohnstückkosten zwischen Deutschland und den USA in US-$.
2. Beurteilen Sie anhand der Veränderung der Lohnstückkosten, welche Folgen sich für die deutsche Wettbewerbsfähigkeit ergeben, wenn gleichzeitig folgende Entwicklungen eintreten:
   - Aufwertung des Euro gegenüber dem US-$ um 25 %
   - Lohnerhöhung in den USA um 10 % und konstante Löhne in Deutschland
   - Erhöhung der Arbeitsproduktivität in Deutschland um 5 % und in den USA um 10 %.
3. Vergleichen Sie die Ergebnisse von 1. und 2. Beurteilen Sie vor diesem Hintergrund die Forderungen der Arbeitgeber nach niedrigeren Löhnen zur Stärkung der Wettbewerbsfähigkeit.
4. Erläutern Sie, wie sich die in der Abbildung auf S. 493 dargestellte Wechselkursentwicklung US-$/€ auf die internationale Wettbewerbsfähigkeit deutscher Unternehmen ausgewirkt hat.
5. Erläutern Sie, wie es zu erklären ist, dass trotz dieser Entwicklung die deutschen Exporte im Zeitablauf sogar gestiegen sind und Deutschland zeitweise „Exportweltmeister“ war.

12.9 Abbau von internationalen Handelsbeschränkungen

Die USA und China treiben miteinander Handel. Beide haben dabei die Wahl, entweder auf Handelsbeschränkungen (z. B. Importzölle) zu verzichten (Freihandel) oder zum Schutz der eigenen Wirtschaft und aus anderen Gründen Zollbarrieren sowie andere Handelshemmnisse zu errichten (Protektionismus).

Jedes Land hat somit zwei Strategien zur Auswahl: Freihandel oder Protektion

Strategie 1 (S1): Freihandel

Strategie 2 (S2): Protektionismus

Die jeweiligen Ergebnisse der vier möglichen Strategiekombinationen sind in der folgenden Matrix wiedergegeben. Die Vor-/Nachteile für die USA sind jeweils in die linke untere Ecke, die Vor-/Nachteile für China sind jeweils in die rechte obere Ecke der vier Felder eingetragen.

		China	
		Freihandel ($S1_{China}$)	Protektionismus ($S2_{China}$)
USA	Freihandel ($S1_{USA}$)	USA: 10 / China: 10	USA: −10 / China: 20
	Protektionismus ($S2_{USA}$)	USA: 20 / China: −10	USA: −5 / China: −5

1. Erläutern Sie die Strategiekombination, die aus Sicht der USA am günstigsten ist.
2. Erläutern Sie die Strategiekombination, die aus Sicht Chinas am günstigsten ist.
3. Ermitteln Sie, zu welcher Strategiekombination das Verhalten der beiden Länder führen wird, wenn jedes die für sich günstigste Lösung verfolgt. Begründen Sie dieses Verhalten und erläutern Sie das Ergebnis.
4. Erläutern Sie, welche Konsequenzen sich aus den Ergebnissen für den internationalen Handel ergeben.

Ich kann …	Bitte ankreuzen Ja	Bitte ankreuzen Nein	Wenn Nein: Siehe Seite(n) im Buch	Level/ Anforderungsniveau
12.1 Außenhandel und Zahlungsbilanz in Deutschland				
… erläutern, warum Außenhandel für die deutsche Volkswirtschaft notwendig und vorteilhaft ist.			S. 480	II
… Deutschlands wichtigste Handelspartner zu nennen.			S. 481	I
… wichtige deutsche Exportgüter zu nennen.			S. 481	I
… den Aufbau der Zahlungsbilanz zu beschreiben.			S. 482 f.	I
… anhand der Tabelle auf S. 483 die Zusammensetzung und Entwicklung des deutschen Leistungsbilanzsaldos erläutern.			S. 483	II
12.2 Ursachen und Vorteile des Außenhandels				
… beschreiben, warum Außenhandel betrieben wird.			S. 484 f.	I
… erläutern, wann ein Land einen komparativen (relativen) Kostenvorteil hat.			S. 485 ff.	II
… erläutern, welche Wirkungen sich durch Außenhandel bei relativen Kostenvorteilen ergeben können.			S. 485 ff.	II
… beschreiben den Begriff „Terms of Trade“.			S. 487	I
… erläutern, in welchem Fall Außenhandel für das Importland vorteilhaft ist.			S. 489	II
… erklären, welche Annahmen der Theorie des komparativen Kostenvorteils zugrunde liegen.			S. 489 f.	II
… nehmen kritisch Stellung zur Theorie der komparativen Kostenvorteile.			S. 489 f.	III
… nennen Nachteile, die eine Spezialisierung im Rahmen der internationalen Arbeitsteilung für ein Land mit sich bringen kann.			S. 490	I

13 Globalisierung: Von der europäischen Volkswirtschaft zur Weltwirtschaft

13.1 Ursachen der Globalisierung

- technologische Entwicklungen
- Transportkosten
- Liberalisierung des Welthandels

13.5 Instabile Finanzmärkte und Möglichkeiten der Stabilisierung

- Ursachen
- Gefahren
- Stabilisierung internationaler Finanzmärkte

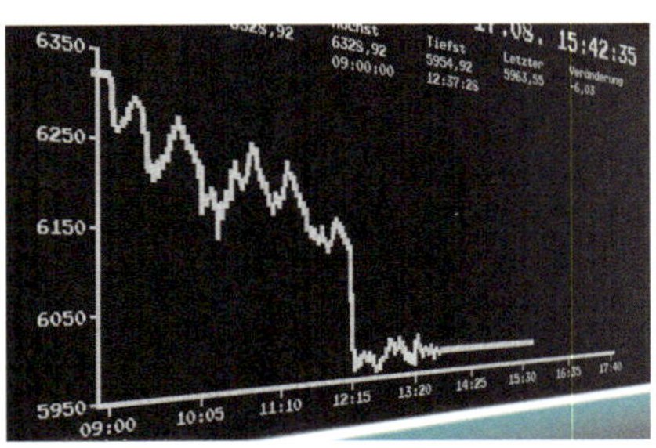

13.2 Merkmale der Globalisierung

- Welthandel und globale Handelsströme
- Direktinvestitionen

13.3 Akteure der Globalisierung

- Multinationale Unternehmen
- Internationale Organisationen

13.4 Folgen der Globalisierung

- Wohlstandszuwächse und Wohlstandsverluste
- Globalisierung und Beschäftigung
- Standortwettbewerb

13 Globalisierung: Von der europäischen Volkswirtschaft zur Weltwirtschaft

"

Befürworter der Globalisierung

"Durch den internationalen Handel können Güter dort hergestellt werden, wo dies verhältnismäßig günstiger ist. In jedem Land lassen sich bestimmte Güter relativ leichter und billiger herstellen als in anderen Ländern – also auch in Entwicklungsländern. Immer vorausgesetzt, sie dürfen am Handel teilnehmen. Selbst ein Land, das absolut benachteiligt ist, kann so vom Außenhandel profitieren, denn durch den Export von Gütern erspart es anderen Ländern die Produktion. Mit der so gewonnenen Arbeitszeit lassen sich dort wiederum andere Waren oder Dienstleistungen herstellen. Letztlich gibt es mehr von allem für alle. [...] Dieses Szenario zeigt, dass die Globalisierung kein Instrument zur Ausbeutung der Schwachen ist, sondern gerade für diejenigen, die keine gute Ausgangsposition haben, Chancen bietet. Und sie ist nicht gleichbedeutend mit dem Exodus der Arbeitsplätze aus der industrialisierten Welt zugunsten neuer, menschenunwürdiger Ausbeuter-Jobs in den Armenhäusern der Erde. [...] [Es wird deutlich], warum eine Welt ohne Globalisierung eine schlechtere ist."

Quelle: Balser, Markus & Bauchmüller, Michael: Die 10 Irrtümer der Globalisierungsgegner – wie man Ideologie mit Fakten widerlegt. Frankfurt a.M.: Eichborn Verlag 2003, S. 7–11.

"

Kritiker der Globalisierung

"Die weltweite Handelsfreiheit führt mitnichten zur besten aller Welten, sondern zu Unsicherheit, Armut und Krieg. Die vom Westen beherrschten internationalen Großbanken verdienen an instabilen Finanzmärkten. Die internationalen Konzerne, unter dem Druck der von ihnen selbstverschuldeten Überproduktion, setzen auf die Ausweitung der Märkte in den Entwicklungsländern [...] – was nur geht, wenn deren produktive Basis zerstört wird. Diese Länder hängen immer mehr an der kurzen Leine von Weltbank, IWF und WTO ... [Sie] werden [...] zu offenen ökonomischen Territorien ohne eigene Regelungskompetenz und ohne Vetomöglichkeit. Die Allianz der Reichen forciert die Globalisierung der Armut, der Umweltzerstörung, der sozialen Apartheid, [...] Nach der Ära des Kalten Krieges rutschen große Teile der Weltbevölkerung jetzt in eine beispiellose wirtschaftliche und soziale Krise, brutaler als die Weltwirtschaftskrise der 30er-Jahre. Ganze Volkswirtschaften brechen zusammen [...], Arbeitslosigkeit und Elend nehmen überhand."

Quelle: Chossudovsky, Michael: Global brutal. Der entfesselte Welthandel, die Armut, der Krieg. Frankfurt a.M.: Zweitausendeins 2003, 4. Umschlagseite.

13.1 Ursachen der Globalisierung

Lernziele:

Nach der Bearbeitung des Kapitels sind Sie in der Lage, Folgendes zu tun:

Sie ...

- ... erläutern Entwicklungen, die eine wirtschaftliche Globalisierung unterstützt oder verstärkt haben.

Globalisierung ist eine Folge von Änderungen der politischen, wirtschaftlichen, technischen sowie gesellschaftlichen Rahmenbedingungen. Im Folgenden werden verschiedene Entwicklungen, die eine wirtschaftliche Globalisierung befördert haben, erläutert.

Technologische Entwicklung

Wesentliche Voraussetzung und Triebkraft der Globalisierung ist die Entwicklung und Anwendung neuer Technologien im Bereich des Kommunikations-, Informations- und Transportwesens. Das Internet stellt in vielerlei Hinsicht das Sinnbild für die Globalisierung dar. Ohne diese Technologie wäre beispielsweise die Globalisierung der Finanzmärkte mit ihrem sekundenschnellen Verschieben riesiger Geldbeträge auf der Suche nach günstigen Anlagemöglichkeiten rund um den Erdball nicht denkbar. Zudem ermöglichen weltweite Datennetze, Satellitenkommunikation, computergestützte Logistik und hoch entwickelte Verkehrsmittel den Unternehmen, Produktion und Absatzmärkte räumlich zu trennen, die günstigsten Produktions- und Absatzstandorte auszuwählen und die Aktivitäten weltweit zu koordinieren.

Transportkosten

Die Transportkosten für Güter und Informationen sind in den letzten Jahrzehnten wesentlich schneller gesunken als die Produktionskosten. Erst durch diese Entwicklung wird der internationale Austausch von Gütern vorteilhaft. Die Verringerung der Transportkosten für Verkehrsmittel hängt eng mit der Entwicklung der Energiepreise zusammen, die in die betriebswirtschaftliche Kostenkalkulation eingehen. Würden die Transportkosten auch die externen Kosten für Umweltbelastung und Ressourcenverbrauch beinhalten und die „ökologische Wahrheit“ sagen, fiele das Tempo der Globalisierung geringer aus. Neben der Beschleunigung des Warentransports können inzwischen auch Produkte wie Software, Datenbanken oder bestimmte Dienstleistungen über die Datenleitungen in Sekunden von einem Ende der Welt zum anderen geschickt werden.

1.5.2

1.5.3

Liberalisierung des Welthandels

Der Abbau politisch bedingter Handelshemmnisse hat in den letzten Jahrzehnten erheblich zugenommen. Diese Wirtschaftspolitik ist am Leitbild und an den Grundprinzipien einer weltweiten Marktwirtschaft orientiert und beinhaltet vor allem die Handels- und Marktzutrittsfreiheit. Folgende Ziele und Entwicklungen dieser als neoliberal bezeichneten Politik lassen sich unterscheiden:

- Abbau von Zöllen, Mengenbeschränkungen und nichttarifären Handelshemmnissen im Rahmen der WTO und regionaler Wirtschaftsräume wie der EU. Ohne die Liberalisierung des Welthandels im Rahmen der WTO wäre die Entwicklung der Globalisierung in der heutigen Form nicht denkbar gewesen.
- Zunehmende Integration der Entwicklungsländer in die Weltwirtschaft.
- Nach Ende des sogenannten „Kalten Krieges“ und des Ost-West-Konflikts Umwandlung der ehemaligen Ostblockländer in marktwirtschaftliche Systeme. Eintritt Chinas in den internationalen Handel und Öffnung des chinesischen Marktes für ausländische Güter und ausländisches Kapital.
- Deregulierung[1] und Privatisierung wichtiger Wirtschaftsbereiche (z. B. im Rahmen der EU die Sektoren Telekommunikation, Energieversorgung, Verkehr, Banken, Versicherungen) mit der Folge einer Verstärkung des internationalen Wettbewerbs und der internationalen Arbeitsteilung.

1 Deregulierung *(lat.)*: Verringerung staatlicher Eingriffe in das Marktgeschehen

13.2 Merkmale der Globalisierung

Lernziele:

Nach der Bearbeitung des Kapitels sind Sie in der Lage, Folgendes zu tun:

Sie ...

- ... nennen drei Merkmale, an denen sich das Ausmaß der Globalisierung feststellen lässt.
- ... arbeiten die Welthandelsströme sowie die Verteilung von Weltproduktion, Weltexporten und Weltbevölkerung anhand der Grafiken aus diesem Kapitel heraus.
- ... definieren den Begriff „Direktinvestitionen".
- ... arbeiten anhand der Grafiken aus diesem Kapitel die wichtigsten Länder für deutsche Direktinvestitionen heraus.
- ... unterscheiden verschiedene Gründe für Direktinvestitionen.
- ... erklären, warum ein starker Anstieg deutscher Direktinvestitionen nicht gleichbedeutend ist mit einer Verlagerung von Arbeitsplätzen ins Ausland.

Das Ausmaß der wirtschaftlichen Globalisierung ist u. a. daran erkennbar, dass

- der **Welthandel** stärker steigt als die **Weltproduktion**,
- die **Direktinvestitionen** rascher zunehmen als die **Handelsströme**,
- die **internationalen Finanzströme** noch stärker wachsen als die Direktinvestitionen.

Welthandel

Der weltweite Handel ist in den letzten Jahrzehnten wesentlich schneller gestiegen als die weltweite Produktion. Dabei lässt sich auch eine erhebliche Veränderung der Handelsstruktur feststellen: So hat der Handel mit branchengleichen Fertigwaren (z. B. VW-Export von Deutschland nach Frankreich, Renault-Export von Frankreich nach Deutschland) ebenso erheblich zugenommen wie der Handel innerhalb der multinationalen Unternehmen.

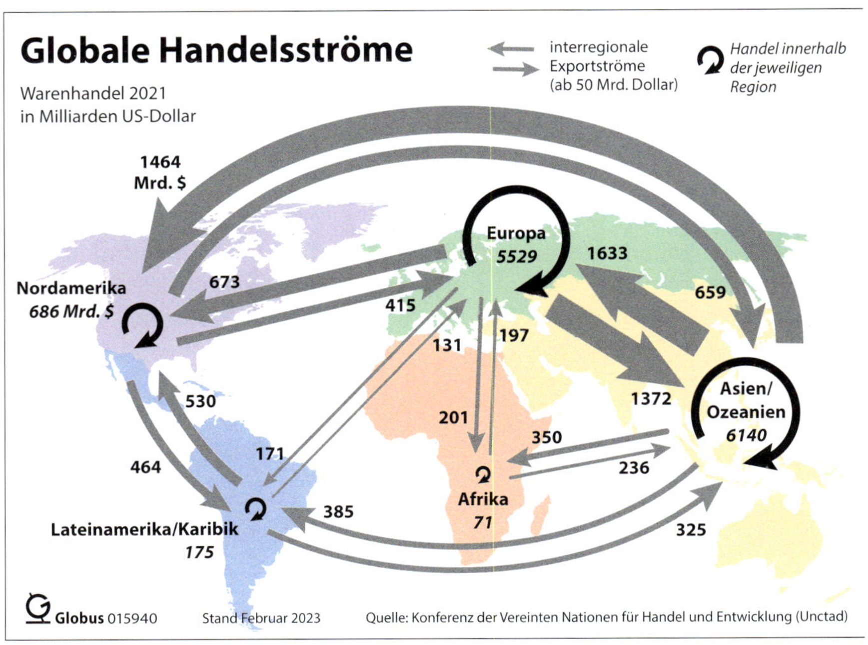

75% der Weltexporte konzentrieren sich auf die fortgeschrittenen Industrieländer, die aber lediglich 15% der Weltbevölkerung ausmachen. Die Entwicklungsländer haben dagegen nur einen geringen Anteil am internationalen Warenverkehr. Das liegt u. a. daran, dass sich die westlichen Industrieländer zum Schutz ihrer Landwirtschaft gegen (Agrar-)Produkte, die zu den Hauptexportgütern der Entwicklungsländer zählen, durch Zölle und Subventionen abschotten. Die Europäische Union hat den größten Anteil am Weltexport, gefolgt von China und den USA. Unter den Entwicklungsländern haben die asiatischen Länder das größte Exportgewicht. Der größte Teil des Welthandels konzentriert sich auf drei regionale Pole, die auch als **Triade** bezeichnet werden: EU, ASEAN-Zone (Japan, südostasiatische „Tigerstaaten“, China), USA.

Direktinvestitionen

D **Direktinvestitionen sind Kapitalanlagen von Inländern im Ausland in Form von Zweigwerken, Auslandsniederlassungen und Beteiligungen an ausländischen Unternehmen.**

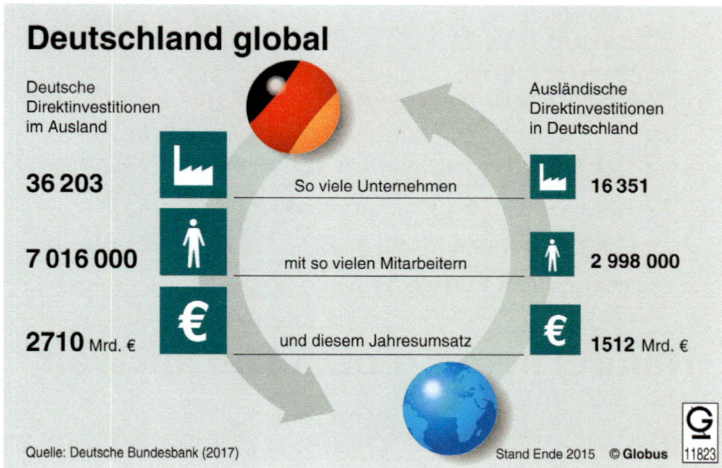

Weltweit steigen die Direktinvestitionen seit geraumer Zeit wesentlich schneller als die Güterexporte. Diese Tendenz lässt sich auch für Deutschland feststellen. Der Gesamtwert der deutschen Direktinvestitionen außerhalb Deutschlands betrug Ende 2020 1.315 Mrd. Euro. Ähnlich wie die Handelsströme fließen auch die Investitionsströme vornehmlich zwischen den Industrieländern. Direktinvestitionen werden in erster Linie von multinationalen Unternehmen vorgenommen. Die USA sind das beliebteste Zielland. An zweiter und dritter Stelle folgen Luxemburg und die Niederlande. Luxemburg ist – nicht zuletzt aus steuerlichen Gründen – für viele Unternehmen der Finanzindustrie attraktiv. Deutsche Direktinvestitionen in den osteuropäischen Niedriglohnländern (z.B. Tschechien, Ungarn und Polen) sind relativ gering. Im Bereich des produzierenden Gewerbes haben der Automobilsektor und die Chemische Industrie den größten Anteil an den deutschen Direktinvestitionen.

Motive für Direktinvestitionen			
Beschaffung	**Absatz**	**Umgehung von Handelsbeschränkungen**	**Kosten**
Einbeziehung der Rohstoffbeschaffung und der Erstellung von Vorleistungen in die Wertschöpfungskette des investierenden Unternehmens	Verbesserung der Absatzchancen auf ausländischen Märkten aufgrund größerer Kundennähe durch Produktion und/oder Aufbau einer Vertriebsabteilung im Ausland	Importbeschränkungen des Auslandes (z. B. Mengenbeschränkungen beim Autoimport) sollen ebenso umgangen werden wie Wechselkursrisiken (z. B. Abwertung des US-$ bei Exporten in die USA).	Ausnutzung günstiger Produktionskosten in anderen Ländern (z. B. Lohnkosten, Steuerbelastung) durch Verlagerung einzelner Produktionsstufen oder ganzer Unternehmensbereiche

Im Ausland investiert

Ende 2021 betrugen die **Bestände** der **deutschen Direktinvestitionen** im Ausland rund **1506 Milliarden Euro**. Die Staaten mit den höchsten Direktinvestitionen waren:

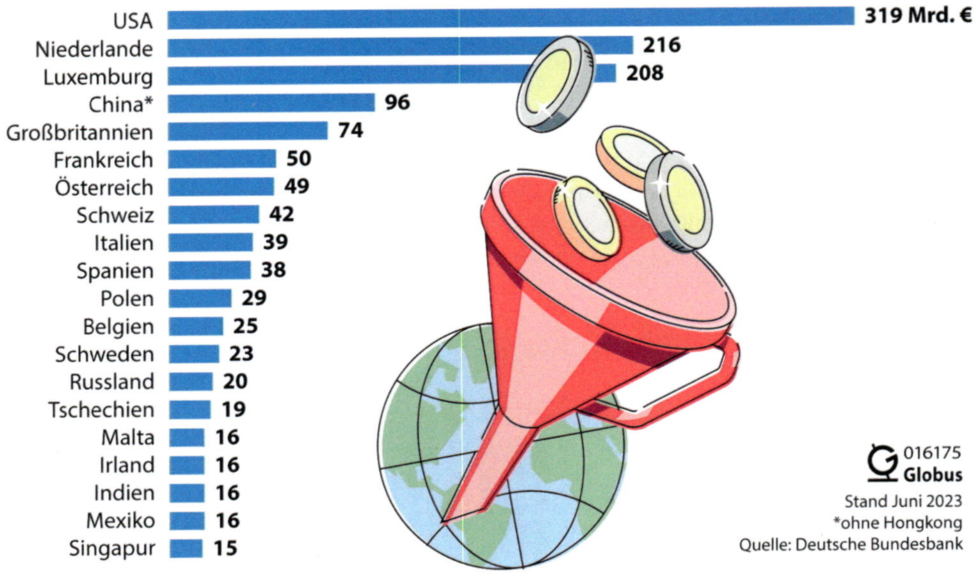

Stand Juni 2023
*ohne Hongkong
Quelle: Deutsche Bundesbank

Handel in der globalisierten Welt

Reale Entwicklung (Index 1950 = 100)

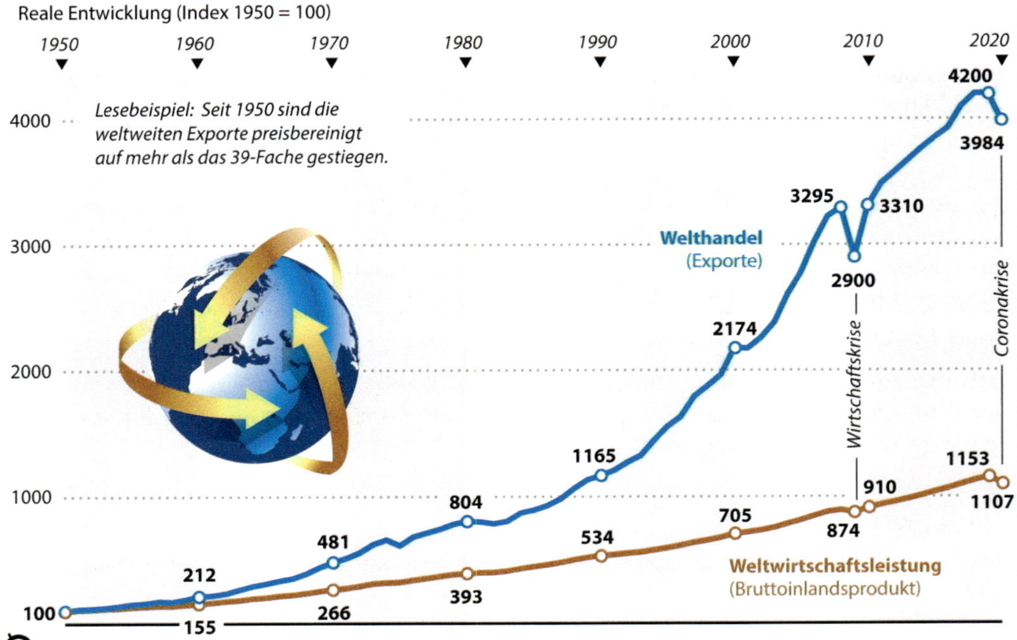

Globus 015231 Quelle: WTO, eigene Berechnungen Stand September 2021 Angaben für 2019 und 2020 vorläufig

13.3 Akteure der Globalisierung

Lernziele:

Nach der Bearbeitung des Kapitels sind Sie in der Lage, Folgendes zu tun:

Sie ...

- ... definieren den Begriff „multinationale Unternehmen".
- ... arbeiten anhand der Grafik aus diesem Kapitel heraus, aus welchen Branchen die weltweit umsatzstärksten Unternehmen stammen.
- ... erläutern, wie multinationale Unternehmen Steuerunterschiede zwischen einzelnen Ländern zu ihren Gunsten ausnutzen können.
- ... erläutern die Rolle von WTO und IWF im Rahmen der Globalisierung sowie die Kritik, die an den beiden Organisationen geübt wird.
- ... nehmen Stellung zur Handelspolitik der Industrieländer.
- ... erläutern die Auswirkungen der Agrarsubventionen in den Industrieländern auf die Entwicklungsländer sowie auf den Umweltschutz.

Multinationale Unternehmen

Die Hauptakteure der Globalisierung sind multinationale Unternehmen.

13.1, S. 536

D **Unternehmen sind multinational, wenn sie in verschiedenen Ländern wirtschaftlich tätig sind und Produktionsstätten unterhalten. In der Regel handelt es sich dabei um Unternehmen, die durch (gegenseitige) Kapitalbeteiligungen miteinander verflochten sind (Konzerne).**

Im Zusammenhang mit der Globalisierung sind mit dem Begriff multinationale Unternehmen meist Großunternehmen mit erheblicher Wirtschafts- und Finanzkraft gemeint, die auch als **Global Players** bezeichnet werden.

Bei den Weltkonzernen spielen die US-Amerikaner die führende Rolle. Größtes Unternehmen im Jahr 2022 war das US-amerikanische Unternehmen Walmart mit einem Jahresumsatz von rund 573 Mrd. US-Dollar. (das entspricht in etwa dem Wert des belgischen Bruttoinlandsprodukts). Erst auf dem achten Rang erscheint mit VW ein deutsches Unternehmen. Von den 25 größten Unternehmen der Welt haben zehn ihren Sitz in den USA, sieben werden von China aus gelenkt. Der Rest verteilt sich auf Deutschland, Japan, Saudi-Arabien, Südkorea, Niederlande, Taiwan, Großbritannien und die Schweiz.

Durch ihre internationale Tätigkeit erschließen die multinationalen Unternehmen neue und größere **Absatzmärkte.** Gleichzeitig erzielen sie Kostenvorteile, weil sie die **Produktionsstandorte** u.a. so wählen und verlagern können, dass

- die Arbeits-, Rohstoff-, Energie- und Transportkosten sowie die Steuerbelastung möglichst niedrig sind und gleichzeitig
- möglichst wenig staatliche Auflagen bei Umwelt-, Arbeits- und Sozialgesetzgebung erfüllt werden müssen.

Die Fertigerzeugnisse lassen sich häufig so in ihre Einzelbestandteile zerlegen, dass sie arbeitsteilig an weit voneinander entfernten Orten der Welt hergestellt werden können (globale Wertschöpfungskette). Dadurch sind die multinationalen Unternehmen in der Lage, einzelne Länder hinsichtlich der Standortvor- und -nachteile (z.B. günstige Steuersätze, unternehmens- und investitionsfreundliche Gesetzgebung, Qualität der Infrastruktur) gegeneinander auszuspielen.

Auf diese Weise vermindert sich ihre Abhängigkeit von der Wirtschaftspolitik und Gesetzgebung einzelner Länder. Vor diesem Hintergrund wird die Rolle multinationaler Unternehmen unterschiedlich beurteilt.

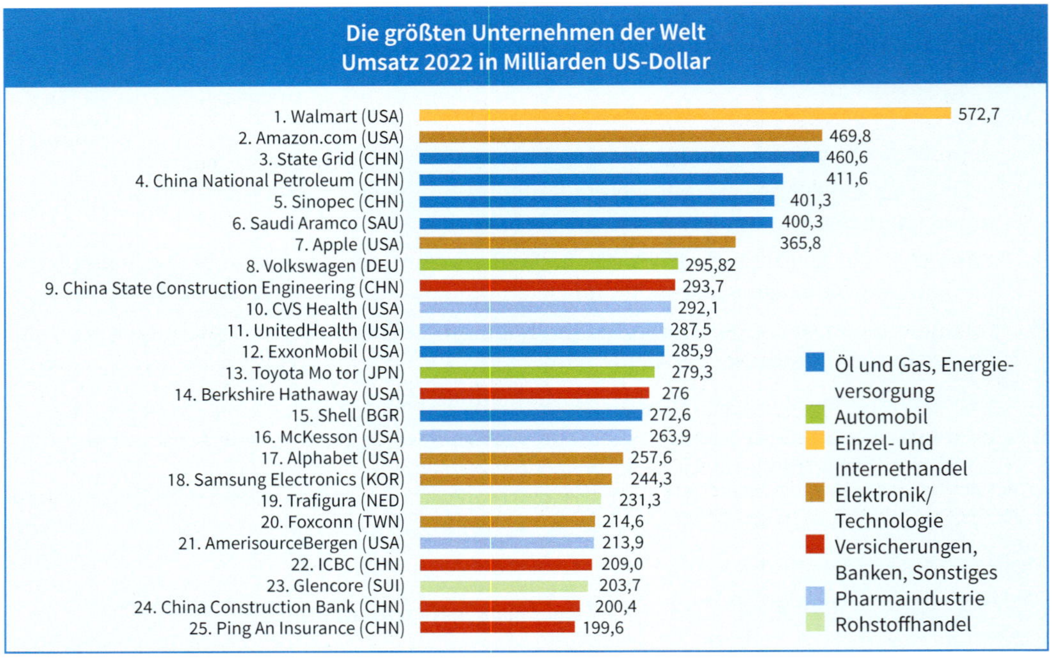

Als positive Effekte multinationaler Unternehmen werden üblicherweise ihre Beiträge

- zur Verbesserung der internationalen Arbeitsteilung,
- zur weltweiten Verbreitung von technischem und betriebswirtschaftlichem Know-how,
- zur Ausweitung des Welthandels

genannt. Dadurch können sie zu Fortschritt und Wohlstand beitragen.

Bedenken werden dagegen u. a. wegen der

- wirtschaftlichen Machtkonzentration,
- möglichen politischen Einflussnahme,
- Steuerflucht,
- Wettbewerbsverzerrungen,
- unzureichenden öffentlichen Kontrolle (z. B. durch eine internationale Wettbewerbsbehörde),
- Ausnutzung von Standortvorteilen, die durch unzureichende Arbeits-, Sozial- und Umweltgesetzgebung in einzelnen Ländern bedingt sind (Lohn-, Sozial- und Umweltdumping)[1],

geäußert.

Multinationale Unternehmen bestreiten ca. 2/3 des gesamten Welthandels. Etwa die Hälfte davon entfällt auf den Handel zwischen Mutter- und Tochtergesellschaften bzw. zwischen Tochtergesellschaften desselben Konzerns.[2] Nicht zuletzt aufgrund dieses hohen „Inner-Firmen-Handels" ist es ihnen leicht möglich, die international unterschiedlichen Besteuerungsniveaus auszunutzen und z. B. durch überhöhte Transferpreise in erheblichem Maße Steuern zu sparen.

1 Damit sind die niedrigeren Herstellungskosten aufgrund geringerer Löhne, Sozialleistungen (Lohnnebenkosten) und Umweltschutzauflagen gemeint.

2 Vgl. World Investment Report (WIR), UNCTAD, 2000, S. 17.

Steuerliche Abschirmung	Transferpreise
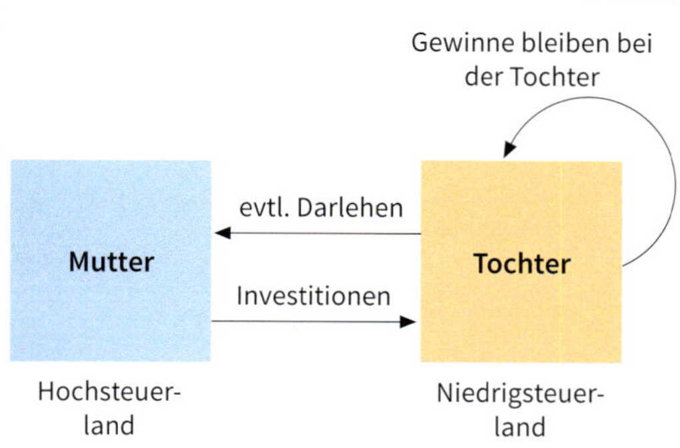	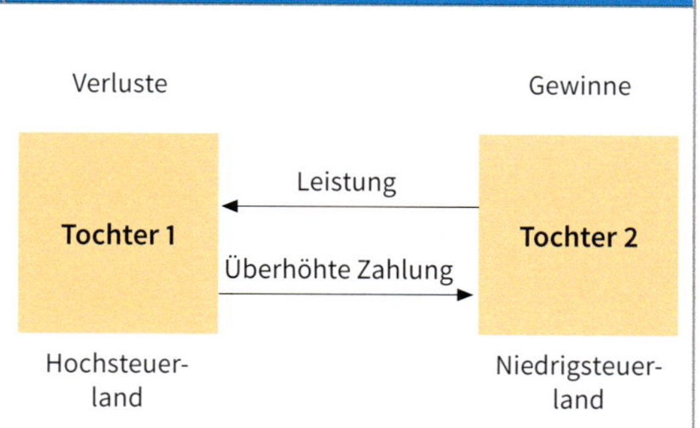
▪ Die Besteuerung der Tochtergesellschaft erfolgt in dem Land, in dem die Tochtergesellschaft ihren Sitz hat. ▪ Nur bei einer Abführung der Gewinne an die Muttergesellschaft würde die Besteuerung im Land der Muttergesellschaft erfolgen. ▪ Aus den Gewinnen kann die Tochtergesellschaft der Muttergesellschaft Darlehen gewähren.	Die firmeninternen Preise (Verrechnungspreise), zu denen eine Tochtergesellschaft ihre Leistungen an die Muttergesellschaft oder eine andere Tochtergesellschaft abgibt, sind flexibel gestaltbar. Das gilt insbesondere bei Dienstleistungen, Patenten und der Überlassung anderer Rechte.

Internationale Organisationen (IWF und WTO)

Sowohl der Internationale Währungsfonds (IWF) als auch die Welthandelsorganisation (WTO) treiben seit Jahren die Globalisierung voran. Beide Organisationen versuchen insbesondere auch in den Entwicklungsländern konsequent die Idee eines weltweiten Freihandels mit einer uneingeschränkten Öffnung der Finanz- und Gütermärkte durchzusetzen. Diese an neoliberalen Auffassungen orientierten Maßnahmen zur Förderung des Handels dienen aber häufig vorrangig den Interessen der Industrieländer. Von Globalisierungskritikern werden daher beide Institutionen als äußerst reformbedürftig angesehen.[1]

Auf einer WTO-Konferenz Ende 2005 in Hongkong verständigten sich die Mitgliedsstaaten nach langen Verhandlungen zwar darauf, dass bis 2013 alle Exportsubventionen für Agrarerzeugnisse abgeschafft werden sollen. Die EU und die USA schirmen ihre eigenen Agrarmärkte aber weiterhin durch hohe Zölle ab, die Drittländern oft keine Chance lassen, dort Produkte wie Butter oder Tabak abzusetzen. Zudem bestehen die Agrarsubventionen, die nicht dem Export dienen, weiterhin.

> ”
>
> Leider haben wir keine Weltregierung, die den Menschen aller Länder rechenschaftspflichtig wäre [...]. Stattdessen haben wir ein System, [...] in dem einige wenige Institutionen – Weltbank, IWF, WTO – und einige Akteure – die Finanz-, Wirtschafts- und Handelsminister [der Industrieländer], die eng mit bestimmten Finanz- und Handelsinteressen verquickt sind – das Sagen haben, während viele Menschen, die von ihren Entscheidungen betroffen sind, praktisch kein Mitspracherecht besitzen. Es ist an der Zeit, einige der Regeln zu ändern, die die Weltwirtschaftsordnung bestimmen, [...] Die Globalisierung kann anders gestaltet werden, und wenn sie unter angemessenen und fairen Rahmenbedingungen stattfindet, sodass alle Länder Einfluss auf eine Politik nehmen können, die sie betrifft, werden auch diejenigen davon profitieren, die bislang leer ausgegangen sind.
>
> *Quelle: Joseph Stiglitz: Die Schatten der Globalisierung, übersetzt von Thorsten Schmidt. Berlin: Siedler Verlag 2002, S. 36.*

1 Der amerikanische Nobelpreisträger und ehemalige Chefvolkswirt der Weltbank Joseph Stiglitz hat in einem sehr empfehlenswerten Buch die vom IWF vertretene Ideologie freier Märkte und die damit zusammenhängenden Interessen von Industrieländern, internationalen Kapitalanlegern und multinationalen Konzernen eingehend analysiert: J. Stiglitz, Die Schatten der Globalisierung, Berlin: Siedler Verlag 2002.

Die Welthandelspolitik der Industrieländer im Rahmen der WTO-Verhandlungen ist höchst unglaubwürdig. Während sie bei den Entwicklungsländern den Abbau von Handelshemmnissen fordern und durchsetzen, schützen sie selbst insbesondere ihren Landwirtschaftssektor mit Zöllen, Subventionen und anderen Handelshemmnissen vor Importen aus den Entwicklungsländern.

"

"Der Agrar-Wahnsinn

[...] Allein in Deutschland gibt es diverse Landwirtschaftsbetriebe, die Jahr für Jahr achtstellige Fördersummen einstreichen. Die Folge: Die EU gibt jährlich 55 Milliarden Euro für Agrarsubventionen aus, was rund **40 Prozent ihres Budgets** entspricht. Es ist, als ob Migration, Klimawandel, Grenzschutz, Brexit oder Verteidigungspolitik nur Randerscheidungen wären - und das Hauptproblem der EU die Armut ihrer Landwirte sei.

Jetzt aber reißt der Austritt Großbritanniens eine Lücke von rund zwölf Milliarden Euro pro Jahr in den EU-Etat. [...] Damit gerät auch die Gemeinsame Agrarpolitik (GAP) der EU unter Druck, die 1957 noch unter dem Eindruck der Nachkriegs-Hungerjahre beschlossen wurde.

Als "anachronistisch" bezeichnet etwa das Mannheimer Zentrum für Europäische Wirtschaftsforschung (ZEW) die GAP. "Ihre starke Bedeutung im EU-Haushalt ist heute nicht mehr zu rechtfertigen", meint ZEW-Experte Friedrich Heinemann. [...]

Armen Bauern etwa hilft die GAP demnach kaum. Die 80 Prozent der Höfe mit dem geringsten Einkommen bekommen laut ZEW nur 25 Prozent der Direktzahlungen, die zehn Prozent mit dem höchsten Einkommen dagegen 55 Prozent. Damit gehe ein gutes Siebtel des gesamten EU-Haushalts an rund 750.000 ohnehin gut situierte Landwirtschaftsbetriebe.

Der Grund: Die Fördermenge richtet sich nach der bewirtschafteten Fläche, nicht nach der produzierten Menge. Das hat zwar dafür gesorgt, dass Butterberge und Milchseen verschwunden sind und Entwicklungsländer nicht mehr mit subventionierten EU-Produkten überschwemmt werden. Die Kehrseite: Großbetriebe profitieren besonders, die kleineren haben das Nachsehen.

Auch die Rolle von Landwirten für den **Umweltschutz** sehen die ZEW-Autoren kritisch. Zwar seien 30 Prozent der Direktzahlungen an Bauern an Öko-Kriterien geknüpft - doch das geschehe nicht primär zum Wohle der Umwelt, "sondern um Direktzahlungen an Bauern besser rechtfertigen zu können". Der Effekt sei nicht größer als der von anderen Umweltschutz-Maßnahmen. Hinzu kommt, dass die Landwirtschaft keinesfalls grundsätzlich umweltfreundlich ist - wie etwa die starke Belastung des Grundwassers mit Düngemitteln zeigt.

Die **Konkurrenzfähigkeit** der EU-Landwirtschaft habe zudem in den vergangenen Jahrzehnten stark zugenommen, etwa durch technischen Fortschritt, heißt es in der Studie weiter. Auch gebe es in Europa vergleichsweise milde klimatische Bedingungen, eine gute Infrastruktur und viele Konsumenten mit hohem Einkommen. "Dieser Sektor", sagt Cramon-Taubadel, "muss nicht mehr gefördert werden, schon gar nicht in diesem Umfang." [...]"

Quelle: Becker, Markus: Der Agrar-Wahnsinn, 11.07.2017, DER SPIEGEL; online unter: https://www.spiegel.de/wirtschaft/soziales/eu-agrarpolitik-kritik-an-foerderung-fuer-landwirtschaft-a-1157016.html [01.02.2023].

13.4 Folgen der Globalisierung

Lernziele:

Nach der Bearbeitung des Kapitels sind Sie in der Lage, Folgendes zu tun:

Sie ...

- ... erläutern, welche Länder bisher Gewinner und welche Verlierer der Globalisierung sind.
- ... erklären die Auswirkungen der Globalisierung auf Lohnniveau und Beschäftigung in den Industrieländern.
- ... unterscheiden zwischen qualifizierten und unqualifizierten Arbeitskräften.
- ... arbeiten Argumente für die Verlagerung von Produktionsbereichen deutscher Unternehmen ins Ausland heraus (Grundlage: Zeitungsartikel in diesem Kapitel).
- ... unterscheiden zwischen Standortkosten und Standortleistungen im Rahmen des internationalen Standortwettbewerbs.
- ... erläutern den Einfluss, den die zunehmende Bedeutung multinationaler Unternehmen auf die Wirtschaftspolitik der Regierung eines Landes hat.
- ... erläutern die verschiedenen Ansatzpunkte zur Eindämmung negativer Auswirkungen des Globalisierungsprozesses.

Wohlstandszuwächse – Wohlstandsverluste

Die mit der wirtschaftlichen Globalisierung einhergehende Ausweitung des internationalen Handels und die Nutzung der Vorteile internationaler Arbeitsteilung führen nach der Außenhandelstheorie grundsätzlich weltweit zu einer besseren Güterversorgung und einer Wohlstandssteigerung. Allerdings fällt in der Realität die Verteilung dieser Wohlstandszuwächse unterschiedlich aus. Das schließt auch Wohlstandsverluste und negative Entwicklungen in einzelnen Ländern und bei einzelnen Bevölkerungsgruppen nicht aus.

13.2, S. 537

1999[1]

Die Kräfte der Globalisierung haben beispiellosen Reichtum für diejenigen geschaffen, denen es gelang, die Vorteile des wachsenden Stroms von Waren und Dienstleistungen über nationale Grenzen hinweg zu nutzen.
Die Mehrheit wird aber an den Rand gedrängt. In etwa 85 Ländern der Welt geht es den Menschen in mehrfacher Hinsicht schlechter als noch vor zehn Jahren. [...] Die Kräfte des Marktes allein werden die Ungleichheit nicht wieder zurechtrücken. ... Bei der Festlegung von Forschungsprogrammen der multinationalen Unternehmen entscheidet nicht der Bedarf über die Priorität, sondern der Gewinn. Kosmetika stehen daher auf der Prioritätenliste für Forschung und Entwicklung höher als ein Impfstoff gegen Malaria oder die Züchtung dürreresistenter Nutzpflanzen. Die besten Technologien sind für diejenigen bestimmt, die sie bezahlen können. [...] Eine stärkere politische Steuerung ist erforderlich, um den Nutzen der Globalisierung für das Wohlergehen der Menschen und nicht für Profitzwecke sicherzustellen.

Auszüge aus den Berichten zur menschlichen Entwicklung der Vereinten Nationen (UNDP):	2003[2]	Der Unterschied zwischen Fortschritt und Rückschritt in dieser Welt nimmt weiter zu. Es zeichnet sich immer mehr ab, dass zwei grundlegend verschiedene Kategorien von Ländern entstanden sind: Länder, die von der Entwicklung profitiert haben, und Länder, die den Anschluss verpasst haben. Zur profitierenden Gruppe gehören die Länder Ost- und Südostasiens, der Pazifikraum und teilweise Lateinamerika (z. B. Chile, Brasilien). Keine Chance auf Fortschritt haben dagegen die meisten Menschen in Afrika mit Ausnahme der nordafrikanischen Mittelmeerstaaten. Ein Indiz für diese gespaltene Entwicklung besteht darin, dass die Menschen in 46 Staaten heute ärmer sind als 1990. Dass die Globalisierung dennoch besser ist als ihr Ruf, liegt vor allem an den hohen Wachstumsraten in China und Indien. Durch den raschen Wohlstand ist dort die Zahl der absolut Armen, die über weniger als einen Dollar pro Tag verfügen, um knapp 200 Millionen Menschen gesunken.
	2010[3]	In den vergangenen 40 Jahren hat sich gezeigt, dass Fortschritte bei der menschlichen Entwicklung auch ohne rasches Wirtschaftswachstum möglich sind. Reines Wirtschaftswachstum ging nur selten auch mit Verbesserungen in den Bereichen Gesundheit und Bildung einher. Untersuchungen in den 135 Entwicklungsländern und den entwickelten Ländern haben ergeben, dass weltweit die durchschnittliche Lebenserwartung zwischen 1970 und 2010 von 59 auf 70 Jahre stieg. In Ghana z. B. erhöhte sich die Lebenswartung in diesem Zeitraum um 16 Jahre, in Marokko gar um 20 Jahre, in Norwegen um 8 Jahre. Rückgänge der Lebenserwartung sind in einzelnen Ländern vor allem auf die Ausbreitung der HIV-Epidemie zurückzuführen. Die Alphabetisierungsrate in den Entwicklungsländern stieg bis 2010 um 61 %, die Anzahl der Kinder, die eine Schule auf Primarschulniveau besuchen, um 26 %. Auch die Quote derjenigen, die die Schule erfolgreich abschließen können, hat sich weltweit erhöht. Dier Schere zwischen armen und reichen Ländern hat sich in den letzten 40 Jahren jedoch weiter geöffnet, auch wenn das weltweite Pro-Kopf- Einkommen insgesamt angestiegen ist (in den entwickelten Ländern um 2,3 %, in den Entwicklungsländern um 1,5 %). Das reichste Land der Welt (Liechtenstein) ist seit 1970 dreimal reicher geworden, das ärmste Land (Simbabwe) um ein Viertel ärmer. Unter der Armutsgrenze leben Menschen, die täglich über weniger als 1,25 US-Dollar verfügen. Allein die globale Finanzkrise hat dazu geführt, dass 64 Millionen Menschen mehr unter diese Grenze gerutscht sind. Diese reine „Einkommensarmut“, die in einigen Ländern wie China, Tansania und Usbekistan vorherrscht, wird im Armutsindex nun um einen mehrdimensionalen Aspekt erweitert – neben rein monetären Gesichtspunkten werden auch Entbehrungen und Mangelerscheinungen im Gesundheits- und Bildungsbereich und beim Lebensstandard erfasst. In 104 Ländern lebt demnach ein Drittel der Weltbevölkerung, das sind 2010 1,7 Milliarden Menschen, in mehrdimensionaler Armut. Über die Hälfte davon findet sich in Südostasien, mehr als ein Viertel in Afrika.
	2018	„Die meisten Menschen von heute leben länger, sind besser gebildet und haben stärkeren Zugang zu Gütern und Dienstleistungen als je zuvor. Selbst in den Ländern mit niedriger menschlicher Entwicklung hat sich die menschliche Entwicklung erheblich verbessert. Allerdings gibt es große Defizite hinsichtlich der Qualität der menschlichen Entwicklung. Länger zu leben bedeutet nicht automatisch, dass die Menschen die zusätzlichen Lebensjahre wirklich genießen können. [...] Fortschritte sind weder linear noch garantiert, und Krisen und Probleme können die erzielten Ergebnisse wieder zunichte machen. [...] Investitionen in die menschliche Sicherheit mit dem Ziel, Gefährdungs- und Konfliktzyklen zu durchbrechen, sind unverzichtbar, wenn Schwachstellen verringert und Fortschritte gefestigt werden sollen. [Es zeigen sich] große Ungleichheiten in allen Dimensionen der menschlichen Entwicklung. Die nach wie vor hohe Ungleichheit ist eine grundlegende Herausforderung für die Sicherstellung künftiger Fortschritte der menschlichen Entwicklung. [...] Das Gefälle zwischen Frauen und Männern bei der vollen Verwirklichung ihres jeweiligen Potenzials stellt ein großes Hindernis für weitere Fortschritte der menschlichen Entwicklung dar und wirkt daher für die Hälfte der Weltbevölkerung als Hemmschuh. [...] während ihres gesamten Lebens stoßen [Frauen] immer wieder auf Hindernisse, wenn es um die Stärkung ihrer Teilhabe geht. Nachhaltige Fortschritte der menschlichen Entwicklung sind nicht möglich, wenn die Probleme der Umweltzerstörung und des Klimawandels, die durch die jüngsten Steigerungen der menschlichen Entwicklung verschärft wurden, nicht bewältigt werden. Wenn menschliche Entwicklung wirklich nachhaltig sein soll, darf die Welt nicht mehr so weitermachen wie bisher, sondern muss sich für nachhaltige Produktions- und Konsummuster entscheiden.“[4]

1 Vgl. UNDP (United Nations Development Programme), Human Development Report 1999, New York 1999, Chapter 1: Human development in this age of globalization, S. 25 ff.

2 Vgl. Deutsche Gesellschaft für die Vereinten Nationen, Bericht über die menschliche Entwicklung 2003, UNO Verlag, Bonn 2003, S. 33 ff. u. S. 41 ff.

3 Vgl. Deutsche Gesellschaft für die Vereinten Nationen, Bericht über die menschliche Entwicklung 2010.

4 Quelle: Deutsche Gesellschaft für die Vereinten Nationen: Bericht über die menschliche Entwicklung 2018, S. 14. In: https://dgvn.de/fileadmin/publications/PDFs/UN_Berichte/HDR/HDR-2018.pdf [17.07.2020].

Globalisierung und Beschäftigung

Die internationale Wettbewerbsverschärfung auf Güter- und Kapitalmärkten führt in den beteiligten Ländern zu einem Strukturwandel und macht auch vor den Arbeitsmärkten nicht Halt. Durch die Integration der Schwellen- und Entwicklungsländer[1] erhöht sich weltweit das um Arbeitsplätze konkurrierende Angebot an Arbeitskräften. Nach der ökonomischen Theorie konzentriert sich demzufolge die Produktion arbeitsintensiver Güter auf die Länder mit dem größten und billigsten Arbeitskräfteangebot. Von dort werden diese Güter dann weltweit exportiert. Das erhöht die Beschäftigung in den entsprechenden Ländern, führt aber gleichzeitig zu einem Abbau an Arbeitsplätzen insbesondere für gering qualifizierte Arbeitskräfte in den Industrieländern. Wegen des erhöhten Angebots an Arbeitskräften und der geringeren Löhne weltweit ergibt sich zusätzlich ein Anpassungsdruck auf das Lohnniveau in den Industrieländern. Das schließt auch den Abbau von Sozialleistungen nicht aus, soweit diese aus Beiträgen finanziert werden, die sich als Arbeitskosten niederschlagen (z.B. Lohnnebenkosten in Form von Arbeitgeberbeiträgen zur gesetzlichen Sozialversicherung). Durch Outsourcing steigt der Druck auf niedrig qualifizierte Arbeitnehmer. Denn es ist vor allem die Massenproduktion, die aus Deutschland verschwindet. Dadurch sinkt in der heimischen Industrie die Nachfrage nach einfacher Arbeit – und die Löhne für diese Tätigkeiten geraten unter Druck. Der Verlagerung von Arbeitsplätzen in Niedriglohnländer steht aber möglicherweise eine Sicherung von Arbeitsplätzen gegenüber, wenn durch Erschließung und Ausweitung von Auslandsmärkten zusätzliche Nachfrage aus dem Ausland nach inländischen Erzeugnissen entsteht und somit der Export steigt.

Wenn z.B. in der Automobilindustrie die Produktion bestimmter Fahrzeugteile in Niedriglohnländer verlagert wird, verbessern sich möglicherweise wegen der niedrigeren Herstellungskosten die Absatz- und Exportchancen des in Deutschland zum Endprodukt zusammengebauten Autos. Damit könnte dann auch eine Sicherung von Arbeitsplätzen in Deutschland einhergehen. Würden deutsche Unternehmen die Kostenvorteile im Ausland nicht nutzen, wären jedenfalls nach Meinung renommierter Volkswirte noch weit mehr Arbeitsplätze in Deutschland gefährdet.

”

"Wie Unternehmen in Deutschland von Outsourcing profitieren können

Im Zuge des digitalen Wandels hat sich die Welt des Unternehmertums grundsätzlich verändert und Bereiche, die zuvor eine geringe Rolle eingenommen haben, sind inzwischen von großer Bedeutung. Ein gutes Beispiel dafür wäre das sogenannte Outsourcing. Beim Outsourcing werden Geschäftsbereiche an einen externen Dienstleister ausgelagert. Dabei ist die Geschäftspraktik dank der Entwicklung des Internets sowie der Globalisierung einfacher denn je umsetzbar. Doch wie können Unternehmen in Deutschland eigentlich von Outsourcing profitieren?

Outsourcing als Lösung für den Fachkräftemangel

Es ist kein Geheimnis, dass in Deutschland ein Mangel an Fachkräften besteht. Dadurch sind auch viele Unternehmen in Schwierigkeiten geraten. Unter anderem im IT-Bereich haben es Unternehmen und Start-ups schwer, passendes Personal zu finden. Allerdings ist beispielsweise die Softwareentwicklung in vielen Branchen von großer Relevanz, weswegen es Alternativen braucht. Outsourcing kann diesbezüglich eine Lösung sein, da Unternehmen die Softwareentwicklung auslagern (externer Link) können. Dadurch ist es möglich, auf Fachkräfte außerhalb Deutschlands zurückgreifen und im Optimalfall sogar von einer besseren Qualität sowie günstigeren Preisen zu profitieren. […]

---

1 Als Schwellenländer werden die relativ fortgeschrittenen Entwicklungsländer, die auf der Schwelle zu Industrieländern stehen (z.B. Brasilien, Malaysia, Mexiko, Singapur, Süd-Korea, Taiwan), bezeichnet.

2 Mit Outsourcing, zu Deutsch Auslagerung, wird die Abgabe von Unternehmensaufgaben an Drittunternehmen (Zuliefer- und Dienstleistungsbetriebe) bezeichnet. Die im vorliegenden Zusammenhang gemeinte Verlagerung bestimmter Tätigkeitsbereiche in ein Niedriglohnland wird häufig auch als Offshoring bezeichnet.

3 Die fünf Mitglieder des Sachverständigenrates zur Begutachtung der gesamtwirtschaftlichen Entwicklung werden auch als die „Wirtschaftsweisen“ bezeichnet.

Outsourcing geht mit einer hohen Kostenersparnis einher

Einer der wohl größten Vorteile von Outsourcing (externer Link) ist die potenzielle Kostenersparnis und gerade bei IT-Dienstleistungen kann das eine Menge ausmachen. So sind beispielsweise Fachkräfte aus Pakistan, Indien oder der Ukraine weit günstiger als IT-Spezialisten aus Deutschland. Allerdings heißt das nicht, dass deren Qualität schlechter wäre, da es in den genannten Ländern zahlreiche Profis gibt, die sich mit der Materie bestens auskennen. Eine Kostenersparnis von über 50 % ist keine Seltenheit und theoretisch geht das Potenzial noch weiter. […]"

Quelle: Bender, Alfred: Wie Unternehmen in Deutschland von Outsourcing profitieren können, 22.04.2021, Existenzgründer-Initiative Deutschland startet; online unter: https://www.deutschland-startet.de/unternehmen-deutschland-outsourcing/ [01.02.2023].

Auch bei qualifizierten Arbeitskräften gibt es Tendenzen zu mehr internationaler Konkurrenz. Ein in den USA ausgebildeter indischer Informatiker kann beispielsweise von seiner Heimat aus Tätigkeiten als Programmierer mittels Internet anbieten und für europäische und amerikanische Unternehmen als Mitarbeiter tätig sein. Aufgrund der relativ geringen Lebenshaltungskosten in seiner Heimat könnte er sich selbst bei einer erheblich niedrigeren Vergütung seiner Tätigkeit als in Deutschland einen vergleichsweise hohen Lebensstandard leisten.

Insgesamt scheint hinreichend gesichert, dass die Globalisierung zu Einkommens- und Beschäftigungseinbußen vor allem für gering qualifizierte Arbeitnehmer in Deutschland und anderen Industrieländern führt. Gleichzeitig kommt es für Arbeitnehmer in Ländern mit niedrigem Lohnniveau und geringerem Entwicklungsstand zu einem Anstieg der Beschäftigung und zu Einkommensverbesserungen.

Standortwettbewerb

Im internationalen Standortwettbewerb spielen für investitionsbereite Unternehmen hinsichtlich der **Kosten des Standorts** insbesondere folgende Faktoren eine wesentlich Rolle:

- Höhe der Lohn- und Lohnnebenkosten
- Arbeitszeit
- Flexibilität des Arbeitsmarktes
- Steuer- und Abgabenbelastung
- Genehmigungsverfahren und ihre Dauer
- sozial- und umweltrechtliche Vorschriften.

Dem stehen aber z. B. Erwartungen hinsichtlich der **Leistungen des Standorts** in folgender Hinsicht gegenüber:

- Stabilität des politischen und sozialen Umfelds (z. B. Streikhäufigkeit)
- Ausstattung mit öffentlicher Infrastruktur
- Rechtssicherheit und die Leistungsfähigkeit der Verwaltung
- Qualität von Schulen und Universitäten
- Produktivität und Leistungsbereitschaft der Arbeitnehmer.

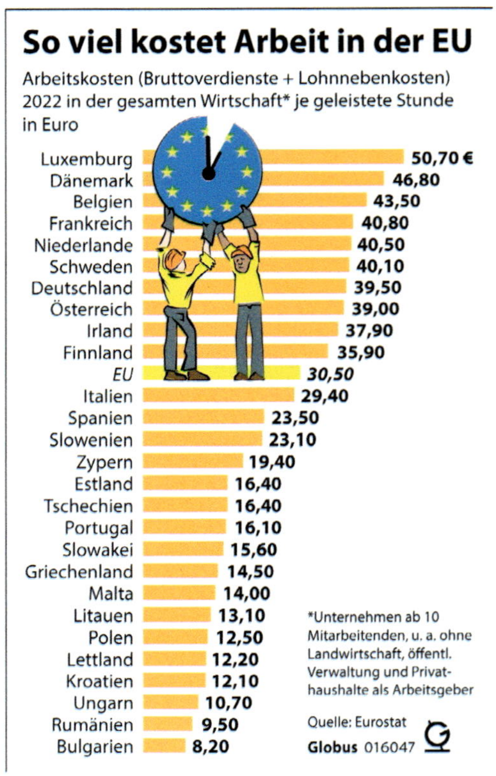

D **Entscheidend für die Standortwahl von Unternehmen ist nicht die absolute Höhe von Lohnkosten, Steuerbelastung usw., sondern das Niveau der Standortqualität im Verhältnis zu ihren Kosten (= Preis-Leistungs-Verhältnis des Standorts).**

Da nicht nur die Kosten, sondern auch die Leistungen der Standorte in den verschiedenen Ländern und Regionen höchst unterschiedlich sind, ist eine Vereinheitlichung z. B. von Steuer- und Sozialsystemen als internationale wirtschaftspolitische Maßnahme weder sinnvoll noch notwendig.

Einschränkung der Unabhängigkeit nationaler Regierungen

Durch die Globalisierung wird der wirtschaftspolitische Spielraum nationaler Regierungen immer stärker eingeengt. Die Auswirkungen von Maßnahmen in den Bereichen Geld-, Beschäftigungs-, Sozial- und Umweltpolitik bleiben nicht mehr auf die jeweiligen Volkswirtschaften beschränkt. Sie sind auch nicht unabhängig von den Maßnahmen und Entwicklungen in anderen Ländern. Zudem gibt die enorm gestiegene Mobilität des Anlagekapitals den Investoren die Möglichkeit, im Rahmen des Standortwettbewerbs politischen Druck auf nationale Regierungen auszuüben. In diesem Zusammenhang wird vom anlagesuchenden Kapital auch als dem „zweiten Kontrolleur neben dem Wähler" gesprochen.

D **Die Unabhängigkeit nationaler Wirtschaftspolitik wird durch den Standortwettbewerb im Rahmen der Globalisierung mehr und mehr eingeschränkt. Regierungen haben zunehmend eine doppelte Wählerschaft: Neben den wahlberechtigten Bürgern des Landes bestimmen auch die ausländischen Investoren über die jeweilige Regierungspolitik.**

Weltweit wird versucht, diesem Kompetenzverlust durch regionale Wirtschaftsbündnisse und die Integration von Volkswirtschaften mit gemeinsamer Wirtschaftspolitik entgegenzuwirken (z. B. EU).

13.5 Instabile Finanzmärkte und Möglichkeiten der Stabilisierung

Lernziele:

Nach der Bearbeitung dieses Kapitels sind Sie in der Lage, Folgendes zu tun:

Sie ...

- ... erläutern Ursachen, die zu instabilen Finanzmärkten führen können.
- ... erläutern Gefahren instabiler Finanzmärkte.
- ... ... erläutern den Zweck und die Funktionsweise der TOBIN-Steuer.
- ... beschreiben, welche Rolle der internationale Währungsfonds zur Stabilisierung der Finanzmärkte einnimmt.
- ... beschreiben, welche Rolle die Europäische Zentralbank zur Stabilisierung der Finanzmärkte einnimmt.
- ... erklären die Funktionsweise der Europäischen Bankenaufsicht.

13.5.1 Ursachen instabiler Finanzmärkte

Die Finanz- und Wirtschaftskrisen der letzten Jahrzehnte haben gezeigt, dass es von fundamentaler Bedeutung ist, die Ursachen der Instabilität der Finanzsysteme zu erforschen und Maßnahmen zu definieren, um künftigen Finanzkrisen entgegenzuwirken. Instabile Finanzmärkte bilden dabei die Voraussetzung für eine Finanzkrise. Grundsätzlich lassen sich als **Ursachen für instabile Finanzmärkte** gesamtwirtschaftliche und einzelwirtschaftliche Ursachen unterscheiden.

Aus **gesamtwirtschaftlicher** Sicht können dies folgende Ursachen sein:
- eine zu **expansive Geldpolitik** (die eine übermäßige Kreditausweitung und Börsenspekulationen sowie die Bildung von Preisblasen aufgrund der „Politik des billigen Geldes“ befeuert).
- eine zu **restriktive Geldpolitik** führt im Umkehrschluss zur Verschlimmerung einer (beginnenden) Finanzkrise, da Interventionsmöglichkeiten sehr eingeschränkt sind
- **Fehlanreize der Wirtschafts- und Finanzpolitik** (wie beispielsweise eine staatliche Förderung des Immobilienerwerbs)
- übermäßige und unkontrollierte **Staatsverschuldung** in Verbindung mit einer hohen Auslandsverschuldung
- **exogene Schocks** (wie beispielswese der starke Anstieg von Rohstoffpreisen, Naturkatastrophen oder Kriege)

Aus **einzelwirtschaftlicher** Sicht lassen sich folgende Ursachen nennen:
- massive **Kreditausfälle** von Banken (wie diese beispielsweise bei der Finanzkrise von 2008 als Folge einer massiven Überschuldung der Kreditnehmer eingetreten sind)
- **Fehlspekulationen und -investments**
- **Managementfehler und Betrügereien**. An dieser Stelle sei auf den ebenfalls 2008 aufgedeckten Fall des New Yorker Börsenmaklers Bernard Madoff verwiesen. Dieser hatte mithilfe eines riesigen Schneeballsystems zahllose Anleger – darunter auch viele Prominente - im Wert von rund 65 Mrd. US-Dollar betrogen.

Auch wenn internationale Geldgeber (man denke nur an China mit Devisenreserven von rund 3,2 Billionen US-Dollar) aufgrund negativer Konjunkturprognosen ihre **Devisenreserven auflösen oder umschichten**, kann dies zu Kursverlusten und eventuell zur Abwertung der Währung des von der Kapitalflucht betroffenen Landes führen.

Darüber hinaus sind die **Überwachungs- und Regulierungspolitiken** häufig lückenhaft oder falsch angesetzt, woraus sich ebenfalls instabile Finanzmärkte entwickeln. Aus der Finanzkrise 2008 haben sich eine Vielzahl neuer und strengerer Regelungen ergeben, die aber einer Krise entgegengewirkt hätten, wenn diese früher und konsequenter erlassen worden wären. Auch der Fall des deutschen Finanzdienstleisters Wirecard hat im Jahr 2020 eindrucksvoll vor Augen geführt, dass eine fehlende oder schlecht umgesetzte Regulierung und Überwachung eine Gefahr für instabile Finanzmärkte darstellen.

Schließlich kommt es in Phasen eines andauernden Wirtschaftswachstums und niedriger Zinssätze gerne dazu, dass Banken und Investoren der Meinung sind, bestimmte Risiken als beherrschbar und kleiner einzuschätzen, als sie tatsächlich sind. Diese Einschätzungen kommen häufig auch durch **asymmetrische Informationen** zustande, d.h. die Einschätzungen und Erwartungen der unterschiedlichen Akteure am Markt führt aufgrund unterschiedlicher Informationsverteilungen zu riskantem Verhalten an den Finanzmärkten.

13.5.2 Gefahren instabiler Finanzmärkte

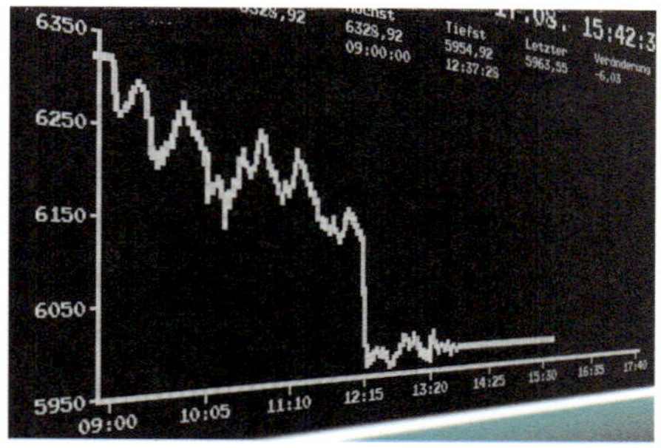

13.3, S. 537

Die beschriebenen Ereignisse lösen dann eine Reihe von **negativen Wirkungen** aus, sofern Regierungen und Notenbanken nichts dagegen unternehmen. Aufgrund des Herdentriebs kommt es zunächst i.d.R. zu **Einbrüchen der Börsenkurse** von Aktien und Anleihen sowie zum Einbruch weiterer Vermögenswerte (z. B. Immobilien). Dies ist in solchen Situationen auch oft mit Panikverkäufen der Anleger verbunden. Durch die enge Verflechtung der internationalen Finanzmärkte kommt es dann zu einer schnellen „Kapitalvernichtung“ für große Teile der Finanzbranche. Da Banken auch international gegenseitig umfangreiche Beteiligungen und Kreditbeziehungen unterhalten, sind von diesen Folgen (z. B. Insolvenz einer Bank) auch anderen Banken betroffen. Es kommt also zu einem **Dominoeffekt**. Da Banken Kredite für gewöhnlich in einem bestimmten, gesetzlich vorgeschriebenen Verhältnis mit Eigenkapital unterlegen müssen, können sie nun entsprechend weniger neue Darlehen an Kunden vergeben. Im schlimmsten Fall kommt es zu einer **Kreditklemme („Credit Crunch“)**.

Banken dienen als „Pumpen“ in einer Volkswirtschaft, ähnlich dem Herzen des Blutkreislaufs. Wenn diese Pumpen nicht mehr funktionieren, kollabiert die Wirtschaft. Der Verfall der Börsenkurse, Immobilienpreise usw. hat schließlich einen **negativen Vermögenseffekt** zur Folge, denn aufgrund des Werteverlusts schränken die bisherigen Besitzer der Finanz- und Sachaktiva ihre Ausgaben für **Güterkäufe** ein. Und noch eine weitere negative Auswirkung kommt zum Tragen: Das **Vertrauen der Banken** untereinander sinkt, was wiederum dazu führt, dass sich die Banken gegenseitig weniger Geld leihen und sich die Kreditversorgung verschlechtert. Zudem sinkt auch das **Vertrauen der Sparer** gegenüber den Banken, was sich im schlimmsten Fall in einem „Bank Run“ äußert, d. h. die Sparer heben ihr gesamtes Guthaben bei den Banken ab, wodurch die Krise zusätzlich verschlimmert wird.

Der Rückgang der Güternachfrage führt damit zu **sinkenden Unternehmensgewinnen** und infolge dessen zu sinkenden Aktienkursen. Einzelne Unternehmen werden **zahlungsunfähig**. In der Krise steckenden Unternehmen werden weiterhin ungern neue Kredite gewährt, da ein Ausfall dieser Kredite zu befürchten ist. Durch die eingetretenen Schwierigkeiten der betroffenen Unternehmen schränken auch diese ihre Käufe bei den Zulieferern ein, wodurch es zu einem **Rückgang der gesamtwirtschaftlichen Güternachfrage** kommt. Dies führt zur **Entlassung von Angestellten** und zur **Dämpfung des Konsums**.

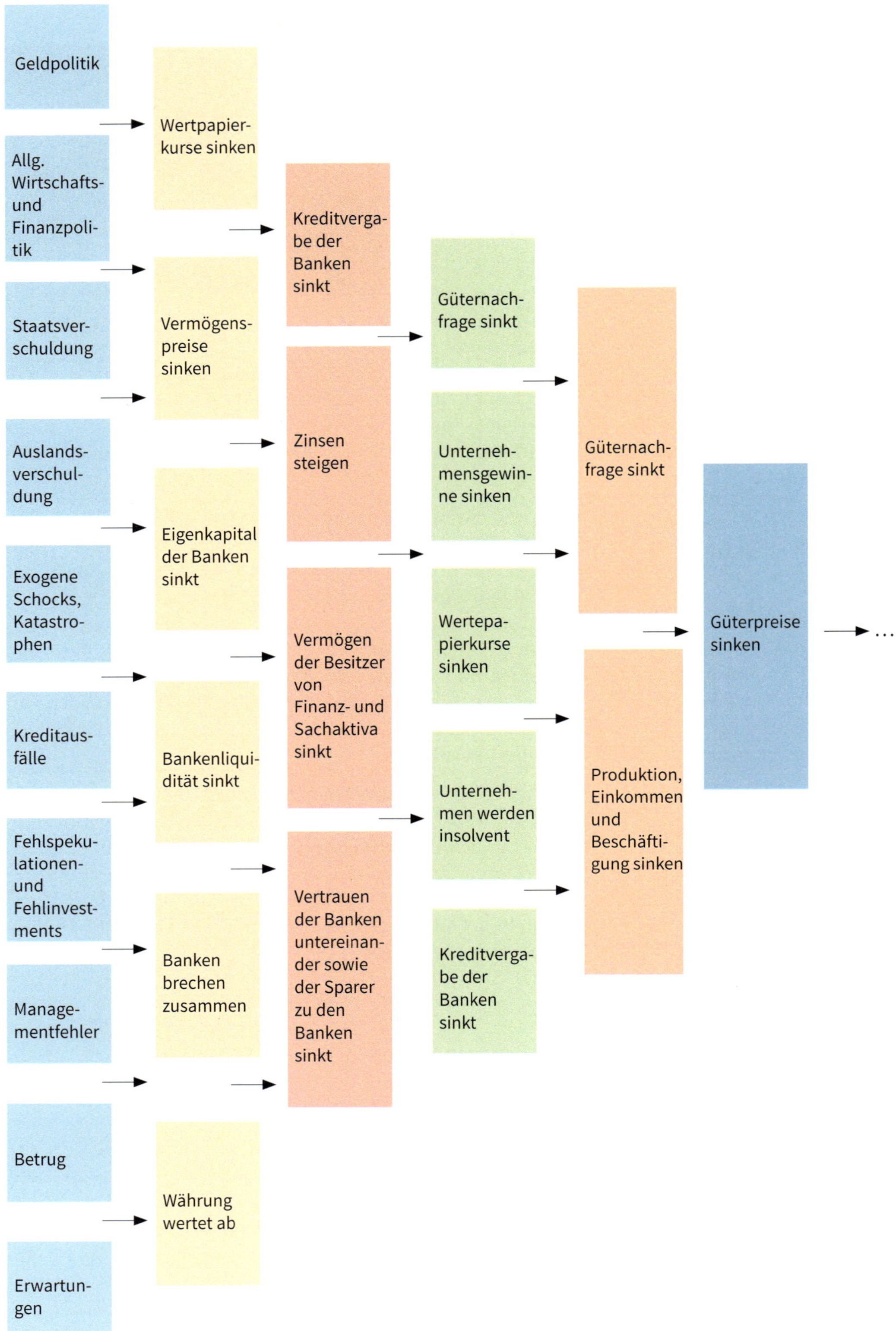

Quelle: Sperber, Herbert: Wirtschaft verstehen, 5. Aufl., Stuttgart: Schäffer-Poeschel 2016, S. 259.

"

"Der Fall Evergrande weckt böse Erinnerungen

Ein Immobilienkonzern wankt und die Börsen zittern: Was gerade in China passiert, erinnert an den Fall Lehman Brothers. Eine neue Finanzkrise halten Experten für unwahrscheinlich. Und doch könnte es die Wirtschaft hart treffen – auch in Deutschland. [...]

Evergrande klingt nicht nur dem Namen nach groß, das Immobilienunternehmen ist es tatsächlich. Bei dieser Firma handelt es sich um den zweitgrößten Immobilienentwickler in der Volksrepublik, Ende des vergangenen Jahres werkelte Evergrande an knapp 800 Immobilienprojekten im ganzen Land. Das Prinzip: Interessenten zahlen per Vorkasse, dann baut der Immobilienkonzern. Hinter dem Firmenimperium steht der Milliardär Xu Jiayin, der sich selbst meist Hui Ka Ya nennt. Nach seiner Karriere in einem staatlichen Stahlwerk gründete er das Unternehmen 1996 und profitierte dabei nicht nur von besten Beziehungen zur Kommunistischen Partei, sondern auch vom Bauboom in China. 2017 wurde er vom Wirtschaftsmagazin *Forbes* zum reichsten Mann Asiens gekürt. Jetzt sitzt der Konzern jedoch auf rund 300 Milliarden Dollar Schulden. [...]

Eine globale Finanzkrise halten Fachleute derzeit nicht für unmöglich, aber auch nicht für wahrscheinlich. Doch selbst ohne Dominoeffekt im Finanzsystem könnte der Fall Evergrande die Börsen treffen: Sollte im Zuge der Turbulenzen die Immobilienblase in China platzen, könnte das schwerwiegende Folgen für die gesamte Wirtschaft haben – von Stahlkonzernen bis zum Handwerk. Weil Privatleute große Summen in Immobilien gesteckt haben, könnten viele Chinesen künftig auf andere kostspielige Anschaffungen verzichten, zum Bespiel ein neues Auto. Das wiederum würden vor allem deutschen Hersteller in ihren Bilanzen merken, für die China der mit Abstand wichtigste Markt ist."

Quelle: Giesen, Christoph & Gojdka, Victor: Der Fall Evergrande weckt böse Erinnerungen, 20.09.2021, Süddeutsche Zeitung; online unter: https://www.sueddeutsche.de/wirtschaft/evergrande-pleite-folgen-1.5415995 [24.01.2023].

Beeinflussung der Wechselkurse durch Devisentransaktionen

Auf den Finanzmärkten für Wertpapiere, Geld- und Devisengeschäfte sowie Kredite ist die Globalisierung am weitesten fortgeschritten. Durch freiwillige oder von internationalen Organisationen erzwungene Liberalisierungs- und Deregulierungsmaßnahmen in einer Vielzahl von Ländern wurde inzwischen ein international weitgehend freier Geld- und Kapitalverkehr erreicht. Kapitalanleger haben aufgrund moderner Kommunikationstechniken weltweit ähnlich umfassende Informationen. Da zudem die Kosten im internationalen Kapitalverkehr niedrig sind, können Preis- und Renditeunterschiede schnell ausgenutzt und Finanzkapital innerhalb weniger Sekunden per Mausklick an nahezu jedem Platz der Welt zur Verfügung gestellt werden. Finanzkapital ist daher äußerst mobil und reagiert enorm schnell auf veränderte Anlagebedingungen („Es ist scheu wie ein Reh, schnell wie eine Gazelle und hat das Gedächtnis eines Elefanten."). Durch den Ab- und Zufluss von spekulativen Geldanlagen kann es zu unerwünschten Wechselkursschwankungen mit teilweise verheerenden Folgen auch für den Warenhandel kommen.

Noch nie hat es nach dem Zweiten Weltkrieg so viele internationale Finanzkrisen gegeben wie seit den 1990er-Jahren. Besonders bedeutsam war die Währungskrise, die 1997 in Thailand begann und sich 1998 über Russland nach Lateinamerika zur bis dahin schwersten weltweiten Finanzkrise der Nachkriegszeit ausweitete. Damit waren für die betroffenen Länder enorme Abwertungen der Landeswährungen, die teilweise durch Devisenspekulationen ausgelöst und verstärkt wurden, verbunden. Auch im Rahmen der sich 2008 ausgehend von den USA weltweit verbreitenden stärksten Finanzkrise der letzten Jahrzehnte unterlagen die Wechselkurse aufgrund der Anspannung an den internationalen Finanzmärkten hohen Schwankungen. Die Währungen von Staaten, in denen die Zinsen vergleichsweise hoch sind, werten in solchen Fällen erfahrungsgemäß stark und abrupt auf. Das Gegenteil ist bei Niedrigzinswährungen zu beobachten. Im Zuge der globalen Finanzkrise werteten beispielsweise Währungen wie der Schweizer Franken, der Yen oder der US-Dollar zumindest phasenweise auf, während andere Währungen wie der australische Dollar, der kanadische Dollar und die Währungen vieler Schwellenländer deutlich abwerteten. Als sich die Staatsschuldenkrise im Euro-Raum im Verlauf des Jahres 2011 zuspitzte, gewann der Schweizer Franken gegenüber dem Euro so stark an Wert, dass die Schweizerische Nationalbank im Herbst 2011 sogar ankündigte, im Bedarfsfall unbeschränkt Devisen zu kaufen, um einen Mindestkurs von 1,20 Franken je Euro durchzusetzen. Im Januar 2015 musste die Schweizerische Nationalbank allerdings vor dem Devisenzufluss und dem schwachen Euro kapitulieren. Danach stieg der Kurs des Schweizer Franken abrupt um bis zu 20 % an und erreichte zeitweise ein Parität zum Euro (1,00 CHF = 1,00 €).

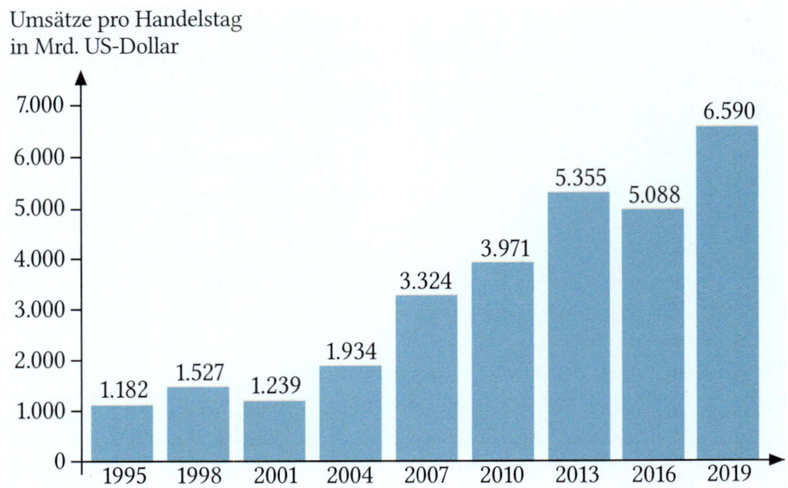

vgl. Bank für internationalen Zahlungsausgleich (BIZ)

Die Globalisierung der Finanz- und Kapitalströme und die wachsende Bedeutung der internationalen Spekulation haben dazu geführt, dass 2019 allein an den internationalen Devisenmärkten täglich im Durchschnitt mehr als 6,5 Billionen US-$ umgesetzt wurden.

Mehr als 80 % dieser Devisentransaktionen haben eine Verweildauer von weniger als sieben Tagen. Von diesen Finanzmitteln dienen allenfalls 5 % unmittelbar der Bezahlung von Waren- und Dienstleistungen. Etwa 15 % entfallen auf die Absicherung real-wirtschaftlicher Geschäfte (Handel mit Sachwerten) gegen Wechselkursrisiken. Bei den restlichen Beträgen handelt es sich in erster Linie um spekulative Gelder, die auf der Suche nach rentablen Anlagemöglichkeiten ständig um den Globus zirkulieren. Wechselkursschwankungen sind also in erster Linie durch internationale Finanzströme und nicht durch Handelsströme bedingt. Der Außenhandel wird durch Wechselkursschwankungen aber erheblich behindert, da die Unternehmen keine sichere Kalkulationsgrundlage haben und ihnen für die Minderung der Währungsrisiken erhebliche Kurssicherungskosten entstehen.

Auslöser dieser Devisenströme sind – neben multinationalen Unternehmen und einzelnen Staaten – vor allem die sogenannten „institutionellen Anleger“. Dabei handelt es sich um Banken, Versicherungen, Allfinanzkonzerne und Investmentfonds, die für sich und ihre Kunden solche Geldanlagen tätigen. Eine besondere Rolle spielen dabei die besonders riskanten und hoch spekulativen Hedgefonds[1], die an den Finanz- und Währungskrisen der 1990er-Jahre maßgeblich beteiligt waren. Die Kapitalströme und Devisenumsätze werden steuerlich nicht erfasst. Außerdem sind die Grenzen zwischen legalen und illegalen, „gewaschenen“ und „ungewaschenen“[2] Geldströmen oft fließend.

1 Ein Hedgefonds ist eine Gesellschaft, die hoch spekulative Gelder verwaltet und anlegt. Sie unterliegt i. d. R. keinen staatlichen Beschränkungen und Kontrollen.

2 „Geldwäsche“ ist die Verwendung krimineller Einkommen (z. B. aus Drogen- und Waffenhandel) mit dem Zweck, die illegale Herkunft zu verschleiern.

13.5.3 Stabilisierung der internationalen Finanzmärkte

TOBIN-Steuer

Vor dem Hintergrund der gigantischen internationalen Finanztransaktionen ist ein Vorschlag zur Besteuerung der internationalen Devisentransaktionen zur Eindämmung kurzfristiger Spekulationen und zur Stabilisierung der Wechselkurse von Bedeutung (TOBIN-Steuer).[1]

13.4, S. 537

Ziel dieser Steuer ist es, insbesondere die kurzfristigen Spekulationen („hot money") einzudämmen. Diese sollen durch eine Umsatzsteuer, die jeweils beim Hin- und Herwechseln der Devisen zu entrichten ist, verteuert werden. Je öfters ein Investor kurzfristige Spekulationsgeschäfte tätigt, desto teurer und damit unrentabler werden diese Geschäfte. Eine solche Steuer könnte eine Maßnahme zur Eindämmung unkontrollierter Finanzströme darstellen. Aus dem Steueraufkommen könnten weltweite Entwicklungs- und Umweltmaßnahmen finanziert werden. Trotz zahlreicher (großenteils interessengeleiteter) Argumente gegen eine solche Steuer haben einige Länder (z. B. Kanada, Belgien) bereits gesetzliche Maßnahmen ergriffen, die aber erst wirksam werden, wenn auch die anderen EU- und Industrieländer eine solche Steuer beschließen.

D Ziel der TOBIN-Steuer ist es, Devisenankäufe und Devisenverkäufe mit einer Umsatzsteuer zu belegen, um dadurch kurzfristige Devisenspekulationen und Wechselkursschwankungen einzudämmen.

Internationaler Währungsfonds (IWF)

Die Hauptaufgaben des IWF bezüglich der Finanzmarktstabilisierung bestehen darin,

- die Funktionsfähigkeit und Stabilität des internationalen Währungs- und Finanzsystems zu gewährleisten,
- die Entstehung internationaler Währungskrisen zu verhüten,
- zur Überwindung bereits eingetretener Krisen beizutragen,
- sich an Maßnahmen des Währungsunion-Finanzstabilitätsgesetzes [2]zu beteiligen.

Eine weitere wesentliche Aufgabe des IWF ist es, Mitgliedsstaaten, die in Zahlungsschwierigkeiten gegenüber internationalen Gläubigern geraten sind, durch Finanzhilfen zu unterstützen, damit sie wieder am internationalen Handel und Kapitalverkehr teilnehmen können.

Europäische Zentralbank

8.6.1

Im Rahmen der Einhaltung der Preisniveaustabilität als oberstes Ziel der Europäischen Zentralbank, spielt die Geldpolitik der EZB eine wichtige Rolle zur Schaffung stabiler Finanzmärkte. Dies erreicht die EZB durch die verschiedenen **geldpolitischen Instrumente**.

Als wohl bedeutendste Neuerung der letzten Jahre kann die Anpassung der geldpolitischen Strategie. War bisher ein Inflationsziel von *„unter, aber nahe an* 2%" definiert, so wird künftig ein mittelfristiges Inflationsziel von 2% angestrebt, womit sie das Inflationsziel leicht anhebt. Dies geht unter Umständen damit einher, dass die Inflation vorübergehend auch leicht über dem Zielwert liegt.

1 Dieser Vorschlag wurde von dem amerikanischen Wirtschaftswissenschaftler und Nobelpreisträger James Tobin bereits 1979 unterbreitet und inzwischen von globalisierungskritischen Gruppen wieder aufgegriffen(vgl. www.attac.de, Suchwort: TOBIN-Steuer).

2 Das Währungsunion-Finanzstabilitätsgesetz (WFStG) vom 7. Mai 2010 ermöglicht Kredite für Griechenland, um die griechische Finanzkrise zu überwinden und den Euro zu stabilisieren. An dem Finanzhilfepaket für Griechenland im Umfang von 110 Mrd. € beteiligte sich auch der IWF mit 30 Mrd. €.

Europäische Bankenaufsicht und Bankenregulierung

Die **Europäische Bankenaufsichtsbehörde (EBA)** ist eine unabhängige EU-Behörde, deren Aufgabe es ist, ein wirksames Maß an Regulierung und Beaufsichtigung im europäischen Bankensektor zu gewährleisten. Ihre übergeordneten Ziele bestehen in der **Wahrung der Finanzstabilität** in der EU und dem Schutz der Integrität, der Effizienz und des ordnungsgemäßen Funktionierens des Bankensektors.

Die EBA ist Bestandteil des Europäischen Systems der Finanzaufsicht (ESFS), dem drei Aufsichtsbehörden angehören: die Europäische Wertpapier-und Marktaufsichtsbehörde (ESMA), die Europäische Bankenaufsichtsbehörde (EBA) und die Europäische Aufsichtsbehörde für das Versicherungswesen und die betriebliche Altersversorgung (EIOPA). Die EBA ist unabhängig, jedoch gegenüber dem Europäischen Parlament, dem Rat der Europäischen Union und der Europäischen Kommission rechenschaftspflichtig.

Der **Einheitliche Aufsichtsmechanismus (SSM)** bezeichnet das System der Bankenaufsicht in Europa. Es setzt sich aus der EZB und den nationalen Aufsichtsbehörden der teilnehmenden Länder zusammen.

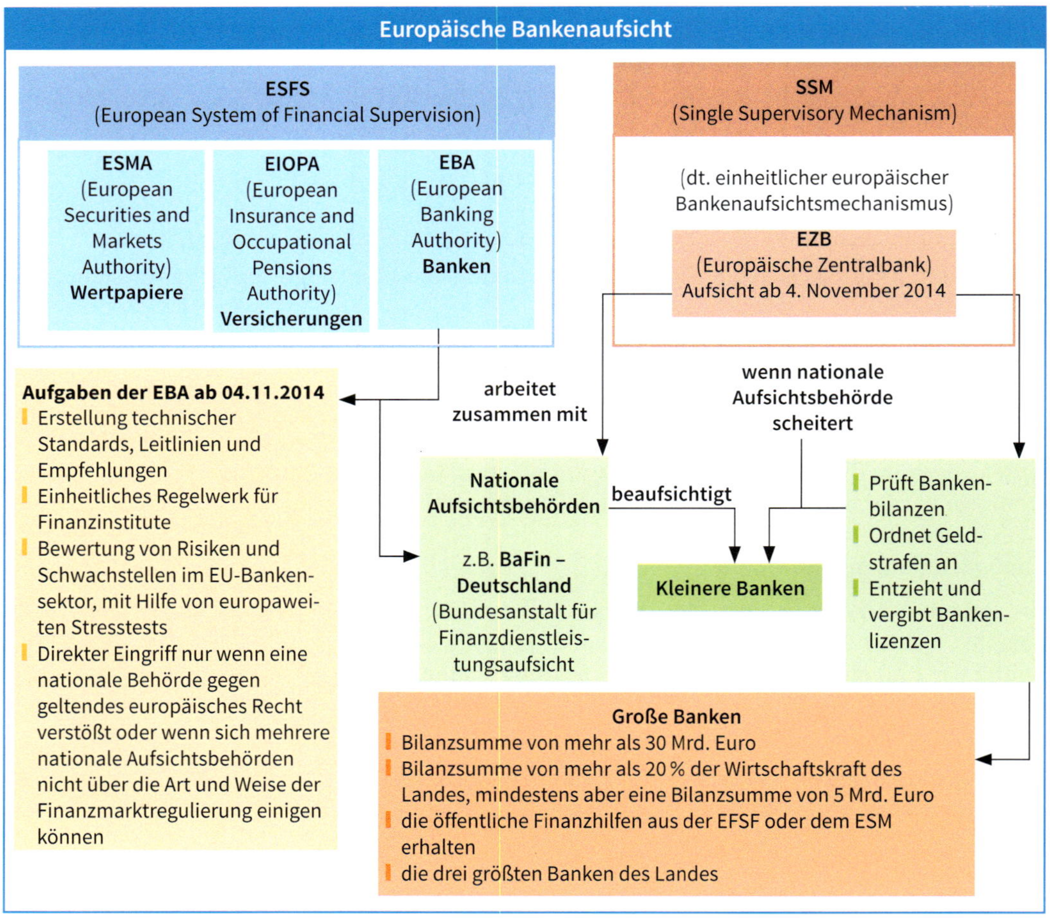

Quelle: Tagesgeldvergleich.net (Hrsg.): Die EBA – Europäische Bankenaufsichtsbehörde, online unter: https://www.tagesgeldvergleich.net/ratgeber/eba-bankenaufsichtsbehoerde.html [30.07.2022] (verändert).

Zusammenfassung Kapitel 13: Globalisierung: Von der europäischen Volkswirtschaft zur Weltwirtschaft

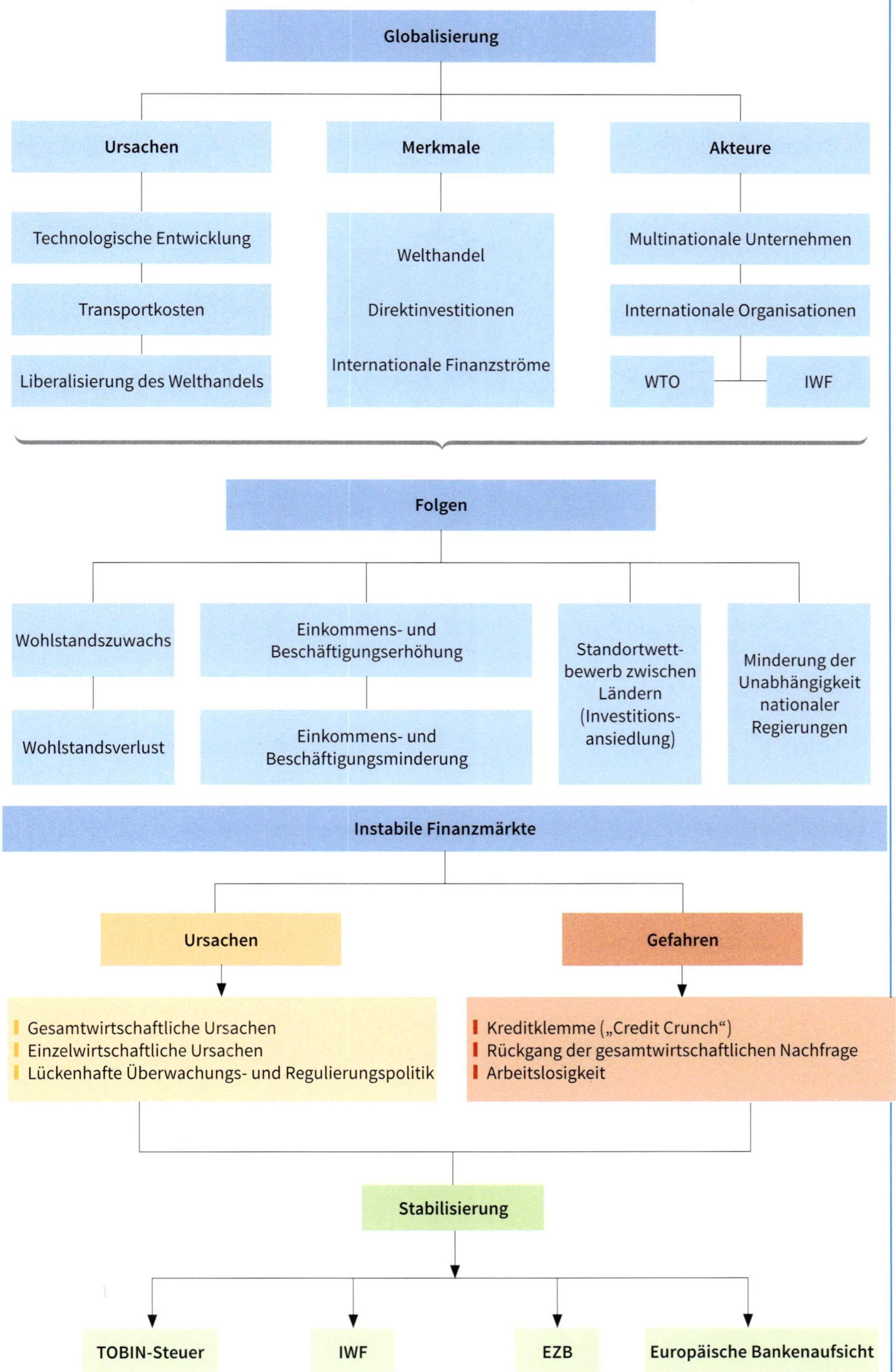

Aufgaben zu Kapitel 13: Globalisierung: Von der europäischen Volkswirtschaft zur Weltwirtschaft

13.1 Internationale Arbeitsteilung am Beispiel der Smartphoneproduktion – Verhaltenskodizes

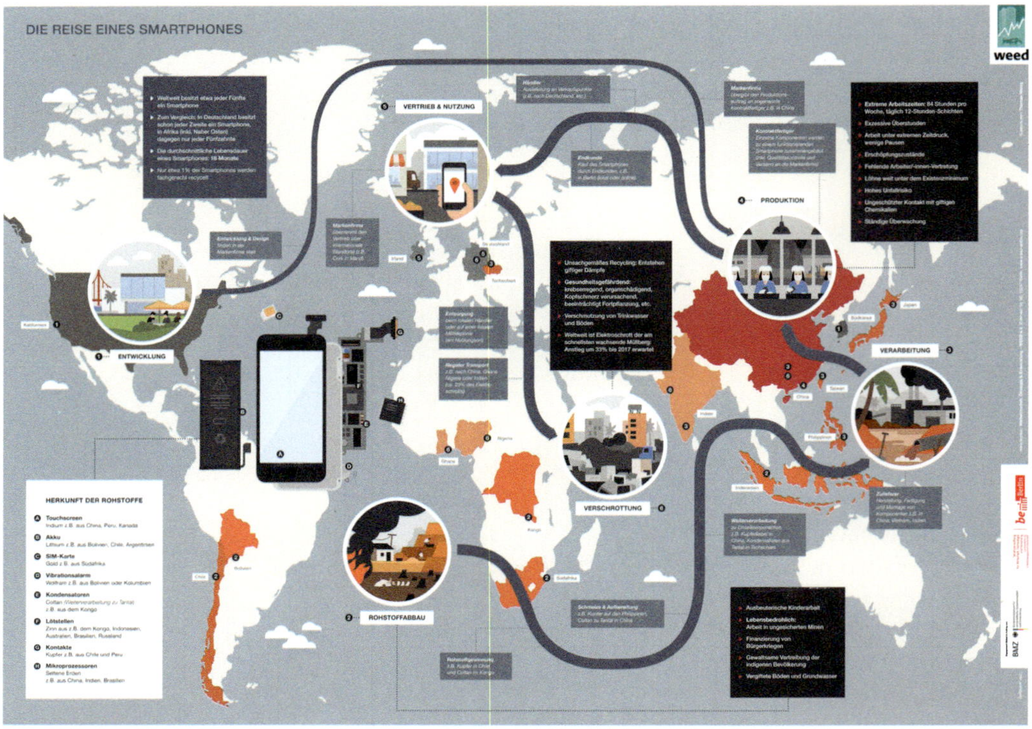

WEED - Weltwirtschaft, Ökologie & Entwicklung e.V.: Die Reise eines Smartphones, 29.01.2015; abrufbar unter: https://www.weed-online.org/publikationen/8249830.html [26.03.2021]

1. Erläutern Sie, warum an der Produktion eines Smartphones Menschen in so vielen Ländern beteiligt sind.
2. Ermitteln Sie mithilfe eines Atlas die Länge der Transportwege bei der beschriebenen Smartphoneproduktion. (Informieren Sie sich ggf. unter der angegebenen Internetadresse.)
3. Diskutieren Sie, welche Vorteile sich für die am Produktionsprozess beteiligten Länder aus dieser Art von Arbeitsteilung ergeben können.
4. Informieren Sie sich über die Arbeitsbedingungen, unter denen in manchen Fällen die Produktion von Smartphones, Jeans, Mode- und Sportbekleidung, Sportschuhen und weiteren Konsumgütern in Entwicklungsländern erfolgt:
   https://www.elearning-politik.de/globalisierung-online;
   http://www.saubere-kleidung.de; http://www.cleanclothes.org.
5. Beschreiben Sie, welche Möglichkeiten Sie sehen, die unter 4. beschriebenen Arbeitsbedingungen zu verbessern.
6. Diskutieren Sie, ob Sie selbst bereit wären, beim Kauf entsprechender Produkte Unternehmen zu bevorzugen, die bei der Herstellung bestimmte Mindestbedingungen (Verhaltenskodizes) einhalten, auch wenn diese Produkte teurer sind. Begründen Sie Ihre Meinung.
   Zu den häufigsten Verhaltenskodizes gehören: keine Diskriminierung der Beschäftigten, Verbot von Kinderarbeit, Verbot von Zwangsarbeit, Recht auf Organisationsfreiheit (Gewerkschaften) und kollektive Tarifverhandlungen, Zahlung von Mindestlöhnen, die den gesetzlichen Bestimmungen entsprechen, keine überlangen Arbeitszeiten, Gewährung von Gesundheits- und Sicherheitsschutz am Arbeitsplatz, ökologische Standards.

13.2 Globalisierung der Märkte: Merkmale – Chancen – Risiken – Maßnahmen

1. Zeigen Sie die zentralen Merkmale der Globalisierung auf und erstellen Sie zur Strukturierung ein Mindmap. Berücksichtigen Sie dabei neben den wirtschaftlichen Aspekten auch andere Bereiche der Globalisierung.
2. Die Befürworter des Globalisierungsprozesses beziehen sich häufig auf die wirtschaftspolitische Konzeption des Neoliberalismus. Erläutern Sie wesentliche auf dieser Konzeption beruhende Argumente der Befürworter.
3. Stellen Sie wesentliche Argumente der Globalisierungskritiker zusammen. Setzen Sie sich kritisch damit auseinander und versuchen Sie sich eine eigene Meinung über Chancen und Risiken der Globalisierung zu bilden.

13.3 Instabile Finanzmärkte – Gefahren und Auswirkungen

1. Lesen Sie den Zeitungsartikel auf Seite 531 (Der Fall Evergrande weckt böse Erinnerungen).
2. Beschreiben Sie unter Zuhilfenahme des Wirkungsschemas auf S. 530, welche Folgen eine Pleite der Immobilienunternehmens Evergrande für die Gesamtwirtschaft haben könnte.

13.4 Devisentransaktionssteuer (TOBIN-Steuer) zur Stabilisierung der Finanzmärkte

Situation

Phase I (10:00 Uhr):
In Erwartung, dass der Euro gegenüber dem US-$ am Nachmittag um 0,01€ nachgibt, tauscht ein Anleger 10 Mio. € zum Kurs von 1,20 US-$/€ in US-Dollar um.

Phase II (14:00 Uhr):
Der Kurs verändert sich am frühen Nachmittag tatsächlich wie erwartet und beträgt jetzt 1,19 US-$/€.

Phase III (14:03 Uhr):
Der Anleger tauscht die US-$ vom Vormittag zum Kurs von 1,19 US-$/€ wieder in Euro zurück.

Hinweis: Kursunterschied beim Devisenan- und -verkauf (Geld/Brief) sind nicht zu berücksichtigen.

1. Ermitteln Sie Gewinn aus dem Spekulationsgeschäft (ohne Spesen und Provisionen), wenn der Steuersatz der auf die Umsätze erhobenen Devisentransaktionssteuer
   a) 0% b) 0,1% c) 0,5%
   beträgt.
   Hinweis: Die Steuer wird nicht aus dem Anlagebetrag bezahlt, sondern aus anderen Mitteln zusätzlich aufgebracht.
2. Beurteilen Sie, ob Ihrer Meinung nach eine Devisentransaktionssteuer geeignet ist, das Ausmaß der Devisenspekulation zu verringern.
3. Recherchieren Sie im Internet, warum in Deutschland eine solche Steuer bisher (im Gegensatz z. B. zu Frankreich) noch nicht eingeführt wurde. Sehen Sie hierzu bei folgenden Internetadressen nach:
   https://de.wikipedia.org/wiki/Finanztransaktionssteuer
   www.finanztransaktionssteuer.de
   www.steuer-gegen-armut.org

Finanztrans-aktionssteuer

Steuer gegen Armut

Ich kann …	Bitte ankreuzen: Ja	Bitte ankreuzen: Nein	Wenn Nein: Siehe Seite(n) im Buch	Level / Anforderungsniveau
13.1 Ursachen der Globalisierung				
… Entwicklungen, die eine wirtschaftliche Globalisierung unterstützt oder verstärkt haben, erläutern.			S. 515	II
13.2 Merkmale der Globalisierung				
… drei Merkmale nennen, an denen sich das Ausmaß der Globalisierung feststellen lässt.			S. 516	I

14 Öffentliche Finanzwirtschaft

14.1. Staatsfinanzierung in Deutschland

- Anlass und Notwendigkeit der Staatsfinanzierung
- Träger des öffentlichen Finanzwesens
- Notwendigkeit eines Haushalts
- Gliederung des Bundeshaushalts
- Zusammensetzung des Bundeshaushalts

14.4. Weitere Finanzierungsinstrumente und Folgen der Staatsverschuldung

- Bundesanleihen
- Kommunalkredite
- Regionale Ungleichgewichte (Disparitäten)
- Länderfinanzausgleich
- Probleme staatlicher Budgetdefizite und Staatsverschuldung
- Public Private Partnership

14.2. Staatsausgaben nach dem Funktionalprinzip

- Staatsquote
- Abgabenquote
- Sozialleistungsquote

14.3. Staatseinnahmen

- Öffentliche Einnahmen
- Steuern
- Gebühren

14 Öffentliches Finanzwesen

14.1 Staatsfinanzierung in Deutschland

„Ohne Moos, nix los" lautet wohl auch die Devise des deutschen Finanzministers, denn die öffentlichen Aufgaben sind vielfältig und ohne den Staat würden viele Lebensbereiche gar nicht oder schlechter funktionieren. So zählen beispielsweise das Bildungswesen, der Straßenbau, die soziale Sicherung, die Landesverteidigung und das Verkehrswesen zu denjenigen Bereichen, die den Großteil der Staatsausgaben ausmachen. Die Ausgaben des Bundeshaushaltes des Bundesrepublik Deutschland belaufen sich 2023 auf rund 476 Mrd. € - dies entspricht etwa dem Bruttoinlandsprodukt von Österreich. Dieser Vergleich bringt auch zum Ausdruck, mit welchen Summen in Deutschland gerechnet wird. Die Harmonie zwischen Ausgaben und Einnahmen spielt eine bedeutende Rolle für die Stabilität des Staates. Gelang es zwischen den Jahren 2014 bis 2019 auf Bundesebene sogar einen Haushaltsüberschuss zu erwirtschaften, so ist es seit 2020 aufgrund der enormen Herausforderungen der Corona-Pandemie notwendig geworden, Kredite aufzunehmen, um die zusätzlichen wirtschaftspolitischen Hilfspakete zu finanzieren. Daher wird auch deutlich, weshalb das öffentliche Finanzwesen eine sehr wichtige Rolle einnimmt, schließlich wollen all diese Ausgaben und Einnahmen geplant und finanziert werden.

Lernziele:

Nach der Bearbeitung des Kapitels sind Sie in der Lage, Folgendes zu tun:

Sie ...

- ... nennen öffentliche Aufgaben.
- ... unterscheiden Einnahme- und Ausgabewirtschaft.
- ... erläutern das Prinzip der Bedarfsdeckung.
- ... beschreiben gesamtwirtschaftliche Funktionen des öffentlichen Finanzwesens.
- ... erläutern, was eine haushaltsorientierte Gebietskörperschaft ist.
- ... beschreiben die Notwendigkeit eines Haushalts.
- ... beschreiben die Gliederung des Bundeshaushalts.

14.1.1 Anlass und Notwendigkeit der Staatsfinanzierung

14.1, S. 565

Die Erfüllung **öffentlicher Aufgaben** ist eines der wesentlichen Ziele des Staates und seiner Gemeinschaft. Dabei geht es um die Sicherstellung von Recht und Ordnung, um die Gewährleistung des Friedens und um eine bessere soziale und materielle Absicherung der Bürgerinnen und Bürger. Konkret können die öffentlichen Aufgaben folgende Punkt umfassen:

- Allgemeine Verwaltungsangelegenheiten
- Staats- und Rechtssicherheit
- Bildungswesen
- Gesundheitspflege
- Verteidigung
- Soziale Sicherung
- Wirtschafts- und Verkehrspflege

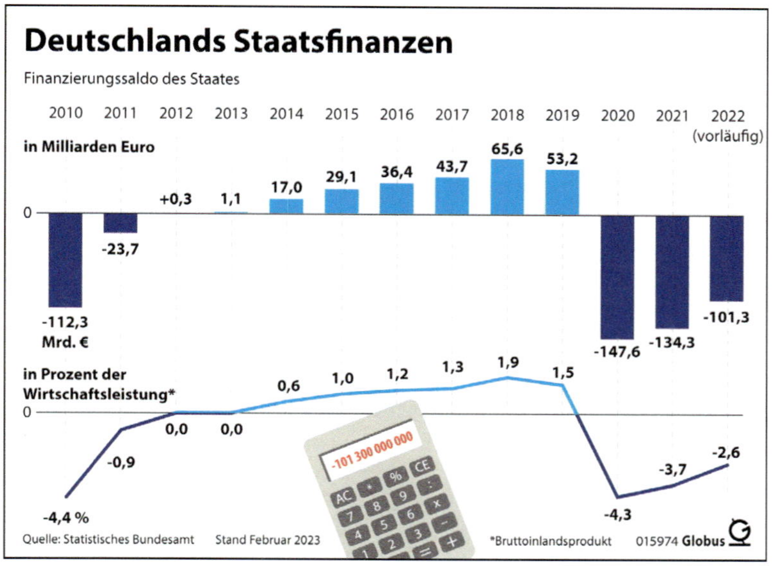

Einzelne Mitglieder dieser Gemeinschaft wären wohl kaum in der Lage, solche öffentlichen Aufgaben alleine zu finanzieren. Das Volumen des deutschen Bundeshaushaltes (ohne Länder und Gemeinden) umfasst 2023 rund 476 Mrd. €. Dem öffentlichen Finanzwesen kommt daher eine erhebliche Bedeutung zu.

D Unter „öffentlicher Finanzwirtschaft" bzw. „öffentlichem Finanzwesen" werden alle Aktivitäten des Staates verstanden, die zur Erfüllung öffentlicher Aufgaben notwendig sind und darauf abzielen, die notwendigen Finanzmittel aufzubringen, zu verwalten und einzusetzen.

Das öffentliche Finanzwesen umfasst eine **Einnahme- und eine Ausgabewirtschaft**.

Einnahmewirtschaft	Ausgabewirtschaft
Erstreckt sich auf die Bereitstellung der notwendigen finanziellen Mittel	Entscheidung darüber, welche öffentlichen Aufgaben erfüllt werden sollen
Deckung des Finanzbedarfs durch u. a. Steuern, Gebühren und Beiträge sowie durch Kredite	Finanzierung der öffentlichen Aufgaben

Während privatwirtschaftliche Unternehmen i. d. R. nach dem Prinzip der Gewinnerzielung wirtschaften, arbeitet das öffentliche Finanzwesen nach dem **Prinzip der Bedarfsdeckung**, d. h. der Staat strebt nicht nach Gewinn, sondern danach, seine öffentlichen Aufgaben zu erledigen und die öffentlichen Bedürfnisse der Gemeinschaft zu befriedigen. Grundlage des öffentlichen Finanzwesens ist damit der Ausgleich von Einnahmen und Ausgaben. Damit arbeitet der Staat im Rahmen des ökonomischen Prinzips nach dem **Minimalprinzip**, d. h. er versucht seine öffentlichen Aufgaben mit einem Minimum an Haushaltsmitteln zu erfüllen.

Darüber hinaus nimmt das öffentliche Finanzwesen auch **gesamtwirtschaftliche Funktionen** ein. So kommt dem Staat beispielsweise im Rahmen einer gerechten *Einkommens- und Vermögensverteilung* eine zentrale Rolle zu, da dieser z. B. durch die Einkommenssteuer oder durch bestimmte Subventionen oder Sozialleistungen versucht, eine bessere soziale Gerechtigkeit herzustellen. Daneben setzt der Staat über *Konjunktur- und Wachstumspolitik* nachfrage- und angebotsorientierte Impulse und steuert somit das Wachstum der Wirtschaft, die Beschäftigung und die Stabilität des Preisniveaus.

6.8.3

14.1.2 Träger des öffentlichen Finanzwesens: Haushaltsorientierte Gebietskörperschaften

14.2, S. 565

Träger des öffentlichen Finanzwesens sind die **öffentlichen Gebietskörperschaften**, deren Hoheitsgebiet durch einen räumlich begrenzten Teil des Staatsgebiets bestimmt wird. Diese lassen sich wie folgt unterteilen:

Staatliche Gebietskörperschaften	Kommunale Gebietskörperschaften
Bund und Bundesländer	Gemeinden und Gemeindeverbände

Übersicht der Aufgaben

Die verschiedenen Ebenen (Bund, Länder und Gemeinden) übernehmen nun unterschiedliche Aufgaben. Sowohl der Bund als auch die Bundesländer tragen dabei die Verantwortung für die Erfüllung gewisser öffentlicher Aufgaben.

Das Grundgesetz regelt die sogenannte **Finanzhoheit**.

D Die Finanzhoheit ist das Recht von Bund, Ländern (Grundgesetz Art. 109) und Gemeinden (Grundgesetz Art. 28) ihre Finanzwirtschaft – Einnahmen und Ausgaben – eigenverantwortlich zu regeln.

§

Grundgesetz (GG) Artikel 109

(1) Bund und Länder sind in ihrer Haushaltswirtschaft selbständig und voneinander unabhängig.

Grundgesetz (GG) Artikel 28

(2) Den Gemeinden muss das Recht gewährleistet sein, alle Angelegenheiten der örtlichen Gemeinschaft im Rahmen der Gesetze in eigener Verantwortung zu regeln. Auch die Gemeindeverbände haben im Rahmen ihres gesetzlichen Aufgabenbereiches nach Maßgabe der Gesetze das Recht der Selbstverwaltung. Die Gewährleistung der Selbstverwaltung umfasst auch die Grundlagen der finanziellen Eigenverantwortung; zu diesen Grundlagen gehört eine den Gemeinden mit Hebesatzrecht zustehende wirtschaftskraftbezogene Steuerquelle.

Da den öffentlichen Gebietskörperschaften auf Grundlage des Grundgesetzes also das Selbstverwaltungsrecht garantiert wird, erfordert dies auch eine Aufteilung der staatlichen Zuständigkeiten zwischen den Gebietskörperschaften. Daraus resultiert letztlich auch die Notwendigkeit, dass die Kompetenzen auf dem Gebiet des Finanzwesens aufgeteilt werden. Zwischen Bund und Ländern werden mithilfe der **Finanzverfassung** alle grundsätzlichen Regelungen getroffen. Die Finanzverfassung ist im Abschnitt X des Grundgesetzes mit der Überschrift „Das Finanzwesen“ in den Artikeln 104a bis 115 geregelt. Hier wird beispielsweise auch geregelt, welche Steuern entweder Bund, Ländern oder Gemeinden zustehen.

§

Grundgesetz (GG) Artikel 106

(1) Der Ertrag der Finanzmonopole und das Aufkommen der folgenden Steuern stehen dem Bund zu:

1. die Zölle
2. die Verbrauchsteuern, soweit sie nicht nach Absatz 2 den Ländern, nach Absatz 3 Bund und Ländern gemeinsam oder nach Absatz 6 den Gemeinden zustehen,
3. die Straßengüterverkehrsteuer, die Kraftfahrzeugsteuer und sonstige auf motorisierte Verkehrsmittel bezogene Verkehrsteuern,
4. die Kapitalverkehrsteuern, die Versicherungsteuer und die Wechselsteuer,
5. die einmaligen Vermögensabgaben und die zur Durchführung des Lastenausgleichs erhobenen Ausgleichsabgaben,

6. die Ergänzungsabgabe zur Einkommensteuer und zur Körperschaftsteuer,
7. Abgaben im Rahmen der Europäischen Gemeinschaften.

(2) Das Aufkommen der folgenden Steuern steht den Ländern zu:

1. die Vermögensteuer,
2. die Erbschaftsteuer,
3. die Verkehrsteuern, soweit sie nicht nach Absatz 1 dem Bund oder nach Absatz 3 Bund und Ländern gemeinsam zustehen,
4. die Biersteuer,
5. die Abgabe von Spielbanken.

(3) Das Aufkommen der Einkommensteuer, der Körperschaftsteuer und der Umsatzsteuer steht dem Bund und den Ländern gemeinsam zu (Gemeinschaftsteuern), soweit das Aufkommen nicht [...] den Gemeinden zugewiesen wird. [...]

14.1.3 Notwendigkeit eines Haushalts

Gegebenermaßen sind finanzielle Mittel meist knapp. Das „Haushalten“ stellt also eine wesentliche Aktivität der Träger des öffentlichen Finanzwesens dar. Damit die vielfältigen Aktivitäten detailliert geplant und gesteuert werden können, muss zunächst klar sein, welche Einnahmen zur Deckung des Finanzbedarfs zur Verfügung stehen. Anschließend werden die zu erfüllenden Aufgaben bestimmt und die notwendigen Mittel eingestellt. Jede öffentliche Gebietskörperschaft hat demnach die Aufgabe, einen **Haushaltsplan** zu erstellen, in dem alle voraussichtlichen Einnahmen und Ausgaben veranschlagt *(budgetiert)* werden. Aus dieser Aufgabe erklärt sich auch der Begriff der **haushaltsorientierten Gebietskörperschaft**.

D Der **Haushaltsplan** kann als eine nach den gesetzlichen Regelungen festgestellte Zusammenstellung der Einnahmen und Ausgaben einer haushaltsorientierten Gebietskörperschaft bezeichnet werden.

Der Haushaltsplan gilt immer für einen bestimmten Zeitraum, in der Regel für ein oder mehrere Rechnungsjahre. Der Haushaltsplan für den Bund wird durch Gesetze (Haushaltsgesetz) festgestellt. Das ausschließliche Recht, Bundesgesetze zu beschließen, steht dem Bundestag als Vertretung des Volkes zu.

D Das **Budgetrecht** ist das Recht der Volksvertretung, über die Einnahme- und Ausgabewirtschaft zu beschließen und den Haushaltsplan zu bestimmen.

An diesen Haushaltsplan ist die haushaltsorientierte Gebietskörperschaft bei der Erfüllung ihrer Aufgaben gebunden. Das Budgetrecht wird wegen der großen Bedeutung auch als **Königsrecht der Volksvertretung** bezeichnet.

Ist der Haushaltsplan bereits durch das Haushaltsgesetz festgestellt, so können notwendige Änderungen durch einen **Nachtragshaushalt** vorgenommen werden. Ein solcher Nachtragshaushalt dient dem Zweck, einen nachträglichen Mehrbedarf zu decken.

Auszug aus dem Monatsbericht des Bundesfinanzministeriums Juni 2021:

> "Die deutsche Wirtschaft ist nach einer zehnjährigen Expansionsphase im Corona-Pandemie jahr 2020 in eine tiefe Rezession geraten. Im Jahresverlauf folgte dabei auf einen historisch einmaligen Einbruch der Wirtschaftsleistung im Frühjahr eine durch umfangreiche staatliche Maßnahmen gestützte deutliche Erholung. Im Winterhalbjahr belasteten dann Pandemie und Eindämmungsmaßnahmen die wirtschaftliche Dynamik wieder spürbar. Die Bundesregierung hat auf diese Situation reagiert, indem erneut zeitnah umfangreiche Hilfsprogramme für Bürgerinnen und Bürger sowie Unternehmen aufgelegt wurden, was sich auch im Nachtragshaushalt widerspiegelt. Dies hat das wirtschaftliche Geschehen gestützt und trägt dazu bei, den Boden für eine anhaltende wirtschaftliche Aufwärtsbewegung in diesem Jahr zu bereiten."
>
> *Quelle: Bundesministerium der Finanzen (Hrsg.): Monatsbericht Juni 2021; online unter: https://www.bundesfinanzministerium.de/Monatsberichte/2021/06/Inhalte/Kapitel-3-Analysen/3-3-nachtragshaushalt-2021-sollbericht.html [24.01.2023].*

14.1.4 Gliederung des Bundeshaushalts

Der Bundeshaushalt besteht aus dem Haushaltsgesetz sowie dem Haushaltsplan. Der **Haushaltsplan** setzt sich zusammen aus

- dem **Gesamtplan**, einer Zusammenfassung aller Einzelpläne nach den verschiedenen Einnahme- und Ausgabearten und
- den **Einzelplänen**, das sind die Pläne der einzelnen Ministerien und Verfassungsorgane.

Vereinfacht gesagt umfassen die Einzelpläne die Pläne der Ministerien und der Verfassungsorgane. Jeder Einzelplan gliedert sich in sogenannte *Kapitel*, in denen alle Einnahmen, Ausgaben und Verpflichtungsermächtigungen[1] eines Behörden- oder Verwaltungsbereichs bzw. eines bestimmten Aufgabengebiets abzubilden sind. Als *Titel* werden die konkreten Einnahmen und Ausgaben bezeichnet.

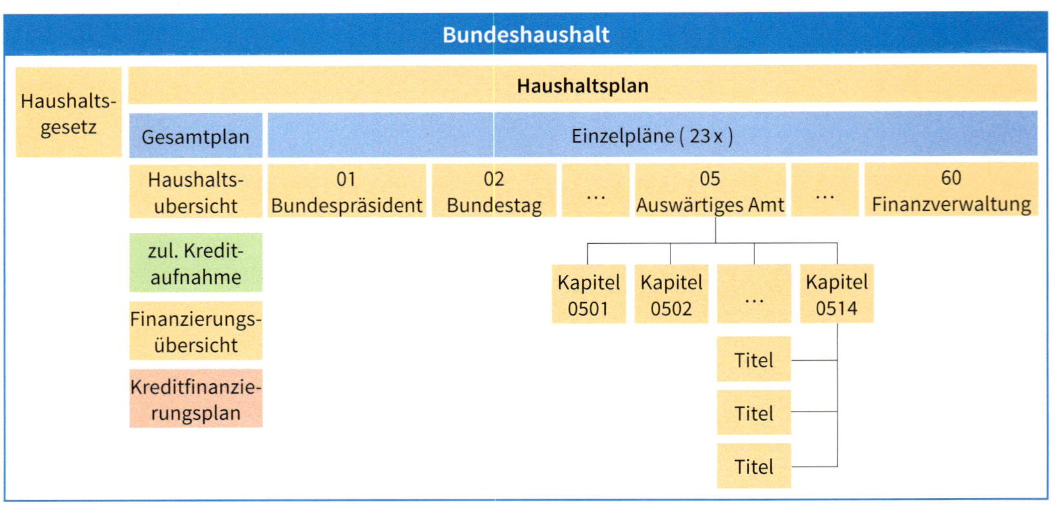

vgl. Leibinger, Bodo/Müller, Reinhard/Züll, Bernd: Öffentliche Finanzwirtschaft, 15. Aufl., 2021, München: r.v. Decker Verlag, S. 41.

1 Als Verpflichtungsermächtigung bezeichnet man eine im Haushaltsplan veranschlagte Ermächtigung, die es der Verwaltung ermöglicht, Verpflichtungen für die Tätigung von Investitionen oder zur Förderung von Investitionsmaßnahmen einzugehen, die erst in späteren Haushaltsjahren zu Ausgaben bzw. Auszahlungen führen. Verpflichtungsermächtigungen lassen sich insofern auch als Vorgriff auf spätere Haushaltsjahre begreifen.

In der Art der Anordnung der Einnahmen und Ausgaben im Haushaltsplan ist zwischen folgenden zwei Grundsätzen zu unterscheiden:

Organisationprinzip (= Ressort- oder Ministerialprinzip)	Funktions- bzw. Funktionalprinzip (= Realprinzip)
Veranschlagung der Einnahmen und Ausgaben nach den Dienststellen bzw. Verwaltungsbereichen, in denen die Beträge getätigt werden	Veranschlagung nach den Aufgaben der Staatsverwaltung ohne Rücksicht auf die Dienststellen bzw. Verwaltungsbereiche

Eine Vielzahl von Einzelaufgaben des Bundes werden von verschiedenen Verwaltungsbereichen erfüllt, d. h. die Aufgaben werden sozusagen ministerienübergreifend erfüllt. Demnach könnten diese nach dem Funktions- bzw. Funktionalprinzip zusammengefasst werden. Für den Bundeshaushalt gilt jedoch grundsätzlich das **Organisationsprinzip (= Ressort- oder Ministerialprinzip)** mit Ausnahme der allgemeinen Finanzverwaltung. Die Staatsausgaben werden damit nach den sie verursachenden Ministerien sortiert.

B Im Bundeshaushalt ist der Einzelplan „Allgemeine Finanzverwaltung" gemäß dem Funktionalprinzip eingerichtet worden. Die Einzelpläne „Bundesministerium der Finanzen", „Bundesrechnungshof" und „Bundesministerium der Justiz" bestehen demgegenüber aufgrund des Ministerialprinzips.

14.1.5 Zusammensetzung des Bundeshaushaltes

Der Bundeshaushalt zeichnete sich 2020 und 2021 insbesondere dadurch aus, dass durch die massiven Konjunkturprogramme erstmals seit 2014 wieder Kredite im Umfang von rund 215 Mrd. € (für 2021) zur Finanzierung des Haushaltes aufgenommen werden mussten. Auch in den Jahren 2022 (115 Mrd. €) und 2023 (46 Mrd. €) waren bzw. sind noch Kreditaufnahmen notwendig. Die solide Finanzpolitik der letzten Jahre ermöglichte dies und trägt dazu bei, dass die Corona-Pandemie verhältnismäßig gut überwunden werden kann. Die Einnahmen und Ausgaben wurden durch die Corona-Pandemie sowie durch den russischen Angriffskrieg in der Ukraine entsprechend deutlich beeinflusst, wie die folgende Grafik und nachfolgende Tabelle zeigen.

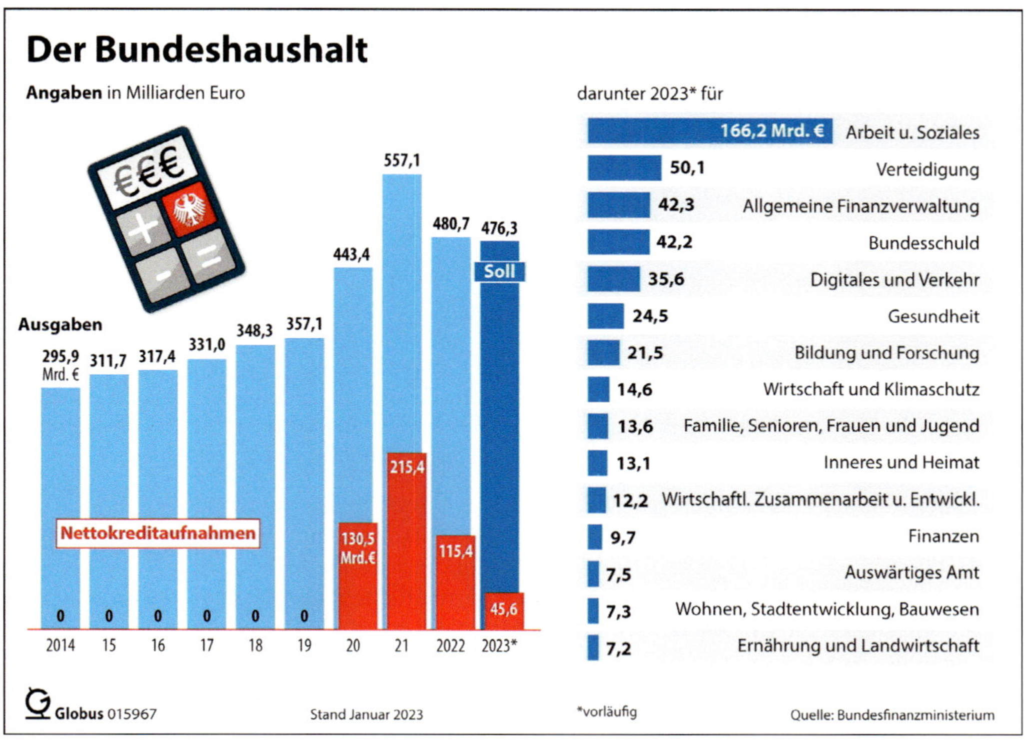

Eckwerte des Bundeshaushaltes (in Mrd. €)						
	Ist	Soll	Entwurf	Finanzplan		
	2022	2023	2024	2025	2026	2027
Ausgaben	**481,3**	**476,3**	**445,7**	**451,8**	**460,3**	**467,2**
davon: Investitionen	46,2	71,5	54,2	60,2	59,1	57,2
Einnahmen	**481,3**	**476,3**	**445,7**	**451,8**	**460,3**	**467,2**
davon: Steuereinnahmen	337,2	358,1	375,3	394,6	409,1	421,3
Rücklage	–	40,5	1,4	6,4	–	–
Nettokreditaufnahme	**115,4**	**45,6**	**16,6**	**16,0**	**15,4**	**15,0**

vgl. Bundesministerium der Finanzen: Regierungsentwurf für den Bundeshaushalt 2024 und Finanzplan bis 2027, 05. Juli 2023; online unter: https://www.bundesfinanzministerium.de/Content/DE/Pressemitteilungen/Finanzpolitik/2023/07/2023-07-05-regierungsentwurf-bundeshaushalt-2024.html.

14.3, S. 566
14.4, S. 566

Die **Nettokreditaufnahme** beschreibt den Saldo aus den neu aufgenommenen Krediten abzüglich der gesamten Kredittilgung. Die Berechnung der zulässigen Kreditaufnahme gemäß der **Schuldenbremse** ist relativ komplex und grundsätzlich gilt, dass der Bund seinen Haushalt ohne Einnahmen aus Krediten ausgleichen muss. Die Regeln sehen aber vor, dass maximal 0,35% des nominalen Bruttoinlandsprodukts des Vorjahrs als Kredite aufgenommen werden dürfen. Man spricht in diesem Zusammenhang auch von **struktureller Neuverschuldung**, d.h. der Bund kann auch bei normaler Konjunkturlage über einen Kreditrahmen verfügen, der sich auf maximal 0,35% des Bruttoinlandsprodukts des Vorjahrs beläuft. Hinzu kommt eine sogenannte *Konjunkturkomponente*, welche es dem Bund erlaubt, bei Abweichungen von der „Normallage" entsprechende Ermächtigungen zu veranschlagen. Belastungen, die den Schwellenwert der Kreditobergrenze von 1,5% des Bruttoinlandsprodukts übersteigen, sind auf einem Kontrollkonto zu erfassen. Ein weiterer Korrekturfaktor stellen die *finanziellen Transaktionen* dar. Hierbei handelt es sich z.B. um die Vergabe eines Darlehens, welches aber nicht zum Anstieg des Defizits führt, da ihr ein entsprechender Forderungserwerb gegenübersteht.

Komponenten zur Berechnung der zulässigen Kreditaufnahme	Betrag für 2021 in Mrd. €
1. Maximal zulässige strukturelle Nettokreditaufnahme (0,35 % des Vorjahres-BIP)	12,07
2. Saldo der finanziellen Transaktionen	–5,38
3. Konjunkturkomponente	–23,95
= maximal zulässige Nettokreditaufnahme (Differenz aus 1. und den Summen aus 2. und 3.)	**41,40**
Tatsächliche Nettokreditaufnahme des Bundes	
Nettokreditaufnahme des Bundes	240,18
Finanzierungsdefizit der Sondervermögen	17,59
= Für die Schuldenregel relevante Kreditaufnahme	**257,77**
Überschreitung der zulässigen Kreditaufnahme	**216,37**

D Unter der strukturellen Neuverschuldung im Sinne der Schuldenregel versteht man die Nettokreditaufnahme bereinigt um finanzielle Transaktionen und Konjunktureffekte.

Tatsächlich sah der Bundeshaushalt 2021 eine Überschreitung der zulässigen Kreditaufnahme von 216,37 Mrd. € vor. Die Schuldenbremse sieht für Notsituationen wie die Corona-Pandemie eine Ausnahme vor. Im Falle von Naturkatastrophen oder außergewöhnlichen Notsituationen, die sich der Kontrolle des Staates entziehen und die staatliche Finanzierungslage erheblich beeinträchtigen, kann die Obergrenze für die strukturelle Nettokreditaufnahme von 0,35% des BIP aufgrund eines Beschlusses des Bundestages überschritten werden. Für das Jahr 2023 wird voraussichtlich (Stand: Februar 2023) die zulässige Kreditaufnahme nicht mehr überschritten.

Neben den bereits erwähnten Ausgaben, setzen sich die Einnahmen des Bundeshaushalts im Jahr 2023 im Wesentlichen wie folgt zusammen:

Einnahmen des Staates 2023		
Einnahmen aus Steuern und allgemeinen Bewilligungen (z.B. Gewinne aus Unternehmensbeteiligungen)	411.703.803 €	86,44 %
Schuldenaufnahme am Kreditmarkt	47.937.205 €	10,06 %
Einnahmen u. a. aus Gebühren (insbesondere LKW-Maut)	8.646.406 €	1,82 %
sonstige Einnahmen (z. B. Zuschüsse der EU)	8.003.349 €	1,68 %
Summe	476.290.763 €	

Einnahmen des Bundeshaushaltes 2023

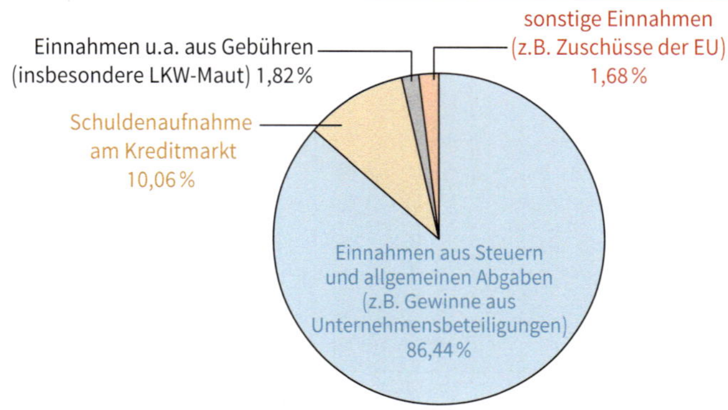

vgl. Bundesministerium der Finanzen (Hrsg): Bundeshaushalt, Einnahmen

14.2 Staatsausgaben nach dem Funktionalprinzip

Lernziele:

Nach der Bearbeitung des Kapitels sind Sie in der Lage, Folgendes zu tun:

Sie …

- … erläutern und berechnen die Staatsquote.
- … nehmen zur Bedeutung der Staatsquote kritisch Stellung.
- … erläutern und berechnen die Abgabenquote.
- … diskutieren die Bedeutung der Abgabenquote.
- … erläutern und berechnen die Sozialleistungsquote.
- … diskutieren die Bedeutung der Sozialleistungsquote.

Die **Staatsausgaben** umfassen Ausgaben des Staates der haushaltsorientierten Gebietskörperschaften, d.h. Bund, Länder und Gemeinden und des Gesamtstaats für Waren und Dienstleistungen. Wie in der Grafik auf S. 545 bereits ersichtlich war, sind die Staatsausgaben aufgrund der Corona-Pandemie in den : Regierungsentwurf für den Bundeshaushalt 2024 und Finanzplan bis 2027, 05. Juli 2023; online unter: https://www.bundesfinanzministerium.de/Content/DE/Pressemitteilungen/Finanzpolitik/2023/07/2023-07-05-regierungsentwurf-bundeshaushalt-2024.html. Zur **Analyse der Ausgaben** des Staates haben sich einige Kennzahlen etabliert, auf welche im Folgenden genauer eingegangen wird.

14.5, S. 566

14.2.1 Staatsquote

Die **Staatsquote** gibt den Anteil der Staatsausgaben am BIP an und ist ein Maßstab für die Einflussnahme des Staates auf das Wirtschaftsgeschehen.

F

$$\text{Staatsquote} = \frac{\text{Staatsausgaben} \cdot 100}{\text{BIP}}$$

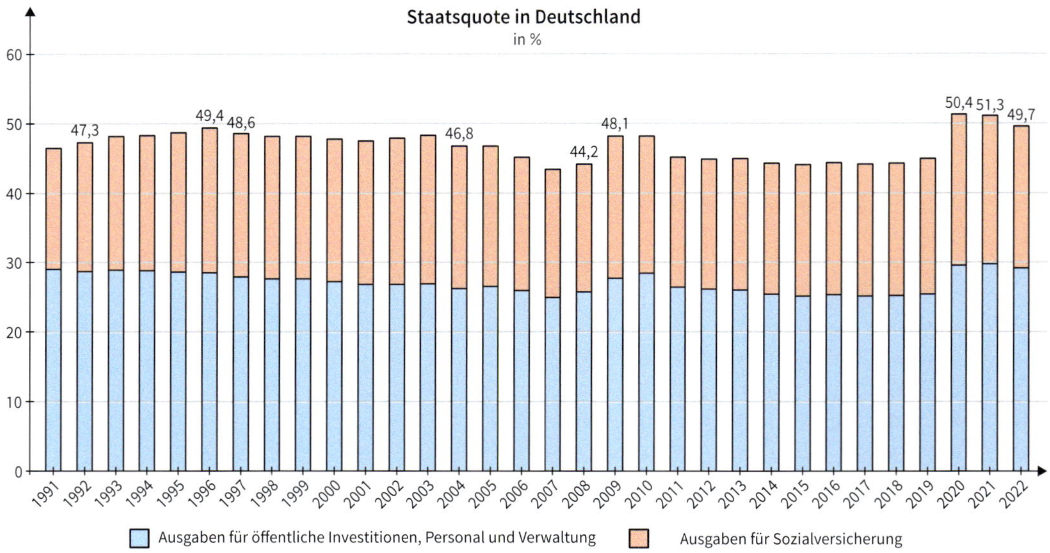

vgl. Bundesministerium der Finanzen; Stand: Februar 2023.

Bei der Interpretation der Staatsquote ist Vorsicht geboten, denn diese setzt sich nicht nur aus den Staatsausgaben für öffentliche Investitionen, Personal und Verwaltung zusammen, sondern beeinhaltet auch die Transferzahlungen im Rahmen der Sozialversicherung sowie Subventionen. Hierzu zählen z. B. Wohngeld, Kindergeld und Sozialhilfe. Eine Staatsquote von beispielsweise 50 % bedeutet nicht zwangsläufig, dass der Staat die Hälfte des Bruttoinlandsproduklts für sich in Anspruch nimmt.

Ausgaben des Staates in Relation zum BIP in %			
Jahr	**insgesamt**	**Ausgaben für öffentliche Investitionen, Personal und Verwaltung**	**Ausgaben für Sozialversicherung**
2017	44,2	25,1	19,1
2018	44,3	25,2	19,1
2019	45,0	25,4	19,6
2020	50,4	29,6	21,8
2021	51,3	29,8	21,4
2022	49,7	29,2	20,5

Die Tansferzahlungen und Subventionen gehen jedoch gleichzeitig als Teil des privaten Konsums bzw. der Unternehmensinvestitionen in das BIP ein. Würde man die staatlichen Gesamtausgaben zu den privaten Konsum- und Investitionsausgaben hinzuzählen, würden sich in Höhe der Transfer- und Subventionszahlungen Doppelzählungen ergeben. Die Summe würde mehr als 100 % des BIP betragen. Insofern ist die Staatsquote eine „unechte" Quote. Der Zähler enthält – ähnlich wie bei der Schuldenstandsquote – Teilmengen, die im Nenner nicht enthalten sind. Die Staatsquote lässt somit keine Aussagen darüber zu, in welchem Umfang der Staat das BIP für sich in Anspruch genommen hat.

Die **Bedeutung der Staatsquote** wurde in der Vergangenheit ausführlich diskutiert. Bereits 1892 formulierte der deutsche Ökonom Adolph Wagner das **Gesetz der wachsenden Staatsausgaben**. Darin geht es um die Frage, wie hoch die Staatsquote eines modernen Staates sein darf. Der Wohlfahrtsstaat mit seinen immer älter werdenden Einwohnern hat demnach stetig steigende Aufgaben und Verpflichtungen wie z. B. in der Verwaltung mit steigender Bürokratie, in der Gesundheitsvorsorge, bei der Sozialhilfe und im Rentensystem. So nehmen die Staatsausgaben bei steigendem Pro-Kopf-Einkommen überproportional zu. Eine bedeutende Rolle spielt in diesem Zusammenhang der *demografische Wandel*. Zudem wird die **fiskalische Illusion** diskutiert: Staatliche Leistungen werden häufig als *superiore Güter* verstanden, d. h., die Nachfrage nach staatlichen Leistungen nimmt mit steigendem Einkommen ebenfalls überproportional zu. Dies drückt sich beispielsweise darin aus, dass häufig Parteien gewählt werden, welche aufwendige Ausgabenprogramme (z. B. Subventionen für Elektromobilität) versprechen. Die Finanzierung dieser Ausgaben erfolgt jedoch über Staatsschulden wodurch eine Lastenverschiebung auf künftige Generationen erfolgt. Auch ein komplexes Steuersystem, welches die tatsächlichen finanziellen Lasten verschleiern soll, bringt dies zum Ausdruck.

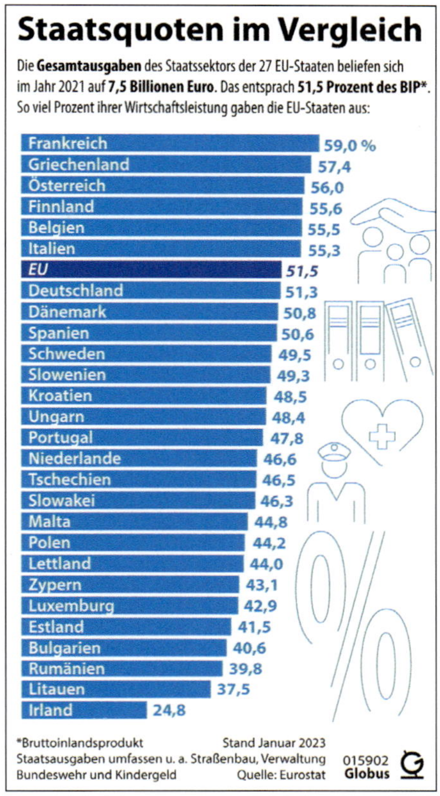

14.2.2 Abgabenquote

Die **Abgabenquote** drückt den Anteil von Steuern und Sozialabgaben am BIP aus. Die Abgabenquote ist eine Maßzahl für die Bestimmung des Umfangs der Staatstätigkeit in einer Wirtschaft.

F

$$\text{Abgabenquote} = \frac{\text{Steuern und Sozialabgaben} \cdot 100}{\text{BIP}}$$

Das folgende Schaubild stellt die Entwicklung der Abgabenquote von 1991 bis 2021 dar.

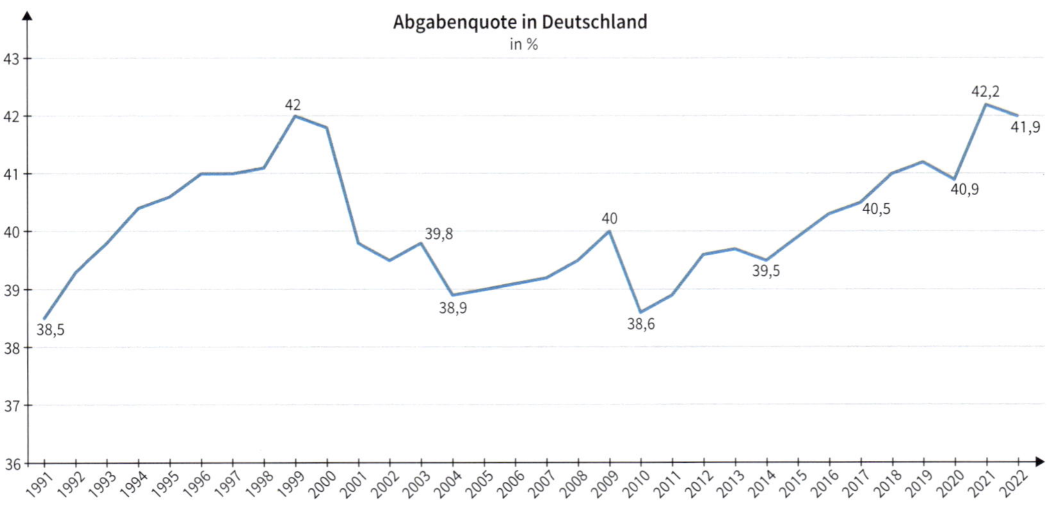

vgl. Bundesministerium der Finanzen, Stand: Mai 2023

Die Abgabenquote ermöglicht damit im **internationalen Vergleich** einen Rückschluss darüber, wie hoch der Anteil an Steuern und Sozialabgaben und somit der Anteil der Abgabenbelastung ausfällt. Im internationalen Belastungsvergleich eignet sich die Abgabenquote besser als beispielsweise die Steuerquote, da manche Länder wie bspw. Dänemark einen Teil der Sozialleistungen aus dem Steueraufkommen erbringen, während in anderen Ländern die Finanzierung der Sozialleistungen aus der Sozialversicherung erfolgt.
Ein Problem der internationalen Vergleichbarkeit besteht auch darin, dass bspw. in den USA oder in Japan die Sozialversicherungen überwiegend privat rganisiert sind und daher eine geringere Abgabenquote aufweisen als beispielsweise Deutschland.

Die Abgabenquote im internationalen Vergleich (2021)
Steuern und Sozialabgaben in Prozent des Bruttoinlandsprodukts

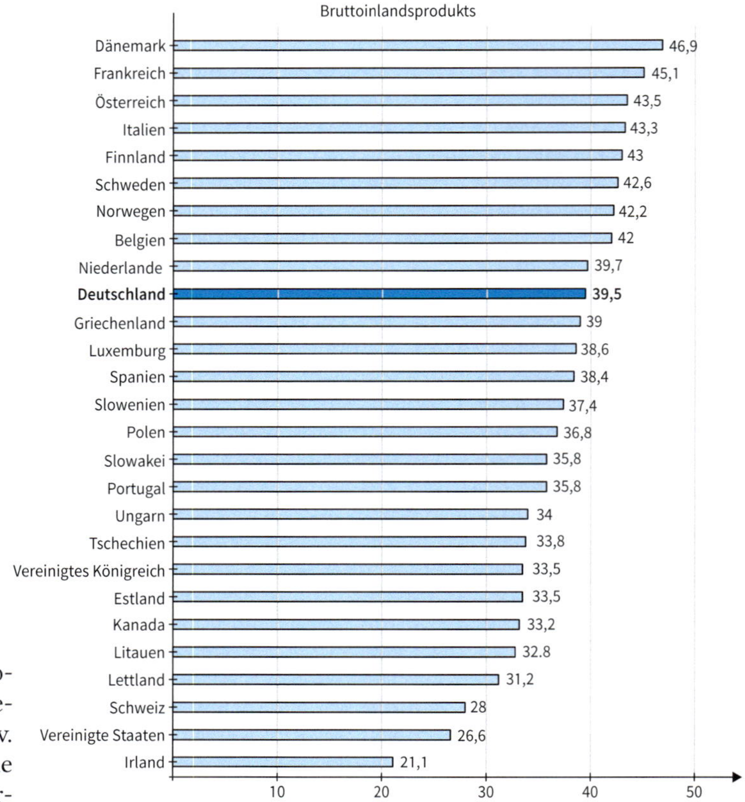

vgl. Bundesministerium der Finanzen, Stand: März 2023[1]

6.8.3

Zur **Bedeutung der Abgabenquote** lässt sich innerhalb der neoklassischen Wirtschaftstheorie sagen, dass diese darauf hindeutet, dass der Staat eine umfangreiche Umverteilung betreibt. Dazu zählen beispielsweise ausgeprägte Transferzahlungen zur Herstellung einer gerechteren Einkommens- und Vermögensverteilung. Kritiker merken an, dass dies zu geringeren Anreizeffekten und zu geringerer Attraktivität des Produktionsstandorts für die Unternehmen führt, da die Produktionsnebenkosten steigen. Interessanterweise gehören die mitunter am höchsten entwickelten Staaten auch zu denjenigen Staaten mit der höchsten Abgabenquote. Eine hohe Abgabenquote kann beispielsweise ein Indikator dafür sein, dass sich die Alterspyramide dreht *(demografischer Wandel)*. Ein hoher Anteil älterer Menschen führt so beispielsweise zu steigenden Sozialversicherungsbeiträgen. Eine hohe Abgabenquote löst sowohl **positive als auch negative Anreizeffekte** aus.

Beispiel	Positive Anreizeffekte	negative Anreizeffekte
Umweltabgabe für Unternehmen	Vermeidung von schädlichen Emissionen, Vermeidung von Umweltzerstörung	Abwanderung der Unternehmen ins Ausland
LKW-Maut	Verlagerung des Transports auf die Schiene, Vermeidung von Umweltzerstörung	Abwälzung der zusätzlichen Kosten auf die Verbraucher
Steigende Sozialversicherungsbeiträge für Arbeitnehmer	Zuwanderung aufgrund guter „sozialer Sicherung“ (z. B. Rente, Gesundheitsversorgung)	Abwanderung aufgrund der Verteuerung des Produktionsfaktors Arbeit

1 Die Abgabenquote im internationalen Vergleich nach den Abgrenzungsmerkmalen der OECD unterscheidet sich geringfügig im Vergleich zur Abgrenzung der Volkswirtschaftlichen Gesamtrechnung.

14.2.3 Sozialleistungsquote

Die **Sozialleistungsquote** gibt den Anteil der Sozialleistungen (Sozialbudget) am BIP an. Anhand der Sozialquote lässt sich feststellen, welches Gewicht soziale Leistungen im Vergleich zur gesamtwirtschaftlichen Leistung eines Landes haben.

F

$$\text{Sozialleistungsquote} = \frac{\text{Sozialleistungen} \cdot 100}{\text{BIP}}$$

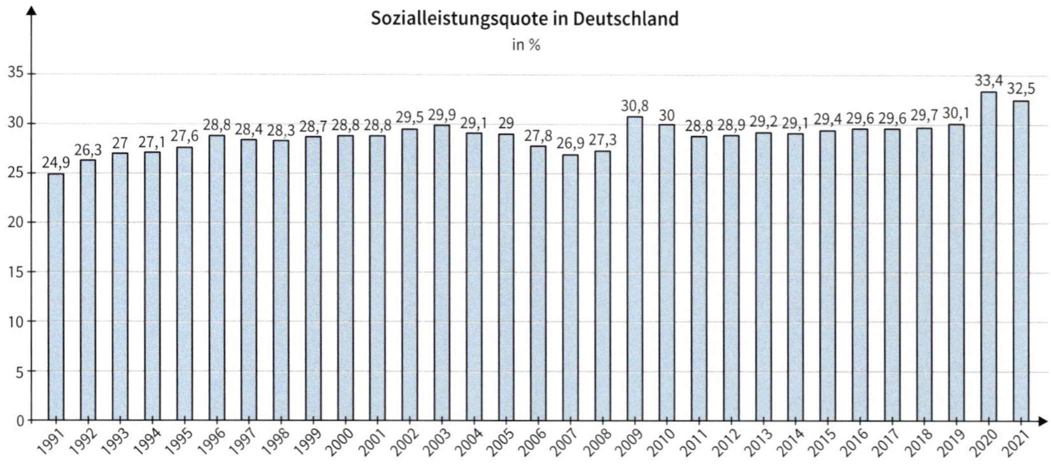

vgl. Bundesministerium für Arbeit und Soziales; Stand 2023.

Nach den aktuellen Berechnungen der Bundesregierung beträgt die Summe aller Sozialleistungen im Jahr 2021 rund 1.162 Mrd. €. Diese Zahl sagt aber zunächst nicht viel aus, denn dieser Wert muss im Verhältnis zur Einwohnerzahl und zur wirtschaftlichen Leistungskraft des Landes betrachtet werden.

Lag die Sozialleistungsquote 1960 noch bei 18,3 %, so stieg diese als Ergebnis eines starken Ausbaus des Sozialstaats auf 25,2 % im Jahr 1985 an. Die sozialen Kosten der deutschen Einheit mit der Folge ansteigender Arbeitslosigkeit brachten einen erneuten Anstieg auf bis zu 29,9 % im Jahr 2003. Besonders deutlich fällt der aktuell deutliche Anstieg der Sozialleistungsquote auf 32,5 % im Jahr 2021 auf. Dies lässt sichallerdings durch die wirtschaftlichen und sozialen Folgen der Corona-Pandemie erklären: Zum einen ist das Bruttoinlandsprodukt massiv eingebrochen, zum anderen reagiert die Politik mit vielfältigen sozialpolitischen Maßnahmen (z. B. Kurzarbeitergeld, Kinderbonus, Grundsicherung) um die soziale und finanzielle Lage der Bevölkerung zu stabilisieren.

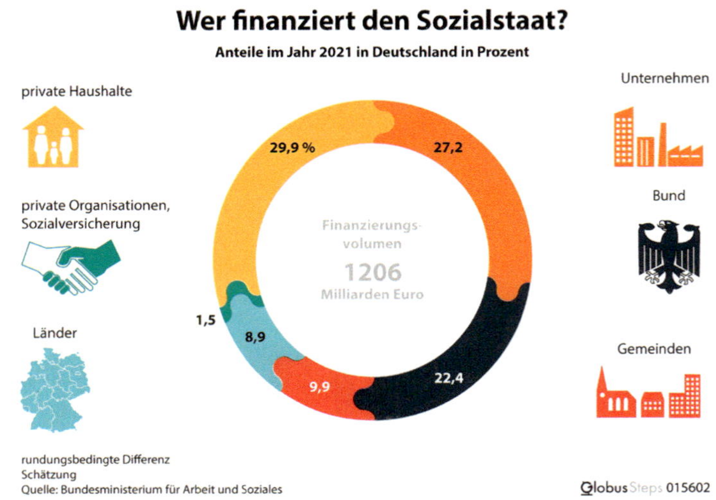

Im **internationalen Vergleich** ist die Sozialleistungsquote ein wichtiger Indikator zur Beurteilung der Leistung der sozialen Sicherung. Eine hohe Sozialleistungsquote deutet auf einen ausgeprägten Sozialstaat hin. Es bleibt anzumerken, dass die Sozialleistungsquote sehr sensibel auf Veränderungen des Bruttoinlandsprodukts reagiert. Während die Sozialleistungen auch während einer Krise in der Regel relativ stabil bleiben (z. B. Rentenzahlungen), führt der Rückgang des Bruttoinlandsprodukts zu einem rechnerischen Anstieg der Sozialleistungsquote, obwohl die Sozialleistungen in Wirklichkeit nicht gestiegen sind.

Schließlich bleibt kritisch anzumerken, dass zur Finanzierung hoher Sozialleistungen letztlich zu einem großen Teil die Bürger aufkommen. Die Bürger bezahlen mit Steuern und Abgaben die soziale Sicherung. Als Verbraucher kaufen sie Waren und Dienstleistungen, in deren Preise die Unternehmen ihre Sozialkosten bereits einkalkuliert haben. Am Ende sind es somit die Steuerzahler und Konsumenten, die – direkt und indirekt – den Sozialstaat finanzieren.

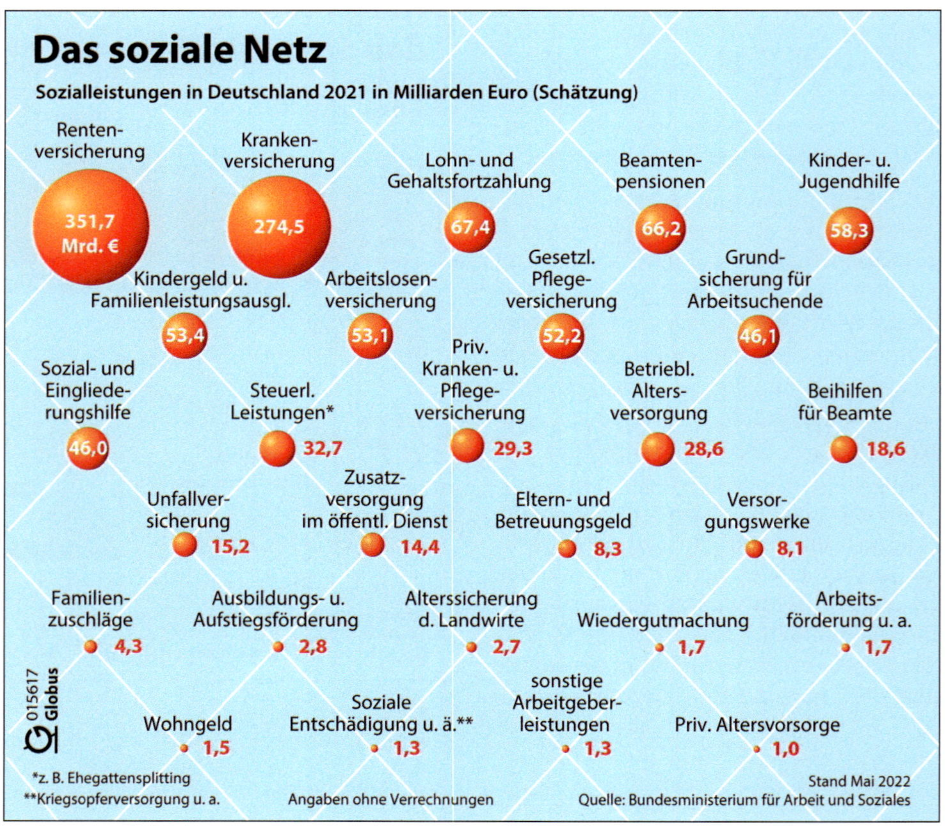

14.3 Staatseinnahmen

Lernziele:

Nach der Bearbeitung des Kapitels sind Sie in der Lage, Folgendes zu tun:

Sie ...

- ... nennen und erläutern die Einnahmequellen des Staates.
- ... beschreiben verschiedene Steuerarten.
- ... unterscheiden direkte und indirekte Steuern.
- ... analysieren das Steueraufkommen in Deutschland.
- ... erläutern, was Gebühren sind.

14.3.1 Öffentliche Einnahmen

Zur Erfüllung der vielfältigen Aufgaben des Staates stellt die Einnahmewirtschaft einen wesentlichen Teil der wirtschaftlichen Tätigkeit der öffentlichen Finanzwirtschaft dar. Die nachfolgende Übersicht soll Einblick in die verschiedenen Quellen öffentlicher Einnahmen geben.

14.6, S. 567

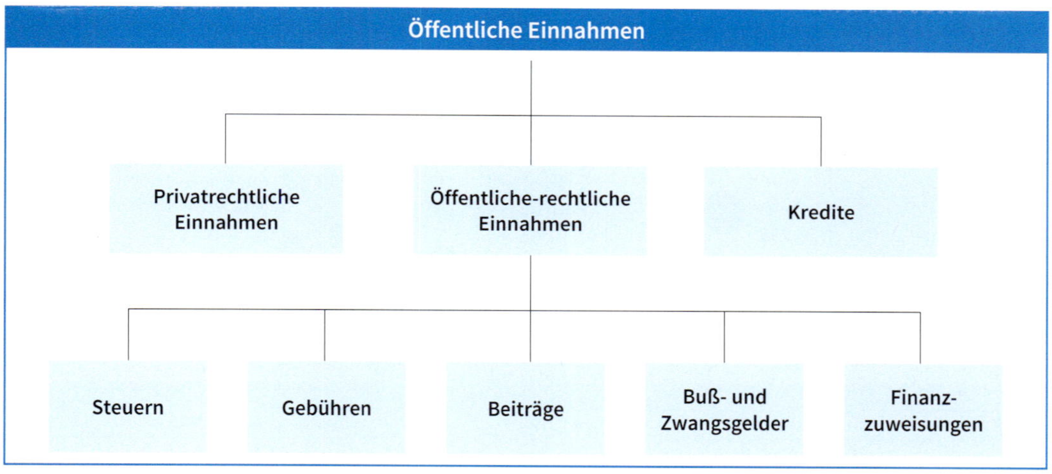

Dem Staat stehen sowohl privatrechtliche als auch öffentlich-rechtliche Einnahmen zur Verfügung. Bei den **privatrechtlichen Einnahmen** handelt es sich beispielsweise um Erlöse aus der Veräußerung von Sachvermögen, Zinserträge aus Darlehen oder Einnahmen aus wirtschaftlicher Tätigkeit. Zu den **öffentlich-rechtlichen Einnahmen** zählen Steuern, Gebühren, Beiträge, Buß- und Zwangsgelder sowie Finanzzuweisungen. Wie in der Grafik auf S. 547 bereits deutlich wurde, stellen die Steuern die mit Abstand größte Einnahmequelle des Bundes dar. Im Folgenden richten wir den Blick deshalb auf die beiden größten Einnahmequellen des Bundes: die Steuern und die Gebühren.

14.3.2 Steuern

Die mit Abstand bedeutendste Einnahmequelle des Bundes stellen die Steuern dar. Die Finanzverfassung des Grundgesetzes sieht sogar vor, dass der komplette Finanzbedarf des Staats aus Steuern gedeckt wird („Prinzip des Steuerstaates"). Von den anderen Einnahmearten des Staates (wie z.B. Gebühren und Beiträge) unterscheiden sich Steuern insbesondere dadurch, dass sie keine Gegenleistung für eine besondere Leistung darstellen.

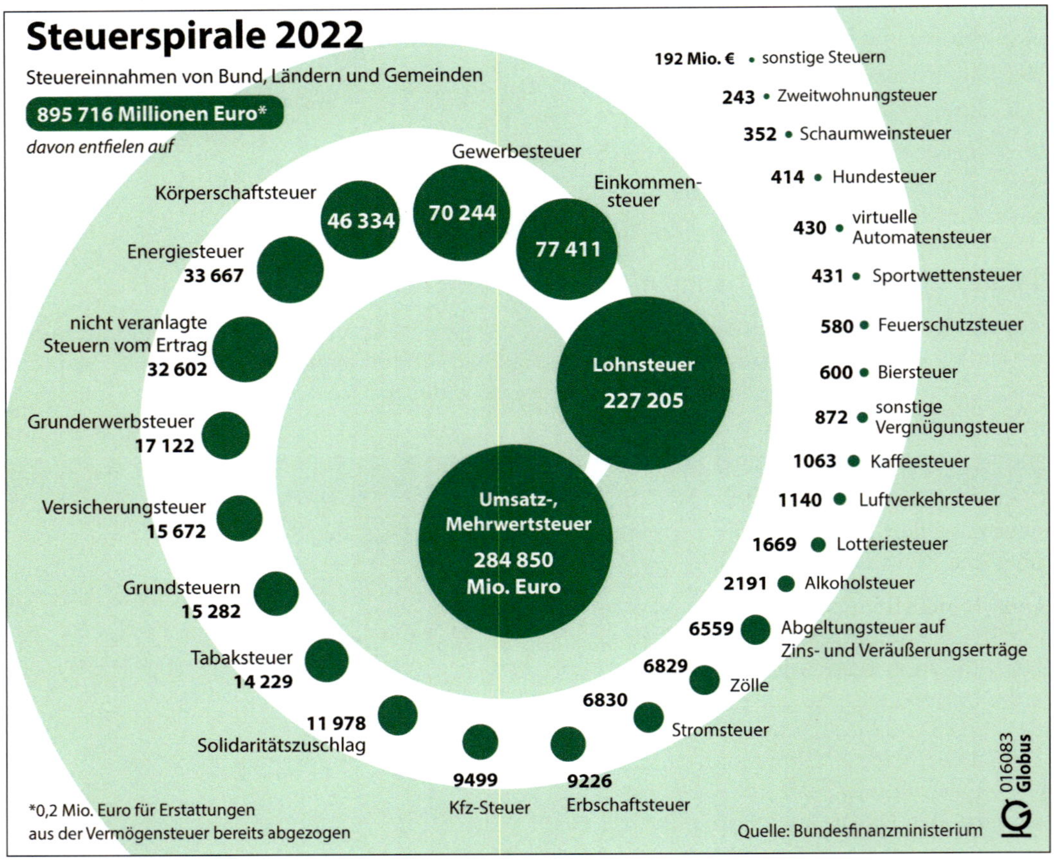

D Steuern sind Geldleistungen, die nicht eine Gegenleistung für eine besondere Leistung darstellen und von einem öffentlich-rechtlichen Gemeinwesen zur Erzielung von Einnahmen allen auferlegt werden.

Das Recht, Steuern zu erheben, steht nur dem Bund, den Ländern, den Gemeinden und den Kirchen als öffentliche-rechtliche Gemeinwesen zu. Einen Überblick über die Steuereinnahmen gibt die Steuerspirale.

Die **Einteilung der Steuern** erfolgt in Besitzsteuern, Verkehrssteuern und Verbrauchssteuern.

- **Besitzsteuern** sind Steuern, die vom *Einkommen* (z.B. Einkommen- und Körperschaftssteuer), vom *Ertrag* (z.B. Gewerbe- und Grundsteuer) und vom *Vermögen* (z.B. Vermögens- und Erbschaftssteuer) erhoben werden.
- **Verkehrssteuern** beziehen sich auf einen wirtschaftlichen Vorgang, also auf den Verkehr mit Gütern und Dienstleistungen. Hierzu zählen z.B. die Umsatzsteuer, die Grunderwerbsteuer, die Versicherungssteuer und die Kraftfahrzeugsteuer.
- **Verbrauchssteuern** werden für den Verbrauch oder Gebrauch bestimmter Güter erhoben. Hierzu zählen z.B. die Tabaksteuer, Vergnügungssteuer und die Biersteuer.

Welcher Gebietskörperschaft welche Steuer zusteht stellt die folgende Grafik dar:

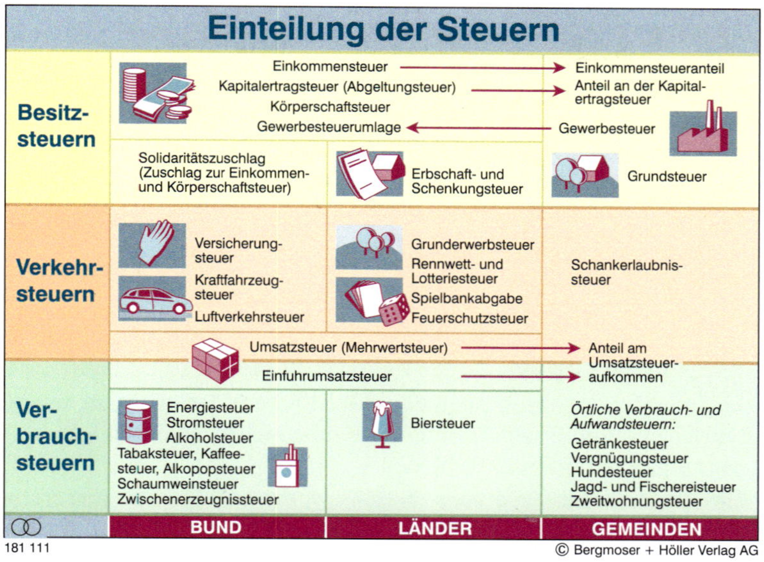

Die Steuern werden häufig auch in direkte und indirekte Steuern eingeteilt. Bei den **direkten Steuern** wird der Steuerschuldner unmittelbar (direkt) mit der Steuer belastet. Hierzu zählen z.B. die Einkommensteuer, die Vermögensteuer und die Körperschaftsteuer. Bei den **indirekten Steuern** fallen der Steuerschuldner und diejenige Person, die die Steuer trägt, auseinander. Hierzu zählen z.B. die Verkehrs- und Verbrauchssteuern, da der Steuerschuldner die Steuer über den Preis auf die andere Person abwälzt.

Laut Bundesfinanzministerium beliefen sich die Steuereinnahmen in Deutschland im Jahr 2022 auf rund 895,7 Mrd. €. Davon entfallen auf den Bund rund 337,2 Mrd. €, auf die Länder rund 384,5 Mrd. € und auf die Gemeinden rund 135,4 Mrd. €. Den größten Anteil machen dabei die sogenannten **Gemeinschaftssteuern** aus. Dabei handelt es sich um Steuern, deren Aufkommen Bund, Ländern und Gemeinden gemeinschaftlich zusteht. Hierzu zählen die Lohn- und Einkommensteuer, die Umsatzsteuer (Mehrwertsteuer), die Körperschaftsteuer und die Abgeltungsteuer. Diese Gemeinschaftssteuern werden im Rahmen des **bundesstaatlichen Finanzausgleichs** in einem bestimmten Verhältnis zwischen Bund, Ländern und Gemeinde aufgeteilt.

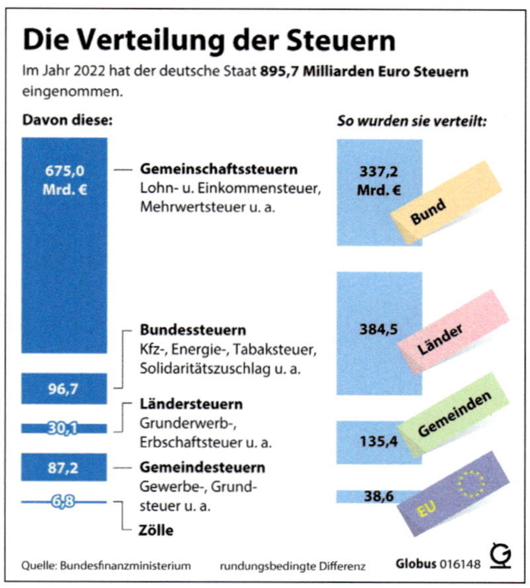

14.7, S. 567
14.8, S. 567

Die Einkommensteuer, die Körperschaftsteuer und die Umsatzsteuer werden im Zuge der **vertikalen Steuerverteilung** auf den Bund und die Ländergesamtheit aufgeteilt, wobei den Gemeinden ein Anteil an der Einkommensteuer und der Umsatzsteuer zusteht. Der Bund erhält 42,5% der Einkommensteuer, 50% der Körperschaftsteuer und 2022 46,6% der Umsatzsteuer. Der Länderanteil beträgt bei der Einkommensteuer 42,5%, bei der Körperschaftsteuer 50% und bei der Umsatzsteuer 2022 50,5%. Die Gemeinden sind mit 15% an der Einkommensteuer und 2022 mit 2,8% an der Umsatzsteuer beteiligt. Die Einkommensteuer und die Umsatzsteuer sind von allen Steuerarten mit Abstand die aufkommensstärksten.

Der Bund erhält das gesamte Aufkommen aus den sogenannten **Bundessteuern**. Dies sind insbesondere die meisten Verbrauchsteuern (z. B. Energiesteuer, Tabaksteuer) und die Versicherungssteuer. Den Ländern steht das gesamte Aufkommen aus den sogenannten **Landessteuern** zu. Landessteuern sind die Erbschaftsteuer, die meisten Verkehrssteuern (insbesondere die Grunderwerbsteuer) sowie einige weitere Steuerarten mit geringem Aufkommen. Die Gemeinden erhalten das Aufkommen aus der Gewerbesteuer, der Grundsteuer und den örtlichen Verbrauchs- und Aufwandsteuern. Bund und Länder werden durch eine Umlage an der Gewerbesteuer beteiligt.

14.3.3 Gebühren

D Gebühren sind staatlich festgesetzte Abgaben, die für die Inanspruchnahme einer bestimmten staatlichen Leistung erhoben werden.

Damit unterscheiden sich Gebühren in einem wesentlichen Merkmal von den Steuern, denen wie bereits beschrieben keine Gegenleistung gegenübersteht. Gebühren werden nach Verwaltungs- und Benutzungsgebühren unterschieden.

Verwaltungsgebühren	Benutzungsgebühren
Entgelt für bestimmte Amtshandlungen, z. B. Gebühren für das Führen des Grundbuchs, für die Erstellung von Beglaubigungen oder für die Straßenreinigung.	Entgelt für die Inanspruchnahme einer öffentlichen Einrichtung, z. B. Wasser und Abwassergebühren und Gebühren für die Müllabfuhr.

Die mit Abstand bedeutendste Gebühr im Bundeshaushalt stellt mittlerweile die seit 2005 eingeführte Lkw-Maut dar. 2022 belief sich die LKW-Maut auf rund 7,4 Mrd. €. Für 2023 sind rund 8,0 Mrd. € im Bundeshaushalt eingeplant.

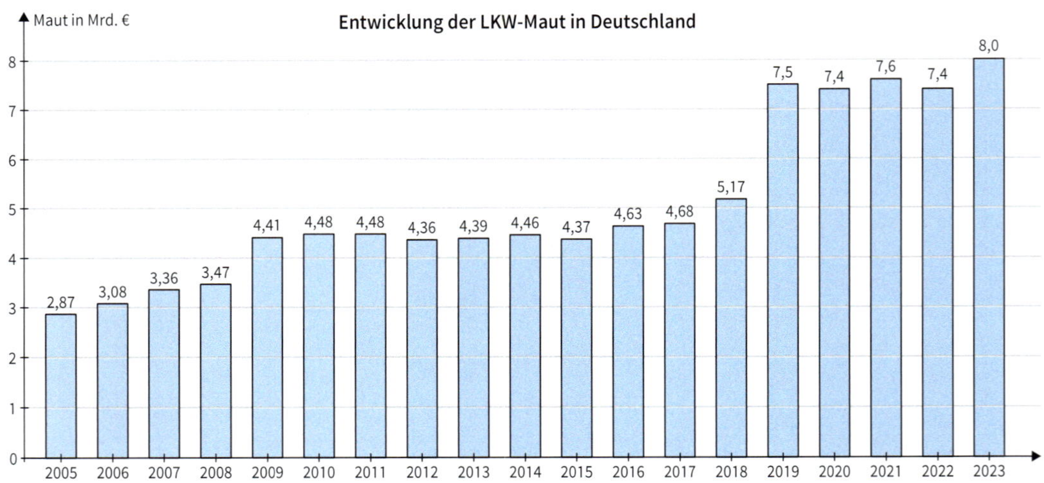

vgl. Bundesministerium der Finanzen Stand: April 2023.

14.4 Weitere Finanzierungsinstrumente und Folgen der Staatsverschuldung

Lernziele:

Nach der Bearbeitung des Kapitels sind Sie in der Lage, Folgendes zu tun:

Sie ...

- ... beurteilen weitere Finanzierungsinstrumenten (Bundesanleihe, Kommunalkredit).
- ... diskutieren die Folge von Disparitäten in Deutschland.
- ... nehmen zum Länderfinanzausgleich kritisch Stellung.
- ... beschreiben Probleme staatlicher Budgetdefizite und der Staatsverschuldung.
- ... beschreiben, was unter Public Private Partnership verstanden wird.

14.4.1 Bundesanleihen

Weitere Finanzierungsinstrumente stellen Bundesanleihen und Kommunalkredite dar. Bei **Bundesanleihen** handelt es sich um börsengehandelte Schuldverschreibungen mit Laufzeiten von 7, 10, 15 und 30 Jahren. Sie werden von der Bundesrepublik Deutschland emittiert und haben eine wichtige Stellung am deutschen Kapitalmarkt sowie im ausländischen Kapitalverkehr. Bundesanleihen weisen folgende Merkmale auf:

- Feste Verzinsung
- Jährliche Zinszahlung, Tilgung am Ende der Laufzeit
- Kein Mindestanlagebetrag

14.9, S. 567

Neben Steuern und Krediten stellen die Bundesanleihen einen wichtigen Weg bei der Finanzierung des Bundeshaushalts dar. Die Abwicklung erfolgt über die Bundesbank. Bundesanleihen zählen als Vermögensanlage, bei denen der Wertverlust aufgrund des hervorragenden Länderratings AAA („Triple A") der Bundesrepublik Deutschland praktisch ausgeschlossen ist.

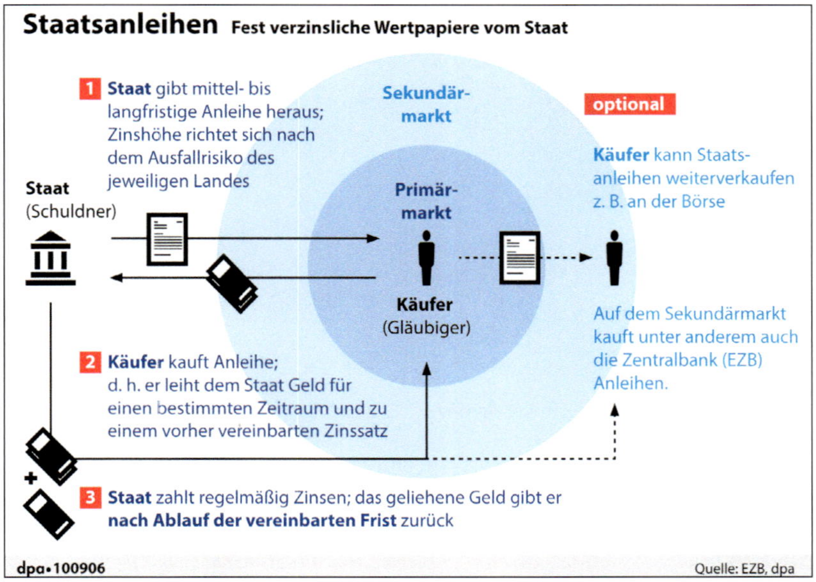

14.4.2 Kommunalkredite

14.10, S. 567

Zur Finanzierung von Infrastrukturmaßnahmen (z. B. Verkehr, Gesundheit und Kultur) werden sogenannte **Kommunalkredite** vergeben. Dabei handelt es sich um ein Darlehen an eine haushaltsorientierte Gebietskörperschaft. Kommunalkredite stehen somit – im Gegensatz zu Bundesanleihen – also nicht nur dem Bund, sondern auch den Ländern und Gemeinden zur Finanzierung des Haushalts zur Verfügung. Kommunalkredite werden unter anderem von Landesbanken, Sparkassen, Genossenschaftsbanken oder Privatbanken vergeben. Bei den Kommunalkrediten wird zwischen **Investitionskrediten** und **Kassenkrediten** unterschieden.

Investitionskredit	Kassenkredit
Kredit, der für eine geplante Investition aufgenommen wird; mittel- bis langfristige Laufzeit	Deckung eines kurzfristigen Liquiditätsbedarfs; ähneln daher einem Dispositionskredit von Privatpersonen; kurzfristige Laufzeit
Beispiele: Neubau oder Renovierung der Schule, Investitionen in Infrastruktur, Straßenbau	Beispiele: Bezahlung von Ausgaben, weil die entsprechenden Einnahmen erst später als geplant zufließen

Kassenkredite eignen sich auch als **Krisenindikator**. Über die letzten Jahre und Jahrzehnte ist zu beobachten, dass durch die beständigen Haushaltsdefizite auch die Kassenkredite immer weiter gestiegen sind. In vielen betroffenen Städten haben sich die steigenden Kassenkredite mittlerweile zu einem ernsthaften Problem entwickelt und stellen eine Gefahr für die Kommunalfinanzen dar. Die folgende Grafik verdeutlicht, wie hoch die Kassenkredite pro Einwohner im Jahr 2020 in den jeweiligen Landkreisen ist.

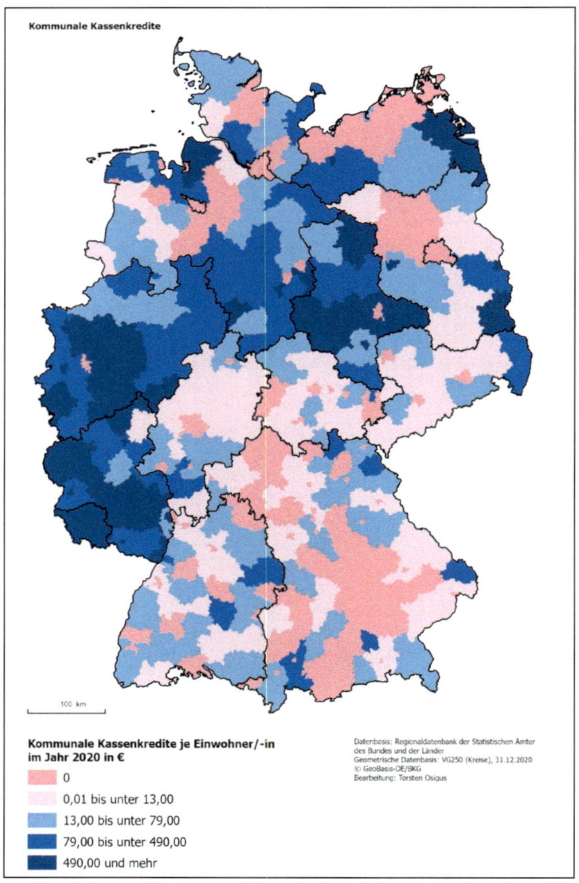

Quelle: Deutschlandatlas, Datenbasis: Schulden der Kernhaushalte, Regionaldatenbank der Statistischen Ämter des Bundes und der Länder; Fortschreibung des Bevölkerungsstandes.

14.4.3 Regionale Ungleichgewichte (Disparitäten)

Da sowohl der Bund als auch die Bundesländer verschiedene Aufgaben im Rahmen der Erfüllung ihrer öffentlichen Aufgaben übernehmen, ist es notwendig, dass sowohl dem Bund als auch den Ländern bestimmte Steuererträge aus den Gemeinschaftssteuern zustehen. Daher resultiert auch die Tatsache, dass die Haushalte von Bund und Ländern unabhängig voneinander und selbstständig sind. Aufgrund gewisser Ungleichgewichte **(Disparitäten)** kommt es aber mitunter zu einer sehr ungleichen Verteilung der finanzwirtschaftlichen Ausstattung der Bundesländer.

Die Wirtschaftskraft der Bundesrepublik Deutschland ist unterschiedlich zwischen den einzelnen Bundesländern verteilt. Dabei zeigt sich als Folge der Wiedervereinigung Deutschlands 1989/1990 ein deutliches West-Ost-Gefälle zwischen den alten und den neuen Bundesländern. Ein geeigneter Maßstab für regionale Ungleichgewichte (Disparitäten) ist das Bruttoinlandsprodukt pro Kopf. Diese Kennzahl zeigt folgende Verteilung:

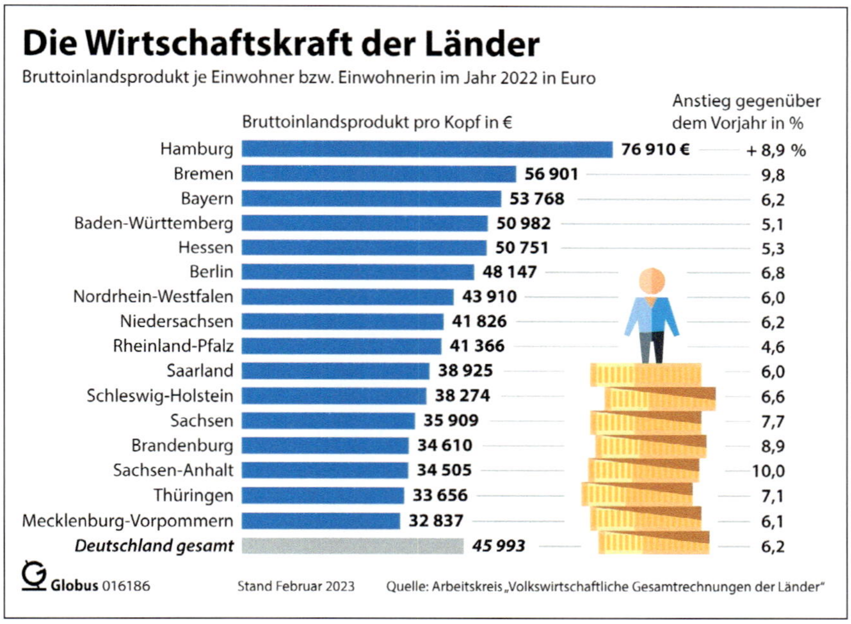

Daraus wir deutlich, dass selbst das schwächste West-Bundesland (Schleswig-Holstein) ein höheres BIP pro Kopf aufweist als das stärkste Ost-Bundesland (Brandenburg). Dieses Gefälle spiegelt sich auch in den Arbeitslosenquoten wider. Während die Arbeitslosenquote 2022 für ganz Deutschland bei 5,3% lag, betrug sie in den neuen Bundesländern 6,7%, in den alten Bundesländern dagegen nur 5,0%.

14.4.4 Länderfinanzausgleich

In Kapitel 14.3.2 wurde bereits auf die **vertikale Steuerverteilung (vertikaler Finanzausgleich)** eingegangen, in dem es v.a. darum ging, in welchem Verhältnis die Gemeinschaftssteuern auf die Bundesländer verteilt werden. In Artikel 106 Abs. 3 Nr. 2 des Grundgesetzes wird der Staat verpflichtet, die Einheitlichkeit der Lebensverhältnisse in den verschiedenen Regionen zu wahren. Nach Art. 107 Abs. 2 S. 1 des Grundgesetzes muss dazu die unterschiedliche Finanzkraft der Bundesländer angemessen ausgeglichen werden. Dies wird als **horizontaler Finanzausgleich bezeichnet**. Aus diesem Grund erfolgt zwischen den Bundesländern eine Umverteilung der Steuereinnahmen. Dieser **bundesstaatliche Finanzausgleich** führte 2020 zu folgendem Ergebnis.

14.11, S. 568

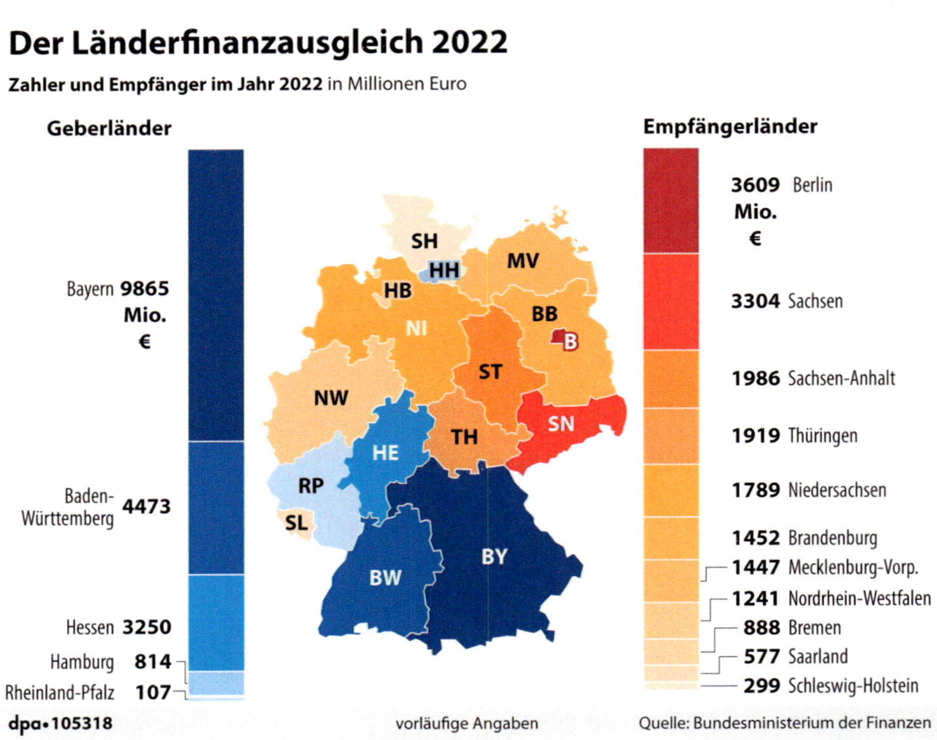

Im **Länderfinanzausgleich** erhalten finanzschwache Länder Ausgleichszuweisungen, die von den finanzstarken Ländern aufgebracht werden. Um die finanzielle Eigenverantwortung und die Eigenstaatlichkeit der Länder durch den Länderfinanzausgleich zu stärken, werden die Einnahmeunterschiede zwischen den Ländern dabei lediglich anteilig beseitigt.

Ausgangspunkt für den Länderfinanzausgleich ist die Finanzkraft je Einwohner der einzelnen Länder. Die Finanzkraft eines Landes ist die Summe seiner Einnahmen und (zu 64%) die Summe der Einnahmen seiner Gemeinden. Der Länderfinanzausgleich unterstellt grundsätzlich einen gleichen Finanzbedarf je Einwohner in allen Ländern. Die exakte Höhe der Ausgleichszuweisungen für ein finanzschwaches Land ist davon abhängig, um wie weit seine Finanzkraft je Einwohner die durchschnittliche Finanzkraft je Einwohner unterschreitet. Dasselbe gilt für die Ausgleichsbeiträge, die ein finanzstarkes Land zu leisten hat.

Die bisherige Form des Länderfinanzausgleichs führt aber immer weniger zu der im Grundgesetz verankerten **Einheitlichkeit der Lebensverhältnisse**. Vielmehr werden die bestehenden Verhältnisse eher zementiert. Für die fünf Geberländer (Bayern, Baden-Württemberg, Hessen, Nordrhein-Westfalen und Hamburg) lohnt es sich kaum, zusätzliche wirtschaftliche Anstrengungen zur Erhöhung der Steuereinnahmen zu unternehmen. Die zusätzlichen Einnahmen unterliegen nämlich im Rahmen der Umverteilung zwischen den Ländern einer progressiven Belastung von bis zu 90%. Auch die finanzschwachen Länder haben keinen Anreiz, durch eigene Anstrengungen den Zuschussbedarf durch Erhöhung ihrer Finanzkraft oder Senkung ihrer Ausgaben zu verringern. Je finanzstärker die Nehmerländer werden, umso geringer fallen die Zuschüsse durch den Finanzausgleich aus. Die Nehmerländer befinden sich somit in einer Position von „**Trittbrettfahrern**" (free rider), wie sie bei der Nutzung öffentlicher Güter häufig auftritt.
Beim gegenwärtigen System des Länderfinanzausgleichs besteht weder für die Geber- noch für die Nehmerländer ein Anreiz, ihre Finanzkraft zu erhöhen um so das Umverteilungsvolumen zu senken.

14.4.5 Probleme staatlicher Budgetdefizite und Staatsverschuldung

Auf **Ausmaß, Ursachen und Grenzen der Staatsverschuldung** wurde in Kapitel 10.4.2 bereits ausführlich eingegangen. Im Zusammenhang mit den Finanzierungsmöglichkeiten haushaltsorientierter Gebietskörperschäften soll an dieser Stelle aber noch detailliert auf die aus einer wachsenden Staatsverschuldung resultierenden Probleme eingegangen werden.

14.12, S. 568

Wie bereits kennengelernt, stehen dem Bund verschiedene Möglichkeiten zur Verfügung, seinen Haushalt zu finanzieren. Neben Steuern und Gebühren spielen dabei auch Kredite eine wichtige Rolle. Gibt eine Regierung mehr aus, als sie an Steuereinnahmen einnimmt, so wird diese Differenz als **Budgetdefizit** bezeichnet. Die Anhäufung von Budgetdefiziten aus früheren Haushaltsjahren wird als **Staatsverschuldung** bezeichnet. In Zusammenhang mit der Bewältigung der deutschen Wiedervereinigung, der Finanzkrise 2008/09 und der Corona-Pandemie hat Deutschland hohe Budgetdefizite angehäuft.

10.4.2

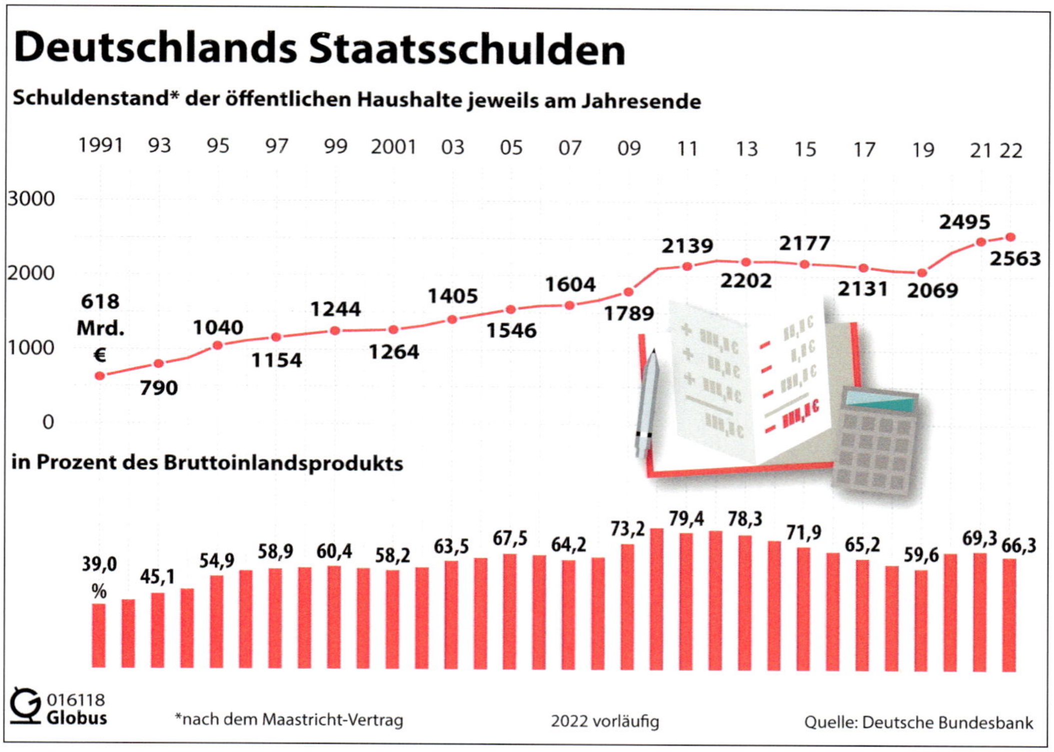

Es stellt sich also die Frage, welche Probleme im Zusammenhang mit einer steigenden Staatsverschuldung auf die deutsche Volkswirtschaft zukommen. Mithilfe der folgenden Grafik soll dies erläutert werden.

Das gesamtwirtschaftliche Angebot an Krediten speist sich aus der gesamtwirtschaftlichen Ersparnis, d. h. die Quelle für das Angebot an Kreditmitteln setzt sich grundsätzlich aus privater und öffentlicher Ersparnis zusammen. Somit betrifft eine Änderung des Budgetdefizits die Angebotskurve an Kreditmitteln, die Nachfragekurve bleibt hingegen unberührt.

Ein Budgetdefizit der Regierung führt nun dazu, dass die Regierung einen Kredit zur Finanzierung dieses Defizits aufnehmen muss. Diese Kredite stehen als Folge nicht den privaten Haushalten und Unternehmen zur Finanzierung ihrer Investitionsvorhaben zur Verfügung. Die Angebotskurve für Kreditmittel verschiebt sich somit nach links, von A_1 auf A_2 wie im Schaubild dargestellt.

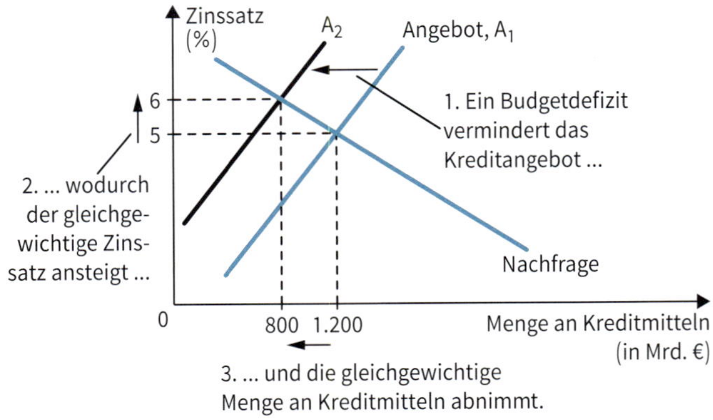

vgl. Mankiw, G. & Taylor, M.: Grundzüge der Volkswirtschaftslehre, Stuttgart: Schäffer-Poeschel 2018, S. 757.

Durch das verminderte Angebot an Kreditmitteln steigt der Zinssatz in unserem Beispiel von 5% auf 6% (siehe Schaubild). Der gestiegene Zinssatz führt wiederum dazu, dass private Haushalte und Unternehmen weniger Kreditmittel nachfragen und gleichzeitig mehr sparen werden, was zu einem Rückgang der Investitionen führt. Der Rückgang der Investitionen aufgrund staatlicher Kreditaufnahme wird als **Crowding-Out** bezeichnet. Im Schaubild drückt sich dies an der Bewegung entlang der Nachfragekurve aus. Statt dem ursprünglichen Kreditvolumen von 1.200 Mrd. € werden nun nur noch 800 Mrd. € nachgefragt.

Eine steigende Staatsverschuldung führt also langfristig dazu, dass das Wachstum einer Volkswirtschaft verringert wird.

Dem entgegen stehen **Budgetüberschüsse**, d.h., wenn der Bund über Steuereinnahmen mehr einnimmt als er ausgibt, so können mit diesen Einnahmeüberschüssen Staatsschulden getilgt werden. Die öffentliche Ersparnis steigt und somit auch das Kreditangebot. Der dadurch sinkende Zinssatz führt dazu, dass Investitionen getätigt werden und ein Impuls auf das gesamtwirtschaftliche Wachstum ausgeht.

14.4.6 Public Private Partnership

14.13, S. 568

Die vielfältigen Verpflichtungen des Staates und die damit verbundene enorme Ausgabenlast führten in den letzten Jahren dazu, sich über alternative Lösungsansätze Gedanken zu machen, um einerseits die Belastung des Staatshaushalts zu reduzieren und andererseits die Aufgaben der öffentlichen Versorgung zu erfüllen. Dabei haben sich **Public Privat Partnerships (PPP)** etabliert, also öffentlich-private Partnerschaften. Diese stellen eine Kooperation der öffentlichen Hand und der privaten Wirtschaft dar. Wo der Staat zuvor allein Leistungen geplant, erstellt, finanziert, gemanagt und betrieben hat, betätigt sich nun auch ein privatwirtschaftliches Unternehmen. **Ziel** der PPP ist eine Arbeitsteilung, wobei der privatwirtschaftliche Partner die Verantwortung zur effizienten Erstellung der Leistung übernimmt und die öffentliche Hand gemeinwohlorientierte Ziele verfolgt.

Das **Betreibermodell** sieht vor, dass ein privater Unternehmer auf Basis einer erteilten Konzession oder im Namen der Gebietskörperschaft ein Projekt auf eigenes Risiko plant, errichtet, finanziert und betreibt. Durch die Konzession ist es dem Betreiber schließlich möglich, Gebühren für die Nutzung zu erheben.

Beispiele sind der Bau von Brücken, Tunneln oder Gebirgspässen, wobei die Refinanzierung dann über Mauteinnahmen erfolgen kann. Auch der Bau und Erhalt von Bundesautobahnen wird zunehmend als PPP-Projekt ausgestaltet. Dabei sind Konzessionen von 30 Jahren nicht unüblich. Als Gegenleistung erhält der Betreiber Teile aus der Lkw-Maut auf dem entsprechenden Streckenabschnitt. Auf kommunaler Ebene lässt sich der Betrieb der Schulkantine als Beispiel anführen.

In der Praxis gibt es unterschiedliche Varianten von Public Private Partnership – je nachdem, wer welche Aufgaben zum Bau, Betrieb und Finanzierung übernimmt und wer am Ende der eigentliche Eigentümer ist.

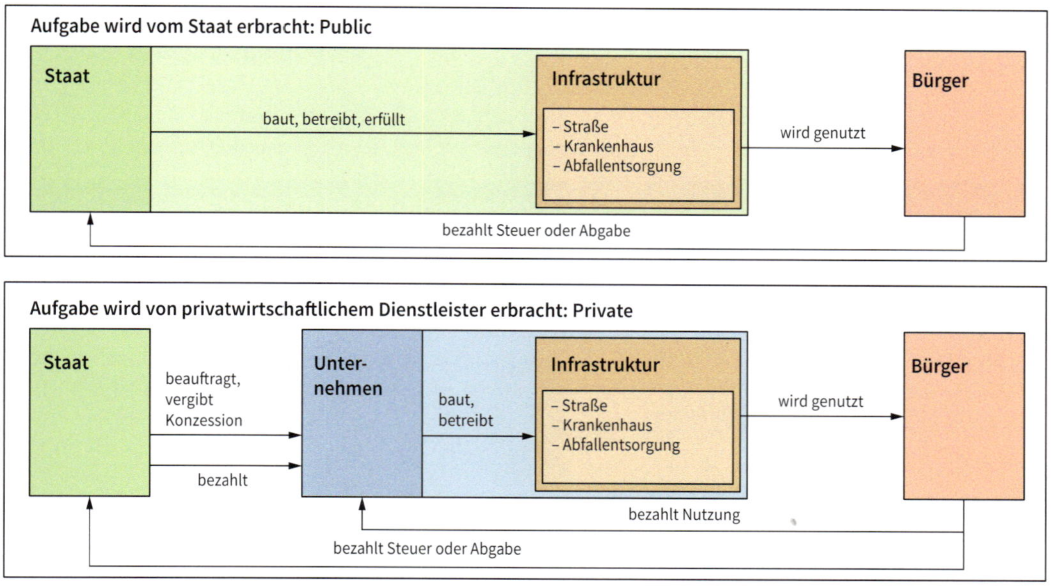

Public Privat Partnership als Betreibermodell

Die Vorteile des Betreibermodells aus Sicht der Gebietskörperschaft sind u.a.:

- Das privatwirtschaftliche Unternehmen ist Spezialist für bestimmte Projekte und kann diese somit kostengünstiger und mit besserer Qualität realisieren
- Bessere Überwachung und Kalkulation der Kosten
- Entlastung des Haushalts

Zusammenfassung Kapitel 14: Öffentliches Finanzwesen

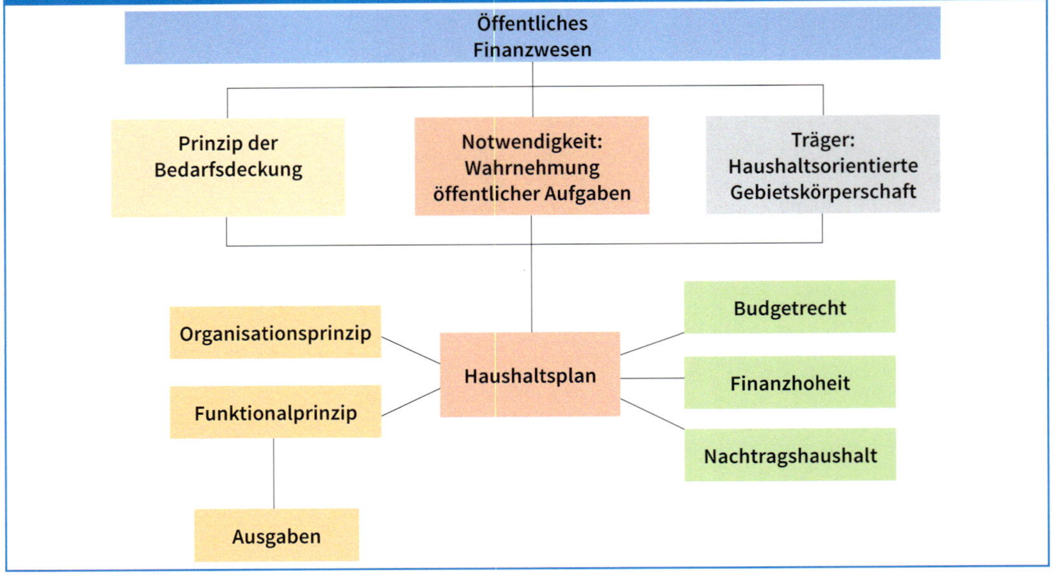

Zusammenfassung Kapitel 14: Staatsausgabe und Staatseinnahmen

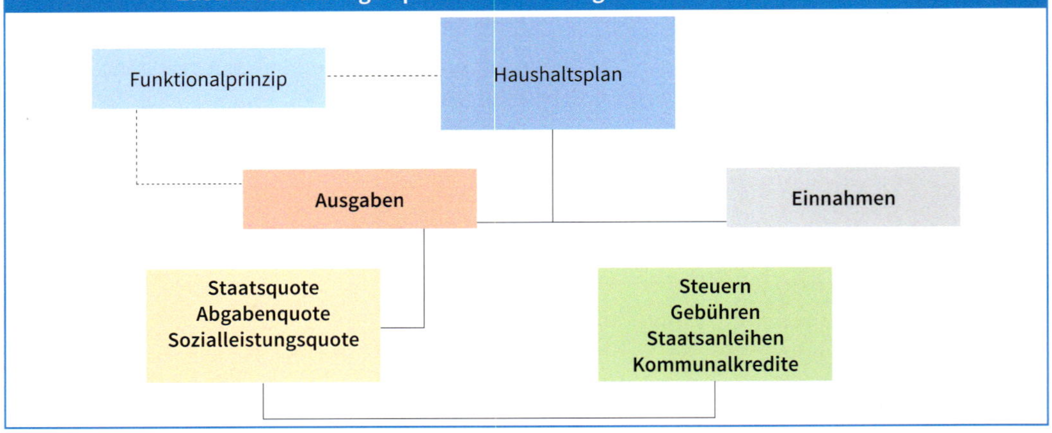

Zusammenfassung Kapitel 14: Weitere Finanzierungsinstrumente und Folgen der Staatsverschuldung

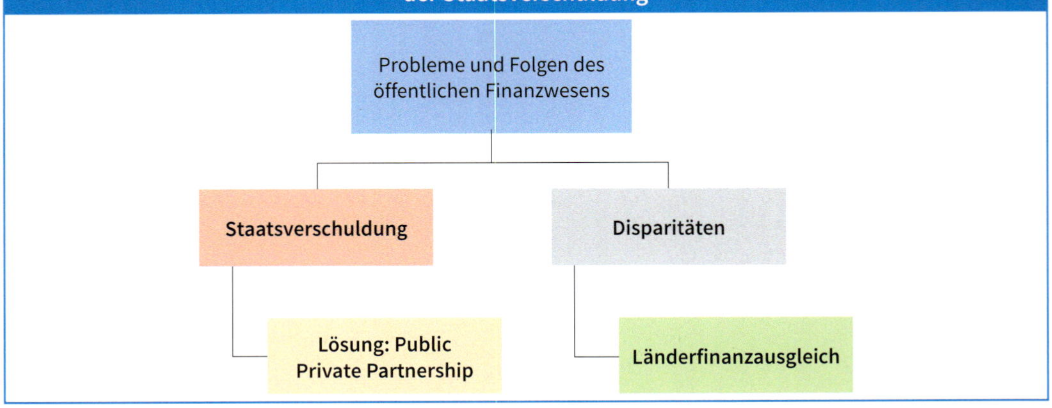

Aufgaben zu Kapitel 14: Öffentliches Finanzwesen

14.1 Anlass und Notwendigkeit der Staatsfinanzierung

"

"Die Formel von der "Rückkehr des Staates in Krisenzeiten" ist seit einem Jahr, vielleicht auch schon seit der Finanzkrise 2008, in einem Maße Gemeinplatz geworden, dass ihr Wahrheitsgehalt als Selbstverständlichkeit gilt. Aber was bedeutet Rückkehr, wenn nicht das Ende einer Abwesenheit? Und wann soll die stattgefunden haben? Vielleicht jedoch ist etwas anderes gemeint: In der Corona-Krise treten bestimmte Staatsfunktionen hervor, die bis dahin weniger deutlich zu erkennen waren."

Quelle: von Randow, Gero: Der Staat war nie weg. 19.01.2021, Zeit online; online unter: https://www.zeit.de/kultur/2021-01/rechtsstaat-coronavirus-massnahmen-aufgaben-wirtschaft-gesellschaft [20.03.2022].

Der oben dargestellte Zeitungsausschnitt spricht bestimmte Aufgaben des Staates an.

1. Nennen Sie mindestens vier öffentliche Aufgaben, denen der Staat im Allgemeinen nachkommt.
2. Erläutern Sie anhand der öffentlichen Aufgaben des Staates die Notwendigkeit des öffentlichen Finanzwesens.
3. Beschreiben Sie, welche öffentlichen Aufgaben im Zuge der weltweiten Corona-Pandemie mehr in den Mittelpunkt gerückt sind. Lesen Sie dazu auch den kompletten oben genannten Artikel unter https://www.zeit.de/kultur/2021-01/rechtsstaat-coronavirus-massnahmen-aufgaben-wirtschaft-gesellschaft
4. Grenzen Sie ab, nach welchem ökonomischen Prinzip der Staat auf der einen Seite und ein privatwirtschaftliches Unternehmen auf der anderen Seite Erreichung seiner Ziele nachkommt.
5. Weltweite Krisen wie z. B. die Finanzkrise oder die Corona-Pandemie haben deutlich gemacht, dass das öffentliche Finanzwesen auch eine gesamtwirtschaftliche Funktion einnimmt. Recherchieren Sie nach Beispielen, die dies deutlich machen.

14.2 Träger des öffentlichen Finanzwesens – Haushalt und Nachtragshaushalt

"

"Bundestag beschließt Nachtragshaushalt

Wirksam gegen die Folgen der Pandemie

Die Bundesregierung setzt ihre entschlossene Finanzpolitik in der Corona-Pandemie fort. Mit dem Nachtragshaushalt 2021 stellt sie sicher, dass sie bei verändertem Pandemiegeschehen handlungsfähig bleibt. Mittel zur weiteren Unterstützung von Bürgerinnen und Bürgern, Unternehmen und Selbstständigen sind enthalten. Die wichtigsten Fragen und Antworten."

Quelle: Die Bundesregierung (Hrsg.): Wirksam gegen die Folgen der Pandemie, Pressemitteilung vom 23.04. 2021; online unter: https://www.bundesregierung.de/breg-de/themen/coronavirus/nachtragshaushalt-2021-1880686 [25.02.2022].

1. Das Grundgesetz regelt die sogenannte Finanzhoheit. Erläutern Sie diesen Begriff.
2. Sowohl Bund, Länder als auch die Gemeinden beschließen in der Regel jährlich einen Haushalt. Erläutern Sie den Begriff Haushalt und ordnen Sie ein, welche Bedeutung die Finanzverfassung für das Aufstellen eines Haushalts einnimmt.
3. Lesen Sie den Auszug der oben abgedruckten Pressemitteilung der Bundesregierung sowie den Auszug aus dem Monatsbericht des Bundesfinanzministeriums auf S. 544. Beschreiben Sie, was unter einem Nachtragshaushalt zu verstehen ist und warum dieser für das 2021 notwendig wurde.

14.3 Nettokreditaufnahme und Neuverschuldung

Unterstellen Sie für die deutsche Volkswirtschaft die folgenden fiktiven Daten:

Komponenten zur Berechnung der zulässigen Kreditaufnahme	Betrag für 20xx in Mrd. €
1. Maximal zulässige strukturelle Nettokreditaufnahme (0,35% des Vorjahres-BIP)	
2. Saldo der finanziellen Transaktionen	–4,00
3. Konjunkturkomponente	
= maximal zulässige Nettokreditaufnahme	
Tatsächliche Nettokreditaufnahme des Bundes	
Nettokreditaufnahme des Bundes	45,00
Finanzierungsdefizit der Sondervermögen	2,00
= Für die Schuldenregel relevante Kreditaufnahme	
Überschreitung der zulässigen Kreditaufnahme	

Das nominale Bruttoinlandsprodukt des Vorjahres lag bei 2.000 Mrd. €. Aufgrund konjunktureller Abweichungen zur Normallage wird eine Konjunkturkomponente über 5,00 Mrd. € veranschlagt. Es gelten die Vorgaben der Schuldbremse.

1. Berechnen Sie die in der Tabelle fehlenden Werte.
2. Erläutern Sie, in welchem Konflikt sich die laut Schuldenbremse zulässige Nettokreditaufnahme und die laut Tabelle tatsächlich relevante Kreditaufnahme befinden.

14.4 Aktuelle Neuverschuldung des Bundes

Während der Finanzkrise 2008/2009 und auch während der Corona-Pandemie 2020/2021 ist die Neuverschuldung des Bundes jeweils stark gestiegen.

1. Informieren Sie sich mithilfe einer Internetrecherche zum Thema Neuverschuldung während dieser Krisen.
2. Erörtern Sie, welche Folgen mit einer jeweils stark gestiegenen Neuverschuldung verbunden sind.

14.5 Staatsausgaben – Staatsquote – Abgabenquote – Sozialleistungsquote

Für eine Volkswirtschaft innerhalb Europas seien folgende Daten in Mrd. € gegeben:

Jahr	BIP	Staatsausgaben für öffentliche Investitionen, Personal und Verwaltung	Staatsausgaben für Sozialversicherung	Steuern und Sozialabgaben	Sozialleistungen
2015	2000	650	300	950	550
2016	2050	670	310	960	570
2017	2070	700	320	965	590
2018	2110	720	330	950	600
2019	2130	650	350	940	650
2020	2100	700	360	935	670
2021	2090	720	390	920	700

1. Berechnen Sie die Staatsquote. Interpretieren Sie die Entwicklung. Nehmen Sie Stellung zur Bedeutung der Staatsquote. Nutzen Sie hierfür auch die Grafik auf S. 549.
2. Berechnen Sie die Abgabenquote. Interpretieren Sie die Entwicklung der Abgabenquote und ordnen Sie Ihr Ergebnis im internationalen Vergleich mithilfe der Grafik auf S. 550 ein.
3. Berechnen Sie die Sozialleistungsquote. Interpretieren Sie Ihre Ergebnisse und nehmen Sie zur Sozialleistungsquote kritisch Stellung.

14.6 Öffentliche Einnahmen – Steuern – Steuerspirale

Eine beliebte Möglichkeit zur Darstellung der verschiedenen Steuerarten ist die sogenannte Steuerspirale. Diese ist auf S. 554 abgebildet.

1. Nennen Sie die fünf bedeutendsten Steuerarten.
2. Unterscheiden Sie Lohn- und Einkommensteuer voneinander. Nutzen Sie ggf. eine Internetrecherche.
3. Recherchieren Sie diejenigen Steuerarten in der Steuerspirale, die Ihnen unbekannt sind.
4. Ermitteln Sie für folgende Steuerarten die aktuellen Beträge für das aktuelle Kalenderjahr:
   a) Umsatz-/Mehrwertsteuer
   b) Lohnsteuer
   c) Tabaksteuer
   d) Kfz-Steuer
   e) Alkoholsteuer

14.7 Einteilung der Steuern

1. Sortieren Sie die folgenden Steuerarten nach Besitzsteuern, Verkehrssteuern und Verbrauchssteuern sowie danach, ob diese dem Bund, den Ländern oder den Gemeinden zustehen.

   Energiesteuer – Luftverkehrssteuer – Erbschaftsteuer – Biersteuer – Schaumweinsteuer – Einkommensteuer – Grundsteuer – Gewerbesteuer – Getränkesteuer – Tabaksteuer – Branntweinsteuer – Kraftfahrzeugsteuer – Umsatzsteuer – Stromsteuer – Grunderwerbsteuer
2. Sortieren Sie die Steuerarten danach, ob es sich um direkte oder indirekte Steuern handelt.

14.8 Steueraufkommen und Verteilung der Steuern

Die Steuereinnahmen von Bund, Ländern und Gemeinden beliefen sich 2021 auf rund 833 Mrd. €.

1. Informieren Sie sich auf der Seite des Statistischen Bundesamtes (www.destatis.de) darüber, wie hoch die aktuellen Steuereinnahmen des Bundes, der Länder und der Gemeinden für das aktuelle Kalenderjahr sind.
2. Ermitteln Sie, in welcher Höhe die Steuern als Gemeinschaftssteuern, Bundessteuern bzw. Ländersteuern angefallen sind.
3. Untersuchen Sie die Entwicklung des Steueraufkommens im Vergleich zum Vorjahr.

14.9 Weitere Finanzierungsinstrumente – Staatsanleihen

Lesen Sie die folgenden beiden Zeitungsartikel:

https://www.sueddeutsche.de/wirtschaft/bundesanleihen-milliarden-gratis-1.4569784 und
https://www.sueddeutsche.de/wirtschaft/bundesanleihen-30-jahre-mit-negativer-rendite-1.4550175

Artikel 1

Artikel 2

1. Beschreiben Sie die Funktionsweise einer Staatsanleihe. Nutzen Sie hierzu auch die Grafik im Buch auf S. 557.
2. Nehmen Sie zur Entwicklung der Renditen deutscher Staatsanleihen über die letzten Jahre kritisch Stellung. Erläutern Sie in diesem Zusammenhang auch, weshalb sich deutsche Staatsanleihen trotzdem großer Beliebtheit erfreuen.
3. Erläutern Sie die Konsequenzen für den deutschen Staat, die sich aus dem Handel mit Staatsanleihen ergeben.

14.10 Weitere Finanzierungsinstrumente – Kommunalkredite

Eine beliebte Möglichkeit der Finanzierung stellen sogenannte Kommunalkredite dar.

1. Unterscheiden Sie anhand eines Beispiels Investitionskredit und Kassenkredit.
2. Betrachten Sie sich die Grafik „Kassenkredite in Euro je Einwohner" auf S. 558. Nehmen Sie kritisch Stellung, inwiefern sich Kassenkredite als Finanzierungsinstrument eignen.

14.11 Länderfinanzausgleich

Im Länderfinanzausgleich erhalten finanzschwache Länder Ausgleichszuweisungen, die von den finanzstarken Ländern aufgebracht werden. In der politischen Diskussion wird in den letzten Jahren häufig deutliche Kritik am System des Länderfinanzausgleichs geübt.

1. Erläutern Sie, weshalb der Länderfinanzausgleich – insbesondere von den südlichen Bundesländern stark kritisiert wird.
2. Informieren Sie sich über die Entwicklung des Länderfinanzausgleichs über die letzten Jahre. Beziehen Sie Ihre Recherchen darauf, welche heutigen Geberländer früher auch schon Empfängerländer waren.
3. Erläutern Sie, ob die bisherige Form des Länderfinanzausgleichs wirklich zur Einheitlichkeit der Lebensverhältnisse in Deutschland führt.

14.12 Probleme staatlicher Budgetdefizite und Staatsverschuldung

Die Volkswirtschaft eines Landes benötigt am Kapitalmarkt 50 Mrd. € mehr als in diesem Jahr. Die Regierung beschließt, diesen Kapitalbedarf durch die zusätzliche Aufnahme eines Kredits zu decken.

1. Stellen Sie mithilfe eines Koordinatensystems (vgl. S. 562) grafisch dar, welche Auswirkungen die Kreditaufnahme des Staates am Kapitalmarkt auf das Kreditvolumen und den Zinssatz hat.
2. Erläutern Sie, welche Auswirkungen dies auf die Investitionen, auf die privaten und staatlichen Ersparnisse sowie auf die gesamtwirtschaftliche Ersparnis hat.
3. Nehmen Sie an, dass die privaten Haushalte aufgrund der höheren staatlichen Kreditaufnahme mit einem Anstieg der Steuerbelastung in der Zukunft rechnen. Erläutern Sie, wie sich dies auf Ihre Ergebnisse aus Teilaufgabe 1 und 2 auswirkt.

14.13 Public Private Partnership

Recherchieren Sie im Internet nach konkreten Beispielen eines Public Private Partnerships (PPP). Stellen Sie Ihre Ergebnisse im Rahmen einer kurzen Präsentation der Klasse vor.

Ich kann …	Bitte ankreuzen		Wenn Nein: Siehe Seite(n) im Buch	Level / Anforderungsniveau
	Ja	Nein		
14.1 Staatsfinanzierung in Deutschland				
… öffentliche Aufgaben nennen.			S. 540	I
… Einnahme- und Ausgabewirtschaft unterscheiden.			S. 541	I
… das Prinzip der Bedarfsdeckung erläutern.			S. 541	II
… gesamtwirtschaftliche Funktionen des öffentlichen Finanzwesens beschreiben.			S. 541	I
… erläutern, was eine haushaltsorientierte Gebietskörperschaft ist.			S. 542	II
… die Notwendigkeit eines Haushalts beschreiben.			S. 543	I
… die Gliederung des Bundeshaushalts beschreiben.			S. 544 f.	I

15 Umweltpolitik und nachhaltige Entwicklung

15.1 Ursachen und Ausmaß der Umweltprobleme

15.7 Nachhaltige Wirtschafts- und Gesellschaftsmodelle

15.6 Agenda 2030 – Mehr-Dimensionen-Modelle

15.2 Ziele und Prinzipien der Umweltpolitik

15.3 Instrumente der Umweltpolitik

15.4 Aktuelle Entwicklungen und Probleme der Klimapolitik – Internationale Umweltpolitik

15.5 Leitbild der Nachhaltigen Entwicklung

15 Umweltpolitik und nachhaltige Entwicklung

"

Spannungsfeld zwischen Ökonomie und Ökologie, sowie die Umweltpolitik

Die Erhaltung der natürlichen Lebensgrundlagen stellt weltweit die größte Herausforderung des 21. ahrhunderts dar. Das vorrangige Problem sind dabei die Klimaveränderungen. Schon immer haben Menschen die natürliche Umwelt als Produktionsfaktor benutzt. Die industrielle Produktion hat aber – neben einer erheblichen Wohlstandssteigerung in den Industriestaaten – dazu geführt, dass die weltweiten Umweltprobleme ständig zugenommen haben. Die beschränkte Wiederherstellungskraft der Ökosysteme und die begrenzte Aufnahmefähigkeit der Umwelt für Schadstoffe wurden zunehmend in zu großem Maß beansprucht und belastet. Nach wie vor steigt insbesondere in wirtschaftlich schwierigen Zeiten der Widerstand der Industrie gegen umweltpolitische Maßnahmen, die mit einer Erhöhung der Produktionskosten verbunden sind. Ziel dieser Maßnahmen ist es, die Umwelt nicht mehr als kostenlosen Produktionsfaktor anzusehen, sondern als knappes Gut, dessen Nutzung Kosten verursacht.
Eine positive Wirtschaftsentwicklung und eine erfolgreiche Umweltpolitik schließen sich aber nicht aus. Durch Neuentwicklungen im Bereich der Umwelttechnologie können neue Märkte erschlossen und Arbeitsplätze geschaffen werden. Eine nachhaltige Umweltpolitik, wie sie in dem Leitbild der nachhaltigen Entwicklung zum Ausdruck kommt, kann aber nur gelingen, wenn alle Bevölkerungskreise davon überzeugt sind und sich beteiligen. Dass Leitbild der nachhaltigen Entwicklung sowie die 17 Sustainable Development Goals der Agenda 2030 werden zu einer langfristigen Veränderung der Konsumgewohnheiten als auch der Produktionsveränderung der Unternehmen führen müssen. Die Dekade 2020-2030 betont die die Beschleunigung des Transformationsprozesses unter den schwierigen Folgen der Corona-Pandemie und identifiziert geeignete Maßnahmen mit denen deutliche Fortschritte in den einzelnen Zielen erreicht werden sollen.
Der European Green Deal schafft einen Übergang zu einer moderneren, ressourceneffizienten und wettbewerbsfähigen Wirtschaft in Europa. Klimaneutralität bis 2050, Entkoppelung des Wachstums von den Ressourcen und das Prinzip des niemand wird im Stich gelassen Werdens, sind die hochgesteckten Ziele des Grünen Deals. Neben den Modellen von schwacher bis starker Nachhaltigkeit, werden die nachhaltigen Wirtschafts- und Gesellschaftmodelle wie zum Beispiel die Postwachstumsökonomie und die Gemeinwohlökonomie diskutiert.

15.1 Ursachen und Ausmaß der Umweltprobleme

Lernziele:

Nach der Bearbeitung des Kapitels sind Sie in der Lage, Folgendes zu tun:

Sie ...

- ... fassen die Ursachen der Umweltbelastung zusammen.
- ... begründen die Veränderungen des Klimas anhand des Treibhauseffekts.
- ... beschreiben die Problematik von fehlenden Marktpreisen anhand der Übernutzung von Umweltgütern.

Ursachen der Umweltprobleme

Das vorrangigste Umweltproblem weltweit sind die Klimaveränderungen durch den Treibhauseffekt. Hauptursache ist dabei das Kohlendioxid (CO_2), das vor allem durch die Verbrennung fossiler[1] Brennstoffe (Erdöl, Kohle, Erdgas) in die Atmosphäre entweicht. Der weltweite CO_2-Ausstoß ist somit eng an den weltweiten Verbrauch nicht erneuerbarer Energieträger gekoppelt.

produktionsbedingte Ursachen	
Bevölkerungswachstum und Verstädterung	Wirtschaftswachstum und Arbeitsteilung
zunehmender Rohstoff- und Energieverbrauch	
verhaltens- und systembedingte Ursachen	
Umwelt als öffentliches Gut	Marktversagen
Entstehung externer Kosten durch Überbeanspruchung der Umweltgüter	

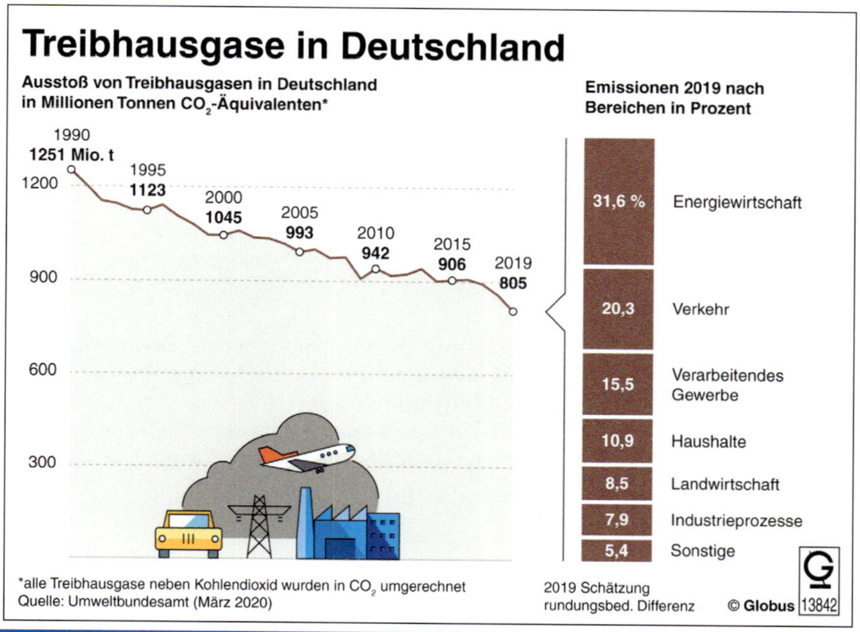

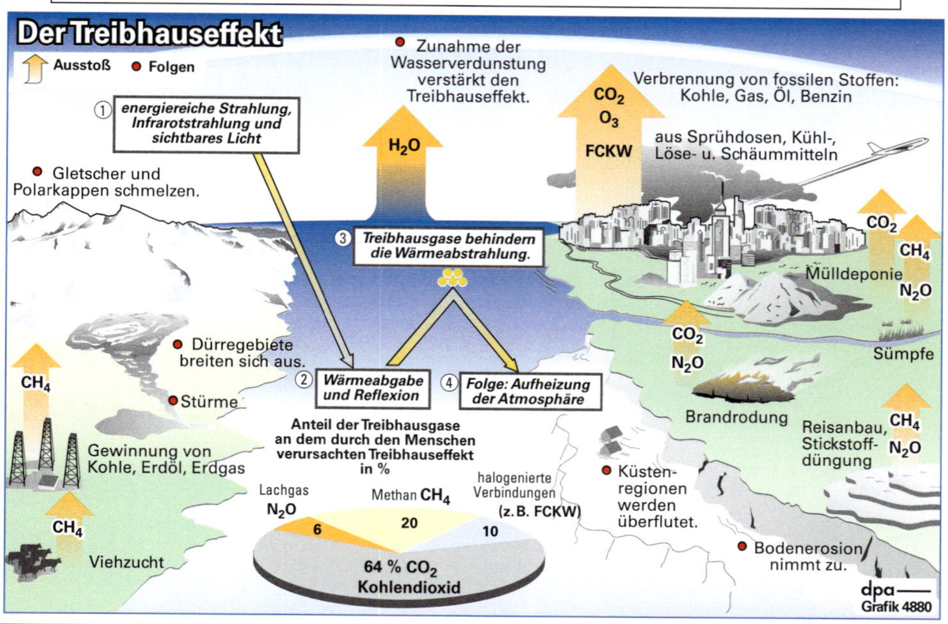

1 fossil (*lat.*): Fossilien sind Überreste und Abdrücke von Lebewesen, die in vorgeschichtlicher Zeit gelebt haben. Durch besondere Umstände sind diese Lebewesen nach ihrem Tod nicht verwest und zerfallen, sondern ihre Struktur blieb bis heute erhalten. Die fossilen Energieträger Erdöl, Erdgas und Kohle sind ebenfalls derartige Überreste.

D Die weltweite Klimaveränderung als Folge der Verbrennung von Erdöl, Erdgas und Kohle ist derzeit das vorherrschende Umweltproblem.

Die durch den Treibhauseffekt bedingten Temperaturerhöhungen werden mit großer Wahrscheinlichkeit zu folgenden Veränderungen führen:

- Der Meeresspiegel steigt erheblich (durch die mit der höheren Temperatur einhergehende Ausdehnung der Wassermassen und das Abschmelzen der Polarkappen).
- Gletscher schmelzen ab.
- Die Extremtemperaturen erhöhen sich.
- Niederschläge werden heftiger.
- Trockenzeiten werden länger mit der Folge zunehmender Dürre.

D Da es für die Nutzung von Umweltgütern – wie bei öffentlichen Gütern – keinen Marktpreis gibt, besteht für die Bevölkerung kein Anreiz, freiwillig sparsam mit diesen Gütern umzugehen. Daher sind staatliche Maßnahmen zum Schutz der Umwelt unerlässlich (Umweltpolitik).

15.2 Ziele und Prinzipien der Umweltpolitik

Lernziele:

Sie ...

- ... nennen die Prinzipien der Umweltpolitik.
- ... erläutern die Prinzipien der Umweltpolitik anhand von Beispielen.
- ... beurteilen die umweltpolitischen Instrumente unter der ökologischen Treffsicherheit, der Effizienz und der Anreizwirkung.

Einführung in die Umweltpolitik

Es gibt aufgrund des fehlenden Marktpreises für die Nutzung der Güter „natürliche Umwelt/Natur" keinen Anreiz zum sparsamen Umgang. Wirtschaften mit dem „freien Gut Umwelt/Natur" ist durch die (Be-)Nutzung nicht notwendig, da das System signalisiert, dass die natürlichen Ressourcen in Fülle vorhanden sind. Der Staat hat hier die Aufgabe eventuelles Marktversagen durch die Maßnahmen der Umweltpolitik entsprechend zu korrigieren. Dazu schafft sich der Staat einen sogenannten ökologischen Ordnungsrahmen mit Gesetzen, Vorschriften, Ge- und Verboten sowie Kontrollen und Strafen.
Bis heute hatte die Entwicklung der Deutschen Umweltpolitik einen langen Weg hinter sich gebracht. Dennoch gilt sie als vergleichsweises junges, dennoch sehr dynamisches Politikfeld.

Die folgende Tabelle zeigt die Entwicklung der Deutschen Umweltpolitik auszugsweise auf.

Jahr	Meilensteine der Entwicklung der Deutschen Umweltpolitik: Ereignisse, Konferenzen, Institutionen, Gremien und Gesetze
1961	Atomgesetz
1971	Der Sachverständigenrat für Umweltfragen wird etabliert.
1972	Die Studie „Die Grenzen des Wachstums" des Club of Rome werden veröffentlicht.
1972	***Das Umweltprogramm der Vereinten Nationen (UNEP) beginnt.***
1972	Abfallbeseitigungsgesetz

Jahr	Meilensteine der Entwicklung der Deutschen Umweltpolitik: Ereignisse, Konferenzen, Institutionen, Gremien und Gesetze
1974	Das Umweltbundesamtes wird gegründet.
1974	Bundes-Immissionsschutzgesetz
1976	Bundesnaturschutzgesetz
Ende der 1970er	Einsetzen der Ökologiebewegung in Deutschland durch die Anti-Atomkraft-Protestbewegung.
1980	Chemikaliengesetz
Ab den 1980er	Die Gründung der grünalternativen Parteien erfährt eine breite Unterstützung.
1983	Die Weltkommission für Umwelt und Entwicklung – „World Commission on Environment and Development, WCED“ – wird von den Vereinten Nationen ins Leben gerufen.
1983	„Die Grünen“ ziehen als Partei zum ersten Mal in den Bundestag ein.
1986	Die Atomreaktor-Katastrophe in Tschernobyl führt dazu, dass umweltpolitische Aussagen in den Programmen aller Parteien in Deutschland Einzug finden.
1986	Die Gründung des Bundesministeriums für Umwelt, Naturschutz und Reaktorsicherheit.
1987	Brundtland-Bericht
1992	***Konferenz der Vereinten Nationen über Umwelt und Entwicklung – Agenda21***
1993	Gründung des Bundesamts für Naturschutz
1994	Einstieg in die ökologische Steuerreform
1994	Kreislaufwirtschafts- und Abfallgesetz
1994	***Umweltschutz wird in Art. 20a GG als Staatsziel festgelegt***
1997	Kyoto-Protokoll zum Rahmenübereinkommen der Vereinten Nationen über Klimaänderungen
1998	Bundes-Bodenschutzgesetz
2000	Erneuerbare-Energien-Gesetz
2002	Weltgipfel für nachhaltige Entwicklung in Johannesburg
2004	Stockholmer Übereinkommen über persistente organische Schadstoffe
2005	EU-Emissionsrechtehandel
2006	Batteriegesetz
Ab 2009	Glühbirnen-Verbot in der Europäischen Union
2011	Nuklearkatastrophe von Fukushima
2011	Atomausstiegsprogramm – 13. Gesetz zur Änderung des Atomgesetzes -
2012	Konferenz der Vereinten Nationen über nachhaltige Entwicklung (United Nations Conference on Sustainable Development, kurz UNCSD)
2015	UN-Klimakonferenz in Paris
2016	***17 Ziele für nachhaltige Entwicklung (Vereinte Nationen) Agenda 2030***
2018	Beginn der FridaysForFuture Bewegung ab 2019 auch in Deutschland
2021	Gesetzes über die unternehmerischen Sorgfaltspflichten in Lieferketten – Lieferkettensorgfaltspflichtengesetz
2021	Verpackungsgesetz
2021	UN-Klimakonferenz in Glasgow
2022	Weltklimakonferenz in Sharm El-Sheikh - Ägypten
2023	COP 28 in Planung: Dubai - Vereinigte Arabische Emirate

D Umweltpolitik umfasst alle Maßnahmen, um die natürliche Umwelt als Lebensgrundlage des Menschen auch für die nachfolgenden Generationen zu sichern. Dazu sind Boden, Luft, Wasser, Pflanzen und Tierwelt vor schädlichen Wirkungen menschlicher Eingriffe zu schützen sowie bereits eingetretene Umweltschäden zu beseitigen.

15.2, S. 605

Der mit Abstand wichtigste Meilenstein in der Deutschen Umweltpolitik war die gesetzliche Verankerung des Umweltschutzes als Staatsziel im Grundgesetz der Bundesrepublik Deutschland. Die Leitvorstellung der nachhaltigen Entwicklung, wie sie auch 1994 als Staatsziel im Grundgesetz der Bundesrepublik Deutschland (Art. 20 a) verankert wurde, zielt auf die Bewahrung der Umwelt auch für künftige Generationen ab.

§

Grundgesetz Artikel 20 a [Umweltschutz]

Der Staat schützt auch in Verantwortung für die künftigen Generationen die natürlichen Lebensgrundlagen und die Tiere im Rahmen der verfassungsrechtlichen Ordnung durch Gesetzgebung und nach Maßgabe von Gesetz und Recht durch die vollziehende Gewalt und die Rechtsprechung.

Das Hauptziel stellt somit die Bewahrung der Umwelt für die künftigen Generationen dar. Staatliche Maßnahmen zum Schutz der Umwelt sind somit unerlässlich. Exemplarische gesetzliche Maßnahmen und Meilensteine siehe Tabelle S. 575 f.

Ausgewählte Umweltpolitikbereiche

Die folgenden ausgewählten Umweltpolitikbereiche verdeutlichen die Querschnittsaufgabe sehr deutlich.

Klimaschutz- und Energiepolitik

Verkehrspolitik

Agrarpolitik

Gesundheitspolitik

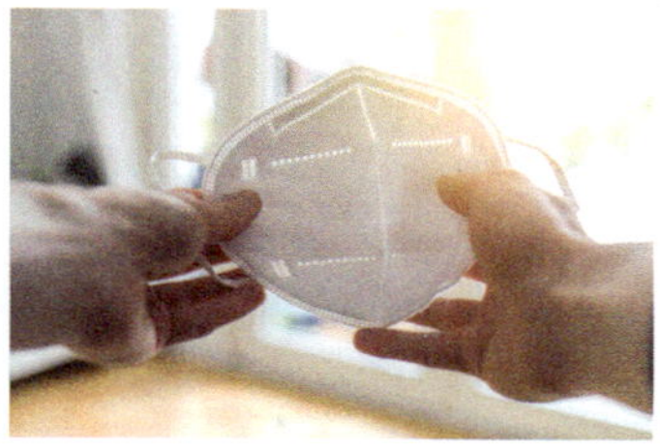

Finanzpolitik

Dies sind aktuell die wichtigsten Themen auf nationaler Ebene bei denen die Umweltpolitik weiter vorankommen sollte. Da Umweltprobleme keine Grenzen kennen, benötigt es bei den meisten Themen nicht nur nationale, sondern auch internationale Strategien. Dies begründet sich auch in EU-Verordnungen oder Weltklimazielen.

15.4

Ziele der Umweltpolitik

Als exemplarisch ausgewählte Ziele der Umweltpolitik finden an dieser Stelle der Klimaschutz und die Elektromobilität Einzug:

Klimaschutzplan 2050

Deutschland hat sich insbesondere im Klimaschutz sehr ambitionierte Ziele gesetzt. Bereits Ende 2016 hat die Bundesregierung den Klimaschutzplan 2050 beschlossen, dieser zeigt, wie die Ergebnisse der **UN-Klimakonferenz von Paris** (dem sog. Pariser Abkommen) umgesetzt werden könnten. Dazu orientiert sich Deutschland an der weitgehenden Treibhausgasneutralität bis zum Jahr 2050.[1] Weiterhin strebt Deutschland die Begrenzung der Erderwärmung deutlich unter zwei Grad an, bzw. sogar eine Begrenzung auf 1,5 Grad. Zusätzlich sollen die Treibhausgase bereits bis 2030 um 55% gesenkt werden gegenüber dem Jahr 1990.

Der Klimaschutzplan 2050 beinhaltet auch weiterhin eine Strategie zur Modernisierung der Volkswirtschaft. Darunter fallen anstehende Investitionen bis 2030. Klare Rahmenbedingungen können hier zur Erreichung der Ziele helfen, indem Fehlinvestitionen und Strukturbrüche vermieden werden. Dies steht im Zeichen eines Paradigmenwechsels, welcher hin zu erneuerbaren Energien und Energieeffizienz den künftigen Standard für Investitionen bilden wird.[2]

„Klimaschutzgesetz 2021“ strebt Klimaneutralität bis 2045 (bisher 2050) an

Bis 2025 sollten 40 bis 45% der Energiequellen für die Verstromung aus erneuerbaren Energien kommen. Durch den schnellen Ausbau könnte eine Steigerung des Anteils auf 65% bis 2030 angestrebt werden. Allerdings benötigt es deutlich mehr Anstrengungen, weil die Kosten sich noch nicht selber tragen, die bürokratischen Hürden noch recht hoch sind und das Netz noch

15.1, S. 605

1 vgl. BMUV (Hrsg.): Nationale Klimapolitik, 29.09.2017; online unter: https://www.bmuv.de/themen/klimaschutz-anpassung/klimaschutz/nationale-klimapolitik#c11689 [13.06.2022].
2 vgl. https://www.bmu.de/themen/klimaschutz-anpassung/klimaschutz/nationale-klimapolitik

nicht optimal für die dezentrale Energiegewinnung ausgebaut ist. Schon heute zählen die „Big Five“ Sonne, Wasser, Wind und Biomasse zu den wichtigsten Quellen der Stromversorgung und stellen einen Anteil an erneuerbaren Energien von 46 % (gemessen am Bruttostromverbrauch Stand Ende 2020) dar.

Die Bundesregierung will das Ziel der Treibhausgasneutralität bereits bis 2045 schaffen. Begründet wird diese Anpassung aufgrund eines Urteils des Bundesverfassungsgerichts von Ende April 2021. Da die Vorgaben für die Minderung der Emissionen nach 2031 fehlen, ist das Klimaschutzgesetz 2019 in Teilen eben nicht mit den Grundrechten vereinbar, so das Urteil.

Der Beschluss des Gerichts verpflichtet den Staat daher, aktiv vorzubeugen, sodass in Zukunft die Klimaschutzanstrengungen bis 2045 so fairer zwischen den jetzigen und künftigen Generationen verteilt werden. Das vom Bundeskabinett am 12. Mai 2021 verabschiedete „Klimaschutzgesetz 2021“ sieht folgende, neue Klimaschutzvorgaben vor:

- „[...] das Zwischenziel für 2030 wird von derzeit 55 auf 65 % Treibhausgasminderung gegenüber 1990 erhöht.
- Für 2040 gilt ein neues Zwischenziel von 88 % Minderung.“[1]
- Bis 2045 soll Deutschland Treibhausgasneutralität erreichen (bislang 2050).

Elektromobilität

Der Straßenverkehr soll in Zukunft von Öl unabhängig werden. Die endliche Ressource Öl gehört zu dem sich erschöpfenden Umweltkapital bzw. nicht regenerierbaren Umweltkapital.[2] Hinzu fallen durch die Verbrennung große Mengen an CO_2 und weitere gesundheitsschädigende Stoffe an. Daher ist die Entwicklung von effizienten alternativen Antriebsformen und Kraftstoffen sehr wichtig. Als Nation des Automobilbaus ist es für Deutschland von enormer Bedeutung, sich die technologische Marktführerschaft zu bewahren. Die Bundesregierung hat in den vergangenen zwei Jahren (bis 2020) die Entwicklung alternativer Antriebe mit mehr als zwei Milliarden Euro gefördert. Dabei geht es um neue Standards in der Technik, die Infrastruktur von Stromtankstellen und weiterhin um die Ausbildungs- und Arbeitsplätze in der Elektromobilität. Im Bereich Forschung und Entwicklung soll die Zell- und Batterieproduktion vorangebracht werden. Bis Ende 2025 können Konsumenten eine Kaufprämie als „Umweltbonus“ erhalten. Hinzu kommt eine „Innovationsprämie“, die den staatlichen Anteil sogar noch verdoppelt.[3] Die Batterieforschung soll ebenfalls weiter ausgebaut werden.[4] Ab 2035 sollen in der EU ausschließlich Neuwagen mit Verbrennermotoren zugelassen werden, die beim Fahren CO_2-emissionsfrei sind.[5]

1 Quelle: BMUV (Hrsg.): Novelle des Klimaschutzgesetzes vom Bundestag beschlossen, 24.06.2021, Pressemitteilung Nr. 143/21; online unter: https://www.bmuv.de/pressemitteilung/novelle-des-klimaschutzgesetzes-vom-bundestag-beschlossen [20.07.2022] (verändert).
2 Die gesamte tote, passive Natur wie z. B. Bodenschätze (Erdöl, Erdgas, Kohle und Erze)
3 Gilt für Anträge bis zum 31.12.2025 und einem maximalen Nettolistenpreis des Elektrofahrzeugs unter 40.000 €. Ende 2022 wurden die Förderbedingungen für Plug-in-Hybride geändert, so dass seit 01. Januar 2023 keine Zuschüsse mehr erhalten.
4 vgl. https://www.bundesregierung.de/breg-de/themen/neue-kraftstoffe-und-antriebe-994216
5 vgl. Die Bundesregierung (Hrsg.): EU-Umweltrat: Nur noch CO2-frei fahren.

Prinzipien der Umweltpolitik

Die Umweltpolitik in Deutschland beruht im Wesentlichen auf folgenden vier Prinzipien.

Vermeidung von Umweltbelastung

❶ Kooperationsprinzip	❷ Vorsorgeprinzip
Der Umweltschutz ist eine gemeinsame Aufgabe von Bürgern und Staat. Die von umweltbeeinträchtigenden Vorgängen Betroffenen (z. B. Mitglieder von Umweltverbänden) sollen bei der Formulierung und Durchsetzung umweltpolitischer Ziele beteiligt werden und den Entscheidungsträgern in Politik und Verwaltung (z. B. Umweltbehörden) Informationen liefern.	Die Bekämpfung akuter Umweltgefahren und die (nicht in jedem Fall mögliche) nachträgliche Beseitigung von Umweltschäden soll durch eine vorsorgende langfristige **Umweltplanung** und durch **integrierten Umweltschutz** vermieden werden. In diesem Prinzip kommt das Leitbild der nachhaltigen Entwicklung besonders zur Anwendung.

Aufteilung der Kosten zur Vermeidung oder Beseitigung von Umweltbelastung

❸ Verursacherprinzip als umweltpolitische Leitlinie

Die Kosten zur Vermeidung oder Beseitigung von Umweltschädigungen sollen von denjenigen getragen werden, die für ihre Entstehung verantwortlich sind. Es ist aber nicht immer feststellbar, wer in welchem Umfang zur Umweltbelastung beigetragen hat. Auch die damit einhergehende staatliche Kontrolle und Überwachung ist nicht in allen Fällen möglich oder sinnvoll. In manchen Fällen gehen zudem mit dem Verursacherprinzip unerwünschte Nebenwirkungen einher, wenn beispielsweise die durch betrieblichen Umweltschutz verursachten Kostenerhöhungen die wirtschaftliche Existenz einzelner Unternehmen oder ganzer Branchen im internationalen Wettbewerb gefährden. Daher muss immer dann, wenn das Verursacherprinzip nicht anwendbar ist oder angewendet werden soll, auf andere Prinzipien zurückgegriffen werden.

❹ Gemeinlastprinzip

Nicht die Verursacher, sondern bestimmte gesellschaftliche Gruppen oder die Allgemeinheit werden mit den Umweltkosten belastet. Der Staat finanziert aus Steuermitteln Umweltschutz und die Behebung von Umweltschäden. Dieses Prinzip sollte nach Möglichkeit nur in Ausnahmefällen zur Anwendung kommen. Es begünstigt das „Trittbrettfahrerproblem".

D Die Kosten zur Vermeidung oder Beseitigung von Umweltschäden sollen demjenigen angelastet werden, der für ihre Entstehung verantwortlich ist (Verursacherprinzip). Nur wenn der Verursacher nicht feststellbar ist oder akute Gefahr zu beseitigen ist, soll auf Steuermittel (Gemeinlastprinzip) zurückgegriffen werden.

B **Das Verursacherprinzip – Welche Änderungen ein Gesetz bewirken kann:**

Das Gesetz über das Inverkehrbringen, die Rücknahme und die hochwertige Verwertung von Verpackungen (Verpackungsgesetz – VerpackG) Das Gesetz wurde zur Regelung des Inverkehrbringens von Verpackungen und der Rücknahme und Verwertung von Verpackungsabfällen eingeführt. Das Verpackungsgesetz 2 (VerpackG2) löste am 3. Juli 2021 das bisher geltende Verpackungsgesetz 1 (VerpackG1) ab. Diese Novellierung vereinigt nun zwei EU-Richtlinien, die Einwegkunststoffrichtlinie und die Abfallrahmenrichtlinie im „VerpackG". Das Verpackungsgesetz ist in Deutschland einzuhalten. Jedes Land innerhalb der EU verfügt über eigene PACK-Gesetzgebung.

Das Verpackungsgesetz hat den Zweck, dass möglichst geringe Auswirkungen von Verpackungsabfällen auf die Umwelt in Deutschland einwirken soll.

1 vgl. hesselmann service GmbH: Das Verpackungsgesetz in 60 Sekunden; online unter: https://www.verpackungsgesetz.com/#gesetz_60.

Somit sind alle Hersteller, Händler und Importeure, die als sogenannte *Erstinverkehrbringer von systembeteiligungspflichtigen B2C-Verpackungen* in Deutschland auftreten verpflichtet, dass flächendeckend die Rücknahme und Verwertung der entsprechenden Verpackungsabfälle einem (Dualen) System angeschlossen werden. Hinzu kommt eine Registrierung bei der Stiftung Zentrale Stelle Verpackungsregister (ZSVR). Die Registrierungspflicht wird ab Juli 2022 für sämtliche Hersteller von Waren in Verpackungen verpflichtend.[1]

Demzufolge ist es den Herstellern nicht mehr möglich, die Entsorgungs- und Verwertungskosten zu „externalisieren“, also von der Gesellschaft tragen zu lassen, sondern wird vielmehr durch das Verpackungsgesetz die gesetzliche Entsorgung geregelt und die Kosten „internalisiert“, folgerichtig erscheinen die Kosten in der Kalkulation der Unternehmen.

Der Grund, warum die EU die die Einwegkunststoffrichtlinie und die Abfallrahmenrichtlinie umsetzen will, liegt auf der Hand. Im Jahr 2019 wurden in den 27 EU-Ländern mehr als 79 Millionen Tonnen Verpackungsabfälle produziert. Dies entspricht einem Anstieg von 2,4 % im Vergleich zum Vorjahr. Dies vergangenen letzten sieben Jahre zeigen einen fast kontinuierlichen Anstieg an Verpackungsmüll.

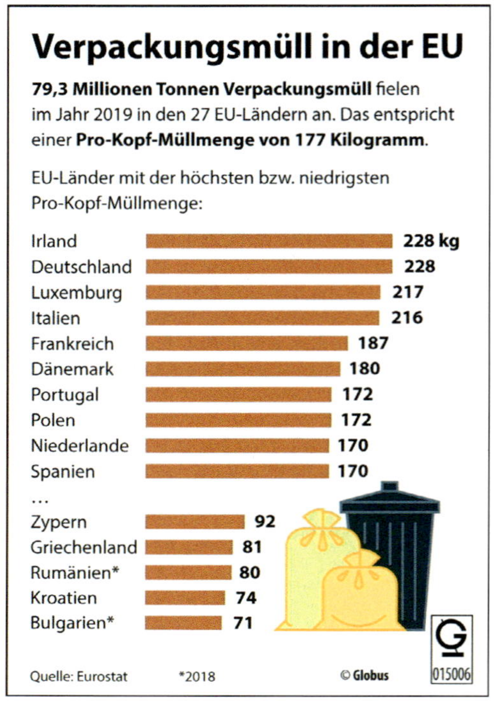

Das Gleiche liegt übrigens bei Elektrogeräten vor, für die Rücknahmepflicht besteht.

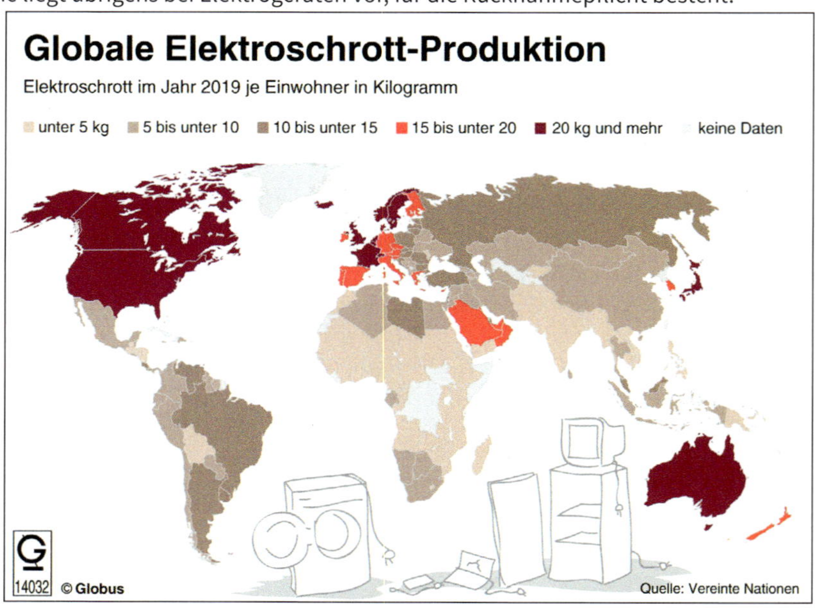

Weiterhin haben ausrangierte, ausgediente Elektrogeräte wie zum Beispiel Kühlschränke, Monitore oder Smartphones nach einem UN-Bericht zufolge im Jahr 2019 insgesamt 53,6 Millionen Tonnen auf die Waage gebracht – dies entsprach innerhalb von fünf Jahren einem Wachstum von 21 %.

Eine weitere Leitidee der Umweltökonomie ist die **Internalisierung sozialer Kosten**. Die durch die Umweltbelastung entstehenden Kosten sollen dabei beim **Verursacher** zum Bestandteil seiner betriebswirtschaftlichen bzw. **einzelwirtschaftlichen Kostenrechnung** gemacht werden, sodass er das umweltbelastende aus Verhalten Kostengründen einschränkt. Dies kann durch die Erhebung von **Umweltabgaben** geschehen.

B

Soziale Kosten (externe Kosten)

Beim Produktionsprozess in einer Zementfabrik entstehen große Mengen an Staub, der in die Luft abgelassen (emittiert) wird. Die Anwohner in der Umgebung werden dadurch belastet. Beispielsweise muss die Wäsche häufiger gewaschen werden. Die Lebensqualität sinkt wegen der hohen Luftbelastung. Einer elektrotechnischen Fabrik in der Nähe, die für ihre Produktion staubfreie Luft benötigt, entstehen entweder zusätzliche Kosten für Luftfilter oder sie muss ihren Produktionsstandort verlegen. Bei der Zementfabrik gehen aber nur die **internen Kosten** (z. B. Lohnkosten, Kosten für Roh-, Hilfs- und Betriebsstoffe) in die Kostenrechnung und die Preiskalkulation ein. Die ebenfalls von ihr verursachten externen Kosten werden hingegen anderen Personen und Unternehmen angelastet. Die Zementfabrik kann somit billiger produzieren, als wenn sie auch die von ihr verursachten externen Kosten tragen müsste. Der Preis, den die Zementfabrik für ihre Produkte erzielt, ist somit zu niedrig, da er nicht alle durch die Zementproduktion entstehenden Kosten deckt. Wenn es gelingt, durch umweltpolitische Maßnahmen die Nachteile der anderen Personen und Unternehmen auf Kosten der Zementfabrik zu verringern oder ganz zu vermeiden, liegt eine **Internalisierung der externen Kosten** (Belastung des Verursachers mit **allen** Kosten) vor. Der Zementpreis dieser Fabrik müsste dann steigen. Ist die Preiserhöhung am Markt durchsetzbar, zahlen die Kunden für die Vermeidung der Staubemission.

D

Umweltschäden verursachen externe Kosten. Umweltprinzipien lassen sich danach unterscheiden, wer die Kosten für die Beseitigung oder Vermeidung von Umweltschäden trägt.

Umweltprinzipien	Beispiel: Einwegdose	Beispiel: Abwasser
„Wer zahlt für die Vermeidung oder Beseitigung von Umweltschäden?"	**Schüler Mario lässt während einer Wanderung eine Coladose im Wald liegen.**	**Eine Papierfabrik leitet Abwasser ungeklärt in einen Fluss und beeinträchtigt den Fischfang, die Ausflugslokale am Ufer usw.**
Verursacherprinzip „Der Täter zahlt."	Mario muss auf Anordnung des Lehrers die Dose holen und recyceln (Dosenpfand).	Die Fabrik muss auf eigene Kosten einen Filter einbauen.
Geschädigtenprinzip „Das Opfer zahlt."	Ein Wanderer, dem die Dose ein „Dorn im Auge ist", entsorgt sie.	Flussfischer und Ausflugslokale finanzieren einen Filter für die Fabrik.
Gemeinlastprinzip „Allgemeinheit zahlt."	Der aus Steuergeldern finanzierte Waldhüter entsorgt die Dose im „Gelben Sack".	Die Stadt baut eine aus Steuergeldern finanzierte Kläranlage.
Kooperationsprinzip „Täter, Opfer und Allgemeinheit zahlen."	Mario hebt die Dose auf, entsorgt sie auf einer öffentlichen Mülldeponie und erhält von dem Wanderer eine Belohnung.	Die Fabrik baut auf eigene Kosten eine Filteranlage ein und erhält von den Ausflugslokalen und der Stadt eine finanzielle Anerkennung.
Nach-uns-die-Sintflut-Prinzip „Niemand oder die künftigen Generationen zahlen."	Die Dose bleibt im Wald liegen und beeinträchtigt das Wohlbefinden der Wanderer.	Das Wasser wird weiterhin verschmutzt und beeinträchtigt die Flussfischer, die Fischqualität und die Ausflugslokale.

1 vgl. hesselmann service GmbH: Das Verpackungsgesetz in 60 Sekunden; online unter: https://www.verpackungsgesetz.com/#gesetz_60.

Vorsorgeprinzip (Vermeidung von Umweltschäden)	Aufgrund erfolgreicher Umwelterziehung und eines geschärften Umweltbewusstseins kauft Mario nur Getränke in Mehrwegflaschen. Er trägt die Kosten für die Vermeidung von Umweltschäden, indem er auf das bequemere „Ex-und-hopp"-Verhalten verzichtet.	Weil umweltpolitische Ziele aus Gründen der Ethik und des Images zum Leitbild des Unternehmens gehören, werden möglichst umweltschonende Produktionsverfahren angewendet. Die Kosten trägt das Unternehmen (und bei Überwälzung auf die Preise der Verbraucher).

vgl. Wildmann, Lothar: Wirtschaftspolitik, München: Oldenbourg 2007, S. 129.

Möglichkeiten zur Internalisierung externer Kosten bieten u. a.:

- **Verhandlungen** (Kooperationslösungen wie z. B. „freiwillige Selbstverpflichtungen" von Unternehmen)
- **Verursacherhaftung** (z. B. Umwelthaftungsrecht, Schadensersatzregelungen)
- **Besteuerung von Schadstoffemissionen** (z. B. Ökosteuer)
- **Handel mit Verschmutzungsrechten** (Umweltzertifikate)

EMAS
GEPRÜFTES UMWELTMANAGEMENT

Diese Instrumente können durch staatliche **Auflagen** in Form von Geboten und Verboten (Ordnungsrecht) ergänzt werden.

15.3 Instrumente der Umweltpolitik

Lernziele:

Nach Bearbeitung dieses Kapitels sind Sie in der Lage Folgendes zu tun:

Sie …

- … unterscheiden die Instrumente der Umweltpolitik Auflagen und Umweltabgaben.
- … erklären den Handel mit Verschmutzungsrechten sog. Umweltlizenzen.

15.3.1 Umweltpolitik durch Auflagen (Ordnungsrecht)

15.3, S. 608

ordnungsrechtliche Instrumente				
Verbote, Gebote, Anmeldepflicht, Auskunftspflicht, Anzeigepflicht, Umweltverträglichkeitsprüfungen				
Höchstgrenzen für den Schwefelgehalt leichter Heizöle	Einhaltung bestimmter Grenzwerte bei der Einleitung von Schadstoffen in Gewässer	Vorgabe von Grenzwerten bei Emissionen in die Luft	Einhaltung bestimmter Normen bei Lärmschutz	Begrenzung des Phosphatgehalts in Waschmitteln

Wirtschaftliche Ineffizienz ordnungsrechtlicher Maßnahmen

Durch **ordnungsrechtliche Maßnahmen** wird jeder Verursacher von Umweltschäden gleich behandelt. Dieses Vorgehen erscheint zwar gerecht. Es ist aber vergleichsweise teuer und damit **wirtschaftlich nicht effizient**. Das liegt daran, dass den einzelnen Verursachern unterschiedlich hohe Kosten für die Verringerung des Schadstoffausstoßes entstehen.[1]

1 Das folgende Beispiel ist angelehnt an: Mussel, G. & Pätzold, J.: Grundfragen der Wirtschaftspolitik, 5. Aufl., München: Vahlen 2003, S. 237 ff.

B Grenzkosten der Schadensvermeidung

In einem Land bestehen sechs Fabriken, die alle die gleiche Menge an Schadstoffen in einer Periode ausstoßen. Wegen der unterschiedlichen Produktionsverfahren sind aber bei den sechs Fabriken Investitionen in jeweils unterschiedlicher Höhe nötig, um den Schadstoffausstoß um eine Einheit zu verringern. Die Kosten zur Minderung des Schadstoffausstoßes um eine Mengeneinheit (= Grenzkosten der Schadensvermeidung) sind somit für jede Fabrik verschieden.

Verursacher (Schadstoffemittent)	Schadstoffausstoß pro Periode	Kosten für die Minderung des Schadstoffausstoßes um eine Tonne (= Grenzkosten der Schadensvermeidung)
A	2 t	10.000 €
B	2 t	20.000 €
C	2 t	40.000 €
D	2 t	80.000 €
E	2 t	160.000 €
F	2 t	320.000 €
Summe	**12 t**	**630.000 €**

Wenn ein Gesetz erlassen würde, um den Schadstoffausstoß um 50 % zu reduzieren, müsste der Schadstoffausstoß um 6 t gesenkt werden. Dafür gibt es folgende Lösungsmöglichkeiten:

Lösung 1	Lösung 2
Maßnahme: Jedes der sechs Unternehmen reduziert seinen Schadstoffausstoß um 1 t.	**Maßnahme:** Die drei Unternehmen mit den geringsten Grenzkosten der Schadensvermeidung senken ihren Schadstoffausstoß jeweils um 2 t.
Kosten: Jedem Unternehmen entstehen Kosten in unterschiedlicher Höhe entsprechend seinen jeweiligen Kosten der Schadensvermeidung. Die Gesamtkosten betragen 630.000 €.	**Kosten:** Für Unternehmen A entstehen Kosten von 20.000 €, für Unternehmen B von 40.000 € und für Unternehmen C von 80.000 €. Die Gesamtkosten betragen 140.000 €.

Lösung 1				Lösung 2			
Verursacher	Ausstoß		Vermeidungskosten	Verursacher	Ausstoß		Vermeidungskosten
	vorher	nachher			vorher	nachher	
A	2 t	1 t	10.000 €	A	2 t	0 t	20.000 €
B	2 t	1 t	20.000 €	B	2 t	0 t	40.000 €
C	2 t	1 t	40.000 €	C	2 t	0 t	80.000 €
D	2 t	1 t	80.000 €	D	2 t	2 t	0 €
E	2 t	1 t	160.000 €	E	2 t	2 t	0 €
F	2 t	1 t	320.000 €	F	2 t	2 t	0 €
Summe	**12 t**	**6 t**	**630.000 €**	**Summe**	**12 t**	**6 t**	**140.000 €**

Lösung 2 wäre bei gleicher Schadstoffreduzierung wie bei Lösung 1 um 490.000 € kostengünstiger. Voraussetzung für diese erheblich billigere Variante wäre aber, dass von der Gleichbehandlung aller Verursacher Abstand genommen wird. Die Unternehmen müssten miteinander aushandeln können, wer von ihnen in welchem Umfang den Schadstoffausstoß verringert, um die gesetzliche Vorgabe einer Schadstoffreduzierung um 50 % zu erfüllen.

Diejenigen Unternehmen, die keine oder nur geringe Umweltschutzinvestitionen vornehmen, müssten den anderen Unternehmen Ausgleichszahlungen leisten. Im vorliegenden Beispiel würden bei Lösung 2 die Unternehmen D, E und F zusammen 560.000 € gegenüber Lösung 1 sparen. Diesen Betrag wären sie höchstens bereit als Ausgleichszahlung anzubieten. Die Unternehmen A, B und C würden hingegen bei Lösung 2 insgesamt um 70.000 € mehr belastet als bei Lösung 1. Diesen Betrag würden sie mindestens von den Unternehmen D, E und F als Ausgleich fordern. Die Aufteilung des Ausgleichsbetrages auf die Unternehmen D, E und F muss unter diesen ausgehandelt werden.

Ergebnis: Wenn alle Unternehmen mit unterschiedlich hohen Grenzkosten der Schadensvermeidung durch ordnungsrechtliche Maßnahmen gezwungen werden, ihren Schadstoffausstoß gleichermaßen um eine bestimmte Menge zu verringern, ist diese Lösung teurer, als wenn nur die Unternehmen mit geringen Grenzkosten der Schadensvermeidung entsprechende Investitionen vornehmen. Es müsste also erreicht werden, dass Umweltschutzmaßnahmen zunächst bei den Unternehmen ansetzen, deren Grenzkosten der Schadensvermeidung am geringsten sind. Erst wenn bei allen Unternehmen die Grenzkosten der Schadensvermeidung gleich hoch sind, gibt es keine kostengünstigere Lösung mehr, um ein vorgegebenes Umweltziel zu erreichen.

Ein weiterer wesentlicher Nachteil ordnungsrechtlicher Maßnahmen im Rahmen der Umweltpolitik ist die **Behinderung von umwelttechnischem Fortschritt**. Es besteht für die Verursacher kein Anreiz, die bestehenden Umweltauflagen (z. B. Grenz- oder Höchstwerte) zu unterbieten, obwohl dies technisch möglich wäre. Sie befürchten vielmehr, dass der Gesetzgeber die Entwicklung neuer umweltfreundlicher Technologien zum Anlass nehmen könnte, die Auflagen zu verschärfen, indem er die Grenz- und Höchstwerte noch niedriger ansetzt. Das wäre mit zusätzlichen betriebswirtschaftlichen Kosten für die Verursacher verbunden.

D Ordnungsrechtliche Maßnahmen der Umweltpolitik sind wirtschaftlich ineffizient und behindern die Entwicklung neuer Umwelttechnologien.

15.3.2 Marktwirtschaftliche Lösung über den Preis: Umweltabgabe (Ökosteuer)

Ziele einer Ökosteuer

Der englische Ökonom A. C. PIGOU[1] hat bereits 1920 vorgeschlagen, die bei Produktion oder Verbrauch entstehenden Kosten, die nicht vom Verursacher, sondern von anderen Personen bzw. der Allgemeinheit getragen und nicht im Marktpreis berücksichtigt werden (= **soziale** bzw. **externe Kosten** wie z. B. Gewässer- und Bodenbelastung, Lärm, Luftverschmutzung usw.), durch die Erhebung von Steuern in die private Kostenrechnung der Marktteilnehmer einzubeziehen (= Internalisierung externer Kosten). Das Grundprinzip der sogenannten **PIGOU-Steuer** sieht vor, im Falle von Umweltschäden die Verursacher der externen Kosten mit einer Steuer für jede ausgestoßene Schadstoffeinheit zu belasten (= Mengensteuer) und sie dadurch zu veranlassen, Maßnahmen zur Vermeidung des Schadstoffausstoßes zu ergreifen.

1 Arthur Cecil Pigou (1877–1959)

5.3

Wirkungsweise einer Ökosteuer[1]

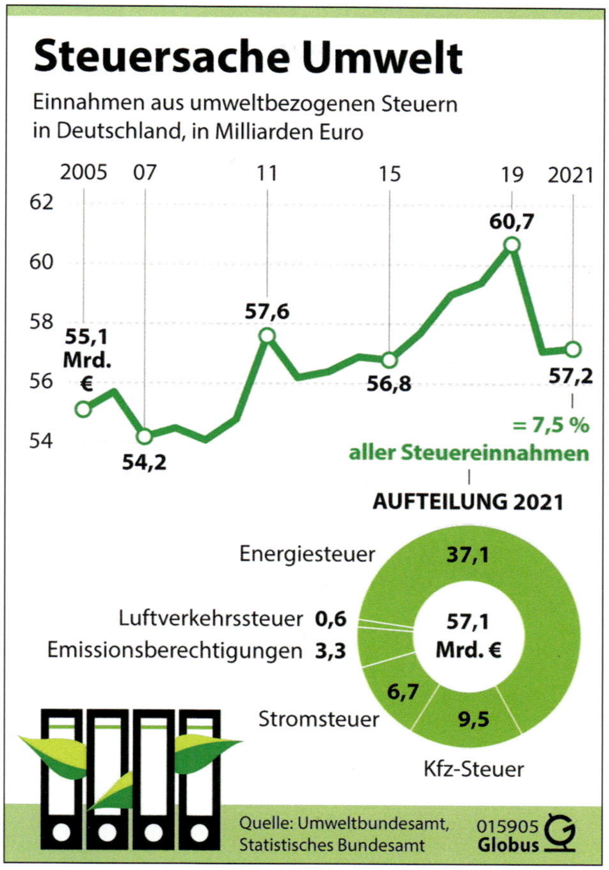

Wenn es beispielsweise gelänge, die negativen Folgen des bei der Verbrennung fossiler Energieträger (Öl, Kohle oder Gas) zur Stromerzeugung entweichenden Treibhausgases Kohlendioxyd (CO_2) zu messen und in Geldeinheiten auszudrücken (z. B. Schäden durch Klimaerwärmung und Abschmelzen des Polareises mit der Folge einer Erhöhung des Meeresspiegels und der Überschwemmung von Küstengebieten), könnte die Stromerzeugung mit einer allgemeinen **Energiesteuer** oder einer speziellen **CO_2-Steuer** belastet werden. Die Stromproduzenten würden diese Steuer in ihre Kostenrechnung einbeziehen und den Strompreis entsprechend erhöhen. Auf diese Preiserhöhung würden die Stromkunden möglicherweise reagieren, indem sie Energie einsparen bzw. den teuren Strom aus der Verbrennung fossiler Energieträger durch billigere und gleichzeitig umweltschonendere Energien ersetzen. Das Hauptproblem dieses Konzepts liegt in der Festsetzung eines geeigneten Steuersatzes, der die Erfassung, Messung und Bewertung der durch den CO_2-Ausstoß entstehenden Schäden voraussetzt. Da diese insbesondere von den Industrieländern verursachten Umweltschäden zudem weltweit auftreten, ist nur ein gemeinsames Vorgehen auf internationaler Ebene Erfolg versprechend.

Die Tabelle zeigt die Einnahmen aus umweltbezogenen Steuern in den Jahren 2019 und 2020, sowie die prozentuale Veränderung gegenüber dem Vorjahr.

Für das Jahr 2020 beliefen sich die umweltbezogenen Steuereinnahmen auf 57,1 Milliarden Euro. Dies entsprach einem Rückgang um 5,9 %. Somit betrug der Anteil der Umweltsteuern im Jahr 2020 an den gesamten kassenmäßigen Steuereinnahmen 8,4 %.

	2019 in Mrd. €	2020 in Mrd. €	Veränderung in % zum Vorjahr
Energiesteuer	40,7	37,6	−7,6
Stromsteuer	6,7	6,6	−1,5
Emissionsberechtigungen	2,8	3,1	10,7
Kraftfahrzeugsteuer	9,4	9,5	1,2
Luftverkehrssteuer	1,2	0,3	−75
Umweltbezogene Steuern	60,8	57,1	−5,9

1 Die Wirkungsweise einer Mengensteuer (z. B. Ökosteuer) als marktkonforme staatliche Maßnahme ist in Kap. B 3.2 ausführlich dargestellt.

Den höchsten Anteil an umweltbezogenen Steuern hat die Energiesteuer (frühere Mineralölsteuer) mit 66%. In den volkswirtschaftlichen und umweltökonomischen Gesamtrechnungen werden die Zahlungen für Emissionsberechtigungen auch als Steuer betrachtet. Die Steuereinnahmen aus den Emissionberechtigungen verzeichnen den größten Anstieg mit 10,7%. Andererseits ist die Luftverkehrsteuer mit einem Rückgang von 75% gegenüber dem Vorjahr 2019 zu beziffern und dies resultiert aus den Einschränkungen des Flugverkehrs während der Corona-Pandemie.

Umweltbezogene Steuern 2020 in Deutschland

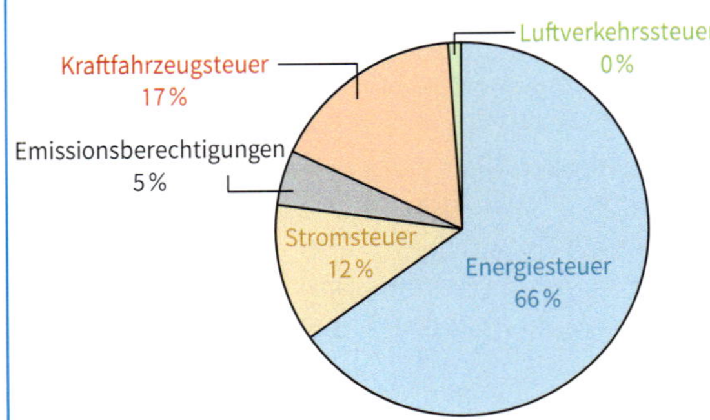

vgl. Statistische Bundesamt: Umweltökonomische Gesamtrechnung, Stand 14.11.2021

Da solche **Ökosteuern** (z.B. Energiesteuer in Form der Mineralölsteuer oder CO_2-Steuer) den Preismechanismus nicht außer Kraft setzen, sind sie **marktkonform**. Sie sind grundsätzlich geeignet, die knappen Ressourcen in den Fällen, in denen ein Marktversagen wie im Umweltbereich vorliegt, so zu lenken und auf die verschiedenen Verwendungsmöglichkeiten zu verteilen, dass es zu einem effizienten Einsatz der Produktionsfaktoren kommt **(optimale Faktorallokation)**.

D Ökosteuern sind marktkonforme Instrumente der Umweltpolitik.

Ökosteuer in Deutschland

Durch die in Deutschland 1999 begonnene ökologische Steuerreform soll der Verbrauch von Energie (Mineralöl und Strom) verteuert werden. Das Steueraufkommen wird großenteils zur Senkung bzw. Stabilisierung der Beiträge zur gesetzlichen Rentenversicherung verwendet. Der Arbeitgeberanteil zur Rentenversicherung stellt Kosten für den Produktionsfaktor Arbeit (in Form von Personalzusatzkosten) dar. Durch die Ökosteuer sollen also einerseits der Einsatz des kostenlosen bzw. zu billigen Produktionsfaktors Natur (Umwelt) verteuert und sein Verbrauch verringert werden. Andererseits wird gleichzeitig der teure Produktionsfaktor Arbeit verbilligt. Dieser Effekt wird auch als **„Doppelte Dividende"** der ökologischen Steuerreform bezeichnet.

Ökosteuer: Pro und Kontra

15.4, S. 608

Auch wenn die „Ökosteuer" in Deutschland insbesondere bei steigenden Benzinpreisen immer wieder zum politischen Reizthema wird, lassen sich dennoch sachliche Gründe für und gegen eine solche Steuer anführen.

Befürworter	Kritiker
Die Ökosteuer ist ein marktkonformes umweltpolitisches Instrument, das den Umweltverschmutzern die Freiheit lässt, die Umweltverschmutzung zu reduzieren oder die Steuer zu zahlen.	Es gibt zu viele Ausnahmen. Aus Wettbewerbsgründen sind z. B. besonders energieintensive Branchen von der Steuer ausgenommen. Die emissionsreiche Kohle ist steuerfrei, während das weniger umweltschädliche Erdgas besteuert wird.
Die Ökosteuer ist ein effizientes Instrument zur Verringerung des Rohstoffverbrauchs und des CO_2-Ausstoßes.	
Die Einnahmen des Staates aus der Ökosteuer werden zur Senkung der Rentenversicherungsbeiträge verwendet. Dadurch sinken auch Arbeitgeberbeiträge zur Sozialversicherung. Diese Minderung der Arbeitskosten ist ein Anreiz zur Beschäftigungserhöhung.	Die mit der Ökosteuer bewirkte Minderung bzw. Stabilisierung der Rentenversicherungsbeiträge ist viel zu gering, um positive Beschäftigungseffekte auszulösen. Die Arbeitskosten in Deutschland sind trotz der Ökosteuer im internationalen Vergleich noch zu hoch.
Die Ökosteuer führt nicht nur zu einer Verringerung der Übernutzung des Produktionsfaktors Natur. Sie gibt auch Impulse für einen Strukturwandel in der Wirtschaft zur Einsparung und besseren Nutzung von Energie in energieintensiven Branchen (Anreize für die Entwicklung umweltfreundlicher Technologien). Außerdem erfolgt eine Verlagerung von energieintensiver hin zu arbeitsintensiver Produktion.	Eine „doppelte Dividende" ist nicht möglich. Wenn der Staat über Einnahmen aus der Ökosteuer zur Stabilisierung der Rentenversicherungsbeiträge verfügen will, setzt das voraus, dass die Umwelt weiter belastet wird. Wird die Umwelt hingegen nicht belastet, weil der Energieverbrauch tatsächlich zurückgeht, hat der Staat auch keine zusätzlichen Steuereinnahmen („Erdrosselungssteuer").
Auch andere EU-Mitgliedstaaten diskutieren die Einführung einer Energiesteuer. In einigen Ländern ist die Belastung der Unternehmen durch eine solche Steuer bereits höher als in Deutschland. Deutschland als wichtiges Industrieland könnte mit gutem Beispiel vorangehen und zeigen, dass eine solche Steuer keine nachteiligen Auswirkungen auf die gesamtwirtschaftliche Entwicklung hat. Die Ökosteuer gibt zudem Anstöße zur Entwicklung umweltschonender Technologien, die weltweit zur Energieeinsparung nutzbar sind. Das Argument der internationalen Wettbewerbsverzerrung würde dazu führen, dass jegliche nationale Umweltpolitik unterbleiben müsste.	Eine Energiesteuer im nationalen Alleingang schadet der Wettbewerbsfähigkeit der deutschen Industrie und dem Investitionsklima für den Standort Deutschland. Durch die Ökosteuer werden somit keine Arbeitsplätze geschaffen, sondern vernichtet. Der weltweite Energieverbrauch wird nicht reduziert, er findet wegen der Abwanderung von Betrieben aus Deutschland nur anderswo statt.
	Die Ökosteuer ist sozial ungerecht, weil auch Bevölkerungsgruppen belastet werden, für die sich eine Senkung der Rentenversicherungsbeiträge nicht positiv auswirkt (z. B. Selbstständige, Rentner, Studenten).

15.5, S. 608

15.3.3 Marktwirtschaftliche Lösung über die Menge: Handel mit Verschmutzungsrechten (Umweltlizenzen)

Einen bisher noch wenig erprobten Ansatz der praktischen Umweltpolitik stellt die staatliche Vergabe von Verschmutzungsrechten (Umweltlizenzen, Emissionslizenzen, Umweltnutzungsrechte, Umweltzertifikate) und der Handel mit diesen Rechten dar.

15.6, S. 609

Zuteilung von Verschmutzungsrechten

Nicht für einzelne Verursacher, sondern für eine ganze Region werden Grenzwerte für die Schadstoffemission entsprechend den angestrebten Umweltzielen (z. B. Einschränkung des CO_2-Ausstoßes) festgelegt. Die Verursacher erhalten vor Aufnahme des Handels entweder kostenlose Verschmutzungsrechte oder sie müssen diese dem Staat im Rahmen einer Versteigerung abkaufen.

B Staatliche Versteigerung von Umweltlizenzen

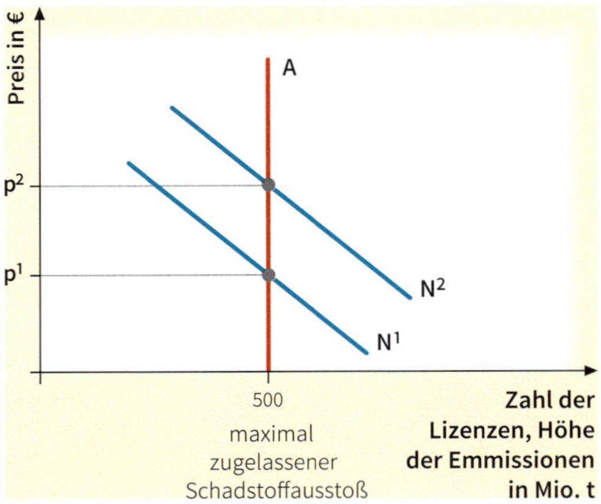

Der Staat legt den maximal zulässigen Schadstoffausstoß für eine Periode auf 500 Mio. t fest. Die Angebotskurve bei der Versteigerung der Umweltlizenzen ist völlig starr (Parallele zur Preisachse). Ist die Anzahl der ausgegebenen Lizenzen geringer als die von den Verursachern benötigte, steigt im Laufe der Zeit die Nachfrage nach Lizenzen. Die Nachfragekurve (N^1) verschiebt sich nach rechts (N^2). Bei unverändertem Angebot erhöht sich der Preis bei der Neuzuteilung von P^1 auf P^2.

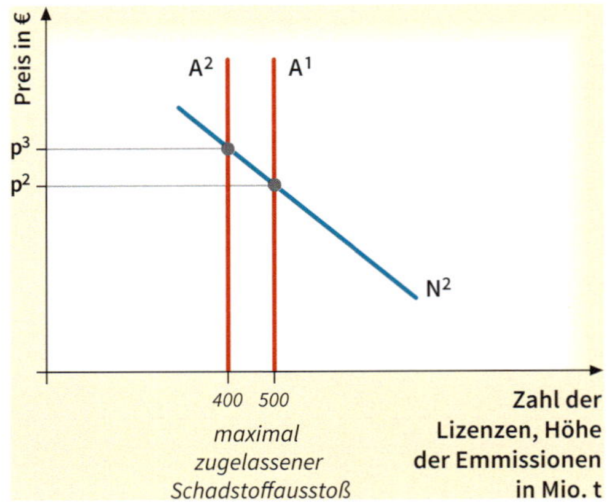

Senkt der Staat in der nächsten Periode den maximal zulässigen Schadstoffausstoß auf 400 Mio. t, verschiebt sich die ursprüngliche Angebotskurve für Umweltlizenzen (A^1) nach links (A^2). Bei unveränderter Nachfrage steigt der Ausgabepreis bei der Versteigerung der Umweltlizenzen von P^2 auf P^3.

D Verschmutzungsrechte (Umweltlizenzen) sind ein Instrument staatlicher Umweltpolitik. Sie berechtigen den Inhaber (= Verursacher von Umweltschäden) zum Ausstoß einer bestimmten Schadstoffmenge für einen bestimmten Zeitraum.

Handel mit Verschmutzungsrechten an der Börse

Wer über seine Berechtigung hinaus mehr Schadstoffe ausstoßen will, muss Verschmutzungsrechte in entsprechendem Umfang hinzukaufen. Wer umweltschonend produziert und mehr Verschmutzungsrechte hat, als er benötigt, kann diese Rechte verkaufen. Dadurch bildet sich ein Markt, auf dem durch Angebot und Nachfrage ein Preis für die Erlaubnis zur Umweltbelastung zustande kommt. Dieser Preis begünstigt die Verkäufer von Rechten (= umweltschonende Produzenten) und belastet die Käufer von Rechten (= umweltschädigende Produzenten).

D Verschmutzungsrechte (Umweltlizenzen) können an einer Börse ge- und verkauft werden.

Da die Rechte nur eine **begrenzte zeitliche Gültigkeit** haben, kann der Staat bei der **Neuzuteilung** der Rechte das Angebot verknappen und dadurch indirekt eine Preiserhöhung auslösen (siehe rechte Abbildung oben).

Neuzuteilung von Verschmutzungsrechten

Mit der Preissteigerung geht ein weiterer Anreiz zum Einsatz umweltschonender Technologien einher. Für einige Verursacher sind nämlich die Kosten für eine Umstellung auf umweltfreundlichere Produktionsmethoden geringer als die Kosten für den Kauf der andernfalls benötigten Verschmutzungsrechte.

Bereits vorhandene Rechte können dann zu einem entsprechend günstigeren Preis verkauft werden. Nur diejenigen Verursacher benötigen dann noch Verschmutzungsrechte, bei denen die Vermeidungskosten immer noch höher sind als der Preis für die Verschmutzungsrechte.

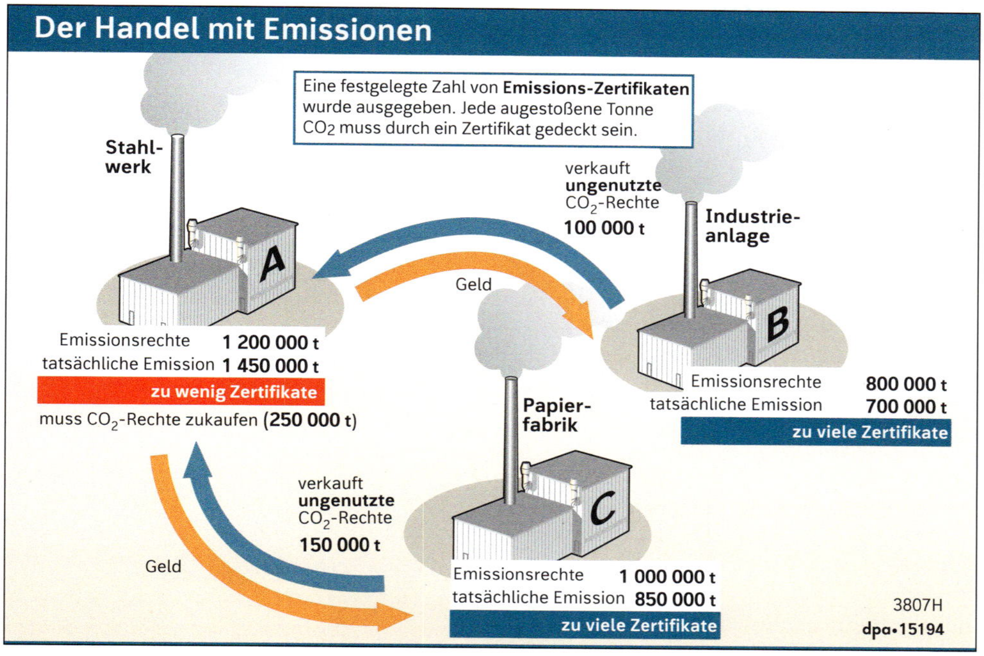

Verschmutzungsrechte: Pro und Kontra[1]

Pro	Kontra
Es handelt sich um ein marktwirtschaftliches Instrument, das den Umweltverschmutzern die Freiheit lässt, die Umweltverschmutzung zu reduzieren oder Umweltlizenzen zu kaufen. Die gewünschte mengenmäßige Wirkung kann – anders als bei der Ökosteuer – exakt festgelegt werden. Die Kosten sind sehr niedrig.	Es entstehen Wettbewerbsnachteile und Arbeitsplatzverluste wegen der Verteuerung von Energie- und Produktionskosten.
Das Verfahren verursacht vergleichsweise einen geringen Verwaltungsaufwand, da sich der Staat auf die Vorgabe der Höchstmengen und deren Kontrolle beschränken kann.	Die Festlegung der Mengen und Zuteilung auf die Unternehmen bedeutet eine bürokratische Reglementierung und macht umfassende staatliche Kontrollen nötig.
Der Staat und Umweltschutzorganisationen können ebenfalls Umweltlizenzen kaufen und stilllegen, um indirekt den Preis und damit die Umweltstandards zu erhöhen.	Es kann zu Missbrauch und Wettbewerbsverzerrungen kommen, indem zahlungskräftige Unternehmen Umweltlizenzen aufkaufen und stilllegen, um Konkurrenten vom Markt zu verdrängen.
Es werden Innovationen im Bereich der Umwelttechnologie ausgelöst.	Das Verfahren könnte missbraucht werden, indem Unternehmen ihre Anlagen in Deutschland schließen, die vorhandenen Umweltlizenzen verkaufen und eine neue umweltbelastende Anlage außerhalb der EU errichten.
Zwar erfolgt trotz der Umweltlizenzen noch eine Umweltverschmutzung. Ohne Umweltlizenzen könnte aber das maximal zulässige Maß an Umweltverschmutzung nicht vom Staat vorgegeben werden. Das Recht zum Verschmutzen der Umwelt würde dann gewissermaßen zum Nulltarif verschenkt. Es bestünde kein Anreiz, die Umweltverschmutzung zu verringern.	Es ist ethisch nicht vertretbar, das Recht auf Schädigung der Umwelt meistbietend zu versteigern („Ablasshandel“, „ökologische Prostitution“).

1 vgl. Wicke, L.: Umweltökonomie, 4. Aufl., München: Vahlen 1993, S. 385 f.

Handel mit Verschmutzungsrechten in der EU

15.7, S. 609

Der **EU-Emissionshandel** ist ein marktwirtschaftliches Instrument der EU-Klimapolitik mit dem Ziel, die Treibhausgasemissionen zu senken. Die Verschmutzungsrechte werden u. a. an der Energiebörse *European Energy Exchange* (EEX) in Leipzig gehandelt (www.eex.com/de).

Um die Funktionsweise des Emissionshandels zu gewährleisten, muss die Menge der zugeteilten Verschmutzungsrechte geringer sein als die voraussichtlichen Emissionen. Nur so entsteht auf die Verursacher Druck, ihre Emissionen zu senken. Entsprechend plant die Europäische Union, die Anzahl der zur Verfügung stehenden Verschmutzungsrechte in den kommenden Jahren ständig zu verringern.

Zeitweise stand allerdings den tatsächlichen Emissionen von Industrieanlagen nahezu die doppelte Menge an Verschmutzungsrechten gegenüber. Das führte dazu, dass der Preis, der eigentlich bei ca. 30,00 € je Tonne liegen sollte, auf bis unter 3,00 € je Tonne (2013) sank. Vor diesem Hintergrund kündigte die EU an, die Zahl der Zertifikate stärker als geplant zu verringern, um das Angebot zu verknappen und den Preis in die Höhe zu treiben.

15.4 Aktuelle Entwicklungen und Probleme der Klimapolitik – Internationale Umweltpolitik

Lernziele:

Nach der Bearbeitung dieses Kapitels sind Sie in der Lage, Folgendes zu tun.

Sie ...

- ... erklären die Konzepte "qualitatives Wachstum" und "nachhaltige Entwicklung" in eigenen Worten.
- ... nennen internationale Umwelt und Klimaschutzabkommen.
- ... begründen die Hemmnisse der beteiligten Staaten exemplarisch.
- ... nennen und beschreiben die Inhalte des europäischen „Green Deal“.

Qualitatives Wachstum und nachhaltige Entwicklung

Ein Wirtschaftswachstum, das auch ökologische Ziele berücksichtigt, wird als **qualitatives Wachstum** bezeichnet. Durch ökologisch-technischen Fortschritt und umweltfreundliche Produktionsverfahren soll eine **Entkoppelung** zwischen Wirtschaftswachstum einerseits und dem Verbrauch an Rohstoffen und Energie andererseits ermöglicht werden.

D Qualitatives Wachstum umfasst neben einer auf umweltschonender Technologie beruhenden Produktion umweltfreundlicher Güter auch eine Ausdehnung der Dienstleistungen zulasten der herkömmlichen Industrieproduktion. Durch entsprechende Produktionsverfahren (Technologie) und Zusammensetzung des Inlandsprodukts (Struktur) sollen auf diese Weise trotz weiteren Wirtschaftswachstums Ressourcenverbrauch und Umweltbelastung eingeschränkt werden.

Auch die Zielsetzung des qualitativen Wachstums beinhaltet also die Produktion einer sich jedes Jahr erhöhenden Gütermenge (exponentielles Wachstum). Qualitatives Wachstum ist also nicht zu verwechseln mit einem sogenannten „Nullwachstum“.

Trotz der bisher erzielten Fortschritte bei der Reduzierung von Schadstoffemissionen und Ressourcenverbrauch ist aber nicht zu übersehen, dass

- das Potenzial umweltschonender Produktionsmöglichkeiten begrenzt ist,
- Güterproduktion (trotz Recycling[1] und Konzentration auf die Dienstleistungsbranche) nie ohne Rohstoff- und Energieverbrauch auskommt,
- die Endlichkeit der Natur im Gegensatz zu einem auf Unendlichkeit ausgerichteten (exponentiellen) Wirtschaftswachstum[2] steht.

Internationale Umwelt- und Klimaschutzabkommen

15.2

Angesichts der vielfältigen weltweiten Umweltprobleme wurde 1992 auf einer Konferenz der Vereinten Nationen die **nachhaltige Entwicklung**[3] *(sustainable development)* als ein verbindliches Ziel internationaler Politik formuliert.[4]

Die Aufnahme des Handels mit Verschmutzungsrechten in Europa geht auf das sogenannte **Kyoto-Protokoll** zurück. Auf einer Klimaschutzkonferenz im japanischen Kyoto wurden 1997 die Voraussetzungen für eine international abgestimmte Klimapolitik geschaffen. In dem Abkommen hatten sich die Industriestaaten verpflichtet, den Ausstoß der wichtigsten sechs „Klimakillergase" (Treibhausgase) im Zeitraum 2005 bis 2012 um mindestens 5 % im Vergleich zum Basisjahr 1990 zu verringern. Für die EU lag das Ziel bei 8 %. Durch die Aufteilung unter die EU-Länder musste Deutschland seine Emissionen um 21 % reduzieren. Dieses Ziel konnte in Deutschland tatsächlich erreicht werden. Die USA, die mit einem etwa doppelt so hohen Pro-Kopf-Ausstoß wie in den EU-Staaten für etwa 36 % des weltweiten Ausstoßes verantwortlich sind, sind dagegen diesem Klimaschutzabkommen nie beigetreten.[5] Das 2012 ausgelaufene Kyoto-Protokoll wurde bis 2020 verlängert (Kyoto II). Auf der UN-Klimakonferenz Ende 2015 in Paris wurde eine neue Klimaschutz-Vereinbarung als Nachfolge des Kyoto-Protokolls verabschiedet (Paris-Abkommen). Gemeinsames Ziel der 195 teilnehmenden Staaten ist es, die Erderwärmung auf deutlich unter 2° Celsius (möglichst sogar auf 1,5°) im Vergleich zum Beginn der Industrialisierung (ca. 1850) zu begrenzen.

Bereits im April 2014 hat der Weltklimarat einen dramatischen Bericht über den Stand und die Folgen der Erderwärmung vorgelegt. Gleichzeit wurde ein realisierbarer Maßnahmenkatalog zur Dämpfung der weiteren Erderwärmung entwickelt und eine Kostenkalkulation für den Kampf gegen den Klimawandel vorgenommen. Ergebnis: Durch gemeinsame Anstrengung der größten Klimasünder sei eine Wende ohne negative Effekte für das Wirtschaftswachstum noch möglich. Allerdings wurden die Klimaziele der COP21[6] im sog. **Pariser Abkommen** bisher noch nicht erreicht. Aktuell wird das Ziel der Erderwärmung von deutlich unter 2 % nicht erreicht.

---

1 Recycling *(engl.)*: Wiederverwendung/Wiederverwertung von Rohstoffen

2 Beim exponentiellen Wachstum bleibt die jährliche Zunahme nicht gleich. Sie steigt vielmehr ständig in Abhängigkeit von dem sich laufend vermehrenden jährlichen Anfangsbestand (z. B. Zinseszinsen, Bevölkerungswachstum).

3 In der Forstwirtschaft besagt das Nachhaltigkeitsprinzip, dass nicht mehr Holz geschlagen werden soll, als seit dem letzten Mal nachgewachsen ist.

4 Der sogenannten Rio-Erklärung über Umwelt und Entwicklung sind 1992 in Rio de Janeiro 170 Staaten, darunter auch Deutschland, beigetreten.

5 Die USA begründen dies u. a. mit der Unantastbarkeit des zum „American way of life" gehörenden hohen Energieverbrauchs. Der damalige Präsident Bush hat seine ablehnende Haltung zum Kyoto-Protokoll anlässlich der Bonner Klimaschutzkonferenz im Jahr 2001 wie folgt bekräftigt: „The President believes that [high energy consumption] is an American way of life, and that it should be the goal of policy makers to protect the American way of life."

Quelle: Ari Fleischer (Pressesprecher des ehem. US-Präsidenten): Press Briefing, 07.05.2001, The White House Archives; online unter: https://georgewbush-whitehouse.archives.gov/news/briefings/20010507.html [13.06.2022].

6 COP steht für „Conference of the Parties" (dt. Vertragsstaatenkonferenz) und meint das höchste Gremium eines internationalen Abkommens; in diesem Fall die teilnehmenden Vertragsstaaten der 1992 verabschiedeten UN-Klimarahmenkonvention.

Aus einem Bericht des Mineralölunternehmens BP ging hervor, dass 32 Milliarden Tonnen Kohlenstoffdioxid im Jahr 2020 weltweit ausgestoßen wurden. Die nebenstehende Grafik zeigt die Anteile in Prozent der größten Verursacher.

Die Teilnehmer der Weltklimakonferenz sollten sich verbindliche Ziele setzen insbesondere zu den „Hauptverursachern der weltweiten CO_2-Emissionen". Bedeutsam dabei sind weiterhin die Abholzung des Regenwaldes, der Ausstieg aus der Kohlkraftenergie hin zu erneuerbaren Energien und Beachtung der Endlichkeit der fossilen Ressourcen (erschöpfbares Umweltkapital) Erdöl und Erdgas.

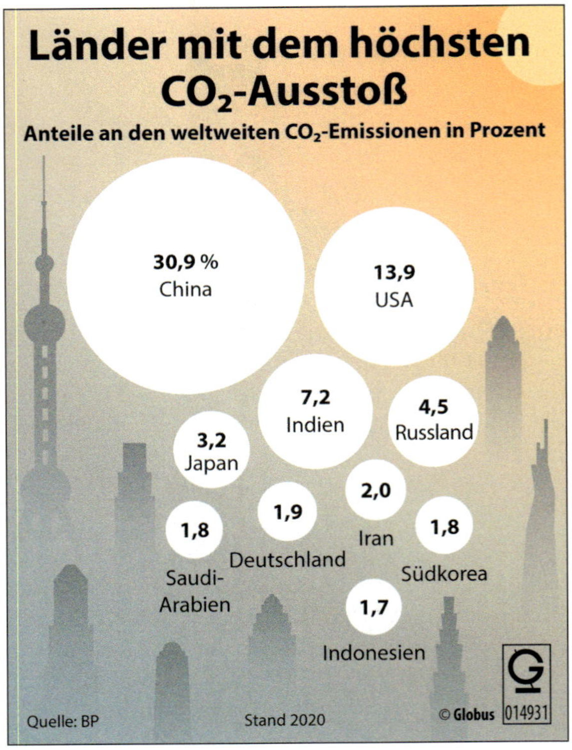

Aufgrund der Corona-Pandemie 2020 wurde die COP26 Klimakonferenz um ein Jahr verschoben, sodass im Herbst 2021 die Weltklimakonferenz in Glasgow stattfand. Dabei kamen mehr als 100 Staats- und Regierungschefs sowie circa 20.000 Delegierte aus fast allen Ländern der Welt. Mittlerweile sind 197 Vertragsparteien in der UN-Klimaschutzkonvention ratifiziert und somit bei der COP26 vertreten; die meisten davon UN-Mitgliedstaaten. Die EU wurde von der Kommissionpräsidentin Ursula van der Leyen vertreten. Auch Staatschefs wie der US-Präsident Joe Biden und Frankreichs Präsident Emmanuel Macron traten am Verhandlungstisch zusammen. Die COP27 hatte 34.000 Teilnehmer, konkret beschlossen wurde ein neuer Fonds für Klimaschäden, womit zum ersten Mal ein „gemeinsamer Geldtopf" zum Ausgleich von Klimaschäden, insbesondere in ärmeren Ländern, entstand. Weiterhin wurde wie im Vorjahr in Glasgow der Abschied vom Kohleausstieg beteuert.

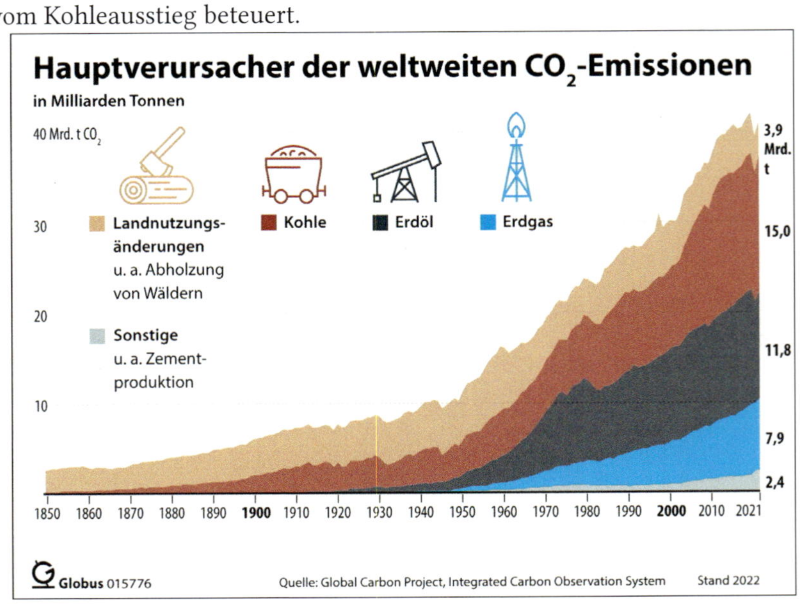

Zentrale Ergebnisse der COP26 am 14.11.2021[1]

- **MEHR EHRGEIZ ZEIGEN**
  Die Bemühungen zur Begrenzung des Temperaturanstiegs auf 1,5 Grad sind gemäß dem Pariser Abkommen fortzusetzen und die Anstrengungen zu erhöhen.
- **FOSSILE BRENNSTOFFE SIND IM BLICK**
  Kohle und andere fossile Energieträger werden zum Auslaufmodell erklärt und es wird der Abschied eingeleitet. Forderungen der ärmeren Länder an die reichen Industriestaaten sind, die Finanzmittel bis 2025 mindestens zu verdoppeln (im Vergleich zum Jahr 2019).
- **REGELN FÜR DIE GLOBALEN KOHLENSTOFFMÄRKTE**
  Regeln für den CO_2-Emissionshandel sollen zum Schutz der Wälder und für Anlagen von erneuerbare Energien zur Bekämpfung des Klimawandels festgesetzt werden. Die Länder mit großen Waldbeständen hatten auf der COP26 auf eine solide Vereinbarung für den staatlich geführten Emissionshandel hingedrängt.
- **ALS WEITERER NEBENBEITRAG**
  Sehr bemerkenswert in Nebenabsprachen war, dass die USA und die Europäische Union gemeinsam an der Spitze einer „globalen Initiative zur Verringerung der Methanemissionen“ stehen wollen. Rund 100 Länder haben sich dazu verpflichtet, die Emission des besonders klimaschädlichen Methans bis ins Jahr 2030 um 30 % (im Vergleich zu 2020) abzusenken.
- **EINIGE FREIWILLIGE ZUSAGEN DER LÄNDER**
  Hinzu kamen von Unternehmen und Investoren weitere freiwillig Zusagen wie die Abschaffung von Autos mit Benzin- und Dieselmotoren. Für die Autos soll das „Verbrenner-Aus“ bis spätestens 2040 kommen. Die Dekarbonisierung[2] des Flugverkehrs und der Schifffahrt soll bis 2050 CO_2-Neutralität anstreben. Der Schutz der Wälder sowie nachhaltigere Investitionen wurden als Ziele gesetzt.

Abschluss Weltklimakonferenz in Glasgow – Erderwärmung begrenzen

- Globale Energiewende: erstmals Einigung auf Abbau der Kohleverbrennung, Kohleausstieg in Deutschland bis spätestens 2038
- 1,5-Grad-Ziel: 2022 Klimaziele bis 2030 nachbessern, Deutschland hat Klimaziele verschärft, Deutschlands Anstreben von Klimaneutralität bis 2045
- Regelbuch: Überprüfung der Klimaziele nach einheitlichen Standards, keine doppelte Anrechnung von CO_2-Minderung im Ausland
- Klimaschutzhilfe: Industriestaaten helfen Entwicklungsländern bis 2025 mit jährlich 100 Mrd. USD; Deutschland erhöht auf 6 Mrd. Euro bis spätestens 2025.

Auf der Weltklimakonferenz in Glasgow einigten sich die teilnehmenden 197 Staaten auf mehrere Schritte, um die Erderwärmung zu begrenzen.

Eckpunkte der Weltklimakonferenz COP 27 in Sham El-Sheike Ägypten:

- kein Ausstieg aus Öl und Gas
- Ausstieg aus Kohle
- Klimafonds für ärmere Länder wird beschlossen, aber die Finanzierung nicht abschließend geklärt

vgl. Die Bundesregierung (Hrsg.): Beschlüsse für mehr Tempo beim Klimaschutz, 14.11.2021; online unter: https://www.bundesregierung.de/breg-de/themen/klimaschutz/globaler-klimaschutz-1974042 [13.04.2022].

1 vgl. BMUV (Hrsg.): 26. Weltklimakonferenz: Fossiles Zeitalter geht zu Ende, 13.11.2021; online unter: https://www.bmuv.de/pressemitteilung/26-weltklimakonferenz-fossiles-zeitalter-geht-zu-ende & vgl. Die Bundesregierung (Hrsg.): Beschlüsse für mehr Tempo beim Klimaschutz, 14.11.2021; online unter: https://www.bundesregierung.de/breg-de/themen/klimaschutz/globaler-klimaschutz-1974042.

2 Dekarbonisierung bzw. auch Entkarbonisierung gibt die Umstellung einer Wirtschaftsweise, im Besonderen der Energiewirtschaft, in Richtung eines deutlich niedrigeren Umsatzes von Kohlenstoffs an

Folgende Szenarien zum Erreichen der Klimaziele könnten dabei hilfreich sein:

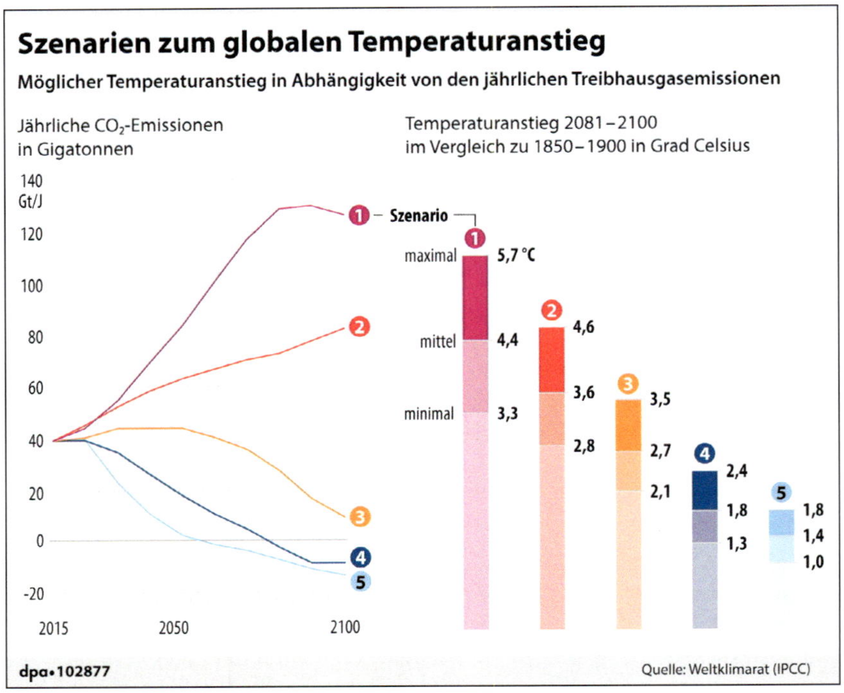

Die Grafik zeigt fünf verschiedene Szenarien zum globalen Temperaturanstieg in Abhängigkeit von den jährlichen Treibhausgasemissionen. Das Ziel wurde auf dem Pariser Klimaabkommen 2015 festgelegt und auf „deutlich unter zwei Grad Celsius“ – bestenfalls sogar auf 1,5 Grad Celsius – begrenzt. Voraus ging bereits das Kyoto Protokoll.

15.6

Mit dem Auftakt der neuen Legislaturperiode (2019–2024) hat die Europäische Kommission ganz klare Priorität auf die nachhaltige Entwicklung gesetzt. Die Agenda 2030 soll als Maßstab in den Mittelpunkt des internen und externen Handelns der EU-Politik rücken.

Der europäische Grüne Deal – European Green Deal

Das neue europäische Zukunftsmodell – European Green Deal – soll „Europa bis 2050 zu einem klimaneutralen und ressourcenschonenden Kontinent mit einer fairen und wohlhabenden Gesellschaft sowie einer modernen, ressourceneffizienten und wettbewerbsfähigen Wirtschaft machen [und soll] dabei auch die Sozialverträglichkeit des Wandels („just transition", gerechter Übergang) [mitdenken]".[1] Der europäische Grüne Deal bringt auch Lösungsansätze aus der Corona-Krise zum Vorschein, indem etwa ein Drittel der Investitionen aus dem Aufbaupaket „NextGenerationEU" und dem Siebenjahreshaushalt der EU im Umfang von 1,8 Billionen € in den Grünen Deal fließen. Umweltprobleme kennen keine Grenzen, daher sind weltweite, möglichst verbindliche Ziele auf den Weltklimakonferenzen anzustreben und national umzusetzen.

European Green Deal

15.8, S. 609

15.5 Leitbild der Nachhaltigen Entwicklung

Lernziele:

Nach der Bearbeitung dieses Kapitels sind Sie in der Lage, Folgendes zu tun.

Sie ...

- ... erläutern den Begriff der Nachhaltigen Entwicklung.
- ... beschreiben das Leitbild einer nachhaltigen Entwicklung anhand von drei selbstgewählten Beispielen.

D Nachhaltige Entwicklung ist ein ethisches Leitbild, das auf eine umweltverträgliche Entwicklung abzielt. Dadurch sollen sowohl alle derzeit auf der Welt lebenden Menschen als auch die künftigen Generationen gleiche Lebenschancen erhalten.

Nachhaltige Entwicklung bedeutet u. a., dass die Weltbevölkerung nur nachwachsende und erneuerbare Ressourcen nutzen soll. Das gilt sowohl für Rohstoffe als auch für Energieträger. Nicht nachwachsende Ressourcen sind demnach höchstens so lange einzusetzen, bis Alternativen gefunden worden sind. Beispiele sind der Ersatz fossiler Energieträger wie Kohle und Erdöl durch Wasser-, Wind- und Sonnenenergie sowie Biomasse. Insgesamt sollen die Länder Innovationen im Umweltbereich fördern und ihre Energie-, Verkehrs-, Agrar- und Wirtschaftspolitik so gestalten, dass die natürlichen Lebensgrundlagen nicht zerstört werden.

15.9, S. 610

Die größten Herausforderungen der zukünftigen internationalen Politik zeigen sich auch in einer Befragung innerhalb der Bevölkerung wieder, bei der Umwelt- und Klimaschutz nach wie vor an erster Stelle angegeben wird.

1 Quelle: Die Bundesregierung (Hrsg.): Deutsche Nachhaltigkeitsstrategie–Weiterentwicklung 2021, 15.12.2020, S. 13; online unter: https://www.bundesregierung.de/resource/blob/998194/1875176/3d3b15cd92d0261e7a0bcdc8f43b7839/deutsche-nachhaltigkeitsstrategie-2021-langfassung-download-bpa-data.pdf [20.07.2022].

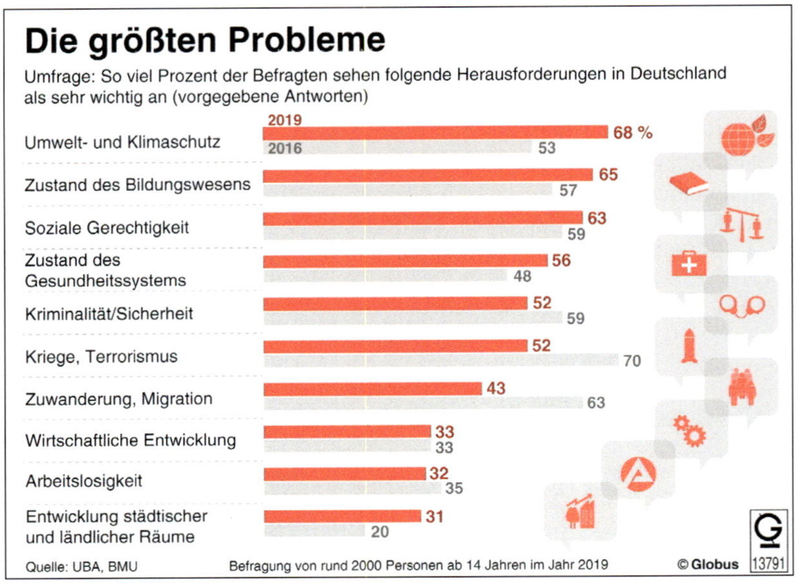

In regelmäßigen Abständen werden Personen aus der Bevölkerung Konkret zur „Bedeutung des Umwelt- und Klimaschutzes“ befragt. Das Umweltbundesamt erfragt dieses Ranking anhand von vorgegebenen Antworten. Dabei werden vereinzelte Bereiche auch erneuert, wie zum Beispiel im Jahr 2020 die Corona-Pandemie und die Digitalisierung. Die Corona-Pandemie hat die Angaben sowohl ein wenig verändert, als auch um die Bereiche Digitalisierung und noch mehr ergänzt.

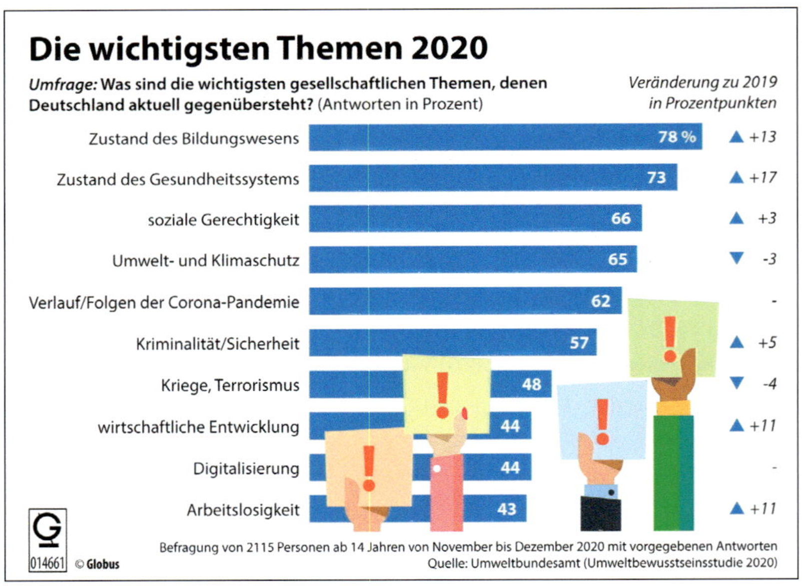

Bereits vor über 20 Jahren ergab eine Expertenbefragung der UNEP die folgenden Ergebnisse:

> **Weitreichende Veränderungen:** Zweihundert Umweltexperten aus über 50 Ländern wurden nach den größten Umweltproblemen der nächsten 100 Jahre gefragt: Klimawandel, hieß die am meisten genannte Antwort. Viele Wissenschaftler sehen durch die Erwärmung der Atmosphäre, den Treibhauseffekt, weitreichende Veränderungen der Lebensbedingungen auf der Erde voraus. So würden Klimazonen sich verschieben, alpine Gletscher und polare Eismassen teilweise abschmelzen, Wüsten sich ausdehnen und ganze Ökosysteme sich verändern. Der steigende Meeresspiegel hätte besonders krasse Auswirkungen auf kleine Inseln oder küstennahe Länder wie Bangladesch oder die Niederlande. - Als weitere, dringend anzugehende Umweltprobleme wurden Wasserknappheit, die Zerstörung der Wälder, die Ausdehnung der Wüsten und die Wasserverschmutzung aufgezählt.
>
> *© picture-alliance/dpa/dpa-infografik GmbH/Text zu Globus 014661*

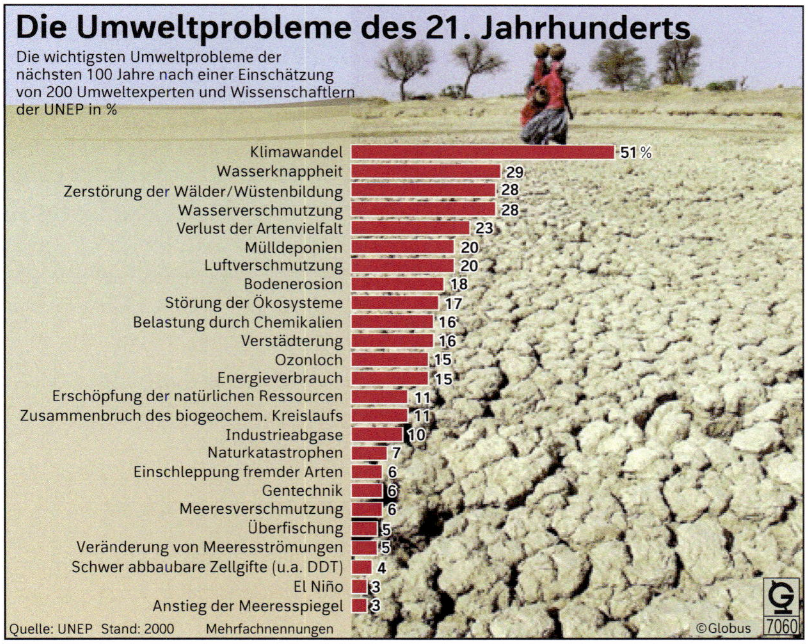

15.6 Agenda 2030 – Mehr-Dimensionen-Modelle

Lernziele:

Nach der Bearbeitung dieses Kapitels sind Sie in der Lage, Folgendes zu tun.

Sie ...

- ... nennen wichtige Ziele der Agenda 2030.
- ... erläutern den Stellenwert der Agenda 2030.

Agenda 2030 und die 17 Ziele für die nachhaltige Entwicklung

15.10, S. 610

15.10, S. 610

Die Bundesregierung hat in der Deutschen Nachhaltigkeitsstrategie (DNS) „Eine Zukunft, in der Natur und Klima geschützt werden, weniger Menschen Not leiden und die Gesellschaft zusammenhält […]“[1] als wichtige Ziele abgefasst. Der Blickwinkel geht dabei über die nationalen Grenzen hinaus und entsprechende Geschwindigkeit ist angebracht. So will Deutschland seine Anstrengungen zur Erreichung der Nachhaltigkeitsziele verstärken und beschleunigen. Grundlage der DNS bildet die Agenda 2030, diese etablierte bereits seit der ersten VN-Konferenz 1992 in Rio de Janeiro das Konzept der drei Dimensionen Wirtschaft, Soziales und Umwelt. Fortführend mit diesem „Dreieck der Nachhaltigkeit“[2] wurden aufbauend die – in der Agenda 2030 seit 2015 insgesamt – **17 Ziele für die nachhaltig Entwicklung** zusammengeführt. **International** werden diese als **„17 Sustainable Development Goals, SDGs“** bezeichnet.

Exakt wurde am 25. September 2015 die Agenda 2030 für nachhaltige Entwicklung von den Staats-und Regierungschefs der 193 Mitgliedstaaten der Vereinten Nationen in New York verabschiedet. Bereits im September 2019[3] wurde klar, dass die Ziele bis 2030 nicht erreicht werden können, wenn sich nichts stark verändert. Neben dem **Klimawandel**, dem **Artensterben** und dem immer steigenden **Ressourcenverbrauch** stoßen neben den **planetaren Grenzen** auch immer mehr **Gerechtigkeitsfragen zwischen den Generationen** und Regionen auf, die einer Lösung bedürfen. Aus diesem Grund haben die Vereinten Nationen beim SDG-Gipfel das **kommende Jahrzehnt** als **Aktionsdekade** ausgerufen. Die **„Decade of Action and Delivery for Sustainable Development“ – Dekade für die Umsetzung der Agenda 2030**. Durch Geschwindigkeit und Transformation könnte die Staatengemeinschaft das Ambitionsniveau der Umsetzung deutlich erhöhen und die SDGs möglicherweise noch erreicht werden.

> ”
>
> “Alle Staaten sind aufgerufen, schneller und ehrgeiziger bei der Agenda-Umsetzung vorzugehen. Deshalb will die Bundesregierung mit der nun beschlossenen Weiterentwicklung der Deutschen Nachhaltigkeitsstrategie auf dem Weg zu mehr Nachhaltigkeit auf das Tempo drücken – hierzulande wie auch in der internationalen Zusammenarbeit.
>
> Die Coronavirus-Pandemie hat den Handlungsdruck weltweit noch erhöht. Denn sie führt uns deutlich vor Augen, dass schon die Gefährdung eines der globalen Nachhaltigkeitsziele – in diesem Fall des Gesundheitsziels – für alle Lebensbereiche und damit auch für alle anderen Nachhaltigkeitsziele fatale Folgen nach sich ziehen kann. So erschwert die Pandemie nicht zuletzt die Bekämpfung von Armut und Hunger.
>
> Doch in dieser schwierigen Zeit wächst auch das Bewusstsein, dass sich globale Herausforderungen auch nur global bewältigen lassen. Deshalb ist es wichtig, dass die Europäische Kommission mit dem Europäischen Green Deal ein Zukunftsmodell vorgelegt hat, an das wir während der deutschen EU-Ratspräsidentschaft angeknüpft haben. Beim Klimaschutz hat sich die Europäische Union vorgenommen, Europa bis 2050 zum ersten klimaneutralen Kontinent zu machen.“
>
> *Quelle: Merkel, Angela: Deutsche Nachhaltigkeitsstrategie 2021 – Kurzfassung 2021, 15.12.2020, hrsg. von der Bundesregierung, S. 3; online unter: https://www.bundesregierung.de/resource/blob/992814/1875184/f2fbcd22ecdb457339bd90f-9b06e4b0d/deutsche-nachhaltigkeitsstrategie-2021-kurzfassung-bf-download-bpa-data.pdf [24.01.2023].*

Die Agenda 2030 mit den 17 Sustainable Development Goals und die übergeordneten handlungsleitenden Prinzipien Mensch, Planet, Wohlstand, Frieden und Partnerschaft bilden die Richtschnur für die Entwicklungszusammenarbeit der Bundesregierung.

1 Quelle: Presse- und Informationsamt der Bundesregierung (Hrsg.): Die Deutsche Nachhaltigkeitsstrategie, online abgerufen unter https://www.bundesregierung.de/breg-de/themen/nachhaltigkeitspolitik/die-deutsche-nachhaltigkeitsstrategie-318846 [24.01.2023].
2 BPE Inhalte in der Eingangsklasse, daher wird hier das Drei-Dimensionen Modell nicht mehr näher ausgeführt.
3 Zu den Top 3 Ländern die die SDGs am besten erfüllten gehörten in 2019 Schweden, Dänemark und Finnland *(vgl. Sustainable Development Solution Network, Bertelsmann Stiftung im Juni 2019).*
4 Englisch: People, Planet, Prosperity, Peace, Partnership – „5 Ps“

Deutschland trägt als zweitgrößter Geldgeber für Entwicklungszusammenarbeit wesentlich zur Erreichung der SDGs in den Partnerländern bei. In 2019 betrugen die deutschen öffentlichen Entwicklungsleistungen 21,6 Milliarden Euro. Dies entsprach 0,61% des deutschen Bruttonationaleinkommens im selben Jahr.

Maßnahmen gegen die Corona-Pandemie

„Deutschland beteiligt sich auf multilateraler Ebene gemeinsam mit weiteren internationalen Partnern maßgeblich an der globalen Plattform zur Entwicklung und globalen Verteilung von Impfstoffen, Therapeutika und Diagnostika zu COVID-19 (sog. „ACT-Accelerator"); die Initiative geht auf eine G20-Zusage vom 26. März 2020 zurück. In diesem Rahmen werden u. a. die deutschen Beiträge zur WHO sowie zu multilateralen Instrumenten wie der Globalen Impfallianz Gavi und dem Globalen Fonds zur Bekämpfung von AIDS, Tuberkulose und Malaria gezielt aufgestockt."

Quelle: Die Bundesregierung (Hrsg.): Deutsche Nachhaltigkeitsstrategie 2021 – Kurzfassung 2021, 15.12.2020, S. 7; online unter: https://www.bundesregierung.de/resource/blob/992814/1875184/f2fbcd22ecdb457339bd90f9b06e4b0d/deutsche-nachhaltigkeitsstrategie-2021-kurzfassung-bf-download-bpa-data.pdf [24.01.2023].

15.7 Nachhaltige Wirtschafts- und Gesellschaftsmodelle

Lernziele:

Nach der Bearbeitung dieses Kapitels sind Sie in der Lage, Folgendes zu tun.

Sie ...

- ... beschreiben die Ansätze der Postwachstumsökonomie.
- ... erklären die Inhalte der Gemeinwohlbilanz in der Gemeinwohlökonomie.
- ... beurteilen die Ansätze für nachhaltige Wirtschafts- und Gesellschaftsmodelle.
- ... nehmen zu den Auswirkungen der Corona-Pandemie auf die umweltpolitischen Maßnahmen Stellung.

15.7.1 Postwachstumsökonomie

Von einer stationären (nichtwachsenden) Wirtschaft spricht man, wenn über einen gewissen Zeitraum kein wirtschaftliches Wachstum eingetreten ist. In Abgrenzung dazu spricht man von einer evolutorischen (wachsenden) Wirtschaft, wenn sich das Bruttoinlandsprodukt vermehrt und somit wächst. Volkwirtschaftlich betrachtet herrscht bei Nichtwachstum eben Stagnation. Die Stagnation ist unter Volkswirten unerwünscht, wenn nicht gar gefürchtet. Werden die gesellschaftlichen, politischen und unternehmerischen Ziele des Wirtschaftswachstums kritisiert, so spricht man von der sogenannten **Wachstumskritik**. Diese kam übrigens mit der Veröffentlichung der „Grenzen des Wachstums" (Meadows et. al.) auf, in dem das Konzept einer stationären Wirtschaft wieder in den Blickwinkel genommen wurde.

D Der Begriff Postwachstumsökonomie wurde seit 2006 von Niko Paech verbreitet. Die Veröffentlichung seines Buches *„Befreiung vom Überfluss. Auf dem Weg in die Postwachstumsökonomie"* stellt weiterhin den Weg in eine Postwachstumsgesellschaft dar.

Niko Paech beschreibt die Grundzüge der Postwachstumsökonomie wie folgt:

> „Als „Postwachstumsökonomie" wird eine Wirtschaft bezeichnet, die ohne Wachstum des Bruttoinlandsprodukts über stabile, wenngleich mit einem vergleichsweise reduzierten Konsumniveau einhergehende Versorgungsstrukturen verfügt. Die Postwachstumsökonomie grenzt sich von landläufigen, auf Konformität zielende Nachhaltigkeitsvisionen wie „qualitatives", „nachhaltiges", „grünes", „dematerialisiertes" oder „decarbonisiertes" Wachstum ab. Den vielen Versuchen, weiteres Wachstum der in Geld gemessenen Wertschöpfung dadurch zu rechtfertigen, dass deren ökologische „Entkopplung" kraft technischer Innovationen möglich sei, wird somit eine Absage erteilt.[...]Das Konzept der Postwachstumsökonomie orientiert sich an einer Suffizienzstrategie und dem partiellen Rückbau industrieller, insbesondere global arbeitsteiliger Wertschöpfungsprozesse zugunsten einer Stärkung lokaler und regionaler Selbstversorgungsmuster. Enthalten sind zudem Ansätze der Geld- und Bodenreform."
>
> *Quelle: Paech, Niko: Grundzüge einer Postwachstumsökonomie, 2009, online unter: http://www.postwachstumsoekonomie.de/material/grundzuege/ [24.01.2023].*

Fünf Entwicklungsschritte zur Umsetzung der Postwachstumsökonomie

Peach diskutiert fünf Entwicklungsschritte die auf den Wandel und der Veränderung von Lebensstilen, Versorgungsmustern und Produktionsweisen, sowie auf institutionellen Innovationen im Bereich des Umgangs mit Geld und Boden in Verbindung stehen. Sowohl angebots- als auch nachfrageseitige Wachstumstreiber wären zu durchbrechen, sodass die Kapitalintensivität und Spezialisierung abnimmt und im nächsten Schritt transformiert sich dies in Suffizienz. Suffizienz wird kontextuell als Orientierung an einem maßvollen Verbrauch beschrieben. Hingegen steht der Begriff im Blickwinkel der Nachhaltigkeit als Bemühung um einen möglichst geringen Energie- und Rohstoffverbrauch.

1. Entrümpelung und Entschleunigung durch Befreiung von Ballast. Alles was Zeit, Geld, Raum und ökologische Ressourcen beansprucht und dennoch nur minimalen Nutzen einbringt kann übervolle Lebensstile und schließlich die Gesellschaft befreien. → **Suffizienz**
2. Die Balance zwischen Selbst- und Fremdversorgung erstreben. Streben nach Unabhängigkeit von der Fremdversorgung durch und mit Geld. Wer seine Daseinsgrundlage von Geld abhängig macht, gerät durch Fremdversorgung dann in Schieflagen, wenn das Wachstum ins Stocken gerät. Als sozial stabil gelten Versorgungsstrukturen, die eine geringe Distanz zwischen Verbraucher und Produzent aufweisen. Eine Reduktion der wöchentlichen Arbeitszeit auf beispielsweise 20 Stunden würde andere Ressourcen freisetzen, die ermöglichen, dass durch Eigenarbeit Gärten bepflanzt werden könnten, Tauschringe und Nachbarschaftshilfen zur Gemeinschaftsnutzung von Geräten und Werkzeugen führen könnten. Paech beschreibt weiterhin, dass „die Reaktivierung von Kompetenzen, manuell und kraft eigener Fertigkeiten Bedürfnisse jenseits kommerzieller Märkte [...]"[1] zur Befriedung der eigenen Bedürfnisse an die Stelle von Neuproduktionen treten könnten. Die Veränderungen wären in den eigenen handwerklichen Fähigkeiten, in der Veränderung der eigenen Zeit und in den sozialen Beziehungen durch Gemeinschaftsnutzung und Leistungsaustausch zu finden. → **Urbane Subsistenz** (Ziele: Eigene Produktion, Verlängerung der Nutzung und deren Intensivierung und einhergehen die Reduzierung des Bedarfs an industrieller Produktion und in Folge dessen den Kapitalbedarf absenken.)
3. Die Bedarfe der Konsumenten würden die Kaufkraft in der eigenen Region binden und sich somit von globalisierten Transaktionen abkoppeln. Verkürzte Wertschöpfungsketten und Konzepte wie Solidarische Landwirtschaft (Community Supported Agriculture kurz CSA) wären aufbaubar. Nach Paech „[..] würden die Effizienzvorteile einer geldbasierten Arbeitsteilung weiterhin genutzt, jedoch innerhalb eines ökologieverträglicheren und krisenresistenteren Rahmens."[1] → sogenannte **Regionalökonomie**.

1 Quelle: Paech, Niko: Grundzüge einer Postwachstumsökonomie, 2009, online unter: http://www.postwachstumsoekonomie.de/material/grundzuege/ [24.01.2023].

4. Lassen sich die Ansprüche der Konsumenten nicht entrümpeln, oder durch die Regionalökonomie substituieren, bleiben diese weiterhin als Reste an der Industrieproduktion/globalen Produktion hängen. Dazu würde es bisher ungenutzter, weitreichender Optimierung der Nutzungsdauerverlängerung/-intensivierung benötigen. An die Stelle von neuen, zusätzlicher Produktion träte die Aufwertung des bereits vorhanden sogenannter Bestandserhalt anstelle von Neuherstellung → **stoffliche Nullsummenspiele**
5. Zuletzt wäre es nötig, dass die systemwichtigen Wachstumszwänge in einer Boden- und Geldreform gemildert werden würden. Damit könnte die Regionalwährung der Regionalökonomie mit einer zinslosen Umlaufsicherung ermöglicht werden. Mit zugewiesenen Emissionskontingenten von 2–3 Tonnen CO_2 pro Person könnten die Zurechnung und Deckelung der Umweltbeanspruchung behebbar werden. Dabei dürfte die Summe aller zugewiesenen Kontingente maximal der globalen Gesamtbelastung entsprechen. Somit könnte die Einhaltung des Zwei-Grad-Klimaziels erreicht werden. → **Institutionelle Innovation.**

Wachstumskritik

Entkopplungsproblem

Dass die in Geld und über Märkte transferierte Wertschöpfung sich systematisch von ökologischen Schäden entkoppeln lässt, ist eher unwahrscheinlich, bisweilen sogar unmöglich. Es gibt bis heute keine Güter, die ohne Flächen-, Materie und Energieverbräche produziert werden können. Die generierten Einkommen durch Güter fließen unweigerlich in das Bruttoinlandsprodukt mit ein.

Psychologische, soziale und ökonomische Wachstumsgrenzen

Hinzu kommt, dass nach Erreichen eines bestimmten Lebensstandards (erreichen eines bestimmten Niveaus) zusätzliches Einkommen bzw. die Zunahme des Konsums keine mögliche Steigerung des individuellen *Wohlbefindens* oder auch Lebenszufriedenheit mehr hervorbringen. Dadurch wird der Mensch nicht glücklicher.

Die *sozialen Wachstumsgrenzen* zeigen sich in Armut und Ungleichheit. Diese sollen nach der sozialen Logik des Wirtschaftswachstums durch Zuwächse und Verteilungsanpassung gemildert werden. Dazu müssten die Entwicklungsländer die internationale Arbeitsteilung, insbesondere die Spezialisierung nutzen können.

Das *wirtschaftliche Wachstum* stößt zunehmend an ökonomische Grenzen, da der materielle Wohlstand in einer modernen Industriegesellschaft auf kostengünstige und unbeschränkte Ressourcen zugreifen will. Die Verfügbarkeit von fossilen Energieträgern, Bodenflächen und andere wichtigen Rohstoffe verknappen sich allerdings zunehmend enorm. Die Produktionsfaktoren verknappen sich zum Beispiel über das Fördermaximum des Rohöls sog. „Peak Oil“. Dabei treten Aufsteigernationen wie China und Indien als explodierende Nachfrager nach Ressourcen hervor. Allerdings stagniert das Ressourcenangebot. Somit weitet sich die Ressourcenverknappung zunehmen an einen „Peak Everything“ heran. Deren Erkenntnis zufolge werden sich entsprechend nachgefragte Ressourcen verteuern und der materielle Wohlstand, auf dem die unbegrenzte Verfügbarkeit der Ressourcen fußte, zunehmend eingeschränkter.

2.5

15.7.2 Gemeinwohl-Ökonomie[1]

Die Wirtschaftsreformbewegung hin zur Gemeinwohl-Ökonomie hat ihre Anfänge in Jahr 2010 und wurde von Österreich, Bayern und Südtirol auf Grundlage eines erschienenen Buches von Christian Felber ins Leben gerufen. Bereits 2017 wurde die Gemeinwohl-Ökonomie (GWÖ) als neues Konzept auf dem Umweltprogramm der Vereinten Nationen (UNDP) vorgestellt. Zwei Jahre später 2019 wurde das GWÖ Modell als geeignetes Instrument für die Erreichung der SDGs für die Ebene von Unternehmen und Gemeinden anerkannt.

> „Im Kapitalismus ist zweifellos die Mehrung des Kapitals das höchste Ziel; die Generierung von Gemeinwohl kann dafür Mittel sein oder Nebeneffekt – muss aber nicht. In der Gemeinwohl-Ökonomie ist die Mehrung des Gemeinwohls das höchste Ziel. Kapital ist ein wertvolles Mittel dafür. In manchen Fällen kann es eingesetzt werden, um das Ziel zu erreichen; in anderen nicht, wenn es bessere Mittel und Wege zur Zielerreichung gibt. Es gibt weder einen Zwang zum Einsatz von Kapital noch zu dessen Vermehrung – denn der Erfolg von Unternehmen, Investitionen und Volkswirtschaften wird nicht anhand der Mehrung des Kapitals gemessen, sondern direkt am Ziel."
>
> *Quelle: Felber, Christian: Gemeinwohl-Ökonomie, München: Piper 2018, S. 32.*

D Die Grundlagen des Wirtschaftsmodells GWÖ basieren auf dem Gemeinwohl, der Kooperation und dem Gemeinwesen, welche deutlich in den Vordergrund gerückt werden sollen.

Die „Drei Ebenen" der Gemeinwohl-Ökonomie

wirtschaftliche Ebene: Der wesentliche **Zweck** des Wirtschaftens ist die Bewertung des Unternehmenserfolgzu definieren anhand von gemeinwohlorientierten Werten

→

politische Ebene: **Ziele** sind ein gutes Leben für alle Lebewesen und den ganzen Planeten.

Zentale **Werte** sind die Menschenwürde, Solidarität, die ökologische Nachhaltigkeit, soziale Gerechtigkeit und die demokratische Mitbestimmung.

→

gesellschaftliche Ebene: Bewusstseinsbildung für einen **Systemwandel**.

Vernetzung mit anderen Initiativen.

Die Gemeinwohl-Matrix und die Gemeinwohl-Bilanz

15.12, S. 610

Gemeinwohl-Matrix

Zur Bewertung von unternehmerischen Tätigkeiten und gemeinnützigen Tätigkeiten dient die **Gemeinwohl-Matrix**. Diese ist ein Modell zur Organisationsentwicklung. Inhaltlich orientiert sich die Gemeinwohl-Matrix beschreibend anhand von zwanzig **Gemeinwohl-Themen** (mit jeweils vier Subindikatoren) und erläutert die Bewertung nach **Gemeinwohl-Maßstäben**. Zur finalen Erstellung eines **Gemeinwohl-Berichts** bildet die **Gemeinwohl-Matrix** die Grundlage und bildet somit eine umfassende Dokumentation der Gemeinwohlorientierung einer Organisation ab.

Der **Gemeinwohl-Bericht** wird aus den Beschreibungen aller Themen erstellt. Dabei gibt es keine formalen Anforderungen, sondern die Beschreibungen der Themen müssen inhaltlich nachvollziehbar sein. Die Unternehmen sind selbstverantwortlich für die inhaltliche Tiefe der Beschreibungen und die beauftragten Auditoren hüten neben dem Qualitätsstandard auch die Vergleichbarkeit. Die Berichte können kalenderjährig oder unterjährig erstellt werden. Der Umfang des Berichtszeitraums umfasst zwei Jahre. Im Ergebnis sollen die unternehmerischen Aktivitäten und Tätigkeiten welche auf das Gemeinwohl gerichtet sind sichtbar werden. Dieses Sichtbarwerden des Gemeinwohls ist das Ziel. Die Unternehmen nutzen dabei zur Bewertung

1 Nachfolgend wird dieses Modell den Veröffentlichungen auf der offiziellen Seite der Wirtschaftsreformbewegung entsprechend dargestellt. Diese sind zu finden unter https://web.ecogood.org/de/idee-vision/theoretische-basis/

eine Wertskala. Am Ende erfolgt eine Einordnung von Basislinie über Bewertungsstufen von ersten Schritten, Fortgeschrittene, Erfahrene und Vorbildliche Gemeinwohlorientierung und deren Entwicklung. Die Stufen bauen dabei aufeinander auf. Maximal können 1.000 Gemeinwohl-Punkte (in zwanzig Themen zu je 50 gewichtet) erreicht (und gewichtet) werden.[1]

B Themenbereich Produkttransparenz

"Mit der Produkttransparenz wird die öko-soziale (Höher-)Wertigkeit der Produkte und Dienstleistungen erkennbar und die Nachhaltigkeit in der Wertschöpfungskette nachvollziehbar. Dies dient der fairen Preisbildung und der Diskussion mit den Partner*innen in der Wertschöpfungskette, einschließlich der interessierten Öffentlichkeit.

Berichtsfragen

- Wie öffentlich und transparent sind Produktinformationen?
- Inwieweit werden alle Inhaltsstoffe und ökologisch relevanten Informationen ausgewiesen?
- Welche Informationen zur Preisfindung entlang der Wertschöpfungskette werden ausgewiesen?
- Was ist über den Umfang der sozioökologischen Belastungen, die durch die Produkte und Dienstleistungen entstehen und die nicht in den Preisen enthalten sind, bekannt (sog. Externalisierung)?

Verpflichtende Indikatoren

- Anteil der Produkte mit ausgewiesenen Inhaltsstoffen (in % des Umsatzes)
- Anteil der Produkte und Dienstleistungen mit veröffentlichten Preisbestandteile (in % des Umsatzes)
- Ausmaß der externalisierten Kosten von Produkten und Dienstleistungen

Bewertungsstufen

Vorbildlich
Es erfolgt eine vollständige Kennzeichnung der Produkte und prozentuale Aufschlüsselung aller Preisbestandteile.
Die Externalisierung von Kosten wird transparent ausgewiesen.

Erfahren
Kund*innen werden über Inhaltsstoffe und Risiken der Produkte umfänglich informiert.
Herkunft und Preisbestandteile sind größtenteils für Produkte und Prozesse veröffentlicht.

Fortgeschritten
Stationen der Wertschöpfungskette sind teilweise öffentlich zugänglich.
Preisbestandteile werden teilweise veröffentlicht.

Erste Schritte
Ein interner Überblick über die Wertschöpfungskette ist teilweise vorhanden.
Ein Konzept zur Veröffentlichung der Preisbestandteile existiert.

Basislinie
Die gesetzlichen Deklarationspflichten werden befolgt"

Quelle: Blachfellner, Manfred et al.: Arbeitsbuch zur Gemeinwohlbilanz 5.0 - Vollbilanz, Matrix-Entwicklungsteam (Hrsg.), April 2017, Matrix-Entwicklungsteam (Hrsg.), S. 89; online unter: https://web.ecogood.org/media/filer_public/73/da/73dab961-6125-4f69-bf7a-3c8613a90739/gwoe_arbeitsbuch_5_0_vollbilanz.pdf [10.07.2022].

1 vgl. Matrix-Entwicklungsteam (Hrsg.): Arbeitsbuch zur Gemeinwohlbilanz 5.0 - Vollbilanz, Stand: April 2017, S. 9ff.

Zusammenfassung Kapitel 15: Umweltpolitikund nachhaltige Entwicklung

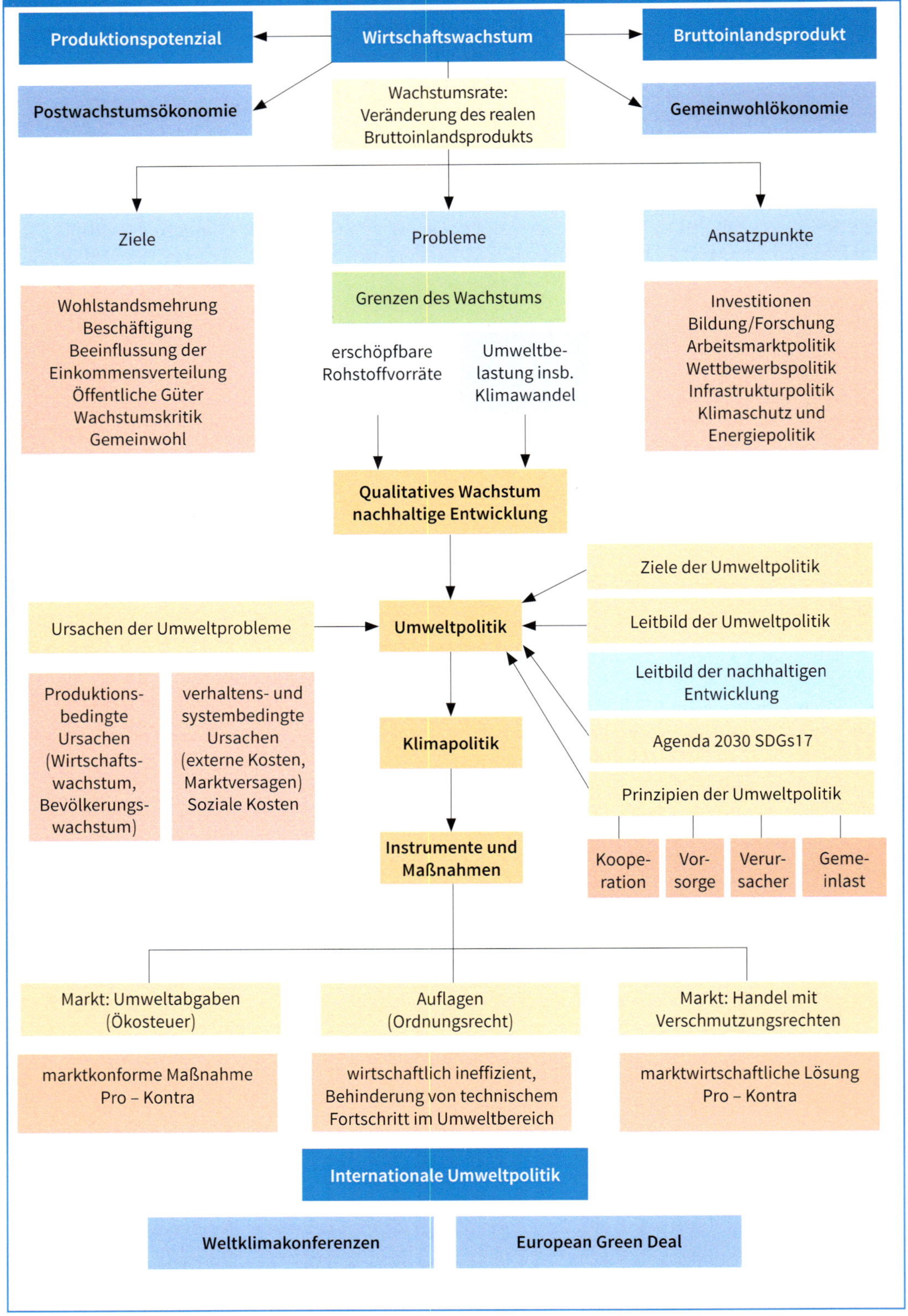

Aufgaben zu Kapitel 15: Umweltpolitik und nachhaltige Entwicklung

15.1 Elektro- und Elektronikgerätegesetz – Verpackungsgesetz – Elektromobilität

Nutzen Sie ihr Tablet für die folgende Aufgaben zur Recherche.

1. a) Erläutern Sie den Inhalt in eignen Worten zum ElektroG.
   b) Nennen Sie mind. vier Produkte die im ElektroG betroffen sind.
   c) Begründen Sie, welche Verantwortung Unternehmen haben die nach dem ElektroG handeln.
   d) Untersuchen Sie mögliche Kosten die nach dem ElektroG für Unternehmen entstehen können.
   e) Analysieren Sie mögliche Strafen die es für Verstöße gegen das ElektroG gibt.

2. a) Seit wann gibt es das BattG und begründen Sie, warum wurde dieses eingeführt wurde.
   b) Nennen Sie die Grundprinzipien die in des BattG gelten.
   c) Erklären Sie die Ziele des BattG vorsieht.
   d) Nennen Sie mind. vier Produkte die im BattG betroffen sind.
   e) Nehmen Sie kritisch Stellung, wie Batterien und Akkus gefährlich werden können.

3. Zusatzaufgabe
   a) Seit wann gibt es das BattG und begründen Sie, warum wurde dieses eingeführt wurde.
   b) Nennen Sie die Grundprinzipien die in des BattG gelten.
   c) Erklären Sie die Ziele des BattG vorsieht.
   d) Nennen Sie mind. vier Produkte die im BattG betroffen sind.
   e) Nehmen Sie kritisch Stellung, wie Batterien und Akkus gefährlich werden können.

4. Untersuchen Sie kritisch Vor- und Nachteile der Elektromobilität aus Anbieter- und Nachfragersicht.

5. Bewerten Sie das Ziel der EU ab 2035 nur noch solche Neuwagen zuzulassen, die CO_2-emissionfrei sind.

ElektroG

VerpackG

BattG

15.2 Staatliche Umweltpolitik: Wirtschaftsordnung – Marktversagen – Soziale Kosten – Öffentliche Güter – Trittbrettfahrerproblem1

Die beiden **Länder A** und **B** bilden zusammen mit mehreren Nachbarländern eine Wirtschaftsgemeinschaft. Die Mitgliedsländer haben einen gemeinsamen Binnenmarkt eingeführt, sodass zwischen ihnen ein freier Waren- und Kapitalverkehr ohne Zollschranken, ohne Devisenbestimmungen und ohne sonstige Handelshemmnisse herrscht.

Die **Länder A** und **B** sind durch den Grenzfluss Rio voneinander getrennt. Im oberen Flusslauf befindet sich auf beiden Seiten je eine Papierfabrik. Beide Fabriken leiten bisher ihre Abwässer ungeklärt in den Rio.

Im **Land A** wird eine äußerst liberale Wirtschaftspolitik mit möglichst wenig staatlichen Eingriffen in das Wirtschaftsgeschehen betrieben. Im **Land B** wurde nach den letzten Wahlen eine Koalitionsregierung gebildet, an der auch eine ökologisch orientierte Partei beteiligt ist.

1. **Situation (Lösungsversuch 1)**
   Die Regierung im **Land B** weist darauf hin, dass durch die Wasserverschmutzung erhebliche Nachteile für die Allgemeinheit entstehen, die nicht länger tragbar seien. Die Papierfabrik im **Land B** wird daher aufgefordert, auf ihrem Betriebsgelände eine Kläranlage zu bauen und nur noch gefiltertes Wasser in den Rio zurückzuleiten. Für die dazu nötige Investition stellt die Regierung ein zinsgünstiges Darlehen sowie Steuervergünstigungen durch verbesserte Abschreibungsmöglichkeiten in Aussicht.
   a) Bei der Beseitigung von Umweltschäden wird zwischen **Verursacherprinzip** und **Gemeinlastprinzip** unterschieden.
   Wo sind die Umweltschutzmaßnahmen der Regierung des **Landes B** einzuordnen?
   b) Welche Nachteile für die Allgemeinheit kann die Regierung des **Landes B** bei der Begründung ihres Vorgehens gemeint haben?
   c) Warum werden solche Nachteile für die Allgemeinheit, die durch Umweltbelastung entstehen, als **soziale Kosten** bezeichnet? Berücksichtigen Sie dabei, wer diese Kosten verursacht und wer sie zu tragen hat.

d) Die Papierfabrik im **Land B** kommt der Aufforderung der Regierung nicht nach. Sie argumentiert damit, dass der Bau einer Kläranlage zu einer Verschlechterung der Wettbewerbssituation und zum Verlust von Absatzmärkten führen würde.
Auf welchen betriebswirtschaftlichen Überlegungen beruht diese Argumentation?
e) Welche Auswirkungen könnten sich für die angestrebte Reinhaltung des Rio ergeben, wenn die **Regierung B** die Papierfabrik zum Bau der Kläranlage zwingt und sich die von der Papierfabrik geäußerten Befürchtungen tatsächlich bewahrheiten?
f) Warum sind die Möglichkeiten der **Regierung B**, die Papierfabrik vor dem befürchteten Verlust von Absatzmärkten zu schützen, dadurch eingeschränkt, dass die **Länder A** und **B** Mitglieder der oben beschriebenen Wirtschaftsgemeinschaft sind?
g) Könnten die Verbraucher durch umweltfreundliches Verhalten den Befürchtungen und Vorbehalten der Papierfabrik beim Bau der Kläranlage entgegenwirken?

2. Situation (Lösungsversuch 2)
Beide Papierfabriken leiten ihre Abwässer weiterhin ungeklärt in den Rio. Durch die zunehmende Wasserverschmutzung fühlen sich verschiedene Bevölkerungsgruppen in beiden Ländern inzwischen stark belastet:

- Am unteren Flusslauf kann kaum noch Wasser- und Angelsport ausgeübt werden, sodass die Kioske, Bootsvermieter und Ausflugsrestaurants erhebliche Umsatzeinbußen haben.
- Für die Anrainer vermindert sich der Freizeitwert der Grundstücke, was sich in sinkenden Grundstückspreisen niederschlägt.
- Die Trinkwasserversorgung ist in einigen Gemeinden beeinträchtigt. Die Trinkwasseraufbereitung durch die Gemeinden führt inzwischen zu erheblichen Mehrkosten und damit zu höheren Leitungswassergebühren für die Verbraucher.
- Bei den Flussfischern haben sich die Fangmengen drastisch verringert.

Sowohl im **Land A** als auch im **Land B** bildet sich daher eine Interessengemeinschaft „Sauberer Rio“. Die Interessengemeinschaften A und B haben beide das Ziel, die Papierfabriken zum Bau einer gemeinsamen Kläranlage im oberen Flusslauf zu veranlassen. Die Papierfabriken sind dazu bereit, wenn sie zur Finanzierung der Investitionskosten einen Zuschuss von insgesamt 5 GE erhalten. Der Bau der Kläranlage würde für jede der beiden Interessengemeinschaften zu einer Nutzensteigerung von 4 GE (z.B. in Form von Mehreinnahmen, Wertsteigerungen oder Kostensenkungen) führen.
Jede der beiden Interessengemeinschaften A und B hat zwei Strategien zur Auswahl:
Strategie 1 (S1): Bereitschaft zur Zahlung
Das hat zur Folge, dass der Zuschuss ganz (5 GE) oder zur Hälfte (2,5 GE) gezahlt werden muss.
Strategie 2 (S2): keine Zahlung
Es wird vielmehr darauf gehofft, dass die andere Interessengemeinschaft den erforderlichen Zuschuss vollständig zahlt (5 GE).
Somit ergeben sich vier mögliche Strategiekombinationen mit verschiedenen Vor- oder Nachteilen für die beiden Interessengemeinschaften (IG). Die Vor-/Nachteile der IG A werden in der linken unteren Ecke, die Vor-/Nachteile der IG B in der rechten oberen Ecke der vier Felder eingetragen.

		IG B	
		zahlen (S_{B1})	nicht zahlen (S_{B2})
IG A	zahlen (S_{A1})	1,5 / 1,5	−1
	nicht zahlen (S_{A2})		

Beispiels: Strategiekombination (SA1/SB1): IG A und IG B zahlen.

Jede IG muss in diesem Fall die Hälfte des Zuschusses, nämlich 2,5 GE zahlen.

Vorteil (netto) = Nutzenzuwachs (4) – Kosten (2,5) = 1,5 GE

a) Ermitteln Sie für die übrigen Strategiekombinationen die Vor-/Nachteile für die beiden Interessengemeinschaften nach obigem Muster.
b) Erläutern Sie die Strategiekombination, die aus Sicht der **Interessengemeinschaft A** am günstigsten ist.

c) Erläutern Sie die Strategiekombination, die aus Sicht der **Interessengemeinschaft B** am günstigsten ist.
d) Zu welcher Strategiekombination wird das Verhalten der beiden Interessengemeinschaften vermutlich führen? Begründen Sie dieses Verhalten und erläutern Sie das Ergebnis.
e) Das zu erwartende Verhalten der Interessengemeinschaften wird auch als **Trittbrettfahrerproblem** (Free-rider-Problem) bezeichnet. Erläutern Sie diesen Begriff anhand des vorliegenden Beispiels.

3. Situation (Lösungsversuch 3)

Nachdem weder die Investitionsanreize der Regierung des **Landes B** noch die Initiativen der beiden Interessengemeinschaften zum Erfolg geführt haben, stimmen sich beide Länder in ihrem Vorgehen ab. Sie haben erkannt, dass nationale Einzelmaßnahmen beim Umweltschutz weitgehend wirkungslos sind. Die beiden Papierfabriken werden von beiden Regierungen aufgefordert, gemeinsam ein privates Klärwerk im oberen Flusslauf zu errichten, das die gesamten Abwässer reinigt. Wenn dieser Aufforderung nicht nachgekommen wird, erheben beide Regierungen eine kostendeckende Gebühr in gleicher Höhe für die Reinigung des Wassers durch ein staatliches Klärwerk. Die beiden Papierfabriken müssen sich also entscheiden, ob sie ihre Abwässer selbst reinigen oder die Reinigungsgebühr an den Staat zahlen wollen. Die Gebühren im Falle staatlicher Reinigung belaufen sich auf 6 GE jährlich für jedes Unternehmen. Bau und Betrieb einer privaten Kläranlage würden jährlich **Gesamtkosten** von 10 GE verursachen.

a) Halten Sie die staatliche Einflussnahme im vorliegenden Fall für gerechtfertigt?
b) Welche Lösung wäre für die **einzelne** Papierfabrik im vorliegenden Fall am günstigsten?
c) Wie werden sich die beiden Papierfabriken voraussichtlich verhalten? Begründen Sie Ihre Aussage.

4. Ergebnis

Ein wesentliches Funktionsmerkmal der Marktwirtschaft wird von ADAM SMITH (1723–1790), dem Begründer der klassischen Volkswirtschaftslehre und Vorreiter marktwirtschaftlichen Denkens, wie folgt beschrieben:

„

„Der Einzelne ist stets darauf bedacht, herauszufinden, wo er sein Kapital, über das er verfügen kann, so vorteilhaft wie nur irgend möglich einsetzen kann. Und tatsächlich hat er dabei den eigenen Vorteil im Auge und nicht etwa den der Volkswirtschaft. Aber gerade das Streben nach seinem eigenen Vorteil ist es, das ihn ganz von selbst oder vielmehr notwendigerweise dazu führt, sein Kapital dort einzusetzen, wo es auch dem ganzen Land den größten Nutzen bringt. […]

Und er wird in diesem wie auch in vielen anderen Fällen von einer unsichtbaren Hand geleitet, um einen Zweck zu fördern, den zu erfüllen er in keiner Weise beabsichtigt hat. Auch für das Land selbst ist es keineswegs immer das schlechteste, dass der einzelne ein solches Ziel nicht bewusst anstrebt, ja, gerade dadurch, dass er das eigene Interesse verfolgt, fördert er häufig das der Gesellschaft nachhaltiger, als wenn er wirklich beabsichtigt, es zu tun. Alle, die jemals vorgaben, ihre Geschäfte dienten dem Wohl der Allgemeinheit, haben meines Wissens niemals etwas Gutes getan.“

Quelle: Smith, Adam: Der Wohlstand der Nationen. Eine Untersuchung seiner Natur und seiner Ursachen, herausgegeben von Georg von Wallwitz, übersetzt von Horst Claus Recktenwald, München: dtv Verlagsgesellschaft 2018, S. 192-194.

a) Es wird behauptet, die Umweltverschmutzung sei auf ein Versagen des Marktes zurückzuführen, da für den Umweltbereich das von A. Smith beschriebene Verhältnis von Eigen- und Gesamtnutzen nicht zutreffe.
Nehmen Sie dazu Stellung und prüfen Sie die Aussage anhand von Situation 1.
b) Warum ist bei Situation 3 durch die Verfolgung von Eigeninteressen gleichzeitig eine Erhöhung des Gemeinwohls möglich?
c) Erläutern Sie an einem selbst gewählten Beispiel, dass die Aussage von A. Smith in einer Marktwirtschaft auch ohne staatliche Eingriffe zutreffend sein kann.

15.3 Umweltauflagen (Ordnungsrecht) – Grenzkosten der Schadensvermeidung

In einer Volkswirtschaft stoßen die vier Produzenten A, B, C und D zusammen 4000 t Schadstoffe pro Jahr aus. Auf jeden von ihnen entfallen 1000 t. Der Staat erlässt eine Auflage, künftig den Schadstoffausstoß pro Jahr zu halbieren. Die Kosten für die Minderung des Schadstoffausstoßes um eine Tonne (= Grenzkosten der Schadensvermeidung) weichen bei den vier Verursachern wegen unterschiedlicher Produktionsverfahren voneinander ab. Sie betragen für A 1.000 €, für B 2.000 €. für C 3.000 € und für D 4.000 €.

1. Berechnen Sie die Gesamtkosten, wenn jeder Verursacher seinen Schadstoffausstoß halbiert.
2. Berechnen Sie die Gesamtkosten, wenn zunächst die Verursacher mit den geringsten Grenzkosten der Schadensvermeidung ihren Schadstoffausstoß vollständig reduzieren, bis die insgesamt ausgestoßene Menge halbiert ist.
3. Unter welchen Voraussetzungen ist die kostengünstigere Lösung von Aufgabe 2 nur möglich? Welche Unternehmen müssten in diesem Fall Ausgleichszahlungen leisten? Wie hoch müssten diese Ausgleichszahlungen zwischen den Unternehmen im vorliegenden Fall mindestens sein? Erläutern Sie.
4. Unter den Klimaschutzzielen ist ein Stichwort: Klimaneutralität 2045!. Begründen Sie anhand von zwei Möglichkeiten, warum man eine andere Lösung in Erwägung ziehen könnte. Formulieren Sie diese.

15.4 Wirkungen einer Energiesteuer (Ökosteuer) – Wohlfahrtsänderungen

Angenommen, auf einem Energiemarkt liegt eine Angebotsfunktion in der Form $x^A = p - 10$ vor. Die entsprechende Nachfragefunktion lautet: $x^N = -0{,}5p + 65$.

1. Ermitteln Sie den Gleichgewichtspreis und die Gleichgewichtsmenge und tragen Sie die Angebots und Nachfragekurve in ein Koordinatensystem ein (x-Achse: 10 cm; 1 cm = 10 Mengeneinheiten; y-Achse: 15 cm; 1 cm = 10 Geldeinheiten).
2. Die Regierung erhebt eine Energiesteuer in Höhe von 30 GE je Mengeneinheit. Ermitteln Sie das Steueraufkommen und den für die Marktteilnehmer eintretenden Nettoverlust an Wohlfahrt gegenüber der Ausgangssituation.
3. Begründen Sie anhand des vorliegenden Beispiels, warum auf dem Energiemarkt die durch eine Mengensteuer eintretenden Wohlfahrtsverluste ungleich auf Anbieter und Nachfrager verteilt sind.
4. Klären Sie, welches andere Ziel als die Erzielung von Steuereinnahmen die Regierung mit der Erhebung der Energiesteuer noch verfolgt haben könnte. Überprüfen Sie, ob dieses Ziel erreicht wurde.
5. Prüfen Sie für den vorliegenden Fall, unter welchen Voraussetzungen sich die Steuererhebung trotz der damit für die Marktteilnehmer verbundenen Wohlfahrtsverluste gesamtgesellschaftlich sinnvoll sein kann.

15.5 Vernetzungsdiagramm: Ökosteuer

Stellen Sie anhand eines Vernetzungsdiagramms fest, welche Zusammenhänge und Abhängigkeiten zwischen den Faktoren, die durch die Ökosteuer beeinflusst werden, bestehen. Verbinden Sie dazu Elemente, die sich direkt beeinflussen, mit einem Pfeil. Kennzeichnen Sie gleichgerichtete Wirkungen (je mehr – desto mehr) mit einem Pluszeichen und entgegengesetzte Wirkungen (je mehr – desto weniger) mit einem Minuszeichen.
Erläutern Sie alle durch Pfeile dargestellten Abhängigkeiten. Folgende Elemente können berücksichtigt werden: Ökosteuer, Umweltbelastung, Verbraucherpreise, Reallöhne, Preiselastizität der Nachfrage, Lohnnebenkosten, Arbeitsplätze, Staatseinnahmen, Kosten der Arbeitslosigkeit, Konsumgüternachfrage, Investitionsgüternachfrage, Ge-/Verbrauch umweltbelastender Produkte, Marktchancen für umweltfreundliche Produkte, Devisen für Rohölimporte, ...

15.6 Emissionshandel

Jedes der beiden Unternehmen A und B stößt in einem bestimmten Zeitraum 800 t CO_2 aus. Die Kosten für die Minderung des Schadstoffausstoßes um jeweils eine Tonne betragen bei Unternehmen A 200 € und bei Unternehmen B 100 €. Die Regierung möchte den Schadstoffausstoß beider Unternehmen zusammen auf 1400 t begrenzen.

1. Ermitteln Sie, welche Kosten für jedes der beiden Unternehmen und insgesamt anfielen, wenn beide Unternehmen aufgrund eines Gesetzes verpflichtet würden, den Schadstoffausstoß jeweils um 100 t zu verringern?
2. Als Alternative zu einer gesetzlichen Regelung teilt die Regierung jedem der beiden Unternehmen kostenlose Emissionsrechte über 700 t zu.
   a) Überlegen Sie, wie hoch der Preis für die Emissionsrechte je t mindestens sein muss bzw. höchstens sein darf, damit ein Handel mit Emissionsrechten zwischen den Unternehmen A und B zustande kommt.
   b) Angenommen, der Preis für Emissionsrechte pendelt sich bei 150 € je t ein. Weisen Sie für diesen Fall nach, dass durch den Handel mit Emissionsrechten das Ziel einer Verringerung des Emissionsausstoßes auf 1400 t kostengünstiger als durch ein Verbot (vgl. Aufgabe 1) erreicht werden kann.

15.7 Zuteilung von Verschmutzungsrechten

Ein Staat entscheidet sich für die Einführung des Handels mit Verschmutzungsrechten für Energieerzeuger.

1. Für die Erstzuteilung der Verschmutzungsrechte im Rahmen einer Versteigerung wird der maximal zulässige Schadstoffausstoß auf 800 000 Tonnen (t) festgelegt. Die Gesamtnachfragekurve verläuft linear. Bei 80,00 € je t ist keine Nachfrage mehr vorhanden (Prohibitivpreis). Der Handel führt zu einem Preis von 40,00 € je t.
   Stellen Sie diese Situation in einem Koordinatensystem dar.
   Maßstab: x-Achse 10 cm, 1 cm = 100 000 t; y-Achse 10 cm, 1 cm = 10,00 €/t
2. Im nachfolgenden Börsenhandel wollen Unternehmen, die im Besitz von Umweltzertifikaten sind, diese verkaufen. Die Nachfrage der Unternehmen nach Emissionsrechten entspricht an diesem Börsentag einer normal verlaufenden Nachfragefunktion mit der Funktionsgleichung $x = -40.000 \cdot p + 1.200.000$. Die Angebotskurve verläuft im Bereich 0 t bis 800 000 t linear. Unter einem Preis von 10,00 € je t werden keine Zertifikate angeboten. Ab einem Preis von 30,00 € je t werden alle ursprünglich ausgegebenen Zertifikate angeboten.
   Stellen Sie die Marktsituation grafisch dar und ermitteln Sie den Preis für die Zertifikate an diesem Börsentag.
3. Nach Ablauf der Gültigkeitsdauer der Zertifikate kommt es zu einer erneuten Zuteilung von Verschmutzungszertifikaten.
   a) Der Staat senkt bei dieser Versteigerung die Grenze für den maximal zulässigen Schadstoffausstoß um 25 % gegenüber der ersten Zuteilung (vgl. Aufg. 1). Der Verlauf der Gesamtnachfragekurve ist gegenüber der ursprünglichen Zuteilung unverändert (vgl. Aufg. 1).
   Stellen Sie diese neue Situation in dem bei 1. erstellten Koordinatensystem dar und beurteilen Sie die Veränderung.
   b) Ermitteln Sie, welche Auswirkungen sich ergeben würden, wenn zusätzlich zu den bisherigen Nachfragern auch Umweltschutzverbände bei der Versteigerung mitbieten, um die erworbenen Zertifikate dem Handel zu entziehen und stillzulegen.

15.8 European Green Deal

Nutzen Sie Ihr Tablet für die folgende Aufgabe zur Recherche.

Recherchieren Sie die Inhalte des European Green Deal und führen Sie dazu eine Pro und Contra Diskussion in der Klasse durch. Nutzen Sie auch die Seite des Europäischen Integrationszentrums Rostock: www.eiz-rostock.de

15.9 Leitbilder von Unternehmen und Institutionen

Recherchieren Sie in Einzel- oder Gruppenarbeit drei Unternehmen oder Institutionen, die für sich ein Leitbild mit Bezug auf Nachhaltigkeit entwickelt haben und dies entsprechend kommunizieren. Notieren Sie die Kernpunkte der Leitbilder und diskutieren Sie Ihre Ergebnisse im Plenum.

15.10 Die glorreichen 17 für mehr Nachhaltigkeit

Bearbeiten Sie mithilfe einer Internetrecherche folgende Fragen und Arbeitsaufträge.

1. Skizzieren Sie die aktuelle Nachhaltigkeitsstrategie der Deutschen Bundesregierung übersichtlich.
2. Benennen Sie vier globale Herausforderungen der internationalen Nachhaltigkeit.
3. Erklären Sie vier wichtige Akteure der Nachhaltigkeitspolitik und beschreiben Sie deren Aufgaben exemplarisch in Auszügen.
4. Bearbeiten Sie eines der folgenden drei Themen ausführlich in Gruppen und erstellen Sie eine Präsentation für das Plenum.
   - Nachhaltiges Wohnen
   - Nachhaltiges Einkaufen
   - Nachhaltige Elektrogeräte
5. Empfehlen Sie praktische Umwelttipps für den Alltag aus Ihrem gewählten Thema.

15.11 Klimagerechtigkeit

1. Zeigen Sie die Ursachen und Auswirkungen des Treibhauseffekts auf.
2. Zeigen Sie auf, welche Länder, Wirtschaftsbranchen und Energieträger wesentlich zum Treibhauseffekt beitragen. Belegen Sie Ihre Antworten mit aktuellen statistischen Daten. Gehen Sie dazu auf der Website des Statistischen Bundesamts (www.destatis.de) auf die Umweltökonomische Gesamtrechnung.
3. Zu welchen Ergebnissen hat die Klimaschutzkonferenz von Kyoto 1997 geführt (Kyoto-Protokoll)?
4. Benennen und begründen Sie, welche Meilensteine und/oder Gesetze bis zur Weltklimakonferenz COP 26 im November 2021 Ihrer Meinung nach wegweisend waren.
5. Zeigen Sie die Inhalte der COP 26 und 27 auf. Recherchieren Sie dazu im Internet.
6. Üben Sie Kritik an der Umsetzung dieser Ziele hinsichtlich deren Erreichbarkeit bis 2045 bzw. 2050.

15.12 Gemeinwohlbilanzen bekannter Unternehmen und Institutionen

Recherchieren Sie Unternehmen und Institutionen die die Gemeinwohlbewegung vertreten und eine Gemeinwohlbilanz ausweisen. Informieren Sie sich über die ausgewiesenen Gemeinwohlbilanzen und überlegen Sie, wie ein solches Vorgehen auf ein Unternehmen Ihrer Wahl übertragbar wäre.

Ich kann…	Bitte ankreuzen		Wenn Nein: Siehe Seite(n) im Buch	Level / Anforderungsniveau
	Ja	Nein		
15.1 Ursachen und Ausmaß der Umweltprobleme				**AFB**
… die Ursachen der Umweltbelastung zusammenfassen.			S. 573 f.	I
… die Veränderungen des Klimas anhand des Treibhauseffekts begründen.			S. 573	II
… die Problematik von fehlenden Marktpreisen anhand der Übernutzung von Umweltgütern beschreiben.			S. 574	I
15.2 Ziele und Prinzipien der Umweltpolitik				**AFB**
… die Prinzipien der Umweltpolitik nennen.			S. 579	I
… die Prinzipien der Umweltpolitik anhand von Beispielen erläutern.			S. 579 f.	II
… die umweltpolitischen Instrumente unter der ökologischen Treffsicherheit, der Effizienz und der Anreizwirkung beurteilen.			S. 580 f.	III
15.3 Instrumente der Umweltpolitik				**AFB**
… die Instrumente der Umweltpolitik Auflagen und Umweltabgaben unterscheiden.			S. 582 ff.	II
… den Handel mit Verschmutzungsrechten sog. Umweltlizenzen erklären.			S. 587 ff.	II
15.4 Internationale Umweltpolitik				**AFB**
… die Konzepte „qualitatives Wachstum“ sowie „nachhaltige Entwicklung“ in eigenen Worten erklären.			S. 590 f.	II
… internationale Umwelt und Klimaschutzabkommen nennen.			S. 574 f. & S. 591	I
… die Hemmnisse der beteiligten Staaten exemplarisch begründen.			S. 593	III
… die Inhalte des europäischen „Green Deal“ nennen und beschreiben.			S. 594	I/II
15.5 Leitbild der Nachhaltigen Entwicklung				**AFB**
… den Begriff der Nachhaltigen Entwicklung erläutern.			S. 595	II
… das Leitbild einer nachhaltigen Entwicklung anhand von drei selbstgewählten Beispielen beschreiben.			S. 596 f.	I/II
15.6 Agenda 2030 – Mehr-Dimensionen-Modelle				**AFB**
… wichtige Ziele der Agenda 2030 nennen.			S. 598	II
… den Stellenwert der Agenda 2030 erläutern.			S. 598	II
15.7 Nachhaltige Wirtschafts- und Gesellschaftsmodelle				**AFB**
… die Ansätze der Postwachstumsökonomie beschreiben.			S. 599 f.	I
… die Inhalte der Gemeinwohlbilanz in der Gemeinwohlökonomie erklären.			S. 602 ff.	II
… die Ansätze für nachhaltige Wirtschafts- und Gesellschaftsmodelle beurteilen.			S. 601 f.	II

Anhang

Hinweise zur Problemlösetechnik bei wirtschaftspolitischen Fallstudien

Zur Bearbeitung wirtschaftspolitischer Fallstudien bietet sich folgende Vorgehensweise an, die auch bei der Analyse und Lösung wirtschaftspolitischer Probleme in der Praxis zur Anwendung kommt[1]:

1. **Lageanalyse/Problemdefinition**
   - Welche stabilitätspolitischen Ziele sind nicht realisiert?
   - Bei welchen Zielen ist eine Verbesserung oder Verschlechterung im Zeitablauf zu erkennen?
2. **Ursachenanalyse/Prognose**
   - Sind die Probleme auf binnen- und/oder außenwirtschaftliche Ursachen zurückzuführen?
   - Wo liegen die Ursachen?

   Nachfrageseite
   Konsumnachfrage: (Löhne, Lohnquote, Arbeitslosigkeit, Zinsen, Preise, ...)
   Investitionsnachfrage: (Gewinn- und Absatzerwartungen, Zinsen, Kapazitätsauslastung, ...)
   Staatsnachfrage: (Haushaltspolitik, Staatsverschuldung, prozyklische/antizyklische Wirkung, *crowding out*, ...)

   Angebotsseite
   Entwicklung von Gewinnen, Löhnen, Produktivität, ...
   Entwicklung von Zinsen, Steuern
   Veränderung der Einfuhrpreise

   Liquiditätsversorgung
   Wachstum der Geldmenge im Verhältnis zum Preisanstieg und zum Wachstum des realen BIP
   Höhe der Leitzinsen und ihre Wirkung auf die Nachfrage
3. **Zielbildung/Zielkonflikte**
   - Welches Ziel soll angesichts bestehender Zielkonflikte vorrangig verfolgt werden?
4. **Alternativen/Maßnahmen**
   - Welche Maßnahmen kommen infrage?
   - Welche Kombination (Maßnahmebündel) ist zweckmäßig?
   - Wer sind die Träger dieser Maßnahmen?
   - Welche Rahmenbedingungen (z.B. Zinsniveau im Ausland) sind zu berücksichtigen?
   - Maßnahmen nachfrageorientierter Wirtschaftspolitik
   - Maßnahmen angebotsorientierter Wirtschaftspolitik
   - Geldpolitik der Zentralbank
5. **Bewertung/Kontrolle**
   - Welche Konflikte zwischen den Trägern der wirtschaftspolitischen Maßnahmen sind zu erwarten?
   - Welche Vollzugsprobleme können auftreten (Timelags, Abstimmungsprobleme, Dosierung)?
   - Sind die Maßnahmen politisch durchsetzbar?
   - Wessen Interessen werden mit diesen Maßnahmen vorrangig vertreten?

1 Vgl. H.W. Möller, Angewandte Volkswirtschaftslehre, a.a.O., S. 41ff.

H

I

Bildquellenverzeichnis

|akg-images GmbH, Berlin: 13.1, 21.1. |Alamy Stock Photo (RMB), Abingdon/Oxfordshire: Green, David J. - lifestyle themes 18.4; Pixel-shot 173.1. |Art Explosion, Calabasas, CA: 191.1, 191.2, 191.3, 191.4, 191.5, 191.6, 191.7, 191.8, 191.9, 191.10, 191.11, 191.12, 191.13, 191.14, 191.15, 191.16, 191.17, 191.18, 191.19, 191.20, 191.21, 191.22, 191.23, 191.24. |Baaske Cartoons, Müllheim: Bengen, Harm 91.2, 422.3, 438.1; Mester, Gerhard 31.1. |Bundesministerium für Wohnen, Stadtentwicklung und Bauwesen, Berlin: 558.1. |Deutsche Post AG, Bonn: Deutsche Post Glücksatlas 2020 97.1. |DTP Imprint India Private Limited, Zusmarshausen: 34.2, 37.2, 45.1, 85.1, 86.1, 125.1, 235.2, 292.1, 293.2, 294.1, 295.1, 296.1, 297.1, 298.1, 301.1, 306.1, 321.1, 326.1, 354.1, 359.1, 359.2, 360.1, 366.1, 375.1, 384.1, 401.1, 411.1, 418.1, 418.2, 419.1, 439.1, 440.1, 446.1, 455.1, 456.1, 457.1, 461.1, 464.1, 547.1, 548.1, 549.2, 550.1, 551.1, 556.1, 562.1, 563.3, 567.1, 567.2, 586.1, 595.1. |Europäische Kommission, Berlin: 582.1. |Feldhaus, Hans-Jürgen, Münster: 190.1. |fotolia.com, New York: beermedia 452.3, 454.1; fovito 453.5; Franz Pfluegl 15.4; Jähne, Karin 115.5, 119.1, 127.1; Multiart 114.5; SG- design 317.1, 323.1; stockWERK 260.3, 283.1; Werner, Christoph 240.2; Worring, Christian-P. 563.1. |Getty Images, München: Bettmann 18.3. |Global Footprint Network, Oakland: 35.1. |Haitzinger, Horst, München: 101.1. |iStockphoto.com, Calgary: aapsky 512.2, 515.1; Delic, Samir 94.3; gopixa 409.1; JJ Gouin 528.1; Niloo 138 513.3; Pakhnyushchyy, Vitaliy 67.2, 89.1; RichLegg 188.1, 190.2; sankai 189.2, 205.1; simplehappyart 262.2, 300.1; style-photography 189.1, 192.1; t_kimura 67.5, 94.2; VogelSP 330.1, 332.1; z_wei 262.4; Zhzhenova, Tatiana 14.1, 33.1. |mauritius images GmbH, Mittenwald: Geiersperger 39.1. |OKS Group, Delhi: 226.1. |Picture-Alliance GmbH, Frankfurt a.M.: dpa-infografik 19.1, 34.1, 37.1, 41.1, 87.2, 91.1, 130.1, 289.1, 303.1, 327.1, 328.1, 333.1, 334.1, 352.1, 353.1, 357.1, 380.1, 414.2, 441.1, 442.1, 456.2, 458.1, 465.1, 467.1, 481.1, 481.2, 493.1, 517.1, 518.1, 518.2, 526.1, 541.1, 545.1, 549.1, 551.2, 552.1, 552.2, 555.2, 557.2, 559.1, 560.1, 561.1, 573.1, 573.2, 580.1, 580.2, 585.1, 589.1, 592.1, 592.2, 594.1, 596.1, 596.2; dpa-infografik GmbH 516.2, 554.1; Globus Infografik 597.1; KPA/TopFoto 422.2, 424.2; maxppp 428.2; UPI 491.1. |Ringhut, Daniela, Dreieich: 43.1, 47.1, 50.1, 51.1, 54.1, 87.1, 120.1, 122.1, 122.2, 123.1, 123.2, 125.2, 128.1, 128.2, 128.3, 131.1, 131.2, 133.1, 135.1, 135.2, 136.1, 136.2, 140.1, 141.1, 141.2, 141.3, 142.1, 142.2, 143.1, 143.2, 143.3, 143.4, 144.1, 147.1, 147.2, 156.1, 156.2, 158.1, 159.1, 161.1, 163.1, 165.1, 167.1, 170.1, 171.1, 172.1, 173.2, 175.1, 175.2, 175.3, 175.4, 177.1, 177.2, 178.2, 179.1, 180.1, 180.2, 180.3, 180.4, 181.1, 181.2, 181.3, 195.1, 198.1, 199.1, 201.1, 202.1, 203.1, 206.1, 207.1, 208.1, 209.1, 214.1, 217.1, 217.2, 223.1, 228.1, 229.1, 233.1, 234.1, 237.1, 237.2, 237.3, 237.4, 238.1, 238.2, 238.3, 238.4, 238.5, 238.6, 238.7, 238.8, 239.1, 244.1, 246.1, 246.2, 247.1, 253.1, 268.1, 274.1, 290.1, 322.1, 377.2, 414.1, 417.1, 427.1, 427.2, 429.1, 434.1, 434.2, 458.2, 460.1, 462.1, 468.1, 474.1, 484.2, 486.1, 588.1, 588.2. |Schönauer-Kornek, Sabine, Wolfenbüttel: 66.3, 101.2. |Shutterstock.com, New York: Anton_Ivanov 570.1, 572.1; AVN Photo Lab 528.2; Boris-B 460.2; Gorodenkoff 13.3, 27.1; Jenson 15.2, 44.1; Johnston, Gregory 142.4; LightField Studios 115.4; portumen 142.3; Swat, Piotr 513.2, 519.1; T Cassidy 188.3, 225.1; tcly 479.1, 484.1. |Simper, Manfred, Wennigsen: 114.3. |stock.adobe.com, Dublin: ae 260.4, 277.1; akf 150.2, 174.1; Alexandra 475.1; alexlmx 66.2, 98.1; Andras 261.1, 266.1; artinspiring 260.1, 260.2, 264.1, 264.2; Attasit 576.3; benjaminnolte 115.1, 121.1; bht2000 150.3, 169.1; bilderstoeckchen 197.1, 452.1, 457.2; blende11. photo 584.1; Boelsdorf, Bernd 224.1; Bro Vector 423.2, 433.1; by-studio 240.1; Cevahir 67.1, 79.1; ChaotiC_PhotographY 18.2; Christian Horz 115.3; CL-Medien 13.2, 24.1; CMP 563.2; CosmoShiva 478.2, 480.2; Creuxnoir 261.2, 271.1; Dan Race 512.4, 529.1; Davidowitsch, Michail 570.2, 599.1; Daxenbichler, Patrick 577.1; Diki 423.1, 428.1; DOC RABE Media 252.1; egudinka 150.4, 169.2; eyetronic 338.1; Fälchle, Jürgen 151.3, 157.1; Floydine 27.2; Fokussiert 89.3; Formatoriginal 330.2, 377.1; fotograf-halle.com 235.1; fotohansel 453.1, 459.1; fotomek 15.3, 48.1, 189.3, 210.1; fototrm12 479.2; FrankBoston 12.2, 29.1; Geithe, Ralf 452.2; Goga 14.2, 31.2; Good Studio 115.2, 117.1; Goranskiy, Sergey 316.1, 318.1; GordonGrand 18.1; Heena_Rajput 331.2, 339.1; HeinzWaldukat 571.1, 574.1; Ideeah Studio 579.1; imaginando 386.1, 387.1, 388.1; invisiblesk 145.1; Jackson, Brian 513.4, 523.1; Jedzura, Daniel 576.2; jozsitoeroe 610.1; jzehnder 581.1; karepa 453.3, 464.2; Kenishirotie 513.1, 516.1; Kiattisak 96.1; kikkerdirk 331.4, 362.1; Kneschke, Robert 46.1; Knut 317.4, 323.4; Lastochkin, Evgeny 317.2, 323.2; Linack, T. 33.2; M. Schuppich 288.1; madedee 408.2; malp 591.1; Markus Bormann 263.2; martialred 478.1, 480.1; master1305 571.4, 576.1, 595.2; Mediaparts 114.1, 116.1; metelsky25 151.4, 162.1; Michel, T. 56.1; MintArt 570.3, 597.2; Morisse, Perig 512.3, 527.1; Nastudio 330.3, 363.2; New Africa 538.2, 557.1; Nicola 571.3, 590.1; nmann77 332.2, 397.2, 478.4, 502.1; NongAsimo 151.1, 153.2; Nuthawut 151.2, 178.1; nuwanda 12.3; OFC Pictures 539.2, 553.1; OLGA 66.1, 68.1; Olivier Le Moal 262.1, 263.1, 289.2, 293.1; Omm-on-tour 539.1, 547.2; pathdoc 331.1, 336.1; Petair 578.1; Phung, Hien Titel; picoStudio 15.1, 42.1; Popov, Andrey 331.3, 348.1, 397.1, 571.2, 582.2; Priewe, Jürgen 281.1; Rudie 479.3, 492.1; Rudzhan 150.1, 152.1; S Amelie Walter 533.1; Sanders, Gina 392.1, 453.4, 466.1; Schwier, Christian 361.1; SG- design 317.3, 323.3; SimpLine 409.2; Stitt, Jason 114.4, 131.3; struvictory 194.1; Sundry Photography 587.1; sunnyws 12.1, 16.1; TigerArt 67.4, 94.1; Tobif82 114.2, 116.2; Traitov, Michael 479.4, 497.1; tynyuk 14.3, 32.1; VectorMine 408.1, 409.3, 410.1, 412.1, 577.3; vegefox.com/Glombitza, Markus 262.3; vipman4 67.3, 89.2; Vittaya_25 478.3; vom 153.1; Wehr, Ralf 188.2, 230.1; womue 255.1; Wylezich, Bjoern 193.1; xiaoliangge 512.1, 514.1; yellow_man 408.3; Zerbor 538.1, 540.1, 577.2; zhenya 453.2, 463.1; Zubada 389.1. |Stuttmann, Klaus, Berlin: 522.1, 594.2. |Süddeutsche Zeitung - Photo, München: Scherl 422.1, 424.1; SZ Photo 267.1. |toonpool.com, Berlin, Castrop-Rauxel: Marcus Gottfried 48.2. |ullstein bild, Berlin: 261.3, 272.1. |UNESCO, Paris: CC-BY-SA 3.0 (https://www.unesco.de/bildung/agenda-bildung-2030/bildung-und-die-sdgs) 102.1, 102.2, 102.3, 102.4, 102.5, 102.6. |WEED - Weltwirtschaft, Ökologie & Entwicklung e.V., Berlin: 536.1. |Zahlenbilder, Bergmoser + Höller Verlag AG, Aachen: 49.1, 363.1, 555.1; Zahlenbilder 36.1, 84.1.